“十二五”国家重点图书出版规划项目

河北省国民经济和社会发展“十二五”规划项目

燕赵文库

河北方言词汇编

上册

李行健　主编

燕赵文库编辑出版委员会
燕山大学出版社

图书在版编目（CIP）数据

河北方言词汇编 / 李行健主编 .— 秦皇岛 : 燕山大学出版社，2021.5
（燕赵文库）
ISBN 978-7-81142-361-7

Ⅰ . ①河… Ⅱ . ①李… Ⅲ . ①北方方言—词汇—汇编—河北 Ⅳ . ① H172.1

中国版本图书馆 CIP 数据核字（2021）第 036847 号

丛 书 名　燕赵文库
丛书编者　燕赵文库编辑出版委员会
书　　名　河北方言词汇编
主　　编　李行健

责任编辑　柯亚莉
美术编辑　吴　波
封面设计　李　欣

出版发行　燕山大学出版社（秦皇岛市河北大街438号）
排　　版　保定市万方数据处理有限公司
印　　刷　河北新华第一印刷有限责任公司
开　　本　889毫米 × 1 194毫米　1/16
印　　张　68
字　　数　1 700 000
版　　次　2021年5月第1版　2021年5月第1次印刷
印　　数　1–1 000
书　　号　ISBN 978-7-81142-361-7
定　　价　378.00元（上下册）

出版说明

一、燕赵大地，历史悠久，人杰地灵，孕育了一批又一批名人大家。燕赵文化，源远流长，博大精深，是中华民族优秀文化的重要脉系。中共河北省委、河北省人民政府决定编纂出版《燕赵文库》大型丛书，对于保存燕赵文化元素、挖掘其当代价值、构建传承体系、推动当代经济社会发展，都具有重要的意义。

二、本着“整理、传承、研究”和“存史、资政、育人”的宗旨，《燕赵文库》选取具有较高历史价值和深远影响，在思想文化发展史上占有一定地位，并具有借鉴作用的前人著述，以及现当代学者研究河北文化的著述，分为《文献编》和《研究编》两部分。

《文献编》选收现今河北区域，或历史上属于燕赵地域，或长期客居燕赵且著述内容多反映河北文化的名人佳作。时限自古代至民国，按历史时期分为5卷，另有方志档案卷。预计收440余种，490余册。

《研究编》选收现当代学者研究燕赵文化各领域的著述。研究时限自古代至1949年，按研究的内容分为历史、人物、文物、风物、艺术、综合等6卷。预计收260余种，210余册。

为保存和查阅之便，两编各自按卷次编号，以罗马数字和阿拉伯数字分别标明卷次和册次。

三、《燕赵文库》除个别影印的图书外，一律采用简化字横排加新式标点的方式出版。简化字的使用，以2013年6月15日经国务院同意，由教育部、国家语言文字工作委员会组织制定并予以公布的《通用规范汉字表》为准。标点符号的使用，以2011年经国务院同意，由国家语言文字工作委员会、新闻出版总署修订并重新予以公布的《标点符号用法》为准。

四、为保证数字使用的规范和统一，《燕赵文库》的《文献编》一律使用汉字数字。《研究编》中的现当代人的著述，其文字、标点、格式等均按现行出版有关规定使用和处理。

五、凡《燕赵文库》所收图书，均由校勘者、研究者撰写前言一篇。《文献编》的前言主要介绍该书作者生平、版本、内容及其学术价值等；《研究编》的前言主要介绍该书的研究视角、基本观点及在学术界的影响等。

《燕赵文库》编辑出版委员会

出版者的话

《河北方言词汇编》是我国著名语言学家李行健先生主编的一部大型河北方言工具书。

李行健，1935 年生，四川遂宁人，1950 年代毕业于北京大学中文系汉语言专业，教育部语言文字应用研究所研究员。曾任中国社会科学院研究生院教授、日本国立一桥大学教授、语文出版社社长兼总编辑、国家语委委员；现任国家语委咨询委员会委员、北京语言大学兼职教授、中国语文报刊协会名誉会长、中国辞书学顾问等。长期从事语言文字规范化工作，主持研制《第一批异形词整理表》《现代汉语常用词表》等，主编《现代汉语规范词典》《现代汉语规范字典》等。

李行健先生于 1958 年开始调查河北方言，最初从调查昌黎方言开始试点，然后在河北省范围内开展，三百多名同志参与了调查。一年多后，书稿整理完毕，送交河北人民出版社。然而，历经“文革”时的书稿丢失、“文革”后的补查整理恢复原稿，1995 年《河北方言词汇编》方由商务印书馆正式出版，并且于 2012 年重印。这是全国唯一一次全省范围的方言词汇大调查，保存了很多珍贵的方言资料，是河北省方言研究成果的典范之作和标志性成果，功莫大焉。

此次收入《燕赵文库》，考虑到这是再版书，原版是几十年前的事，尽管书中涉及的一些地名及行政区划目前已经发生了变化，为最大限度地保留本书的历史信息，《燕赵文库》收录这部著作时除了主要改正原有括注的流行地区地名讹误及少量错字外，大体保持其内容原貌，不作更改。

燕山大学出版社

2021 年 1 月

序　言*

一九五八年，中国科学院河北省分院语言文学研究所成立，我兼任副所长，分管语言研究方面的工作。当时为了贯彻以本地区为主要研究对象的方针，曾进行了河北方言词汇的调查研究工作。

过去的方言调查，多只注重语音，一九五六年开始的河北方言普查工作也是如此。但是，为了更好地推广普通话和进行汉语规范化，必须对河北方言词汇进行全面的调查研究。因为推广普通话不只是语音问题，词汇问题也是不能不注意的。而北方话又是现代汉语共同语词汇规范化的基础，河北方言词汇又是这个基础的核心，所以开展对河北方言词汇的调查研究，是很有现实意义的。

河北省语文研究所成立时，搞语言研究的同志很少。这项工作，主要由李行健同志担任。当时河北省有一百五十多个县，每个县作为一个调查点，工作量也是巨大的。一九五九年，得到河北省教育厅和各专区文教局大力支持，在每个县聘请两名当地的中学语文教师做兼职调查员，由行健同志分别深入各专区给兼职调查员以短期训练，并发给统一的调查表格，进行一些实际调查，然后按统一制订的工作步骤和方法分别开展调查工作。工作进行中，行健同志又多次到各调查点巡回检查，帮助工作，发现并解决调查工作中的问题。带有普遍性或倾向性的问题，及时通报各兼职调查员，以保证调查工作顺利进行。

当各地调查材料陆续上来时，语文研究所先后调来几位同志帮助核对整理调查材料，分门别类过录卡片，并由行健同志主持，于一九六〇年八月，编出了《河北

* 本文是朱星先生为《河北方言词汇编》在《天津师院学报》选载时写的“前言”。他原设想本书正式出版时写一长篇前言，说明《汇编》成书的艰辛过程、调查河北方言词的现实和理论意义以及工作中的经验教训等。但天不假年，先生未及见到本书正式出版已于1982年逝世。今天把它作为本书序言，聊表对先生的深切怀念！

方言词汇编》（初稿）十三册（打印本）。

为使调查材料更准确和尽可能地丰富，他们又将“汇编”初稿发给各调查员进行复查和补充。一九六一年，经过复查补充的调查材料陆续寄回，质量有了明显提高。在此基础上，又先后邀请部分兼职调查员和河北大学、河北北京师院中文系十余位师生来研究所参加资料整理和编辑工作。前后历时半年多，于一九六二年编出了六十万字的《河北方言词汇编》。河北人民出版社原拟出版，但不久便开始了“文化大革命”。“文化大革命”中，据说原稿已不知去向，这是一个很大的损失。但李行健同志在保留的部分残稿的基础上，经过几年来的重新补充整理，在天津师院有关领导和同志们的支持下，拟在《天津师院学报》上选载。我相信，它是会受到语言研究工作者和其他读者欢迎的。

这次发表的调查成果，编者认为还不是一个成熟的定稿，是想借发表的机会进一步求得订正和补充。希望它有助于全国方言词汇的调查，有助于整个语言学和其他有关的社会科学的研究。同时，也应向所有支持或参加过这项工作的同志们致谢！

朱　星

（原载《天津师院学报》1979年第2期）

前 言

——调查研究河北方言词汇的现实意义和科学价值

汉语是世界上使用的人口最多，分布的地域最广的语言。它的方言情况复杂，历史悠久，文献材料也非常丰富，因此，汉语方言为研究语言的发展规律，民族共同语的形成和方言的发展变化等提供了许多难得的条件。但是，随着新中国建设的发展，文化教育的普及，普通话（汉民族共同语）的推广，汉语方言也正处于急剧的变化和消失中，因此，研究汉语方言不仅具有重大的科学价值，同时还有很大的现实意义和迫切性。如不及时加以调查和研究，许多语言现象就可能永远消失，给汉语研究造成不可弥补的遗憾。

河北方言是现代汉民族共同语基础方言的核心。不言而喻，调查研究河北方言词汇，对于研究现代汉民族共同语的形成和发展，对汉语规范化（特别是词汇规范）和推广普通话等当前重要的语文工作都是必不可少的前提。

词汇研究在中国有古老优良的传统，《尔雅》等辞书的编纂表明中国在一千多年前词汇的研究就达到了一个相当高的水平。汉代扬雄的《方言》出世，不仅标志着我国调查研究方言词语的重大成就，同时它也是世界上第一部研究方言词语的专著。在漫长的一千多年历史长河中，中国的训诂学曾经非常兴旺发达，为了解释经书和读懂一般古籍，各个时期的学者对词语的搜集和训释也做出了辉煌的贡献。但这些工作毕竟同现代的词汇学和语义学有所不同。

现在不仅需要用新的科学的方法对汉语的词汇进行研究，同时也需要对汉语的方言词汇，特别是北方话的方言词汇进行调查研究。调查研究方言词语对发展词汇学和语义学有很大的价值，许多词汇发展变化的规律性的现象就存在于方言词语的发展变化中，而方言词汇的调查研究正是当前中国语言学研究中的薄弱环节。语言研究所已故所长、中国著名语言学家罗常培先生早在40年代就指出，“对于现代方言的研究已往二十多年太偏重语音一方面了”。他建议今后“特别得着重词汇的搜集和研究”（《语言与文化》102页）。几十年过去了，情况有了一些变化，但至今这一现象还未发生根本性的变化。原因是多方面的，但有一点却是必须指出的：一般语言学家凭印象认为汉语方言的差异主要表现在语音方面，误认为词汇方面没有什么大的差别。这是不符合实际情况的。如果我们从北京到天津去，听到天津人说某人“干活崴泥，说话离奚，背后念三音”，语音都能懂，但由于对“崴泥”“离奚”“念三音”这些方言词语不懂，就根本不知道这句话是指某人干活不积极，说话吊儿郎当（不严肃），背后说怪话（发牢骚）的意思。显然，就是在北方话内部不注意方言词汇的差异，相互也是无法自由进行思想交流的。据有同志抽样统计，北方话同南方闽、粤、吴等诸方言词汇方面的差异，大约在百分之五十到八十之间。他们用的方法是把同一个民间故事，用不同方言区的话记录下来，然后把这些不同的词进行分类统计（见《语文研究》1982年第2期，139页）。由于抽样材料太少，因此，这个结论不很准确，但还是有一定的参考价值。这就有力地说明了汉语方言间在词汇上的差异还是很可观的。至于北方话词汇内部，更常常被一些语言学者过分强调它的一致性而忽视了它的差异性。在调查研究河北方言词汇之前，我们很难相信河北方言词汇内部有这么大的差异，有这么丰富的内容。就这一点说，河北方言词汇的调查研究还是一项带有开创性的工作。

调查研究河北方言词汇的意义和价值是多方面的，限于篇幅，我们下面主要从汉语规范化工作、语言学研究、词汇的训释（训诂学）和风俗民情等有关社会学的研究内容方面谈一些意见。

一　在汉语规范工作中的重大意义

1.0　汉民族共同语是以北京语音为标准音，以北方话为基础方言，以典范的现代白话文著作为语法规范的普通话。要使民族共同语健康地发展，尽快地推广和普及，以适应当前国家“四化”建设的需要，就必须对民族共同语不断进行规范工作。这就需要建立科学的规范（标准），还要认真地去推广这种规范，以便尽可能达到语言的规范化、标准化以适应当代信息化社会交际的需要。

1.1　在语言规范工作中，规范的对象主要应该是词汇。民族共同语的集中表现形式是文学语言（不是指文学作品的语言，而是指经过加工锤炼的民族共同语），而文学语言的主要形式又是书面语，因此，语言的规范工作必然要以书面语言作为主要对象（参看《现代汉语规范问题学术会议文件汇编》11—13 页）。显然，对书面语言的规范，语音问题不是主要矛盾，语法方面的分歧和差异也很小，分歧最大、最易出现混乱的还在词汇方面。词汇的规范应该是语言规范工作的重点。

1.2 与此同时，我们还要看到，词汇规范工作是语言规范工作中的难点所在。从汉民族共同语的规范标准上看，语音标准十分明确具体——北京语音，主要是对北京语音的普及推广问题，即使北京语音内部有一些异读词的分歧现象，那也只是个别局部的问题，无关语音规范的大局，可以得到妥善的解决。对语法的规范，标准也相当明确，即“典范的现代白话文著作”，方言的差异很难进入。普通话语法内部的一些分歧（如“贵宾所到之处受到热烈欢迎”有无语法错误的问题，“难免不犯错误”和“难免要犯错误”两种同义表达形式何者正确的问题），虽然解决起来比较麻烦，但毕竟这种问题极少，一时解决不了并不影响整个语法规范工作。词汇规范工作的情况就大不一样了。

1.2.1 由于词汇发展变化快，本身系统性不强，经常处于一种开放性的流动状态下，对词汇的规范就远不能制定出一个像语音那样十分明确的简明标准，所以只能划出一个较为笼统的“以北方话为基础方言”的范围。这个标准本身就是不严格的，甚至可以说是不完全科学的。“基础”本身就是一个伸缩性很强的概念，也就是说，普通话的词汇大量是北方话中的（为基础），但也要排除一部分北方话中的土语，还要吸收一部分非北方话的词语。自然，给词汇规范定出这样的标准也是一种不得已的办法，因为从系统性上看，词汇比语音、语法松散得多，方言土语在互相影响和渗透方面，比语音、语法就容易得多，普遍得多。这就注定了词汇的规范只能以一个地区方言为基础，而不可能像语音那样以一个地点方言为标准。同时，就在一个地区通行的方言词语，还有普遍性大小的不同，以及它们同基础方言外的其他方言词的关系等问题，这就使得我们在建立词汇规范的标准时，也不可能完全以某一地区的词汇为标准，而必须对每个词分别情况具体处理。这是由于词汇本身的特点在规范工作中表现出来的复杂性和艰巨性。对于这样一个开放性的不稳定的标准，有时会弄得人无所适从，以致出现混乱现象。比如哪些北方话中的词属于普通话的基础部分应该保留，哪些词是属于应该排除在普通话之外的方言土语，哪些词应该从其他方言或古语中吸收进来作为普通话的词汇部分？这些都是不好一下说清楚的，然而它们又是迫切需要解决的现实问题。这些问题的正确答案的获得，有赖于对北方话词汇特别是河北方言词汇的调查研究。另一方面，北方话，也即普通话的词汇的规范标准，或者叫做民族共同语的基础方言，内部也是存在不少分歧的。比如“太阳”这个常用词，仅在河北地区，就有“日头（过去认为这是吴方言中的词，实是一种误解）、日头爷、日头爷爷、日头爷儿、日头帝、阳婆、阳婆爷、太阳帝、爷爷、火神爷、前天爷、老爷、佛爷、老佛爷、日光爷”等十几种叫名。这就大大增加了规范工作的复杂性和艰巨性。作为词汇规范的标准，必须要求自身是明确的，没有分歧的。这就要求我们首先要弄清北方话的情况，并且对作为民族共同语基础的北方话词汇进行研究和整理，划出哪些是合乎规范的，清除不能进入共同语的方言土语词，只有经过这样工作后的北方话才能真正成为普通话的基础方言，即词汇规范工作的原则标准。

1.2.2　词汇规范工作的难度大，还在于词汇比起语音和语法来，它差不多处在经常发展变化之中，它对社会的反映最敏感。为了适应社会交际的需要，它要不断创造新词去反映层出不穷的新事物，新思想；它还需要不断淘汰旧词或旧义以保持语言作为交际工具的职能。自然，它也需要不断用新起的意义或用法，或色彩或词语间的搭配方式去丰富语言的表达手段，以满足社会交际发展的需要。在这种发展过程中，就会不断出现分歧和混乱，就使得词汇规范工作任务更艰巨。规范的标准要不断随客观情况的发展而修订和补充，就更需要对词汇持久地进行深入广泛的研究。

1.3　任何一种民族共同语，都有一个形成和发展的过程。在共同语发展过程中，必然一方面要吸收基础方言以外的词语来丰富自己（如方言词、古语词、外来词），另一方面又要不断地排除基础方言内的土语和吸收方言词、古语词、外来词以及新词过程中出现的一些不合规范的成分。只有这样，民族共同语才能在正确的轨道上健康地成长。排斥什么，吸收什么，就需要有一个明确的标准，实质上也就是对方言词、古语词、外来词、新词等的规范问题。以同北方话词汇有关的方言词的规范来说，就至少有这么三种情况：

自行车——脚踏车——单车

月亮——月光——月光帝

老鼠——耗子

第一组是北方话的词和其他方言中词并存的问题，比较容易解决，可以认为北方话中普遍通行的“自行车”是合乎规范的，是普通话中的词，“脚踏车”和“单车”是吴方言和粤方言中的词（西南方言也说“脚踏车”）。第二组都是北方话中的词，规范起来也比较好办，可以把流行范围广，书面语中通用的“月亮”作为规范的词，而“月光”“月光帝”等看作北方话中的方言土语。第三组例句就比较复杂，“老鼠”是北方话中的词，“耗子”流行于其他方言，但也存在于大部分北方话内，更麻烦的是它们现在都通行于普通话的书面语中，如《北京晚报》1985 年 7 月 30 日头版一条新闻，前面说：“任何想结婚的村民都要杀十只老鼠”，后面又说“如果鼠患不加以控制，当地五百公顷的禾田，明年将受四十亿只耗子侵害”。“老鼠”和“耗子”完全是通用等同的。又如中央电视台 1985 年 9 月 1 日播出的产品广告中，一会儿说“散热片”，一会儿又说“暖气片”。“散热片”和“暖气片”似乎也完全一样。如果对类似这样情况的词语进行规范，情况就会复杂得多。但不管何种情况，要想规范工作顺利进行，吸收和排斥都合乎语言的实际，能够有力地促进民族共同语的发展丰富，就必须从调查研究它的基础方言入手，只有在这个基础上才能制定出科学而明确的规范标准，才能有力地开展规范工作。显然，基础方言中有的，首先从基础方言中吸收，如“自行车”和“脚踏车”，就其最初通行的范围说，后者不一定比前者小，但由于前者是基础方言中的词，在规范中就有一种自然的优势。同时也表明，受到排斥的，首先是基础方言以外的方言词。就基础方言内部分歧说，北京、河北、天津方言词是基础方言的核心部分，吸收和排斥，也需要首先从核心中考虑。如“月亮”和“月光”，“馒头”和“馍”，“聊天”和“唠嗑”，“地”和“地板”，都是北方话中的词，但前者是基础方言核心中通行的词，它们就容易被吸收到共同语中去，而非基础方言核心中的词，就容易被排斥。究其原因，河北、天津围绕着北京这个全国政治、文化中心，基础方言中的其他方言无法与之相比；河北、天津方言同普通话语音最接近，吸收河北、天津方言词在语音上同普通话没有太大矛盾。这些事实无不说明，对任何一个方言词的吸收和排斥，都涉及基础方言，特别是它的核心的方言词汇的情况。

1.4　语言的规范工作还有普及推广的一个重要方面。大力推广普通话，就是把民族共同语的标准在全国普及推广，这对于汉语规范工作有十分重要的意义。从 50 年代初开始，政府一直把它作为语文工作中的一项重要任务而加以提倡和推行。这就需要办各种推广普通话的学习班，编写各方言区学普通话的手册。除了语音问题外，词汇就是一个很大的问题。如果我们考虑到基础方言区以外的方言，词汇同北方话差别占全部词汇的百分之五十以上的话，就很容易理解到词汇在推普中的重要作用了。如上海话的“生煎馒头”（生煎包子）、广州话的“我行他走”（我走他跑）、梅县话的“今天落水”（今天下雨），就是用标准的北京音读出来，人家也是听不懂的。就是在河北方言内，也会发生这样的问题。如张家口人到石家庄去买土豆，如果用张家口话的词就是“买山药”，买回来的只能是“红薯”，因为石家庄地区的人把“红薯”叫“山药”。因此，在推广普及普通话中，不注意词汇方面，是不行的。还应该指出一点，从前供各方言区学普通话的书，不仅注意词汇不够，同时还由于过分地让人按方音和普通话语音的对应规律去学普通话，这样做的效果实践证明并不理想，因为群众学话往往是从实际的具体的语句入手的，只有在掌握了一定的语句的基础上，规律才能起指导作用。如果要改变过去学话手册的编写方法，也应该更多地注意词汇，让学话者通过具体的词语和句子去掌握语音，也许效果更好一些。上面这些工作，自然也都离不了对河北方言词汇的调查研究。

二　在语言学研究方面的意义

2.1　调查研究河北方言词汇，有助于我们全面具体地认识方言同民族共同语的关系。

2.1.1　把现在调查得来的河北方言词汇材料同历史记载的共同语比较，可以清楚地看到方言词和共同语词互相渗透的情况。共同语中的词可以蜕变为方言词，方言中的词也可以进入民族共同语。方言和共同语的这种互相渗透消长的情况，在基础方言和共同语之间表现得尤为明显。这自然是由于它们的关系密切，互相渗透比较容易的缘故。从河北调查材料的初步整理中，就发现通行于古代共同语中的一些词被淘汰而成为今天的河北方言词。仅从动物名称一类词看，就有百余条。如：

蚯蚓——曲蟮　　蟋蟀——促织
母马——骒马　　母牛——牸牛、牝牛
山羊——羖䍽　　公牛——牡子

上列词语，破折号后的都是古代汉语中有的词，现在普通话一般已不使用，而成为河北方言中的方言词。至于方言词进入共同语，更是经常发生的现象，我们可以很容易地举出许多例子来。我们从汉代扬雄的《方言》中，可以看到古代的河南、河北方言词成为今天普通话词的现象。《方言》卷一：“虔、儇，慧也……自关而东赵魏之间谓之黠，或谓之鬼。”《方言》卷三：“陈楚之间凡人兽乳而双产谓之釐孳……自关而东赵魏之间谓之孪生。”古河南、河北的方言词“鬼”“孪生”今天早已演变成了共同语中的词。同时，也可以看到当时的通语后来变成方言的事实。《方言》卷十一：“蚍蜉，齐鲁之间谓之蚼蟓。”郭璞注：“蚼蟓”读“驹养”。今河北亦如此称呼蚂蚁。但“蚂蚁”在河北却常叫“蚍蜉”。“蚍蜉”由共同语变成了方言词。《方言》卷十二：“莳、植，立也；莳，更也。”郭璞注：“谓更种也。”“莳”古时是通语，属于“先代绝言”，现留存在河北方言中。方言和共同语的互相渗透，是语言发展中的一个普遍规律。我们如果能就已经调查出的大量互相渗透的实例，进行一些探索，完全可以找出一些共同语词如何蜕变为方言，方言词又怎样被吸收成共同语词的规律。这对研究词汇发展演变的规律和共同语形成的历史是有一定意义的。从这种渗透替代的变化中，可以看到共同语总是在一种方言的基础上发展出来的。

2.1.2　河北方言是普通话的基础方言，因此，调查研究它的词汇，不仅具有调查研究一般方言词汇的意义，同时还具有研究普通话词汇基础的意义，即研究民族共同语词汇形成和发展方面的意义。

2.2　方言词义演变的复杂性和方言构词的多样性，使我们能深入地观察到许多一般词汇学中涉及不到的问题，可以开阔我们的眼界。

2.2.1　河北唐山地区方言把“你闻闻这朵花香不香”，说成“你听听这朵花香不香”。我们乍一听会感到很别扭，但从词义演变上看，却很值得注意。古代汉语中，“闻”和“听”是同义词，如“视而不见，听（聽）而不闻”（《礼记·大学》）。“听”是一般的动作，而“闻”则是听的结果，但都是听觉方面的事。普通话和别的方言把“闻”专职分工为用鼻子嗅，而唐山地区却用扩大“听”的词义来表达嗅的意义。又如“馒头”和“包子”，在普通话中区别很清楚，但在河北方言中却有混称的。有把“包子”叫“馒头”的，为了同真正的“馒头”相区别，甚至把包子叫“馅馒头”。也有把“馒头”叫“包子”的地方，为了同真正的包子相区别，把“包子”叫“馅包子”。这种演变也是很有意思的。《三国演义》第九十一回有一段有关馒头的描述：“唤行厨宰杀牛马；和面为剂，塑成人头，内以牛羊等肉代之，名曰‘馒头’。”《水浒传》第二十七回：“肥的切做馒头馅，瘦的却把去填河。”可见古时“馒头”是带馅的，方言中把包子叫做馒头也就不足为怪了。

某些带有方向性的动词，在演变中也很特别。如“嫁”和“娶”，从女方说是“嫁出去”，从男方说就是“娶进来”，但河北方言中，有的地方“嫁闺女”却说成“娶闺女”或“聘闺女”。这大概是由于说话人的立足点习惯上不同的缘故。

2.2.2　构词的多样性，往往从一种语言或方言中不容易观察全面，当我们把同一个事物各种不同的方言叫名加以分析比较时，就会发现许多在一般情况下注意不到的问题。

北方话词汇内部分歧比我们想象的要大得多，当我们把这些同实异名的方言词放在一起研究时，就可以看到方言构词的多样性。本文只能简明扼要地举出几类河北方言的典型情况，供进一步研究者参考。

2.2.3　突出不同的特征形成的方言词。客观事物是复杂的，总是具有多方面的属性和特征，人们是在实践中逐步认识它们的。不同地区的人，由于社会、历史、风俗、自然条件和生活习惯等等的差别，就常常使他们对事物某些方面特别敏感，从而在认识中形成不同的着重点。因此，用什么特征来指称同一事物，不同地区的人可能相同，也可能不同，以至于有时我们不了解创造某个词的历史背景，就很难理解为什么用这个特征来指称这个事物。“甘薯”在各地之所以叫“红薯、白薯、山芋、山药、地瓜”等，正是各地人强调了“甘薯”不同特征的缘故。这种现象，即使在同一方言点中，有时也可以见到。如河北省有地方“轮船”既叫“火轮船”，也叫“水轮船”。水火是不相容的，但指的确是同一个事物，分别反映出强调的不同特征。“货郎”一词，由于强调不同特点，形成了许多方言名称。从唤头上取名，有叫“摇大鼓的、摇不楞等的、打鼓儿的”；从挑担上取名，有叫“货郎担子、货郎挑儿、担挑的、挑货郎担的”；从卖的东西上取名，有叫“卖针线的、卖杂货的、卖小货的、卖带子的、卖线货的”等（这些虽然是固定词组，但却是词汇系统中的成员）。名称本来是表明对象的特征的代表，人们用它来指称事物并把不同特征的事物区别开来。不同地区的人，抓住事物的不同特征去命名，自然形成了不同地区的方言词。

2.2.4　模仿对比形成方言词。人类认识和思维的成果，正是借助语言中的词形成和巩固下来的。词不仅是指明客观事物，同时它往往还反映出使用词的社会集体对这些事物的认识和观点。因而，历史学家、哲学家和民俗学家等常利用词源或词义学研究的成果，帮助说明使用那种语言的社会中的某些现象。前所举的上一类方言词，实际上也是由于人们认识不同的结果。不过人们当时的观点并没有在这类词中直接而明显地表现出来。只有人们在认识新事物或接受新的概念时，依照当时的认识水平同已熟悉的事物进行类比，并用模仿的方法创造新词时，才充分反映出社会集体当时的某些观点，体现出社会集体对这些事物的认识。因此，不同地区的人，可以把同一事物归入不同的类。由于客观对象引起不同地区人不同的形象联想，因而方言中也常形成一些与共同语形象色彩不同的方言词。所以，这一类词也可分为两类：一类由于认识和观点不同而形成的，另一类由于不同形象联想而形成的。这就使得词在标志客观对象的同时，还可以体现某一地方的社会集体，在其历史发展过程中是如何理解某类事物以及它同其他事物的关系。

前一类方言词如：“化学肥料——洋粪”、“拖拉机——洋犁”、“纸烟——洋旱烟”、“故事——瞎话”、“幻灯——土电影”、“牧师——洋老道”。后一类方言词如：“乌云——锅底云”、“大雨——面条子雨”、“自行车——洋马儿”、“晕车——醉车”。

2.2.5 由于不同词汇系统的制约性，选取不同的构词材料而形成的方言词。既然方言词汇是一个独自的完整体系，方言在创造新词时必然要受自己词汇系统的制约，在吸收共同语词时，也不得不按照自己的系统加以“改造”。因方言词汇系统性的制约而形成的方言词，也可分为两类。一类是构词材料上的制约。新词的构成总是以原有的词或词素作基础的，如果原来词汇系统中不用某一材料来构造某些方面的词，那么在这方面构造新词或吸收共同语时，就要用自己系统中同义的材料去代替。比如河北许多地方不说“金”，因而“奖金”就得说成“奖钱”或“奖励款”。有的地方不说“游”，因而“力争上游”的“上游”说成“上水”。另一类情况是原来的词汇系统对新词词义概括范围上的制约，以至于我们常常看到方言词和共同语中相应的词词义不一定相等，即使同名同实的词，往往在意义概括范围上也有一定的差异。比如河北方言有的地方买西药叫“买药”，买中药则叫“赎药”，不说“买药”。又如“吃”，在河北不少地方由于没有像共同语中有“喝”等词与之对立，从而限制它词义的概括范围，所以它的词义比共同语中广泛得多。“吃饭”叫“吃”，“喝酒”也叫“吃”，“吸烟”也可叫“吃”（别的方言也存在这一现象）。又如河北方言中有的地方凡久蒸煮都可叫“熬”，因而无“煎、熬、烧、蒸”

等区别，“红烧肉”叫“红熬肉”，“粉蒸肉”叫“粉熬肉”。不同词汇系统中指明同一事物的词，它们词义范围不同的情况，我们很容易在方言和普通话词对比中看到，不必多列举。方言词汇系统的制约性，除了使词义概括的范围不同外，有时还可形成使用范围或风格色彩的不同。如河北方言中把“月亮”叫“明奶奶”，把“小指”叫“小五哥”，但只限于儿歌或与小孩说话时用。“口重”表示菜咸了，“口轻”表示菜淡了，但往往只在对做菜人表示客气时用。这些都说明了方言词汇分歧的复杂性和多样性。

2.2.6　地区特殊情况形成的方言词。不同地区，往往有气候、地理、发展水平、风俗习惯、历史传统等不同，常受这些条件的影响而形成一些方言词。这仍可分两种情况。一种情况由于受地方条件和传统的局限，对某些事物形成一种“片面性”的了解所致。这种方言词流行的地方一般较小。如：“电筒——电灯”（当地没有真正的电灯）、“公路——汽车道”、“赶集——赶庙”（当地集多设在有庙的地方）、“饭勺——木勺”（盛饭习惯用木勺）、“吃晚饭——喝汤”（当地习惯晚饭常熬小米饭汤）。在这类情况中，还可包括一种较特殊的现象，即由于方言区对共同语的词了解不十分确切，在方言中好像形成一种“歪曲”现象。这些共同语的词，就其在方言中的含义和用法来说，实质上是方言词。比如某人闹情绪时，总是有什么问题，要产生一些波动，以致把“闹情绪”说成“闹问题”或“闹波动”。又由于只注意到“章程”是举办某项事业时的具体制度和办法的一面，因而当问一个人有什么本领时，说成“有什么章程”，或把“想主意”叫“想章程”。“管理庄稼”叫“修理庄稼”等。这些都是由于对共同语的词理解“不准确”而形成的。当然，如果这种情况只发生在一部分人中，那是不能算地方方言词的。上面举的例子都不是这种情况。

地方生活局限形成方言词的另一种情况是，由于方言区的人不常接触某些事物，因而对它们总有一种生疏而又郑重的情味，造成一种与共同语好像全称和省称的不同叫名。听来能懂，但总感到并不是共同语。如：“桌布——铺桌布”、“牙刷——刷牙刷儿”、“照片——照相片”、“打针——打药针”。

2.2.7　保留不同的古语词，也是形成方言词的因素。方言是共同语在不同地域历史发展的结果。由于各地有不同的发展情况，常常有可能共同语中已不再使用的词，在方言中却保留了下来，从而形成自己独特词汇系统的一个因素。这样形成的差别，《颜氏家训·音辞篇》即指出：“北方山川深厚，其音沈浊讹钝，得其质直，其辞多古语。”不过他对形成原因的解释却完全是唯心主义的。北方话中即保留了大量的古词。这些本来在历史上属于共同语中的词，由于共同语已不再使用，所以成了方言词。方言中保留古词有两种情况，一种保留古词古义，一种是保留古词但意义有所变化。

前者如：“天气——天道”、“平地——川”、“高平地——坝”、“去年——年时”、“正月——端月、寅月”、“昨天——夜来”、“秋——旻”（如秋庄稼叫“旻庄稼”）、“牲口——头口”、“臭虫——壁虱”、“蚯蚓——曲蟮、地龙”、“热水——汤”、“礼物——人事”。

后一种如（括号中的注解只大致指出古今不同的情况）：“蚂蚁——蚍蜉（古指大蚁）、米蛘（古指小蚁）”、“蒸饭——糗饭”（古指熬饭，今方言中仍保存此义）、“包子——馒头”（古指带馅和不带馅的）、“干鱼——鲞鱼”（古仅指干黄花鱼）、“洗脸——净面”（方言中仅限于给死人洗脸）、“胡子——髯”（古指颊须）、“饮食——汤水”（古所指比饭食广）、“催请——速”（方言只用于再次催请）、“大方——台孩”（方言中还有安逸、舒适等义）。

以上几种类型，只是就我们掌握的河北方言词汇材料粗略分析得出的，很难说概括了方言词产生的全部情况，不过就此也可以使我们看出一个大概情况，有助于我们观察今后方言词的产生和发展问题。

2.3 从调查研究河北方言词汇中，我们感到对今后方言词的产生和发展的问题很值得语言学家们进一步研究。因为这关系到推广普通话、汉语规范化和语文教学等一系列重大语文工作的安排和部署问题。

2.3.1 方言的产生自然是社会分化的结果。但在今天中国大统一，进行“四化”建设时，方言发展变化的动向又是怎样的呢？过去语言学家一般都认为方言在资本主义时代里已经带有残余性质。这时期，语言分化过程已经让位给语言统一过程和方言集中为统一的民族语言的消磨过程。方言的差异照例已经不再出现，现存的一部分则随时间开始消失。似乎方言就快成了一个历史名词，方言学也进入了历史范畴，成为纯粹研究历史的科学。《江苏省和上海市方言概况》一书，关于词汇“说明”部分指出：“全国一致通行的词如‘人民公社、大跃进、总路线、革命、拖拉机、水利化’之类也不收，因为这些词在全部汉语方言里都只有语音差别。”显然，在他们看来，“全国一致通行的词”今天不会再产生方言词。但是方言，特别是方言词是否按照某些语言学家们预示的这种规律发展，确是值得研究的问题。

2.3.2　今天的现代汉语中是否还会产生方言词，我们只要举出一些所谓“全国一致通行”的词的方言名称，就可以把问题说清楚。在未调查研究方言词汇前，谁也没有想到有地方会把“全国一致通行”的“化学肥料”叫“洋粪”，把“下放”（干部）叫“下派”，把生产队的“仓库”叫“队底”（如“我家当队底了”，即我家房子借作了生产队的仓库。说话人并不认为这是什么比喻性的说法），把“真人真事”叫“实人实事”。《人民日报》曾登载参加北方农村文化工作队的同志写的文章。其中谈到农民把“收音机”叫“话匣子”，把“手风琴”叫“松紧琴”，把“相声演员”叫“演清朝戏的”，前些时在重庆，还听到当地把全国一致通行的“户口本”叫“备查簿”。类似的例子，是不难找到的。如“日光灯——电棍”、“客车——票车”、“跳舞——跑舞”、“布票——布证”、“粮票——粮证”等。因此，这个问题似乎应是一个不会有争论的问题。

2.3.3　需要讨论的是今后是否还产生方言词，这种趋势到什么时候才会停止。

语言是一种社会现象。方言的产生和发展都是受社会发展所决定的。方言的产生和形成正是社会分化的结果。反之，方言集中为共同语，也正是政治经济集中所决定的。但是，要说明社会主义和共产主义时代方言词产生的问题，还必须具体分析。如果过去产生方言词的各种原因在今后已经不起作用，而同时又不存在其他产生方言词的新因素，当然就不会再出现新的方言词，否则，新方言词的产生仍将不可避免。

地区的自然差异和先进与后进的区别是永远无法消除的。由这种差异产生的方言词也就是不可避免的。因为同一事物在不同的地区，往往会有一些新的特征。这就使各地人有可能有不同的感受。关于这点，我们从一些与自然条件密切相关的动植物上看得最清楚。比如“白菜”，国内许多地方叫“白菜”或“大白菜”，而河北某些地方却叫“黄芽菜”。其原因在于栽培方法不同。《本草纲目》卷二十六记载：“白菜者……北方者多入窖内。燕京圃人又以马粪入窖壅培，不见风日，长出叶苗皆嫩黄色，脆美无滓，谓之黄芽菜。”自然，这种名称不产生于南方地区了。陈藏器《本草拾遗》：“南人以水牛为牛，北人以黄牛为牛。”（见《本草纲目》卷五十下）今天还是南方主要养水牛，北方养黄牛。南北人所说的“牛”在具体含义上仍有此不同。又如冰和雪，对河北和广东人来说，无论在含义的具体性或意义色彩上，绝不会是完全相同的，以致王夫之讥笑：“粤人咏雪，但言白冷而已。”（《姜斋诗话》卷三44条）因为人们与客观事物不同的关系，自然会形成不同的认识和感受。这是完全符合辩证唯物主义的认识论的。

就语言词汇本身说，新词的产生和创造，是离不开原有词汇系统的，并且一定要受原有词汇系统的制约。既然消灭方言远不是短时期的事，那么，方言区接受共同语的词或创造新词时，就要按照自己的词汇系统进行“改造”（自然，这种“改造”并不一定产生新方言词）。比如西南方言有的地方“腿”叫“脚”，因而“两条腿走路的方针”在那里就要说成“两只脚走路的方针”，不仅“腿”改成了“脚”，量词“条”也变成了“只”。如果不经这种“改造”，当地人就会感到“别扭”，不易为他们所理解和接受。可见，这种“顽固”地保持自己系统的力量是相当大的。这就表明，在方言未彻底消灭前，从语言的内部结构上说，是存在产生方言词因素的。当然，不能夸大这种情况，而应看到它是日趋弱化的。

自然，我们讨论这个问题，只在于说明今后仍然存在出现方言词的客观基础。我们绝不可把这种基础夸大，而忽视共同语的主导作用，忽视方言消磨集中为共同语的发展主流。因此，我们不能把新方言词的产生同推广普及普通话（共同语）看作水火不相容的事。无数事实证明，不少方言区的人，在一些场合可以说普通话，在另一些场合却乐于操自己的方言。今后可能普通话已全面推广，但方言区仍可通行方言，而方言词在这些地区仍可能产生，它们也会对共同语产生一定的影响。只有这样，我们才会认识到方言词虽然不断产生，但推广普通话和汉语规范化不仅是必要的，同时也是可能的。如果用这种眼光去看待今后的方言词问题，我们对词汇发展中的一般问题也会得到丰富和进一步的探索。我们在推广普通话、汉语规范化、方言研究中怎样对待方言分歧等问题，就会根据今后的实际情况和方言词发展的趋向，采取有效的措施，顺利地推进我们的工作。

2.4 在汉藏语系的语言中，词序是表示语法关系的重要手段。词序的固定是汉语语法稳固性的最突出的一种表现。因此，一些语言学家从词序方面研究语言的类型和亲属关系。河北方言的词汇，对这方面的研究也可以提供一些新的、很有价值的材料。

现代汉语是修饰语在被修饰语之前，这同汉藏语系中许多语言的词序正好相反。如何认识并解释这种差异现象，早就引起了我国不少学者的注意。邢公畹先生三十多年前发表的《汉台语构词法的一个比较研究》（见《中国语文研究参考资料选辑》）中，就列举了大量材料说明汉语同其他亲属语言在构词上的这种差别（还可参看袁家骅先生《汉壮语体词的向心结构》，载《民族语文》，1979 年第 2 期），并引证了大量材料，说明古代汉语中也有许多用被修饰成分在前，修饰限制成分在后构成的词或词组。他还指出我国学者早就发现了这种现象。宋人吴处厚在《青箱杂记》中就说："南风俗，相呼不以行第，唯以各人所生男女小名呼其父母……有民韦超，男名首，即呼韦超作'父首'。韦遨，男名满，即呼韦遨作'父满'。韦全，女名插娘，即呼韦全作'父插'。韦庶，女名睡娘，即呼韦庶作'父睡'，妻作'婶睡'。"（见陶宗仪《说郛》）"父首"，即"韦首之父"，也即把被修饰限制的"大名""父"放在修饰限制的"小名""首"之前。这就是构词法上的大名冠小名（如"鸡公"）与小名冠大名（如"公鸡"）的不同。日本学者桥本万太郎先生认为远古汉语是"大名冠小名"为常，并且认为从粤方言开始，经过吴方言逐步过渡到北方话，由大名冠小名向小名冠大名转变，吴方言是一个介乎二者之间的过渡类型，所以，吴方言既可以说"公鸡"，也可以说"鸡公"。这个结论基本上是可信的。这也正是王了一先生说的"北方方言发展得快，南方方言则比较富于保守性"的体现(《汉语浅谈》，北京出版社，40 页）。现在的问题是，北方话也是古汉语的分支，在它的构词中有无大名冠小名的遗留呢？如果一点没有，是很难想象的。假如我们能在北方话中发现一些这种演变的遗迹，对于说明远古汉语以大名冠小名为常，以及汉语由南向北的类型演变就有了更充分的论据。

实际上，在北方话中是有这种演变的踪迹可寻的。在未全面调查河北方言词汇前，有些现象我们是无法想象的。比如河北个别地方，也有把"公鸡"叫"鸡公"的。这同北方话中的西南方言一样，只是比较个别罢了。仅就有关动物一类的方言词看，河北类似的情况还有："种猪"叫"猪种"，"种羊"叫"羊公子"，"公山羊"叫"山羊羯"或"山羊羯子"（方言中也可叫"羯羊"），"母靛颏儿"（一种鸟）叫"靛颏母子"，"大雁"叫"雁鹅"（也叫"鹅雁"），"小猪"叫"猪娃子"或"猪羔子"，"昆虫"叫"虫蚁儿"（可同"老虎"叫"大虫"比较），等等，都透露出大名冠小名的迹象。由于我们习惯于小名冠大名的词序，所以往往对遗存的大名冠小名的词语习焉不察，甚至按小名冠大名的方式去理解。很能说明问题的是那些大名冠小名或小名冠大名同时通行的词语，如"羯羊"（小名冠大名）、"山羊羯子"（大名冠小名）、"鹅雁"（小名冠大名）、"雁鹅"（大名冠小名，西南方言中也有这样叫名）。顾炎武《日知录》卷三十二："山东河北人谓牝猫为女猫，《隋书·外戚独孤陁传》，猫女可来无住宫中，是隋时已有此语。"今日河北方言中母猫仍有叫"女猫"的。但《隋书》只说"猫女"，这可能也是北方话历史上大名冠小名的例证。从这些不成系统的材料中，可以看出“大名冠小名”的词序在北方话中也存在过，并还留有一些遗迹。如果就这个问题进行一些深入全面的研究，也许可以获得更多的成果。

三 在训诂学和词典编纂中的作用

3.1 任何一个民族的语言，随着历史的发展，都会出现古今的差别和地域的歧异。前者是今言和古语的不同，后者是共同语和方言的差异。方言和共同语的分歧，不仅属于共时的范畴，同时也具有历时范畴的属性，因为方言也有历史发展的过程。在历史发展中，方言和共同语在词汇方面，总是经常互相渗透补充的。正是由于现代汉语同古代汉语，共同语同方言之间有历史继承和亲属的渊源，它们之间形成了一种错综复杂的关系。在古代汉语中，曾经是很普通的词语，可能随着历史发展在后来共同语中已经消失，但却可能活生生地保存在方言中。这就为我们在训诂中利用方言词语提供了可能和根据。

3.2 北方方言发展比南方方言快，它保存的古词、古义一般当比吴、粤等方言少。如果北方话尚有许多材料可供训诂参考使用，其他方言定会向我们提供更为丰富的资料。实际上，训诂中利用方言词语，前人早就注意到了。郑玄《三礼》注，何休《公羊传》注，郭璞《尔雅》注，都引用过当时不少的方言资料。近人张相先生著《诗词曲语辞汇释》，也参考了不少方言资料。但由于我们对全国的方言词语搜集研究不够，可以直接供训诂参考使用的材料也就不多；加之，我们从理论上和方法上研究方言词语在训诂中的作用问题也很少，所以，训诂中如何充分利用方言材料还远未引起我们应有的注意。

3.3 对于古代文献的注解和训释，除了前人的传注可以充分利用外，还有大量的字书、雅书可资查询，即使还有一些疑难，那也常是在众说纷纭中择善而从的问题。使训诂学家感到不好办的，往往是那些“其性质泰半通俗，非雅诂旧义所能赅，亦非八家派古文所习见”的词语。因为这些词语“自来解释，未有专书”（张相《诗词曲语辞汇释·叙言》）。这类词语主要存在于诗词曲和变文、语录、小说等作品中。它们虽无旧注和专书供查阅参考，但它们却还有许多存留在方言口语中。因此，对于这类词语的训释，方言大有用武之地。

3.4 张相、徐嘉瑞、朱居易、蒋礼鸿、陆澹安和王锳等先生，对这类词语的训释，已经做出了巨大的成绩。在没有别的参考资料的情况下，他们采用大量排比例证分析归纳词义的办法，训释了许多疑难词语。张相先生说他“释一辞，下一解，必罗列唐宋金元之诗词剧曲至数十百种，撷取其每一辞之例证，由十余至五十余则，综贯之得一义，取其义施之各例而一一通其解，始敢假定其训诂并明其辞义之流变。少不安，辄弃去，重取其例证而一一反复吟哦之，体会之，揣摩之，印证之，然后更假定一新义——如是者往往至再至三，乃至四五。”（《诗词曲语辞汇释·跋》）从这里我们可以看到这一工作的艰辛和张相先生一丝不苟的治学态度。

3.5　但是，排比归纳的方法，总是有一定的局限性的。这种方法，所得出的常常是一种可能存在的意义，其性质有些类似音韵学中我们对古音的构拟，缺少活的语言作为它的确证。同时，这种训释就只能以能否讲“通”作为标准。如果某一义在各例证中都能讲通，就认为训释对了。事实上，“通”可能对，但也可能不对。训诂中两说或数说皆可通的情况很多，但只能说其中一种是对的，其他的是不对的，不符合古人语言原意的。仅凭“通”来决定训释得对不对，并不完全可靠。排比归纳方法不足的地方，很容易不自觉地导致望文生义的错误。此外，这种方法训释的词语，即使训释对了，也往往知其然不知其所以然。因为从排比例句归纳出的词义只能就例句论例句，无法探索词义的渊源。因此，对词义的来源、变化、引申情况就不知究竟了。下面我们将仅靠排比归纳训释词义造成的失误和方言词语在训释中的作用，择其荦荦大者分别举例说明。

3.5.1　望文生义。

“夜来”，这个词在今河北、山西均较为流行。但有的专家却望文生义解释为“夜里”。何心先生《水浒研究》一书中，第十九章专门评述“水浒传的错误”。其中引《水浒传》六十一回卢俊义“夜来算了一命”，何心先生指出据上文，“吴用替卢俊义算命，明明是白天不是晚上”，因此上下文不符。其实《水浒传》写的没错，错在我们不理解“夜来”不是“夜里”，而是“昨天”的意思。这种用法在宋元人的作品中并不乏例证。

“敦葫芦摔马杓”，朱居易先生《元剧俗语方言例释》注为：“生气、发怒，葫芦即溺壶，马杓即马桶。敦同顿。”根据这样的解释，元剧中有许多地方就不好理解。《桃花女》楔子，正旦云：“我教与你，到今夜间三更前后，你倒坐着门限上，披散了你头发，将马杓儿去那门限上敲三下，叫三声石留住哥哥，他便不死了也。”《桃花女》楔子，端正好曲：“坐着门桯，披散头梢，将小名儿唤，马杓儿敲。”如果说“马杓”是“马桶”，在那样场合用马桶去敲打门限就很不合情理。顾肇仓先生的《元人杂剧选》和王季思先生的《元杂剧选注》都把“葫芦、马杓”解为“盛酒和舀水的用具”，恐也不全对。河北方言中，“葫芦”、“马杓”都是炊事用具。前者是用葫芦做的瓢，多用于舀水或米面；后者是用木头做的长柄杓，多用于盛饭。

“捻”，《窦娥冤》第二折赛卢医云：“在城有个蔡家婆子，刚少的他廿两花银，屡屡亲来索取，争些捻断脊筋。”王季思先生《元杂剧选注》：“捻（niǎn 辇）：揉搓，这里指频繁的催迫。”“捻”解作揉搓是对的。但说指“频繁的催迫”就值得研究了，因为揉搓一义很难引申出“频繁催迫”来。“争些捻断脊筋”译成“差一点儿频繁地催迫断脊梁骨、筋脉”也欠通顺。今河北方言说“让人捻断脊梁骨”，意即被别人在背后议论指责。“捻断脊筋”和“捻断脊梁骨”意思应该是相同的。具体到《窦娥冤》剧，蔡婆婆多次向赛卢医催讨欠债，赛卢医赖着不还，气急了的蔡婆婆在索债时难免责叱他，“捻断脊筋”即是蔡婆婆指戳着赛卢医进行呵叱时的形象说法，因此，“争些捻断脊筋”译作“差点儿戳断（我的）脊梁骨”，转意为差点儿把我数落死，较为合适。“捻”也就是指戳，转意为数落、责备。

“不剌”，元剧中常见的语助词“不剌”（亦作“不倈”），各家对它表达的意思注释也多语焉不详。河北方言中至今还常用这个词，如“新房子已经盖好了，不剌，旧的坍就坍吧”，“不剌”就是“罢了”的意思。实际上元剧中也多是这种意思。如《拜月亭》第三折，倘秀才曲：“我怨感我合哽咽，不剌，你啼哭你为甚迭?”张相先生认为这种“不剌”的作用是另开下意，为转接语气之话搭头(《诗词曲语辞汇释》658 页)。但在河北方言中，“不剌”并不同上下文连读，而是前后隔开，有如插入语。张相先生把“不剌”同下文连读，似亦不妥。

“骗马”，朱居易先生《元剧俗语方言例释》注为“骑马。本意系为善骑者使马不知，有如受骗然，此盖引申之义”。这个解释有两点不妥：一、“欺骗”义的“骗”和“骗马”义的“骗”是两个同音词，它们之间并没有什么引申的关系。“欺骗”的“骗”是同音假借“骗马”的“骗”（有兴趣的读者可参看天津人民出版社《语言研究论丛》第一集，李行健的《“骗”和“骗马”简说》）。二、“骗马”同“骑马”义不同。明王伯良《新校注古本西厢记》注“骗马”为“跃而上马，谓之骗马。今北人犹有此语”。王伯良已注意到这是北方方言。正好今河北一带仍把“跃而上马”叫“骗马”。骑自行车用单腿跨上也叫“骗”，“骗”的本义正是“跃而乘马”，后因“骗”的义扩大了，凡“跨跃”均可叫“骗”，如“骗驼”、“骗墙”，才产生出“骗马”。

“狗鳖”，《望江亭》第三折，李稍云：“相公鬓上一个狗鳖。”王季思先生《元杂剧选注》：“狗鳖：狗蝇。”其实狗鳖和狗蝇是两种昆虫。狗鳖，学名狗虱，属昆虫纲虱目，赤褐或灰黑色，是狗身上的寄生虫，它用钩吻叮住狗的皮肤，一生吸食狗血，死后方从狗身上脱落下来。今河北方言称之为“狗鳖”，天津方言称之为“狗豆子”。狗蝇，一名犬虱蝇，属昆虫纲双翅目，形似苍蝇而稍小，终日围绕着病狗、脏狗的脖子飞舞，以叮食狗血为生。这里作者借以调侃、嘲骂杨衙内。

3.5.2　随文释义。

这同“望文生义”不同。“望文生义”是凭想象释词，往往是错误的。“随文释义”有时是对的，但它的缺点也十分明显，大多不是增加义项就是减少义项，甚至弄得义项之间发生矛盾。增加义项造成义项繁琐，减少义项造成对词义的片面解释。如“台孩”，《董西厢》卷三，红罗袄曲，写张生：“畅好台孩，举止没俗态。”“台孩”的确切意义是什么，各家解释就不很相同。徐嘉瑞先生的《金元戏曲方言考》解作“骄傲”，张相先生的《诗词曲语辞汇释》解作“气概轩昂”，朱居易先生的《元剧俗语方言例释》解作“板起面孔”，引申为“气概轩昂”。这些解释很难说是完满的。就以《诗词曲语辞汇释》该条所举的九个例句看，也很难说一概都可解作“气概轩昂”。“台孩”在河北方言中，意思是大方、安逸等样子，如果参照一下这些意义，显然会解释得贴切一些。这就是由于“随文释义”，各家理解不同造成的分歧。

“白”或“白破”，王锳先生在《诗词曲语辞例释》（中华书局版）中释为“白，揭露、戳穿的意思，专指揭露戳穿诺言。”“‘白’又可说成‘白破’，义不变。”这很值得研究。“白”和“白破”在河北、天津方言中经常使用，就是“说”的意思。“说了半天”，就说成“白了半天”或“白破了半天”。用这种意义去解释王书中所有的引例是十分通顺合理的。实际上，“揭露”和“戳穿”等意义是受王书例句上下文的影响添上去的，是随文增义造成的。

“打火”，朱居易先生解为“旅途做饭”（见所著《元剧俗语方言例释》）。河北方言中“打火”只有“做饭”的意思，不限于旅途。朱先生加上“旅途”限制，显然是受了他所排比的具体例句意思的影响。因为例句中的“打火”说的是旅途做饭。但那是具体用法的问题，不是“打火”本身的词义问题。加上“旅途”限制，就把词义的范围缩小了。这也是单纯依靠排比例句随文增义解词带来的局限。

“多咱（喒）”，是元剧中常见的一个词。张相先生释为“犹云大概也；总之也”，朱居易先生释为“大概、恐怕”（分别见《诗词曲语辞汇释》和《元剧俗语方言例释》，下引张、朱意见均见此两书）。从他们所罗列的十几个例句中，可以说大致是通的。但是否就准确呢？张先生把“多咱”同“多则”并在一起，而朱先生却又把“多管”和“多咱”并在一起，认为它们是同词异形。这就人为地给“多咱”造成了好些义项，形成了几种不同的写法。实际上，河北方言中，“多则”、“多管”、“多咱”还都说，但意思不同。它们不是异形同词。“多咱”是“什么时候”的意思，常用在询问或反诘的句子中。如“你是多咱来的?”“多咱”之所以是这种意思，因为它是从“多早晚”连读音变缩减而来的。“早晚”变成“咱”，是取“早”的声母，“晚”的韵母拼合成的。如果用这种意义去解释张、朱二位先生的全部例句，就会不仅通达而且贴切。这种用法在《红楼梦》中还有。如六十六回：“这人此刻不在这里，不知多早晚才来呢。也难为他的眼力。”这里用的是合音前的原形。

“乜斜”，张相先生解为“胡涂之义；又委靡之义”，朱先生解为“胡涂、痴呆、朦胧”。这些解释大致也是对的。河北方言口语常说这个词，意即“委靡不振，无精打采”的样子，常形容人病病歪歪的那种神态。如“你看他病得那个乜斜样”，由于这种样子的眼睛是半睁半闭的，所以也可以说“乜斜着眼睛”。不随文释义，而用这种比较概括的意义去释“乜斜”，似比原来的要具体着实一些，同时也不必分得那么繁琐。张先生把“醉乜斜”解为“胡涂”，“病乜斜”解为“委靡”也似可不必。“醉”本身也是一种病态，可以一样概括为“委靡”之意。张先生所引的例句《春闺即事》就已透露出了这层意思：“病乜斜恰似醉乜斜，身瘦怯那堪影瘦怯。”说明“病”和“醉”是差不多的。

“敢则”（“敢则是”），朱先生解为“大概”，张相先生解为“犹云大概是也；又犹云决定是也”。在他们所举的例句中好像是能解通的。但“大概”和“决定”相差甚远，甚至对立，何以同属一词尚属可疑。这也是随不同的上下文去释义造成的弊病。“敢则”（“敢则是”）在河北方言中是“原来”（“原来是”）的意思，也作“敢情”。用这种意义可解通全部例句，包括张先生原来分作“大概是”和“决定是”两类不同的例句。因之，这种解释似比朱、张的原解释要好。

“本等”，朱先生解作“本来、原来”，基本上是对的，在他所举的例句中也是确切的。但河北方言中的“本等”还有“本分”义，并且在古小说中也有用例。《醒世恒言》十六回：“那张荩乃风流子弟，只晓得三瓦两舍，行奸卖俏，是他本等。”《水浒全传》一百一十回：“为军的人，学射弓箭，是本等的事，射的亲是你能处。”因此，如果对“本等”加以解释，应为（1）本来、原来，（2）本分。否则就有因随文释义而形成以偏概全的缺点。

3.5.3 似是而非。

“掐”，元剧《梧桐雨》三折，步步娇曲：“寡人呵万里烟尘，你也合嗟讶；就势儿把吾当诡，国家又不曾亏你半掐，因甚军心有争差，问卿咱，为甚不说半句儿知心话？”顾肇仓先生在《元人杂剧选》中，对“掐”字的解释：“用指甲掐东西叫做掐；半掐形容很细微的意思。”这个解释专就字义而言，是无大问题的。但是从曲文的全句来看，有些似是而非。因为作这样的解释，“掐”就是个动词。曲文里的“掐”字是量词。这样它才能加得上“半”字去。四川方言中有这样一个词，读作 kà 或 qià，就是这个“掐”。意思是指张开的拇指与中指指尖之间的距离，作为量长短的单位。在四川和山东等方言中，“掐”还可以作为量物粗细的计量单位。“一掐”可以是两手伸开拇指、中指和无名指互相结合成一个圆圈的长度，也可以是一只手拇指和食指或中指围成一个圆圈的长度。总之，“掐”作量词用，表示一个小的度量单位。“半掐”自然也就是“一点儿”、“半点儿”的意思。

“拿”，王锳《诗词曲语辞例释》释为“犹云对付，动词”，并举了六条例证。其根据除在六例中似可解通外，主要是张相《诗词曲语辞汇释》卷二“奈”可释为“对付、处分”，而王锳同志认为“拿”与“奈”或即一声之转。这也有些似是而非之嫌。今河北方言还有“拿”，也有“对付”的意思，如“这个家伙真是鬼难拿”。但此外，还有“揣测、猜想”的意思，如“他的性子真难拿，一会儿东，一会儿西，谁也摸不准”。如果分别用这两种意思去训释王书中举的六个例证，可能会更准确贴切。同时，王书例三“敢是将咱来戏耍，你做作教我难揣难拿”，“揣”和“拿”互文，更可证“拿”有“揣测”之意。

“雏儿”，朱居易先生根据他排比分析的例句，解释作“未经世面的公子哥儿”，似可以解通。但实际上并不对。河北方言中“雏儿”指幼稚、未经世面，没有经验的人，并不限于“公子哥儿”。在古小说戏曲中，好像也应这样理解。如《西游记》三十二回：“那魔是几年之魔？怪是几年之怪？还是个把势，还是个雏儿？”元剧《曲江池》一折，正旦白：“妹子也，他还是个子弟，是个雏儿？”

“无赖”，王锳《诗词曲语辞例释》释为“等于说可喜，可爱，与通常放刁撒泼义或指品行不端者不同……”。不能说大错，但似觉不十分确切。今河北方言中“赖”是不好的意思。“无赖”就是不不好，也即是好的意思。同“不坏”相近。不同的是古时用“无”，现今用“不”。如“小伙子长得不赖，脾气也不赖”，也就是人的长相和脾气都不坏——好。“无赖”之所以有“可喜、可爱”义，应是这样来的。但不能直接释为“可喜、可爱”，而用“不坏”这个意思去训释王锳同志举的所有例证，就十分通畅贴切。王书例五辛弃疾词“大儿锄豆溪东，中儿正织鸡笼，最喜小儿无赖，溪头卧剥莲蓬”，句中已有“最喜”，把“无赖”释为“可喜”、“可爱”不仅语义不通，也重复累赘，辛词不会拙劣到如此地步。“最喜小儿无赖”，即“最喜小儿天真活泼”，而这种意思正是从“不坏”“好”等引申来的。

“铁马”，元剧《汉宫秋》第四折：“画檐间铁马响丁丁。”王季思先生《元杂剧选注》：“铁马：挂在屋檐的响铃。”似也可通，但并不准确。河北方言中铁马是悬挂于屋檐间的马形铁片，风过处，它们相互撞击，发出叮咚悦耳的响声。《芸窗私志》：“元帝时临池观竹，既枯后每思其响，夜不能寝；帝为做薄玉龙数十枚，以缕线悬于檐外，夜中因风相击，听之与竹无异，民间效之，……今之铁马是其遗制。”

“胡侃”，《西厢记》第三本第二折：“你那隔墙酬和都胡侃，证果的是今番这一简。”王季思先生《元杂剧选注》：“胡侃：胡调。侃，讲话的意思。”侃，原义为和乐的样子，但在北方话中它有特殊的含义。今河北方言尚有“大侃”、“花侃”、“胡侃”之说，“侃”本身即不着边际的胡拉乱扯或撒谎、吹牛皮说大话意。“胡侃”在这里也应是胡扯、乱讲一通、不谈正经的意思，“侃”非一般的讲话。

3.5.4　通不等于对。

排比归纳法释词，往往以在句中能讲通作为释义的标准，实际上常常通不等于对。语言是社会产物，一个词在一定时代有它确切的含义，作者使用某一个词在句中也只能有一个固定的意思。而“通”就不是这样，它可能有几种解释都能通，而正确的含义却只有一种，所以通不等于对。

“爪寻”，朱先生解为“找寻”，似亦可通。但河北方言中“爪寻”是“找人寻衅”，也有写作“找寻”的，不完全是一般的“找寻”。如可以说“你别爪寻我，我可不怕你”。朱先生举的《燕青博鱼》中的例句，显系找人寻衅的意思，是燕青去找杨衙内算账报仇时说的话，全文是：“调动我这莽拳头，搧动我这长梢靶，我向那前街后巷便去爪寻他。我一只手揪住那厮黄头发，一只手把腰脚牢掐……”朱先生举的第二个例句确只能解为一般的“找寻”。这表明当时的“爪寻”或有两种意义，或同找人寻衅的“爪寻”是两个同音同形词，但至少说明朱先生的解释虽通，但还不能算十分确切。

“绰起”，《李逵负荆》第一折，李逵云：“俺绰起这桃花瓣儿来，我试看咱。”王季思先生《元杂剧选注》：“绰起：撩起。下文‘绰起俺两把板斧来’，意同。”“撩”字大体上有两种讲法：一、把物件的下垂部分掀起来；二、用手舀水由下往上甩出去。这两种意思“绰”都没有。这里，李逵既然从水里抓起桃花瓣儿捧在手里玩赏，就不会把它连水一并甩出去；更不是把什么物件的下垂部分掀起来。“绰”作“撩”解不确切。河北方言中“绰”用作动词时与“抄”同，乃“抓取”意。按照现代河北方言的习惯，从水中取物曰“捞”，因此，“俺绰起这桃花瓣儿来”释作“俺捞起这桃花瓣儿来”似无舛错。至于“绰起俺两把板斧”之“绰起”，则更无疑是“抓起”意，今北方话将随手拿起物件说“绰（操）起”。

“坯”，《看钱奴》第二折，陈德甫云：“一了他一贫如洗，专与人家挑土筑墙，和泥托坯。”王季思先生《元杂剧选注》：“坯：没有烧过的砖瓦、陶器。”北方话中“坯”不指砖瓦、陶器的坯胎，而是专指一种状似砖而比砖厚、大，不经烧制的建筑材料。其制法有两种：一是把潮湿的土放在模子里用石夯砸实使之成形，叫做“打坯”，二是把和好的泥放在模子里，用手整理成型，叫做“托坯”。把模子和打成的坯脱离开，故“托坯”即“脱坯”。“打坯”亦可统叫“脱坯”。王先生的解释不能说不通，古汉语及其他方言中“坯”就有“没有烧过的砖瓦”的意思。杨树达先生《长沙方言考》十六“坯”条引《说文・土部》：“坯，瓦未烧。”“按今长沙犹云。”《〈长沙方言考〉札记》（见《杨树达诞辰百周年纪念集》，湖南教育出版社，1985 年）说：“此字今一般书其或体作‘坏’。今长沙方言凡土器未烧均可谓之坯。”但元剧《看钱奴》用的是北方话，所以应该解释为不经烧制的，用来垒墙或搭炕用的建筑材料。此意从剧文“挑土筑墙”中已可看出。这是通不一定对的典型句例。

“不中”，《单刀会》第三折，关平云：“父亲，他那里筵无好会，则怕不中么？”王季思先生《元杂剧选注》：“不中：不对头。”《选注》释“不中”为“不对头”，可能鲁肃设宴暗藏杀机，气氛不对头，或指关羽赴宴这种做法不对头。不过这两种讲法似乎都不切当。这里关平已经明确指出鲁肃“筵无好会”，如果紧接着再说一句“只怕（那宴会的气氛）不对头吧”，就是多余的重复了。所以“不中”不是指鲁肃的筵宴气氛不对头。“不中”似也不指关羽赴宴这一举动不对头，因为在讲究“纲常”的封建社会，即使父亲真的错了，儿子也不敢公然批评，关平当然也不能当面直接指责关羽做事“不对头”。“中”，今河南、河北许多地区仍在使用，其意为行、好、可以；不中，当然就是不行、不好、不可以了。关平看出鲁肃宴请关羽不怀好意，于是一力地劝阻关羽切勿赴宴，但他只能委婉地请求，而不能直率地警告，“恐怕（您赴宴）不好，不行吧”，正是这样的商量口吻。因此，“不中”在这里还是讲做“不行”、“不好”为好。

“麻线道儿上”，《渔樵记》第二折，旦儿云：“对着天曾罚愿，做的鬼到黄泉，我和你麻线道儿上不相见。”王季思先生《元杂剧选注》：“麻线道儿上：狭路上。”麻线道儿，宋元俗语，今河北方言中也有，指迷信说法的阴司路，犹所谓黄泉路。《调风月》第三折：“本待麻线道上不和你一处行”，意思就是本想死了往阴间去也不和你在同一条路上。剧中主人公玉天仙说的这段话意正同，即我即使做鬼到阴间，在通往阴间的路上也不和你朱买臣相见。“黄泉”和“麻线道儿”互文见义。王先生注为“狭路上”，不能说不通，但是肯定不对。

3.5.5 知其然，不知其所以然。

“人样虾蛆”，朱先生解为“形容人像干虾的样子”。不十分清楚。河北方言中“人样虾蛆”是形容人弯腰驼背的丑样子。元剧中似亦应作如是解。朱先生举的《迂上皇》二折，梁州第七曲：“缩著肩似水淹老鼠，躬着腰人样虾蛆。”“躬着腰”已勾出“人样虾蛆”的概貌。“虾蛆”是晒干后的小虾米，呈弓形。所以用以形容卑琐的外形。

“平地起孤堆”，朱先生解为“无事生非，平地起风波”。意思是对的，但何以如此，却不能让读者知其然。河北方言中“孤堆”指高出地面的东西，故坟可叫“孤堆”。做没有埋死人的假坟叫“平地起孤堆”，因此才引申出“无事生非”义。

“好鞋踏臭屎”，朱先生释为“作很大的牺牲”，总觉隔了一层。河北方言中是“不值得”或“不配”去干某种事的意思。这也正是这个俗语字面上的原意。用这个意思训释朱先生所举的例句，就会切近一些：“我舍著金钟撞破盆，好鞋踏臭屎。”“撇罢了想思，怎再肯好鞋踏臭屎。”

“墙上泥皮”（墙或作壁），朱居易先生直解为“媳妇”。就以他举的几个例句看，这样的解释也不怎么顺当。如《秋胡戏妻》二折，滚绣球曲：“常言道，媳妇是壁上泥皮。”这样岂不等于“媳妇是媳妇”？实际上，河北方言中“墙上泥皮”是指旧社会中妇女处于不平等地位，人们把妻子比作墙上泥皮，即揭了一层又一层，可以娶了不要，再娶。这种意思在元剧中也是很清楚的。朱居易先生在该条中举的第二例《神奴儿》一折，柳叶儿曲：“在那里别寻一个同胞兄弟？媳妇儿是墙上泥皮。”显然就是这个意思。

“敦葫芦摔马杓”，前文已指出从前有的注释望文生义。后来有的注释把“葫芦”注为瓢，“马杓”注为杓，似近原意。但还未说出所以然来。原来瓢、马杓都是北方常使的炊具，现在还时有所见。妇女社会地位低下，受了气也不敢公开反抗，只好在做饭时顺手抓过马杓、瓢等器皿使劲蹾摔以发泄怒气。久之，北方人即以“敦葫芦摔马杓”比喻发怒泄愤了。元剧《李逵负荆》第三折：“打这老子没肚皮揽泻药，偏不的我敦葫芦摔马杓。”正是描写李逵发怒的话（王季思先生《元杂剧选注》把本句注为“大意是难道只许你蛮干，偏不让我粗暴吗?”这也是望文生义的）。前文本列举的《桃花女》剧中例，则是另一种情况。河北一些地方有为惊吓着的孩子招魂的旧俗。拿着马杓敲打门框，唤着孩子的名字叫“××回来!”。这同元剧《桃花女》中写的情节是一样的。

“炙地眠”（“炙地卧”），这是元剧中的常见词，今天许多同志就不知是怎么回事。旧时在河北许多地方，叫花子冬天衣单无被，晚上只好找一个破庙或避风的地方，拾一些干草树枝，把人睡的那么大一块地方烧一烧，待烧热后把它堆在旁边，人睡在烧过的地方，借此熬过严寒的冬夜，所以叫“烧地眠”或“炙地卧”。许多注家由于不明民间有关风俗，不了解词语的来源，往往不是注错就是注不清楚。如舒芜同志注关汉卿杂剧中的“炙地卧”，就注得不清不楚。

3.6 前面我们举了一些单纯用排比归纳法训释的失误和方言词语帮助训释宋元词语的情况。有一些词语，至今专家学者还解释不好，正是缺乏方言中活的词语作参证，因为那些词往往在字书上是找不到解释的。训释这些词语，光靠归纳排比也解决不了问题。但如借助方言活材料，问题可迎刃而解。

“添”，元剧《赵礼让肥》第一折：“（赵孝云:）‘母亲，你看兄弟拿着个空碗儿哩!’（正末云:）‘哥哥，你兄弟有。（唱）量这半杓儿粥都添了有甚那！我转着这空碗儿，我着这匙尖儿刮。’”“添”的意思是什么呢？未见确注。四川和扬州方言把饭舀到供食用的碗盘里就叫“添”。到饭馆叫服务员“添四两”，就知道是盛四两米饭。上例元剧中也正用的是这个意思。“半杓儿粥都添了”，是说半杓儿稀粥都被舀到母亲和哥哥的碗里，自己没有什么了。“添”指把物品盛入某种器皿的意义可能起源较早，唐朝韩偓的《赠僧》诗中就有这种用例。自然，四川和扬州方言中“添”还有一般的用法，即“增添”的意思。如某人嫌东西少了，再增加一点，也叫“再添点”。

“料”，《后庭花》第四折：“这有晒衣服的绳子，我解下来，一头拴在井栏上，一头料下去。我拽着绳子下去井里试看咱。”《抱妆盒》第一折：“（正末云：）承御：你慌甚么？别人家的娃娃，料在金水河下了。”有人注“料”为“掷弃”，不怎么确切。河北方言中是指把东西放下去。西南方言中，主要是指把手里的东西丢出去，或肩上的物件甩下地。至于被抛出或甩下的物件，是弃去或是不弃去，这个词本身并不表明这层意思。比如一位教师，向他的学生说：“你的书本要收拾好，不要东料、西料。”这里只相当于“放”，而没有“弃”的意思。这个词与“放置”也是有区别的。“放置”这个动作比“料”要小心在意一些。比如一支铅笔，既可以说放在桌上，也可以说料在桌上。如果是一副眼镜，那就只好说放在桌上，不适宜说料在桌上了。

“穰子”，《渔樵记》第二折，旦儿云：“娘子娘子，倒做着屁眼底下穰子。”王季思先生《元杂剧选注》：“穰（ráng）子：谐娘子。穰，有外壳的谷物、水果，壳内的肉叫穰，这里指没有消化被排泄出来的屎渣。”河北方言中穰子通常指以下几种东西：1. 除掉米粒的高粱穗子，2. 高粱秆里面的软芯，3. 玉米棒子核，4. 轧过的麦秸。旧时北方农村贫苦人家买不起手纸，大便后多用上述“穰子”揩擦屁股，迄今河北农村还有“棒子穰子擦屁股——来回不顺茬”的歇后语。所谓“屁眼底下穰子”，应该是指擦过屁股、沾上粪便的高粱秆或玉米核，它本来就不值钱，沾上粪便就更令人厌恶。这是玉天仙的牢骚话，比喻自己贫贱到极点。这种词用例极少，很难用排比归纳法训释。

“铺的”，元剧《诈妮子》第三折，紫花儿曲：“呼的关上笼门，铺的吹灭残灯。”《元剧俗语方言例释》里把“铺的”解释为“忽的”。这样解释值得商榷。四川方言中，常常把“铺”这个字音作为吹气的象声词来使用。如说“你铺的一口就将灯吹了嘛!”。目前四川有些仍用油灯的农村中，还能听见这样的口语。《玉篇》：“饽，亦鬻字也。”桂馥《说文解字义证》：“鬻，或借饽字。”徐锴曰：“谓釜沸涌，以口气吹使低也。”据此，知“饽”有吹气一义。“铺”与“饽”音相近，元曲作者又以“铺”为“饽”。这样解释可能合情理一些。

“刬”，元剧中常见的一个词。它除了别的意义外，还有一个重要的意义“光”（裸露），仍保留在河北方言中。当地把无鞍马叫“刬马”，骑无鞍马叫“刬骑”。如说“马不用备啦，我刬骑着去”，即不用备马鞍，骑光背马去。这种意义，在词曲中均有不少用例。“刬马”是“无鞍马”，各家注释相同。可是对“刬骑”的注释就值得研究。张相先生在《诗词曲语辞汇释》中注，“刬骑犊子不施鞴”中的“刬”为“只”（仅）字义，以李后主词《菩萨蛮》中“刬袜下香阶，手提金缕鞋”为旁证，指出“惟其提鞋于手中，则著袜而行，故曰刬袜也，言只有袜也”。其实，“刬骑”就是骑光背马，“刬袜”就是没有穿鞋的光袜。用这种含义去读张相先生举的其他几个类似的例句，均畅通无阻，并且比原注释贴切而有据。证以河北方言，我认为张相先生说的“凡云刬骑或刬马，均指无鞍之马而言”是不确切的，“刬骑”与“刬马”不同，“刬骑”应是骑无鞍之马，把“刬骑”中的“刬”解为“只”也是不合适的。如果不考虑方言的用例，这种难题也是一时不好解决的。

“合饹”，朱居易先生把它解为“馄饨一类的食品”，在该书所举的几个例句中似都可以讲通。但实际上并不妥当。这正是以曲释曲的局限性的表现——用那种意义在例句中可以讲通，但有时却并不一定就是该词的词义。这种错误，若不证以活的方言用例，往往很难纠正。王祯《农书·荞麦》：“北方多磨荞麦为面，或作汤饼，谓之河漏，以供常食，滑细如粉。”元剧和今河北方言中的“河漏”（“合饹”）指的正是这个，即用荞麦面压的面条，同馄饨并非一类的食品。

显然，参照一些方言中保存的古词语的含义和用法，可以补充或纠正某些词语的训释。这对于词书的编纂也是很有意义的。罗常培先生在三十多年前就指出：“金元戏曲中之方言俗语，今日流传于民间者尚多，惟理董无人、索解匪易。”（《金元戏曲方言考·序》）这方面的材料没有很好地利用起来，实在是一种损失。

3.7 方言词语在训诂中的作用，还表现在教学中。由于学生掌握方言词语，用方言中保存的古词古义去训释某些词语，就往往容易使学生明白，并引起他们的兴趣，使教学工作收事半功倍之效。我们仍以河北方言词语为例。

“走马看花”，学生不易理解“走”的含义，总同现代汉语中的“走”区分不开。这样自然理解不好这个成语的意义。河北方言中把“流星”叫“飞星”或“走星”，当老师告诉学生“走马看花”的“走”，同“走星”的“走”一样，学生马上就明白了。“不速之客”的“速”，学生也不明白是“请”“召”的意思，当给他指出，客人没有来，家里让你去“速速”是什么意思，学生会立即恍然大悟。

关汉卿《窦娥冤》第三折：“这等三伏天道，你便有冲天的怨气，也召不得一片雪来，可不胡说!”“天道”是什么？只要一提方言中的“好天道”“坏天道”，学生马上会明白“天道”就是“天气”。该剧第三折中最后一支曲牌名“煞尾”，只需指出方言中收工叫“煞工”，一下也就知道“煞尾”有结尾的意思。《水浒全传·第三回》：“自去肉案上，拣下十斤精肉，细细切作臊子。”只要一问学生买瘦肉怎么说，就明白了“精肉”是“瘦肉”。《水浒全传·第九回》：“薛霸去烧一锅百沸滚汤，提将来，倾倒在脚盆内，叫道：‘林教头，你也洗了脚好睡。’”洗脚为什么要用“汤”？《红旗谱》中写反割头税，杀猪为什么也要烧汤？这一问，学生就知道“汤”是热水，也就知道“赴汤蹈火”的意义了。《左传·僖公二十二年》：“不禽二毛。”“毛”是什么？指出口语中常说“毛太长了，得理一理”，就知道“毛”指头发（还可叫“头毛”）。《左传·僖公二十八年》：“有渝此盟，明神殛之。”“殛之”是什么？被雷打死了，方言中叫“龙殛了”，也就明白“殛之”是杀死他。张衡《思玄赋》：“泯规矩之圆方。”什么叫“泯”？小学生写了错字，把它擦去或抹掉就叫“泯了”，也就知道“泯”是“泯灭”的意思。范成大《春日田园杂兴》诗：“菘心青嫩芥苔肥。”把方言中对白菜的叫名同诗中的“菘”联系起来，就知道它指的是什么，因为河北许多地方白菜也叫“菘”。《诗经》中，有一篇诗名叫《鸱鸮》，这是什么意思，老师告诉是一种鸟名，形状像什么，河北也有。学生就会知道指的是“猫头鹰”。因为群众把“猫头鹰”也叫“鸱鸮”。这样的情况还可举出很多。

方言词语在训诂中的这种作用，各个方言区的教学工作中都可以利用，因为每个方言中总或多或少地保存了许多古词或古义，可供我们发掘利用。这种办法打破了学生和某些教师对训诂的神秘感，体会到古今语言原本是相通的，训诂学也不完全是枯燥无味地钻故纸堆。

四　对民俗学、社会学等学科研究的意义

4.1　语言是一种社会现象，它是随社会的产生而产生，随社会的发展而发展的，社会以外无所谓语言。因此，要研究语言，必须研究使用语言的人民的历史和社会；反之，研究社会和历史，也可以从语言中找到线索和证据。词汇对社会变化

最敏感，它好像镜子一样，把社会的发展和变化曲折地反映出来。通过对词汇的研究，可以知道许多社会发展的现象，民族之间的交往等等。我国古代就有从方言俗语了解民情风俗的优良传统。据东汉应劭《风俗通·序》说："周秦常以岁八月遣𬨎轩之使采异代方言，还奏籍之，藏于秘室。及嬴氏之亡，遗弃脱漏，无见之者。"相传扬雄的《方言》就是在这个基础上，再加上他自己的实地调查汇编而成的。所以书名叫《𬨎轩使者绝代语释别国方言》（简称《方言》）。近代罗莘田先生的《语言与文化》一书，也是这方面成功的尝试，只可惜我们没有继续深入下去，让语言学研究的成果更好地为其他社会科学服务。

4.2 北方是我国古代民族交往和融合的场所。汉族和一些兄弟民族间的友好交往和无情残杀等轰轰烈烈的历史场面已不复存在了，但它们的遗迹却或多或少地存在于北方话的词汇中。这从地名中看得最清楚。蒙语和满语的地名在北方屡见不鲜，如"呼和浩特"和"哈尔滨"之类。就是日常生活用语，也吸收了一些兄弟民族语言的词。如众所周知的一站地的"站"就是蒙古语借词，糕点"萨其马"就是来自满语的借词。天津市区西北部分回民多，那里的天津话就有一些从回族借来的特殊词语。比如"油星"，是回民办丧事时所吃的一种油炸面食，按回民习俗，除自家食用外，还要馈赠给街坊邻居，所以"油星"这个词便成了天津方言词。此外，像"鼠迷"（shǔ·mi,义为遇事极不顺利）、"无伤"（wúshāng，死亡的讳称）、"出买贴"（chūmǎi·tie 将死去的亲人运往清真寺的仪式）等都是来源于天津回族的方言词。上述这类材料对民族史和历史地理学的研究无疑是有用的。

4.3 对于历史学和社会学工作者，他们可以从丰富多彩的方言词中找到许多有用的材料。天津过去把从事笨重体力劳动的工人叫"苦大累"，河北、山西、河南不少地方把农民叫"受苦人"，把"长工"叫"觅汉"，这无疑反映了旧社会中工人、农民的生活情况和社会地位以及人们对他们的看法。承德地区有"人圈墙"一词，这就是日本帝国主义者侵略罪行的纪录。他们当年强迫居民集中，四面修上围墙，把中国人民像牲口一样对待。方言中把帝国主义分子叫"毛子"，把国民党和日伪警察叫"警狗子"，把旧官吏叫"刮地虎"，都反映了人民群众的认识和爱憎。自然，也有一些受过去剥削阶级和小市民落后思想影响产生的方言词。比如天津过去将掏粪工人叫"粪小儿"，将农民叫"庄稼佬儿"，将送煤工人叫"煤黑子"，将搬运工人叫"扛大个儿的"，将穿戴土气的劳动人民叫"老奤儿"等等。此外，还将说话语言不同的外地人叫"老侉儿"或"侉子"，将南方人叫"南蛮子”，将山西人叫“老西儿”等等。所有这些对人的称谓，都带有强烈的贬义。

4.4 在我们所调查到的旧商业一类词中，更可以看到旧社会的各种丑态，简直可以说它们是旧社会生活许多方面的缩影。人民大众深受剥削和压榨，过着流离失所、饥寒交迫的生活。手艺人被贱称为“××匠”，店员叫“劳金”、“站柜台的”、“穿木头裙子的”或“店小二”等。卖破烂衣服的货摊叫“穷货摊”或“穷汉市”。劳动人民住的客店叫“鸡鸭店”、“花子店”、“流行局”等。充分说明了劳动人民水深火热的处境。至于典当一类的方言词，更是名目繁多，反映了劳动人民所受的残酷剥削，几乎可以说，每条词都能构成一个个有关旧社会的小掌故。与此同时，官僚和资本家们却大发横财，如“花红利”、“驴打滚”、“猴眨眼”等等，就反映出高利贷等的剥削手段。资本家可以随便哄抬物价，群众就俏皮地叫这作“口臭”（随便要价、涨价的勾当）。商业中互相欺骗，讨价还价，争个不休，针对这些现象，方言中出现了“磨对”、“磕打”等词。在尔虞我诈的交往中，方言把“欠账”看作“骗账”的同义语，把“滑头账”、“绝户账”等作为收不上来的账的代名词。

4.5 还有一些词是反映地方上特有的风土人情、民俗以及宗教信仰的。如天津方言中，在结婚习俗方面，现在仍流行的就有“认亲”（结婚的第二天女方的家长到男方家去做客），“回四”（结婚的第四天，新婚夫妇到女方家里做客）等。生小孩的习俗中，有“挪臊窝”（婴儿满月时，跟妈妈到外婆家小住）。死人的习俗中，有“迈火”（死者家属送葬归来时，进家门前先迈过一堆烧着的柴火）等等。又如逢年过节时，为图大吉大利，诸事如意，天津风俗中有许多“例行公事”和禁忌，天津话中统称“例儿”，又叫“妈妈例儿”。反过来，不了解这些风俗习惯，就不能准确地理解这一方面词的意义。如元剧《渔樵记》第二折，旦儿云：“对着天曾罚愿，做的鬼到黄泉，我和你麻线道上不相见。”“麻线道儿”是什么意思，前面曾指出连专家也不易弄明白。王季思教授的《元杂剧选注》把它注为“狭路上”也是不对的。“麻线道儿”意即一般说的“黄泉路”。有人已著文指出了这点。但何以“麻线道儿”就是“黄泉路”呢？却又语焉不详了。这也是一种知其然不知其所以然的解释。实际上它是有来由的。旧时河北许多地方有一种习俗，人死后要在死者手上拴一条麻线，一直牵到五道庙或土地庙去，并且一边走一边呼叫死者：“××，往西天大路走！”这种习俗叫“指道”，而死者所“走”的道就叫“麻线道儿”，所以这个词才有“黄泉路”的含义。

4.6 至于各地特产的叫名，方言词语更是花样繁多。仅以天津食品为例（天津有一条著名的食品街，更是五花八门），可以随手举出不少。如："浆子"（豆浆，但天津的吃法是放盐不放糖，放糖的叫"糖浆"）、"锅巴菜"（用豆面摊成煎饼，切成菱形小块，再加卤子搅拌而成，又作"嘎巴菜"）、"羊肉粥"（用羊骨汤大麦仁做成的咸粥）、"面茶"（糜子面熬成粥，上面撒芝麻盐）。此外还有"麻团、莲果、驴打滚儿、煎饼果子、大梨糕、粉糕、炸糕、切糕、盆儿糕、拔龙糖、糖瓜儿"等，都是街上有售的风味食品。家常便饭中，则有"汆儿汆儿汤"（玉米面加油、盐、葱花等团成汆汆形，与面条同煮）、"懒龙"（带肉馅的发面卷子）等。油条一类的早点食品，天津更是五花八门，统称"果子"，有"棒槌果子"（油条）、"果头"（方或圆形，较厚，即北京的油饼）、"果篦儿"（炸得很薄很脆，即北京的薄脆）、"糖皮儿"（剂子上面放一层带糖的面再炸）、"果子饼"（个儿大而厚）等。还有些食品，天津有独特名称，用韭菜与绿豆菜（绿豆芽）同炒的菜叫"炒蓝白线儿"，凉粉煎热加麻酱等作料的菜叫"煎闷子"，用一层白面，一层玉米面做的主食，都加"金银"二字，如"金银（儿）饼"，"金银（儿）卷子"。

4.7 不同地区的地理特点和历史特征，在方言土语中也有强烈的反映。为了易于大家理解，不妨还以天津方言为例来看看这方面的情况。

4.7.1 从地名可以看出天津是一个历史不长，发展很快的新兴城市。天津市内有许多以"窑""楼"和"庄子"作名称的街道。如"金家窑、吴家窑、南头窑、赵家窑、东窑洼、西窑洼"，"李公楼、小白楼、佟家楼、东大楼、屈小楼"，"郭庄子、芦庄子、沈庄子、汪庄子、辛庄"等等。以"窑"为名，说明那些昔日用作烧窑的旷野，今天已成了繁华的城区。其变化过程至多不过一百多年。以"楼"为名，表明了当时天津市内很少楼房，偶尔出现一座与众不同的"楼"，才会被人们作为当地的特征标志来称指。以"庄子"为名，更直接反映了从前的郊外村庄已成了今日的闹市了。

4.7.2 从地名可以看出天津的自然地理特点。天津以"沽、沟、水、桥、堤、坡、台"等作地名的很多，如"丁字沽、大直沽、大水沟、流水沟、水梯子、水阁、大红桥、小红桥、板桥、一道桥、二道桥、大口、小口、小闸口（以摆渡口取名）、围堤道、王顶堤、王庄上坡、姚台下坡、刘台、王台（台指水边高地）"。这些地名词无不反映着天津地处五河下梢水多、桥多、堤多、低洼地多等特点。

4.7.3 从地名看天津一百多年来受帝国主义列强侵略的历史。从前天津租界林立，好端端一个天津城被英、法、德、意、日等分割成一个个独立王国。许多地名反映了天津这一段受屈辱的历史。这些地名在新中国成立后已被清除，现在到天津的人根本了解不到这些了。但至今还残留的“小洋货街”（过去专为卖国外洋货的）、“萨宝石胡同”（萨宝石系帝俄为掠夺中国资源在今天津东北角玉皇阁开设的洋行名）却仍然可以作为帝国主义侵略中国的历史见证。

4.7.4 从地名看天津劳动人民受的剥削压迫和反抗斗争。天津有许多以“当”为名的地方，外地人可能不大理解。原来这些地方都是从前放高利贷的典当铺。如“三义当、天丰当、日升当、当铺胡同”等。劳动人民为生活所迫，借贷无门，只好忍痛典当衣物，因而当铺行业遍布全市。这些地名正是这一社会现象的反映。天津许多地方以“公所”作为名称，就是天津劳动人民反抗斗争的一个侧面反映。如“公所胡同、公所后街、前公所、三众公所”等等。这些以“公所”为名的街巷，就是早年一种带有迷信色彩的进行反抗活动的“坛口”所在地。

4.7.5 方言区的地理特点除了直接反映在一些名称上外，在一些生活日常用语中也存在。这也是由于地理特点形成的方言词。如天津人常说的“搁旱岸上”，意思是见死不救或故意置人于困难境地。这同天津水多和水路交通发达等特点紧密相关。天津人还常说“吃喝困难”，这里的“喝”不是一般的泛指，而是实指“喝水”难。天津地下水咸涩，不能饮用，所以原城关一带井很少。居民食用水，依靠北门外的南运河和东门外的海河。有一批专门挑水卖的“水夫”，水的价钱较高，所以喝水不易。因此天津也有许多以水铺（卖水的铺子）为名的里巷。如“杨家水铺”、“郭家水铺”等。显然，不了解方言区的自然条件特点，对有的方言词就可能难于理解。

以上几个方面的论述，限于材料和水平，不可能全面和准确，因为我们接触和掌握的材料有限。所用材料主要是河北（包括天津）的方言。大部分材料来自我们自己的调查，个别部分系由有关同志提供。在文中还引用了不少已发表的著作，未及一一指明。特向上述同志致谢。

李行健

1985 年 8 月于石家庄改定

编辑凡例

一、目的

河北方言是汉民族共同语基础方言的核心部分，调查研究河北方言词汇，对汉语词汇的规范和推广普通话是必不可少的基础性工作。方言是民族共同语的分支，词汇是社会生活的一面镜子，调查研究方言词汇对汉语史和语言学理论的研究以及对社会学和民俗学等的研究都可以提供许多极为有用的资料。同时，系统地调查整理一个省的方言词汇，也是一件带有探索性的工作，对今后大规模地全面开展方言词汇调查研究有促进和借鉴的作用。

正是基于上述目的，有关部门才于 1958 年组织人力多次全面开展河北方言词汇调查工作，历时三十年，经过两次大的复查修订才编成今天这个《河北方言词汇编》（以下简称《汇编》）。

二、收词范围

本《汇编》主要汇集河北常用方言词，如把“月亮”叫“老母”，“吃晚饭”叫作“喝汤”，“蝈蝈儿”说成“叫鱼子”，“螳螂”说成“吃蝾虫”，等等。如果同普通话只有语音差别，在词汇上并无分歧的词，则不属本编收词范围，即使如“棉花”叫“年花”，“蜘蛛”叫“蛛蛛”等，也不收列。

《汇编》收方言词三万多条，包括生产活动、日常生活、风俗习惯等各方面的词。这些词来源于当时河北省以县为单位建立的一百四十九个调查点（原调查了一百五十三个点，其中有四个县设立了两个调查点，整理时已加以归并）以及后来两次复查所补充的方言材料。由于大多是二十年前调查的结果，有的方言词可能已发生了某些变化，有的甚至已不常用了。为了供研究参考，当时还有意识地保存了一些已很少用，甚至停止使用的词。此外，《汇编》还收有少量的词组，因为普通话中一个词的意义，方言中有时用一个词组来表达。

方言词汇丰富多样并且不断发展变化，《汇编》所收的词汇是很有限的，就是在所收的这些常用词中，遗漏也是难免的。

三、编排顺序

1.《汇编》以普通话词为词目（如果普通话中找不出适当的词，就用一个词组），方言词分条列后。词目加黑鱼尾号，方言词用黑体字排。

2. 词目按意义分成二十七类：

一　天文	二　时令
三　地理	四　树木、花草、瓜果
五　蔬菜	六　虫鱼、鸟兽
七　房屋、器具	八　亲属
九　身体	十　商业
十一　农事（附农产品）	十二　文化、教育
十三　人品	十四　交际
十五　日常生活（附日用杂品）	十六　衣着
十七　疾病、医疗	十八　饮食
十九　婚丧	二十　讼事
二十一　游戏	二十二　迷信
二十三　动作	二十四　方位词
二十五　普通名词	二十六　代词、形容词、动词、介词（附名词、代词词缀）
二十七　数量词	

词目的归类有时不一定恰当，因为有的词可以从不同角度归入不同的类，即出现归属两可的情况。有几个大类下还设有附类。

3. 方言词条，尽量把地方色彩浓的排前头，并且密切注意它们在构词和意义上的关联。如“太阳”条下，“日头老爷”和“日头爸爸”就排在“日头”后面。

4. 一条方言词有几种意义的，分别情况处理。在同一地点有几个意义的，在该词下分别列义项，以①②③……标注。在不同方言点而意义不同的，如“山药”可指土豆（张家口），又可指红薯（石家庄）或薯蓣（廊坊），则分列不同的词目下。

5. 每条方言词后用圆括号注明流行地区。地名一律用简称（见附录中的简称对照表）。圆括号中第一个字是地区名，后面的字是县名。如“（唐：乐、昌）”，就表示这条方言词是从唐山地区的乐亭和昌黎两县调查来的。

为了节省篇幅，凡是全省每个地区的县差不多都说的，就不一一标注地名，只注“全省通行”。凡是全省每个地区只有大部分县说的，就标注“全省大部分地区通行”。否则就一律注出流行的地名。地名按“简称对照表”的顺序先后排列。

由于行政区划经常变化，本《汇编》仍按1958年调查开始时的区划标注地名。在当时设调查点的县建制至今变化不大，但在地区的归属方面却出入很大。1958年时，河北省只有七个地区，天津市当时属河北省，也归入天津地区。后来天津市又改成直辖市，河北省又恢复邢台、衡水、沧州三个专区。前几年又逐步撤消专区，设立市管县的建制，同时又增设了一些市。总之，方言调查点地名的标注，无法同行政区划的分合变化同步进行，只好按调查时的区划标注地名。这也是有意尊重一点儿历史事实。为了读者查阅对照方便，我们附了一张河北方言词汇调查点的地图，读者可以一目了然，弄清上述各种纠缠不清的行政区划变化的问题。

四、注释

1. 普通话词目意义不十分明确或固定的，加注说明，后面也按这种说明收列方言词。这样便于普通话词同方言词，方言词和方言词之间进行对照比较。如“筐子”条下，注上“筐子比篮子大，一般没有提梁，多用绳系”。

2. 词目是多义词，就分列条目，每条后加注指明它的含义，便于方言词与之对应。如“一更”就分列两条，分别注明指“更名”和指“一更的时间”。

3. 方言词同普通话词，甲方言词同乙方言词之间，意义往往很难完全等同，凡是在基本意义相同的情况下，还有其他意义方面差异的一般都分别加注说明。

4. 方言词的词形同普通话相同，但意义不同的，加注说明。如“往年”条下

方言词汇调查点分布

（本图为 1958 年资料）

的方言词"每年"，注明它既有同普通话不同的"往年"这种意义，又有与普通话相同的"年年"这种意义。

5. 只能在一定场合使用的方言词，加注说明。如"太阳"条下的"日头爸爸"，注明"上年岁的人用"，"无名指"条下的"太阳""四兄弟"注明"儿歌中用"。

6. 带有特殊色彩的方言词，也加注说明。如褒贬色彩、迷信色彩（管"孕妇"叫"四眼子"）、戏谑色彩（管"络腮胡子"叫"栽绒脸儿"）、陈旧色彩（管"儿媳妇"叫"×姑娘"），分别注明"褒义"、"贬义"、"迷信"、"戏谑"、"陈旧"色彩等。但其色彩一见便知的，不再注明。如"日蚀"条下的"狗吃日头"不注"迷信色彩"。

7. 由于特殊原因形成的方言词，适当加注说明，便于读者理解。如"小碗"条下的"饭碗"，注明当地吃饭习惯用小碗，所以"饭碗"成了小碗的别名。"聋子"条下的"龙王爷"，注明利用"聋""龙"谐音。

8. 方言中常留存下来一些古词语，这些词在从前是普通语词，现在民族共同语已不使用，成了方言词，如"天气"叫"天道"、"太阳"叫"日头"、"正月"叫"端月"等。这些词对训诂学和词汇学以及其他人文科学的研究，都有一定的参考意义。对它们有时也作必要的注释。

9. 各种性质的注释，必要时均举例说明，便于读者了解。

五、字形和注音

1. 记录方言词，一般采用方言中通行的汉字，不专门考求本字。

2. 有音无字的，尽量用同音字，没有同音字的用拼音。

3. 不同写法的方言词，只要有根据证明它们是同一条词的，就尽可能加以归并。如"天文"类"雪珠儿"条下"雪糁"的"糁"，方言中有作"申、森、身、生、糁"的，按照各自的方音情况，都可以折合成《广韵·臻韵》中的"所臻切"，也就是"糁（籸）"，意义也正好是"粉滓"，即小粒儿的东西。因此，我们将它们一概归并成"糁"。

凡是因方言中语流音变形成不同读音和写法的方言词，也归并成未变化前的通行的方言词。如"天文"类中"猛雨"条下，有的地方作"箭杆子雨"，有的地方作"降杆子雨"，显然"降"是"箭"因语流音变的同化作用［n］尾变成［ŋ］尾造成的。我们就把"降杆子雨"并入"箭杆子雨"。

4. 河北省不仅各个地区方音不同，就是县与县之间语音也有许多差别。汇编这样大的全省方言词，不可能把每条词的方音一一注出，但对一些特殊的方音，则根据需要适当加注。如“蔓菁”条下的“小菜”注读轻声（不读轻声在一地就是指咸菜），“淋雨”条下的“挨雨濯”，注明“濯”声母读［t］等。有音无适当字的个别方言词也注出方音。有些生僻的字，则酌情注上普通话的读音，以方便读者。

六、附录

1. 注释略语和符号说明

（老） 表示一般只限于上年岁的人用。

（青） 表示一般只限于年轻人用。

（小） 表示小孩或与小孩说话时用。

（新） 表示解放后新产生的说法。

（旧） 表示现在一般已不用。

（文） 表示一般只书面语或知识分子用。

（古） 表示古汉语词。

（迷） 表示迷信色彩。

（褒） 表示带有褒义。

（贬） 表示带有贬义。

此外，词条上有时用圆括号括住其中一部分，如果括住的是词后部的“子”或“儿”，则表示他们可有可无；如果括住的是其他部分，则是为了让读者理解该条词的意义而附加上的东西。如“饮食”类“腱子”条，前有“（牛）”字，就是让读者明白指牛的腱子。

2. 调查点地名的原称和简称对照表

（一）天津地区

天——天津市	饶——饶阳	黄——黄骅
沧——沧州	故——故城	东——东光
献——献县	任——任丘	大——大城
桥——吴桥	安——安次	武——武清
霸——霸县	青——青县	交——交河
孟——孟村	阜——阜城	固——固安
强——武强	肃——肃宁	静——静海

庆——庆云	文——文安	山——盐山
津——宁津	河——河间	永——永清
宁——宁河	景——景县	南——南皮

（二）唐山地区

丰——丰润	遵——遵化	宝——宝坻
抚——抚宁	三——三河	卢——卢龙
昌——昌黎	迁——迁安	滦——滦县
西——迁西	乐——乐亭	山——唐山
大——大厂	玉——玉田	蓟——蓟县
秦——秦皇岛		

（三）承德地区

平——平泉	丰——丰宁	青——青龙
围——围场	隆——隆化	承——承德
滦——滦平	兴——兴隆	

（四）张家口地区

张——张北	赤——赤城	康——康保
宣——宣化	沙——沙城	万——万全
阳——阳原	沽——沽原	龙——龙关
商——商都	崇——崇礼	怀——怀安
尚——尚义	鹿——涿鹿	蔚——蔚县
口——张家口		

（五）保定地区

博——博野	易——易县	望——望都
唐——唐县	高——高阳	清——清苑
阳——曲阳	雄——雄县	蠡——蠡县
阜——阜平	涞——涞源	徐——徐水
定——定县	容——容城	保——保定
水——涞水	满——满城	安——安新
新——新城	兴——定兴	涿——涿县
完——完县	国——安国	

（六）石家庄地区

衡——衡水	藁——藁城	赵——赵县
栾——栾城	宁——宁晋	灵——灵寿
建——建屏	武——武邑	无——无极
高——高邑	冀——冀县	泽——深泽
获——获鹿	平——平山	行——行唐
新——新乐	石——石家庄	元——元氏
赞——赞皇	正——正定	深——深县
井——井陉	晋——晋县	安——安平
枣——枣强	束——束鹿	河——新河

（七）邯郸地区

广——广平	魏——魏县	郸——邯郸县
内——内丘	大——大名	台——邢台
鹿——巨鹿	永——永年	乡——平乡
邯——邯郸市	鸡——鸡泽	柏——柏乡
沙——沙河	清——清河	尧——隆尧
威——威县	宗——广宗	任——任县
丘——丘县	涉——涉县	周——曲周
成——成安	和——南和	磁——磁县
临——临城	肥——肥乡	漳——临漳
南——南宫	武——武安	

目　　录

词汇分类目录

一　天文

二　时令

三 地理

四 树木、花草、瓜果

五 蔬菜

六 虫鱼、鸟兽

七 房屋、器具

八　亲属

九　身体

十　商业

十一　农事

（附农产品）

十二 文化、教育

十三 人品

十四　交际

十五 日常生活

（附日用杂品）

十六 衣着

十七 疾病、医疗

十八　饮食

十九　婚丧

二十　讼事

二十一　游戏

二十二　迷信

二十三　动作

二十四 方位词

二十五 普通名词

二十六 代词、形容词、动词、介词

（附名词、代词词缀）

二十七
数量词

一　天文

【太阳】

日头　（全省通行）

日头儿　如老头儿蹲在朝阳的墙根下，叫晒“日头儿”。（唐：蓟）（石：建）

日头爷　（唐：丰、玉）（保：容）（石：新）（邯：台）（天：安）

日头老爷　老人和小孩常用。（唐：丰、卢）

日头爸爸　（旧）（邯：台）

日头帝　（旧）（保：雄）

日头影儿　（保：定）

日爷儿　（唐：大）

热头　（邯：乡）

太阳帝儿　（老）（天：阜、桥、饶）（石：栾）（邯：永）

老爷儿　（全省大部分地区通行）

爷爷儿　（天：黄、肃、东、静、大、津、沧、献、河）（张：赤、阳、宣、龙、蔚、怀、万）（石：冀、建、泽、束、深、衡、武、枣、河）（邯：乡、郸、魏、鸡、大、宗、威、临、肥、南、成、漳）

爷帝儿　（邯：周）

爷儿爷儿　（天：山、河、庆）（邯：清）

爷儿爷爷　（天：河）

爷窝　（邯：广、魏、大）

老爷爷儿　（天：强）

太爷　（唐：宝）

老天爷　（旧）（唐：昌、丰）（张：鹿）（石：无）

火神爷　（石：赵）

前天爷　（老）（张：万、赤、蔚）

前佛爷　（张：沙）

佛爷儿　（保：水）

阳婆　（张：商、万、尚、康）（保：阜）（石：建）

阳婆儿　（张：宣、崇）

阳婆爷　（张：沽、张）

【太阳地儿】

日头地儿　（全省通行）

日头窝儿　（唐：遵、西）（邯：乡、宗、任、内）

日头央儿　（唐：遵）

日头坡儿　（石：赵）

日头里　（石：元）

日头底下　（天：津、桥）（唐：丰）

日头阳　（唐：山）

日头暖儿　（邯：乡）

暖暖　（邯：宗）

爷爷地来　（张：怀）

爷爷儿地儿　（天：河、强）

爷儿爷儿地　（天：山）

爷爷地儿　（石：赞、泽）（天：黄、肃、东、静、献、大、津、沧）（张：赤、龙、沙）（邯：威、南、漳）

爷爷窝　（石：晋）（邯：成）

爷地窝　（邯：广）

爷窝儿　（邯：清）

爷地里 （张:张）

爷地儿 （邯:鸡、永、肥、广、周）

爷儿地里 （张:万）

太爷地儿 （天:天）如:别到太爷地儿去玩。

老爷额儿 （保:完）

老爷儿里 （保:唐）

老爷地儿 （保:涿、博、高、满、定、蠡）（承:丰）（天:饶、肃、静、任、文）

老爷儿地里 （保:保）

老爷坡儿里 （石:高、元）

老阳爷儿地 （天:武）

佛爷地儿 （保:水）

阳坡 （石:灵）（唐:丰）（张:万、尚）

阳坡 指山坡向阳的一面。（承:围）

阳婆地儿 （张:沽、康、商）

【阴凉儿】 方言中"阴凉"、"凉儿里"之类常指树阴下,人们歇凉的地方。"背阴"、"背阴地"之类则常指房后墙下,阳光难于照到的地方。但二者也常混用。背阴的含义较广。不少地区还常说树凉（树阴下）和房凉（房墙背阴处）。

背阴 （唐:乐、宝、秦、卢）（石:灵、新）（张:商）（邯:沙、内）

背阴儿 （全省通行）

背阴子 （全省大部分地区通行）

背阴地儿 （全省大部分地区通行）

背阴凉儿 （邯:鸡、成）（承:丰）（石:行）

背阴里 （石:元）（保:阳）

背阴地来 （张:怀、尚、万）

阴凉地儿 （张:阳、崇）（天:黄、东、安）

阴凉凉 （张:怀、赤）

凉 （邯:内）

凉凉 （邯:魏、大、周）

凉儿 可指树凉儿,可指房凉儿。（邯:内）

凉儿里 （石:高、元、赵）

凉儿亮儿 （邯:广）

大凉儿 （保:望）

阴影地儿 一时晒不到的地方。（天:津）

阴阳儿 （天:桥）

树凉儿 （邯:广、柏）

树阴儿 （天:天）

树阴凉儿 （唐:乐）

向阴 少见阳光之处。（石:河）

房凉儿 （石:深）

背阴坡 山的背坡,不见太阳。（唐:迁）（承:隆）

【月亮】

太阴 古人认为"月者阴之宗也"（《淮南子·天文训》）。太阴是对太阳而说的。这是古汉语的残留。许多地方已不用,即使用的,也有一种文雅的色彩。（保:兴）（承:围）（石:灵、束、晋、获）（天:故、庆）（张:尚、宣）（邯:涉）

月亮帝儿 （唐:丰、遵、蓟、山）（石:冀、灵、束、深、宁、赵、平、建）（天:静、献、文、安、河、饶）（保:安、唐、雄）（张:阳）（邯:广、乡、永、鹿、周、南、内）

月亮爷 （唐:丰、玉）（天:天、静、安）（张:沽）

月亮爷爷 （天:天）

月郎爷 （小）（唐:丰）

月亮奶奶 （小）（天:桥）（邯:鸡、大、台、沙、肥）

月亮老娘 （小）（邯:清）

月婆 （唐:乐）（承:隆）（石:赵）（保:定、雄）（邯:任、尧）（张:龙）

月婆 （小）（天:庆、固）

月婆婆 （唐:昌、乐）

婆婆 （小）（保:涿）（天:霸）

月儿爷 儿童或妇女过去拜月时用。（天:安、武）

老奶奶 （小）（邯:磁、肥）

老母儿 （老）（石:灵、元、束）（天:肃、任、饶、强、黄、山、河）（保:博、满、望、清、保）

老母帝儿 （石:深、束）（天:饶、河）（保:唐）

老母亮儿 （天:河）（保:高、蠡）

母儿 （保:望）

佛佛 （石:获）

后天爷 （老）（张:张、万、赤、沽、宣、龙、沙、蔚、怀、康、口）

后佛爷 （老）（张:沙）

后佛 （老）（张:鹿）

爷爷 （小）（保:望）

明奶奶 （小）邢台地区的一些县过去说，现在不说了。（邯:广、邯、魏、磁、涉、成、漳）

亮亮 （小）（邯:宗、乡）

月儿 （唐:宝、昌、乐、滦）（石:赞）（邯:临）

月儿 满月时的月亮。（唐:丰、乐）

高奶奶 （小）（邯:鸡、肥）

月光 （石:枣、武）

【月亮地儿】

月亮地 （邯:内、威）

月亮地来 （保:高、蠡）

后天爷地里 （老）（张:张、万、龙、沙、蔚）

后佛爷地 （张:沙）

老母亮地儿 （保:高、蠡）

老母地 （石:晋）（天:强、肃、任）

【星星】

星宿 （张:张、万、阳、康、商、崇、赤、怀）（石:平、建、新、灵、行）（邯:磁）

【北斗星】

勺星 （石:深）（唐:昌）

勺子星 （邯:内、鹿、乡、宗、台）

紫微星 （文）（邯:乡、宗）

捞辘星 当地把轳辘叫捞辘，“捞辘星”即“轳辘星”。（石:束）

辘辘把星 （唐:蓟）

七星 （唐:昌）

【流星】

贼星 （全省通行、天津市通行）

贼星星 （石:衡）（唐:乐、昌）

天河 （石:深）

飞星 （石:建）（张:鹿）

跑星 （张:怀）

走星 （张:万、赤、沽、龙、崇）

出溜星 （邯:内）

落星星 （保:望）

星星搬六星 （保:望）

牛郎织女星 （石:深）

【彗星】

扫帚星 （全省通行）

扫帚疙瘩 （保:望）

大帚星 （唐:西）

帚星 （张:沽、宣）（天:东、桥）

大尾巴星 （石:灵）

尾巴星 （石:无）

【瓦块云】

鱼鳞儿云 （唐:丰、秦、玉、滦）（石:无、灵、河、枣）（天:静、文、安、天、饶、强）（保:容）（邯:清、任、鸡、肥、南、尧）（承:承）

鱼鳞甲儿 （石:深）（唐:昌）（保:望）（张:怀）（邯:乡、永、涉、成、尧）（天:宁）

鱼鳞云彩 （石:衡）（天:强）（邯:鹿）（唐:乐）

鱼鳞天 （唐:山）（天:故）（邯:郸、鸡、鹿）

瓦碴儿云 （唐:昌）（石:无）（天:孟、桥）（邯:磁、漳）

瓦儿云 （唐:昌）

巧云 出现在七、八、九月的鱼鳞云，样式很多。昌黎谚语:“五月六月看老云，七月八月看巧云。”（保:兴、新、雄）（唐:滦、昌、迁、宝、抚、大）（石:行）（天:静）（邯:郸、永）（承:青）

巧云儿 （唐:乐）

疙瘩云 （邯:内）

【火烧云】

火烧云 雨过天晴，中间白两边红的云。（张:宣）（唐:昌）（天:天、桥）

火烧云 先黑后红的云。（天:安）（唐:乐）

云吃火 指先红后黑的云。（天:安）

鸡冠云 早晨傍晚出现的一朵朵的红云。(石:宁)

烧云 (石:灵、晋)(邯:永)

烧了 下午出现的红云。(张:崇、宣)

早烧 (唐:遵)

【白云】 指雨后天空出现的云。

乏云 (天:津)(保:新、兴、雄)(邯:邯、清、任、南)(承:承)

跑乏云 (天:安)

跑白云 (天:天)

浮云 (天:桥)

棉花套子云 (唐:昌)

【没头没尾的大云】

齐头云 (天:静)

【飞云】

交云 (石:平)

起云 (天:天)

浮云 (天:桥)

【预示起风的云】

风云 刮大风前天上一团团的,像棉花一样的云。(承:丰)(天:天)

鱼鳞云 一般出在下午或近晚,预示夜里或第二天有风。(唐:大)

跑浮云 (天:桥)

【风圈儿】

风圈 (天:安、霸)(唐:滦、昌、丰、蓟、大)(承:青)

大风圈 (天:天)

风岚 (唐:乐)

【乌云】

黑云 (石:灵)(天:永、天)(保:容)(邯:周、临、内、尧)(唐:昌)

黑云头 雨前黑云头升上来预兆要下雨。(承:丰)(石:晋)(邯:南)

墨云 (邯:柏)

锅底云 (天:山)(唐:丰)(石:行)

黑冷云 雨前的黑云。(张:万)

黑锅底 (唐:乐)(石:行)

黑锅底子云 特别黑的云。(天:安、津)(石:赵)

黑骨朵云 (天:天)

黑云彩 (天:桥)

生云 (邯:宗、乡、鹿)

跑云 大块的黑云在空中跑,即将下暴雨。(唐:乐)

炮云 雨前大块的黑云。(石:建、获、井、枣、平)

大泡云 (天:肃、强)

雨岸子 (石:建)

闹云头 (承:围)

糨糊脑子云 预兆要下暴雨。(唐:迁)

大脑云 (唐:西)

老云头 (天:桥)(邯:清)

母猪云 (天:天)

老母猪 夜间出现的黑块云。(天:津)

疙瘩云 雨前,黑云急聚,厚薄不均,呈块状。(石:无、冀、平、灵、河、泽、束、晋、深、新、正、宁、藁)(天:文、山、河、大、庆)(张:张、鹿、宣)(保:蠡、定)(邯:漳)

疙瘩暴云 雨前的黑云。(邯:郸)

黑疙瘩云 雨前的黑云。(保:博)

恶云 雨前骤聚的黑云。(天:肃)

孬云 来势凶猛,使人害怕的黑云。(保:雄)

老云 指五六月间,太阳将落时,迎太阳而出的黑云。昌黎有谚语:"老云接驾(迎接太阳),早晚必下。"(唐:昌、蓟、抚、迁)(承:青)

脑云 出现在六七月间,一块块的黑云。(保:兴)(承:围)(唐:玉)

【小风】

哨子风 初冬时刮的小风。风声如哨,所以叫哨子风。(天:静)

轻风 一般很少单用,多用在短语中,如"轻风细雨"。(天:桥)(石:晋)

清风 多指早晨的小风。(张:鹿)(石:正)

攸攸风 (石:井)

小凉风 （唐:西）（承:围）

风丝儿 （石:束）（唐:昌、大）

细风 （邯:内）

凉风 （唐:丰）

风溜儿的 （天:桥）

【狂风】

粗风 一般很少单用，多用在短语中，如“粗风暴风”。（保:兴）

暴风 （石:宁、冀）（承:平）（天:固、桥）（张:龙）（唐:西）

风暴儿 很突然的狂风。（天:静）（唐:乐）

妖风 带来灾害的大风。（唐:滦）

牛犊子风 （石:井）（保:望）（石:行）

白毛风 带雪大北风。（承:丰）（天:固）（张:宣）

白毛风 指带雪的风。（承:围）

没肚子风 （张:鹿）

起暴天 一般指夏季的暴风雨。（天:天）

大风 （承:围）

大红眼风 （石:晋）（唐:乐）

浑风 （保:博）（邯:鹿、乡、宗、威）

黄风 （邯:广、台）（唐:乐）

大黄风 （承:丰）（张:张、康、崇、万、尚）（唐:大）

黑风 （天:桥）

大黑风 （石:晋）

骤风 （承:隆）

黄风 指带土的风。（承:围）

老牛犊子风 （邯:内）

【旋风】

旋风儿 （唐:昌）

大旋风 （天:天）

小旋风 （天:天）

鬼头风 （老）（迷）（石:宁）（天:桥）（张:沙）

鬼旋风 （迷）风头低而小的旋风。（张:康、龙、怀）（邯:郸、永、尧）

鬼风 （邯:漳、宗）

旋风鬼 （老）（迷）（张:万）（唐:卢）

旋磨风 （唐:蓟）（石:无）（天:静）

地屁 （邯:肥）

黑旋 （天:桥）

黑旋风 较大。（邯:漳）（唐:乐）

神旋风 风头高而大的旋风。（邯:郸、永）

触天风 风头高而大的风。神旋风的别名。（邯:郸）

拐磨风 （邯:沙）

旋涡风 （承:平）

通天旋风 大旋风。（唐:丰）

白毛旋风 带雪的旋风。（保:望）

拧劲儿风 （邯:内）

【顺风】

撵的风 （邯:鸡）

随风 （邯:肥、涉）

顺风儿 不儿化，很文；口语一定儿化。（承:承）（唐:昌、乐）

旁风 （天:桥、河）

【刮风】

开风 （唐:丰、玉、昌）

起风 指大风，并带灾害性。（唐:昌、丰、滦）（石:无）（邯:宗、乡）

起风 （老）风刚刮起。（天:阜）（唐:乐）

起风了 （天:天）

吹风 （唐:蓟）（邯:尧）

吹风 ①人造的风。如鼓风机的风。②形容事情的容易。（石:晋）（保:清）

【顶风】

戗风 “戗”音 qiāng。（全省通行）

顶风儿 （唐:昌）

旁戗 骑车子时，从侧面吹来的风。（天:河）

旁戗风 侧面吹来的风。（天:饶）

偏顶 指侧面吹来的顶风。（天:天）

戗脸风 比戗风小的风。（张:宣、崇）

冲风 指迎着风。(唐:昌、滦)

顶头风 (全省大部分地区通行)

迎风 (文)风小,有愉快之感。(全省通行)

迎头风 (张:宣)(天:固)(保:容)

【怕东西发霉,使之通通风】

出风 (唐:丰、蓟)(天:安)

透透风 (唐:蓟)

过过风 (天:天、武)

出出风儿 (唐:昌、大)

【打闪】

打闪儿 (唐:抚、昌)

火闪 (唐:昌、乐)

闪电 (保:新)(邯:涉)(石:灵)

忽闪 忽隐忽现的一种闪。(石:晋)

霍闪 光很短暂。可作动词用,如:"那边有光霍闪了一下。"(石:获)(唐:昌、迁、乐)(承:围)(天:桥)(邯:邯、肥、临、内、尧、涉、漳)

扑打闪 (天:桥)

打霍闪 (唐:乐、滦、昌)(邯:漳)

打闪电 (唐:丰、遵、蓟)

打闪阵 "阵"音 zhan。(唐:丰、西、乐)

雷闪大闪的 下暴雨时又有雷又有闪。(天:静)

雷闪火闪 (天:文、霸、安)

雷成火闪 (唐:乐)

霍雷闪电 雷闪交加。(张:怀)(邯:邯)

霍闪霍闪 (邯:邯、郸)

【打雷】

响雷 (全省大部分地区通行)

响雷 雷声很大。(保:新)(邯:南)

响霍雷 (张:崇)(邯:任、内)(石:井)

行雷 (老)(迷)(石:灵)(承:平)(张:商)(天:宁)

闷雷 声音沉重的雷。(石:深)

焦雷 (天:天、武)

打雷成 (唐:昌、乐)

开雷了 春季第一次打雷。(承:滦、围、隆)

【霹雷】

阵雷 连响不断的雷。(邯:鸡)

呼雷 (邯:柏、台、任)

大雷 (承:青)

艮雷 (邯:内)

沉雷 指远处的雷。(邯:宗、乡、鹿)

响雷 (邯:魏、鹿)

怪雷 (石:新、正)(天:饶)

焦雷 (唐:遵)(天:强)

恶雷 (老)(邯:磁、永、周、成)

瓜雷 (天:静)

爆雷 (石:衡、枣、井)

炸雷 (保:定)

雷成 (唐:昌)

瓜啦 雷响声。(天:山、桥、庆、沧)

大瓜啦 (天:黄、津)

天枪 特响的雷。(唐:西)

雷很 gen (邯:沙)

打大雷 (唐:丰)(承:青)

打霹雷 (保:雄)

磨盘雷 似磨响,连续不断,预兆要下雹子。(唐:抚)

磨子雷 (唐:西)(石:藁)

【雷击了】

龙抓了 (老)(保:兴、定、阳、蠡、望)(承:兴、隆、围、平、滦)(石:无、冀、平、灵、建、河、赞、高、行、石、晋、获、深、新、正、元、宁、井、赵、枣、藁、栾)(天:饶、肃、孟、故、东、山、桥、河、宁、庆)(张:张、万、赤、阳、康、沽、宣、沙、鹿、怀)(邯:广、乡、邯、郸、魏、鸡、柏、大、磁、宗、威、永、鹿、清、台、任、临、漳、肥、涉、周、成、内、尧)

龙殛了 (邯:内)

雷殛了 (唐:丰、滦、宝、遵、昌、迁、西、抚、玉、山)(承:丰、平、青、承、滦、围、兴)(石:宁)(邯:乡、魏、鸡、大、宗、鹿、柏、漳)(天:饶、静、固)(保:新、兴)

雷劈了 (老)东西被雷击了。(全省通行)

雷轰了　(唐:丰)

响雷抓了　(石:灵)

着雷劈了　(石:束)

龙抽筋了　(邯:肥)

闪打雷劈了　(贬)在盟誓时常说,如违背誓言,“闪打雷劈五龙抓”。(石:束)

瓜啦劈了　(天:桥)

叫瓜啦劈了　(天:庆)

【小雨】

细雨　(石:正)(张:龙)(保:望)

毛毛雨　(天:静)(唐:丰)

濛濛雨　(天:天)(唐:乐)(石:行)

小雨雨　(张:怀)

小濛濛雨　(承:围)

小濛层雨儿　(天:安、静)

地皮湿　下一会儿就晴的小雨。(邯:乡、宗、威)

点窑子雨　下一会儿就晴的小雨。(邯:魏、大)

【牛毛雨】

牛毛细雨　(石:灵)(唐:丰、秦)(天:桥、河、安)(承:承、平)(张:怀、鹿)(邯:内)(保:博、水、新、雄、涿)

牛毛细　(石:井)

罗面雨　(石:平、冀、河、晋、深、无、泽、束、新、武、宁、枣)(天:饶、强、肃、河)(张:万、鹿)(邯:广、乡、邯、郸、魏、大、磁、威、永、清、任、肥、涉、漳、周、南、成)

筛罗面雨　(邯:涉)

小罗面雨　(石:赵)(邯:鸡)

雾路毛子雨　(唐:抚)

雾露雨　(邯:宗)

濛星　似下非下的小雨。(石:河、衡、宁、枣)

濛星小雨　(邯:鹿)

濛星雨　(石:束、石、正、藁)(天:献、津、河、庆)(邯:邯、柏、内、威、乡、南)

濛僧雨　(石:获)(天:大)(承:围)

濛星子雨　(天:庆)

濛僧僧雨　(张:商、怀)

濛湿雨　(天:文)

濛濛星星的雨　(邯:清)

濛渗渗儿雨　(张:宣)

闷生雨　(张:崇)

雾漏雨　比罗面雨还小的雨。(天:桥)(邯:南)

甘露细雨　(天:桥)

蛸蛸尿　当地称蝉为蛸蛸。(天:庆)

小雨星星　(张:龙)

小毛雨　(天:任)

小毛毛雨　(唐:乐)

小雾雨　(邯:沙)

铺衬雨　(天:武、固)

下铺衬雨　(天:霸)

乌如雨　(邯:内)

铺盖雨　(张:崇)

濛濛雨　(全省通行)

濛细雨　(天:桥)

毛毛雨　(全省通行)

追地雨　(石:深)

蹦雨星子　(天:天)

【连阴雨】

连阴　(保:满、完)(邯:内)(唐:乐)

连天　(唐:大)

连阴天　①连续几天下小雨。②连续几个阴天,并不下雨。③阴天、雨天连续交替。(保:涿、兴、博、易、水、新、雄、清)(石:无、石、河、衡、赵、枣、灵)(天:饶、肃、静、献、大、津、安、沧、庆、东、永)(邯:内、威)(唐:丰、昌、乐、宝、遵、秦、蓟、大、西、迁)

连继天　(天:河)

连云天　(唐:山、迁)

连雨天　(唐:昌、乐)(承:青)(天:安、武、静)

连近天　(天:任)(保:高)

连紧天　(天:饶)

连雨　(保:唐、水、阳、望、满、蠡、易)(承:青)(石:泽)

(邯:内)

连绵雨 (石:晋)

连紧雨 (保:高)

连连雨 (唐:滦)(保:保)

连阴薄雨 (邯:肥)

塌房子雨 (石:无)

连阴布雨 (邯:广、魏、鸡、肥)

漏房子雨 (石:无)

黏糊雨 (天:天)

雾露雨 (邯:乡、宗、威、鹿)

秋 biè 子雨 (邯:乡、宗、鹿、威)

雨水连天 (石:赵)(唐:乐)

不淋淋雨 (张:万)

天不形 (邯:内)

秋傻瓜的雨 (邯:大)

范家子 (天:桥)

【又出太阳又下雨】

老婆雨 (保:望)(张:龙)

【一边下雨另一边不下雨】

车辙雨 (天:静、安)

过道雨 (天:津、桥)

车道沟子雨 (天:桥)

【连阴天】

干连阴 (邯:涉)

【大雨】

一个点雨 雨大而久。(唐:遵)

一个点的雨 (唐:丰)(天:饶)(邯:内)

灌雨 (唐:遵)

大灌雨 (唐:蓟)

大闯雨 (天:天)

箭杆子雨 (唐:西、乐)

马莲浆子雨 (承:平)(天:桥)

莽雨 (石:栾)

白杆子雨 (承:青)

雷声雨 (张:赤、康、万)

雷声大雨 (张:鹿)

单绳的雨 (邯:鸡)

枫浆雨 (张:赤)

面条的雨 时间长的大雨。(邯:鸡、成)

洪雨 (邯:涉)

瓢泼大雨 特别大的雨。(唐:蓟、昌、乐、西)(邯:魏、鸡、大、台、任)(天:天、安)(承:承、青、围)

【猛雨】 大雨不一定猛,猛雨则一定大。所以“猛雨”和“大雨”条有交叉的地方,两条应参照看。

骤雨 (承:隆)(唐:玉)

急雨 (承:隆)(张:崇)(邯:鸡)

暴雨 (唐:大、昌)

暴雨 带雹子的猛雨。(张:蔚)

冷雨 带雹子的暴雨。(张:蔚)

闯雨 来势快,但时间不长。(石:井、获)(承:承)(天:沧、河)

闯子雨 (天:宁)(唐:丰)

大闯雨 (天:静)

冲雨 (承:承)

箭杆子雨 (承:滦)

瓢泼大雨 (唐:滦、山)(承:滦、平)(邯:威)

瓢泼雨 (承:平)(唐:乐)

马利杆子 (天:黄)

暴天儿 指突然来了一阵雨。(承:青)(唐:昌、乐)

瓮雨 (邯:乡、宗)

单单绳子雨 (邯:郸)

一个点的雨 (邯:清)(唐:昌、丰、乐)

马莲浆子 (天:黄)

马莲浆子雨 (天:山、桥)(承:围)

恶风暴雨 (邯:邯)

霍雷雨 带雷的猛雨。(张:崇)

雷声雨 边打雷边下的大雨。(张:万、阳)

雷雨 (张:沽)

雷风雨 (承:承、兴)

莽雨 （石：赞、深、赵、无）

斗雨 （邯：广、威、大）

风绞雨 大风大雨。（石：正）

拆旁雨 （天：宁）

忙张雨 （邯：任）

白霜雨 （邯：磁、漳）

【风停了】

风住了 指风完全停了。（全省通行）

风煞了 （邯：内）

煞风来 风开始停还没有完全息。（承：滦）

煞风了 风小了。（唐：滦）

煞风了 （唐：丰、遵、山、迁、玉、蓟）（石：河、冀、泽）（天：安、桥、肃、津、献、山、静、文、庆）（承：围）（邯：宗、威、任、南）

煞住风了 （邯：清）

风息了 （文）（唐：丰、蓟）（承：隆、承）（石：无、晋、栾）（天：孟、故、东、沧）（保：定、望）（邯：清、涉、尧）

止风儿了 （天：肃）

住风了 （唐：大、昌、乐）（石：束、宁、新）（天：安、故、霸、固）（张：万、阳、宣、崇、鹿、蔚）（邯：邯、郸、魏、大、永、成、内）（保：清）

死了风 （保：望）

住了风了 （邯：鹿）（石：赞）（保：高）（唐：乐）

刮罢了 （邯：涉）

【雨点儿】

雨点子 雨点很大，惹人讨厌。（保：水）（天：孟）（唐：乐）

雨珠儿 （石：石、无）（保：定、容、水）（天：宁、河）（邯：涉、尧）

大雨点子 雨点很大，使人厌恶。（保：易）（石：泽）（天：津）（唐：乐）

雨星子 指小细雨点儿。（唐：昌）

雨星儿 雨点很小。（石：束）（唐：蓟、西）

雨点子 一般较大，如："这老大的雨点子。"（全省大部分地区通行）

丢星 （邯：魏）

丢点 （邯：魏）

【掉点儿了】

滴点儿了 刚掉雨点儿。（天：桥、宁）（保：安、清）（张：张、宣、龙、沙、商、鹿、怀、蔚、赤、阳、康）（邯：大、肥、内、尧、广、鸡、永、周、成）（唐：乐）

滴雨点儿了 （邯：沙）（石：灵、获）（天：安）

掉雨点子了 （承：围）

可星雨了 （邯：乡、宗）

滴嗒哩 （天：饶）（张：赤）

滴嗒点儿了 （天：强、肃、天）

滴雨星了 （石：获）（邯：鸡）

崩嗒点了 刚下还不大。（天：肃）（邯：清）

崩嗒雨点了 （天：桥、津）

丢星儿 （邯：邯、郸、魏、漳、广）

丢点 （邯：魏）

投雨点儿 （石：灵、束）

隔星 雨点小而密。（邯：台、磁、内）

掉雨星 （张：沙）

挤星雨点了 （唐：遵）

乒乓哩 （石：宁）

【将要下雨】

来暴天了 大雨将临。（承：青）（唐：丰、乐、滦）

来天道了 （承：青、滦）（唐：昌、蓟、滦、乐、丰）

来雨了 （承：兴、滦、青、承、围）（唐：乐）

雨来了 （天：天）

雨磨 下雨前的声音。（邯：台、乡、宗、鹿）

沤雨了 （邯：台、乡、宗、鹿）

天上来了 （邯：台、乡、宗、鹿）

有了天气 阴了天，快刮风下雨了。（石：灵）（天：安）

【下雨了】

落雨了 （文）久旱后，突然下了大雨，农民们异常喜悦时说"落雨了"。（天：故）（承：滦、隆）（石：元、深、束、获、高）（保：定、安、唐）（邯：临、郸、鸡、涉、内、尧、漳、柏、永）

落透雨了 雨下透了，才说“落”。（唐：遵）（承：围）

下了 一般用在对话中。（全省通行）

下了 泛指下雨或下雪。（张：张）

下上来了 （石：建）

下开了 （石：无）（唐：乐）

下哩 （石：衡、宁）（邯：内、台、南）

下上了 （唐：乐）（石：束）（承：承、围）

下起来了 不仅指雨，而且指雪。（天：天）（唐：乐）

下着来了 （张：崇、万）

下来了 （邯：漳）

闹天气了 （承：平）

降雨了 （唐：遵）

【淋雨】

淋的 （张：赤）

雨淋 （保：涿、兴）（天：献、文、静、宁）（唐：丰）（石：平、建、正）（邯：周、磁、临）（张：沙）

雨淋了 （石：泽、新、宁、井、石）（唐：秦、丰）（承：兴、青、平、隆、滦、围）（保：定）（张：宣、龙、崇）

淋了 （唐：大）（石：束）（邯：漳）

挨雨淋 （石：正、灵）（唐：乐）

挨淋了 （石：宁）（天：津、东、饶、安、桥）（邯：宗、乡、广、鸡）

挨了雨了 （石：赞）

淋头雨 （张：鹿）

遭雨淋了 （天：任）

遭了雨了 （张：宣）

雨轮 （石：获、赵、冀）（保：博、唐、高、兴、涿）（邯：任、魏）（天：固）（张：沙）

雨轮 被雨打之意。（邯：内）

雨轮着 （唐：乐、宝）（天：霸、庆、桥）

雨轮了 （唐：丰、乐）（邯：鹿、涉、成、内、任）（保：新、蠡）（天：肃）

挨剟 被雨击打之意。（邯：内）

挨轮 （石：晋）（天：津）

轮了 （邯：南）（天：河）

着雨 （石：灵）（邯：涉）（张：阳）

浞着 （天：固）

雨浞了 （保：定、唐）

雨淋了 （天：天）

雨拍了 （唐：昌、滦）

雨浇了 （唐：乐、蓟、迁、昌）（承：青、隆）

雨浇着 （唐：乐、宝）

浇着了 （承：围）

挨浇了 （唐：西、玉、昌、大）（承：青、围）

挨浇 （唐：山）

雨冲了 （天：孟）

淋麻咕 农历七月中的连阴雨。（唐：抚）

雨剟 （邯：内、柏）

挨雨剟 （邯：内）

雨 pie 了 被大雨淋了。pie 读入声。（张：崇）

【雨停了】

放晴 经过连阴天后的初晴。（天：天）

放晴 （石：束）

不下了 （邯：内、威、乡、宗、南）（天：天、武）

过雨了 （承：围）

住雨了 （保：涿、新）（唐：大、西）（承：承、青、平）（天：津、桥、文、安、大、沧）（邯：魏、乡）（石：获）

住了雨 （保：涿）（天：饶）（邯：鹿、南）（石：束、灵）（唐：乐）

住点儿了 （邯：清）（天：桥）

住了 （全省通行）

住了 （老）（邯：磁）

雨住了 （邯：尧、沙、内）（保：定）（张：商）（石：获、井、藁）（唐：乐、昌）（承：围、青）（天：天、东）

雨止了 （唐：丰、昌）

打起天来了 阴雨天突然变晴。（天：静、霸、安）（唐：乐）

【雹子】

冷子 一般比雹子小。（全省大部分地区通行）

冷子 （老）（天：阜）（张：沙）

冷的　邯郸专区不少县在构词上，凡是普通话的“子”一概作“的”。(邯:郸、广)

冷货　(保:唐)

冷雨　(保:兴、望、满、新)(唐:遵)(天:固)

冷疙瘩　(唐:西)

疙瘩　(唐:西)

麻冷子　较小。(张:张、赤、宣、崇、龙、万、尚)

雹　(石:无)(承:隆)(保:蠡)(张:龙)

冰雹　(文)(邯:魏、任、漳)(唐:昌)(承:围)

弹子　(张:阳、康、沽、宣、龙、鹿、怀、蔚、张、万、尚)

弹子　比雹子大。(张:崇)

冷子弹　(邯:涉)

冷弹子　(张:张、万、沙)(邯:涉)

种子　春种前下的小雹子。(唐:蓟)

【雪珠儿】

雪糁　(张:沙)(石:石)

雪糁儿　(石:平、灵、建、泽、束、行、晋、深、新、石、获、元、赵、高)(保:易、保、唐、高、水、安、新、蠡、兴)(邯:魏、肥、乡)(承:滦)

雪糁子　(承:青)(邯:丘)

雪糁糁　(张:万)(石:井)(邯:乡、宗)

米糁子雪　(唐:抚、昌)

米糁子　(唐:滦、大)

米蜂雪　(唐:大)

米心子雪　专指小雪渣。(唐:蓟、乐)

荞面糁儿雪　(承:丰)

雪米粒儿　(保:博)(唐:乐)

雪粑拉　指不分叉的小雪珠儿。(天:天)

雪圪糁糁　(张:康)

雪疙仁　(张:崇、鹿)

雪圪垯儿　有时可指雪堆。(全省大部分地区通行)

饭扑拉儿　(石:枣)

饭拨拉　(石:衡)(承:围)

饭不拉子　雪粒如饭。(天:大、桥、庆、饶、肃、津、河、沧、强、故)(邯:清)

雪把拉儿　“把”读去声。(天:静)

米拉　(邯:鸡、任、内、台)

米粒的　(邯:鸡)

小米粒雪　(唐:遵)(天:饶)

母粒　(天:饶)

雪粒　(邯:内)

冷子　(唐:丰)

小冷子儿　(天:安)

冰渣　(唐:宝)(天:武)

雪渣儿　(天:武、肃、任)

雪子儿　(石:正)

雪块子　(张:阳)(邯:邯)(保:望)

雪朵儿　(保:容)

雪另子　(邯:磁、涉)

雪蛋蛋　(张:崇)(邯:邯、郸)

雪球　(石:宁)(保:定、蠡)(邯:郸)

种子　(唐:大)

冰凌痂　(邯:乡、宗)

半身子雪　(唐:蓟)

地溜子　(邯:漳)

下地油　(石:井)

都楞　(保:唐)

冰圪角角　“角”音jue，读入声。(张:怀)

玻璃蛋儿　(石:赞)(邯:乡)

【下雪】

落雪　(石:栾)(天:故)

刮雪花了　(天:桥)

刮雪叶　下小雪。(天:强)

飞雪花　不大的雪。(邯:台)(唐:昌)

下着雪来了　(张:万)

掉雪花了　雪刚下。(唐:乐)

【鹅毛雪】

鹅毛大雪　(邯:乡、南、鹿、宗、威)

鹅毛片儿　(承:隆)(天:饶、强)(张:康、宣)(邯:尧、

郸、涉)(石:无)

鹅毛雪片 (邯:鸡、肥)

鹅毛大片 (张:张、万、商)(邯:广、大、磁、成)

鹅翎雪 (承:隆)

鹅鸭雪片 (邯:鹿)

鹅毛毡片 (张:崇、怀)

羊毛毡片 (邯:台)

棉花雪 (天:任)

棉花套子 如:“下棉花套子了。”(唐:乐)

棉花套子雪 (唐:蓟、迁、玉、滦、宝、遵、丰、抚、西、大、昌、乐)(承:围、青、兴)(天:静、宁)

棉花穰子雪 (保:阳)

大雪 (邯:内、威)

大棉花套子 (天:安)

大毛毛片 (张:蔚)

大雪花子 (保:博)

大雪片子 (保:涿、望)(邯:清、南、鹿)(石:深、冀、枣、束、灵)(天:天)

雪片儿 (石:晋、灵)(邯:永、肥)(天:静)

窝脖子雪 即大雪。(石:深)

【雪花儿】

雪片 (石:赵、宁、无、行、新、获)(张:万、沽)(邯:乡、柏、涉、尧、鹿、任、肥、周)

飘雪花儿 (邯:魏、大)(唐:大)

清雪 小的雪花。(唐:昌、乐)

雪叶 (天:东、庆、津)

【冰】

凌 (唐:丰)(天:静、献、任、大、山、河、黄、文、天、霸)

冰凌 (全省通行)

冰冰 (承:平、围)

冰窖 藏冰之地。(天:天)

冰凉 (保:高、满、清、蠡)(邯:清)(天:饶、肃、东、强)(邯:清)

冰凉核 “核”音 hú。(保:蠡)(石:无)

冰凌碴 刚结冻的薄冰。(张:沙、宣)

冰娄 (天:饶)(邯:涉)

冰溜子 (张:龙)(唐:乐)

冰溜子 专指檐流冻的冰柱。(唐:昌)

冰溜 (张:康、沽、龙、万、张)

凌块 (天:沧)

冻冻 (天:桥、庆、津)

冻隆 (石:枣)(天:故)

冻凌 (石:平、灵、建、高、行、衡、元、藁、井)(保:定、安、阳、新、望)(邯:乡、柏、台、任)

冬凌 (石:赞)(邯:邯、广、鸡、临、肥、漳、周、成、内)

凉冰 (唐:滦、昌、乐)

雪神 (石:深)

打滑凌 冬季儿童们的一种体育活动。(天:天)

凌丝儿 开始冻的冰。(天:安)

地皮甲 雨下地马上结成的薄冰。(邯:南)(天:桥)(石:束)

【冻冰】

冻冬凌 (邯:临、内)

冻凌 (天:任)

冻冰凌 (邯:南)

冻了冰凉了 (邯:清)

冻冰碴儿 刚结冰。(唐:乐)

结凌 一般指不厚的冰。(天:天)

结冰了 一般指较厚的冰。(天:天)(承:围)(邯:内、威)

上冻了 (邯:乡、宗、台、鹿)(天:桥)

【大地封冻】

封地了 土地冻了。(唐:蓟、大、乐、丰、昌)(承:围)(天:天、安、津、霸)(邯:南、成)

上冻了 (邯:内、威)

【河水结冰】

封河 (天:天、河、霸、安)(保:安、望)(唐:乐、丰、昌、大、蓟)(承:围)

潺河 (保:安)(天:肃、河)

叉河了 （天:桥）

【冰锥儿】

冰箸 （石:晋）（唐:西、滦、宝、山）（承:隆）（天:孟、故、东、庆）（保:容、定）（张:商）（邯:漳）

冰溜溜 （保:兴）（张:万）

冰溜子 （唐:乐、抚、昌）（承:隆、青、滦、围）

冰溜 （承:滦）

冰溜儿 （承:丰）（张:宣、鹿）

溜溜 （邯:临）（天:津）

流浪 （天:桥）

琉璃 （邯:大、周）

冰锥锥 （唐:遵、玉、蓟）（邯:清）（天:霸、文、河）

冰锥子 （承:承）（天:安）

冰筷子 （唐:滦、宝）

冰坨子 （保:保）（唐:乐）

冰凌条儿 （石:河、宁）（唐:昌、秦、卢）（张:阳、鹿、沙）（邯:任、内）（保:定、容）

冰条儿 （唐:滦、迁、卢）（石:无）（张:龙）（邯:内）

冰凌锥儿 （石:宁）（天:霸）（邯:沙、大、磁）（唐:丰）

冰凌卷儿 （张:宣）

冰凉锥儿 （保:高）

冷凌橛儿 （张:蔚）

冰圪 （张:怀）

冰棍儿 （保:唐）（邯:肥）（唐:丰）

冰滴溜 （邯:柏、尧）

冰铃铛 （石:衡、枣）（保:望）

铃铛 （保:易、唐）

凌锥 （石:高、束、新、元、赵、赞、井、平、行、灵、建）（天:饶、强、肃、大、献、河）（保:定、易、水、阳、蠡）（邯:广、威、成、乡、宗、肥、鸡）

冬凌锥的 （邯:邯）

冬凌锥儿 （邯:邯）

冬凌锥子 （邯:郸）

冰凌棍儿 （石:无、冀）（邯:肥）

冰凌针儿 （张:阳）

冰凌棍 （邯:台）

冬凌棍 （邯:内）

凌棍儿 （天:静）

冻凌锥 （邯:任、邯）

冻楼锥儿 （邯:涉）

冻楼柱 （邯:涉）

林锥 （石:建）

凌浪 （天:桥）

溜椎 （石:获）

冬凌根 （邯:内）

凌棒儿 （保:满、清）

凌角 （天:山）（邯:南）

滴溜 （邯:临）

挂 （天:河）

树挂 指树干、树枝上积雪融化冻成的冰锥儿。（天:天）

凌坠 （天:沧）（邯:鹿）

冰凌角儿 “角”音 jué。（张:崇）

冰角儿 “角”音 jué。（张:张）

【雪化了】

雪消了 （石:建、行、井、灵）（保:阳）（张:张、万、康、龙、崇、鹿、怀、商）（邯:郸、鸡、磁、台、肥、涉、内、尧）（唐:乐）

消了 （石:平）

雪耗了 （保:望）

【冰化了】

化了 （唐:滦、山、昌、乐）（天:饶）（石:衡）

冰消了 （石:平、建、行、石、获）（张:崇、张、赤、沽、宣、龙、商、鹿、蔚）（保:唐、阳、新）（邯:磁、临、肥、涉）

冰凌化了 （邯:柏、尧、南）

开化了 （保:兴）（唐:丰、滦、抚、玉、乐）（天:天、河、桥）（承:青）

冻凌化了 （石:灵、枣、赞）（邯:鸡、广、成、内）

冻凌消了 （石:灵）

消开了 （邯:涉）

消冻了 (邯:鸡、台、漳)

凌开了 (邯:永)

凌化了 (天:任)

解冻了 (唐:丰)(天:安)

开冻了 (天:大)

化冻了 (石:冀、泽、束)(天:肃、大、庆、桥)(邯:乡、大、清)(唐:乐)

【露水】

露湿 (石:束、衡、武、枣、冀)(天:饶、强、黄、肃、故、静、任、山、桥、河、大、沧、天、庆)(保:高、蠡)(邯:清)

露水河 露水很大。(唐:蓟)

【霜】

凌挂 树枝上的厚霜。(石:束)

树挂 早晨树上的霜。(天:肃、桥、霸、安、静)(唐:丰、乐、昌)(承:隆)

吊挂 树枝上的霜。(石:束)

霜雪儿 (天:肃、安)(唐:乐)

【下露】

落潮气 (邯:任)

上潮 (石:元)

上露水 (石:获、栾)(天:肃)(张:阳)(邯:磁、南、威、乡)

上露湿 (石:衡)

上露 (邯:乡)

露湿了 (天:天)

露打了 庄稼被露水打湿了。(石:灵)

下露湿 (石:武、枣、冀、束)(天:黄、肃、东、河、沧、静、桥)

下露了 (天:东)

下露水 (天:天)(唐:乐)

下露水了 (承:围)(天:安)(唐:大)

露水下来了 (邯:广)(唐:昌)

下来露水了 (邯:内)(唐:蓟、昌)

落露了 (邯:鸡、肥)

落露水 (邯:鹿)(保:清)

落露 (邯:永)

露水落了 (张:龙、万、尚)

【露水珠儿】

露湿珠儿 (石:枣)(保:高)(天:河、桥)

露水点 (天:桥)(邯:邯)

露水珠珠 (邯:柏、内)(张:万)

【露水干了】

露水落了 (石:赵)

落露水 露水被太阳蒸发了。(石:获)(天:津、桥)

花露水 (天:安)

【下霜】

降霜 (文)(保:兴)(邯:涉)(张:鹿)

下霜雨 (石:平)

下霜了 (唐:丰、昌)

下酷霜了 指下大霜了。(邯:宗、乡)

下严霜了 (唐:大)

下白了 (唐:遵)

塔霜 (张:张、尚)

落霜了 (张:蔚、鹿、商、康、阳、张、怀)

落下霜了 (张:万)

白露了 指轻霜。(石:河)

结霜 (天:东)

【植物受霜而死】

霜塔了 (唐:迁、大、昌)(张:万、尚)(承:围)

霜打了 (天:天、武)(邯:内、威)(唐:乐)

霜打死了 (唐:丰)(天:安)

【雾】

雾气 (邯:鸡、肥)(唐:乐)

潮气 (邯:柏)

臭雾 老年人认为雾有臭味。(唐:蓟、乐、昌)

水雾 下雾后地下潮,所以有人叫水雾。(天:河)

大雾 (天:天)

【下雾】

下雾了 (天:天)(唐:丰、昌)

走雾了 指下雾后庄稼毁了。(邯:乡、宗)

上大雾了 (邯:乡、宗)

上潮气 (邯:乡、宗)

起雾 (石:获、赵、灵、平、冀)(承:青、平)(保:博)(张:沽、鹿、怀、阳)(邯:涉)(天:安)

放雾 (承:围、平)(张:张、康、商)

落雾 (邯:鸡、肥、漳、成、鹿)(石:晋)

雾了 (邯:周)

雾下来 (邯:沙)

雾过来了 (邯:磁)

【虹】

王母娘娘晒脚步子 (唐:滦、丰)

出虹象 "虹"音 jiàng。(唐:蓟)

出 zang 了 (邯:郸)

出虹了 "虹"音 jiàng。(唐:昌、蓟)(邯:内)(天:天、桥、武)

起虹了 "虹"音 jiàng。(承:青)

虹 jiàng (张:万、尚)(承:围)

【天气】

天道 "今天天道很好",即"今天天气很好"。(唐:滦、迁、大、乐、昌、西)(承:青、平、围)(天:饶)(保:高、蠡)

天头 (唐:丰、遵、宝、抚、山)

天儿 (天:山)(邯:尧)(石:宁)(唐:乐)

天儿 好的天气。(保:涿)(天:桥)

天 (天:津)

天色 (张:蔚)

【晴天】

好天 (全省通行)

好天头 (唐:丰、玉、抚)

好天道 (石:泽)(唐:滦、西、昌、乐)(保:蠡、定)

响晴天 (承:平、隆、围)(保:新)

晴天头 (唐:抚)

崭晴天 一丝云也没有的好晴天。(邯:永、广)

澄晴天儿 (邯:广)

大晴天 (张:鹿)

万里无云 (邯:乡、宗)

天气好 (天:天)

【无风无雨不冷不热的天】

天好 (唐:滦、乐、丰)(邯:大)(保:雄)

好天 (天:天)

【阴天】

孬天 (邯:魏、内)

糟天 (邯:乡、威、南、鹿)

假阴天 半阴半晴。(天:天)

要闹天儿 (天:桥)(唐:昌)

麻阴天 有一层薄云,半阴半晴的天气。(承:兴)(张:鹿)

挂里了 天空有一层特别薄的云。(唐:大)

阴沉了 天空云很厚。(承:兴)(唐:乐)

阴天胡拉的 (邯:乡、威、南、鹿)

坏天 (邯:永)(唐:乐)

暴阴天 突然变阴,随而下雨。(承:兴)

赖天 (张:沽、商)

天头儿不好 (天:肃)

天不强 (邯:尧)

天道不好 (天:肃)(唐:乐、昌)

嘎咕天道 (唐:西、乐、丰)

变天 (张:沽)(唐:乐)

天不孬 (邯:大)

【日食】

日头食 (邯:临)

天狗吃日 (老)(全省通行)

天狗吃日头 (唐:丰、宝、山、秦、蓟、乐、抚)(承:平、滦、承、隆、围)(石:井)(保:容、定)(天:东、安、宁)(邯:内)

狗吃日头 (老)(石:石)(唐:遵、蓟、卢、丰、乐)(承:青)(保:新)

狗吃日头 (保:兴)(唐:乐、丰、滦、宝、昌、西、玉)(石:

无)(天:固)

狗吃太阳 (保:涿)(承:青)

天狗吃太阳 (天:桥、宁)(张:阳)

狗吃老爷儿 (保:涿)(邯:郸)

食老爷儿 (天:饶、强、任)(保:博、唐、满、清、蠡、望)

食爷爷儿 (石:衡、武、枣)(天:肃)(邯:柏、南)

食日头 (石:无、平、灵、建、赞、行、获、深、赵、藁、元、正、井、泽)(保:阳)(邯:沙、任、尧、内、台)

食太阳 (石:束)(保:保)

食爷窝 (邯:广)

前天爷食了 (张:万)

黑天煞神吃日头 (石:宁)

黑拉神吃太阳 (邯:邯)

黑煞神吃日头 (邯:内)

黑煞神吃了老爷了 (邯:磁)

黑煞神吃日 (邯:鹿)

黑老叭神吃爷爷 (邯:成)

黑煞神吃爷爷儿 (邯:乡)

黄煞神吃日头 (邯:鸡)

吃爷爷 (邯:柏)

吃太阳 (邯:漳)

太阳叫狗吃了 (保:保)

【月食】

食月亮 (石:平、灵、建、赞、行、束、获、深、衡、赵、枣、藁、元、武、正、井、泽、高)(邯:广、台、沙、尧、柏、任、内)(保:阳、望、保)

吃月亮 (邯:漳)

狗吃月亮 (保:涿、兴、新)(唐:丰、滦、玉、卢、遵、蓟)(承:青)(石:无、石)(天:固)

狗食月儿 (唐:西)

狗吃月亮 (唐:昌)

食老母儿 (天:饶、强、任)(保:博、满、望、清)

食老母帝儿 (保:唐)

食老母亮儿 (保:蠡)

天狗吃月 (唐:宝、山、三、乐、大)(保:易、水、容、望、安、阳)(承:丰、兴、隆)(石:无、冀、河、新、宁、晋)(天:肃、桥、宁、武、沧)(张:张、赤、沽、宣、沙、怀、蔚)(邯:永、涉、周、尧、郸、肥)

天狗吃月亮 (唐:丰、秦、迁、抚)(承:围、平、隆、滦、承)(石:井)(天:桥、东、安、霸)(保:定、容、清)(张:阳)

阴月亮吃阳月亮 (天:庆)

黑煞神吃了老奶奶了 (邯:磁)

黑煞神吃月 (邯:鹿)

黑老鸦神吃月亮 (邯:漳)

黑天煞神吃月亮 (石:宁)

黑煞神吃月亮 (邯:磁、任、宗、郸、鸡、威、大)

蛤煞神吃老母 (邯:涉)

黑拉神吃月亮 (邯:邯)

黑老叭神吃月亮 (邯:成)

后天爷食了 (张:万)

【天旱】

旱天 (石:宁)(邯:鸡、漳)

旱了 (唐:乐、山、蓟)(承:青、平、围)(石:衡)(天:饶、桥、安)(邯:大、肥、涉)

旱 (唐:滦、宝、乐、昌)(天:桥、安)

秋吊 秋天天旱。(唐:丰)

天干 指春、夏季天旱。除丰润县外,河北省其他各地"天干"皆指气候干燥。(唐:丰)

天干旱 (承:隆)(唐:昌)

天吊起来了 (天:桥)

天焦 (邯:鸡)

下火了 天旱到极点。(唐:大、乐)

火龙天 指特别干热的天。(承:围、隆)

火龙了 指因天旱庄稼遭虫灾而落叶枯萎。(承:平)

天搁起来了 (邯:鹿、宗)

【气候干燥】

天干 (全省通行)

【涝了】 田地里水太多伤了庄稼。

涝了 河水淹庄稼成灾。(保:兴)(天:桥)(唐:丰、滦、

三、乐)

涝了 雨大成灾。(全省大部分地区通行)

淹了 河水泛滥成灾。(唐:昌、秦、滦)(石:衡、藁、河、冀)(天:安)(邯:鸡、尧、永、南)

水漂了 (天:安)(邯:尧)

水涝 (石:井)

水淹了 (邯:宗)

喝汤 如:“这场雨揍了,文安洼又喝汤了。”(天:天)

雨涝了 专指大雨造成的涝灾,以别于河水成的灾。(唐:大)(保:兴)

闹了 (唐:昌)

闹水了 (天:大、文)

下淹了 大雨成灾。(邯:大、成)

天涝 (张:怀)(天:天)

插洼子 洼地因雨大被淹。(唐:玉)

沥水淹了 雨水成灾。(邯:清)

够汤了 雨水过大了。(唐:蓟)

涝天 (邯:涉)

立水 (天:桥)

立淹了 雨水成灾。(邯:魏)

立涝 雨水成灾。(天:安)

【风灾】

风涝 经风摇晃,庄稼根受伤而死。(唐:丰)

二 时令

【今年】

今儿年 （天：强）

今年个 （唐：丰）（石：灵）（承：滦）（天：天）

今年个儿 （承：平、围）（张：宣）

己年 （石：藁、河）（保：唐）

真年 （保：满）（邯：尧）

本年 （文）（全省大部分地区通行）

头年儿 "年"读轻声。（保：新）

这一年 （邯：魏、肥）

同年 （邯：魏）

当年 （天：东、桥、天）（保：容）（张：万）（邯：鸡、永）

当年儿 （唐：昌、乐）

【去年】

头年 （全省通行）

头年个 （唐：丰、玉、乐）（天：黄）（承：围）

去年哩 （邯：鹿）（保：易）

头年儿呢 （保：保）

年个 （邯：成）

年个儿 （邯：肥、成）

年时 （唐：抚）（邯：涉）

年时个 （天：静、天、安）（邯：宗、沙）

年时个儿 （全省通行）

年上 （石：深、高、赞、建、藁）（保：博、阳）

年上个 （天：饶、肃）（保：易、容、满、阳、蠡）（邯：柏）

年生 （石：河、井、晋、平、宁、无）（邯：临）

年生啊 （张：鹿）（邯：清）

年生个儿 （石：束、正、枣、获）（张：崇）

年头 （邯：魏）

年头里 （石：枣、束）

年去 （石：元）

去年个 （唐：丰）（承：滦、平）

上一年 （邯：永、任）

【明年】

过年 （全省通行）

过年儿 （唐：乐）

过年个 （唐：丰、玉）（承：围）

过了年 （邯：内）（承：围）

来年 （全省通行）

下年 （唐：卢、大、迁）（承：平、隆、滦、围）（石：石、束、无）（天：故、东、宁、静、山、固）（保：定、唐、安、兴）（张：蔚、宣、怀）（邯：鸡、宗、任、涉、内、尧）

转年 （承：平）（唐：丰、大）

后年 （保：容）

大过年 （保：容）

【前年】

前年个 （保：涿、易、水、满）（唐：丰、滦、昌、玉、大）

（承:平、围）（石:衡）（天:黄、故、东、任、大、河、庆、静）（邯:沙、成）

前年可　“可”读轻声。（天:桥）

前年个儿　（全省通行）

前 niàng 个　（邯:内）

上年　（邯:尧）

【大前年】

大前年个　（邯:大）（保:涿）（天:天、霸）

大前 niàng 个　（邯:内）

【往年】

往常年　（石:河、冀、泽、新）（天:饶、强）（邯:磁、柏）（唐:乐、昌）

头几年　（承:平）（邯:魏、鸡、大、永、鹿、沙、漳）（天:山）（唐:玉、蓟、昌）

头几年子　（石:灵）

头几年个　（邯:清）

前几年　（全省通行）

前几年子　（石:灵）

老年间　比往年更远的年份。（石:束）（天:津）

老二年　指相距较远的年代。（天:桥）

想当年　（天:天）

想当初　（天:天）

相当年　（张:鹿）

那几年　（张:阳）（邯:宗、鹿）

位几年　（张:万、怀）

位二年　（张:万）

那些年　（石:衡、高）

上年　近几年。（唐:丰）

每年个　（唐:丰、玉）

每年　①往年。（承:青、隆、滦、承）（唐:迁、蓟、抚）②年年。（邯:鸡）（天:固、河）（保:兴）（石:束、石、新、行）

上年　（老）（唐:遵）

上年　（邯:磁）（天:山）（唐:迁）

前些年　（天:固）

早些年　（保:易）

【每年】

每年每　（天:天）（唐:昌）（保:博）

每年个　（承:围、滦）

见年　（天:津）（唐:滦）

年年　（天:桥）（唐:大）

常年　（邯:魏）

往年　（张:沙）

连年　（邯:魏）

哪年　（张:阳）（保:清）

头几年　（天:霸）

【年中】

中半年　（邯:尧）

半年　（邯:内、威）

【年初】

年头　（唐:卢）（石:泽、赞、获、无）（天:孟、任、山、阜、文、永、天）（张:阳、龙、万）（保:满、容）（邯:魏、鸡、涉、内、永、柏）（承:滦）

年头　（老）（张:龙）（邯:周）

年初几儿　（张:赤）

开春　（保:兴、唐）（唐:乐、大、宝、昌、丰）（承:滦）（石:元、高）（邯:肥、南）（天:津）

闪过年儿　（邯:宗、乡）

一开春儿　（邯:清、南）（天:饶、桥）（承:围）

一年开头　（邯:成）

刚过年儿　（保:涿）（石:枣、新、灵、石）（天:霸）（邯:鹿、大）

刚过年刻　（石:衡）

正月里　如:“打正月里起,他一年没得好。”（天:天）

正月哩　（邯:大、磁）

正二月　（唐:昌）（天:故、安）

乍过年儿　（邯:台）

过了年　（保:唐）（邯:广）

大年初头儿　（天:静）

一过年 （天:任）

一过年时哩 （邯:鹿）

头一年 （张:商）

【年前】 快到过旧年的时候。

头年 （天:安）（石:宁）（保:唐、高、易）（承:围）

头年儿 （唐:乐）

年初 指年前的几天（腊月二十儿）。（张:沽）

年头 年末，如:“我年头不出门了。”（邯:邯、魏）（承:青）（唐:蓟、丰）

年底下 （唐:昌）

年根底 （唐:大）

大年前 （天:天）

小年前 指正月初一以后到十五以前这一段时间。（天:天）

【年底】

年根下 （唐:丰、秦）（承:平）（邯:肥）

年根子 （旧）（唐:滦）

年根儿 （张:龙）（承:青）（石:灵）（邯:肥）

年根起 （邯:乡、宗、鹿、南、威）

年根儿下 （唐:遵）（石:灵）

年根子底下 （保:新）（天:静）

年根底下 （石:衡）（天:饶、津、静、安）（保:博）

年根底 （石:井）

年根前儿 （唐:迁、乐）

年儿二十九的 （保:高）

年头年尾的 （天:桥）

年底下 （唐:宝、乐）（天:孟）（保:高）

年下 （邯:柏）

年尾 （唐:昌）（邯:尧）（天:桥）（张:尚）

腊月底 （唐:滦、山、乐）（张:万、蔚）（承:兴）

傍年子 （唐:滦、乐）（天:任）

傍年根 （唐:昌）（天:安）

傍年根儿 （唐:乐）

大年底 （天:天）

离年傍近 （保:唐）

头年儿里 （石:灵）

临年 （石:建）

【上半年】

头半年 （唐:遵）（承:平、围）（张:龙）（邯:鸡、宗）（天:桥）

前半年 （邯:内、威）（天:天、武）（唐:乐、丰、大）

【下半年】

过半年 （承:平）

后半年 （承:围）（天:天、武）（唐:乐、丰、大）（邯:内、威、乡、宗、鹿、南）

【春天】

春哩 （石:晋、灵）

春季儿 （唐:迁、乐、丰）

春天格 （天:天、静）

春上 （唐:宝、昌）（石:新、无）（承:平）（天:黄、故、东、河、武、沧、桥、山、津）（保:新、容）（张:赤、尚）（邯:威、肥、成、邯、大、内、丘）

春起来 （石:无）（张:龙、崇）

春起 （张:龙、赤）

春黄不接 （石:宁）

春景天 （石:束）

春景儿 （唐:丰）

春更天儿 （保:易）

春气 （张:万）

春气起 （张:阳、口）

春气起 指初春。（张:鹿）

春期 （张:怀）（石:井）

种地时候 （唐:丰）

开春 初春。（天:天、安）（邯:台、临）（承:围、青）（唐:乐、昌）（石:元、获）

【夏天】

过麦 指麦收。（石:深）

麦天 （石:宁）

夏天格　(天:天)

伏天　(唐:滦、西、乐)(石:深、晋)(天:安、东、静)(保:博、易)(张:崇)(邯:大、肥)

伏天　仅指夏天最热的几天。(唐:乐)(保:兴)(承:围、滦)(邯:大)(石:深)(天:桥)

热天　(天:强、静、献、任、山、宁、河、武、安、霸、饶)(保:博、高、新)(邯:乡、大、尧、肥、丘)(石:深、井、束、新、高)

热天里　(邯:清、南)

热时候　(天:庆)(保:易)(邯:尧)

六月　指整个夏季。(唐:丰、滦、山)

六月天　(天:东、固)

夏哩　(张:万)

夏景天　(石:束)(张:怀)(保:易)

大下　(天:静)

暑天　(张:阳)

三伏天　(承:青、围)

五荒六月　(唐:昌)

五风六月　(天:安)

【秋天】

秋上　(唐:遵、乐)(承:丰、青)(天:东、津、静、庆)

秋季儿　(唐:丰、乐、迁)(承:平)(张:鹿)

秋景天　(石:束)(天:山)(张:怀)(保:易)(唐:乐)

秋天格　(天:天)

秋凉儿　(唐:乐)

秋哩　(张:万、赤、龙)(邯:清、南、大)(石:灵、建)

秋头　初秋。(石:深)

秋头　(邯:台)

秋头上　(邯:尧)(天:桥)

秋八月　(唐:西、乐)

大秋时候　(唐:丰、乐)

秋凉　(唐:山、大)

老秋　(承:滦)

上秋　(承:丰、围、青)(天:天)(唐:昌)

【大秋】

秋里　(石:枣、深)(邯:成)

秋成　(承:隆)

秋头子　(承:隆)

秋来　(张:怀)

秋上　(天:静、河)

秋忙八月　(天:桥)

大秋八月　(石:束)(天:桥)

大秋天　(邯:内)(唐:昌)

八月秋　(唐:滦、迁、乐、昌)(天:故)

老秋　指秋末快入冬之时。(承:平、围)

秋帮忙月　(唐:蓟)

过秋　(石:束、深、平)(邯:柏、威、尧)

正秋天　(邯:肥)

收秋　(邯:台、尧)(张:蔚)(石:灵)

上秋　(天:东、桥)

【秋收】

收秋　(承:围)

大秋里　(天:天、武)

八月秋　(唐:昌)

过大秋　(石:衡、泽)(唐:大、乐)(天:天、安、桥)

过三秋　(邯:威)

【秋后】

秋完　(唐:昌)

秋冷子　(天:饶)

秋了　(承:兴)

秋后来　(张:怀)

秋罢　(邯:肥)

过了秋　(石:冀、宁)(保:高)(邯:肥、内、尧)(天:固)

过秋后　(保:涿)(天:饶)

过秋　(唐:乐)(邯:大)(保:涿)

过完秋　(邯:尧)(唐:乐)

过大秋　如:“过大秋别忘了还账!”(天:天)

完秋了　(承:青)

完场了　(承:兴)(唐:乐)

完秋 （唐:抚、昌）

大秋后 （唐:玉、乐）

收秋后 （天:大）（邯:沙）

收秋罢了 （承:兴）

罢秋 （承:兴）

场活完了 （张:崇）

【秋末】

杈把落地 （唐:遵、乐）

秋后 （唐:丰）

【冬天】

数九寒天 指冬至以后最冷的一段时间。（石:晋）（唐:昌）（天:安）

数九天 冬季最冷的时节。（天:安）（张:鹿、张、万、尚）（唐:昌、乐）

冬季儿 （唐:丰）

冬景天 （石:束）（保:易）（唐:乐）

冬天格 （天:天）

冬哩 （张:万）（邯:大、清）（石:冀）

腊月天 （天:固）（唐:乐）

十冬腊月 （唐:乐）（天:天）

十冬腊月里 （天:饶、桥、安）

入冬节 指立冬以后。（保:雄）

上冬 指初冬。（邯:台）（承:青）（唐:昌）

九天 指数九天。（承:围）

【麦天】

麦秋 （全省通行）

麦熟 （唐:滦、乐）（石:灵、赵）（天:东、静、献、文、大、河、沧、强、肃、固）（保:博、定、安、蠡、雄）

麦子熟 （石:高）

麦熟天 （石:获）

麦夏 （石:元、井、新）

麦夏里 （石:冀、河、行）

麦里 （石:衡、武、枣、深）（邯:清、南）

麦咧 （邯:大）

麦收 （石:栾、元、高）（天:阜）（保:保、满、新、望）（邯:魏）（唐:滦）

麦子收 麦天。（石:赞）

麦收时 （邯:涉）

麦晌 “麦晌”时间比“麦秋”短。（天:桥）

麦场的时候 （天:静）

麦发 （石:高）

麦场 （天:桥）

五月天 （邯:肥）

五月里 （邯:邯）

五月 （邯:鸡、磁、漳）

过麦 （石:深、束）（邯:宗、尧）

过麦场 （天:桥）

过麦天 （邯:台）

过麦熟 （天:饶、强）

暑伏天 （张:阳）

忙夏时 （邯:涉）

夏天 （石:建）

【麦收后】 麦子收割后。

麦秋后 （唐:丰、滦、宝、玉、乐、大、秦、昌）（天:天、桥、安、武、永）（保:易、唐、完）

麦熟后 （天:大、沧）（保:安）（石:获）（唐:乐）

麦罢 （邯:漳）

过麦秋儿 （保:涿）（天:黄）

过麦里 （石:衡、枣）

过了麦哩 （天:强）

过了麦 （石:冀、宁、正）（邯:肥、内、尧、台、乡、宗、鹿）（天:桥）

过麦熟 （保:博、蠡）（天:河）

过了麦熟 （石:赵）（天:文、河、霸）（保:容、望）

过了麦秋 （唐:乐）（天:桥）

过了麦子收 （石:赞）

过了麦秋 （天:安）（唐:昌）

过麦 （天:安）（邯:大）

过了麦夏 （石:行）

麦夏后　(石:井)(保:唐)

麦场以后　(天:静)

麦忙以后　(邯:涉)

夏忙后　(邯:涉)

夏收后　(邯:涉)

过了五月　当地五月收完麦。(邯:鸡)

五月　(邯:邯)

打完场　(天:固)

拔了麦子　(石:灵)

割罢麦子　(邯:涉)

秋后　(承:平)(天:故)(唐:丰)

【月初】

月头儿　(全省通行)

月头儿上　(唐:乐、滦)(石:枣、灵)(天:桥、安、山)(邯:清、尧)

月起　(承:丰)

初几时哩　(邯:鹿)

初几儿喽　(天:津)

初几儿　(唐:大、昌、乐)(承:围)(天:河、霸)(张:张、鹿、赤、口)(邯:大、广、邯、鸡、沙)(保:蠡)

初几　(张:赤)(邯:广、邯、鸡、沙)(石:宁)(天:饶)

初几日儿　(邯:磁)

初几儿哩　(邯:清)

初几们　(石:衡)

初几子　(石:赵、建)

头初儿　(承:兴)(石:获)

初头儿们　(天:静)

初头儿　(天:黄)(张:商)

【月半】

十几们　(石:衡)

十几儿　(石:宁、晋)(邯:大、乡、宗)(张:张、赤、鹿)(天:河)(唐:大)

十几子　(石:赵、建)(天:饶)

十几日　(邯:磁)

十五六儿　(唐:丰、乐)(保:蠡)

十五头子　(保:望)

半月　(邯:内)

半头　(天:黄、山)

月中　(天:天、安)

月半头子　(邯:乡)

月半头儿　(石:束)(天:献)

月当价　"价"音 qià。(石:获)

半拉月　(天:桥)(保:博)

半拉上月　(唐:遵)

半月头儿　(邯:涉)

【月底】

到月头　(邯:任)

月头儿　(天:桥、安)(保:望)

月尽　每月的最后一天。(石:灵)

月头上　(天:桥)(石:武)

月尾　(唐:昌)(天:桥)(承:平)(张:尚、沽)(邯:肥)

二十几们　(石:衡)

二十几儿　(邯:台、内、任、乡、宗)

傍月底　(唐:乐)

【这个月】

这儿月　(唐:遵)

真个月　(邯:临)

【上个月】

那个月　(天:庆)(邯:大)

头个月　(承:平、围)

上月儿　(天:孟)(唐:昌)

前个月　(石:宁)

【下个月】

下月儿　(唐:昌)

再一个月　(石:建)

再个月　(石:宁)(张:商)(邯:大)

【下半月】

过半月 （承:平）

过十五 灵寿仅指十五到二十的几天。（唐:滦、大）（石:深、灵、晋）

后半月 （承:围）

【上半月】

头十五 在灵寿、获鹿仅指初十到十五几天。（唐:滦、乐、昌）（石:深、灵、晋、获）（承:青、围）

【上旬】

前十来天 （唐:遵、昌）

前十天 （张:万、沙、蔚）（邯:鸡、任、涉）（保:水、容、阜）（石:高）

上十天 （唐:滦、大）（石:获、无）（承:平、隆、围）（天:阜、永）（张:万、怀）（邯:永、台、涉、漳、周、内）（保:完）

初几子 （石:建）

初几儿 （唐:丰、乐、滦、昌、山、西）（石:晋、新、赵、宁、行）（保:唐）（张:鹿、口）（天:饶、山、津、河）（邯:磁）（承:围）

初几日儿 （邯:磁）

初几儿们 （石:束）

这十天里 （保:定）

初十头儿 （天:安）

初十头里 （承:青）

头初十 （承:青）

头十天 （天:桥）（邯:鸡）（承:平）

上浣 （古）（承:围）（石:河、无）（天:庆、故、桥）（邯:鸡、鹿）（保:定）

【中旬】

十五前后 （保:兴）（邯:台）（唐:乐）

十几日儿 （邯:磁）

十几儿们 （石:束）

半头 （天:山）

中十天 （唐:滦）（承:隆）（天:永）（张:怀）（邯:涉、漳、内）（保:容）

十几儿 （唐:丰、昌、滦、乐、宝、西、山、蓟）（石:晋、行、新、宁、赵）（保:唐）（张:鹿、口）（承:青、围）（天:饶、津、河）（邯:磁）

十几子 （石:建）

中浣 （古）（承:围）（石:河、无）（邯:鸡、鹿）（保:定）（天:桥）

月中 （天:安）

【下旬】

二十几儿 （唐:大、丰、蓟、滦、昌、山、乐）（石:晋、行）（保:唐、涿）（张:口）（承:青、围）

二十几 （唐:西）（石:赵、宁、新、建）（天:饶、津）（张:商）

二十几日儿 （邯:磁）

二十几子 （石:行）

二十几儿们 （石:束）

后十天 （唐:遵）（承:平）（天:桥）（邯:鸡）（张:怀）（保:容）

下十天 （唐:滦）（承:平、隆）（天:永）（邯:永、涉、周、内）

月末 （天:山、安）

下浣 （古）（天:桥）（石:河）（承:围）

末十天 （承:平）

【正月】

元月 （文）（承:隆）（天:阜、故、河）（邯:柏、威、永、郸、内）

寅月 （古）（天:河）

新年甲月 （唐:丰）

新正大月 （承:隆、围）（唐:昌）

端月 （古）（天:桥）

大新正月 （保:蠡）（石:平）

正月哩 （石:灵）

【一月(新历)】

元月 （文）（张:龙、怀）（唐:丰、滦、三、迁、昌）（石:河、藁、灵、元、晋、行、正）（承:平）（天:固）（邯:广、乡、邯、魏、柏、磁、鹿、台、任、临、内、周、尧、郸）

首月 （文）（承:平）

大年正月 （邯:乡、宗、威、鹿）

【腊月】

元月 （文）（张:鹿、万）（邯:南、成）（天:静）

属冬腊下　(天:静)

冬子月　指十一月。(唐:滦)

十冬腊月　(唐:乐)

【闰年】

闰年　(唐:丰、昌)

闰月年　专指阴历闰年。(唐:丰)

闰月　(承:围)

【五黄六月】

五风六月　(唐:昌、秦、抚、三、大)(天:静、安、天)(保:雄)

五方六月　(全省大部分地区通行)

五行六月　"行"音 háng。(邯:魏)

暑伏连天　(保:新)

大热伏天　(保:博)(唐:乐)

五场六月　(保:易)

凉坊　因天热,都找凉快地方。(保:易)

【十冬腊月】

严冬腊月　(保:涿)(唐:卢)(承:隆)(石:无、宁、藁)(邯:内、漳、临)(张:尚)

数九寒天　(张:张、万)

十冬寒天　(石:灵)

五冬腊月　(天:静)

【大尽】

大月　(唐:西)(承:丰、平)(石:宁、武、正、井、灵、石、河)(天:桥)(邯:魏、内、尧、郸)(张:沽)(保:高、望)

大月　专指新历大尽。(承:平)(唐:丰)

大到月　(邯:鸡)

大今　(邯:尧)(保:雄)(张:尚)(石:安)(唐:蓟、昌)(承:围)

月大　(天:桥、永)(邯:周、内、尧)(张:龙)

月大　专指阳历大尽。(天:庆)

【小尽】

小月　(唐:西)(承:平、丰、隆)(石:宁、正、井、灵、河)(天:桥)(邯:魏、内、尧、郸)(张:沽)(保:高、望)

小月　专指阳历小尽。(唐:丰)

小今　(邯:尧)(保:雄)(张:尚)(石:安)(唐:蓟、昌)(承:围)

小到月　(邯:鸡)

月小　(天:永)(邯:内、尧)(张:龙)

月小　专指阳历小尽。(天:庆)

【星期】　一周之名。

礼拜　(天:天)(唐:昌)

一礼拜　(唐:大)

一主日　天主教徒用。(张:崇)

【星期日】

礼拜　(全省通行)

礼拜　教徒用。(承:平)

礼拜　(老)(天:武)(唐:抚)

星期　(全省通行)

星期哩　(邯:南)

星期下　指将到的星期日。(张:鹿)

主日　教徒用。(张:崇)

【数伏】

入伏　(天:东、桥、安、永)(张:张、沽、康、商、万、尚)(承:青、围)(唐:昌、乐)

入暑　(天:天)

数伏　(唐:昌)

数上伏了　(石:获)

数伏连天　(张:阳)

【中伏】

三伏天　单指中伏。(天:山)

伏心儿　(天:静)(唐:乐)

二伏　(唐:丰、昌)

【末伏】

出伏　(邯:乡)

三伏　(唐:昌)

天伏　(天:桥)

出暑　(天:天)

三伏天　(唐:乐)(天:桥)(承:青)(邯:任)(保:唐、

定、易)(张:赤、宣)(石:获、无)

【伏天】

三伏天 (全省大部分地区通行)

三伏天 伏中最热的几天。(天:河)(石:灵)(唐:昌、乐、丰)

数伏天 (唐:丰、遵、乐)

数伏连天 (石:宁)(唐:昌)

数三伏 (唐:玉)

伏里 (唐:丰、昌)(保:保)

伏里天 (邯:清、南)

伏流天 (天:桥)

伏头上 (天:桥)

伏哩天 (邯:魏)

大伏天 (邯:尧)

入伏天 (天:永)(张:怀)

入伏 (唐:抚)

【处暑】

去暑 如蓟县农谚有"去暑找黍"。(邯:磁)(张:鹿)(保:博、易、容、兴、蠡、望、完)(唐:丰、宝、遵、昌、山、玉、乐、大、三、蓟)(石:石、深、灵、建、泽、晋、高、行、正、无、新、获、元、赵、井)(天:霸、强、静、献、任、安、河)

暑付 (石:石)

【秋分】

打秋 (唐:蓟、乐)

立秋 (天:天)

【冬至】

冬水 (邯:任)

数九 (邯:涉、成)(张:鹿)(天:天)

【芒种】

芒庄 (天:河、静)(石:宁)

【立春】

打春 (全省通行)

【清明】

寒食 (唐:丰、滦、遵、玉、迁、西、卢、乐、昌)(承:平、青)(石:束、河、平、晋、高、行、正、无、新、获、元、枣、武)(天:饶、强、献、桥、天、河、沧)(邯:邯、磁、威、鹿、台、任、肥、鄣)(保:唐)

寒食 专指清明前一天。(邯:南)(石:建)

寒食 (老)(唐:乐)

寒食 部分人指清明前一天。(石:深、束)

寒食节 (邯:内)

秋明日 部分人用。(天:庆)

清萌 (保:兴、安、雄)

【除夕(农历)】 旧历年三十儿晚间。

大年三十 (石:深)(天:桥、天)(邯:内)(唐:乐、昌、丰)(张:宣、万、尚)

大年除夕 (邯:内)

大年五更 "更"音 jīng。(承:围)

大年三十晚上 (天:天)

大过年 (唐:迁)

年三十儿 (唐:蓟)

年五更 (承:承、平、丰)(天:黄)

年五更 除夕深夜。(天:山)

大年五更 (天:庆、肃)

年五更后晌 (承:平)

三十儿晚上 (全省通行)

三十晚上 (文)(石:藁)(承:青)

三十儿黑下 (天:天、安)

三十儿黑价 (唐:滦、大、卢、抚、昌)(石:藁、正)(保:阳)

三十儿黑夜 (唐:滦、宝、大)(承:平)(天:武)(张:阳)(保:满)

三十黑间 (保:保)

三十儿洪合 (邯:南)

三十户往 (邯:广)

三十黄昏 (邯:永)

三十后晌 (天:强、任、津、庆、大、文、桥)(邯:大、永)(保:保、容、新)(石:衡、深)

三十后哼 (天:沧)

小年儿黑夜 （石：获）

五更黑夜 （唐：丰、滦、宝、山）（承：青）

五更 （天：肃）

五九黑夜 专指小尽腊月二十九晚上。（唐：乐）

五更五 黑价。（唐：卢）

五家黑价 （唐：玉、昌、乐）

五更黑价 （唐：遵、乐）

除夕 新旧年相交的一小会儿。（天：桥）

【三十】

大年下 （承：平、青、围）

大三十儿 （唐：丰）（承：滦）（石：枣、元）（天：肃、固）

大年三十儿 （全省大部分地区通行）

年三十儿 （全省通行）

年关三十 （承：隆）

小年下 （唐：昌、迁、西）（石：灵、建、高、行、正、新、获、栾、井、平）（天：献）（邯：邯、柏、永、鹿、台、成、内、尧）（张：龙）（保：唐、阜）

小年儿里 （石：无）

小年儿 （石：高）（承：隆）（天：文）

小年 腊月二十九日。（邯：南）

小年日 （邯：尧）

小尽年 腊月二十九。（天：静）

过三十儿 天津风俗过三十儿指全家人在太阳落下后吃团圆饭，出嫁的女儿不见娘家灯就回到婆家。（天：天）

过年 （天：天）（唐：丰）

月尽日 （张：商）（石：平）（天：山）

又九又三十 腊月小尽的除夕。（保：新）

三十儿 （天：强、霸）（邯：清）（保：涿）

小年儿上 （石：获）

年初 （张：万、怀）

【守岁】

熬年儿 （唐：滦）（承：平、隆）（石：石、灵、建、平、晋、赞、新、赵、藁）（天：桥、津、河、永）（邯：鸡、柏、台、任、南、尧）（张：赤、宣、龙、沙、鹿、怀、蔚、尚、口）（保：定、满、蠡、望）

熬年 （石：衡、武、行）（张：商、崇、阳、尚）（保：易、保）

熬年年 （张：张、万、沽）

熬年下 （保：唐）（邯：临）

熬五更 （唐：滦、山、秦、乐）

熬岁 （保：蠡）

坐年下 （保：博）（石：无、泽、晋）

熬五更黑夜 （唐：丰、秦、乐）

熬三十儿 （保：唐）（邯：清）

过年五更 （承：围）

过年 （天：沧）

坐年 （保：容、兴、望）（石：河、泽、井、灵）

熬夜 （承：滦、隆、丰）（天：天）

熬夜儿 ①守岁。②指平时夜晚不睡觉。（天：静）

坐夜儿 ①守岁。②指平时夜晚不睡觉。（天：静）

坐夜 （唐：大）（天：天、安）

等着接神 （承：青）

等着发纸 （承：青）

熬 （张：口）

炡岁 （天：山）

撒岁 三十晚上在院里撒芝麻秆。（天：桥）

炡岁 三十晚上在灶里炡火。（天：桥）

文武黑夜 （承：青）

【初一】

大年初一 （全省通行）

大初一 （唐：宝）（石：武、赵）（保：唐）

大年日 （石：井）

大年下 （老）（石：元、井、行、灵、建）（张：崇）（承：平）

年下 指腊月二十八、二十九（月底）。（天：山）（石：安）

年下 过年前后的几天。（天：安、津）（保：易）（承：丰）

年下 腊月二十三以后到过年。（天：静）

年下 指从大年三十到正月初五的这六天里。（天：天）

年下 初一到初六。（保：水）

年下 初一到初五。（保：保）

年下 初一到十五。（邯：乡、大）（天：强、献）

年下 (唐:遵)(石:深、枣、晋)(承:承、隆)(天:故、文、桥、河、永、东)(邯:魏、鸡、磁、宗、鹿、台、任、涉、成、郸、尧、丘)(保:博、满、阳、新、雄、涿、望)

年歇 (邯:广)

新节 (邯:尧)

【拜年】

辞岁 除夕晚向长辈拜年。(承:承)

叩头 (石:栾)(唐:迁)(邯:肥)(保:阳)(石:井)

叩年 (承:平)

叩节 (邯:尧)(承:平)(张:尚)

叩节 正月十五以后去拜年。(石:平)

磕头 (石:灵、栾)(天:强)(邯:大、成)(保:博)

拜节 (石:灵、高、元)(承:平)(邯:鸡、涉)(保:定)

拜节 专指赴岳父、姑舅家拜年。(邯:临)

拜大年 (张:崇、口、尚)

见节 (石:正)(邯:鹿、尧)

见节 初一拜年。(邯:内)

见节 乡邻间互相拜年。(石:行)

见年 (邯:临)

找头 (天:饶、强)

找节儿 (天:强)

寻节 (石:晋)

走节 (邯:柏、鹿)

【元宵节】

正月十五 (全省通行)

大正月十五 (唐:玉)

灯节 (老)(全省大部分地区通行)

花灯节 (唐:丰)

元宵佳节 (承:平)(唐:昌)

小年 "小年"在个别地方指正月十六,如:束、鹿、肥、乡。因当天吃好饭,也有过年的意味,河北省有地方把腊月二十三叫小年。(唐:蓟)(石:赵、赞、泽、晋、束)(天:饶、肃、文、大、安、河、霸)(保:博、易、保、望、唐、水、高、安、蠡、雄、容)(张:宣)(邯:广、柏、任、肥、南、内、尧)

小年 指正月十五。(天:天)

小年下 (天:天)(保:定、望)(邯:郸、魏、鸡、永、广、成、内)

【元宵】

汤元 (邯:漳)

汤丸 (张:万)

汤蛋 (邯:柏)

龙蛋儿 (邯:涉)

糖圆儿 (张:尚)

【正月二十五】

天仓 这一天姑娘们摸黑挤带子,然后再散开;如是圆的即好年头,如是长条子即不收粮食。天津这天吃干饭、面汤,以贺当年的丰收。(天:天、静)

天仓二十五 (天:安)(唐:大)

填三日 (天:桥)

填仓 (唐:丰)

老填仓 (张:万)

出正 (石:深)

【端阳节】

粽子节 (石:安)

五月节 (全省通行)

五端午 (天:津)(保:雄)

五当五 (唐:宝、遵、蓟)(天:霸、庆、安、固)

五月旦五 (天:庆、津、孟、桥)(邯:柏)(唐:乐)

五月当五儿 (保:兴、易、唐)(唐:滦、抚)(石:灵、无)(天:静)

五月单五 (石:宁、赵、石、束、行、晋、井、深、栾、衡、灵、获、河、藁)(天:黄、故、强、河)(邯:魏、内、鹿、临、涉)(保:容、满、安、望)(张:张、万、尚、宣)

五月端午儿 (全省通行)

五月大五 (天:故)(邯:清)

五单五 (保:雄)

五月单五儿 (唐:昌、迁)(石:冀)(承:兴)(邯:广、鸡、南)

当午儿　(承:青)

当午　(唐:遵)(张:鹿)

单五　(唐:西)(张:崇、鹿)

当午节　(天:静)

【粽子】

粽的　(邯:魏、大、丘)(唐:昌)

【六月六】

六月六　民谣:“六月六,见谷秀。”(石:深)

【七月七】

乞巧日　(承:隆)(邯:鸡)

七巧　(天:桥)

【织女】

仙女　(石:无)

工织女　(石:元、赵、正、冀、井、泽、晋、行、灵、建)(邯:尧)

【七月十五】　不少地方叫鬼节,但有地方(如束鹿)又把旧历十月初一给死人送寒衣、上坟叫鬼节。

鬼节　(唐:丰、昌)(承:隆、围)(天:桥、静)(邯:永)

鬼节日　(张:怀、尚、张)

盂兰会　(唐:抚)(天:天)

中元节　(唐:抚)(天:故、天)(承:承)

麻姑节　(唐:昌)

【中秋节】

团圆节　(承:隆)(邯:鸡)

八月节　(石:束)(唐:滦、大、昌、蓟、乐、丰)(天:强、肃、桥)(承:承、青)(天:安、天、桥)(邯:鸡、大)(保:保)

八月十五　(全省通行)

小年大　(天:桥)

八月中秋　(邯:永)

中秋佳节　(唐:昌)

【月饼】

锅盔　家庭自制的。(邯:鸡)

水清饼　硬皮的小月饼。(石:灵)

酥饼子　(石:栾)

糖饼　家里自己烙的。(天:天)

【祭月】

圆月　(天:天、河)(保:安)

供月亮　(保:保)(邯:内)(张:怀)(石:枣)

供月儿　(保:水、易、望)(邯:宗、台、尧、周、内、魏)(张:赤、阳、康、宣、龙、商)(唐:丰、滦、遵、西、乐、抚、山、大、玉、昌)(承:平、隆、丰、承、滦、兴、围)(石:衡、藁、平、新)(天:阜、故、肃、桥)

供月亮帝儿　(保:唐)

供养月亮　(天:桥)

供老母　(保:博)

供兔儿爷　(保:兴)

拜月牙　(天:固)

拜月亮　(天:桥)

拜月(儿)　(唐:滦、秦)(承:平、隆)(石:灵、石、无、高)(天:山、安、河、沧、黄、故、静、文、桥、武)(邯:广、鹿、临、南、尧、邯、永、鸡)

给月亮爷上供　(天:霸)

给月亮上供　(石:藁)(天:文)

供享老母　(老)(天:饶)(石:灵)

供享月亮老娘　(邯:清)

供享月亮　(石:建、获、灵)

供献后天爷　(张:万)

照月　(张:蔚)

【重阳】　方言中也说重阳,但有文雅的色彩,河北省最通行的是“九月九”。

烟九儿　(老)(保:涿)

登高　(唐:昌)(石:深)(天:固)

登高节　(唐:昌)(石:泽、获)(承:隆、平、承)(天:山、安、桥、天、固、静)(邯:永、台、肥、尧)

上山节　(邯:永)

走百病儿　九月九日上最高的地方去称之为走百病儿。(天:静)

九月九　(石:深)(天:桥)(承:青)

【腊八】

腊八日 （石：衡、宁、元、无、正、冀、井、晋、平、束、新、灵、石、高、建）（保：阳）（天：桥、河、庆、孟、文）（邯：任、临、涉、内、尧、鹿）

腊八儿 （唐：乐、昌）

腊八晌 （唐：抚）

小年 （承：滦）

腊八叉 （邯：内）

【腊八粥】

腊八饭 （唐：丰、卢）（石：晋、正、无、衡、藁）（天：文、桥、河、献、安）（邯：大、周）（保：安）

腊八儿饭 （天：静）

腊八黏粥 （天：津）

腊八干饭 （唐：滦）（承：青）（邯：郸）

黏干饭 （承：平）

黏米粥 （承：平）

枣米饭 （邯：肥、广）

腊八糕 （天：山、庆）

腊八梅 （石：河、灵、平、行、井、宁、建）

梅 （石：冀、灵、建）

腊八 jǐ （天：饶）

腊八 jǐ 粥 （天：饶）

【祭灶】

送灶 （承：隆）（天：故、庆、津、山）（邯：宗、内、尧）（张：宣、蔚、阳）（保：定）

送灶爷 （邯：内）

送灶王 （天：庆）（邯：鸡）

送灶王爷 （保：博）（承：平）（石：获、井）（张：阳）（唐：乐、大）

送灶王爷上西天 （天：桥）

送灶王爷上天 （石：平、新）（唐：乐）

送灶家爷上天 （邯：涉）（唐：蓟、昌）

灶王爷上天 （天：饶）（保：唐）（石：建）

灶户爷上天 （石：行、灵）（保：望）

灶马爷上天 （张：张、康、万）

灶王老爷上天 （保：雄）

祭灶王 （邯：魏、成）

祭灶王爷 （老）（天：武、天）

祭火神爷 （邯：肥）

辞灶 （石：衡）（天：桥、沧、黄、东）（邯：清）

小年 旧历腊月二十三祭灶，送灶王爷上天。（天：安）（承：滦、平、隆）（唐：迁、抚、乐、昌）

小年下 腊月二十三。（承：青）（邯：大）（天：桥）

过小年儿 （唐：丰、乐）（承：围）

小年儿 （承：承、青、围）

【请灶王爷】

请灶老爷 （唐：山）

请灶王老爷 （唐：滦、玉、丰）

请灶妈爷 （石：赵）

请灶王 （天：固、河）

请灶爷 （邯：周、内、鸡）

请灶君爷 （邯：肥）

请灶神爷 （邯：永）

请灶家爷 （邯：魏、广）

请灶君图 （唐：滦）

请灶汉爷 （张：怀）

请灶马 （石：泽）（天：饶）

请灶马爷 （张：张）

接灶王爷 （唐：大）（张：沽）

抬灶王 （邯：成）

买灶王爷 （唐：卢、大、抚）（石：获）（邯：成）（保：满）

买灶少爷 （石：无、正、建）

买灶家爷 （邯：磁）

买灶户爷 （石：行、灵）

买爷爷 （小）（石：无）

买灶母 （天：肃）

买灶王马子 （唐：遵）

买马的 （邯：大）

供灶王爷 （承：围）

供献灶马爷　(老)(张:万)

【历书】

历头　(全省大部分地区通行)

宪书　(唐:丰、滦、宝、遵、山、玉、蓟、迁、昌、乐、抚)(承:青)(张:阳)

历纸　(邯:大)

皇律　(邯:涉)

皇历头儿　只有大小月和二十四节气的简单表。(天:庆)

皇历　(张:张)(天:天、霸、武、桥、安)(唐:昌、乐)(承:围)(邯:乡、宗、威、南、鹿)

万年历　指花甲子六十年历。(天:天)

【今天】

今儿　(全省通行)

今个　(保:望、安、雄)(唐:乐、西、滦)(天:饶、河)(邯:任)(承:平)(石:冀)

今个儿　(天:肃、永)(张:崇)(保:容)(邯:鹿)(唐:迁、乐、大)

知个　(天:静)

几格　(邯:柏)

机个儿　(唐:迁)

今儿个　(全省通行)

今儿个儿　(唐:抚、乐)

今儿可　(天:津)

真儿个　(保:易)(唐:昌)

今日个　(邯:尧)

今儿价　(石:晋)(天:河)

今们儿　(承:平)(天:庆、津)

今们个儿　(天:黄)

今了各　(天:饶)

根莫　(保:望)

今儿啦　(石:井、平、行)

今啦　(石:赵)

本日　(石:安)

当天　(邯:涉)(唐:昌)

【明天】

早日　(邯:涉)

明早　(保:博)(石:深、晋)(天:强、饶)

明遭　(石:束)

明儿　(全省通行)

明儿啦　(石:井、平、行)(邯:邯、柏)

明啦　(石:赵)

赶明儿　(石:冀、河、宁)(天:静、永)(邯:乡、鸡、鹿、宗、威)(保:蠡)

明儿个儿　(唐:玉、乐)

明儿个　(唐:大、丰、滦、乐、宝、山、昌、蓟、三)(石:深、平、获)(保:安)(承:各地)(天:东、安、静、献、河、宁、庆、山)(邯:魏、威)(张:赤、沽、张)

明个儿　(唐:抚、西)(天:黄、天)(石:行)(张:崇)

明个　(天:河、宁)(承:平、围)(石:灵)(张:龙)(唐:迁)

明怎儿　(天:肃)

明天　(天:安)

【后天】

后儿　(全省通行)

后儿　(老)(唐:蓟)

后个　(承:平、围)(张:沙、龙)(石:灵)

后根儿　(唐:遵)

过明　(天:庆、阜、津)

过明儿　(邯:大、肥)

后个儿　(石:石)(唐:迁、西、抚)

后儿个　(唐:丰、大、滦、宝、昌、乐、玉、蓟、三)(石:获)(张:赤)(天:宁、山)(承:各地)(天:天、安)

后儿啦　(石:井、平)

赶后儿　(天:静、永)(邯:乡)

到后儿　(天:黄)

过了明儿　(天:肃、献、任、文、霸、河、强、饶)(邯:广、南、鹿、肥、邯、乡、宗)(保:易、安、新、蠡)(石:深、束、冀、晋、衡、宁)

过了明个　(保:雄)

【大后天】

大后个 （承：围）（石：灵）（唐：滦、西、抚、迁）

大后儿 （全省通行）

大后儿个儿 （唐：丰、乐、宝、蓟、昌、玉、大、三）（石：新）（承：承、滦、平、隆、丰）（天：山）

大后根儿 （唐：遵）

外后儿 （石：井、无、平、行、新、灵、获、高、建）

外后天 （唐：秦）（石：行、获、无）（承：兴、平、青）（邯：涉）（张：阳、康、宣、商、蔚）

大外后天 （张：张）（保：博）

外后个 （承：青）（唐：抚）

大过明 （邯：成、大）（天：阜、津、庆）

大过了明 （石：冀、河、晋、衡）（天：饶、河）（邯：广）（保：安、新）

大过去了明儿 （天：任）（邯：乡、鹿、宗）

大老过了明儿 （邯：肥）

老外后 （石：获）

老外后天 （张：商）

大过了明儿 （天：文、河、肃、强、献、津）（石：泽、束）（保：易、蠡）

【昨天】

昨儿个 （保：涿、保）（唐：西、三、大、乐、蓟）（承：承、平）（天：宁、固、安）（邯：鹿）

夜儿 （承：滦）（唐：卢、乐）（石：赞、无、冀、平、行、新）（天：文、桥、安）（张：沙）（保：清、雄）（邯：郸、柏、周、南、漳）

夜个 （唐：滦）（承：围）（天：静、文）（邯：沙、任、成）

夜儿个 （全省通行）

夜个儿 （唐：抚、乐）（邯：广、邯、肥、磁、临）（石：无、高）

夜里 （石：建、宁）（张：万）

夜里个 （天：强、大、沧、固、霸）（张：万、赤）（保：水、蠡）（石：灵）

夜儿里个 （石：无）

夜来 （古）（石：河、平、枣、井）（天：庆、津）（邯：涉、南）

夜来个 （承：平、隆）（石：衡）（天：饶、黄、文、山）（张：崇、怀、龙、张）

夜拉个 （天：河）

夜喽 （天：强、霸）（石：武、晋）

夜腊可 （天：阜）

夜落个 （石：束）（天：肃）

夜老个 （石：晋）（保：唐）（天：饶）

夜来可 （天：东、故、桥）（邯：清）

夜落后上 （石：束）

列隔 （保：兴）（唐：迁、蓟、丰）

列儿 （唐：蓟）

列儿个 （唐：丰、山、三）（承：青）

列个儿 （唐：迁）（保：易、新）

列根儿 （唐：遵、滦）

凿根儿 （唐：遵）

令儿个 （唐：宝）

【前天】

前儿 （全省大部分地区通行）

前儿个 （全省大部分地区通行）

前个 （唐：西）（张：沙）（承：平、围）

前个儿 （石：无、高）（邯：邯、鹿、广、宗、乡）（张：龙）（保：容）（唐：抚、大）

前几个儿 （唐：玉）

前已各 （天：饶）

前天 （天：安）

前儿可 “可”字读轻声。（天：桥）

前儿上个 （天：霸）

前日儿 （石：正、新）

前扔个 （张：崇、口、万、张）

前上个 （保：高、蠡）（天：文）

前昂个儿 （邯：柏）

前时儿 （保：博）（邯：鸡）

前日个 （石：赵、行、灵、宁）（天：任、霸、沧、河）（邯：任、沙）（张：怀）（保：唐、阳）

【大前天】

大前儿 （全省大部分地区通行）

大前儿个 （全省大部分地区通行）
大前夜个 （邯:内、威、乡、临）
大前个 （承:围）（邯:尧）（保:满）
大前个儿 （承:平）（唐:迁、西、抚）（邯:广、邯、鹿）
大前已各 （天:饶）
见前儿 （张:蔚）
见前日个 （石:灵、宁）（天:河、任、阜）（邯:任、沙、成）
大前日个 （石:正、建）
大前扔个 （张:崇、张）
大前上个 （天:文）（保:蠡）
大前儿上个 （保:高）（天:霸）
大前什儿 （保:博）
大前天 （天:安）
大前儿可 （天:桥）

【上午】

头半天 （天:肃）（石:宁）（保:博、蠡）
上半天 （全省大部分地区通行）
头上午 （天:饶）（邯:台）
头午 （天:宁）
头乎 （天:宁）
前晌 （保:易、阳、保）（唐:宝、昌、卢、滦、蓟、秦、大、乐）（承:丰、滦、兴）（石:栾、建）（邯:广、邯、临）（张:张、商、崇、怀、尚、宣）
前半晌 （全省通行）
一前晌 （张:崇、蔚）
头晌 （天:永、安）（唐:昌）（承:围）
前 an （张:万）
头晌儿 （承:承）（石:河）（邯:清）（天:永）
头晌乎 （天:沧、桥、霸）（邯:南）（唐:昌）
头晌乎儿 （天:庆）
头半晌 （天:饶）
前傍儿 （邯:广）
头晌午 （石:河、枣）（天:阜、献、强）（邯:乡、鹿、任、鸡）
前晌午 （石:束）
头晌头 （石:衡、武）（天:山）
吃了饭 （邯:威）
头巴日儿 （天:肃）

【午休】

午睡 （天:天）（邯:内）
睡午觉 （天:霸、安）
晌午 （张:张、万、尚）
麦晌 （保:兴）
歇晌 （天:桥）（唐:乐、昌、丰、蓟、大）（保:兴）（张:宣、万、尚）（承:青、围）（石:深）

【下午】

下半天 （全省大部分地区通行）
后半天 （全省通行）
过午 （天:津）
过乎 （天:津）
过上午 （天:饶）（邯:台）
一后晌 （张:崇）
后晌 （全省大部分地区通行）
后晌午 （天:献）
过晌 （承:围）
过半晌 （天:饶）
过晌午 （石:枣、束）（天:强）（邯:乡、任）
过晌火 （石:衡、武）（邯:鹿）（天:山）
过晌乎 （邯:南）（天:沧、庆、桥）
过晌儿 （邯:清）（天:阜）
天夕 （邯:威）
后傍儿 （邯:广）
后吧日儿 （天:肃）
后半晌 （全省通行）
后 an （张:万）
后半晌儿 （唐:昌）

【半天】

一晌 （全省大部分地区通行）
半晌 （唐:丰）（张:龙）（保:保）

一头晌 （石:枣）

一过晌 （石:枣）

一晌午 （唐:西）（邯:郸）

【大半天】

多半天 （全省通行）

老半天 （唐:遵）（天:东、静、桥、固）（邯:威、鹿）（保:博）

那半天 （唐:遵）

大半晌 （石:无）（邯:永）（唐:昌）

一大崩子 （承:平）

【工作时段】

一晌 每天分五晌，上午三晌，下午两晌。（石:灵）（邯:磁、沙）

一晌 每天分三晌。（邯:南、乡、宗、威、鹿）

【小半天】

小半晌 （唐:丰）

少半晌 （邯:成）

少半天 （全省通行）

一大晌 （邯:大）

一歇活 （唐:大）

一小崩 （承:平）

多半天 （石:宁）（天:山）（唐:昌）

【半晌】 表说话人感到时间很久，并不是确切地指半日。方言中“半晌”多指一固定的时点，而不是泛指某一时段。农村中午休息叫“歇晌”。所以“半晌”有的地方成了午休时间一半之意。

半啦晌火 （天:大）

半前晌 接近半天时间。（承:丰）

半天晌 （石:赵）（邯:任）

半天 （唐:宝、遵、三、大、丰、乐）（张:龙、蔚、张、万）（承:滦）（天:安）

一趁儿 （保:易）

一多息 （张:崇）

巳牌时 指上午的前半段。（天:强）

半晌 指下午一点多钟。（石:安）

半晌 中午休息时间的一半农民叫半晌。（保:望、唐）（唐:大）（石:灵、石、建）

半晌 指夏季午后两三点钟。（石:束）（邯:尧）

半头吧日儿 上午十至十一点钟的时间。（天:肃）

半了晌 夏天下午一点半左右的时间。（天:肃）

半过晌 上午的时间。（天:津）

半头晌 下午的时间。（天:津）

【早晨】

早晨儿 （天:安、静）

早起 （全省通行）

早起来 （天:天）

早清儿 （保:兴、易、保、满、望）

早晨起来 （唐:卢）（石:武、无、深、晋）（保:定、阳）（邯:南、临）

早清当 （邯:台）

早下 （承:青）（天:霸）

早些 （唐:滦、遵、乐）

早 qié 来 （承:青）

早起 jiě （天:饶）

早些 qie 来 （唐:抚）

早心 （承:围）

早 qin 起来 （天:桥）

参旦 “参”音 cēn;“旦”读轻声。（邯:内）

清晨起 （唐:丰、蓟）（石:石、灵、无、元、井、栾、新）（天:故、河、宁）（张:万、龙）（邯:柏、鹿）

清早晨 （天:黄）

清早起来 （邯:鹿、任、内、尧）（天:庆）

清早起 （天:宁）（张:赤）（邯:漳）

清到 “到”读轻声。（邯:涉）

清挡 （邯:沙）

清早下 （天:武）

清道 gai （邯:广）

清早些 （唐:大）

大清早些 （唐:乐）

大清早儿 （天:静、安）（唐:乐）

大清早起 (唐:丰、宝、抚)(张:万)

一清早儿 (唐:丰、昌)(承:滦)

一早起 (天:任)

一早儿 (唐:山、昌)(石:深)

称个 (石:河)

称个起来 (石:河)

米早晨 太阳已出,天不早了。(石:灵)

zǎngshěng (石:获)

【黎明】

傍亮 (唐:大)

傍明子 (石:行)

蒙和亮 (天:天)

蒙亮儿 (唐:丰)

快亮了 (天:桥)

天傍亮 (天:安)

蚂蚱眼 (天:强)

【东方发白】

天亮了 (邯:内、威)

天刚亮 (天:天)

天麻麻亮 (唐:乐)

亮了 (唐:大)

东方亮 (邯:乡、宗)

头明 (天:强)

蒙蒙亮亮 (唐:昌)

【上午九至十点钟的时间】

吃大早饭前儿 当地农民早晨先下地做活,9~10点钟吃饭称之为"大早饭"。(承:滦)

巳分时间 (唐:丰)

【大清早儿】

起早晨 起得特别早的意思。(石:深)

大早起 (全省通行)

大早晨起来 (石:无、河)

大天早西 (唐:遵)

大天早晨 (唐:遵)

大早些 (唐:滦、乐)

大清早些 (唐:抚、乐、昌)

大起早 (唐:玉、大)

大清早上 (唐:昌)

大早清儿 (保:易、保、水、满)

大清早起 (天:任、肃)(张:崇、万、尚)

大起早晨 (张:张)

大早晨价 (天:沧、桥)

大早下 (天:武)

大清挡 (邯:沙)

大清早晨 (天:山、庆)

大清到 "到"读轻声。(邯:涉)

大清 gai (邯:广)

早晨起来 (邯:柏)

早晨起 (张:沙)

一早起 (承:承)(天:肃)

一清早起 (天:肃)

一清早儿 (承:承)

清早新 (唐:大)(承:围)

【中午】 方言中的"晌活""晌午"等,一般指午饭和午饭后休息的这一段时间。

晌火 (天:肃、河、安、霸)(保:易、容、唐、阳、清、阜、蠡)(石:无、晋)(张:崇)(唐:大)(承:青、围)

晌活 (唐:丰、滦、乐、遵、昌、抚、蓟)(保:保)

晌乎歪 (承:滦)

晌乎 (天:静、桥、固)(张:鹿、赤)(石:灵、建)

晌午 (邯:内、威)

晌火头子 夏天热时称。(承:围、青)

晌乎头儿 (天:庆)

晌午头儿上 (天:静)

晌火头儿 (天:天)

晌火了 (天:山)

上弧 据说太阳从升到落正像一个半圆,而中午正是半圆的二分之一,所以叫"上弧"。(保:雄)

正当晌午 (天:文)

正晌火头儿上 （唐:昌）

正晌 （承:滦）

正晌午 （石:灵、石、获、建）（张:万）（邯:乡、永、任）（天:饶）

正晌活 （唐:抚）

一晌 （天:桥）（邯:尧）（保:望、新、高）

一晌活 当地“中午”叫“晌活”、“一晌活”，即一个中午。（唐:遵）

【小晌午】 近中午的时间。

小晌活 （唐:滦、昌、迁、西、抚）（保:新）

小晌火 （石:晋）（保:容、阜）（承:青）

小晌乎 （承:平）（天:静、桥）（保:阳）（张:赤、张）

小晌会儿 （唐:迁）

快晌活 （保:保）

快晌午了 （邯:柏、涉）（天:献）

快晌火了 （保:易）（天:安）

快晌火 （石:晋）

快正午 （张:龙）

半晌午 （邯:魏）

半头晌 （邯:清）

半拉晌午 （天:大）

傍晌 （天:永）

傍晌子 （石:枣）

傍晌火 （保:蠡）（唐:大）

傍晌午 （石:灵）（邯:大、磁、任、肥、涉、威）（唐:宝）（保:安）

傍晌活前儿 （唐:遵、蓟）

傍晌活 （唐:丰、乐）

头晌火 （石:无）（保:蠡）

头晌午 （石:行、正）

三崩后 （承:平）

多半拉晌火 （天:河）

似晌乎 （天:庆）

似晌火 （天:山）

似晌午 （天:津）

巳牌时 （石:束、深）（天:饶）（邯:鸡、肥）

二八晌午 （石:河）（邯:南、广）

二八小晌午 （邯:宗）

晌午歪了 （石:衡）

快晌午头了 （天:天）

【过午】

晌午歪 （唐:宝、大、滦）

晌午错 （天:安）

晌火错 （天:霸）

晌火歪 （唐:昌、乐）

晌午错了 （邯:内）

过晌乎 （天:桥）

过晌午头儿 （天:天）

贴晌午 指过午时间不长。（唐:宝）

【白天】

白日儿 “儿”读轻声。（天:天）

白儿 （唐:滦、蓟、大）（张:尚）

白儿 （老）（天:武）

白日 （唐:丰、遵、迁、西、乐）（承:青、平）（石:束、深、灵、泽、晋、无、正）（天:饶、献、文、霸、固、任）（保:易、水、安、蠡）（邯:大、涉）

白日山 （承:兴）

白日里 （石:建）

白日个 （天:庆）（保:阳）（石:灵）

白时 （邯:大）

白些 （天:黄）

白晌里 （张:万）

白晌儿 （邯:尧）

白长来 （张:怀）

白下 （天:静、山、桥、津、安、庆、阜）

白下个 （石:衡）

白天里 （张:万、尚）

大白天 （唐:昌）

日里 （天:故）（张:阳）

大天白日　（承:平、兴）（天:安）

【傍晚儿】

傍黑子　（保:易、容、保、满、新、水、雄、兴）（石:行、灵）（天:饶、强、肃、任、河）（邯:清）

傍黑前儿　（唐:遵、玉、丰、蓟）（天:安）

傍黑价　（唐:丰）

傍黑下　（天:阜）

傍黑　（天:献、文、河、固、静）（保:蠡、阜）（邯:魏）（石:武、井、晋、枣、河）（唐:抚、乐）

傍黑儿　（天:霸、武、安）（保:易、高）（石:深、获）（邯:广、鸡）（唐:乐、人、昌）

傍下晚儿　（承:承）

傍黑天时　（承:平）

傍后晌　（唐:丰）

擦黑儿　（全省通行）

擦黑儿　指太阳刚落的时刻。（天:强）

擦黑儿　（老）（唐:滦、蓟、乐、昌）（张:龙）

擦么黑儿　（石:正）

擦黄昏儿　（石:行）

一擦黑儿　（唐:迁）

眼擦黑儿　（唐:抚）（天:安）

后晌黑价　（石:正）

后晌黑儿　（承:青）（唐:昌）

后晌黑咯　（保:唐）

后晌　指晚饭后。（承:平）

黑庄来　（张:怀、张、尚）

黑着　（张:商）

黑 zang 来　（张:万）

黑巴前儿了　（天:桥）

后晌儿　（唐:大）

掩黑　（石:宁）（唐:宝）

蚂蚱眼时　（天:桥）

蚂蚱眼儿　（邯:威）

蚂蚱眼子　（天:山）

蚂子眼　（天:静）（唐:抚）

头黑儿　（石:无）

黄黑儿　（天:黄）

日头落了　（石:灵）

日头末　（唐:抚）

佛爷贴山儿的时候　（保:水）

爷爷落呀　（张:口、万）

认灯了　（张:崇、尚、万）

昏擦擦哩　（石:灵）

抹黑　①傍晚，如“昨天抹黑的时候他来了”。②乘黑夜干事，如“天不明呢他抹黑走”。（石:束）

合黑儿　（石:正）

眼乱儿了　（保:水）

眼刺腊　天要黑时看不清东西。（承:平）

【摸黑儿】　没有光亮下的行动。

摸瞎儿　（唐:丰、乐）（承:平）（石:无、枣）（天:安、庆、津、桥）（保:新）

摸着黑儿　（唐:乐、昌）

黑晴半夜　如:“谁家有黑晴半夜串门子的?”（天:天）

黑鼓影里　（天:阜）

黑天半夜　（张:沙）

黑也摸　（邯:魏）

黑天摸地　（张:崇）

黑地里　（张:万）

夜黑头　（邯:内）

恋黑　（唐:乐）（邯:任、鹿）（石:井、平、行、赞、获）

贪黑了　（唐:迁）

拿晚儿　（保:容）

搭黑　（邯:磁）

熬黑　（石:藁）

擦黑　（邯:尧）

一擦黑儿　（唐:昌）

【无月亮的晚上】

月黑子地　（天:静）

月黑头　（承:平）

月黑头子天 （天:桥）

月黑天 （邯:内）（天:霸）（唐:大）

【太阳落山后天黑前的劳动】

磨天黑 （保:安）

擦黑比划 （天:天）

【夜里走路】

黑介走道儿 （唐:乐）

走黑道 （天:大、安、桥）（保:满、新）（承:围）

走黑道儿 （唐:乐）

走黑路 （邯:永、任、成）

走夜道 （保:易）（天:天）（承:围）

走夜道儿 （唐:大）

摸着黑走道 （唐:昌）

月里头走路 （邯:肥）

【晚上】

黑价 （全省通行）

黑下 （全省大部分地区通行）

黑老 （唐:大）（石:束、晋、灵、高、正、无、新、衡、元、赵、枣、栾、安）（天:强、文）（保:定、唐、高、望）（张:张、阳、康、宣、商、怀、万、蔚、尚、口）（邯:乡、魏、鸡、大、磁、威、清、任、肥、周、成、尧、柏、漳）

黑老 （老）（张:龙）

黑夜 （老）（石:石）（唐:昌）

黑来 （邯:涉）

黑间 （天:任）

黑下价 （天:强）

黑些 （天:黄）

黑呀 （石:赞、井、行、建）

黑呀儿 （邯:柏）

黑啦 （张:鹿）

黑下个 （石:束）

黑个 （石:冀、河）

黑长来 “长”音 zhǎng。（张:崇）

黑了 （唐:昌）

后晌 （唐:丰）（天:河、庆、津）

后晌儿 （唐:大）

后上 （天:肃、山、安、永、饶）（邯:内、柏）（承:平、滦）（石:晋）（唐:蔚）

后生 如:“今天后（hǒu）生（sheng）有客人来咱家。”（唐:遵、丰、蓟）

晚半晌儿 （天:天）

晚半天 （天:天）

吃了后上饭 （邯:清）

红个 （石:河）

后嘛 （石:河）

洪合 （邯:南）

夜里 （石:武）

老了 （天:河）

【夜里】

晚上 （全省通行）

黑夜 （邯:内、威）

黑价 （唐:丰、大、乐、遵）（石:无、晋）（天:饶）（张:沽）（承:兴）

黑来 （邯:邯）

黑瞎 （天:河）

黑夜里 （邯:内）

黑啊 （石:高）

黑下 （石:武）（天:肃、山、津、安、天、霸）（承:围）

黑个 （石:河）

黑老 （张:沽）

黑间 （唐:西）（石:束）

夜咧 （邯:魏）

后儿声 （天:静）

后晌家 （天:强）

洪上 （天:阜）

后晌 （天:任、沧）

后上 （天:大）（保:博、蠡）（石:深、束）（唐:乐）

夜里厢 （张:张、尚、口）（石:武）（天:孟）

一大后上 （保:安）（唐:乐）（石:深）

哄响 “晌”音 hang。(天:桥)

【整夜】

整宿 (天:桥、安)(唐:大)

整宿儿 (天:霸)(唐:丰、昌)

整夜价 (邯:台、内)

通夜 (邯:内、威)

通宵 (邯:内、威)

一黑下 (天:天)

【上半夜】

前半宿 (唐:滦、宝、山、丰、乐、遵)(石:束、泽、晋、衡、元)(承:围)(天:天、东)

前半宿儿 (唐:昌)

前半夜儿 (保:易)(唐:丰、昌)(承:围)

头半夜 (石:宁、枣)(天:饶、阜、肃、山、安、沧)(邯:任、成)(承:围、隆)

头半宿 (天:肃)(唐:乐)

上半宿 (天:桥、东)(唐:丰)

【下半夜】

后半宿 (唐:滦、大、丰、山、乐、遵)(天:天、肃、桥)(石:束、泽、晋、元、衡)

后半宿儿 (唐:昌)

后半夜儿 (保:易)(唐:丰、昌)

过半夜 (天:沧、山、饶、安)

过半夜儿 (保:兴、新)

下半宿 (天:桥)(唐:丰)

【大半夜】

多半宿 (唐:丰、大、滦、乐、山)(石:束、新、衡、建)(天:饶、安、肃、山、津、文、天、霸)(承:围)(邯:清)(保:易、容、蠡)

多半宿儿 (唐:昌)

多黑夜 (邯:乡)

多半黑个 (石:河)

过半夜 (保:安)

大半宿 (天:安)(石:无)(唐:乐)

半黑夜 (邯:鸡)

半夜多 (邯:内)

【小半夜】

少半宿 (唐:丰、滦、山、乐)(石:束、新、衡)(天:饶、桥、肃、山、霸、安、天)(保:易、容、蠡)(邯:清)(承:围)

小半宿儿 (唐:昌)

小半宿 (石:元)(天:文)

小半夜子 (唐:三)

少半黑夜 (邯:鸡)

【打更了】 大部分地区“更”音 jīng。

起更了 (石:枣、获、石、行、深)(张:宣、怀)(邯:鸡、大、沙、任、临、南、成、内、尧、永)(唐:宝、蓟、昌)(天:故、静、献、文、山、安、武、霸、天)(保:兴、安、唐、望、保)

起了更了 (石:束)

定更了 (邯:台)

开更 (天:天)

打更哩 (邯:涉)

起五更了 (石:赞)(天:阜)(张:沙)(邯:周)

交夜了 (石:武)

【一更】 “一更”有两种意思:①指“一更”时的时间。②指“一更”的名称。方言中是有分别的。第一种意思的方言词有“定夜”“定更”,第二种意思的方言词有“头更”“头遍更”。我们现在把“一更”的意思限于指更名,另用“一更天”作词目专指一更时的时间。“二更”“三更”同此。

头更 (唐:丰、滦、山、乐)(承:平、围)(天:肃)(保:满、易)(邯:鸡、任)(石:平、灵)

头遍更 (唐:卢)

【一更天】

定更 “更”音 jīng。(唐:昌)(承:滦、承)(邯:涉)

定夜 (张:宣)

更八天 (邯:清)

【二更】

二遍更 (唐:卢)

【三更】

三遍更 （唐:卢）

三更梆子 （承:隆）

三更半夜 （天:天）

【半夜】 ①指时点。②指时程。因此在后列的方言词中就有了分歧,有的可能指时点,有的可能指时程,有的二者兼指。

子时 （承:滦）

半宿 （石:衡、深、晋）（天:饶、强、肃、桥、津）（邯:清）（保:兴）

半宿里 （石:束、灵）

半夜里 （邯:内）（石:灵）

半夜里 指子夜。（唐:乐）

半夜儿 （唐:昌）

半宿拉夜地 （天:桥）

半黑夜 （邯:任、内、台）

半黑个 （石:冀）

半黑价 （邯:鹿）

半宵 （天:文）

黄昏 （邯:尧、涉）

【半夜三更】

黑更半夜 （全省通行）

黑更半夜里 （石:灵）

黑天半夜 （张:张、康、宣、万、商、鹿、怀、尚）（邯:成）

黑价半夜 （天:庆）（保:新）（石:栾、无）（唐:大）

半天黑夜 （邯:鸡）

半宿拉 （天:津）

半宿拉夜 （天:津）

半宿 （石:武）

半夜呢 （保:易、安）

停半夜了 （邯:肥）

深更半夜 （唐:乐）

【五更天】

鸡叫 （唐:乐）

鸡刚叫 （唐:西）

鸡叫头遍 （天:桥）

打五更了 （唐:昌）

五更头上 （天:津）

傍亮 （天:天、安、固）（唐:丰）

【日出卯时】

日头儿出 （邯:临）（石:灵）

东发亮儿 （天:静、安）

傍亮子 （保:容）

老爷一露头 （天:饶）

出老爷儿 （保:易）（天:桥）

出老爷了 （承:围）

太爷一露头 （天:天）

日头一冒嘴儿 （唐:昌）

【正当午时】

正晌乎 （天:桥）

正晌午时 （石:井）（天:桥、安）

正当晌午 （保:安）（邯:尧）（天:任）

正是晌午 （唐:西）（天:肃）

正晌活 （唐:丰、遵、乐、蓟、昌、大）（保:阳、易、容）（石:衡、无）（天:饶、阜）

正晌午 （保:高、保、望）（邯:魏、磁、任、临、周、成、肥）（石:泽、行）

日正午时 （唐:抚）

十二点子 （承:平）

中午十二点 （天:天）

晌乎头上 （天:桥）

【年景】

年成 （全省通行）

年头 （全省大部分地区通行）

年头儿 （天:桥、文、固、安）（唐:丰、滦、卢、昌、大、乐、迁）（承:丰）（石:枣）（保:满）

年月 （承:平）（唐:遵）

年遇 （唐:遵）

年限　(张:商)

【年景不好】

年成不好　(全省通行)

年头不好　(唐:丰、滦、遵、卢、乐、蓟、大)(石:无)(承:丰、围)(张:康)(天:饶、永、霸、阜、静、桥、安、天)

年头不济　(石:衡)(承:围)(天:饶、桥、静)

年景不济　(天:静)

年景赖　(石:赵)

年道不好　(承:青)

年头儿不好　(唐:大、昌)

年限不好　(张:商)

年头不行　(天:饶)

年头不强　(天:饶)

年遇不好　(唐:遵)(承:平)

贱年　(天:庆)

大贱年　(天:庆)

大年成　(张:阳、蔚)

赖年景　(邯:涉)

坏年头　(张:沽)(石:束)

糟年成　(张:崇、张)

【年月儿】

年头儿　(全省通行)

年限　(张:沽、龙、崇)

【日子】

时光　(邯:广、鸡)

光景　(石:井)

【过日子】

混日子　指过去生活不好过。(石:灵、无)(唐:蓟)(天:天)

过光景　(保:满)(邯:临、内、广)(张:沽、崇)(石:井、平)

过时光　(邯:鸡、磁)

过时候　(张:龙、沙)

过日月　(张:宣)

过 shā　(天:肃、饶)

【日子好】　生活过得好。

好日子　(天:天)

好光景　(张:崇、张)(石:建)

日子舒坦　(石:宁)

日子好过　(天:桥)

红　指日子好。例:他家可红哩。(石:赵)

红火　(承:滦)

【好日子】　迷信,办事要择吉日。

好日　(石:井、冀、晋、平、建、灵)(天:文、庆)(邯:任)(保:易、容)

黄道日子　(全省通行)

黄道吉日　(承:平)(保:阳)(石:无、束、灵)(天:孟、津)(张:宣、蔚)(唐:遵、抚、三)

吉利日子　(承:滦)(保:望)

吉星日子　(天:天)

和平日子　(承:隆)

好时辰儿　(邯:临、漳)

好时候　(张:龙)

好晌　(天:大、饶)(石:行)(邯:漳)

好 shū　(天:肃)

【好天气】

好天头　(唐:丰)

好天道　(保:望)(唐:乐、昌、大)

【几号】　指日期。

几儿　(邯:威)

几儿啦　如:“今儿个几儿啦?”(天:天)

【每天】　①确定的“天天”之意。②夸张言其经常,实非“每天”。在后列的方言中一般也是如此。

成天　(唐:昌、乐、丰、蓟)(天:河、武、饶)(邯:任)(承:青)(张:张、尚)

每天每　如:每天每都是这样。(全省大部分地区通行)

每天每的　(唐:遵、山、昌)(承:隆)

每天价　(天:庆)(张:张)

每天个　(天:庆)

日每个 （邯:涉）

天天儿的 （唐:丰、昌、滦）（承:滦）

天儿天儿 （石:无）

天每日 （石:获）

见天每日 （唐:蓟）

见天 （天:安、任、桥、津、饶）（邯:乡、威、邯、大、清）（唐:乐）（张:万、张、尚、宣）

见天的 （承:青）

见天见 如:见天见都是这样。（全省通行）

见每天 （邯:鸡）

见见 （唐:遵）

天天见 （邯:肥）

整天价 （天:固）

天每儿 （天:静）

天每 （邯:涉）（石:建）

成天价 （天:桥、安、天）（唐:大）

【通夜】

通宵 （邯:内、威）

通宿 （保:涿、水、安、兴）（唐:丰、滦、昌、乐）（石:石、晋、武）（邯:沙、尧）（承:兴、承、隆、围）（天:阜、肃、静、桥、庆、孟、固、故）

成宵 （承:滦）（唐:乐）

整宵 （唐:大）（承:滦）

整宵 （文）（天:沧）

整宵儿 （全省通行）

成宵儿 如:孩子成宵儿地哭。（唐:丰、蓟、滦、昌）（承:围）

成宿的 （唐:滦）

成夜 （邯:涉）（承:围）

成黑夜 （邯:鸡）

连夜 （唐:滦）（张:万、崇）

连轴转 （唐:滦）

拉夜 （承:青）

一黑夜 （邯:尧）

整黑夜 （邯:漳）

达到明 （邯:鹿）

一黑下 （天:静）

一黑价 （石:宁）

一宿黑价 （唐:卢）

一宿 “宿”音 xiǔ。如:我一宿没睡成。（石:深）（唐:蓟、遵）（邯:南）（天:天、桥、饶）

一后晌 （邯:大）

【整天】

成天 （全省通行）

成天(见) （天:桥）（唐:乐）

成天价 （天:任、安、固、山、大）（保:易、保）（邯:南）（石:新）

整天价 （唐:大）

一天到晚 （全省通行）

从早到黑 （石:灵）

起来一天 （天:山）

【每年】

成年 （唐:大）（邯:任）（石:衡）（保:定）

【整年】

成年 （全省通行）

成年家 （保:定）

成年百月 （保:雄）（唐:乐）

成年六辈子 （邯:南）

成年到辈 （承:青）

成年价 （石:赵）（天:孟、安、庆、桥）（保:易、唐）（唐:大）

一年到头 （全省通行）

一年不没月 （天:静）

一年到晚 （承:兴、滦）

年对年 （天:桥）

其年 （张:尚）

着年价 “着”音 zhao。（天:庆）

【一年】

一载 （邯:涉）

【二年】

两载　（邯:涉）

【年把】　将近一年。

年把　指一年多。（邯:涉）（天:桥）

年儿把　（唐:丰）

年把地　（邯:广）

年把月　（唐:大）

年半　（张:商）

年把月的　有嫌时间长之意。（唐:遵、蓟、大、乐、抚）

上一年子　（保:容）

不差么儿一年　（石:衡）

一年半载的　（天:大）

一年来的　（保:博）（天:饶、山）（承:围）

【一年多】

年多　（天:孟）

【一两年】

年把二年　（张:怀）（承:隆、平）（天:故、桥、津、河）（邯:郸、磁、威、永、涉）

年把半年　（天:桥）

欠把二年　（保:安）

小年把子　（天:桥）

【十来年】　不到十年。

十来年　比十年多。（张:万、赤、康、宣、龙、沙、崇、鹿、口）（邯:磁、永、成）（保:阳）（承:围）

十来年　十年左右。（全省大部分地区通行）

十拉年　（天:强、桥）

十拉年子　（天:饶、桥）

十落年　十年左右。（承:兴）

十落来年　（承:兴）

十娄年儿　（唐:丰）（承:兴）

【十几年】

十来多年　（全省通行）

十几载　（老）（邯:内）

十拉多年　（天:饶、静、肃、桥）（唐:大）

十来多年　比十年少。（石:石、晋）（唐:昌）

十娄多年　（唐:丰）（承:兴）

十几年年　（张:崇）

十年多　（唐:遵）

十好几年　（张:阳）

十数年　（老）（文）（石:灵）

【多年】

好多年　（全省通行）

好几年了　（保:唐）（唐:遵、大、丰、昌）（张:鹿、万、怀）（邯:漳）（石:正、获）（承:围）

好些年　（天:静、安）（唐:昌、滦、大）（石:赵）（保:高、蠡）（张:阳、商）

好些个年　（天:静、安）（保:满、蠡）

这些年了　（唐:遵）

这多少年了　（石:赞）

年头多啦　（天:桥）

年多啦　（石:建）

多少年　（唐:丰、蓟）

可多年　（张:崇）

可多年了　（张:万）

挺多年　（承:平）

老些个年　（天:肃）

过了好把几年　（天:黄）

【一个月】

个月期程　（天:静、桥）（唐:乐、昌）

【一两个月】

一个俩月　（唐:丰、宝）（石:束、深、灵、建、泽、晋、赞、行、无、新、正）（保:定、高）（承:兴、承）（天:故、桥、津、安、武、沧）（邯:广、邯、郸、魏、磁、宗、永、鹿、沙、任、内）

【个把月】　将近一个月。

一个来月　（石:元、赞、无）（天:武、霸、饶）（保:容）（张:宣）（邯:邯、大、漳）（唐:玉、乐、丰、昌、大）（承:围）

个月去程　指一个月左右。（保:安）

个来月　不超过三十天。（天:天）

个月期程 (唐:丰、抚、乐)(承:丰、青、围)

个月期程的 (承:滦)(天:桥)

个儿期程 (保:兴)

个八期程 (承:兴)

一多月 (张:鹿)

个来月 (保:博)

个把子月 (保:水)

个半月 (张:赤、沙、商、崇)(唐:卢)(石:灵)(保:定)

个数子月 (保:唐)

个数月 (保:蠡)(石:宁、藁)(天:献、任、文、桥、庆、固)

个数来月儿 (石:灵、元)

个月子 (保:易)

个上月 (唐:蓟)

个什月 (天:安)

月把地 (邯:广、鸡)

jiè 把一个月 (邯:大)

一月来往 (保:安)

个四来月 将要到一个月。(天:静)

个把月 指一个半月。(唐:大)

【十个多月】

十来个月 比十个月多。(全省大部分地区通行)

十了多个月 (唐:大、丰)

十拉多个月 (天:饶、静、天、安)

十来多个月 (天:献)

【十个来月】

十拉个月 (天:饶、桥、安、强)

【十来个月】 不到十个月。

十拉个月 (天:强、桥)

十拉个月 指十个月左右。(天:天)

十落个月 十个月左右。(承:兴)

十数个月 十个月左右。(承:兴)(唐:丰)

【十几个月】

十多个月 十个月左右。(保:高)

十多个月 (全省通行)

十拉多个月 (唐:滦、山、丰、抚、乐)(天:饶、桥、静)

十来多个月 (保:兴)(唐:迁、昌)(承:兴)(天:庆、河)

十好个月了 (唐:大)

十老个月 (保:满)

【好几个月】

很有几个月 (唐:三)(承:承、平、青)(石:冀、石、河、灵、建、晋、赞、行、正、无、获、元、井、藁、宁、栾)(天:故、安、河)(保:定、高、安、阳)(邯:乡、郸、魏、鸡、柏、大、磁、永、鹿、台、沙、任、临、涉、周、成、内、尧)

一大程子 (唐:丰、乐)

老多几个月 (邯:涉)

有好把几个月了 (天:桥)

有几个子月 (保:望)

这一程子 (承:滦)

【几月】

哪月 天津"哪月"中的"哪"音 něi。(石:宁)(天:桥、固、天)(唐:蓟)(邯:涉)

哪个月 (保:新)(邯:涉)(天:安)

哪一个月 (邯:内)

几月里 (天:文、安)(保:定、唐)(邯:大、内)

哪几月 (邯:内)

啥月 (邯:涉)

【几年】

哪年 "哪"音 něi。(天:天)

好几年 (承:围)

好多年 (天:孟)(唐:昌)

【六月】

六哇月 (天:安)

【九月】

九哇月 (天:安)

【几个月】

几呀月 (天:静)

几个月 (唐:宝)

几(儿)月　“儿”音 jiě。(天:安)

【天把】　将近一天。

天把的　(唐:昌)

一天来的　(唐:丰、滦、乐)(天:饶、山、安)(保:博)(邯:清)(承:围)

一天来里　(石:赞)

天把半天　(天:桥)

天把半　(张:怀)

天把　比一天多。(天:河)(石:灵)(张:赤、龙、沙)

上一天　(保:容)

不到一天　(天:天)

小一天的　(天:安)

【天把两天】　将近两天。

有二天　(邯:大)

欠把两天　(保:安)

一半天　比说“一两天”时间短一些。(天:静、固)(张:康)

两天来的　(天:天)

【十来天】　不到十天。

十拉天　(天:强、桥)(唐:昌)

十几天　(石:元)

十娄天儿　十天左右。(唐:丰)

十落天　十天左右。(承:兴)

十拉来天　(天:天)

【几天】

两天　实际上是指比两天多的不定数。如:“我等两天再去”,即等几天再去。(天:静、桥)(唐:乐)

个八天　如:去个“个八天”,即去几天。(承:兴)

【十几天】

十多天　(全省通行)

十类多天　(唐:丰)(承:兴)

十拉多天　(天:饶、强、河、桥、天)(唐:抚、滦)(承:青)

十来多天　(全省通行)

十老多天　(保:满)

半月子　(保:易)

十来天　(石:新、安)(张:赤、宣、龙、沙、万、崇、鹿、口)(保:阳)(邯:磁、永、涉)

十拉天　(唐:抚、昌)(天:强)

【很多天】

好些天　(天:天)

好多天　(全省通行)

好些日子　(石:获)(唐:大、昌)(天:桥)

好些儿时　(张:康)

好大日子　(石:井)

好些工夫儿　(保:唐)

好些个天　(天:静)(保:博、满)

好长时候　(邯:广)

很几天　(石:平)

多日子　(天:庆)

多数天　(石:建)

老些天　(天:饶、津)

老些日子　(邯:鸡)(保:易)(天:桥)

老多几天　(邯:涉)

老些晌　老年妇女常用。(天:饶)

老些个天　(天:肃)

不少日子　(唐:丰)

这些日子　(唐:遵、宝、卢、乐)

若干天　(天:山)

挺多天　(承:平)

得好几天　(邯:肥)

可时候了　(张:崇)

可多时了　(张:康)

一程子　(唐:丰)

节儿　(唐:丰)

多些天　(唐:抚)(承:青)

老死个天　(石:无)

老些个 shā　(天:肃)

【什么时候】

多咱　(石:藁、衡、武、枣)(天:静、大、安、河、天)(邯:

磁、清、南)(唐:抚)(保:涿、易)(承:围)

多咱儿 (全省通行)

多会儿 (全省通行)

多到儿 (石:灵)

多咱晚儿 (天:静)

多前儿 (唐:滦、宝、乐、蓟、山、大)(承:青、平)(天:天)

啥空儿 (唐:昌)

啥会儿 (唐:丰)

啥时候 (唐:丰、滦、昌、山、卢、乐)(承:平)(邯:邯、鸡、大、永、临、涉、成)(张:赤)

啥时 (邯:涉)(张:阳)

哪时节 (承:隆)

哪会儿 (承:隆、围)

哪刹儿 (承:平)

甚会儿 有迫不及待的意思。(石:建)

嘛时候 (天:静、桥)

【现在】

这会儿 (全省通行)

这会儿 (老)(张:张、康)(石:石)

这歇儿 (石:建)

这阵儿 (天:安、天)

这时候 (邯:内)

阵前儿 (全省通行)

阵门前 (唐:迁)

阵么前儿 (唐:卢)

阵儿前 (唐:丰)

现在这前儿 (承:围)

这前儿 (承:丰、平、承)(天:黄、静、安、河、武)

这么前 (承:青)(天:安)

这 如:"我这就去。"(石:衡)

这儿 (石:河)

这前 (承:围)

这天儿 (承:承)(唐:大)

这刹儿 (承:平)

这咱 (天:饶、沧、桥)(石:束)

这晚 (石:无、赞)

眼下 (石:宁)

眼前 (邯:鹿)

脚下 (天:津)

一条 (天:饶)

当下 (邯:鹿)(天:天)

现时 (邯:宗)

【刚才】

刚 如:"你刚来怎么就走?"(天:天)

刚子刚 (石:晋)

刚波刚 (石:晋)

才刚 (邯:内、威)(唐:滦、丰、昌)(天:安)

将将儿 (邯:内)

将将儿的 (邯:内)

【待一会儿】

等一会儿 (天:天)

等会儿喽 (邯:台)

打待儿 (天:静)

打 chēnr (天:桥)

【那几天】 指过去特定的几天。

那么儿 (天:静)

哪几天 "哪"音 něi。(天:天)

三　地理

【平地】

平川 （全省大部分地区通行）

平川 长条形的平地。（承:兴）

平川地 （唐:丰）（石:河、束）（天:文、安、霸、庆、孟、沧）（保:水、新、兴）

川来 （张:怀）

川里 （张:赤）

一马平川 （天:桥、庆、安）（张:张）

一流平川 （唐:昌）

一马大平川 （天:天）

坝 较高的平地。（承:丰）

坝子 （唐:蓟）（天:山、桥）（保:望）

平稳地 （天:霸）

平当地 （天:任）

平台 山上的一块小平地。形状像个小台。（承:滦）

平甸 山坡上的一块小平地。（承:滦）

【旱地】

冈地 （石:平）

旱冈地 （石:平）

【白天干黑夜湿的地】

盐碱地 （天:天）

夜潮地 （唐:丰、昌）

【大秋作物及田地】 参看“农事”类“秋收”条。

大田 （唐:丰）（保:易）（天:安、津）（承:围）

大田苗 （唐:大）

秋茬 （唐:昌）

【一年只种一季麦的地】

流麦地 （邯:威）

晒麦地 （邯:威）

【田地】

田 “田”“地”不分，田即地。所以田不一定指水地。如果是水地，就是种稻的，故叫“稻地”。（承:平、兴、围、滦）（唐:遵、蓟）（石:无、宁、安）（邯:沙、临、肥、周、内、尧、柏、任、丘）（张:宣）（保:安、定、望、雄、完）

田 耕种过的熟地。（承:隆）

田哩 （邯:鹿）

大田 叫“大田”以别于“园田”。“大田”在别的地方指“大秋作物”。（承:承）

地 （全省通行）

地 无水的田地。（唐:三）（天:肃）

地里 （张:万、赤）

地亩 （唐:昌）

地土 （石:河）

耕地 （全省大部分地区通行）

洼 有时指田地，有时指地名，如:上洼、下洼，即指田地；上洼子、下洼子即指地名。（承:滦）

坎 有时指田地，有时也指地名。如:上坎、下坎。（承:滦）

土 (唐:大)(承:平)

园子 院内或住宅附近种菜的小块地。(唐:丰、遵、乐)(天:安、肃、天、静、桥)(保:保、雄)

园的 专种菜的地。(邯:邯)

畦子 水浇地。(邯:鸡)

【抛荒】 因种不过来而闲置一部分土地。

跑荒了 (承:隆)

荒了 (邯:邯)(唐:大)

打荒了 (天:桥)

撂荒 (承:承)(唐:丰)

撂荒片儿 (承:平)

撂荒地 (承:围)

【荒地】 未开垦过的土地。

荒田 (石:石、灵、无)(承:隆、平、兴)(邯:永、任、肥、涉、成、内、鸡、尧)(张:宣)(保:安、望、雄)(唐:蓟)

草地 (石:无)(邯:尧)(保:满)

荒场 ①未开过的荒地。②闲地。(天:宁、文)(唐:丰)

荒片子 (承:平)

荒土阶子 特指山上小块梯田长草未垦。(唐:蓟)

耗荒地 (石:建)

跑荒地 (石:束)(承:隆、丰)

野地 (保:定)

生荒 (天:天)

盐碱地 (邯:威)

碱场地 (天:桥)

流麦地 洪水退后再种麦子的地叫流麦地。(天:桥)

薄碱地 (天:静)

兔子不拉㞎㞎的地 “㞎㞎”音 bǎba。(天:静、桥)

【沙土地】

白地 (石:衡)

白土地 (石:束)(天:饶)

沙白地 (石:束)

白沙地 (石:宁)

沙性地 (唐:山、乐)(石:行)(保:易)

薄沙地 (唐:丰)

沙黄土地 (邯:郸、邯)

沙流地 (承:青)

沙子地 (张:赤、龙)

沙碱地 带碱性的沙地。(邯:大)

沙沙地 (张:康、商、怀)

沙板地 (张:康)

沙板子地 (张:沽)

沙窝地 尽是沙土窝子。(保:雄)(唐:乐)(天:桥)

沙营土地 (邯:邯)

沙圪埝 “埝”音 lian。(张:赤)

沙地 (天:安)

【沙漠】

沙窝子 (张:康)

【高岗】

岗子 指小片高地。(全省通行)

岗子 指一个家族专用临时安葬的地方。(邯:威、沙、任、广、清)

岗子 指城市中脏土垃圾之类东西,如:“拉儿车岗子吧!这能做肥料用。”(天:静)

岗儿 (石:无)(天:强)

山岗子 (石:获)

梁岗子 (保:阜)

岗地 (邯:郸)

岗的 (邯:邯、临)

土坡 不大的坡。(保:定)(承:隆)

高坡 (邯:周)

岗坡 (邯:磁)

大岗 (邯:临)

岸子 (保:望)

梁 (石:建)

小梁包 (承:隆)

高圪梁 (石:栾)(邯:尧)

坎楞 (承:滦)

高圪塔　(张:阳、蔚、万)

高山　(唐:遵)

高鼓肚儿　(邯:涉)

高圪埌　(张:康、万)

脏土堆　(天:天)

【地势高干燥的土地】

火岗地　(石:束)

沙岗地　(邯:鸡)

【土堆】

土堆堆　(张:万、怀)

土堆子　人为的土堆。(唐:丰、乐)(承:青)

土坡　(唐:抚)(保:阳)

土丘子　天然形成的。(唐:丰)(承:平)

土岗子　(承:滦)(天:庆)(邯:威)(保:水、兴)(唐:抚、大、昌、乐)

土坎子　(唐:抚、昌)

土包　(承:滦)

土疙瘩　(承:平)(石:无、正、获、冀)(天:饶、强、安、静、桥、庆)(邯:乡、鹿、尧)(张:沙)(保:博、定)

土疙蛋　(保:新)

土骨堆　(邯:广、大)(保:唐)

土鼓肚儿　(邯:涉、乡、宗、威)

土圪塔塔　(小)(张:怀)

疙 dai　(石:宁)

土墎子　(天:沧、庆、桥)

土疙 dai　(石:河)

窑疙瘩　地里多年存有的大土堆。(保:兴)

小土梁　(承:丰)

岭坡地　丘陵坡地。(石:平、灵)

大冢疙瘩　(邯:邯)

小冢疙瘩　较小。(邯:邯)

冢疙瘩子　(天:桥)

岗坡　(邯:磁)

垴　(石:建)

【空地】

空场　(唐:遵、宝、秦、蓟、抚、大、玉、乐)(石:新、晋、泽、束、枣)(承:平、隆、承、围、兴)(天:强、黄、固、故、东、津、孟、山、饶、天)(邯:柏、永、内、尧)(保:高、安、兴、阳、涿、容)

空场　收打庄稼用的场,不用时叫空场。(张:张、沽、宣)(天:文)(石:石)(保:望)

空场儿　向来不种庄稼的空地。(唐:丰、乐)(承:兴)(石:无、衡、枣)(天:庆)(邯:任)

旷场儿　向来不种庄稼的空地。(唐:丰、昌)

场子　(石:宁)

闲地　(石:正、高、建、灵、元、束)(承:平)(天:饶、肃、桥、安)(邯:肥、涉、尧、广)(张:龙、怀)(保:博、定、蠡、安、完、容)(唐:乐)

闲散地　(邯:内)

空场子　(唐:昌)

空闲地　(承:平、围)(天:安)

荒地　①闲地。②不长庄稼的地。(天:文、宁、桥)

白地　(邯:周、南)(天:饶、安、静)(保:雄)(唐:昌、滦)

余地　(天:天)

光场　(保:阳)(唐:昌)

空庄子　在村子内或紧靠村边准备做院宅的。(邯:广、邯)

锅捡　(邯:邯)

地净场光　地里场里无东西时。(保:望)

【山尖儿】

山垴儿　(邯:尧)(天:桥)

梁尖　(承:隆、围)

梁头　(承:丰、隆、围)

山顶　(石:高)(唐:昌)

山顶尖　(保:望)

山头　一般较山尖大而平一些。(全省通行)

山头儿　(保:易)

山峰　(全省大部分地区通行)

【房子的尖顶】

山尖子 （天:天）

房瘠 （天:天）

【山腰】

半山 （石:建）

山中间 （全省大部分地区通行）

半山腰 （全省大部分地区通行）

半坡啊 （石:井、平）

半隔当儿 （石:深）

半坡梁 （张:怀、鹿）

半山腰呢 （保:易）

半山腰哩 （石:元）

半山坡 （邯:鸡、台、任、尧、肥）（张:康、沙）

半坡儿里 （保:阜）

半登腰 （邯:邯）

当间 （承:围）

山当阳了 （天:桥）

山半子腰 （唐:昌、抚）

山半腰 （全省通行）

山半截腰 （天:桥）（石:正）（保:定、完）

山半大腰 （邯:沙）

山半打腰里 （石:新、灵）

山半坡 （石:灵）（邯:沙、任）（保:望）

山当中 （邯:魏）

山当间儿 （唐:丰）（邯:临）

山当天间里 （邯:清）

【一切事物的中间部分】

半头腰里 （石:宁）

半截腰 （天:天）

半截上 （唐:丰）

半子腰 （唐:昌）

【山坡】

坡 （邯:邯）（石:建）

坡上 （保:阜）

坡梁 （张:怀、鹿）

坡啊 （石:平、井）

山坡坡 （张:怀）

山坡子 带讨厌情绪时说。平常说“山坡儿”。（唐:丰、昌）

山上 （张:万）（唐:蓟）

梁 （承:隆）

【山根儿】

山根子 （张:沙）（唐:昌）（承:围）

山根儿底 （张:阳）

山根儿底 高山的山根儿。（张:崇）

山根儿下 （唐:遵、西、滦、蓟）（石:无）

山底下 （唐:遵、迁、乐）（石:无、宁）（邯:邯）（张:万、沙）

山根底下 （承:平）（天:饶、河、故、庆、安、天、桥）（唐:抚、丰）

山根儿起 （邯:宗、乡、威）

山麓 （文）（天:庆）（邯:任）（保:定）

山麓 （承:平、隆、丰、围）（天:故）（邯:鹿、内、鸡）（保:望）（石:晋）（张:尚）

坡根儿 （石:建）

坡梁底儿 （张:怀、鹿）

梁根 （承:隆）

梁底下 （承:隆）

【山涧】

山洼 （石:赞）

山窟窿 （邯:尧）

山涧沟 （邯:大）

山涧子 （天:安）

山夹 （石:平）

山口子 （张:宣）

山豁子 （张:宣）

山沟沟 （张:怀、宣、鹿）（石:井、平）

山沟 （全省大部分地区通行）

山沟子 （唐:西）（张:崇）

山 hai la 子 （张:康）

洼 （石:建）

涧 （邯:鸡）（保:安）（张:尚、口）

沟 （张:赤）

【河岸】

河岸的 有时可指加高后的坝。（邯:邯）

河崖儿 （唐:蓟、丰、卢、三、西、抚、乐、大、玉）（承:丰、兴、围、承、隆、滦、青）（石:河、获、高、建、赞）（天:黄、孟、故、东、桥、河、沧、庆、津）（邯:清、沙、临）（保:唐、安、望）

河沿边 （张:崇）

河边哩 （邯:大）

河边 （承:围）

河边儿 （天:安）

河边起 （邯:宗、南、威、乡）

河沿儿 （天:天）（邯:宗、南、威、乡）（唐:昌、乐、滦、蓟）

河沿儿上 （天:桥）

【堤】

方言中,"堤"和"坝"往往不同。一般"堤"是为防水的,顺河床修建。"坝"是为挡水的,与河床垂直修建。"埝"则是用土做的"堤"。

坝 （全省通行）

坝牛子 （承:青）

坝子 （邯:任）

河坝 （全省通行）

河坝 天津称码头工人为"扛河坝",或者说"吃河坝"。（天:天）

河埝 （唐:蓟、玉、丰、宝）（石:束、枣）（天:桥、静）（邯:宗、乡、尧、威）

河岸的 ①加高后的坝。②河岸。（邯:邯）

拉河坝 （石:平）

水坝 （唐:卢）（张:阳）

迎水坝 （保:兴）

堰 （唐:卢）

埝 （唐:丰、滦、昌、乐）（石:衡、冀）

埝子 （天:肃）

顶埝 防汛用的。（石:平）

埝埂 （唐:蓟、昌）

渠埂 （石:井）

圪楞 （张:宣、尚）

【河坡】

河滩 别的地方有指堤里边的地。（全省通行）

河滩 河岸深。（保:易）

河坡 河岸浅。（保:易）

沙河滩 （保:望）

河沿儿 （唐:遵、乐）

河套 别的地方有专指河边土地的。（天:静、安）（唐:昌）

沙河 （唐:遵）

沙河套 （唐:遵、丰）

【河中突出水面的沙滩】

河夹心 （石:栾）

【河堤内的土地】

河滩 （邯:清）（唐:大）（天:安）

河滩地 （天:各地）（承:围）（唐:丰）

河套 （保:雄）（天:安）（唐:昌）

河圈地 （天:桥）

【水坑】

湾 （天:桥、津）（邯:清）

湾坑 （邯:南）

水湾 大的可叫大湾,小的可叫小湾。（天:庆）

水窝儿 （天:庆）

水汪 （保:阳）

水滃 （邯:涉）

水池子 （天:静、永）（唐:遵）

水池 指活水。（承:丰）

水池的 （邯:邯）

水塘 （邯:内、尧）（石:无、石）（天:故、庆）（保:兴、望）（承:平、兴）（唐:蓟）

水泥塘 （承:平）

坑 （天:河）（邯:大、丘）（唐:乐）

大坑 （唐:蓟、昌、遵）（天:强、霸、河、天、安）（保:雄）

濠坑 （石:藁、行）（邯:南）（保:易、兴）

窨坑 烧砖取土挖下的大坑。（天:天）

盛水坑 （邯:乡、宗）

涝洼塘子 （承:平、围）

涝泥塘子 （承:平、围）

大水疙洞 （张:万）

【陷坑】

王八肉泥 旱地上的。（天:静）

捉沙板 水下面的。（天:静）

烂泥 （天:天）

【流沙】 人立沙上愈陷愈深的滩，不是指打井时发现的那种流沙。

口沙 （唐:大）

旋沙 （张:赤、宣、龙）

沙窝 （张:沙）

陷滩 （天:固）

陷沙 （承:平、丰、滦、青、围）（唐:遵、卢、抚、乐）（天:固）

陷坑 （天:天）

流沙 （唐:昌）

旋窝 （张:蔚）

陷泥 （石:平）

漏沙 （邯:任）

江沙 （张:鹿）

牛皮混 （邯:鸡）

沙滩 （唐:蓟、迁）（石:石）（承:平）（邯:清）

陷晃沙 （唐:蓟、迁）

晃滩 （唐:蓟）（邯:柏）（承:平）（保:定）

销脚沙 （保:水）

陷泥滩 “陷”音 hàn。（张:龙）

zuō 沙 （石:宁、井）（天:饶、武）（唐:大）

【地面上积的一层沙】

浮沙 （唐:昌）

曝沙 （天:安）（保:兴）

【大水】

山水 （张:怀、蔚）

洪水 有泥的大水。（石:建）（唐:昌）

山洪 （张:怀、鹿、张）

发大水 （唐:乐）

【水头】 洪水来时的势头。

流头 （邯:鹿）（保:新）

河头 （张:赤、龙）（石:井）

洪头 （张:怀、鹿）

水流头 （天:安）

【泉源】 水之来源。

源泉 （邯:肥）

泉子 （承:青、平、围）（天:故）（张:阳、崇）

水泉子 （承:丰、龙、滦、隆）（天:文、庆）（邯:鸡）（张:万、赤）

泉源 有时与“泉眼”混淆。（唐:昌）

【泉眼】 泉源出水之穴。

泉 有时也指泉中流出的水。（全省大部分地区通行）

井眼 （邯:清）

泉源 指河边溪边泉源的出水穴。（承:滦）

水眼 指井中出水穴。（承:围、滦）

水眼 （张:龙）（邯:广）（天:桥）

串眼 （天:河）

【石头】

石子儿 指小的石头。（天:安）

石头蛋子 鹅卵石。（唐:乐）

石头蛋 （邯:涉）

石头子子 （天:桥）（邯:临）

石头子儿 较小，圆的。（天:庆、强、大、天）（邯:清）（保:雄）（石:枣）（承:平、滦）（唐:乐）

石头碴子 （唐:遵）

石头块子 （石:灵）（唐:迁）（张:蔚）（保:定）

鹅光 （邯:永）

窝石 （承:青）

【料礓石】

礓石　（全省大部分地区通行）

礓凉石　（邯:内）

礓石头　（保:阳）

礓石圪瘩　（唐:乐）

礓子石　（邯:鹿）

混礓石　（唐:遵）

礓礓子儿　（石:平、获）

礓牛儿　（石:泽）

礓泥　（石:泽）

礓楼　（石:栾）

礓拉子　（石:灵）（邯:尧）

礓拉石　（邯:尧）

礓料石　（邯:台、任）

礓石猴儿　（唐:丰、大、昌）（天:安）

礓坷垃石　（保:唐、阜）

礓米石儿　（保:保）

礓石狗　（天:霸）

礓勾石　（天:山）

礓疙拉石　（保:完）

料石　（石:赞）

料石　经过细致加工的毛石。（天:天）（石:井）

料礓　（邯:郸、内、涉）（张:尚）

毛石　粗糙的料石。（天:天）（石:井）

夹石子　（邯:肥）

沤壃石　（张:阳）

石壃儿　（保:新、兴）

猴儿壃石　（唐:丰）

胶泥猴　（石:灵、藁）

石头子儿　（天:静）（唐:丰）

【鹅卵石】

老鸹枕头　（石:河、泽、武、枣、束、衡）（天:饶、强、孟、静、大、桥、河、霸）（邯:宗、鹿、清）（保:蠡）

乌鸦枕头　（石:武）

老鸹蛋　（天:河）

老鸹当枕头　（天:强）

老鸹石头　（邯:广、乡、威）

老虎枕头　（天:文）

石头捣　（唐:滦）

宝贝儿　（小）（唐:丰）

河光石　（唐:遵、西）（承:滦）（保:满）

河光蛋子　（石:高）

河流石　（石:井）

恶勒石　“恶”音 he。（唐:蓟）

鹅蛋石　（全省通行）

鹅卵蛋　（邯:磁）

鸭蛋石　（唐:抚、山）（承:兴）（石:平、灵）（保:涿）

牛卵石　（唐:蓟）

鸡卵石　（承:丰）

牛蛋石　（石:赞）

圆蛋蛋石头　（石:获）（张:崇）

圆石头蛋儿　（唐:卢）（石:行、灵）

磨石蛋儿　（唐:丰）

石头蛋子　（石:灵、建、正）（唐:乐）

石头子子　（邯:南）

石头子儿　（唐:丰）（天:安、天）（邯:乡、大）（石:冀）（保:蠡、完）

石头蛋儿　（唐:乐）

河卵石　（唐:昌）（承:围）

磨石蛋　（唐:滦）

【沙】

面沙　（承:平）（保:望）

细沙子　（天:桥、大）

细面沙　（承:平、青）（唐:昌、乐）

粗沙子　（天:天）

沙沙　（张:怀）

大麻沙　（邯:大）

沙的　（邯:大、邯）

石沙子　（天:河）

【沙子儿】

大眼儿沙 （唐:丰、乐）

小石粒 （天:山）

沙粒儿 （保:易）

沙粒子 （天:庆）

麻眼沙 （承:青）

石头子 （承:围）

【沙堆】

沙疙塔 （天:安）（邯:鸡）

沙子堆 （天:天）（唐:乐）

沙包 （唐:大）

堆沙 （邯:鸡）

【沙滩】

沙窝 （邯:肥）

沙滩儿 （唐:乐）

沙河滩 （天:天）

沙石滩 （邯:肥）

河滩 包括沙滩和乱石滩。（石:井）

河滩 （邯:漳）

【河滩】

流沙滩 （天:天）

沙滩 当地只把河边上淤起的沙地叫沙滩。（天:故）（承:青）（邯:临）

【城】 城市。

城池 （天:孟、庆、黄）（保:安、雄）（张:阳、沽、尚）（邯:任、尧）（承:平、丰、围）（石:晋、建）

城池 指较大的城市。（天:山）

城里 （唐:遵、迁、抚）（石:新、深、束、衡）（天:霸）（张:龙、沙、口）（邯:鸡、大）（保:阜）

县 （老）（唐:昌）

城厢 （邯:鸡）

大地方 （唐:丰、乐）（石:宁）

卫 指天津市。（天:各地）

花花街 多指县城或较小的城。（天:桥）

府里头 如邢台城过去是顺德府。人们说府里头，就是指城里。（邯:台、内）

【进城】

进卫 （承:承）

上卫 （天:静）

下卫 （天:武、霸）（唐:蓟）

上京 指上北京。（唐:大、蓟）（天:天）

【城墙】

城 指一座城的整个城墙，一般是砖砌的城墙。（全省通行）

城厢 （石:元）

城基 （石:无）（唐:蓟）（张:尚）

城基 指城墙的地基。（承:平）（邯:涉、尧）（保:高）（天:大）

城塞 （唐:蓟）

墙子 （天:静）

墙厢 （石:获、元）

塞墙 指围绕村庄的土城。（邯:肥）

城根子 （唐:蓟）

围子 土城墙。（天:桥）

寨墙 井陉一些村庄，过去有土石围子，人们称土石围子叫寨墙。（石:井）

堡子 指护村的土夯高墙，如:一进堡子就见到××家。（张:怀、鹿）

【城河】 护城河。

臭城河 （张:鹿）

城壕 （承:滦、平、兴、围）（石:无、行、深、正、河、泽、束、灵、赞、井、武、赵、枣、栾）（天:黄、孟、东、任、文、山、桥、宁、河、沧、庆、津）（保:定、唐、水、安、兴）（张:张、万、阳、康、宣、龙、沙、怀、蔚、尚、口）（邯:广、郸、魏、柏、磁、宗、威、鹿、沙、任、肥、涉、临、南、成、内、尧、漳）

城壕 指无水的护城的深沟。（承:兴、围）（保:新）（张:沽）（邯:邯）（石:平）

转城水 （邯:涉）

转城河 （保:阜）（邯:内）

围城河 （邯:任）

墙子河 （天:静）

护城沟 （天:桥）

护城壕 （承:青）

护城河 （天:安、天）（邯:内）

墙子河 （天:天）

壕沟 （天:桥）

城沟 （邯:肥）

【乡村】 村庄。

屯铺 （承:隆、滦、平）（石:栾）（保:满）（邯:尧）

屯子 （承:平）

村子 （唐:滦、大、西、乐、抚、昌）（石:深、建）（承:平、围）（天:黄、霸、安）（张:怀、万、尚）（邯:广、鸡）

村 （石:灵）（天:饶）（邯:鸡）

村儿 （邯:广）（石:无）（天:安）（唐:乐、昌）

乡庄 （唐:宝、山、迁、西、遵、三）

乡下庄子 （天:沧）

乡庄子 （天:桥）

庄 （唐:昌）

庄子上 （天:天）

庄村子 （唐:滦）

庄儿 （唐:乐、滦）（天:庆）（承:平、青）

关里 （邯:尧）

营子 （承:平、围、承）

山沟儿 （承:丰）

山沟圪垃 （张:崇）

【乡下】

乡里 （全省大部分地区通行）

乡庄 （唐:昌、蓟）

乡村里 （天:天）

乡里的 （天:河）

沽里 只有在天津七十二沽村里的老人们这样说，不普遍。今王串场工人新村有赵沽里村。有时说“队里”，显然是1958年以后出现的新词了。（天:天）

屯铺里 （邯:尧）

庄上 （张:鹿）

地上 （保:高）

地上的 （张:张）

村子里 （保:唐）

村里 （承:平）（石:无、深、建）

【一村】

一庄 （全省通行）

一庄 “庄”比“村”小。（承:青）（保:满、雄）

一营 比“村庄”大。（保:雄）

【一乡】

一胡拉 （天:饶）

一片 （天:饶）

【一乡一镇】 如:“一乡一镇的别来这一套，谁不认得谁?!”（天:天）

【同住一个地方】

当村十户 （天:天）

一门口子 （天:天）

【河北省、天津市村镇名称】 村镇名称中有不少是古汉语词或其他民族语言的借词。

庄 如:张家庄、王家庄……（全省通行）

营 如:五里营、三屯营……（全省通行）

营 天津市南郊区用“营”作村名的不少，因这里不少地方是清末屯兵之地。（天:天）

营子 如:张家营子、白家营子……（承:丰、承、围）

屯 如:沿沟屯、白官屯……（全省大部分地区通行）

村 如:赵村、潘村……（全省大部分地区通行）

固 如:邵固、潘固……（邯:威）

町儿 如:前花町儿、后花町儿……（邯:威）

台 如:章台。（邯:威）

窝 如:磨窝。（邯:内）

窝铺 如:孟家窝铺、左家窝铺……（承:隆、青、丰、围）

邱 如:西邱、内邱……（邯:内）

塞 如:南塞、郝家塞……（邯:内）（张:蔚）

岭 如:南岭、北岭……(邯:内)

洼 如:落洼……(承:滦)(唐:丰)(天:安、桥、霸)

洼子 如:上洼子、下洼子……(承:滦、围)

沟 山区的村子多叫××沟,如:大于沟……(唐:遵、丰、迁)(承:隆、丰、滦、围)(石:建、赞)(邯:涉)(张:怀、鹿)

甸 如:哑巴甸……(天:桥)(承:隆)(张:鹿)(唐:丰)

甸子 (唐:丰)(承:滦)

岔 如:南岔、北岔……(承:隆、围)

岔口 如:三岔口、四岔口……(承:丰、青、隆)

房 如:两间房、三间房……(承:丰、滦、围)(唐:丰、乐)(天:霸)(张:张、鹿)

屋 如:八屋、三屋……(承:隆、围)

坊 如:枣花坊……(石:获)

坊子 如:杜家坊子……(张:阳)

铺 如:十八里铺、五里铺……(全省通行)

栅 (承:滦)

栅子 (承:丰、围)

峪 如:马家峪、鲁家峪……(唐:遵、丰、昌)(石:建、井、赞)(保:易)

岗 一般是山村,如:云岗……(保:易)(邯:涉)(石:平)(天:霸)

河 靠近河的村子多叫××河,如:梁子河……(唐:遵、丰、昌)(天:霸)

疃 如:贾家疃。(天:河)

町 (张:蔚)

窑 如:理窑。(保:兴)(石:赞)(天:安)

府 如:公主府。(天:固)(承:围)

杖子 如:孙杖子。(承:兴、围)

寺 如:石佛寺、福度寺……(唐:丰、乐)(天:固、桥)

庙 如:娘娘庙……(天:安、霸)(唐:丰)(石:赞)

园 如:岳家园、李园……(唐:丰)(天:桥、静、安、霸)(承:围)

店 如:张家店……(天:河、桥、霸)(保:兴)(邯:永、涉)(唐:丰、乐)(承:围)

店子 如:老店子……(唐:丰)

泌 如:哈八泌。(承:隆)

口 如:关山口、洪山口……(唐:遵、丰)(承:围)(天:天、安、桥)(张:怀、鹿)

里 如:北关里、东门里……(邯:尧)(唐:丰)(天:安)

湾 (唐:丰)(承:围、滦)(天:天、桥)

湾子 如:西大湾子。(天:天)

湾儿 如:当湾儿……(邯:威)

万儿 (天:河)

梁 (承:围、滦)

旗 如:上黄旗、塔黄旗、下伍旗……(天:武)(承:丰、围、滦)

坞 如:丰登坞……(唐:丰)

路 如:下水路……(唐:丰)

川 如:滦河川。(承:隆、围)

亭 如:十里亭……(邯:任)(承:围)

家 如:曹家……(邯:涉)(天:安)(承:围)

头 如:河头……(邯:任)

峧 如:小曲峧……(邯:涉)

寨 如:上寨、北寨……(唐:丰、乐)(石:井、获)(邯:鹿、任)

堡 如:康庄堡、张西堡……(张:蔚、怀、鹿、龙)(邯:永)(唐:丰)

坡 如:西坡……(邯:涉)(唐:丰)

岑儿 如:向阳岑儿……(保:易)

地 如:稻地……(唐:丰)(承:围)(天津南郊)

灶 如:孙家灶。(唐:丰)

门 如:戟门……(唐:丰)

井 如:詹子井。(唐:丰)(承:围)

塘 如:杨塘。(唐:丰)

厂 如:铁厂、白厂……(唐:丰)(天:武)

坎 如:过道坎……(唐:丰)(承:围)

泊 如:于家泊……(唐:丰)(天:霸)

亩 如:七亩。(石:平)

楼 如:小白楼、西南楼、佟楼……(天:天)(石:平)

墓 如:将军墓……(邯:台)

汪 如:东汪、南小汪、北小汪……(邯:台)

廓　如：南大廓、北小廓……（邯：台）

角　如：白鹿角。（邯：内）

桥　如：马驹桥……（唐：乐、丰）（天：桥）

坟　如：魏家坟……（唐：丰）（天：桥）

港　如：大漫港……（唐：乐、丰）（天：安）

集　如：小集……（唐：乐、丰）（天：桥）

户　如：八户……（唐：丰）

洼　如：团泊洼……（天：河、安）（唐：宝、丰）（承：围）

林　如：柳林……（邯：清）（唐：乐）（承：围）

那　如：邱家那、方家那。（邯：清）

滩　（天：河）（唐：乐）

疙瘩　（天：河）

驿　（天：河）

务　（天：河、武、安）

都　过去出过当官人的村子称为“都”，如“尉都”。（保：易）

波罗诺　（承：丰）

廊　如：熊家廊、王家廊……（张：阳）

【胡同】

巷子　（石：元、井、赞、获、高）（张：张、万、康、沽、沙、鹿、怀、蔚、阳、尚、宣、商）

江子　“江”音 jiǎng。（邯：柏、台、沙、任、临、内、尧）

江子　（邯：鸡）

巷道　（石：无、获、建、灵、井）（张：万、龙、尚）（邯：沙、任、临、内、尧）

过道　（石：衡、赵、枣、武、束、无）（天：强、肃、文、大、河、庆、饶、津）（邯：广、乡、郸、鸡、磁、永、肥、周、成、尧、丘）（唐：大、三、乐）（保：博、高、安）

过倒儿　（唐：大）

小过道　（天：献）（邯：邯）

闷头过道　（邯：广）

夹道　（石：行、建）（唐：乐）

夹夹道　（石：灵）

旮旯儿　（邯：涉）

圪廊　（邯：涉）

股道　（邯：涉）

胡同道　（天：津）

胡囹道　（邯：鹿、大）

院儿　（天：黄、孟、山、桥、庆）

一条院　（天：桥）

宽院　（天：桥）

沟　（张：崇）

【路】

路儿　（邯：尧）（石：无）（张：万、尚）

道　（全省通行）

道儿　（唐：滦、遵、大）（石：无、高）（保：保、满、雄、涿、易、阜）（张：阳、崇、口）（天：庆、桥）

街　（保：定）

【公路】

大马路　（天：天）

大道　（唐：丰、乐）（石：河、赵）（承：围）

叠道　（唐：丰）

电道　（唐：丰、蓟）

官道　（邯：内、威、鹿、台、乡、宗）

电车道　（天：武）（唐：大）

马路　（唐：昌）（邯：内、威）

油漆路　（邯：内、威）

油漆马路　（天：桥）

汽车道　（天：桥）

柏油路　（邯：内、威）

【走路】

走道儿　（全省通行）

行路　（石：新）

【大路】

大道　（全省通行）

大道　指公路，也称“官道”。（邯：内、威、鹿、台、乡、宗）

【岔口儿】

岔道口　（天：天）（唐：丰）

岔道儿　（天：安）（唐：乐）

岔道口儿 （唐：乐、昌）

大道口子 村头分道的地方。（唐：迁）

【小路】

小道儿 （全省通行）

抄道儿 “抄道儿”本义为找捷径，捷径一般皆系小道，因而“抄道儿”又有小道的意思。（唐：蓟、大、昌、丰）（石：获）

【种庄稼时专走的路】

养尘路 （邯：广）

闷头路 （邯：广）

养种道 （邯：内）

田间道儿 （唐：昌）

【捷近路】

“捷近路”是名词，但后列的方言词，有的可作动宾词组用。

捷便道 （承：平、丰、承、围）（天：沧）

捷道 （石：正）

捷路 （唐：蓟）（邯：宗、肥、涉）

截小径 （张：商、万、张）

抄近儿道儿 （唐：丰、乐）（承：承）

抄近路 （唐：迁、卢、乐、西、秦、大）（承：兴、隆、青、围）（石：新、无、石、井、栾、赵、元、安）（天：孟、东、静、河、武、永、霸）（保：高、容、阳、新、雄、阜）（邯：台、沙、任、涉、成、内、尧、磁、周）

抄近 （张：赤）（天：献、文）（唐：蓟）

抄近儿 （唐：遵、滦、宝、大）（石：泽）（承：平）（天：天、桥）（保：保、水、兴）

抄道 （承：平、滦、围）（唐：抚、宝、大）（石：行、建、平、衡、灵、获、元）（天：河、饶）（保：博、定）

抄道儿 （唐：三、抚、迁、丰、昌）（承：滦）（石：行、深、平、灵）（天：强、安、霸、任、桥）（保：定、易、安、蠡、涿、唐、博）（邯：清）

抄近道 （唐：山、玉、卢）（承：隆、丰、围）（石：无、晋、束、高、赞、赵）（天：黄、肃、安、大、桥、庆）（保：雄）（邯：磁、周、南）（张：宣）

抄近的道儿 （保：满）（唐：乐）

近便路 （天：宁）（张：口）

近便道儿 （承：承、围）（唐：乐）

近边路 （张：崇、尚）

近道 （邯：内、威）

近路 （邯：内、威）

近道儿 （唐：昌、乐）（承：平、围）（石：枣、宁）（天：山、庆、津）（邯：清）

便宜道 （天：桥）

小道 （唐：滦、昌）（承：平、围）（天：故）（邯：邯）（石：藁、深）

就近道 （天：天）

【码头】

水陆码头 （石：安）

水旱码头 （邯：内）

道口 （保：安）

【渡口】

船口 （保：博）

岸口 （唐：卢）

河口 （石：泽、灵）（邯：广、大、肥、漳）

河道口 （承：滦）

码道口儿 （天：安）

口子 （石：灵）

摆渡 （天：孟）（石：泽）

摆渡口 （唐：滦、宝、山、大、昌、乐）（石：束）（天：安、天、饶、故、束、静、大、武、沧、桥、庆）（邯：清）（保：兴、涿）

泊渡口 （保：雄）

摇渡 （天：桥）

过河 （邯：邯）（唐：遵）

【关卡】

关口 （唐：抚、昌）（石：赵、枣、栾、宁、元）（天：强、故）（保：唐）

关口 大的关卡。（保：完）（承：承）（石：衡）

关口 ①关卡。②喻指难于解决的事的关键。（天：庆、安）

口子 （全省通行）

卡子 （全省通行）

卡子 小的关卡。路途上有阻拦的都可叫卡子。（石：衡）（天：强）

【坟地】

阴宅 蓟县称看坟地的先生为“看阴阳宅的”。（天：安）（唐：昌、蓟）

墓地 （邯：鸡）

坟堑子 多年无人管的老坟地。（天：献）（石：晋）

坟堑子 指整个坟地所占的面积。（唐：乐）

坟茔 （全省大部分地区通行）

坟茔 过去认为可以获福的葬地。（石：宁）

坟茔地 （唐：昌、迁、乐）（天：河）（承：平、隆、承、青、围）

坟咕嘟 （唐：西、乐）

坟地 原埋死人的地，后开垦成种庄稼的地。（唐：卢）（天：天）

坟盘子 （承：平）（唐：乐）

茔地 （唐：丰）（承：滦）（石：晋、枣、灵）（邯：永、肥、内）（张：康）

茔地 过去认为可以获福的葬地。（石：建）

义地 （旧）天津昔日有“善人”出钱买地做公共墓地，称为“义地”。（天：天）

乱葬岗子 （旧）昔日天津穷人死了埋在此地。（天：天）

乱葬岗子 指埋小孩尸体的地方。（唐：乐）

【坟园】

坟庄 （张：尚、万）（邯：永）

坟地 （石：赞）（天：任）（邯：郸、威）（保：安）（唐：昌）

坟场 （天：肃）（邯：周）

坟圈子 （唐：各地）（承：围、隆、滦、平）（石：深、正、高、赵、藁、栾、冀、无）（天：固、安、孟、宁、武、永、山、文、静、阜、霸、沧）（邯：内、南、成）（保：博、定、保、高、雄、易、水、涿）

坟圈子 泛指可以获福的葬地。（石：建）

坟圈子 埋的死人很多，地方很大并且有树。（石：石）

坟茔圈子 （承：滦）

坟堑子 （石：衡）（天：河）（保：定、新）

坟堑 （石：晋）

坟方子 （邯：清、任、台、周）

坟山子 （天：饶）

坟片子 （保：唐、清）

坟地片子 （保：满）

坟咕堆儿 （石：井）

坟咕垴子 （张：口）

坟居连 （石：晋）

坟里 （石：武）

【坟墓】

“坟墓”有的地方无分别，有的地方有分别。下面列出各地有分别的情况。

坟	墓
土丘。	砖砌。（石：藁、灵、无）（邯：柏、大、台、内、尧、广）
埋上人的。	没埋人的。（石：获、正）（唐：丰）（文）（天：庆）（承：平、丰、承） 敬称。（天：山）
泛称。	称名人坟。（保：易）（唐：蓟）（石：晋）
葬在小洞中。	把棺木葬在山洞中，再用砖石把墓封死。（石：井）
包括坟地。	指一个土堆或土坑。（张：阳）
埋人多。	指埋人的那个坑。（张：蔚、张）（邯：邯）
由众墓组成。	（邯：郸、广）
土坟。	停死人的地方。（保：高）
单个的。	坟多。（邯：宗）
用土埋叫坟。	把棺材和尸体不经过葬礼用砖砌起来。（保：雄）

【坟】

坟头 泛指坟。（邯：广）（石：河、石）（保：高）（天：固、霸、天、安）

坟堆 （唐：卢）（张：沽）

坟骨朵 （唐：丰、迁、昌）

坟骨朵儿 （承：承）

坟咕嘟 （承：平）（唐：抚、乐）

坟咕松 （唐:卢）

坟圪堆 （张:崇、尚）

坟骨堆 （邯:鸡、鹿、广、漳）（石:平）（张:鹿）（唐:抚）

坟山 （张:沽）

坟欠 （石:泽）

坟丘儿 （保:完）

坟圪堆子 （张:万）

坟头儿 （唐:乐）

石洞子 以石头垒的坟。（石:平）

墓子 （石:藁）（天:津）（承:围）

囚子 棺材放在地上，四周用砖垒起来的坟。（保:兴）

墓子 棺材放在地上，四周用砖垒起来的坟。（保:兴）

阳坑 埋人时，先向下掘，然后再纵深掘。棺材放在纵深处，先下掘的那个坑，叫“阳坑”。（张:崇）

川套 埋人时，先向下掘，然后再纵深掘。棺材放在纵深处。放棺材的地方叫“川套”。（张:崇）

丘 非正式埋葬的坟。（邯:广、魏）

丘子 用砖砌的寄埋的坟。（承:承、围）（邯:永）

【坟头】

坟尖 （唐:遵、昌）（承:青、平）（石:建）（天:桥、庆）（邯:内）

坟尖儿 （唐:乐）

坟顶 （全省大部分地区通行）

坟顶儿 （唐:乐、昌）

墓顶 （张:怀）

坟头尖 （石:安）

【坟的周围】

坟盘子 （天:静）（唐:昌）（承:平）

全馆 用砖砌的墓穴。“全”音 cuán。（石:深）

椅子圈 大户人家坟头后面的土埝。（石:深）

【无主的乱葬地】

浪头岗子 （唐:遵）

浪死岗子 （唐:大）

浪擦岗子 （天:桥）

烂丧岗子 （承:平）

乱葬岗的 （邯:大）

拉尸岗子 （天:静）

乱死岗子 （承:丰、滦、平）

乱葬岗子 （唐:迁、丰、乐、昌、蓟）（邯:郸）（承:承、围）（天:天、安）

乱才岗子 （唐:乐）

坟圈子 （唐:昌）（承:兴、围）

【坟与坟之间的空地】

坟欠 在别地另有意思。（天:河）

【坟前后用土或砖做的墙】

坟山 （天:固、文、安、永）（邯:大、邯）（保:新、涿、兴）（张:沽）（唐:大）

坟圈子 “圈”音 quàn。（天:安）（唐:丰）

【碑】

石碑 各种碑的通称。（天:天、武）（唐:昌）（邯:内、威、台、乡、宗）

石矗子 “矗”音 chu 上声。（天:静）

石碑码子 小的石碑。（天:安）

石碑截子 （天:东）

墓碑 （石:无、宁、藁、栾）（承:隆、滦、围、青、承、平）（天:故、山、桥、庆）（邯:郸、磁、永、沙、肥、涉、成、内、尧、鸡）（保:定、唐、高）（张:阳、宣、张、尚）

墓石 只写名字的。（天:天）

四　树木、花草、瓜果

【树林】 比森林面积小,成片的树木。

树趟子 (石:行、束)(天:饶)(保:定、望、水、高、清、兴、保)(唐:乐)(承:围)

树林儿 小的树林。(承:滦、丰、兴)(唐:乐)

树林 lè (邯:涉)

树林的 (邯:肥、广、邯、大)(石:井)(天:肃)

树林子 (天:沧)

树隔的 (邯:大)

树隔子 指果木树。(邯:丘)

树格子 (邯:漳)

林子 (石:栾)(邯:沙)(张:鹿)

行子 (石:河)(邯:威)

树行 (唐:迁、抚)(邯:大、沙、肥、周、内、丘、任)(承:丰)

树行 指一行行的树。(唐:乐)

树行子 "行"音 hàng。(唐:乐、遵、丰、大)(承:丰、滦)(石:枣、深)(天:阜、黄、安、故、霸、东、桥、津)(邯:郸、宗、清、尧)

树木林浪 (石:灵)

【树木】 各种树的总称。

树 (全省通行)

树儿 (张:万)

树行 (邯:任)

行林 (天:桥)

树木行林 (天:桥)

树棵子 (天:桥)

【一棵树】

一株树 (全省大部分地区通行)

一根树 (天:山)(张:尚)

一蓁树 (邯:内)

一婆树 (石:藁)

一匹树 "匹"音 bǐ。(石:无、栾)(张:蔚)

一个树 (邯:柏、涉)

一拨树 (张:万、阳、康、宣、崇、鹿)

一拨树 (老)(张:龙)

一笨树 (邯:临)

一桁树 "桁"音 béng。(天:津)

一卜树 一棵树。(石:晋、建)(张:张、商、怀)

一窝树 (石:石)(邯:鸡、内)(张:尚)

【许多树】

一窝树 (张:沙)(天:山)(石:河)

一 cuan 树 (承:丰)

一窝树 指小树苗。(天:桥)

一片树 (邯:内、邯、威)(石:宁、深、束)

一地树 (邯:内、威)

一院树 (邯:内、威)

不少树 (承:围)

老么些个树 (天:沧)

【树苗】

树栽 (唐:大、丰)(张:龙、鹿)(邯:乡、魏、清、任)

树栽儿 (石:束、深)

树栽的 (邯:广、肥、涉、周、磁、大)

树栽子 (天:安、桥、沧)(唐:乐、滦)(承:青、围)

树栽子 粗的树根子。(唐:乐)

树棵子 (天:桥)

树苗子 (承:承、丰、围)

树秧 (全省通行)

树秧儿 (保:保、唐、容)

树秧子 (唐:滦、遵、迁、大、丰、乐)(天:静、安、庆、大、霸)(保:易、水)(张:张、万、阳、康、崇、口)

小树 (邯:郸)

小树儿 (唐:乐)

【树干】 树木的主体部分。

树梃儿 (唐:丰、滦、宝、山、迁、遵、卢、乐、蓟、玉、大、抚)(承:承、兴、平、青、滦、围)(石:正、赞、获、河)(张:尚)

树圪梃 (邯:涉)

树圪梃子 (张:蔚)

树股 (邯:内)

树身 (全省通行)

树身儿 (天:任)(邯:广、南、柏)(保:易、唐、新、蠡、涿)(石:深、束)

树身子 (石:正、束、衡、元、深)(天:黄、故、东、静、大、山、桥、津、河、霸、沧、天)(邯:柏、威、清、周、漳)(保:安、阜)(唐:乐)

树身的 (邯:大、肥、广)

树胳了 指一段树身。“了”音lè。(唐:乐)

树桯儿 (唐:大)

【树枝】 树的枝杈。

枝儿 (邯:邯)

枝子 (全省大部分地区通行)

枝子 柴禾用名。如:一车枝子。(承:承、青)(唐:迁)(保:新)

枝的 (邯:邯)

树枝儿 (全省通行)

树枝子 砍下来的树枝。(唐:丰、迁、滦、蓟、乐、抚)(承:围)(天:安)

树枝子 ①树枝。②形容树枝多或乱。(石:河、栾、束)

树枝枝 (张:万、康、宣)

树股 粗树枝。(邯:南)

树股子 (邯:周)

树骨枝 (邯:临)

树股的 大的树枝。(邯:大)

树桄 大而粗的树枝。(保:易)

树桄子 大树枝。(石:枣)(保:水、安)(天:桥)(唐:滦)

树框子 大树枝。(天:大、霸)

树梢子 (唐:迁)

树柷 大树杈。(保:安)

树干巴 死而干的树枝。(唐:乐)

【树的大枝杈】 同上一条互相参看。

树桄子 (天:安)(保:兴)

树桄 (保:满)(石:藁)

树桄儿 (石:灵、栾)

树框 (天:献)

树梗 (邯:邯、磁)

【树杈】 由树干长出树枝的地方。

枝 (全省大部分地区通行)

枝儿 (天:文)(邯:邯)(唐:乐)

枝的 (石:井)

杈儿 (保:定、望、清、蠡)(唐:丰、滦、遵、乐、宝、三、昌)(承:平)(石:灵、泽、行、栾、藁、安)(天:故、桥、安、庆)(邯:乡、邯、郸、鸡、鹿、沙、涉、内、尧)

树杈的 (邯:广)

树杈扒 (保:安)

树柯杈 (石:灵、获、平、枣、建)(邯:大、肥)(天:桥)

树格杈 (石:获)(邯:肥)(张:鹿)

树格杈子 (张:万、阳、宣、商)

树圪杈　（张:蔚）

树可八杈　（天:强、桥）

树 kǎr　（天:安、桥）

树卡八　（天:津、沧）（唐:乐）

树 ke bar　（石:宁）

树股　粗树杈。（天:庆）

树股的　（邯:漳）

树股子　如:“把树股子砍下来。”（邯:台、宗、内、乡）

拉八杈　锯下的树杈。（天:强）

老挂杈　（邯:任）

树杈子　（保:涿）（石:无）（唐:丰、遵）（张:崇、口）

树杈子　大的树杈。（承:滦、围、丰、兴）（唐:大）

【树梢】　树枝的顶端。

树头　（邯:乡、郸、任）（张:赤、万、口）（石:冀）

树顶　（唐:卢、秦、三）（承:兴、丰、平）（石:灵、获、高、赞、石、无、宁、栾、赵、元、安）（天:故、桥、沧、庆）（邯:乡、郸、魏、鸡、柏、磁、永、鹿、沙、任、漳、临、周、内、尧、邯）（张:崇、尚）

树顶　除主干外部分。（保:清）

树顶儿　（邯:内）

树枝儿　（唐:乐）

树冠　（邯:内）

树尖　（唐:遵、乐）（承:丰、平）（石:晋、灵、无、平、深、正、宁、枣、藁）（天:饶、故、文、桥、河）（邯:大、鹿、威、肥、南、涉、乡、漳、宗、尧）（保:望、安、雄）

树尖儿　（天:山）（邯:广）（保:兴、涿）（唐:秦）（石:深、束）

树帽　（天:永）（石:灵、正）（保:博、兴）

树帽儿　（保:定）（天:饶、安、霸）（唐:乐）

树帽子　（天:静）

树梢儿　（张:阳）（保:保）（天:山、天）（唐:迁、蓟、乐）（承:丰）（石:枣、深）

树梢子　（承:青、滦、丰）（张:张）（天:安）

树梢梢　（张:崇）

树脑袋　（唐:丰、滦）（承:滦）（天:桥）

【树根】

根　（石:灵）

树根儿　（石:深）（承:承）（唐:迁、遵）（天:山、安）（保:易）（张:宣）

树根子　（唐:丰、遵、抚、迁）（张:阳、崇）（石:深、束）（天:桥）

树本　（天:宁）（邯:内）（承:围）（张:尚）

树心儿　树根下边的小根。（唐:昌）

【树叶】

叶子　（邯:鹿）（唐:丰）

树叶子　（邯:清、丘）（张:张、万、阳、康、怀、口）（天:静、山、桥、津、河、庆、沧）（唐:遵、乐、抚）（石:灵、深、束）（承:围）

树叶的　（邯:邯）

树叶叶　（张:崇）

树叶儿　（邯:内）（唐:乐）

【树皮】

树皮子　（天:桥）

表皮　（石:深）

【树榾柮】　树干或粗枝截成的木段。

树谷离子　（张:万）

轱轳　（天:山）

轱轳儿　（天:东、河、强）

轱轳儿　小树截断。（邯:漳）

树轱轳　大树截断。（邯:漳）

树轱轳儿　（邯:大、漳）（保:易）（天:肃）

树轱轳子　（张:阳）（保:安）

木头轱轳　（承:承、围）（天:东、安、永）（邯:内）

木头轱轳儿　（全省通行）

木头轱轳的　（邯:邯）

木轱轳儿　（张:蔚）

木头轱裂子　（邯:内）

树轱裂儿　（邯:内）

树轱裂子　（邯:丘）

古董儿 （唐:昌）（石:井、栾）（天:沧）（邯:郸、鸡、清、周、尧）（张:宣、尚、口）

树董 （张:沙）

树古董儿 （石:晋）（天:霸）

树墩 （张:龙）

树墩 横截树干,最底之一小段连根子叫树墩儿。（石:深、束）

树墩子 （天:献、天）（唐:乐）

树墩子 横截树身,最底之一段,连根叫树墩子。（石:束、深）（承:隆、青）（天:安）

树揢柮 指长着的树砍去或风刮掉树脑袋的树干。（石:藁）（唐:迁）

树圪董 （张:商）

树疙瘩儿 （唐:抚）

树 gelē̄r （唐:遵、丰）

木头戈 leng 去皮的树干锯成段。（唐:抚）

树大根 （石:建）

木头墩 （承:围）

木头墩儿 （保:保）

木墩子 亦称"木墩儿"。（天:天）

木头骨墩 （邯:涉）

木头胳了 "了"音 lè。（唐:乐）

木头格兰子 （唐:卢）

木头轱裂儿 （邯:临）

木头疙瘩 （唐:迁）

木头隔勒儿 （承:青、滦、围、平）

榾桩儿 锯树后留下的树干下半截。（天:强）

木头 （石:赞）

树截 七尺五寸为一截。（唐:大）

一块圆木 指去皮的短木。（天:天）

一根圆木 指去皮的稍长一点的短木。（天:天）

【木头】

木石 （石:平）（邯:任、内）

木石 能盖房用的梁檩。（邯:魏）

木石 盖房用的木料和石料。（邯:涉）

木头墩子 （天:故）

木料 （邯:内）（天:天）

【植树】 将苗圃中树苗移植到植树的地方。

植树 清明前后。（唐:秦）

拢树 （张:万）

种树 （天:天、黄、安、沧、桥）（石:深）（邯:内）

栽树 （石:深、行）（唐:滦、丰、乐、大）（承:围）（天:桥、安）（邯:内）

栽树秧子 （唐:乐）

【放树】 把树砍倒或锯倒。

伐树 （石:建、新、行）（保:安、易、兴）（天:安、霸、天、山、武、大、文、任、静）（邯:丘、任、威、鸡、尧）（承:承、隆、平）（唐:乐）

卸树儿 （张:万）

卸树 （张:鹿、商、宣、赤、尚、崇、万、阳、沽、张、龙）

除树 把树连根刨出。（邯:涉）（唐:乐）（保:兴、水）

挖树 （邯:永）

打树 （张:蔚）（保:阜）

抖倒树 （天:桥）

砍树 （唐:乐、遵）（天:静、东）（张:口、蔚、万）（承:围）（石:深）

锯树 （保:新、清、满、涿）（天:献）（张:鹿、崇、赤）（邯:内）（石:灵）（唐:乐）

拉树 "拉"读阳平。（承:围）

刨树 （石:束、枣、晋、冀、安、无、武、赵、行、河、灵）（保:完、阳、清、定、博、涿、新）（唐:抚）（天:庆、河、津、桥、山、献、东、固、安、黄）（邯:丘、尧、内、成、周、漳、肥、任、清、永、磁、大、魏、广、台）

刨倒 （石:藁）（邯:柏、乡）

锯倒 （邯:临）

撂倒 （保:望）

跌树 （张:张）

【花草】 花和草的统称。

花儿 （保:易）（张:商）（天:山）（唐:乐）

花儿草儿 （张:万）

花花草草 （天:天）

【采一朵花儿】

掐一朵花 （天:文、安、霸、庆、桥、天）（唐:遵、丰、大）（保:定、唐、水、新、兴、涿、满）（石:建、高、宁、深）（承:兴、青、围、承）

掐朵花儿 （天:天）

捏一朵花 （承:滦）

摘一朵花 （邯:丘）

摘一朵花儿 （天:庆、津、饶）（张:商、张、沙）（邯:成、邯）（保:容）

撅一朵花儿 （石:宁）

折一朵花 （承:滦）（天:津）

拔一朵花儿 （张:沽）

揪一朵花儿 （天:饶）（唐:秦、乐）（承:青）

耒一朵花 （张:沙）

薅一朵花儿 （邯:内）

拽一朵花儿 （邯:内）

撅一枝花枝儿 （唐:乐）

【一朵花】

一个花 （邯:肥）

一个花儿 （张:阳）（邯:柏）

一枝花儿 （唐:丰）（张:万）（天:桥、安）

一枝花 （张:鹿）

一朵花儿 （邯:内、威）

【一棵花儿】

一棵花 （承:围）

一个花 （石:无）

一个花儿 （邯:柏）

一拨花儿 （张:鹿）（石:泽）

一笨花 （邯:涉）

一 bè 花 （张:龙）

一根花儿 （张:商）

一扒花儿 （张:万、阳）

一卜花儿 （石:建）（张:张、怀）

一座花儿 （唐:乐）

一株花 （邯:肥）

一撮花 一棵好几个枝儿的。（唐:乐）

【花骨朵】 没开放的花。

骨朵 （张:龙）

骨朵朵 （张:万、龙）

花朵 （邯:周、成）（承:隆）

花骨丢 （天:桥）

花骨突 （邯:大、宗）（保:阳）

花骨朵 “朵”音 den。（唐:玉）

花骨朵 “朵”音 duǒ。（石:深）（天:天）

花骨朵朵 （张:万）

花骨朵子 （张:口）

花骨都 （唐:乐、迁）（石:建、石、灵）（天:黄、庆、桥）（邯:郸、肥、涉、尧、漳）（承:平、隆、青）

花骨头 （石:高、无、正、枣）（天:强、饶、东、桥、献、任、大、津、河）（保:安）

花骨头儿 （石:正）（天:任、强）（保:保）

花骨都儿 （邯:内）

花骨柮 （保:阜）

【花瓣儿】

花瓣瓣 （张:万）

花儿瓣子 （张:阳）

花片 （邯:肥）

【花蕊】 俗名“花心”，植物生殖器官的一部分，分雄蕊和雌蕊两种。

花蕊儿 （唐:三）（承:承）

花须儿 （天:献）

花心儿 （石:深、束）（唐:丰）（邯:宗、乡、威）（天:桥、安）（承:围）

花心心 （张:崇）

花管心儿 （张:万）

【栽花儿】

淤花儿 （唐:迁、丰）（承:承、隆、围）（张:赤）

除花儿 （保:兴）

栽花儿 ①种花儿。②小孩种牛痘。（承:承）（唐:蓟）（天:桥）

移花儿 育好的苗再栽花。（唐:丰）（承:承）

种花 ①指撒种子种花。②指小孩种牛痘。（天:天）

【喜爱修理花】

摆活花儿 （天:安、静）

摆植花儿 （邯:内）

摆弄花儿 （石:深）（邯:内）（唐:乐）（天:天）

侍弄花儿 （唐:滦）

爱摆 gu 花儿 （天:桥）

收搭花 （唐:乐）

【浇花儿】

喷花 （天:桥）

泚花 （天:桥）（唐:乐）

浇浇花儿 （天:天）

【铲草】

除草 （邯:柏）（保:定）（张:沙）（石:枣、武）（唐:乐）

敛草 （张:鹿）（天:桥）

铲草根儿 （唐:遵）

铲草桄子 （唐:迁）

铲草芽子 （天:沧）

kā 吃草 （唐:丰、三、乐）

扒草 （天:桥）

推草 （邯:内）

抢草 （邯:内）

【锄草】 本条同“农事”类“锄草”条重复，请参看。

耪草 （天:霸、东、桥）（保:唐）（唐:乐、抚、丰、大）（承:滦、围）

漫漫草 （天:安）

刮草 （邯:内）

锈草 （邯:内）

镘草 （邯:内）

【薅草】 拔去田地里的草，本条同“农事”类“薅草”条重复，请参看。

薅苗儿 （承:平、青、滦）（唐:蓟）

薅苗子 （张:蔚）

薅地 （张:蔚）（承:围、滦）（唐:蓟）

吹草 （石:无）（天:桥）

挽草 （张:万、康）

打草 （天:桥）

拔草 （天:桥）（邯:内）

拽草 （邯:内）

【割草】

砍草 （石:无、束、深）（天:桥）

打草 （石:无）（天:天、任、安、庆、霸）

sàn 草 （天:沧）

【果树】 果实主要供食用的树木，如桃树、杏树等，统称果树。

果木 （天:津）

果树木 （全省大部分地区通行）

果子树 （张:蔚、阳、万）（邯:尧、清）

果木树 （邯:内、宗）（天:霸、安、桥）（承:青）

果木行 果木林。（邯:乡）

果木林子 （天:天）

【水果】 瓜果桃梨等水浆多的果，以别于干果。

鲜货 （唐:滦、遵、宝、山、秦、抚、大、丰、乐）（天:静、桥、安、天、河、永、霸）（保:清、新、雄）

鲜果 （全省通行）

鲜果儿 （唐:三）

果木 “木”音 mai。（唐:迁）（承:丰）

果木 （唐:丰）（承:平、青、围）（天:黄、庆）（张:蔚）（石:深）（邯:涉）

果木儿 （石:深）

果子 （全省通行）

果子 指沙果。（石:建）（天:庆）

山货 （唐:滦）

水货 （承:丰）（张:康）

瓜果　（邯:大、台）

鲜桃果木　（天:东、桥）

鲜桃果木的　（天:桥）

鲜桃果木儿　（保:水）

鲜桃鲜果儿　（保:水）

闻香果　（承:滦）

葫芦槟　（张:怀、鹿）

瓜果梨桃　泛指鲜货。（天:天、武）

【干果】　指榛子、瓜子、核桃、栗子等没水浆的果木。

干果子　（唐:三）

干货　（天:天、静、桥）（唐:宝）

干鲜　（天:宁）（唐:丰）

果干　（张:龙）（唐:遵、蓟）

山货　（保:兴）（唐:乐）

干果　用水果制成的果脯。（唐:玉）

【松树】

黑松　（承:滦）

【松子】　松树的种子，有硬壳，炒后可吃，有清香味。另有一种松树结子甚小，只有米粒大，不能吃。

松子儿　（石:深、枣）（保:保）（天:肃、天）（承:承、青）（张:万、阳、口、蔚）（邯:广、威）（唐:滦、抚）

松子仁儿　（唐:三）（承:承）（石:宁、栾、藁、安）（天:桥、安）（邯:魏、鸡、内）（张:宣、鹿）（保:望）

松仁儿　（全省大部分地区通行）

松树子　（保:阜）（石:泽）（天:献）（邯:肥）（承:围）

松树子儿　（唐:遵、乐、玉）（石:行、栾、灵）（天:固）（保:定、容）

松树壳　（邯:周）

松落　（邯:清）

松落子　（天:故）

松花落　（天:沧）

松塔拉子　（石:新）

松拍子　（天:山）

松碗　（天:大）

【松球】　松树的果穗，多为卵圆形，由许多木质的鳞片组成，里面有松子，可做油料。

松树塔　（张:赤）（天:肃）

松塔　（承:青）（石:泽）（保:蠡）

松塔儿　（唐:丰、遵、蓟、三、大）（石:泽）（承:兴、丰、围、滦）（天:安）（保:定、蠡）（张:蔚、宣、鹿）

松塔拉　（石:行、正）（保:阜）

松特拉　（石:获）

松特特　（张:阳）

松提拉　（石:建）

松树碗　（保:新）

松树碗儿　（保:新、容）

松树疙瘩　（承:青）（唐:山）

松疙瘩　（唐:丰）

松壳　（邯:漳）

松敖　（天:津）

松不楞　（唐:滦）

松不冷儿　（唐:迁）

松坡棱儿　（唐:昌、卢）

松骨朵　（唐:迁）

松古嘟　（唐:卢、乐）

松可的　（邯:大）

松玻 lè　（唐:滦）

松贝儿贝儿　（唐:昌、抚）

【松针】　松树的针状叶。

松叶　（邯:漳）（保:新）（张:龙）

松树叶　（石:获）（张:宣）（承:围）

松树疙针　（张:万）

松树毛子　（张:蔚）

松树桡儿　（唐:山、丰）

松桡儿　（唐:迁、滦）

松桡高儿　已脱落之松针。（唐:抚）

松他拉　（石:灵）

松尖　（天:孟）

松脑儿子 指整个松树枝。(唐:昌)

【松香】 松脂蒸馏后剩下的物质,是透明的固体,质硬而脆,淡黄色或棕色,不溶于水,是工业原料。

松树油 (保:安)(承:围)

【马尾松】 常绿乔木,针叶细长柔软,淡绿色,雄花黄色,雌花紫色,果实长卵形,暗褐色,木材富有油脂,用途很广。

黄松 (保:雄)

油松 (石:河、新)

黄花松 (天:天)

马尾棕 (天:庆)

大板片松 (张:万)

罗沃松 (石:束)

棕树 (石:灵)

【柏树】 常绿乔木,叶子像鳞片,果实为球果,木质坚硬,纹理致密,可作建筑材料,也可用来造防风林。

柏零树 (石:新、灵)

柏枝儿树 (张:万)

松树 当地无松,称柏为松。(石:枣)(天:山、庆)

刺松 (天:静)

【柏树叶】

松柏零子 (天:庆)

【柏树的果实】

柏零碗儿 (石:束、深)

柏颗 (邯:宗、乡、威)

【柏树枝】

柏零枝儿 (石:深、束)

【柏木】

黄柏 (承:承、滦)

【椿树】 一般为香椿和臭椿之总称。

樗树 "樗"音 chū。(石:获)

qu 树 (石:深)

臭椿 小椿树。(唐:遵)

椿树 专指臭椿。(石:深、束)(天:安)

籽椿 (邯:内)

花子椿 (邯:内)

【臭椿树】

椿树 (全省通行)

臭木缸 (保:水)

臭树 (唐:滦)(保:高、清、兴)

臭木拐 (唐:西)

臭椿拐子 (唐:遵)

臭虫树 (唐:三、乐)

臭筒筒树 (张:万)

樗树 (石:建)

椆树 (保:唐)

椐树 "椐"音 qù。(石:晋、束)(保:博)

qu 木 臭椿木料。(石:深)

出出树 (天:庆)

瓜打板 (天:津)

啤籽春 指结籽之椿树。(邯:鸡)

【香椿树】

香椿柳 (邯:周)

菜木 (保:雄)

菜椿 是一种不结籽的椿树,不香也不臭,平时没人吃,过去闹荒年时才吃。(邯:丘、鹿、台)(保:蠡、新)

香椿树 (石:深)(唐:乐、滦、蓟)(天:武、桥)

【香椿】 香椿树的嫩叶。

香椿叶 (石:石)(天:故)(保:清)(邯:清)

香椿叶子 (保:清)

香椿芽 比香椿叶更嫩的。(唐:丰、乐、宝、滦)(天:故)(石:灵、枣)(邯:威、乡、清、丘)

香椿树芽 (唐:丰、乐)

菜椿 比香椿味儿小,能吃。(唐:丰)(邯:邯)

【楸树】 落叶乔木,叶子三角状卵形或长椭圆形,花冠白色,有紫色斑点,木材供建筑用或做棺材,叶子可喂猪。

楸子　(唐:丰)

楸子树　(唐:卢、抚)(石:新)(保:定)(天:桥)

【楸木】

楸子　(唐:丰)

【榆树】

榆钱钱树　(张:万)

榆钱树　(石:新)(唐:山)

榆钱儿树　(唐:乐)

榆叶树　(邯:内、威)

【榆木】

榆木头　(邯:肥)

榆材　(石:泽)

榆钱钱木　(张:万)

【榆钱儿】　榆树的果实,因形似小铜钱而得名。

榆钱籽儿　(唐:昌)

榆钱钱　(张:万)

榆圈儿　(天:庆、沧、桥)

榆全　(天:桥)

榆树籽　(唐:抚)

榆叶　(邯:魏、鸡)

榆钱儿　(石:深)

【椴树】　落叶乔木,花黄色或白色,有香气,果实球形或卵圆形,木材用途很广,树皮中纤维很多,可以用来制造绳索。

椴杨　(石:正)

椴麻穰　(承:隆)

椴木浪　(张:蔚)

小叶椴　椴树中叶小的。(承:滦)

【椴木】

椴木木　(张:龙)

【枣核儿】

枣儿核子　(张:蔚)

枣虎子　(张:沽)

枣儿忽子　(张:万、阳)

枣儿骨子　(张:张、万)

枣芦　(邯:内)

枣仁儿　(邯:乡)

枣仁儿　剥去硬壳的。(承:承、围、滦、隆)(唐:乐)

枣核(hú)儿　(石:深)(天:安)

【酸枣儿树】　野生灌木,比枣树小,结的果实小而味酸。

酸枣树　(邯:内)(天:桥)(唐:蓟、乐)

酸枣枣树　(张:万)

酸枣棵　(保:兴)

酸枣儿棵子　(唐:滦、迁、抚、蓟、大)(天:安)

酸枣卜子　(保:易)

灵枣树　(邯:周)

山枣秧　较小的酸枣树或较少的酸枣树。(承:滦)

山枣　(张:赤)

蒺树棵子　(唐:乐)

格针菠子　(邯:内)

格针　(邯:内)

【酸枣儿】

酸枣枣　(张:万)

山枣儿　(承:滦、围、平、承)

【黑枣儿】　个小,呈椭圆形。色黑,未熟时味涩,熟后发软。树形似柿树,但叶较小。

黑枣枣　(张:万)

黑陶文枣　(邯:大)

乱枣　(邯:郸)

软枣　(邯:肥、涉、漳)

软枣儿　(承:承)(邯:邯)

烟枣　(天:大)

烟枣儿　(天:静、桥)

圆枣　(邯:广、丘)(石:枣)

圆枣儿　(天:强、桥)

熏枣儿　(邯:永、周)

黑枣儿 有时比喻枪子儿。(唐:迁)(天:天、安)

【熏枣】 指用烟熏的一种大红枣,有异香。(天:天)

【枣树上的刺】

割针 (唐:昌)(张:沙)(邯:台、宗)

枝针 (唐:大)

棘针 (唐:乐)

zhǐgen 歌谣:小媳妇扎 zhǐgen,zhǐgen 掉,嫁老道。(唐:蓟)

枣趾筋 (天:安)

【桑树】

椹子树 (天:东、故)

桑耳树 (小)(张:鹿)

桑儿树 (张:万)

桑杏树 (张:万)

桑叶树 (邯:内、威)

桑椹儿树 (邯:内、威)(唐:乐)

桑棵 (天:故)

真桑 (天:故)

苍儿树 (唐:丰)

【桑椹儿】 桑树的果实成熟时,黑紫色或白色,味甜,可食,每粒由无数小米大的圆粒组成。

椹子 (石:新、冀、建、赞、平、深、灵、衡、宁、枣、武、元、束、行)(天:黄、饶、东、桥、献、山、沧、庆、津)(邯:鹿、台、任、肥、南)(保:定、唐、清、阜)(张:蔚)

椹的 (邯:广、周、丘)

桑椹的 (邯:鸡)

桑椹子 (石:深)

桑引 (邯:涉)

印子 (天:饶)

桑印子 (天:静、大、河)

桑儿 (张:张、鹿)

桑的 (邯:漳)

桑耳 (小)(张:鹿)

桑子 (承:青)

桑杏儿 (石:井)

桑粒儿 (唐:滦、遵)(天:河)(保:易)

苍儿 (唐:丰)

黑椹儿 (石:获)

【杨树】

白浪树 (天:故)

【白杨树】 俗名大叶杨,叶圆阔大,有钝锯齿,面青背白,紫花,刮风时发出沙沙响声。

大叶儿杨 (唐:宝、丰、大)(天:固、强、沧、肃、安、献、霸、饶)(石:晋、深、新、正、束)(保:容、新、兴、完、涿)(张:蔚)

大叶杨树 (邯:鸡)

大吉杨 (保:涿)(天:安)

大杨树 (石:行、建、宁)(保:定、阜)

大青杨 (保:兴)

大白杨 (石:灵)

钻天杨 (石:深)(保:涿)(承:青)(唐:乐)

大杨 (邯:鹿)(石:宁)

白浪树 (天:故)

呱拉叶 (保:兴)

响杨(树) (唐:丰、滦、西、抚、乐)

抢枝杨 (天:强)

青杨的 (邯:肥)

加拿大白杨 (石:泽)

红杨 (石:正)

青杨 (石:正)

阿杨 在河边生长的,很高,叶可吃。(承:滦)

青二柳 (唐:乐)

青叶儿树 (唐:乐)

鬼拍手 (邯:内)

【小叶儿杨】 落叶乔木,叶子倒卵形或椭圆形,春季开花,穗状花序,蒴果卵圆形,木材质地软,供制火柴、造纸、建筑等用。

二杨 叶小,又叫青杨。(邯:鹿)

小白杨　(石:灵)(邯:威)

黑杨树　(唐:迁)

小叶杨树　(石:新、束)(邯:鸡)

小杨树　(保:阜)(石:灵)

山杨　长在山上,喜阴,长不高,味苦,叶不可吃。(承:滦)

青杨树　(天:津)

【杨花】　杨树的花,不包括柳絮。

杨胡子　(邯:鸡)

杨叶絮　杨树上长的穗儿。(保:阳)

杨狗的　(邯:邯)

杨树狗子　(天:沧)

杨树狗　(承:围)

杨蛆儿　(邯:内)

杨鼻涕　(唐:乐)

杨鼻儿　(石:深)

杨絮絮　(石:平)

杨杨絮　单指杨树上的。(石:建)

毛虫　(天:桥)

【垂杨】　即垂柳或垂杨柳。

垂杨柳　(唐:丰、抚、玉、迁)(石:藁、深、束)(天:固、大、安、河、天、桥)(邯:任、涉)(保:保、清、安、雄、蠡)(张:张)

耷拉树　(唐:宝、遵)(保:涿、保、新)(承:青)(天:霸)

耷拉柳　(邯:内)(唐:大)

拉耷柳　(保:兴)

铁丝柳　(承:青)

倒扎柳　(石:栾)

倒吊柳　(石:行)(保:定)

倒栽柳　(唐:滦、山、抚、卢、秦、迁、乐)(石:深、获、灵、栾、正、建、新)(天:静、山、沧)(邯:台、肥、涉、周、邯)(保:清)

倒垂柳　(石:深、束、行)(唐:滦)(承:围)

垂柳树　(邯:内)

垂柳　(承:隆)

倒吊树　(保:定)

王八柳　河滩里长的柳树棵子,不能长成大树。(唐:迁、乐)

【龙须柳】　枝条是曲折的,树干不能成材,这种树只能供欣赏。

弯弯柳　(承:青)(唐:乐)

【杨柳】　即柳树。

梁柳　(张:沙)(邯:内)(石:获)

柳树　(唐:大)

【柳枝儿】

柳枝子　(张:康)

柳枝的　(邯:肥)

柳枝枝　(张:万)

柳条　(张:阳、宣)(邯:丘)(石:深)(天:桥)

柳树条　(唐:宝、蓟)

柳树条儿　(唐:乐)

柳树枝儿　(唐:乐)(天:安)

柳树枝子　(天:沧)(唐:乐)(承:围)

【柳絮】　柳树种子上带有白色绒毛,随风飞散,形如絮。

柳絮的　(邯:肥、周)

柳毛　(张:沙、龙)(邯:丘)

柳毛子　(承:丰)

柳毛儿　(全省通行)

柳毛的　(邯:邯、漳)

柳树毛子　(唐:宝、大)(承:滦、围、承)

柳绒子　(石:衡、枣)(天:强、献、大、桥、津、河、故)(邯:清、南)

柳树绒儿　(天:安、霸)

柳树绒绒儿　(唐:遵、丰)(天:安、霸)

柳树狗　(承:围、平、承)

柳苏　(天:饶)

柳花　(唐:滦、迁、西)(天:庆)

柳树花　(唐:卢、秦、抚)(石:河)

柳额儿　(唐:滦)

柳风儿 （保:易）

柳树子儿 （唐:丰）

柳树猴子 （天:静）

柳棉花 （保:唐）

柳缨儿 （石:平）

杨绒子 （天:文）

杨花 （石:新）（邯:任）（承:青）

柳毛虫 （张:阳）

扬花 （全省大部分地区通行）

【柳条儿】 柳树的枝条，可以编筐、篮子等。

柳条条 （张:万）

柳条子 （天:安、桥）（承:围）

柳条的 （邯:肥）

柳子 仅供编制筐、簸箕等工具用。（石:灵）（天:献、霸）

簸箩柳 （天:沧）

【柽柳】 七至九月开花，淡红色，结蒴果，能耐碱抗旱，适于造防沙林，也叫三春柳或红柳。

红缨子 （保:蠡）

三春柳 （唐:迁）（承:平）（石:赞、正、井）（天:静、安、霸、沧）（邯:邯、郸、魏、磁、台、成、漳）（保:易、水、涿）（张:沽）

三川柳 （石:获、行）（保:唐）（张:宣、蔚、万）

三川柳儿 （张:宣）

蹿蹿柳 “蹿”音 cuān。（保:兴）（唐:乐）

四季柳 （唐:丰）

赤杨 （承:平）（石:宁）（邯:鸡、磁）（张:尚）

荆棵 （石:束、深）

观音柳 （全省大部分地区通行）

山柽柳 “柽”音 zhōng。（石:建）

柽子 （天:文）

赤柽 （邯:磁）

红荆 （邯:清）（石:泽、武）（天:桥）

酸柳子 （邯:周）

酸子柳 （天:安）

三杈柳 （天:固）

三寸柳 柽柳。（张:万）

簸箕柳 条长，可编簸箕、笸箩等物。（承:滦）

蒜串柳 （保:阜）

宣传柳 （石:灵）

耷拉柳 （邯:威）

水曲柳 柽柳。（承:围）

西河柳 （张:尚）

【楝树】 高二三丈，叶小羽状，长卵形或针形，有锯齿。春末开淡紫色小花。

楝的树 （邯:邯）

楝子树 （石:获）（邯:广、乡、邯、郸、大、清、肥、周、丘、宗）

黄楝子树 （石:建）

苦楝树 （天:献）

苦楝子 （邯:威）

【楝子儿】 楝树的果实，形如小铃，椭圆，呈暗褐色。

楝子蛋儿 （邯:广）

连子弹的 （邯:魏）

黄楝子 （石:建）

串楝子 （唐:丰）

【洋槐】 树身高大，长得比本地槐快，花也大，气味芬芳，以别于中国槐。（天:天、安）

【槐树】 落叶乔木，羽状复叶，花淡黄色，果圆筒形，木材可作建筑材料等，花和果实可以制黄色染料，根皮和花、果实等都是中药，树干枝无刺，寿命很长，区别于洋槐。

豆槐 （邯:内）

白槐 （邯:内）

黑槐 （邯:内）

木槐树 （石:平）

笨槐 （石:新）（唐:滦、乐）

本地槐 （承:承）（唐:蓟、乐）（天:安）

中国槐 （保:兴）

龙河槐 （承:滦）

【槐花】 可做染料。

槐树花 （张：沙）（唐：滦）（承：兴、青、承、围）

槐树花儿 （唐：迁、乐）（石：栾）（保：清、新、容）（张：鹿）（天：天、安）

槐树花子 （唐：遵）

槐子花儿 （天：静）（唐：丰）

槐子 未开的花骨朵。（邯：丘）

【槐角】 指槐树果实，长荚，状如连珠，内有黑子，有黏性，可入药，治便秘。

槐连豆 （石：束、深）（天：强、津、桥）

槐连角儿 （石：束）

槐树角儿 （承：滦）

槐树角子 （天：安）

槐豆 （邯：威、内）

槐粮豆儿 （邯：威、内）

槐连豆儿 （邯：威、内）

槐骨头 （唐：乐）

槐铃铛 （天：霸）

【槐豆】 槐树果实荚中的种子，可入中药，治便秘，止风止血等。

槐角豆 （天：天）

槐树子 （天：津）

槐树子儿 （天：沧）

【荆条】 荆的枝条，性柔韧，可以编制筐篮、篱笆等。

荆条 柽柳的条子。（天：静、安）

荆条 砍下来的红荆条，生长的叫红荆。（天：河）

红荆 （天：强、故、献、桥、津）（石：武、深、束）

红荆条 （石：冀、衡、深、束）（天：东、霸）（邯：清）

红娘条 （天：东）

紫荆条 （天：霸）

红荆子 （天：大、强）（保：安）

荆棵 （唐：抚）（石：深、束）

荆子 （石：行、灵）（保：兴）

荆子 指的是树。（石：行）

白凉条 （邯：邯）

山条子 （保：兴）

荆枝条 （石：行）

白荆 （天：献）

白荆条 （天：津）

荆树 指荆树棵子，在旧树根上长出的，只长几个月，割下来垫在猪圈里做肥料。（唐：蓟）

【紫荆】 落叶灌木或小乔木，叶子略呈圆形，表面有光泽，花紫红色，荚果扁平，可供观赏，木材和树皮可入药。

探春花 （石：束、深）

红荆 （石：冀、枣、正、晋）（邯：任、威、乡）（保：博）

荆子 （保：易）

紫荆寨 （天：桥）

紫荆槐 （石：无）

紫穗槐 （唐：滦、乐、大）（邯：宗、乡、威）（天：安）

【牡荆】 灌木，高四五尺，叶掌状，对生小叶有锯齿，七八月开花，花小，青色或紫色，圆锥花序，供观赏。

木槿 （石：束、深）（邯：南）

红荆条 （天：阜）

白荆条 （天：阜）

黑荆 （石：正）

红荆 （石：衡）（天：阜）

【杉树】 常绿乔木，树冠的形状像塔，叶子长披针形，花单性，果实球形，木材白色质轻，有香味，供建筑和制器具用。

刺松 （承：兴）

杆松 “杆”音 qian。（承：围）

杆葫芦松 （张：蔚）

冷杉 （张：蔚）

【杉篙】 云杉一类树制成的细而长的杆子，通常用来搭脚手架或撑船。

沙杆 （保：兴）（石：藁）（邯：任、魏、鹿）（张：鹿）

沙篙的 （邯：鸡）

杉木条子 （天:庆）

杉条杆子 （天:庆）

沙竿 不粗不细的。（保:安）

沙篙 （天:天、桥）

【杉木】

杉杆 （邯:广）（保:安）

大木 （保:兴）

【紫杉】 常绿乔木，树皮赤褐色，叶子互生，条形，雄花绿褐色，雌花绿色，果实卵形，木材坚硬，可以做精制的器具和笔杆等。

福建杉 （保:安）

【罂子桐】 又叫油桐，落叶乔木，叶卵形，花大而美丽，白色带黄红色斑点和条纹，果实绿色，近球形，种子榨油，就是桐油，木料轻软，可做床板或箱板等。

冈桐 （邯:内）

桐油树 （邯:丘、任）

【梧桐树】 干直而色绿，高二三丈，叶大有长柄，分裂为掌状，在夏天开花，花小五瓣，黄绿色，木材白色，质轻而坚韧，可制造乐器和器具，种子可食和榨油。

青桐树 （石:栾）（邯:沙、内）

【梧桐子】 梧桐树的种子。

梧桐子儿 （石:建）

桐子儿 （石:深）

臭梧桐荚子 因梓树似梧桐，结荚细长如筷子，有黏液并有难闻气味，故梓树荚儿误称臭梧桐荚儿。（承:滦）

【槭树】 落叶小乔木，枝干光滑，叶子有五个裂，秋季变成红色，五月开花，黄绿色，结翅果，木材坚韧，可制造器具，嫩叶可以当蔬菜，种子也可以吃。“槭”音 qī。

元宝树 （承:承）

【马缨花】 又名“夜合”、“合欢”、“绒花树”，落叶乔木。树皮灰色，羽状复叶，小叶对生，白天张开，夜间合拢。花萼和花瓣都是黄绿色，花丝粉红色，荚果扁平，木材可制家具。

合昏 （天:阜）（唐:三）

合欢花 （保:清）

夜合欢 （张:宣）（邯:任）

夜合花 （石:建）

夜合槐 （天:故）

马绒花 （保:博、定）

马绒花树 （保:蠡）

绒花树 （天:安）

马缨树 （天:任）

马衣树 （天:山）

马尾鬃 （天:津）

夜来香 （张:怀）

明开夜合 （唐:丰）（保:新）（承:隆、滦）（天:霸）

老爷没花 （保:完）

【藤萝】 落叶木本植物，攀援茎，羽状复叶，小叶长椭圆形，总状花序，花紫色，供观赏。荚果长大而硬，表面有绒毛，花可以加糖做馅。

葛藤 （承:平）

藤萝树 （邯:清）

藤子 （石:灵、栾）

【藤萝花】 紫红色，芳香可蒸吃。

葛花 （邯:沙、清、涉、内、威）

【皂角树】 落叶乔木，枝上有刺，小叶卵形或长圆形，开淡黄色蝶形花，果实为荚果扁平，褐色，荚果可以用来洗衣物，荚果、刺和树皮都可以入药，是祛痰剂。

皂尖树 （张:口）

【皂角】 即皂荚，皂角树之实，荚扁而大，长约七八寸，宽约一寸，用以洗濯衣物污垢。

皂荚 （承:兴、平）（石:栾、藁、安）（保:望）（张:赤、宣、龙、沙、商、怀、蔚、鹿）（天:宁）（邯:郸、鸡、柏、磁、沙、肥、涉、内、漳）

皂子牙 （保:水）

【橡树】 落叶乔木，叶子长椭圆形，花黄褐色，坚果球形，叶子可饲柞蚕，木材可以做枕木，供建筑用，树皮含有鞣质，可以做染料。俗称柞树。

蔡树　（承:滦、隆）

菜树　叶大,不结橡子。（保:阜）

柞树　（石:藁、无）（承:平、隆、承、围、兴）（天:文）（邯:鸡、清、沙、内）

柞树　小橡树。（石:行、栾）（唐:秦）

橡蛋树　（石:建）

橡子树　（唐:抚、昌）（承:隆、青、围）（保:阜）

大叶菜　（唐:昌）

脖拉树　（唐:抚）（承:青）

菠罗供子　（承:滦、隆、围）

菠罗荚子　（承:隆、青）

波勒叶棵子　（唐:昌）

【橡子】　橡树的果实,长圆形,含淀粉和少量的鞣酸,可以酿酒、做豆腐等,外壳可以制烤胶。

橡蛋　（石:建）

【橡壳儿】　橡子的壳儿,可染布。

橡可儿　（石:建）（邯:临）

橡子　（张:蔚）

橡核儿　（唐:秦）

橡碗儿　（保:阜）

橡碗子　（张:蔚）（唐:宝）

橡子碗　（承:围）

橡子碗儿　（唐:抚、昌）（承:青）

橡子皮儿　（承:滦、围）

【乌桕树】　高二丈多,叶卵形,夏日开小黄花,籽可以制油,并可为肥皂及蜡烛的原料。

乌叶树　（唐:抚）

乌落叶　（石:深、束）

乌叶儿树　（石:正）

乌梅子　（唐:丰）

【红豆】　红豆树的种子,鲜红色,产在亚热带地方,古诗中常用来象征互相思念。

相思子　（唐:滦、秦）（张:尚）（承:隆、平）（石:新、冀、栾）（天:饶、宁）（保:高、清、安）

相思豆儿　（石:正）

【桃儿】

桃子　（全省大部分地区通行）

桃　（唐:乐）

毛桃儿　（唐:乐）

接桃儿　（唐:乐）

白桃儿　（天:沧）

大蜜桃儿　（天:沧）

寿果　（石:深）

【杏儿】

杏子　（全省大部分地区通行）

杏　（天:天）

红杏儿　（唐:乐）

白杏儿　（唐:乐）

酸杏儿　（唐:乐）

甜杏儿　（唐:乐）

【巴旦杏】　杏的一种,原出自西域,又名“八坦杏”、“八达杏”、“叭哒杏”,特点是个大,果仁香甜。

香白杏儿　（唐:丰、宝、大）（石:深）（天:霸）

八达杏　（全省大部分地区通行）

巴拉杏　（邯:大、内）

甜核杏　（石:灵）

巴达核　（保:清）

铁八达　（承:承）

巴咋杏　（石:深）

甜胡杏　（邯:肥）

八斗杏　（石:高）（天:东、献）（邯:清）

八豆杏　（天:阜）

八桃儿　（保:唐）

清水杏儿　（承:承）

羊粪蛋杏　（邯:鸡）

羊巴旦儿杏　（石:行）

黏核杏　（石:灵）

金刚拳　（张:怀、鹿）

【李子树】 落叶小乔木,叶子倒卵形,花白色,果实球形,黄色或淡红色,有的绿色。

灰子(树) (石:栾)

李树 (天:天)(石:武、河)

李的树 (邯:大)

红牛子 (天:献、桥)

红牛子树 (天:桥)

【李子】

李 (石:武)

李的 (邯:大)

灰子 (石:栾)

杏李子 (唐:山)

红牛子果 (天:献、桥)

红牛子 (天:桥)

【鸭梨】 梨的一种,皮淡黄色,平而光滑,有棕色斑点,味甜,果肉脆,多汁。

大鸭梨 (石:平)

大鸭儿梨 (保:定)(石:深、束)

大鸭梨儿 (唐:乐)

大甜梨 (邯:威)

鸭嘴梨 (石:宁、枣、赵、无)(邯:清、任、肥、周、乡)

鸭子嘴梨 (邯:鸡、鹿)(石:赵)

鸭蛋梨 (邯:丘)

【蜜梨】 甜梨的一种,皮薄,肉细。

甜梨 (唐:滦、遵、西、三、丰)(邯:威、肥、丘)(承:围、滦)(石:获、赞、束、灵、衡、元、深)(天:霸)

糖梨 (承:滦、围、丰)(石:晋)

糖罐梨 (唐:秦)

红有红 (保:新)

大鸭梨 (邯:大)

雪梨 (石:晋)

雪花梨 (石:束、赵)(邯:临)(唐:大)

安梨锅梨 (唐:秦)

小面梨 (邯:威)

【白梨】 梨的一种,果实圆形,果皮黄色微白,果肉多汁。

甜梨 (唐:乐、宝、丰、迁、蓟、西)(承:承、青、围、平)

戒梨 (唐:西)

雪花梨 (邯:清)

京白梨 (唐:秦)

秋白梨 (唐:秦)(邯:鸡、鹿、台、尧)(天:东)

罐儿梨 (承:承)

【广梨】 梨的一种,皮较粗糙,土黄色,有棕色斑,味甜带酸,果肉多汁。

鸭儿梨梨 (天:静)

鸭梨广 (保:博)

鸭儿广梨 圆而小者,带酸味。(天:安)

【甜梨的种类举例】

胎黄梨 色黄,比鸭梨小而圆。(天:津)

马黄梨 比鸭梨大。(天:津)

花盖梨 绿色,在柄的周围是褐色。(唐:秦)

象牙梨 长圆形,基部稍粗的黄色的梨。(石:藁)

香水梨儿 个小色红黄,味香而甜。(天:强)

秋梨 皮厚易存放。(邯:临)(石:正、藁)

油秋梨 皮儿厚,个大,常煮食。(石:束)

渣子梨 内有小颗粒。(天:安)

红消梨 皮下黄上红,肉粗。(唐:秦、滦)

沙果梨 形状像沙果的梨。(承:滦)

小山梨 生在山上的一种梨,圆形,个小,吃着很涩。只有用黄蘗捂后才可吃。(承:滦、围)

捂香梨 成熟较早(一般在六、七月间),硬而涩,个儿较小,刚摘下来不能吃,必须捂几天,使原来青绿色变为黄色才能吃。(唐:迁)

五香梨 色黄白,个极小,仅比栗子稍大的一种梨。(唐:秦、乐、滦)(承:平)

半斤酥 个儿大,长圆形。(邯:威)

【面梨的种类举例】

面梨 (石:正、束)(保:新、安)

面梨儿 个儿与香水梨一般大,面而甜,开玩笑时叫"噎

死狗”。(石:深、束)

大面梨　扁圆形,直径寸许。(石:深、束)

小面梨儿　大小如杏。(石:深、束)

面糖梨　(天:静)

桑梨子　个小,褐色,熟后是面的。(石:枣)

蜜博梨　大黄色,长好后需放在草中盖严隔空气,提高温度,闷一段时间才能吃,很面。(石:晋)

霸梨　(邯:威)

糖梨　皮浅棕色,面而甜,噎人。(天:桥)

【酸梨的种类举例】

酸梨　(天:津、安、桥)(石:深)

安梨冻　酸梨,皮内全黑。(唐:迁)

烧膛梨　酸梨,经冬而内部变黑色,失去酸味。(保:雄)

鹅梨　(邯:威)

【杜梨】　高约十米,叶长圆形或菱形,叶背、叶柄和花序有绒毛,花白色,果实略作球形,有褐色斑点,味涩。可作为嫁接各种梨树的砧木,木材可制器具,并含有红色染料,也叫棠梨。

野梨　小杜梨。(天:宁)

铁梨　稍大的杜梨。(天:津)

灌梨　像海棠果那样大的杜梨儿。(唐:抚)

杜梨子　(唐:西)

杜梨的　(邯:魏、肥、邯、丘)

杜梨酸儿　(天:静)

杜梨儿　(邯:威、内)(唐:乐、丰)

【樱桃树】　落叶乔木,叶子长卵形,花白色略带红晕,果实近球形,红色味甜,可以吃,木材坚硬致密,可制器具。

樱桃棵子　(唐:迁、昌)

【樱桃儿】　樱桃树结的果。

海红　(石:灵)

【枇杷】　常绿乔木,叶子长椭圆形,形状略似琵琶,花小,白色,果实淡黄色或橙黄色,外皮上有细毛,味甜,有的略酸,可以吃。叶子和核可以入药,有镇咳的作用。

枇杷果　(唐:丰、秦)(天:天、桥)

【金橘】　常绿灌木或小乔木,叶子披针形或长圆形,果皮金黄色,有特殊的香气,味甜,果肉淡黄色,汁多,味酸,可以吃。

黄橘子　(天:桥)

橘子　(邯:沙)

【蜜柑】　柑橘的一种,果实大,皮较厚,果肉多汁,味道很甜。

蜜柑橘　(承:滦)(天:静、献)(邯:大)

蜜橘　(保:蠡)(张:万)

【橘子】　橘树的果实,扁圆,色红或黄,味甜酸可口。

蜜橘　(张:万)(天:静)

【佛手】　常绿小乔木,叶子长圆形,边缘有细锯齿,花白色,果实鲜黄色,有裂纹,形状像半握着的手,有芳香,果实中医作健胃剂,也可治心脏病,又供观赏。

佛手手　(张:万)

【柿子】

红柿子　(天:桥)

柿的　(邯:广、邯、肥、漳)(石:井)

台柿　(邯:内、丘)

棉柿　(邯:内、丘)

水瓜柿　(邯:内、丘)

糖罐　(天:天)

【柿饼儿】　将晒得半干的柿子,压扁后,放在密闭的罐中做成,味甘美。

柿牛　(邯:任)

柿牛儿　(天:静)(邯:任)

柿桃　(石:晋、平、束、灵、藁、石、井)

柿瓣儿　(石:建)

柿奴儿　(石:束、深)(保:兴)

柿古蓝　(邯:丘)

柿胡乱　(邯:鄣)

柿忽蓝　(邯:鸡、丘)

柿楚子　(张:万)

柿贮子 （张:崇）

柿子干 （石:石）（保:阜）

柿干 （石:灵、平）（邯:任）

柿干子 （张:万）

柿干儿 （石:平）

柿子饼 （唐:滦、昌）（保:定）（承:隆）

柿子饼儿 （保:定）

柿饼的 （邯:广、肥、漳）

柿饼子 （全省通行）

【柿霜】 柿饼或柿子表面上的白霜。

骆驼屎 （承:滦）

柿子灰儿 （承:滦）

柿沙面 （石:平）

柿霜面 （邯:台、鸡）

柿霜面 "霜"音 chuáng。（石:井）

柿饼霜 （邯:涉、丘）（天:天）

柿饼面 （邯:鸡）

柿霜儿 （邯:涉）

柿子霜 （唐:滦）

【石榴树】

岗榴 经过嫁接的。（唐:丰）

石榴儿树 （张:阳）（石:深）（唐:滦）

【石榴花儿】

石榴花 （天:献）（邯:肥）（张:沙）（石:武、深）

【石榴】

石榴儿 （保:容）（张:阳）（唐:滦）

石榴籽儿 （邯:鸡）（石:深）

石榴果 （保:安）

【柚子】 扁圆形，个大，直径约四五寸，味酸甜。

文旦 （天:文）（邯:周）

【桂圆儿】 龙眼树的果实，形如弹丸，外有一脆壳，果肉包于壳内一大核上，味甜。

裂瓜 （邯:任）

龙眼肉 （承:滦）（邯:鸡、大）

龙沟 （天:河）

桂圆 （天:天）

【荔枝】 皮有皱纹，赤褐色，肉白色多汁，味很甜，产于南方。

裂瓜 （石:灵）

枸杞子 （天:静）

【橄榄】 椭圆形，青色，产于南方。

青果 （唐:宝、山、秦、三、玉、丰）（承:承、滦）（石:晋、深、泽、无、正、束、井、枣、栾、藁）（天:故、肃、东、静、献、任、大、桥、安、天、河、宁、霸、庆、沧）（邯:广、邯、鸡、大、沙、临、肥、南、成、内、台、丘）（保:容、保、新、兴、雄）（张:沙、尚、口）

疙达白 （承:滦、围）

金枣儿 （唐:丰）

【菠萝】 椭圆形，皮呈鱼鳞状，大者长五六寸，肉黄色，味酸甜，有很浓的香味，又名凤梨，产于南方。

菠萝蜜 （石:灵）

【野生葡萄所攀附的树木】

山葡萄架 （承:滦）

【葡萄架】 指人工搭的。

家葡萄架 （承:滦、围）

【苹果】

红皮花 （唐:遵）

大果子 （张:万）

【沙果儿】 类似苹果，比苹果小，味酸甜。

花红 （唐:乐）（承:围）（石:无、滦、赞）（天:宁、沧）（邯:广、郸、魏、鸡、大、磁、永、沙、任、肥、涉、南、成、丘、漳）（保:望）

花红果 （唐:秦）（张:康）

花红果儿 （石:井）（张:康）

花红甜子 （邯:任、丘）

花的红 （邯:涉）

沙果 （唐:西）（邯:清）（石:深）（天:天）

沙果子 （唐:迁）（承:隆、青、围、平）（天:阜、桥、故、山）（张:沽、张）

青沙果 （天:黄、山）

青沙果子 （天:山）

沙果蛋儿 （邯:内）

红蛋蛋儿 （邯:内）

红果子 （张:沙）

柰子 （张:万）

果子 （张:龙、蔚、尚）

太平果 （承:平、承、围）

山荆了 小的。（唐:滦）

【香果】 类似苹果，比苹果小，比沙果大。

虎拉车 （唐:宝、三）（承:承）（张:沙）（保:望）

虎拉槟 （张:宣）

虎拉苹 （石:井）

葫芦兵 （张:鹿、沙）

胡子赖 （保:易）

赖子 （唐:西）（承:承）

莱子 （唐:丰）

槟子 （承:滦、平、承、围）

拉车 （唐:乐、三、大）（石:栾）（天:静、大、天）（张:龙）（保:阳、阜）

大沙果 （天:安）

大香果 （张:宣）

闻香果 （承:滦）（天:天）

【白果树】 又叫公孙树或银杏，落叶乔木，雌雄异株，叶片扇形，种子椭圆形，外有带臭味的假种皮，橙黄色，果仁可入药，木材致密，可供雕刻用。

白杏 （邯:邯）

百果儿树 （石:正）

【白果儿】 白果树（银杏树）的果实，仁可吃。

银果 （唐:秦）（承:平）（石:栾）（邯:内）

无花果儿 （承:青）

银杏仁 （石:宁）

香白 （承:滦）

香白杏 （承:滦）

白果 （天:天）

【槟子】 水果，圆形，比苹果小，色红，熟后转紫红，味酸甜带涩。

槟的 （邯:肥、大）

赖子 （唐:秦）

香果 （承:滦）

葫芦冰 （张:万、怀、鹿）

沙槟子 （承:青）

【海棠】 落叶小乔木，叶子卵形或椭圆形，花白色或淡粉红色，果实球形，黄色或红色，可食，汁少，味酸甜。

海桃 （天:桥）

春海棠 （石:深）

海棠树 （天:天）

【海棠果】 圆形，浅黄色或红色，比沙果小，味酸甜。

海红 （唐:滦、乐）

花红 （唐:滦、昌、抚）（承:青）

【核桃树】

核头树 （天:津）

毛桃树 （保:高）

核桃树 “核”音 hēi。（张:怀）（石:深）

【核桃】 形如青桃，壳坚，仁能吃或榨油。

核头 （天:庆）（保:唐）

毛桃 （保:高）

胡桃 （唐:秦）

桃 （保:高）

麻核桃 以别新疆核桃（光皮）。（张:怀、鹿、张）

【核桃木】

核桃楸 （承:滦、丰）

桃木 本地少见核桃树，故把核桃木称“桃木”。（保:高）

楸不楞 （张:怀、鹿）

【核桃仁儿】 核桃去硬壳后的桃瓣。

桃仁 （张:万）

桃仁儿 （石:石）（天:河）

核头仁儿 （唐:山）（天:津、庆、安）（石:深）

桃胡 （保:高）

【核桃内间隔的皮儿】

核桃墙儿 （承:承）

核桃档 中药材。（天:天）

【栗子树】 落叶乔木，叶子长圆形，背面有白色绒毛，花黄白色。果实为坚果，包在多刺的壳斗内，成熟时壳斗裂开而散出。木材供建筑和制器具用，叶子可以饲柞蚕，树皮供鞣皮和染色用。

栗得 （石:井）

栗树 （全省大部分地区通行）

栗的树 （邯:肥、广、邯）

毛栗子树 （邯:漳）

【栗子】 栗子树结的果实，深褐色，光滑硬皮，肉为乳白色，可生食，但多熟食。

栗的 （邯:肥、广）（石:井）

板栗 （石:藁）（天:桥）（邯:沙）（承:承）

毛栗子 （唐:迁、秦、西、三、山）（石:获、灵、宁、赵、栾）（承:平）（天:桥、静）（邯:鸡、柏、临、内、魏、漳）

【榛子】 榛树的果实。

榛榛 （张:龙、沙）

榛柴 （承:隆）

榛子秧 （承:隆）

毛榛儿 果实呈椭圆形。（承:承、滦、围）

平榛儿 果实呈扁圆形。（承:承、滦、围）

胡榛子 （张:崇）

毛嗑嗑 （承:承）

【西瓜】

切瓜 指西瓜，对打瓜而言。（天:安）

西口 （邯:肥）

小籽西瓜 （保:新）

根瓜 在根部结的较小的西瓜，早熟。（张:张）

西瓜 指籽儿大，肉味甜美的瓜。（唐:大）

火西瓜 指籽儿小，肉味甜美的瓜。（唐:大）

洋籽儿西瓜 籽小，皮薄，肉沙，多汁。（天:天）

【肉瓤】 西瓜瓤不沙，一般甜味较差。

肉牙儿 （天:强）

红瓤 （石:行、晋）（天:大）（邯:威、内、丘）

肉瓤子 （天:沧、天）

【沙瓤】 西瓜熟透时瓤变松散而呈细粒状，叫沙瓤儿。

血瓤 红色沙瓤。（保:安）

朱砂瓤 （张:万）

沙牙儿 （天:强）

脆沙瓤 （保:涿）（天:天、武）

【三白瓜】 皮、瓤和籽都是白色的西瓜。

三白 （邯:邯、威）（保:定、保、新）

五瓜 （唐:秦）

田瓜 （张:沙）

白瓜 （唐:遵）（张:蔚）

大白瓜 （承:滦）

白瓜的 （邯:漳）

酸白 （天:文）（保:高）

酸白瓜 （邯:内）

蒜白瓜 （邯:丘）

白葫芦 （张:沽）

白糖罐 （保:雄）

大三白 （天:天）

【打瓜】 西瓜的一种，体小籽大，肉味不美，专为收瓜籽儿而栽培。

废物子 （保:安）

大瓜子 （保:高）

大籽西瓜 （保:新）

打瓜 指不成器的人。（石:河）

打瓜 指打赌切瓜。（张:沽、鹿）（承:围）

洋籽儿打瓜 （天:天）

大籽瓜　(天:安)

十八天　(邯:威)

【嗑瓜籽儿】

破瓜籽儿　(邯:沙)

占嘴儿　(天:天)

【甜瓜】　一年生草本植物,茎蔓生,有软毛,叶子卵圆形或肾脏形,花黄色,浆果通常为长椭圆形,表面光滑,有香气,味甜,可供食用,俗称香瓜。

瓜　若“瓜”的前面不加别的字,是单指甜瓜。(唐:蓟、乐)

梢瓜　菜瓜的一种。(唐:乐)

梢瓜　(天:津)

香圆儿　(天:沧)

香蕉瓜　(天:沧)

香瓜　此指“三道门”蓝绿道儿的小香瓜。(天:天)(唐:乐)

洋角脆　此指有花纹的蓝绿道儿大香瓜,肉脆香。(天:天)

十道纹　瓜皮上有十道纹沟,故称。(天:沧)

甜国　(邯:肥)

甜瓜子　(张:康)

香瓜瓜　(张:康)

香瓜子　(张:万、阳、崇)(承:围)

玩瓜　不吃,闻味香。(石:赵)

耍瓜　不吃,闻香味。(石:灵)

香甜儿　只能闻香味,不能吃。(邯:邯)(天:大)

香瓜儿　只能闻香味,不能吃。(邯:大、南、成、涉、临)(保:保、水、高、清、安、涿)(天:大、桥)(石:正、深、束)(唐:滦、蓟)

【面甜瓜】　甜瓜之一种,面而不脆。

老婆面　(邯:周)

老婆乐　(保:望)(天:安)

老婆儿喜　(邯:鹿)

老婆子欢　(邯:任)

老妈儿妈儿喜　(邯:清)

老太太欢喜　(天:山)

老娘子乐　(唐:滦、迁)

老头儿美　(唐:三)(承:平)(邯:鸡)(张:沙)

老头儿乐　①指甜面瓜。②指一种棉鞋。(石:束)(唐:乐)

面糊瓜　(保:清)

烂糊瓜　(张:万)

烂甜瓜　(张:蔚)

黄甜瓜　(保:安)

绿瓤瓜　(张:怀)

噎死狗　(天:故)

黄金脆　(保:涿)

噎死狗面瓜　(邯:大)

落地黄　色黄,有浓厚的香味,因成熟时呈黄色,自己从瓜蔓上掉下来,故名“落地黄”,又因是面的,所以又称为“老头儿乐”。(天:河、大)

全香炉　(天:安)(唐:蓟)

黄琉璃瓦儿　(天:安)

荣瓜　(保:涿)

面瓜　(全省大部分地区通行)

满瓜头　(天:桥)

一窝猴儿　(天:故)

面香瓜　(唐:秦)(天:天)

老面儿　(唐:滦、乐)

老面瓜　(唐:迁)

大面瓜　(唐:蓟)(天:宁)

大面甜瓜　(石:栾)

面篓儿　(保:水)

面瓜篓　(唐:迁)

面子篓　(天:饶)

面糊篓　(保:蠡、保、高)

面糊篓儿　(唐:丰)

面菜盔　(保:新)

面盔子　(保:兴、雄)

面墩子　(天:固)

面猴儿 （唐：三、昌）（承：平、隆）（天：桥、永）（石：河、无、灵、深）（邯：郸、永、成）（保：望）

面猴儿 指熟得过头的瓜。（唐：玉）

面狗儿 （唐：昌）

烂面子甜瓜 （石：深）

大青皮 （邯：肥）

磨石青 （邯：肥）

蛮瓜 （天：桥）

青皮沙 （邯：威）

黑汉腿 指瓜熟后，黑绿色皮，个头儿大的面瓜。（唐：大）

【酥瓜】 菜瓜的一种，有白皮有花皮，椭圆形，有的似梢瓜，皮薄肉脆，可生吃，也可以作菜。

脆瓜 （天：津、安）（唐：乐）

青皮脆 （石：深）

白皮脆 （石：深）

花皮脆 （唐：大）

菜瓜 （天：安）

大菜瓜 （天：天）

【竹子】 常绿植物，茎是圆柱形，中空，有节，叶子有平行脉，嫩芽叫笋，种类很多，如淡竹、苦竹等都是。茎可供建筑和制器具用，笋可以吃。

竹的 （邯：邯、肥、大）

竹篙 指整根大毛竹，代替沙篙使用的。（天：天、安）

【竹竿儿】 砍下来的竹子，削去枝叶，供使用。

竹竿的 （邯：邯、广）

竿的 （承：兴）

竹竿 指粗的。（唐：乐）（天：天、沧）

竹竿子 指细的。（唐：乐）（天：天、沧）

【竹批儿】 竹子劈成的细条。

竹批 （天：阜）

竹批子 （唐：遵、迁、昌）（天：故、文、津、霸、安、黄）（邯：威、肥、丘）（保：唐、新）（张：沙）

竹批的 （邯：肥、丘）

竹批儿 指细小的，可做编织用的坯子。（天：天）（唐：乐）

竹篾儿 （石：行、正、深）（邯：鸡）（唐：抚）（承：丰）

竹篾子 （唐：滦、迁）（天：献、故）（承：滦）

竹子 （邯：任）（保：涿、安）

竹蘖子 （保：安）

篱笆 （石：灵）

竹篨儿 （天：桥）

竹片 指宽大的毛竹坯子。（天：天）

【竹笋】 竹的嫩芽，可以吃。

竹芽子 （石：新）

竹芽 （天：东）

鱼连片 干后的竹笋。（承：滦）

【笋皮】 笋钻出地面后，不断脱皮而成长，皮硬而脆，有的又富于韧性，可包粽子，依竹子性质而不同。

笋壳 （承：平）（石：藁）（天：固、桥）（邯：内）（保：望、雄）

【笋鞭】 竹子的地下茎，过去常用来做马鞭。

竹子根 （天：桥）

【花生】

老鸹身儿 （石：深）

老鸹生 （邯：内、威）

拉参 （邯：邯）

漏生 （唐：三）

落生 （唐：丰、遵、迁、西）（邯：任、丘、宗、乡）（石：河、宁）（天：固）（保：新、涿）

拉生儿 （邯：广）

落生果 （唐：蓟）

落花生 “落”音 lào。（唐：滦、乐）

落参 （天：沧）（唐：大）

果子 （唐：秦）（石：冀、灵、栾、藁、安、深、束）（邯：肥）（保：望、高、雄）

仁果 （石：晋、深）（天：饶、静、永、霸、安）（保：新、水、雄）

仁果儿 （天：强）

仁生果 （保：雄）（石：深）

大仁果 （唐：秦）（天：天）

小仁果 （天：天）

二果　介于“大仁果”“小仁果”之间的带壳花生。(天:天)

大果儿　买卖时用。(天:安)

长果　(石:枣、栾、泽)(天:东、桥、河、庆、津)(邯:沙)

长果儿　(石:无、正、束、深)(天:故、任)(邯:南、威)(保:定、阜)

长生果　(石:新、行、灵、井)(承:平)(天:饶)

长生果　(老)(承:平)

长丑果　(石:获)

长虫果　(石:建、平)

人参果　(全省大部分地区通行)

人参果子　(天:山)

豆儿　(石:束、深)

地豆　(石:栾)(邯:郸、内)(保:望)

昌果　(石:无)

大容果儿　(天:天)

老活烧　卖花生的人喊“老活烧”。(张:鹿)

【芡实】　芡,一年生草本植物,生在水池中,全株有刺,叶子圆形,像荷叶,浮在水面,花也在水面上开放,花瓣紫色,花托形状像鸡头,种子叫“芡实”,供食用。

鸡头　(邯:任)(保:保、安)

老鸡头　(石:无、正)(唐:昌)(邯:内、漳)

鸡头菱　(石:赞)(天:文、孟)(邯:宗、威)(保:高)

鸡头米　(唐:宝、抚、大)(承:承)(天:安、霸、桥、天)(保:新、兴、雄)

鸡头莲　(保:清)

鸡头菱角　(天:静)

野鸡头　(唐:丰)

芡实米　医生用语。(承:滦)

【荸荠】　多年生草本植物,通常栽培在水田里,地下茎扁圆形,皮赤褐色或黑褐色,肉白色可以吃,又可制淀粉,有的地方叫地梨。

糖梨　(邯:邯)

马蹄　(承:平)(石:栾)(邯:磁、漳)

皮荠　(保:易)(天:固)

简根子　(承:滦)

鱼连片　(承:滦)

地梨的　(邯:肥)

地梨　(天:黄)(石:栾、武)

地梨儿　(唐:丰、滦、乐)(石:平)(天:黄、任、沧、文、大)(保:清、望、安、兴)

地梨的　比荸荠小的一种水草,地下块茎。(保:博)

地梨儿　野生植物,比荸荠小,硬,有毛,黑色。(天:天、霸、文、大、桥)

南荠　(天:天)

鼻须　(天:安)

【菱角】　菱的果实,有角,可以吃。

老菱角　(天:静)

菱角米　(保:新)(天:宁)

老乌菱　(天:天)

乌菱　(天:武)

【甘蔗】　多年生草本植物,茎圆柱形,有节,表皮光滑,黄绿色或紫色,茎含糖质,可以生吃,也可制糖,是一种主要的经济作物,适于热带和亚热带种植。

甜疙担儿　(邯:广)

甘秸　(天:河、固)

甜棒　(邯:南)(承:隆、滦)(石:平、枣)(天:黄)

甜棒　指含有甜味的高粱和玉米秆儿。与南方的甘蔗不同。(天:武)(石:深)

甜喀拉棒　(邯:丘)

糖梗　(石:无、滦)(天:桥)(邯:内)

糖秫秸　(石:获、宁)(邯:尧)

甜树秸　包括甘蔗和甜高粱。(石:灵)

甜秫秸　长得像高粱的甘蔗。(承:滦)(石:新、正、束)(天:庆)(邯:乡、鸡、台、临、内、丘)

甜甜　(石:栾)

甜甜儿　(石:栾)

甜秆　(邯:郸、鸡、固)

甜秆秆　(张:宣、口)

甜秆秆　玉米秆。(张:万)

甜根　(唐:滦)

甜根儿 （唐:昌、乐）

甜梗儿 （承:青）

甜梗档 （邯:郸）

甜格档 （邯:鸡、漳、大）

甜格档的 （邯:肥）

洋甘间 （天:任）

洋甘蔗 （保:雄）

甜水水 （张:尚）

甜秆杖 （天:安）

甜柄 （天:沧）

芦苏 比甘蔗细，糖分也较少，很像高粱，一般人叫甜秫秸。（石:束）

光根儿 指没长玉米的秸。（承:滦）

【菊花】 多年生草本植物，叶子有柄，卵形，边缘有缺刻或锯齿。秋季开花，有紫、红、粉、黄、白、淡绿等颜色，经人工培育的品种很多，形状和大小有很大不同，是普通的观赏植物。有的品种根、叶子、茎、花都可入药。

起花 （邯:内）

玖花 （唐:秦、丰）（承:承、兴）（保:安、雄）

旧花 （老）（保:兴）

曲花 （张:万）（石:井）

曲花儿 （石:栾）

鬼子菊 其特征是每一个花瓣都带有一颗种子。（天:庆、霸）

九月菊 （邯:任）（张:口）（承:承）

【牡丹】 落叶灌木，叶子有柄，羽状复叶，叶卵形或长椭圆形，花大，通常深红、粉红，或白色，很美丽，是著名的观赏植物，有“花王”之称，根皮可入药，有调经的作用。

芍药牡丹 （石:获）

扶桑 （唐:丰）

天竺 （张:张）

松竹 （张:张）

【芍药】 多年生草本植物，高一二尺，复叶，五月开花，大而美丽，有紫红、粉红、黄、白等颜色，供观赏，其根可入药。

芍药花 （唐:乐）（承:围）

芍药花儿 （保:满）（石:灵）（承:承）

大芍药 （张:蔚）

杀药 （张:阳）

【玫瑰】 落叶灌木，茎干直立，刺很密，叶子椭圆形，花紫红色，很美丽，有香气，果实扁圆形，是栽培较广的观赏植物，花瓣可用来熏茶、做香料或制蜜饯等。

刺玫 （唐:丰）（石:深、束）

刺玫花 （张:蔚）（承:青）

刺玫菊 （承:围）

黄刺玫 （石:束）

红刺玫 （石:束）

红玫瑰 （天:固）

紫玫瑰 （天:固）（唐:秦）

【蔷薇】 落叶灌木，茎细长，蔓生，枝上密生小刺，羽状复叶，小叶倒卵形或长圆形，花白色或淡红色，有芳香，果实球形，可以入药，有利尿作用，也叫野蔷薇。

蔷玫 （唐:丰）

刺梅 （唐:西）（天:献）

刺儿梅 （保:水）

刺薇花儿 （保:兴）

刺迷子花 （唐:抚）

刺玫果 （承:围）

玫瑰 当地“蔷薇”“玫瑰”不分。（天:永）

【月季】 常绿或半常绿小灌木，茎有刺，羽状复叶，小叶阔卵形，花红色，粉红或近白色，四季都开花，可供观赏，也叫月月红。

月月儿红 （承:承、平）（石:藁、新）（天:固）（邯:沙、涉、内、邯）（保:望）（张:阳、口）

四季花 （石:石）

月季 （保:保、定）（张:宣、口）

月季牡丹 （石:灵）

香水月季 （承:滦）

杏花天 即北京所说的香水月季。（石:束）

本月季　花呈粉色。（承：滦、承）

洋月季　花朵大，每年开三次花。（承：滦）

白月季　每月开花，很香。（承：滦）

【桂花】　木樨的通称，常绿小乔木或灌木，叶子椭圆形，花小，白色或暗黄色，有特殊香气，果实是核果，卵圆形，花供观赏，可作香料，也叫“木樨”。

木樨　（天：献）（邯：临、内）（唐：宝）（承：平、围）

【木兰】　落叶乔木，叶子互生，倒卵形或卵形，花大，外面紫色，里面白色，果实是弯曲的长圆形，没有开放的花蕾供药用，也叫辛夷或木笔。

磨兰　（承：滦）

【夹竹桃】　常绿灌木或小乔木，叶子线状披针形，厚而有韧性，花白色或粉红色，略有香气，供观赏。茎和叶子有毒，医药上可以制强心剂。

六月桃　（邯：沙）

柳叶桃　（全省大部分地区通行）

柳叶梅　（石：赞、井）（唐：抚）

柳叶起　（石：束）

柳桃　（天：山）（邯：乡）

柳桃树　（天：庆）

夹子桃　（天：东、静、大、山、河）

夹枝桃　（承：滦、围）（天：固、天、霸、桥、安）（保：易、满、兴、望、新）

夹板桃　（保：望）

洋桃　（石：深）（邯：广、宗、沙）

洋桃树　（石：新、冀、河）

【迎春花】　落叶灌木，羽状复叶，小叶卵形或长椭圆形，花单生，黄色，早春开花，供观赏。

春花儿　（石：行）

春花　（唐：卢、抚）（承：承）（石：建）

常春花　和迎春花茎叶相似，但每月开花。（石：束、深）

【金银花】　学名忍冬，半常绿小灌木，茎蔓生，叶卵形或长椭圆形，初夏开花，花初开时白色，后变成黄色，有香气，果实黑色，叶和花都可入药，有抗菌、消炎、利尿等作用。

二花　（邯：大）

双花　（天：献）

星银藤　（唐：宝）

金藤花　（唐：丰）

金藤花儿　（唐：玉）

鸡蛋棵　（保：博）

金银藤　（唐：宝、迁、秦、乐）（承：滦）

金银藤花　（唐：大、乐）

【西番莲】　多年生草本植物，有块根，叶子对生分裂成羽状，6～10月开花，有粉、紫、红、黄、白等颜色，供观赏。

地瓜牡丹　（天：山）

山药花　（石：新、行、枣）（承：围）

山芋花　（天：东）

白薯花　（唐：滦、抚、大）

白薯花儿　（唐：丰、滦、山、西）

西方莲　（石：建、无、平、深、宁、井、束）（天：强、饶、故、文）（邯：清、任、南、肥）（保：新、唐、清）

西粉莲　（承：平、隆）（唐：三、玉、丰）（天：天、桥、安）

西川莲　（邯：内）

大丽鸭　（天：献）

大丽花　（唐：昌）（承：平）（石：藁）（邯：内）（保：新、兴、定）（张：鹿）

红薯花　（邯：大）

洋菊花　（全省大部分地区通行）

东洋菊花　（承：围）

洋红　（唐：乐）

地瓜花　（张：宣）

【晚香玉】　多年生草本植物，鳞茎长圆形，叶长披针形，花白色，晚间开，有浓厚的香气，供观赏。

月下香　（全省大部分地区通行）

月来香　（承：兴）

卧牛郎　（石：行）

老爷没　（保：满）

玉枕子 （保:雄）

玉贞棒儿 （保:水）

夜来香 （天:天）

【夜来香】 多年生蔓草，畏寒，叶长似夹竹桃，夏秋时开花，色微黄，花冠合瓣，瓣尖五裂，夜间开花，清香如茶。

夜里香 （邯:南）

牛群花 （张:赤）

鹿角梅 （邯:肥）

闻香草 （天:天）

【美人蕉】 多年生草本植物，叶片大，互生，长椭圆形，有羽状叶脉，花通常红色，也有黄色的，供观赏。

大叶子花 （邯:内）

【雁来红】 一年生草本植物，叶子长卵圆形，叶子表面有黄色和红色的斑点，秋天开花，黄绿色，可供观赏。

冬来红 （邯:临）

老来俏 （唐:昌）

老换少 （石:灵）

老来变 （唐:丰）（承:承）

老少年 （天:任）

老来红 （邯:乡、大、威、永、肥、内、魏）（张:康、宣、商）

老来少 （全省通行）

谷穗白 花绿色。（张:蔚）

干穗谷 花红色。（张:蔚）

串红 （唐:秦）

秋罗 （承:围）

步步登高 （张:龙）

步步高 （张:赤）

臭爱子 （张:沽）

【兰花】 茎高三四尺，叶对生，卵形或披针形，叶边绿，有锯齿，也有小缺刻。淡紫色，头状花，中医入药，有利尿、健胃、解热等作用。

兰花 （全省通行）

兰花儿 （保:保）

巴兰花 （天:静）

麻兰花 （邯:内）

马莲 （天:安）

甜水花 （张:沽）

韭菜莲 （张:蔚）（石:深、束）

麦冬草 兰草的一种，很像麦冬。

【蝴蝶花】 多年生草本植物，有分枝，叶长椭圆形或披针形，花大，有五瓣，近圆形，通常是黄、白、紫三色或是一种颜色，供观赏，也叫三色堇。

蝴蝶梅 （唐:丰）（邯:肥）（承:隆、承、滦、围）（张:万、宣、沙）（邯:肥）

紫蝴蝶 （石:正）

小蝴蝶梅 （承:滦）

大蝴蝶梅 （承:滦）

豆拌子花 （邯:大）

【木槿】 落叶灌木，叶子卵形，掌状分裂，花钟形，单性，通常有白、红、紫等颜色，茎皮纤维可做造纸原料，嫩叶可泡茶，花和种子等可入药，是解热药。

水荆 （石:束、深）

【丽春花】 高二尺多，茎有粗毛，叶互生，羽状分裂，春夏间枝梢生花茎，顶生一花蕾，萼片二，开花时即脱落，花瓣四片，很大，有红、紫等色，供观赏用，极美丽。

虞美人 （石:深、束）

罂粟花 （石:深、束）

【翠菊】 一年生草本植物，叶子互生，卵形或长椭圆形，有粗锯齿，6～8 月开花，头状花序由黄色的管状花组成，周围的花瓣有蓝、紫、浅红、纯白等色，供观赏。

江西腊儿 （石:束）（承:隆）（唐:丰）

江思腊 （承:围）

【梅花】 落叶乔木，品种很多，性耐寒，叶卵形，早春开花，花瓣五片，分粉红、白、红、绿等颜色，有香气，果实球形，青色，成熟的黄色可以吃，味酸。

干枝梅 （邯:肥、丘）（石:枣）（张:口）（天:桥）

干枝梅儿 （石:束）

冬梅　(唐:秦)(张:赤)

月梅　(承:滦)

桃梅　(承:滦)

干枝子梅　(唐:乐)

【蜡梅】　落叶灌木,叶对生,卵形,开花以后才长叶子,冬季开花,花瓣外层黄色,内层暗紫色,芬香味浓,可供观赏。

蜡甲梅　(邯:周)

蜡梅花　(邯:内)(张:万)(石:灵)(承:兴)(唐:大)(天:安)

杏梅　(承:滦)

【珍珠梅】　落叶灌木,羽状复叶,小叶披针形,春天开白色小花,数小朵聚在一起,呈球状,有香气,可供观赏。

月梅　(承:滦)

【榆叶儿梅】　落叶灌木或小乔木,叶子椭圆形或倒卵形,花粉红色,果实球形,红色,可供观赏。

榆梅　(唐:丰、遵、昌、抚)(石:井)

对叶梅　(石:灵)(保:安)

榆梅花儿　(唐:迁)

【凌霄花】　落叶藤本植物,攀援茎,叶对生,奇数羽状复叶,小叶卵形,边缘有锯齿,花鲜红色,花冠漏斗形,蒴果有柄,花、茎、叶都可入药,又名鬼目、紫葳。

喇叭花儿　(天:安)

玻璃翠　(唐:抚)

【玉簪花】　多年生草本植物,叶子大,叶片卵形或心脏形,总状花序,花洁白如玉而含蕊如簪头,有芳香,蒴果,长形,供观赏。

玉针　(石:行、泽、束、深)(邯:大)

玉珍花　(石:晋)(天:肃)(邯:清)

玉珍棒儿　(天:安)(保:新)

玉春棒儿　(承:承)

玉杵棒儿　"杵"音 chun。(承:承)

金簪花　(张:沽)

凉簪花　(张:蔚)(唐:山)

凉簪花儿　(唐:丰、遵、蓟)

白玉簪　(石:建)

玉簪棒儿　(唐:宝、抚)(保:兴)

棒棒儿花　(石:正)

【绣球花】　多年生草本植物,叶子略作圆形,夏天开花,红色、粉色或白色,果实为蒴果,可供观赏,也叫洋绣球。

绣球　(唐:遵、山)(承:滦、围)(保:定)

绣球梅　(承:丰)(张:张)

洋绣球　(天:安、天)

粉绣球　(承:滦)

蝴蝶花　(张:沙)

蝴蝶绣球　(唐:丰)

绒蛋花　(天:故)

芙蓉花　(邯:大)

【凤仙花】　一年生草本植物,茎多汁,叶子披针形,花白色、红色、淡黄色或粉红色,蒴果卵形,种子是解毒药,并有通经、催产、祛痰等作用,根茎可以治跌打损伤,红色的花瓣可用来染指甲,俗称指甲花或指甲草。

指甲　(张:蔚)

指甲草　(全省大部分地区通行)

指甲草儿　(唐:丰、遵、宝、三)(承:承、兴、平、围、滦、隆)(天:固、桥、安、永、霸)(邯:鸡、大、宗、鹿、沙、涉、周、成、内)(保:望、水、满、新、兴、涿)

指甲花　(张:沙)

指甲花儿　(全省大部分地区通行)

指甲草花　(邯:邯、魏)

指甲草儿花　(邯:永)

指甲草花儿　(邯:广)

指甲根花儿　(保:定)

指甲鱼　(邯:任)

指甲鱼儿　(邯:乡)

指甲桃　(天:山、黄)(邯:南、台、任、内、漳)(石:宁)(承:围)

指甲桃儿　(石:冀、束、衡、深)(天:故、庆)(邯:清、磁、尧)

指草儿 （承:滦）

色指甲 （唐:山）

色指甲花儿 （唐:丰、滦、蓟）（承:兴）

色手手花 （张:宣）

手指甲花 （唐:昌、滦、乐）

手鸡尖花 （唐:昌）

手己巾花 （唐:滦）

染指甲花儿 （石:正、栾）（天:任）（保:清、蠡、容）

染指甲草儿 （保:保、清）

海纳 （张:康、龙）

海纳花子 （张:沙）

海莲子花 （保:安）

十样景 （邯:肥）

指英桃 （承:平）

海南花 （石:建）

海兰子花 （石:无）

家桃花 （承:平）

家竹桃花儿 （唐:乐）

芝草儿 （承:丰）

坎莲花 （唐:迁）

芝金草儿 （承:丰）

打指盖儿 （天:安）

海棠花 （唐:秦、抚）（石:行、栾）

【鸡冠花儿】 一年生草本植物，叶子披针形或长椭圆形，有尖，穗状花序，形状像鸡冠，通常红色，也有黄、白、橙、紫或红黄相混等色，供观赏。

鸡冠冠 （张:万）

鸡冠冠花 （张:崇）

鸡冠子 （天:宁）（唐:遵）

鸡冠子花 （全省大部分地区通行）

鸡冠子花儿 （天:静、任、安、南、霸）（保:定、保、唐、新、清）（张:蔚）（唐:滦、玉、乐）（石:栾）

矬鸡子 较矮。（承:滦）

【茉莉花儿】 常绿灌木，叶子卵形或椭圆形，有光泽，夏季开，花白色，香味特浓，供观赏。花用以熏茶。

茶叶花 （唐:卢）

茶花儿 （唐:丰）

茉莉 （承:围）

茉莉针 （保:新）

茉莉珍子 （邯:郸）

茉莉枝儿 （保:雄）（天:霸）

香花 （邯:大）

颜粉花 （唐:滦）

颜粉豆子花 （承:围）

做饭饭花 （张:商）

老爷儿没 （保:保）

送闺女花 （石:获）

黄泥花 （石:束、深）

mò 日开 （石:深、束）

【紫茉莉】 一年生或多年生草本植物，叶子卵圆形，花红色、白色、黄色或紫色，果实圆形，成熟时黑色，种子白色，根和种子都入药，花供观赏，也叫草茉莉。

玉香梅 （石:宁）

假胡椒 （邯:清）

胭粉花 （唐:昌）

草茉莉 （天:天）

茉莉花 （唐:丰）

【牵牛花】

白丑 （石:束、深）

黑丑 （石:深、栾）

黑丑白丑 （承:隆）

牵扯郎 （天:霸）

牵牛郎 （邯:内、威）

牛郎花儿 （邯:内、威）

大碗花 （承:围）

打碗子花 （唐:蓟）

喇叭花 （石:束、深）（承:青）（天:桥）（唐:丰）（张:口、宣、沙、赤、鹿、万、怀）

【旋花】 蔓生，茎细长，缠绕于他物上，叶戟形或箭形，互生，夏日，叶腋出花梗开花，漏斗形状，与牵牛花相似，淡红色，野生。

猪沿草 （石：束、深）

穿竹帘 和旋花相似，只是花是瓣状，人工栽培供观赏的花。（石：深、束）

【荷花】

莲花 （全省通行）

老蓬 （保：清）

藕花 （唐：大、乐）

莲莲花 （保：清）

【金丝荷叶】 叶如莲而小。

旱莲儿 （石：束、深）（唐：丰）

【杜鹃花】 常绿或落叶灌木，叶子椭圆形，春天开花，红色，可供观赏，也叫映山红。

豆星花 （承：青）

映山红 （唐：丰、滦）（承：丰、隆、青、围）（石：无）（天：霸）（邯：内、威、漳）（保：水）

映山红花 （承：隆）

洋蝴蝶 （承：滦）

冬青花 （承：围）

满山花 （承：青）

【芙蓉花】 落叶灌木或小乔木，叶子阔卵形，花白色，粉红色或红色，单瓣或重瓣，蒴果扁球形，有毛。

高蒲令 （唐：丰）

蓉花树 （邯：周）（唐：乐）

洋芙蓉 （邯：内）

臭芙蓉 （天：献、黄）

【菖蒲】 多年生草本植物，生在水边，地下有淡红色根茎，叶子形状像剑，夏天开花，淡黄色，内穗花序，根茎可作香料，中医又用作健胃剂，外用可以治牙痛、齿龈出血等。

十样锦 （承：滦）（天：天）

香蒲 （唐：丰、乐）

蒲草 （邯：魏）

蒲棒 （天：安、桥、霸）

蒲子 （唐：抚、滦、乐）

蒲棒草 （天：安）

【菖蒲莲】 多年生草本栽培植物，春日从球形的地下茎生剑状叶，扁平如菖蒲，夏日叶间抽花茎，上部花蕾排列侧向一方，色有淡红、橙等，供观赏。

板竹 （石：束、深）

扁竹 （唐：滦）（石：晋、冀、高、赞、无、枣、藁）（天：饶、孟、献、霸、津）（邯：广、鸡、磁、威、鹿、清、台、周、南）

扁竹竹 （张：张）

凤尾竹 （唐：丰）

扁竹蓬 （唐：秦）

扁竹兰 （承：滦）

【万年青】 多年生草本植物，冬夏常青，没有地上茎，叶披针形或带形，从根茎生出，花淡绿色，果实橘红色或黄色，根可入药，有强心和利尿作用。

不死草 （保：博）

护坟草 （邯：肥）

【冬青】 常绿乔木，叶互生，卵形，前部有尖，花小，白色，雌雄异株，果实球形，红色，木材可以制造器具，叶子可制褐色染料。

冬荆 （邯：涉）

绿冬青 （张：万）

【龙舌】 即水车前，一年生草本植物，生在池沼水田中，叶子丛生，薄而柔软，卵圆形，带紫绿色，夏天开花，淡红紫色，果实有翅。

龙舌兰 （承：隆）（张：宣）

龙舌掌 （唐：丰）

铁树 （天：献）

【艾】 多年生草本植物，开黄花，叶子分裂或羽状，有香气，叶可以入药，焙炙法上用，内服可作止血剂，点着后能驱蚊蝇。

艾子 （唐：丰、滦、遵、山、乐、玉、抚、西、卢）（保：易）

（承:青）

艾蒿 （承:承、隆、青、围、滦、平）（天:庆、黄）（唐:迁、西）（张:蔚）

蒲艾 （唐:蓟）（承:平）（石:冀）（邯:邯、郸、永、内）（张:尚）

香艾 （天:固）

【蓼】 一年生或多年生草本植物，叶子披针形，花小，白色或略带红色，生长在河边和水中。

王八骨头 （唐:昌）

狗尾巴花 （石:束、深）

水莲杆 （唐:滦）

【百日草】 高二三尺，茎中空，节间对生叶，叶腋长枝，枝头生头状花，花瓣舌形硬厚，有红、黄、白等色，枝杈生枝，开花时日很长，约两三个月。

节节高 （唐:昌、丰、乐）（天:安）

步步登高儿 （石:深、束）

步登高儿 （承:平）

节节草 （邯:内）

【茜草】 多年生草本植物，根圆锥形，黄赤色，茎有倒生刺，叶子轮生，心脏形或长卵形，花冠黄色，果实球形，红色或黑色，根可作红色染料，也可入药，有通经和利尿作用。

涩巴草 （石:深、束）

【地锦花】 茎从根际分生数枝，红色平铺地面，叶小椭圆形，花黄色，果实黑，庭院台阶间隙多生之。

卧草儿 “卧”读阳平。（石:深、束）

【回回蒜】 草本植物，高二三尺，复叶，由三小叶合成，须根，春夏间开小黄花，五个花瓣，果实多数相聚成球形，味辛辣，根、茎、叶皆有毒。

野蒜 （邯:内）

择蒜 （邯:内）

打碗稞 （石:深）

反眼稞 （石:深）

【地黄】 多年生草本植物，野生或人工栽培，叶有皱纹，长圆形，花淡紫色，根黄色，可入药，有补血强心作用。

婆婆奶 （石:束、深）

【三棱草】 生于沼泽旁，为宿根水草，形似蒲而稍狭，高三四尺，茎端开黄花、紫色花，果实细小，其叶、茎、花、实皆有三棱，故名荆三棱，可入药。

竹叶草 （唐:丰）

棱子草 （石:深、束）

三棱子草 （唐:乐）

水葱子 za （唐:大）

【瓦松】 多年生草本植物，叶肉质多浆，厚而细长，茎的上部开花，总状花序，花白色，多生在房屋的瓦上或山地岩石间。

瓦综 （石:获、赞、行）（邯:宗、南、肥）

瓦综草 （邯:任）

松塔 （承:丰）

松塔儿 （承:滦、丰）

星星 （邯:涉）

瓦陇 （邯:涉）

酸溜溜 （张:怀）

【仙人头】 多年生植物，茎球形或椭圆形，肉质，有纵行的棱，棱上有丛生的刺，花大红色，可供观赏，俗称仙人拳。

仙人球 （唐:秦、抚、昌）（石:束）（天:东、文、安、宁、沧、天、桥、霸）（张:口、宣）（承:围）

仙人槌 （张:尚）

仙人拳 （张:宣、蔚）

仙人瓜 （全省通行）

地里瓜 （唐:大）

【仙人指】 多年生植物，茎粗如人指，长三寸左右，暗绿色，外长细绒刺儿，指上长指，不断生长，夏季开红色花。

仙人指甲 （张:沽）

【仙人掌】 多年生植物，茎长椭圆形，稍扁平，像手掌，上部肉质，有锐利的刺，花黄赤色，果实椭圆形，肉质，原产热带地方，可供观赏。

仙人爪　（张：万）

霸王鞭　（天：天）

【蒺藜】　一年生草本植物，羽状复叶，小叶长椭圆形，开黄色小花，果皮有尖刺，种子入药，有滋补作用。

jiè nìng 狗子　（唐：乐）

只藜　（邯：广、涉）

质藜　（张：阳）

蒺藜棵子　（保：保）（唐：乐）

拦路虎　（邯：威）

扎藜儿　（张：万、怀、尚）

蒺蒺　（石：行、灵）

苲蒺藜　水中生的苲菜，成熟后生长蒺藜，可作牲口饲料。（保：安）

【蒺藜的蔓】

蒺藜蔓　（石：正、建）

蒺藜秧　（保：容）（石：束、深）（邯：宗、乡）

蒺藜棵　（天：庆、桥）（保：完）（邯：鸡）

蒺藜狗儿秧　（保：新）

蒺藜狗子　（天：安）

tǎngkē　（唐：蓟）

【蒺藜的果实】

仓　（石：灵）

仓棵　（石：灵）

苍子　（邯：肥）（天：桥）

苍子棵　（保：安）

zaizì　（天：桥）

钱棵　（邯：肥）

蒺藜　（邯：邯、临、涉、漳、乡）（保：水、涿、容）（天：庆）（石：建、晋、井、冀、武、深、束）

蒺藜疸　老农民说。（张：鹿）

蒺藜鬼　（张：鹿）

三角蒺藜　（邯：任）

蒺藜果儿　（张：蔚）

狗头蒺藜儿　（张：万）

狗铃铛　（张：龙）

鬼葛针　（石：平）

机灵狗儿　（唐：大）

【马兰】　多年生草本植物，叶子对生，有柄，椭圆形，边缘有锯齿，暗绿色，有光泽，花紫色，茎叶可制蓝靛。

马兰花　（天：静）

马兰墩　（石：枣）

马兰草　（石：深、枣、晋）（邯：尧）

马莲　（全省大部分地区通行）

马莲花　（唐：西、乐）

马莲奔　（石：井）

马顿　（邯：清）

【蒲公英】　多年生草本植物，叶子倒披针形，羽状分裂，质薄而柔软，含有乳汁，花黄色，排列成头状花序，瘦果褐色，有白色软毛，嫩叶可作蔬菜，根茎可入药，有解热作用，又是健胃剂，也叫黄花地丁。

补补丁　（邯：乡、永、任、肥）（石：石、正、枣）（保：阜、完）

蒲蒲厅　（邯：广）

蒲蒲钉　（邯：魏、丘、尧）

蒲公丁　（唐：宝）

蘑蘑丁　（邯：清）

古古丁　（石：无、灵）

稞稞丁　（石：栾）

布布丁　（邯：成）

婆婆丁　（承：丰、承、隆、围、滦、平）（石：晋、建、束、深）（天：强、黄、饶、桥、故、沧、山、庆、津）（邯：宗）（张：赤）

菠菠顶　（张：龙）（石：灵）（保：满）

蒲荷丁　（邯：大）

蘑菇丁　（天：固、静、献、任、大、安、河、永、肃）（保：博、新、兴、蠡）

莫狗钉　（天：河）

鸽鹁丁　（天：阜）

布谷丁　（保：雄）

毛毛英 （石:平）

布布英 （张:鹿）

姑姑英 （石:行）（保:阳）（张:商）

菠菠英 （张:蔚、沽）

婆婆英 （唐:丰、乐、滦、宝、迁、卢、抚、西）（承:兴、青）

婆婆英子 （唐:乐）

菠菠秧 （张:龙）

拔儿英 （张:阳、宣）

瓣儿英 （张:张、崇）

刺刺菜 （保:安）

馍馍菜 （邯:南）

天具菜 （张:康）

燕子苗 （邯:漳）

黄黄苗 （邯:郸、内）

毛毛漾 （唐:昌）

牙牙葱 （邯:内）

苦苦蒜 （天:文）

老牛棒 （邯:临）

老牛干粮 （保:完）

菠叶儿 （张:蔚）

汲根根 （张:张、万）

木根儿 （张:怀）

木硬硬 （邯:涉）

麻麻唐稞的 （石:井）

车钱 （张:尚）

牛舌头 （石:冀）

【车前草】 多年生草本植物，叶子长卵形，夏天开花，淡绿色，果实纺锤形，叶子和种子可入药，有利尿、镇咳、止泻等作用，也叫车前子。

车前子 （唐:迁）（承:丰、平、滦）（石:冀、无、平、灵）（天:故、河、天）（邯:鸡、尧）（保:定、新、蠡）

车前前 （张:张、万、康、尚）

车串串 （张:崇）

车荆子 （石:灵）

车轴草 （唐:秦）

车里儿草 （邯:郸、永、内）（张:怀）（唐:秦）

车轱辘菜 （唐:滦、遵、迁、乐、抚、蓟、昌）（承:平、承、青、隆、兴、围）（石:栾）（张:沽）

车毂辘圆 （唐:丰、乐、宝、山、玉、大、滦）（承:平）

车轱辘辕 （天:固）

牛舌头 （邯:南）

牛舌头棵 （石:枣）（天:文、山、安）

老牛舌 （天:阜、献、桥）

老牛舌头 （天:津、故、桥）（唐:乐）（承:平）

牛耳科 （天:霸）

牛耳朵棵 （天:饶、深、束）

猪耳朵 （石:正）（邯:宗、清）（保:水）

牛耳朵舌 （天:任）

猪耳刀 （石:无）

猪耳朵棵 （石:泽、赞、东、井、藁、深）（天:强、肃）（邯:乡）（保:博）

猪耳朵叶 （石:建、无）（邯:任）（保:阜）

老克猪耳朵 （唐:乐）

狗舌头 （张:蔚）

马鞭儿 （天:静）

雪滴片 （保:新）

瓜拉鞭 （天:山）

小麻糖 （邯:涉）

麦穗草 （石:获）

合包药 （承:滦）（石:无）（天:强、大、庆）（保:唐、完）（邯:乡）

野白菜 （保:安）

鞋底片 （石:行）（保:高、满、清、蠡）

鞋里片 （保:兴）

小棒槌棵 （邯:乡）

老鼠尾巴 （天:安）

碾碾转儿 （张:沽、龙、沙、鹿）

卜卜丁 （石:新）

【苍耳子】 一年生草本植物，夏天开花，绿色，果实外皮有刺，种子叫苍耳子，榨的油可以作油漆、油墨、肥皂的原料，中医用苍耳子治疗梅毒、麻疹、疟疾等症。

苍子 （石:泽、获、冀、武、枣、栾、束）（天:强、黄、固、饶、故、肃、东、献、任、山、桥、安、河、霸、庆、大、天）（邯:威、清、宗、乡、肥、南、丘）（保:博、清、蠡、保）（承:承）

苍苍(子) （石:无、藁）

苍苍子 （保:定）（邯:乡）

苍米子 （石:栾）

苍子秧 （邯:乡）

苍子棵 （保:高）

苍儿苗 “苍”音 cu。（张:崇）

苍栝 “栝”音 kuò。（石:栾）

苍的 （邯:大、周）

苍儿 （唐:乐、抚、滦）（石:新、正）（保:保）

苍耳儿 （保:唐、水、满、清、阳）（张:宣）

苍儿秧 （保:新、兴）（邯:乡）（唐:乐）

苍儿苗 （张:万、蔚）

苍儿棵 （石:行）（唐:大）

胡胡苍子 （石:栾、安）（邯:鸡、内）

苍麻子 （邯:鹿）

苍颗 （邯:郸、内）

苍子颗子 （承:隆）（保:高）

刺儿苗 （张:阳、龙）

草子科 （承:围）

麻苍儿 （唐:丰）

胡扠儿 （唐:昌）

马扠儿 （唐:昌）

苍儿坡 （石:建）

桑子棵 （承:平）

苍颗蒺藜 （邯:任）

蒺藜栝 （石:无）

猪耳朵 （石:石）

苍子儿 指果实。（保:保）

大苍子 （唐:乐）

【苜蓿】 多年生草本植物，叶子互生，复叶由三片小叶合成，小叶长圆形，开蝶形花，紫色，果实为荚果，是一种重要的牧草，可作绿肥，也叫紫花苜蓿。

地丁 （石:新）

扫帚 （石:建）

苜蓿 （天:霸、安）

苜蓿草 （石:灵）（承:滦、围）

【马尾草】 多年生草本植物，生在山野中，也有培植在园圃中的，茎高一米左右，叶子形状和烟叶相似，但无毛，果实为肉果，赤黑色，叶可食，其地下部分有毒，可供药用，果实有毒，能治水肿。

狼尾巴英 （保:完）

狼刷 （张:沽）

狼尾巴蒿 （邯:任）

狼尾巴锤 （石:灵）

狼尾巴草 （石:获、栾、行、灵）（邯:临、涉、丘）（保:阜、满）

狗尾草 （邯:漳）

狗尾巴草 （邯:魏）（保:新）

马尾巴草 （全省大部分地区通行）

马尾巴蒿 （邯:内）

马耳朵草 （保:清）

马辫草 （唐:丰）

妈妈忍 （唐:大）

草胡子草 （邯:威）

【错草】 多年生草本植物，地下有根茎，地上茎一年枯死，茎有节，中空，各节相合成鞭状，叶轮生，鳞片状。

接节草 （天:河）（邯:临）

接接草 （石:栾、河、石、新）（天:饶、东、献、桥、霸）（邯:乡、郸、宗、任、大、清、沙）（保:水）

接骨草 （全省大部分地区通行）

接骨匠 （张:万）

接子草 （天:庆）

节节儿草 （石:行、泽、冀、河、无、束、枣、深）（天:强、黄、固、文）（邯:沙）（保:水、高、清、新）（张:蔚）

个接草 （张:沽）（石:平）

透骨草 （唐:丰、抚、乐）（邯:威）

对眉草 （天:安）

木贼 （全省大部分地区通行）

通草 （石:深、正、宁、藁、安）（天:故、肃、桥）（邯:魏、鸡、柏、肥、涉、内、尧、丘）（保:保、望、安）

问荆 （唐:昌）

稗草 （保:安）

爬拉蔓 “蔓”音 wàn。（唐:大）

顶水珠 （天:桥）

【含羞草】 一年生草本植物，羽状复叶，叶子有长柄，触动时小叶会自动合起来，叶柄下垂，花粉红色，供观赏。

指羞草 （唐:秦）（石:无）（邯:涉、内）（张:龙）

遮羞草 （张:张）

含羞草儿 （唐:乐）

害羞草 （石:石）

合欢草 （唐:秦）

【芦草】 野生苇子，比苇子细小，多生在较湿的田地里。

芦子 （唐:丰、乐）

芦子草 （张:蔚）（唐:乐）

芦儿草 （天:安）

芦草 （天:天）

芦渣 （天:桥）

芦椎子 （唐:大）

笛子 （邯:内）

双簧 （邯:内）

兼草 （邯:内）

【苇子】 多年生草本植物，多生在水边，茎中空，光滑，叶子披针形，茎的顶端生较大的锥形穗，花紫色，花的下面有多丝状的毛，茎可以编席，也可以作饲料或造纸原料。

芦苇 （天:天）

芦渣 “渣”音 zā。（天:桥）

苇的 （石:井）（邯:邯、肥）

栽苇 最好的苇子。（保:安）

茅草 （邯:清）（保:博）

巴茅 （张:尚）

黄瓤草 节硬打箔用，也可编席。（保:安）

白茅子苇 做篱笆，也能打箔，一般是做烧柴。（保:安）

荻子 多年生草，跟苇子同属，生长在水边，可编席。（石:平）

【浮萍】 一年生草本植物，生在河流、池塘或浅水中，叶子扁平，椭圆形或倒卵形，表面绿色，背面紫红色，叶子下面生须根，夏天开白色花，全草入药，有发汗、利尿的作用，也叫紫萍或水萍。

浮萍草 （天:献、安）（邯:大、任、涉）（唐:三、玉）（石:灵、河）

浮萍草儿 （天:静）（石:深）（邯:邯）（承:平）

浮菜 （天:津）

浮皮草 （唐:遵）（天:庆）

浮名草 （邯:肥）

浮草 （天:桥）

水葫芦 （邯:威）

水草 （唐:抚）（石:枣、藁）（张:蔚）

水萍 （石:安）（天:河）（邯:鹿、南）

水萍花（草） （天:桥）

水萍草 （天:河）（保:定）

水萍草儿 （天:静）

水上漂 （石:正）

水皮草 （天:庆）

水榆钱儿 （唐:丰）

漂漂 （唐:滦）

萍萍 （承:平）（石:晋、栾、新、安）（邯:魏、鸡、成、内、漳）（张:万、尚）（天:桥）

沫草 （石:冀）

苗子 浮萍。（石:灵）

野藕秧 （唐:大）

【木耳】 菌的一种，生长在腐朽的树干上，形状如人耳，黑褐色，胶质，外面密生有柔软的短毛，可供食用。

木文 （石:石）

树莪 （邯:涉）

耳子　(张:鹿、怀、阳)

地谷脸　(邯:肥)

木蛾儿　(邯:威)

【蘑菇】　蕈类,多生在牧场的草地上,有白色菌盖,供食用,味鲜美,张家口一带出产最多。

帽菇　(邯:内)

毛锅　(邯:磁)

毛菇　(石:灵、栾)(邯:广、魏、任、肥、周、内、大、磁、涉、漳、丘、宗、乡)

毛菇菇　(邯:永)

毛枸　(邯:内)

莪菇　(邯:鹿)

雷瓦　(天:故)

雷老窝　(天:桥)

雷窝窝　(天:庆)

口蘑　(保:安)(张:万)(天:安)

【长蘑菇的地方】

蘑菇圈　(张:康)(承:围)

【冬菇】　高级香菇,冬季生长,表面有黏性,柄的一端生黑色茸毛。

冬蘑　(保:涿)(唐:丰)

蘑菇　(石:获)(天:霸)

冻黄蘑　(承:兴)

【香菌】　寄生在栗、槲等树干上的蕈类,菌盖表面黑褐色,有裂纹,菌柄白色,可以吃,味鲜美,也叫香草,有冬菇、春菇等多种。

香菇　(全省大部分地区通行)

香蘑　(唐:丰、抚)

香蘑菇　(唐:乐、秦)(邯:任)

蘑菇　(石:获、石、新、深、束)(天:固、文、霸)(邯:乡、沙)(保:博、安、定)(张:万、阳)(承:围、平)

油蘑　(天:安)

肉蘑　(唐:滦)(承:青)

云盘蘑　(承:滦、隆)

娥菇　(邯:南)

毛儿窝儿　(天:故)

菌子　(石:无)(承:平)(邯:内、丘)

毛菇　(石:井)(邯:广)

【马勃】　菌类,形如西瓜,外皮白色,内皮黄色,薄如纸片,初生时内含大量水分,后水分渗出,干燥如绵状,打破后散出褐色粉末(孢子),民间供药用,可止血。

药蘑菇　(保:兴)

药包子　(保:兴)

马皮包　(张:万)(邯:内)

马喜泡　(唐:乐、滦)

马粪包　(承:平)

【狗尿苔】　菌的一种,生长在竹林里潮湿的地方,菌盖红色,表面有黏液,有臭味,是有毒的植物。

鬼笔　(天:庆)(唐:秦、蓟、昌)(承:平)(石:晋、灵、藁)(保:安)(邯:内)

粪蘑　(唐:丰)

长虫蘑　红色。(唐:丰)

雷雷窝　(天:津)

猴戴帽　(石:宁)

狗屎齐　(石:灵)

狗尿蹄　(石:建)

狗尿材　(邯:宗、丘、乡、威)(石:栾)

狗尿菜　(邯:涉)

尿蘑菇　(张:万)

尿菇苔　(邯:大)

柳蘑　(唐:丰)

榆蘑　白的。(唐:丰)

【青苔】　指阴湿的地方生长的绿色的苔藓植物。

绿不子　(天:庆)

绿补子　(邯:任)

绿醭　(天:霸)(邯:内)

绿苔　(天:静、天)

万年青　(石:无)

老汉烟 （张:阳）

葫芦癣 （唐:丰）

唾唾长 （张:万）

绿抹楞 （石:平、灵）

绿姆楞 （石:获）

绿母膏儿 （保:清）

绿母儿 （保:保）

绿木狗儿 （保:兴）

绿母狗 （唐:丰）

绿母沟儿 （保:新）

绿蘑儿 （唐:宝）

绿饽的 （邯:大）

绿毛毛 （天:固）

背阴草 （张:商）

苔 （天:安）

墙衣 （石:井）

瓦鬃 （石:平）

热草 （天:桥）

【墙衣】 生在墙上的青苔。

绿沫 （张:鹿）

绿膜 （唐:遵、蓟）

草绿 （石:栾）

阴草 （石:正）

节阴草 （石:栾）

背阴子草 （石:正）

水锈 （天:文）

绿沫楞 （邯:临）

绿铺的 （邯:鸡、任、丘、漳）

绿漠漠 （天:永）

豆腐嘎嘎 （唐:滦）

山网子 （唐:卢）

五　蔬菜

【藕】 莲的地下茎，肥大有节，中空如管，可食。

藕头 (保:清)

藕棍 (邯:内)

藕棍儿 (承:平)(唐:三)

莲菜 (邯:台、内)(承:平)(保:望)

白莲藕 (石:晋)

【莲籽】 荷花的种子。

莲蓬籽 (邯:磁、邯)(石:建、枣)(天:庆、静)

莲蓬籽儿 (唐:乐、丰、宝、迁、玉)(石:正、新)(天:强)

莲蓬仁儿 (保:清)(天:霸)

【茄子】

火石榴 (保:水)

短把儿黑 (保:水)

茄的 (邯:大、广、邯)

【菜瓜】 ①未熟时不脆，味不美，可暴腌佐食、可腌酱菜。这是真正菜瓜。②只可生吃、不腌着吃的叫脆瓜，也叫酥瓜。

酥瓜 (唐:遵、西、三、大)(邯:乡、郸、魏、鸡、邯、柏、大、磁、宗、永、台、临、肥、周、内、尧、漳)(承:兴、承)(石:行、无、正、平、石、井、藁、栾、安、赵)(保:定、水、望、满、清、阳、蠡)(天:河)(张:张、口)

酥菜瓜 (邯:肥、邯)

酥稍瓜 (唐:滦、乐)(保:涿、水)

脆筋 (石:灵)

脆瓜 (石:灵、束、深)(天:武、安、桥)

菜瓜蛋 (邯:肥、邯)

铃铛酥 (天:河)

麻酥子 (保:水)

姑妮瓜 长形似甜瓜，色白绿。(石:获)

稍瓜 (唐:乐、滦、蓟)

【丝瓜】 茎细长，叶掌状分裂，夏季开黄花，果实细长似黄瓜，嫩时可食，成熟后内有网状纤维，极强韧，可用以搓澡。

吊瓜 (石:宁)

丝瓜子 (邯:肥、丘、邯)

落苏 (天:津)

笨丝瓜 细长味美。(石:深)

洋丝瓜 比较短粗，但产量大。(石:栾、深)(天:安)

【绞瓜】 瓜长一尺多，黄色，瓜瓤淡黄，自然成丝，宛如刀切。

绞丝瓜 (保:博)(唐:卢)(石:束、深)

绞瓜 指北瓜。(天:山)

【苦瓜】 果实长四五寸，皮上有小疙瘩，未熟时呈绿色，熟则自裂，瓜带苦味，夏天炒着吃可去火。

傻瓜 (天:桥)

赖巴头 (唐:丰)

苦女瓜 （石:石）

满瓜头 （天:桥）

【倭瓜】 瓜的一种，结实扁圆或长圆形，色黄绿，肉厚，味甜，可煮食。

蒲瓜 （邯:内）（唐:卢、抚、昌）（天:故、桥）

北瓜 （邯:磁、宗、威、永、鹿、肥、涉、南、内、广、邯、魏、鸡、台、沙、任、周、尧、丘）（唐:三、卢、山、遵、昌、大）（承:隆、滦）（天:肃、静、文、大、桥、霸、河、东、献）（保:博、易、望、高、满、清、安、阳、雄、蠡、涿、定、唐、阜、完、容）（石:平、行、无、正、泽、深、石、冀、高、井、束、新、获、河、建、安、元、宁、衡、赵、枣、藁、栾）

南瓜 （天:河、东）（邯:邯）（石:建）

窝瓜 （保:易、完）（天:静、安、宁、天、固、霸）（唐:乐、卢、大）

蕃瓜 （张:宣、商、怀）

大瓜 （张:赤）

大民瓜 （保:水）

一窝蛋瓜 （石:赞）

叶叶三儿 （保:水）

玉瓜 （天:宁、文）

【南瓜】 果实正圆，大如西瓜，皮青绿或浅黄或有花纹不一，其瓜籽白色较大，其肉厚色黄可做菜或熬粥吃，味略甜。

白瓜 （保:兴）

白皮精瓜 （邯:清）

干瓜 （石:宁、束）

玉瓜 （唐:宝）（天:任）

窝瓜 （天:文、东、大、安）（张:怀、沙、鹿、蔚）（承:青、围）（唐:迁）（石:建）（邯:广、郸、临、邯）

寒木瓜 （保:新）

傻瓜 （保:新）

汗们瓜 （保:安、霸）

【金瓜】 秋季结实，形扁圆而硬，呈赭色，常放在家中供欣赏。

看瓜 （张:宣）

【瓠子】 菜瓜类。拳头般粗，二三尺长，灰绿色，皮上有白绒毛。多做菜汤或做菜馅用。

瓠 （邯:丘、广）

瓠儿 （保:容）

瓠瓜 （唐:滦、山、秦）（石:高、宁、藁）（天:孟、大、沧）（邯:魏、台、肥、邯、威）（保:保、高）（张:阳、龙）

瓠瓜的 （邯:大、邯）

瓠葫芦 （邯:鹿、南）

葫芦 （唐:乐）

【西葫芦】 瓜之一种，果实无毛，皮深绿色或有花纹，肉橙黄色，做菜吃，常用以做饺子、馅饼的馅。

菜葫芦 （邯:广、肥、邯）（承:承）

菜北瓜 （邯:郸、邯）

小白瓜 （保:博）

玉瓜 （保:蠡）

洋瓜 （邯:沙）

番瓜 （张:康）

懒瓜 （石:新）（张:张、万）

洋南瓜 （邯:漳、邯）

架囊瓜 （天:故）

葫芦 （天:桥、东、安）

胡瓜 （石:栾）（邯:乡、尧）

西葫 （天:天）（保:安）（张:万、阳）（唐:乐）

瓠瓜 （邯:任）

角瓜 （承:丰、围、滦、承、平、隆）

白北瓜 （保:蠡）

蝈蝈葫芦 扁圆，不能吃，用以养蝈蝈儿。（石:束、深）

油葫芦 上边细，下边圆。（邯:邯）

亚腰葫芦 中间细两头大，成一细腰。（石:束、深）

【葱】

大葱 （石:深、束、高）（天:霸、安）

大辣葱 （唐:昌）

小葱子 （唐:昌）

沟葱 （邯:邯）

【二年生葱】

洋久葱 （唐:丰、蓟）

洋稼葱 （石:武）（张:张、万、蔚、沙）（天:桥）（石:深、束）

洋角葱 （石:栾、晋）（保:水）（天:安、霸）（唐:乐）

【老葱叶儿与长花的梃儿】

葱棒棒 （天:桥）

葱梃儿 （唐:玉）

【葱白儿】 葱的近根处，色白。

葱脖子 （石:栾）

葱核 "核"音 hú。（石:栾、灵）

葱梃 （唐:滦）（石:灵）（张:鹿、沙）

葱头儿 （唐:迁、抚）（邯:邯）

葱盘儿 （邯:丘、邯）

葱白子 （石:栾、泽、行）（保:阳、阜、完）（张:崇、怀）（天:黄）（唐:乐）

葱胡子 （承:隆）

葱鼻子 （张:万）

葱疙瘩 （邯:尧）（石:宁）（张:沙）

葱梗 （天:宁）（邯:漳、成、邯）

葱根 （唐:蓟）（承:隆）（邯:磁、邯）（保:安）

葱裤 葱白儿和葱叶儿中间。（承:滦）（唐:蓟）

【洋葱】 多年生草本植物，一名玉葱，叶中空，似葱而细，地下鳞茎扁圆，供食用。

葱头 （保:定、易、望、水、安、阳、新、兴、雄、涿）（唐:丰、滦、遵、宝、玉、大、蓟、三）（张:张、万、赤、阳、宣、龙、沙、商、怀、蔚、尚）（承:滦、青、承、平）（石:泽、深、行、无、正、灵、枣、栾、藁、晋、束、石、获、高）（天:阜、固、饶、故、东、任、文、山、桥、安、天、武、永、霸、沧、宁）（邯:魏、鸡、肥、周、南、内、尧、邯）

洋葱头 （唐:遵、宝、山、大、三、蓟）（石:枣、藁、赵、晋、石、安、无、冀）（承:承、平）（天:强、黄、孟、肃、大、桥、沧、安）（邯:肥、内、邯、尧）（保:定、保、望、兴、雄、完）（张:宣、口）

大洋葱头 （石:栾）

【蒜】

大蒜 （石:深、束）（天:安）

蒜骨都儿 （唐:滦、乐）（石:平）（邯:郸、邯）

【蒜薹上端长小蒜的包囊】

蒜布袋 （天:桥）

蒜娃娃 （天:桥）

蒜薹帽 （邯:丘、邯）

【蒜薹】 蒜的花轴，供食用。

蒜苗 （保:定、保、望、唐、高、满、清、安、新、兴、博、阳、蠡、阜、容）（唐:滦、遵、宝、山、玉、卢、大、三、乐、秦、蓟、西）（张:万、阳、康、沽、宣、崇、鹿、怀、蔚、尚、口）（承:丰、围、青、隆、兴、平、滦）（石:建、赞、无、栾、藁、赵、宁、武、晋、束、高、安）（天:阜、黄、饶、孟、故、肃、静、献、任、文、大、山、河、武、永、安、霸、沧、庆、东、津、天）（邯:邯、郸、魏、鸡、柏、磁、威、永、鹿、沙、宗、任、肥、临、涉、周、成、内、尧）

蒜毫 （承:丰）（天:东、安、桥）（石:高、深）

蒜毫儿 （唐:丰、乐、三、大）（石:衡、枣、石）（承:滦、承）（天:强、天、固、孟、献、庆、桥、霸、安）（保:涿）

蒜梃 （保:兴）（张:崇、怀）

蒜黄 （保:涿）

蒜菜 （邯:宗）

【青蒜】 蒜初生时以食其叶为主，当时叫青蒜。

青苗儿蒜 （天:静、安）（唐:乐）

青蒜苗 （天:天、桥）

蒜毫儿 （承:承）

蒜苗 （唐:迁、丰、滦、遵、西、宝、抚、山、大、乐、玉）（石:栾、衡、宁、赞、无、深、冀、泽、灵、石、获、高、建）（天:固、饶、孟、故、文、大、天、桥、宁、津、河、武、沧、庆、黄）（邯:乡、邯、郸、魏、鸡、大、威、永、台、沙、任、临、肥、涉、漳、周、南、内、尧、丘、成）（保:易、容、望、水、高、满、清、安、涿、新）（张:张、万、阳、宣、龙、崇、尚、口、沙）

水蒜 （石:平）（天:故）

【蒜黄】 蒜芽之嫩者，色嫩黄，可充韭黄。

蒜苗 （邯:广、任、邯）（张:赤）（天:安）

蒜毫儿 （承:承）

【蒜头】

蒜骨突 （石:平）（唐:乐）

【蒜瓣儿】 蒜头中的散瓣儿。

蒜瓣儿子 （天:东）

【蒜辫子】 几十头蒜编成长辫子。

蒜辫子 （唐:乐、西）（承:丰）（天:桥、安）

【韭菜】

头茬韭菜 指鲜韭菜。（承:滦）（天:安）

二茬韭菜 指不是鲜的。（承:滦）（天:安）

臭韭菜 指六月间的韭菜。（承:滦）

黄牙韭 冬天窖生的韭菜。（天:天）

【韭黄】 韭菜之黄嫩者。

韭芽 （承:平）（邯:魏、鸡、永、沙、肥、周、尧）

韭菜芽 （张:张、万、阳、康、沽、龙、沙、商、崇、蔚、尚）（唐:丰、遵、玉、蓟、秦、迁、抚、西、秦、昌）（承:丰、围、青、隆、平）（石:灵、石、宁、井、栾）（天:强、饶、故、文、河、沧、庆）（邯:邯、魏、永、内、尧）（保:容、望、水、高、满、清、安、新）

黄韭 （石:束、正、深、晋、灵、河、高）（天:孟、天、肃、东、献、宁）（邯:南）

黄叶韭 （保:定）

黄牙韭 （唐:宝、大、蓟、丰）（石:行、赞）（天:强、黄、安、宁、永、霸）（保:唐、兴、蠡）（张:宣、怀）

鲜韭菜 （石:获）

胎韭 （石:灵）

韭菜苗 （承:承）

马粪韭 （唐:大）

【韭菜花】 把韭菜花儿磨成粥状，加盐，为小菜。

韭花儿 （唐:遵、迁、三、抚、昌）（承:围、隆、承、平、丰、滦）（邯:广、乡、邯、郸、魏、大、宗、威、台、沙、任、临、肥、涉、漳、成、内、尧、丘）（保:涿）（天:津、桥、安）（石:深）

【苋】 蔬菜类，长尺余，叶互生，卵圆状，有青赤二色，花黄绿色，种子暗褐色，嫩时可食。

人苋儿菜 （唐:丰、宝、玉）

荼菜 （石:赞）

人角儿菜 （唐:丰、宝、玉）

米谷菜 （邯:漳、邯）（石:束、深）

干穗谷 （石:深、束）

钱菜谷 （天:桥）

【马齿苋】 茎微红，匍匐地面，黄色花，耐旱，茎叶可食，味微酸。

长寿菜 （保:易）

马绳菜 （保:易）（石:深、宁、束）

马绳儿菜 （保:易）

马勺菜 （保:蠡）

马耳菜 （保:蠡）

马家菜 （天:献）

马及菜 （唐:抚）

马斯菜 （邯:涉）

马儿菜 （天:安）

马须菜 （天:天）

马令菜 （唐:丰、大）

马苋儿菜 （唐:丰）

马蔬菜 （唐:宝、玉）

马马菜 （天:桥）

马齿 （石:行）（保:蠡）

红马勺菜 （保:蠡）

白马勺菜 （保:蠡）

马榨子菜 （天:桥）

马子菜 （天:宁）

马蛇菜 （承:滦）

马顺菜 （石:灵）

【地瓜儿苗】 生于湿地，方茎，高三四尺，根茎白色，长尺余，有节。叶长椭圆形而尖，有粗锯齿，对生。秋天开花，白色，根可食，可腌制酱菜。

银条菜 （石:深、束）

【甘螺儿】 学名草石蚕，地下茎肥大，呈连球状，肉白色，供食用，可腌制酱菜。

地瓜 （邯：魏、丘、周、任）（保：安）

地瓜儿 （邯：广、邯）

地瓜刺儿 （天：安）

地不拉儿 （天：桥）

地榴 （邯：任）

地娄儿 （石：束、深）

地环儿 （承：承）（天：天）

地蔴辣 （天：津）

锭子 （唐：滦、迁、蓟）（承：平）（石：无、赞）（天：任、霸）（保：高、阳）（张：怀、龙、沙）（邯：永、沙、成、内、漳、丘、邯）

锭子轱辘儿 （唐：昌、抚）

茨葫芦儿 （唐：丰）

螺丝钉 （张：阳）

螺丝菜 （石：晋）

螺丝转儿 （天：安）

甘螺的 （邯：邯）

地葫芦 （天：天）

【白苋菜】 嫩时茎、叶可食，果实可做饭食，和黏米相似。

白人情菜 （石：正）

苋菜疙瘩 （张：口）

【红苋菜】

红人情菜 （石：正）

灰灰菜 （承：滦）

紫苋菜 （石：藁、宁）（天：饶、故）（邯：沙、涉、邯、内）

【西红柿】

番茄 （唐：遵、昌、蓟）（承：平）（石：平、无、藁、栾、灵）（邯：郸、鸡、磁、宗、沙、邯、任、肥、涉、内、尧）（张：宣、沙）（天：饶、故、东、桥、天）（保：定、望、安、雄、蠡）

西红柿子 （张：怀）

西番柿子 （张：赤、阳、鹿）

柿子 （张：康、尚、蔚）（唐：遵、宝、三、玉）（承：承、平）（石：无、栾、安）（天：静、阜）（邯：魏、邯、柏、肥、内）（保：望、清、涿）

火柿子 （唐：丰、滦、遵、宝、山、玉、西、秦、昌、大）（石：深）（天：静、大、桥、安、天、沧、饶、故）（邯：漳、内、邯）（保：望、雄）

看柿子 （唐：蓟）

棋盘柿子 （张：宣）

洋柿子 （张：万）（唐：滦、卢、抚、昌）（承：丰、围、青、隆、兴）（石：无、正、灵、栾、藁、晋、高）（天：黄、故、东、献、山、桥、宁、沧）（邯：广、邯、鸡、大、磁、清、任、肥、涉、内、宗、尧、沙）（保：博、高、清）

【姜】

鲜姜 鲜而不干的姜。（保：定、完）（张：怀、商、康）（承：滦、隆）（唐：宝、玉）（天：安）

现姜 （张：万）

老姜 （天：肃）

成姜 （张：阳）

生姜 （张：沽、宣、尚、鹿）（唐：丰、滦、遵、玉、卢、抚、蓟、三）（承：丰、围、滦、承、平、隆）（石：获、建、无、冀、新、栾、藁、晋、灵）（天：强、固、孟、故、静、山、桥、河、庆、安）（邯：邯、郸、魏、鸡、大、永、鹿、台、沙、任、肥、涉、内、尧）（保：定、望、高、安、阳、蠡、涿、完）

辣姜 （张：鹿）

干姜 （天：庆）（邯：任）（张：商）（承：滦）（唐：宝、玉）

【洋姜】 与生姜相似，但无辣味，可做咸菜吃。

姜山药 （保：阳）

姜巴辣 （天：东）

姜不辣 （天：庆、黄、桥、津）

姜疙瘩 （邯：任）

毛子姜 （唐：丰、玉、宝）（天：静、安）

毛儿姜 （天：安）

毛子芥 （唐：乐）

鬼子芥 （承：青）

鬼子姜 （张：赤、沽、宣、龙、沙、蔚、口）（唐：丰、滦、遵、宝、卢、大、抚、三、乐、秦、蓟、昌）（承：丰、围、滦、青、兴、承、平）（石：深、无、冀、泽、束、衡、枣、藁、武、晋、安、宁）（天：强、固、饶、孟、肃、献、任、文、大、桥、河、永、霸、安）（邯：任、内）（保：定、易、容、保、望、唐、水、满、安、阳、新、兴、雄、涿）

鬼子芥菜 （唐：抚）

鬼子山药 （石：深、束）（保：博、清、兴、雄、蠡）

鬼子咸菜 （唐：宝、玉）

洋山药 （石：宁、栾、无）（邯：郸、内、邯、宗、乡、南、威）

毛子山药 （唐：宝、大）

长毛山药 （天：霸）

长毛芥菜 （唐：丰）

毛子芥菜 （唐：丰）

毛根芥菜 （唐：山）

芋头 （邯：广、成）

【辣椒】

菜辣椒 大个的圆形，小个的羊角状。（天：天）

秦椒 （保：博、定、保、望、水、高、满、清、安、阳、新、兴、涿、容）（唐：丰、遵、大、三、蓟、昌）（张：沙）（承：兴、承、围）（石：深、获、泽、石、高、束、武、栾、藁、晋、安）（天：强、固、饶、静、献、任、文、大、桥、安、河、宁、永、霸、沧、肃）（邯：郸、鸡、磁、涉、内、漳、邯）

青椒 （唐：丰）（承：滦）（石：深）（张：沙）

密椒 （唐：乐）

辣子 （张：宣、张、阳、崇）（唐：丰、遵、宝、山、玉、大、三、蓟、昌）（承：围、兴、承、平）（石：深、获、赞、冀、新、正、河、衡、宁、赵、束、栾、藁、晋、枣、高）（天：饶、故、静、任、山、桥、武、庆、肃、天）（邯：郸、魏、鸡、宗、永、鹿、沙、任、临、肥、涉、周、内、尧、南）（保：定、望、安、兴、涿）

尖辣子 （天：天）

瓜辣子 （天：桥）

椒母子 （唐：迁）

酱母子 （唐：滦、西、丰）

辣胡椒 （张：鹿）

【芥末】 芥菜籽磨成的细末，助味用，味辣而刺鼻。

芥面 （承：隆、丰、平、围、兴、滦）（石：赵、藁、晋、高、安）（唐：迁、遵、乐、三、玉、蓟）（天：任、桥）（邯：广、柏、邯、永、沙、临、内、尧）（保：定、蠡、完）（张：龙、尚）

芥母 （石：深）

芥马 （石：无）（天：桥）

芥花 （承：平）（保：唐、清、安）（石：晋）

芥火 （天：饶）（保：水、兴）

芥茸面 （邯：鹿）

芥辣面 （张：鹿）

芥花面 （石：井、栾、赞、元）（承：隆、平）（保：满、安）（张：怀）

芥末面 “末”音 mu。（石：宁、正、灵、深、束）（天：故、东、静、献、霸、永）（邯：郸、大、邯）（张：万、蔚、宣、沙、商、怀）（承：兴）

芥合面 （天：肃）

芥呼面儿 （承：滦、承）（天：固）（保：兴）

芥火面 （天：饶、大、固）（唐：三、大）

花芥子 （张：万）

【芥菜】 叶状如蔓菁，有缺刻而皱缩。球状根，叶及球状根有刺鼻辣味。籽磨成粉叫芥末。

春不老 芥菜之一种，叶可腌食，根不成球，籽作芥末。（保：保、徐）

雪里红 （石：深、束）（保：保）

狗豆蔓菁 （邯：肥、邯）

疙疸 （承：承）

芥疙瘩 （张：宣、沙）

芥菜疙瘩 （保：易）（承：承）（石：深）（天：安、桥）（张：张、万、蔚、怀、沙）

辣菜疙疸 （承：承）（天：桥）

辣菜缨儿 （承：承）

辣菜 （天：津）

芥辣菜 （石：灵）（保：阜）

芥呼 （承：承）

小芥呼 （承：滦）

芥根 （邯：南）

芥　(邯:任)

芥末菜　(张:张)

大头菜　(承:围)(保:保、满)

大头芥　(唐:山、蓟)(保:望)(张:康、口)(邯:内)(天:大)

大头芥菜　(唐:昌)

【苤蓝】　球状根,长出地面上,比芥菜水分大。常切成丝生拌着吃。

疙瘩　(天:肃)

疙疸白　(承:围)

蔓菁　(张:宣、张、万)

苤莲　(石:赞)(邯:尧)

苤列　(天:黄、天、静、桥、津、安、献、霸)(保:蠡、保、容)(邯:南)(承:平、滦)(石:深、束、泽、武)

苤了　(唐:玉、宝、山)

芥蓝菜　(石:石、藁、行)(天:东、桥)(邯:郸、永、台、漳、内、成)(张:沙、尚、口)

苤蓝菜　(邯:邯)

【菠菜】

青菜　(石:束、藁、无、深、建)(天:固、饶、任、永、肃、强)(邯:郸、鸡、沙、肥、涉、周、丘、邯)(保:水、高、满、安、阳、新、雄、蠡、涿、完、容)(张:万、怀)(唐:大)

菠稜菜　(唐:三)(邯:内)

【白菜】

卫菜　(邯:清)

大白菜　区别于小白菜时才这样说。(石:深、束)(天:安)

黄芽　(邯:鸡、肥、邯)

黄菜　(邯:清、邯)

黄菜白　(邯:宗、乡)

青麻叶　指叶子绿色的。(天:天)

白麻叶　指叶子发白的。(天:天)

大头菜　(天:天)

【乌白菜】　白菜的一种,叶深青,叶之间松散。

黑白菜　(唐:三)(石:赞、无)(天:饶)(邯:邯、威、涉、内)(保:高)(张:沽、口)

青白菜　(天:津)(唐:大)

青麻叶　(天:天)

油白菜　(张:蔚)

酱缸白　(唐:大)

牛尾巴菜　(天:桥)

独立青　(天:霸)

【洋白菜】　其叶外披散,中部层层包卷成球形,故又称卷心菜、花椰菜、葵花白菜、大头菜等。

黄芽　(邯:周、磁、邯)

黄芽菜　(邯:丘、邯)

洋黄　(邯:磁、邯)

白花露　(唐:遵)

回子白　(石:建、灵)(邯:任、尧)(张:万)

莲花白　(石:束)(天:桥)(邯:内、邯)(张:蔚)(唐:三)

莲花菜　(唐:三)

京白菜　(张:商)

元白菜　(张:赤)

疙瘩白　(承:承、滦、青、兴)(石:深)(张:宣)

灰疙瘩白　(邯:大)

疙瘩菜　(唐:丰)

菜头　(唐:丰、山)

大头菜　(唐:丰、滦、卢、迁、抚、乐、昌)

白菜头　(唐:遵)(石:晋)(天:安)

安儿菜　(唐:抚)

窝儿菜　(天:桥)(邯:宗)

包菜　(天:桥)(邯:内)(保:望)(唐:西)(承:平)

包头菜　(唐:遵、三)(天:强、安)

包心菜　(保:保、望)(唐:滦、遵、玉、西、三、乐、蓟、昌)(承:围、隆、平)(石:无、武、藁、安)(天:阜、故、大、山、桥、永、庆、东)(邯:魏、永、沙、任、尧、内、邯)(张:万、尚)

卷心白　(张:康、商、崇)

卷心菜　(保:容、望、高、安、完)(唐:滦、遵、西、三、昌)(承:围、隆、平)(石:深、无、沙、石、衡、元、栾、安)

(天:东、静、大、桥、河、阜)(邯:威、内、尧、邯)(张:万、阳、龙、崇、尚)

橄榄 (承:滦)(天:宁、饶)(唐:遵)

【小白菜】 专指春种春收的小白菜,不卷心。

春白菜 (石:束)(天:强)(唐:蓟)(承:丰)

火白菜 (天:大)

酱杆白 (邯:涉、邯)

【伏种,秋收,专暴腌其叶柄吃的白菜】

酱料白 (石:深、束)(天:霸)

【飘儿菜】 白菜的一种,叶圆少皱,色青里有光,稍向内包。

鸡毛菜 (天:天)

勺白 (邯:大、邯)

勺儿菜 (天:桥)

【莴苣叶儿】

生菜 (天:孟、黄、东、献、文、桥、津、天、河、霸)(石:宁、赞、石、高、安)(邯:魏、邯、永、清、涉、内、尧)(保:望、高)(唐:丰、遵、乐、抚、秦、昌)(承:平、隆、丰、承、青、滦、围)(张:沽、龙、沙、鹿、尚)

莴笋叶儿 (邯:广、邯)

笋菜 (邯:丘、邯)(天:天)

莴苣菜 (唐:宝、丰、玉、乐)(天:东)

【莴笋】 莴苣的茎。略如笋,叶无柄,抱茎而生,开黄花,茎去皮后做菜吃,脆而鲜美。

生菜 (承:隆、兴)(唐:抚)

竹笋 包括竹笋和莴笋。(邯:郸、邯)

菜笋 (天:天、固)

笋 (唐:西、蓟)(天:天)(邯:广、鸡、柏、大、磁、永、任、肥、内、尧、郸、邯)(保:易)(承:平)(石:安)

莴苣 (保:博、定、容、唐、满、安、蠡、阜)(唐:迁、秦、昌、山、玉)(张:宣、龙、蔚、口)(承:隆、平)(石:深、行、获、建、赞、无、冀、新、正、平、灵、石、高、束、衡、元、宁、井、栾、藁、晋、安)(天:饶、孟、肃、桥、东、献、文、沧、庆)(邯:魏、柏、大、宗、威、永、鹿、清、台、沙、临、肥、涉、漳、内、尧、南、丘、邯)

莴苣菜 (唐:宝、大、抚)(天:安)(承:兴)(保:水、兴)(邯:郸、邯)

莴苣儿菜 (天:安)

莴鸡菜 (保:雄)

莴尤菜 (保:新)

【芹菜】

胡芹 (张:阳、尚、沽、康)

胡青 (张:怀、万)

【香菜】 学名芫荽。

盐荽 (天:肃、安、静、霸、大、桥)(保:易、保、唐、水、清、新、阜)(石:宁、获、深、正、束、栾)(邯:邯、涉、漳、尧、内、临、台、沙)(张:万、沙)(唐:大、蓟)

盐菜 (唐:丰、遵)(天:宁)(张:万)

盐香菜 (天:山)

臭菜 (唐:卢)

胡荽 (唐:昌)(石:石)(邯:内)

免青 饭馆中用“青”代替香菜。“免青”即不要香菜之意。(石:束、深)

元席菜 (唐:乐)

【茼蒿】

蒿子 (石:深、束)

菜蒿子 (唐:丰)

蒿子菜 (石:枣)

蒿子秆儿 (承:承)

臭蒿 (承:滦)

【萝卜糠了】

萝卜糠洋了 (天:庆)

萝卜糠瓤了 (天:黄)

萝卜暄了 (保:安、兴、雄、易、新、涿、保)(天:固、文、霸)

萝卜空了 指心空,比糠更重。(石:深、束)(张:阳)

萝卜空心了 (张:商、康)

心虚了 (邯:邯)

囊了 (张:宣)

花心 （唐:宝、山）

【萝卜缨儿】

黄菜 晒干了的萝卜缨。（承:兴）

萝卜菜 （唐:遵）

萝卜缨子 （天:黄、东、静、文、大、山、安、庆、桥）（唐:乐、宝、玉、卢）（张:口、阳、沽、崇、怀、沙）（石:深、束）

【萝卜干儿】

萝卜干 （承:围）（张:沙）（天:桥）

萝卜疙瘩 块状的干儿。（唐:迁）

萝卜片 （唐:乐）（保:定）（石:武、灵、泽）（邯:斤）

萝卜片儿 （张:蔚）（石:深、束）

萝卜片子 （石:正）

干萝卜片儿 （张:怀）（石:深、束）

萝卜条 （邯:尧、丘、邯）

萝卜条的 （邯:邯）

萝卜条儿 （石:井）（邯:涉、邯）（张:沙）

干萝卜条儿 （石:建）

萝卜 jianr （邯:尧）

萝卜卷 （邯:任）

萝卜干子 （天:黄、东、山、庆、安）（张:崇）

【胡萝卜】 圆锥形，红色，味略甜。

红萝卜 （天:饶、桥、天、永）（张:赤、沙、崇、鹿、蔚、口）（保:容、保、兴、涿）（石:栾、无、正、深、冀、泽、束、灵、石、获、建）（邯:广、乡、邯、郸、魏、鸡、磁、大、鹿、清、台、沙、任、临、肥、涉、漳、周、南、成、尧）

黄萝卜 （张:宣、商、口）

紫萝卜 紫色的。（石:平）

萝卜 （石:深、束）（天:饶）

胡萝卜 （天:桥）

【蔓菁】

小菜 “小”去声，“菜”轻声。（石:宁、深、束）

疙瘩 （保:雄）（邯:尧）（天:永、霸、安）（石:束、深）

甜疙瘩 （石:束、枣、深）

蔓菁疙瘩 （天:静、安）（唐:乐）

芜菁 （天:饶）（承:平）（张:张）（邯:内）

【菜籽】 油菜结的种子，粒黄，为榨菜籽油的原料。

菜种子 （天:山）

菜种儿 （保:唐）（天:桥）

菜籽儿 （天:山、桥）（保:容、清、涿、完）（石:深、井、枣、束）（唐:乐）

油菜子 （邯:肥、邯）（天:安）

【油菜】 十字花科植物，高三四尺，叶子互生，春天开黄花，果实为长角，嫩叶可以吃，籽可榨油。

小菜 （邯:沙）

芸苔菜 （石:灵、安）（保:容）（邯:内）（天:献）

油条菜 （保:雄）

油白菜 （唐:卢）（张:蔚）

芥花菜 （承:围）

【油菜薹】 春末，油菜抽茎，长出莛子来，这时在茎梢长花，莛子在嫩时作菜，叫油菜薹。吃时去掉紫色的皮。

菜子莛儿 （邯:广、邯）

油菜笋子 （唐:丰）

油菜疙瘩 （邯:尧）（石:获）

【茭白】 也叫菰，音 gū，生在水边沼泽地带，叶子像芦苇，春天长的嫩芽很好吃，色白，叫茭白，有油焖后做成罐头的，也叫角儿菜，果实像米叫“菰米”。

茭儿菜 （唐:滦）（张:崇）（邯:内）

茭笋 （邯:内）（天:天）

【莙荙菜】 春秋两季下种，茎高三尺多，根肥大呈赤色、黄色或白色，叶大，卵形，微叶紫色，花小，黄绿色，叶子四季都可摘采，供食用，味甘美，可制糖。

莙荙 “莙”音 gēn。（石:井、元、建、深、束、灵、宁、晋、行）（邯:任、广、邯、永、临、肥、鸡、郸、鹿）（保:满、阜）

根倒菜 （天:饶、安、肃、霸）（保:安、易）

跟掌菜 （邯:清）

跟当菜 （天:桥）

筋斗菜 （承:兴）

【荠菜】 叶有缺刻及锯齿，花四瓣，色白，茎叶嫩时可食。

齐齐子菜 （天:黄）

荠荠 （邯:鸡、邯）

荠荠菜 （石:藁）（邯:广、邯）（天:肃）（张:沙）（唐:西）

荠荠儿菜 （唐:丰、滦、山、乐）（承:隆）（石:无、冀、正、平、衡、元、宁、井、平、安）（天:阜、故、文、大、河、沧）（保:望、唐、安、阳）（张:赤、鹿）（邯:大、成、台、沙、威、内、尧、漳）

荠门菜 （唐:丰、大）

曲曲菜 （石:灵）（邯:丘、邯）（天:庆、强、静、安）

曲菜 （保:雄）（天:桥、安）

苣荬菜 （保:雄）（天:安、霸）

清明菜 （天:安）

【面条儿菜】 野菜类，平地长，绿色，叶细长，有面性，可吃。

面条菜 （张:沙）

面条儿鱼 （张:康）

面条棵 （保:博、蠡）

羊角菜 （邯:大、邯）

羊家菜 （天:桥）

【灰灰菜】 即灰藋（音 diào），茎高五六尺，叶呈三角卵形，有齿刻。初夏顶梢生穗状圆粒小花。嫩叶可食，茎可为杖，叫藜杖。

灰菜 （唐:遵、卢）（保:阜）（承:围、平）（石:冀、正、高、束、衡、枣、深）（天:强、阜、黄、饶、故、东、献、大、山、桥、宁、沧、庆、天）（张:张、阳、康、宣、商、崇、怀、尚）（邯:魏、鸡、清、沙、肥、邯、南、内）

灰藋 （唐:秦）

灰藋菜 （张:康）

灰灰条 （邯:乡、尧）

灰灰藋 （邯:鸡、永、漳、邯）

灰灰白 （石:赞、井）（张:蔚）

抱头白 （张:蔚、万）

落里菜 （承:青）（唐:丰）

落藜 （唐:乐）

落落菜 （唐:卢）

老藜 （石:正）

菜 （邯:魏、邯）

藜 （石:束）

灰灰菜 “灰”音 fēi。（邯:宗）

【扫帚苗儿】 学名地肤，高三四尺。有总根，上支无数细长枝，叶似柳叶，但窄小。果实如细米糁。嫩茎叶可以吃，长熟去叶可做扫帚。

独独扫 （张:宣）

独独帚 （张:崇）

独树 （张:怀）

小扫帚 （天:肃、献、文、河）（唐:大）

扫帚 （张:商）（石:深、束）

扫帚菜 （唐:丰、遵、宝、抚、三、乐、滦）（承:围、隆、承、平）（石:深、冀、高、束、衡、武、枣、安）（天:强、阜、黄、饶、孟、故、东、静、献、山、桥、安、津、河、武、永、沧、庆、天）（保:望）（张:宣、尚）（邯:乡、郸、鸡、柏、邯、大、威、永、清、台、沙、任、肥、漳、周、南、内、丘）

【刺儿菜】 茎有高四五尺者，叶互生，质硬，为不整齐之羽状分裂，各叶片尖端有硬刺毛，秋日，梢上叶腋分生小枝，开红紫色头状花。

大蓟 （唐:蓟）（石:束）

小蓟 （石:束）

刺叶菜 （邯:成、邯）

刺刺菜 （石:宁、赞）

刺菜 （邯:肥、邯）

马刺菜 （张:怀）

刺楞菜 （石:宁）

青层菜 （石:深）

青尼菜 （石:获、建、行）（保:阜）

青衣菜 （石:行、井）

青角菜 （保:蠡）

青青菜 （石:新、枣）（天:桥、庆）

青出菜 （石:束）

青家菜 （天:强）

青叶菜 （保:唐、完）

妻妻芽 （唐:丰、遵、乐、卢、西、蓟）（承:兴）（石:冀、新、高、无、元、衡、武、安）（保:望、唐）（张:龙、沙、尚）（邯:广、邯、鸡、柏、磁、大、台、沙、肥、漳、周、成、内、丘）（天:东、静、献、桥、宁、强、阜）（唐:滦、遵、迁、抚、乐、昌）

翅膀菜 （保:博）

猪毛菜 （石:灵）

驴扎嘴 （唐:抚）

扎扎菜 （石:正、灵、栾、晋、束）（天:肃）

曲齿菜 （唐:玉）

【蒿子】 茎高四尺余。叶有如艾叶者，有如钗股者，有如松针者。夏秋之季开花，穗状，黄色。有的有香味，也有味很难闻的。种类繁多，有青蒿、黄蒿、白蒿等，有的可食。一般多做蒿绳。

野蒿子 （唐:昌、乐）（承:滦）（邯:尧、邯）

野蒿 （唐:遵、山、玉、乐、蓟、三、滦、昌）（承:平）（石:平、灵、赵、栾）（天:固、献、文、桥、宁、津、天）（保:望、安、雄、蠡）（张:沽、龙、尚）（邯:郸、鸡、台、肥、邯、周、成、内、尧、任）

蒿棵 （石:衡）

蒿 （张:万）

臭蒿 （天:肃、大）（石:灵、深）（张:万）（保:博）

臭蒿蒿 （张:鹿、沙）

臭蒿子 （唐:丰、乐）（天:肃、安）（石:无、灵）（保:博、定、雄）（张:万）（邯:鸡、广、邯）

臭老蒿 （天:安）

蚊蒿 （天:桥）

香蒿 有香味的，棵小叶窄。（保:博）（邯:清）（天:大）

香蒿子 有香味的。（唐:昌、乐）（天:安、肃）（石:灵）

大头蒿 （张:康）

蓬蒿 （石:无）

茴香苗 （邯:大、邯）

【白蒿】 蒿之一种，茎高二三尺，其叶作羽状分裂，似青蒿而粗，叶背密生白毛。因白于其他蒿子，故名。

野艾 （石:无）

臭蒿子 （石:宁）

艾蒿 （承:滦）（石:行）（唐:抚）

蒿子 （天:霸）

白蒿苗 （邯:永、邯）

白花蒿 （保:新）

臭毛蒿 （张:宣、沙）

臭黄蒿 （张:赤、蔚）

黄蒿 （唐:遵）（天:故）（张:赤）（邯:尧）

六　虫鱼、鸟兽

【畜性】 禽兽的通称。“畜”音 chù。

头货 （张:蔚）

畜类 （天:大、河）（石:束、栾）

牲口 （承:隆、平、青、承、围）（石:束、深）（天:天、安）（唐:乐）

牲灵儿 （张:尚）

牲灵 （张:沙）

牲畜 （承:平）（唐:迁）（天:庆）

六畜 （石:行、获、深、束）

头夫 （石:束、深）

畜生 骂人话。（唐:抚、大）（天:庆、霸）

【牲口】 能够供人利用来帮助做活的家畜。如牛、驴、骡、马等。

头活 （唐:丰）

头货 （张:蔚）

头户 （邯:鹿、南、宗）

头虎 （石:获）

头伍 （邯:邯）（石:栾）

头物 （邯:广、郸、肥）

头骨 （石:枣）（天:桥）

头顾 （天:桥）

头夫 （全省大部分地区通行）

头夫 （老）（石:石）

头夫 指驴。（保:阳）

头子 （石:行）（天:强）（邯:鹿、南）

头沟 （邯:涉）

头狗 （天:东）（石:高）

大头夫 （邯:丘）

头口 （唐:遵）（承:围、平）（石:武）（天:黄、孟、故、献、山、沧、庆）（邯:鸡、涉、内）

大牲口 马、骡等。（唐:乐）

小牲口 小驴等。（唐:乐）

【公马】

儿马 （全省通行）

儿马子 （承:隆、丰、平、承、滦）

儿马蛋 （石:正）

儿马的 （邯:广）

儿马蛋子 （石:泽、正、束、深）（唐:宝、乐）（承:滦）（天:饶、献、桥、安）（邯:大）（保:博、高）

儿马蛋子 只管交配的马。（天:桥）

儿马蛋的 （邯:大）

骗马 （承:承）（石:深、束）（保:雄）（唐:乐、大）

蛋子 （邯:南）

二马蛋子 （天:天）

蛋马 （邯:宗）

种马 （张:万）

公子马 （保:阳）

带蛋子 （邯:肥）

马种　（邯：周）

生马蛋子　（唐：遵、滦、乐）

【母马】

草马　（天：桥）（承：平、承）（石：栾、无）（邯：台、内）（保：清）（张：沽、尚）

草马　指很厉害不做活的马。（张：康）

草马　指从蒙古草原来的马。（张：崇）

骒马　（全省通行）

【小马儿】

驹　（唐：丰）

马驹儿　（石：束、深）（承：青、围）

马驹子　（石：束、深）（张：口）（天：霸、安）（唐：乐、大）（承：平、承）

马驹的　（邯：漳）

儿马蛋子　（保：安）

二马蛋子　（唐：昌、乐）（天：桥）

小马崽子　（承：滦）

小马驹儿　（保：容）（唐：乐）

大些的儿马　（唐：乐）

【公牛】

牡儿　（石：灵）

牡的　（邯：涉、漳）

牡牛　（全省通行）

老板犍　（邯：肥）

老犍的　（邯：肥、涉）

máo 牛　乃“牤牛”之音转，指未骗过的成年公牛。（天：桥）

牤牛　（天：霸）

大牛犊子　（天：天）

牤牛蛋　指骗过的公牛。（唐：大）

【小公牛】

牤子　（石：赞、新）（唐：丰、滦、宝、卢、乐、抚）（承：承、青、隆）（天：孟、沧）（邯：成、内、魏、磁）（张：康、龙、沙）

牤葫芦儿　（天：饶）（石：束、深）

小犍子　（邯：威）

小牛犊子　（天：天）

小牤牛蛋　（唐：大）

牤牛蛋子　（唐：蓟）

【骗过的公牛】

犍子　（全省大部分地区通行）

尖子　（天：永、霸、桥）（唐：遵、玉、蓟）（保：新）（邯：周）（承：围）

老犍　（全省大部分地区通行）

老犍子　（石：栾、深、束）（邯：鹿）

大犍子　（天：桥）（保：蠡）

犍牛　（邯：内）

骗牛　（邯：内）

【未骗过的公牛】

摸牛　“摸”音 mao。（天：桥）

牡牛　（保：易）（邯：乡）（张：沽）（天：庆）

种牛　（天：任）（承：围）

莽牛　（天：天）

【骗牛】　指动作。

锤牛　只敲碎牛睾丸，不骗。（石：束）

【母牛】

乳牛　（唐：丰、滦、遵、宝、大、玉、迁、卢、抚、乐、昌、西）（承：承、平、青、丰、滦、隆、兴）（天：固）（保：新、兴）（张：沽、龙、商、崇、鹿、蔚）

牝牛　“牝”音 pǐn。（石：建、新）

犺牛　“犺”音 rǒng。（石：灵、武、藁、宁）（唐：遵）（天：东、山）（邯：磁）（保：水、雄）

牸牛　“牸”音 zì。（保：易、高、完、阜、定、唐）（天：肃、饶、强、津）（石：行、正、枣、获、晋、无、泽、井、深）（邯：任、临、涉、内、尧）

牸牛　“牸”音 shì。（天：任、文、安、桥、永、霸、庆、阜）（石：深、河、束）（邯：广、乡、魏、鸡、大、威、清、肥、周、南、成、丘、宗）（保：博、安、雄、蠡、容）

兕牛　“兕”音 sì。（天：黄、桥、大、故、津、霸）（张：万、

康、宣、尚)(邯:漳)(石:衡、冀)(保:博)

食牛 (邯:威)

奶牛 (天:天)

【小母牛】

小食牛 (邯:威)

【水牛】 南方产的,能耕水田的牛,体大,角大,毛稀,能泅水,喜浸水中,一般为土黑色。

牛 (天:霸)(石:衡)

南牛 (石:获)

【黄牛】 牛的一种,角短,毛短而密,体黄色,也有黑色中有其他颜色斑点的。不喜水,可拉车耕地。

牛 (石:灵、深、枣、冀、束)(天:大、霸、阜)

山牛 (保:唐)(石:获)

南牛 (唐:宝)

草牛 (唐:三、秦)(石:石)(天:静、文、沧)(邯:内、任)(保:满、清、望)(张:尚)

老牛 (石:灵)(天:天)

老黄牛 (邯:肥)(唐:乐)

【小牛儿】

牛犊儿 (唐:大、滦、丰)(承:承、滦、兴)(邯:涉、宗、乡)(保:清、阳、阜)(石:行、束、建、深)(天:霸、桥)

牛犊 (张:万)(天:桥)

牛犊的 (邯:临、大)(石:井)

小犍子 (天:安、庆)(邯:肥)

小犍的 (邯:肥)

小牛犊 (石:束)

小牛犊儿 (石:建)(承:隆、围)(保:定、涿、容)(邯:台、邯)(唐:乐)

小牛犊子 (邯:内)(天:天)(唐:乐)

牛犊子 (唐:滦、乐)(天:安)

小犊子 (邯:内)

牛羔子 (承:承)

黄牯头 (邯:内)

小士牛 (天:安)

【牛角】 牛的角,可制器物。

家夹 (天:桥)

牛甲 (天:东、山、庆、故、津)(邯:宗、乡、威)

牛角家 (天:津)

牛角角 (邯:邯、沙)(张:宣、龙、崇、怀、万)

牛接接 (张:阳、张)

犄角 (全省通行)

牛犄角 (唐:丰、遵、宝、山、大、迁、抚、昌)(石:获、栾)(承:丰、承、滦)(天:霸、黄、饶、河、天)(张:万)(保:易、水、新、兴、涿)

牴角 (石:晋、深、枣、正、行)(天:强)(邯:临、尧)(保:完)

牛牴角 (保:定、唐、阳、阜)(石:正、行、获、深、束)

牴角儿 (邯:内)

牛 dei 角 (保:清)

牛夹 (天:桥)

【驴】

驴子 (石:灵)(邯:内)(保:博)

小驴儿 (保:博)(石:深)(承:滦)

小驴子 (保:清)

毛驴 (天:桥)(承:平、隆)(张:万、沽、商、蔚)(保:安)(唐:乐)

毛驴子 (唐:遵、卢、昌)(张:康)(承:围)

毛驴儿 (唐:遵、乐)(天:安)

驴狗儿 小驴儿。(承:滦)(石:束、深)

小毛驴 (唐:乐)

【公驴】

叫刚子 (张:万、康)

叫驴 (全省通行)

骗驴 骗过的。(天:静、献)(张:蔚、鹿)(唐:大)

【家畜交配】

搭配 (石:束、深)

搭圈 交配。(唐:乐)

赶圈 赶着牲口、猪等去交配。(唐:乐)

定圈儿 (邯:内)

配　指大牲畜。(唐:丰)(天:天、安)

群　(天:桥)

【供食肉的牛】

菜牛　(唐:昌、丰)(承:围)

站牛　(石:束、深)

【母驴】

骟驴　(石:平、灵)

骡驴　(张:万)

马草驴　(石:衡)

草驴　(全省通行)

草驴片子　(保:新)

草驴片子　(贬)(保:水)

【驴驹儿】

小毛驴子　(张:蔚)

小毛驴驴　(张:万)

小驴驹　(唐:大)(天:文)(邯:涉)(保:容、易)

小驴驹儿　(唐:丰、蓟)(邯:广)(保:涿、容)

小驴驹子　(唐:滦)(石:栾)(邯:成)(承:围)

驴驹子　(唐:乐)(天:安)

小毛驴　(唐:乐)

毛驴蛋子　(张:蔚)

【骡子】

骡 lè　(邯:涉)

骡的　(邯:周、大、涉、广)

【公骡子】

骟骡的　(邯:成)

骟骡子　(天:任、文、固)(邯:成)(保:雄)(唐:遵、玉、乐)(石:晋、武)

巴骡子　(保:定)

蛋骡子　(保:蠡)(天:饶)(邯:宗)

二骡　(石:灵)

五条腿　(石:深、束)

【骟过的公骡子】

骟骡　(唐:滦、抚)(石:武、平、行)(邯:鸡、成、魏)(保:雄、兴、涿)(天:桥)

骟骡子　(唐:遵、乐、丰)

【未骟的公骡子】

儿骡　(石:井、建、行)(唐:卢)(张:万、怀)(保:阜)

带蛋的　(石:正)

【母骡子】

骡骡　(唐:丰、昌、大)(石:井、行)(张:万)(天:桥、安)

骡骡的　(邯:大、临)

【驴骡】　由公马和母驴交配产的。

马骡　(承:承、围)(石:平)(张:蔚)(保:易、安)

噘嘴骡子　(唐:丰、抚、乐)(天:天)

驴骡子　(全省大部分地区通行)

驴骡儿　(石:束、深)(保:安)

驴骡的　(邯:临)

骟骡子　(保:兴)(唐:遵)

【骆驼】

骆索　(邯:周)

老驼　(保:阜)

落头　(唐:昌、迁)(张:沙)

骆驼　“骆”音 lào。(保:定)(唐:滦)

【山羊】　羊的一种,角的基部略呈三角形,角尖向后,表面有环纹,颈短,耳朵大,四肢强壮,善于跳跃,毛不弯曲,公羊的颏下有须,变种很多,有黑、灰等颜色。肉可食,皮可制革,毛皮可以制衣褥。

狗羊子　(保:安)

小狗羊子　(保:涿)

驹驴　(石:行)

驹驴　指黑色毛长的。(石:灵)

驹驴羊　(天:任、饶、献)

山狗驴　(保:高)

骨驴儿　(石:获、元)(邯:郸、永、台、沙、任、临、内)(保:望)

山骨驴儿　(邯:鹿、鸡)

大羊 （邯:乡）

旱羊 （保:水）

牴角羊 （石:深）

山羊狗子 （唐:丰）

扒山虎子 （邯:成）

狗羊 山羊之一种。（天:大、安）（唐:丰、宝）（保:兴）

【公山羊】

羚子 （唐:宝）（承:滦、青）（天:霸）（保:高）

大羚子 （保:高）（天:安）

疙丁 指种用公羊。（张:万、尚）

骚货 （张:宣）

烧胡 （张:张、尚）

烧胡羊 （张:商）

泡胡 （天:庆、阜）（石:高）

葫芦 （石:晋）

狗驴 黑色毛长。（石:灵）

驹驴羊 （天:饶）

黑驹驴 黑山羊。（邯:大）

羯驹驴 （石:行）

羯骨驴儿 （邯:鸡、郸）（石:无、获）

羯子 （邯:乡、丘）（唐:丰）（张:万）（承:承、平、青）（石:无、新、高）（保:安）

羯羊 （石:新）

羯子羊 （保:安）

山羊羯 （石:获）

山羊羯子 （唐:丰）

羝羊 （邯:成）

抛呼噜 （天:河）

【骗过的山羊】

绵羯 （石:平）

羯羊 （石:平）

羯的 （石:井）

羯子 （天:沧）

【未骗过的山羊】

臊虎 （石:平）

羝羊 （石:平）

骚狗子 （唐:抚）

【绵羊】

羊的一种，头上有一对弯角，略呈螺旋状，表面有模纹，口吻长，四肢短，趾有蹄，尾肥大，下垂，毛长而密，卷曲，白色，性温顺，变种很多，有灰、黑等颜色，肉可食，毛是纺织品的重要原料，皮可制革，俗称“胡羊”。

pai 子羊 （邯:尧）

狗羊 （保:雄）

羝羊 大弯犄角绵羊。（唐:丰）

大尾巴羊 （石:深）（保:兴）

绵羊羊 包括一般长毛少绒的绵羊和山羊。（石:建）

【公羊】

羯儿 （邯:涉）

羯的 （邯:大）

羯羊 （石:灵、新、建）（唐:遵）（邯:任、临）（保:唐、阳）（张:赤）

老羯子 （邯:肥）

老羊么子 （唐:丰）

炮胡 “炮”音 pào。（天:山、庆、黄）（石:高）

炮胡芦 （天:任）

羊 pá 子 （唐:乐）

羓子 （天:霸、安、大）（承:丰、青、围）（唐:遵）

大羓子 （天:文）

臊虎 （石:井）（张:赤、尚）

骚葫芦子 （唐:遵）

泡狗蛋子 （天:桥）

公子 （张:康）

公儿 （天:固）

骗子 （张:龙）

顶羊 （张:康、蔚）

蛋羊 （石:无）（保:定、蠡）

羝羊 （保:兴）

骗羊　(张:蔚)

大跑　(天:文)

大呼噜　(邯:南)

绵羊羯　(石:获)

馒头羯子　羊群头里走的公羊。(邯:鸡)

公绵羊　(天:天)

【骗过的公羊】

羯子　(全省大部分地区通行)

羯羊　(石:灵、新、建)(唐:遵)(邯:任、临)(保:唐、阳)(张:赤)

【母羊】

母子　(张:张、康、崇、怀)(承:丰、承、青、围)

母儿　(天:固)

水羊　(石:新)(邯:内)(张:商)

绵羊　(石:获)

母子　指下羔的羊。(张:万)

奶羊　专指乳羊。(唐:丰)

【种公羊】

羊公子　(唐:丰、滦)

疙丁　(张:万、宣)

老绕丈　(邯:涉)

【羊羔】

羔子　(唐:丰、抚)

羊羔子　(张:崇、张、万、阳、口)(唐:遵)(承:青)(天:安)

羊羔儿　(天:天)(唐:乐)

小羊羔　(邯:清)(石:深、束)

小羊羔儿　(保:涿)

羊羖头　(邯:内)

【狗】

狗儿　(张:万)

狗子　(唐:三、蓟)(石:安)(天:桥)(邯:沙、内、鸡)(保:望、安)

小狗　(天:桥)

小狗子　对小狗的厌称。(天:庆、安)

【公狗】

牙狗　(全省通行)

牙狗蛋子　(唐:乐)

儿狗　(唐:抚)(天:饶、任、河、肃)(保:博、定、易、唐、水、高、满、清、安、阳、新、兴、蠡、容)(张:鹿、蔚、尚)(石:正)

牙狗子　(张:崇、怀、张)

杨狗子　(张:万)

【母狗】

母狗子　(张:张、万、崇、怀)(承:围)

草狗　(石:建、井、灵)

布袋狗　(天:献)

狗种　(邯:内)(石:安)

老母狗　(唐:乐)

【小狗儿】

小狗　(天:阜)(张:沙)

小狗子　(张:张、崇)(唐:乐)

小狗崽儿　(承:滦)

狗崽子　(承:平、承、滦)(唐:乐)

狗娃子　(张:商)

狗娃儿　(张:康、尚)(邯:内)(唐:秦)

小狗狗　(张:万)(邯:肥)

【巴儿狗】

巴狗　(邯:南)(天:阜、献)(承:围)

巴巴狗　(石:晋、正、束、宁、冀)(天:饶)(保:容、高、兴)(邯:广、魏、大、宗、鹿、任、肥、周、丘)

巴巴狗儿　(天:孟)(保:定、清)(石:束、深)

巴儿狗子　(唐:丰、遵)

八狗儿　(唐:迁)(天:安)

哈巴　(张:鹿)

哈巴儿　(石:藁、无)(保:高、望)(张:宣、商、蔚、康)(邯:沙、内)

哈巴子　(张:张、万、沽、崇)

哈巴狗　(张:怀、沙)(承:围)

哈巴狗儿 （全省通行）

哈巴狗子 （承:滦）

哈巴巴狗 （张:怀）

巴儿头 （唐:丰）

班儿头 （唐:昌）

巴儿小狗 （唐:大）

班儿狗 （唐:山）

海爬狗 （邯:涉）

小巴巴狗 （保:安）

小巴狗儿 （保:易）(邯:清)(天:强、安)(唐:乐)

小板凳狗 （唐:大）

狮子狗儿 毛长的。(张:怀)(唐:乐)

狮子狗儿 （天:静）(保:兴)

狮子巴狗 （石:枣）(承:围)

梆梆狗儿 （邯:乡）

挠狮狮狗 卷毛。(张:怀)

布袋狗 巴儿狗中肚子大如布袋的,个小。(天:献)(石:平)

柴狗 （唐:丰）

狗崽 （天:桥）

狗崽儿 （承:承）

哈巴狗儿 很瘦的狗。(天:静)

哈巴狗儿 指人走路两腿中间分开很远,骂人话。(保:新)

【疯狗】

癫狗 （保:望）(邯:内)(石:安)

癫子 （天:桥）

【狗疯了】

狗疯咧 （保:定）

【骟狗】 割去狗的生殖腺。

劁狗 （邯:肥、周、南、成、漳）(保:新、兴、满)(石:平、束)(天:饶、强、安)(唐:乐)

劁母狗 割去母狗的卵巢。(石:泽)

【猫】

猫虎子 （张:赤）

狸猫 山上的。(唐:西、乐)

猫儿 （全省通行）

【小猫儿】

猫娃儿 （保:高）(张:张、尚)(邯:内)

猫娃子 （张:康）

猫崽子 （承:青）

【公猫】

耳猫 （石:束）(邯:威)

儿猫(子) （石:行、深、新、衡、武、赵、枣、栾、藁、正、晋、束）(天:强、阜、黄、饶、故、山、桥、津、庆)(保:唐)(邯:乡、鹿、清、肥、涉、南、丘)

儿猫蛋子 （天:故）(石:束、深)

侣猫 （保:雄）

狸猫 （唐:大、昌、乐）(承:平)

郎猫儿 （张:张、万）(承:围)(唐:丰)

郎猫蛋 （张:赤、沽）(唐:大)

郎猫 （天:霸、安）

蚕猫子 （石:无）

牙猫 （石:灵、建、元、平）(唐:滦、乐)(保:阜)

男猫 （石:获、河）(邯:广、郸、大、宗、沙、乡、任、涉、南、成、内、尧、魏）

公猫儿 （石:泽、栾、井、获）(唐:迁、丰、山、秦)(保:定)(邯:台、临、肥、鸡、周、内)

【雌猫】

女猫儿 （张:张、万）(承:平、围)(唐:三)

母猫 （唐:迁、丰、山、秦、乐）(石:栾、正)(天:饶、天)(保:定、保、唐、高、满)(邯:邯、宗、威、台、肥、漳、周、内、丘)

狸猫 （唐:宝、滦、大）

米猫 （唐:抚）(石:正、行、灵、泽、无、井、栾、藁、元、武、平)(天:强、阜、固、饶、故、东、献、任、桥、宁)(保:博、易、安、阳、兴、蠡、涿、阜、完)(张:赤、阳、康、沽、宣、龙、沙、商、崇、鹿、蔚、张)

密猫儿 （保:易）

伲猫 (唐:滦)

【种猪】 专供交配用的公猪。

公猪 (张:宣、蔚)(天:饶)

跑猪 (天:文、霸、庆、饶)(保:高、易)(石:建、枣)

跑卵子 (唐:抚、昌、玉、乐)

跑栏子 (唐:三)(承:承、滦、围、隆)

叫猪 (保:定)(天:故)(邯:宗、乡、威)

交猪 (石:新、正、行、灵)(保:完、唐、阳)(邯:威、任)(天:强、故、桥)

交猪子 (邯:临)

duō 猪 (邯:广、尧)

波猪 (石:获)

老波猪 (石:获)

牙猪 (唐:蓟、遵、西、大)(邯:丘)(张:张)

猪种 (石:衡)

猪雄 (邯:内)

生猪 (唐:滦、抚)

介猪 (石:平)

夹猪的 (邯:魏、周)

盖条猪 (保:蠡)

赶圈猪 (石:建)(唐:乐)

扑猪 (张:赤、龙)

刨倾 (唐:宝)

刨拐 (唐:卢)

跑郎 (唐:昌、迁、丰、滦、乐)

跑葫芦 (天:固)(保:水、新)

官儿猪 (天:故)

烧猪 (张:商)

烧猪子 (张:怀、万、沽)(邯:漳)

增儿 (唐:丰)

sāolào (唐:遵)

决猪子 (张:万)

亥 回民称呼。(邯:威)

抛猪 (天:桥)

猪公子 (唐:大)

【公猪】

脬猪 (天:黄、东、静、阜、山、献、文)(石:武、束、深)

跑卵子 (唐:抚、乐)(承:青)

跑葫芦 (保:兴)

跑了 (唐:滦)

跑郎 (唐:丰、西、乐)(承:平)(石:安)

跑猪 (天:静、沧、强、津)(保:易)(石:无、衡)

大脚猪 (石:安)

脚猪 (石:晋、泽、深)(保:阜)

叫猪 (石:宁、枣)(保:满)(天:桥)

交猪 (石:藁)(天:献、肃)(保:保、博)(邯:内)

男猪 (邯:肥)

牙猪 (全省通行)

赶圈猪 (石:建)(唐:乐)

挣猪 (张:鹿)

官猪 (天:永)

郎猪 (承:平)(保:保)(邯:内)

儿猪 (天:任、饶、肃)(保:容、高、安、蠡)

日猪 (天:阜)

子猪 (邯:内)

尖子 (石:正)

烧猪子 (张:崇)

生猪 (唐:乐、抚、昌)(承:青)

种猪 (邯:鹿、内、南、任)

宗儿 (保:阳)

增猪 (承:围)

增头子 (石:正)

则儿 (保:新)

赠儿 小公猪。(保:兴)(唐:西)

增儿 (保:定)(唐:宝、迁、丰、大)(承:滦)(保:水、完)

猪秕子 不肥的大猪。(承:滦)

蹲儿 指没有劁的公猪。(承:滦)

可了 “了”音 lè。(唐:乐)

【母猪小时或劁后】

豚儿 （石:正）（承:隆）

豚子 小母猪。（保:兴）

豚子 （石:正）

缯儿 （石:正）

劁儿 （唐:乐）

【没发育成熟的猪或不肥、不可杀食的猪】

赶头 二十几斤的小猪。（唐:丰）

小克拉 五六十斤的猪。（天:桥）

半膘子 将肥的猪，五六十斤的猪。（唐:丰、乐）

颗郎 “颗”读上声。（天:安、霸）

壳郎 （承:承、兴、隆、围）（唐:遵、昌、丰、大、蓟、滦、乐）（石:束、深）（保:清）（天:桥）

壳郎猪 （天:宁、河）（唐:乐）

客儿 （唐:抚）

窠篓 （邯:内）

【猪崽】 小猪。

小猪儿 （唐:迁、乐）（承:承、围、兴）（保:定、易、容、涿）（石:行、建、深、束）

小猪猪 （张:万、阳）

儿猪子 （张:沽、商、崇、蔚）

小猪子 有厌恶感。（唐:乐）

小猪秧 （邯:宗、乡）

猪秧子 （天:天、桥）

猪崽儿 （承:承）（天:安）

猪崽子 带厌恶情感。（保:保、新）（唐:乐）

猪娃子 （张:万、商、尚）（邯:成）

猪羔子 （承:青）（唐:抚）

奶光儿 （石:正）（邯:广）

奶光的 （邯:广）

奶光子 （石:正）

小嘎嘎儿 （承:承）

小奶瓜 十多天的猪。（天:桥）

奶瓜 吃奶的小猪。（石:平）

栩头 十几斤的小猪。（唐:丰）

猪崽子 一窝猪中最小的一个。（保:新）

小揹腿 离开母猪以前的小猪。（保:兴）

【肥猪】 专往大养，准备吃肉的猪。

肉猪 （张:蔚）

膘猪 （邯:宗、乡）

大肥猪 （天:天）

【劁过的公猪】

宗 （石:灵）（天:桥）（承:围）

宗猪 （石:灵）（天:桥）

坐 （石:新）

正儿 （唐:抚）

【劁过的母猪】

屯 （石:新）（承:围）

吞子 （保:水）

老改劁 （保:水）（承:滦）（天:安）

改劁 ①说猪。②骂人。（天:天、桥）

晚劁儿 （唐:丰）

【劁猪】 割去猪的生殖腺。

羯猪 （张:商、尚）（石:建）

骟猪 “骟”，古词。（唐:抚）

挑猪 （邯:内）

【母猪】

母猪 专供生殖用。（张:蔚）

老克 （唐:遵、山、西、大）

老克猪 （唐:丰、卢、迁、昌、滦、乐）

骒猪 （唐:丰、抚、三、滦）

克郎 （承:承）

克儿 （唐:遵）

克儿猪 （唐:宝）

海棠 （石:宁、枣）（天:故、桥）（邯:宗、乡、魏、大、清）

老海 （石:平、宁、束、深）（邯:内）

老海猪 （石:河、获）（邯:大、内）

老母猪　（承：滦、围）（石：灵、深）（天：天、安）

大母猪　（张：万）

老改秋　（天：静）

老改劁　下过猪的。（保：安）

老海棠　（邯：内）

猪种　（天：东、肃）（保：安、清）（邯：郸、鸡、肥、成、内）（石：无、安）

屯儿　没有劁的母猪。（承：滦、围）

袍懒　（唐：宝）

草猪　（石：无）（邯：永）

tén 子　（保：定）

【猪鬃】

鬃　内行说的。（石：灵）（天：桥）

【猪毛】

毛　猪贩或屠户的内行话。（石：灵）

【尾巴】

野巴　（邯：内）

依巴　（天：安）

猪尾巴尖儿　（天：天）

【公鸡】

鸡公　（邯：内）

打鸣鸡　（邯：内）

报晓鸡　（邯：内）

【母鸡】

草鸡　（全省通行）

下蛋鸡　（张：康）

牝鸡　"牝"音 pìn。（天：桥）

投蛋鸡　（石：井、平）

【鸡蛋】

白蛋　（承：滦）

白果儿　（天：安）（唐：滦）（承：承）

白果　（唐：丰、遵、宝、迁、大）（承：平、滦、兴、围、丰、隆）（天：静、永、霸、武）（保：雄）

鸡 der　（张：万）

鸡子　（承：承）

鸡子儿　（邯：内）（张：宣、沙）（天：沧、桥）

鸡 zer　（天：桥）

【鸡】

鸡儿　（全省大部分地区通行）

小鸡儿　（天：静）（承：丰、承、围）（保：清）（唐：乐）

小鸡子　（保：涿）（天：霸）（唐：蓟）（承：承、平）

鸡　说人不接受失败教训时才用。如：这人属鸡的，记吃不记打。（保：兴）

鸡 lè　（邯：涉）

鸡子　（全省大部分地区通行）

鸡的　（邯：广、涉、周、大）

【不骗，圈起来养肥的鸡】

站鸡　（唐：乐）（承：平、围）

肉鸡　（天：天）（石：石）

【母鸡孵小鸡时，用嘴翻弄鸡蛋】

贩蛋　（承：青）

半蛋　（唐：大）

【下蛋】

嬔蛋　（张：康、尚）（保：望）（邯：广、邯、郸、魏、鸡、大、磁、永、鹿、台、涉、肥、沙、漳、周、成、内、丘）

嬔蛋　鸭子生蛋。（保：安）

投蛋　（石：灵、无、井、建、获）（邯：临、任、内）

生蛋　（邯：内）

做活儿的　（邯：内）

【孵小鸡儿】

抱小鸡　（承：围）

抱小鸡儿　专指用母鸡孵小鸡。（唐：抚）

抱小鸡儿　（全省大部分地区通行）

暖小鸡(儿)　人工用暖房孵鸡。（石：获、元、平、建）（天：桥）（邯：广、乡、魏、大、鹿、清、任、临、肥、涉、周、内、丘、漳、台、宗、南）

装小鸡儿　（承：滦）

卧小鸡儿 （张:蔚）

布小鸡 （邯:涉、内）

孵窝 母鸡要孵小鸡时。（天:安、桥、霸）

抱窝 （天:桥）

【鸡雏】 刚孵出不久的小鸡。

小鸡子 （唐:昌、乐、大）

小鸡鸡 （张:万）

小鸡儿 表示喜爱。（唐:乐）（天:安）

小鸡子 表示厌恶。（唐:乐）

小小鸡 （承:围）

小雏鸡 （天:东、桥、庆）（张:万）（邯:宗）

雏鸡 （邯:鹿）（石:冀）

雏鸡儿 （天:天）

雏儿鸡 （唐:丰）

小棉花鸡儿 （承:承）

小鸡黄 （唐:遵、蓟）（承:平）（邯:鸡）

鸡娃儿 （邯:鸡、内）

鸡娃子 （张:尚）

【歇窝的鸡】

张窝鸡 （张:万）

诈窝的鸡 （石:深、束）

抱窝鸡 （承:青）

孵窝 （天:天、沧）

【阉鸡】 割去雄鸡生殖腺。

骟鸡 （全省大部分地区通行）

镦鸡 “镦”，古词，音 dūn。（石:藁、无、高）（唐:秦）（承:围、兴）（天:河）（邯:威、内）（张:万）

腰鸡 （天:桥）

阉鸡 （邯:威）

劁鸡 （唐:乐）（邯:威）

【母鸡将要孵鸡时，占窝不动】

鸡诈窝了 （石:束）

鸡落窝了 “落”音 lào。（邯:内）

诈毛 母鸡诈毛，不断地叫，占窝不动。（天:天）

【抱窝鸡】 孵小鸡儿的母鸡。

老抱子 （唐:乐、昌）（承:承、围）

老厘鸡 （邯:周）

暖窝鸡 （邯:威）

造窝鸡 （石:束）

照窝鸡 （保:清、完）（邯:南）

找窝鸡 （保:满）

孵窝鸡 （唐:丰、宝、大）（天:东、大、安、静、桥）（保:安、新、兴、蠡）

乱窝鸡 （天:肃）

老窝鸡 （天:强、饶、河）

坐窝鸡 （唐:西）

诈窝鸡 （石:行、灵、泽、宁、正、元、晋、深）（唐:迁、西、滦、蓟）（天:阜）（张:鹿）（邯:鹿、宗）（承:兴）

落窝鸡 （石:井、平、建）（张:张、阳、宣、商）（邯:广、任、涉、内、临、魏、肥、成、漳）

落窝鸡儿 （张:阳）

鸡炸窝 （天:天）

抱蛋 （天:天）

鸡抱鸡 （天:桥）

【鸡冠】

冠子 （保:满）（唐:乐）

鸡鞑儿 （邯:威）

鸡冠的 （石:石）（邯:邯、周）

鸡冠子 （全省通行）

鸡冠冠 （张:张、万、怀）

鸡安儿 （邯:威）

【鸡爪子】 “爪”音 zhuǎ。

鸡爪儿 （承:滦、平）

鸡爪的 （邯:大、漳）

鸡脚 （张:怀）

鸡动蛙子 （天:阜）

【蛋白】 鸡卵中透明的胶状物。

蛋清子 （天:桥）

蛋清儿　（天:天、霸）

鸡蛋清　（天:天、桥）（唐:蓟、滦、昌、乐、大）

【蛋黄】　鸡卵中黄色胶状物体。

鸡蛋黄儿　（唐:乐）（天:桥）

【鸭】

鸭已　（唐:滦、抚、昌、卢）

鸭的　（邯:广、邯、肥、涉、周、大、漳）（石:井）

鸭 lé　（邯:涉）

鸭子　（天:桥、天、安）（唐:乐）

【公鸭】

麻鸭　（天:安）

公鸭的　（邯:丘、临、广、大、肥、周）

公鸭子　（全省通行）

【母鸭】

草鸭　（石:正、井、平）（保:安）（唐:乐）（邯:台、宗、乡、内）（天:安、桥）

母鸭的　（邯:广、鹿、大、丘、漳）

【鸭蛋】

青果　（保:兴、雄）

青果儿　（承:滦）

青皮儿　（唐:丰）

鸭子蛋　（小）（天:庆）（唐:乐）

鸭子蛋　（张:阳）

鸭子儿　（全省大部分地区通行）

鸭蛋儿　（唐:乐）

【小鸭儿】

鸭儿　（石:建、藁、灵、安）（天:桥）（邯:鸡、任、内）（保:望）（唐:秦）（承:平）

小鸭巴　（唐:抚）

小鸭鸭儿　（邯:清）

小鸭子　（全省大部分地区通行）

小鸭子儿　（唐:滦）（保:定、易、水、涿）（承:承）（石:无、正）

【比喻人说话文绉绉的】

鸭子过门——跩三跩　“跩”音 zhuǎi。（天:献）（唐:乐）

【打鸭子上架】　强人办作难的事。

硬打鸭的上架　（邯:大）

打鸭子上窝　（唐:大）

撵鸭子上窝　（邯:周）

赶着鸭子上架　（天:桥、霸）（保:定）（唐:乐）（石:无）（邯:磁）

拿鸭子上架　（唐:丰、遵、宝、玉、乐、抚、昌、汗）

撵鸭子上架　（邯:威）

撵着鸭子上架　（邯:丘）

赶着鸭子上架　（天:桥）

硬打鸭子上架　（天:天）

【鹰嘴鸭爪子】　喻人欲望大，能力小。

鹰嘴鸭巴掌　（唐:抚）

鹰嘴鸭子巴掌　（唐:丰）（承:围）

鹰嘴鸭子爪　（唐:乐、卢）（石:行）（天:肃、静、安、河、霸）（保:定、易、新）

鹰嘴鸹子爪　（石:深）（承:兴）

鹰嘴鸹巴爪　“鸹”音 ge。（天:桥）

憋鸭爪子　（天:天）

【形容刁滑的人】

鹰钩鼻子鸹子眼　（邯:郸）（天:安）

鹰鼻鸹眼不可交　（天:天）

鹰钩鼻子　凶相。（唐:乐）

【鹅】

家鹅　（全省大部分地区通行）

鹅　指白鹅。（唐:丰）

大鹅　（天:任）

雁鹅　像大雁，也能养。（唐:丰）

看家鹅　（邯:鹿）

【母鹅】

草鹅　（石:正）

【小鹅儿】

鹅娃儿 （邯:内）

小鹅 （天:阜、桥）

【野兽】

牲猁儿 （张:万）

山牲口 （承:滦、围）

野生灵 （张:蔚）

野虫蚁 （邯:任）

野生灵儿 （张:怀）

野牲口 （唐:丰、山、西、抚、乐）（保:定）（承:围、兴）

虫蚁儿 （邯:尧）

兽 （天:桥）

豺狼虎豹 泛指野兽。（天:桥）

【虫豸】 昆虫的统称。

虫蚁儿 （石:宁、灵、束、新、深）（唐:抚、丰、西、乐）（天:庆、桥）（承:青）

虫虫蚁蚁 第二个“蚁”读阴平。（石:束、深、行）（天:天）（唐:乐）

虫虫牛牛 （张:万）

虫子 （唐:滦、昌、乐）（天:桥、安）（承:围）

老豸 （邯:涉）

肉虫子 （天:桥）（唐:乐）

虎豸 （邯:大）

狼虫虎豹 （唐:抚、乐）（邯:大）

【狮子】

狮的 （邯:周、广、邯、大）

【老虎】

大虫 （全省大部分地区通行）

大虫蚁儿 （邯:尧）

山王 （邯:内）

山神爷 （迷）（承:平）（邯:鸡、内）（唐:秦）（保:雄、阜）（张:崇、怀、尚）

山老头子 （承:丰）

兽中王 （邯:任）

【母老虎】 喻不讲道理、凶恶的妇人。

女官公 （天:静）

凶神 （天:静）

刁老氏 （唐:抚）

母夜叉 （石:衡、藁、深、束）（天:山、安、天、桥）（保:保）（唐:丰、乐）（承:滦、围）

夜叉神 （承:滦）

雌老虎 （天:桥）（保:安、望）（承:平）（邯:内）

老刁氏 （唐:乐）

【狼】

麩麷 （承:承、平、丰、隆、围、滦）

马猴儿 （唐:丰）

马猴子 （唐:丰、滦）

山牲口 （承:隆）

白脸狼 （承:隆）

豺狗 （唐:遵、秦、三、迁、乐）（天:宁、肃）（邯:柏、沙、内）

猎狗 （保:安）

野狗 （全省大部分地区通行）

野狗 老婆儿迷信，不敢叫狼，就叫野狗。（张:怀）

野狼 （天:桥）

狼羔子 非指小狼。（唐:丰、遵）（承:兴）

狼狈 前腿短后腿长的狼。（唐:大）

皮狨 指被狼奶大的小狗。（张:万）

白眼儿狼 喻没良心，骂人话。（唐:乐）

【猴子】

猴的 （邯:邯）

猴三儿 （天:桥）（邯:内）（保:满、新）

猴三儿 俏皮的说法。（天:故）

猴三儿 （贬）比喻人尖嘴细眼。（天:强）（石:晋）（唐:三）

猴三儿 喻人机智，说话活泼。例:那孩子真聪明，猴三儿似的。（承:承）

猴儿 （唐:乐、丰）（张:赤、沙）

猴巴式的 指人不稳重，爱闹爱逗。（唐:乐）

【熊】

老皮虎子　（承:滦）

狗驼子　（邯:内）

狗黑子　（邯:广、大、磁、沙、内、漳）

黑瞎子　（石:新、枣、深）（承:承、平、滦、围）（天:强、献、文、桥、津、安）（唐:抚、大）（保:定）

熊瞎子　（唐:丰、滦、山、迁、昌、大）（承:平、兴、青）（天:宁）

人傻子　（承:滦）

狗傻子　（承:丰、滦）

黑傻子　（承:隆）

人熊　（全省通行）

狗熊　（天:天）（唐:乐）

【人熊】　骂人话。

熊　喻人没勇气，软弱。如：土匪真熊，见着解放军就一个劲儿地跑。（保:兴）

熊货　（天:天）

【耍狗熊】

玩黑瞎子　（天:桥、故）（承:围）

玩狗黑子　（承:平）（石:武、河、安）（邯:魏、大、沙、成、内、漳）（保:高）（张:崇、尚）

玩狗黑　（邯:肥）

耍狗驼子　（唐:昌）

耍熊瞎子　（承:平）（唐:乐）

玩狗熊　（石:晋、深、宁、束、枣、冀、河）（天:强、黄、东、桥、河、庆、饶、阜）（邯:乡、鹿、清、任、鸡、周、内、丘）（保:博）

玩狗熊子　（邯:广）

玩狗熊的　（邯:南）（石:衡）

耍狗熊　讽刺一家人胡吵、胡打。如：你看这家人吵得多么凶，好像耍狗熊的。（保:兴）（天:天）

耍狗熊的　指人。（唐:乐）

【狗獾】　“獾”音 huān，兽名，似狗而小，嘴巴尖，短足，短尾，毛深褐色。喜穴居，食鼠、兔、鸟、蛙，也吃草根、果实等，长二尺半，高一尺。冬季深眠不出，行动笨拙。皮可制褥，油可药用，肉可食，属犬科。

瓜獾　（邯:任）

狗腿獾　（唐:丰、迁）

狗蹄獾　（邯:任）

獾　（全省大部分地区通行）

獾子　（承:隆、围）（张:万）（石:宁）

獾的　（石:井）

【猪獾】　獾的一种，形略像猪，长三尺许，毛黑褐色，头长，吻尖，眼、耳、四肢、尾巴皆短小，属鼬科。行走时趾及后半蹠踏地，腹部几乎触地。很缓慢，生在山野，前肢强大，善于挖穴而居。昼伏夜出，吃果实、蛇、兔等。毛皮可制裘，皮可制革，油可药用，称“獾油”，肉味鲜美。

獾　（唐:山、昌、乐）（石:晋、正、行、建、衡、栾、藁）（承:兴）（邯:广）（保:涿）（天:桥）

山猪　（邯:周）

獾子　泛指獾。（承:围）（张:万）

獾猪　（唐:丰）

人踪獾　（邯:涉）

人脚獾　走过的脚印像人的脚印。（唐:丰）（邯:广、大、涉）

人蹄獾　（邯:任）

臊狗子　（唐:乐）

【豹】　也叫金钱豹。

豹子　（全省通行）

豹的　（石:井）（邯:广、邯、周、大、丘、漳）

艾豹　（承:滦）

金花豹　（承:兴、围）

菊花豹　皮有黑纹像菊花。（承:滦）

老豹子　（张:赤）

老豹　（天:天）

【土豹子】

貍子　（天:河）

山貍子　山中野猫，比家猫大，爱偷小鸡吃。（唐:蓟、昌、乐）

野貍子　（天:天、桥）

【狐狸】 形状略像狼，面部较长，躯干细长，四肢细，耳朵三角形，尾巴长，通常赤黄色，昼伏夜出，吃野鼠、鸟类、家禽等，性狡猾多疑，毛皮柔软，可做衣物。

灵狗子 （唐:西、遵）（承:青）

臊狗子 （唐:丰、遵、滦）（承:兴）

八虎 “虎”读入声。（石:建）

八狐 （保:阜）

狐仙 过去有的人迷信，认为狐能成仙，故将狐称“狐仙”。（石:束、深）（唐:乐）（天:桥）

狐老仙儿 因狐夜间尾巴发光，远看像“灯笼”，故有人迷信它是神仙。（石:束、深）

狐子 （全省通行）

大狐狸 （承:滦）（天:桥）

火狐狸 狐狸毛厚有绒，冬季晚间急跑时与空气摩擦有火星，呈帚状，故称“火狐狸”。（天:桥）

火狐 红黄色脊背的狐狸。（唐:大）

狐的 （邯:大、漳、周、丘、广）

草狐狸 黄色。（唐:丰）（承:滦）

草狐 （邯:广）（唐:大）

草狐子 （石:栾、井）（邯:广）

草狐的 （邯:广）

皮溜狐儿 传说狐能搬运财物，能使穷人富，富人贫，含有迷信色彩。（石:束、深）

【黄鼠狼】 即鼬鼠，常偷鸡，尾毛可以制笔。

黄鼠 （邯:尧）（张:万）

黄鼠狼子 （唐:丰、西、昌、乐）（张:崇）（承:隆、丰、承、青、兴、围）（天:天）（邯:邯）

黄鼠狼的 （邯:广、周、大）

黄食狼 （张:鹿）

黄食狼子 （唐:乐）

黄吃狼 （邯:漳）

黄子狼 （邯:任）

黄猺 （张:商）（天:阜）（保:容）

黄仙 （迷）（天:桥）（承:滦）（唐:乐）

黄狼 （石:无、藁、安）（天:河、宁、阜）（邯:郸、鸡、磁、成、肥、内）（保:清、安、望）（唐:大）（张:怀）

黄鼬 （全省通行）

黄鼬狼 （邯:内）

黄眼狼 （石:元）

黄儿狼 （唐:宝）

黄狼子 （唐:遵、西）（承:平、滦）

黄过狼子 （唐:玉）

黄斯狼子 （唐:抚）

黄鹰子 （张:蔚）

黄羊儿 （张:怀）

老黄 （承:滦）

老黄爷子 （唐:丰）

花儿狼 （唐:三、大）

地狗子 黑嘴巴的黄鼠狼。（石:束）

狼 （邯:柏）

鼠狼 （邯:涉）

【兔儿】

兔子 （石:深、束）（天:天、桥）（唐:乐）（承:青）（张:沙、赤）

猫儿 （唐:丰、乐、遵、大）（天:桥、庆、安、霸）

兔的 （邯:广、邯、大、肥、周、漳）

豁嘴子 （唐:三、大）（承:平、隆）（邯:鸡、内）（天:肃）

三瓣嘴 （承:围）（张:宣）（唐:乐）

三片子嘴儿 （邯:内）

野兔子 （邯:内）

跑儿 （邯:内）

大耳朵 （承:隆）

大耳朵猫 （石:栾、束）

兔崽子 骂人的话。（张:万）（天:霸）（唐:乐）

兔兔 小兔。（张:万）

兔羔子 骂人的话。（石:深、束）（天:桥）

【家兔儿】

家兔的 （邯:邯）（张:口）

家兔子 （承:青）

家兔儿　（天：桥）

家养兔儿　（邯：广）

家生兔儿　（邯：鸡、肥）（石：泽、束、深）（唐：乐）

家常兔　（天：饶）（石：栾）

家庄兔　（邯：魏、肥）

看家兔儿　（石：宁）

家猫　（承：承、隆、围、滦）（张：鹿）

猫儿　（承：滦）

【兔儿爷】　小孩玩具。

兔老二　（邯：大）

兔捣碓　（石：正）

小兔羔　（天：静）

【兔子肉】

兔儿肉　（天：强、桥）（石：束）

猫儿肉　（天：桥、安、霸）（唐：丰）

【野猫】

山猫　（石：石）（邯：邯）

野狸子　（唐：丰）（天：桥）

山狸子　（张：赤、沙、蔚）

狸子　（天：桥）

【野兔儿】　野地里生长的。

山兔儿　（承：承）（张：宣、鹿）

兔子　（承：滦）

山野子　（承：隆）

野猫儿　（唐：乐）（天：桥、天、霸）

猫儿　（天：安、桥）

山猫　（唐：三、秦）（承：隆、承、围、兴）（保：清、望）（邯：鸡、永、内）（张：崇）

野猫　（全省通行）

猫子　（承：滦）

地里跑儿　（天：强）

跑　（石：束）

跑儿　（唐：丰、滦、遵、蓟、迁、山）

地兔子　（邯：宗、乡）

【老鼠】

耗子　（唐：蓟、乐、大）（承：隆、围、青）（张：各地）（天：天、安、霸）

耗的　（邯：大）

老虫　（邯：内）

四根腿　（石：栾）

小媳妇子　过年时，老人避讳说“老鼠”，才这样说。（邯：威）

【地老鼠】　外形比老鼠小，颜色也较浅，生活在野地里，离地面二三尺深挖洞而居。入秋把粮食衔入洞内，分类贮存，大穴有挖二三斗者。

老出　轻声。（唐：乐）

老鼠　（唐：遵、蓟）（承：滦）

鼠儿　（唐：丰、迁、卢、抚）

仓鼠　（天：固）（唐：大）

土老鼠　（张：龙、沙、尚、口）（邯：郸、内、台）（天：宁）（保：安、望）（唐：秦）（承：平、隆）（石：晋）

夜老鼠　（邯：涉）

闷老鼠　（石：平）

仓老鼠　（天：肃、任、河、饶）（保：定、易、满、兴、涿、完、新）（石：泽、束、深）

山耗子　（承：兴、围）

仓贵　（天：永）

仓官　（天：山、霸、安）

仓过儿　（天：大）

地板狼儿　（邯：周）

板草子　（张：阳）

搬仓　（石：获、灵、石、行、建、宁、栾、藁、正）（张：鹿、蔚、宣）（邯：南、清、临）

地搬仓儿　（邯：广、邯）

地搬仓得　（邯：魏）

搬张　（邯：磁）

搬郎儿　（邯：鸡）

搬当　（邯：尧）

搬趟　（石：赵、无）（邯：任）

沙耗耗 （张:怀）

串皮杆子 （唐:滦）

【豆杵子】 比地老鼠大，毛褐色，眼似大豆儿，并突出，尾较长，常与黄鼬并称，对花生、豆类危害甚大。

大眼贼 （天:津）（承:围）

大眼贼儿 （天:天、静、桥、霸）（保:清、兴）（邯:宗、威、乡）

大眼儿贼 （唐:乐）

地鼠子 （唐:大）

豆楚子 （唐:丰）

【鼹鼠】 毛黑褐色，嘴尖，四肢短小，有发达的爪，善掘土，眼小，隐藏在毛皮中，白天住在土中，夜晚出来捕食昆虫，也吃农作物的根。属哺乳纲鼹鼠科。

地排排 （石:束、深）

地排子 （唐:滦、大）（天:桥）（邯:宗、乡）

地溜排子 （天:霸）

地拉排子 （天:安）

地片子 （天:桥）

鲁混鼠 （唐:滦）

瞎目猪 （邯:尧）

老鼠拱 （唐:昌、乐）

瞎 lao （张:蔚、尚）

瞎老鼠 （保:博）

地羊 （保:博）（承:围）

【刺猬】

猬鼠 （张:阳、尚）（唐:秦）（邯:内）

白仙 （迷）（天:桥）（唐:乐）

刺儿猬 （唐:三）

刺儿猬猬 （唐:丰）

刺猬猬 （唐:滦、遵、西、乐）（承:平）（保:定、唐、完）

刺刺猬 （天:大、霸）（承:兴、围）

【蛇】

长虫 （全省通行）

长仙 有迷信色彩。（天:沧、桥）

柳仙 （天:桥）

菜古蛇 指爱胡扯而无本事的人。（天:天）

菜花蛇 同上。（天:天）

蟒羔子 （张:蔚）

床床 （天:桥）

【蟒】 无毒的大蛇，体长约两丈多，头部长，口大，舌的尖端有分叉，背部黄褐色，有暗色斑点，腹部白色，多产于热带近水的森林里，捕食小禽兽，肉可食，皮可制装饰品。

蟒羔子 （张:沙）

菜蟒 （石:宁）（邯:清、沙）（唐:大）

蟒蛇 （唐:丰、秦、三、玉）（石:无）（张:康、沙、尚）（邯:鸡、尧、内）（天:桥）（保:清）（承:平）

大蛇 （张:万）

大长虫 （天:霸）（石:深）

【乌梢蛇】 身长二尺，苍灰色。

乌梢长蛇 （唐:西）

边梢 （石:枣）

乌梢 （全省大部分地区通行）

乌蛇 黑色。（承:滦）

黑乌 （承:丰）

黑乌子 （承:青）

黑乌蛇 （张:宣）

乌 zhāo （邯:广）

乌草 （邯:魏）

浆杆子长蛇 （唐:西）

驴轴棍 （承:隆）

长虫精 （邯:邯）

大长虫 （邯:邯）（石:深）

菜瓜蛇 （天:安）

【鸟儿】 飞禽的统称。

鸟雀儿 （唐:丰）

雀鸟儿 （石:束、深）（唐:抚）

雀(儿)鸟 （唐:玉、丰）

雀儿 （石:井、建）（唐:滦、遵、昌、乐）（张:商、鹿、蔚）

（承：青）（天：安）

雀　（天：饶）

鸦儿　（石：行）

鸦鸟儿　（石：平、行）

飞禽　（张：崇）（石：正）

虫鸟儿　（保：兴）（邯：郸）

虫蚁儿　（唐：蓟）（石：获、赞、栾、束、深）（天：黄、桥）（邯：广、大、沙、任、内）（保：水）

翎毛儿　（天：天）

【鸟毛】

虫蚁儿毛　（天：桥、津）（邯：沙、任、内、尧）

雀儿毛　（唐：滦、昌）（张：商）（承：青）

雀毛　（唐：玉、乐）（石：建）（邯：临）（张：鹿）（天：安）

雀鸟毛　（承：滦、围）

雀翎子　（唐：丰）（石：灵）

毛儿　指绒毛。（天：强）（唐：乐）

【翎】　鸟的硬毛。

鸟翎　（石：深、束）

翎毛儿　（唐：昌、抚）（承：丰）

翎毛　（唐：滦、抚、乐）（承：围）（保：安）

翎子　（张：崇、万）（邯：南）

硬翎子　（天：天）

【翅膀】

翅　（天：桥）（石：晋）

翅儿　（天：故）（石：灵、深、束）

翅子　（天：庆、故、强）（邯：南）（石：束、深）

翅翅　（张：怀）

膀子　（唐：滦）（张：赤）（承：青）

翅膀子　（天：庆、山、故、安）（承：滦、围）（唐：乐）

翅膀朗儿　（天：大）（石：建）

翅膀朗子　（天：沧）

【爪子】　鸟类的足。

爪的　（邯：邯、周）

爪儿　（石：束、深）（张：赤）

【脯子】　鸟的胸脯。

胸脯儿　（承：滦）（保：保）（邯：广）（石：束、深）（唐：大）

胸脯子　（承：滦、围）（保：新、安）（石：束、栾、深）（天：庆、安）（唐：昌、乐、丰）

心脯子　（保：雄）（唐：乐）

脯的　（邯：大、漳）

脯脯　（张：万）

膝子　（承：隆）（邯：临）（天：天）

【乌鸦】

黑乌鸦　（张：赤）

老鸦　（天：宁、桥）（张：张、赤、康、沽、尚）（邯：鸡、柏、磁、宗、内、尧、郸、漳）（承：平）

鸦儿　（唐：丰）（张：鹿）

老鸹　（全省通行）

黑老鸹　（承：承）（唐：乐）

老巴　（唐：大）

老哇　（石：建）（张：阳、宣、鹿、崇、蔚）（邯：肥、周）

黑老哇　（邯：涉）（张：万、康、张、沽、商、怀）

黑贼　（邯：内）

臭嘴老鸹　（唐：迁、抚）（石：灵、正）（保：定）

【白脖乌鸦】　脖上羽毛呈白色。

白脖老鸹　（石：平）（保：保）（天：桥）（承：围）

细嘴老鸹　（唐：丰）（天：献）

【臭嘴乌鸦】　过去有人认为它对谁叫，预兆着谁有不吉顺之事，有迷信色彩。

黑老鸹　（邯：广）

黑鬼孙　（邯：广、大）

大嘴老鸹　（唐：迁、抚）（石：灵、正）（保：定）（承：滦）

臭巴鸹子　（张：崇）

臭斑鸠的　（邯：周）

sei 鸟儿　（天：桥）

【老鸹窝】　乌鸦巢。

黑老哇窝子　（张：万、沽、商、怀）

【喜鹊】　形状和乌鸦相似，嘴尖尾大，身体大部为黑色，翅膀有蓝色光泽，肩和腹部白色，叫声嘈杂。

喜儿 （天：桥）（张：宣）

喜鹊 “鹊”音 xiao。（天：天）

鹊 （邯：永、尧）

铁鹊 （唐：迁）

喜鹊子 （张：宣、崇）

喜鹊鹊 （张：万、阳、康、尚、怀）

仙鹊子 （张：蔚）

鹊雀 （承：滦、围）（唐：乐）

野鹊 （全省通行）

花野鹊 （邯：威、宗、乡）

马以哥儿 （邯：周）

马野鹊 （邯：漳、柏、广、邯、魏、鸡、大、沙、肥、涉、南、任、内、郸）（保：完、唐、定、望、满）（石：束、晋、正、石、行、获、井、赵、藁、泽）（天：河）

麻尾 gài （邯：丘）（保：易）（石：行、藁）

马尾子 （保：水、兴）

长尾巴郎儿 （石：束）

zhá zha （天：桥）

马鹞鹊 （石：建）

【麻雀】

小小儿 （邯：威）

山麻雀 （承：滦）

雀 （邯：任）（石：枣、束）

大雀 （石：衡、武、冀、枣）（天：东）

雀雀儿 （石：河、宁）（天：故）（邯：南）

家雀子 （天：桥、安）

家雀儿 （全省通行）

老家 （承：隆）（保：易、保、清、安、雄、水、容）（天：固、文、霸）（石：束）（唐：乐）

老家儿 （承：丰）

老雀子 （天：山、庆）

老家子 （全省大部分地区通行）

老家家 （保：定）（张：蔚）

大老家 （保：博、安、蠡、完）（天：饶、任、武）（张：赤）（唐：乐）（石：深）

大家儿 （唐：抚）（天：献、河）（张：怀）

到老家 （保：唐）

大家老儿 （石：束、深）（天：强、饶）

家贼 （天：静）

老家贼 （承：滦）（天：安）

老家仓 （唐：三）（承：承）

家黑子 （张：宣）

家鬼子 （张：怀）

家巴子 （张：万、康、商、尚）（唐：宝）

家巴 （唐：大）

家老巴 （天：安）

大家巴子 （张：阳）

大贾子 （张：万）

家挖巴 （天：安）

大老巴 （张：沙）

家食 （唐：大）

老照子 （邯：清、鹿）

老照儿 （邯：威）

家照子 （天：武）

大老照 （石：灵）

老皂儿 （邯：任、成）

大老抓儿 （石：深、束）

抓老抓儿 （石：深、束）

老 diàng diàng 当地方言读阳平，发音与普通话的去声同。（天：桥）

老 diàngdiàng （天：桥）

老嘎巴 （保：兴）

大喳 （石：无）

打拉喳 （石：晋）

老家 （保：高）

小虫儿 （唐：三）（石：栾）（邯：广、乡、邯、郸、鸡、大、永、沙、涉、周、成、内、肥、丘、漳）（天：津）

老爪子 （邯：宗）

【黄雀儿】 雀的一种，形略小，雄的头顶及腹部黄绿色，雌的头顶褐色，冬季常群栖，鸣声可爱，可饲为笼鸟。

黄雏　（邯：涉）

黄鸟　（天：津）

黄鹊　（邯：肥）

黄鸡的　（邯：邯）

黄林儿　（保：清）

黄小虫儿　（邯：鸡）

【燕子】　鸟名，体小背黑腹白，翅尖长，尾分开如剪刀，春向北，秋返南，衔泥做巢。

瞎燕儿　（唐：乐、昌）

胡燕儿　（张：商）

竹燕　（邯：尧）

家燕儿　（邯：临）

燕儿　（保：阜、水、安、新）（石：宁、深、泽、平、行、灵、获、河、束、正）（张：张、万、阳、康、宣、怀、蔚、鹿）（承：滦）（邯：威、清、安）

小燕儿　（全省通行）

雀燕　（唐：大）

搂燕儿　脯下无红色，居于楼檐下的洞中。（石：深、束）

巧燕儿　筑巢于墙壁上。（石：束、深）（唐：乐）

拙燕儿　筑巢于两椽之间。（石：束、深）（唐：乐）

真燕儿　记忆力强，叫声好听，脖下没有红色。（天：桥）

假燕儿　与真燕相反，记忆力差，脖下有红色，也叫来燕。（天：桥）

【雁】　候鸟，秋去春来，飞的行列或成一字形，或成人字形。

雁鹅　（邯：清）

鹅雁　（张：万、怀）

个拉雁　拟声，像雁的叫声。（石：建）

长脖子雁　（张：宣、口、赤）（唐：乐）（承：围）

大雁　（天：天、安、霸）（唐：大）（承：围）

地�

【斑鸠】　鸟，身体灰褐色，嘴短，脚淡红色，常成群聚集在田野里，吃谷粒，对农作物有害。

斑雀　（承：兴）（唐：丰、乐、遵）

斑雀儿　（唐：抚）

斑鹊　（保：易）

斑鸽　（张：蔚）

斑斑鸠　（石：灵、平）

斑鸡儿　（石：建）

斑球儿　（保：定）

臭咕咕　（石：深、束）（唐：乐）

臭臭姑　（石：无）

臭斑鸪　（张：鹿）

咕咕　（保：满）

傻咕咕　（邯：清）

种地咕咕　（邯：涉）

春咕咕　（邯：肥、成、丘）

春鸽子　（邯：肥）

乐鸽子　（唐：丰）

野鹁告　“鹁”音 bú。（石：深、束）

野鸽子　（天：河）（唐：大）

山鸽子　（保：水、兴）

尖雀　（石：衡）

青雁子　（唐：玉）

背儿鸪　（唐：昌）

鸪鸪鸠　（张：万）

山飞禽　（邯：邯）

鸪鸪虫　（邯：任）

爹爹糊涂　此名来自当地神话。（唐：丰）

义鸠　（石：获）

【鸽子】

鸽　（邯：尧）

鸽鸽　（邯：周）

鸽的　（邯：邯、肥）

鸽儿　（石：平、建）

鹁鸽　（全省大部分地区通行）

云鸽　（邯：大）

云鸡的 （邯:魏）

卢卢 （张:赤）

灰雀 （承:青）

飞禽 （邯:邯）

鸽巴 （天:桥）

瓦灰鸽 灰色鸽子,也叫卢卢。(张:蔚)

山鸽子 （唐:大）

【野鸽子】

野棒儿 （张:鹿）

鸪鸪 （张:鹿、沙、沽、宣）

野鸽巴 （天:桥）

【鹌鹑】 头小尾巴短,羽毛赤褐色,杂有黄白色纹,雄鹌鹑好斗,肉和卵都可以吃,也叫鹑。

鸪砀 （唐:滦）

小米鸡 （天:庆）

吹地翁 （保:水）

没尾巴鹌鹑 （天:庆、故、桥）

秃尾巴鹌鹑 （石:灵)(唐:丰、秦、昌)(承:滦、隆、青)(天:静、文、霸、桥)(邯:任)(保:兴、阜)

小野鸡 （唐:大）

【鹧鸪】 大如鸠,头顶暗紫赤色,背灰褐色,腹部带黄色,嘴和脚黄色。用草叶等营巢于土穴中,吃昆虫蚯蚓等,叫声似"行不得也哥哥"。

鸪鸪虫 （石:正）

贝儿鸪 （唐:丰、乐）

胡孛孛 （承:滦）

鹑儿鸪 （唐:抚、滦、大）

野鸽子 （天:献）

鸽鸪虫儿 （保:清）

benrgu 蓟县有民谣:benrgu benrgu 老爷们下地,老娘们来胡。(唐:蓟)

【啄木鸟】 身体的上部青色,下部淡绿色,有暗色横斑,雄鸟头部红色,雌鸟灰色,嘴尖而直,很坚硬,能啄木头,舌头细长,尖端有钩,便于捕食昆虫,脚短,趾端有锐利的爪,善于攀登树木,是益鸟。

锛锛虫 （张:沙、蔚）

锛树虫 （张:龙、鹿、怀、蔚)(邯:内)

锛树虫儿 （张:阳）

锛树虫子 （张:张、万、尚）

锛锛凿子 （天:任)(保:安）

锛凿木 （石:正)(邯:鹿）

锛凿 （唐:大）

锛卓锛 （石:元）

锛得凿 （天:河）

锛打木 （保:水、清）

锛打母儿 （石:晋、宁、束、井、深)(天:强)(保:高）

锛达木子 （保:保、唐)(唐:乐)(天:安）

锛渣木 （邯:临)(石:灵、新、无)(保:阳)(承:兴）

锛渣木子 （石:藁)(保:阳）

锛得木 （石:石、深、冀、泽)(天:强、饶、文、安、河、宁)(邯:柏、内)(保:定、易、容、满、安、新、兴、蠡、涿、完)(唐:三、大)(承:承、兴）

锛得木子 （天:固、永、霸、肃、安、桥)(保:博、雄）

锛得儿木 （唐:丰、滦、乐）

锛槎木 （石:灵、获)(邯:柏）

锛槎木儿 （石:行、建、栾、平）

锛材槌子 （张:宣）

锛朵门儿 （保:阜）

锛本树虫 （张:崇）

老锛锛 （邯:内）

一头斧子,一头锛 （邯:内）

鸽凿 （唐:宝、三）

鸽鸽木 （承:青)(邯:成、内）

鸽得木 （唐:卢、乐、蓟）

鸽得儿木 （唐:丰）

鸽刀木 （唐:山、迁)(邯:威）

鸽扎木 （承:兴）

鸽拉木 （唐:抚）

鸽老木 （邯:台）

鸽木蛔　（邯：肥）

鸽枝木　（邯：肥）

鸽头木　（唐：滦）

鸽打木子　（唐：滦）

鸽凿木　（唐：三、丰、滦、遵、玉、蓟）（邯：丘、任、内）

鸽木凿　（邯：任、内）

叨叨木　（承：围、丰、隆）

叨树虫　（邯：郸、肥、内）（唐：秦）

刁木官儿　（承：隆）

啄打木子　（天：静）

端树虫　（邯：广、肥）

端树精　（邯：魏）

端木鸠儿　（邯：鸡）

凿大姑　（邯：南）

凿大姑子　（邯：内）

凿木虫子　（天：大）

凿打木子　（承：平）（石：枣）（天：黄、故、东、献、山、桥、宁、河、庆、阜）

夺树虫　（邯：涉）

臭磕虫　（保：兴）

邦得木　（承：滦）

鹁鸪吹　（张：宣）

钻得木　（邯：宗）

抢木凿　（邯：尧）

衔打木子　（承：平）

欠邦木子　（邯：沙）

敲打木子　（唐：西）

顿打木子　（石：衡）

红定门子　（天：庆）

餐餐母子　（邯：清）

插凿　（唐：大）

【猫头鹰】　身体淡褐色，多黑斑，头圆，像猫头，眼睛大而圆，昼伏夜出，吃鼠、麻雀等小动物，对人类有益，常在深夜发出凄切的叫声，迷信的人认为是一种不吉祥的鸟。

夜猫儿　（石：束、深）

夜猫子　（邯：清）（保：定）（张：沙、宣、口）（天：任、天、霸、安、桥、津）（唐：乐、大）（承：隆、承、围）

夜猫的　（邯：大）

夜拉猫子　（天：静）

夜虎子　（保：唐）

猫头儿　（唐：丰）

猫儿头　（唐：滦、山、玉、蓟、卢、昌）（承：青）（天：河、庆、肃）（邯：内）（保：新、雄、望、安）

猫儿桃　（天：黄）

猫猫头　（唐：抚）

猫形虎　（张：沽、康、万、商、崇、龙、蔚、宣）

猫胡头　（唐：迁）

咕咕苗儿　（邯：周、丘、成）（石：深、束）

呱呱庙　（保：高、蠡）

呱呱由儿　（邯：柏、内、临）（张：鹿、沙、尚）（保：定、阜、阳）（石：元、藁、赞、无、正、泽、平、行、新、灵、石、获、建）

呱呱扭　（石：晋）

呱呱丢　（保：满）

呱呱猫子　（保：清）

呱呱苗子　（石：深）

咕咕鸟　（唐：遵、昌、乐、滦）

咕咕咪嗅儿　（邯：广）

咕咕猫子　（保：清）

咕咕庙　（邯：魏、肥）

蝈蝈油　（张：阳、怀）（邯：永）（石：获）

刮油子　（张：蔚）（石：栾、宁）

端凿木　（邯：乡）

挂挂鸟　（保：易）

怪雀子　（唐：丰）

秃叫　（邯：邯、肥、沙、内）（保：完）

秃鸨　（邯：郸）

朵鸠　（邯：临）

恨虎　大猫头鹰。（唐：丰）

鸱鸮　（承：滦）

不孝鸟 （文）（承：滦）

改角 （保：博）

损鸟 （天：桥）

报丧鸟 （邯：内）

【鹦鹉】 头部圆，上嘴大呈钩状，下嘴短小，舌大而软，羽毛美丽，有白、赤、黄、绿等色，能模仿人说话的声音，俗称“鹦哥”。

鹦哥 （天：永）

鹦哥儿 （天：河、桥、霸）（石：束、深）（唐：乐、丰）

黄露 （唐：西）

巧嘴百灵 （邯：漳）

虎皮鹦鹉 体和麻雀一般大小，不能学人说话。（石：束）

虎皮雀 虎皮鹦鹉。（石：束）

【八哥】 鸟，羽白黑色，背部和头部稍带绿色，翅膀上有白纹，吃昆虫和植物种子。能模仿人说话的声音，人多捕捉饲养观赏。

八八儿 （邯：周）

八奇儿 “八”读阳平。（天：霸）

梨雀儿 （唐：西）

巧嘴八哥 （邯：肥、成、广）

【仙鹤】 也叫白鹤、丹顶鹤。羽毛白色，翅膀大，末端黑色，能高飞。头顶没毛，红色。颈和腿很长，常涉水吃鱼虾等。叫声高而清脆。

鹤 （邯：大、沙）（张：商）（石：获、建）

仙鹤 “鹤”音 háo。（唐：丰、乐、滦）（保：兴、定）（石：正）（天：固）

白鹤 （全省大部分地区通行）

天鹅 （保：定）（天：桥、安）

灰鹅 灰色的。（唐：丰）（承：滦）

【鹭鸶】 鹭的一种，羽毛纯白色，腿很长，能涉水捕食鱼虾等，又名白鹭。

老等 （全省通行）

伸脖老等 （天：宁）（唐：大）

长脖老等 （唐：丰、宝、秦、三）（承：滦、青）（石：正）（天：强、献、阜、霸、安）（保：容、安、新、雄）

长脖子老等 （天：静、任、大）（邯：任）

长脖儿老 （唐：乐）

老鱼鹳 （石：灵、束）

老有鹳 （保：阜）

捞鱼鹳 （承：围、滦）（张：商）（邯：内）

鱼鹰子 （邯：鸡）

【老雕】 即雕，猛禽，居深山幽谷绝壁之上。体长三尺多，翅膀展开宽达一尺以上，嘴钩曲，视力发达，有金黄色光，两足有强锐钩爪，善飞，捕食野兔、小羊等，也叫鹫。

水溜溜 雕、鹰、鹞子往往混叫。（保：定）

二老雕 （张：商）

莺雀子 （天：桥）（石：枣）

老草色 （邯：肥）

饿老 （张：蔚）

饿老雕 （邯：广、肥）

饿老扒 （张：阳）（邯：鹿）

花雕 杂色的。（石：建）

皂雕 黑色的。（石：建）

哼虎 雕的一种，毛黑，猫头，夜里在野地里哼哼地叫。

鹰 本地鹰和雕分辨不清。（石：束、深）

老鹰 本地鹰和雕分辨不清。（石：束、深）

雕 （石：行、获、灵、井、栾）（保：阳）

【鹞子】 猛禽的一种，比鹰小，羽毛灰褐色，腹部白色，有赤褐色细黄斑，脚黄色，雌的比雄的稍大，捕食小鸟。雌的可以帮助打猎。

鹞的 （邯：大、肥、临）

鹞鹰 （唐：抚）（邯：大、南）

鹞鹰子 （石：宁）（天：霸）（邯：乡、丘）（保：涿）

小鹰子 （天：庆）

雀鹰子 （唐：丰）（石：平、获）（邯：任）

蚂蚱鹰儿 （天：强）

鸽鹞 大的鹞子。（邯：涉）

老鹞子 （承：隆、承、青、滦、围、兴）

雀鹞子　(石:栾)(张:尚、赤)

大麻鹞子　(张:蔚)

红眼鹞子　小鹞子。(张:蔚)

鹞翎子　(邯:鹿)

老雕　(承:滦)

青剪　小的鹞子。(邯:涉)

青燕儿　和鹞子一样,就是不能捉鸟雀,而吃蚂蚱等。(保:兴)

拜打姐　(天:桥)

棒槌　打猎用语。(天:天)

【鹰】　鸟类的一种,上嘴有钩,足趾有长而锐利的爪,脚部有长毛,头阔而大,颈短,性凶猛,捕食鼠类及其他鸟类。本条所收方言词,多指捉兔子的鹰。

兔虎　(天:献)(邯:邯、威、宗)

兔护　(天:天)

兔鹰　(石:宁)

白鹰　(石:建)

紫鹰　(唐:丰)

黄鹰　(唐:丰)(石:束、枣、建、深)(天:阜、故、大、饶、献)(保:博)(承:滦、兴)

鹞鹰　(张:沽)

老雕　(张:沽)

棒槌　(天:献)

老鹰　(石:建、高)(唐:遵、西)(邯:大、临、周、内)(张:万)

老死鹰　(天:故)

水溜溜　(石:建)

猾扒鹰　(石:建、平)

雀鹰　捉麻雀的鹰,大小如鸽子。(承:滦)

灰鹰　捉野兔的鹰,习性与黄鹰相同,性格比黄鹰善些。(承:滦)

屉屉鹰　一种吃屎的鹰。(石:宁)

屎鹰　吃屎的鹰。(天:献)(保:博)

兔喝　(石:深)

虎　眼珠是黑的。(邯:鸡)

兔花　鹰的一种,捉兔子的,个大,爪是青色。(天:桥、饶)

兔葫芦　和鹰一样,就是不能用爪抓兔子,只能用翅膀打兔子,过去猎人常用它和犬协助鹰来抓兔子。(保:兴)

画迷儿　(承:青)

【老鹰】　鸟,猛禽类。嘴蓝黑色,上嘴弯曲,脚强健有力,趾有锐利的爪,黑褐色,翼大善飞,吃蛇、鼠、鱼和其他鸟类等。

老鹞鹰　(唐:丰)(承:承)

饿狼　(张:张)

老雕　(天:庆)

饿凉雕　(张:怀)

鹰　(天:霸、桥)(张:崇)(保:蠡)(石:枣、建、深、束)(承:围)

黄鹰　(天:桥)(唐:大)

暴鹰　(天:静)

鹞鹰　(唐:迁、抚)(张:赤、鹿)

花保鹰　(石:获)

花豹　(唐:丰)

老花豹　(天:强、饶)(石:无)

水溜溜　(石:平)

老屎鹰　(邯:清)(天:庆)

大屎鹰　(天:安)

屎鹰　(天:大、阜、黄、桥)(邯:宗)(承:兴)(唐:大)

屉屉鹰　(天:静)(石:正)

【鸳鸯】　鸟。像野鸭,体形较小,嘴扁,颈长,趾间有蹼,喜游泳,翼长,能飞。雄鸟有米色羽毛,头后有铜赤色的长冠毛,嘴脚黄灰色。雌鸟羽毛苍褐色,嘴灰黑色,脚黄灰色。雌雄偶居不离。

鸳鸳　(天:桥)

红雁　(张:沽)

【百灵鸟】　比麻雀大,羽毛茶褐色,有白色斑点,飞得很高,能学多种鸟叫。吃害虫,对农业有益。

百灵儿　(保:望)

百灵子　(唐:滦、迁、乐、昌、抚、丰)(承:围)(张:赤、宣、商、崇)

百灵　(天:天)

【画眉】 鸟，身体棕褐色，头、唇颈和背部有黑褐色斑纹，眼圈白色，好像眼眉，腹部灰白色，叫的声音很好听。雄鸟好斗。多饲养来供玩赏。

黑吉子 （张：康）

楞画眉 （张：宣）

画眉儿 （全省大部分地区通行）

画眉眉 （张：阳）

画眉子 （张：沽）

画眉鸟 （承：平）（邯：邯）

【孔雀】 鸟，雄的颈部和胸部的羽毛红青色，有金属光泽，尾巴的羽毛很长，颜色美丽，上面有蓝色的圆斑，展开时像扇子。雌的羽毛灰褐色，尾小，尾巴的羽毛上没有圆斑。群居在热带森林或河边。多饲养来供玩赏。

孔巧儿 （唐：抚）（张：赤）（承：围）

【野鸡】 即雉。形状似鸟。多生于山林中。雄者尾长，全身羽毛非常美丽。雌者尾短不甚美。都能飞。吃草籽、豆子、谷物。

雉鸡 （石：藁、灵、安）（邯：鸡、任、临、肥、内、广、郸）（唐：秦）（承：平、隆、滦、围）（天：肃）（张：尚）

山鸡 （邯：郸、涉）（承：承）

野鸡的 （邯：周、漳）

带子 （天：安）

外国鸡 （天：强）

顺鸟 （天：强）

山公鸡 公野鸡。（邯：涉）

草扑的 母野鸡。（邯：涉）

嘎嗒鸡子 （唐：丰）

野鸡 骂人话。（天：天）

【水鸭】 野生的鸭子。

野鸭儿 （石：深、灵）（天：天）（保：唐）

野鸭的 （邯：大）

野鸭子 （全省通行）

水鸭的 （邯：邯、肥、丘、漳）

水鸭子 （承：围）

水鸟 （唐：秦）

小八鸭 （邯：任）

河鸭 （石：建、平）

孤丁 （天：文、大）

黄鸭 （唐：迁）

王八鸭子 （唐：遵）

【鸬鹚】 水鸟。羽毛黑色，有绿色光泽，嘴扁而长，暗黑色，上嘴的尖端有钩。能游泳，善于捕鱼。喉下的皮肤可扩大成囊状，捕得鱼就放在囊内，渔民多饲养来帮助捕鱼。俗称鱼鹰。

叨池子 （张：鹿）

叨鱼郎 （唐：秦）（石：正）

叨鱼郎子 （唐：昌）

鱼叨的 （邯：肥）

鱼鹰的 （邯：大、漳）

鱼鹰子 （天：天、桥）

老等 （天：桥）

老叨 （邯：南）（唐：乐）

老玉鹳 （邯：内）

长脖老等 （天：天）

水老鸹 （全省大部分地区通行）

雕鱼鹳 （张：阳）

鹚鹭 （承：滦）

【鱼狗】 鸟类的一种，嘴长而尖，有的种类头部有冠状的羽毛，常栖息在小溪附近的树上，捕食水中的鱼、虾等。

翡翠 （唐：遵、三）（承：隆、承、围、兴、平）（天：东、献、文、沧、肃）（邯：郸、鸡、大、任、漳、成、内、尧）（保：容、完）

翡翠雀 （唐：丰）

鱼翠 （石：平、建）

翠鸟 （全省大部分地区通行）

翠雀 （唐：丰、抚）（承：青）

翠雀儿 （唐：昌、乐）

鱼狗子 （天：霸）

叨鱼郎 （唐:丰）

叨鱼狼子 （唐:滦）

小水鸡 （保:阳）

水咕嘟 （天:桥）

水咋子 （唐:大）

【靛颏儿】 鸣禽。人捕之，笼养。体长，较麻雀略大，背黑灰色，胸腹灰白色，颈下有红斑，叫红靛颏儿，鸣声很美，春北去，秋南飞，食昆虫。另外有蓝靛颏儿等。

红靛儿 （石:束、深）(天:安、天、霸)

蓝靛儿 和靛颏儿相似，唯颈下无红斑，而有蓝斑。(石:束、深)(天:天、安)

红靛母子 母的。(天:安)

红脖儿 （唐:滦、乐）

蓝脖儿 （唐:滦、乐）

【蝙蝠】 头部和躯干像老鼠，有黑褐色细毛，四肢和尾部之间有皮质的膜，夜间在空中飞翔吃蚊、蛾等昆虫，视力很弱，飞行时靠本身发出超声波来辨别方向。

檐老鼠 （天:永）(石:安)

檐呆蝠 （唐:宝）

檐白虎 （邯:南、任）(天:山、强、黄、故、桥、庆)(石:深、束、冀、枣)

檐庇虎 （唐:宝、大）(承:兴)

檐别虎 （石:束）(保:唐、完、高)

檐不拉虎 （天:饶）

檐末虎 （石:泽、武）(唐:遵、山、秦、蓟、迁)(承:滦)(天:强、故、献、任、大、天、河、沧)(邯:沙)(保:涿)

檐叠虎 （唐:丰）

檐蝙股儿 （唐:迁）

檐蝙蝠 （唐:滦、宝、卢、玉）(承:丰、隆、围、青)(天:文、安、肃)(保:满、安、兴、保、蠡、博、定、易)

燕蝙蝠 （唐:滦）

燕蝙虎 （承:围）

檐变虎 （石:晋、河）(保:定)

夜游 （张:口）

夜蝙虎 （石:栾、平）(保:阳)

夜蝙蝠 （全省大部分地区通行）

夜蝙虎儿 （张:万）

夜白虎 （石:正、灵、无、藁）(邯:内、肥)

夜壁虎 （张:鹿、龙、赤）

夜鹊蝠 （保:阜）

夜北风儿 （张:康）

夜壁蜂儿 （张:怀）

月拜虎 （石:新）

月别蜂 （张:蔚）

月伯虎 （邯:邯、郸、永、临、内）(石:石)

月别蝠 （石:行）

月蝙蝠 （张:蔚）

月蝙虎 （石:获、栾）(邯:涉)

盐巴蝠 据说蝙蝠是老鼠吃盐变来的，故名“盐巴蝠”。(天:永、饶、河)

盐巴虎 （石:宁）

盐巴虎子 （天:东）

盐巴虎儿 （天:静）(邯:清)

盐巴虎儿子 （天:沧）

棉棉虎 （石:元）

眼别蝠 （唐:昌）

眼八蝠儿 （天:霸）

眼八虎 （保:清）(邯:丘)

哑蝙虎儿 （邯:鹿）

肥八虎 （保:定）

瞎边蝠 （唐:昌、滦、乐）

洋蝙虎 （承:平）

鹞飘虎 （石:建）

圆偏虎 （唐:西）(保:安)(邯:威)

圆白虎 （邯:威）

圆屁股 （承:青）(唐:大)

元别虎 （唐:三、抚）

亚必虎 （邯:周）

【蚕】

蚕子 （全省大部分地区通行）

蚕儿 （唐:丰、昌、卢）（天:静、河）（邯:涉）（张:万、阳、宣、怀、蔚）（石:灵、建）

蚕姑 （天:静）

桑蚕 （承:围）

姑姑 （石:晋、行、获、深、无、正、泽）（邯:郸、鸡、沙、涉、尧）（保:唐、阳）

姑姑儿 （天:强）（石:栾）（保:定）

老姑姑 （邯:涉）

蚕姑姑 （邯:周）

大马 （天:阜）

神虫 （天:桥）

蚂 （石:武）

【柞蚕】 昆虫，比家蚕大，将变成蛹的幼虫，全身长有褐色长毛，吃栎树的叶子，吐的丝是丝织品的重要原料。

野蚕 （石:灵）（唐:丰）（天:静、霸、安、桥）（张:蔚）（保:兴）

野蚕儿 （天:静）（唐:丰）

山蚕 （承:围、滦、青）

【蚕子】 蚕卵。

蚕连纸 （石:建）

蚕虮 （张:蔚）

蚕儿子儿 （唐:乐）

蚕儿子子 （张:怀）

虮子 （张:鹿、沙）

大马子 （天:阜）

姑姑子儿 （保:定、唐）

【蚕蚁儿】 刚孵化出来的幼蚕，身体小，颜色黑，像蚂蚁，所以叫“蚕蚁儿”。

蚕儿 （石:井）

蚕虫 （石:赞）

蚕种的 （邯:邯）

蚕蚂蚁 （邯:鸡）

小蚕 （石:灵、宁、平）（天:桥、霸）（邯:大、临、尧）（张:宣、沙）（保:蠡）

小蚕儿 （唐:昌、滦、乐）（承:承）（张:阳）（保:易、保）

小大马 （天:阜）

黑蚕 （唐:山）

热蚕 （天:庆）

蚁蚕 （石:获、栾）（邯:尧）

蚂蚁蚕 （石:栾）

姑姑 （邯:南）

蚂蚁 （张:鹿）

【蚕蛾】 蚕的成虫，白色，有两对翅膀，头部有一对触须，不能飞。

蛾 （张:沙）（石:武）（天:阜）

蛾儿 （全省通行）

蛾子 （唐:丰、秦、迁、西、昌、乐、大）（天:静、天、津、河、黄）（保:涿）

蚕蛾儿 （唐:丰）（邯:邯）（保:保）

蚕 wer （石:束、深）

蚕蛾子 （唐:宝、玉、乐）（承:兴）

姑姑蛾儿 （保:定）

扑打蛾儿 （保:兴）

扑噜蛾 （唐:迁）

扑托蛾儿 （保:清）

扑棱蛾 （天:河）（承:承）

扑棱蛾儿 （唐:滦）

蝴蝶 （张:沙、赤）

蚕蝴蝶 （保:安）

【蚕蛹儿】 蚕吐丝后居于茧中时的形态。

蛹 （石:建、获）

蛹儿 （全省大部分地区通行）

蛹子 （天:阜、宁）（石:衡、武）（邯:清、南）（承:青）（保:蠡）（张:沙）

蚕蛹 （邯:广、邯）

蚕蛹子 （天:庆）（邯:宗）（承:承、青）（石:冀、枣）

容绒 （唐:昌）

蚕 reng 子　（唐：抚）

姑姑　（唐：丰、大）（石：无）

咕咕儿　（保：清）

姑姑子　（保：阳）

蚕姑姑　（唐：丰、宝、山、玉）（承：青）

蚕姑姑儿　（张：宣）

蚕古扭儿　（保：保）

蚕古古扭　（保：安）

鼓鼓油　（天：饶）

姑姑扭儿　（保：定）

姑姑丢　（天：静）（保：蠡）

姑姑蛹　包括一切昆虫的蛹，所以蚕蛹也叫姑姑蛹。（石：束、深）

不扭虫儿　（邯：沙）

摇头虫　（张：鹿）

摇摆头儿　（石：正）

摇头头老汉　（张：万）

摇头姑姑　（张：阳）

摇头头鸡儿　（张：怀）

姑娘　（张：沙、鹿、蔚）

蚕姑娘儿　（张：宣）

姑棍儿　（唐：滦）

老骨蛹　（邯：任、漳）（天：津）

故腰头儿　（唐：迁、遵）

晌午虫　据说蚕蛹能知晌午。小孩捉住一头，问“晌午了吗？”如头转向南，则为晌午，所以蚕蛹与晌午发生了联系。（邯：鸡、任、郸、肥）

上午虫儿　（邯：周）

晌午正　（唐：昌）

晌火歪　（唐：昌）（石：深）

晌午错　（石：正、新、石、深）

晌午转　（天：桥）

晌午歪　（唐：乐）

正晌火　（唐：乐）

居落锅　（天：永）

应哥儿　（保：唐）

山枪儿　（保：水、兴）

山香　（石：行）

山山香　（石：灵）

山仙儿　（石：井、平）

大仁果　（天：天）

蚕茧儿　（天：安、固）（承：滦）

【丝帘】　用苇子等物编织成的养蚕器，无沿儿。

蚕箔　（石：泽、衡、井）（承：平、隆）（天：文）（邯：鸡、临、内）（保：高）

簸拉儿　有沿儿。（天：桥）

【丝绵】　让蚕吐成的薄絮，用作棉衣的里子和被套等。此条可与“商业”类“丝绵”条互相参看。

绵溥　（邯：大）

绵子　（天：静、天、桥、肃）（保：安）

张绵　（保：完）

蚕儿绵　（张：阳）

蚕绵子　（保：安）（唐：丰）

【蚕眠了】　蚕每次蜕皮前，不食不动，其状如眠。

眠咧　（邯：大）（石：灵）

爬眠子　（天：阜）

脱衣儿　（唐：丰）

蚕脱皮了　（张：怀）

脱皮　（唐：遵）（石：泽、衡、平）（天：肃、桥、宁、河）（邯：清、任、丘）（保：博）（张：蔚）

脱皮儿　（天：安）

退皮　（石：栾）（邯：丘）

蚕睡了　（邯：柏）

蚕睡觉了　（石：正）

眠眠了　（承：滦）

【头眠，二眠，三眠】　蚕蜕皮，不食不动，叫眠。共四次。

蜕头次皮，蜕二次皮，蜕三次皮　（张：蔚）

蜕头层皮，蜕二层皮，蜕三层皮　（天：霸）

头回蜕皮,二回蜕皮,三回蜕皮 (邯:清)

头遍,二遍,三遍 (唐:遵)

头觉,二觉,三觉 (石:正)

【蚕蔟】 供蚕吐丝做茧的设备,圆锥形,多用稻草搭成。俗称“蚕山”。

架 (石:建)

蚕架 (邯:涉)

山 (唐:滦)

蚕山 (保:易)(石:灵)(邯:涉、内)

蔟的 (邯:肥)

蔟子 (天:庆)(邯:肥)

蚕草把 (石:获)

【上蔟】 蚕发育至一定时间,停止吃东西,爬到蔟上吐丝做茧。

做活了 (天:桥)

上架 (石:获、灵、建、井)(邯:临、涉、内)

上山 (全省通行)

上山儿 (保:水)

上截子 (承:滦)

上蔟的 (邯:临)

上蔟子 (天:庆)

【吐丝】

拉丝 (石:正、行、灵、栾)(天:桥、安、天)

抽丝 (邯:威)

吐棉 (张:鹿)

做活 (承:滦)(天:桥)

做活啦 (天:安)

做活儿了 (天:静、桥)

【结茧】

吐老虎虎 (张:万)

老虎虎 (张:怀)

变老虎 (张:鹿)

爬茧 (邯:尧)

吐茧 (张:鹿)

织茧 (保:雄、水)(唐:迁)

织茧子 (唐:遵)

作茧 (唐:滦、宝、抚、昌)(承:承、青、滦、兴)(石:衡、枣、深)(天:阜、大、文、桥、宁、安、河、霸、庆、固)(邯:鹿、肥、周、南、尧)

作茧儿 (天:强、任、天)(唐:乐)

打茧子 (唐:丰、玉)

姑姑茧儿 (邯:郸)

吐丝 (张:万)

【蚕沙】 家蚕的屎,黑色颗粒。中医用它治眼病和半身不遂。

蚕屉屉 (石:平、灵、枣)(天:强、静、桥)(邯:南、尧、鹿)

姑姑屉屉 (保:唐、阳)

姑姑儿屉屉 (石:栾、获)

姑姑屎 (石:深)

姑姑儿屎 (石:定)

蚕粪 (石:灵)(唐:滦、昌)

蚕屎 (全省通行)

蚕尿 (保:安)(邯:鹿)(天:故)

【蜘蛛】

蛛蛛 (全省通行)

狼蚂蛛蛛 (张:尚、商)

【蝇虎】 蜘蛛的一种,身体小,白色或灰色,有单眼八只,头胸部略弯,方形,腹部狭小,脚短,常在墙壁上捕食苍蝇和其他小虫,尾端有丝,但不结网。

壁雀 (石:平)

蛛蛛 (天:桥)

蛛蛛罗网 (天:桥)

蝇虎儿 (石:束)

捕蝇虎 (保:兴)

捶棒槌的 (保:兴)

【蟢子】 蠨蛸,蜘蛛的一种,身体细长,暗褐色,脚很长,多在草木间结八卦形的网。“蠨蛸”音 xiāoshāo。

七星蛛蛛 (全省通行)

土蛛蛛　(全省通行)

地蛛蛛　(邯:大)

喜蛛蛛　(唐:迁、抚)

火蛛蛛　(石:赵)(邯:周)(保:安、新)

长腿蛛蛛　(天:桥、天)

墙上蛛蛛　(承:青)

新媳妇　体态美丽的蟢子。(石:宁)

蛛蛛　(保:涿、蠡)

【蚂蚁】

米羊　(石:晋、河、深、冀、泽、束、衡、宁、武、枣、藁、无、高)(天:强、阜、黄、饶、故、静、献、大、山、桥、津、河、沧、庆)(邯:宗、鹿、清、南)(保:博、定)

米米羊　(石:无)

飞米羊　(天:桥)

臭米羊　(天:桥)

别虎　(天:任)(保:定、蠡、完、易、清)

别福　(保:定)(唐:乐)

别胡　(保:清、易)

捎雨　(石:赞、元)

扫鱼　(石:元)

蚍蜉　(古)(老)(唐:蓟、乐、昌)(石:行、获、新、井、平)(天:固、肃、文、永、霸、安)(邯:内)(保:保、唐、水、高、满、安、阳、新、雄、阜、兴、容)

马蚍蜉　(张:阳、蔚)(保:阜)

马蚍蜉　黄色。(唐:滦、乐、昌)

蚂蚁蚍　(唐:昌)

蚂蚁蚍蜉　(唐:昌)

蚂变媳妇儿　(张:商)

蚂蚁儿　(张:万、鹿、康、张)

蚂别蜉　(唐:乐、滦)

飘呼　(石:建、灵)

蚍蜂　(石:平)

蝶蜉　小蚂蚁。(唐:丰)

尖蚍蜉　小蚂蚁。(天:安)

【大蚂蚁】　指有翅膀能咬人的蚂蚁。

骚蚂蚁　(承:滦)(唐:西)

尖蚍蜉　(保:兴)(天:霸)

疯蚁　(天:天)

【蝼蛄】　昆虫。背部茶褐色。腹面灰黄色。前脚大,能掘土,尾端有尾毛。生活在土壤中,昼伏夜出,吃农作物嫩茎。俗称"土狗子"或"拉拉蛄"。

蜡狗　(天:阜)

蜡国　(邯:肥、周)

力蝈　(邯:肥)

土狗　(承:滦)(石:灵)(邯:内)

地狗　(石:灵、赵)(天:东、肃)(邯:永)(张:商、口)

地狗子　(唐:西)(张:尚)

刺狗　(天:故)

楼虫子　(石:庆)

拉蛄　(石:晋、正、行、获、灵、河、石、深、建、冀、赞、无、新、束、衡、宁、枣、栾、平)(天:强、饶)(邯:鸡、宗、威、鹿、清、任、临、漳、南、尧、丘、大)(保:博、定、保、唐、高、满、清、阳、蠡、阜、完)(张:赤、龙、崇、鹿、蔚、宣、怀)

拉拉蛄　(全省通行)

劣蛄　(邯:邯、郸、魏、涉)

路蛄　(邯:涉)

【土鳖】　一种昆虫,状类屎壳郎,生活在潮湿的土里,干品可入药。

王八　(唐:抚)(邯:漳)

土王八　(张:尚)(唐:迁、宝、滦)

菜王八　(邯:丘)

汗王八　(唐:迁)

黑八虫　(邯:涉)

大盖虫　(唐:滦)

盖子虫　(邯:任、南)(石:枣)

盖得虫　(邯:魏)

盖盖虫　(石:束、深)

盖盖子虫　(保:完)

盖子虫子　(天:桥)

簸箕虫 （全省大部分地区通行）

簸箕片 （石:平）

簸罗虫 （邯:任）

鞋底片 （石:获）

臭虫母子 （唐:丰）（承:滦）

臭虫板子 （张:蔚）

洛虎子 （张:鹿）

老色虫 （邯:大）

合色虫 （邯:大）

湿虫子 （天:桥）

南土元 （石:灵）

地鳖 （邯:郸）（唐:三、秦）

【蚯蚓】 线形动物，身体柔软，圆而长，由许多环节构成，环节上有刚毛，生活在土壤中，吃土壤中的有机物，在土壤中穿穴，能使土壤疏松，它的粪便能使土壤肥沃，是农业的益虫。俗称"曲蟮"。

鱼虫 （石:河、枣）

鱼虫儿 （石:束）（天:津）

钓鱼虫 （邯:南）

曲曲蟮 （石:灵、石）（邯:内、永）

地蚕 （天:天）（石:宁）

地龙 医学用语。（承:滦）（石:冀）

地蛆 （石:衡、武）（天:饶、大、故、山、永）

地地曲 （天:静）

曲钱 （天:阜）

曲建 （邯:周）

曲蟮 （古）（全省通行）

曲杀 （张:怀）

曲车 （唐:滦、卢、昌、抚、乐）（天:强）（保:满、安）（承:滦）

曲蛇 （唐:乐）（承:丰）（石:深）（张:蔚）（保:完）

曲柴 （唐:迁、大）（天:固、霸）（保:易、保、水）

曲色 （石:无）

曲叉 （唐:丰、遵、西）（承:平、围、兴）（天:霸、安）

曲尺 （天:天、安）

曲蜡 （唐:玉）

曲串 （唐:滦、宝、山、三）（承:隆、平、兴、青、滦）（天:强、安、庆）（邯:郸、魏、鸡、磁、永、肥、漳、成、内、尧、广）（保:望、新、涿）（张:张、万、崇）

曲虫 （承:隆、围）

曲蚂虫 （保:涿）

出串 （邯:广、邯、郸、临、涉、大）

土蚕 （张:尚）

蟮虫 （张:蔚）

饸饹虫 （保:博、定）

饸拉虫子 （天:桥）（保:唐）

饸饹条儿 （石:泽、安）（天:任、桥、河）（保:高、蠡）

去采 （保:清）

【蜗牛】 软体动物，头部有触角两对，腹面有扁平的脚，壳略作扁圆形，黄褐色，有螺旋纹，危害植物。

牛子 （保:满、清）

牛牛 （石:晋）（邯:乡、任、南、台、沙）

老牛慢儿 （邯:内）

老牛 （石:灵）

老牛牛 （石:行）

商牛 （邯:涉）

商牛牛 （邯:涉）

牛牛蚂 （保:定）

牛牛妈儿 （保:阳）

牛牛马儿 （邯:尧）

牛鳖子 （唐:西）

牛拉 （邯:任）

牤牛 （邯:邯、肥、周）

牛牛开儿 （邯:临）（石:井）

牛儿馒馒 （保:兴）

牛牛慢儿 （保:唐）

牛牛摸摸 （保:水）

牛牛 mēn 儿 （石:正）

牛各狼 （石:无）

牛咩儿 （唐:昌）

水牛儿 （全省大部分地区通行）

牛摸摸　（唐：滦、昌、卢、抚）

水牛摸摸　（唐：抚）

水牛摸摸儿　（唐：抚）

水摸摸　（唐：遵、蓟）（承：青）

摸摸牛儿　（唐：丰）

牛摸摸儿　（唐：卢）

牛摸闷儿　（唐：滦）

ɑ 子牛　（邯：大）

屙子　（邯：大）

玻璃牛子　（承：平、围）

熬指牛儿　（石：宁）

蛤蜊牛儿　（石：枣）（天：安）

椁椤牛子　（承：平、围）

地牤牛儿　（邯：郸、鸡、永、内）

蜗蜗牛儿　（天：霸、安）

牛蜗蜗　（天：饶）

背蜗牛　（石：建）

牛牛出门儿　“出门儿”有词尾化的倾向，说动物经常后加“出门儿”，如“蛐蛐出门儿”“奔得木出门儿”（啄木鸟）等。（石：获、栾）

蜗牛出门　（石：栾）

簸拉牛　（邯：清）（天：宁、山、津、庆）

簸拉牛儿　（天：桥）

旱牛儿　（石：束、深）

播郎牛　（天：阜）

瓜牛　（天：静）

虹牛　（邯：肥）

耩牛　（邯：漳、成）

旋涡窝儿　（张：鹿）

恶子　（邯：广）

螺丝　（保：易）

机张虫　（唐：迁）

葛 lé 子　（承：兴）

【蜣螂】　昆虫，全体黑色，胸部和脚有黑褐色的长毛，吃动物的尸体和粪便等，喜欢把动物的粪往前推，使它滚成球形，俗称“屎壳郎”。

屎各郎　（唐：滦）（天：固、饶、肃、霸）（保：博、安）（石：束、深、鹿）（邯：乡）

屎壳螂　（全省通行）

屎克螂子　（天：静）

屎克螂螂　（唐：丰、遵、昌、抚、乐、滦、蓟）（承：承、平、围）

屎克螂官　（承：滦）

屎克螂官儿　指雄蜣螂，头部有锤。（石：平）

屎克螂蛋儿　（承：滦）

屎壳螂推的　（承：滦）

屎蜣螂　（天：山）

推屎壳螂　（石：安）（邯：郸、鸡、内、尧）（保：完）

游屎壳螂　（邯：魏）

大臭壳螂　（承：滦）

屎姑螂螂　（唐：迁）

巴巴螂螂　（唐：昌）

巴巴官儿　（天：静）

屎巴牛　（张：万、尚）

屎邦牛　（张：赤、鹿、宣）

粪邦牛　（张：蔚）

屎牤牤　（邯：鸡）

粪牛牛　（张：蔚）

臭巴牛　（张：商）

屎卜牛　（石：获）

翅膀牛　（石：石、栾）

屎芒牛　（张：宣）

(屎个螂)朝廷　雌的。（石：束、深）

(屎个螂)官儿　雄的。（石：束、深）

屎克螂娘娘　雌的。（石：平）

拱粪牛　（张：蔚）

蚂牛　（邯：尧）

当螂　（天：故）

倒郎子　（邯：周）

串山夹　（天：桥）

臭妮子　蜣螂的一种，头部无角无突起，喜滚粪蛋儿，倒

退着走。(石:束、深)

蒙蒙落儿 (天:天)

【喻人胡说】

屎壳螂打喷喷——满嘴喷粪 (天:安)

【磕头虫】 昆虫,身体黑褐色,有光泽,密生灰色短毛,触角呈锯齿状,色黄褐,体长约六分,按其后部则叩头有声,仰其腹能自跳起。

磕打虫 (天:固)

磕打虫儿 (天:霸)

磕打儿虫儿 (天:静)(唐:乐)

磕头虫儿 (唐:西)

瞌睡虫儿 (邯:周)

磕啪虫 (邯:乡)

磕头虫儿 (全省大部分地区通行)

叩头牛牛 (张:蔚)

蹦蹦虫 (邯:任)(唐:滦)

跳蹦高 (张:沙)

打油虫 (唐:抚)

打油虫儿 (唐:丰、抚)

香油虫儿 (唐:丰)

咯崩油 (承:兴)

叩八虫 (邯:尧、漳)(石:晋、枣)(保:唐)

格崩虫 (保:定)(石:灵)

格崩虫儿 (石:新、栾、行、灵)(保:定)

嘎巴虫儿 (石:枣)

捣碓虫 (邯:广、肥)

晌午虫 (邯:涉)

变读儿 (张:宣)

个倒对 (石:平)

筋头虫 (天:阜)(邯:魏、肥、内)

【钱串子】 节肢动物,身长 1 ~ 2 寸,由许多环节构成,每个环节有一对细长的脚,触角很长。生活在墙角、石缝等潮湿的地方,吃小昆虫。

钱龙 (承:平)(天:肃、任、大)(邯:鸡、内、漳)(唐:秦)(张:尚)(保:安、雄)

钱钱儿龙 (保:唐)

毛虫 (邯:肥、周、大、广)

毛毛虫 (石:获、无、藁)(邯:乡)(保:定)

毛羽虫 (石:平)

百足 蜈蚣俗称百足,有时往往将蜈蚣、蚰蜒混用。(天:桥)

沙沙 (张:鹿、怀)

直沙 (邯:涉)(石:建)

扎沙 (张:商)

扎食 (张:赤、沙)

hò 沙 (邯:涉)

zuó 沙 (张:崇)

绳串子 (石:枣、冀)(天:故)

蝎子马 (保:完)

异鱼 (石:石)

钱串 (邯:尧)(保:兴)(天:桥)

钱串儿 (石:井)(保:阳)(天:饶)

钱串子 ①虫名。②喻人贪婪。(保:兴)(石:深、束)(天:天)(承:围)

【蜈蚣】 节肢动物,身体长而扁,头部有鞭状触角,躯干由许多环节构成,每个环节有一对足,第一对足呈钩状,有毒腺,能分泌毒液,背部暗绿色,腹部黄褐色,以小昆虫为食物。人被咬后伤处红肿。

蚰蜒 蜈蚣、蚰蜒不分。(唐:山、丰、乐)(石:宁、石)(张:怀)(保:高)(天:桥)

牛蜒 (石:深、束)

油银 (天:永)(唐:蓟)

柳雁 (天:任)(石:深)

毛虫 (邯:永)

蜈蚣 (张:鹿)

织沙 (张:阳)

沙沙 蜈蚣、蚰蜒、钱串子不分,均可叫沙沙。(张:怀)

钱串子 (唐:乐)

直沙 (张:宣)

蚰蚓　（唐:大）

【蚰蜒】　节肢动物，似蜈蚣而小，黄褐色，触角和脚都很细小，生活在阴湿的地方。

溜蜒　（石:束）（天:饶）（保:易、保、阳、兴、完）

柳蜒　（保:博、唐）（石:深、晋）（天:霸）

肉蜒　（天:河）

蜈蚣　蜈蚣与蚰蜒混称。（唐:山）

钱串子　（石:束）

【蝎子】

背沟子　（保:满）

扛钩干的　（天:津）

抗锄的　（天:桥）（石:深、束）

大青蝎　大的。（天:献、安）

火蝎子　小个的蝎子。（天:献、安）

蝎的　（邯:邯、肥、大、漳）

【蝎子妈】　喻恶毒不可招惹的人。

蝎子他娘　（天:桥）

蝎子钩　（保:安）

蝎子钩子　（唐:抚）

蝎的妈　（邯:漳）

蝎子舅舅　（邯:广）

内毒儿　黄皮蝎子，为最厉害的。（石:新）

【据说蝎子屎也有剧毒，叫毒粪。由此引出了谐音的歇后语】

蝎子的屉屉——独一份　①喻脱离群众的人。②喻指光杆司令。（石:平）（保:兴）（天:天、安）

【蝎子尾巴】　蝎子身后的毒钩。

蝎的尾巴　（邯:大）

蝎子尿儿　（全省大部分地区通行）

蝎子尿子　（天:阜、天）

蝎的尿儿　（邯:大、漳）

蝎子笛　（邯:内）（石:藁）

蝎子笛儿　（石:新、获、建、正、行、泽、平、深、晋）（保:唐、博、保）

蝎子笛子　（保:水、兴）（石:栾、平）

蝎子蹄儿　（保:阳）

蝎子锥子　（张:鹿）

蝎子钩　（邯:肥）

蝎子钩儿　（唐:滦）

蝎子钩子　（全省大部分地区通行）

蝎的钩的　（邯:临）

蝎的钩儿　（邯:邯）

蝎信子　（张:宣）

【死蝎子活钩子】　蝎子死了，有毒的尾钩仍可蜇人。

死蝎子河尿子　（天:东、津）（石:栾）

死蝎子的活尿儿　（邯:大）

死蝎子活肚　（邯:清）

死蝎子活肚子　（天:强）（石:衡）

死蝎子活笛　（邯:内、尧）

死蝎子活笛子　（保:保、兴）（石:平、建）

死蝎子活笛儿　（石:正、新、获、泽、栾、藁）（保:博）（邯:尧）

死蝎子活蹄儿　（保:阳）

【蝎子蜇人】　蝎子用有毒的尾钩蜇人，蜇后人感疼痛受毒。

锥人　（邯:内）（保:高）（石:元）（张:尚）

钉人　（张:赤）

扎人　（邯:鸡）

刺人　（张:万）

蝎子蜇　（天:天）

【壁虎】　爬行动物，身体扁平，尾巴圆锥形，四肢短，趾上有吸盘。吃蚊、蝇、蛾等小动物。俗称蝎虎。

爬虎　（保:商）

爬墙虎　（保:满）（石:灵）

爬山虎　（天:饶）（保:定）

爬蝎虎　（石:无）

抓山虎　（保:博）

蝎虎 （全省通行）

蝎帘虎子 （石:深）

蝎虎帘 （石:冀）

蝎虎帘子 （石:深）（天:河）

蝎虎儿 （保:保、唐）（石:建、束、深）（唐:乐）

蝎虎子 （石:晋、正、衡、束、栾、深）（承:平、丰、隆、青、围）（天:黄、沧、山、天）（邯:郸、柏、成、清、丘、周、成）（保:易、水）（张:张、万、宣）

蝎子虎 （承:隆）

蝎的虎 （石:栾）

蝎舅母 （石:束）

蝎马虎子 （石:枣）

蝎百虎子 （天:故、桥）

蝎百留子 （天:桥）

蝎蝎虎子 （保:安、容）

蝎虎了子 （唐:玉）

蝎虎溜子 （天:津）

蝎溜虎儿 （邯:任）

蝎虎鲁子 （唐:丰、滦、山、玉、抚、昌、乐、遵、蓟）（石:宁）（邯:南、鹿、任）

蝎活鲁儿 （邯:鹿）

蝎虎路子 （唐:昌）

蝎拉虎子 （全省大部分地区通行）

车拉虎子 （天:文）

蛇马虎子 （天:大）

蛇丝儿 （张:鹿）

四扯子 （承:兴）

火虎狸 （天:阜）

涮锅 （小）因断壁虎尾后，尾仍跳动不止，所以叫涮锅。（天:安）

蝎子老儿 （天:强）

蝎白柳子 （天:桥）

【麻蛇子】 蜥蜴类，形似壁虎，长三四寸，有四足，头略偏，舌分裂为叉，伸缩自如，身体灰褐色，有小斑点条纹几行。性敏捷，爬行迅速，生活在山野草丛中，穴地为巢，到冬天休眠，尾脆易断，断后还能复生，喜食其他小虫，为农田益虫。“石龙子”、“蛇舅母”都比“麻蛇子”大，亦属同类。

蝎虎帘子 （天:强）

蛇促利 （石:平）

蛇三儿 “蛇”音 she。（张:尚）

长虫小舅子 （唐:滦、乐）

四色子 “色”音 sǎi。（唐:丰）

叭啦勺儿子 （天:桥）

地蝎拉虎子 （天:安、霸）

蝎居帘儿 （石:束、深）

【毛虫】 身体大小不等，颜色不一，身上有细长绒毛，毛生在每个环节的疣状突起上，有长有短，有多有少，形状丑陋，也叫毛毛虫，蛾类的幼虫。

毛毛虫 （全省通行）

毛儿虫 （唐:昌）

毛衣虫 （石:行、灵）

毛衣巴虫 （天:山）

毛儿障 （唐:昌）

毛之障 （唐:昌）

毛骨虫 （邯:涉）

【喻别人讨厌而自己还不感觉】

毛毛虫摆菜碟儿，越嫌越骨融 “骨融”即虫蠕动的样子。（保:兴）

【有也不多，无也不少的东西】

毛毛虫的腿 （承:平）

【杨瘌子】 雀翁蛾幼虫，体黄绿，背线紫褐色，皮面有硬毛，有酸性毒，人皮肤触到后感到剧痛，长久不能消除。腹面有吸盘。体长约八分，八、九月间食枣、胡桃等叶，九、十月间造瓮形小硬茧，樱桃大，褐色，上有淡白色条儿。

会儿 （唐:三、大）

痳贴 （唐:丰）

毛瘌子 （唐:遵）

杨树瘌子　（承:平）

【尺蠖】　尺蠖蛾的幼虫，有五对脚，行动时身体向上弯成弧状，像用大拇指和中指量距离一样，所以叫尺蠖。"蠖"音 huò。

吊死鬼　（天:桥、霸）（唐:昌、大）

吊死鬼儿　（唐:丰、滦、昌、乐）（石:枣、深）（天:固、桥、安、霸、天）（保:兴）

连赶尺　（承:青）

量天尺　（承:围、兴、青）

步屈虫　（天:肃）

屈伸虫儿　（石:赞、宁、栾）（天:文、大、桥）（邯:郸、鸡、威、永、台、成、内、漳）（保:博、蠡、涿、容）（张:龙、尚）

步局　（天:固）

步曲　（石:枣、藁）（邯:乡）（天:献）

步子　（石:正）

步决　（石:行、新、深）

步居　（天:庆、固）

扫叫子　（石:灵）

卜楼拘　（石:正）

桑叶虫　（石:获）

摇头虫儿　（承:滦）

居锅虫　（唐:遵）

大蛆　（保:蠡）

鼓耸虫　（邯:肥）

大牛虫　（邯:任、内）

磕头虫儿　（承:滦）

贴树皮　身扁，腿多，有毒，常贴于树。（承:滦）

豆虫　（邯:任）

大豆虫　（邯:任）

【豆虫】　生在豆子上的绿虫，似蚕而大。

丈牛虫　（邯:肥、魏、涉）

丈母虫　（邯:漳）

大豆虫　（保:安）（天:故）

绿毛虫　（张:万）

江牛虫　（石:井）

照尿虫　（邯:涉）

空虫　（石:宁）

虫子　（张:怀）

虫　（邯:临）

文牛虫　"牛"读阴平。（石:获）

芝麻虫　（石:新、正）（保:保、兴、涿）

芝麻虫子　（保:清）

豆蚕　（唐:丰）（承:平）（邯:郸、内）（张:龙）（石:安）

黑豆虫子　（唐:遵）

豆虫的　（邯:邯）

地蚕　（承:丰）

斑　（保:高）

牛子　（保:博）

豆牛儿　（保:满）

绿不正　（天:饶）

放牛小儿　（承:滦、围、丰）

蛆　（邯:周）

大蛆　（石:无）（保:蠡）

大绿蛆　（保:定）

【蚜虫】　昆虫，身体卵圆形，绿色、黄色或棕色，腹部大，生活在植物的嫩茎和嫩叶上，吸叶液。种类很多，如棉蚜、烟蚜，是农业害虫。俗称腻虫。

油虫　（石:晋、正、获、井、藁、平、建）

油蛉　（石:无）

油龙　（石:正、行、灵、泽、无、新）（保:定、阜）

油汉　（张:张、万、赤、宣、鹿、蔚、阳、商）（邯:涉）

蛐代油　（保:阳）

雨旱　（邯:涉、成）

蚁汗　（邯:郸、肥）

机汗　（邯:永）

密虫　（石:深、束、冀）（天:故、桥）（邯:宗、鹿、任、南、丘）（保:保、高、满、清、蠡）

米虫　（邯:大）（天:饶）（保:博）（石:晋）

腻虫　（全省通行）

腻虫子 (邯:威)(石:衡)

牛腻 (保:唐)

密 (邯:广)

密虫儿 (邯:乡、鸡、肥)

密虫子 (石:枣)(天:阜、东、桥、津、强)(邯:清)

黏虫 (石:武)

【黄虫】 体黄而发亮,形体很像萤火虫,头、嘴呈黑色,生于西瓜秧上,吃瓜叶。

黄萤 (石:灵)(保:易)(邯:广、乡)

黄萤子 “萤”读阴平。(唐:玉)

黄丹 (保:安)

泡黄子 (天:饶)

油旱 (张:鹿)

丈扭虫 (邯:成)

西瓜虫 (石:晋)

大黏虫 (石:宁)

黏虫 (天:安、天)

【盖子虫】 麦米中的小黑虫,形似叩头虫,但比叩头虫小得多,头尖,翅硬,行走缓慢,有些似牛,又名麦牛儿。

米虫 (保:新)

(米)蛆 (天:饶)

磕头虫 (天:饶)

盖盖虫儿 (保:易、水)

象虫儿 (石:正)

象虫 (石:石)

象鼻虫 (唐:大)

象鼻手 (石:获)

铁嘴 (石:建)

铁嘴虫 (石:灵、平)

铁嘴牛牛 (张:万)

蚰子 (天:庆)

放牛小子 (唐:西)

横横 (唐:昌)

横横儿 (唐:抚)

壳壳虫儿 (石:井)

牛儿 (保:清)

牛子 (石:深、冀、衡、宁、束、晋、安)(唐:丰、宝、迁)(承:平、兴、围)(天:强、黄、固、肃、静、文、任、大、安、天、霸、桥)(邯:广、郸、鸡、宗、永、鹿、台、沙、任、南、成、内)(保:安、新、兴、蠡)

牛摸儿 (唐:乐)

麦牛 (邯:台)

麦牛儿 (邯:广)

麦牛子 (全省大部分地区通行)

麦牛的 (邯:邯、大)

麦由子 (邯:清)

麦夹子 (石:获)(邯:临)

麦狗子 (石:灵)

麦子虫 (石:栾)(保:完)

麦茧儿 (石:栾)

【肉虫】 米里生的白色虫。

蛆 (保:蠡、完)(张:商、鹿)(石:正、晋)(天:饶、安)(邯:永)

米蛆 (天:饶)(石:藁)

白蛆 (石:宁)

米虫 (石:新、束、赞、冀)(邯:广、任)(保:阳、兴)(张:赤、口)

米虫儿 (保:兴)

米虫子 (石:获、衡、束)(唐:遵、山、昌、乐)(邯:尧)(张:张、万、宣、鹿)(承:滦、围)

米虫的 (邯:肥)

虫 (石:灵)(邯:台、临)

虫子 (石:深、建)(张:蔚)

肉虫子 (天:静、山、霸、大、桥、天)(唐:抚、乐)(承:承)(保:易)

肉虫的 (邯:邯)

小白虫 (保:安)

米骨虫 (邯:涉)

米油子　(邯:丘)(天:桥)

混米虫子　(张:怀)

大嘴儿虫子　(唐:丰)

肉古蛋子虫　(唐:西)

肉古蛋　(唐:大)

【蛴螬】　音 qícáo。为金龟子幼虫,约一寸多长,白色有光亮,圆柱形。生在土中,吃植物根,是害虫,由卵至成虫约四年。

辞革　(保:高)(石:新)

雌糙儿　(保:满)(天:霸)

雌蟕　(天:天)

雌豆　(天:安)

地嘴　(邯:魏)

地蚕　(天:东、静、山、霸)(张:沽)(承:围)

地黄　(石:建)

地蚤　(天:阜)

黑头虫　(张:沽、鹿)

老王虫　(张:万)

【地蛆】　似蝇之幼虫。生在田野中,吃甘薯地茎及香瓜、西瓜着地的一面,为农作物害虫。

蛆　(张:张)(石:赞、灵)

蛆虫　(天:天)

【苍蝇】

麻蝇子　(保:新)(承:承)

蝇的　(邯:邯、周、丘、大、漳)

依子　(张:鹿)

蝇子　(天:沧、武、天、霸、安)(唐:乐、滦、大)

【绿豆蝇】　苍蝇的一种,身体较家蝇大,黄绿色而带亮光,喜欢吃腥臭腐败的肉类。

蛆蝇　(邯:漳)

青蝇　(石:高)

青豆蝇　(唐:滦、大、三)(石:宁、藁)(天:大)(邯:任、内)(保:望、安)(张:尚)

青头蝇　(邯:周、广)

绿苍蝇　(张:商、蔚)

绿蝇　(张:万、崇)

绿蝇子　(张:阳、蔚)

大麻蝇　(唐:宝)

大麻达蝇　(天:安)

绿豆蝇的　(邯:邯)

屎蝇子　(石:枣)

绿豆蝇子　(保:蠡)(唐:乐)(天:天)

【麻蝇】　苍蝇的一种,身体较大,灰色,背上有三条黑纹,腹部有很多黑斑。喜欢吃粪便、酱类等。

麻头苍蝇　(石:宁)

麻子蝇　(唐:西)

麻苍蝇　(石:深、晋)(唐:昌、抚、秦、乐)(天:东、津、黄、山、桥、天)(邯:郸)(承:承)

麻蝇的　(邯:广)

麻蝇子　(邯:乡、鸡、宗、任、临、成、尧)(唐:迁)(保:新)

蝇子　(张:阳、鹿)(天:饶)

苍蝇　(石:赞、井)(承:青)(保:保)

苍蝇麻子　(唐:蓟)

大苍蝇　(石:井)(保:保)

大麻苍蝇　(张:赤)(承:承、滦)

大麻蝇子　(唐:丰、滦、乐)(石:获)

大麻子苍蝇　(张:龙)

大麻蝇　(石:栾、冀、束)(保:蠡)(承:兴)(天:故)

大马蝇　(石:正、石)(天:桥)

饭蝇子　(石:衡、枣)

【狗蝇】　昆虫,身体略扁,黄褐色,有一对翅膀,脚上有黑褐色环纹,口器很尖,吸食狗的血液,也叫狗虱蝇。

狗蝇的　(邯:邯)

狗蝇子　(天:饶、霸)(邯:鹿、内、尧)(保:安)(张:商)(唐:秦、蓟、乐)(承:平)(石:藁、安)

狗苍蝇　(天:庆)

【牛虻】　昆虫,身体长椭圆形,有灰、黑、黄褐等色,胸部和腹部有花纹,有的种类翅膀上也有花纹,头大,有一对大眼。吸食牛、马等家畜的血液。

虾米叮 （唐:抚）

牛蝇 （石:赵、栾）（天:天）（邯:大、永）（邯:肥、周）

牛蝇子 （唐:秦）（天:安）

牛翁子 （承:青）

牛鳖子 （唐:西）

牛崩子 （石:灵）

牛奔虫 （张:宣）

奔虫 （张:万）

蝎猛 （张:商）

卡麦 （保:涿）

歇蚊 （张:张）

马蝇 （邯:清）（保:水）（唐:滦）

马苍蝇 （天:庆）

虻蝇 （石:行）

蒙代虻 （天:沧）

牛母蝇 （邯:临、漳）

牛鳖死 （天:阜）

大瞎虻 （天:强）（唐:大）

大牛虻 （天:天）

瞎虻 （全省大部分地区通行）

瞎眼虻 （承:围、隆）

害虻 （保:高）

瞎蚊 （张:张）

夏虻 （保:新、兴）（石:深）

虻转 （邯:涉）

牛虻子 （天:永）

【蚊子】

虻子 （保:阜）

蚊虫 （全省大部分地区通行）

蚊的 （邯:邯、周、丘、大）

恶蚊子 （张:鹿）

【跟头虫儿】 蚊之幼虫，夏天孵化于水中，体细长，游泳时身体一屈一伸，头上有一对触角，学名孑孓。

卜吊 （邯:泽）

卜吊儿 （石:行、灵、平）（邯:临）

卜吊虫 （张:鹿）

卜拉吊 （石:新）

不浪吊 （石:藁、元）

卜郎吊儿 （石:正）

水拨吊 （张:蔚）

拨吊 （石:赞）

拨吊儿 （石:建）

水卜吊 （石:获）

水虫子 （承:围）

油虫 （天:天）

大头鬼 （保:阳）（邯:丘）（保:阜）

大头虫儿 （保:易、兴）

拐子 （邯:威）

拐子虫 （石:宁）

倒扎 （邯:涉）

倒栽子 （石:井）

小蚊子 （张:商）

蛆 （张:张、尚）

【白蛉子】 昆虫，身体很小，黄白色或浅灰色，身体表面有很多细长的毛。雄的吸食植物的汁，雌的吸人畜的血液，能传染黑热病和白蛉热。

白吃儿 （唐:抚、滦）

瞎蒙 大的。（张:崇）

夜虎子 （天:庆）

小咬儿 （唐:丰）

雀雀 （邯:任）

鹊鹊儿 （邯:乡）

悄悄虫 （邯:肥）

白翅蚊子 （石:行）

麦糠蚊子 （石:获）

麦芒蚊子 （石:宁）

山蛉当儿 （石:建）

百蛉　(石:正)(天:静、黄)

百蛉的　(邯:大)

百蛉儿　(天:固)(承:承)(石:栾)

百蛉蛉蚊子　(张:怀)

小白蛉　(石:灵)(张:崇)

小白蛉儿　(唐:昌)

【虱子】

老牛儿　(张:万)

虱　(石:藁)(天:桥、宁)(邯:鸡、肥、内、尧)(唐:蓟)(承:隆)

虱的　(邯:邯、肥、大、漳)

老白虱　(唐:三)(邯:内、尧)(天:桥)

老白虱子　(天:桥)

【虮子】　虱的卵。

虮的　(邯:肥、涉、丘、大、临)

虮 lè　(邯:涉)

虮麻子　(张:鹿)

虮儿　(邯:涉)

虱虮子　(唐:三)(石:安)(邯:鸡、内、尧)(保:望)(张:赤)

虮啊　(张:鹿)

【臭虫】

从从　(天:桥)

老香的　"香"是反说。(邯:肥)

臭虱　(石:栾、安)(邯:鸡、内)(承:平)

壁虱　(石:井)(邯:内、涉)(保:唐)(张:张、阳、康、沽、宣、龙、商、崇、鹿、怀、万、尚)

【跳蚤】

虼子　(唐:玉)

虼蚤　(全省通行)

虼跳子　(天:安)

跳子　(唐:滦、宝)(天:任)(承:围)

蹦子　(石:深)

蹦蹦儿　(保:水、涿)

虼蚤　(天:任)(邯:肥、广)(保:清)

虼操　(保:清)

狗蚤　(唐:滦、遵、三、迁、抚、蓟、昌、乐)(石:行、无、束、宁、灵)(天:饶、故、任、桥、河、大、津)(保:完、蠡、定)(承:兴、青)

狗操　(唐:大)

狗皂　(石:灵)

狗虫　(天:东)

狗宗　(唐:宝)

狗青　(承:青)

狗刀　(唐:西)

狗子　(唐:宝)

狗蹦子　(唐:丰、滦、宝、玉、抚、大、昌、蓟、乐)(天:宁、安)

狗跳子　(唐:丰)

【狗虱子】　形似"胡麻子",灰褐色,寄生于狗身,吸食其血。

壁吃　(石:平)

笨虫　(石:井)

狗八脚　(石:藁、束)

狗八脚儿　(石:深)(唐:丰)

狗八脚子　(唐:丰)(石:无、晋)(天:饶)

狗蹦子　(唐:乐、丰)(石:正、灵、建、栾、获、行)(天:饶)(邯:尧)

狗奔子　(石:平、行)

狗鳖　(石:冀、束)(唐:宝、大、山)(天:黄、庆、山、津、桥)(邯:鸡、大、清)

狗鳖子　(唐:丰、滦、遵、三、秦、玉)(石:栾、安)(天:文、桥)(邯:乡、鸡、磁、宗、永、鹿、沙、任、内、南、尧)(保:安、雄)

狗鳖虱　(邯:威)

狗鳖豆子　(张:鹿)

狗豆的　(邯:大、临、邯)

狗豆子　(全省大部分地区通行)

狗八驹　(保:望)

狗八驹儿　(保:清)

狗扒子 （保:博、蠡）

狗百虱 （邯:肥）

狗夹子 （邯:丘）

【鸡虱子】 一名羽虫，一名食毛虫，寄生于鸡羽间，最为鸡雏之害。

鸡虻 （邯:邯）

鸡虻子 （石:枣）（邯:丘）

鸡油子 （邯:永）（石:束）（唐:丰）

鸡鞭子 （石:束）

鸡串子 （唐:丰）（天:安）

鸡末子 （承:隆）（邯:柏、台、内）

鸡之离子 （唐:遵）

鸡王八 （天:桥）

鸡蜢 （天:津）（邯:任）

鸡蜢子 （邯:尧）（保:涿）（天:故）

蜢代蜢 （保:保）（天:黄）

鸡壁 （张:宣）

鸡壁虱 （邯:涉）（唐:抚、昌）

鸡比虱 （保:阳）（石:灵）

鸡百虱 （邯:肥、鸡）

鸡皮虱 （石:无、藁、正、建）（邯:任）

鸡虱的 （邯:大、漳）

鸡爬子 （唐:迁）

鸡爬爬儿 （天:强）

鸡鳖 （承:滦、青）（张:鹿）（石:束）

鸡鳖子 （唐:西、滦）（承:青、围）

鸡鳖虱 （邯:成）

【蟋蟀】 形圆长，色黑或褐，头大，腿长有翅，善跳，常生活在土缝或石头下，雄的能唱善斗。

书军 （石:宁）

蛐蛐 （张:沙）（承:围、兴）（唐:大）

蛐蛐儿 （全省通行）

叙叙儿 （保:唐）

促织 （古）（邯:成）

促织的 （邯:邯）

促织儿 （石:正、行、获、石、赞、新、武、赵、束、栾、藁、建）（承:隆）（天:黄、山、庆）（邯:广、乡、郸、鸡、威、台、沙、任、肥、涉、周、尧）（保:高、蠡、完）

促喳儿 （石:栾）

秋凉 （张:崇）

秋凉儿 （张:万、赤、阳、宣、鹿、蔚、崇）

秋蛉 （张:龙、尚）

吐喳 （邯:柏）

吐喳儿 （邯:临）

素生儿 （保:博）

素织儿 （邯:丘）（保:阳、蠡）

素珠 （邯:南）（保:安）

素喳儿 （天:强）

土蝈蝈 （天:固）

油蝈蝈 （邯:清）

兔蚱 （邯:尧）

醋针 （邯:广）

土吱 （邯:肥）

土蜘 （石:灵）

土这儿 （天:庆）

土蜘儿 （邯:漳）

土车 （邯:内）

夜蛐 （邯:涉）

寒令儿 （古）（石:井）

草蜘蛛 （天:皇）

黑叫驴儿 （张:怀）

飞翅 （承:承）

【油葫芦】 形似蟋蟀而大，体黑褐色，有翅能飞，肚子大，雄的翅膀互相摩擦发音，栖于草丛，昼隐夜出，食豆、谷、瓜等作物。

油亭子 （邯:鸡）

菜蛐蛐儿 （天:桥）

大黑蛐蛐 （唐:滦）

杜鲁戈 （唐:抚）

苏珠 （天:河）

金钟儿 （保:水）

队道嘶 （张:尚）

【二尾儿】 公蟋蟀。“尾儿”音 yǐr。

公书军 （石:宁）

道士帽的 二尾个儿小，因头似道士帽，故称道士帽的。（石:平）

两根枪 （邯:台）

两岔儿 （保:易）

二根箭 （石:高）

二尾 （张:沙）

二尾巴 （天:山）

俩尾巴的 （天:河）（石:正）

公 “公”音 guō。（邯:大）

【三尾儿】 母蟋蟀，二尾中间有一产卵管，好像是三尾。

母书军 （石:宁）

和尚头的 个儿较大，三尾，头似和尚的光头。（石:平）

蛐蛐母子 （保:兴）

三岔儿 （保:易）

老三根 （天:沧）

三根箭 （石:高）

三根枪 （邯:大）

三尾 （张:沙）

三尾巴 （天:山）

三尾巴子 （唐:秦）

三尾巴的 （天:河）（石:正）

三尾巴枪 （天:安、大、静）

三尾巴枪 （贬）（承:承）

三尾巴枪子 （天:天）

【蝗虫】

大头蚂蚱 （张:万）

蚱蜢 （承:围、丰、平）（唐:蓟）（天:大、庆）（邯:鸡、尧、涉、内）（保:望、安）（张:康）

蚂子 （唐:抚）

蚂张 （石:束、衡）（承:滦）

蚂蚱墩 （邯:尧）

蚂蚱 （天:天、霸、安、桥）（唐:乐、大）（承:丰、围）

叫蚂蚱 绿色，能叫。（唐:乐）

飞蝗 （邯:宗）（张:万）

飞棒 善飞。（邯:任）

崩头 （张:沙、鹿）

特儿八楞 （保:水）

老鸹食 又叫蚂蚱墩子，肥大，不善飞。（保:水）

老蝙儿 （唐:乐）

担仗 头尖腿长，跳得很远，但不能远飞。（天:黄）（保:安、高）（石:宁、深）（邯:丘）

大担仗 比蚂蚱长大，头小，头部锥状。（保:兴）

扁担 （张:沙、鹿、怀）（邯:丘）

小担仗 比蚂蚱小。（保:兴）

水担仗 又名草担仗，与蝗虫相似，腿长，头尖，全身绿色，捏住腿它就跳。（保:满）

担张 （石:束）

蚂蚱蛹子 蝗虫的幼虫。（唐:丰、乐）（保:水）

蚂蚱儿 （张:口）

蚂蚱钩 童谣:蚂蚱钩，簸簸箕，你躲躲，我过去。（唐:蓟）

【蝈蝈】

蝈蝈 （唐:乐）（石:深）（承:围）

叫具子 （张:赤）

叫鱼 （张:涿）

叫鱼子 （张:万）

叫鱼儿 （张:阳、鹿）

叫乐 （石:栾）

叫欢 （天:饶）（保:博）

叫欢儿 （保:博）

叫蛐 （邯:魏）

叫宫 （天:饶）（邯:丘）

叫宫儿 公的。（天:强）（邯:丘）

叫蚂儿 （张:蔚）

叫蚂蚱 公的。(石:获)

叫蚂蚱 外形像蚂蚱,但有蝈蝈那样能叫的翅。(唐:丰、乐)

叫蚂蚱了 (天:安)

叫母蚱 (石:正)

叫么喳儿 (石:正)

叫扎扎 (张:怀)

叫叫 (张:龙)

胪驹 长尾巴不会叫的母蝈蝈。(天:强、霸)(保:兴、清)(石:深)

驴驹 (石:泽、晋、束)(保:高)

驴驹儿 (保:博、定、蠡)

骡驹儿 (保:唐、清)

蛐子 (全省大部分地区通行)

蛐的 (邯:大、临、肥、魏、邯)

母蛐 母的。(邯:魏)

尾巴蛐 母的。(邯:尧)

蝈蝈蛐儿 公的。(承:滦)

哑巴蛐 (石:灵)

乖子 (邯:威、南)

乖乖 (邯:鹿、清)(天:桥)(石:宁、深)

乖乖儿 (石:深、束、宁)

虫乖子 (邯:威)

蛐子 (邯:内)

叫欢蛐 雄性的。(邯:内)

叫欢蛐子 雄性的。(邯:内)

哑巴蛐 雌性的。(邯:内)

尾巴蛐 "尾"音 yǐ,雌性的。(邯:内)

【螳螂】

砍刀 (邯:临)

砍头螂 (邯:郸、永、台、沙、涉)

砍后螂 (邯:涉)

砍花螂 (邯:涉)

砍姑螂 (邯:涉)

砍豆螂 (邯:肥)

砍大刀 (邯:磁、漳)

吃猴虫 (张:张、鹿)

吃猴虫儿 (张:万、怀)

猴螂 (石:藁)(保:高、蠡)(唐:滦、乐)

猴螂子 (张:蔚)(石:井)

铡螂 (石:正)

铡刀 (石:新、正、宁、灵、建)

水铡刀 (石:获)

刀螂(子) (全省通行)

刀螂的 (邯:大、肥)

刀格螂 (保:易)

老刀 (唐:卢)

铡单刀 (张:宣)

【螳螂卵】

刀螂子 (天:安、桥、霸)(唐:丰、乐、滦、遵、三、迁、大)(邯:成、尧、广、魏)(石:安)(张:宣)

猴螂子儿 (唐:乐)

【蝉】

伏凉儿 (张:沙)(保:兴)

堵老儿 (天:庆)

螟螟娃 (承:滦)

马猴 大的。(唐:丰)

马即猴 大的。(唐:丰、玉)

傻马猴 不会叫的。(唐:丰)

马即 小的。(唐:丰)

麻唧嘹 (天:献)(保:定)

(马)即了儿 个儿大。(唐:遵、宝、三、大、昌)(石:灵、获、赵、藁)(天:强、霸)(邯:广、大)(张:口)(保:兴、博)

马知了 (石:栾、灵)(保:博)

即鸟儿 (唐:卢)(石:新、正、行、无、安)(天:故)(邯:鸡)(保:水)

即柳儿 (唐:玉、蓟)(天:河、故)(邯:威、南、涉)

即了的 （邯:邯）

即了儿 （全省通行）

火即了儿 个儿小的蝉。（天:霸）

即了 （天:安）

即即儿 小,黑色,叫声叽叽。（唐:乐）

即即了儿 （石:灵）

知了 （邯:肥、宗、成）（天:山）（石:武）

知牛 （邯:丘）

知了儿 （唐:西、秦、昌）（承:隆、围、青、兴）（石:冀、石、高、赞、灵、河、无、宁、栾）（天:黄、肃、静、桥、宁、安、河、津、庆）（邯:广、邯、郸、鸡、柏、磁、鹿、沙、任、涉、内、尧、永、肥）（保:望、高、雄、阜、容）

借柳 （邯:清）

肖肖 （天:东、桥）

蛸儿蛸儿 个较大,黑褐色,叫起来声音是直的。（天:山）

蛸蛸儿 （天:津）

大蛸子 （天:桥）

蛸雀 （天:黄）

大马连 （邯:大）

独立儿 比蝉小,蓝色,腹部似乎透明,身体细长,叫起来声音起伏,时大时小。（天:山）

老娃娃 （唐:昌）

老考考 （天:庆）

老沙沙 大、黑色,叫声沙沙。（唐:乐）

热热儿 （石:石）

小热儿 （唐:丰）

热得啦 （石:井）

秋娘 （邯:沙）

【伏天儿】 入伏后叫声似“伏了,伏了”,是蝉中小的一种。

伏地热儿 （石:灵）

伏鸡伏凉 （保:雄）

伏鸡伏凉儿 （天:霸）

伏令伏凉 （保:高、安）（石:石、正）

伏停伏凉儿 （保:蠡）（天:任、安）

伏德 （天:沧）

伏连 （天:黄）（邯:南）（张:沙）

伏天 （邯:涉、邯）（唐:三）

伏了 （邯:魏、任、肥、成、尧）

伏了儿 （邯:永、鹿、周、广）（天:故）

伏停儿 （天:河、献、强、饶）

伏鸡儿 （保:雄）

伏底 （保:阳）

伏蝶儿 （石:束）（天:大、安）

伏迁 （天:饶）

几了儿 （唐:昌）

独溜儿 （天:桥）

独拉儿 （天:桥）

独咂儿 （天:宁）

大伏天儿 （唐:三）

秋了儿 （石:平）

秋凉儿 （唐:西）

西沿儿东沿儿 （保:新）

热儿 （唐:卢）

麦丝 （天:桥）

热热儿 （石:正、栾）

小热儿 （唐:丰）

麦了 （石:宁）

麦蛸蛸 （天:庆）

麦熟 （天:安）

麦考考 （天:庆）

麦黄知了 （邯:丘）

骚子黄儿 （保:兴）

集嘹 （天:东）

突啦八 （邯:清）

二色 （唐:蓟）

秋凉儿 （唐:西）

小刃儿 （唐:抚）

伏凉儿 （全省通行）

叫狗 （唐:丰、宝）

狗嘶儿 （唐:丰）

狗嘶了 （唐:丰）

【蝉蜕】 蝉幼虫变成虫时脱掉的皮,可入药。

知了皮 （石:赞）（天:安、河）（邯:肥、广）（保:满、雄、阜、容）

即鸟皮 （石:新）

知牛皮 （邯:丘）

即了皮 （邯:台、大、鹿、任、内、尧）（天:文、大、献）（保:博、蠡）（石:平、衡、深）（唐:乐、丰）

即溜皮 （邯:南）（保:新）

即了皮儿 （保:保、唐、容）（石:枣）（天:静）（唐:滦）

即了皮子 （唐:遵）

即鸟儿皮 （保:水）

即鸟皮儿 （石:正、新）（保:易、水）

知了儿皮 （唐:滦、山、抚、迁、乐）（石:衡、深、束、建、冀）（天:固、饶、霸、河、天）（保:定、阳、兴、涿、容）（邯:柏）

知了儿皮儿 （唐:滦）（石:无、宁、冀、束）（邯:临、柏）（天:静、沧）

即了库 （邯:漳、成）

即了壳 （邯:内）

知了儿壳儿 （全省大部分地区通行）

即即了皮 （石:灵）

老古用皮 （邯:台）

老牛壳 （石:灵）

老考考皮 （天:庆）

老谷蛹皮 （邯:丘）

老娃娃皮 （唐:乐）

马即皮 （唐:丰、宝、三）（邯:广）

马即了皮 （唐:宝、三）（邯:广）

马即柳皮 （唐:玉）（邯:广）

马猴皮 （唐:丰）

蛸蛸皮 （天:东、山）

蛸雀皮 （天:黄）

爬爬皮 （石:晋）（天:桥、宁）

秋娘皮 （邯:沙）

热热皮 （石:石）

肉牛壳 （石:栾）

借柳爬皮 （邯:清、威）

伏亮壳 （张:沙）

【蝉幼虫】

幼蝉 （张:沙）

蝉蛹 （邯:内）

石猴儿 （石:宁、武、赞）（保:水、安、涿）（唐:山、蓟）（邯:魏、内）（承:平）（天:孟、阜）（张:阳、口）

即鸟牛 （石:新、正）

即了鬼 （天:大）

即了龟儿 （邯:内）

即了狗 （邯:临）

即了牛 （邯:宗）

即了牛儿 （保:清、阳）

即即牛儿 （石:行）

即了儿牛 （保:定）

借柳爬儿 （邯:清）（保:博）

即了爬爬儿 （石:枣）

即了姥姥 （唐:滦、乐）

即了猴 （天:安、河）（石:深、衡）（邯:乡、任、南）（保:高、完）

即了猴儿 （石:平、束、枣、衡、晋、冀）（天:饶、霸）（邯:鸡）

即留儿猴 （邯:威）（天:霸）

即留爬儿爬儿 （天:故）

即留儿猴儿 （天:故）

唧柳归皮 （保:新）

老要 （邯:内）

老谷蛹 （邯:大、丘）

老骨龙 （邯:广、临、成、尧、台）

肉古龙 （邯:沙）

老鸟猴 （天:庆）

老牛 （石:无）

肉牛　(石:获、栾)(唐:大)

肉猴　(邯:鸡)

肉即了　(天:文)

爬蚱　(邯:周、尧、鹿、肥)

爬查　(石:束)

爬杈　(邯:内)

爬爬　(石:深、晋)(天:桥)

唧利鬼儿　(天:大)(保:蠡、新)

石痕　(邯:大)

磁凑　(唐:丰)

晌午虫　(石:井)(邯:尧)

神仙　(邯:尧)

古蛹　(邯:任)

知了虎　(天:肃)(石:藁)

知了鬼　(邯:宗)

【蜂】　蜂的统称。

蜂子　(承:滦、围)

【蜜蜂】

蜂　(石:灵、无)(天:庆)(邯:任、丘)(保:阜)

蜂儿　(石:获、建)(保:阳、兴)

土蜂　(唐:遵)

蜜蜂儿　(承:承、滦)(保:定、唐、清)(张:阳、尚)(石:正)

蚂盆儿　(张:怀)

【蜂蜜】

蜜蜂糖　(保:安)

蜂儿蜜　(石:建)

蜂糖　(邯:郸、内)

蜂房　(天:安)

【马蜂】　昆虫,全身无毛,头部褐色,带有黄色斑纹,雄的触角棒状,雌的触角丝状,腹部深黄色,中间有黑褐色横纹,尾部有毒刺,能蜇人。

大红　(张:康)

麻蜂　(承:平)(石:宁、栾、藁、安)(天:桥、庆)(邯:邯、郸、鸡、柏、涉、内、尧)(保:望、安、雄、完、阜)

黄蜂　(全省通行)

黄蜂儿　(张:阳)

地蜂　住在墙里的。(张:万)

二黑　(张:鹿)

钻回　(石:灵)

大蜇蜂　(天:天)

马棚　(石:建、无)(天:大、安、霸)(保:清)(张:康)

梨蜂　(天:献)

大拉密　(张:商)

凿子蜂　体最大,能咬木头。(石:束)

黄马蜂　(唐:丰)

土蜂　类似马蜂,黑色,腰细,比马蜂小,蜇人最厉害,它专在墙角垒土窝。(全省通行)

油马蜂　比马蜂大,黑黄脖儿,能钻木头。(天:安)

闲子蜂　穴居木头中,蜇人很厉害。(石:灵)

白头老汉儿　没有刺的马蜂。(张:万)

【马蜂的幼虫】

马蜂儿子　(天:阜、安)(唐:乐、丰)

马棚仁儿　(石:行)

马蜂儿　(承:青)

【马蜂蜇人】

灯人　(张:龙)

钉人　(天:天)

【蜂蜇人的工具】

蜂冢儿　“冢”音 dū。(石:束、深)

钩子　(唐:丰、大)

【蜂窝】

蜂子窝　(承:滦)

蜂子儿窝　(张:阳)

蜂箱　(唐:遵)(天:天)

蜂窠　(全省大部分地区通行)

蜂房　药铺里称。(天:安、天)

蚂盆儿窝　(张:怀)

马蜂窝　(天:天、安)

麻蜂窝 （唐:乐）

【黄蜡】 蜂蜜的渣凝固而成。

蜡 （邯:肥、丘）

蜜蜡 （邯:宗）

蜂蜡 （邯:乡）

【萤火虫】

明明虫 （邯:沙）

明明虫儿 （邯:乡、永、沙、台）

明虫儿 （邯:周）

明晃虫 （石:平）

明火虫儿 （唐:滦、三、山、蓟）（石:行、获、建、元、井、栾、赞、安、灵）（天:桥、宁）（邯:郸、鸡、临、涉、周、内、尧）（保:容、望）（承:兴）

火 lēng 虫儿 （唐:抚）

火虫 （承:丰）（保:唐）

火明虫 （承:青）

火米烟米 （保:阳）

灯笼虫 （石:宁）

棉花虫 （唐:遵）

棉火虫 （承:围）

黏火虫 （唐:西）

老包虫 （保:满）

金牛 （张:沙）

【臭板虫儿】 体长圆，背有斑点，能飞，夏天多见，有一种恶臭味，又名臭大姐、放屁虫。

香大姐 一种反说法。如果臭虫落在谁身上，谁就叫“香大姐”，它就不放臭味。（唐:抚）

香娘娘 反语。（邯:成）

臭柳柳 （邯:宗、乡）

臭白虫 （天:强）

臭板子 （唐:三）（张:崇）

臭大板子 （保:水）

臭大姐 （全省通行）

臭板虫 （邯:肥）（石:行）

臭板宝 （邯:涉）

臭娘娘 （邯:大、鹿、任、乡）

臭老婆 （天:故）

臭老婆盖子 （天:大）

臭鳖虱 （张:万）

臭败虫 （邯:内）

臭官虫 （保:阳）

臭官子虫 （石:行）

臭罐子 （保:晋、完）

臭虫姥姥 （唐:抚）

臭虫板子 （唐:遵、西）

臭虫谋子 （张:沙）

臭虫母子 （承:滦、围）

放屁虫 （唐:宝、卢、昌、蓟）（承:丰、滦）（石:平、建、宁、井、灵）（邯:台、内）（保:清、安、雄）

屁虫子 （保:安）

皮虫 （张:沽）

光板虫 （张:尚）

花大姐 讽刺。（邯:威）

【灯蛾】 因喜扑灯火而得名，大多为谷蛾，另有一种褐色的，大而扁，有硬薄翅，喜潮湿、阴暗地方，经常与土鳖相居。

白翅膀 （唐:大）

打灯虎 （石:无、灵）（保:阳）

打灯蛾 （石:建、深、平）

拍打虎儿 （保:定）

打灯婆 （唐:抚）（石:武）（保:新、兴、满、清）

打灯虫 （石:晋、栾）（邯:清、内）

大灯虫 （天:河）

扑棱蛾 （邯:魏）

托灯婆 （邯:鸡、内）（保:容）（石:安）

扇灯婆 （天:阜）

瞎窝子 （天:东）

瞎蛾子 （天:安、天、桥、武）（唐:乐）

蛾子 （唐:遵）（天:黄、霸）（保:蠡）

蛾儿　（天：霸）（保：蠡）

护灯蛾　（邯：肥、南、成、丘）（石：束）（保：满）

护灯蛾子　（石：枣）

捕灯婆　（天：庆）

扑灯虫　（石：栾）

扑灯蛾　（全省通行）

扑灯蛾的　（邯：郸、广）

扑灯蛾子　（石：枣）

蛾子　各种蛾的统称。（唐：丰）

【醋蛾儿】　身体有三四分长，全身黄白色，有粉粒儿，左右各长大小网翅，头上有小触须一对，产卵于醋中，有人叫它蠓虫儿，与草莽中的蠓虫儿同名异物。

醋虫儿　（张：阳）

醋蛾子　（张：阳）

白布　（天：固）

白花虫　（邯：漳）

麻各澡子　（张：鹿）

蠓虫　（张：沙）

蠓虫子　（天：静、阜）

蠓蠓虫　（邯：魏）

蠓蠓虫儿　（邯：广）

【谷蛾儿】　体长约二分，展翅阔约四分半，胸背黄白色，翅灰色，翅细长有绿毛，静止时翅叠于背后成屋脊形，昼夜飞行，产卵于谷中，幼虫也生活在谷中。

谷罗　（张：蔚）

扑拉蛾　（邯：大）（承：围）

盖子蛾　（天：桥）

蛾子　（唐：抚）

蛾儿　（保：蠡）

谷蝇　（保：阳）

谷蛾　（张：沙）

【蝴蝶】

蛾　（石：赞、灵、武、冀、束）（邯：临）（张：万、阳、鹿、怀）（保：唐、阳）

蛾儿　（保：阳）（张：万、阳、鹿、赤）（天：桥）

蛾蛾　（张：怀）

蝴帖落儿　（唐：西）

大花蜂儿　（天：安）

大花蛾儿　（张：万）

花蝴蝶　（邯：任）（石：深）（唐：乐）

扑贴儿　（唐：遵、乐）

浮帖儿　（唐：玉、丰、大）

浮体儿　（承：青）

胡铁儿　（承：围）

花花雁　带花的大蝴蝶。（承：滦、承）

【蝴蝶产下的卵】

蚕子　（张：张）

姑姑　（唐：大）

【蜻蜓】

剑头　（张：阳）

红缨儿　（保：保）

草圪节　（邯：涉）

担水媳妇　（邯：涉）

洋烟坛坛　（张：商）

妈翎　（唐：丰、大）

妈连　（承：青）

妈螂　（全省通行）

麻楞　（天：任、强、献、山、桥）

马棱　（天：东）（石：无）（保：易）

马蜂疙瘩　（邯：永）

老琉璃　（承：承）

老琉璃瓶　（保：雄）

老蜻　（保：高）（天：天）

老喝　（天：天）

大兰九　（张：鹿）

大蜻　（天：阜）

大老蜻　（保：保）（天：天）

小河郎　（邯：涉）

叮叮 （邯:大、内）

蜻叮叮 （邯:邯）

水水叮 （邯:肥）

水叮叮 （邯:涉、成、肥、漳）

水圈儿 （张:赤、张）

水翅雕 （张:鹿）

水翅膀 （张:万）

水翅扑(儿) （张:张）

水翅盆儿 （张:康）

水翅泡儿 （张:怀）

水蜓 （邯:魏）（张:龙、鹿）

水青 （张:龙、鹿）

红蝇子 红褐色的蜻蜓。（天:天）

骨鲁钱 尾部有圆形如铜钱模样的东西。（天:天）

水水蜓 （邯:广、周、丘）（张:蔚）

蜓蜓 （邯:清）

忙儿 （石:正）

郎母牛 公的。（石:正）

下蛋粗 母的。（石:正）

【水虿】 蜻蜓的幼虫,头大,球状,胸部下面有六足,腹部广阔,栖于水中,捕食小虫,渐长,则生小翅为蛹,后缘水草而上,背部开裂,脱皮而出,即为成虫。“虿”音 chài。

水蝎子 （天:强、桥、霸、津、安、天）（石:获）（承:兴）（唐:乐、丰）

【花大姐】 又名花媳妇,瓢虫的一种,身体是半球形,有硬壳,密生黄、褐色细毛,背部和翅上有黑斑,成虫常群居,危害农作物。

红媳妇儿 （石:深）

红媳分儿 （石:束、晋）

红包袱 （保:兴）

红姑娘 （张:赤）

土别蛋 （张:沙）

土鳖蛋 （张:鹿）

货郎虫 （唐:丰）（承:兴）

货郎子 （唐:丰）

花布手巾 （小）（张:鹿）

花手巾 （张:沙）

花柳盒 （张:蔚）

花盖子 （天:静）

花冠罩 （保:涿）

花包袱 （天:固）

花姑娘 （唐:滦、山）（石:平、灵、栾、藁）（天:肃、桥、津）（邯:郸、鸡、内、尧）（保:定、满、安、新）（张:沽、龙、阳、尚）

花媳妇 （石:无、建）（张:万）（邯:南）

花老婆 （天:安）

花花轿 （石:行、灵）（天:固、桥、河）（保:高）

大花姐 （张:张、鹿、万）

火蝍 （唐:乐）

盖虫 （唐:滦）

卖馍馍的 （邯:清）

送饭牛牛 （张:怀）

虎蝍儿 （保:完）

臭姑娘 （唐:大）

新媳妇 （石:宁）

黄包袱 （保:兴）

背包袱的 （保:新、兴）

庄稼老 （天:霸）

庄稼老儿 （天:安）

大花姐儿 （张:鹿）

【天牛】 常见的有一种身体较小,黑色而有光泽,翅上有白色黑点,六足,头上有一对长硬触角,比身体长,这叫黑天牛;另一种,身体较大,黑褐色,有灰黄色绒毛,叫褐天牛。天牛幼虫蛀食桑、柳或苹果等树的茎,为果树害虫。

牛儿 （邯:内）

金牛牛 （保:水）

放牛小 （承:丰、隆、围）

天狗儿 （石:新）（天:桥）

树牛　(唐:丰)

树牛儿　(天:安、霸)

树牛牛　(天:霸)

树牛子　(天:天、安)

桑树牛儿　(天:宁、安)

花牛儿　(唐:丰、滦)

花天牛　(唐:丰)

花花牛　(唐:大)

水牛　(石:赞、平、行、获、栾)(邯:郸、鸡、大、沙、尧、成、内)(天:黄)

水牛子　(唐:遵)(承:青、承)

水牛角　(石:建)

水牛牛　(天:饶、肃、河)(邯:鹿、漳)(保:博、唐、水、兴、完)

水牤牛　(邯:广)(张:沙)

旱牛　(邯:乡)

旱牛儿　(邯:临)

旱水水　(天:献)

老牛　(石:深、束)(天:大、桥、庆)(保:定、保、雄、蠡、清)(唐:乐、滦)

地马牛　(邯:清)

地牤牛　(承:滦)

老牛铡草　它的牙又大又快,能够切断草棍,好像铡刀。(保:兴)(唐:乐)

柳牛　(邯:肥)

虻牛　(石:正)

犄牛　有时也指椿牛儿。(保:涿)

屁牛　(唐:大)

臭牛　(唐:抚)

香牛　(唐:抚)

舍牛　(唐:大)(天:固)

铁牛子　(天:静)

【椿牛儿】　属象鼻虫一类。种类很多,身体圆形或椭圆形,灰色,体长三四分,会飞,生于椿树,食树叶,为害虫。小孩喜玩。

椿牛　(石:武)

锁　椿牛被人捉住以后,它的腿紧紧卷在一起,不动了,好像锁住了,故有“锁”的称呼。(保:新、兴、完)(天:霸)

锁儿　(保:完)

锁子　(保:蠡)

锁帘　(天:固)

铁猴　(唐:滦)

椿猴　(邯:临、肥、成)

椿象　(唐:滦)(承:隆、兴)(石:赞、井、藁)(天:阜)(邯:鸡、沙、尧、内)(保:蠡)

椿椿猴　(邯:临)

椿猴儿　(邯:广)

椿树猴　(邯:柏)

椿木猴　(邯:尧)

椿树狗子　(天:山)

椿树虫　(石:栾)

臭椿象　(张:鹿)

椿树老头　(石:宁)

椿树老老　(天:河)

椿谷老头　(邯:丘)

老莲　(石:束)

老旦　(天:庆)

老道　(天:庆)

老汉儿　儿歌有:“老汉老汉,推车打蛋,娶了个媳妇会纺线”,小孩常把装死椿牛儿放在手心里唱,一直唱三遍。(天:强)(石:深)

小老儿　(唐:抚)

老婆老汉　(保:博)

老头装鸡　(天:文)

白头老汉　(天:饶、肃)

白胡老头儿　(邯:乡、南、台、清、鹿、宗)

白胡子老头　(邯:清)

象　(石:正)

象儿　(保:兴)

象鼻子　(唐:丰)

干巴巴 （石:灵）

干巴猴儿 （唐:丰）

楞猴儿 “楞”音 shū。（石:建）

木猴 （石:获）

木将猴 （石:石）

树猴儿 （唐:丰）

曲木猴儿 （石:晋、深）

江汉 雄的。（天:霸）

江婆 母的。（天:霸）

洋醉汉 （天:强）

洋醉孩儿 （天:桥）

犄牛 （保:涿）

哈螂头 （邯:任）

黑老婆牛 （张:沙）

【鲤鱼】 体侧扁，背苍黑，腹部黄白，口前端有长短须各一对，尾略带红色，生于淡水。

拐子 （唐:丰、乐、大）（天:故、桥、安、天）

大拐子 （天:安、天）

拐尖 个头不大的鲤鱼。（天:天）

拐芽子 不到一斤重的。（唐:丰）

鲤子 （唐:昌）

鲤鱼拐子 （天:固、霸）

金翅鲤鱼 翅带黄色。（承:滦）

黑鲤鱼 背带黑色。（承:滦、围）

【鲫鱼】

水渣片 （石:平、建）

瓜子 （唐:丰）

瓜子鱼 （唐:丰）

西瓜片儿 （保:定）

臭鲫瓜子 （承:滦、承）

鲫锅 （保:清）

鲫片 （邯:周）

鲫片的 （邯:清、周）

鲫瓜片 （天:饶）

鲫瓜 （保:安、兴、完）（唐:滦、乐、大）

鲫瓜瓜子 （唐:丰）（承:滦）（天:固、安、天、霸）（保:博、水、涿、完、兴、安）

鲫瓜片子 （石:获、泽、无）（天:饶）（承:承）

鲫拉瓜 （天:饶）

鲫古拉 （唐:迁）

大鲫鱼 大个的。（天:天）

鲫鱼板子 （唐:乐）

鲫鱼板儿 （唐:乐）

húhú 片子 （唐:蓟）

【青鱼】 体狭长，约一二尺，身体青黑色，腹部银白色，鳞大，生于淡水中，也叫黑鲩。

后子 （邯:清）（天:桥）

伙头鱼 （邯:永）

棉鱼 （唐:西）

青皮子鱼 （唐:抚）

【梭鱼】 体粗壮，鳞大，背侧青灰色，腹面浅灰色，两侧鳞片有黑斜纹，胸鳍和腹鳍灰褐色，背鳍和尾鳍浅灰色，头短而宽，生活在江河入海咸淡水中。

皇姑 （邯:任）

船钉 （邯:清）

【刀鱼】 体狭长，侧青，似尖刀形，又名鲚鱼。

聚花 （邯:乡）

三枪的 （邯:清）

和拉鱼 （天:桥）

刀吃鱼 （保:涿）

刀念儿 （唐:丰）

刀鱼念念儿 （唐:丰）

【黄花儿鱼】 海鱼的一种，体侧扁，口阔，有鳞，腹色黄，头中有石状小骨二块，所以又叫石首鱼，能叫唤。

黄鱼 （全省大部分地区通行）

黄花子 （唐:昌）

黄花鱼 （张:沙）（天:天）

伙来鱼 （天:献）

花鱼　（邯:周）

【喻不常见的事】

黄花鱼眨巴眼——真新鲜　（保:兴）

【大头鱼】　头部比一般鱼大,身细长。

眠留　（石:石）

海鲫鱼　（唐:抚）（承:平、滦）（石:高、灵）（邯:内）（张:张）（天:沧）

鲫头儿　（天:天）

【胖头鱼】　体长一尺余,鳞细,口无齿,有舌,脊两鳍皆不大,略分叉,背青黑色,腹部银白色,眼在头下部,生长在江海中,学名为鳙鱼。

活头鱼　（邯:邯）

大头鱼　（唐:滦、乐）

胖鱼　（承:平）（石:赞）（天:饶）（邯:肥、成、内）

安徽鱼　（保:安）

胖头　（天:天）

【比目鱼】　鲽（音 dié）、鳎（音 tǎ）等鱼的统称。这几种鱼的身体扁平,成长后,两眼逐渐移到头的一侧,平卧在海底,也叫扁口鱼。

板鱼　（唐:滦）（承:平）（石:高、获、安）（张:沙）（邯:内）

鳊克鱼　（唐:乐）

扁口　（唐:乐）

扁口鱼　（邯:沙）（唐:滦、抚、乐）

鳎妈鱼　（天:天）

鳎目鱼　（唐:丰、秦）（承:平）（石:栾、安）（天:黄、静、桥）（邯:柏）

鳎目　（唐:丰）

鳎盆　（唐:乐）

当当儿　（唐:乐）

【鳜鱼】　也叫桂鱼,体侧扁,尾鳍呈扇形,背鳍有硬刺,口大鳞细,体黄绿色,有黑色斑点,肉味鲜美。“鳜”音 guì。

鳜嘴鲢子　（邯:任）（天:天）

鲫花鱼　（天:献）

花鲫　（保:安）

刺藕　（天:天）

【带鱼】

带子鱼　（天:静、桥、河、故）（保:清）

蛇鱼　（石:建、平）（张:万）

【鲢鱼】　头小鳞细,体侧扁,肥腹,色白,生于淡水中。

伏鲢　（天:庆）

倒鲢子　（唐:丰）

薄鲢子　（天:安）

噘嘴叨子　（唐:丰、乐）

鲢的　（邯:大）

窜鲢的　（邯:大、丘）

窜鲢子　（邯:任）

鲢子　（全省通行）

鲢子鱼　（天:天、津）

噘嘴鲢　俏皮称呼。（天:故）

噘嘴鲢子　（邯:鸡）

白鲢　（邯:清）

大白鲢　有爱意。（天:故）（邯:清）

黄鲢子　（保:安）

黄瓜鲢子　（天:献、安）

【鲥鱼】　体扁而长,眼周围银白色,带金光,色白,味美,肉中多细刺,腹下有鱼鳞,鳞下含有丰富脂肪,夏初产于江中。

山锥　（邯:任）

山川丁　（邯:任）

山鲥鲤　（邯:任）

鲥候鱼　（保:安）

【鲇鱼】　头扁阔,背苍黑,腹面白色,口阔扁,上下颚有四根触须,尾圆短不分叉,背鳍小臀鳍长,与尾鳍相连,身体表面多黏液,生活在河湖池沼处,昼伏夜出,吃小鱼、贝类等,肉可食。

棉鱼　（全省大部分地区通行）

【鲦鱼】　产于淡水,大者长一尺余,体狭长,背淡黑微青,腹白,鳞细,好群游水面,一名“鳌鱼”,又称“鳌鲦鱼”。“鲦”音 tiáo,“鳘”音 cān。

厚子 (天:桥、天)

白鲦 (天:饶)(石:栾)(保:水)(邯:鸡)

白鲦子 (唐:迁、乐)

白拉鲦 (邯:大)

窜鲦的 (邯:大)

黄瓜鱼 (唐:丰、乐)(天:霸)

黄瓜鲦 (唐:丰)

九鱼 (保:安)

白鱼 (石:灵)

串鱼鲦 (邯:魏)

dǒu 鱼 (保:安)

【黑鱼】 一尺多长,头尾粗细相等,头扁口大,背部黑褐色,有多数条纹及斑点,口中有齿及舌,栖河湖池沼中,喜食小鱼,故养鱼者视为害鱼。

乌鱼 (承:平、隆)(石:赞、新、晋、藁、安)(张:沙、蔚)(邯:磁、内、尧)

黑头鱼 (邯:清)

黑里鬼 (保:阳)

黑鱼棒子 (唐:丰、遵)(承:承)

黑肿鱼 (唐:乐)

肿鱼 (唐:乐)

火头 (邯:乡)(天:肃)

【乌贼】 亦称乌贼鱼,海产,软体动物,头部有大眼一对,口边有腕足十条,腹有外套膜,肛门近处有墨汁囊,能喷黑水,借以逃遁,肉可食,亦称墨鱼或鲫。

墨鱼 (唐:滦、遵、山、玉、秦、乐、大)(承:围、平)(石:晋、藁、新)(天:强、肃、大、津)(保:保、望、满、涿)(邯:郸、大、永、任、临、肥、成、内、尧)

墨斗鱼 (唐:滦、抚、乐)(张:口、赤、宣)

墨斗 (唐:丰、遵、昌、乐)(天:天)

游鱼 (邯:尧)

【章鱼】 软体动物,有的体内有墨囊,长约五寸,脚长三尺,最大者丈余,无骨骼,皮肤黏滑,口旁有触角八条,里面排列有许多环状吸盘,口在触角中央,生活在海底,捕食鱼类和甲壳类,也攻击其他较大的动物,甚凶猛。通称八带鱼。

海鬼子 (唐:秦、乐)

八带鱼 (天:庆)

【鱿鱼】 “鱿”音 yóu。生活在海洋中,头像乌贼,体苍白,有淡褐斑点,鳍在尾端,呈菱形,触角短,有吸盘,肉可食,又叫柔鱼。

柔鱼 (石:藁)(天:饶)(邯:内)

【鳗鱼】 即鳗,身体长形,表面多黏液,上部灰色,下部白色,前部近圆筒形,后部侧扁,头尖口大而宽阔,背尾有两鳍相连,产海洋中,生活在河湖等淡水中,捕食小动物,肉味美,也叫白鳝。

鳗鲡 (石:藁)(邯:内)

白鳝鱼 (唐:卢)

【金鱼】 鲫鱼的变种,头腹短粗,眼突出,尾分三片或四片,有白、黄、红等色,为我国著名的观赏鱼。

金板儿 (张:万)

暴眼鱼 (邯:尧、大)

双尾巴暴眼鱼 (邯:大)

龙青鱼 (天:安)(唐:昌)

龙井鱼 (保:雄)

三尾鱼 (邯:清)

三尾巴鱼 (石:枣)(天:强、黄、桥)

五色鱼 (石:栾)(邯:任、尧)

大小金鱼 (天:桥、天)

小金鱼 (天:桥、天)

虎头鱼 和金鱼差不多,尾巴小。(邯:魏)

【鱼子】 鱼的卵。

鱼子儿 (石:深)(唐:滦、乐)(天:山、故、霸)(保:阜、容、博)

鱼儿子 (石:建)

【鱼苗儿】 刚孵化出来的小鱼。

鱼命 (保:高)

鱼崽 小鱼儿。(唐:乐)

鱼崽子 （石:枣）

鱼苗子 （承:青）

小鱼崽 （邯:清）

小鱼 （邯:广、大、丘）

小鱼针 （保:兴）

鱼秧的 （邯:大）

鱼子 （邯:尧）

鱼花 （天:桥）（邯:内）（石:武）（承:平）

鱼秧子 （天:桥）（唐:乐、大）

鱼蛆 （天:饶）

小鱼蛆 （保:蠡）

【鱼秧子】 鱼苗之稍大者,也叫鱼苗儿。

小鱼 （邯:广、尧、丘）（石:正、栾）

鱼秧的 （邯:漳）

鱼苗 （天:天）

【鱼鳞】

鱼甲 （石:建）（唐:秦、丰）（承:平）（天:桥）（张:沙）（邯:魏、漳、内）

鳞 （唐:乐）

鳞甲 （承:平、丰、隆）（天:桥）（保:安）（张:沙、蔚）（邯:磁、鹿、涉、内、尧）

鱼鳞甲 （张:万）

鱼鳞甲儿 （张:阳、龙、商、怀）

【鱼鳃】 鱼之呼吸器官,在头部两侧,鱼在水中有节奏地一张一合。

鳃 （石:灵）（天:天）

鳃肩 （天:黄）

鳃角 （天:强）

鳃甲 （唐:丰）

鱼鳃甲 （唐:丰）

鱼鳃间 （石:枣）

鱼耳朵 （天:桥）

苦鳃 吃鱼时才说。（张:万、赤、沙）

鳃即 （天:安）

【鱼刺】

鱼刺儿 （石:深、束）（张:各地）（天:天、武）（唐:乐）

鱼骨 鱼的骨骼。（石:束）（张:张、赤、阳、宣、沙、尚）

鱼骨头 （全省通行）

【脊翅】 即鱼之背鳍,鱼的游水器官,由细刺状的软骨支膜而成。

立翅 （邯:大）

脊刺 （全省大部分地区通行）

分水 （承:滦）（天:天）

背鳍 （石:晋）（天:庆）

大梁 （天:庆）

三枪的 （邯:肥）

鱼翅 （天:安）（唐:宝、乐）

【分水】 鱼身两旁之翅,即鱼之胸鳍,由薄膜及软刺骨构成,为鱼之拨水器官。

鱼浆 （天:桥）

拨刺 （天:献）

拨翅 （天:饶、河）（保:博、兴、蠡）（邯:大）

破翅 （保:高）

鱼拨翅 （天:肃、大）（保:兴）

鱼拨翅 胸鳍、尾鳍之总称。（保:安）

翅 （石:赞）（天:霸）（邯:临）

翅膀 （张:鹿）

飞膀 （唐:抚）

鱼翅膀 （邯:乡）

鱼鳞膀 （唐:乐）

鱼鳞巴 鱼尾。（唐:乐）

鳍 （全省通行）

鱼鳍 （石:灵）（邯:丘）

鱼翅 （石:平、建、枣、获）（天:强、固、安）（邯:柏、宗、任、南、成）

鱼轮 （石:栾）

走水 （唐:丰）

刷水 （邯:邯）

分水翅 （天:津）

【鱼飘儿】 身体内可以胀缩的气囊,通称鱼泡,气囊胀时鱼上游,缩时鱼下沉,又叫鱼鳔,“鳔”音 biào。可制胶。

鳔 （石:灵）（唐:山）（邯:大、清）（天:桥）

鱼尿 （张:沙）（石:赞）（邯:内）（天:阜、文）（承:平）

尿脬 “尿脬”音 suīpao。（天:霸、固）（邯:临）

鱼尿脬 （石:灵、平、获、建、宁、晋、深、正）（唐:遵、卢、三、大、山）（保:保、博、易、安、兴、雄）（邯:永、清、南、大、临、任）（天:桥、肃、津、宁）（承:兴）

鱼尿巴 （唐:大）

鱼泡泡 小孩说的。（天:天）

【鳔胶】 以鱼鳔制成的胶,黏度甚强,多用来粘精细木器。

鱼鳔 （石:藁、安）（天:桥）（张:阳、龙）（邯:魏、鸡、台、成、内）

水鳔 （张:鹿）

水鳔胶 （唐:乐）

【钓鱼】

捞鱼 因当地不产鱼,故钓鱼捞鱼不分。（张:商、沙）

打鱼 因不产鱼,故钓鱼打鱼不分。（张:沙）

【钓鱼钩儿】 金属制品,弯曲形状,有倒刺儿,钩上放置鱼食钓鱼用。

鱼钩 （张:沙）（承:承、围）（邯:广）

鱼钩儿 （张:鹿、赤）（唐:乐）

钓钩儿 （全省大部分地区通行）

钓鱼钩 （张:沙）（天:肃、安）（承:青）

钓鱼钩子 （张:口、张）

拐鱼钩儿 （张:商）

【钓鱼竿儿】

钓竿 （全省大部分地区通行）

钓鱼竿子 （张:沽、张）（天:东）

捞鱼竿儿 当地捞和钓不分。（张:商）

鱼竿 （张:鹿、赤）

鱼竿儿 （天:天）

【浮子】 钓鱼时拴在线上的一小段芦苇、木、化学等物制成的,能浮在水面的东西,浮子下沉就知道鱼已咬钩。

晃子 （石:井）

治子 （邯:鸡）

漂儿 （石:深、束）

漂子 （唐:抚）（石:正）（天:固、大、霸）（保:水、阳、兴、涿）（承:青、围）

漂儿子 （石:泽）

漂的 （邯:漳）

漂头的 （石:深）

鱼漂儿 （唐:丰、昌）（承:丰、承）（天:安）

浮拉 （天:庆）

漂漂 （唐:滦、乐）

【鱼篓儿】 用苇子、竹子、桑条、柳条、荆条等编制而成的盛鱼用具。

鱼笼 （唐:丰）

鱼笼子 （承:青）（唐:乐）

鱼葫子 （邯:任）

鱼宿笼 （邯:大）

鱼篓的 （邯:肥）

鱼篓子 （张:口、沽）（天:安、津、天、桥）（唐:丰）（石:建）

【鱼网】

网 （唐:丰）（邯:清、南）（张:鹿）

网子 （张:鹿）

打鱼网 （保:唐）

线网 （唐:乐）（保:安）

丝网 （保:安）

鱼罩 （保:清）

注:天津业余捕鱼的人常用:赶网、搬罾、撒网、拉网、沾网。唐山乐亭因打鱼方法不同,而有各种网:旋网(打鱼时旋转扔出网),绝户网(一网打尽的网),以及拉网、罾网、搬网、插网、捎网兜子、抢网、挂网等。

【鱼网边沿上的锡质或铅质块儿】

胶子 （承:滦）（唐:昌）

网嚼子　(承:滦)(唐:昌、乐)

铅辍儿　(天:天)

【打鱼】　用各种渔具捕捞鱼。

罩鱼　(邯:清)

淘鱼　(天:饶、安)(唐:乐)

劫鱼　(邯:周)

刻鱼　“刻”音 kèi,用手捉。(邯:大)

剿鱼　(天:桥)

治鱼　(唐:丰)

抓鱼　(天:桥)

捞鱼　(承:围)(石:灵、藁)(天:饶、桥)(张:赤、阳、康、鹿、怀)(邯:临、内)

捉鱼　(石:灵)(邯:大)(张:赤)

逮鱼　(石:宁)(天:阜、饶、故、桥、津、安)(邯:清、成)(保:安、雄)

捕鱼　(张:赤)(天:桥)

摸鱼　用手捉。(天:天、桥)

箔鱼　用苇箔在水中摆迷魂阵,使鱼只能游进、不能游出。(天:天)

叉鱼　用鱼叉叉鱼。(唐:乐)

打鱼　用旋网叫打鱼。(唐:乐)

钩鱼　从鱼窝中钩鱼或凿冰窟窿钩鱼。(唐:乐)

钓鱼　用二三尺长的秫秸,缀上大钩,钩上以小青蛙为饵,钓鲇鱼等大鱼。(唐:乐)

截鱼　在流水处打埝,使水下流,下面放网,鱼掉网中,既游不走,也回不去。(唐:乐)

插箔　把鱼围住,缩小包围圈,取之。(唐:乐)

【撒网】

下网　(唐:秦)(保:安、清)(邯:周)

扔网　(保:博)

撒鱼　(邯:南)

【晒网】

晾网　(唐:丰、遵、秦)(邯:大)(天:桥)(保:安)

【虾米】　指活的小虾。

小虾米儿　(天:天)

海虾米　(天:安、静、天)

马虾　(石:灵、正)(邯:广、乡、邯、郸、魏、鸡、大、磁、宗、永、任、肥、内、尧)(张:龙)

狗虾　前有两个大夹子。(唐:乐)

大青虾　(天:天)

草虾　(唐:丰)(天:山)

水虾米　(天:献)

火虾　一种黑黄色小虾,夜间放光。(保:安)

【白虾】　长约二寸,色白,又称虾钱儿。即小对虾。

晃虾　(天:天)(邯:内)(保:安)(唐:丰)

虾钱儿　小对虾。(天:天)

龙虾　(邯:鸡)

荣虾　(唐:乐)

小虾米儿　(天:桥)

【对虾】　即明虾。虾身长五六寸,宽一寸,背青黑色,头部有长足一对,虾枪一个,长约二寸,煮熟后全身呈淡红色,肉白色,味鲜美。起初市场上常成对出售,故称对虾。

大对虾　(石:灵)(天:天)(唐:乐)

对子虾　(保:安)

对儿虾　(唐:丰、秦、乐)

海虾　(天:安)

大海虾　(保:安)

对虾驹子　小对虾。(唐:乐)

【龙虾】　节肢动物,身体长一尺左右,生活在海底,触角与骨质板可摩擦出声,肉味鲜美,我国南海、东海南部均出产。

鲁虾　(唐:滦)

菜虾　(唐:丰)

【虾仁儿】　去壳后的虾肉。

大海米　(唐:抚、乐)

大海干儿　指大虾仁儿。(天:安)

小金钩儿　指小虾仁儿。(天:安)

虾米　(保:高)

虾米儿 （天:桥）

虾米仁 （邯:肥）（唐:乐）

虾米仁儿 （石:栾）（天:饶、阜、桥、河）（邯:永、广、任）（唐:三）（承:滦）（张:沙）

小虾米仁 （承:承）

虾板 （天:黄）

虾杆儿 （唐:丰）（天:天）

海米 （全省大部分地区通行）

【虾皮】 把不去皮的小虾加盐，晒干后制成的食品。因虾的肉少，故称虾皮，实为全虾。

虾皮的 （邯:肥）

虾皮子 （唐:迁）

虾皮儿 （石:深、衡）（天:天）

虾米皮子 （承:滦）

虾米皮儿 （石:栾）

虾米皮 （张:宣）

小干虾米 （天:天）

毛虾 （唐:乐）

毛毛虾 （唐:乐）

皮米 （天:安）

糠虾 （张:万）

虾糠 （天:山）

麻线虾 最小的虾皮。（唐:丰）

【虾酱】 将虾捣碎加高粱或其他面发酵，放入大量的盐，为很好的佐食小菜。

虾虱子 （唐:丰）（天:天）

乳虾 （唐:迁）

卤虾 （唐:丰、遵、抚、乐）（天:安）

臭卤虾 （承:承）（唐:乐）

卤虾酱 （承:承、滦、隆、兴、围）

娄虾酱 （张:鹿、宣、沙、赤）

臭虾酱 （天:桥）（张:万、鹿）

虾米酱 （唐:宝、三、乐、大）

【虾油】 煮虾后，浮于水面的带红色的油。

虾酱油 （天:献）

卤虾油 （承:承）（唐:乐）

【乌龟】 爬行动物，体扁，有硬甲，长圆形，背部隆起，黄褐色，有对称花纹，性温驯，寿长，遇敌头脚都可缩入体腔内，平常也叫王八。

王八 （全省大部分地区通行）

龟子 （天:天）

老鼋 （保:安）

活鱼 因它生命力特强。（保:安）

【鳖】 "鳖"音 biē。形状和构造很像龟，但背上无花纹，背甲周围有肉质软边儿。蹼（音 pǔ）发达，会游泳，性凶悍，肉和卵都可吃。也叫甲鱼和团鱼，俗称王八。

甲鱼 （全省大部分地区通行）

老甲 （唐:丰）

架鱼 （唐:三、乐）

鼋鱼 （唐:迁）（保:安）

老鼋 （全省通行）

王八 （全省通行）

【泥鳅】

鳅鱼 （邯:乡、任）

鱼鳅 （承:隆、平）（石:藁、安）（天:桥）（邯:内）

泥鳅鱼 （唐:卢）

泥八鳅 （唐:滦、抚）

泥钻子 （唐:迁）

沙钻子 （唐:卢）

泥溜垢子 （承:滦、承）

泥拉垢子 （承:围）

泥赤 （天:桥）

泥雀 （天:庆）（唐:乐）

拧泥沟 （邯:沙）

蛇鱼 （张:万）

滑子 （承:隆）

绵鱼 （张:赤）

【螃蟹】

螃开　(天:静)(唐:昌、丰、乐)

螃客　(唐:抚)

螃海　(唐:遵)

螃合　(唐:三、大、乐)

螃虾　(天:强)

【蟹黄】　雄蟹体内橘黄色的块,肉鲜美。

黄子　(唐:丰、大)

黄儿　(唐:乐)

螃合黄　(唐:乐)

螃蟹子　(天:庆)

螃开黄子　(唐:丰)

蟹黄子　(保:容)

螃蟹黄子　(保:兴)(承:围)

螃蟹黄儿　(保:兴)

【青蛙】　也叫田鸡,为有益动物。

水女儿　(保:水)

水脸子　(保:安)

三道门　(天:天)

饨的　(邯:大)

老保子　雌。(唐:乐)

青官儿　雄。(唐:乐)

青鸡　(张:鹿)(邯:涉)

青鸡子　(张:沙、蔚、宣)

田鸡　(全省大部分地区通行)

虾蟆　(全省大部分地区通行)

河蟆　统称。(唐:乐)

涝河蚂　又叫气河蚂,下雨涨水时出水面群叫,捉住用棍敲之,越敲越鼓。(唐:乐)

蛤蟆姑　(保:阜)

蛤蟆　(全省通行)

秋蹦　(邯:内)

秋爪　(邯:内)

花里乖　(邯:威)

大花板　(天:津)

地骨龙儿　(天:津)

【蝌蚪】　青蛙之幼虫。

蛤蚂蝌台儿　(邯:清、宗)(石:束)

蛤蚂蝌朵儿　(保:定)

蛤蚂蝌蚪　(保:易)(石:栾、无、行)

蛤蚂蝌查子　(天:故)

蛤蚂禾态儿　(邯:南)

蛤蚂可头儿　(保:阳)

蛤蚂蝌头　(邯:任)(天:桥、大)

蛤蚂蚪　(保:阜)

蛤蚂蝌子　(唐:西、乐、蓟)

蛤蚂隔道　(邯:大)

蛤蚂蛤蚪　(邯:魏)

蛤蚂蝌蚪儿　(石:正)(邯:鹿)

蛤蚂格蚪　(邯:肥)

蛤蚂卡叉　(唐:昌)

蛤蚂卡 der　(唐:抚)

蛤蚂豆儿　(保:清)

河蚂豆儿　(保:保)

河蚂圪蚪　(邯:周)

蛤蚂圪蚪　(邯:涉)(石:深)

蛤蚂蝌朵　(保:兴)

蛤蚂蝌儿　(唐:滦)(承:青)

蛤蚂蝌子　(保:容)

蛤蚂科刺　(唐:卢)

蛤蚂骨蚪儿　(保:蠡)(承:承)

蛤蚂雄儿　(石:河)

蛤蚂 kēicher　(保:蠡)

蛤蚂蝌头子　"蝌"音 kei。(天:沧)

蛤蚂蝌蚪子　(唐:玉)(石:元、栾、正)(天:东、肃)(承:青、围)(邯:邯、漳)(保:水、新)

蛤蟆珠子　(唐:大)

蛤蟆开头子　(天:黄、庆)

蛤蟆蝌叉儿　(天:强)

蛤蟆蚪儿 （保:满）

蛤蟆秧子 （天:静、天）

蛤蟆泥 （保:安）

蛤蟆蝌蝌 （天:河）

蛤蟆蚪蚪 （天:肃）

蛤蟆蝌台 （石:晋、枣）

蛤蟆低堪儿 （天:任）

河蟆蝌子 （唐:丰、遵、宝、山、西、乐）

河蟆蝌茬儿 （唐:滦）

河蟆蝌蚪 （天:霸）

蝌蚂蝌豆儿 （石:宁）

虾蟆蝌退儿 （保:唐）

虾蟆各蚪 （邯:尧）

虾蟆骨朵 （承:隆、承）（邯:磁、永、沙、宗）

虾蟆壳胎 （石:冀）

虾蟆可塔儿 （石:泽）

虾蟆蝌蚪儿 （保:涿）（天:安、津）

虾蟆蝌朵 （保:完）

哈麻狗子 （天:庆）

蝌头 （天:桥）

蝌蚪蚪 （张:鹿）

圪蚪子 （张:宣）（邯:涉）

哈蚪子 （张:商）

个蚪子 （张:阳、宣）

大头泊 （张:怀）

骨朵 （石:建）

各豆儿 （石:平）

哈蟆 ga 子 （唐:乐）

河蟆骨朵 （唐:丰、大）（承:隆）（保:蠡）

【蟾蜍】 癞蛤蟆。

疥 （邯:任）

疥疙 （唐:大）

老疥 （唐:丰、滦、遵、乐、山、蓟、卢、玉、抚、昌）（承:兴）

疥蛤蟆 取药称“蟾酥”。（全省大部分地区通行）

疥虾蟆 （石:冀）（保:涿）（邯:永）

疥河蟆 （邯:清、鸡、肥）（石:束）（保:保）

疥哈马子 （天:霸）

疥黑妈 （张:阳）

疥肚 （邯:乡、永、临）

疥肚哈马 （邯:任）

疥肚得蛤蚂 （邯:丘）

疥毒蛤蟆 （石:石）

疥巴子 （承:隆、丰）

疥哈子 （全省大部分地区通行）

癞虾蟆 （全省大部分地区通行）

癞蛤蟆 （邯:漳）（唐:乐、卢、抚）（天:安、静、津、天、桥）

癞蛤子 （天:天）

癞蛙 （石:束）

癞肚 （承:青）（邯:台、内）

旱蛤蟆 （张:鹿）

癞河蟆 （邯:尧）

【水蛭】 “蛭”音 zhì。体长稍扁，柔软，黑绿色，背部有五条黄色直纹，有五对眼，肛门在背部，尾端有吸盘，雌雄同体，生活在池沼或水田中，吸食人、畜的血，为害虫；但医生用它吸高血压病人的血液，有疗效，故又可称为益虫，又叫蚂蟥。

马鳖 （全省大部分地区通行）

马鳖抽 （石:灵）

马蟥 （石:灵、栾、束、安）（唐:昌）（邯:内、广）（承:隆、滦）（张:鹿）（天:桥）

马鞭 （石:平）（保:博）

马脾 （保:蠡）

马皮 （天:黄、饶、献、大、文）（邯:南、宗）（保:保）

马布列 （石:建）

水鳖 （张:鹿）

水嘴 （承:滦）

水麻体 （唐:丰）

肉攒儿 （唐:丰、乐）

肉钻子 （唐:滦、抚、昌、乐）

肉 biā　(唐:抚)

胡虮　(邯:内)

瓦皮　(天:沧、庆)

纵马皮　(天:霸)

马鳖倒出　(邯:郸)

蚂台　(承:青)

【水马儿】　水面上走的长腿虫。

水归　(石:河)

水豆　(石:晋)

水爬虫　(唐:剑)(承:平)(邯:内)(石:安)(张:口)

水拖车　(邯:广、大、宗、漳)

水拖巴　(邯:乡、肥)

水拖爬　(邯:鸡、内)

水大车　(邯:永)

水翻车儿　(石:晋)

水浮子　(天:桥)

水当当　(天:静)

水担章　(石:深)

水秀才　(石:栾、无)

拖车儿　(邯:威)

推车子　(张:鹿、张、万)

老汉推车　(张:万)

卖油郎　(石:灵、井)(邯:内)

打香油的　(保:安)(天:霸)

卖油的　(全省大部分地区通行)

卖油帮　(张:沙)

卖香油的　(石:平、束、石)(天:饶、肃、山、桥)(邯:周)(保:博、兴、蠡)

梆梆油　(保:唐、满、清、兴、完)

棒儿油　(保:水)

香油罐　(天:沧、黄)

香油罐儿　(唐:乐)

香油　(承:青)(天:桥)

香油醋　(邯:任)

油梆子　(天:安)

糖稀虫儿　(唐:昌)

化缘的　(天:文)(保:高)

打鼓敲锣　(天:故)

卖麻的　(石:行、栾)

卖豆的　(唐:宝)

卖糖的　(唐:丰、玉、迁)

卖小盐的　(邯:南)

梆儿头　(天:固)

剪子鬼　(邯:尧)

织布叉的　(天:文)

水绳子　(天:安)

老娘拐线　(邯:临)

【蛤蜊】　软体动物,壳卵圆形,壳淡褐色,边缘紫色,壳的里面白色,生活在浅海沙底。

蛤拉　(唐:丰、滦、三、昌、乐、大)(石:枣、宁、冀)(天:黄、霸、文、安、津、桥、庆、天、静)(张:口)(邯:台、内、清)(保:容、保、新、兴)

蛤蚌　(唐:三)

蛤子　(唐:抚)

蛤包　(邯:大)

蛤膜　(邯:邯)

蛤薄儿　(邯:邯)

蛤拉八　长的。(石:新)

蛤喇果　(唐:遵)

蛤拉波　(邯:乡)

蛤拉蚌　(天:安)

蛤拉簸箕　(石:新)(保:涿)

蛤拉簸箕儿　(石:正)(保:涿)

海兰巴儿　(石:行)

海拉卜　(石:获、正)

海拉巴儿　(保:唐)(石:行)

柏蛤拉　(唐:丰)

盖连勃　(保:博)

改拉脖儿　(石:深、束)

嘎拉 bē （天:肃、宁）（承:围）

嘎拉 （承:隆）

麻蛤 （天:天）

蚶子 （天:天）

【螺蛳】 软体动物，体外包着锥形、纺锤形或扁椭圆形的硬壳，壳上有旋纹，如田螺、海螺等都是。

牛牛 （石:石）（邯:任）

牛牛儿 （石:正）

牛 wen （天:肃）

牛牛窝儿 （石:束、深）

牛窝窝儿 （保:博）

牛儿鳖 （保:唐）

牛儿犄角 （保:涿、新）

牛儿馒馒 （保:兴）

扭扭 （邯:肥、周、尧）

蛤勒子 （唐:丰）

蛤雷子 （唐:遵、丰）

蛤拉 （石:枣）

哈拉扭 （石:新）

扭牛儿 （邯:广）

水牛 （张:蔚）

水牛儿 （张:万、蔚）

螺 chē 儿 （唐:三、蓟）

老牛锤 （石:灵）

高乐子 （唐:迁）

背背 （唐:滦）

贝儿贝儿 （唐:昌、乐）

小牛牛 （保:蠡）

哈拉贝儿 （唐:抚）

碱螺子 （唐:大）

螺丝转 （天:安）

嘎拉牛 （承:围）

犴牛儿 （邯:邯）

簸拉牛 （天:黄）

薄拉牛 （邯:清）

海锥 （石:获、正）

海链锥 （石:赞）

海海锤 （石:灵）

海锤锤 （石:灵、平）

泊螺 （保:安）

田螺 （石:灵）

咸螺蛳 （天:安）

博拉乎子 （天:庆）

海螺 （邯:大）

海拉锥 （石:建）

【蛏子】 软体动物，介壳扁圆筒形，长约一寸，淡黄色，生活在海水里，肉质鲜美。“蛏”音 chēng。

蛏 （唐:乐）

海兔子 （唐:乐）

海蛤拉 （天:桥）

【蛏牛儿】 干的蛏肉。

蛏干 （张:沙）

海浪拨 （石:石）

干麻蚶子 （唐:丰）

锤破鞋的 （石:束）

海螺肉 （张:蔚）

蚶子肉 有干、鲜（冷冻）两种。（天:天）

【江珧柱】 江珧，蚌类的一种，壳呈直角三角形，薄而大，壳质半透明，肉味不美，其肉柱味鲜美，叫“江珧柱”。“珧”音 yáo。

海味 （邯:邯）

干贝 （全省通行）

【田螺】

牛牛 （邯:邯）

蛤拉 （天:桥）

螺丝转儿 （天:安）

螺齿 （唐:蓟）

小背儿背儿 （唐:昌）

七　房屋、器具

【住宅】

宅子　（全省通行）

宅子　指所有的宅基。宅基上住着人的部分才叫住宅。（石:衡）

宅子　包括有房的住宅和无房的空场。（邯:乡）（天:庆）（保:阜）

宅子　指大庄园。（保:水）

宅院　（邯:涉）

庄户　（天:固）（保:望）（邯:尧）（唐:乐）

庄伙　（保:兴）（石:无）（邯:任、尧、台、宗）（天:饶）（唐:昌）

庄窝　（保:兴、容、水）（唐:滦）

庄阔　（石:束）

房子　（天:天）

撞窠　（保:完）

庄宅　（邯:鸡）

庄的　（邯:大、广、肥）

处宅　（天:桥）

房宅　（唐:迁）

家宅　（唐:滦）

家　（邯:丘）

院落　（唐:丰）

院子　（唐:遵、乐、抚）（承:青、围）（天:任）

闲院　空闲之住宅。（石:衡、晋、束）（天:庆）

闲宅　空闲之住宅。（石:宁）

【房子】　整所的。

屋儿　（邯:尧）

屋　（石:藁）

屋子　（邯:宗、任、尧）（唐:乐）（石:栾）（保:阜）

屋的　（邯:大、肥）

房的　（邯:广、邯、魏）

庄户　（天:强）（保:博）

庄火　（保:蠡）（石:行）（邯:内）

庄窝　（石:行）

一全院的　（邯:邯）

【屋子】　单间的。

屋子　指一座房。（邯:乡）

屋子　指整所。（邯:涉）

屋子　指屋内。（保:雄）（唐:乐）

独间间　（张:怀）

一间屋的　（邯:邯）

屋落　“落”音 lou。（天:固）

屋里　（唐:丰、山、乐）

屋儿　（唐:昌、乐）（保:兴）

屋　（天:山、桥）

房子　（张:张、蔚、沽）（邯:威）（保:阜）

房间　（文）（天:庆）（邯:魏、威、丘）

房间 （全省通行）

房间 指客栈里的屋子。（承:丰）（石:获）

房 （全省大部分地区通行）

房的 （邯:广）

家 （保:阜）

【房基地】

庄户 （唐:大、乐）（天:安）

庄户地 （唐:昌）

地间 （天:天）

地基 （唐:丰）

宅基地 （邯:内）（唐:昌）（天:桥）

房身地 （承:围）

房可郎 （邯:内）

房可楼儿 指有墙无顶的房。（石:束、行）

房可廊儿 （石:深）

【三合儿】 由正房及左右厢房，三面合成之房屋。

三条腿 （邯:磁）

三包头 （石:井）

三 mī 得房 （邯:大）

三面斗 （承:平）

三面斗儿 （承:平）

三面头儿 （邯:尧）

三面房 （邯:涉、乡、宗、南）（石:平、灵）

三合宅子 （唐:抚）

三合头房 （保:雄）

三合头房子 （天:桥）

三合头儿院子 （张:阳）

三合头院儿 （张:龙、沙）

三合套 天津指有东西跨院的宅院，有正房 27 间，加正厅 6 间及下房，共 54 间。（天:天）

三合套 （天:静、大、河）

三合套儿 （张:张）

一合斗儿 （天:饶）

三合斗儿 （全省大部分地区通行）

三合房 （保:兴、安、完）（石:石、深、枣、安）（天:安、固）（邯:任）（唐:大）

三合房儿 （石:无）（天:故）（保:易、涿、容）（邯:广）

三合儿房儿 （邯:清）

三合子房 （天:献）（唐:大）（石:晋、赞）（保:博、定、蠡）

三合院 （承:隆、围、青）（石:衡）（天:沧、任）（邯:乡、宗、威、南）

三合院儿 （保:兴、容）（石:建、深）（承:滦）（张:阳）（天:霸）

【四合儿】 一院有正房及其两旁的厢房，再加上与正房相对的倒厅，形成诸房相对，四面俱备，中央为庭院空地。

四面头儿 （邯:尧）

四合头儿 （全省大部分地区通行）

四合斗儿 （天:饶）

四面斗 （承:围、平）

四面斗儿 （承:平）

四包头 （石:建、平）

四包头儿 （石:井）

四面房 （石:灵）

四 mī 得房 （邯:大）

四门斗 （承:围）

四合套 （天:黄、孟、静、大、河、津、沧）

四合套儿 （天:强、山）（张:张、宣）

四合扇 （天:河）

四合宅子 （唐:抚）

四合头房子 （天:桥）

四合座房儿 （邯:郸）

四合房 （保:兴、安、完）（承:青、围）（石:石、深、枣、安）（天:固、安、任）（邯:任）

四合房儿 （石:无）（天:故）（保:易、容、保、涿）

四合套 指有东西两跨院和后院的宅院，计有正房 64 间，加过厅 8 间及下房共 108 间，是大官僚住宅。现天津城里仍有这种住宅。（天:天）

四合儿房 （承:承）（邯:南）

四合房子　（唐：大）

四合子房　（石：赞、晋）（天：献）（保：博、定、望、蠡）

四合子房儿　（邯：清）（保：满）

四合院　（承：隆、围）（石：行、衡）（唐：大）

四合院儿　（全省大部分地区通行）

四合子院　（天：文）

四合头院　（张：沙）

四合头儿院子　（张：阳）

四合头院儿　（张：龙）

大四合儿　比一般的四合儿在倒厅后多一门楼。（天：安）

路顶儿　大四合院的倒厅后，有一大门楼，门楼与倒厅之间，联结正房左右的厢房各修小房一间，又形成一个四合形，这两头的两间房叫路顶儿。（天：安）

【院子】　正房与厢房间的空地。

天井儿　（唐：丰、昌）（天：霸）

天井　（天：东、山、桥、宁、庆、孟、黄、故）（承：青）

天井　（文）（保：定）（邯：任、尧）（承：平）（唐：玉）

天井　指官宦家的院子。（邯：鸡）

天井　指客厅前台子上。（邯：涉）

当院　（全省大部分地区通行）

当院儿　（唐：滦、遵、蓟、大、乐、昌）（天：任、安）（石：深）（保：阜）

当院子　（石：衡）（保：阜）

院的　（邯：广、邯、大、肥）

院　（张：阳、崇）

院里　（张：万、龙）（石：深、枣）（保：完）

院里头　（邯：丘）

院心　（承：青）

院心儿　（唐：抚）

院儿　（邯：内）

院落　固安“落”音 lou。（保：涿）（天：固）

外心儿　（唐：抚）

宅院　（唐：迁）

天院　（邯：清）

当天井　（天：黄、东、桥、庆、津）（保：阜）

当天家　（天：桥）

假兰子　（唐：滦）

【两进院子】　串联在一起的两个院子，经常是正房修在两边厢房的中间，正房的两边各形成一个院子。

两届院子　（张：鹿）

两截院　（保：唐、阜）（石：平、晋、行、正、深、井、灵、建、安）（天：饶）（邯：临、丘）

两全院　（石：赞、灵）（邯：成）

两全院子　（邯：任）

两全院的　（邯：邯）

两所院子　（唐：三）

两个院　（石：石）

两层院子　（全省大部分地区通行）

两川院子　（邯：涉）

两道院的　（邯：肥）

俩院子　（保：容）

两套院子　（天：肃）（保：博、保）

两套院儿　（保：蠡）

两段院子　（天：桥）

两处院子　（张：张、龙、崇）（邯：尧、南）

一进二的院子　（石：宁）（邯：大、鹿）

前后院　（唐：大、乐）（石：深）（天：天）

【门楼外的空地】　指两进院子外层门楼外专有的。

大场　（唐：大）

【三进院子】　串连在一起的三个院子。

三届院子　（张：鹿）

三截院　（石：平、晋、行、正、建、深、泽、灵、井、安）（天：饶）（邯：临）（保：阜）

三套院子　（天：肃）（保：博、保）

三套院儿　（保：蠡）

三层院子　（全省大部分地区通行）

三段院子　（天：桥）

三所院子　（唐：三）

三川院子　（邯：涉）

三全院　（邯：任、成）（石：赞）

三全院的 （邯:邯）

进三宅子 （邯:丘）

三道院的 （邯:肥）

三个院 （石:石）（保:容）

一进三的院子 （石:宁）（邯:大、鹿）

【夹道儿】 两壁间之夹道，方言中多指正房与厢房相接处的空隙。

小街 （保:阜）

夹道子 （唐:西、昌、乐）（天:桥）

夹道儿 不能通行的房子间的空隙。（保:唐）（天:任）（石:冀、深）（邯:任）（唐:昌）

夹道儿 两房之间的空隙，窄的，通或不通的都称夹道儿。（邯:乡、宗、鹿、南）

夹道院儿 （天:桥）

夹伙道 指处女墙下的空地。（天:天）

夹道儿 不能通行的房子间的空隙。（保:唐）（邯:任）（石:冀）

夹道院儿 （天:桥）

夹古道子 （天:庆）

夹过道儿 （天:静、大、黄）

夹道子 从房子旁边通过的道。（唐:抚）

夹栏子 厢房与正房之间的空地。（唐:滦）

夹道子 正房与厢房相接处的小胡同。当地“过道”是指专用以作过道的屋子。（唐:迁、昌）

房岔子 正房和厢房之间相隔的地方。（唐:迁）

掏空墙 正房与厢房相接处的空隙路。（唐:昌）

天井 两房距离很近的空隙。（保:兴）

天井 正房和厢房之间的空隙。（保:容、安、新）（天:文、安）（唐:遵、蓟）

檐水 指两山墙之间甩八寸。（天:天）

过道 不搭处女墙，而通往东西跨院的叫东西过道。（天:天）

过道儿 （唐:乐）

合拉儿 （邯:内）

窗根地 正房与厢房之间的空地，位于正房窗前。（唐:大）

路顶儿 ①房子间的空隙。②房子间空隙地修的房子。（天:安）

【过道】 房与房或屋中间的小路。一般须比夹道宽一些。

过路 （邯:魏）

过厅 （保:完）

过道屋 专门作过道用的屋子。（保:蠡）

过道屋 两个住人的屋子中间的供做饭兼前后通行的堂屋为过道屋。夏天也可在此吃饭、乘凉、做零活儿。（唐:蓟）

大门洞 院子的大门口的一段有顶的过道。“洞”音tóng。（石:灵）

门洞 见“大门洞”注解。（保:兴）

过道 院子的大门口叫过道。（石:井）

过道 房与房、院墙与院墙间的能走人的地方。城市称胡同。（唐:大）

过道儿 （天:天）（石:无）

附 方言中“夹道儿”与“过道儿”的区别

〔夹道儿〕	〔过道儿〕	地　区
两墙间狭窄的空隙。	能行人的小巷。	（邯:广）（保:满）（承:承）
两墙间狭窄的空隙。	搭起来的门口。	（邯:威）
两房之间的小道儿。		（邯:永）（保:定、蠡）
两房之间的小道儿。	大门里通往院子里的道。	（邯:鹿）（石:平、河）
两房之间不能通行。	院外行人胡同。	（石:深）（邯:任）
两房之间。	门楼下面的路。	（邯:涉）
两房之间也叫小巷。	门口走人的地方。	（邯:内）
两房之间的空道。	胡同。	（保:博）
不能通行。	能行人。	（保:唐）（石:正、冀、石）

续表

〔夹道儿〕	〔过道儿〕	地 区
房背后的夹道儿。		(保:水)
	大门口的有顶的过道。	(保:阜)
	三间房当中,中间作过道的屋子,叫过道屋或过道屋儿。	(唐:遵、乐)
房子旁边通过的道。	作过道的屋子。	(唐:抚、卢)
正房和厢房间的小胡同。	三间房当中,中间作过道的屋子。	(唐:迁)
两房间的狭窄小道。	大门口的有顶的过道。	(石:宁、晋)
院子里两房间的夹道。	街上两房间能走大车的道。	(石:栾)
	大门口。	(石:井)
房子之间无顶。	有顶。	(石:泽)
巷子。	走廊。	(石:行)
两房之间,狭窄,不能通行。	胡同。	(石:束)
两房之间。	过堂屋。	(石:新)
专指小胡同。		(承:滦)
正房与厢房间的空隙。	可行人。	(天:饶)
房两头和院墙间的空地。		(天:献)
窄,不能通行。	比夹道宽,能通行。	(天:文)
窄。	宽。	(天:山)
院内空狭处。	院外走人处。	(天:津)
两墙间可行人。		(天:安)

【甬路】 院子里居中的小路。

甬道 (全省通行)

甬道 (文)(邯:威)(天:庆)

营路 (石:枣)(天:静、桥)

影路 (天:津)

映路 (天:故)

应路 (天:河)

明路 (邯:邯)

引路 (石:灵)(邯:肥)

引道 (邯:涉)(张:龙)

通道 (张:阳)

砖道儿 (天:静)(唐:乐)

走水的 (唐:大)

甬道 坟前边的道。(邯:广)

【影壁】 “壁”音 bèi。

影壁 (老)(石:新)

影壁 指在影壁墙上画画或写大福字的地方。(石:衡)

影壁墙 (全省通行)

影碑 (唐:蓟、玉)(承:丰)

花墙子 (邯:肥)

花墙子 专指处女墙上的花墙子。(天:天)

花墙 (邯:广)

花儿墙子 影壁。因影壁上常有金藤花,故叫此名。(唐:丰)

演壁 (张:万)

照壁墙 (邯:乡、宗)

【坟前的墙】

影背墙 (邯:广)

坟衫子 (唐:大)

【院墙】

围墙 (全省通行)

院墙 指小院子的墙。(保:涿)(石:深)

金钢墙 指房上的挡水墙上半部也盖成花墙子。(天:天)

【围墙】

围子墙 （天:庆）

围墙 指村庄的圈墙。（天:津、庆）（承:平）（张:宣、张）（保:涿）

人圈墙 伪满时期，日本侵略者把多人集在一起修的围墙，又叫围子。（承:滦、围）

垛口房 （石:深）

【墙基】

墙碱 （石:束）（保:阜）（天:天）

碱脚 土墙或坯墙下面砖砌的部分。（天:桥）（邯:乡、宗、鹿）

墙底子 （唐:大）

【篱笆】

笆篱 （承:平、隆）（保:雄、望）（邯:郸、涉）（唐:蓟）

笆篱墙 （邯:邯）

笆篱寨子 （唐:秦、大）

笆篱笆子 （邯:成）

挡风墙 （石:行）

秫秸墙 （石:无）

障子 （承:滦、丰、围、青、平）

围子 （保:易）

草围子 （张:龙）

圪挡把子 用秫秸插成的。（邯:肥）

寨笆 （承:兴）

寨子 （唐:遵、宝、滦、山、秦、玉、蓟、卢、迁、乐、昌、抚、三、丰）（承:承）

寨子 用秫秸做成的。（唐:乐）

宅篱 （保:兴、水、安）

滴篱 （保:水）

窄篱 （保:安）

寨篱 （天:肃、任、大、安、霸）（保:涿、新）

寨篱 用秫秸做成的。（保:蠡）（天:安）

宅林 （天:永）

皮子 指玉米秸和高粱秸做的。（石:灵）

皮篱 用玉米秸和高粱秸做成的。（石:灵）

皮篱 （保:满）

皮篱儿 （石:正）

皮篱笆儿 （石:束、枣）（保:博、定、完）

皮柳笆 （天:饶）（石:栾、冀、宁）（邯:尧）

皮篱笆啦儿 （石:泽）

皮篱墙 （石:行）

玻篱笆儿 （邯:广）

玻篱笆子 （邯:魏）

薄不篱 （邯:鸡）

栅子 （唐:西）（张:崇、蔚）

栅栏 （保:高）

栅栏子 （张:蔚）

栅篱 （天:文）（保:满、容）

篱倍 （天:静）

篱笆障子 （天:黄、庆）

篱笆障儿 （唐:蓟）（承:隆、平、承、兴）（张:尚）（保:安）

篱笆灯 篱笆上抹泥搭的墙。（天:天）

【篱笆门儿】

栅折儿 （邯:内）

【沟眼】 墙根上开的水道。

阳沟 （承:滦、围）（石:枣、河）（天:东、山、桥、黄、庆）（邯:临、南）

阳沟眼 （天:孟、献）（石:宁、冀）

阳沟眼儿 （天:静）

眼沟 （承:隆、兴）

龙沟 （天:河）（邯:鹿）（承:滦、青）

水龙沟 （邯:威、清）（承:丰、平、滦）

水龙沟儿 （天:安）

龙沟眼儿 （天:河、武）

龙口道 （邯:临）

淋沟 （保:完）

猫道眼 （邯:尧）（石:行）

狗道 （石:行、正）

狗道眼儿 （天:宁）（唐:昌、乐）（石:建、深、安）（承:

隆)(保:望)(邯:鸡、漳)

水狗眼　(天:文)

过水道　(石:元)

流水道　(石:行)

水洋沟　(天:津)

水口　(保:新、水、安、兴、容)(天:任)

水道　(邯:内)

水眼　(天:津)

水口眼儿　(天:饶)(保:易、满、雄)(石:束、深)

水沟　(唐:迁)(天:沧)(保:安)(石:河)(张:万、赤、阳、康、沽、宣、怀、尚)

水沟眼　(唐:宝、玉)(天:大、固)

水沟眼儿　(保:涿)(天:霸)

水沟眼子　(唐:大、迁、蓟)

水窟　(唐:抚)

水孔眼儿　(唐:西)

水湖眼子　(唐:卢、迁)

水过眼儿　(唐:大)

水道子　(唐:滦)

水道眼　(唐:滦)

水道眼儿　(全省通行)

水道口　(唐:丰、滦、昌、乐)

水活眼子　(唐:遵)

狗洞　(邯:内)

天沟　房顶流水的水沟。(天:天)

地沟　指墙底流水的水沟眼及马路、院里流水的沟眼。(天:天)

【进深】　从房前墙到后墙的距离。

深　(天:桥)

进去　(天:文)

进空　(邯:涉)

讨空　(邯:广)

步脚　(唐:抚)

路水　(唐:大)

路深　(唐:丰、宝、昌、乐)(保:阜)

炉深　(唐:遵、卢、滦)

入深　沧县。音读 yú shèng。(唐:迁、三)(石:建)(天:肃、沧)(保:望)(张:张、万、赤、阳、康、沽、宣、龙、沙、商、崇、鹿、蔚、尚、口)

余深　(天:山)

院落深　(天:固)

房深　(承:丰、围)

房子深　(天:静)

屋得深　(邯:大)

屋深　(全省通行)

进水　(天:任)

进水口　(天:安)

房宽　(保:博)

屋宽　(石:石)(邯:任)

条梁　(石:枣)

梁口　(天:津)

【面宽】　一间房的横宽度。

间角宽　(石:藁)

间丈儿　(邯:广)

间架　(石:束)

间脚　(邯:清)

间略　(天:河)

间令儿　(唐:滦)

间量　(唐:抚、昌、乐)

间量儿　(唐:丰、乐、昌)

间宽　(邯:涉)

间数大　(邯:内)

间檩　(唐:大)

间屋宽　(张:阳)

空势　(邯:磁)

落空　“落”音 lào。(保:兴)

条檩　(石:枣)

梁长　(石:获)

浅　(天:桥)

儿搭里儿 （邯:威）

模啦下 （张:蔚）

活量 “活”读上声。（天:静）

宽 （石:灵、新）（邯:周）

宽展 （张:张）

宽窄 （天:天）

宽里下 （张:宣）

房宽 （保:博）

屋宽 （张:沙）（承:平、围）（邯:内）

多长檩头儿 木工用语。（天:安）

余深 （天:河、饶）

路数深 （保:容）

数深 （邯:清）

【外屋】 在全院的屋子中,有门通院子的屋子。

过堂屋 （唐:丰、乐）

堂 （保:雄）（张:康）

堂地 （张:商、怀、蔚）

堂屋地 （唐:蓟、昌）（承:兴）

堂屋儿 （唐:丰）

当堂 （承:隆）（石:无）

当屋 （承:隆）

当屋儿 （唐:丰）（承:丰）

当屋子 （天:沧）

当场儿 场读阳平。（天:故）

明间儿 （全省大部分地区通行）

明间儿 指几个单间相通不加隔壁的屋子。（天:故、文、桥、山、永、庆、强、天）（邯:郸、鸡、永、南、尧）（保:满）

外前地 （张:沽）

外头地 （张:宣、沙、崇、鹿）

外屋地下 （唐:大）

外阶屋 （保:高）

外间 （全省通行）

外间儿 （保:易、兴）（天:沧）（唐:昌）

外间里 （天:饶）

外间屋 （全省大部分地区通行）

外间儿屋 （天:静）（保:保）

外间屋儿 （天:肃、任）

外间屋子 （石:赞）

外边屋 （邯:魏）

外头屋 正房的中间一间,现作过道,又作灶屋。（唐:昌）

堂屋地下 （唐:大）

掐间 （唐:昌）

操火地下 （唐:滦）

【里屋】

暗间儿 （邯:鸡）（石:获）

套间儿 河间县指最里边的屋。（天:河、大、霸）（唐:乐、蓟）

套屋儿 （保:唐）

套子屋 （唐:昌、乐）

套子屋 专指正房里边的一个小屋。（唐:乐）

房屋儿 （天:庆）（保:定）（邯:永、沙）

里头屋 （张:崇）

里边屋 （邯:魏）

里间 （全省通行）

里间 指五间的正房最里的一间。（唐:丰）

里阶屋 （保:高）

里间屋 （全省大部分地区通行）

里间屋儿 （天:肃、任）（石:深）

里间屋子 （石:赞）

明间儿 指五间连在一起的靠外屋的两个里屋。（天:安）（石:深）

里头屋 指里院的屋子。（石:石）

耳房 大屋两头的小屋子。（保:易、完）（邯:威）

【正房】 指主房。河北省很多地区专指北房,可参见“北房”条。

上头 （张:蔚）

上屋 （承:隆）

上房 （全省通行）

上房　专指老人住的房。（天:固）

堂屋　（邯:魏、大、肥、漳、鸡、涉）（承:滦）

堂房　（全省大部分地区通行）

堂屋　正房正中的一间。（唐:山、蓟）（承:隆）（保:涿）

堂房　指正房正中的一间。（邯:尧）

堂地　指正房正中的一间。（张:阳）

正房屋　（天:静）（唐:昌、玉、乐）（承:平）

【北房】

正房　（保:兴）（承:青）（石:束、获、衡）（天:天、固、安、山、津）（唐:大、乐）（邯:邯）

上房　（天:津、桥）（邯:威）

堂屋　专指北正房。（邯:郸）

堂房　（邯:广）

堂屋　（邯:邯）

【厢房】

耳房子　（张:阳、怀、沙）

耳房　（张:鹿）

廊房　（邯:肥）

下头　（张:蔚）

下头屋　（天:献、肃）

下房　（张:宣）

下房屋　（天:肃）

下房屋儿　（天:强）

陪房　（石:武）（天:任、桥、河、津）（邯:广、磁）

配房　（石:深、泽、枣、获）（天:饶）（保:满、安、新、兴、蠡、容）（邯:大、威、鹿、台、任、内、尧）

偏屋　（石:宁、石）

偏房　（全省通行）

偏叉　（张:赤）

偏房　①指厢房。②旧社会指妾。（承:承、平）

厢房屋　（唐:乐）（承:平）

【东房】

东上房　（石:新）

东下头　（张:怀）

下房东屋儿　（天:任）

东陪房　（天:河）

东耳房　（石:井）

东偏房　（天:山）

东偏屋　（唐:昌）

东厢屋　（唐:大）

东厢房屋　（唐:昌）

东厢房　（老）（石:石）（天:天、安）（唐:乐）（承:围）

东配房　（邯:内）

东屋子　（天:饶）

东屋　（全省大部分地区通行）

【西房】

西陪房　（天:河）

西耳房　（石:井）

下房西屋儿　（天:任）

西下头　（张:怀）

西偏屋　（唐:昌）

西偏房　（天:山）

西厢屋　（唐:大）

西厢房屋　（唐:昌）

西屋子　（天:饶）

西屋　正房中靠西的一间，与西房不同。（唐:遵、大、卢、迁、三、抚、西、蓟）（承:青、平、隆）（天:安、桥）（张:鹿）

西配房　（邯:内）

西厢房　（天:霸、安、天）（唐:蓟、乐、滦）

【南房】　坐北向南的院子中的南房。

临街房　（石:灵）（唐:丰）

临街　（石:灵）

倒坐子　（承:围）

倒坐　（天:天）

门脸　指院子在临街房后或没有院落的房子。（天:天）

【天窗】　房顶上的气口。

天井　（承:丰）

天窗户 （天:天）

哨窗 乡下常把天窗挖在东西山墙的上端，可听房外的动静，因此叫哨窗。（邯:内）

灶筒 （石:深）

开天窗的 指专偷别人上衣口袋的盗窃者。（天:天）

【壁龛】

梢门 （石:深）

欠儿 （石:束）

可台儿 （石:束）

天地堂 （天:桥）

灯台儿 （天:天）

家堂窑儿 （邯:内）

【卧房】

下处 （天:桥）

下房 （唐:丰）

里间房 （天:大）（承:围）

里间屋儿 （保:兴）（邯:邯、南）

住屋 （唐:遵）（天:静）

住房屋 （天:献、安、霸、静、津）

睡屋 （承:平）

睡房 （全省大部分地区通行）

睡房 （文）（天:桥）

睡房 少数人用。（石:石）

睡里屋 （邯:内）

睡觉屋 （张:沙）（石:新、无）（天:肃）（保:高）

睡觉屋子 （邯:成）（张:宣）

卧屋 （承:承）

卧室 （天:天）（邯:内）

住处 （邯:内）

住的屋子 （石:石）

里间屋 （天:任、安）

【住屋的门】

窗户地门 住屋外间的前门和后门的总称。（唐:迁）

屋入门 外间通向里间的门。（唐:迁）

里屋门 （唐:昌）（承:围）

里间门 （天:桥）（承:围）（唐:昌）

【院墙的门】

院门 （天:天）

栅栏门 （石:深）

【门上的拉手】

门拉手 （天:天）

门拉吊 （石:深）

门拉头 （石:新）

门龙头 （石:深）

【门槛】

门槛子 （石:深）

梢门槛 （石:深）

【客厅】

客闱 （老）（邯:鹿）

客位 （邯:涉）（石:衡、枣、泽、束）（天:饶、黄、桥、山、沧、庆）

上房 （石:宁）

厅房 （旧）（唐:昌）

客座 （保:安）（天:文、安、任）

客屋 指比客厅小的屋子。（天:河）

客屋 （全省通行）

客房 （全省通行）

客房屋 （张:龙）（石:深）

待客屋 （石:泽）

【客厅的走廊】

过厅 （石:石）

前廊 与“后厦”相对。（天:天）

前廊后厦 指房子高贵。（天:天）

【倒厅】 大门内正房对面的房子。

门房 （石:建）（张:张、康、宣）（天:天）

对屋 （石:宁）

对厅 （唐:滦）（石:赞、衡、安）（张:沙、尚）（邯:鸡、涉、尧）

过厅　(邯:大)

倒座儿　(全省通行)

倒座儿　(老)(天:静)

倒座儿　指路北临街的正房。(唐:丰)

倒座子　(唐:抚)

倒座屋　(邯:任、乡)

倒座子屋　(天:庆)(唐:昌)

倒座南屋　只有南屋才称倒座。(承:滦)

南房　以北屋为正房,因而叫南屋为倒厅。(张:蔚)

账房　(旧)官僚、地主、富商、巨贾家设账房,一般就设在侧厅内。(天:天)

【厕所】

高街　(邯:涉)

后头　(老)(张:沙、宣)

便地　(张:张、万、龙、崇、鹿、口、沙)

中司儿　(旧)(文)(保:水)

屉屉栏子　(唐:昌)(承:青)

屎茅窨子　(保:蠡)

粪茅子　(天:静)

大粪窖　(承:平、围)

大粪坑　(承:平、围)

茅子　(全省通行)

茅的　(邯:广、邯、魏、鸡、大、肥)

茅缸　(张:宣)

茅缸子　(邯:成)

茅寺　(张:万、康、崇、怀、口、赤、张、宣、沽、尚、鹿、蔚)(承:承)

茅司　(张:阳、沽)(承:滦)

茅屎　(张:龙)

茅臊　(承:平)

茅楼　(承:承、滦、丰、平、兴、围)(唐:昌)

茅所　(天:固)

茅厕　(全省大部分地区通行)

茅 su　(天:天)

茅坑　(邯:涉)(石:建、获)

茅坑　难听的说法。(石:灵)

茅房　好听的说法。(石:灵)

茅房　(全省通行)

茅房　(老)(张:沙)

茅房儿　(唐:玉)

茅屎窖　(唐:乐)

茅粪窖　(承:平)

茅粪坑　(承:平)

茅房坑子　(承:承)

茅臊坑　(承:围、平)

茅厮道　(承:平)

茅厮坑　(承:平)

便所　(唐:昌)(承:平)

【磨】

碾　(古)(唐:滦、蓟)(石:无)(天:阜)

碾　专指磨三斗粉以下的磨。(张:沙)

石扇　(石:藁)

磨子　(张:龙、崇、怀、蔚)(石:泽、获、石、平)(保:唐)

石磨　(天:天)(邯:内)

钢磨　(天:天)(邯:内)

万能机　(邯:内)

对辊磨　(邯:内)

小磨子　用一只手推转。(天:天)

小拐磨　专指做豆腐的小磨。(邯:台)

【磨扇】

磨扇　专指上扇。(石:新)(天:任、桥)

磨盘　专指下扇。(石:新)(天:桥)

【磨盘】

磨台　(保:兴)(石:泽)

盘　(天:阜)

磨盘子　(张:龙)(唐:昌)

碾盘　(张:口)

磨盘　指放磨的架子。(天:任)

磨扇子 (承:青)

【拴磨棍的绳子】

磨扣 (天:安)

【磨面时,在磨眼里插的小棍】

磨筹 秫秸秆做的。(天:安)(唐:大)(承:围)

磨 zuāi 子 木棍。(天:静)

磨杠 木棍。(天:天)

筹 (天:桥)

【碾房】

碾道 (张:怀、张、赤、尚、蔚)(承:青)

磨棚 (全省通行)

磨棚 有顶无墙。(保:易)

磨屋 (天:黄、山、庆、津)

磨房屋 (唐:蓟)

磨道屋 (承:平)

磨道房 (张:龙)

磨道 (天:沧)(承:围)(张:阳、康、宣)(保:涿)(唐:迁、三、遵)(邯:广)

磨道儿 (全省通行)

磨道儿 易县“磨道儿”与“磨房”不同。“磨房”有顶有墙,“磨道儿”无顶无墙。(保:易)

碾杠 推碾子的木棍。(天:天)

碾棚 (保:完)(天:任)(邯:宗、南、威)(唐:昌)

碾道里 (张:宣)

【管理磨的人】

磨管儿 (全省大部分地区通行)

磨管儿 少数人用。(石:束)

磨官儿 (张:宣)(保:涿)(邯:威)(承:平)(天:安、桥)

磨棍儿 (天:文)

磨老儿 (张:万)

磨夫 (邯:任)

大师傅 (唐:大)

拉面的 (唐:抚)

套磨的 (石:深)

推磨的 (石:束)(天:静、沧)(保:新)

看磨的 (石:无、新、灵、藁)

使磨的 (保:满、清)

磨面的 (保:新)(唐:丰、滦、乐、西、遵)(石:晋、行)(天:饶)(邯:魏、磁、任、尧、广、丘)

磨面的 (贬)(石:宁)

磨面咧 (邯:大)

磨面哩 (邯:临)

【磨脐儿】 磨下扇中间突出的栓,用以管住上扇。

碾脐儿 (张:阳)

磨脾脐 定兴“脐”音 xi。(保:满、兴)

磨鼻脐 (石:行、灵)(保:满)

磨不脐 (邯:涉)

脐儿 (天:河)

磨脐 (邯:肥、内、周、广、魏、鸡、柏、漳)(石:武、新)(张:商)

磨脐子 (唐:丰、遵、宝、昌、玉、三、抚)(承:青、平)(张:沽、崇、蔚)

磨套儿 (邯:尧)

脐眼 磨的上扇中间凹的部分,正好放入磨脐。(保:定)

【磨架子】 托磨的木架。

磨腿子 (唐:迁)

磨杠 (天:安)

磨棍 (天:桥)

【錾沟的人】

錾磨的 (邯:内)

工匠 (邯:内)

【磨里面錾的沟】

磨齿儿 (天:安、天)

磨牙 (邯:内)

【筛面柜】

箩柜 (天:孟、黄、任、文、大、山、安、武)(张:商、崇)

罗床柜 (天:桥)

罗面柜 (天:肃)(邯:广)

面箩柜　(唐:昌)

麻箩　分粗细。(天:天)

筛箩　(邯:内)

【筛面棍】　有的是两根可移动的木棍,有的是钉成一个固定架子的。方言中说"×床"的,都是指后一种。

箩承　(保:兴)

箩架　(石:灵、井、获)(承:围)

箩架子　(张:龙、赤)(邯:涉)

罗面床　(邯:魏、大)

罗面床子　(邯:广、周)

箩床的　(邯:成、邯)

箩床子　(邯:磁、涉)

箩床　(全省通行)

罗床棍　(天:桥)

罗面棍　(天:献)

筛床子　(邯:威)

筛面床　(邯:鸡)

【夏天在里面做饭,冬天放柴草的棚子】

厦子　(邯:台、尧、任、和、邯)

【筛罗】

罗　(全省通行)

罗子　(唐:丰、玉、乐、昌、蓟)(张:阳、宣、沽、赤、龙、崇、蔚)(石:无、井、建)

罗干　很小的筛罗。(张:崇)

绢罗　筛细粉面用的罗。(天:安)

罗面罗子　(张:宣)

马尾罗子　(唐:丰)(张:龙)

马尾罗　保定、霸县、安次指筛粗粮面用的罗。(天:安、霸)(唐:丰)(保:保)

马尾罗　小筛罗,"尾"音 yǐ。(石:灵)

手罗　小筛罗。(石:灵)

风罗　手摇或脚蹬的大筛罗。(唐:蓟、迁)

吊罗　大筛罗。(石:灵)

过罗　(张:宣)

麻罗　(唐:卢)(承:青)

铜丝罗子　(张:龙)

【筛子】

筛　(天:饶)

小筛　筛粮用。(唐:丰)

米筛　筛粮用。(唐:丰)

吊筛　打中药丸用。(天:天)

【用砖坯抹成的盛面之物】

面洞　(石:获)

面柜　用厚木板做成的三节柜,没有盖儿,现粮店还用它。(天:天)

【擀面棍】

擀面杖儿　(唐:昌)

擀面杖　(全省大部分地区通行)

擀面棍儿　(天:天)(唐:乐)

擀面槌儿　指小的。(唐:丰)

擀面轴儿　(天:沧、桥)

擀面棒儿　(张:阳)

【看牛的人】

掌鞭的　(全省通行)

掌鞭的　过去财主家这样说,参见"赶车的"条。(石:灵)

掌鞭 léi　(邯:广)

把式　在束鹿表示尊敬的意思。(天:大、河)(保:容、清)(石:束)(邯:南)

牛板儿　(保:定)(张:尚)(石:无)

牛伴子　指放牛的孩子。(张:万)

截牛屁股的　(贬)(承:滦)

牛管　(张:万、尚)

牛倌　(旧)(全省大部分地区通行)

牛倌儿　(承:承、隆)(天:桥)(张:崇、张、怀)(邯:涉)

牛倌儿　饲养成群的牛的人。(张:宣)

喂牛咧　(邯:大)

喂牛人　(邯:周)

喂牛的　(石:无、正、枣、藁)(邯:尧、丘)(保:唐)(天:

饶、肃)

放牛的 (唐:乐)

放牛小 (承:滦)

使牛的 (邯:内)

看槽的 (旧)(天:肃)

喂头户的 (邯:临)

使牲口的 (石:新)

饲养员 (唐:大)

【牛屋】

牛房 (石:石)

牛屋咧 (邯:大)

牛栏 (承:平、兴)(石:无、建)(天:黄、孟、东、山、桥、庆、津)(张:尚)

牛栏 有墙无顶。(保:易)

牛棚 (天:霸)(唐:大)(承:青、围)(邯:内、威)

牛圈 (邯:内、威)(承:青、围)

【牛圈门】

牛栏 (保:新)

圈门 (天:天)

【牲口屋】

头圈 (邯:鸡)

头夫圈 (石:束、正)

头夫屋 (石:泽)

头夫棚 (石:束)

头牯棚 (石:冀、枣)

头户圈 (石:灵)(邯:宗、乡、威)

头户棚 (邯:南、宗、乡、威)(唐:丰)

喂头口屋 (邯:成)

喂头口棚 (邯:成)

牲口棚 (全省大部分地区通行)

牲口圈 (承:青)

【牛槽】

牛木槽 (邯:尧)

牛槽子 (唐:丰)(保:阜)

牛食槽 (承:隆)(天:桥)(唐:滦)(邯:尧)

牛食槽子 (唐:丰、玉)

牛活槽 (唐:三)

头户槽 (唐:丰)

【牲口槽】

头夫槽 (石:正、束)(邯:内、任)

头伙槽 (石:获)

头户槽 (石:灵、衡)(邯:乡、南)

头口槽 (石:武)

头牯槽 (石:冀、枣)

头物槽 (邯:广)

牲活槽 (唐:三)(石:获、藁)

料槽子 (张:阳)

食槽 (邯:临、任)(唐:遵)

槽 (全省通行)

槽子 (保:阜)(张:阳)

【马槽】

马食槽 (天:桥)(邯:尧)(石:灵)

马食槽子 (唐:丰、玉)

马槽子 (保:雄)(唐:丰)(张:怀)

头户槽 (唐:丰)

【马屋】

马房 ①指养马的地方。②指地主家长工。③仆人住的房子。(保:兴、新)

马号 (邯:柏、威、任、涉、尧)(石:晋、新)(唐:宝)(承:隆)(张:康、宣)(天:大、津)

马号 (老)(邯:永)

马号 指过去军队或官家养马的地方。(石:无、获、正、束)(承:承)(天:献、山、庆)(保:定)

马棚 (天:天)(唐:大)(承:围)

大头户棚 马、驴等大牲口住的屋子。(邯:南)

【马夫】

掌鞭的 (旧)(张:沙)

马板 (石:安)

马板儿　（张:尚）

马倌　（承:滦、围、平）（张:龙、沽）

马倌儿　（张:张、崇）

喂马的　（唐:西）（石:枣、赵）（邯:尧）（保:唐）（天:永）（张:康）

放马的　（张:万、口）

马号　喂马的人，别地另有意思。（石:安）

饲养员　（唐:大）

【管牲口的】

把式　（天:安、霸）（保:安、兴、易、涿）

牲口把式　（保:兴）（天:静、天）（唐:乐）

把式　天津叫"把式"的很多，一般前加定语，如"车把式"、"花把式"等。（天:天）

【使用牲口的人】

掌鞭的　（唐:滦、乐）

【什么活都能干的长工】

掌鞭的　（邯:鸡）

打头的　（唐:乐）

长作的　（天:天、武、霸、桥）

【赶大车的】

掌包的　（唐:丰）

掌鞭的　（承:围、隆）（天:山、肃）（邯:大、尧）（保:唐、望）（唐:蓟、迁）（石:藁、平、束、灵、泽）

掌鞭儿的　（唐:丰）（天:桥）

拉脚的　（唐:乐）

大车把式　（天:安）

使头夫的　（石:正）

大把子　赶马车的。（石:泽）

把式　（保:水）（唐:大）（天:安）

车把式　（唐:玉、大、丰、昌、乐、迁）（天:天、静、武、黄）（保:阜）

车老板子　（承:平、滦、青、围）

车倌儿　（张:各地）

【饲养员】

喂头夫的　（邯:漳）（唐:丰）

喂头户的　（石:灵）（邯:乡、宗、内、尧、威、南）（天:桥）

喂牲口的　（天:天、安）（邯:内）

【猪圈】

猪窝　（天:河、献）（张:各地）

猪窝子　（张:万）

猪盘窝　（承:平）

猪见　（石:无）

猪栏　（邯:肥、内）（石:石）（承:平）（唐:蓟）（张:尚）

猪栏　养猪的木栅。（邯:尧）

【猪槽】

猪颤　（石:晋）（保:博）

猪颤子　（石:无、深、束）（天:肃、任、文、河、静、献、大、天、沧、饶）（保:保、兴、蠡、完）

猪馋子　（天:强）（保:高）

猪食斗子　（天:永）

猪碴子　（石:衡、枣、河）（天:桥）（邯:清、乡、宗、鹿、威、南、任）

猪杈　（邯:柏、乡）

猪不杈　（邯:大）

猪不碴的　（邯:周）

猪不碴子　（邯:成）

猪不杈子　（邯:鸡）

猪池子　（邯:内）

猪食槽　（全省通行）

猪食槽子　（唐:丰、昌、玉、乐）（承:丰、平）（张:阳、怀）（天:霸、安）

槽　参见"牲口槽"条。（邯:磁）

食槽　（张:万、宣、张、怀）

喂猪槽　（邯:内）（石:井、灵）

【猪食】

本条后的"泔水"是指泔水加饲料，同"泔水"条的内涵有所不同。

猪泔水　（承:平）（石:束）（张:万）

猪饲料　（邯:内）

猪潲 （邯:台、成）（唐:遵）（承:隆）

猪食子 （张:阳、崇、张、口）（邯:肥）

猪食的 （邯:广、邯）

泔水 （全省大部分地区通行）

【放羊的】

小伴子 （贬）（张:怀）

羊伴子 （张:张、万、康）

羊倌 （唐:蓟）（承:围、平、滦、兴）（保:阳）（张:沙）（邯:涉、鸡）（天:桥）

羊倌 指有经验的放羊的人。（张:鹿）

羊倌儿 （唐:丰、遵、乐、昌）（承:隆）（天:肃、静）（保:雄、阜）（张:阳、康、崇）

小羊倌 （张:龙）

小羊倌儿 （张:怀）

放羊咧 （邯:大）

【羊圈】

羊棚 （全省通行）

羊棚 有顶的羊圈。（承:围）（邯:尧）

羊栏 木桩栽成的。（保:易）（唐:昌）

羊栏 （天:孟、桥、庆、津）（邯:周）

羊栅栏 （承:平）

【狗窝】

狗盘窝 （承:平）

【房脊】 瓦房都有脊，平房（一边流水）没有脊，因而常在前加“瓦”。

脊岭 （张:万）

屋脊 （全省大部分地区通行）

瓦房脊 （石:获、枣、井）（邯:鸡、任、清、丘）

瓦房脊儿 （石:正）

瓦房顶 （邯:鸡）

房棵 （张:赤、怀）

【房坡】

滚水 （石:枣）（唐:昌）

坡 （天:饶）

坡势 （保:水）

坡水 （唐:丰）（石:衡）

房半坡 （邯:周）

房降 （天:桥）

前檐的 前坡。（邯:广）

后檐的 后坡。（邯:广）

前苫 前坡。（承:平）

后苫 后坡。（承:平）

瓦茏 （张:沙）

泾水 （天:天）

跑水 （唐:昌）

前坡 （承:围）

后坡 （承:围）

【房檐儿】

瓦檐儿 （唐:丰、山）

房檐头儿 （张:怀）

房檐子 （唐:昌、大、抚、乐）（保:阜）（天:天）

房檐的 （邯:邯）

房查儿 （天:大）

厦 伸出很长的后檐叫厦。（天:桥、天）

屋檐 （天:桥）

【伸出很长，下面加柱的房檐下的地方】

牵檐 （石:束）

廊子 仅指后面的，一般也只木匠用。说“前牵檐，后廊子”。（石:束）

廊檐 （承:围）

前廊 （天:天）（邯:内）

厦子 （天:桥）

【瓦房顶上扣着一行行的瓦沟房檐最前的一块瓦，上面常画有张口兽】

勾檐 （天:桥）

猫头 （承:滦）（石:束）（唐:丰）

滴水檐 （承:围）

【山墙】

大山　（唐:滦、迁、抚）（承:围）

墙山　（天:文、河、献、饶、孟）（保:定）

墙山子　（唐:昌）

房山　（唐:丰、遵、宝、大、玉、蓟）（天:固、桥、霸、静、大、山、安、永、沧、庆、天）（保:新、雄、涿）（邯:广）

房山子　（承:青）

房山墙　（承:平、围）

山化　（承:丰、围）

房山化　（承:隆、围）

山头　房两侧的墙。（邯:乡、宗、威）

山化墙　（承:平、围）

山华墙　（承:隆、兴）（保:水）

山花　（承:平）

接山墙　（天:霸）

隔山墙　（保:蠡）（石:安）（邯:丘）

隔山墙儿　（天:肃）

断山墙　（邯:任）

断山　（天:沧）

山墙　房两头的墙。（邯:清）

山墙　炕和宅中间隔的墙。（邯:尧）

加墙　房的两侧墙高出房顶的那一截，下雨时可挡住水，使其往前后流。（天:桥）

【前墙】　房子的前檐墙。

窗户台墙　（唐:迁）

前房垛　（唐:卢）

前面子　（天:津）

前排子　（天:沧）

前坎墙　（唐:抚）（承:青）

前脸　（石:无、深、束、藁）（天:饶、肃、献、山、河）（邯:清、任、南）（保:博）（唐:大、昌）

前山墙　（石:泽、枣）（邯:威）（保:高）

前檐　（唐:宝、丰、玉）（天:黄、固、静、大、天、任、安）（保:安）

前檐墙　（保:兴、水）（唐:丰、蓟）（承:围、隆）（石:平、灵）（天:永）

墙称子　窗户两边的墙。（张:宣）

老檐墙　墙上有突出的厦柱，不一定作前檐墙。（石:灵）

【后墙】　房子的后檐墙。

房后檐　（保:新）

后面子　（天:津）

后排子　（天:沧）

后坎墙　（唐:卢、抚）（承:青）

后山　（唐:乐）（石:无、深、束、藁）（天:饶、献、河、桥、任、肃、山、天）（邯:清、任、南）（保:博）

后山墙　（承:平）（石:晋、泽、枣、藁）（邯:威）（保:高）（唐:昌）

后房山　（天:固）

后檐　（唐:宝、玉、大）（天:静、安、大、天）（邯:永）（保:涿）

后檐墙　（全省通行）

【梁】　房前后两柱间的横木。

扶　（唐:滦、遵、丰、昌）（石:灵、新、行）（保:唐）（天:文、安）

过扶　（唐:抚）

过梁　（保:阜）（唐:昌）

柁　当地与梁不同，指与隔山墙平行的梁，而梁仅指与隔山墙垂直的梁。（保:满）（天:安、桥）（唐:大）

房柁　（天:天）

土梁　房柁，即房屋前后柱间的大横梁。（石:正、泽、获）

大柁　（张:沽）（承:围）

【大梁】

梁　（石:灵）

大扶　（石:新）

锅梁　（唐:遵）

过梁　（唐:卢、迁）（保:阜）

大柁　（全省通行）

主梁　水泥结构的梁。（天:天）

木梁　（邯:内）

过梁　水泥过木。（天:天）

洋灰梁　（邯:内）

【二梁】 比大梁短，架在大梁上边的梁。

土扶 （石：新）

重柁子 （天：安）（唐：大）

檩 （邯：内）

檩条子 （邯：内）

花架 （天：天）

二柁 （全省通行）

二架柁 （张：宣、崇）

二柁子 （唐：宝、西、丰）

二梁的 （邯：广、大）

小梁 （石：安）

【檩】 屋上承托椽子的横木。

房檩 （全省通行）

檩条 （全省通行）

檩子 （唐：蓟、丰）（承：围）

檩条儿 （天：孟、安、河、山）（保：易、唐、涿）（石：河）（邯：威、宗、乡）（唐：乐）

檩条子 （石：枣）（天：故）（邯：鸡）（保：阜）

檩条的 （邯：广）

明檩 房上最前面露着的檩。（邯：尧）

檐檩 （唐：蓟）

【脊檩】

陪横檩 （石：灵）

中檩 （唐：卢、抚）（天：静、津、大、天）

梁 （天：安）（保：水）

【檐檩】

土檩 （邯：尧）

边檩 （天：天、桥）（邯：尧）

椽钉 专用钉椽子的钉。（天：天）

【椽子】 放在檩上，架撑房顶的木条。

桷子 （唐：蓟）（张：怀）（邯：广、内）（保：定）

椽 （张：阳、蔚）（邯：涉）（保：唐、阳）（石：井）

椽的 （邯：广）

椽条子 （邯：肥）

小椽儿 短的椽子。（保：完）

大椽儿 长的椽子。（保：完）

花架 （唐：丰）

【房顶上泥瓦的下边用高粱秸或苇子等物捆、编成的东西】

房箔子 用高粱秸捆成。“箔”音 báo。（唐：蓟）

房笆 用苇子或小树条等编成，有时用两层，一层叫粗房笆，一层叫细房笆。（唐：蓟、乐）

箔 （邯：内）

箔子 （唐：大）

苇箔 （邯：内）

笆 （天：安、霸）

笆条 （承：围）

苇笆子 （天：天）

秫秸笆子 （天：天）

【柱子】

顶柱 （唐：抚）

立柱 （承：平）

庭柱 （石：灵）

柱桷子 （承：平）

柱界 （石：平、井）

柱的 （邯：广、邯）

顶梁柱 顶大梁用的柱子。（石：宁）（唐：乐）

柱脚 （全省大部分地区通行）

柱脚子 （承：青）

柱脚 当地“柱子”指原先安好的，“柱脚”指后来顶上的柱子。（保：易）（唐：大）

柱脚 指在墙里边的柱子。（石：灵）

暗脚 砌在墙内的柱子。（石：束）

明柱 露在外面的柱子。（石：正、束、灵）

脚柱 在梁上顶二梁的柱子。（邯：鸡）

脚柱的 在梁上顶檩用的短柱。（邯：广）

平柱 专指顶柁用的柱子。（唐：昌）

木柱子 （承：围）

柱间　(天:天)

【柱础】

磉　(古)(石:深)

磉础　(石:石)(天:武)

磉墩　(天:固)

石墩　(保:博)

石头墩　(天:肃)

柱墩　(邯:宗、威、清)

柱脚墩　(石:灵)(唐:昌)

地脚石　(承:平)

垫脚石　(唐:滦、迁、三、昌)(承:青)

明柱石　(邯:大)

顶柱石　(石:高)

柱石　(张:蔚)(邯:宗)

柱脚石　(唐:宝、大、卢、丰、抚、三、乐)(承:平、青、围)(天:安、津)(保:唐)(石:正)

柱脚石儿　(保:唐)

柱顶石　(全省通行)

柱墩石　(邯:内)

柱墩子　(邯:内)

柱底石　(张:宣)

柱子石　(唐:迁)

垫柱儿　(唐:滦)

柱赖子　(邯:郸)

柱脚　(天:庆、天)(承:围)

石柱　(天:桥)

石柱子　(邯:周)

【台阶儿】

降仓儿　(天:黄)

降礤　(天:文)

礓礤儿　(保:博)(天:静)

礓插　(天:献)(石:衡)

礓插子　(天:大)

礓石圪台　(邯:涉)

礓阶圪台　(邯:涉)

阶圪台儿　(石:获)

阶台　(石:安)

阶台儿　(全省通行)

阶台儿　(老)(邯:尧)

阶脚石儿　仅一两层的台阶儿。(石:灵)

前沿台　(石:建)

前檐台儿　(石:获)

硌磴儿　(邯:沙)

硌塔儿　(张:怀)

硌台　(张:沙)(邯:鸡、周)

硌台儿　(石:井)(张:宣、赤、鹿)(邯:磁)

硌台子　(张:阳)

门硌台　(邯:邯、肥、郸、鸡、永)

门硌磴　(邯:尧)

门台　(石:河、宁)(邯:鹿、尧、丘)

门台　较高的台阶儿。(石:灵)

门台儿　(石:泽、枣)(邯:广、清、漳)(保:阜)

门台的　(邯:邯)

砌台阶　(石:束)

台级　(全省大部分地区通行)

台阶子　(天:庆、桥)(承:围)

条石　前廊台子边上的大青条石。(天:天)

【天花板】

天台板　(保:兴)

吊顶子　(天:天)

【顶棚】　用纸糊的天花板。

需棚　(天:桥)

宿棚　(天:桥)

天棚　(承:兴、平)(唐:乐)

夏棚　(邯:威)

糊棚　(唐:昌、卢、迁、抚、乐)(承:围)

幔子　用苇子做的。(邯:涉)

顶幔　(石:赞、井)

顶幔子 (石:获)

顶间 (唐:玉、丰)(石:泽、建)(天:饶、桥、安、河)(保:博、满、蠡、唐、清)

顶节 (天:大、河)

顶隔 "隔"音 jiě。(石:宁、正、灵)(邯:任、台)(保:阜)

顶九 (唐:大)

顶盘 (邯:临)

尖承 (张:怀)

仰承 (张:宣、崇、万、阳)(保:阜)

仰尘 (张:商、沽)(石:枣)

仰尘的 (邯:大、广)

仰衬 纸或席做的。(邯:沙、任、尧、郸)

央衬 (邯:周)

样衬 (邯:肥)

洋尘 纸或席做的。(邯:乡、清)(石:衡)

房顶 (张:鹿)

房顶子 (张:沙)(唐:乐)

顶 jiāo (唐:蓟)

【花的地板】

天花板 (石:石)

地板 (天:天)

【楼房】

洋楼 (天:静、文)

洋房 (邯:内)

大洋楼 (天:天)

【楼上】

楼顶 (全省通行)

楼顶儿 (邯:涉)(唐:大)

楼顶上 (邯:临)(石:灵)

楼上头 (邯:涉、广)

【楼下】

楼底 石家庄少数人说。(石:石)

楼底 (全省通行)

楼底下 灵寿"下"音 ya。(石:灵)(邯:魏、永、临、广、涉)

地下室 (天:天)

地窨子 (天:天)

【楼门儿】

楼门的 (邯:邯)

楼口 (邯:永)

楼门口 (天:天)

【楼梯】

楼道 (天:桥、天)(唐:乐)

礓查儿 (张:蔚)

【扶手儿】

招手儿 (张:阳)

把手儿 (唐:遵、乐)

栏格儿 (石:获)

廊杆儿 (天:静、桥、天)(唐:大)

扶杆 (张:沙)

栏杆儿 (邯:内)

【扶梯】

梯楼 (石:灵)

胡梯 (全省大部分地区通行)

胡梯 (老)(天:阜)

胡梯 (文)(邯:鸡)

梯子 (邯:柏、周)(唐:遵)(张:宣)(保:高)(天:天)

【窗户】

窗阶 (邯:涉)

窗屋 (邯:广)

窗火 (石:无)(天:饶、强)

窗 (唐:蓟)(承:隆、平、兴)(石:无)(天:故、桥)(保:高、安、雄)(邯:郸、永、鹿、沙、内、尧、鸡、肥)

窗 (文)(保:定)

窗 (老)(张:张)

窗子 (全省通行)

窗子 (老)(张:张)

吊窗 可吊起来开闭的窗户。(石:束)

张口　（天:桥）

上亮子　门或窗户上的小窗户。（天:天）

山窗户　山墙上的。（天:天）

【窗帘儿】　用竹帘编制的箔，挂在窗外作蔽障用。

帘子　（唐:乐）（邯:肥）

窗纱　半透明的，钩织品。（天:天）

窗皂子　（张:龙）

窗帘的　（邯:鸡、邯）

窗帘子　（唐:遵、乐）（石:深、束）（保:唐、完）

窗活帘　（唐:遵）（张:沙）

窗户帘　（承:滦）（张:沽）

窗户帘子　（承:平、围）（张:崇）（天:河、桥）（唐:丰、乐）

苇帘子　（天:天）

苇箔　（天:天）

雨搭　（邯:内）

门龙头　（石:深）

门墩　（石:深）

镜单　（张:鹿）

【窗台儿】

窗屋台　（邯:周）

窗屋台儿　（邯:广）

窗户格台儿　（石:获）

窗火台　（天:饶、强）

窗户台　（天:东、静、献、大、津）（张:张、万、沽）（邯:任、成）（承:围）

窗户台儿　（全省通行）

窗户台儿　（老）（石:石）（天:阜）

窗户台儿　仅指房内的窗台儿，房外的则叫窗台儿。（张:鹿）（唐:昌）

窗户台子　（石:灵）（天:肃）（唐:乐）

窗户台的　（邯:邯）

窗台的　（邯:邯）

阳台　指向阳的窗台。（石:灵）

【院子里每年正月祭天的地方】

天爷台的　（邯:邯）

天地桌儿　（邯:内）

【阳台】　附在建筑物上的露天平台，供纳凉休息晒东西之用。农村中无楼房，一般指房前的平台。

凉房　（张:沙）

晒台　（承:隆、平）（石:无、藁）（天:孟、天、固、故）（张:阳、沽、沙、尚、口）（邯:内、尧）

商台　（保:满）

晒棚　（邯:涉）

爷地儿屋儿　（邯:周）

前檐台　（石:泽、平）

门台　（石:衡）

窗台　（张:崇）

平台　正房门前的平台。（承:青）（天:天）

月台　上正房门前台阶后，一条小径似的长台。（天:桥）

月台　正房门前的平台。（天:桥、安）（承:围）（唐:昌）

【隔扇】　“隔”又音 jiě。

厢板　（邯:广）

石扇　（天:庆）

墙扇　（保:保）

火山子　（唐:迁）

山墙　（石:石）

断间　专指土的。（天:静、安、桥）

断间墙　（天:桥）（邯:乡、宗、鹿）（保:阜）

断隔墙　（邯:鹿）

隔断墙　（邯:尧）

界断　（承:平）

隔断　（保:兴、望、清）（承:兴）（邯:邯、内）（张:尚）（石:安）（天:固）

隔断　专指土的。（承:平）（保:涿）

隔扇门　（天:静）

隔扇墙　正定专指砖土的。（石:正）（邯:尧）（保:完）

隔扇　除指一般隔扇外，有时指屋子前面和外面用花棱窗门隔开的墙。（保:兴）

屏风 （张:阳）

隔山 （天:饶）

隔山门 老房子用八扇门做断间。（天:天）

【庙里的正殿门】

隔扇 （张:鹿）

【床铺】 配备有被褥的睡处。河北多睡炕，因而说铺都指木板架起来的。

铺 （全省大部分地区通行）

床铺 专指用板子搭的，有无被褥都叫铺。（唐:秦、昌）（天:安）

铺 有无被褥都叫铺。（全省通行）

铺 专指木板搭成的，有无被褥都叫铺。（全省大部分地区通行）

铺 指在地上的睡处。（保:安）（邯:广）

床 （天:天）

【在田间搭的供看守人睡觉用的棚子】

铺 （唐:抚、乐、昌）（保:涿）

窝棚 （天:天、沧）

庵子 （邯:台、内、乡、宗、南、威）

庵屋 （邯:台、内、乡、宗、南、威）

【停放死人的木板】 河北平常睡炕，人死后才放在床板上。所以，许多地方忌讳说床。“上床”成了骂人的话，因为只有死人才上床，说“快上床铺了”即快死了。

床 忌讳说。（唐:丰、乐）（天:静、安）

床铺 （天:饶）

床板 （天:天）

凉床 （唐:滦）

灵床子 （天:桥）

草铺 （邯:内）

【将死人停放在床上】

上床 （唐:丰、卢、乐）（保:安、雄、新、蠡）（天:安、固、静、霸）

上床板 （天:天）

【人将死的时候】

抬床 （天:桥）（唐:乐）

上床 （保:兴）

上门板 （保:兴）

上凉床 （唐:滦）

捯气儿 （天:天）

回光返照 （天:天）

真性儿上来了 （唐:丰）

【床边儿】

床框 （邯:尧、鸡）

床帮 （天:庆、桥）

床帮儿 （石:衡、枣）（天:饶、故、东、桥）（保:定、望、蠡）（邯:郸、魏、鹿、任、临、肥、南、尧、鸡、宗）（张:怀）（承:平）

床帮儿 四面的木板。（石:正）

床沿 （石:武）

床沿儿 （全省通行）

【炕】

坯炕 （邯:尧）

柴炕 烧柴的炕。（邯:广）

煤火炕 生煤炉使炕发热。（邯:广）（唐:乐）

睡炕 （邯:尧）

炕里 （承:滦）

土炕 不烧火的炕。（石:安）

土炕 烧火的不烧火的都叫土炕。（天:天）

火炕 可烧火的炕。（承:兴、平、围）（天:固）（唐:昌）

【炕沿儿】 土炕边沿的一条长板。

炕梢 （承:滦）

炕梢 指炕不靠灶台的那头，非指炕边。（天:桥）

炕梢 （天:桥）（承:滦）

炕梢儿 （承:滦）

炕帮 （天:安）（石:河）（保:新）（唐:丰）

炕帮 炕沿下边。（承:平）

炕沿帮 （承:平）

炕沿边 （张:万、崇、宣）

炕沿边儿 （邯:磁）（张:沽）（石:获）

炕边 人上下的一边叫炕沿，其余三边叫炕边。（保:蠡）（张:龙、宣）

炕沿子 （天:天）

【人上下边的炕墙】

炕墙 （石:束）（唐:昌）

炕厢子 （石:束）

炕檐 （天:天）

【热炕】

火炕 （唐:遵、乐）（承:丰、青、围）（天:宁、安）

温炕 （石:灵）

暖炕 “暖炕”如果作动词用，就是指睡前把被褥在炕上铺好，参看“铺床”条。（全省通行）

热炕头 （唐:迁、乐）（张:怀）

热炕头儿 （保:兴）（石:安、正）（天:霸、天）（唐:乐）

【没烧好的炕】

凉炕 （天:天）

炕凉 （唐:丰、乐、蓟）

【炕距烧火近的一头】

炕头 （邯:台、宗、乡、威、广）（承:承、围）（唐:遵、乐、大）（天:桥）

炕头儿 （天:安、霸）（唐:乐）

炕头上 （唐:蓟、丰、乐）（石:灵）（承:青）

热炕头 （承:滦）（唐:乐）

热炕头儿 （石:泽）（天:天、安）（唐:昌）

【炕距烧火远的一头】

炕尾巴 （邯:广）（天:安）

炕尾喽 （天:安、霸）

炕梢儿 （承:承、围）（天:桥）

炕角头 （唐:蓟、丰、大、乐）

炕脚 （唐:遵）

炕脚底下 （承:滦）

炕梢子 （天:安）

炕梢头 （天:沧）

炕内头 （承:青）

炕角儿 （天:天）

【棕绷子】 一种卧具。

棕床 （保:安）

棕拍子 （天:文、肃）（邯:成）（张:沙）

棕屉 （天:天）

沙发床屉 （天:天）

躺床 （石:赞）

【铺床】 睡前的准备工作，在睡炕的地方，就说“……炕”。

焐上炕 （承:承）

焐炕 （全省大部分地区通行）

焐下炕 （张:鹿）

焐被 （天:安、天）（唐:丰、迁、蓟、遵）（承:隆）

焐被子 （承:承、隆）（天:武）（唐:大）

焐被窝 （天:桥）

温被 （唐:乐）（承:青）

温被卧 冬天说。（唐:昌）

温被 冬天说。（唐:昌、乐）

温炕 （张:张、阳、康、宣、尚、怀、万）（天:津）（保:阜）

卧炕 （唐:迁、乐）（承:丰）

卧炕 冬天说。（保:保）

暖炕 （保:定、易、阜、阳）（石:束、行、灵、获、建、泽、石、藁）（天:饶）（邯:成、涉）（张:商）

暖被窝 （天:饶）

暖被窝儿 仅指铺好被窝儿。（石:束）

放炕 （石:灵）

撑炕 （邯:涉、广、邯）

撑铺 （邯:清）

撒铺盖 （唐:抚、昌）

铺褥子 （天:安）

铺被窝 （天:桥、饶）

【过去地主家的女工】 有的迫不得已还要受地

主污辱。

管上炕 （天:安）（唐:丰）

带上炕 （唐:昌）

陪床 （天:天）

【幕】 演戏时挂的。

帐子 （保:博）（邯:鸡）（石:灵）

帐子 演戏时的边幕。正幕叫幕。（保:博）

幔帐 屋中防尘的幕。（天:固）

帐子 指过去红白事送的长幅的绸子或布。（邯:魏、广、成、鸡）（唐:昌）（承:滦、围、丰）（石:石）（天:固、桥）（张:鹿）

大幕 指台前的幕。（唐:昌）

天幕 最后一道幕。（天:天）

幕布 前台幕。（承:围）（天:天）

【帐钩子】

钩儿 （唐:昌）

钩子 （天:静）

帐钩的 （邯:柏、大、沙、任、南、丘、广）（石:获、赵、赞）（保:定）

蚊帐钩儿 （石:晋）（唐:乐）（保:阜）

蚊帐钩子 （保:完）（邯:肥）

【帐檐儿】

走水 （石:正、灵、获）（唐:昌）

帐腰 （石:枣）

帐边 （邯:成）（石:石）

帐边儿 （天:肃）

帐檐 （保:定）（石:灵）（邯:大）

帐檐的 （邯:邯）

蚊帐边 蚊帐檐儿。（邯:魏）

蚊帐腰 蚊帐檐儿。（邯:南、尧）（石:深）

蚊帐边儿 （天:天）

【蚊帐】

纱帐 （唐:迁）

蚊罩 （石:平、无、建、井）

蚊子帐儿 （唐:迁）

蚊帐房 （唐:遵）（承:青）

蚊帐房 （文）（唐:抚、丰、昌）

蚊帐子 （全省通行）

蚊帐子 挂在窗户上的纱布。如果配上木框，则叫纱窗户。（唐:抚）

冷布子 （承:青）

【毡子】

毡条 （唐:昌、乐、抚、丰）（天:饶、强、任、河）（保:博、蠡）

毡 le （邯:涉）

毡的 （邯:涉、邯）

炕毡 铺炕用。（石:深）（天:桥）

铺炕毡 （石:深）

绒毡 羊绒制。（承:滦）

臊毡 粗毛做。（承:滦）

毡子 制毡子的原料。成品叫毡。（天:津）

毛毡 （天:沧）

赶毡的 制毡子的人。（张:张）

【毯子】

毯 （天:津）（邯:尧）

毡的 （邯:涉、大）

洋毯 外国的。（承:平）

毛毯 （天:天）

线毯 （天:天）

绒毯 （天:天）

【被子】

盖物 （张:宣）

盖物 （老）（张:各地）

盖的 （天:武）

盖的 不单说，与褥子相对时说“铺的盖的”。（承:青、承）（石:束）

盖体 （邯:广、鹿）

盖服 （张:沙、鹿）

盖头 （天:庆）

盖地　(全省大部分地区通行)

被和　(唐:卢)

盖卧　(张:张、崇、万、阳、商、怀、尚、康)(保:阜)

被 e　(邯:涉)

被的　(石:石)

被窝儿　(唐:宝)

被卧　在别地有指被褥类的。(全省通行)

【被褥的总称】

铺　(石:宁、深)(保:蠡)(邯:尧、鸡、永、任)(张:阳)

铺盖　(全省通行)

被卧　(唐:抚)(石:正、束)(天:肃、河、桥、大、津)(保:新)(张:口)

【被窝儿】　叠好的被筒。

盖窝　(邯:鸡)(张:蔚)

盖窝窝儿　(张:阳)

盖体窝　(邯:广、乡)

盖的窝儿　(邯:磁、沙、肥、邯、大、成、内)

盖服桶　(张:沙)

盖物桶　(张:宣)

盖窝桶儿　(张:崇)(唐:昌)(天:桥)

被窝桶　(天:津)

被窝桶儿　(保:满、清)

被桶儿　(保:望、唐)(石:无)(张:龙)

被货　(石:元)

被窝卷儿　(唐:丰)

盖窝窝儿　(张:阳)

【被箍儿】　过去为了好看,在被的头上钉的一块有色的或花的布。

包边　(石:赞)

被边　(天:永)

被绷子　(唐:昌、乐)

被绷头　参见"被头"条。(唐:昌、乐)

被蒙头　参见"被头"条。(唐:昌、乐、滦)

盖窝箍儿　(张:阳)

盖地头　(邯:大)

当头　(张:张、沙)(石:灵)

当头儿　(张:蔚、阳)(石:建)(邯:成)(保:清)(唐:山、抚)

被卧当头儿　(承:滦)

盖地当头　(邯:邯)

盖窝当头　(张:怀)

被当头　(全省大部分地区通行)

被当头儿　参见"被头"条。(全省大部分地区通行)

被头　参见"被头"条。(石:束、获、深、泽)(唐:滦、乐)(天:山、天、津、安)(保:唐)(承:隆)

被头儿　(保:望)

【被头】　被头上蒙的一块白布,便于保持被头的清洁。"被头"和"被箍儿"在不少地方都用一个词。推想起来可能与时代有关:用"被箍儿"的时代,没有用"被头"的,反之亦然。因而同一个词随时代不同含义也变了。

被绷子　包含"被头"和"被箍儿"两种意思。(唐:昌、乐)

被绷头　(唐:昌、乐)

被蒙头　(唐:昌、迁、乐)

被卧蒙子　(承:滦)

当头儿　(天:安)

被当头儿　(唐:大)(天:安)(石:束)

【被里儿】

里儿　(邯:永)

盖伏里　(张:沙)

盖物里　(张:宣)

盖体里　(邯:广)

盖窝里　(张:商、怀、阳)

盖窝里子　(张:万)

盖地里　(邯:邯、郸、鸡、魏、大、任、临)(张:蔚)

盖地里儿　(邯:乡)

盖地里的　(邯:鸡)

被卧里子　(承:滦、平、围)

被里子　(天:桥)(唐:丰、昌、迁、西、蓟)(承:平)

被子里的 （邯:肥）

【被面儿】

表儿 （天:桥）

盖地表 （邯:魏、任）

盖地表儿 （邯:乡）

盖地表的 （邯:鸡）

被表 （邯:鹿、尧、威）（石:灵）（天:饶）

被表儿 （石:深、宁）（邯:涉）（唐:昌）

面儿 （邯:永）

盖地面 （邯:邯、魏、大、任、临、涉、鸡）（张:蔚）

盖物面儿 （张:宣）

盖窝面 （张:商、阳）

盖窝面儿 （张:怀）

被子面 （邯:肥）

被面子 （唐:昌、乐）（承:平）（天:桥）

被卧面儿 （承:滦、围）（张:沽）

被卧面子 （承:平）

【被面中间缝上的黑布条】

腰栓儿 （承:滦）

【棉絮】

被子中的棉胎。过去河北省一般每次做被用棉絮一次，没有像南方用线网上的被套。网过线的叫作网套。

絮的 （天:桥）

被套 （全省通行）

被套儿 （承:丰）（唐:大、昌）

盖物套 （张:蔚）

盖窝套子 （张:商、怀、阳、张）

盖伏套子 （张:沙）

被活套子 （唐:卢）

被套子 （唐:遵、昌、迁、西）（承:青）

被卧套 （承:滦）

花套 （邯:涉）

套的 （邯:邯、大）

套子 （全省通行）

套子 专指旧棉絮。（全省大部分地区通行）

套子 泛指棉絮，省定语。（唐:蓟）

棉花套子 （唐:卢、乐）（张:鹿）

棉花套子 专指旧棉花。（唐:玉、昌、乐、蓟）

网套 网上线的被套。（保:保）

壤子 新的棉花弹过后。旧的棉花叫套子。“壤”音 yǎng。（邯:宗、台）（石:束）（保:阜）

棉花套 指棉衣内的棉花，不分新的旧的。（承:滦）

絮头 （邯:宗、乡、威）

【被单】

①指夏天晚上盖的单子。②指起床后，盖住被或连床一起盖住的单子。

被罩子 （承:青）

盖地罩 （邯:鸡）

单的 （邯:大）

卧单 （邯:广、魏、鸡、清、任、成、乡）

卧单的 （邯:大）（天:桥）

盖单 （张:蔚）

盖物单子 （张:宣）

盖服单子 （张:鹿、沙）

盖窝单 （张:怀）

盖窝单儿 （张:阳）

盖窝单子 （张:商）

被单 专指死人盖的被单。（邯:清）

被单子 （全省通行）

被单儿 （天:安）

被单的 （邯:邯）

被窝单儿 （承:滦）

被卧单子 （承:滦、平）

【床单】

炕蒙子 专铺在炕上用的。（唐:昌）

单子 （天:桥）

衬单 （天:故）（邯:郸、魏、鸡、磁、涉、成、内、周、丘、漳）（张:康、龙、尚）（唐:蓟）（承:平）

衬单的 （邯:广）

床单的　(邯:邯)

铺单　(保:雄)(石:石、无)(承:平)(天:河)(邯:郸、魏、威、肥、成、内、尧、永、漳)(张:沙、康)(唐:蓟)

铺底罩　(邯:尧)

铺地罩　(邯:鸡)

褥子罩　(邯:内)

褥单　(全省通行)

褥单　(旧)(唐:卢)

褥单儿　(承:滦、丰)(天:天、固、安、霸、沧、庆)(石:获、正)(唐:乐、蓟)

褥单子　(唐:丰、乐、西)(张:鹿、怀)(石:元)(天:桥)

床单儿　(天:天)(唐:昌)

【褥子】

褥垫　(石:灵、藁)(天:宁)(邯:内、柏)(保:定、望)(承:平)(张:尚)

褥垫　垫坐的。(承:青)

玉子　(天:饶、肃、任)(邯:南)(保:阜)

铺底　(全省通行)

铺底　褥子最下的一层。(石:石)

铺的　(石:束)(承:承)

垫子　小孩用的褥子。(石:泽)(唐:乐)

【草垫子】

铺草　(邯:磁)

铺摊　(邯:涉)

蒿垫　(天:献)

稿荐　(石:衡、枣)(天:黄、故、文、山、桥、津、霸、沧、庆、孟、静、任、大、河、安)(邯:清、内)(保:保、安、望、清、雄、蠡、阜)

草稿荐　(天:静、安)(保:水、满)

草荐子　(石:元)

稻草帘子　(天:天)

草包　(天:饶)

草泊　(邯:涉)

草拍子　供坐用的。(邯:成)

草撇　(张:鹿)

草撇的　高粱叶拧成、垫在地上坐的。(邯:广)

草蒲子　(天:献)

草苫　(石:无、灵、建)(邯:任)(保:望)

草苫儿　(石:获、束)(邯:乡、宗)

草苫子　(石:正)(邯:沙)(天:肃、河、桥)

草墩子　坐的。(保:博)

草垫的　(邯:邯)

蒲团　坐的。(邯:鹿)(保:阜)

草褥子　(唐:丰)(张:龙、赤)(石:深)(保:易)

草褥子　布袋里面装上麦秸或稻草做成。(天:肃)(唐:蓟、昌)

塔塔密　指机制的稻草垫子,“塔塔密”是日语引进。(天:天)

【草帘子】　冬天当门帘用的。

稿荐　(保:兴)(唐:遵、昌)(天:安、大、桥)

【凉席】　夏天用。

凉席子　(唐:丰)

凉席的　(邯:广)

凉席儿　(邯:内)(天:天、安)

塘席　用蒲草编的。(天:天)

炕席　(唐:遵)(天:桥)

席子　(唐:卢)

【席子】　常年都可用的。

席　专指用苇子编成的席子。(全省通行)

席　用竹子编的席子。(唐:三)(保:高)

席子　竹子编的。(张:怀)(唐:昌)

炕席　苇子编的常年铺在炕上褥子下面的席子。(全省大部分地区通行)

【夏天用的枕头】

凉枕　指瓷的或用竹子编的枕头。(唐:大、昌)(保:新)(天:天)

夏老虎　夏天用的瓷的枕头。内还可灌凉水。两头有虎头图形。(石:束)(唐:昌)

【枕头席儿】

凉枕 （石:行）（邯:邯）

凉枕儿 （唐:三）（保:容）

凉席 （石:元）

头席 （承:平）

枕席 （唐:宝、大、山、乐）（石:灵、获）（天:天、孟）（邯:内）

枕席儿 （石:平、建）（承:滦）（天:文、安、霸）（保:唐、完）（邯:威）（唐:乐、昌）

【枕头布】 盖在枕头上的布，保护枕头的清洁。

搭枕头布 （石:泽）

枕头护布 （邯:大、清、宗、南、威）

护枕布 （石:藁）

枕头蒙儿 （保:保、完）

枕头蒙子 （天:庆、河）（保:望）（唐:昌）

枕头蒙布 （唐:迁、滦）（天:黄）

枕头罩 （邯:台）

枕头罩子 （张:崇）

枕头布子 （张:阳、口、怀）

枕头布子 （老）（张:张）

枕头布啊 （张:鹿）

枕头手巾 （邯:邯）

枕头棱布 （唐:昌、乐）

枕头笼 （唐:宝、大、蓟）

枕头笼子 （天:任、霸）

枕头笼枕头 （保:兴）

枕头笼布 （全省通行）

枕巾 （邯:内、威）（唐:大）（天:天、沧、任）

【枕套儿】 枕头芯外的套子。"枕头布"就盖在套子上。方言中有把二者混用的情况。参看"枕头布"条。

枕头套 （天:天）

枕头套儿 （唐:昌）

枕头蒙子 （承:滦、围）

枕头罩子 （张:万、张）

枕头笼子 （天:任）

枕头笼枕 （石:晋）

枕头笼枕子 （保:新）

枕头皮儿 （唐:丰）（天:河、肃、桥）

枕头皮子 （唐:遵、昌、乐）

枕头布儿 （天:河）

枕头布 （天:安）

【过去枕头的两端堵头】

枕头顶儿 （邯:鸡）（天:庆）（承:承、围）（唐:乐、昌）

荷叶枕 （天:天）

方枕头 一般有80公分，可供两个人用。（天:天）

【枕头芯儿】

枕芯 （保:涿）

枕芯儿 （天:天、河）（保:涿）

枕头秕子 （唐:遵、大）

枕头皮子 （唐:昌）

枕头胆 （天:河）（唐:丰）

枕头瓤儿 （全省通行）

枕头瓤子 （唐:昌）

枕头值子 （张:阳）

枕头芯儿 另指枕上的花草字体。（邯:任）

秕子 （天:饶）

【夜壶】

夜静 （唐:卢）

夜静儿 在丰宁较文。（唐:迁、昌）（承:丰）

屁毙子 （邯:宗）

屁憋子 （天:任、文、肃、饶、桥、安、天）（邯:乡、宗）（保:易、完、望、容、阜）（石:束）（唐:昌、乐）

尿鳖子 平泉含贬义。（石:冀）（天:强）（邯:清）（保:完、唐）（承:平）

尿瞥子 （邯:威）

夜起 雅词。（天:天）

夜器 （天:静）

尿壶 （全省通行）

尿壶子 （邯:肥）

尿盔儿 (唐:大)

水壶 (文)(张:蔚)

月壶 (石:藁)

便壶 (邯:威)

【尿罐儿】

尿罐子 (天:桥)(唐:乐)

尿桶儿 (天:天)

龙盔 (唐:滦)

舅爷儿 (唐:抚)

茅罐 (邯:广、邯、沙、台)

罐子 (唐:玉)

尿罐的 (邯:大)

尿罐儿 专指小孩用的。(承:平、丰)(天:安)(唐:昌)

尿盔 盔子在不少地方指盆子形的器具。参看“尿盆儿”条。不过遵化、蓟县的尿盔是罐形的。(唐:遵、蓟)

尿盒 (张:沙)

【尿盆儿】

脚盆 (天:固、庆、安、霸)(邯:邯、成、涉、魏)(保:定、唐、雄、完)(唐:蓟)(石:泽、晋、石、安)

脚盆子 (张:万)

脏盆子 (保:易、容)

地盆 (承:围)

地盆子 (唐:遵、大)(承:丰)

尿盔儿 (天:河)(唐:山)

尿盔儿 小尿盆儿。(唐:西)

尿盔子 (石:建)(唐:丰、滦、乐)(天:饶)

尿盔子 缸瓦制的,比尿盆深些。束鹿盆和盔的分别不在形状上,而在质地上,做花盆用的陶土做的叫盆。(石:束)(唐:乐)

尿盆的 (邯:邯)

尿盆 专指女人用的便盆。(保:涿)

尿盆子 “尿”音 suī。(唐:遵)(天:桥)

尿筲 专盛尿和脏水的。(天:天)

【马桶】

桶子 (唐:秦)

屎坑子 (承:滦)

屎窖 (承:滦)

马桶 犯人用的。(承:丰)

尿桶 (石:武)(天:肃、献)(邯:鸡、清)(保:满、涿、蠡、阜)(张:龙、赤)

恭桶 (邯:内)(张:沽)

【手炉】

手炉子 (唐:遵、昌)

小炉子 (石:灵)

小火炉 (承:青)

暖炉 (邯:成)

火箱 (邯:南)

火罐 (张:沙)

火罐儿 专指瓦制的,“手炉”则指铜制的。(石:晋)

热火罐儿 引申为给人以希望之意。(天:天)

【暖水瓶】

暖壶 (唐:大、乐、蓟、昌)(天:天、武、桥、霸)(承:围)

暖瓶 (天:安)

保温瓶 (全省通行)

温壶 (石:赞、泽、井、建)(保:阜)(张:尚)(唐:丰)

水瓶 (天:河)

【暖壶】 铜或瓷茶壶放在木桶内,用棉絮包裹。

水壶 (石:灵)

壶顿子 (天:桥)

壶暖子 (天:桥)

草顿子 (天:桥)

包壶 (保:兴)(邯:成、内)

茶壶 (张:鹿)

暖水壶 (邯:内)

保温桶 有工厂专门生产。(天:天)

【茶壶外的套子】

茶套 (唐:蓟)

茶壶套 (天:安、天、武)(唐:大)

茶壶套子 （唐：丰）

壶套 （天：霸、桥）（唐：乐）

茶闷子 （唐：昌）

【热水袋】

熨袋 （唐：抚）

温水袋 （邯：成）（石：束）

暖水袋 医用。（张：鹿）（天：庆、天）（唐：昌）

【汤婆子】

水憋 （承：青）（唐：昌）

熨壶 铜或瓷制的。（唐：丰）（邯：台）

汤瓶 （石：石、赞、高、宁、井、安）（承：平）（天：饶、孟、固、肃、文、永）（保：望）（张：沽、龙、沙、崇、尚）

汤瓶子 （张：崇）

汤壶 （唐：迁）（天：天）

暖壶 锡制的。（天：桥）（邯：大）

【熨斗】 自己内部生火用以熨衣物的铁器。

烙铁 （唐：乐）（石：新、元）（邯：任、肥）（保：保、阜、兴）（天：天、武、桥）（张：各地）

熨头 （全省通行）

熨铁 （唐：丰、滦、遵、昌、玉、迁、西、抚）（承：平）（天：安、桥）（邯：鸡、周）（保：新）（石：灵）

熨贴 （邯：威）

熨台 （唐：宝）（承：滦）（天：静、武、天）

熨刀 （天：河）（张：阳）

熨子 （石：平）

【烙铁】 在火中烧热以熨衣物的条形的铁。

熨刀 （天：饶）（唐：蓟）

熨铁 （邯：周）

尖烙铁 （天：天）

【茶壶】

白细壶 （石：石）

茶吊子 瓷的。（保：兴、水）

茶吊子 （旧）（唐：昌）

茶闷子 （唐：滦、乐、西）

炉壶 （保：阜）（张：鹿）

泥壶 用泥烧成的。（承：滦）（天：天）

瓷壶 （贬）天津过去也把在茶社、球社伺候人的叫瓷壶。（天：天）

【水壶】 金属的，烧水用。

吊子 （唐：丰）（天：桥）

水吊子 （唐：丰、乐）

炉壶的 （邯：邯）

沙壶儿 沙制的。（石：束、新）

茶壶 （全省通行）

铁壶 （唐：大）

【脸盆】

面盆 （承：平）

洗脸盔子 （唐：滦、乐）

盆的 （邯：肥）

洗脸盆 （唐：昌）（承：围）

洗脸盆子 （唐：丰）（天：桥）

洗脸盆的 （邯：邯、大）

洋盆子 （唐：迁）

洋瓷盆儿 （石：泽）

【脸盆架】

洗脸架 （全省通行）

洗脸盆架的 （邯：邯）

盆架的 （邯：邯、大、肥、成）

盆架儿 （唐：昌）

【香皂】

胰子 （全省通行）

胰的 （邯：大、肥）

洋胰子 （邯：临）（保：唐）（唐：昌、乐）（承：围）

香胰子 （全省大部分地区通行）

香皂子 （唐：遵）

【肥皂】

胰子 （天：天、安、桥）（唐：大、蓟）

洋胰子　洗脸用。(唐:蓟)

猪胰子　自造,洗脸用。(唐:蓟)

碱　(唐:大)(石:高)(天:静)

洋碱　(唐:西)(邯:磁、成)(保:定、望、蠡)(石:安、栾)

洋碱　洗衣做饭用的火碱。(承:平)

洗衣胰子　(天:安)

chóu 衣裳胰子　(天:肃)

洋胰子　(石:灵)(唐:滦、遵、蓟、卢、迁、丰)(保:唐、阜)

猴胰子　猪胰子做的。(唐:丰)

【毛巾】　农村中常有布制的。

巾　(文)(邯:广)

羊肚手巾　(天:霸、安)(石:衡)(承:隆)

羊肚儿手巾　(承:滦)(唐:丰、卢、蓟、迁、乐、昌)(石:束、建)(保:唐、水、兴)

羊肚子手巾　(天:桥、津)(唐:抚)(邯:鸡、清)

羊肚子手巾　(老)(承:平、围)

羊肚的手巾　(邯:大)

泽斗手巾　(老)(保:望)

手堵手巾　(唐:遵)

水布　(石:宁)

脸布　(承:平)(石:栾、石、安)(天:宁)(邯:魏、内)

脸布　(老)(唐:丰)

擦脸布　(唐:西)(石:元、安、赵)(邯:宗、威、任、大)

洗脸布子　(邯:尧)

擦脸布子　(老)(唐:丰)

前脸手巾　(张:崇)

洗脸手巾　(全省通行)

擦脸手巾　(唐:乐、昌)(承:围、滦)(石:元、获、深、冀、灵)(邯:成)(保:博、保)

手巾　(全省通行)

【澡盆】

洗澡盆子　(张:怀)(保:阜)(唐:昌)

洗澡盆的　(邯:肥)

木盆　回民多用。(唐:大)

【脚盆】

洗脚盆子　(石:泽)(张:怀)(保:阜)

脚盆的　(邯:广、鸡)

洗衣裳盆　(邯:鸡)

洗脚盆　(天:天)

【擦脚布】

揩脚布　(张:宣)

擦脚布子　(唐:迁)(张:怀)

脚布　(全省大部分地区通行)

脚巾　回民多用。(唐:大)

擦脚手巾　(唐:丰、昌、乐)

【包脚布】

脚布　(邯:成)

脚布子　(唐:昌、蓟)

裹脚布　(邯:内)(唐:大、乐)

【桌子】

桌　(邯:永)

桌的　(邯:邯、鸡、大、肥)

桌儿　小的桌子。(唐:丰)(石:衡、行、灵)(承:承)(保:唐)(邯:清、沙)(天:庆)

炕桌　放在炕头上,上放被褥,里面放鞋袜。(石:深)

下桌　即炕桌。(石:泽)

高桌　地下放的桌子。(唐:丰)(天:安)

课桌　学校学生用的,又叫书桌子。(唐:迁、乐)(天:安)

供桌儿　祭祀用。(天:天)

供享桌儿　祭神用的。(石:束)

香桌儿　祭神用的桌子。(石:束)

炕八仙　待客用的饭桌。(唐:迁)

八仙桌儿　(唐:乐)

【方桌】

高桌　(唐:遵)(承:承、隆)

小底桌　小而低的。(邯:鸡、临)

迎门桌　通常迎门放的。(石:泽)

八仙桌子　放在炕上吃饭用的短腿方桌子。(天:桥、

安)(唐:乐、昌)

八仙桌 (唐:丰、昌、抚、大、蓟、迁、玉)(石:枣)(天:桥、安、河、津、任)(张:万、宣、口)(承:围)(保:保、新、兴、雄、水)

大八仙桌儿 大的方桌。(天:安、天)

四仙桌 较小的方桌。(天:安)

地八仙 地下放的方桌,以别于炕八仙。(唐:丰、昌、遵、迁)(保:水)

炕八仙 炕上放的方桌。(唐:丰、昌、遵)(天:桥)(保:水)(承:围)

四六桌 长方形的。(保:新)

六人桌 (保:雄)

六仙桌 长方的桌子。(天:安)

小六仙儿 小的长方桌。(天:安)

炕桌儿 (天:天)

冲门桌 (天:桥)

【圆桌】

团桌 (张:万、宣、崇、鹿、怀、蔚)(唐:昌)

【桌布】

铺桌布 (全省通行)

苫桌子的布 (唐:昌)

miā 桌布 (承:围)(保:容)

台布 (天:天)

【桌裙】

桌围裙 (保:保)(天:黄)

桌围子 (全省通行)

桌围的 (邯:邯、肥)

围裙 (全省大部分地区通行)

围裙子 (张:崇、蔚)

围桌裙 (邯:内)

桌帘 (唐:大)

桌子帘 (唐:遵)

桌帘儿 (唐:滦)(承:平)

围桌 (保:兴)(天:安)(邯:任)

围桌布 (天:饶)

桌裙扶 (天:津)

【抽屉】

斗儿 (石:河)(邯:涉)

斗子 (邯:涉)

抽匣 (唐:遵、昌、抚、迁)(承:兴)(邯:乡)

抽匣儿 (唐:丰、滦、玉、乐)

匣子 (唐:滦)

抽屉子 (张:怀)

抽头 (石:建)(天:饶、强、肃、任、桥)(保:阜、雄)(邯:台、宗、威)

抽斗 (石:晋)(邯:广、邯、大、磁、任、涉、郸)

抽兜 (邯:魏)

抽抽 (石:行、高、元、井、枣)(保:高)(邯:永、沙、临、肥、南、鸡、宗、乡、威)

抽斗儿 (唐:乐)

抽抽儿 (石:束、灵、无、泽)

柜桶 (承:丰)(天:宁)(邯:内)

【条案】 狭长的桌案,用以放装饰品或茶具、烟具等物。

几案 (张:蔚)

架几 (保:兴)

条板 (邯:鸡)

案板 (承:围)(张:沽)

条器 (邯:内)

条几 (全省通行)

条儿 (天:山、河)(石:束)

条桌 (全省通行)

条桌 长方桌,与条案不同。(全省大部分地区通行)

条案 (天:天)(唐:昌)

【茶几儿】

茶几子 (唐:昌、抚、卢)(张:宣、沙、崇、商、怀)(石:灵)

茶桌儿 (全省通行)

爬地桌 (天:天)

【椅子】

靠椅　（唐:迁）

椅的　（邯:邯、魏、尧）

靠背椅子　（邯:涉）

客老围椅子　（邯:涉）

罗圈椅　靠背和拱手成半圆的。（石:正）（唐:昌）

太师椅　靠背是直上的旧式椅子。（唐:昌）（石:正）（邯:涉）

叠椅　有木结构、铁结构两种。（天:天）

圈椅　（邯:内）

藤椅　（天:天）

沙发椅　（天:天）

【椅子背儿】

靠头　（唐:抚、大）（石:束）（邯:大）

靠背　（全省通行）

靠椅子　（邯:肥、成、广）

椅子靠头　（唐:迁）

椅背　（张:崇）

椅背的　（邯:邯）

椅子枨　（邯:鸡）

圈心　圈椅的背。（邯:广）

后身　（天:静）

【椅子肘儿】

椅圈　（天:桥）（邯:威）

椅子圈儿　（保:兴）（石:晋）（天:津）

椅框　（石:灵）

椅子框　（唐:抚）（承:青）（石:获）

椅的肘儿　（邯:广、大）

椅子把儿　（邯:南）（石:藁、赞、新）

椅格肘儿　（邯:鸡）

椅把儿　（邯:内）

【椅子掌儿】

椅掌子　（邯:涉）

椅子掌　（张:沙）（石:灵）

椅的掌儿　（邯:大）

掌子　（天:静）

挡子　一切木器上的掌儿。（张:崇）

椅子翅儿　（唐:丰）

横掌　（天:天）

【板凳】

板凳　（保:兴、雄）（石:宁、获、灵、束、平）（承:平、青）（天:桥、山、静、天、安）（唐:玉、卢、昌）（张:鹿）

板凳的　（邯:邯）

板凳床儿　（保:保）

春凳　长方形的凳子，比板凳短而宽，腿上有花雕，过去有钱人家才有。（石:束）（唐:乐）（承:围）

春凳　（唐:丰、滦、乐、昌）（承:隆）

春门凳　（唐:丰）

条案子　（唐:滦）

床子　（石:深）（天:强）

小床儿　小凳。（天:强）（石:束）

小床　（天:饶）

长床子　（石:建）

板床儿　（天:河）

条凳　（唐:丰、昌）

长条凳　（承:平）

板凳子　指小的板凳。（天:桥、静、天）（承:滦）（保:阜）

凳子　（石:灵）

凳子　包括圆的、方的。（石:井、宁）（天:庆）（保:阜）

杌凳　（天:天）

揽凳　过去门房前放的大长凳子。（天:天）

长板凳　（邯:内）

【木凳】　木制方凳。

杌　（保:新）

杌子　（全省通行）

小板凳　（张:沽）

小杌子　专指圆形的小板凳。（石:束）

小杌子　圆的或长方的小板凳。（石:灵）

杌扎　（天:献）

杌凳　（邯:内）

杌凳的　（邯:鸡）

杌扎子　（承:平、围）（保:阜）

杌子头　（天:桥）

杌子头儿　（天:东、安、霸、津）

杌头子　（唐:昌）

杌踌　（石:衡、泽、束）（张:龙）（天:强、任、文）

杌的　（邯:邯、广、大、肥）

杌塾　（石:深）

杌床　（石:建）

凳子　（唐:丰、遵、玉）（天:安、武、沧）（保:兴、雄、蠡）（邯:涉）（石:正、深、平）

小凳儿　（承:承）（唐:乐）

椅杌儿　只有三条腿。（石:平）

椅杌子　（石:获）

机桌儿　（承:滦）

椅坐子　（石:获）

椅墩儿　（张:龙）

板床　（石:获）

褥墩子　（唐:抚）

路头子　（唐:丰）

方墩的　（邯:邯）

方凳　（邯:内）

【马扎儿】　用布或背带做面的一种可以折叠的小凳。

马扎的　（邯:肥）

马扎子　（全省大部分地区通行）

软板凳　（石:藁）

马叉儿　（邯:磁、广）

小杌子　（石:灵）

软床儿　（石:平）

【柜子】

柜　指大的。（石:灵）（承:围）（保:阜）（天:任、安、桥）（唐:昌、乐）

柜的　（邯:肥）

橱柜子　（邯:鸡）

钱柜子　（天:津）

小坐柜　小方柜。（天:肃、安）（唐:昌）（石:束）

柜子　专指小的。（保:兴）（天:庆）（唐:丰）（石:晋、灵）

门柜　小的。（张:蔚）

坐柜　（天:天）

大板柜　指五尺长以上的，一般有腿。（唐:滦）

五通柜　（天:天）

高低柜　（天:天）

高低柜　带镜台。（天:天）

多用柜　（天:天）

酒柜　（天:天）

电视柜　带音箱。（天:天）

【竖柜】

柜　（天:饶）

立橱　（石:束）（唐:抚）（保:阜、完）（张:尚、口）

立橱子　（保:完）

大橱　（天:津、桥）

橱子　（石:束、晋）（天:献）（保:望）

大柜　（张:阳）

钱柜　（邯:鸡）

从门柜　（天:桥）

柜橱　（石:获）

门桌橱儿　放在屋门处。（石:深）

立柜　（天:天）

立柜　（旧）（唐:蓟）

橱楔儿　放在两个大立柜之间的小立柜。（石:深）

顶箱　专指放在立柜上的箱子。（唐:丰）

衣箱　立柜上面的薄板箱。（石:深）

竖柜　低的，放炊事用具。（张:万）

【睡柜】　与立柜正好相反，低矮而呈长方形，腿短甚至没有腿。一般用以放衣物或粮食等。

卧柜　（保:唐）（天:桥）（唐:玉）（邯:磁、任、肥、郸、台、鸡）（石:获、赵、宁）

卧柜　迎门的，比躺柜短。（保：博）

躺柜　（石：获、藁、深、冀）（天：大、河、桥、天、饶）（邯：鹿）（保：保、蠡、望）（张：沙、尚、崇、鹿）（唐：大）

躺柜　长方形的，里面两个空儿，放衣服用。（天：肃）

睡柜　能在上面睡觉，放在炕上。（承：平）

铺柜　做买卖用的柜台。（邯：广、大、威）（石：束、行）

墙柜　（唐：遵）

歇柜　（承：平、隆）（邯：内）

坐柜　方形，内放东西，外也可供人坐，较小。（石：正、平、束、灵）（保：保）（张：万）

小坐柜　（天：桥）

地柜　（石：衡）

板笼　（邯：涉）

板柜　（唐：昌、丰、山、抚、迁、卢）（承：围、青）（邯：涉）

板柜　没有腿，与箱子不同点在于盖子是平板的。（保：兴、易、阜）

衣柜　（张：龙）

柜头　（石：枣）

躺箱　（全省通行）

栏柜　商店用。（天：天）

大柜　（保：兴）（天：霸、安）

坦柜　（承：滦）

红坦柜　（承：滦、围）

柜橱儿　（邯：威）

钱柜　（保：兴）

炕柜的　（邯：邯）

炕琴　（唐：秦、乐）

箱　（唐：丰）（保：满）

衣箱　（天：永）

炕橱儿　上放的小橱儿。（石：深）（保：阜）

箱　（天：桥）

【箱子】

箱的　木制。（邯：大）（保：唐）

炕箱　上放的卧箱。（唐：遵、蓟）

柜　（承：承）

扣箱　有上开、半开的两种。（天：天）

皮箱　（唐：大）

躺箱　大个箱子，五尺五宽。（天：天）

前开箱　（天：天）

【衣箱】

箱　（天：桥）（保：博）

柜箱　（邯：大）

板箱　（邯：任）

衣裳箱子　（唐：丰）（张：鹿）

衣箱子　（石：无）

柜　（邯：丘）

【皮箱】

皮箱子　（唐：遵）

皮匣　（石：灵）

【皮包】

提包　（全省通行）

手提包　较小的皮做的包儿。（唐：昌）（张：怀）

旅行袋　（天：天）

旅行包　（天：天）

公文包　（天：天）

【手提箱儿】

小箱儿　（全省通行）

小箱子　（邯：内）

手提盒　（石：冀）

手提匣　（石：冀）

匣子　（石：衡）

柳条包　（天：天）

【被袋】　出门时用以装被褥的行李袋。

褡子　（邯：乡）

被褡子　（全省大部分地区通行）

钱褡子　（天：桥）

褥套　（邯：任、内、柏）

苫马的 (邯:成)

盖窝褡子 (张:怀)

行李袋 (全省通行)

褡裢 摔跤用的服装。(天:天)

褡巴 腰带。(天:天)

褥褡 (石:平、栾)(承:平)(天:津、肃)(邯:柏、任)(张:怀)

被套 (天:饶、静)(邯:广、大、涉)(张:宣、商)

被褡子 布制小袋,装零用物品。(天:山)

上马子 装零碎物用的旅行用具,可搭在肩上,现在不用了。(承:滦、隆、围)(保:水)

捎马 (石:灵)

捎马子 (天:桥)

褥套 骑牲口用的垫子。(唐:大、蓟、昌)(石:深)(天:肃)(邯:任、内、柏)(承:平)

褥套 褥子内的棉花。(唐:遵)

【被垛】 指许多被子叠在一起。

被褡 (石:晋)

被垒 (石:晋)

被摞 (天:沧、天)

被罗子 (唐:乐)(天:桥)

被卧垛 (承:围)

【衣架】

衣架子 (石:元)

衣裳架儿 (保:兴)(唐:丰、昌、三、乐)(石:枣、灵、河)(天:津、庆、桥)(邯:永、南、尧)(张:怀)

衣裳架的 (邯:广)

衣架杆子 (邯:鸡)

衣裳杆子 (邯:成、大)

大衣架 (天:天)

【草墩儿】 用草本植物的茎叶编的垫、坐用具。参看“草垫子”条。

蒲堆 (承:平、围)

蒲坛 (天:静、强、安)(保:完)(唐:大)

蒲墩 (全省大部分地区通行)

蒲墩子 (唐:昌、乐、迁)(承:平)(保:高)(天:天)

蒲团子 (石:武)

蒲淡 (天:桥)

蒲毯 (天:庆、桥)(保:阜)

蒲屯 (保:唐、阜)(石:赞、元)

蒲台 (石:衡、宁)(天:肃)(邯:南)

蒲台儿 (天:霸)

蒲滩 (唐:宝、大、三、蓟)(天:固)

蒲垫儿 用作铺床。(唐:抚、迁、秦、卢)

草墩的 (邯:肥、大、郸、广)

草垫子 (张:商)

墩子 (保:兴)(承:平)(唐:滦、乐)(石:衡、枣、泽、元)(天:饶、强、沧、大)(邯:任)

草墩子 (石:无、井)(承:青)(天:静)(张:沙、张)

秀墩儿 成圆柱形的。(邯:乡)

草骨墩儿 (邯:鸡)

草别子 (邯:沙)

草拍子 (邯:郸、大、永、磁)

草垛 (唐:大)

椅垫子 垫在椅子上的薄的或方的蒲团。(唐:卢、迁)

【蜡烛】 照明用。

洋烛 (保:安)(邯:内、任、郸)(承:平)(张:尚)

蜡 (石:灵、无、高、获、正)(承:滦、平、围)(唐:大)(天:天、饶、武、桥、安)(张:怀)(保:蠡、雄)(邯:内、任、鸡、丘)

洋油蜡 (石:束)

坐蜡 为难之意。(天:天)

【灯台】

灯盏托子 (张:宣)

灯座儿 (全省通行)

灯座子 (张:商)

灯素子 (张:康)

蜡千儿 点蜡用的。(保:兴)(承:平、围)

【灯罩儿】

灯泡儿　(保:兴)(天:强)(张:怀、鹿)

灯泡　(天:河、津)(石:枣)

灯泡子　(天:霸、武、安)(唐:乐)

泡泡子　(保:水)

洋灯罩　(唐:丰)

罩子　(石:灵)

灯罩的　(邯:肥、邯)

灯泡子遮光罩　(天:文)

灯泡子　灯泡子是玻璃的,与灯罩不同。灯罩儿是用纸做的,套在灯泡上会更亮些。(天:静)

【拨灯棍儿】

拨灯棒　(邯:涉)

拨灯棍　(张:商、沙)

竿子　(天:静)

剔灯棍儿　(天:饶)

挑灯棍子　(张:崇)

拨灯把儿　(邯:大)

拨灯办儿　(邯:肥)

灯舔　(天:文)(邯:内、肥)(唐:山)

【油灯】　方言中点什么油叫什么油灯。

油别子炉　(张:怀)

灯盏　(石:获)

灯　专指煤油灯。(天:河、饶)(邯:清)(石:衡、灵、深)(唐:宝、蓟)

长明灯　(天:天)

洋灯　指带玻璃罩的灯。(承:滦)

酥油灯　(唐:遵)

豆油灯　(石:晋)(天:天)(唐:乐)(承:围)

菜油灯　(全省通行)

麻油灯　(天:固)(承:平)(张:口)

黑油灯　(天:孟、河、大、津)(保:博)(石:宁)

大麻子油灯　(承:滦)(天:大)

棉油灯　(石:获、灵、枣、建、正)(邯:广、任、肥、南)

籽油灯　(邯:永)

花籽油灯　(邯:鸡)

皮油灯　(邯:涉)

小海灯　有两个灯碗,在最顶上的一个点火。(承:滦)

瓷蜡　用瓷土烧成的油灯,比酒杯直径大些。比酒杯矮一些,中间有一空心脐,能穿灯芯儿,也叫假蜡。(石:获)

照尸灯　灵位前的灯。(石:束)

【洋灯】

罩子灯　(唐:丰、蓟、乐)(石:深)(承:平、兴)(保:唐)

鬼子油灯　(保:唐)

洋灯壶　(石:灵)

保险灯　(唐:丰、抚、昌)(承:兴、围)

火油灯　(承:平)

手灯　手提的罩子灯。(唐:抚)

洋油灯　(全省通行)

洋油灯　指点洋油或猪油的灯,没有玻璃罩。(张:龙)

泡子灯　(保:兴、水)(石:深、武)(唐:昌、丰)(天:黄、永、文、献、静、桥、安)

汽灯　(天:桥)

槍灯　(天:天)

【墙上放油灯用的孔】

灯可台儿　(石:束)

灯牵儿　(石:束)

灯窝　(承:围)

灯台　(天:天)

灯窑儿　(邯:内)

灯窑窑儿　(唐:昌)

【灯芯儿】

灯芯儿　灯头里发蓝色的火苗。(张:龙)(唐:乐)

灯捻儿　(唐:乐、昌)(天:安)

灯捻儿　专指没有罩的灯芯儿。(唐:丰、蓟)(承:围)

灯捻儿　有灯罩的灯芯儿。(石:平)

灯捻儿　升降灯芯的小把。(天:固)

灯捻子　(张:商、崇)(唐:昌、大)

灯捻的 （邯:鸡、邯）

灯芯子 （石:获、武、灵）（天:肃、阜）（唐:抚、玉）

灯蕊 （石:石）

灯芯草 （唐:丰、抚）

灯草 （天:饶、霸、桥）（保:兴、蠡）（唐:大、乐）

灯棍儿 （唐:大）

灯花 （邯:临）

灯芯儿 作灯捻的布条或纸捻外边的铁套。（石:井）

油捻儿 （天:天）

【灯笼】

灯篓 （全省通行）

灯篓儿 （邯:内）

灯露 （张:怀）

【马灯】

提灯 （全省大部分地区通行）

保险灯 （天:安、桥）（石:河、灵）（邯:鸡）（唐:乐）

气死风 （承:平、承）（石:枣、束）（天:宁、安、山）（邯:内、丘）

手提灯 （唐:昌）

【厨房】

厨房 专指做宴席的房子。（张:张、龙、赤）（天:庆）

做饭屋 （石:无、赵）（邯:广、乡、魏、宗、威、沙、成）

伙房 指集体的厨房。（天:庆）（唐:丰、抚）（张:万、龙、鹿、赤）（石:正、井、灵）（邯:乡、永）

伙房 （全省通行）

伙房 做饭睡觉兼用或指专做粗饭菜的。（承:滦）

小伙房 做好饭菜的厨房。（承:滦）

大伙房 做粗饭菜的厨房。（承:滦）

厨屋 （承:平）（石:无）（天:宁、阜）（保:阳、新）（邯:大、肥、涉、成、内、丘）

饭房 （承:兴）（天:山）

灶屋 （承:平、隆）（石:灵、无）（天:宁）（邯:广、宗、沙、成、内）（保:完）

饭棚 （石:束、泽、衡、枣）（天:献）

厨房屋 （唐:蓟）

凉灶 （天:献）

【灶】

炉灶 （全省大部分地区通行）

灶火 （全省通行）

灶膛 指着火部分。（天:天）

灶火眼 指焰道口。（天:天）

灶火门儿 指放柴草的口儿。（天:天）

灶火坑 烧柴灶。（天:天）（唐:乐）

灶火膛 （天:桥）

灶腔子 指稳锅的口。（天:天）

锅台 指锅沿四周平坦部分。（天:天）

锅灶 （天:宁）

炉灶 指院子里搭的灶。（唐:丰、乐）

炉灶 指烧煤的灶。（保:兴）

灶火 连着炕的灶。（唐:丰、昌）

灶火 专指添火门。（石:正、泽、新）（张:万）（保:唐）（邯:乡、宗、清、内）

灶火炕 指锅台周围。（石:宁）（唐:滦）

灶火眼 （邯:鸡）

锅头 包括锅台。（石:新、正、泽、束）（张:宣）（保:唐）（邯:乡）

大灶 指蒸食的大口锅灶。（天:天）

小灶 炒菜用的炉灶。（天:天）

【锅台】

锅头台 （石:正、获、灵、元）

灶台 （承:隆、平）（唐:卢、蓟）（天:故、宁）（保:定、安）（邯:沙、内、鸡）（石:石、无、安）（张:尚）

灶火台 （唐:丰、乐）（石:冀、无、晋）（天:河、桥）（保:新）

煤火台的 （邯:邯）

锅头 （全省通行）

锅台角 （邯:广）

炉台 指火炉上边，火口的四周可以放东西的地方。（石:宁）（唐:昌）

【灶门前的小片地方】

灶火炕里　(保:唐)(石:深)

灶火炕　(承:围)

【掏灰道】

小灶火　(石:正)

炉坑　(唐:昌)

灶门　(唐:大)

【灶膛边到烟道的通路】

灶炉腔　(天:桥)

灶膛　(唐:大)

喉巴眼儿　(唐:丰)

【灶膛通烟筒的那一块锅台】

锅脖　(天:桥)(邯:广)(唐:丰)

【锅道】　灶内烧燃料的地方,又叫灶膛。

锅地道　(唐:昌、蓟)(承:平、隆)(邯:内、丘)

灶火道　(邯:内)

风道　(石:元、石)

火道　(邯:永)

锅坑　(保:水)

灶火坑　(唐:滦、西、乐、大)(石:获、建、深、平、井)(承:滦、围)(天:沧、文、安)(保:易)

锅腔子　(石:衡、正)(保:完)

灶火膛　(唐:丰、卢、迁、大)(石:束、晋)(承:青、兴、围)(天:霸、河、山、献、静、东、庆)(保:保、高、涿)

灶膛　(天:天、安)

锅膛　(石:藁)(张:宣)(保:蠡)

炉地　(张:鹿)

锅地　(张:龙、赤)(邯:广、魏、大、威、肥、漳、成、内)(石:安)(张:尚)

锅底下　(石:枣)

灶脑　俗语"锅头(锅)灶脑省着点",指烧柴和用粮都要省着点。(天:桥)

灶火门儿　(保:阜、兴)(石:泽)(唐:抚)(承:丰、平)(天:河)

锅吃门　(邯:涉)

锅地门　(邯:大)

灶火脸儿　(天:河)

锅门脸儿　(邯:威)

灶火　(石:晋)(唐:山)(天:大)(张:崇)(保:定)

灶火里　(邯:鸡、台)

灶口　(邯:磁)

灶嘴　(天:天)

灶火口儿　(保:满)

灶户门　(石:行、灵)(天:桥)(张:万)

锅膛浪　(张:商、宣)

灶火儿圪棱儿　(张:阳)

火盘　(邯:涉)

灶火门　添柴口。(全省大部分地区通行)

灶火坑　做饭人坐的地方。(石:束)

灶炉旮旯　(天:桥)

【汤罐】　在锅台上烟道附近安的一个小罐子,用以温水。

唐罐　(唐:大)(石:束、泽)(保:易、唐、水、兴、涿、完)(邯:内)(张:龙、赤、鹿、尚)(天:大、霸)

坛罐　(天:安)

罐子　(石:正)(天:饶、阜、献)(邯:任、成)(保:阜)

火罐　(张:阳、蔚)

热火罐　(全省通行)

温罐　(保:兴、保、安、新)(石:深、枣、井、灵)(唐:昌)(邯:广、郸、大)(天:霸)

温水罐　(邯:永)

暖罐　(张:宣)

暖水罐　(张:口)

温缸　(唐:秦)(保:完)

wān 子　插于灶口或灶口旁。(唐:蓟)

【大锅】　蒸馒头等用的大蒸锅。

蒸锅　指蒸东西用的大锅。(全省大部分地区通行)

糖锅　(唐:丰)

板锅　锅边宽，用以放水圈，蒸东西用。（保：兴）

八沿锅　（唐：乐）

【较薄的锅】

光锅　（邯：尧、台）（天：桥）

【炒菜用的带把锅】

偏把锅　（石：灵）

把把锅　（石：获）

马勺　（唐：蓟）（承：围）（天：天）

大勺　（唐：昌）

炒勺　（天：天）（唐：乐）

端把锅　（天：安、霸）（唐：乐）

【钢种锅】　铝制锅。

铝锅　（邯：内、威）（天：天、武）

洋锅　（唐：抚）

白铁锅　（唐：昌）

【砂锅】

罗锅　（石：束）

火锅　涮羊肉用，有砂制、铜制、铝制三种。（天：天）

【锅烟子】

锅烟子黑　（承：滦）

锅底黑　（唐：抚、昌）（石：高、栾）（邯：台、任、临、尧）（张：张、万、龙、鹿、蔚、口）

锅煤子　（石：井）（天：献）

锅迷子黑　（天：强）

锅眉子黑　（天：强、河、饶）

锅墨黑　（石：栾）

锅底墨　（石：藁）

锅头墨子　（石：平）

锅黑子　（天：文）

锅底煤　（张：张、崇）

煤烟子　（承：承）

烟子　（全省通行）

烟的　（邯：肥、魏）

烟灰　（张：沙）

烟煤　（邯：内、尧）（张：阳、万、宣、商、怀）

锅煤灰　（邯：鹿）

锅脐子灰　（承：围）

锅沫灰　（天：山）

锅沫子灰　（石：衡）

锅底灰　（石：晋、深、枣）（邯：郸、鸡）（天：津、庆、安）（张：尚）

锅底子灰　（天：静）

锅底的灰　（邯：大）

锅门灰　（石：宁）

锅烟的　（邯：邯）

黑烟子　（唐：遵、乐）（天：桥、天）

黑烟 lè　（邯：涉）

【锅篦子】　指用秫秸、竹子或铝制的圆形帘，放在锅中，把要蒸的东西放在上面。

篦子　（天：天、津、桥、安、霸）（石：束）（保：阜）

蒸篦儿　（石：束）

平贴　用铁钉在木架上，以蒸东西用。也有用绳勒在木架上的。（唐：乐、昌、大、蓟）

帘子　（天：沧）

花插　（唐：丰）

锅篦儿　（邯：内）

【垫笼屉的圆圈】　用竹草编制，放在锅沿上垫笼屉。

水垫　（唐：大）

笼嘎拉　（天：桥）

水圈　（全省大部分地区通行）

蒸圈　（天：天）

笼屉垫儿　（唐：乐）

笼圈　（石：武）（天：河）

水笼圈　（石：束）

【锅圈儿】　竹、草编成垫锅底用，使锅能平稳放着。

草圈　（邯：涉）

锅架子　（张：商）

锅围 (邯:肥)

盖添 (保:高)

锅垫圈 (石:束)

锅各拉 当地叫圈形物为各拉。(石:灵、栾)

各拉 (邯:威、南)

锅圈儿 铁做的,垫锅底用。(保:保)

锅架儿 铁制,架锅用。(天:天)

【支锅架儿】

锅承儿 (承:滦、围)

锅杈 杈木做成的。(承:滦)

锅承子 (唐:昌)

【锅盖】

锅拍 (石:河、无、赞)(邯:柏、涉)(张:沽)

锅拍 指草制锅盖。(邯:任)

拍子 束鹿指用谷草编成的穹隆形的锅盖。(石:束)(邯:尧)

锅排 (石:元、无、井、宁)

锅牌 木制。(邯:广、魏)

盖听 (唐:遵)

盖顶 (唐:迁)

盖垫 指苇制锅盖。(保:兴)(天:霸、文)

盖天 指用高粱秆皮或苇编的锅盖。(保:博)(天:肃、饶)(石:束)(唐:乐、丰)

盖浅 指用高粱秆皮编的锅盖。(保:完)

盖垫 (唐:昌)

锅帽 草编的形如尖顶帽的锅盖。(张:鹿)

普盖子 麦秸秆制成,可放大中小三层,蒸馒头、包子等用。(唐:乐)

【烟囱】

烟笃 (邯:成)

岳堵 (保:唐)

烟洞 (保:新)(张:张、宣、万)

窑洞 指用土或砖垒的烟囱。(石:新、正、获、灵、无)(保:博、阳、清、阜)

烟洞 专指用土或石砌成的烟囱。(石:藁)

冒烟洞 (承:平)(保:定)(邯:肥、内、尧)(张:龙)(石:安)

烟突 (邯:广、魏、鸡)(石:建)

烟灶突 (邯:清)

窑突 (石:行、建)(张:蔚)

灶筒 (全省大部分地区通行)

烟筒 (承:围)(天:桥)

烟筒 专指炉子上的铁烟囱。(唐:丰)(承:丰)(石:藁、正、灵)(天:孟、肃)(张:龙)

烟囱 专指农村的房子中留作冒烟的地方。(张:龙)

【炉门儿】

搜眼 (保:新)

风道 (邯:尧)

风眼 (天:静)

煤火齐的 (邯:大)

火口 (邯:魏)

烧火口 (石:泽)

罩 (张:怀)

炉眼儿 (保:保)

煤火 (邯:广、邯、魏)(石:灵)(保:阜)

炉道 (邯:漳)

门子 (张:怀)

锅吃门儿 (邯:涉)

炉门子 (唐:抚)(张:口)

炉门 (承:围)

【炉台子】

煤火台 (保:阜、完)(邯:魏、广)

煤火台的 (邯:邯、魏)

火台 (张:沙)

炉盘 专指生铁铸或铁板做的圆炉子的炉台儿。(唐:大)(天:桥)

炉盘儿 (天:天)

炉台儿 专指砖垒的炉台子。(唐:大)(天:桥)

火炉台儿 （邯:任、周、尧）

【炉条】 方言中说箅子,都是指连成一块的炉条。

炉支 （邯:广、邯、郸、磁、沙、涉、成、永）

炉条拍 指连在一起的炉条。(石:灵)

火炉拍儿 连在一块的。(石:正)

炉屉 （唐:丰）

箅子 （全省通行）

炉箅子 铸铁炉的炉底。(天:天)(唐:乐)

炉箅子 （保:满、唐)(唐:丰、昌、抚、大、西)(天:静、献、山、庆、安)(承:平、滦)(石:获)(邯:临)

火龙箅 （石:宁、河）

火炉箅 （石:深、束、赵)(保:博、定)(天:河、饶)(邯:临)

火箅子 （天:肃、黄）

风漏箅儿 指土灶烧柴用的炉条。(天:强)

风箱箅 （邯:清）

风炉箅 （邯:尧）

炉底箅儿 （邯:清）

火笼箅子 （天:津）

炉底 有两种:一种是由铁条构成,另一种由铁板戳上许多小孔做成。(张:万)

【盖火】 覆于炉口的铁器,圆形,中凸,顶有小孔,用之可以节省火力。

火镲 （保:满、清)(石:井、安)(天:天、河、饶)(邯:肥、内)(张:张、龙、赤、沙）

炉盖 （唐:宝、卢、丰)(石:灵）

炉子盖 （全省通行）

炉盖儿 （天:天）

窝头盖 （唐:大）

火盖子 （张:蔚）

火铲儿 （唐:滦）

【风箱】

鞴 （古)(张:宣、沽、康、万、怀）

风响 （石:束、深)(天:强)(保:望)(邯:南）

风械 （石:无）

风卡 （石:元）

风 qián （唐:西)(张:沙、鹿）

风先 （天:河)(保:阜）

风 jian （张:龙)(天:桥）

风浸 （唐:遵）

风枪 （邯:广）

风匣 （全省通行）

风鸭 （邯:郸）

风茄 （保:唐）

【拉风箱】

拉鞴 （张:沽）

扇火 （石:灵）

扇风箱 （石:灵、无、栾、新、石)(保:唐)(邯:广、魏、鸡、威、内、丘)(张:赤、沙)(承:平）

扇风先 （天:河）

拉风浸 （唐:遵）

拉风械 （石:无）

拉风响 （石:束)(保:唐)(邯:南）

拉风匣 （全省大部分地区通行）

拉风先 （天:桥）

逮风匣 （邯:漳）

扇风卡 （石:元）

拉风卡 （石:元）

拉风茄 （保:唐）

拉风 jiàn （张:龙）

扇风匣 （邯:鸡、永)(石:井、高）

【笊篱】

笊缘 （石:无）

笊亮 （唐:大）

捞饭匙子 用铜丝或铁丝做的笊篱,盛饭用。(邯:邯)

【筛子】

拉子 很小的筛子。(石:灵)

筛的 （邯:邯、大、魏）

【浅儿】 比笸箩浅的柳条或秫秸编织的盛物用具。

摺裂　（邯:任）

兜篓箅　（天:饶、肃）

罗锅箅　（天:肃）

燕窝　（天:肃）

窠窠儿　（石:正）

别盖儿　大浅儿。（邯:乡）

浅子　（邯:内）（唐:昌）（承:围）（天:天、安）

浅浅儿　（石:平）

浅匝　（唐:三）

浅的　（邯:鸡）

浅筐　（邯:任、临、南、内）

浅迭列子　（天:桥）

格当浅儿　秫秸最上一节，土语为“格当”，浅儿多为“格当”编制。（邯:内）

簸箩　指深的浅儿。（石:灵）

小浅　（唐:山）

瓦浅儿　（承:滦）

竹浅的　（邯:肥）

竹浅筐　（邯:南）

筐筐儿　（石:正）

菜浅子　（唐:丰、宝、玉）（天:固）

醋浅　小圆形浅儿。（邯:大）

【浅子】　指用高粱秸上端的杆并排穿起来的圆形或两头翘起的盛物用具。

箅帘　（保:定）（石:束）

排箅帘　（保:定）

罗锅帘　两头翘的。（石:束）

盖帘　（唐:乐）

盖垫板　（天:霸）

菜浅子　（唐:大）

【炊帚】

刷子　（邯:鸡）

刷帚　（承:平、隆、青）（邯:内、尧）（张:鹿）（天:宁）（唐:三）

锅刷子　（全省大部分地区通行）

炊束　（石:宁）（唐:玉、昌）（邯:临、广）

炊 shǒu　（天:静）

炊炊　（唐:宝、三）（天:安）

炊出　（天:庆、桥）（保:保）（石:正）（唐:抚）（邯:内）

炊柱　（邯:南）（天:桥）

筅帚　（承:平）

炊帚头子　指坏了的炊帚。（承:滦）

【瓢】

葫芦瓢　（承:承）（邯:鸡）（石:束）

水葫芦　（承:滦、平、丰、隆、兴、围）

泔水葫芦　舀泔水用的瓢。（承:滦）

水舀子　（保:兴）（天:安）

水瓢　指一般金属做的瓢。（张:鹿）（天:安）（唐:蓟）

舀水瓢　（石:建）（邯:磁）

水瓢　半拉葫芦做的。（唐:昌、乐）（天:天）

面瓢　（天:天）

饭瓢子　舀饭用的小瓢。（唐:蓟）

水勺　（张:沽）

水勺　用铜、铁做的瓢。（保:唐）

葫芦　（承:平）

瓢儿　只盛固体东西不盛水的瓢。（保:水）

干瓢　不用来舀水的瓢。（承:滦）（唐:大）

【水舀子】　圆形的舀水工具，多用白铁做成。也有地方与瓢不分的，因当地舀子很少，如束鹿、深县。

舀的　（邯:魏）

水舀的　（邯:广、大）

马勺　天津“马勺”也可盛稀饭、汤或粥用。（邯:乡）（天:天）

水勺　（天:肃）

勺子　（邯:宗、任）（石:平、井）（张:怀）

舀水勺　（石:束）

舀子　（全省通行）

【中碗】

绿豆碗 青绿色的中碗。(天:天)(唐:乐)(承:围)

半大碗 (天:桥)

【饭碗】

粥碗 (唐:滦、抚、乐)

碗 (承:围)(天:天)

【小铲儿】

火铲 煮饭加炭用的把较长的小铲儿。(石:平)(唐:乐)

火铲子 专用于火盆中的小铲儿。(唐:昌、乐)

炭铲儿 (邯:内)

【火铲】

炉铲 (天:天)

煤杆 (邯:涉)

煤铲的 (邯:大)

炭铲 (邯:内、临、任、鹿、柏、广)(石:高、无、宁、衡)

炭铲的 (邯:鸡)

烧火铲子 (张:宣)

火铲 (保:高)

【小碗儿】

chuō 碗 (唐:遵)

饭碗 当地吃饭都用小碗。(唐:抚)

小碗碗 (张:怀)

瓯子 (天:天)

【大碗】

旋碗 "旋"音 suàn。(石:武)(保:阜)

座碗 (石:宁)

大草帽子碗 (唐:迁)(天:安)

草帽子碗 (承:围)

大折碗 (天:强)

钵碗 (保:满、定、易)

大旋碗 "旋"音 suàn。(天:强)

大 shuāng 碗 (天:桥)

大八碗 (张:万、怀)

大糙碗 比海碗大。(天:天)

涮碗 (保:水)

头号碗 (承:平)

大碗 当地指比海碗大的碗,粗糙的瓷做的。(唐:遵)

【海碗】 细瓷的特大碗,较为美观。

总碗 (邯:成)

顺碗 (张:万)

大八碗 (张:宣)

海碗 半大不小的碗。(保:完)

海碗 指细瓷的比大碗小些的碗。(唐:遵、卢、昌、蓟)

东青碗 (张:万)

大海碗 (张:口、康)(唐:大、抚、丰、西)(保:容)(石:井、灵)(邯:鹿、鸡)(天:安)

大海碗 比大碗、海碗都大的碗。可做汤碗用。(唐:玉)(天:天)

缸碗 比海碗大的碗。(唐:宝)

厨子碗 比海碗小的碗。(唐:大)

穷人端 大粗碗。(石:新)

爽碗 (天:桥)

【醋碟儿】 宴会上装酱、醋的小碟。

蘸吃碟儿 (天:安)

蘸浅子 (石:束)

小吃碟 (唐:昌)

【锅铲】

抢刀子 (唐:昌)

抢锅刀 (石:束)(邯:广、任)

铁石 (石:元、平)

铁铲 (石:行、晋、河、深、无、藁、赞、正、冀、灵)(唐:迁)(邯:柏、鹿、临)(保:阜)

铲刀 (唐:滦、卢)(承:青)

铲 (张:怀)

抢锅铲子 (石:束)(天:强)(邯:鸡、任、尧)

抢锅铲的 (邯:广)

饭铲子 (张:宣、沽)

铲子　（全省通行）

锅铲儿　（邯:内）

抢煳铲　（邯:内）

抢锅铲　（邯:内）

挖饭匙子　（邯:鸡）

铁匙　（石:井、获、建）（邯:磁）

【通条】　铁做的长条，一般较长较粗，但也有较小的。用以使炉灶内空气流通，火燃得更好。

火探　（邯:成）

火通　（邯:涉、漳）

火通条　（保:易）

火枪　（邯:广、大、周）

火钩子　（唐:遵）（张:万）

炉钩子　（唐:滦、遵、卢）

炉锥　（石:建、灵）（张:商、尚）

火钻　（邯:成）

火拃　（保:兴、水、新、涞）

火棍子　（唐:三）（邯:清）（天:津、河、庆）

火棍　（天:宁、庆）（邯:魏、清、丘）（石:枣）

火柱　（保:雄、容）（邯:邯、郸、磁、永、肥）（天:肃、静）

火龙筷子　（唐:三）

火筷子　（唐:大）（天:静、天）

火镩　（邯:内）

火钩子　（天:天）

火查棍　（石:无）

火爨　“爨”音 cuàn。（石:正、栾）（承:围）（唐:乐）（邯:乡、宗、威）

通火棍　（全省通行）

铁火棍　（天:大、桥）

【烧火棍】　木质的短棒，烧柴草时用以通火。

火掭　（唐:抚）（天:大、宁）（保:完）（石:安）

火长棍　（石:灵、无）

火棍　（唐:大、三）（石:冀、枣）（邯:威、任、南）（天:河、桥）

火连棍　（石:枣、衡）

火炼棍儿　（石:泽）

火棍杖子　（唐:卢）

火门杖子　（唐:迁）

饶火棍子　（唐:遵）（承:平）（张:沽）

通火棍　（石:栾）

拨拉火棍　（石:建）（张:鹿）

拨火棍　（邯:乡、广、鸡、任、成、内）（张:宣）

火拨棍　（天:庆）（保:阜）

扒火棍儿　（天:安）

提火棍儿　（天:静）

提登火棍儿　（天:孟）

搅火棍　（张:沽）

掏火棍　（保:唐）

掏火杖子　（唐:滦、昌、抚）

讨火杖　（唐:乐）

【掏灰用具】　以长方形木块，安上一短柄。

掏灰耙　①掏灰用具。②与儿妇有不正当关系的公公。（唐:丰、乐、昌）（保:兴、阜）（石:束、深）（天:桥、安）（邯:乡、宗、威）

掏火耙　（天:霸）

掏耙　（唐:大）

刮盘子　有大有小，大的用于打场。（张:怀）

灰刮子　（张:怀）

【火钳】

钳子　（邯:鸡、成）

火钳的　（邯:广）

火钩　带钩的火钳。（石:正）

火夹子　（天:天）

【火筷子】

火枪子　（邯:丘）

火串　（邯:鸡）

火箸子　（张:鹿）（天:饶）（邯:任）（唐:昌）

火箸　（石:获、束、行、深、建、元、藁、栾、正、泽、灵、河、新）（天:强、献、河、安）（保:唐）（邯:临、南、内、鸡、

柏)(张:万、阳、宣)

火龙筷子 (唐:三)

火筷楞子 (唐:西)

火筷子 (保:阜)

铁筷子 (邯:成)

【木碗儿】

磨碗 (保:清)(石:晋)

磨碗儿 (石:藁、宁、灵)

磨碗的 (邯:广)

木满儿 (石:冀)

木碗的 (邯:邯)

木碗子 (张:怀、沽)(承:丰、围)(天:桥)

木头碗 (邯:内)

木头碗儿 (唐:丰、昌、乐)(邯:内)

满儿 (邯:威)

bar bar (邯:尧)

【茶碗】 茶盅、茶杯、茶碗等在方言中较混乱,各地含义不一。如束鹿、深县一带,一般只说"茶碗",各种不同形状的就在前加修饰语,如"带把儿茶碗"、"小口茶碗"等,而茶盅则专指搪瓷的。

汤碗 (邯:清)

茶闷子 带盖的茶碗,但不用作泡茶。(唐:丰)(天:桥)

茶碗 专指带把儿的。(张:张)(唐:丰、滦、昌)(保:新)

茶杯 指带把儿的。(张:沽)(石:获)(邯:尧)(唐:抚)(天:饶、桥)(承:承、围)

茶盅 口大底小。(唐:滦、抚、乐、昌)(天:桥、宁)(张:张、宣)(邯:成、鸡)(承:承)

茶盅 没把儿的茶碗。(张:蔚、怀)(唐:丰)(承:平)(天:桥)(邯:临、内、尧、涉)(承:丰)

茶盅 瓷的茶具都叫茶盅。(唐:遵、丰、乐)

茶盅 瓷的带把儿的茶碗。(张:万、口)(保:安)(石:获)(唐:西)(承:青、兴、围)

茶杯 (天:天)

茶盅 (全省通行)

茶盅 比茶碗小,瓷的。(保:易)(张:龙、阳、沽、鹿)(邯:广、魏、磁)(天:饶、任)

茶瓯 (石:宁)

茶瓯儿 "瓯儿"音 nōur。小的有盖的茶碗。(天:静)

茶瓯子 指带碟、带把、带盖的小碗,一般是讲究家庭用的。(天:天)

【茶缸】 带把儿的搪瓷缸。

mān 子 (石:河)

缸子 (承:平、滦)

茶缸的 (邯:广)

把缸子 (唐:三)(天:安)

茶缸子 多指搪瓷带把儿的,也指瓷的带把儿的。(唐:乐、大)(天:天)

洋瓷碗 (邯:永)

【茶托儿】

茶衬 (张:蔚)

茶船子 (张:沙)

碟子 (唐:西)

茶碟子 (张:怀)(天:大)

茶碟儿 (唐:丰)(天:大)

端碟儿 (石:石)

盘子 (天:河)

条盘 (邯:乡、永)

水盘 (邯:临)

托盘 (天:黄)

托盘的 (邯:大)

茶盘 (保:新、博)(邯:任、临)(石:无、灵)(天:饶)(唐:昌)

茶盘儿 (天:霸)(保:易、保、阜)(邯:任、鸡)(唐:卢)(承:平)

茶垫儿 (天:天)

茶盘的 (邯:邯)

茶盘子 (全省通行)

茶托的 (邯:肥)

托子 (邯:涉、内)(承:平)(天:故、庆)

托碟儿 （全省大部分地区通行）

【盖碗儿】 口大底小，上加盖的茶碗。

对碗 （石：宁）

合碗 （邯：内）

碗盖 （张：沙）（邯：永）

碗盖子 （张：怀）

扣碗子 （唐：丰、滦）

扣茶碗儿 （唐：昌）

茶闷子 （承：滦）

扣碗儿 （石：获、行、深、泽、枣）（唐：丰、滦、乐、抚）（天：河）（张：龙、赤、万、蔚）

扣碗 （石：灵、平、井）（张：张、宣）（邯：大、鹿）

挂盖碗儿 （邯：临）

茶盅扣碗 旧时女子出嫁陪送的一套茶具。（唐：迁）

【锔子】 锔碗用的。

格巴 （石：获、行、灵、无、平）（张：宣）

扒子 （石：泽、宁）（邯：临）

疤子 （邯：涉）

扒格锔儿 （石：正）

锔的 （邯：邯、大、肥）

【酒杯】

酒瓯儿 （保：清）

酒瓯 （邯：任）（天：桥、强）

酒钵子 大酒杯。（天：固）

酒盅的 （邯：邯）

酒盅子 （唐：滦、乐、抚、丰、昌）（天：东、静、安、河、庆、阜、黄）（张：怀、口）

酒盅儿 （唐：遵、丰、乐、昌）（承：丰）（天：安、庆、桥、天）（保：保、水、唐）（邯：南）

盅子 （石：建）（天：静、河）

酒盅 （全省通行）

酒盅 瓷的、个小的叫酒盅。（唐：大）

【盘子】

条盘 （石：灵）

碟儿 （天：天）（保：易）

碟子 （天：津）

碟子 专指小盘子。（石：正）（唐：昌、乐）（天：安）（邯：鸡、临）（承：围）

川盘 （张：怀）

盘的 （邯：广、邯、肥、魏、大）

茶盘子 （天：静、庆）（保：安）（唐：乐）

【冰盘】 大盘子。

抢盘 （保：定）（石：灵）（天：静、霸）

大抢盘 最大的。（天：安）

川盘 （邯：涉）

吃盘 （邯：任）

品盘 （天：桥）

总盘 （石：赞）

大总盘 （邯：鸡）

茶盘 （唐：滦）

全盘 （石：行、藁、建）

冷盘 一般指九寸盘。（天：天）

【饭盘子】 如饭馆服务员送饭时，将许多碗盘放一木盘内，一块端着分送。那种木盘叫饭盘子。

传盘 （天：桥）

盘子 （承：平）（天：武、任）

托盘 （保：唐）（唐：乐）

挑盘 （邯：南）

条盘 （石：新）（邯：鸡、永、漳）

条盘的 （邯：邯）

茶盘的 （邯：大）

饭盘 （全省通行）

油盘 （承：滦、兴、围）

锅盖 （邯：邯）

方盘 （唐：迁、昌）（张：沙）

挑盆 （天：安）

【盆子】

盆的 （邯：广、大）

瓦盆子 （承:青）（天:桥）

盔子 （唐:乐）（石:行）

瓦盔子 （唐:西、乐）

缸盆 （承:承）

玻璃盆 有釉子的。（保:博）

骰盔儿 掷骰子的盆，用来盛饭。（天:河）

【面盆】 装面的盆。

盔子 深的面盆。（石:灵）

面盔 大面盆。（石:灵）

瓷盔 缸形，但比缸矮。（保:兴）

盆子 浅的盆子。（石:灵）

饭盆 （张:蔚）

面盆的 （邯:魏）

面盆子 （唐:抚）

和面盔子 （唐:昌、乐）（保:阜）

和面盆 （天:河、安、桥）（邯:鹿、任、台）（石:灵、平、获）（张:口、鹿、崇）（保:易）

和面盆的 （邯:广、邯）

和面盆子 （张:各地）

瓷盆子 瓷制，和面用。（唐:乐）

【菜盆】

菜盔儿 （保:完）

菜盔子 （唐:抚、乐）（保:完、阜）

洗菜盔 （石:行）

菜盆的 （邯:魏）

大斗盆 盆中最大者。（石:栾）

【瓶子】

泵子 如醋泵、酒泵。（石:获）（邯:台）

汞 （邯:内）

棒子 （唐:丰、乐、蓟）

玻璃棒子 （唐:丰、乐、昌）

玻璃子 （唐:遵）

洋棒子 （唐:滦、遵、抚、西、昌）（承:平）

瓶的 （邯:广、魏、大）

瓶儿 较小的瓶。（天:强、任、山、津、河）（保:唐、完）（唐:滦、大）（石:衡、宁、正、灵）（邯:广、乡、清）

瓶瓶儿 （石:平、井）

洋瓶子 （唐:滦）（承:平、围、隆）

【瓶塞儿】 插入瓶口内，阻止瓶内液体外流。

瓶子呛儿 包括瓶塞和瓶盖。（唐:丰）

瓶抓儿 （天:庆、河）

瓶子抓 （天:黄）

瓶卓儿 （承:平）（石:平、灵、井）（天:孟、山）（邯:大、内）

瓶卓子 （张:怀）

瓶子塞儿 （天:天）

瓶子株儿 （天:桥）

瓶子扎儿 （石:建）

瓶 zuāir （天:静、故）

瓶絮儿 （石:正、宁）（唐:卢）

堵头 （天:饶）（邯:清）

瓶堵头儿 （唐:抚）（保:唐、涿）（邯:威）

瓶堵的 （石:灵）

堵头儿 （唐:昌）（保:博、完）

瓶子堵头 （保:高）

瓶子堵头儿 （保:兴、满、清）（邯:南）

瓶塞口 （石:行）

瓶塞子 （唐:西、乐、昌）（张:张、阳、沽、商、万、怀）

瓶塞的 （邯:邯）

瓶挡 （唐:遵）

【瓶盖儿】 盖在瓶口上，阻止瓶内液体外流。与瓶塞在形状上不同。

瓶盖子 （张:各地）

泵盖 （邯:内）

瓶子盖儿 （保:阜）（天:天、武）（唐:昌）

【玻璃瓶儿】

擞子 （邯:临、成）（张:尚）

瓶子 （天:天）

洋棒子 （承:青、围）（唐:滦、卢、迁、秦、西、蓟）

玻璃棒子 （承:承）（唐:乐）

凉瓶 （张:怀）（唐:丰）

洋瓶 盛酒的大玻璃瓶。（承:滦）（石:新）（天:永）（唐:大）

洋瓶子 （旧）盛酒的大玻璃瓶。（天:霸）（保:易、蠡）（承:丰、围）（唐:丰）

洋瓶子 （唐:蓟）

玻璃瓶的 （邯:邯）

玻璃瓶 （邯:魏、鸡）

玻璃瓶儿 （邯:涉）

玻璃瓶子 （唐:丰）

【茶叶筒】 盛茶叶的铁盒子。

洋揦子 （天:安）

洋揦子 兼盛颜料。（唐:丰）

茶叶盒 （邯:内）

茶叶罐儿 （天:天、桥）

【小铁筒儿】 方形或圆形。

洋揦子 （保:水）（唐:丰）

洋铁揦子 （唐:昌）

【醋坛子】

醋坛的 （邯:大）

醋瓮 （邯:柏、临）

醋壶子 （邯:磁）

醋缸 比醋坛肚大的。（邯:宗）

醋独芦 （保:兴）（天:饶）（邯:鸡）

醋泵子 "泵子"是大肚细脖的盛液体器物。盛酒叫酒泵子，又名独芦。（保:兴）

【好挑眼的人】

醋坛子 （承:承）

【老是担心自己的女人如何】

抱个醋坛子 （天:天）

醋坛子 指在男女关系上吃醋的人。（唐:乐）

【筷子】

扠八深子 （承:滦）

箸 （天:桥）（保:定、阜）（石:安、赞、新、行）（承:平）

箸子 （石:获、深、无、灵、藁、正、晋、泽）（保:博、定、高、阳、蠡、唐）（邯:鹿、柏）

箸子 （老）（天:饶）

箸儿 （文）（石:藁、栾、石）（天:故）（保:易）（邯:临、内、尧）

筷的 （邯:广、邯、肥）

【筷笼】

食篮 （天:饶）

箸篮 （唐:乐）

箸筒 （石:获、赞、灵）

箸笼 （全省大部分地区通行）

箸笼子 （天:河）

箸子笼子 （保:唐）

箸篓 （石:正）（邯:临）

筷筒的 （邯:鸡、肥）

筷子筒 （邯:任）（唐:乐）

筷筒 （石:宁）（张:商、尚）（邯:乡、内）

筷筒子 （张:蔚、宣）（邯:广、肥、永）

筷子笼 （唐:宝、西）（承:平、滦）（天:黄、献）（邯:宗、南）（保:完）

筷笼的 （邯:大、邯）

筷笼子 （唐:滦、昌、抚、三、大、卢）（张:崇、怀）（保:容、阜）（邯:清、内）（承:围）（天:静、大、山、安、天、河、霸、桥）

筷子笼子 （唐:丰、昌、蓟）（石:枣）（天:河、故、任、武、沧、庆）

筷篓 （邯:磁、台）（唐:乐）

【碗橱】

碗架 （保:兴、高、安、易、望）（唐:宝）（承:平、滦）（天:文、霸、饶）（张:龙、蔚、阳）

碗架子 （唐:遵、滦、玉、西、丰、三、蓟、乐）（石:枣）（天:固）（张:沙）

碗架儿 （承:丰、承、青、围）（唐:乐）

碗箱 （承:平）（邯:尧）

碗箱子 （唐:丰）（邯:任）

碗柜 （全省通行）

碗柜子 （张:各地）

碗柜儿 （天:静）

柜橱 （天:安）（保:涿）（承:兴）

橱柜子 （张:万）

柜橱儿 （天:安）

菜橱子 （保:博）

碗桌子 （天:桥）

放碗排 （石:元）

碗橱的 （邯:大、邯）

碗橱子 （唐:迁、滦、昌、遵、抚、秦）（天:天）

家什柜子 （张:怀）

【酒壶】

嗉子 （邯:乡、郸、沙）

酒嗉子 （天:安）（保:兴、蠡）（张:万、沙）（邯:鸡、任、郸、漳）（承:滦）

酒嘟噜 （承:平）（天:桥）

酒嗉的 （邯:大、广）

酒肚里子 极短。肚特大。（唐:丰）

抿壶 无把，头顶有一小嘴，酒从该处用嘴吸饮。（张:万）

咂壶 见“壶”条注。（石:束）

酒泵子 瓷的，大肚细脖，嘴沿宽。（保:定）

酒樽 细腰口，底大，可容三斤上下酒的锡酒器。（邯:广）

【酒瓶儿】

酒瓶子 （天:沧）

琉璃瓶 （邯:魏）

酒棒子 （唐:滦、迁、昌、乐）

酒捌子 （保:兴）

酒泵 （邯:内）

【碟子】

盘子 （天:桥）（石:泽、晋）（邯:成）（唐:乐）（保:阜）

小盘儿 （石:宁）

碟的 （邯:大、邯、肥）

【木勺子】 木勺多用以盛饭，所以与饭勺相混，参看“饭勺儿”条。

槟榔勺 （保:雄）

槟榔瓢 （保:新）

饭舀子 （唐:迁、昌）

粥瓢子 （唐:迁）

木瓢 （邯:柏）

木瓢子 （唐:卢）

马勺儿 （保:博）（唐:大）

骒马勺 与马勺不一样，把儿是有弯的。（保:兴）（天:大）

马勺 （全省大部分地区通行）

木勺的 （邯:邯）

木头勺子 （唐:滦、昌）

木头所子 （邯:周）

【饭勺儿】

椰瓢 （石:束）

粥瓢子 （唐:滦、抚、卢）

勺子 （邯:内）

盛饭勺子 （天:桥）

饭瓢子 （唐:宝、丰、遵）

马勺 （天:黄）（石:获）（唐:乐）

饭马勺 （天:霸）

饭所子 （邯:周）

饭勺子 （唐:抚）（张:各地）（承:平）（天:桥、任）

饭勺的 （邯:邯）

舀饭勺 （邯:肥）（石:束）（张:沽）

【做饭菜用的铁勺】

马勺 （唐:丰）

大马勺 （承:兴、隆、围）（天:天）

小马勺 （承:兴、隆）

大广勺 （保:蠡）

大勺 （唐:大）

炒勺 （天:天）

铁勺子 （唐:乐）

【羹匙】

勺儿 （石:束）（天:宁、武）

勺子 （石:衡）（天:饶）

小勺 （邯:任）（天:桥）

小勺儿 （全省通行）

小抄儿 （邯:内）

抄儿 （邯:内）

勺勺 （石:获、井、石）

勺勺儿 （石:平）

匙的 （邯:邯）

匙匙儿 （石:井）

调羹 （全省大部分地区通行）

汤匙 （石:灵）（唐:乐）

调羹儿 （天:强）

调羹儿 （文）（全省通行）

汤匙 （文）（全省通行）

汤匙勺 （邯:鸡）

羹勺 （邯:任）

羹勺儿 （天:静）（保:容）（邯:任）

调羹匙 （张:张）

调羹匙儿 （唐:滦、乐）（张:张）（保:唐、新）

调羹勺儿 （张:蔚）（天:河、沧、庆）（石:枣、获、石）

小调羹子 （张:怀）

汤勺子 （张:沽、沙、尚）

汤所子 （邯:周）

汤勺的 （邯:邯）

羹勺 瓷的小勺。（邯:清）

羹瓷 瓷勺。（承:青）

【抹布】

擦布 （邯:任）

擦桌布 （邯:内）

搌布 （全省通行）

搌布 蒸食物时铺在笼上的布。（天:文、山、任）（邯:鸡、台）（保:望、安、完）（唐:丰）

屉布 （天:河）

带手布 （天:静）

麻布 蒸干粮和擦碗筷用的。（石:枣、束）（天:饶、庆）（邯:南）（保:阜）

搪布 （承:平、丰）（唐:三）（天:宁）（保:定、安）（邯:任）（张:宣）

麻搌布 （邯:内）

桌布 擦桌子用。（保:蠡、雄）（石:无）

抹桌子布 （邯:台、宗）

【墩布】 擦地板用。

拖布 （唐:昌、乐）（承:平、隆）（天:宁）

拖帚 （承:平、隆）（石:高、宁）（天:宁、河）（邯:威、郸）（张:沙）

振布 （石:武）

地刷子 （保:高、满）（唐:丰、滦）（承:平）（石:赞、藁、栾、获）（天:东）（邯:郸、鸡、任、成、尧）（张:万、沙）

洗巴 （承:平）（天:宁）

墩巴 （保:安）

【礤床儿】 “礤”音 cǎ，又名菜擦子。刮刨蔬菜果品等使之成碎丝的器具。

礤堂 （唐:抚）

礤堂儿 （唐:昌）

礤堂子 （保:兴、新）

礤层 （唐:玉）

礤层子 （天:献）（保:雄）

礤蹭子 （唐:遵、蓟、昌）（天:固、霸）（保:保）

礤从儿 （保:满）

礤从子 （唐:迁、大）（承:滦）（天:河、桥、大）

礤擦 （唐:乐）

礤板 （石:灵、井）（保:唐、满）

礤腾 （天:大、静）（唐:宝）

礤凳 （唐:秦）（承:兴）

礤刀 （唐:玉）（石:无）

礤条 （石:灵）

礤筒子 （天:故）

礤子 （保:容）（张:张、宣、商、崇、口）（邯:乡、鸡、威、任、尧、丘）（天:天）

礤的 （邯:广、邯、大）

礤生子 （保:唐）

礤菜床儿 （天:安）

礤 zhong （石:泽）

菜床 （石:石）

菜礤子 （全省通行）

瓜礤儿 （邯:内）

【菜刀】

切刀 （全省大部分地区通行）

切菜刀 （全省大部分地区通行）

片刀 刀薄而灵便。（唐:昌）（承:滦）

厨刀 （邯:鸡、尧）（保:安）（张:宣）

做饭刀 （邯:尧）

老菜刀 较大的。（唐:昌、乐）

【屠宰用刀】

剥刀 （保:满）

【蒜杵】

捣槌 （唐:滦、丰）

捣蒜槌儿 （承:兴）（唐:乐）

捣蒜槌 （全省通行）

捣蒜槌子 （张:崇）

捣蒜槌的 （邯:广、邯）

蒜槌的 （邯:广、邯、大）

蒜槌子 （全省通行）

砸蒜槌子 （保:阜）

捣蒜棒子 （张:商）

蒜槌儿 （石:获、宁）（天:孟）（邯:广、尧）（承:承）

捣蒜杵儿 （保:阳）

捣臼槌儿 （石:高）

擂臼槌儿 （承:平）（石:石）（邯:柏、内）（张:万）

擂槌儿 （天:献）

砸蒜槌儿 （石:正、冀、束、衡、武、枣、深、泽、晋）（天:饶、强、肃）（邯:威、南）（保:定、保、水）

捣椒槌子 捣辣椒用的槌子。（唐:昌）

【蒜臼子】

盐臼子 （邯:磁）

蒜罐子 （全省通行）

捣蒜罐 （保:博、完）

蒜缸子 （承:平、围）

砸蒜缸儿 （石:深、泽）（天:饶）

臼椒缸子 （唐:乐）

捣椒缸子 （唐:昌）

捣药缸子 （唐:滦）

蒜钵子 （张:蔚、宣、阳）

捣蒜钵子 （张:商、崇、张）

擂臼 （承:平）（邯:内）（张:鹿、尚）

蒜臼儿 （石:高、深、建、新、灵）（邯:尧、广、邯、大、肥）

蒜臼的 （邯:邯、大、肥）

姜臼 （唐:宝、大）

蒜盔 （石:晋）

【捣蒜】

砸蒜 （全省通行）

样蒜 （古）“样”音 záng。（石:赞）

摧蒜 （承:平）（石:石、宁、武）（天:桥、庆）（张:龙、尚）（邯:尧、丘）（保:容）

chuán 蒜 （邯:大）

牙捣蒜儿 蒜不经捣，剥光皮就吃。（天:安）

捣牙蒜儿 （天:沧）

【水桶】

筲 （古）木制，也包括铁制的。（全省通行）

水筲 （全省通行）

水筲 方形白铁的。（唐:西）

水筲 柏木做的。（全省通行）

筲桶 （承:平）（石:石、平、无）（天:庆、肃）（邯:鸡、鹿、任、涉、成、内、尧、郸、魏、丘、漳）（保:安）

筲罐 木制的。(石:井)

水桶 专指铁做的。(全省通行)

洋桶 铁制的。(唐:乐、昌、滦、蓟、迁)

小桶 从井里打水用的小桶。(张:鹿)

泔水筲 装脏水的。(天:天、静)(邯:大)(唐:乐)

【肉墩子】

墩子 (承:承、平)(天:河)(保:保)

肉墩儿 (天:桥)

肉墩的 (邯:广、大)

菜墩子 (唐:丰、抚、迁、三、昌)(承:承、围)

剁肉墩子 (邯:成)

肉案子 (石:行、灵)

砧子 (邯:魏)

砧板 (承:平)(石:藁、高)(天:宁)(邯:柏、内、尧)(张:龙、赤)

板子 (保:雄)

菜板子 (唐:丰、乐、滦、抚、卢、秦、昌)(天:静)

【案板】

板 (天:沧)

板子 (天:静)(保:雄)

案子 (保:兴、博、唐、水、高、满、新、蠡、望、完、容)(石:深、泽、灵、元、束)(天:饶、固)

菜板儿 (唐:迁、秦、乐)(天:静、天)(承:承)

菜板子 (唐:遵、昌、迁、乐、蓟)

切菜板 (石:衡、枣)(天:孟、山、桥、安、津)(邯:涉)(张:沽)(承:隆、兴、围)

扞面板 (天:强)(唐:乐)

面板子 (天:桥、津、天)(唐:丰、滦)(承:围、隆)

面案子 和面用。(唐:迁)

【扁担】 方言中凡是做担水用的扁担,两头皆有钩子。如水扁担等就是,更有直接叫钩担的。

担子 (全省通行)

担的 (邯:鸡、肥)

水担 (保:唐)(邯:乡、宗)

水担的 (邯:广)

水扁担 (唐:迁、昌、乐)(承:兴、围)

挑水担子 (石:束)

水担杖 (保:兴)(石:晋)

担杖 (石:正、行、无)(天:饶、强、肃)(邯:邯、尧、内)(保:高、阜)

钩担 (邯:广、邯、大)(张:鹿)

挑子 (邯:内)

水挑子 (邯:内)

挑扁 一人挑东西用的。(唐:迁)

抬扁 两人抬用的扁担。(唐:迁)

旱扁担 与水扁担对称,专挑干东西,两头无钩。(天:桥)

【井绳】

水绳 (承:平)

汲绳 (承:平)(邯:内)(张:尚)

打水绳 (石:灵)(邯:尧)

辘轳绳 (天:霸、饶)(保:定、容)(唐:昌)

斗绳 下系水斗。(张:张、沽、商)

洗园绳 下面系柳罐的,浇园子用。(石:灵)

【饭桶】

饭筲 (承:平)

送饭罐 送饭用大罐子,不用桶。(石:灵)

【蒸菜】

打蒸锅 用锅蒸菜。(承:滦)

打蒸笼 用笼屉蒸菜。(承:滦)

【蒸笼】 蒸食物用的竹制器具,可以一层或几层。

屉 (唐:滦、乐、抚、迁)

大屉 (唐:昌)

笼 (全省大部分地区通行)

笼屉 指大个的,屉与帽成套。(天:天)

蒸笼 指小个的,一般包子铺用。(天:天)

蒸屉 (唐:迁)

笼屉 小的蒸笼。(石:衡)

笼屉 指一节说的。(保:新)(天:山、安、宁)(承:隆)

笼扇 （石:正、束）（天:庆）（邯:鹿）（保:唐、高）

笼隔 “隔”音 jiě。（石:灵、建）（邯:任、内、宗、威）

甑品子 （张:商）

【箅子】 秫秸或竹木制的平面格状的蒸物用具，本身没有盖，所蒸之物放上后另用盖盖上。所以，它与蒸笼不同。

箅碍 （邯:大）

笼篦子 （邯:尧）

蒸饽饽箅儿 （石:束）

箅叉子 （天:庆）

笼扇 （石:行、束）（天:津）（邯:尧）

干粮箅 蒸干粮用的。（石:宁）

平屉 （唐:丰、乐、昌、卢）

屉子 （唐:西、三、蓟）（天:桥、宁、永）（邯:内）（保:高）（张:阳、宣、沙）（承:平、青）

【盖箅子的草编锅盖】

拍子 草编的圆凸形的锅盖，专用以盖箅子蒸东西。因为草在蒸汽上来后，本身涨大，盖得特严，容易蒸熟东西。（保:易）

蒲盖 稻草或蒲草做的。（天:桥）

蒲盖子 麦秸做的。（唐:乐、昌）

蒲拍子 （唐:丰）

蒲墩 （承:青）

笼头 （承:围）

【泔水缸】

泔水瓮 （保:保）

泔水盔儿 （天:河）

恶水缸 （承:平）（石:栾）（邯:尧、鸡、内、漳）

潲水缸 （承:平、隆）（石:无）（邯:内）（张:尚）

泔水缸子 （保:阜）

糊水缸 “糊”读去声。泔水也叫糊水。（邯:内）

【水缸】

缸子 （石:藁）

皮缸 （唐:蓟）

大皮缸 （唐:遵）

瓮 （石:石、束、晋、深、无、元）（保:兴）（天:文）（邯:南、临）（张:阳）

水瓮 （石:正、深、建、泽、灵、衡、武、枣、井）（天:饶、强、任、河、庆、肃）（邯:乡、宗、威、柏、鹿、内）（保:博、保、高、蠡）（张:万、沽、尚、怀）

碴子 （邯:沙、郸）

水碴子 （邯:沙）

缸 （天:桥）

【柴】

柴禾 （全省大部分地区通行）

干柴 从山上割的柴。（张:鹿）

干柴 （石:井）（唐:西）

穰柴 （石:井）

【麦秸】 方言中的“滑秸”都指用磙子轧过的。

麦秆 （石:宁）

黄麦秸 （张:鹿）

麦根子 麦秸铡去穗剩下的部分。（天:静、大、安、霸）（保:博）（唐:乐）

麦秸秆 （唐:西）

麦秸子 （唐:丰、滦、昌、西、乐）（承:围）

穰子 轧扁的麦秸。（石:行）

穰 和泥用麦秸时叫。（石:灵）

花秸 （唐:大、蓟）（天:桥）（保:雄）（石:行）

滑秸 （唐:乐）（保:兴、博、蠡）（石:正、束、行、新、灵）（天:饶、任、文、河、安、霸）

麦滑秸 （天:静、天）（唐:遵、丰、昌、乐）

麦滑子 （天:沧）

【秫秸】

秫秫秸 （张:张、万）

格挡子 （邯:成、永）（张:鹿）

格挡的 （邯:广、大、肥）

格当 一截秫秸去了皮叫格当。（石:束）（张:鹿）（天:霸）

酱秆儿 （唐:三）

高粱秸 （全省大部分地区通行）

秫 gai （天:沧）

莛秆 高粱生穗的一节，可作浅子、锅盖等用具。（天:静）（石:束）

【炊帚苗儿】 指脱粒后的高粱穗儿。

炊帚莛 （石:束）

炊帚穰 （石:束）

炊帚毛儿 （邯:内）

穰子 （唐:丰）

高粱挠 （唐:大、蓟）

高粱杪 （石:束）（天:桥）

高粱穰子 （天:安）

高粱毛儿 （邯:内）

撒高粱穰子 （旧）过去人们过年时，在外屋院子里撒上一层高粱穗图吉利，是一种迷信活动。（天:沧）

【豆皮】

豆夹皮 （张:鹿）

豆角皮 （天:沧）

豆各穰 （唐:丰）

【豆秆】

豆秸 （邯:乡、宗）

豆秸子 （全省大部分地区通行）

豆该子 （唐:昌）

豆哥棱 （唐:乐、蓟）

戈 nāng 指轧过的碎豆秸。（唐:遵）（邯:台）

【稻秆】

稻梗 （天:肃）

稻秸子 （全省大部分地区通行）

稻草 （全省通行）

粳秸草 （唐:抚）

粳子草 （唐:遵、昌）

粳干草 （唐:滦、昌）

干草 （石:束）

【烟秆】 烟的茎。

烟梗 （天:静、安、肃、武）（石:赞）（邯:乡、威、宗、鹿）（承:滦、平）

烟秸子 （天:山、津、庆）（保:兴、易、水、清、阜）（石:行、灵）（唐:滦、遵、卢）（承:丰、青、围）

烟拐子 （唐:丰、乐、昌）（天:安）

烟拱 抽烟时遇到烟秆，火常向外鼓，所以这时烟秆叫烟拱。（承:滦）

烟茎子 （天:河）

烟莛 （石:束）

烟筋 （天:桥）

烟柴 （全省大部分地区通行）

烟柴 指碎烟叶中的柴草。（天:天）

烟梗子 （天:天）

烟叶秆 （张:万）

烟秆栏 （张:龙）

烟根子 专指烟叶下边带的硬根儿。（唐:昌）

【碎柴草】

各闹 （石:束、赵）（邯:乡、宗、威）

蒙糠 扬场时分离出来的碎草和谷皮。（石:束）（天:桥）

烂柴禾 （唐:丰）

柴禾各闹 （天:桥）

草禾末子 （天:天）

【芝麻秆儿】

芝麻秸子 （天:天）（唐:乐）

芝麻秸 （天:桥、霸）（唐:昌）

芝麻秸儿 （石:深）（天:安、任）（唐:丰、大）

芝麻铜子 （石:衡）

芝麻铜 （保:蠡）

摇钱树 （迷）过年时常摆在门后、窗台上以求得吉利。（唐:昌）

芝麻穰 （石:束）

【劈柴】

火头 （天:庆、宁）

柴头 （天:文）

生火柴 （张:沙）

干柴 （石:获、灵、正）（保:博）

劈柴柈儿 （承:滦、围）

劈柴柈子 柈子指大的劈柴。（唐:乐）

劈柴爿 （石:建）

片柴 （石:赵、井）（邯:广、魏、任、临、内、涉、邯）（张:万）

片干柴 （石:井）

柈子 （唐:昌、乐）（承:平）

碎劈柴 （天:天）

【刨花儿】

刨渣的 （邯:广）

刨花穰的 （邯:广）

推刨花 （唐:迁）（张:万、鹿）

推刨花儿 （石:行、建、无、平、灵）（保:完）

推刨渣 （邯:尧）

推刨渣子 （石:井）（邯:鸡、沙、任）

刨花 （张:沙、商）（承:承、围）（唐:大、昌）（石:武）（天:阜）（邯:肥）（保:唐）

刨花儿子 （天:桥）

刨花子 （唐:玉、抚、乐、昌）（承:滦）（石:枣）

【火柴】

缺灯 （承:隆）

缺钉 （张:鹿）

齐灯 （邯:肥）

取腾 （唐:蓟、乐）

取 tang 儿 （石:宁）

取灯儿 （全省通行）

取灯儿 农民手工自制的，将剥去皮的苘麻秆晒干，劈成四寸长短的薄片，一头削尖蘸上硫黄，干后就叫取灯儿。（天:固、强、静）（保:新）

大取灯儿 麻秆蘸上硫黄。（保:博）

洋取灯儿 （保:兴、高、满、阜）（石:获、井、衡）（唐:丰、滦、遵、昌、抚、玉、乐）（承:承）（邯:尧）（天:任、固、强、桥）

取厅子 （天:庆）

自来火 （石:石、栾、无）（承:平）（天:宁、肃）（邯:魏、鸡、永、内、漳）（保:安、容）（张:沙）（唐:三）

自来火 打火机。（全省通行）

洋火 （天:天、桥、霸）（唐:昌）（承:青、围）

洋漆 cèng （邯:临）

取特 （天:饶）

【糨糊】

糊的 （邯:大、邯）

糨糊 市场上买的。家制的则叫糨子。（全省通行）

糨子 （全省通行）

洋糨子 不腐坏的。（天:安）

面糊 （唐:滦、昌、西）（石:获、行、建、平、灵、元、井）

【闷葫芦罐儿】 过去攒钱的一种器具，只有入孔，无出孔，钱攒满后，砸破器具取钱，又名扑满。

闷葫芦 （石:石、晋、无、衡）（天:强、故、宁、霸）（邯:郸、鸡）

闷罐儿 （石:石、深）（承:隆）（天:固、山）（邯:鸡、永）（张:阳）

瓶子 （唐:滦）

扑满 （旧）（保:兴）（承:承）（天:故）（邯:磁）

老钱罐儿 （天:天）

泥饽饽儿 （天:桥）

【喷壶】 浇花用具。

喷葫芦 （天:静）

【纺车】

纺车的 （邯:广）

纺线车 （承:围、隆）（石:束、武）（天:强、故、阜）（张:龙）

纺线车子 （天:桥）（承:平）（保:阜）

纺线车车 （张:怀）

纺车子 （天:天、武）

纺花车 （全省大部分地区通行）

纺花车的 （邯:广、邯、大）

纺花车子 （石:冀）（邯:清、威）

纺棉花车 （石:枣）

纺棉花车子 （石:衡）（邯:南）

摇车 别地另有意思。（承:平）（石:石）（邯:内）

摇车 把线摇成线穗。（保:保）

【弹花弓】

弓 （唐:昌、乐）（承:滦）（石:元）（天:桥、饶）（邯:南）

弓子 （唐:三）（保:阜）

大弓 （天:庆）

弹弓 （承:平）（张:阳）

轧花弓 （邯:永）

棉花弓 （唐:宝）

棉花弓子 （天:静）（张:万）（唐:乐）

弹棉花弓子 （唐:丰、乐）

弹年花弓子 （唐:卢）

弹棉花弓 （唐:遵、蓟、西）（承:滦）（石:晋、灵、衡、枣、正）（天:津、武、霸）（保:易）

弹娘花了 （天:桥）

风弓 指电力弹棉弓。（唐:大）

背弓 指人力弹棉弓。（唐:大）

【弹花槌】

驴轴棍 （唐:丰）

弓槌儿 （唐:昌、大）

棉花槌 （承:兴）（唐:宝、蓟）（石:建）（保:阳、兴）

棉花槌子 （唐:三）（石:武）

棉花槌儿 （天:静）

弹棉花槌子 （唐:丰、乐）（石:枣）（天:宁）（保:唐、满）

弹年花槌子 （唐:卢）

轧花弓 弓和槌都叫轧花弓。（邯:永）

【弹花机】

洋弓 （石:获、束、深）

风弓 （保:博）（石:束、深）

洋弹 （石:正）

轧花机 （天:桥）

【弹棉花】

弹花 （石:河、宁、赵）（邯:广、魏、大、磁、鹿、任、肥、涉、尧、鸡、临）

弹鸟花 （唐:昌、乐）

弹年花 （唐:卢）

弹瓤子 （天:桥、津）（邯:南）

轧棉花 “轧”音 yà,去棉籽,不是把棉花弹松。（石:石、武、束）（邯:南）（保:博、阜）

轧花 去棉籽。（邯:永）

轧娘花了 （天:桥）

【针线笸箩】 盛针线用。

针葫芦 （张:沙）（石:井）

克子 （保:唐、望）

篮儿 （唐:乐）（石:高）（邯:郸、周）（张:万）

营生筐 （邯:鸡、临）

活筐的 （邯:大）

活筐儿 （邯:威）

做活筐子 （邯:清）

线筐子 （邯:鸡）

针线筐 （石:行）（邯:台）

笸箩 （全省大部分地区通行）

笸箩的 （邯:广）

笸箩儿 （保:保）

活笸箩 （石:河）

营生笸箩 （唐:丰、宝）

扣笸箩儿 （石:束）

针笸箩 （唐:大）

活计笸箩 （承:滦）

簸箩 （全省通行）

簸箩的 （邯:邯）

活簸箩 （邯:乡、大、宗、鹿、南）（保:安）

簸箩子 （唐:山）

簸箩儿 （石:宁）

针线簸箩 （天:津、天、庆）（张:龙）（保:新）（石:晋、平、枣、行、灵、建、正）

针线簸箩子 （天:静、桥、河）

活针簸箩 （唐:蓟）

做活簸箩的 （邯:广）

簸拉 （唐:西）

活线簸拉 （保:望）

针线簸篮儿 （天:固）

营生簸箩 （邯:尧）

活簸拉 （保:高）

布弱儿 （石:赞）

【顶针儿】

针箍儿 （承:丰）（邯:内）（保:定）

项根儿 （唐:宝、抚、三、蓟、玉、大）（天:静、桥）

顶哥儿 （唐:丰）

顶针子 （张:怀、沽、商）

丁针儿 （唐:昌）

【装针工具】

针簪儿 （天:桥）

针箍儿 （天:肃）

【线陀螺儿】 线绕在轴上打转儿，用以捻绳。

拨槌 （邯:鹿）（承:隆）

拨槌子 （保:兴）

拨锤儿 （承:滦）（邯:鹿）

拨子 （天:河、桥）

拨喽转儿 （石:正）

搅搅儿 （邯:威）

撒莫莫儿 （天:庆）

线陀冷子 （天:静）

线陀子 （承:滦）（唐:乐）

线螺子 （天:大）

陀螺儿 （邯:涉）（唐:蓟）

捻线陀陀 （张:万、阳）

拨笼鼓儿 （天:河）

纺槌 （邯:鹿）

落车 （石:赞）

捻线螺 （邯:磁）

捻线陀 （石:正、建）

线毂辘儿 （石:束）（张:宣）

碌子 （邯:成）

锤子 （天:天）

线锤子 （天:桥）

拨唧子 （唐:大）

【线轴儿】

楼夫 （邯:磁）（天:桥）

落马 （邯:威）

线轴的 （邯:邯）

编线的 （邯:邯）

线棒子 （妇）（张:鹿）

轱辘线 （石:建）

线轱辘 （邯:肥）（承:围）（张:商）（唐:抚）

线轱辘儿 （全省通行）

洋线子轴儿 （石:灵）

洋线轴儿 （张:蔚）（保:雄）

【线穗中的轴】

线衷轳 （石:获）

fū 子 （石:束）

旋风 把一桄线缠绕在小线轴上时，用以支撑线桄儿的（与线桄圆周相当的）大轴。（唐:滦）（石:束）

锭杆子 （天:桥）

【线板儿】

针线板 （保:易）（唐:昌）

线板 （唐:秦、昌）（保:保、满、安、蠡、容）

线板子 （唐:丰、遵、昌、乐）（天:黄）（保:阜）

【绣花针】

小针 （石:灵）（邯:邯、南）（保:保、容）（天:强）（唐:乐）

小花针 （保:容）（唐:乐）

花针 （唐:大、蓟、遵、乐）

花针儿 （承:平）（唐:乐）

插花针 （唐:丰）（石:晋、深、灵、藁、正）（天:献、霸、桥）（邯:大）

插花针儿　（天：霸）

插花儿针　（天：庆）

插花儿针儿　（天：静）

绷花针　（邯：邯、肥、成）

崩花针　（邯：肥）

刺花针　（邯：尧）

扒花针　（邯：尧）

扎花针　（邯：鸡、磁、成）（张：万、康）（唐：遵、山、蓟、抚）

扎花儿针　（全省通行）

【缝衣针】

针　（全省大部分地区通行）

机针　缝纫机用针。（天：天）

洋针　（邯：柏）（石：灵）

中针　（唐：丰）

大条针　（唐：玉）

半大针　（唐：滦、遵、昌、乐）（天：大、桥、安）（保：新）

小半大针儿　（天：静）

行针　做皮袄用的针。“行”音 hàng。（天：静）

二号针　做被子用的叫头号针。（邯：大）（保：容）

三号针　（天：安）（保：容）

【纳鞋针】

针条　（天：河）

截半针　（石：建、灵）

针锥儿　（天：桥）

大针　（天：桥）

水针　（承：平）（邯：内）（张：万）（保：定）

大水针　（唐：昌）（张：张、万、康、沽）

大荐子　（唐：西）

大钗针　（张：康）

大查针　（张：阳、怀）

大叉子针　（张：崇）

大掘子针　（唐：昌）

大迷针　（唐：丰）

绱鞋针　（石：获）（保：博）

纳底子针　（石：正、获、灵、枣、束）（天：天）（邯：肥）（保：容）

头号针　（保：兴、容）

锤查子　（唐：迁、乐）（承：平）

针缀　（石：平）

锥梗 tìng 子　（承：承）

半大针　（天：津）（唐：大）

【大针】

大长针　缮被用。（天：天）

大毒针　可单用，亦可作锥子的锥头。（唐：昌）

缮衣裳针　做棉衣用。（天：静）

穿针　缝席棚或麻袋用。（唐：昌）

大梅针　二寸多长。（唐：玉）

砌盖田针　穿高粱秸做浅儿或锅盖用。（唐：蓟）

弯针　缝麻袋帐篷用。（张：宣）（天：天）

针坯　（天：沧）

【针鼻儿】

针门　（天：饶）（邯：尧）（保：高）

针门儿　（石：晋、深）

针眼　（石：宁）

针眼儿　（天：静）

针锅　（石：赞、井）（邯：柏）

针锅儿　（石：获）

针官儿　（张：康）（石：平）（邯：临、涉、磁）（保：易、望）

针迷儿　（邯：内）

针管儿　（石：行、赵、元、平）（邯：涉、临、磁）（张：康）

针冠儿　（石：建、灵）（张：鹿、怀、张、万、阳、宣、商、崇、蔚）（保：唐、兴）

针屁眼　（石：灵）

针屁虎　（保：新）

针屁股　（石：无、石）（保：易）

针屁股儿　（保：保）

针屁股门儿　（保：兴）

针肚儿　（保：博、高、蠡）

针笃儿 （石:泽）

针迷管儿 （石:正）

针眉儿 （石:束）

针迷子 （唐:宝）

针米官 （石:石）

针鼻管 （石:河、藁）（邯:鹿）

针鼻子眼儿 （邯:宗）

针抿 （天:饶）

针抿儿 （唐:丰、遵、西、三）（天:饶、强）（邯:乡、威）（承:平、兴、围）

【针脚】 衣服缝线的距离。

针眼 （承:兴）

针间 （张:崇、鹿）

针线 （保:兴）

针鸠 （唐:三）

针距儿 （天:桥）

【穿针】

听针 （邯:广）

扎针 （保:容）

纫针 （全省通行）

【鞋拐子】 钉鞋时下面垫的铁具。

拐子 （天:天、沧）

拐针 （张:宣）

针拐 （唐:昌）

钉拐子 （承:围）（唐:蓟、昌）

【锥子】

针锥 （全省大部分地区通行）

针锥子 （唐:昌、滦、抚）

针锤条 （唐:蓟）

钩锥 绱鞋时把绳子挂在钩上，一下就可以带过去。（张:宣）（天:天）

锥槎子 锥头的针。（唐:抚）

锥的 （邯:邯、大、肥、涉）

糟锥子 （天:天）

【铺衬】 碎布条。

铺 （张:万、阳、怀）（邯:鸡、尧）（石:武、石）（承:平）

垫 （石:衡）

衬 （唐:滦）（石:宁、栾、晋、石）（邯:成、鸡、尧）（张:崇）（保:博）（承:平）

铺布 （张:康）

垫底子布 （石:灵）

烂布拉条 （石:灵）

烂铺尺 （邯:内）

堂底 指鞋底部分的里子。（天:天）

鞋里子 （天:天）

布拉絮儿 （石:正）

铺扯 （唐:宝、大、抚、昌、秦、蓟）（承:兴）（石:藁、深、束）（天:黄、庆、大、桥）（保:易）

铺尺 （石:灵、枣）（保:阜）（天:安）

铺绸 （天:静）（唐:乐）

铺差 （唐:丰、迁）

【袼褙】 硬厚之纸板，或用碎布条和纸用糨糊打成。

夹纸 （保:兴）（唐:丰、宝、西）（天:安、天、河、武、霸、静）（邯:柏）

草各摆 （石:灵）

布各板儿 （石:灵）

铺柴 （唐:迁）

棵子 （唐:抚、昌）

袼 （石:武）

袼白 （石:藁、束、灵、正）（保:阜）

袼伯 （邯:磁）

褙 （石:衡、赞、晋、建）（邯:乡）（张:万）（唐:山）

褙的 （邯:广、邯、大）

褙子 （天:固）（保:涿）（邯:乡、任、南）

打衬子 （张:怀）

扪褙的 （邯:广）

衬子 （张:宣）

纸背子 做书皮用。（天:安）

【补丁】

补一块　（石:石）

补亭　（唐:丰、乐）

补丁　（天:天）

【洗衣板儿】

水板　（天:固）

糙板　（邯:内）

搓板　（天:桥）（唐:滦、蓟、昌）

搓板儿　（全省通行）

擦板　（承:平）（邯:鹿、内、尧）

衣裳板　（张:鹿）

洗衣砖　（石:藁）

洗衣裳砖　（石:无）

洗衣裳板的　（邯:邯）

洗衣裳板子　（张:怀）

钱板　（张:沙）

钱板子　（天:黄）

钱板儿　（全省大部分地区通行）

chóu 衣板　（保:雄）

搓衣裳板　（石:束）

【洗衣石】

搓石　（承:滦）

【棒槌】　洗衣用的杵。

练槌　（邯:内）（承:平）

槌锭子　（唐:滦）

槌敲儿　（张:万）

棒槌　（承:平）（唐:滦）（天:献）

棒槌子　（唐:遵）

槌衣裳棒　（张:商）

洗衣裳棒　（石:获）

【槌石】　槌衣服用的砧石。

槌木石　（天:固）

槌板石　（全省通行）

春板石　（唐:遵）

槌门石　（唐:丰、迁、三）

春门石　（唐:蓟、三）

槌崩石　（唐:卢）

槌薄石　（邯:涉）

槌盘石　（石:元）

砸布石　（石:衡、枣）（天:桥、津）

榨布石　（天:桥）（石:宁）

槌布石　（全省大部分地区通行）

槌布石头　（邯:邯）

槌衣裳石头　（石:无）（张:张、万）

搓石　（承:隆）

存么石　（唐:抚）

槌磨石　（唐:西）（天:宁、武、津）

【晒绳】

晒条　（保:兴、保、水、满、阳、清）（石:行）（天:天）

线条　（唐:滦）

搁条　（保:唐）（邯:鹿、任、尧）

行条　（保:望）

格吊　（邯:邯）（保:望）

榥绳　（张:崇、怀）

衣裳绳　（唐:大）

晒衣裳绳子的　（邯:大）

搭衣绳　（石:建）（唐:大）

搭衣服绳　（张:沙）

搭衣裳绳　（石:石、晋、深、灵）（邯:肥、南）（张:鹿）

晾衣裳绳儿　（唐:昌、乐）（石:高）

晾衣服绳子　（天:天）

铁条　（唐:乐）

【绳子】

腰子　（天:孟）

缫子　中等粗细。（石:晋）

索子　较长。（承:平）（石:井、藁、赵、元、赞、无、正、深、泽、平、行、新、灵、建、获、石）（邯:柏、内）（保:定、阜、唐）

索子　铁链。（天:固）（保:新）

索子绳　指细而结实的绳。(天:强)(保:唐、博)

绳　较粗。(天:河、庆、宁、津)(邯:磁)(石:无、晋、灵、正)(保:博)

绳啊　(张:鹿)

绳的　(邯:邯)

绳子　细小。(天:河、庆)(唐:滦)

绳子　做鞋用的。(邯:南)

绳儿　(唐:滦、乐)(石:行)(张:沽)

【晒晒】　使东西见太阳。

晒出个　(张:怀)

晒 sheng　把洗过的东西放在晒绳上。(唐:滦)

晒晒　(唐:昌)

晾晾　(天:天)

【晾晾】　放在背阴儿地方见见风。

出出　(石:灵)

晾　(石:枣)(天:永)(邯:漳)(张:万)

过过风　(天:天)

【新衣第一次洗】

下水　(天:安)(唐:大、乐)

头一水　(天:天、固、安、桥)(邯:邯)(唐:乐、昌)

洗头水　(石:灵)(邯:永)(唐:丰)

头澡　“澡”音 cháo。(石:灵)

【洗一水】　衣服洗一次。

洗洗　(天:天)

洗一营　(石:无、正)

洗货　(唐:三)(石:宁)(天:饶)(保:博)(张:怀)

chóu 一货　(保:容)(天:桥)

洗一回　(唐:抚)(保:兴)(邯:临)(石:枣)

chóu 一水　(天:肃)

chóu 一水　(保:雄)(唐:大)

【两水】　衣服洗两次。

两回　(邯:邯)(石:束)

两货　(天:天、饶、桥)(保:博、容)(张:怀)(承:青)

两槽　(石:无、正)

第二水　(天:天)

【投投】　衣服用肥皂水洗之后,再用清水洗。

漂漂　(天:桥)

净净　(天:庆)

提提　(天:饶)

提一提　(邯:磁)(张:商)

冲一冲　(邯:尧)

摆　(唐:西)(石:新)

摆摆　(全省大部分地区通行)

摆一摆　(唐:玉)(邯:邯)(天:庆)(张:张、怀)

搓　(唐:西)

搓搓　(邯:临、清)(唐:滦)

涮　(唐:西、乐)(石:建)(天:静)(邯:南)

涮涮　(全省通行)

涮涮　和“投投”不同,专指不仔细洗。(石:束、正)(唐:丰)

涮涮　专指洗碗。(唐:昌)

涮一涮　(承:平)

投　(天:天)

投投　指洗菜。(石:灵、宁)(邯:临)(保:博)(唐:蓟)(天:桥)

投投　指洗粮。(邯:乡)(天:天)

投一投　(唐:玉)(承:平)

撷撷　(邯:涉)

抽抽　(石:获、平)(唐:昌)

再摘　(天:桥)

【灰水】　柴灰滤水而成,洗衣用。

小灰水　(唐:大、昌)(石:束)(天:静、桥)

淋灰水　(石:束)(唐:乐)

【淋灰水】

淋灰　(邯:魏)

泡灰水　把灰水拌后在盆里澄清。(承:滦)

【浆衣服】　“浆”读去声。

浆衣服 （全省通行）

浆衣裳 （天:安、饶）（张:张、商、鹿、怀）（石:深、枣）（唐:抚、三、大、玉、乐）

泡衣服 （石:赞）

糨糨 （石:正）

浆浆 （天:天、武）

【熨衣服】 方言中说“烙”，一般指用“烙铁”烙。

舒坦衣裳 （保:雄）

烫衣裳 （张:怀）（保:蠡）（邯:肥）（石:冀、束）

烫衣服 （全省通行）

烙布服 （承:青）

烙衣服 （全省大部分地区通行）

烙衣裳 （唐:大、迁、乐）（天:永、肃、饶）（张:鹿）（保:保、满、蠡、阜）（石:藁、深、灵）

熨熨 （邯:鸡）（石:泽）（天:安）

烙烙 （唐:昌、乐）（天:固）（保:博、唐）

熨衣裳 （天:桥）

扒煞衣裳 （唐:昌）

【衣服晾干后喷上水，用手拉平叠好】

铺拉衣裳 （天:静、桥、安）

lū 衣裳 （承:围）

潲点水 （天:天）

【做衣服】

缭衣裳 （石:灵）（唐:乐）

揍衣裳 （唐:迁、乐）（天:安、固、桥、静、霸）（石:泽）（承:滦、围）（保:容）

扎衣裳 用缝纫机做衣服。（天:天）

揍衣服 （天:固）（唐:昌）

缝衣服 （全省通行）

缝衣服 （老）（石:石）

缝衣裳 （天:阜）（保:唐）（邯:台、涉）（石:正、灵）（张:沽）

做衣服 指衣服做得不好，有厌恶的意思。（承:滦）

【缝补破衣服】

缝衣裳 （天:庆、桥）（唐:玉）（保:阜）

缝衣服 （保:兴、新）（天:强、肃）（唐:山）（承:丰、平、滦、围）

补衣裳 （天:天）（唐:大、昌）

【剪裁】 把布按身体大小裁开。

铰 （唐:昌、乐）（承:平）（石:衡、枣、晋、灵）（天:固、武）（张:阳）（邯:宗、威）

铰铰 （石:灵）（承:承、平）（天:桥）（邯:鸡、尧）（唐:乐、大）

裁裁 （邯:鸡）

裁铰 （邯:任）

裁剪 （张:张、万）（承:平）（天:津）

剪剪 （唐:乐）

铰衣裳 （承:围）（邯:大）（唐:丰、抚、乐、大）（天:静、安、桥）

裁衣裳 （天:天）

【裁尺】 剪衣服专用的。

皮尺 （天:天）

布尺 布尺六寸相当于一市尺。（唐:玉）

裁衣裳尺子 （天:肃）

鞋面子尺 比裁衣尺小五分。（唐:滦）

粗布尺 比裁衣尺大，七寸相当于裁衣尺一尺。（承:滦）

裁衣尺 量细布用的尺，一尺相当于粗布尺的七寸。（承:滦）（天:桥）

附 方言中“裁尺”和“市尺”的比较

裁尺	市尺	地区
比市尺大		（石:石）（唐:昌、蓟）
比市尺小		（唐:大）
等于市尺		（唐:玉）
老年人说		（邯:广）

【量身高】

量身材 （承:平、丰）

量身长 （天:天）

量身高 （天:天）

量身量 （唐:丰）

【量衣服】

派身材 （保:阳）

排身子 （石:灵）

派尺寸 （石:行）

排衣裳 （石:泽）

量长短 （石:泽）

教衣裳 （天:静）

教尺寸 （天:天）

约衣裳 （唐:昌、乐）

量肥瘦 （唐:滦、乐）

量身 （邯:涉）

量身的 （邯:肥）

量身子 （石:灵）（邯:内）

量身量儿 （保:兴）（唐:丰）（承:滦）

量大小 （全省通行）

量量大小 （天:固）（保:容）

量身材 （全省通行）

量身长 （石:获）

量尺寸 （保:易、唐）（天:河、安）（石:深）

量量 （邯:广、大）

【打粉线】

打道儿 （张:万）

打印 （天:饶）

绷线 （石:建）（邯:肥）

摔粉线 （石:灵）

绷灰线 （承:平）（石:获）（天:固、桥）（保:定、满）（邯:清、任）（张:龙、尚）

绷粉线 （石:灵、束）（邯:尧）

打墨线 “墨”音 mì。（唐:丰、昌）（天:大）

打墨线 指用墨斗取木直。（天:天）

打眉线 （邯:南）

【把线抹上唾沫放在衣服上画出印来】

打水线 （承:滦）（石:石）

划线 用针划布。（天:天）

【缭贴边】

缭贴缲 （天:静）

缭贴脚 （唐:丰）

按贴切 （石:平）

使贴边 （保:容）

绷贴边 （天:桥）

上贴条 （邯:涉）

缭贴鞘 （石:灵）

勾贴边 （承:滦）（天:桥）（保:易）

缲贴边 “缲”音 qiāo。（唐:丰、昌）（保:易、新）（天:桥）

绷贴边 指用大针码先固定。（天:天）

上贴边 （天:天）

牵贴边 （承:滦）（天:饶）

扎贴边 （唐:迁）

镶边 （石:赞）

缭边 （石:建）

【衣服外边上沿的边】

镶边 （邯:广）（唐:乐）

镶牙子 （天:天）

站边 （唐:昌）

【贴边】

贴脚 （唐:丰）（天:大）

贴俏 （石:无）（邯:广）（天:大）

【缠缝儿】

严缝 （石:束）（天:桥）

严缝儿 （张:万）（保:阜）

缲缝儿 （承:青、滦）（保:易）（唐:迁）

缝缝 （邯:肥）

缝缝儿 （唐:昌）（天:任）

纡缝 头遍叫勾，二遍叫绷，三遍叫纡。“纡”也叫“缭”或“缲”。（承:滦）

缭缝儿 （石:宁、泽）（唐:迁、乐）（承:滦）（天:安、饶）（保:兴）

【缲边儿】 “缲”音 qiāo,亦作“缔”。

缲贴边 （唐:丰、昌）

缭边儿 （天:饶）（唐:西）

包缝儿 机器包。（天:天）

勾缝儿 用勾针勾。（天:天）

牵边 （天:饶）

缝边儿 （保:蠡）

【绷一条绫子】

镶一条绫子 （天:固、安）

钉一条绫子 （天:静）

缀一条绫子 （保:博）（石:灵、井）

【棉衣里表攈在一起】

kē lōu （邯:广）

纆上 （天:天）

【里与面合起来用小针脚缝住】

贵 （张:康）

扦上 （天:天）

【里子、棉花用上下针缝起来】

杀 （张:康）（天:桥、安）（承:围）

纆 （唐:丰）

纆上 （天:天）

【绷住】 做衣服怕布移动,先用大针脚使之固定。

攈住 （邯:广）（石:正）（唐:丰）

纆上 （唐:乐）

绷上 （天:天）（唐:昌）

【鞋里底子上面的衬布】

底衬 （邯:广）（唐:昌）

衬底 （天:沧）

【比着样子裁鞋帮】

开鞋帮 （承:滦、围）（唐:乐、丰）

替鞋样 （天:天）

【鞔鞋帮儿】 在鞋帮上包上一层布。如丧事中,在鞋的外面缝一块白布,就叫“鞔”。“鞔”音 mán。

蒙鞋帮儿 （承:平）

kè 鞋帮儿 （邯:广）

配鞋帮儿 （邯:广）

鞔上 （唐:昌）

粘鞋帮儿 （唐:滦）（天:饶）（保:易）

鞔鞋帮子 （天:天）

沿鞋帮儿 （唐:丰）

裱鞋 （天:桥）

【垫鞋底子】

铺鞋底子 （天:安）

络鞋底 （邯:大）

填底心 （承:滦）（唐:三）

做底子 （唐:西、乐）

填底子 （石:衡）（天:饶、肃）

补底子 （天:肃、安）

垫底子 （石:获、元、高）

钉鞋掌 （天:天）

【纳鞋底子】

纳底的 （邯:大）（唐:昌）

钉底子 （唐:大、三、乐）（承:围）

纳底子 （天:天、桥、安）

纳鞋帮 （天:天）

【钉扣子】

钉疙瘩儿 指钉用布做的纽扣。（唐:丰、迁）

钉扣抿儿 （唐:丰）

钉扣抿儿 指钉用布做的纽扣。（承:滦）

钉扣门儿 （唐:昌）

缀扣 （邯:广、磁、涉）（天:饶、肃）（石:灵、石、束）

缀扣儿 （石:建、赞、正、深、晋）（张:鹿）（保:涿）（天:强）（唐:乐、昌）

缀扣的 （邯:邯、肥）

缀扣子 （全省通行）

缝扣儿 （保:阜）

缝扣子 （承:平）（石:灵）（张:赤、蔚）（唐:大）

钉扣儿 （天:桥）

钉纽儿 （承:滦）

钉扣子 （天:安）

钉疙瘩袢儿 指布做的纽扣儿。（天:安）

缝疙瘩袢儿 （天:沧、武）

【绣花】

绷花儿 （邯:邯、肥）

做花 （石:建）（邯:任）

插花 （石:武）（天:饶、大、阜）（保:高）

插花儿 （唐:丰、乐）（石:灵、藁、晋）（天:安、霸、桥、静、河、肃）（邯:大、南）

扎花 （石:灵）（天:固）（邯:威）

扎花儿 （唐:滦、玉、西、大、秦、乐、昌、抚）（承:滦、平、青、围）（天:肃）（张:万）（保:满、兴）（邯:磁）

拨花儿 （张:怀）（天:饶）（保:博、满、兴）（邯:尧）

拨花 （天:河）（保:唐）（邯:任、漳）（石:元）

zè 花 （张:沙）

【打补丁】

贴补丁 （天:强）

缭补丁 （石:灵）

缀补丁 （石:灵）（保:唐）

缝补丁 （承:平）（天:固）

钉补丁 （张:万）（唐:乐）

补补 （唐:三）

补补丁 （唐:乐）（天:天）

【做被卧】

搸被火 （唐:迁、乐）

搸被子 （天:肃、静）

搸被卧 （承:滦）（天:桥）

缝被卧 （全省通行）

缝盖服 （张:鹿）

做被卧 （天:天）

做盖底 （邯:磁、肥）

做盖窝 （张:商、怀、张）

缝盖卧 （张:尚）

缝被卧 指被子破了或线断了再缝上。（唐:昌、三）（承:平）（天:山）（石:行）

缱被卧 （保:蠡）

做铺盖 （保:安）

做盖地 （邯:邯、鸡、大、磁、宗、临、肥、周、成）

缝盖地 （邯:涉、尧）

缝被子 （邯:涉、内、尧）（石:获、行）

套盖地 （邯:涉）

做盖体 （邯:广）

做被活 （唐:卢、昌）

【缱】 长线直缝，大针脚。

绗 （唐:丰、宝、昌、西、蓟）（承:平）（天:天）（保:唐、水、阜）（张:宣、尚、商、口）（石:安）

绷 （唐:滦）（保:阜）（承:围）

【两块布用两边来回的针脚缝在一起】

递 （保:高）（张:怀）

马住 （张:崇）（保:阜）

缭 （天:天）

【装】 把棉絮放在被套里。

套 （全省通行）

套套 （邯:大）

套套的 （邯:肥）

套被套 （承:隆、围）（唐:乐）

套被卧 （邯:台）

套盖地 （邯:涉）

装套子 （唐:卢、乐）（石:武）

絮套 （天:永、献）（邯:鹿、任、南、内）（保:新）

絮套子 （石:武）（天:静）

絮被子 （唐:大）

絮被卧 （天:天）

八　亲属

【父亲】

达　(承:丰、滦)

达　当地回族用。(天:肃)

达达　(张:商、怀、尚、康、张、万)

爹　(全省通行)

爹　儿媳称公公。(唐:丰、西、玉、蓟、乐、滦、山)(承:承、围)(天:黄、桥)(保:保、水、兴)(邯:邯)(石:深)(张:万、阳、蔚、怀、鹿、宣、沙)

爹爹　当面称。(唐:滦、秦、山)

干爹　义父。(天:天、桥)

老爹　义父。(唐:昌)

大爷　(承:承、滦)(唐:山)

叔叔　过去迷信,怕小孩不好养,把父亲改嘴叫叔叔。(石:正)(承:滦)

伯　(天:静、黄、津、山、沧)

伯伯　参见"叔叔"条注。(石:正)

老子　(张:万)(石:深)(唐:乐)

老的儿　(天:故、桥、安)(石:深)

爸　(承:承、滦、围)(天:天)(石:深)(唐:玉)

爸爸　(天:天、桥、安)(唐:丰、乐、蓟、山、大)(承:兴)

我们老爷子　对外人说到自己父亲时这样说。(天:安)(唐:大)

我们老爹　对外人说到自己的父亲时说。(天:天)

我们老头儿　对外人说到自己的父亲时说。(天:天)

【母亲】

娘　(全省大部分地区通行)

娘　为使小孩好养活,不叫妈而叫娘。(承:平、承、隆、滦、围)(石:深、冀)(张:各地)

娘啊　(石:元、晋)

娘啊　当地回族用,两字连读作 niá。(保:定)

妈　(天:天、安、武)(唐:丰、乐、宝、玉、大)

妈呀　(唐:各地)

妈妈　(天:天、安、武)(唐:山、蓟)

伯　(保:定)

奶　(天:津)(石:建)

妞　(保:安、兴)

婶婶　怕小孩不成人,把母亲改嘴叫婶婶或大大。(石:正)(承:滦)

大大　见"婶婶"条。(石:正)

嬷　(保:阳、定)

娅　(保:新、安、容)(天:山)

啊　(天:黄)

wǎi　少数人说。(保:安)

【伯父】

伯　(保:唐、新)(天:安)(唐:山、大)

伯伯　小孩多称。(石:宁)(天:故)

伯伯　当面称。(邯:尧)(唐:遵)

伯伯　(全省大部分地区通行)

大伯 （唐:滦、卢、昌、迁、山、乐）（承:滦）（石:灵、泽、赞、无、获、正、建、行、河、新、平、赵、藁、栾、宁、武、冀、井、高、深）（天:饶、强、静、献、文、大、安、霸、庆、肃、河）（保:博、易、水、安、阳、新、兴、雄、阜）（邯:柏、鹿、任、南、尧、临）

大大 （唐:乐、滦、山）（保:保、高、完、满）（天:静）

大爷 （全省通行）

大爹 （唐:山、昌、秦、抚）（承:青）（天:饶、任、肃）（保:唐、安、雄、蠡）

老爹 （唐:昌）

叔叔 （石:井、平）

【伯母】

伯 （唐:山、滦）

伯娘 （承:隆）（邯:内）（石:晋、安）（保:清）（张:尚）

大伯娘 说妇女摆架子:“看她像个大伯娘似的。”（唐:乐）

妈 （保:高、兴、完）

大妈 （唐:乐、丰、山、大）（天:霸）

大妈妈 （天:静）

大奶 （天:庆）

大丫 （天:黄）

大娘 （邯:邯、宗、乡）（石:深、冀、元）（承:隆、平、承、兴、滦、围）（天:天、桥、霸、安）（张:各地）

大娘 对远门伯母或一般女人的尊称。（唐:丰、山、遵）（保:涿）（石:藁）（承:滦）（天:天、桥、安）

大大 （石:获、正、石）（保:兴、清、阜）（邯:邯、台）

娘 （石:无）（唐:大）

娘娘 （邯:南）（天:黄、天）

婶婶 （石:井、平）

嬷嬷 （石:宁、藁）（邯:临）

大嬷 “嬷”音 mó。（石:晋、深）

【叔父】

叔 “叔”音 shōu。（唐:丰、滦、昌、抚、迁、三、宝、蓟、乐、玉、山）（石:晋、束、衡、枣、深、宁、无、建、冀、石、行）（天:饶、强、津、东、任、文、桥、河、霸、沧、庆、大、阜、静）（保:易、阳、新、容、满）（邯:涉、临）

叔 “叔”音 shū。（天:桥、天）

叔儿 （承:承）（保:水、兴、唐、完）

叔叔 （邯:邯）（天:天）

×叔 称堂叔父,叔父行几前边加排行数,如“二叔”。（保:安）（唐:乐）（承:滦、围、隆）（天:桥）

大叔 （天:安、桥）（唐:乐）（邯:邯）

小叔 （邯:涉、邯）（天:桥）（承:承）

老叔 指最小的叔父。（承:滦、围、平、承、隆）（唐:山、乐、玉）（天:静、安、黄、霸）（保:安）

伯 排行第几加排行数,如:“三伯”。（天:天、桥）

伯伯 （张:张、赤、龙、宣、阳）（天:天、孟、沧、黄、静、安）（唐:秦）（石:平、井）

老伯 最小的叔父。（天:天、黄、静、津、霸、安）

达 不同场合可指父亲。（张:万、尚）（承:滦）

达达 （张:阳、沽）

爹 （张:沽）

爹爹 （张:张、康）

×爹 称亲叔父,同时加排行。（保:安）

【婶母】

娘 （保:雄）

×娘 “娘”前加叔父的排行。（保:安）

娘娘 （张:龙）

婶娘 （唐:丰、蓟、山）（承:围、隆、承）（张:张、康、沽、赤、怀、尚）（保:安、望、完）（邯:郸、鸡、内、肥）（天:宁、永）（石:安）

婶娘 （文）（邯:尧、永）

婶子 对远门叔母的称呼。（唐:丰、玉、山）（邯:邯）（石:深）（天:安）

婶子 （全省通行）

×婶子 称堂婶母(称亲婶母为“×娘”)。用时前加叔父的排行,如“大婶子、二婶子”……,最小的称为“老婶子”。（保:安）（承:围、隆）（唐:昌、滦、蓟、乐）

婶子儿 （邯:柏）

婶儿妈 对近门叔母的称呼。（唐:丰、昌、山）

婶儿 （唐:乐、玉、山）（天:天、桥、武）（石:石、栾、正）

（承：滦、围）

婶的　（邯：邯）（石：石、栾、正）

婶咯　如："我婶咯叫你有事。"（邯：宗）

婶婶　（石：建、行、正、灵）（天：庆）（张：阳、龙、赤、沙、鹿、怀、万、口、张、崇、宣）（邯：宗、涉）

婶婶　小孩称。（石：无、深）（天：黄、天、桥）

【祖父】

公公　（石：无）（天：东、宁）（唐：丰）（邯：内）（保：望、清）（张：尚）

公公　（文）（天：故）

爷　（全省大部分地区通行）

爷　当面称。（唐：秦、山、蓟、乐）（承：隆、承）（天：安）

爷　远房的。（天：饶）

爷　表示更亲近。（承：平）

老爷　（保：新、雄）（邯：涉）（天：任、霸、文）

老爷　如果"爷"字读轻声，就是外祖父；不读轻声是称最小的一个叔祖。（保：兴）（邯：邯）（唐：乐）

爷公公　孙媳称。（唐：玉、乐、山）

爸爸　回族用，后字读轻声。（保：兴）

爷爷　（石：深、冀）（天：天、桥、静、武）（邯：宗、乡）（承：滦、围）（唐：滦、昌）

【曾祖父】

老爷爷　（石：束、深、冀）（天：桥）（邯：邯、宗、乡、威）

老太爷　（天：天、安）（唐：丰、蓟、滦）

老祖　（天：安、霸、文）

太爷　（承：承、平）（唐：滦）

【祖母】

奶　（唐：山、丰、滦、遵、昌、迁、抚、乐、蓟、卢、西、玉、大）（承：平、青、兴）（天：肃、宁）（保：望、安）（邯：肥、内、郸）（张：赤、龙、尚）

奶　非亲祖母。（天：饶）

奶　小孩称。（邯：邯、鸡）

奶　亲近的。（承：平）

奶奶　（唐：乐）（天：天、桥、安）（石：深、冀）（邯：宗、乡）（承：滦、围）（张：各地）

大奶　（天：静）

婆婆　（石：无）（天：故、宁）（唐：丰、山）（邯：内）（保：望）（张：尚）

婆的　（邯：漳）

娘娘　少部分人称。（石：建）

娘娘　非亲祖母。（石：束）

奶婆婆　孙媳背地里称。（唐：昌）

奶奶婆　（唐：玉、山）（承：滦、平）（天：天、桥、霸）

奶奶婆婆　（唐：乐）

【曾祖母】

老奶奶　（天：桥）（邯：宗、乡、威、南）（石：束、深、冀）

老太太　（天：天、安）（唐：乐、丰）（石：深、冀）

太太　（承：平）（唐：滦、昌）

太奶　（承：承）

老太奶奶　（天：天）

老祖　（天：霸）

【外祖父】

外爷　（天：阜、宁）（邯：内）

老爷　（全省通行）

【外祖母】

老儿　（唐：昌、乐）

老娘　（石：高、灵、赞、无、获、晋、石、建、束、行、河、平、衡、武、赵、枣、栾、深、冀、井）（天：孟、东、桥、阜、山、津）（保：阳、阜）（邯：广、鸡、大、宗、威、鹿、清、沙、任、南、尧、漳、肥、丘、乡、郸）

姥姥　（天：天、霸、安）（承：承、平）（唐：丰、乐、滦、蓟、昌、大）（石：深）（张：各地）

【外孙】　请注意"甥"和"孙"读音的区别。

外甥子　（张：万、康、崇）（天：河、沧）（保：兴、雄、蠡）（邯：乡）（唐：宝、玉、山）（石：赵、无、行、深）

外甥子　比称外甥更亲。（天：饶）（邯：邯）

外甥的　（石：石）（邯：磁、成、邯）

外甥儿　（全省通行）

外甥 (承:隆、青)(唐:滦、蓟、乐)(天:桥)

外甥孙 (天:霸、安)

外孙小儿 (张:龙、赤)

小 当面称前边加姓,如王小。

白眼儿 (天:天)

【外孙女】

妮 用时前加姓,如王妮。(石:泽)

外甥女的 (邯:成、邯)(石:石、正、获、栾)

外甥女子 (张:崇)

外甥姑娘 (天:津)

外甥孙女儿 (天:霸、安)(承:滦)

外甥闺妮 (承:围、滦)(天:故、东、桥、庆、津)(邯:磁、威、邯)

外甥妮子 (石:元)

外甥女儿 (全省通行)

外甥生 (邯:永)

孙女 (唐:乐)

甥女儿 (天:强)

【婆婆】 媳妇称婆母。

老婆婆 媳妇称婆母。(承:滦、围)

婆的 (邯:邯)

婆子 例:“她婆子可好哩!”(邯:台)

娘 (张:万)(天:桥)

妈 当面称,背后感情好的和表尊敬时也称“妈”。(唐:昌、滦、蓟)(张:万)

妈妈 (天:安)

姑 (张:万)(天:桥)

【儿女】

跟前的 (石:束)(唐:丰)(天:桥)

孩子 (天:天)

孩子们 (唐:昌)(天:桥)

崽子们或孩崽子们 (唐:昌)

【儿子】

孩的 (邯:广、邯)(石:井、泽)

孩子的 (石:获)

小孩子 (全省通行)

小孩儿 (唐:滦)(保:兴)(张:万、怀)

小的 (石:获、正、栾、石)(邯:邯)

小子 (唐:山、昌、大、迁、宝、玉、丰、滦、乐)(承:承、平、兴、围、丰、青、隆、滦)(石:灵、衡、无、赞、元、冀、井、平、新、高、深)(天:故、河、桥、安、饶、静、任)(保:易、唐、雄、蠡、高、清、阜、容)(邯:宗、威、临、邯)(张:各地)

小 tìng 子 当儿子面回答别人。(石:宁)

少的 (天:故、静、桥、安、肃)(承:滦)(唐:乐)

少爷 小孩淘气时叫。(天:静)

娃子 (唐:蓟、山)(承:平)(天:故、宁、肃)(保:雄)(邯:内、尧)(张:尚)

娃娃 专指很小的儿子。(石:获)

年轻的 (天:肃、桥)

儿 (天:桥)

写子 (唐:乐)

小写子 (唐:乐)

【儿媳妇】

丫头 (承:滦)

儿妇 (保:雄)(天:安)

儿媳 (张:赤)(承:承)

儿妻 (邯:鸡、内、邯)

儿子媳妇 (唐:昌、山、乐、宝、玉)(承:平)

儿子媳妇儿 (唐:乐)

媳妇儿 (天:静)(承:滦、围)(唐:乐)

儿媳妇儿 (天:静、天)(石:冀、深)(唐:乐)

儿媳的 (邯:磁)

媳的 (邯:邯)

媳妇的 (邯:鸡)

媳妇子 (承:承)(邯:永)

媳妇儿 (张:怀、蔚、万、赤、口、尚、宣、崇)

××家媳妇 称时前加儿子名字。(石:灵)

××家 (天:桥)

小小儿家 (天:故)

大姐儿　在娘家排行老大或丈夫排行是老大，则被婆家的人们称为大姐儿。（石：获）

【过去公婆对儿媳妇的称呼】

××的娘　前加孙子的名字。（天：安、桥）

××的妈　前加孙子的名字。（保：兴）（承：滦、围）（天：霸）（唐：乐、宝、玉）

××的大嫂　前加媳妇的小叔或小姑的名字。（保：兴）（承：滦）

××他大嫂　前加小姑或小叔名字。（保：兴）（唐：昌）

××媳妇儿　（唐：乐）

××他妈　（天：天）

××家　前加丈夫名。（唐：丰）（天：桥）

老大家　“家”音 jie。（唐：乐）

老二家　“家”音 jie。（唐：乐）

妮他娘　对有女孩的儿媳妇的称呼。（石：深）（天：庆）

小他娘　对有男孩的儿媳妇的称呼。（石：深）（天：庆）（承：滦、围）

你嫂子　旧时婆婆对儿媳妇的称呼。（天：桥、庆）（承：滦、围）（唐：乐、宝、玉、昌）（张：各地）

他嫂子　（唐：乐）

【女儿】

丫头　（唐：遵、乐、大、山）（承：围、平、承、青）（保：定）（邯：广）（石：深）

丫头　有时含贬义。（唐：昌、乐、山）（天：任）（张：各地）

丫头　有时也泛指姑娘。（唐：乐）

丫头　幼女。（承：兴）

女丫头　（承：青）

姑娘　（承：围）（张：沙）

妮　（邯：大）（石：深）

妮子　（邯：任、临）

闺妮　（石：枣、冀）（邯：邯）（天：桥）

闺女　（全省通行）

小女　（邯：尧）

女儿　山里人称。（保：安）（承：滦、围）

女儿　娇称。（唐：丰、山）

女子　（张：康、崇）

老生闺妮　指老年生的女孩。（石：灵）（邯：邯）（天：桥）

老疙瘩　母亲对自己的老闺女的爱称。（天：安、黄）（承：滦、围）（唐：乐、山）

锅台转儿　有时泛指，有时专指小的女孩。（唐：昌）

赔钱货　旧社会对女儿的贬称。（唐：昌）

【大儿子】

大哩　（邯：大、临）（石：深）

大的　（全省通行）

大的　对别人说话时用。（保：高）（石：深）（承：围）（唐：大）（天：安）

大的　也可指大女儿。（天：天）（唐：大、昌）（承：围）

长的　（天：桥）

大家　（贬）（石：宁）

大号的　（承：承）（天：桥）

大小子　（唐：遵、宝、玉、山、滦、蓟、昌、乐、大）（石：深、冀、高、灵、无、正、建、束、新、枣、栾、元）（承：隆、围）（天：静、河、阜、饶、桥、安）（保：高、唐、清、阜）（邯：邯）（张：各地）

大小　（邯：大）

大小的　（邯：鸡、邯）（石：石、获、正、栾）

大少的　（天：静）（唐：玉、山）

大少　厌恶的称呼。（唐：玉、山）

大孩的　（邯：广、鸡、邯）

头大的　（石：正、泽、深）（唐：玉、山）（天：强、故、桥）（承：滦、围）（邯：成、任、尧、邯）

行大的　（天：天）

老大　（天：天）（唐：乐）（承：青）

大儿　重音在“儿”上。（天：桥）（石：栾）

【二儿子】

二的　（全省通行）

二的　也可指女儿。（天：天）（承：围）（唐：乐）

二哩　（邯：大、临）（石：深）

二小的　（邯：鸡、邯、肥）（石：石、获、正、栾）

二小　（邯：丘、大、肥）

二小子 （石：高、灵、无、正、建、枣、栾、深、冀、元、束、新）（承：隆、滦、围）（天：饶、静、阜、安）（保：高、阜）（邯：肥）（唐：滦、昌、乐、大、蓟）（张：各地）

二写子 （唐：乐）

二家 （贬）（石：宁）

二孩的 （邯：广、鸡、邯）

二少的 （天：静）

二少 厌恶的称呼。（唐：玉、山）

二头儿 （唐：乐、山、滦）

二号的 （唐：遵、山）（承：承）（天：桥）

二号儿子 （唐：乐）

二儿 重音在“儿”上。（天：桥）

第二 （天：饶）（唐：昌、蓟）

第二的 （邯：尧）（天：河）

老二 （邯：邯）（天：天）（唐：乐）

老二子 （承：承、青）

老二儿子 （保：唐）

行二的 （天：天）

笛儿拉儿 （天：津）

豆拉的 （天：强）

得儿拉儿子 “得儿拉”即“第二啦”。（唐：丰、山）

得儿喽儿子 （唐：昌、乐、山）

【三儿子】

三的 （全省通行）

三家 （贬）（石：宁）

三子 （张：蔚）

小三 （天：饶、桥）（石：无）（邯：任、丘、邯）

三小子 （石：高、灵、正、建、新、栾、元、束、深、冀、枣）（承：青、隆、滦、围）（天：静、阜、安）（邯：邯）（保：高、阜）（唐：大、滦、蓟）（张：各地）

三小的 （石：石、正、获、栾）

小三儿 （石：获）（承：丰）（邯：大、乡、宗）（唐：乐）（天：天、桥）

三号的 （天：桥）（承：承、围）（唐：乐、玉、山）

三少的 （天：静）（唐：山）

三孩的 （邯：广、鸡、邯）

第三的 （邯：尧）

老三小子 （保：唐）

老三 （邯：邯）（天：天）（承：青）

老三子 （承：承）

三儿 重音在“儿”上。（天：桥）

行三的 （天：天）（唐：滦）

【小儿子】

老头 （唐：丰、蓟、西、山、遵）

老太 （保：涿）（天：安）

老乜 （石：新）（唐：山）

老的 （唐：大、三）（保：水、新、兴、雄）（天：静、安、霸、桥）

老末 （石：建）（张：沽）（保：满、安、清）（邯：邯、内、台）（天：宁）（唐：迁、西、抚）（承：隆）

老儿 （天：静、霸）

老儿子 （天：天、安）（唐：滦、昌、乐）

老疙瘩 爱称。（唐：丰、乐、山、抚、遵、秦、昌）（保：涿）（承：承、平、隆、滦、围）（天：安、静）（张：万、怀）

老号子 （承：丰、滦）

老根 爱称。（张：崇）

老根儿 （承：承）（石：深）

老包扎 （承：承）

老小 （张：万、蔚）（天：饶）（承：丰）

老小儿 （承：兴）（天：静）

老小子 （承：承、青、隆、围）（张：张、康、口）（保：高、完、容、满）（天：静）（唐：大、昌）

老小儿子 （保：唐）（承：兴）

老生儿 （天：阜）（邯：成、鹿、邯）

老生子 （石：高、正、束、新、衡、灵、元、藁、深、井）（天：饶、强、孟、献、大、山、沧、桥、阜、肃）（保：博、蠡）（邯：任、尧）

老生子儿 （天：庆、东）

老生小子 （保：阜）（石：获）

老生小儿 （邯：临、邯）

老生儿子 （天：桥）（唐：乐）

老生得小　(邯:大)

老生的儿　(邯:邯)

老送子儿　(天:津)

老生子妮　(邯:南)

老生子小儿　也可不儿化。(邯:南)

第老的　(唐:遵)(天:文、沧)(邯:内)

行老的　(天:天)

老生的小的　(石:石、正、栾)

老柯子　(张:万)

第末的　(张:沽)

老末　"末"音 miè。(唐:乐)

末生　(石:灵、束、平、深)(唐:玉、宝、山)

末犊儿　(石:建)

末末犊儿　(天:安)

小小子　(石:正、束、深、栾)(天:河)(保:唐)(邯:邯)

小的　(石:衡、赵)(保:新)(邯:邯)

垫窝　有骂人的意思。(邯:尧)

挤豆腐　(承:承)

宝贝疙瘩　(唐:乐)(承:滦、围、平、青)(天:安)

【岳父】

丈儿爷　也可不儿化。(唐:抚)

老丈人　(唐:乐、玉、宝、山、滦、蓟)(天:天)

老丈人　(贬)(承:围)(石:宁、衡、束、河、安、深、冀、正、栾、石)(张:尚、口)(保:完)(天:天、饶、安)(邯:邯)(唐:丰、大)

丈人　(邯:乡、宗)(天:桥)

老丈儿人　(承:滦)

丈儿人　(承:滦、承)(石:深)

丈人爹　(唐:山、迁)(天:饶)(邯:邯)

丈爹　别人说,如:"你丈爹说……"(承:青)

爹　(新)(唐:昌、玉、山)

爹　当面称。(石:晋、正、灵)(邯:临、台、宗、乡)(承:青)

爸　当面叫。(张:各地)

爸爸　当面叫。(天:天)

龙头拐　(承:平)

地东　开玩笑时称别人的岳父。(唐:昌)

外父　(承:滦)(保:阜)(张:各地)

叔　面称。(天:庆)

叔叔　(邯:清)

大爷　(邯:清)

大伯　面称。(天:庆)(石:深)

老泰山　旁人介绍时的尊称。(石:束)(天:安)(唐:玉、山)

孩的老爷　(邯:鸡、邯)

孩子老爷　对人谈话时称。(唐:山、昌、乐、滦、玉、宝、丰、大)(石:深)(承:滦、围)(天:桥)

【太岳】

老丈人　(天:桥)(邯:任、成)

丈儿爷　(天:安)

爷丈人　背后称。(唐:滦、昌、丰)

丈爷　(天:天)

爷爷　面称。(承:青)(唐:滦)

【岳母】

丈母　(全省大部分地区通行)

老丈母　(贬)(石:获、无、晋、冀、河、新、赵、藁、宁、灵、石、安)(承:平、隆)(天:饶、故、肃、东、献、河、宁)(邯:鸡、宗、邯、永、鹿、台、临、肥、涉、漳、内、尧、沙)(保:博、望、唐、安、阳、蠡、定)(张:怀、沙、尚)(唐:卢、乐、秦、山)

老丈母　有骂意。(石:束)(邯:邯)

丈母娘　对别人说话时用。(唐:乐、丰、昌、滦)(天:桥、天、安、霸)

丈母娘　开玩笑时用,如:"看你那丈母娘。"(石:衡)

老丈母娘　(承:承、平、滦、围)(天:沧、黄、河、安)(邯:邯)(石:石、正、栾、深)(唐:宝、玉、丰、乐、山、大)

丈母娘得　(邯:大、邯)

丈妈　别人说,自己只能叫妈。(承:青)

大妈　(唐:抚)

妈妈　(新)(唐:山、昌、玉)(承:滦、围)

妈 当面称。(唐:滦、蓟)

娘 当面称。(承:滦、围)(石:晋)(天:饶)(邯:临、台、宗、乡)

大娘 (邯:清)(唐:抚)

大奶 (天:庆)

婶子 (邯:清)(天:庆)

外母 (张:赤、蔚)

外母娘 背后称。(张:万、康、沽、宣、尚、张、商、崇)(保:阜)

孩的老娘 (邯:鸡)

孩的姥姥 与别人说话时用。(唐:玉、宝、丰、昌、乐、山)(邯:邯)(天:安)

他(孩子)姥姥 与别人谈话时用。(唐:滦、昌)

【太岳母】

老丈母 (邯:任、成)

老丈母娘 (天:桥)

丈母奶奶 (天:天)

丈儿奶奶 (天:安)

奶丈母娘 (唐:大)

奶奶丈母娘 (唐:丰)

奶奶 当面称。(唐:乐、滦、蓟)(天:桥)

【女婿】 岳父对女儿丈夫的称呼。

姑夫子 (张:赤)

姑老爷 姑娘的兄弟对女婿的称呼。(保:涿)

姑老爷 (褒)有时前加女儿的排行。(唐:宝、玉、丰、蓟、山)

姑老爷儿 (保:水)

姑老爷子 (天:安)

姑爷儿 (石:深)

姑爷子 (承:承、青)(唐:昌、丰)

姑爷 (天:天、桥)(唐:大、乐)

闺女女婿 (唐:乐)(石:深)

闺妮女婿 (石:衡)

女婿汉 (张:康、口、万)

×姐夫 用时前加女婿的姓。(石:藁)

你姐夫 岳父母当面称。(唐:滦)(天:桥)

××(儿女)他姐夫 (唐:乐)

××(外甥)他爸爸 (唐:乐)

门婿 (石:束)(邯:鸡)(保:蠡)

贵客 对别人女婿的尊称。(天:大、河、肃)

娇客 (唐:滦)

【孙子】

孙儿 (唐:蓟、秦、遵、宝、玉、山)(承:围、平、隆、兴)(天:饶、故、桥、河、肃、任)(石:获、安)(邯:乡、鸡、宗、永、鹿、清、台、沙、周、内、尧)(保:望、安、蠡)(张:宣、鹿、尚)

孙儿 只有在骂人时用儿化。(保:高)

孙的 (邯:大、肥、邯)

孙的儿 (邯:广、邯、磁)(石:石、栾、正)

孙小子 (张:赤)

孙孙 (石:建)

小孙孙 叫小孩。(唐:抚)

小孙子 爱称。(唐:蓟)

小孙子儿 叫小孩。(唐:乐)(天:桥)

【孙媳妇】

孙儿媳妇 (石:井、安、深)(天:强、故、宁、阜、肃)(张:龙、怀、鹿、万、赤、尚)(保:兴、望、雄、完、安)(邯:乡、魏、永、台、任、肥、涉、周、内、尧、鹿、鸡、郸、宗)

孙子媳妇 (天:安)

孙子媳妇儿 (唐:丰、抚、山、滦、乐、宝、玉、昌)(保:阜)(石:冀)(天:天、桥)(承:滦、围)

孙子儿媳妇儿 (天:安、霸)(石:深)(张:万)

孙子儿媳妇 (石:深、衡、泽)(邯:柏)(天:桥)

孙的媳妇 (邯:广、鸡、大、漳、邯)(石:石)

孙的儿媳妇 (邯:邯)(石:获)

【孙女】

孙妞儿 (保:涿)(天:静、桥)

孙子女 (邯:磁、漳、邯、柏、尧)(石:元)

孙女子　(张:康、沽)(邯:任)

孙女儿　(天:天)

小孙女　爱称。(唐:蓟)

孙子丫头　(张:万)

【孙女婿】

姑爷　(天:河、安)

孙子儿女婿　(保:容)(邯:鹿)(天:天)

孙子女婿　(石:灵、河)(承:平、丰、围)(唐:山、三)(张:沽、怀、蔚)(保:兴)(邯:临、南、邯)(天:河、武、沧、安)

孙女儿女婿　(唐:丰、滦、山、昌、乐、宝、玉)(天:饶、安、霸、天、桥)(石:深、宁、晋、建)(保:易、唐、高、定、保)

孙女女婿　(唐:大)

孙女子女婿　(石:正)

孙妞儿女婿　(天:静、桥)

孙儿女婿　(唐:遵、秦、蓟、大)(承:隆、围)(石:衡、深、元、栾、束、安、新)(天:固、孟、故、文、山、河、宁、肃)(张:宣、龙、鹿、万、尚)(保:水、安、雄、涿、阜、博、新)(邯:乡、鸡、大、宗、威、永、台、沙、肥、涉、成、内、尧、郸、魏)

【重孙子】

重孙　(天:阜、黄、河)(张:各地)

重孙　有时带骂意。(邯:邯)

重孙儿　(保:阳)(邯:台、沙、邯)

重孙儿(小孩)　(唐:乐)

重孙子儿　(天:庆、沧、桥)(保:易)(石:宁、枣、河、获、深、冀)(邯:广)

【重孙女】

重孙子女　(石:元)(邯:邯)

重孙妞儿　(天:静、桥)(张:各地)

【舅父】

娘舅　称别人的舅父。(邯:鸡)

亲娘舅　(天:安)

舅儿　(保:唐、水、满、望、清)

舅舅　(邯:邯)(天:天)(唐:大)(石:石、正、栾、获)(张:各地)

舅　(天:桥)(唐:丰、乐)

×舅　排行第几就叫几舅。(承:围)(天:安)(唐:乐)

舅爷　别人称呼,含有贬义,骂某人向别人献媚时就说:“你别他妈当舅爷!”意思是:舅爷是内亲,能坏事。(承:承)

舅爷子　称别人岁数较大的舅父,有敬意。(承:承)

老舅爷子　别人称呼,如:“你们老舅爷子来了!”(唐:乐)

【舅母】

妗子　(全省大部分地区通行)

×妗子　排行第几即冠几,如“大妗子、二妗子”等。(天:安、霸)(唐:乐)

妗母　(唐:蓟、秦、山)(石:新、安)(天:宁、肃)(邯:柏、涉、尧、鸡、鹿、临、内)(保:定)

妗妗儿　(石:正)

妗的　(石:石、正、栾)

舅妈　(唐:蓟、大、卢、遵、秦、山)(天:故、静、安、天、宁、武、永)(张:赤、崇、尚、宣、龙、张)(邯:鹿、内)(保:涿)(承:隆、承、滦、围)

舅妈妈　(天:天)

【外甥儿】

外甥　(天:天、桥、安)

外甥的　(邯:磁、成、邯、丘)

外甥小儿　(张:龙)

外甥生　(天:山)

外甥子　(天:河、霸、沧)(保:兴)(石:井)(张:万、崇)(邯:邯)

×小　“×”为外甥的姓,如“张小、王小”,姓什么就称什么小。(邯:鸡)

瘦马　讽刺对方时用。(邯:鸡)

【外甥女儿】

外甥闺女　(天:庆、山、东、桥、津、沧)(邯:磁)

外甥女的　(邯:成、邯)

【姑】 称父亲的姐妹。

姑儿 (保:水、唐)(承:承)

姑娘 (张:赤、龙、沙、蔚)

姑姑 (天:天、安)(张:各地)

姑妈 (天:天)

×姑 姑字前边冠以排行,如“二姑”。(唐:滦、蓟、丰)(天:桥、天)

【姨】 称母亲的姐妹。

姨娘 (保:满、安)(张:赤、龙)(承:隆)(邯:魏)

姨姨 (承:兴)(石:栾、宁、赵、正、新、灵、石、获、河)(邯:柏、磁、任、尧)(张:张、万、阳、宣、沙、商、崇、鹿、怀、蔚、口)(保:阜)

姨儿 (天:固、安)(石:平、建)(承:承、滦)(保:定、水、满、兴、涿、易、唐、完、保)

姨妈 (天:天)

×姨 姨字前边冠以排行,如“二姨”。(唐:滦、蓟、昌)(天:桥)

【弟兄】 本条中的方言词,请与“兄妹”条参照看。

定们 (邯:临、邯)(石:泽)

哥们 (全省通行)

哥儿们 (承:丰)(石:获)(天:静)(邯:鸡)(保:唐、满、易、清、兴)(唐:乐、大)

哥们群 (天:献)

哥们儿 (天:故、安、桥)(承:滦)(唐:山、丰)

哥儿们儿 (天:霸)

哥几个 (唐:山、乐)(石:深、冀)

【兄妹】

哥们儿 (唐:丰、乐、山)

哥们 (天:沧、固)(保:新)

哥们群 (天:献)

哥儿们 (保:安、兴)(唐:迁、昌、山)

哥儿俩 (唐:昌、滦、山)(天:天)

哥俩 (唐:蓟、山)(天:阜)(承:滦、围)

哥几个 (唐:山、滦、乐)

哥儿几个 (保:涿)

哥姐们 泛称。(天:安)

【姊妹】 本条中方言词,请参照“姐弟”条看。

姐们 (承:青、兴、滦、围)(天:饶、河)(唐:宝、山)(保:新)

姐们儿 (天:安、霸、沧)(唐:乐)

姐儿们 (保:唐、保、蠡、涿、阜)(唐:大)

姐儿俩 (天:天)

老姐儿俩 叔嫂间、妯娌间岁数大小差不多,稍上岁数的人互称,如:“咱们老姐儿俩”。(承:承、围)(天:霸、安)(唐:昌、乐)

姐妹儿 (唐:丰、山、抚、滦、昌)(天:静)(石:深)

姐妹们儿 (承:滦)(天:桥)

姐几个 (唐:山、滦、昌、乐、大)

姊妹俩 (邯:邯)(石:深)(天:桥)

【姐弟】

姊妹 (邯:邯、磁、肥、尧、涉)(石:衡、栾、宁、枣、灵、获)(承:平、滦)(张:张、万、宣、鹿)(天:宁)

姊妹俩 (邯:宗、邯)

姊妹妹 (邯:鸡)

姊妹们 (邯:郸)

姐妹 (邯:鹿、南、清、沙、任)(石:宁)(天:献、固)

姐妹儿 (唐:丰、山)(天:静)

姐妹们 (石:赵)

姐们 (保:新)(天:河)(承:滦、围)

姐们儿 (天:安)(唐:乐、丰)

姐儿们 (唐:迁、山、滦、昌、大)(保:保、兴、安)(承:承)

姐几个 (唐:山、乐、秦、滦、昌)

姐儿几个 (保:涿)

姐俩 (唐:滦、抚、蓟、山)(天:阜)(承:围)

姐儿俩 (唐:昌、乐、山)(保:容)(天:安)

姐弟俩 (石:深)

弟妹 (石:建)

弟兄 (张:蔚)(天:肃)

弟兄们 (石:新)(保:满)

【兄弟姐妹之总称】

姊妹　(石:石)(邯:大、肥、邯、台、内、宗、乡)(张:各地)

姐妹儿　(天:霸)

弟妹　如问:“你弟妹几个?”(石:平)

弟兄　(石:晋、深)(邯:邯)

弟兄们　称姐弟或兄妹为“弟兄们”,称兄弟为“哥们”或“哥俩”。(保:高)(石:深)(唐:昌)

兄妹　如:“你兄妹几个?”(天:天)

哥(姐)们儿　以老大为准,是男则“哥”,是女则“姐”。(唐:丰)

哥们姐们　(唐:大)

【哥哥】

哥　(天:肃、任、大、河、庆、津、霸、沧、安、桥)(保:易、唐、满、阳)(石:无、晋、枣、深)(承:平、围)(唐:昌、乐)(邯:台)(张:各地)

×哥　在“哥”前冠排行。(唐:滦、昌、蓟)

兄长　(邯:鸡)

gīga　(石:获)

【弟弟】

兄弟　(全省通行)

兄哩　(天:强、饶)(石:深)

弟　(张:赤)(承:平)

【姐姐】

大大　(邯:临)

姐　(唐:蓟、卢、丰、滦、宝、玉、昌、乐、遵、山、抚)(承:青、围、平、隆、承、兴)(石:井、衡、枣、赵、藁、武、晋、安、深)(天:强、故、肃、东、静、献、任、文、大、安、桥、阜、宁、津、河、庆、永、沧)(邯:魏、鹿、涉、内、尧、肥、宗)(保:定、易、唐、满、安、阳、兴、雄、清、博)(张:各地)

pípia　(石:获)

【妹妹】

妹子　(唐:宝、滦、昌、三、抚、玉、乐、山)(承:承、兴、青、滦、围)(石:灵、深、无、建、武、行、束、获、衡、元、井、枣)(天:强、静、任、大、津、河、庆、安、天、肃)(邯:乡、鸡、任)(保:博、唐、阳、蠡、完)(张:各地)

妹子儿　(邯:尧)

妹　(石:赵、藁)(天:故、东、文、河、沧、宁、饶、永)(邯:魏、宗、鹿、肥、涉、内、尧)(保:定、满、安、兴、清)(张:鹿、尚)(承:隆、承、围、兴、平)(唐:遵、卢、蓟、乐)

【堂兄弟】

叔伯哥们　(唐:遵、宝、玉、丰、山)(天:肃、安)(邯:邯)(承:滦、围)

叔伯哥儿们　(唐:乐、滦、抚、昌、山、大)

叔伯哥们儿　(承:隆、青、丰、承)(石:深)(天:沧、桥)

叔伯兄弟　(唐:丰)(张:各地)

亲叔伯兄弟　(承:青)

堂叔伯兄弟　叔伯兄弟的儿子间的关系为堂叔伯兄弟。丰润等地一爷之孙称亲叔伯,一祖之孙称堂叔伯,再远的称远叔伯。(唐:丰)(天:庆)(张:宣)(邯:邯)

【堂兄】

叔伯哥　(石:衡、枣、栾、深)(天:饶、东、河、肃、桥、大、津)(保:阳、博)(唐:丰、乐、山、抚)(邯:宗、乡、鹿)

叔伯哥哥　(唐:大)(天:安)

【堂弟】

叔伯兄弟里　(天:饶)

叔伯兄弟　(全省通行)

【堂姊妹】

叔伯姐们　(天:河、安)(保:新、蠡)(唐:丰、宝、山)(承:滦、围)(石:灵)

叔伯姐们儿　(唐:昌、大、山)(天:大、桥)

叔伯姐儿们　(保:唐)(石:深)

叔伯姐儿们儿　(唐:乐)

叔伯姐妹儿　(天:静)(石:深)

【堂姐】

叔伯姐　(石:衡、枣、栾、深)(天:东、河)(保:唐、阳)(承:围)(唐:丰、乐、宝、玉、山)

叔伯姐姐　(天:桥、天、安)(唐:大)

【堂妹】

叔伯妹子 （石：衡、获、深、冀）（天：静、任、河、饶）（承：青、滦、围）（保：易、唐、高、阳）（唐：山、丰、滦、乐、抚、宝、玉、大）

叔伯妹妹 （天：天、桥、安）

叔伯妹的 （石：获）

堂妹子 （保：定）

亲叔伯妹子 （承：青）

【表兄弟】

姑舅兄弟 姑表兄弟。（唐：乐）（承：隆）（张：怀、崇）（石：建、深）

老表 （天：静、宁）（邯：大、内、魏）（保：满、新、兴）（唐：玉、秦）

老表亲 （石：安）

表亲 （天：天）

【表兄】

老表 参看“表兄弟”条。（天：静、宁）（邯：内）（保：兴）（唐：秦）

姑舅哥 姑表兄。（承：隆、滦、围）（石：建）

表哥 （天：天、桥）

表兄 有时在前冠以排行。（唐：滦、昌）

【表弟】

老表 参看“表兄弟”条。（唐：蓟、秦）（天：宁、肃）（邯：内）（保：兴、阜）

表兄弟 （天：桥）（石：深）（承：围）

姑舅兄弟 姑表弟。（承：隆、承、围）（天：宁）（石：建）

【表姐妹】

姑舅姐妹 姑表姊妹。（石：束、建）

两姨姐妹 姨表姊妹。（石：束）

表姐们 （天：文）（保：蠡）

表姐们儿 （天：大）（唐：山、宝、大）（保：新）

表姐儿们 （保：唐）（石：行）（天：安）

表姐妹儿 （天：河、静）（石：深、冀）

表姊妹 （天：桥）

【表姐】

姑舅姐姐 姑表姐。（承：隆）（石：束、建）

两姨姐姐 姨表姐。（石：束、深）（承：滦、围）

表姐姐 （邯：鸡、邯）（天：桥）

连姐 姨表姐。（唐：滦）

【表妹】

表妹妹 （天：庆、桥）

表妹子 （唐：蓟、昌、大、山）（承：承、围、平）（石：灵、衡、井、无、安）（天：故、任、沧、庆、肃、津、宁）（邯：乡、鸡、柏、鹿、任、肥、涉、内、尧、鄚）（张：康、宣、沙、沽、怀、尚、张、鹿）（保：定）

两姨妹子 姨表妹。（唐：滦）（石：束）

姑舅妹子 姑表妹。（石：束、建）

姑舅妹妹 姑表妹。（承：隆）

连妹 姨表妹。（唐：滦）

【姑奶奶】 父亲的姑母，请与本条后三条参照看。

老姑 （石：束、赞、河、泽、平、灵、获、行、建、宁、栾、赵、无、冀、安、深）（天：肃）（邯：乡、鄚、鸡、磁、鹿、台、沙、临、涉、周、南、成、魏、肥、丘、邯）（保：博、阜）（唐：乐）

老姑儿 （保：唐）

老姑姑 参见“姑姥姥”条。（邯：邯、任、内、尧）

老姑奶奶 （天：桥）

姑奶 （唐：昌、乐、蓟、卢、西、抚、滦、秦、山）（承：隆、青、平、兴）（天：静、宁、永、霸）（邯：内、宗）（保：唐、安）（张：赤、沙）（石：安）

姑老娘 （保：阳）

姑老老 （石：无）

姑姑 （承：围）（邯：广）

【姑姥姥】 母亲的姑母。

老姑 （石：获、平、建）（邯：临、涉、周、沙）

老姑姑 （邯：任、内）

老姨 （石：宁、赵、赞、行）（邯：广、乡、邯、鄚、鸡、台、南、尧）

姨姥姥 （邯：磁）（保：易、水）（天：桥）（唐：山）

姨老娘 （石：灵、束、行）（邯：大、广、清）（保：阳）（天：故）

姨奶 （唐：滦、昌、乐、蓟、卢、西、秦、山）（承：隆、青、平）

(保:安)(张:赤、沙、鹿、沽)(天:静、宁)(石:安)(邯:内)

姥姥　(石:无)

姑老娘　(石:河、灵、冀、晋、深)(邯:魏、大、宗、鹿、成)(保:新、阜)(天:故、桥)

【姨奶奶】　父亲的姨母。

姨奶　(唐:抚、乐)(承:青)(天:霸)

【姨姥姥】　母亲的姨母。

姨老娘　(邯:肥)(石:晋、冀)(天:桥)

姨奶奶　(天:饶)(承:青)

姨奶　(承:青)(石:深)

老姨　(石:平)(邯:宗、乡、威)(石:石、栾)

【姨母的婆婆】

姥姥　(唐:丰)

表姥姥　(唐:宝、玉、山)

表奶奶　(唐:滦)

亲奶奶　(承:承)

【姨母的公公】

表老爷　(唐:宝、玉、山)

【父亲的舅母】

舅奶奶　(唐:丰)

【丈夫】　在农村妇女有了小孩以后,多称自己的丈夫为"孩子的爸爸""××(孩子名字)他爸爸""孩子他爹……"。

当家的　(全省通行)

当家儿　(邯:涉)

当家人　(承:承)

外当家的　(唐:遵、西)(石:建、衡、深)(保:高、蠡)(邯:邯)

家的　①指丈夫,如他人问女的:"你们家的在家吗?"即是问"你的丈夫在家吗?"②指妻子,如他人问男的:"你们家的在家吗?"即是问"你的妻子在家吗?"(承:滦)

家里的　(张:康)(承:青)

外头　(天:饶、安)(石:深)

外头的人　(唐:秦、迁、山)(石:高、晋)(天:故、桥、河、宁、肃)(邯:鸡、成、内、漳、魏)(保:雄)(张:龙、沙、怀、赤)

外头的　(保:兴)(邯:南)(石:深)

外厢人　(唐:秦)(邯:内)(天:宁)

掌柜的　(唐:遵)(石:晋、灵、获)(天:黄、桥、安)(张:康)(邯:宗、乡、鸡、邯)(承:承、平、兴)

掌柜的　过去商人家多用。(唐:昌)(保:兴)

掌柜的　也指女的。(邯:邯)

俺掌柜　(邯:涉、邯)

俺汉　(邯:涉)

汉们　(邯:磁、沙、任)(石:新)

汉子　(张:宣、万、尚)(承:平)

汉子　不尊重的称呼。(唐:昌)

汉子　相互戏称。(邯:郸)

老汉　老人互称。(邯:郸、邯)

老汉的　(邯:磁、邯)

老汉子　①丈夫的他称。②指40岁以上的男人。(唐:昌)(邯:邯)

爷们儿　(天:河、武、天、静、东、庆、霸、桥)(张:怀)

爷儿们　(天:天)

老爷们儿　他称。(唐:丰、西、昌、乐)

老头子　(石:河、深)(唐:秦、遵、昌、乐、山)(天:固、安、静、河、武、津)(承:丰)(张:鹿)(保:安、水)(邯:永、肥、任)

老头子　不尊敬的称呼。(张:万)(唐:乐)

老头　(老)(邯:台)

老头的　(邯:邯)

老头儿　年老的妻子称自己丈夫。(天:天)

先生　(唐:蓟、遵、山)(天:静)(保:兴)

我的先生　知识分子中年人称。(唐:山)

那一口子　(邯:邯、鸡)(承:平)(天:安)(唐:乐)

我们那口子　对外人谈话时,夫妻称对方。(唐:昌、蓟)

那口子　一般中青年称此。(天:天)

他　妻子与人谈话时常用此称呼。(唐:昌)(天:桥、东、

安)(保:涿)(张:万)

他 青年女子对丈夫的称呼。(石:正)(承:围)

×他伯 “×”代表孩子名字。如“秃他伯”。(天:津)

男的 (天:东、桥)(唐:大、昌)

女婿 多指年轻女子的丈夫。(石:束、深、获)(邯:广、沙、任)(保:水、高)(承:围)(天:霸)(唐:昌)

东家 (唐:宝、玉、山)

孩他爹 (承:承)

【妻子】

屋里 (天:静、故、肃、津、饶)(邯:鹿、清、内、尧、鸡)(保:定)(石:藁、无、深、晋、行、河、高、宁)(唐:抚、卢、山、玉、昌、蓟)(承:围、隆、青)

屋里的 (承:平、兴、承)(唐:秦、蓟、卢、山、迁、昌)(石:晋)(天:饶、安)(保:满)

屋里人 (石:束)

屋里的人 (保:清)

家里 (全省通行)

家里的 (全省大部分地区通行)

家喽 (天:静)(唐:秦、宝、玉、山)

家人 (天:桥)

家的 ①指妻子,如他人问男的:“你们家的在家吗?”即是问“你的妻子在家吗?”②指丈夫,如他人问女的:“你们家的在家吗?”即是问“你的丈夫在家吗?”(承:滦)(邯:邯)

俺家了 “了”音 liu。(天:桥)

娘们 (天:黄)

娘们儿 (天:庆、大)

娘儿们 (天:天)

老娘儿们儿 自谦称。(唐:丰、乐、山)

内人 (唐:昌、秦、山)(天:静、献)(保:兴)

内掌柜的 (唐:昌、卢)(天:安)

内当家的 (天:津)(保:唐、高、蠡)(唐:昌)

里当家的 (唐:遵、西、山)(保:水)(石:深)(天:安、桥)

里常的 (唐:山、宝、玉)

里头的 (唐:遵)(保:涿)(石:深)

里掌柜的 (天:安)(邯:邯)

炕上的 (唐:昌、山)(张:赤)

烧火的 (唐:昌、山)(承:平、丰、兴)(天:孟、津)(张:赤)

做饭的 (承:平、兴)(天:桥)(邯:沙)(张:沙)(唐:大)

锅头 (张:赤)

她 (天:静、桥、东)(保:兴)

他娘 “他”指小孩。(张:怀)(邯:清)(天:桥)

老板子 (老)(张:各地)

孩子娘 (张:沙)(邯:沙、邯)(天:桥)

媳的 (邯:磁)

媳妇 (唐:乐、滦、蓟)

媳分儿 (唐:乐)

家属 有工作的丈夫称自己的妻子。(唐:滦)

老婆 (唐:乐)(张:各地)

老婆子 (贬)(天:安、饶、阜、桥、津、沧)(保:高、水)(唐:乐、大)(石:衡)(邯:邯)

老婆的 (邯:磁、邯)(石:石、正、栾、获)

孩子他娘 (天:桥)

老爱 中年人称此,既可指男,也可指女。(天:天)

东家奶奶 男人对妻子的尊称。(唐:山)

××他妈 (唐:乐)

【填房】

二房 (唐:抚、遵、昌、山)(承:围、承、滦)(张:鹿)(邯:邯)

后婚老婆 (贬)(唐:山、西、昌)(邯:邯)

后老婆 (邯:尧、邯)(天:桥)(唐:昌)

后老婆子 (贬)(保:安)(天:桥、安)

后老婆儿 (石:束、深)(唐:昌、乐)

后老伴儿 (石:束、深)(唐:昌、乐)(天:桥、沧)

后婚儿 (石:深)(天:桥)

后到的 (石:束)

后续的 (石:束)(邯:邯)(唐:昌)

续上的 (石:束)

续弦 (天:天、桥)

续弦 褒称。(唐:蓟)

晚到的　(石:束)(唐:滦)

【小老婆】　旧社会的词。

二房　(全省通行)

偏房　(唐:山、西、乐)(承:青)(天:安)

二老婆　(张:康)(邯:邯)(唐:昌)

老二婆　(邯:台、邯)

老二婆子　(邯:沙)

老二　(石:赵、藁、栾、宁、正、石、获、新)(邯:乡、大、宗、威、鹿、任、内、尧、临、漳、邯)

小婆儿　(石:深、束、建、冀)(邯:沙、邯)(天:天、强、大、霸、桥)(保:新、兴)(承:滦)

小婆子　(石:晋、行、建、枣、井)(天:固、献、大、桥、安、河、武、霸、静、天)(保:水、高、满、阜、涿、容)(张:阳)(邯:漳、邯)

小婆儿　(石:衡、晋)(天:饶、文、桥)(保:完、高)(邯:郸、成、大、丘、南、邯)(张:蔚)

小女人　(贬)(唐:丰、昌、山)(张:万、鹿)

小点儿的　(贬)(唐:丰、遵、迁、昌、山)

二点儿的　(贬)(唐:丰、昌)

小　(贬)(唐:丰、乐、宝、玉、山)(石:藁)(天:东、桥)

小儿　(天:桥)(唐:昌)

小老伴　对外人称。(唐:山、宝、大)(邯:邯)

老小儿　(保:定、唐)

老小　(邯:清)

姨　儿子对父亲的小老婆的称呼。(石:泽)(邯:邯)

姨奶奶　(承:承)(唐:大、抚)(天:肃、宁)(邯:永、肥、内)(保:满、安)(张:沽)

【大伯子】

大当家的　(唐:丰、山)

大伯哥　(石:石、河、平、冀)(天:阜、桥)(邯:威、漳)

大伯子哥　(石:正、获、建、井、平、河)(邯:南)(保:阜)(天:桥)(唐:乐)

大大伯　(保:安)

大大伯　"伯"音 bǎn。(天:饶、静、安)(石:深)

大大伯儿　(天:文、大、安、强)(石:泽)

大大伯儿　"伯"音 bǎn。(天:任、霸)(保:新、兴)(石:束、深)

大大伯子　在武强带贬义。(天:强)

大大伯子　(保:博、水、满、望)(唐:大)(天:强、肃、河)

大大伯子　"伯"音 bǎn。(天:固、安、静)(保:保、高、兴)

大老伯子　(保:定)

大伯伯　(石:束)

大伯伯儿　(唐:丰、乐、山)(石:衡、栾、无)

大伯伯子　(石:无)

大伯　(邯:宗)(石:高)(天:东)

阿伯子　(邯:内)(张:沽)

他大爷　(天:桥)

孩子他大爷　(邯:鸡、邯)(天:桥)(承:滦、围)

××他大大　(唐:乐)

哥　面称。(唐:乐)(天:庆、献)(邯:邯)(承:青)(石:深)

【小叔子】

小叔　(天:饶、任)(保:安、高)(唐:昌、滦、山)(石:武、束)(承:围)

小叔儿　(保:易、蠡、兴、清、满、唐、望、容)(石:泽、深)(张:阳)(唐:乐)

叔公公　(邯:威)

孩子叔叔　(邯:鸡、邯)(承:滦)

兄弟　面称。(天:庆、献、桥)(唐:乐、迁、大)

老伯　面称。(天:天)

小伯　(天:桥)

【大姑子】

大官儿　(唐:昌、乐)

大闺儿　(唐:昌、乐、山)

大姑　(天:饶、河)(石:武)(保:高、望)

大姑儿　(唐:滦、乐、昌、山)(石:深、泽、建、束)(张:阳)(保:定、唐、满、清、蠡)

大姑的　(邯:邯)

大姑子　(贬)(石:衡、深、冀)(保:定、唐)(天:饶)(承:滦、围)

大姑姐 (保:阜)(石:建)(唐:宝、玉、山)

大姑儿姐 (保:易)(唐:乐)

姑姑 面称。为表示亲近有时面称“姐姐”。(唐:大)

【小姑子】

小官儿 (唐:昌、乐)

小闺儿 (唐:昌、山)

小姑 (天:饶、河)(保:高、望)

小姑儿 (唐:滦、山、乐、昌)(承:平)(石:深、泽、建、束)(张:阳)(保:易、唐、满、清、蠡)(天:桥)

小姑的 (邯:邯)

姑姑 面称。为表亲近有时面称“妹妹”。(唐:大)

妹妹 面称。(天:桥)

【内兄弟】

舅官儿 (天:宁)(邯:肥、内)(张:沽)

舅爷 (唐:山、乐、宝、昌)(天:天)

舅爷儿 在安次是郑重语气,用于年长的人。(天:安)(唐:丰、滦、迁、抚、宝、玉、山)

舅子儿 (石:深、冀)

舅子 (贬)(石:河、深)(天:桥)(邯:广、邯、鸡、清)

舅 (邯:尧)

小舅子 (天:天)(张:各地)(唐:乐)

大舅子 (唐:乐)

老舅爷子 对上岁数人的尊称。(唐:乐)

孩子舅舅 (邯:鸡、邯)

我们×舅 跟别人说话时用。(天:天)

兄弟 面称。(天:庆、阜)(唐:大)

【内兄】

大舅官儿 (天:宁)(邯:内)(张:沽)(石:河)(保:安)

大舅子儿 (保:水)(天:安)(石:深、束、冀)

大舅子 (贬)在正定是骂人的话。(石:宁、正、河、石)(邯:广、邯、魏、大、成、清)(天:天、桥)(唐:丰、山、大)

大舅子 不是贬义,别人称呼。(承:青、滦、围)(唐:乐)

大舅 (天:天)

大舅爷 (天:安)

长兄 (承:兴)

大兄哥 (承:丰)(石:建、井)(张:各地)

大哥 面称。(唐:乐、丰、遵、昌、秦、卢、蓟、山)(承:平、隆、围、兴、滦)(石:石、枣、行、新)(邯:鸡、内)(保:唐、安、兴、雄、涿)(张:沽)(天:河、静、献、山、桥、宁、庆、阜、霸、安)

哥 面称。(邯:肥、漳、邯)(石:灵)(唐:大)

【内弟】

小舅官儿 (天:宁)(邯:内)(保:安)

舅爷 (唐:昌、山)

老舅爷子 (唐:昌)

小舅子 (贬)骂人的话。(唐:宝、玉、山、丰)(石:宁、正、河)(邯:广、邯、魏、大、成、清)(天:天、桥)(承:滦、围)

小舅子 不是贬义。(承:青)(天:安)(唐:乐)

小舅子儿 在涞水常用以骂人。(天:安)(保:水)(石:石、深、束、冀)(邯:邯)

×舅 如:老舅、二舅、三舅。(天:天)

弟弟 面称。(石:灵、石)(承:兴)(唐:滦)

兄弟 面称。(石:枣)(天:庆、阜、献、桥)(承:青)(张:沽)(唐:乐)

妻弟 (唐:西、山、宝、玉、丰)

【内侄女】

侄女 (唐:蓟、山)(承:兴)(石:石)(邯:永、成、内、邯)(张:沽)

媳妇侄女 (邯:周)

娘家侄女 (邯:丘)(唐:大)(天:天)

妻侄女 (全省通行)

【内侄】

妻侄儿子 (张:张、崇)

妻侄儿 (唐:滦、昌)

妻侄 (唐:丰、乐)

内侄儿 (天:安)

侄 (石:石)

侄儿 (唐:蓟)(承:兴)(石:石、建)(张:沽)(邯:邯)

娘家侄　(邯:丘)(天:桥、天)(唐:大)

妈家侄儿　(唐:乐)

【大姨子】　妻子的姐姐。

大姐　面称。(石:石、枣、无、新)(天:静、宁、霸、桥)(邯:鹿、内)(保:唐、阜)(张:沽)(承:围、兴、滦、平)(唐:山、蓟、乐、宝、玉、大)

姐姐　面称。(邯:肥)(石:深)

姐　面称。(天:庆、阜、献)(石:灵、深)

大姨姐　(张:沙)(邯:邯)

妻姐　(唐:昌、滦、遵、山)(承:承、青、平、隆)(天:宁)(保:安、雄)(张:张、宣)(邯:内)(石:无、冀、灵、河、安)

大姨　(保:安)(天:饶、天)

大姨儿　(唐:昌、乐、山)(天:肃、任)(石:高、正)

大姨子儿　(保:唐、水、清、保)(天:大、安)(承:滦)(石:石、束、深、冀)(唐:昌、乐)

大姨子　(贬)在正定是骂人的话。(石:正)(邯:清、广、魏、大、邯)(唐:山)(天:天、桥)

孩子大姨　(邯:鸡)(唐:乐)

他姨　面称。(天:献、桥)(承:滦)

【小姨子】　妻子的妹妹。

小姨　(天:饶)

小姨儿　(唐:昌、乐、山)(天:任)

小姨子儿　(唐:山、昌、乐、丰)(天:大、安、桥、天)(石:石、获、栾、正、深、高、束)(保:唐、水、清、保)

小姨子　(贬)在正定是骂人的话。(石:正、深)(邯:广、魏、大、磁、清、邯)(承:滦、围)(天:天、桥)

孩子姨　(邯:鸡、邯)(唐:乐)

×姨　面称。(天:天)

我们×姨　跟别人说话时用。(天:天)

妹　(天:阜)

妹妹　面称。(唐:蓟、乐、山、大)(承:兴)(石:枣、正、灵、石)(天:庆)(邯:肥)

妹子　面称。(承:滦、乐、平、围)(张:沽)

妻妹　(唐:蓟、滦、遵、山)(承:青、平、承、隆)(石:冀、河、元、新、安、灵)(天:故、宁)(邯:广、鹿、涉、内)(张:张、沽、宣)(保:涿)

【连襟】

一边沉　(唐:大、宝、玉、山)(天:安)

一般儿沉　(保:兴)

连桥　(承:平、隆、围、丰、兴、滦)

连桥儿　(承:滦、平、承)

连腿　(天:黄、孟、大、河)

扯腿　(天:庆)

挑担　(全省通行)

挑担儿　(保:容)

挑担子　(邯:鸡、威)(石:灵)(保:清)

一担挑　在宁晋含有开玩笑的意思。(全省大部分地区通行)

一担子挑　(邯:南)(天:霸)

一担儿挑儿　(唐:乐)

挑船儿　(承:滦)

挑船　音“调穿”。(邯:涉、沙、邯、鸡)

担船　(邯:肥)

担战　(石:石)

一条船　(邯:广、周、漳、成、邯)

一条杠　(邯:大)

一条杆　(邯:魏)

一根杆　(邯:邯)

一刀拉不断　(天:桥)

连亲　(邯:涉)

姨夫头　(唐:遵)

两姨夫头子　(唐:迁)

【亲家母】　结亲的两家父母,互称对方的女主人。

亲家　(邯:台、周、南、大、邯、乡、宗)(石:赵、深)(唐:蓟、大、宝、玉、丰、昌)(保:蠡)(天:桥、天)(张:各地)

亲家母奶奶　(天:献)

亲家奶奶　(唐:遵、宝、大、玉、山)(天:固、安)(张:沙)(保:涿)

亲母奶奶　(唐:蓟、秦)(邯:内)(张:沽、口)(保:唐)

（天：宁、武）

亲奶奶 （天：安）

亲母 （唐：遵、山）（承：滦、隆、丰、围）（石：赞、无、建）（天：宁、武）（张：沽）（保：保、满、唐）（邯：内）

亲母亲 （天：静）

亲娘 （天：天、安）

亲家婆的 （邯：大）

亲家妈 （保：涿）（天：固）

亲家大娘 （张：沙）（天：静）

太太 （天：永）（邯：内、鸡）（张：宣）（保：满）

老姐姐 （天：天）

老妹子 （天：天）

【亲家老爷】 对姻家互称对方的男主人。

亲家 （天：山、桥、安）（石：正）（邯：邯）（唐：丰、乐、大）

亲家公 （天：庆）

亲家老儿 （保：涿）

亲家爹 （保：涿）

【后妈】

姚娘 （张：沽）（邯：内）

后姚子 （贬）（邯：郸、永）

后姚婆 （邯：磁、内）

后丫 （天：黄）

后娘 （邯：邯、临、台、宗、乡）（天：天、桥、霸）（张：各地）

后继母 在宁晋为雅称。（石：宁、建）（承：滦）（张：万）（邯：鹿）（保：新）

继母 （邯：邯）（承：滦、围）

继母娘 新城有褒义。（唐：遵、山）（保：新）（天：强、津、安、庆、桥）

晚娘 故城带讽刺之意。（天：故、山、宁、庆）（邯：鸡、肥、内、尧）（唐：蓟）（石：晋、行、新）（承：平、围）（张：沽）（保：定）

续娘 （天：庆）

续妈妈 （唐：丰、山）

填房妈 （唐：滦、昌）

【后爹】 继父。

后伯 （天：文）

后老 （邯：涉）（承：围）

后老儿 （张：张）

后老子 （承：滦）（石：正）（张：万、怀）

后老的 （邯：鸡）（天：桥）

后继父 （张：龙）

后父亲 （张：沙）

后大 （张：尚）

姚爹 （天：津）

乾老爹 （邯：大）

叔 面称。（石：灵、武）

叔儿 （承：承）

大爷 （承：承）

继爸爸 （唐：丰、山）

继父 （邯：邯）

【带犊儿】 随母改嫁的子女。

带倌 （石：晋、灵）

带过 （石：建、行、藁）

带葫芦子 （贬）（唐：抚、滦）

带葫芦儿 （唐：昌、乐）

带肚 母亲怀孕时改嫁，尚未生下的孩子。（石：正、建、石）

带犊儿 母亲怀孕时改嫁，以后生下的孩子。（唐：昌、宝、玉、山）（邯：肥）

带犊子 （唐：西、丰、宝、玉、山）（天：黄、东、安、桥、天）（承：围、滦）（张：沙、崇、张、怀）（保：兴）（邯：永、邯）

带头子 （贬）（天：河）

带来的 （天：阜、大）（承：青）（唐：乐）

赶倌儿 （石：新、行）

赶脚子 （石：正、石、栾）

拖油瓶儿 （唐：秦、遵）（天：东、宁、故）（邯：郸、内）（张：沽）

瓜蛋子 （石：无）（张：龙、沽）（邯：内）

车后尾巴栓 （保：兴）

坐后车尾巴的 （天：桥）

胎儿 （石：新）

猴欠儿 （张：康）

侯其儿 （张：万、康）

【童养媳】

小媳妇儿 （唐：遵、秦、山）（承：平）（石：高、安、石）（天：故、东、桥、宁、永、肃）（张：张、沽、鹿）（保：唐、满、安）（邯：内）

小接媳妇 （唐：昌）

屯香 （保：唐）

屯向媳妇 （天：饶、河）（石：晋、枣、冀）（邯：鹿、南）（石：藁、井、束、河、赵、深）

屯养媳妇 （唐：宝、山）（邯：邯）

屯云媳妇 （唐：三、玉、山）

屯圆媳妇 （唐：丰、山）

屯娘媳妇 （邯：魏）

团圆媳妇 （唐：丰、遵、山、大、玉）（承：丰、围、滦、平、隆）（石：武）（天：阜、固、孟、故、东、静、文、大、山、桥、宁、安、津、武、天、永、沧、庆）（保：满、雄、完）（邯：柏、清、沙、内）（张：沽）

团圆媳妇儿 （承：承）

团圆子媳妇 （天：黄）

团子媳妇 （唐：秦）

童怨媳妇儿 （唐：抚、山）

童圆子媳妇 （唐：昌、山）

童养媳妇儿 （石：建）（天：任、强）（张：阳）（唐：滦、山）（保：兴）

童养子媳妇 （唐：昌、乐、山）

童养媳的 （邯：邯、磁）

【亲戚】

亲亲 （全省大部分地区通行）

亲家 （石：衡、枣、深、冀）（天：桥）（张：万、怀、张）（邯：乡、大、宗、清、任、南）

亲戚儿 （石：获）

亲戚间 （保：安）

【走亲戚】

瞧亲戚 （天：固）

逛亲戚 （承：滦、隆、承、围）

逛亲戚家 （承：丰）

住亲戚家 （承：滦、承、围）（天：静、桥）

串亲 （保：博、安、望、高）（唐：滦、昌）（天：河、沧）（石：深）

串亲亲 （唐：大、山）（石：赵、束、获）（天：大、武、津）（保：满）（邯：广、邺、鸡、邯、柏、台、周、肥、成、漳）

串亲戚 （唐：丰、滦、遵、宝、大、卢、昌、山、玉、乐）（承：隆、平、丰、围）（天：天、津、安）（石：晋、束、河、泽、石、深、行、正）（保：定、水、新、兴、雄、容）（邯：任、尧、鸡、大）（张：沙）

串亲戚儿 （石：获）

串亲家 （石：宁、冀）（邯：任、南、尧、邯）

串亲亲家 （天：霸）

去亲戚 （张：阳）

去亲戚家 （邯：肥）

走亲 （石：新、行、衡、深）（天：河、饶、沧）（保：望）

走亲亲 （唐：蓟、卢、滦、秦、山、乐）（石：晋、束、深、无、灵、元、赵、栾、新）（天：文、山、桥、永、庆、武、任、津）（张：张、万、鹿、康、怀、沽）（保：满）（邯：邯、鸡、柏、磁、台、魏、沙、临、漳、成、内、尧、邺）（承：平）

走亲家 （天：桥）（石：枣、冀）（张：商、尚、万、张、康、沽、怀、蔚）（邯：丘、乡、威、清）

上亲亲家 （承：青）

讲礼 （保：望、定）

人情 （保：定）

出门儿了 （天：静）（承：滦、围）（唐：滦）

出门儿 （天：安）

【辈分】

排辈 （石：正、宁）（天：大、安）（邯：邯）（唐：昌）

分辈 （邯：肥）（承：围）

行辈 （唐：蓟、卢）（石：赞、无、元、井、藁、栾、宁、新、安）（承：隆）（天：献、文、桥、永、霸）（张：尚、口）（保：保、安、新）（邯：邺、宗、台、周、内、尧、鹿、任）

论辈 （唐：昌）

辈行 （石：束）（保：安）（张：赤）

辈数 （唐：丰、山）（石：平）（张：宣）（邯：大）（承：青）

辈数儿 （保：水、唐）（石：建）（唐：乐）

辈 （唐:山）（承:平）（石:深、衡）（天:沧）（张:阳）（保:雄、蠡）（邯:郸、临）

辈儿 （天:天、安、武、桥）（石:枣、行、冀）（保:唐）（邯:漳）（唐:乐、大）

辈大小 （天:固、天）（唐:乐）

【长辈】

岗辈 （唐:滦、昌）（承:青）

老大长 （天:津）

老一辈 （张:阳）（唐:昌）（天:安）

老一辈子 （张:赤、龙）（唐:昌）

老一辈儿 （唐:乐）

老辈子 （保:定）（唐:昌）

大辈 （石:宁、栾）（天:河、饶）（邯:威、邯、鹿、临、南、任）（保:唐、满）

大辈儿 （石:获、行、枣、深、平、冀、泽）（天:桥、安、霸、沧、强）（邯:广）（唐:乐、宝、玉、山）

大辈子 （石:灵）

头辈 （邯:鸡）

长一辈儿 （邯:鸡）

上辈 （石:元）（保:高、新）

上辈子 （张:龙、赤）

大人 （天:庆）

老人家 （天:庆）（承:隆、围）（唐:大）

老家 （承:隆、滦）

老古冬 （唐:滦）

【晚辈】

下辈 （石:元、平、建）（保:高）（邯:鸡）（唐:乐、山）

下辈子 （唐:西、山）（石:平、建、冀）（承:围）

小辈 （石:石、灵、行、宁、衡、栾、武）（天:强、桥、河、武、饶）（保:唐、满、阳）（邯:邯、威、鹿、任、周、南、魏、临）（唐:宝、玉、山、蓟）

小辈儿 （石:获、枣、深、平、行）（天:静、桥、安、强、天）（保:容、兴）（邯:广）（唐:乐、丰）

小辈辈 （张:怀）

小一辈 （张:阳、怀）（保:定）（唐:昌）

小人们 （天:津）

小人儿们 （唐:乐）

后辈儿 （石:束）

后辈人 （石:束、行）（保:容、兴）

晚生下辈 （贬）（承:丰、滦、围）

晚一辈 （邯:鸡）（唐:昌）

免辈 （天:大、安）（保:安、雄）（邯:肥）

免辈儿 （石:束）（天:安）（保:兴、蠡）

孩子 （天:庆）

【平辈】

一辈 （天:庆、强）（邯:南、临、邯）（石:宁）

一辈儿 （石:深、获、冀）

一世 （天:庆）

等辈 （邯:鸡）（石:元）

同辈 （邯:宗、乡）（天:桥、天、安）

兄弟 （天:庆）（唐:大）

【隔一辈】 如祖与孙之间。

隔辈 （唐:丰、山）（石:束）

隔辈儿 （石:束、冀、深）（唐:乐）

隔辈人 （天:天）（唐:昌）

接辈 （唐:大）

接辈人 （唐:滦、蓟）（天:安、桥）

【排行】

行 （天:武、霸）

行儿 （天:天、庆）（唐:昌、乐、宝、玉、山）

领着 （唐:西）

为儿 （张:蔚）

第几 （唐:大、宝、玉）

老几 （天:河、沧、任）（邯:威、邯）（保:唐、阜）（唐:昌、乐、山）（石:深、冀）（承:围、青）

排辈 （石:赞、石）

弟兄们 （邯:鸡）

九　身体

【身体】

身板　(承:平)(天:天)

身板儿　(唐:丰、昌、乐、山)

身子　(全省通行)

身子　指除去四肢和头的部分。(天:桥)(保:新)

身子　(老)(唐:山)(张:张、龙)(石:石)(天:武)(邯:涉)

身子　一般说“身子骨”，女人怀孕时才说“身子”。(天:固、霸)

身上　(天:阜)

身的　(邯:广、磁、成、大、邯)

身子骨　(天:饶、孟、肃、沧)(保:满)(石:获)(承:青)

身子骨儿　(唐:大、丰、昌、乐、山)(承:滦、围)(石:深、泽)(天:强、固、安、天)(保:易、保、唐、新、兴、清、高)(张:阳)

身体　读“身挺儿”。(唐:滦、昌)

【头】

脑瓜儿　(全省通行)

脑瓜儿　(贬)(天:强)(张:张)

脑瓜子　(唐:宝、乐、玉、三、抚、昌、山)(承:丰、滦、承、平)(天:大、天)(邯:肥、邯)(保:阳、清)(张:蔚)

脑瓜子　(贬)(保:兴)(唐:乐)

脑袋瓜儿　(全省通行)

脑袋瓜儿　(贬)(天:强)(承:丰、承)(石:河、正)(邯:清)

脑袋瓜子　(唐:乐、秦、昌、丰、山)(石:晋)(承:平、围)(天:固、东、静)(邯:魏、成、邯)(保:兴)(张:沙、怀)

脑袋　(天:桥、安、天)(唐:滦、昌)(石:深)(张:各地)

脑退　“退”音 tei。(保:唐)

头子　(石:高、获、灵、建)

头的　(石:石)

得老　“得”读阴平。(邯:涉)

得脑　“得”读阴平。(邯:涉)

【奔楼头】

梆子脑袋　(唐:昌)

梆子　(唐:丰、宝、玉、山)

梆儿头　(天:固)(保:涿)

梆子头　(唐:丰、宝、玉、山)(石:石、栾、正、获)(天:安)(张:万、怀)

鹅头　(邯:鸡)

门楼　(保:完)(唐:玉、宝、山)

门楼头　(石:石、建、获、晋、冀、灵、平、宁、井、枣、藁、束、深、正、行)(天:饶、强、静、献、安、河、霸、任)(邯:邯、威、鹿、周、南、尧)(保:博、定、高、安、阳、新、兴、雄、蠡、清、阜)(唐:大)

闷楼头　(邯:郸、永)

门拉头　(天:天、桥)

门连头　(天:大、沧)

奔楼　(承:平、青)(张:康、商)

奔楼儿　(唐:秦、山)(承:滦、围)(邯:邯)

奔儿楼 （唐:丰、卢、乐、山）

奔儿楼头 （唐:昌、抚、乐、山）（保:保）

奔儿头 （唐:丰、滦、遵、宝、蓟、大、秦、迁、三、山）（承:承、平）（石:无、新）（天:故、文、大、武、庆、肃、津、宁）（邯:柏、内）（保:雄、易、完）（张:各地）

奔子头 （张:万）

奔拉头 （天:黄、桥）（唐:乐）

奔头儿 （唐:山）

前奔楼 （唐:西、迁、蓟、昌、山）

后门楼 （唐:滦、蓟）（天:安）

鞋盒子脑袋 （天:天）

【光头】

和尚 （邯:涉、邯）

和尚头 （承:隆）（石:枣）（天:天）（唐:山、玉）（邯:邯、鹿、尧）

和尚帽子头 （承:隆）

光和尚头 （邯:任）

光头 （石:灵、平、井、高、深）（天:东、静、天）（邯:邯、鸡、鹿、清、涉、大）（保:唐）

光头儿 （石:获）（邯:磁）

光头子 （石:建）

光头顶 （承:丰）

光脑袋 （承:丰）

光葫芦 （保:安、兴）（石:平）（邯:邯）

光葫芦头 （石:石、深、冀）（天:饶）

光着头 （邯:周、邯）

光得头 （邯:魏）

油光头 （邯:鸡）

寿星头 （邯:鸡）

血头顶 （邯:乡、鸡）

亮头顶 （承:隆）（唐:西）

秃和尚 滦平含贬义。（承:滦）（唐:抚、玉、宝、山）

秃老亮 承德含有贬义。（唐:滦、秦、山、西、宝、玉）（承:承）（天:天、安）

秃子 （唐:滦、昌、蓟）（张:各地）

秃头 （邯:成、漳、邯）

秃头子 （石:建）（邯:郸）

秃头的 （邯:广、肥）

秃驴 （贬）（承:滦）（天:安）

秃驴子 （承:青）

秃顶 （石:正）

秃葫芦 （保:兴）（邯:邯、宗、乡）（天:桥、天）

秃脑丸 （贬）（承:滦）

秃老瓜子 （保:定）

秃脑袋瓜子 （保:易）

秃脑瓜子 （承:围）

秃奔儿亮 （承:承）

秃瓢儿 （唐:山、玉）（张:各地）

鸡子儿亮 （唐:大、乐）（天:天）

【歇顶头】

拔顶 （天:沧）（唐:昌）

拔头顶 （承:围）

扒头顶 （天:山、庆）

扒头 （天:黄）

电光头 （张:万）

偏顶头 （唐:遵、山）

光顶头 （石:建）

亮光顶 （邯:邯）

脱顶 （天:霸、武）（石:无、晋）（邯:鹿）

秃天门 （唐:山、丰、宝、玉）（天:安）

秃顶 （唐:大、抚、昌、乐、山）（天:武）（邯:广、鹿）

秃头顶 （天:故、桥、庆）（邯:肥）（石:石）

秃鬓头 （邯:尧、邯）

秃歇顶 （保:蠡）

秃脑瓜顶子 （唐:丰、昌、玉、宝、山）

秃脑门 （天:天）

歇顶 （唐:大、秦、昌、山）（天:饶、固、任、安、河）（邯:大、邯）（保:定、易、保、满、安、新、兴）（石:束、深、行、河、冀、泽）

歇顶子 （保:阜）（邯:涉）

歇头顶 （邯:沙、任、邯）

歇了顶了 （保:唐）

【两鬓脱发】

脱鬓 （石:平）（邯:邯）

套鬓头 （保:雄）

套鬓 （天:霸）

秃鬓角儿 （保:清）（天:天、安）（承:围）（唐:滦、昌、大）

【头顶】

顶门 （唐:滦、卢、蓟、西、迁、山）（石:晋、藁、无）（大:肃、文、安、宁、武、献）（邯:郸、鸡、永、台、涉、内、尧）（保:博、定、安、望、清、容）（张:阳、沽、宣、尚、口）（承:隆、青、平）

顶囟 （天:强）

脑袋顶 （石:束、深、冀）（天:饶、河、献）（保:满、新）

脑袋顶儿 （保:保、兴）

脑瓜顶 （唐:秦、抚、山）（保:蠡、阜）（承:围、隆）

脑瓜顶儿 （唐:滦、昌、乐、山）（天:霸）（保:唐）

脑瓜顶子 （唐:蓟、玉、山、乐）（天:安）（保:安、阳）

脑瓜门 （唐:大、山）

脑瓜门子 （唐:丰、宝、玉、山）

脑门 （天:固）

脑门儿 （张:宣）

脑门子 （天:山、武）

囟门子 （张:宣）

囟了门儿 （天:天）

头囟儿 （天:桥）

头子顶 （石:建）

天门盖子 （唐:抚、山）

【额】

脑门 （天:河、天）

脑门子 （全省通行）

脑门儿 （张:各地）

脑门盖 （邯:邯）

脑门盖儿 （天:静）

脑瓜门子 （唐:丰、滦、遵、大、抚、玉、乐、山）（保:唐）

脑瓜门儿 “瓜”读“锅”。（保:兴）

脑袋门子 （保:清、满、容）

脑盖儿 （石:井）

脑滑盖 （邯:邯）

脑巴盖 （邯:丘）（石:灵）

脑巴瓜儿 （石:建）

天灵盖 （石:平、深）（唐:昌）（天:饶、宁、安、桥）（邯:大、南）（张:阳、宣、崇）（承:承）（保:安）

天林盖 （张:怀）

天庭盖 （天:孟）

天门盖 （唐:乐、昌、山）（承:隆、兴、青、平、围）（天:饶、固、孟、肃、文、大）（邯:郸、鸡、鹿、沙、肥、涉、内、尧）（保:水、安、新、望）（张:龙、尚）（石:安）

天门盖子 （唐:抚、山）

页柳盖儿 （石:获、灵）

页勒盖儿 （石:正、深）（保:博）（天:桥、献、任、霸、沧）

页亮盖儿 （承:丰、滦）

页亮盖 （唐:秦、山）（天:故、文、河、饶）（邯:乡、沙、尧）（保:安、蠡、涿）（张:沽）

页落盖 （石:束、深）

页拉盖 （石:晋）（天:大、山、安、桥）（唐:大）

页老盖 （石:枣、冀、深）

页底盖 （邯:临）

爷令盖 （石:赵）

爷来盖 （承:围）（天:桥）

爷灵盖儿 （承:承）

额勒盖儿 （唐:滦、迁、三、山）（承:隆、平、青）（石:正、无、新、冀、行、栾、藁、泽、安）

聂楞盖 （唐:抚、山）

月流盖 （石:石）

眼里盖 （邯:任）

眼顶盖 （石:高）

额角头 （唐:遵、蓟、山）（天:故、肃、庆）（邯:内）

聂脑板儿 (张:蔚)

耳门子 (邯:清)

门头 (邯:任、邯)

囟门儿 (邯:郸、鸡、永、台、鹿、内)(张:宣)(承:围)(唐:三)

囟门得 (邯:大、广)

囟脑门子 也称“囟脑门”。(唐:昌)

细脑门 (邯:涉)

席脸门的 (邯:磁)

眉头 (邯:威、肥)

眉颅骨 (张:商)

【脑门儿】 婴儿头顶上跳动之处。

胎毛盖儿 (唐:乐)

天门 (唐:西、山)(邯:邯)

天门盖 (天:固)

天门盖儿 (石:获)(唐:卢)

天灵盖 (天:安)(唐:昌)

天毛盖儿 (唐:昌、山)

天盖 (承:青)(唐:昌、山)

呼达儿 (天:任、桥)

呼顶儿 (承:兴)

呼吸顶儿 (承:隆)(邯:威、内)(保:新)(天:庆)(石:安)

细米子 (石:新)

细米儿 (石:赞)

细米的 (石:石)

细细米 (石:高)

细门 (石:藁)

门心 (石:栾)

脑门心儿 (石:平)

顶心 (石:行、深)(天:强)

脑顶心 (保:定)

顶囟 (石:束)

脑顶囟心 (天:饶)

头心 (邯:南)

头心子 (天:孟)

头囟 (邯:丘)(天:献)

头囟儿 (承:平、滦)(天:静、庆、山、大、桥、天)(唐:秦)(邯:清)(石:枣)

头囟子 (石:衡)(天:安)(承:围)

囟口 (石:泽)(张:万、怀、张、阳)(邯:涉)(保:唐、阳)

囟子 (张:沙)(邯:临、漳、磁)

囟带 (保:安)

囟脑子 (张:口)

囟脑门儿 (天:霸)

囟灵盖子 (唐:大、山)

囟命顶 (石:晋)

囟迷子 (保:易)

囟门子 (唐:丰、遵、迁、抚、山)(石:正、建)(保:保)(张:商、崇)(邯:成、周、大、邯)

囟门儿 (唐:丰、滦、秦、迁、玉、三、山)(承:隆)(石:新、宁、冀、河)(天:安、河、武、庆)(邯:广、乡、郸、鸡、永、鹿、台、任、临、内)(保:博、满、蠡、清)(张:沽、宣、龙、蔚)

哑门儿 (唐:大)

窍儿 (石:平)

【后脑勺儿】

后把子 (保:兴、易、保、新、雄、清)(张:蔚)

后朗勺 (唐:滦、山)

后脑瓜 (石:建)(邯:任、肥、邯)

后脑瓜儿 (张:龙)

后脑瓜的 (邯:广、成、大、邯)

后脑瓜子 (天:安)

后脑瓜勺儿 (邯:大)(保:唐、高、阳)(石:深)

后脑瓜勺子 (保:安)

后脑巴瓜 (石:平)

后脑海 (天:天)(唐:丰、山)(承:滦)

后脑勺子 (唐:宝、卢、乐、昌、山)(天:安、东)(承:围、青)(石:深)(张:张、阳、沽、沙、商、崇、怀)

后脑巴勺儿 (邯:临)(石:枣)

后脑袋勺儿 （天:饶、强）

后脑门的 （邯:磁）

脑瓜勺子 （唐:丰、山）

脑瓜勺 （邯:魏）

脑瓜勺儿 （保:满）（唐:丰、玉、宝、山）（石:行）

脑瓜儿勺儿 （唐:秦、山）

脑巴勺儿 （天:宁、肃）（邯:鸡、内、尧）（保:雄）（承:兴）（石:新、石、安）（张:尚）

【头发】

毛 （石:获、元）（邯:涉）

毛衣 （邯:邯、永、沙、内）

头发 "发"音 fe。（唐:滦）

【少白头发】

少白头 （邯:邯）（天:天、桥）（承:围）

苍白头 （石:赵）（唐:蓟、山）

算白头 （张:怀）

乂灰头 "乂"音 shǎ。（唐:宝、玉）

蒜辫 （张:尚）

朽麻辫子 （邯:鸡）

【脱头发】

落头发 （石:正、建、获、晋、平、衡、宁、枣、深、冀）（天:饶、阜）（邯:鹿、任、沙、内、尧）（保:唐）（唐:乐）

掉头发 （天:天、桥）

拔头顶 （承:隆、滦、围）

鬼剃头 肃宁指一块块地掉头发;青龙等地迷信说法,脱头发是被鬼剃去了。（天:肃、安、桥、霸）（邯:邯）（承:青、围、滦）（石:深）（唐:宝、玉、山、昌、乐）

【头屑】

肤皮 （全省通行）

头肤皮 （天:宁）（邯:任、邯）（承:兴）

头肤皮子 （邯:沙、邯）

头皮 （唐:秦、山）（石:建、灵、赞、井）（天:庆、天）（邯:任、邯）（张:张、万、康、崇、怀、口、商、尚）（承:承）

头皮子 （石:获）（邯:尧、临）

肤皮子 （承:滦、丰）

肤拉子 （保:唐）

脑瓜皮 （唐:乐、昌、山）（承:青）

脑瓜皮子 （保:阳）（唐:乐）

脑袋皮子 （唐:乐、山）

吃皮子 （承:平、围）

脑皮 （邯:涉）

雪皮 （承:隆）（邯:内）

白皮 （张:商）

【鬓角】 在普通话中,"鬓角"和"太阳穴"所指部位是不同的,"鬓角"指耳边头发下垂处,"太阳穴"指眉后无发处。但在河北方言中,很多地方把两者混称。

日头 （石:高）

太阳 （唐:滦、昌、遵、卢、大、玉、秦、蓟）（承:丰、围）（石:灵、无）（天:大、宁、天、安）（邯:内、涉）（保:雄、望、清）（张:张、宣、龙、沙）

太阳心 故城较文。（唐:蓟、山）（承:隆、平）（石:获、安）（天:故、文）（邯:内）

太阳穴 （唐:丰、西、秦、昌、乐）（石:新、晋、无、深）（天:武、庆、天、安、故）（邯:广、大、磁、永、鹿、内）（保:易、兴、望、完）（张:万、赤、阳、宣、怀）

太阳漩 （天:桥）

太阳窝 （唐:昌、乐、山）

明堂 （保:易、满、新、兴、完）

耳门子 （天:肃）

耳杈根子 （邯:邯）

脑脉 （天:大）

鬓边 （承:围）

鬓拐角 （张:怀）

【脸】

面 （石:无、晋、安）（唐:蓟、三、大、卢、山）（承:兴、平、隆、滦、围）（天:故、东、宁、阜、肃、桥、庆）（邯:邯、魏、鸡、柏、永、鹿、任、肥、内、尧、涉、成、丘）（保:高、满、安、蠡、定）（张:宣、龙、沙、崇、阳、沽、尚）

脸面 （张:万）

脸皮 （天:桥、庆）（唐:大）

脸蛋儿 （唐:滦、蓟）（天:天、桥）

脸蛋子 （唐:滦、蓟）（天:天、桥）

腮帮子 （唐:滦、蓟）

【脸蛋】

脸盘儿 （唐:大、丰、乐、山）

脸盘子 （唐:丰、乐、山）

脸盘子 指脸的大小。（天:天）

脸蛋儿 指脸长得好坏。（天:天）

脸蛋子 （全省通行）

脸蛋子 （褒）（石:宁）（唐:大）

脸蛋子 （贬）（天:强、任）（唐:大、抚、乐）（承:平）（保:唐、高、兴、涿、博）（石:正、深、灵、行、元、获）

腮帮子 （唐:滦）

模样儿 （天:故）

【不要脸】

现眼 滦县、蓟县、唐山指出丑。（唐:大、乐、滦、蓟、山）（天:宁、安）（保:容、唐）（承:平）

现脸 （天:宁）

现世 （唐:滦）

现世报儿 （天:天）

没脸 （唐:丰、昌、乐）（承:兴、围）（石:灵）（保:清）

没脸皮 （邯:肥）

没脸臊 （唐:滦、蓟）

没皮没脸 （张:宣）（天:桥、天）

不要脸皮 （天:桥）

不要屄脸 泼口骂人用。（张:万）

不嫌羞 （天:饶）（石:深）

不嫌臊 （天:肃、霸）

捺脸 （石:藁）

寒碜 （唐:滦）

【给死人洗脸】

净面 （邯:尧、邯）（石:石、正、栾、获）（天:霸）（承:兴、滦、围）

整容 （天:天）

开光 （天:安）

【颧骨】

脸旁骨 （唐:玉）（承:隆、兴、承、围）（天:固、东、山、永、庆）（邯:宗、沙、肥、内）（保:望、清）（张:龙、沙、尚）（石:安）

脸骨盖 （承:兴）（保:阳）

脸骨颧 （保:满）

脸骨拐 （天:强）（保:容）

骨拐 （石:束、枣）（邯:南）（唐:昌）（天:桥）

腮骨突 （邯:鸡、邯）

腮骨突儿 （邯:周、邯）

骨拐脸 （石:行）

【酒窝儿】

酒纹 （天:桥）

酒靥 （承:隆）（邯:内）（石:赞）（张:尚）

酒瓯儿 （邯:鸡）（保:满）

酒饽饽 （张:万）

酒坑 （邯:鹿、肥）

酒坑儿 （唐:丰、昌、大）（承:滦、丰、承、围）（天:固、安、霸）（邯:邯、漳）（保:清、兴）

笑坑 （邯:鸡）

笑窝 （石:平）

【人中】 上嘴唇中间的小平沟。

人命中 （张:宣）

人唇唇 （张:商）

人中穴 （邯:清）

鼻子沟 （唐:蓟、滦、乐）（天:肃）（承:围）

【腮帮子】

脸巴子 （唐:丰、乐）

脸蛋子 （天:桥）

脸蛋 （张:崇）

嘴巴子 （唐:大、丰、乐）（天:安、桥）

嘴腮 （保:阜）

苦腮　(张:商)

两腮　(邯:邯)(石:灵)

炸腮　(石:束)

腮拔的　(邯:广)

腮膈　(邯:鹿)

腮　获鹿是喜爱之称。(石:获、灵、建)(邯:大、磁、漳)(张:张)

腮里　"里"音 lái。(张:怀)

脸皮胡子　(石:高)

【脖子】

颈子　(天:故、桥、阜)(邯:内、尧)(承:平、隆)(石:安)(张:尚)(唐:蓟、山)

膆颈　(邯:涉)(张:阳、宣、万)

脖颈轴子　"脖子"和"脖梗子"的通称,参见"脖梗子"条。(天:强)(石:深)

脖梗子　(唐:昌、乐、宝、玉、山)(承:丰、承、滦)(石:枣)(天:安)

脖的　(石:石、正、栾、获)

梗　(天:静)

【脖梗子】　脖子的后部。

脖梗轴儿　(保:蠡)(天:强)

脖梗轴子　(天:强)

脖颈轴子　(天:强)

脖颈　(石:建)

脖儿颈　(邯:尧)

脖儿梗　(石:栾)(邯:广、南、成、丘、邯)

脖儿梗子　(唐:卢、秦、蓟、山)(石:赞、衡、宁、赵、无、石、河、新)(承:平)(天:故、庆、肃)(邯:乡、鄚、鸡、大、磁、宗、威、永、鹿、任、临、肥、内、尧、漳、邯)

脖儿梗儿　(天:桥)

二窝把子　(张:崇、万)

yěr 窝脖子　(张:张、万)

哥 běng 子　(天:静)

后脖梗子　(承:滦)(唐:宝、玉、山)

【脖儿拐】　以手击脖颈的后部,叫打脖儿拐。

脖溜儿　(唐:滦、山、抚、秦、乐)(天:天、安、桥)

脖儿楼　(唐:遵、山、大)(承:滦)

脖楼子　(承:平)(天:安)

脖楼儿　(承:滦)(唐:山)

脖楼拐　(唐:丰)

脖拉花　(唐:迁)

脖翠　(邯:永)

绰脖子　(承:隆)(天:阜)(邯:肥、成、内)(张:万)(保:阜)

脖绰子　(石:行)

脖戳子　(石:正)

脖拐子　(唐:卢、抚、山)(承:平)

脖子拐　(唐:宝、玉、昌、丰、山)(石:深、正、新、获、行、建、灵、平、衡、赵、晋)(保:定、保、阳、蠡)(张:宣)(天:安、武)(承:围)

脖拉乖　(天:静)

脖梗儿　(天:桥)

夹耳　(天:庆)

二毛刮　(张:崇)

耳勺子　(唐:大)

耳乖子　(天:安、桥、沧、饶)

耳光子　(保:安、雄)(邯:邯)

耳刮子　(承:平)(天:静、饶、安)(保:唐、水、高)(唐:大)

比兜　(张:阳)

【后脑窝子】　脖子后部的窝。

争嘴窝　(唐:遵、山、蓟、大、秦、抚、玉、宝、三、西)(石:深、无、新)(天:黄、孟、故、献、任、文、山、桥、宁、安、津、河、武、永、霸、沧、庆、东、阜、肃、天)(邯:邯、清、内)(保:安、新、兴)(承:各地)

争嘴窝儿　(天:河、霸、桥)

争嘴窝子　(唐:丰、宝、山、大)(天:静、大、河、庆、安)

争嘴儿　(承:滦)

吃嘴窝　(邯:鸡)

吃嘴坑　指小孩说。(邯:邯、肥)

吃嘴沟儿 （邯:磁、任、涉、内、尧）

喂嘴坑 （邯:肥、邯）

馋窝儿 （唐:昌、山）

馋沟 （唐:滦、昌）

争架窝 （唐:西）

藏沟窝 （唐:乐）

狡价窝 “狡价”即“奸狡”的意思。（石:正）

狡猾 （保:满）

狡猾窝子 （保:水）

狡后窝子 （保:易）

押儿窝 （邯:漳、周、成）

间洼 （保:唐）

颜洼 （保:唐）

腋窝 （石:赞）

yěr 窝 （张:张）

燕窝卜子 （张:商）

燕窝 （石:束、高、建、获、晋、灵、平、衡、宁、赵、枣、栾、行、正、无）（天:饶、强）（邯:宗、鹿、南、尧）（保:博、定、保、高、望、阜）（唐:卢）（张:各地）

燕窝儿 （邯:广、威）（石:冀）

燕窝子 （邯:丘）

燕儿窝 （邯:磁）（张:蔚、康）

后燕儿窝 （张:宣、沙）

后燕窝子 （邯:临）

脑燕窝 （邯:邯）

后脑勺 （邯:台）

后脑勺子 （天:东）（张:阳、崇）（石:武、深）

勺子 （承:青）

【眼睛】

眼珠子 （唐:丰、昌、蓟、宝、玉）（天:安）

眼 （天:桥、天）（张:各地）

【眼眶子】

眼圈儿 （石:灵、深）（邯:磁、邯）（保:定）

眼圈子 （邯:魏、邯）

眼窝 （天:饶）（邯:任）

眼窝子 （天:庆、安）

眼团儿 （天:阜）

眼边子 （邯:内）

眼包皮 （邯:鸡）

眼眶骨子 （张:怀）

眼眶骨 （张:万、商）

眼眶的 （邯:邯、大）

眼 gāng 骨 （张:张）

【眼珠儿】

眼眨仁儿 （唐:丰、宝、玉、山）

眼睛蛋 （张:万）

眼珠的 （张:商）

眼睛珠儿 （天:庆）（邯:邯、郸、磁、永、鹿、台、沙、肥、涉、周、内、尧、鸡）（张:赤、康、宣、蔚、商、尚）（承:平、隆）（石:无、赞、平、行、新、灵、石、获、建）（保:阜）

眼睛珠子 （张:沙、怀）（石:井）

眼珠子 （唐:乐）

眼珠子 （贬）（天:天、庆、桥、安）（保:博、易、高、唐、满、涿）（承:平、围）（唐:滦、昌）

【白眼珠儿】

眼白 （石:藁、晋）（天:故、东、宁、庆、桥、肃）（邯:邯、郸、肥、成、内）（保:定）

眼白 （文）（天:故、庆）（承:承）

眼白睛 （张:张）

白眼 （唐:滦、昌、乐、山）（邯:邯、涉）（保:安）

白眼子 （石:灵）

白眼睛子 （天:静、大）

白眼睛 （张:商）（保:阜）

白眼睛儿 （唐:丰、宝、玉、山）（石:井）

白眼睛珠 （张:沙）

白眼睛珠儿 （邯:磁）

白眼睛仁 （张:崇）（石:新、石、正）（保:阳）

白眼仁儿 （唐:丰、乐、山）（石:正）（承:隆）

白眼珠的　（邯:邯、大）

白眼珠子　（贬）（天:安、庆）（承:围）（唐:乐）

【黑眼珠儿】

黑眼　（唐:昌、抚）

黑眼　表示讨厌时的眼神。（唐:昌）

黑眼子　（贬）（石:灵）

黑眼仁儿　（唐:山、丰、乐、宝、玉）（石:正）

黑眼仁　（石:晋）（张:沙）

黑眼睛　（张:张）

黑眼睛儿　（唐:丰、山）（石:井、新）

黑眼睛仁　（保:阜）（张:崇）（石:新）（唐:山）

黑眼睛仁儿　（保:阳）

黑眼珠子　（邯:威、周）（唐:昌、乐）（天:黄、桥、庆、安）（张:沽）（承:围）

黑眼珠子　（贬）（天:庆）

黑眼珠的　（邯:邯）

黑眼睛珠儿　（石:获）（邯:磁）

眼睛　指黑眼珠。（石:建）

【瞳人儿】　看别人黑眼珠中,可以照出自己的影子,所以叫瞳人。它是黑眼珠上瞳孔后的一个小晶体,也就是黑眼珠照人时特别清楚的部分。

花椒子　（唐:蓟）

眼瞳子　（保:阳）

眼人儿　（石:正）（唐:抚、乐、山）

眼珠人儿　（唐:遵、山）

眼睛人　（张:张）（石:灵）

眼睛人儿　（张:蔚、沙）（石:井、获）

眼挺人儿　（石:新）（邯:内）（保:阜）

黑眼人儿　（承:青）

黄眼珠人　（唐:西、山）

媳妇儿脸儿　（天:安）

媳妇头　（邯:涉）

媳妇脸　（天:霸）

媳妇人儿　（唐:昌）

【眼梢】

眼犄角　（唐:三、山）

眼犄角子　（保:兴）（唐:宝、玉、山）（承:滦、承、兴）（天:安）

眼犄角儿　（承:滦）（唐:丰、昌、乐、山）

大眼犄角　专指眼的内角。（承:平）（天:安）

小眼犄角　指眼外角。（承:平）（天:安）

眼角　（张:怀、商、沙）（天:天、东、霸）（石:井、高）（邯:邯）（唐:大）

眼睛角　（唐:乐、山）

眼儿角　（唐:迁、山）

眼拐角　（张:怀）

眼梢子　眼外角。（承:滦、围）

串眼梢　（承:隆）

眼边子　（张:崇）

【眼圈儿】

眼边儿　（石:获）（唐:乐）

【眼泪】

泪　（天:静、东、肃、饶）（邯:邯、乡、清、任、南、广、永）（保:蠡）（张:张、怀）（石:饶、井、泽、束、正、冀）（承:隆、青）

泪儿　（天:庆）（石:深）（唐:乐）

泪水　（张:阳）

眼泪花儿　眼泪少。（保:兴）

猴尿　“尿”音 suī,骂人的话。（唐:玉、山）

尿 bie 子　骂人话。（唐:蓟）

尿水子　骂人话。（张:万）

洗脚水　讽刺爱哭的人。（唐:大）

【哭】

抹耗子　如:“她又抹耗子啦。”“耗”读阴平。（承:承）

嚎　（唐:乐）

嚎丧　（贬）骂人语。（唐:乐）

号丧　（贬）（天:霸）

号　（贬）（天:霸）

抹眼泪耗子 （唐:蓟）

掉蒿子 （天:天）

掉金豆子 （贬）（唐:昌）

抹扎了 （唐:昌）

叫唤 （唐:乐）

眼睛出汗了 取笑儿童的话。（唐:昌）

【眼眵】

脓眼滓 （张:宣、崇）

脓滓 （张:张、崇、怀、万、赤、口）

眼屎 （唐:蓟、秦、山）（承:隆、平、承、青）（天:故、桥、宁）（邯:鸡、鹿、任、内、邯）（张:尚、阳、赤）（石:无）（保:定、完）

眼眵儿 （天:静、山、桥）

眼眵嘎巴 （天:桥）

眼屎拉 （唐:乐、山）

屎拉 （唐:乐）

眵拉 （唐:昌）

眵泪 （唐:滦、乐、抚、昌）

眵马糊儿 （唐:昌、山）

眵门糊 （天:固）

眵沫糊 （唐:乐、遵、大、蓟、宝、玉、山）（承:丰）（邯:邯、南、周）（保:新、保）

眵马糊 （石:枣、赵、衡、新、束、无、深、井、河、泽、晋、平、行、冀、灵、获、建、元）（天:饶、桥、静、霸、安、天、强）（邯:大、威、鹿、清、邯、任、内、临、宗、乡）（保:定、唐、望、阜）（张:沙、口）（唐:遵、滦、乐、抚、昌）

眵目糊 （全省大部分地区通行）

眵马糨糊 （石:宁）

眵脸棒子 （张:蔚）

【眨眼】

眨巴眼 （唐:昌、乐）（天:天）

眨马眼 （天:霸、桥、天）

展巴眼 （石:束、深）（邯:邯）

展儿眼 （邯:乡、宗）

展眼 （张:蔚）

忽展眼 （张:宣、万、涿、怀）

【眼皮儿】

眼之皮 （唐:玉、宝、山）（天:安）

眼眼皮 （承:隆）

眼皮子 （唐:昌、西、丰、抚、山）（张:张、沽、商、万、怀）

眼巴皮 （石:建、平、获）（邯:尧、丘、任）（保:唐）

眼包皮 （邯:任）（石:灵）

眼包皮儿 （邯:鸡）

上下眼皮 （天:天）

【单眼皮儿】

薄眼皮 （天:肃、饶）

铺义眼皮儿 （唐:丰）

单眼皮 （邯:邯）（天:天、桥）

单眼皮子 （贬）（天:静）

单眼皮子 （张:张、万、沽、怀）

单眼包皮 （石:高）（邯:任）

单眼包皮儿 （邯:鸡）

单眼包儿 （石:无）（唐:昌）

单眼巴皮 （保:唐）（邯:丘）

单眼巴皮儿 （邯:临）（保:阳）

单巴眼皮儿 （石:建）

单眼眨皮儿 （唐:丰、山）

【双眼皮】

重眼皮 （石:宁、深）（天:肃、饶、强）（保:定、蠡）（邯:涉）

重眼包皮儿 （石:无）（唐:昌）

双眼包皮儿 （邯:鸡）

双眼包皮 （石:高）（邯:任）

双眼包皮 指人长得美，夸奖时用。（承:青）

双眼皮皮 （张:万）

双眼巴皮儿 （保:阳）

双眼巴皮 （保:唐）（邯:丘）

双眼皮子 （张:张、沽）

双巴眼皮儿 （石:建）

【眼皮有点小毛病的人】

疤瘌眼儿 （唐：丰、大）

疤瘌眼 （唐：滦、昌）

小疤眼儿 （天：天）

怯皮眼儿 （石：束）（唐：乐）

扯皮眼 （邯：邯）

【眼毛】

眼子毛 （天：黄、孟、东、静、桥、津、河、庆、大）

眼子毛儿 （唐：昌、山）（邯：魏）

眼之毛 （唐：遵、玉、三、乐、山）（邯：鸡、清）（保：保、新）（张：赤、龙、沙）（石：泽）（天：天、安）

眼之毛儿 （唐：乐）

眼者毛 （邯：广）

眼择毛 （邯：南、丘、邯）

眼眨毛 （全省通行）

眼眨毛儿 （唐：丰、秦、山）（石：高）

眼睛毛 （唐：迁、卢、山）（承：青、滦）

眼着毛 （天：强）

眼角毛 （张：怀）

眼张毛儿 （石：深）

眼袋毛 （石：宁）

眼沾毛 （石：赵）（邯：临）

睫毛 （承：承）

眼睫毛 （唐：大、山）（承：滦、承）（石：无）

【眉毛】

眼眉 （石：枣、宁、藁、衡、正、深、冀、晋、束、灵、河、高）（天：黄、孟、东、霸、饶、静、献、任、大、山、桥、津、河、永、沧、庆、肃、天、安）（唐：抚、卢、昌、乐、山、大）（承：隆、丰、围）（邯：威、清、南、邯、宗、乡）（保：博、易、保、满、清、新、蠡、容）

眼之眉 （唐：乐、遵、玉、山）（保：唐）（天：天）（承：围）

眼眨眉 （天：安、河、武、文、霸）（保：涿）（石：衡、深）

眼泽眉 （邯：尧）

眼睛眉 （唐：迁、山）（承：青）

眉 （邯：邯）

【皱眉头】

拧眉 （天：大）

拧眉头 （邯：肥、邯）

拧眉头子 （保：雄）

鼓纵眉头 （邯：鸡）

鼓抓眉头 （邯：乡）

个拧眉头 （石：宁）

个拈眉 （天：饶）

疙綮眉头 （石：束）

格吉眉头子 （天：安、霸）（唐：宝、玉、山）

纵眉头 （唐：山、遵、大）（承：滦、围）（天：桥）

纵眉头儿 （石：束、正）

攥眉头 （石：平）

七抽眉头 （保：新）

七车鼻子 （唐：昌、宝、玉、山）

屈抽鼻子 （唐：昌、乐、宝、玉、山）

皱眉头子 （唐：丰、玉、抚、昌、乐、山）（天：安、桥、饶、武、肃、天）（石：冀）（承：青）

皱着眉头子 （天：东、静）

皱眉头络达 生气时出现。（石：灵）

皱眼眉 （石：高）

眉头格褶子 （张：崇）

克愁 （石：无）

【鼻子】

山根 别的地方有指鼻梁的。（唐：滦、山）（承：承）（天：孟）（邯：内）

鼻子 有的专指牲口闹肺病。（保：兴）

鼻头 （唐：滦、山）（承：隆、兴、平、滦）（石：藁、无）（天：固、庆）（邯：郸、魏、鸡、鹿、内）（张：赤、尚）（保：完）

鼻头子 （张：张、万）

鼻子头 （承：滦）（石：石、安）

【鼻梁儿】

山根 （石：正）（保：阳）

鼻梁儿 （石：深）

鼻梁子 （唐:乐、宝、玉、山、丰、昌）（天:安、桥）

鼻子梁 （石:灵）（邯:邯）（唐:昌）

鼻的 （石:石、栾、正、获）

【两眼之间的鼻梁陷下】

塌鼻梁儿 （唐:乐、昌、丰）（石:深）（张:宣、万）

塌鼻梁子 （天:安、桥）（承:围）

塌鼻子 （唐:玉、山）

折鼻梁儿 （石:束、深）

折鼻梁子 “折”音 shé。（天:天、霸）

【鼻涕】

鼻精 （邯:清、内）

鼻子 （全省通行）

鼻子 少数人说。（石:井）（邯:广、邯、磁、大）

鼻液 （邯:涉）

嘎巴 （天:桥）

鼻丁 （石:枣）（天:固、桥）

鼻挺 （唐:丰、大、昌、山）（承:兴、承、滦）（天:沧、阜、天、宁）（邯:内）

鼻 děng （天:天）

清鼻挺 刚感冒时的鼻涕。（承:滦）

清鼻子 感冒后流的鼻涕。（天:强）（石:深）（邯:邯）

流稀水 （天:桥）

脓带 （唐:丰、滦、昌、遵、宝、抚、乐、玉、卢、蓟、大、秦、西、迁、山）（石:正、建、无、新、获、河、平、泽、栾、藁）（天:固、肃、任、静、桥、安、宁、武、霸、庆）（保:博、易、容、保、唐、水、高、满、阳、新、兴、雄、蠡、涿、望、阜）（张:张、崇、万、赤、康、宣、龙、沙、商、蔚、口、尚）（承:青）

脓带鼻子 （唐:玉、丰、山）（天:津）（承:平）

脓大鼻子 上火后流的鼻涕。（天:强）

脓滞鼻涕 指小孩脏。（石:灵、石、正、栾）

【鼻窟窿】

鼻子点儿 （唐:丰、秦）（石:深）

鼻子孔 （天:宁）

鼻空儿 （张:阳）

鼻子窟窿儿 （保:保、满）（唐:昌）

鼻子眼 （邯:大、丘）（石:冀）（承:滦、围、青）（唐:蓟、滦、昌）

鼻子眼儿 （天:天、霸、安、桥）（唐:乐、大）

鼻子眼子 （天:东、桥）（唐:大）

鼻眼儿 （石:深）

鼻囫囵 （张:龙）

【鼻毛】

鼻须 （唐:迁、蓟、山）（天:固、桥）（邯:鸡）（承:承）（保:安）（张:宣）

鼻眼儿毛 （承:滦）

鼻汗毛 （天:宁）

【鼻子尖】 鼻子的顶端。

鼻头 （唐:秦、抚、山）（张:万）

鼻头子 （张:万）

鼻头儿 （天:天）

鼻子头 （石:正、深）（承:围）（天:霸、安）（唐:乐）

鼻子尖子 （天:黄）

鼻子尖儿 （唐:昌）（天:桥）

鼻的尖儿 （邯:大）

鼻尖子 （张:张、崇、万、商）

【鼻子尖】 嗅觉灵敏。

猫鼻子 （石:灵）（张:万）

鼻子灵 （张:万、阳、怀）（唐:宝、玉、山）（保:阜）

鼻子尖的 （邯:南、内、邯）

鼻子真尖 （唐:昌、乐、山）（天:天、桥）

鼻子好使 （承:滦、围）（唐:乐）

【糟鼻子】 鼻子是红色的。

酒糟鼻子 （全省通行）

朱砂鼻子 （唐:丰、山）（天:献）

齇齇鼻儿 “齇”音 zhā。（石:束）

红鼻子 （邯:广、大）

红鼻头子 （张:怀、万）

红鼻头儿 （天:天）

蒜头鼻子　（唐：秦、乐、山）

陈小进鼻　（邯：涉）

【嘴巴】

嘴瓜子　（石：赵）

嘴巴子　（张：宣、沙、怀）（唐：山、昌、乐）（天：桥）（承：滦、围）

嘴巴故子　（邯：大、邯）

嘴巴骨子　（邯：肥）

嘴巴骨的　（邯：邯）

嘴马骨的　（邯：广）

嘴　（天：天、桥）

下巴颏子　（天：庆）（唐：乐）（石：深）（张：沙、怀、鹿、宣）

下颏子　（张：万、怀、张）

【打嘴巴】　参看“身体”类“耳刮子”条。

扇一掴子　（天：桥、肃）（石：深）

扇嘴巴子　（唐：乐）

扇耳刮子　（张：鹿、宣）

扇一耳光子　（承：青）

抽嘴巴子　（天：安）

撤嘴巴子　（天：天）

打嘴角　（邯：涉）

打耳掴子　（天：桥）

打一耳拨的　（邯：大、邯）

打一耳把子　（邯：大、邯）

打个耳巴子　（邯：磁）

打耳巴子　（邯：乡）

打一耳刮子　（天：天）（石：冀）（承：滦、围）

打耳刮子　（张：蔚、崇）（石：深）

打一个耳光的　（邯：邯）

打一个耳光子　（邯：成）

打了一耳光儿　（石：宁）

打一个脸巴掌　（天：津）

打一巴掌　（邯：邯）

嘴光儿子　（石：正）

手贴脸　不普遍。（唐：昌）

【嘴唇儿】

嘴神　（唐：昌、抚、乐）（保：清）（承：青）

嘴皮　（唐：蓟、山、玉、昌、三）（石：石）（承：平）（天：故、肃）（邯：鹿、沙、肥、邯、内）（保：定、安、清）

嘴唇片　（邯：涉、邯）

嘴唇子　（张：崇、怀、万、蔚、张）

嘴皮子　滦平等地把能讲话，不干实际事说成“耍嘴皮子”。（唐：玉、山、大）（天：津）（承：滦）

嘴亲片　（邯：涉）

嘴片的　（邯：邯、成）

嘴片儿　（邯：广、魏、磁、肥）

嘴头　（保：新）

嘴头子　（保：雄）（承：滦）

嘴食儿　（保：阳）

【唾沫】

吐米　（唐：乐、昌、山）

吐吐米　（唐：抚）（保：唐）

沫吐　（张：张）

沫唾　（张：尚、万、怀、张）

唾米　（天：静、大）（唐：山）

吐沫　（全省通行）

吐 ma　（石：宁、泽）

【唾沫星儿】

吐沫星儿　（全省通行）

吐沫星子　（唐：遵、西、山、丰、乐）（承：兴、青、滦、围）（石：灵）（天：天、东、安、桥、沧）（保：唐、高、阳、雄、涿）（邯：广、磁）

吐米星子　（唐：乐）

吐米星儿　（唐：抚、昌、山）

吐沫点子　（天：强、桥）（张：张、万、怀、崇）

吐 ma 星儿　（石：宁、泽）

吐 ma 星子　（天：饶）（石：深）

唾米星儿　（天：静）

唾沫星的 （邯：邯、大、磁）

唾沫点 （张：商）

唾沫星子 （唐：山）（石：获、建）（天：黄、东、河、庆、桥）（张：阳）

唾沫渣子 （天：肃、河、大）

【流哈喇子、流口水】

涎涎 “涎”音 xié。（天：庆、桥、静、山、东、沧、津）

唾沫 （天：孟）

哈喇 （石：冀、束）（天：安）

哈喇儿 （保：保）

哈喇喇 （石：宁、元、赞、无、河）（邯：柏、威、台、临、南、宗、鹿、任）（保：保、望）

哈喇水 （石：深、获、平）

呵喇喇 （石：泽）

嘴水 （邯：丘、大、磁、肥、周）

嘴嘴 （邯：广、魏）

水喇 （天：大）

水喇喇 （石：衡、枣、武、深）（天：任、河、肃）（保：高、满、新、雄、清、博、容）

水落落 （天：献）

水各喇 （天：饶）

吃喇喇 （邯：清）

颔水 （唐：滦、卢、秦、迁、西、昌、山）（承：青）（天：桥）（邯：鄚、鸡、邯、永、沙、漳、涉、内、成）（保：蠡）（张：张、万、康、宣、怀、尚、口、商）（石：安）

颔喇水 （石：井、建）（张：宣、崇、蔚、阳）（保：阜）

喇喇颔水 流口水。（承：青）

喇喇汗水 （唐：滦）

喇喇哈水 （唐：滦）

颔喇子 （保：水）

颔喇喇 （保：唐）（邯：鸡）

水哈喇 （天：霸）

喇喇水喇 流口水。（天：强）

喇喇涎涎 流口水。（天：桥、沧）

【黏涎子】 口中的黏液。

涎 （石：新）

黏涎 （唐：丰、滦、西、抚、山）（石：枣、藁、行）（张：沙）（天：津）

黏沫 （邯：大、威）（保：兴、容、高）

黏沫子 （保：保）

黏吐沫 （石：藁、安）（天：饶、强）（邯：大、丘）（唐：遵、山）（张：尚、口）

黏痰 （天：安）

哈喇子 （唐：大）

口沫沫 （邯：成）

斜斜 （天：大、武、桥）

唾沫 （保：阜）

吐沫 （天：任）（承：围）

吐白沫 （天：天）

【舌头】

虫子 逗小孩时说。（天：静、霸、天）

馋虫 逗小孩时说。（承：滦）（石：深）（天：霸）（唐：山）

馋虫子 逗小孩时说。（唐：宝、玉、山、乐）

馋馋 指小孩的舌头。（唐：昌）

食头 （邯：涉、邯）

口条 讽刺别人时用。（唐：宝、玉、山）

舌尖儿 整个舌头。（邯：成）

臭鱼 青年男女接吻时说，如“来个臭鱼”。（天：天）

【舌头】 作食品用的动物的舌头。

脷子 （邯：内）

口条 （全省大部分地区通行）

口条 指牲口的舌头。（承：围）

口条儿 买肉的说。（天：静）

西洋糕 （唐：抚）

舌根 （石：藁）（邯：大、邯）

【舌头尖儿】

舌头尖子 （张：崇）（唐：乐）（天：桥）

舌尖儿 （天：天）

【舌苔】 舌上所起之垢腻。

舌忽　（石:枣）

舌垢　（唐:秦、山）

舌刺　（石:宁）

舌刺儿　（天:静）

舌锈　（天:河）

舌头　（张:阳）

舌胎　（唐:抚）（石:深）

台根　（张:沙、怀）

台根儿　（张:怀）

舌疙疸　（石:宁）

【大舌头】　舌头不灵活，说话不清楚。

舌头短　（保:阳）

舌头根儿　（石:获）

大舌头　骂人好玩嘴弄舌。（张:怀、万、口、宣、张、蔚、鹿）（唐:昌）

大舌头　①舌头。②咬字不清的人。（天:静、安、桥、天）

大舌头儿　（唐:乐）

【咬舌儿】　舌尖发音不清。

秃舌子　（张:康、宣、崇、沙、龙、蔚、怀、口）

秃舌儿　（石:灵）

建舌儿　（唐:滦、丰）

咬舌头　（唐:乐、西、山）（石:建、赞）（张:万）（邯:广、鹿、周）

咬舌头拉　（邯:大）

咬舌子　（唐:迁、昌、乐、大、西、山、抚、滦）（天:静、大、庆、武、霸、津）（张:张、阳、宣、沽）（承:围、青）

咬声子　（天:任）

謇舌儿　（唐:丰、宝、玉、山）

謇舌子　小孩吐字不清楚。（天:静）

土舌儿　（保:唐）

短舌儿　参看“大舌头”条。（唐:丰）

小舌头儿　（唐:丰、山）

吐拉舌儿　（石:束）

半语子　说话不清之人，也指小孩初学话。（石:束）

弹弹舌儿　指说话时故意拿腔拿调，嗲声嗲气，发音不清楚的一种情况。（天:桥）

【小舌儿】

堵嘴子　（天:静）

对嘴　（邯:清）（天:庆）（承:围）

对嘴儿　（天:山）（唐:大）

重舌子　（天:安）

小舌子　（邯:广）

小舌头　小孩生的小舌病。（邯:肥）（唐:丰）（天:桥）

小舌的　小孩生的小舌病。（邯:邯）

巧舌儿　（石:灵、行）

秃舌儿　（承:丰）

舌头尖　（邯:宗）

【牙】

牙根　（石:束）

【门牙】　前方居中近唇的牙齿，上下共八个。

牙　（古）（保:雄）

大门牙　（石:行、新、平）（保:博、高、蠡）

当门牙　（石:元）

每牙　（石:正）（保:兴）

门前牙　（天:强）（承:滦）

前门牙　（张:阳、崇、沙、怀、万、蔚、口、宣）（石:井）（承:围）

大板齿　（贬）（石:平）（天:安）

大板齿牙　（唐:乐）

大板儿牙　因门牙大而薄，故名。（承:承）

板儿牙　（唐:山、丰、大）

板吃牙　（唐:丰、山）

板齿牙　（天:桥、沧）（唐:昌）

板牙　（唐:昌）

【大牙】　近喉两旁之齿，其形似臼，故又名臼齿。

齿　（古）“齿”的古义即大牙。（保:雄）

柱牙　（唐:宝、山）

腮牙　（石:建）（张:宣、沙、张）

嚼牙 （石:灵、赞、泽、深）（张:崇、蔚）（保:唐）（天:安）（邯:临）

嗓牙 （张:怀）

槽牙 （石:宁、冀、深）（天:安、霸、天、桥）（唐:大、蓟）（保:雄）（承:滦、围）

后槽牙 （唐:丰、山）

槽里牙 （天:强）（石:深）

大板儿牙 （承:兴）

大板子牙 （天:东）

板齿牙 （天:东）

【犬齿】 亦名虎牙，位于门牙两侧，尖形。

狗牙 （邯:邯、漳、郸、临）（唐:乐、昌）（天:饶、安、肃）（保:蠡）

犬牙 （唐:丰）（天:桥）（张:宣）（邯:邯、鸡、任）

老虎牙 （石:无）（唐:秦、山）（天:安）

虎牙 指突出在外的牙。（邯:邯）（唐:昌、大）

齿包牙 （石:束）

包牙 （天:阜、武）（邯:清、鹿）（保:兴）（承:围）

包牙子 （唐:西）

【尽头儿牙】 最后长出的大牙（臼齿），一般在二十五岁到三十岁才长出，所以叫“尽头儿牙”或“智齿”。

智齿 （石:正、深）

智牙 （承:隆、围）（唐:遵、山）（石:获、晋、井、石）（张:万、尚）（保:唐、满、望）（邯:内）

掉牙 （保:阜）

嚼牙 （保:保、易、高）

腮牙 （张:崇、沙、龙）（天:饶）

腮窝牙 （邯:广）

大牙 （石:束）（唐:乐）

槽牙 （天:霸、安）（邯:南）（唐:大）

后槽牙 （天:天）

【小而密的牙】

芝麻牙 （石:平）（唐:宝、玉、昌、丰、山、大）（邯:邯）（承:滦、围）（天:安）

小芝麻牙儿 （天:桥）

碎牙 （张:宣、鹿）

【在牙缝里塞了东西】

絮牙 （石:宁）

刺牙 （石:宁）（唐:乐）

塞牙了 （天:天、桥）（唐:滦、昌）

塞牙 （唐:丰、大、蓟）（张:张、宣、口、沙、鹿）

【牙垢】

牙泔 （张:张、万、赤、阳、康、宣、商、怀、蔚、尚、沙）

牙黄 （唐:滦、秦、山）（石:获、束、藁、石、安、无）（天:东）（保:容）（邯:台、内、魏）

牙塞 （邯:郸）

牙锈 （天:固、霸）（石:赵）（唐:大）

牙腻 （石:赞）

牙滞 （唐:宝、山）（承:青）（石:石、枣）（天:武）（邯:内、任）

牙滞子 （唐:山、抚、遵）

牙滞黏子 （唐:乐）

牙尘 （保:满、完）

牙花 （保:水、雄、涿、兴、易）（邯:宗、临、周、内、鸡、鹿、沙、南）（天:饶、静、献、大、河、霸、安、任、文、沧）（石:衡、栾、藁、元、正、井、泽、晋、行、河、武、石、枣、冀、束）（唐:遵）

牙花儿 （天:永、文、河、故、桥、庆）（保:博、蠡、高、望、新、容）（邯:魏、鸡、柏、永、鹿、肥、涉、成、内、尧、任、周）（石:无、正、深、平、新、宁、冀、石、安、晋）（承:平、隆）（唐:秦、蓟）（张:尚）

牙花子 （唐:丰、滦、卢、昌、西、乐、抚、三、大、玉、秦、蓟）（承:平、围、兴、隆）（石:无、新、建、安）（天:沧、孟、阜、黄、固、肃、山、桥、宁、安、津）（保:定、易、望、唐、清、安、阳、阜）（邯:广、大、邯、磁、魏、鸡、威、永、台、内、尧、漳）（张:沽、沙）

牙花子肉 （唐:大）（张:龙）

牙滑 （保:保、新）

牙屎 （唐:西）（石:无）（天:东）（邯:内）

牙八子　(邯:郸、乡、永、尧、沙、广、任)

牙环子　(石:灵)

牙眵子　(承:滦)

牙眵儿　(唐:丰、滦、山)

牙眵　(石:枣)(邯:沙、清)(天:津、沧、桥、庆)

牙根　(天:阜)

牙床　(石:赞、元、正、新、高、获)(天:桥)

牙床子　(张:张、万、阳)(保:定、阜)(邯:鸡)(石:藁、束、建、赵)

牙床子肉　(张:沙)

包牙肉　(唐:抚)

牙膀子　(邯:成)

【牙锈】　牙上附着的碱状物,本条与"牙垢"条方言中往往分不清。

牙碱　(张:宣)

牙黄　(承:平)

牙滞　(唐:大)(邯:尧)

牙支子　(承:滦)

牙泔　(张:龙)

牙眵　(邯:任、广)(保:定、兴)

牙花　(石:束)(邯:周)

牙花子　(保:定)

牙根儿　(承:滦)

黑牙根儿　(天:静)(承:滦)

乌牙根儿　(天:静)

【牙床】　牙齿植根之处。

牙帮子　(张:蔚)

牙渭子　(保:满)

牙拔子　(邯:广)

牙花　(石:宁)

牙花床　(邯:鹿)

牙床子　(邯:大)(石:深)(唐:乐、大)(天:天、安、桥)(张:沙、万、怀)

牙根　(全省通行)

牙根　说恨人的话时用。如"恨他恨得入牙根"。

牙根儿　(唐:三)(天:静)

牙根子　(邯:邯)

【虫牙】

火牙　(邯:鸡)

虫火牙　(唐:玉、山、丰、滦)

虫子牙　(天:天、安、桥)

虫咬牙　(天:桥)

虫子咬牙　(天:东)

虫蛀牙　(唐:秦)(承:隆)(石:灵)(保:雄、清)(邯:鸡、内、尧、肥)

虫吃牙　(全省通行)

虫子吃牙　(邯:南)(天:强、河)

虫窟牙　(唐:滦、乐、山)

拔牙　(邯:鸡)

【牙口儿不好】　牙齿咬不动东西。

牙口儿不济　(承:滦)(唐:乐、昌)(天:安)

牙口不强　(石:灵、深)(唐:昌)

牙不好　(石:栾、冀)

牙不行　(天:天)

【耳朵】

耳刀　(石:枣、泽、束、深)(天:东、河、津、桥)(保:易)(邯:南)

耳刀儿　(天:强)(石:冀)

耳头　(唐:丰、西、滦、昌、遵、宝、卢、蓟、乐、大、秦、抚、山)(承:隆、承、围、平、青、兴)(天:固、静、文、河、武、永)(保:水、安、新、兴、雄)(邯:内、尧)

耳斗　(天:静)

【耳朵眼儿】　耳孔。

耳道眼　(天:东)(承:围)

耳道眼儿　(邯:南)(石:枣、冀、深)(天:武、强、桥)

耳道眼子　(天:黄)

耳头眼儿　(保:水)(唐:乐、大)

耳头儿眼儿　(唐:乐、山)

耳头窟窿 （唐:抚、山）

耳朵窟窿 （唐:卢、山）（石:石、无）（天:桥）（张:张、万、宣、沙、商、尚）（保:清）（邯:郸、柏、鹿、沙、肥、内、尧、涉）

耳朵窟窿儿 （唐:迁、山）（承:平）

耳朵窟子 （唐:昌）

耳朵眼子 （天:庆）（石:灵）

耳巴眼儿 （石:宁）

【耳朵眼儿】 穿耳环的孔。

耳根眼 （邯:涉）

耳道眼儿 （邯:南）（石:枣）（承:围）（天:桥）

耳头眼儿 （唐:乐、山、抚）（天:安）

耳堕眼儿 （石:井）（唐:大）

【耳轮】

耳环 （石:宁）

耳边 （承:平）（邯:周）（天:天、武）

耳朵 （石:衡）

耳朵干 （唐:迁）

耳朵边儿 （唐:昌、乐、山）

耳朵轮 （邯:台）（保:定）（石:束、灵）

耳朵轮儿 （天:沧）（保:唐）（邯:周、广、大）

耳朵轮子 （石:建）（保:易）

耳朵弯子 （张:崇）

耳朵梢儿 （天:安）

耳轮子 （唐:丰、滦、卢、蓟、秦、山）（承:隆、平、围）（石:无、新、获、晋、冀、井、行）（天:文、大、桥）（张:万、沙、龙）（保:定、保、水、高）（邯:郸、威、鹿、任、内）

耳道轮儿 （邯:南）

耳头轮 （保:新）

耳头 （邯:成）

【耳垂】 耳翼下端所垂之肥柔部分。

耳朵垂 （天:东、大、河、津）（张:沙）（邯:涉）

耳朵垂儿 （全省通行）

耳朵垂垂 （张:万）

耳朵垂子 （张:阳、商、怀）（天:黄）

耳道垂儿 （保:易）

耳根垂 （邯:涉）

耳头垂儿 （唐:丰、山）

【记忆力】

记性 （天:天、桥、安）（承:围）（邯:台、和）（唐:丰、滦、昌、大）（张:鹿、宣、万、张、怀、蔚、口、赤）

耳性 常说“耳性好”或“耳性不好”。（承:滦、围、隆、平）（天:霸、桥）（唐:丰）

耳性孬 记忆力不好。（承:滦）

耳性赖 记忆力不好。（承:滦）

【耳环】

钳子 （唐:昌、抚、滦）

耳钳子 （天:天）

坠子 （唐:滦、山、宝、玉、大）（天:桥、安）（石:石、正、栾、获）（承:围）

耳坠子 （唐:滦、蓟）（邯:邯）

耳头坠子 （唐:乐）

耳垂 （邯:广）

【耳屎】 参见“日常生活”类“掏耳朵”条。

耳残 （承:平、隆、青、围、滦）（唐:各地）

耳粪 （邯:内）

耳菜 （邯:涉）

耳砂 （张:阳）

耳信 （邯:沙）

耳屎 “屎”音 suī。（石:深、石、正、建、无、获、晋、束、赞、衡、藁）（天:饶、黄、庆、任、静）（保:博、定、唐、阳、阜、满、容、望）（邯:任、宗、尧）

耳髓子 （唐:秦）（石:高）

耳碎 （石:赵、枣、无、赞、灵、获、束、石、深、冀）（天:故、山、河、强、东、霸、沧、津、天、静、桥）（邯:威、清、临、南、丘、乡）（保:保）（承:滦）

耳碎子 指整块的大耳屎。（唐:乐）

耳絮 （保:兴）

耳锡　（张：崇、宣）

耳溶　（邯：大）

耳垢　（天：阜、文）（邯：鸡、内）

耳蜡　（天：文）（邯：鸡、内）（石：无）

耳谈　（唐：丰、大）

耳头禅　（唐：乐）

干耳塞　干燥成片状的。（天：安）

耳塞子　（唐：丰、卢、抚、山）（承：隆、丰、滦、承、平）（石：晋）（天：宁）（保：安）（邯：内）（张：尚）

耳塞子　大块耳屎。（唐：山、遵）

耳塞　（唐：宝、山）（承：隆、滦、围、承、兴、平）（石：建、行、冀、平、井）（邯：邯、磁、永、鹿、台、肥、广、郸、漳、周、成、内）（天：固、故、河、武、孟、安、肃、永）（张：张、康、沽、宣、沙、商、怀、蔚、万、龙、尚、口）（保：易、水、高、新、雄、涿、阜、完）

糖耳塞　脓状的。（天：安）

糖耳头　脓状的。（唐：乐）

耳朵底子　（天：安）

【耳背】　听不清。

耳沉　（张：阳、宣）（唐：三）（承：丰、滦）

耳头沉　（唐：丰、滦、乐、抚、昌、山）

耳朵沉　（全省大部分地区通行）

耳朵发沉　（承：隆）（唐：乐）

耳硬　（保：望）

耳笨　（邯：鸡）

耳背　（唐：乐）

耳发背　（唐：迁）

耳道背啦　（天：黄）

耳朵背　（天：静、安、沧、东、桥）（保：易、高、兴、雄）（邯：磁、鹿、任）（石：行、灵）（唐：山、秦、昌）

耳头背　（唐：大、丰、滦、山）（天：武）（保：新）

耳头聋　（唐：山、乐、滦、昌）（保：新）

耳朵聋　（天：庆、静）（张：崇）（邯：鹿、任）（承：丰）（石：平）（唐：大）

耳聋　（天：天）

聋　（邯：邯）（天：桥）

【耳刮子】　如“打一个耳刮子”。参看“身体”类“打嘴巴”条。

脖拐　（承：滦）（唐：昌）

脖子拐　（保：阜）（承：围）（唐：昌）（天：安）

脖楼拐　（唐：丰、山、大）（天：安）

脖楼　（承：滦、围）（唐：昌、大）

脖楼子　（唐：玉、山）

耳掴子　（天：黄、津、饶、东、桥）（石：泽）

耳帮子　（邯：大）

耳光子　（邯：邯）（天：安）

耳拨子　（邯：广）

耳巴子　（邯：乡、鸡、永、丘、磁）

耳根子　（保：阳）

拨拉官儿　（天：静）

耳脖子　（邯：周、成）

耳朵勾　（天：阜）

巴掌　（天：庆）

【下巴】

下颏子　（张：阳）

下巴子　（张：万）

下巴颏子　（唐：乐、丰、玉、三、山、大、昌）（天：黄、固、桥、东、大、静）（张：崇、张、口）（邯：威）（承：平、围）

下巴颏　（邯：乡、郸、宗、威、永、鹿、清、台、沙、任、漳、涉、南、成、内、尧、鸡）（保：博、易、容、保、唐、高、满、安、阳、清、兴、雄、蠡、涿、望、完、定）（天：饶、故、静、献、任、文、山、安、天、河、津、武、永、霸、强、肃、桥、庆）（唐：各地）（承：各地）（石：各地）

下巴颏儿　（唐：乐）

下嘴巴　（天：桥）

下嘴巴骨　（邯：广、邯）

嘴巴骨　（邯：宗、乡）

嘴巴骨子　（邯：邯）

嘴巴骨肚　（邯：磁、邯）

嘴巴背子　（邯：鸡）

嘴巴胡 （邯:大、邯）

嘴末骨儿 （邯:周）

也颏 （邯:涉）

【嗓子】 喉咙。

咽喉 （承:围）

胡咙 （承:平）

胡咙眼儿 （邯:磁）

喉咙 （全省大部分地区通行）

喉巴 （唐:丰、山）

喉巴眼儿 （唐:丰）

喉嗓眼 （石:建）（天:安）

嗓根眼儿 （石:行）

嗓子眼儿 （天:天、静、桥、河）（保:阳）（石:深、冀）（承:滦、围、隆）（唐:宝、大、昌、玉、山）

嗓克眼儿 （唐:乐）（天:桥）

嗓克眼子 （唐:乐）（天:桥）

嗓克楼子 （承:滦）

【沙嗓子】

哑嗓子 （张:怀、张、万、宣、沙、口）

哑巴嗓儿 （石:束、深）（天:桥）（承:围）

哑巴嗓子 （天:安、桥）

沙糖嗓儿 轻度的哑嗓子。（石:束）

糖嗓子 （邯:台）

糖嗓儿 （天:天）

公鸭嗓儿 （唐:滦、丰、乐）（天:天、桥）

真假嗓 （天:安）

【喉结】

结喉 （邯:鹿）

喉头 （唐:遵、乐、山）（石:新）（邯:任、肥）

咽喉 （张:鹿、沙、蔚、宣、张）（承:围）

脖嗉 （保:博、蠡）（石:晋）

脖嗉儿 （天:饶）（保:保）

嗓子 （邯:广、邯）

嗓根儿 （邯:涉）

后嗓根儿 （石:井）

嗓根子 （唐:滦、山、乐、秦、西）（承:平、隆）（石:石、灵、平、赞、宁、栾、藁、无、安）（天:固、肃、天、永）（邯:郸、柏、威、永、台、肥、内）（张:万、阳、沽、崇、尚、口）（保:水、雄、清、望、安、完）

嗓子根 （唐:卢）（石:石）（天:武）

嗓子根儿 （保:容）

嗓眼 （邯:成、邯）

嗓子眼 （天:东、桥）（邯:广、大、任）（石:新）

嗓子眼儿 （天:河、霸、安）

嗓根眼儿 （唐:山）（石:行）

嗓根眼子 （张:龙）

嗓根头子 （天:庆）

嗓各眼儿 （邯:周）

嗓克眼儿 （唐:乐）

嗓口眼 （天:孟）（石:石、正、栾、获）

嗓眼子 （邯:邯）

嗓喉眼 （天:黄）

嗓古眼 （邯:魏）

嗓子疙疸 （邯:临）

嗓疙瘩 （天:庆）

嗓咳轴 （承:围）

嗓根轴 （石:获）

嗓子棒棒儿 （石:正）

嗉子 （唐:丰、抚）（天:安）（保:兴）（承:围）（邯:磁）

合勒嗉 （唐:丰）

胳勒嗉 （唐:蓟、大）（承:隆、兴、滦、承）（张:宣）（保:涿）（邯:内）

嗉子骨 （天:山）

鸡嗉子 （保:新）（唐:大）

鹰嗉 （石:获）

鹰嗉子 （石:行）（邯:鹿）

鹰碎儿 （保:阳、易）

引嗉疙瘩 （张:商、万）

引嗉圪瘩子 （张:怀）

【瘿脖子】 因山区缺碘，脖子常起的病症。

大脖子 （天：天、桥）

大粗脖儿 （唐：乐）

粗脖子 （唐：滦、丰）

粗脖 （邯：邯）

影袋 （承：青）

影袋脖子 （保：兴）

山根儿脖 （唐：丰）

【大声喊】

嚷 （石：新、深）（唐：丰、昌）（大：桥）

嚷嚷 （唐：昌、乐、山）

喊 （石：衡、枣、深）（唐：大）（邯：内）（张：口）（天：天）

喊打 （石：宁、冀）

喊叫 （张：商）（邯：广）（石：新）（天：饶）

叫喊 （保：易）

吵吵 （唐：昌、乐、山）

叫唤 （张：宣、沙、赤）（邯：邯）（唐：乐）

呐喊 （保：容）（石：建）

嚎嗓 （贬）（承：平）

调嗓子 （唐：抚）（石：行、深）

吼嗓子 （张：万、怀、口）

练嗓子 （唐：西）（承：滦）

喊嗓子 演员练嗓子。（唐：山）（天：山）

大嗓子 （石：束）（唐：滦、山）（天：桥）（邯：临）

大嗓门 （天：大）（承：滦）（邯：邯）

大声嗓子 （邯：清）

大喇叭嗓子 （天：东）（承：围）（唐：乐）

大叫驴嗓子 骂人话。（唐：乐）

拉开嗓子 （天：庆）

放开嗓子 （天：庆）

任的嗓子 （邯：鸡）

可着嗓子 （石：灵）（唐：山）

可着嗓子喊 （邯：南）（唐：大）（天：天）

可着嗓子嚷 （贬）（天：静）（石：深）（唐：乐）

可着嗓子嚷 （天：天）

可着嗓子叫唤 （邯：周）（唐：乐、大）

可嗓子贯 （唐：宝、山）

叫街 （唐：玉、山）

【大声哭】

叫唤 （唐：昌、乐、玉、山）（邯：邯）（承：围）

嚎 （唐：丰、乐）（张：宣、万、怀、蔚、张）

嚎丧 （唐：滦）

嚎起来 （天：天）

【胡子】 唇上和颌下胡子的统称。参见“日常生活”类“刮胡子”条。

胡 （天：桥）

胡须 （天：阜、故、固、桥、肃）（张：宣、龙）（保：定、唐、安、望、兴）（邯：魏、鸡、柏、永、鹿、肥、内、威、任、永）（石：栾、赵、无、安）（唐：山、遵、乐、昌、蓟、秦）（承：平、隆、围、兴）

胡彩 （张：怀、鹿、万、宣、蔚、口、赤、崇、沙）

【胡子】 颌下的。

髯 （唐：抚）

须 （唐：抚）（张：阳）

海底胡 （石：建）（邯：涉）

海下涛 （保：兴）（石：冀、束）（唐：抚、昌）（天：饶、沧）

颏底胡 （石：平）

胡须 （张：尚）

山羊胡 （唐：昌）

【胡子】 唇上的胡子。

断梁胡 （石：平）

胡彩 （张：万、康、蔚、宣、沙、崇、怀）（保：阳、唐）（邯：临、任、尧）（石：井、行、正、新、获、灵、藁、无、晋、建）

脑袋胡 指长在脸上。（邯：邯）

【连鬓胡子】

连蛋胡 （石：无）

连面胡子 （保：兴）（天：津）（唐：乐）

连边胡子 （邯：大）（承：滦）

连毛胡子 (唐:滦、乐、大、抚、西、昌、山)

连巴胡子 (唐:丰、遵、宝、山、大)(天:黄、安、天、东、霸、沧、阜)(承:青)

连巴子胡子 (唐:玉、山)

连腮胡子 (石:藁、平)

腮胡 (邯:乡)

老腮胡 (邯:威、周)

络腮胡 (石:安)

络腮胡子 (文)(承:平、承)(天:故)

络腮胡子 (唐:蓟、秦、乐、山)(承:隆)(石:晋、无)(天:宁、庆)(邯:广、郸、鸡、磁、宗、鹿、清、台、沙、任、肥、涉、漳、成、内、尧、丘)(保:安)

圈腮胡子 (邯:大)

圈脸胡子 (天:桥)

满脸胡 (邯:临)

满脸胡子 (邯:内)(唐:迁、滦、山)

脸面胡 (保:清、满)

两面胡子 (保:望)

满巴老腮胡子 (保:定)

老胡 (邯:郸、永)

喳喳儿胡 (保:唐、阳)

乍乍胡 (石:正)

猪毛笼头胡子 (唐:滦、山)

栽绒脸儿 俏皮话。(唐:丰、山)

栽绒嘴巴儿 (承:滦)(天:安)

栽毛嘴巴儿 (唐:大)

【仁丹胡子】

篙丫胡 喻其像撑船篙根的杈形。(保:安)

杈子胡 (保:阜)

八字胡 (邯:涉、邯)(石:深)(唐:宝、玉、山)

八字胡子 (邯:邯)(唐:乐)

八撇胡儿 (唐:秦、山)(天:东)

撇子胡 (石:灵)(保:阳)

撇子胡子 (保:定、唐)(天:天)

撇撇胡 (石:正)

两撇胡儿 (天:强)

两撇胡 (天:黄)

两撇胡子 (唐:迁)(承:青)

两撇子胡 (石:枣)

嘎鱼胡 (天:静、安)

嘎牙胡子 (保:清)

断梁胡儿 人中无胡,迷信说法人要短寿。(天:静)

日本胡儿 (承:承)

仁丹胡子 日本式的胡子。(唐:昌)(天:安)

仁丹幌子 (保:兴)

三绺胡子 (邯:鸡)

三六嘴胡子 (张:龙)

黑吗吗胡子 (张:万)

【头发旋儿】

攒 (石:建)

泉 (石:获、石、灵)(邯:邯、魏、磁、临)(保:唐)

圈 (天:霸)

圈儿 (张:崇)

旋 (天:阜、强、饶)(邯:乡、宗、鹿、丘、任、大)(石:衡、晋)

旋儿 (天:献、任、大、庆、武、河、霸、桥)(邯:清、涉、南)(保:高)(承:隆、承、围)(张:张、宣、沙)

旋胡 (唐:滦、抚)(石:晋、赞、衡)(邯:威、台、内)(保:满)(张:万、赤、阳、沽)(天:桥、武)(承:平)

旋发 (文)(邯:魏)

头旋儿 (唐:山)(承:平)(天:黄、天、桥)

蒜儿 (石:束、冀)(天:河)

顶 (承:承)(唐:丰、山、玉、乐、昌)(天:安)

头顶 (天:安)

顶窝 (唐:卢、山)

头发钱儿 (邯:清)

头发箍 (承:青)

钱 (石:泽、无)

钱儿 (保:易)

发圈 (张:沽)

环头　(唐:宝)

顶　(唐:大)

单顶　头上一个头发旋儿。(唐:卢、山)(承:承)

单泉　(邯:邯)

牛旋　一个人头上有两个头发旋儿。(天:静)

双顶　承德有"双顶,双顶,磨他妈跳井",安次有"孩子两顶,气得娘跳井"等说法,都是说有两个头发旋的人性情不好。(唐:乐、山)(承:承)(天:安)

双泉　(邯:邯)

【卷头发】

绻头　(唐:大)

卷卷头发　(天:桥)

环子钩头发　(邯:肥)

环绞头　(唐:大)

环儿绞头发了　(天:霸)

怀卷儿头　(天:天)

怀里绞　(天:安)

居恋头　(石:行、深)(唐:宝、玉、蓟、山)

居恋头发　(承:围)

居留头发　(唐:滦、昌)

曲连头发　(邯:宗、乡)

曲连勾头发　(邯:邯)

曲连发　(唐:丰、遵、山)

曲卷头　(石:栾)

骨恋钩　(邯:邯)

围脸头发　(邯:周)

几乱头发　(石:新)

【肩膀】

膀子　(全省大部分地区通行)

膀子　肘和肩头之间的部分,不包括肩。(天:天)(石:冀)

膀扇子　(保:安)

肩膀子　(唐:丰、遵、乐、迁、昌、抚、三、滦、山)(石:高)(天:东、桥、安、武、静)(承:青、隆)(张:沙)

肩膀儿　(唐:昌)

肩膊头儿　(石:获)

肩么头子　(邯:鸡、邯)(唐:山)(天:天)

肩么头儿　(石:石、正、栾、获)(天:天、桥)

肩头　(唐:乐)

肩头儿　(唐:乐)

附　"肩膀"和"膀子"的区别

肩膀	膀子	
肩	肘和肩头之间的部分	(天:津、山、天)(唐:大)(石:石)
肩和胳膊	肩	(张:沙)(天:山)(保:兴)(唐:遵)
肩	肩和胳膊	(承:滦)(唐:乐)

【溜肩膀儿】　两肩下垂的人。

美人肩　(唐:昌)(石:无)(承:承、隆)(邯:内)

齐肩膀　(张:万)

掉膀子　(张:阳)(唐:乐)

掉膀子　(贬)(石:深)

吊死鬼肩　(石:建)

肩把台窄　(石:建)

拖肩　(邯:邯)

溜肩　(承:隆)(天:桥、饶、阜)(石:无)

溜肩儿　(石:正)(唐:玉、宝、蓟、山)

溜肩子　(石:冀)

溜膀子　(邯:邯)

溜肩膀儿　除指斜肩外,有时指对事不负责的人,如:"这人溜肩膀儿。"(石:束)

柳条肩膀　(天:安)

淋肩　(邯:南)

淋淋肩　(邯:清)(天:东)

赁赁肩　(承:围)

跌肩　(天:桥)(邯:涉)

跌列肩　(石:正)

平肩　(石:获)

耷拉肩　(天:河)(邯:邯、临)(石:灵、平、新、深)(承:

青、围）

耷拉肩膀儿 （唐:大、丰、滦、乐）（石:新）（天:固）（邯:成）

耷拉膀尖的 （邯:广）

耷拉膀子 （邯:成）（张:怀）（天:东）（唐:遵、滦、昌、乐、山）

没膀子 （邯:肥、邯）（唐:蓟、玉、宝、山）

没肩泼头儿 （唐:乐、宝、玉、山）

没肩莫头儿 （唐:乐）

【耸肩膀儿】 与溜肩膀正相反。

端肩膀儿 （唐:丰、昌、乐、大）（承:承、围）（天:桥、天、安）

端肩泼头儿 （唐:乐）

立楞肩 （承:围）

【胳膊】 “肩膀”和“胳膊”方言中有的地方是不分的，参看“肩膀”条。

手膀 （承:平）（张:尚）（唐:昌）

夹子 （天:献、武、静、宁）

膀子 （全省大部分地区通行）

胳臂 （唐:秦、乐、丰、山）（天:桥、静、山、沧）

胳派 （天:饶、武、沧、河、天、霸）（承:围）（石:深）

胳 po （天:桥、献）（石:宁、栾）

胳宝 （石:建、井）

胳巴 （保:唐）（唐:乐）

【胳肢窝】

指甲窝 （保:定）

克郎子 （张:崇）

腋窝 （天:庆）

胳膊窝 （保:定）（唐:蓟、玉、宝、山）

胳百屋 （邯:周、邯）

胳陆子 （张:沙）

膈肘窝 （保:唐）（石:井、山、灵、获、建）

膈 zhéng 窝 （石:宁）

膈砸窝 （天:黄）

膈篓儿窝 （石:赵）（邯:临）

膈眨窝 （天:阜）（唐:遵）

膈眨窝儿 “眨”读轻声。（唐:乐）

膈趋窝 （石:石）

膈子老窝 （张:崇）

膈老窑儿 （邯:成）

膈老肢儿 （张:赤、宣、龙、沙、商）（石:无）（邯:广、邯、郸、磁、肥、成、内、尧）

膈老肢 （邯:邯）

膈老肢窝 （张:崇）

嘎擦窝 （天:桥）

胳肢窝 （天:安、静、天、沧、霸）（唐:丰、昌、宝、玉、山）（承:滦、围）

胳差窝 （天:津、桥）（唐:山）

【胳肢】 动词。

痒痒 （天:武）

抓痒 （唐:蓟、玉、宝、山）（石:藁）（保:阜）

发痒 （张:阳）

哈痒 （石:无）（天:宁）（唐:蓟）（邯:内）

挠痒 （唐:西、宝、玉、丰、山）

挠痒痒 （唐:山）（邯:任）

搔痒痒 （邯:任）

扤痒痒 （天:大）

胳 （邯:南）

胳挤 （唐:滦、乐、昌、抚、山）（邯:邯）

胳抓 （天:天）

胳累 （石:建）

胳利 （张:宣、崇、怀、沙、鹿、口、万、赤）

胳折 （邯:广）（唐:乐）

胳楼 （邯:临）

胳追 （石:灵）

胳扎 （唐:丰、山）（天:强、霸）（石:深）

胳肘 （保:唐）（邯:磁、大）（石:正、井）

胳肢 （天:天）

胳肢人 除去胳肢意义外，捉弄人也叫胳肢人。（保:高）（唐:宝、玉、山）

胳 zhéng　（石:宁）

【锁子骨】

猴儿圈　（保:满）

脖腔骨　（天:庆）

锁锁骨　（张:阳、商、怀）

棱子骨　（唐:乐）

肩胛骨　（石:宁）

【肩窝】　锁骨上的窝。

锁骨窝儿　（唐:丰、山、大）

火窝　在得病时才管肩窝叫火窝。（承:滦）

胳肢窝　（张:万、张）

胳膊窝　（石:无）

【脊骨】　方言中“脊骨”和“脊梁”有的地方分不清楚。

大梁　（天:黄）

算盘子　（张:崇）

脊梁颈　（张:阳）

脊宁骨　（承:隆、滦）（天:静）

脊讲骨　（天:强）

脊娘骨　（唐:西、大、迁、昌、宝、玉、山）（承:滦、隆）（石:河、晋、行、冀）（天:宁、安、河、静）（邯:南）（保:易、保、唐、高）

脊仰骨　（石:宁、藁、获）（天:饶、津、东、桥、霸）（保:蠡）

脊梁骨　（全省通行）

脊梁骨　有时也指脊梁。（唐:丰、山）

脊梁骨子　（天:庆）

【脊梁】

坐背　（张:崇）

质背　（张:阳、口、赤、宣、万）（邯:邯）

脊仰　（石:获、藁、深、束、灵、宁、建）（天:强、饶、东、桥）（保:蠡）

脊讲　（石:枣）

脊宁　（承:滦、隆）（天:静）

后脊宁　（天:静、天）

后脊娘　（天:安）（石:冀）（承:围）

后脊梁　（天:天、霸）

胫梁骨　（唐:丰、山）

脊梁骨　（唐:丰、乐、山）

脊宁骨　（唐:昌、山）

今年骨　（唐:昌、山）

【胳膊肘儿】

胳扭子　（张:阳、商、怀、万）

胳肘　（邯:沙）

胳肘的　（邯:广）

胳肘儿　（石:赞）

胳肘子　（石:获、建）（张:蔚、崇）（邯:周）（天:山、大）

胳肘拐　（邯:涉）

胳肘拐子　（石:无）（邯:乡、鸡、宗、邯、柏、威、永、沙、台、任、内、尧、漳）（张:万）（承:平）（天:故、静、东、桥、庆、天）

胳肘弯子　（张:张）

胳臂肘子　（唐:丰、山、昌、乐）（石:高）（天:安）

胳臂肘儿　（唐:乐、昌、山）

胳派肘子　（天:强）（承:围）（石:深）

胳派肘　（天:饶）（石:深）

胳膊肘子　（张:沙）（唐:山、抚、乐）（天:桥）（邯:邯）（石:深）

胳膊腕　（邯:临、邯）

胳膊腕子　（唐:三、山）（张:张）

胳巴肘儿　（保:唐）（石:宁、深）

胳膊拐子　（邯:威）

【手腕子】

手脖子　（邯:磁、尧、邯）（唐:昌）

手脖儿　（邯:广、郸、大、宗、乡、成）（保:容）

腕子　（唐:丰、宝、蓟、大、迁、玉、三、乐、山、抚）（承:隆、承、平、围）（石:无、冀）（天:故、肃、东、静、献、津、青）（邯:尧）（保:安、兴、涿、完）（张:阳、沽、宣、尚）

腕罗　（张:蔚）

胳膊腕子　（唐:宝、玉、丰、山）（天:安）（张:崇）

胳膊腕儿 （承：滦）（唐：滦、昌）

【左手】

反手 （唐：滦、蓟、迁）（承：承、隆）（石：无）（天：固）（邯：郸、鸡）（保：安、容）（张：宣）

上手 （天：天）

外手 （承：兴、围）

倒手 （石：获、行、平）

借手 （邯：内）

不顺手 （石：获）

羞手 （石：灵）

左不列 （邯：沙）（天：安）

左不拉 （邯：台）（唐：昌）

左撇列 指用左手拿筷子、干活的人。（天：霸、强）（邯：邯）（石：深、冀）（承：滦、围）（唐：乐）

左撇子 （天：桥）

左撇列子 （唐：乐）

左拉撇子 用左手干活的人。（唐：昌、山）（天：安）（承：青）

【右手】

正手 （全省大部分地区通行）

顺手 （唐：秦、昌、山）（石：新、获、平）（天：静、安、武、霸）（邯：广、郸、魏、鸡、永、沙、任、肥、乡、涉、周、成、内、尧）（保：定、满）

巧手 （石：灵）

右手 “右”音 ròu。（天：强、桥）（承：围）

下手 指方位。（天：天）

凶手 过去武林人士让客人都在上手走，意思是不暗算。（天：天）

【手指】

做兔 （张：崇）

泽头 （张：阳、万、宣、怀）

手丫子 （唐：丰、山、昌、宝、玉、乐）

手爪子 （贬）（承：青）（天：安、桥）

手指马儿 （保：唐）

手指头 （唐：乐、滦、昌、山、宝、玉）（邯：邯）（天：桥、天）（承：围）

【手纹】 手心上的纹路。

横纹 （唐：蓟、三、山）（天：桥、津）（承：滦）（石：深）

横纹 在手心中穿过的一条纹，这样的手打人厉害，所以说，“横纹不把人打死”。（天：静、霸）

穿钱纹 （保：阜）

穿钱纹 手掌上竖长的纹。（承：滦、围）

掌纹 （唐：滦、遵、蓟、秦、三、西、山）（承：隆、兴、承、平）（石：无、新、晋、冀、行、灵、赞、泽、宁、藁、安）（天：故、肃、桥、庆）（邯：郸、鸡、大、永、沙、任、涉、内、尧）（保：易、定、满、安、新、兴、阜、完）

断掌纹 贯穿手掌中间的横纹。（承：平）

断手纹 从手心中穿过的一条横纹。（邯：鸡、永、任、肥、内、尧）（天：肃、桥）（张：宣）（保：安）（石：深）

手纹六 （天：大）（承：围）

手纹缕儿 （唐：昌）

【指印】

手押 （唐：丰、抚）（石：束）

手印儿 （天：天、桥）

【腡螺纹】 手指纹。

手纹连儿 （唐：乐）

纹连儿 （唐：昌、山）

纹肉 （天：津）

手纹 （石：灵）（邯：邯、广、鸡、大、临、成、内）（保：阳）（唐：秦）

手纹子 （张：万）

古手趋纹 （石：石）

手目 “目”字为“模”字音转。（唐：昌）

簸箕纹 （石：获）（唐：乐）

【踅子】 “踅”音 xuě。手指腡纹，纹呈螺旋形，以在中心的头为起头，连续不断向外绕圈而形成，像一条蛇盘在一块。

囤 （邯：临、鸡）

扑箩 （保:阳）

笸箩 （唐:山、丰、宝、玉）（保:定）（承:围）

不箩 （保:阜）

簸箕 （张:沙、宣、万、蔚、张、鹿、赤）（唐:乐）

筛子 （天:安）（石:深）

圈囤 （邯:鸡）

指纹 （唐:大）

【斗】 手指肚纹的形状。呈圆形，由一个个圆圈依次套成。

斗 （唐:昌）（天:天、桥）

斗 过去迷信有“一斗穷，二斗富，三斗四斗开当铺，五斗六斗坐着吃，七斗八斗富一世”之说。（天:天）

个斗子 （张:万、宣、口、沙、怀）

【簸箕】 手指肚纹形状。呈椭圆形，下端开口。

仓 （唐:昌）

簸西 （唐:乐、昌）（天:天）

笤帚 指一头粗一头细的指纹，据此改之。应为簸箕。后在磁县点簸箕条后，发现写上“扫帚”，因而可以肯定为簸箕无疑。（邯:郸）

扫帚 （保:易）（石:灵）（唐:玉、迁）（邯:磁、邯）

筛子 （邯:清）

箱子 （邯:清、南）

笸拉 （唐:迁）

【掌罗】 手指肚纹形状，呈椭圆形，由一个个椭圆圈套成，同“斗”。不同处在于前者是圆形，后者是椭圆形。

布箩 （石:深、新）

卜箩 （邯:鸡）（石:藁）

笸箩 （天:安、桥）（石:获）（邯:邯）（承:围）

斗 （承:围）

【寒毛】

汗毛 （石:衡、枣、宁、深、晋、冀）（天:沧、黄、肃、东、献、天、津、大、饶、桥、安）（邯:清、大、邯）（保:蠡）（承:平、滦、围）

hāo 毛 （唐:乐）

【寒毛眼儿】 人身上的毛孔。

毛缝眼儿 （天:静、沧）（唐:乐、滦、丰、山）（承:承）

毛骨眼儿 （邯:磁）

毛孔眼儿 （唐:秦、昌、三、山）（石:无、栾、藁、安）（天:黄、孟、故、东、桥、安、天、武、霸、庆、津）（邯:尧、内）（张:张、万、赤、宣、龙、商、怀、尚）

毛孔眼 （张:沙、鹿、宣、张）

寒毛眼子 （保:安）

汗毛眼儿 （石:枣、宁、深、冀）（天:黄、东、桥、天、肃、大、河）（邯:清、邯）（唐:昌、乐）

汗毛孔 （天:安）

汗眼 （石:衡、深）（天:饶）

【指头关节】

手曲连 （保:易）

骨环 （天:霸）

骨节 （全省大部分地区通行）

骨节儿 （保:保、容）（张:阳）

骨节头 （唐:遵、山）（石:高）

骨节节 （张:怀、万）

骨头节 （唐:丰、卢、山、昌、乐、抚、宝、玉）（承:承、丰）（石:深、灵、泽、枣、冀）（天:静、饶、安）（保:阜）（邯:邯、磁、临）

骨头节儿 （天:献、桥）（保:保、唐、满、涿）（唐:乐）

手骨头节儿 （唐:山）

骨头膈节 （邯:乡、邯）

骨突节 （石:行）（邯:南）

手指头节 （唐:西、山）（石:藁）（天:任、河）

手指头节儿 （天:桥、天）（石:深）

指头节 （石:宁）

指头膈节 （邯:鹿、邯）（石:正、栾）

胳节儿 （邯:磁、肥、涉）（石:井）

膈节 （张:崇）

【大拇指】

大泽漠头儿 （张:阳、怀）

大门指头 （邯:临、邯）（石:井）

拇指 （文）（承:承）（石:灵）

大拇指头 （邯:邯）

大拇手指头 （唐:昌、乐）

大拇手指头 “拇”音 ma。（天:桥）

大拇哥 （全省大部分地区通行）

大拇哥 兼指脚上的大拇脚趾头。（石:河）（唐:昌）（天:安）

大拇根儿 （张:崇）

大麻哥儿 （张:万）

大麻哥 （张:宣）（天:桥）

大麻指头 （石:建）（天:强）

大麻手指头 （天:饶）（唐:乐、抚）（石:深）

大马手指头 （邯:广）

大末指头 （保:兴）

大麦指头 （保:兴）

大麦哥 （石:无）

大手头指头 （张:怀）

大手丫子 （唐:丰、山）

【中指】

将指 （石:无）（邯:内）

三泽漠头儿 （张:阳、怀）

三门指头 （邯:临、邯）

三拇指 （全省大部分地区通行）

三拇哥 （承:平、围）

三拇根 （张:崇）

中拇指头 （张:蔚、龙、赤、崇）

中拇指 （邯:邯）

中指郎 歌谣中说。（保:兴）（天:霸）

钟鼓楼 （小）（承:承）

【食指】

二拇王 （保:水、易）

二拇指 （全省大部分地区通行）

二拇哥 （唐:丰、昌、三、抚、山）（承:隆、丰、承、围、滦、平）（天:黄、静、桥、霸）

二拇指头 （全省通行）

二拇手指头 （唐:山、昌、乐、抚、宝、玉）（石:衡、冀、深）（天:桥）

二拇指儿 （张:崇）

二马手指头 （天:强、桥）

二办手指头 （保:阳）

二泽漠头 （张:阳、怀）

二门指头 （石:井）（邯:漳、邯）

二手指马 （保:唐）

附:儿歌:“大拇哥、二拇王,中指、太阳,小五儿。”（保:兴）“大拇哥,二拇弟,中指王,王之弟,小五儿。”（天:桥）“大拇哥,二拇弟,中鼓楼,喇嘛寺(四的谐音),小妞妞。”（承:承）

【无名指】

太阳 （保:易）

太阳 儿歌中说。（保:水）

四门指头 （邯:临、邯）

四泽漠头儿 （张:阳、怀）

四指 （石:灵）（天:霸）

四出戏 （小）（承:承）

四拇哥 （承:平、滦）（天:静）

四拇指 （全省大部分地区通行）

四拇根 （张:崇）

四拇指头 （邯:柏、宗、南、邯）（张:龙、赤、蔚）（天:静、安）

四拇手指头 （石:衡、深）

【小拇指】

小妞妞 （小）（承:承、围）

小咩咩 （小）小孩游戏唱:“大拇哥,二拇弟,中指郎,四兄弟,小咩咩。”（保:兴）

小五儿 （小）（保:易、水）

小泽漠头儿 （张:阳）

小泽漠头头 （张:怀）

小指 （唐:蓟、大、秦、玉、昌、山）（承:平）（石:深、高、石、晋、无、灵、安）（天:阜、肃、桥、庆）（保:定、望、雄）

（邯：郸、鸡、永、内、尧、丘）（张：张、沽、宣、尚）

小指 （文）（承：承）（天：献）

小指头 （石：赵）（保：阳、蠡）（邯：丘、邯）

小手指头 （唐：宝、迁、山）（石：冀、无）（保：满）

小手指头儿 （天：津）（保：保、定、清、安）

小手指马儿 （保：唐）

小手丫儿 （唐：丰、宝、玉、山）

小马手指头 （天：强）（石：冀）

小末指头 （邯：广、邯、涉）（石：建、平）

小门指头 （石：井）（邯：临、成）

小拇指头 （全省通行）

小拇手指头 （唐：抚、乐、山）（石：衡）（天：河）（邯：清）（承：承、滦、兴、围）

小拇哥 （天：大）（张：沙）

小拇哥儿 （唐：宝、蓟、大、秦、乐、山）（承：隆、滦、承、围、平、丰）（天：黄、固、静、文、山、安、河、宁、武、永、南、桥、天）（保：易、保、兴、涿、容、完）（张：张、万、赤、沽、龙、沙、尚）（邯：内）

小拇根儿 （张：崇）

【指甲】 指尖上所生的角质物，本条与“指甲盖儿”不少地方相混，请互相参看。

机金 （唐：迁、滦、山）

手鸡头 （唐：昌、山）

手鸡角 （唐：昌、乐、山）

鸡兴盖儿 （唐：昌、乐、山）

手吉尖 （唐：滦、抚、昌、乐）

指切儿 （张：宣）

指交 （邯：南）

指钱 （张：崇）

指爪 （石：无）（邯：内）

指盖子 （唐：秦、山）（天：安）

指盖儿 （天：武、大）

指头盖儿 （天：静）

手指盖儿 （天：庆、桥）（承：滦）

手指甲 （天：安）

指甲盖 （天：孟、安）（石：冀）（承：围）

【指甲盖儿】 指甲覆盖肌肉的部分，它与指甲指的都是一个东西，不过一般说指甲是指指尖的部分，不是指指头上的全部角质物。如说“铰指甲伤了指甲盖”，说明了它们的不同。

鸡鸡盖 （天：黄）

机金盖儿 （唐：迁、乐）

手机金盖儿 （唐：乐）

手鸡尖盖儿 （唐：昌、抚、乐、山）

手指跟 （唐：三、山）

指跟盖儿 （唐：三）

指钱盖儿 （张：崇）

指交盖儿 （邯：南）（石：冀）

指头盖儿 （天：津、静）（唐：山）

指尖盖儿 （唐：西）

指甲盖的 （邯：邯）

指盖儿 （天：天）

【指甲深儿】 指甲与指头肌肉相连接处。

指甲心儿 （石：赵）（天：孟、山）

指头心 （天：黄）（邯：邯）（承：围）

指头林子 （天：静）

指钱缝子 （张：崇、万）

指甲窝儿 （张：阳）

指交深儿 （邯：沙、南）

指甲根子 （唐：丰）

指甲根儿 （石：宁）（唐：丰、山）

指甲深子 （唐：蓟）

【指甲缝儿】 指尖两边指甲同肌肉相接处，“指甲深儿”是中间相接处。

吃卡缝儿 （石：无）

手鸡尖缝儿 （唐：昌、乐、山）

指交缝儿 （邯：南、邯）（石：冀）

指盖缝儿 （天：津）

指加窝儿 （张：阳）

【指头肚儿】 手指第一节中间稍稍凸出之处。

手丫儿肚儿 (唐:丰、山)

扎头儿肚子 (张:怀)

指麻肚儿 (保:阜)

指拇肚儿 (石:正、新、晋、灵、栾、藁)(天:武)(邯:沙、肥、内)(保:博)

指拇蛋儿 (石:行、泽)(保:高、阳)

指甲肚儿 (唐:山)

指头肚子 (承:平、隆、围)(石:栾、安)(天:孟、肃、文、山、桥、安、庆、故)(邯:郸、魏、鸡、柏、宗、鹿、任、肥、周、南、成、内、尧、邯)(保:安、雄)(张:张、万、康、沽、宣、龙、沙、商、蔚、尚、口)(唐:迁)

手指头肚儿 (唐:蓟、昌、乐、山)(天:桥、河、饶、天、沧、任)(保:新)(石:冀)

手指拇肚子 (保:保)

手指肚子 (天:东、大)

手指肚儿 (唐:宝、大、山)(承:丰、兴、青、滦、隆)(保:涿)(天:阜、天)(石:深)

手指拇蛋 (保:易)

手指拇蛋儿 (保:定、蠡、清)

手指肚 (天:津、安)(唐:大)

【拳头】

撇子 如"给他一撇子"。(天:天、饶、安、霸、桥、强、静、献、东)(唐:昌)(石:深)

持子 如"攥着持子"。(唐:大、宝、山)(保:水)(天:安、霸)

骨朵 (张:阳、崇、商、万、怀)(邯:磁)

拳头子 (邯:广、大、邯)

拳头骨朵 (邯:涉)

锤头儿 (邯:临、成)

孤捶 (石:获)

榔头 如:"我打了他一榔头。"(天:强)

槌 (石:藁、正、平、建、深)(邯:鸡、宗、威、鹿、内)(承:平、承、兴)

槌 可作动词或量词。(天:沧)

槌子 如:"给了一槌子",即"给了一拳头"。(唐:大、昌、山)(承:承)(天:武)

拳槌子 (邯:郸、邯)

槌头 (石:正、灵、行、井、栾、藁、新、安、建)(承:平)(天:桥、宁、沧)(邯:郸、鸡、柏、鹿、沙、内、尧、漳)(保:满、清、阜)(张:沽、尚)

【巴掌】 如:"打一巴掌。"

比斗 (张:阳、怀、沙、万、口、赤、宣、鹿、蔚、崇)

拐 (石:灵)

拐子 (天:河)

乖子 (天:献、桥)(石:深)

耳刮子 (张:崇)(邯:邯)(唐:宝、玉、山)

耳括儿 (张:阳)

巴正 (承:围)

【打一巴掌】

扇一刮 (张:宣、沙、口)

打一个比斗 (张:怀、沙)

给一巴掌 (承:滦、围)(邯:邯)(石:冀)(唐:宝、玉、山)

乎一巴掌 (承:滦)

扇一巴掌 (唐:昌)

抽一巴掌 (天:桥)

抽个大嘴巴子 指打脸。(天:天)

【手掌】

掌 (承:平)

巴掌 通常指手。(保:阳)(石:建)

巴掌 (全省通行)

手巴掌 (唐:丰、秦、乐)(石:枣)(天:东)

手掌子 (唐:宝、昌、山)(承:滦)(天:大、安、沧)

手托子 (张:万)

【手心】

掌心 (唐:卢、蓟、秦、迁、玉、抚、山)(承:隆、兴、围、平、青)(石:石、新、获、灵、栾、藁、宁、安、深)(天:东、山、桥、阜、庆)(保:望、安)(张:张、宣、龙、沙、赤、怀、尚)(邯:郸、魏、鸡、宗、永、鹿、台、任、临、肥、涉、内、尧)

手掌子　（唐：丰、乐、山）

手心儿　（唐：乐）（天：桥）

【心口儿】

胸口　（唐：乐）

胸口儿　心口上边。（唐：抚、乐、山）

胸口窝　（天：固）

胸口窝儿　（保：水）

心口　（天：天、桥）

心口窝　（唐：遵、昌、秦、西、山）（承：承、围）（石：灵）（天：饶、阜、黄、河）（张：阳）（保：唐、新）

心口窝儿　（天：大、孟、霸、安）（承：丰）（唐：宝、乐、山、迁）（石：建）（张：沙、鹿、宣、赤、蔚、张）

心口头　（张：万）

心窝子　（张：怀）

心嘴　（邯：广、邯）

【胸脯】

胸脯子　（邯：广、邯、大、磁）（唐：昌、乐）

心脯　（张：阳）

心脯儿　（唐：乐）（天：桥）

心脯子　（承：滦、围）（天：桥、安）（唐：宝、玉、山、乐）

脯心　（张：万、怀）

脯子　（张：蔚）

【肋条】

落肢　（张：尚、怀）

落巴　（张：万）

肋巴肢　（邯：磁）

肋巴骨条　（张：蔚、龙）

肋巴骨　（全省大部分地区通行）

肋巴条　（张：宣、崇）（邯：涉）

肋巴条儿　（承：丰）

肋巴　所指面较大。（唐：蓟、山）（承：隆、兴、承）（天：桥）（邯：永、台、沙、任、临、内）（张：张、康、沽）（石：赞、安）

肋　（石：建）（天：静）

肋肢　（石：正、行、平、藁、灵）（保：定、易、望、阳、唐、阜）（张：商）

肋骨　（保：唐）

肋骨条　（天：天）

肋板骨　（邯：尧）

肋直骨　（保：望）（石：灵）

肋条骨　（天：东）（邯：威）（唐：卢、昌、乐）

肋头骨　（天：桥）

肋木骨　（邯：周）

肋杈骨　（唐：抚）

尾巴骨　（承：滦）

【肋窝】

膁窝　（唐：蓟、乐）（邯：内）

软肋　（保：博）（石：建）

肌隙　（邯：涉）

腰窝　（全省大部分地区通行）

腰眼　（张：宣）

腰眼儿　（唐：丰、昌、山）（张：龙、宣）（石：冀）（天：霸）

肋叉　（石：束）

肋叉子　（天：黄）

肋叉窝　（天：固）（唐：抚）

肋磋子　（天：桥）

肋肢窝　（全省大部分地区通行）

肋条窝　（天：庆）

膈肢窝　（石：正）

半截儿　（唐：滦）

【奶头】　仅指小孩嘴衔的部分，参看“婚丧”类“吃奶”条。

美美　（邯：邯）

美之头　（石：衡）（天：固）（邯：鄣）

美美穗　（邯：邯、任、丘、宗、乡）

奶　（保：兴）（石：深、获）

奶穗　（邯：大）

奶头子　（承：平）

奶奶古突 （石:平）

闷儿 （唐:宝、玉、山）

埋埋 （邯:广）

妈妈穗 （邯:大）

妈头儿 （唐:西、宝、玉、山、大）（承:平）

妈妈头儿 （唐:丰、滦、宝、山、抚、蓟、西、昌、乐、玉）（承:平）（石:正、冀）（天:强、静、桥、任、霸、东）（保:新、容、安、雄）（张:沙）

妈妈疙瘩 （保:完）

妈妈疙都子 （张:万）

妈妈骨朵 （张:崇）

妈妈骨拙儿 （张:宣）

妈儿 （唐:抚、山）（石:无、枣、安）（承:隆、青）（张:赤、宣、尚）（邯:内）（保:望、阳）（天:阜、故）

妈妈儿 （全省大部分地区通行）

妈妈 吃奶叫吃妈妈。（唐:乐）（天:桥）

九九疙瘩 （保:唐）

咂头儿 （唐:三）（承:平、隆、承、滦、围）（邯:鸡、内）（保:易、涿）（天:阜、安、宁、武）

咂咂儿头 （承:滦）

咂咂头儿 （承:丰、隆、滦、围）

咂咂穗儿 （石:宁）

茶茶 （邯:南）（石:冀）

个个头 （唐:大、秦）（天:静、安、天）

包包头 （天:大、河）

包包穗 （邯:台）

娘 （邯:周）

嘴嘴 （石:藁）

妞妞 （石:无）（邯:漳）

怎怎 （石:无）

【乳房】 "乳房"指奶的全部,"奶头"仅指小孩嘴衔的部分,二者在方言中有混的地方,参看"奶头"条。

咯咯 （天:静、天）（唐:大）

包包 （天:文、河）（邯:鹿、任）

包包头 （天:大）

茶茶 （邯:鹿、南）（石:冀、河）

馋馋 （石:赵、宁、枣）

馋儿 （天:霸、安）

咂咂 （石:宁、无）（天:安）（唐:乐）

咂儿 （承:隆、丰、滦、平、承、围）（石:枣）（天:静、武、安）（邯:内）（保:水、兴、涿）（唐:大、三、乐）

嘴嘴 （石:行、灵、藁）

肌肌 （邯:尧）

九九 （保:唐）

牛牛 （邯:尧、临）

蘑蘑 （保:蠡）

甜甜 （石:宁、冀）

蜜蜜 （邯:临）

摘摘 （保:阜）

埋埋 （邯:广、魏）

美美 （石:衡、宁、正）（邯:邯、鸡、磁、任、乡、威、肥、宗、成）（天:固）（保:涿）

闷儿 （唐:丰、山）

闷闷 （保:望）

吃妈 （邯:尧）

妈儿 （天:桥）（邯:内）（张:沙）（唐:抚、秦、山）（承:青）

妈妈 （唐:丰、乐、滦、遵、宝、昌、蓟、西、三、抚）（石:枣、正、深）（天:桥、饶、大、山、黄、静、献、任、安、河、宁、强）（邯:清、丘）（保:易、保、高、安、阳、兴、望、清）（张:阳、康、龙、赤、宣、怀、蔚、张、崇、万、尚）（承:隆、围）

妈妈儿 （唐:滦、大、秦、玉、西、山）（承:青、兴、承、围）（天:强、孟、故、肃、文、山、桥、津、河、永、沧、庆）（保:博、定、满、安、阳、新、雄、涿、清、蠡、完、容）（张:阳、沽、宣、尚、口）（邯:大、肥、内、尧）

妈妈儿 （小）（石:枣）

妈妈疙瘩儿 （保:清）

小妈妈 （保:雄）

小妈妈 指男的奶头。（唐:乐）

奶 （石:正、灵、深、晋、束、新）（保:兴）（邯:郸、鸡、柏、临、邯）

奶儿　(唐:乐)(邯:魏)

奶奶　(张:康)

奶胖　(邯:任)

奶膀子　(石:束)

奶头　(张:沙)

奶头儿　(全省大部分地区通行)

奶头子　(承:滦)

奶子　盐山亦指奶水。(唐:丰、秦)(承:承、围、平)(天:黄、孟、山、桥、津、安、庆、武)(邯:鸡、周、内、尧)(保:阳、清)(张:万)

【肚子】

肚皮　(全省大部分地区通行)

肚皮子　(唐:丰、滦、卢、秦、迁、西、山)(承:隆、平)(石:新)(天:固、静、桥、河、阜、肃)(邯:任、内、尧)(保:安、高)(张:尚)

肚囊子　指大肚子。(唐:乐)

【小肚子】

小肚子儿　(保:易)(石:冀、深)

小腹　(文)(保:望)(邯:邯)(承:围)

【肚脐眼】

皮西窝　(保:新)

脖脐　(天:饶)

脖脐子　(唐:滦、玉)(保:完)(天:庆)

脖脐儿　(石:深、泽、衡、栾、藁)(保:蠡)(邯:内)(天:庆、霸)

北脐　(保:高)

卜脐　(天:津)

卜脐眼　(天:津)

鼻脐　(石:晋、深、冀)(保:容、安)

鼻脐儿　(石:灵、枣)(天:强)

鼻脐窝　(石:建)

鼻脐眼　(石:建)

肚鼻脐窝儿　(石:灵)

肚鼻脐　(天:黄、孟)(保:定、唐、阜、保、阳)(石:井、正)

肚眼儿　(天:天)

肚皮脐　(保:易、清)(邯:磁、涉)

肚迷脐　(石:宁)

肚八脐的　(邯:邯)

肚八脐　(张:怀)

肚八脐眼　(张:张)

肚脖脐　(石:行、束)

肚脖脐儿　(天:山、肃)(邯:鄣、鸡、沙、尧、鹿)(保:满、博)(张:张、万、阳、康、宣、商、蔚)(石:无、平、行、束、新、石、河)

肚门　(邯:临)

肚目脐　(石:赞、赵、获)(唐:迁)(邯:邯、鸡、大、威、永、任、肥、周、成、内、尧、台、丘、漳)(张:龙、赤、崇、尚)

肚目脐子　(张:沙)

肚目脐儿　(石:藁、栾)(邯:乡)

肚磨脐　(邯:魏、广、邯)(张:沽)

肚子脐　(邯:南)

肚肚脐　(邯:鹿)

肚脐子　(唐:丰、遵、山、卢、三、玉、西、抚、滦、昌、乐、大)(承:平、青、滦、兴)(天:静、大)(保:新)

肚脐儿　(全省通行)

【腿】

腿　指整个腿。(天:天、桥)

大腿　(天:安)(保:新)(石:冀)

腿杆　(邯:内)(承:平)

【大腿】

大腿根儿　(天:天、安)(石:冀)(唐:大)

腿根儿　(张:康)

【小腿】

脚杆　(承:平)(邯:内)

小腿棒子　(承:兴)

小腿子　(张:怀)

大腿　(天:霸)

【腿肚子】

腿肚 (邯:郸、魏、尧、邯)(石:无)

腿肚儿 (全省大部分地区通行)

脚肚子 (邯:邯、内)(唐:西)(承:平)(天:天、桥)

脚心 (邯:周)

【胫面骨】

奔尖 (唐:昌)

肷胫干 “肷”音 qiǎn。(石:建)

脸面骨 (邯:邯)

面骨 (邯:周)

迎面骨 (全省大部分地区通行)

迎风骨 (天:静)

明骨 (石:深、晋)

背门骨 (邯:清)

小腿骨 (石:获)(邯:任)

小腿骨儿 (保:唐)

腿骨头 (石:正)

胫骨 (石:灵)

【膝盖】

烧饼盖 (天:献)(唐:宝、玉、山)(承:滦)(保:兴)

波拉盖 (唐:大)

波拉盖儿 (天:天、庆、桥、宁、黄、东、津、安)(邯:磁)(保:唐、新)(石:枣)(唐:乐)(承:隆)

波定盖儿 (邯:鸡)

波膝盖 (天:东)

波棱盖 (张:蔚)(承:隆)

波棱盖子 (张:张)

波棱盖儿 (全省大部分地区通行)

波罗盖儿 (邯:郸、广、邯)(唐:昌)

磕顶盖 (石:栾)

磕挺盖儿 (石:井)

磕膝盖儿 (天:固、河、宁)(邯:鹿、沙、临、内、尧)(张:商、崇、蔚、尚、口)(承:承)(石:灵、新、无、冀、石、建、赵、栾、藁、宁、赞)

格顶盖 (邯:鸡)

格顶盖儿 (石:获)

胳罗瓣儿 (邯:大)

胳拉瓣儿 (石:枣、深、泽)(唐:昌、乐、山)(天:强、饶)(邯:南、丘、宗、乡)(保:新、易、博)

胳棱瓣儿 (唐:秦、山)(石:衡、藁、新、束、河、冀)(天:饶、故、任、大、桥、安、永、霸、肃)(邯:威、内)(保:保、水、高、满、安、兴、蠡、望、清、容)

胳棱盖儿 (邯:永)(保:完)

胳肚盖 (张:沽)

胳肚头儿 (张:怀、阳)

【胯骨】 髀骨。“胯骨轴子”普通话应是腰胯之关节,方言中有与胯骨相混的。

尾巴骨 (天:庆)(石:冀)

胯骨轴子 (石:灵)(邯:邯、大、鸡)

胯骨轴儿 (天:津、天)(邯:广、周)

胯瓣 lè (邯:涉)

大胯 (天:桥、天)(唐:乐)

胯 (邯:肥、任、邯)

【胯下】

裆 (天:桥)

裆来 (张:怀)

裆里 (邯:清)

卡裆 (唐:抚、山)

卡不裆 (承:青)

卡巴裆 (唐:大、山、丰、昌、宝、玉)(承:平、滦)(天:静、霸、桥、天、孟、强)(保:兴、涿)

可巴裆 (石:枣、冀)

腿裆 (承:滦)(石:晋、灵、藁、行)(保:定、阳)

腿马裆 (石:束)

腿板 (邯:鸡)

下胯 (天:桥)

哈拉 (唐:乐)

合拉 (唐:滦、三)(石:建、平、井、赞)

腿合拉 (邯:广、郸)

【屁股】

屁沟　(唐:滦、山)(承:兴)(石:藁、无)(天:桥、皋)(邯:郸、鸡、永、沙、任、肥、内、尧)(保:望)

屁沟　屁股中间的沟儿。(邯:乡)

屁户　(保:唐、易、新)(天:天、霸、静、安)(石:正、深)

屁户沟子　(承:青)

屁户沟　(天:河)

屁股沟　(唐:蓟、山)(承:隆)(保:阜)

沟子　(邯:肥、广)

屁股蛋子　(小)(唐:迁、山)(邯:邯)

屁股蛋子　(石:灵)(天:桥、安)(承:围)

屁股蛋　(承:围)(石:灵)(邯:涉、邯)

屁户蛋子　(天:静)

屁股垂子　(天:桥)

腚　(石:束、枣)(天:山、桥)(邯:鸡、威、清、宗、乡、南)(保:望)(承:围)

腚蛋子　(邯:任)(石:冀)

腚瓜子　(天:故、东、桥)

腚垂子　(天:黄、孟、桥、庆)

独蛋　(邯:涉、邯)

【肛门周围的毛】

护眼毛　(天:安)

【脚腕子】

腿腕儿　(石:束)(唐:乐)

腿腕子　(唐:遵、乐、山)(石:束、安、深)(天:安、霸、津、大)(保:安、阜、完)(张:尚、口)

脚腕子　(天:天、桥)

脚拐子　(石:灵)(张:怀、沙、万)

脚脖儿　(邯:广)

【踝子骨】

踝骨　(天:饶)(石:枣)

脚踝骨　(天:强)(石:新)

脚踝子骨　(保:阜)

脚踝疙瘩　(张:宣、蔚)

腿踝骨　(石:衡)(天:庆、天)

骨踝　(邯:丘)

核桃骨　(唐:山、丰、乐、宝、滦、昌、大)(承:兴)(保:兴)

核桃骨子　(唐:玉、山)

脚核头　(保:清)(天:安、霸)

脚滑子骨　(石:藁)

脚滑骨　(石:束)

滑子骨　(保:博)

脚骨肚　(石:建)

脚估根　(天:桥)

脚坎根　(天:桥)

脚骨拐　(石:行)(天:天)

脚胯骨　(保:阳)

胯骨头　(石:获)

里拐骨　里踝骨。(张:商)

外拐骨　外踝骨。(张:商)

拐骨蛋儿　(张:万、怀)

海老股疙瘩　(张:崇)

螺翅骨　(石:井、无)(天:固)(邯:内)(张:龙、赤)

【脚】

脚丫儿　(全省大部分地区通行)

脚丫儿　(贬)(保:涿)

脚丫儿　指小孩的脚。(承:滦、承)(石:新)

脚丫子　(全省大部分地区通行)

脚丫巴子　(贬)(保:唐)

脚步丫儿　(保:保)

脚步丫子　(承:承、丰)(唐:玉、山)(石:藁、栾)(邯:大、内)(保:高、安、兴、容)

脚巴丫子　(石:新)

脚巴丫儿　(石:束)

脚巴板儿　(保:唐)

脚底板　(邯:魏、邯)

脚底板子　(邯:魏、肥、邯)(天:静)(承:隆、滦)

脚底板儿　(邯:磁、永)

脚板儿 （承:围）（唐:蓟、三、西、玉、山）（石:灵、宁、赵、行、安）（天:故、桥、肃、庆）（邯:鸡、柏、鹿、沙、涉、内、尧、魏）（保:安、兴、望、阜）（张:万、阳、康、沽、宣、龙、沙、蔚、尚）

脚板儿 指脚底下。（石:石、正、晋）（承:隆、平）（保:阳）

脚板儿 指脚面。（邯:任）

脚板子 （唐:丰、山）（天:东、桥）（张:张、宣、商、崇、怀、口）

脚片子 （承:滦）

脚夹子 （天:任）

【赤脚】

光脚板 （张:沙、崇、赤）

光脚板儿 （唐:蓟、昌）（承:隆、围、平）（石:赵、灵、安、无、新）（天:故、桥、宁、肃）（保:阜）（邯:魏、鹿、沙、任、肥、内、尧、漳）（张:张、万、康、宣、龙、蔚、尚）

光脚板子 （张:沽、口）

光脚丫板儿 （保:唐）

光脚夹子 （天:任、河）

光脚片子 （承:滦）

光脚丫儿 （全省通行）

光脚丫儿 小巧的意思。（石:泽）

光脚丫子 （贬）（承:平）

光脚丫子 （天:东、黄、庆、安、桥）（保:高）（邯:威、清）（唐:抚、大、昌）（承:滦、围）（张:口）（石:冀）

光着脚丫 （天:河）（唐:宝、玉、丰、山）

光着脚丫子 （天:天、河）（石:冀）（唐:乐、山）

光着脚 （天:东、桥）（邯:磁、邯）（石:宁）

光脚丫巴子 （保:完）

赤脚板儿 （张:阳）

赤脚板子 （张:怀、龙、赤、商、宣、万、蔚）

瞎着脚 （邯:成、肥）

席脚 （邯:邯、涉）

洗发得脚丫的 （邯:魏）

精脚儿 （唐:丰、昌、山）

精脚板子 （张:万、康）

【脚背】

脚背儿 （唐:三、山）

脚背子 （唐:丰、滦、宝、迁、西、昌、抚、乐、山）（承:青）

脚面子 （唐:抚、山、大）（承:青、滦）（天:庆）

脚面 河北省各地“脚面”皆指脚背。仅清河指脚下面，即接触地的一面。（全省通行）

跗面 指脚和所穿的鞋相比较而言。（天:天）

脚梁面 （张:怀）

脚梁面子 （张:崇）（唐:乐）

【脚心】

脚洼子 （张:万）

脚心 （张:龙、崇、沙、宣、万、鹿、蔚、赤、口）（邯:邯）（石:深、冀）（唐:大、乐）（天:安、霸、天、桥）（承:滦）

脚心儿 （唐:乐）

【脚掌】

脚板 （邯:威）（张:龙）

脚板子 （张:崇、怀）

脚底板 （石:建）（邯:大、成、邯）

脚底板儿 （石:获）（邯:广、邯）

脚底板子 （天:武、静、安）（邯:威、周、邯）（唐:大）

板的 （邯:郸）

脚心 包括脚心和脚掌。（张:阳）（石:深、冀）（天:桥）

脚掌子 （唐:丰、乐、宝、秦、迁、西、昌、抚、山）（天:安、沧、庆、固、河、天）（保:定、唐、阜）（石:正）（承:围）

【脚趾】

脚丫子 （唐:丰、乐、卢、山、昌）（石:冀）

脚牙本儿 （唐:昌、乐、山）

脚牙豆儿 （唐:玉、山）

脚豆儿 （天:天）

脚拇指头 （唐:蓟、迁、乐、山）（承:隆、平）（石:石、井、栾、藁、安、无、新）（天:桥、宁、安）（保:唐、安、高）（邯:广、乡、郸、魏、鸡、邯、威、沙、任、肥、周、成、内、尧）（张:沽、宣、蔚）

脚趾马儿 （保:唐）

扎头儿　(张:怀、万)

【大脚趾】

大马脚趾头　(天:强、桥)(石:深、冀)

大拇脚趾头　(承:滦、围)(天:庆、霸)(石:深)(唐:乐)

大拇趾头　(天:安)

大脚豆儿　(天:天)

【二脚趾】

二马脚趾头　(天:强、桥)(石:深、冀)

二拇脚趾头　(承:围)(天:霸)(唐:乐)

二拇趾头　(天:安)

【小脚趾】

小马脚趾头　(天:强、桥)(石:深、冀)

小拇脚趾头儿　(承:滦、围)(天:霸)

小拇脚趾头　(邯:邯)(唐:乐)

小脚趾头　(天:安)

小脚豆儿　(天:天)

【脚趾甲】

脚趾根　(唐:三)

脚趾盖　(天:东、津、天、任、沧)

脚趾盖子　(天:大、安)

脚趾盖儿　(承:滦、围)

脚趾尖　(天:安)

脚指甲盖　(天:霸)

脚指头盖　(天:宁、桥)(唐:玉、山)

脚指头盖儿　(天:静)

脚拇趾甲　(石:石、栾、藁、正、井、新、无)(承:平)(天:桥、宁)(邯:乡、魏、鸡、沙、任、肥、周、成、内、尧)(张:沽、宣、蔚)

脚鸡尖　(唐:乐、滦、昌)

脚鸡切　(张:崇、尚、张、万、康、沽)

脚鸡盖儿　(天:庆)(唐:玉、山)

脚吉尖盖子　(天:黄)

脚吉尖(斤)盖儿　(唐:乐)

【大脚趾甲】

大拇脚趾甲　(天:桥)(石:冀)(承:围)(唐:宝、玉)

大拇脚趾盖儿　(天:天)

大脚吉斤盖儿　(唐:乐)

【脚趾缝儿】

脚丫巴儿　(保:涿)(石:冀)(天:霸、安)

脚卡巴儿　(天:天、桥)

脚豁拉　(石:新、灵)

脚牙板缝儿　(唐:乐)

【脚趾缝的泥垢】

里土　(张:万)

脚汗　(张:阳)

脚皴　(保:新)

脚趾间的皴　(保:高)

脚泥　(石:宁)(天:大)(保:阜)

脚泥儿　(石:正)

脚丫泥　(唐:卢、山、大)(承:青)

脚丫子泥　(天:庆)(邯:威)(唐:山)

脚丫子泥儿　(天:天)(承:青)(唐:玉、山)

脚丫丫泥　(石:冀)

脚丫巴泥　(唐:丰、蓟、迁、三、西、大、乐、玉、山)(承:兴、围、平)(天:安、武、霸)(保:涿)(邯:清)

脚丫板儿泥　(唐:乐)(保:保)

脚丫板儿泥儿　(唐:乐)(天:安)

脚丫沫泥　(唐:遵、山)

脚哈巴泥　(天:黄)(保:兴、水)

脚哈巴泥儿　(天:静)

脚卡巴泥儿　(天:天、桥)

脚嘎巴泥　(天:山、河)

脚步丫儿泥　(承:承)

脚夹上泥　(石:束)

脚趾合烂里泥　(邯:临)

臭脚泥儿　(天:桥)

脚丫儿缝泥　(承:滦、围)

脚丫巴缝泥　(承:平)

脚趾头缝的泥 （石:束）

脚缝泥 （石:晋）

脚缝儿的泥 （保:定）(邯:尧)

脚趾泥 （邯:鹿）

脚丫子粪 （唐:滦）

脚丫子粪儿 （唐:昌、抚）

脚豁拉糙 （石:灵）

脚豁拉的糙 “糙”在当地是脏的意思，所以“脚豁拉的糙”①指脚趾间的泥垢;②引申指不顶用的东西。(石:平)

脚豁拉的糙 （石:获）

脚豁拉泥 （石:新）(保:易)(邯:广、南)

脚汗格渣 （张:蔚）

【鸡眼】 足趾因受压或摩擦而起的硬粒，常嵌入皮中，引起疼痛。鸡眼和脚垫在深县是两种脚病。

脚垫 （天:固、静、安）(邯:成)(唐:大、滦、山)(石:冀、深)

脚垫子 （石:平）

脚刺 （张:宣）

脚引 （天:静）(邯:涉)

脚鸡坚 （天:霸）

脚鸡眼 （石:宁、赵、栾、正、冀）(天:黄、庆)(唐:乐)(邯:广、威、清、南、邯)(承:围)

疼鸡眼 （张:崇）

骼钉儿 （石:建）

干钉子 （保:高）

鱼眼 （唐:卢、乐、大、秦、西、山、遵、昌）(天:大)

鱼眼儿 （唐:山、丰、乐、昌、滦）(天:静、河)

十恩 （保:完）

岗子 即趼子，是鸡眼的最初阶段。(天:桥)

脚膙子 （唐:乐）

【脚印儿】

脚蹬印 （石:新）

脚痕迹 （承:平）

脚影 gái （天:东）

脚影跟儿 （天:桥）

脚后跟儿 脚印，如果儿子长大与父亲一样，说“整踩他父亲脚后跟儿”。当地如果不儿化，则意思就是“脚跟”了。(承:滦)

脚模 旧日离婚手续要打上脚印，叫“脚模”。(石:束)

【脚后跟儿】

脚后跟 （天:天、桥）(唐:乐)

脚下跟 （邯:广、邯、郸）(张:万)

【筋】 方言中把血管叫“筋”。

腱 （邯:尧、乡）

筋桶儿 （天:强）

青筋 （全省大部分地区通行）

青筋 血管。(邯:乡、邯)(天:津)(石:宁)(承:隆、丰)(保:博)

筋 血管。(全省大部分地区通行)

筋管儿 血管。(保:兴)

【骨头】

骨都 （唐:蓟、秦、山）(石:束、正、建、新、行、灵、平、无、井、栾、藁)(承:平)(天:宁)(邯:乡、鸡、柏、威、鹿、台、任、临、涉、周、内、尧)(张:沽)

骨突 （石:束、晋、深、冀）

骨骼 （邯:磁、乡、魏、鸡、永、鹿、台、沙、临、肥、内、尧、广)(张:宣)(石:无、正、行、灵）

【辫子】

辫儿 （石:安）(唐:遵、大、秦、迁、昌、乐、山、蓟)(承:隆、承、滦)(天:故、山、阜、静、桥)(保:兴、雄、唐、完）

辫儿 短辫子。(唐:滦、蓟、大、山)(保:唐)

辫儿 （褒）(天:饶、强）

辫儿 指小孩的辫子。(承:平)(石:新)

小辫儿 （保:水）(承:围)(石:深)(唐:乐）

小辫儿 小孩留的马鬃，即额前垂发。(邯:广)

双辫 （保:雄）

发辫 （唐:丰、玉、山）

头发辫儿 （唐:昌、山）(承:隆、平)(石:赵、藁、无、

安)(天:故、阜、桥)(保:唐)(邯:鹿、沙、任、肥、内、尧、郸、魏、鸡)(张:宣)

辫揪子　(张:怀)

【纂儿】　妇女梳在头后面的发髻。

骨纂　(邯:涉)

纂架子　(张:崇)

纂儿疙瘩　老太太梳的。(唐:乐)

疙瘩龟　老太太梳的。(承:滦)

疙瘩头　(唐:西)

小丢儿　头发少的人梳不成大纂时挽的小纂。(天:强)

扎角　(石:晋)(邯:大)

【网子】　妇女梳纂儿时用以网发的东西。

纂罩儿　(唐:丰)

挽罩子　(唐:西、宝、玉、山)

纂网儿　(石:宁)(唐:宝、玉、山)

纂儿网儿　(唐:乐)

网罩儿　(唐:滦)

头发网子　(唐:昌)

络子　(张:万、怀)

【缂鞭儿】　即"髽髻",是旧日女孩子的一种发髻,现在少见。把头发挽双结分别梳在头两侧,也有梳在头后面的。

髽鬏儿　(唐:昌、玉、山)

髽髻　(保:博、保、易、阜、兴、蠡)(天:河、阜)(石:正)(邯:邯、任)(承:围)(唐:迁、山)

髽角子　(邯:周)

髽圈子　(唐:滦)

髽髽儿　(天:桥)

疙瘩鬏儿　(承:隆)

疙瘩鬏子　老太婆梳的。(天:庆)

格鬏　(石:获)

鬏儿　头发少随便梳的发式。(天:静)

盘头　(保:阳)

老婆卷　(天:桥)

搭拉苏　年轻妇女把辫子盘成圆的叫搭拉苏。(天:宁)

趴　年轻妇女梳成辫儿盘在头上,外面罩上线网。(天:桥)

丢子　(天:大)

网子　青壮年妇女梳的。(天:庆)

【齐眉穗儿】　妇女额前的垂发。

箍儿　(唐:卢、迁)(承:青)

铁箍　(邯:任)

头发箍　(邯:魏)

头发裙　(唐:抚)

头发裙儿　(唐:滦、昌)

头发伞　(石:衡)(天:东、庆)

头发旋儿　(承:青)

头发帘　(唐:宝、玉、山)(石:束、石、正、建、新、灵、平、赵、枣、栾、冀)(保:博、阳)(邯:鹿、南)

头发帘　额前的垂发都叫"头发帘",不分妇女和小孩儿。(石:宁)(唐:山)

头发帘儿　(保:定、易、保、唐、满、蠡)

发帘　(石:枣)

齐眉帘　(石:晋、深、武、藁)

眉齐帘儿　(石:泽)

门齐帘儿　(石:正)

线帘儿　(保:水)(邯:成)

美人帘儿　(保:蠡)

脸毛丝　(邯:磁、漳)

骂骂苏儿　小孩与妇女的都叫骂骂苏儿。(唐:遵、蓟、丰、山)

妈妈穗儿　(唐:西)

齐毛穗　(天:黄)

齐麻穗　(天:桥)

麦穗儿　(唐:三、山)(承:围)

穗穗官儿　(张:康)

刘海　(唐:昌、山、大)

刘海儿　(天:天)

刘海发　(承:围)

前眉鬃 （邯:临）

前毛 （邯:周）

披毛 （天:饶）

俏毛 （石:获）（邯:郸、肥、邯）

看毛 （张:沙）

爱毛毛 （张:万）

毛毛梳儿 （承:青）

毛发 （张:龙）

格拉儿 （邯:任、尧）

泼生生 （张:崇、怀）

扇子面 （邯:内）

水头发 （邯:威）

配头绺儿 （保:新、兴）

锅边儿 （天:静）

甩眉齐 （石:无）

挂线帽儿 （邯:清）

脖绣儿 （邯:邯、郸、永）

【孩儿发】 小孩额前的垂发，不少地方小孩和妇女额前的垂发说法相同。

箍儿 （唐:迁）

脖绣 （邯:永）

洋弄 （天:饶）

毛孤 （张:龙）

毛前股 （邯:内）

刘海儿 男孩留的头发。（石:正）

刘海儿 小孩额前脑后一圈的头发。（保:易）

刘海儿 （唐:丰、山、乐、秦、西、抚、三、昌）（承:隆、承、平、滦、围）（石:深、晋、井、藁、新）（天:津、献、文、桥、宁、武、天、安）（保:保、水）（邯:清、南）（张:阳、怀、口）

刘海发 （承:围）

刘海头 （天:肃）（石:藁）

刘海儿头 （唐:秦）（天:静）

前刘海 （承:承）（邯:威）

前刘海儿 （石:藁、冀）（承:平、滦）（天:天、肃、桥、津、宁）（唐:秦、蓟）

前奔儿 （石:赞）

前奔奔 （石:无、获）（邯:临）

前脖丢儿 （石:行、灵）

前辫 （邯:内）

前留发 （石:平）

小辫 （邯:肥、任、临、尧、邯）

小锄儿 （保:博、蠡）

小木梳 （天:桥）

小栊子 （天:大）

木梳背 （承:兴）

木梳背儿 （承:丰、滦）（保:兴）

头发帘 额前的垂发，不分妇女和小孩。（石:宁）

头发帘 （石:枣、冀、束、河、建）（保:高、完）

头发帘儿 （保:蠡、阳）（石:冀）

头发裙 （唐:抚、山）

头发裙儿 （唐:滦、山、昌）

齐眉穗儿 （天:河、霸、沧、任）

齐眉散 （天:孟）

脸毛丝 指姑娘额前的垂发。（邯:磁）

脸毛僧 （唐:迁）

配头绺儿 （保:兴、新）

佩毛儿 大人小孩额前的发都叫“佩毛儿”。（天:强）

月花尖 （邯:乡）

野花尖 （石:衡）

月活尖子 （保:定）

太八究 八岁以下男孩留的头发。（天:津）

泼生生 （张:崇）

哇哇脸 （天:桥）

骂骂苏 （唐:遵、滦、蓟）

门齐帘儿 （石:正）

挑不交儿 （邯:涉）

gēyā （邯:大）

胎毛儿 （唐:玉、抚、山）

胎毛儿　指刚出生小孩的头发。(承:滦)

马鬃　(邯:魏、肥、南、广、成)(张:万)

马鬃鬃　(张:康、商、万、怀)

锅圈　(保:涿)

【小孩偏额前的垂发】

小辫儿　(唐:乐)

歪毛　(石:束、深)(天:安)

小歪毛　(天:固)

挑儿　(承:青)(唐:卢、山)

【小孩头后留的发】

孝顺毛　(天:安)

万人薅　(唐:抚、山)

八十毛　小男孩后脑勺上留的一束头发。(天:桥)

八毛儿　小孩后脑勺上的一撮头发,生下来八个月时留的。(保:定)(天:天)(承:青)(唐:大)

后留发　(石:平)

九九儿　(唐:乐)

九十毛　(邯:宗、乡)

老毛儿　(承:承)

小老爷　(唐:滦)

小尾巴　(唐:丰)

阎王怕　因怕小孩死,故名之。(唐:昌)

后坠　(张:张)

【痣】　皮肤上的小斑点,有黑的、红的两种。

沙子　(邯:临)

黑天沙　(邯:临)

黑雀子　“雀”音 qiè。(张:宣)(邯:广、邯)

黑雀　(石:获)

黑痂子的　(邯:郸)

黑夹子　(邯:周)

黑点子　(张:怀、万)

黑茄子　(张:宣、沙)

痦痣　(唐:昌、山)

痦子　(唐:丰、大、乐、迁、山、抚、滦)(天:饶、黄、献、安、桥、天、霸、庆)(承:青)(保:兴、水)

痦子　身上的小豆点,近似疙瘩。(天:安)(石:宁)(承:围)

猴子　(张:宣)

猴儿　(邯:清)(张:宣)(石:冀)

【瘊子】

肉赘　(石:建)

肉疙瘩　(天:桥)

千日疮　(唐:丰、昌、大)

刺瘊　(石:深)(天:静)(邯:鸡、大、成、邯)(保:安)

刺儿瘊　(天:静、霸)

肉瘊　(天:桥)(邯:大、邯)

瘊　(石:石)(邯:威、成)

瘊儿　(石:衡、枣、正)(邯:广、邯)(天:桥)

瘊的　(邯:邯、大、磁)

粉疵　(邯:鸡、邯)

瘤子　(天:献)

母瘊子　能够扩大。(石:灵)(承:滦)(唐:玉、乐)(天:霸、天)

公瘊子　只一个不再扩大。(承:滦)(唐:乐)(天:天)

【痦子】　单个的黑痣。

疣钱　(石:束)

蝇子屎　(唐:遵、昌、西、三、大、秦)(石:无、建、赞、井、正、新)(承:平)(天:黄、霸、任)(张:张、阳、沽、宣、龙、万、沙、口)(保:阳、望、容)(邯:郸、魏、鸡、沙、肥、涉、周、内、丘、漳)

蝇子屎　(贬)(保:涿、满、定)(邯:成、邯)(承:承)(天:安)

蝇子屉屉　(石:无)(保:阜)(唐:秦、乐)

蝇子屎　比痦子小的黑点。(天:肃)(唐:大)

蝇子屎　生在脸上的。(天:安)

蝇子粪　(唐:抚)(保:阳)

苍蝇屎　(张:怀)

黑油星　(石:获、平)

黑油影　满皮肤上长的。(天:强)

黑点沙　(邯:威、丘)

黑雀沙　(邯:邯)

黑切的　(邯:大、邯)

蚕沙　(邯:永)

黑蚕沙　(石:建)(张:崇、张)(邯:大、任、南、清)

黑滩沙　(邯:肥、邯)

黑糖沙　(邯:成、邯)

黑川沙　(张:宣、张、万、怀)

黑参色　(张:崇、沙)

黑浅沙　(石:获)

黑泉沙　(邯:临)(石:石)

黑脸沙　(邯:丘、邯)

黑沙岩　(邯:涉、邯)

黑点子　(张:商)

黑格星子　(石:枣)

黑痣　(天:天)

油雀子　(石:灵)

土眼　人老了,脸上手上长的黑点子。(石:正)

【汗斑】　皮肤上发生淡黄或棕黑色之斑点,是由皮肤色素增多及日光刺激而起。

斑　(保:阜)

汗啧　(张:阳)

疣钱儿　(石:束)

茶叶沫　天津指雀斑。(天:天)

黑点子　(石:束)(天:天)

黑个癣子　(天:大)

红疙瘩　(天:桥)

【雀儿斑】　比痣小而密集的褐色细点,常现于颜面等处。方言中"痦子"往往同"雀儿斑"混同。参看"痦子"条。在怀安,"痦子"叫"蚕沙",而"雀儿斑脸"叫"蚕沙脸"。

黑点子　(石:束)(张:万、怀)

黑油星　(天:饶)

黑蚕渣　(邯:郸、尧、邯)(张:阳)

黑天沙　(石:冀)

黑格癣儿　(天:沧)

黑个星　(石:衡)

黑格星子　(石:枣)(天:静、献、桥、山)

黑哥雀子　(天:河)

黑蚕　(张:蔚)

黑点沙　(邯:宗、乡)

蚕沙　(石:正)

蚕色脸　(张:康)

割癣子　(天:大)

割心子　(天:桥)

雀子　(全省大部分地区通行)

黑雀子　(唐:遵、西、秦、山)(承:平、围、青、滦)(天:固、霸、静、任)(张:宣、崇、蔚)(保:唐、水、高、兴、雄、容)(邯:邯、磁)

黑雀子　皮肤上凸起的黑点。(石:平)

油雀儿　(石:灵)

雀粒　(天:阜)

蝇子屎　俏皮话儿。(保:水)(天:霸)

蝇子屎　指满脸的小雀儿斑。(保:兴)(唐:丰)(承:青)(天:安、霸)

【粉刺】　脸上长的细粒,由皮脂腺分泌的皮脂停留而引起。

糟疙瘩　(唐:秦)

发疙瘩　(邯:南)(石:深)(天:霸)

发疙瘩子　(天:饶)

粉刺疙瘩　(邯:磁、邯)

粉刺颗子　(张:宣)

肉刺　(石:灵)

酒刺　专指男人长的。(承:丰)(石:束)(天:天)(唐:乐)

酒刺　(唐:丰、滦、遵、山、玉、西、卢、抚、迁、秦)(石:晋、赞、枣、安)(承:平、兴、围、承、隆、青)(天:黄、孟、固、东、大、桥、津、河、宁、庆、阜)(张:赤、尚)(保:安)(邯:内、尧)

酒刺　喝酒人的粉刺。(唐:昌)

家雀儿屎　（保：兴）

刺猴　（邯：尧、邯）（石：束）

suī 子　（保：唐）

色疙瘩　（天：安）

青春美丽豆　（唐：大）

【记】　皮肤上的青紫瘢，比痣大。河北省也差不多都说记，但少数地方"记"和"痣"不分（如涿县、宁河），在唐山地区，脸上长了记，叫"记脸子"。

记　（天：天）

【蝴蝶斑】　脸上鼻子两边长的一片黑，好像蝴蝶，一般妇女怀孕时脸上好长这东西。

花蝴蝶儿（斑）　（唐：乐）

十　商业

【招牌】　挂在商店门前写明商店名称或经售商品的牌子，作为商店的标志。

幌子　（唐：山）

牌子　（天：文、大、沧）（邯：广）（承：围、滦）（石：宁、正、河、高、灵、深）

通天牌　专指中药店门两旁的招牌，西药店无此标志。（天：天）

金字牌匾　总称。（唐：昌）

冲天招牌　大药铺门前立着的招牌。（承：滦）

看板　（天：桥）

字号　（石：灵、深）（天：桥）（唐：乐、大）

店号　（天：天）

【开铺子】　开设店铺。

开店　（石：宁、赵、栾、藁、无、赞、元、泽、石）（天：阜、故、东、桥、河、永、沧、津）（邯：乡、魏、磁、鹿、沙、肥、涉、周、成、内、郸、宗、永、尧、丘）（保：望、清、阳）（张：宣）

开店　专指开旅店。（全省通行）

开铺儿　（邯：永）

开买卖　（全省通行）

开买卖　指开始卖货。（天：庆）（唐：昌）

做买卖　（唐：昌、遵）（石：深、武、灵）（天：河、宁、黄、桥、沧、安）（承：承、丰、滦、围）（邯：广、鸡、清、内）（保：高、雄）（张：张、康、阳）

干买卖　（邯：鸡、肥）

设商号　（天：桥）

设堂　专指中医私人诊所，如"设堂行医"。（天：天）

【招贴】　贴在街头或其他公共场所的广告。

贴　（石：建）

贴儿　（保：水）（石：栾）（唐：昌）

贴子　（老）（全省大部分地区通行）

招贴　招领拾物。（天：献）

招贴　招收人员出的帖子。（保：高、雄）（邯：肥）（天：沧、桥、东、献、文、黄、故、任）

告白贴　（保：安）（石：深、束）（唐：丰）

告白　（邯：大）

告示　（唐：遵、大）（天：沧、黄、文、桥）（邯：广）

报条　也指通告、布告。（唐：玉、宝）（保：新）

广告　（石：藁、深）（唐：昌）

启事　（邯：魏）（天：沧）

报子　海报。（保：兴、涿）（天：桥）

【开布铺】

开布庄　（唐：昌、玉、宝、抚、滦）

开洋布庄　（天：桥）

开绸缎庄　（唐：昌、玉、宝、山）

【门面】　商店房屋沿街的部分。

门柜　（张：张）

门市脸儿　（唐：迁、玉、宝、丰）

门面脸 （唐:山）

门脸儿 （全省大部分地区通行）

门市 （唐:迁、抚）（天:桥）（邯:肥、尧）（保:博）

门市房 （唐:昌）

柜房 （唐:昌）

板搭 （石:泽、深）

【摊贩】 过去摆摊子做小买卖的人。

摆摊的 （石:深、高）（天:静、河）（保:清、保）（张:万、怀、蔚）（承:围、滦）

摆摊哩 （邯:涉）（石:深）

摆摊儿的 （张:宣）（天:天、霸、安）

摆小摊的 （张:蔚）（石:深）（天:天、安）

摆地摊的 （天:安）

摆摊子的 （承:青）

小摊 （石:井、深）（天:饶、肃、任、大、桥、宁）（邯:清、南、尧）（保:易、蠡）（承:兴）（唐:玉）

做小买卖的 （张:各地）（唐:乐）（天:天、安、桥）（承:滦、承、平）

做营业 （邯:尧）

出床子的 （唐:卢）

出案子的 （唐:丰）

挑糖挑子的 指挑着担子卖糖果、小吃食的小贩。（天:桥）

【摆摊儿】 小摊贩营业。

摆摊 （石:宁、枣、灵）（天:任、孟、献、津、天、沧、东、桥）（邯:大、宗、内、漳）（保:新、阜）（张:崇、商、赤）（承:围、滦）

摆摊子 （张:商、康、阳、张、鹿、崇）（保:安）（石:深）

摆小摊 （张:鹿、万）（保:水）（天:庆）

做小买卖 （邯:鸡）（天:桥）

摆糖挑子 （天:桥）

出案子 （唐:丰）

敲梆子 专指晚间挑担子卖元宵的。（天:天）

【摊儿】 摆在地上或用木板等摆设的售货处。

摊 （石:建）

摊子 （石:深、束、无、冀）（天:沧、桥、安、任、献、东、文、黄）（唐:遵）

床摊 （邯:永、肥）

地摊儿 陈列货物于地面出售的摊子。（石:深、束）

摆地摊儿 （唐:乐）

床子 （唐:滦、遵、昌、蓟、抚、迁）（承:承、平、围、兴）（石:栾）（天:故、文、大、桥、永、安、霸）（邯:乡、内）（保:定、高）

案子 （唐:丰、迁）

床子 专指卖青菜和肉的。（唐:丰、西、秦、乐、山）（承:青、平）（石:泽）（保:涿）

杠子 卖猪肉的摊儿。（保:涿）

菜床子 比较大的卖菜的地方。（天:静、黄）

货床子 （承:滦）

货案子 （承:滦）

肉床子和肉案子 青菜一般不用床子。（唐:乐）

烟卷楼子 解放前天津多有用木板或洋铁皮搭的小屋子，专卖烟卷，也有卖日用小百货的。（天:天）

茶摊儿和糖摊儿 （天:天）

小摊儿 （承:围）

【做买卖】

干买卖 （石:宁、深）

跑买卖和开买卖 （天:桥）

做小买卖 （承:青）

干勾当 （石:深）

干小件儿 （石:栾）

干小结里 （石:灵）

做营业 （邯:尧）

做生意 ①做买卖。②指骗人，如卖野药、相面等。（天:庆）

跑生意 （保:高）

【买卖人】 经商的人。

做生意的 有尊敬意思。（张:怀）（唐:昌、乐）

做买卖的 有尊敬意思。（张:怀）（石:深）（承:青、

围)(天:天、桥、安、霸)

跑买卖的 (张:鹿)(唐:乐)(天:桥)

跑买卖里 (石:灵)

经商 (唐:昌)

开店房的 指经营客栈的人。(石:井)

【开张】 商店第一次开始营业。

开业 (全省大部分地区通行)

开市 (全省通行)

【开门】 商店或摊贩每天开始营业。

敞门 (天:桥、东、黄、沧、任、献、肃、山)

开板 (唐:西)(石:深)

开板儿 (唐:迁、西、昌、宝、玉、丰、山、大)(承:青)

下板 (唐:遵)

开门 (全省通行)

【歇业】 商店永久停止经营。

关了 (石:深、束)(唐:迁)

关门 (天:孟、肃、静)(石:深)(唐:迁、大)

关门了 (唐:玉、丰、山)(天:天、桥)

关板 (唐:西、迁、昌)

关板 指每天停止营业。(承:青)

关板搭 (石:泽、无、正、建)

关张 (全省大部分地区通行)

倒闭了 (唐:玉、丰、山)

倒了 (石:冀)

倒缸了 (张:蔚)

不干了 (邯:内)(石:灵)

上板了 (石:栾)

黄了 (全省大部分地区通行)

黄号 (唐:玉、丰、山)

报估 过去因负债太多而倒闭。(天:霸、河)(石:深、束)

歇了 (石:深、束)

【失业】

打闲 (石:束)

住闲 (天:天、桥)

抱蹲了 (唐:昌)

丢饭碗 (唐:大)

【顶出去】 过去店铺经营亏本无法维持,只好出让给别人。

出盘 (邯:尧)

出兑 (唐:玉、遵、卢、抚、乐、昌、山)(承:青、承、围、平)(石:深、无、藁、栾)(天:孟、故、桥)(邯:柏、成、内)(保:兴)

倒出去 (全省通行)

盘出去 (唐:卢)(承:隆、平)(石:晋、无、衡、武)(天:故、静、桥、宁)(邯:鹿、临、内、尧、漳)(保:安、蠡)(张:宣、万、尚)

兑出去 (唐:玉、丰、迁、昌、抚、山)(承:平)(天:孟、大、天、霸)

开出去 (石:新)

掇出去 (石:建)

匀出去 (承:滦)

磕出去 (保:安)(石:深、束)(唐:大)

赁出去 (天:天、桥、任、献、黄、文、东、沧)(石:深)

【盘货】 商店、企业定期清点和检查实存货物。

清资 (天:桥)

清货 (全省通行)

清底 (邯:涉)

清点 (唐:遵、昌、乐)(保:新)

清点货 (邯:任)

清理货物 (邯:鸡)

清清底 (邯:涉)

清清底儿 (石:束)

清货底儿 (石:灵)

盘存 (天:桥)(邯:魏)(张:鹿、宣)

盘点 (唐:玉、抚、山、昌、宝)(天:献、桥、安、沧、文、任、黄)(邯:魏、鹿、丘)(张:鹿、宣、万)(保:阜)(石:井)

盘点货 (张:万)

查货 (天:桥)(张:赤、沙、鹿)

查点货 (石:束)

查点货物　(邯:鸡)

点货　(天:肃)(保:定)(张:各地)(承:青、滦)(唐:宝、玉、丰、迁、昌)

【柜台】　商店营业用的家具,长形,像柜,用木头或玻璃板制成。

柜板儿　(唐:迁)

栏柜　(老)(石:井)(承:青、围、滦)(唐:玉、宝、丰、迁、昌、大)(天:安)

栏柜台　(邯:内、尧)

栏门柜　(天:大)(邯:涉)

【掌柜的】　称商店老板或负责管理商店的人,有时也是对商人之敬称。

掌柜里　(石:灵)(邯:内、漳)

掌柜来　(石:井)

当家的　(张:蔚、沽、赤)

柜上　(天:静)

老板　骂人的话,因为开妓院的叫老板。(张:康)(唐:昌)(石:深、束)

经理　(唐:山)

【内掌柜的】　铺店经理之妻。

内掌柜　(全省通行)

里掌柜　(唐:遵)(石:行、平)(邯:郸、魏、永、肥、成、漳)(保:博)

里掌柜的　(邯:广、鸡、大、内)(天:桥)

女掌柜　(唐:丰、昌、西)(石:藁)(张:万)(邯:丘)

女掌柜的　(张:怀、宣)(邯:丘)

内当家的　(天:桥)(保:望)

里当家　(邯:郸)

女当家的　(石:井)(张:各地)

女老板　(天:阜、桥、永)(唐:乐、卢、蓟)(承:平、丰、围)(张:沙、宣、尚)(保:定、高、涿、保、安)(石:无、灵)(邯:魏、鸡、柏、周、内、尧)

女老板　(贬)(承:隆)

老板娘　尊称。(承:隆、承)

老板妻　(唐:山)

【商店中管账的】

先生　(唐:大、丰、宝、抚、玉)(承:承)(石:获、深、无、藁、赵、井、平、行、新)(天:安、献、山、桥)(张:商、沙、龙、沽)(邯:广、邯、鸡、尧)(保:定、望、水、高、新、兴)

账房先生　(天:桥)

管账的　(石:深)

【店员】　商店里的服务员。这里收了许多旧词,反映了旧社会店员与资本家之间的雇佣关系。

伙友　(邯:尧)(天:天)

伙计　(全省通行)

伙计　指过去商店中给资本家干体力劳动的,或作坊中的店员。(唐:丰)

劳金　(石:束、栾)(天:河)(承:围)

店伙儿　(唐:滦、卢、西)(承:平、隆)(张:宣、尚)(邯:沙、肥、内、尧)(保:新、安)(石:石)

销售员　(承:平)(石:深)

掌柜的　一般顾客对店员的称呼。(唐:西)(天:霸、桥)

站柜台的　(天:静、安)(唐:玉、宝、山)

年青的　绸缎百货行的店员。(唐:丰)

售货员　今天的称呼。(全省通行)

【商店里专门负责对外联系的】

跑外的　(天:沧、桥、东、任、文、献、黄、山、河)(唐:大、丰)

外水　(天:河)(石:深)

跑外柜　(天:天)

外跑掌柜的　(天:桥)

【过去专给商店要账的】

跑外的　(承:围、滦)(石:新)(天:安、桥)

跑腿的　(唐:大)

【旅店服务员】　这里收的全是旧词。

店小二　(承:平)

店伙计　(唐:抚)(承:滦、围)

店伙儿　(唐:丰)

小伙计儿　(唐:大、山)(天:安)

跑堂的　饮食行业的服务员。(天:天)

【学徒】 在商店里学习店务。

学艺 （张:鹿）

吃劳金 （邯:任）

学手艺 （张:张、尚、沽、康）

学买卖的 （天:天、桥）

【学徒的】 在商店中学习业务的人员。这里收了许多旧词，在旧社会学徒的其实也就是资本家的侍候人。

学生意的 （唐:昌）（石:栾）

学买卖的 （全省通行）

学艺的 （唐:迁）

学劳金的 （邯:鸡）

跑堂的 （邯:丘）

小伙计 （邯:内、鸡）

小伙计儿 （天:静、天、桥）（唐:昌）

小掌柜的 （张:龙）

年青的 年青的学徒。（石:平）（唐:昌）

相公 （邯:郸、魏、鸡、大、肥、内、尧）（承:平、丰）（张:商）（保:完）

掌柜的 顾客有时也把学徒的叫作掌柜的。（承:隆）（天:天）

小穷金子 （石:建）

吃劳金的 （唐:乐）

师兄 指在作坊里做活的，学徒四年，称长者为师兄。（唐:山）

【顾客】 商店和服务行业称来买东西的或服务对象。

主户 （天:阜、孟、桥、安、天、饶）（唐:大）

主顾 （全省通行）

主道 （全省大部分地区通行）

主道楂子 （石:新）

老主道 （唐:山）

老交情 用于药铺，因为忌讳“老主道”或“老主顾”的叫法。（唐:山）

吃主儿 用于饮食行业。（天:天）

顾主 （承:兴）（唐:山）

照顾 （石:平）

照顾茬 （天:河）

照顾手 （张:蔚、康）

照顾主儿 （保:水、安）

买家 （邯:宗）

买主 （全省通行）

买楂儿 （石:泽、深）

买东西咧 （邯:大）

客人 （邯:丘）

【招揽主顾的人】

揽头 （石:束）

料高儿的 过去布行（如谦祥益）门口用来招揽生意并监视顾客的专人。（天:天）

【要价】 向买主说明物品价格。

要价钱 （邯:内）（唐:昌）

要价儿 （天:天、桥、东、沧）（唐:乐）

要个价儿 （承:滦）（邯:大、内）（唐:昌）

讲个价儿 （石:无、深）（承:围）（唐:昌）

打个价 （邯:大）

打价 （保:雄）（天:桥、沧）

说价 （石:宁）（邯:尧、漳）（保:雄）（天:桥）

说个价儿 （石:深）

递个价儿 如:“您递个价儿。”（天:天）

【还价】 因过去商人多无故抬高物价，所以顾客买物多要还价。

打价儿 （天:河、津、桥、山、沧、文、任、献、黄、东）

给价钱 （邯:内）（石:深）

给个价儿 （承:滦、青、围）（唐:昌、宝、玉）（天:霸）（石:深）

还个价儿 （承:滦、平）（邯:涉）（唐:昌）

出价 （邯:尧）

递价 （承:平）（张:鹿、宣）

搭价 （唐:遵）（天:河、桥、山、天）

磨对 （石:束）

对磨　(石:束)

磕打　(石:束)

递个价儿　(唐:昌)

滑价儿　(天:天、桥)(唐:大、乐)

【不讲价儿】　不讨价还价。

不讲价　(唐:丰、乐)(石:深)

不讲价儿　(贬)随便用别人的东西。(邯:南)

不打价儿　(全省大部分地区通行)

不打驳回　(承:隆)

不滑价儿　(天:天、桥)

一口价　(承:隆、滦)(保:雄)(邯:尧)(唐:抚、昌)

不打折扣　即一口价的意思。(承:承)

【言无二价】　商店定出的价,不能更改。

言不二价　(全省通行)

不打来回　(唐:西、昌)

一口价儿　(唐:昌)(天:沧、桥、文、献、霸、黄、山、东)

没说的　(石:深)

【价钱公道】　物价公平合理。

合适　(全省大部分地区通行)

值　(承:滦)(天:桥)(唐:乐)

抵　(张:龙)(邯:沙)

相应　(石:深、束)

价钱小　(石:藁、深、束)(天:东、桥、天、永、庆、津)(张:蔚、龙、宣)(邯:郸、魏、鸡、大、任、肥、涉、内)(保:保、望、唐、兴、蠡)(唐:丰、滦、遵)

上算　买主说是贱的意思,卖主说是贵的意思。(唐:丰、宝、玉)(天:安、沧)(石:深)

【买卖人随便要大价】

口臭　(保:水)

说谎　(唐:丰)

说谎价　(唐:大)

要谎　(天:桥、霸)(唐:山、丰)

漫天要价,就地还钱　(唐:山)

楞人　"楞"音 lēng。(天:天)

【买主说东西不好】

褒贬　如"褒贬是买主儿"。(天:桥、霸、安)(石:深)(唐:乐)

剥批　如"剥批是买主,奉承是闲人"。(天:天)

剥　"剥"音 bā。如:"瞧你剥的,一分钱也不值了。"(天:天)

【老账】　欠账日子过久。

旧欠　(邯:鸡)(唐:昌)

旧账儿　(保:阳)(石:深)

老账儿　(保:阳)

老陈账　(承:隆、兴、承)

老底账　(承:隆)

陈欠　(天:强)(邯:鸡)(唐:昌)

陈账　(唐:大、遵、迁、抚)(承:承、围、隆、平、丰、青、滦)(石:深、无、束、衡、枣)(天:沧、文、任、东、黄、饶、献、桥、安、宁、庆)(邯:鸡、任、尧、丘)(保:涿、安)

【记账】　商店登记账簿。

写账　(全省大部分地区通行)

上账　(石:灵、枣)(张:鹿、宣)(邯:宗、任、尧、鹿、清)(保:安)(唐:乐)

下账　(唐:昌、抚、乐)(天:桥)(承:围)

出账　(唐:抚)

入账　(石:灵、无)

落账　"落"音 lào。(石:藁、枣)(天:桥)

登账　(天:沧、肃、献、桥、津、宁、文、东、黄、山、任、河)(张:宣、万)(邯:鸡、大、肥、内)(保:保、望、雄)(石:石)(承:平、隆、承、围)(唐:昌、蓟)

过账　(天:桥)(保:雄)(承:承)

熬账　总结账目。(承:承)

圆账　买卖人每晚结账。(承:承)(天:安)

【欠账】　顾客买东西时,当时不付钱,以后再付钱。

赊　(天:桥)(唐:乐)

赊着　(唐:西、昌)(石:深)(天:桥、安)

赊账　(天:沧、天、霸、桥)(承:青、隆、滦)(石:深)(唐:

迁、昌、玉、宝、丰、大)

记账 (全省大部分地区通行)

骗账 (石:获、灵、平、井)(邯:临)

写上 (承:承)(唐:迁、昌)

记上 (承:承)(唐:乐、迁、大、昌)(天:安)

该着 (保:阳)(唐:迁、大、昌)(天:安、桥、天)

该账 (石:藁、枣)(天:桥、故、沧、文、黄、任、献、河、东)(唐:迁、昌)(邯:鹿、宗、乡、南)

争账 (邯:魏、柏、大、沙、内、尧)(保:保、望、高、清、蠡、完)(石:晋)(张:尚)

写上点 (承:兴)

记起账来 (邯:内)

【要账】 商店向顾客索债。

讨账 (全省大部分地区通行)

讨账 (贬)(承:丰)

敛账 (天:安)

齐账 (保:安)

催账 (天:桥)

收账 (全省大部分地区通行)

撵账 (唐:大)

【烂账】 拖得很久而又不能偿还的账。

瞎产 (邯:广、肥)

瞎账 (唐:迁)(石:枣)(保:定)

黄了 (保:保)(天:安、东、桥、庆、沧、任、河、献、黄、山)(唐:大)

黄烂 (石:宁)

黄账 (全省大部分地区通行)

抛出 (天:桥)

荒账 (保:博)

抛账 (邯:清)

无想的账 (张:龙)

无指望的账 (张:龙)

滑头账 (石:无)

账头滑得咧 (邯:大)

打账 给一半钱为打账。(保:雄)

撇账 (邯:尧)

白账 (张:万)

扔账 (天:河)(保:安)

闪账 今年还不了明年还。如:“闪了过年账。”(石:平)

死账 (张:鹿)

骗账 (张:蔚)

账烂了 (唐:三)

绝户账 (唐:蓟)(天:桥)

四路账 (保:望)(石:建)(承:平)(邯:尧)

赖账 (石:石、深)(天:河)(唐:蓟)

赊出去的账 (石:栾)

【一笔款项】 一笔钱。

款 (天:孟)

款子 (全省大部分地区通行)

一笔款儿 (天:桥)

钱儿 (邯:肥)

项钱 (天:桥)

一笔账 (张:康)(承:滦)

一裉子 指弄一大笔钱,如:“小子,这回出去弄一裉子。”(天:天)

码子 (天:天)

压箱底儿的 指轻易不动的存款,也指衣物。(天:天)

【存款】 存在银行里的钱。

存项 (保:水)(天:天)

【零用】

零花钱 (承:兴、围、滦、青)(张:康、沽、尚)(唐:乐)(天:安)(石:深)

零花销 (唐:抚、乐、昌)

零钱儿 (承:丰)(石:深)(天:桥)

零碎花 (邯:丘)

零花儿 (石:深)(天:天、桥)(唐:大)

零星钱 (天:天)

杂花 (邯:鸡)

杂花的 （石：深）

花项 （承：隆）

算花 （石：无）

眼子钱 指日常生活用的零钱，如："居家过日子，信着花眼子钱就没个完。"（天：天）

【发票】 商店开给顾客的单据，上面写着售出货品的名称、数量、价格和日期等。

发单 （全省大部分地区通行）

单据 （全省大部分地区通行）

条子 （石：灵、无、深）

条儿 （天：静）

菲子 （石：泽）（天：桥、文、东、献、任、黄、山、河、肃）（唐：玉、宝、丰、山）

发货单 批发部用的，不一定是印好的，也可以用一张白纸把发出的货物一项一项地写出来。（石：正）（唐：昌）

发货票 （承：围）（唐：玉、宝）（石：深、衡）

【提货单】 向货站或仓库提取货物的凭据。

取货单 （天：静、霸、饶）（邯：南）（承：滦）（唐：昌）

取货票 （石：宁）

起货单 （邯：大）（唐：昌）（天：桥）

领货单 （天：霸、饶）（承：围）

调货单 （保：安）（张：龙）

要货单 （保：新）

货单 （天：桥、庆、阜）（邯：魏）

发货票 （唐：昌）

【开收据】 ①铺店给买主写收据。②收受人给对方开写收据。

开单 （天：肃）

开条儿 （石：井）

开条子 （承：围、滦）（唐：迁）

开收条 （石：深）（天：沧、文、任、献、山、东、黄、桥）

写个字儿 （天：天）

打个条儿 （承：滦）

【收据】 收到钱或东西后写给发送的方面的字据，备作查考。

收到条 （天：文、任、东、桥、献、黄、山、河、沧）（邯：鹿、肥、尧）（石：深、灵、建）（保：水、高、雄）

收到条儿 （保：容）

收条儿 （唐：山）

便条 （保：新）

字据 （唐：昌）

存头 （天：天）

【算盘】 算子。

算盘子 （承：承、青、围）（唐：乐、昌、抚）（天：山、献、固、肃、河、沧、黄、饶、津、文、东）（邯：尧）

算盘儿 （承：滦）（石：深）

珠盘 （石：泽）（唐：昌）

珠算 （天：沧、文、任、献、河、肃、黄、山、河、桥）（承：平、隆）（唐：玉、丰、西、蓟、宝）

【秤星】 秤上所刻之花星。

星星 （唐：滦、遵、迁、蓟、卢、抚、乐、昌）（承：青、滦、兴、丰、围、隆、平）（石：石、枣）（天：东、静、宁）（张：蔚）（邯：南、内）（保：完）

称花儿 （唐：大）（承：承）

称花 （唐：蓟）（天：任、饶、故、大、桥、永、沧、庆、津、文、山）（邯：魏、柏、内）（保：望、安）（张：龙、商、鹿、沙）（承：平）（石：灵、石）

花儿 （天：静、安）

斤两花 （天：桥）

【定盘星】 戥子和杆秤上确定起算点（重量为零）的标志。

准星 （石：灵）（保：涿）（承：承）（唐：大、玉、山、宝）

【秤砣】

砣 （天：桥、文、任、献、东、黄、山、河、沧）

【用秤称称】 用秤量量轻重。

过过 （唐：遵、滦、三、乐）（石：栾）（天：桥、津）

过秤 （石：深、藁、井）（唐：乐、迁）（天：安）

过过秤 （石：藁、井）（唐：玉、山、宝、乐）（天：沧）

过一过 （张:尚、康、张）（天:沧、文、献、黄、河、东、桥、任）

锱锱 （古）“锱”音 zī。古时的重量单位。（张:沙、蔚、尚、怀）（邯:大、涉）

锱一锱 （保:高）

使秤约约 （保:清）（唐:遵、迁、昌）

用秤锱锱 （张:康、鹿）

拿秤约 （天:天）

拿秤至至 （张:鹿）

称称 （邯:涉、内）（唐:昌）

约约 （全省通行）

挂挂 （天:河、桥、文、任、献、东、黄、山）

标标 （天:桥）

量量 （张:赤）

考考 （邯:鸡、尧）

pùpù 大的活物过秤。（唐:滦）

吊吊 （全省大部分地区通行）

戥戥 用戥子称贵重的东西，如中药、金银等。（天:天）

问问 （天:安）

【斗躺子】 平斗斛的木片。

躺啊 （张:鹿）

躺板 （唐:秦）（邯:鹿）

躺板儿 （保:易）（张:宣）

刮子 （石:束、深）（天:桥）

刮板 （唐:滦）（石:灵）（天:山、河、庆）（邯:清）（保:安、新、蠡）

斗盖 （石:获、新）（保:完）

斗躺的 （邯:大）

斗操子 （张:万）

斗量子 （邯:周）（张:万）

斗抹子 （邯:漳）

斗码子 （石:行）

斗挡子 （张:万）

斗刮板儿 （保:唐）

抹拉子 （石:获）（邯:尧）

磨码子 （石:井）

码子 （石:灵、平、建）

弓子 （天:饶）

平斗板 （石:灵）

【开支】 支付的费用。

嚼裹 （全省大部分地区通行）

嚼用 （张:康）（唐:丰、滦、遵、宝、迁、大、三）（承:兴、承、围、隆、平）（石:武、枣、束）（保:易、保、望、阳、兴、安）

嚼燃 （张:赤）

花 （保:涿）

花项 （张:鹿）（石:深、束）

花销 （唐:丰、抚、乐）（天:霸、静、桥、天）（承:兴）（张:怀、鹿、尚）（石:深、束）

裹费 （唐:昌、乐）

消费 （唐:昌）

谋费 （唐:昌）

开销 （全省通行）

缠交 （老）（邯:尧）（石:深、束）

【工钱】 做工所得的酬资。

劳金 （旧）（唐:玉、丰、迁、卢、抚、乐、昌、山）（承:承、围、平、青）（天:饶、肃、桥、庆、津）（邯:内）（保:安、兴）（张:宣、鹿）（石:束）

饷 （旧）（天:肃、桥）

饷包 （老）（邯:鸡）

俸禄 （老）（石:新）（承:平）

工价 （石:深）

工薪 （承:丰）

薪水 （全省通行）

薪金 （全省大部分地区通行）

薪俸 （全省大部分地区通行）

月薪 （天:静）

月钱 （天:静、霸）

报酬 （天:天）

【红利】 营业所得，除去各项费用及税款外，股东所得利润。

红　(唐:迁、三)(石:冀、深、束)(天:沧、桥、文、任、献、山、黄、东)

红钱　(石:无)

花红　(全省大部分地区通行)

赚利　(石:枣)(天:孟)

赚头　(石:宁)(保:唐)(天:河)

赚头儿　(石:深、束)(保:唐)(天:沧、桥、文、任、东、黄、山、献)

【路费】　路途的费用。

盘川　(唐:大、昌)(承:兴、承、围、平)(石:平、灵、建)(天:故、肃)(邯:鸡、永、沙、内)(保:雄、阳)(张:宣、龙)

盘缠　(全省通行)

盘缠钱　(保:容)(唐:昌、乐)(天:桥、沧、文、任、献、河、黄、山、肃)

盘缠嚼用　(天:安)

盘费　(全省通行)

旅费　(承:围)

差旅费　(承:平)(唐:山、玉、丰)

【本钱】　资本或货物的成本。

本儿　(全省通行)

本金　(石:灵)

老本儿　(全省通行)

底垫儿　(老)(唐:宝、丰、玉)(石:深、束)

库存　(天:桥)

【分红利】　股东们分营业所得的盈余。

分红　(保:安)(张:沙、鹿)(承:围)(石:深)(唐:遵、大)(天:安、桥、天)

分花红　(天:天)

批花红　(天:桥)(唐:丰)

批红　(石:深)

批账　(石:深、束)

批赚　(保:安)

分赚　(保:安)

算大账　(石:深、束)

【发薪】

关钱　(天:天)

开支　(承:承、滦、青、围)(石:深、井)(天:天、桥)(唐:滦、乐、丰)

【利息】

利　(唐:抚)(邯:任)

利儿　(全省大部分地区通行)

赚的　(石:无)

【利上加利】　本钱生利,后又以利为本再生利。旧社会高利贷者放债,多是利上加利。

利上滚利　(石:灵)

利滚利　(全省通行)

利上搭利　(石:束)

利上生利　(邯:内)

滚辘利　(石:平)

滚滚儿利　(唐:丰)

滚利盘剥　(承:平、围)

滚利爬坡　(承:平、隆)

蹦蹦息　(唐:遵)

蹦蹦儿利　(承:滦)(张:鹿)

跟头利　(石:赵)

轱轮子利　(石:建)

一本万利　(天:宁)

利滚息,息滚利　(唐:玉、山)

本利兑　(邯:大)

老三分　(石:平)(邯:尧)

大加一　(承:平)

猴眨眼　(张:赤)

驴打滚儿　(全省大部分地区通行)

【走运】　指在某个时期的运气好(迷信)。

走字　(承:滦、丰、青)(天:桥、安)

走字儿　(天:安)(石:深、束)(唐:迁、昌、玉、丰、宝、山)

走时运　（邯：鸡、大）

走时气　（全省通行）

走红运　（全省大部分地区通行）

走红花运　（邯：大）

走运气　（石：枣）（张：万、商、张、怀）（邯：涉）（天：安）（唐：玉）

时气好　（天：霸）（保：唐、新）（石：枣、束、深）（唐：乐、玉、迁、秦）（邯：尧）（承：围、滦）

时运好　（邯：鸡）

时气强　（石：行、平、束、深）（天：河）

时气壮　（唐：丰、滦、遵、宝、大、卢、抚、昌、西、三）（承：兴、承、围、平）（石：获、新、石、深、灵、晋、无、束、宁、赵、栾、赞、井）（天：强、固、沧、桥、饶、故、肃、东、任、宁、河、永、庆、献）（邯：大、台、沙、任、临、涉、内、柏、尧）（保：定、易、望、水、清、安、阳、新、蠡、完）（张：赤）

交运　（石：晋、深）（邯：永）

交好运　（石：泽）（唐：昌）

好时运　（邯：尧）

好时气　（邯：尧）（唐：大、宝、遵、玉、丰、山）

有命限　（张：万）

有运气　（邯：鸡）

【买卖好】　生意兴旺。

买卖快　（邯：内）

买卖强　（石：灵、深、束）

买卖多　（邯：丘）

买卖旺　（邯：鸡、沙、任、内、尧）（唐：丰、蓟、卢、昌、西）（承：丰、承、隆、平）（石：获、灵、晋、藁、无）（天：故、肃、山、桥、永、文、献、沧、津）（张：张、宣、龙、蔚、尚）（保：定、望、阳、蠡、容）

买卖兴腾　（石：晋、深、束）（邯：涉）

买卖兴隆　（唐：遵、昌、宝、玉、丰、大）（承：滦、围）（张：沙）（邯：鸡、宗）（石：深）（天：沧、桥、文、任、献、河、东、黄、山）

买卖兴盛　（承：平）（邯：鸡）

买卖兴旺　（全省大部分地区通行）

买卖顺利　（天：桥）（邯：内）

买卖顺当　（全省通行）

买卖旺盛　（邯：邯）（石：枣）

买卖不错　（保：新）（承：滦）（邯：尧）

买卖不歹　（石：灵）

买卖火头　（天：河）

买卖发财　（石：赵）（邯：广、鸡）

买卖真强　（邯：尧）

买卖很得利　（保：安）

生意不错　（石：平）

生意兴隆　（唐：抚、山、玉、宝）（石：深）

快　（石：栾）

好买卖　（唐：乐、迁、昌）（石：深、束）

【欠】　负人债。

事　（石：赵、枣、藁、栾、正、深、晋、行、束、新、石、获）（天：任、饶、肃、献、河、沧、黄、山）（保：博、望、唐、高、满、清、阳、蠡、保、完、阜）（邯：广、乡、邯、郸、鸡、魏、柏、大、磁、宗、威、永、清、沙、漳、任、临、肥、成、内、尧）

短　（全省通行）

短人钱　（唐：乐）（天：桥）

该　（全省通行）

该人家钱　（唐：乐）

该码子　一小部分这样说。（天：天）

赊　买东西欠钱，如：“赊二斤盐，后天给钱。”（天：桥）（保：蠡）（石：深）（唐：山）

欠个　（保：定）

差别人钱　（唐：大）

有笔账　（邯：内）

【赚钱】　获得利润。

偿钱　（唐：丰）（承：平、隆、丰、承、青、滦、围）（石：无、赵、栾、藁、正、井、枣、束、新、灵、深）（天：饶、永）（张：宣、鹿、蔚）（保：唐、涿）（邯：乡、邯、魏、鸡、大、永、鹿、清、沙、任、临、肥、成、内、尧）

挣钱　（全省通行）

长个　（保：定）

长钱 （邯:邯）

想钱 （保:新）

有利 （天:桥）

赚了 （石:深）（天:天、桥）

拿了 如“这趟拿了”，指这趟买卖赚钱了。（天:天）

【赔钱】 做买卖损失本钱。

赔了 （石:栾、深、束）（天:桥、天）（唐:昌）

赔账 （张:鹿、沙）

赔本 （张:沙）（天:东、庆）

赔本儿 （全省通行）

亏了 （邯:宗）（石:深、束）

亏钱 （张:沽）（邯:清）

亏本儿 （全省大部分地区通行）

连本烂 （天:津）（唐:乐）

合不着 （天:桥、沧、文、黄、山、东、任、献、河、肃）

损本儿 （邯:鸡）

不够本儿 （承:承）（石:深、束）

没利 （天:桥）

倒行利儿 （石:束）（天:桥）

赔本儿赚吆喝 （天:天）

【利与本相等】

本利停 （石:深、束）（唐:昌）

对合子利 （石:束）

将够本儿 （唐:大）（天:桥）（邯:台、沙、南、鹿、宗、乡）

不赔不赚 （石:深）

【倒霉】 运气不好；遭遇不好。

走背运 （保:雄）

走背字儿 （天:桥）

不走字儿 （石:深、束）（承:青）（唐:昌）（天:安）

背兴 “兴”读去声。（石:深、束）（承:围、滦）

时气坏 （石:深、束）

时气背 （天:桥）

时气累 “累”读去声。（唐:昌）

没时气 （石:深、束）（承:围、滦）

背气 （唐:大）

不走运 （邯:邯）（天:天、桥）

【铜钱】 旧时铜质货币，圆形，中有方孔，用作货币的最小单位。

钱 （石:深、束）

钱儿 （石:深、束）

制钱 （全省通行）

制大钱 （唐:丰）

角钱 “角”音 mǎo。（石:高）

老钱 （天:天、沧、桥、安、津、文、任、献、河、山、黄、东）

清钱 （邯:大）

大钱 （保:博）（唐:昌）（天:蓟、黄、河、献、武、任、文、桥、东、肃、沧）

大钱儿 （唐:滦、乐、山、昌、大）（承:青、平、承、滦、围）（石:深、晋、枣）

小皮钱儿 （天:饶）

小鱼眼 （承:滦）（石:正）

小大钱 （唐:昌、乐）

小钱儿 （保:唐）

小钱 （全省大部分地区通行）

小字钱 （邯:邯）

字钱 （邯:邯）

线钱 （邯:邯）

鸡眼 （石:获）

二黄皮 （承:滦）

【小钱儿】 旧时花用制钱时，不合法定私铸的钱。

皮短 （石:深、束）

【票子】

钱 （石:深、栾、高）（张:尚、万）（天:桥、静、天）（邯:宗、任、丘）（唐:乐）

钱儿 （石:灵）

钱票 （天:桥）（石:藁）

钱票儿 （唐:乐、昌）（石:深、束）

钱票子 旧时钱庄出的纸币。（唐:乐、昌）（石:枣、深、

束)(天:安)

钱帖子 (旧)(石:深、束)(唐:昌)

票儿 (全省通行)

大金票 (旧)(石:晋)

大洋票子 (唐:乐、昌)

毛毛 (小)(邯:临)

款 (天:桥)

帖子 (老)旧社会钱庄发的纸币。(石:衡)(张:万)(唐:昌)

帖子 (石:平)

洋钱票儿 (旧)(石:深、束)(天:安)(唐:大)

码子 (天:天)

【铜元】 铜币。大多十个铜钱顶一个铜元。

铜子 (邯:尧)(天:武)

铜子儿 (旧)(承:兴)(天:桥、津、固、安、天)(石:深、束)(唐:昌、乐)

大铜子儿 (唐:玉、乐、昌、丰、宝)(张:龙)(承:滦)(天:安、桥)

大子儿 (唐:玉、乐、丰、宝、大)(承:滦)(石:灵)(天:天、桥、霸、武、安)

铜板 (石:灵)(邯:鸡)(天:河)

小子儿 (天:安)(唐:昌)

小血镚子儿 (保:新)

镚子 (全省大部分地区通行)

【银元】 银制的旧币,圆形,所以叫银元。上有人头像,如袁世凯、孙中山的等。也有铸花纹的,如站人、卧龙等。

银钱 (邯:鸡)

银板 (邯:鸡)

现大洋 (唐:玉、宝、遵、昌、丰、乐)(承:围、滦、兴、承、平)(石:晋、武)(天:肃、桥、天、安)(保:高、新、兴)(邯:大、清)

现洋 (石:晋、井、藁)(张:怀、蔚)(保:满、涿)(邯:郸、魏、磁)(唐:昌)

洋元 (邯:鸡)

洋钱 (全省通行)

大洋 (全省通行)

大洋钱 (唐:乐、滦、卢、昌)(石:无)(天:宁)

大脑瓜 指铸袁世凯头像的。(承:滦)(保:安)(唐:丰、乐)

大头儿 指铸袁世凯头像的。(保:易)(唐:山、丰、玉、大)(天:天)

大脑袋 (承:隆)

大脑瓜洋钱 (唐:遵)(承:围、隆)

大头 (唐:山、丰、滦、蓟、卢、昌、玉、乐)(承:承、隆、平)(石:深)(天:固、饶、肃、静、桥、沧、天)(张:宣、沙)(保:保、望、唐、水、涿)(邯:内、鸡、尧)

大人头的 (邯:清)

老人头 (张:万、鹿)

老人儿头 (张:宣)

袁世凯 (老)(承:承)

袁大头 (张:鹿)(唐:乐)

站人 (保:安)(邯:郸)(张:鹿)(唐:各地)

站人儿 (承:滦)(邯:尧)(唐:各地)

站人的 (邯:清)

白洋 (张:万)

龙的 (保:安)

卧龙 (承:滦)(张:鹿)

小脑瓜 (承:滦)(唐:乐)

小洋 其值小于大洋,故名。一九二〇年前后流行于昌抚一带,其来路不明。(唐:昌、抚)

【硬币】 指现在市面上通用的硬币,如壹分、贰分、伍分的。

镚子 (唐:丰)(承:围、滦)(天:安)

钢镚 (石:藁、深)(唐:昌、丰、玉、宝、乐)

钢镚子 (天:静、沧、霸、安)(唐:大)(承:青)

钢墩儿 (天:桥)(邯:台、宗、乡、尧、鹿、和、沙、南、内、任、柏、清、威)

钢板儿 (天:天)

毛克 (邯:邯)

【一块银元】

一块大洋　（邯:尧）

一元　（唐:昌）

一元钱　（唐:昌）

【一毛钱】

一毛钱儿　（邯:尧）（石:深）

一毛票儿　（石:栾）

一角儿钱　（唐:丰、滦、遵、蓟、抚、昌）（承:滦、隆、丰、平、承、围）（张:宣）（石:灵）（邯:鸡、鹿、沙、内、尧）（保:阳、蠡）（天:津）

【一张票子】

一张票　（邯:广）（保:博）（张:鹿）（石:深）

一张儿票　（天:文）

一张毛票　（邯:内）（唐:乐）

一张帖子　（张:万）

一个票　（邯:魏）

一张票儿　昌黎说“一张票儿”还含有十元的意思，五元叫“半张票儿”。（唐:昌）

【邮票】　贴在邮件上表明已付邮资的印刷品，通常都印上精美的图案。

邮票儿　（邯:尧）（石:深、束）（天:天）

邮花儿　（张:尚）（唐:昌）（邯:沙、内）（天:沧、津）（保:望、内）（承:隆、围）

印花儿　（全省大部分地区通行）

印花　指税票而言。（石:深）（天:天）

【一个铜子儿】

一个子儿　（石:建）（唐:昌、乐）

一个小子　指小的。（承:滦）（天:安、桥）

一个大子　指大的。（承:滦）（石:灵）（保:涿）（张:鹿）（唐:乐）（天:安、桥）

一个铜钱　（张:沙）（石:灵）

一个铜元　（张:鹿）

一个铜板　（天:肃、津）（保:望）（张:尚）（邯:鸡、鹿、涉、内、尧）（唐:蓟）（承:平、围）（石:灵、建）

一个铜钱片　（天:桥）

【赁房子】　租他人的房子。

税屋　（张:龙）（邯:内）

租房的　（唐:宝、玉、丰）

租房子　（天:天）

典房子　（唐:山、昌、抚、卢、蓟）（石:无、灵、石、建）（天:沧、故、肃、河、桥、文、黄、任、献、山）（张:万、阳、康、蔚、尚、口）（邯:鸡、永、鹿、任、内）

串房檐的　（唐:宝、玉、丰）

住房儿　借住他人房子，一般不交房租。（天:桥）

【当房子】　房主使用住户的钱，把房子做抵押，过约定时期不能还钱，产权则转归住户所有。

支房子　（张:蔚）

当庄户　（石:无）（承:围）

当地神　（石:平）

去庄火　（保:博）（石:深）

当庄火　（唐:乐）

典房　（天:天）

【卖房子】

典房子　（保:保）

出房子　（唐:三）

出手　老年人不愿说“卖”，用“出手”代替。（天:天）

卖庄火　（唐:昌）

去庄火　（唐:乐）

【押租】　租房所交的保证金。

押　（唐:迁）

押金　（张:商）（石:深）（唐:大）（天:安）

押当　（邯:广）

扣租　（石:灵）

抵押　（石:灵）（张:阳）

【布铺】

布棚　（邯:魏）

布庄　旧称。（天:安）

布店　小的布铺。（天:天）

布行 大的布铺称此或称布庄。(天:天)

洋布庄 (天:桥)(邯:邯)

洋布棚 (邯:内、尧)(石:高、栾)

洋布铺子 (天:庆)

洋货铺 (张:康)(唐:乐)

卖布的 (唐:乐、遵)(石:深)

绸缎庄 (唐:昌)

【丝绵】 用废蚕茧制成的像棉花的东西,可以用来絮衣服、被子等。

绵子 (天:东、津、桥)(唐:昌、乐、大)

子绵 (保:雄)

猴绵 (保:雄)

猪肚绵 (邯:内、尧)(张:尚)

【山货铺】 卖各种干货的地方。

山货行 (唐:抚)

山货店 (石:深、灵、平、泽)(邯:涉、内、尧)

山货屋子 (唐:丰)(承:承)(天:固、肃)(保:望、兴、雄)(邯:涉、内)

山货栈 例如:“到山货栈买核桃按批发价。”(邯:台、内、沙)

干货铺 (天:天)

杂货铺 (石:武)

【山货摊儿】

小摊儿 (张:万)(石:深)

山货摊 (张:鹿)

山货案子 (唐:丰)

干货摊儿 (天:天)

【鲜货铺】 卖水果的铺子。

鲜货店 (保:新)

鲜货屋 (唐:遵)

鲜货铺子 (天:天)

鲜货局子 (唐:丰)

水果店 (唐:滦、昌)(石:深)

水果铺子 (唐:滦)

果鲜铺 (唐:昌、乐)

【鲜货摊】

鲜货床子 (唐:抚、昌)

鲜货案子 (唐:丰)

鲜货摊儿 (天:天)

【文具店】

文具铺 (邯:鸡、尧)(唐:昌)

文具社 (邯:内)

笔墨庄 指较大的文具店。(唐:昌、丰、抚、三)(邯:台)(石:无、藁、深)(天:孟、饶)(保:保、雄、安)(张:怀)

笔墨庄 (旧)(唐:大、蓟、昌)(承:承、隆、平、围)(石:行、石、灵、束、宁、枣)(天:黄、献、桥、河、肃、津)(保:定、望、新、蠡、水、完)(张:宣、沽、龙、尚)(邯:广、鸡、鹿、沙、任、临、内、尧、漳)

书铺 (石:衡、获、深)

串书馆儿的 过去有一种卖文具书籍的小贩,专门往来于各学校间。(天:桥)

【书店】

书馆 (旧)(张:龙)

书铺 (全省通行)

书局 (旧)(唐:昌、遵)(石:平)(天:强、静、桥、河、沧、文、任、献、山、黄、东)(邯:鸡)(承:青)

书局子 (唐:玉)

【纸铺】

纸行 (天:天)

纸码铺 专营迷信用品如烧纸、香烛的店铺,解放前天津宫北大街此类商店甚多。(天:天)

纸房 (张:鹿)

纸张铺 (全省大部分地区通行)

纸局子 (天:静)

【烧饼铺】 泛指卖烧饼、油条和小吃的铺子。

烧饼炉 (旧)(承:兴)

饼啊铺 (张:康)

果子铺 (石:灵)(天:安、桥)

油果铺 （石:平）

麻糖铺 （石:灵、平）

麻糖棚 （邯:邯）

早点铺 （天:天）

炸果铺 （唐:丰）（保:安）

油鬼铺 （石:建）

【点心铺】 卖各种糕点的店铺。

干货铺 （张:商）

饽饽铺 （天:沧、孟、黄、故、东、津、永、肃、献、山、文）（唐:乐、昌、蓟）（承:隆、丰、承）（石:泽）（邯:沙、内）（保:定、安）

果子铺 （唐:丰、大）（承:滦、承、围）（石:正、晋、无、束、平、建、深）（天:饶、文）（保:阳）（张:万、怀）（邯:鸡、清、尧）

果饯铺 （唐:卢、昌）（承:平）（邯:沙、肥、内）（张:尚）

果心铺 （唐:抚）

果鲜铺 （唐:昌）

果匣铺 （唐:滦）（承:隆、平）（天:肃）（张:龙、蔚）（邯:沙、内）

果盒铺 （唐:宝）（承:兴、平）（邯:沙、内）

果箱铺 （唐:迁、西）（承:平、青）（天:肃）（邯:内）

果啊铺 （张:鹿）

茶食店 （唐:昌）

茶食铺 （石:冀、衡、枣、藁）

糖果子铺 （邯:魏）

食品铺 （邯:涉）

点心铺子 （天:桥）

【药房】 中西药都卖。

药铺 （唐:滦、宝、卢、乐、三、山、秦）（石:栾、武、正、冀、晋、枣、束、新、灵、高）（天:黄、饶、东、静、文、安、永、庆）（保:高、新、博、易、容）（张:万、阳、龙、尚）（邯:魏、磁、宗、台、成、丘）

药店 （唐:滦、遵）

中西药房 （天:孟、肃、桥）（保:安、阳、兴、定）（张:沙）（邯:郸、鸡、柏、鹿、任、肥、尧）（唐:大）（承:隆）（石:晋、河）

中西药铺 （天:河）（石:获）（邯:尧）

中西药店 （邯:永）

药社 （保:满）（承:兴）

医药门市 （邯:邯）

××堂 如“乐仁堂”、“松乐堂”等。（天:天）

【西药房】

洋药房 （天:安、庆、桥）（唐:丰、玉、昌）

医药门市 （邯:邯）

【煤铺】 一般指规模较小的。

煤铺子 （天:天）

煤栈 （唐:滦）

煤点 （邯:邯）

煤店 （石:石、平、藁、获）

煤砟店 （邯:广）

炭店 （旧）（张:商）

炭厂 （张:阳）

炭子铺 （保:阳）

炭栈 （张:怀）

砟店 （天:桥）

砟子铺 （天:桥）

黑货店 旧社会个人开办的煤店。（邯:邯）

【煤厂】 一般指规模较大的。

炭厂 （石:河）（张:商、阳）（邯:南、内、尧）

炭店 （邯:乡）

砟子店 （邯:乡）

砟炭厂 （邯:任、南）

煤炭厂 （邯:鸡、任、内、尧）（石:灵）

煤局子 （唐:滦、遵、迁、卢、昌、西、乐、玉、秦）（承:平、围）（石:宁）（邯:内）

煤局子 （老）（唐:丰）

煤厂的 （邯:邯）

煤建 （邯:邯）

煤栈 （天:桥）（邯:宗、南）

【当票】

当条 （石:灵）

【银号】 旧时指规模较大的钱庄。

票号 （邯:内）（承:平）（张:尚）

票行 （张:宣）

钱铺 （承:滦）（石:泽、深、平、晋、束、衡、枣）（唐:昌）（保:安）（张:怀）（邯:鸡、大、肥、南、丘）（天:大、河、霸）

钱铺儿 （保:阳）

钱铺子 （保:唐）

钱铺啊 （张:鹿）

钱粮行 边卖粮食边放债,当地没有银号。（保:兴）

钱行行 （唐:宝、大）

钱庄铺 （石:新、赞、藁）（承:平）（保:蠡）（邯:肥、内、尧）（唐:三）

钱局 （唐:迁）

钱局子 （唐:迁）

放钱庄 （邯:涉）

钱庄 （天:桥）

【当死了】 在旧社会里,穷人把东西送到当铺,到期无力赎回,所当的东西就变成死当。此条词反映了旧社会的一种残酷剥削形式。

死当 （保:满）

死当了 （邯:大）（唐:昌）

杀了 （张:鹿）

押死了 （邯:涉）（天:河）

老号了 （张:商）

【银楼】 旧时制造和买卖金银首饰的商店。

金店 （唐:抚、昌）

银器楼 （邯:宗）

首饰炉 （石:无）

首饰铺 （石:无）（保:保）（邯:涉）

首饰店 （唐:乐、滦、卢）（石:石）（张:宣）

首饰行 （石:石）

首饰楼 （全省通行）

银匠炉 （承:滦、隆、围）（邯:鸡、魏、乡）（石:新）（唐:昌）

银匠铺 （承:青）（唐:昌、西）（石:井）（张:鹿）（邯:鸡、肥、周、邯）

银匠楼 （全省大部分地区通行）

银匠桌子 （邯:鸡）

银匠楼子 （石:建）（邯:广）

【炉房】 化银子的地方。

化银炉 （张:宣）

银局子 （唐:丰、卢）（承:平、隆）（石:石、武、栾）（保:保、水、新、蠡）（张:沙、口）（邯:威、内、邯）

银炉 （全省大部分地区通行）

银匠炉 （唐:宝）（承:丰、平）（石:新）（张:沽、鹿）（邯:临、尧）

银匠炉子 （石:新）

银匠炉啊 （张:鹿）

【饭馆】

饭的 （邯:大）

饭馆子 （天:桥）（唐:乐）

饭馆儿 （唐:昌、乐）

饭庄 大饭店。（天:天）（邯:邯）

馆子 （唐:昌、乐）

合制馆 （邯:内）

【下馆子】

下馆子 （邯:乡、宗、南）（天:桥）

下馆儿 （天:天）

下饭馆儿 （唐:滦、昌）（天:桥、天）

吃馆子 （天:桥）

上饭铺 （天:武）（张:鹿）

吃饭铺 （石:灵）

坐饭铺 （老）（唐:丰）（天:霸）

下饭店 （石:无）

下饭铺 （石:栾、无、晋、平、河、建）（天:饶、文、大、河）（保:安）（邯:清、尧、丘）

下饭铺儿 （保:容、阳、兴、涿）（邯:广）（天:静）

下合制馆 （邯:内）（承:平）

【饭铺】 比饭馆小。

饭堂 （张:阳）

饭摊儿 （承:丰、滦）（邯:内）（保:安）（唐:昌）

饭市儿 在街上摆摊卖饭的。（保:定、安）（唐:抚、昌）（承:承、平、青、滦）（石:藁）（邯:郸、鸡、磁、肥、内、漳）（天:津）（张:沽、蔚）

小吃部 （唐:山）

小吃店 （唐:山）

【跑堂儿的】 旧时称酒馆、饭馆中的服务员。

跑堂哩 （邯:广、大）（石:深）

堂师傅 （承:丰）

跑外的 （石:束）

【酒铺】

酒缸 （唐:大）（承:承、平）（天:孟、安、津）（保:易、望、水、安、兴、涿）（邯:郸、沙、肥、内、尧）

大酒缸 （唐:大）（承:承、平）（保:安、定、兴）（邯:肥、内）

大酒缸 比酒铺大。（保:安、兴）

缸房 （石:平）

酒局子 （承:围）

烧锅 自己制酒的大酒店。（保:涿）

大酒缸 比喻喝酒并且酒量很大的人。（保:水）

酒馆儿 （天:天）（唐:大）

【酒坊】 制酒的作坊。

酒净 （邯:大）（天:静）

槽房 （天:桥、津）（张:龙）（邯:沙、内、磁、尧）

缸房 （石:建、行）（张:万、阳、康、宣、商、鹿、蔚、张、口）（保:阳、阜）

酒锅 （邯:丘）

烧锅 （全省通行）

酒烧锅 （邯:尧）（唐:丰）

【粮食店】

粮点 （天:安、永、东、桥）（保:满、新、雄、蠡、完）（邯:魏、任、南）（石:灵、深）（唐:大）

粮局 （保:新、雄）（邯:任）（石:灵）（天:东、桥）

粮局子 （保:唐）

粮食局子 （石:宁）

粮点火 （唐:遵）（天:静）

粮食坊的 （邯:大）

粮铺 （唐:迁）

粮食铺 （邯:鸡）

粮站 （唐:乐、遵、玉、抚）（承:滦、青、围）（石:灵、无、深）（天:安、静、永）（保:博、新、蠡）（邯:魏、任、大、宗）

粮摊儿 在集市上卖粮食的摊子。（邯:临）（石:栾）

粮食摊 见“粮摊儿”注。（邯:尧）

粮食摊儿 见“粮摊儿”注。（邯:鸡）

粮店 （唐:滦）（天:天）

粮店儿 （天:天）

【酱园】 制造和出售酱和酱菜等的作坊。

酱房 （保:唐）

酱铺 （石:无、栾）（唐:大）

酱铺子 （张:阳）

酱菜园 （全省大部分地区通行）

酱菜铺 （邯:清、广、尧）

酱厂子 （唐:蓟、西）（天:大、永）（保:望）（张:龙）（邯:内）（承:平）（石:灵）

酱醋园 （天:固、安）（保:兴）

醋酱房 （天:霸）（保:安）（张:万、怀）

咸菜铺 （石:束、衡、枣）（天:庆）（邯:广、肥）

十香菜铺 （邯:清）

【客栈】 旅客住的地方。

店 （天:天、桥）（邯:邯）（张:沽、尚）（唐:丰、乐）

小店儿 （天:天）

店房 （邯:鸡）（石:井、深）（唐:昌）

旅栈 （天:文、肃、东、桥、津、宁、故、沧）（保:望、雄）（张:龙、尚）（邯:郸、鸡、沙、任、肥、涉、内、魏、尧）（唐:昌）（承:平、隆、丰、承）（石:灵、石）

旅客店 （邯:尧）

饭铺儿 过去当地的客店都卖饭，只收饭钱，不收房钱，因此也叫饭铺。后来才收房钱。（天：安）

【鸡毛店】 最小、最简陋的客店。

起火店 （承：围）（石：枣、深）（邯：内）（保：安、新、兴）

起火小店 （石：藁）

鸡毛房 （石：衡、藁）

鸡鸭店 （承：兴）

花子房 （旧）（唐：滦、宝、大、卢）（承：隆、承）（石：正）（天：肃、东、津）（保：安、新、蠡）（邯：内）（张：尚）

花子店 （旧）（承：平）

大炕 （承：丰）

店铺 （张：阳）

小店子 （张：万、张、商）

留人小店 （张：宣）

流行局 专往山南海北要饭的，逃难的。（唐：丰）

家眷店 店内一切都由本家人做，不雇用外人。（唐：迁）

店 （天：桥）

小店儿 （天：天）

【油坊】 制造和出售植物油的作坊。

油糟 （石：井）

油栈 （天：静）

油作坊 （天：安）

油局子 （唐：蓟、卢）（承：围、平）（邯：内）

榨坊 （唐：丰、宝、玉）

【油榨】 榨油的工具。

榨 （石：获）

榨子 （邯：丘、广、大）

榨床 （天：山）（石：深）

油糟 （石：新、建、宁）（天：沧、饶、文、河、任）（保：博、唐、新、易）

油梁 （张：康、宣）

立榨 （天：孟、庆、津）（唐：蓟、抚）（承：围）（邯：郸、鸡、威、任、漳、内、尧）（张：张）

卧榨 （唐：抚）（邯：鸡、乡）

【油漆匠】

油匠 （全省大部分地区通行）

糊匠 （石：石）

漆匠 （张：蔚）（石：无）

裱糊匠 油漆、裱糊、绘画都会的技工。（保：涿）

画匠 过去油漆工多会画。（张：沽、商、鹿、沙）（保：涿）（天：安）（石：井）

【皮匠】

臭皮匠 （天：大）

皮坊里 （石：灵）

锥鞋的 （承：兴）（唐：玉、宝、丰）

钉鞋匠 （张：万）（石：深）

掌鞋的 （邯：邯）

缝鞋的 （天：天）

【锢露锅的】 修理锅的。

小炉匠 （全省通行）

小炉匠子 （邯：南）（石：衡）（天：静）

小打炉的 （邯：清）

锢露子 （唐：迁、西）（承：平）（天：庆）

锢露匠 （天：桥、文、沧、东、任、献、黄、山、河）（唐：乐）

锢露锅里 （石：建）（承：围）

锢露锅的 会用生铁补，不会锔。（唐：丰、昌）

锢露扒锅的 （石：栾）

锢露锅子 （承：青）（唐：大）

钉锅的 （张：宣、商、鹿、怀、万）（石：建、灵）

补锅的 （天：桥）

锔露锅的 只会锔。（石：束）（天：桥）

锔锅的 （唐：丰、遵、昌、迁、抚）（石：枣）（天：孟、静、庆、文、安）（邯：广、鹿）（保：博）（承：围）

铺锅的 （石：深、晋、枣）（天：大）（保：容、雄、保）

【锔碗的】

锔匠 （石：平）

锔碗的 （石：栾、新）（保：博）（天：安）

锔盆的 （石：灵）

锔露锅的　(天:安、桥)

锔儿匠　(石:建)

锔锅扒碗的　(石:栾)

锔盆锔碗的　(邯:宗)(石:束、灵、获)(天:桥、强、文)

锔盆的锔碗的　(邯:大)(石:深)(唐:丰)

锔盘子锔碗的　(邯:丘)

小炉匠　(全省大部分地区通行)

小炉匠的　(邯:魏)

钉盘碗的　(张:宣、商、崇、鹿、怀、蔚)

钉盆儿的　(保:水)

锢露匠　(天:桥)(承:围)(张:龙)

扒盆的　(石:泽)

小打炉的　锔盆、锔碗,也修理小型金木器具的。(邯:清)

【锔缸的】

锔大缸的　(唐:丰、乐、昌)(石:枣)(保:完)(天:安、任、津、桥、沧、献、黄、河、山、东、肃)

锔缸锔盆的　(邯:涉)

锔瓮的　(邯:南)

锔缸的　(天:文)(保:安)

钉缸的　(张:康、宣、商、崇、鹿、蔚、怀)(保:满、阳)

钉大缸子　(石:灵)(保:涿)

钉破缸的　(保:安)

扒大缸的　(石:栾)

扒缸的　(邯:郸)

锢露匠　(天:桥)(承:围、滦)

小炉匠　(石:栾)(邯:丘)(天:庆)(保:博)

钻破缸的　(天:文、安)

【焊铁壶的】

洋铁匠　(承:承、青、滦、围)(天:安)

打铁壶的　(保:容)

打洋铁壶的　(唐:玉、遵、宝、乐)(承:滦)(邯:大)

滴壶的　(石:建)

滴洋铁壶的　(唐:抚、昌)

焊锡铁壶的　(天:霸、沧)

焊铜锅的　(天:天)

焊洋铁壶的　(唐:丰、乐、昌、迁)(承:承)(保:高、保)(天:安、宁、津、沧、桥、文、任、献、河、黄、山、东、肃)

焊马根铁壶的　(天:静)

焊铁匠　(张:蔚)

白铁匠　(天:饶)(邯:临)(保:兴)(张:鹿、蔚)(唐:大)

白铁工　(邯:邯)

糊皮匠　(张:商)

【焊锡壶的】

锡匠　(张:万、赤、龙、崇、怀、沙)(唐:昌)

锡拉匠　(承:隆)

锡烛匠　(承:围)

滴锡壶的　(唐:抚)

打锡铁壶的　(保:新、水)

打锡壶的　(石:高、灵、衡)(天:强、安)(邯:鸡、大、宗、鹿、尧、丘)(保:水)

糊平匠　焊接金属物件的手艺人之通称。(张:阳)

【木匠】

木工　(石:深)(邯:邯)

木作　(石:宁、枣)(邯:威)

做木匠的　(石:无)

做木匠活的　(保:满)(石:泽)

【曲尺】　木匠、瓦匠等手艺工人所用。

弯尺　(承:滦)(石:行、衡)(天:孟、河)(邯:南)(保:博、唐、兴、雄)

拐尺　(石:建、平、枣)(邯:鸡、大、涉)(唐:昌)

拐子尺　(天:庆)

折尺　(唐:抚)(天:静)(邯:任、肥)(张:崇、怀)

块尺　(天:津)(邯:威、内、尧)(承:隆)(保:望)

卷尺　(石:元、深)

方子尺　(唐:抚)

方尺　(唐:昌)

弯尺　(天:天)

【绷墨线】　打墨线。

打线 （邯:大、邯）

打线儿 （全省通行）

打墨线儿 （唐:丰、乐）（石:枣）

绷线 （邯:大、鹿）

绷绷线 （邯:尧）

吊墨线儿 （唐:乐、遵）

拉线 （石:高）

拉线儿 （石:枣）

下线 （邯:宗）（天:天、安）

放线 （天:大、桥、献、文、任、东、河、山、沧、肃、黄）（唐:大、昌）（石:深）

挂线儿 （石:井）

摔线儿 （石:行、平、藁）

络线儿 （保:高）

【瓦匠】

泥瓦匠 （天:天、桥）（承:青）（邯:邯）（唐:宝、玉、丰、乐）

泥水匠 （唐:昌、丰）（石:深）

泥匠 （石:行、获）（张:万、宣、沙、商、鹿、怀）

瓦工 （天:桥）

盖匠 （邯:内）（保:望）（承:平）

砖瓦匠 （石:建）

做泥水活的 （天:静）

【抹子】 瓦匠用来抹灰泥的器具，能把墙抹光滑。

泥板 （石:深、行、栾、新、灵、无、束、元、武、枣、赞、冀）（天:文、肃、静、献、山、东、任、大、桥、河、津）（张:蔚）（保:蠡、阜）（邯:威、南）（承:青）

泥板子 （保:安）（邯:临）

泥抹 （石:获、新、建、正、高、平、赵、藁、栾）（张:鹿）（邯:乡、鸡、宗、任、临、内、漳、尧）

泥抹子 （邯:大、邯、广、郸、永、肥、成）（张:沽）（承:围、滦、隆）（天:武、沧、文、献、任、河、山、黄、肃）

抹子 （天:天）（邯:邯）

抹刀 （保:阳）（石:深）

抹尺 （天:宁）

抿抹 （邯:台）

抿使 （保:博、望、满、安、完）（天:沧、河、任、献、肃、黄、山、文）

抿面 （保:望、唐、完）

迷面 老人说。（唐:丰）

兜抿儿 （保:完）

掏板 （天:黄、文、河、任、献、沧、东、肃、桥）

铲 （唐:丰）

泥耶 （张:张）

泥式 （保:高、博、满）

泥沿 （张:康、宣、阳、尚、沽）

泥眼验 （张:商）

泥漫 （石:泽、晋、井）（天:饶）（唐:乐）

【铁匠铺】

铁器铺 （天:庆）（邯:威）

铁铺 （唐:山）

铁业铺 （天:文）

铁业社 （邯:邯）

铁工社 （承:滦）

铁匠炉 （全省通行）

马根铁铺 （天:静）

火炉上 （石:灵）

江炉 （保:兴）

大兴炉 （保:水）

【铁匠】

铁工 （天:桥）（保:雄）

小炉匠 （邯:成、任）

打铁的 （唐:昌、丰、迁、乐、大）（石:宁、灵、枣、栾、无、深、泽）（天:东、河、任、黄、献、文、沧、饶、静、桥、安）（保:唐、满、清、安、兴、完）（邯:磁、威、永、宗、鹿、台、内、尧、丘）

掌钳的 （邯:邯）

【成衣铺】

成衣店 （天:沧、桥、文、献、任、东、黄、山、河、肃）

成衣局　(全省通行)

扎衣裳铺　(石:无、栾)(唐:乐)

机器房　(邯:丘)

扎衣裳的　(邯:南)(石:深)

裁缝铺　(天:天、桥)(唐:大、滦、昌、丰)

【裁缝】

扎衣　(邯:魏)

扎衣裳的　(石:宁、深)(保:水)(邯:南、丘)(唐:乐)(天:桥)

裁房　(天:桥、肃、饶、天)(承:隆、围、滦)

成衣　(唐:丰、滦、遵、卢、抚、山、昌、西、迁、三)(承:青、滦、承、围、平、兴)(石:衡)(天:东、静、桥)(张:万、尚)(保:望、安)(邯:郸、魏、永、沙、肥、涉、临、内、尧)

【理发员】

剃头的　(天:桥、天)(唐:大、昌)(邯:宗、鹿、邯)

剃头儿的　(唐:乐)(保:雄)(石:建、深)(邯:大)

剃头匠　(贬)(全省大部分地区通行)

剃头婆儿　(天:桥)

剃脑瓜的　(保:博、阳)

剃脑袋的　(天:文)(保:唐、蠡)

推头的　(天:河)(张:万)

剪头的　(承:丰)(唐:玉、宝)

耍手艺的　(石:平)

【理发馆】

剃头铺　(全省大部分地区通行)

剃头铺的　(邯:邯)

剃头棚儿　(全省通行)

剃头棚子　(唐:迁)(石:衡)(天:静)

剃头房儿　(张:张、宣)

剃头房子　(张:万、沽、鹿)

理发店　(天:天)

【剃头挑子】

理发挑子　(保:高)

剃头担子　(石:高、灵、河、深、无、平、宁、井、行、获、建)(张:康)(邯:乡、郸、鸡、柏、鹿、任、临、内、尧)

剃头柜子　(承:隆、平)(保:安、兴)(邯:宗)

剃头挑的　(邯:邯)

剃头挑子——"一头热乎"　俏皮话。剃头挑子的一头生着火,为烧热水理发用。"一头热乎"用来比喻两个人的关系,一方很热情,一方很冷淡。(承:隆)(天:桥、天、安)(唐:乐)

【头发茬儿】　短而硬的头发(多指剪落的,剪而未尽的,或刚长出来的)。

头发茬　(邯:邯)

头茬子　(天:天)

头发茬子　(天:天、沧、桥、宁、文、献、河、山、任、黄、肃)(唐:乐、迁、昌)(承:滦)

头发茬的　(邯:邯)

头发篓儿　(邯:乡)

烂头发　指剃下来的碎头发。(保:博、易、蠡)(石:灵)

【剃刀儿】

剃脑刀子　(唐:丰、迁、玉)(承:平)(天:安)

剃脑袋刀　(保:博)

剃脑袋刀子　(唐:西)(石:无)(天:文)(保:博、唐、阳、兴)

剃头刀子　(唐:蓟、昌、玉、宝、乐)(石:深)(承:承)(天:桥)(张:尚、康、沽)

刀子　(全省大部分地区通行)

【推子】

推剪　(邯:鸡、涉)

推刀子　(天:桥)

【唤头】　理发员用它发出的声音召唤主顾。

晃子　(保:雄)(石:深)

大镊子　外行人说。(承:兴、承)(天:黄、孟、静、文、山、安、宁、武、永、庆、天)(保:望)(邯:内、尧)

【手巾把儿】　洗完澡或吃过饭后,服务员给顾客擦手、擦脸的手巾。

湿手巾　(全省通行)

热手巾 （天:津）

毛巾擦头 （天:桥）

【寿衣铺】

寿衣店 （唐:丰、西、秦）（石:无）（张:商）

寿衣庄 （承:滦）

故衣铺 （石:新）（邯:广、大）

卖送老衣 （邯:涉）

卖装裹的 （天:天）

【估衣铺】 卖旧衣服的铺子。

估衣店 （天:霸）（邯:南）

估衣庄 （张:龙）（唐:昌）

估衣市 （邯:郸）

估衣摊子 （张:阳）（承:围）

委托店 也卖其他东西。（唐:滦）

鬼市 西广开一带早晚卖旧衣破烂的市场，没有店铺。（天:天）

穷货摊 （石:栾）

旧衣摊 （张:阳）

旧衣摊子 （石:无）

穷汉市 （天:桥）

卖破烂的 （唐:西、乐）（石:获）

衣裳摊 （邯:周）

土衣铺 （邯:鸡）

破乱市 卖估衣的地方。（天:桥）（石:深）

破烂市 （天:天）

【裱棚铺】 专门裱糊纸马、纸牛等模型，卖给办丧事的人家，祭祀用。

冥衣铺 （唐:大、昌）（承:承）（天:固、肃、文）（邯:内、尧）（保:安、易）

画匠铺 （张:沽、宣、商、鹿）

糊匠铺 （唐:宝）

纸扎店 （石:无）

纸扎铺 （全省大部分地区通行）

纸糊铺 （保:雄）

纸草铺 （唐:乐）（天:黄、庆、沧、文、任、献、山、肃、河）

扎彩铺 （唐:滦、抚、昌）（天:孟、桥、天、津、文、任、献、沧、黄、山、东、河、肃）

扎纸铺 （天:天）

【棺材铺】

板店 （老）（天:饶）（石:深）

材店 （石:深）

材铺 （邯:广、鸡、磁、任、肥）

寿材铺 （天:桥、沧、文、献、任、河、山、黄、东、肃）

寿木铺 （天:桥、津、沧、献、任、河、山、黄、东、肃）

木材铺 （邯:丘）

木货铺 （石:建）

木匠铺 （石:灵）（承:滦）（张:商）（唐:玉、山）

棺材店 （石:无）

【屠户】 以宰杀牲畜为业的人。

四师夫 （保:易）

老汤锅子 （天:河）

剥牲口的 （石:泽）

开杀锅的 （石:行）

开杀坊的 （石:束）

开宰房 （保:唐）

开宰杀的 （天:肃、任、大、河）

刀匠 （张:阳、崇）

刀子手 （石:获）（邯:尧）

刀上的 （天:桥）

宰户 （邯:尧）

宰不生 （张:蔚）

宰巴咋 （天:静）

宰把子 （石:衡）（邯:清）

宰牲口的 （天:安）（保:安）（承:围、滦）

宰猪匠 不只杀猪也杀牛羊。（张:崇）（石:深）

屠手 （石:赞）

屠的 （邯:广）

屠穴 （保:阳）

屠匠　(保:阜)

屠家　(张:商)

屠家铺　(唐:西)

杀坊　(石:栾、高)

杀巴子　(石:枣)

杀牲口的　(石:宁、元)

杀猪的　(唐:玉、乐)

杀猪宰羊的　(石:束、井)(天:桥)(唐:玉、乐)

宰猪的　(天:安、桥)(唐:昌)

屠户　(唐:昌)

【杀锅】　杀牛的铺子。

宰牛的　(天:天)

宰坊　(石:正)(保:唐)

宰锅　(邯:尧)

宰杀铺　(唐:宝)(张:沙)

肉杠　(天:庆、桥)

肉房　(石:武、河)(邯:清、宗、丘)(张:鹿)(天:饶)

肉铺　(天:孟)(唐:昌)

肉铺子　(张:万)

肉锅　(邯:尧)

肉锅上　(邯:丘)

架子　(邯:内)

开架子的　(邯:临)

作坊　(保:兴)

杀坊　(石:获、建、深、晋、束)(张:怀)

汤锅　(唐:昌、乐)(天:静、大、安、霸)(保:博、安)(承:青)

牛汤锅　(唐:抚)

锅户　(承:承)

塘锅　(保:水)

扒牛铺　(天:桥、沧、文、任、献、河、山、黄、东、肃)

屠杀场　(天:静)

烂肉锅子　(承:围)

【杀猪】

宰猪　(天:天、安、桥)(唐:昌、大)

宰猪子　(张:万)

杀猪子　(承:隆)(石:深)

【宰羊】

宰羊　(石:深)(天:天、桥)

剥羊　(唐:抚)(石:无、深)

扒羊　(天:桥)

【杀牛】

屠牛　(石:石)

抹牛　“抹”音 mo。(天:桥、文、沧、任、献、河、黄、东、山、肃)

剥牛　(石:灵、元、无)

扒牛　(天:桥)

宰牛　(天:天、安、桥)(唐:昌)

【肉铺】

肉食门市　(邯:邯)

肉坊　(邯:乡、鹿、宗)

肉杠　(承:兴、隆)(天:桥、沧、文、献、任、河、东、黄、山、肃)(石:枣)(唐:大)

肉杠子　(石:泽)

肉床子　(唐:乐、丰、卢、抚、蓟、秦、昌)(石:束、赵)(承:平、隆、承)(保:涿、兴、阳)(张:沙)(邯:柏、沙、内)(天:津)

肉案子　(全省大部分地区通行)

肉架啊　(张:鹿)(邯:临)

肉架子　(邯:涉、尧、成)(天:桥、沧、文、献、任、河、东、黄、山、肃)

喀杈馆　(石:建)

【羊肉床子】　卖羊肉的摊子。

肉架的　(邯:广)

肉墩子　(石:建)

肉案子　(承:滦)

羊肉案子　专指回民用。(承:兴)

羊肉案子　(全省大部分地区通行)

羊肉杠子　(石:泽)

羊肉架子 （邯:南、周）

羊肉架啊 （张:鹿）

羊肉车子 （石:无、泽）

【染坊】 染布或衣服的作坊。

染缸坊 （唐:昌）

【商标】 刻在或印在一种商品表面或包装上的标志、记号(图画、图案形文字等)。

标签 （唐:大）(天:霸）

十一　农事

(附农产品)

【场】 收打粮食用的场地。

场院 四周无墙的叫“场”,有墙的叫“场院”。(石:束)(张:张)(承:围、隆)(天:桥)

场院 与住宅相连的场,也叫“连场隔院”。(唐:宝、大、乐、玉)

场里 (石:灵)(唐:昌、乐、大)

场呢 (保:易)

场面 (张:商、尚、怀、张、沽)

谷场 泛指场。(承:平)(唐:西、三)(石:赵、栾、藁、无、晋、灵、石、获、深)(天:永)(邯:邯、魏、鸡、柏、宗、永、鹿、任、临、肥、涉、周、内、尧、丘)(保:定、安、望、清)(张:沙)

大场 (天:安、霸)(唐:大)

麦场 泛指一般的“场”。(天:安、静、桥、宁、永)(邯:邯、魏、鸡、柏、宗、永、鹿、任、临、肥、涉、周、内、尧、丘)(保:定、水、安、新、清)(唐:宝、遵、西、三、卢、玉、蓟)(承:平、隆)(张:万、沙)(石:赵、栾、藁、宁、赞、泽、晋、获)

【柴禾垛】

柴积 (承:平)

柴垛 (张:怀、蔚)

柴堆 散乱而小的。(承:平、围)(唐:西)(石:石、宁、安)(邯:临)(张:尚)

柴火堆 一般指小而乱的成堆的柴火。所以滦平就直接叫“乱柴火堆”。柴火垛则是放得很整齐的,较大的柴火堆。(唐:昌、丰、迁)(石:获)(天:河、强)(邯:任)(保:新)(承:滦)

柴草堆 (邯:内)

柴草垛 (邯:内)

柴火欑 竖着堆在一起的柴火叫欑。平堆起来的叫垛。这是古汉语的遗留。方言中一般多与高粱秆一块说成秫秸欑,因高粱秆多系立放的。广平叫“秫秸欑子”。欑,读 cuán。(唐:蓟、丰)(邯:广)(保:兴)

秫秸欑 竖放的高粱秆堆。(保:兴)(唐:昌、乐)

秫秸垛 (唐:乐)

秫秸窜子 高粱秆子垛。(邯:广)

乱柴火堆 (承:滦、隆、围)(唐:昌、乐)(邯:邯)

苞米秸子欑 玉米砍下后立着攒成一个上尖下粗的堆,等干后运回家垛垛,横放。(唐:乐)

【苫子】 盖柴火垛的草垫子。

山 (保:兴)

箔 多是秫秸编成的。(邯:内)

苫帘 (唐:昌)

苫席 用秫秸的席眉编织而成。(唐:抚、乐)(邯:邯)

苫子 (天:桥)

席子 (张:沙)(邯:邯)

草苫 （石:石、栾、赞、获、行）（邯:邯）（唐:昌）

草苫子 （邯:邯、宗、任、鸡、鹿）（石:灵、深、宁）（天:河）（保:唐）（唐:昌、滦）

草苫儿 （邯:各地）

垛底的 （邯:肥）

苫帘子 （唐:乐）

【粪坑】 厕所中大便池。

粪窑 （唐:丰、遵、蓟、玉）（承:平、滦、兴、隆、围）（石:河、无、安）（天:安、固）（邯:鸡、永、鹿、涉、内、尧）（保:安）（张:宣）

粪坑 人工修的沤粪的地方。（承:平、滦、围、承、隆）（邯:邯）

粪窑 农田中积存粪用。（张:鹿）

粪窖 （邯:魏）

粪池 积存粪用。（邯:涉）（承:隆）

粪圈 （天:桥、南）（邯:内）（唐:丰）

粪圈子 （天:庆）

粪坑子 （邯:广、邯）

茅坑 （邯:内、威）（天:天）

茅缸 （邯:内丘部分村）

茅子窨 （唐:大）

茅粪坑 （天:桥）（邯:邯）

茅屎窨 （唐:乐）

茅屎坑 （唐:乐）

茅屎窨子 （天:安）

茅屎栏子 （唐:乐）

茅厕窨子 （天:霸）

屎茅窨子 （保:安）（石:深）

洋壕 （邯:尧）

大粪窖 （承:隆、丰、平、兴、围）（唐:昌）

【堆粪的地方】

粪魄 （邯:涉）

粪场 （唐:大）

粪场子 解放前有以开私人厕所为业的人。这种人在郊区存粪的地方叫"粪场子"。（天:天）（唐:滦、乐）

【基肥】 播种移栽之前在田里施的肥料，也叫底肥。

草底粪 （唐:大）

底肥 （天:安）

底粪 （天:桥）

【积肥】

攒粪 （全省通行）

攒粪 （老）（石:行、新、石）（唐:大、迁）（保:水）（邯:邯、永）（承:隆）

攒肥 （承:围、平）（唐:乐、昌）

捡粪 （唐:乐）

沤粪 （全省通行）

沤肥 （唐:丰、山）

糟肥 "糟"读去声。（唐:昌）

拾粪 （邯:邯）（天:安、沧、献）（石:泽）

澡粪 用有机物使之发酵以做肥。（石:灵）（天:黄）（承:隆）

压肥 （唐:玉）

压绿肥 把青草沤成肥。（石:灵）（承:丰、青、围、兴、隆）（天:安、沧）（唐:乐、昌、卢）

【拾粪】

绕粪 出门散步，可以说"绕绕"，所以"拾粪"可说"绕粪"。（唐:抚、昌、卢）

拣粪 （全省大部分地区通行）

磕灰 （旧）磕灰就是往粪车里倒粪的意思。（天:天）

粪小儿 （旧）天津解放前对掏粪工的歧视之称。（天:天）

【施肥】

布粪 （天:安）

施肥 （唐:遵、西）（天:饶）（保:博）（承:隆）（邯:邯）

使粪 （唐:乐、宝、迁、蓟）（天:永、桥、霸、安）（石:深）（承:兴、隆）

苗粪 （天:安）（唐:乐）

滤粪 撒粪，指施底肥。（唐:抚、蓟、滦、乐、昌）（承:青、围）

下肥 （唐:卢）

下粪　(唐:昌)(邯:宗、鹿)

撒粪　(邯:内)

撒肥　(邯:内)

抓地　(唐:大)

上粪　(石:石、获、栾、深)(张:各地)

上粪火　(天:静)

上底粪　指上底肥。(天:桥)

抓腩子　高粱地、玉米地上粪时叫抓腩子。(天:静、任、河)

苗庄稼　用什么肥前边再加上什么名称,如"用粪苗庄稼"。(唐:乐、玉、卢、滦、昌)(天:武)(承:隆)(邯:宗、鹿、乡)

【追肥】　在农作物生长期内进行施肥。

描肥　(天:霸)(唐:昌)

上粪　(天:桥)(唐:大)

【灌溉】　用人工把水输送到田地里。

浇水　(天:桥)(唐:乐)

浇地　(唐:大)(天:霸、桥)

【牛车】

大车　(全省大部分地区通行)

铁车　牛拉的铁轮车。(张:沽)

牛车　牛拉的铁轮车。(邯:邯)(张:沽、尚、鹿、怀、蔚)(唐:蓟)(天:桥、任、沧、山、河、武)(石:晋、衡、平、束、灵、石、获、河)

笨车　(邯:内)

胶轮车　(邯:临、邯)(承:隆)

铁轮车　(邯:邯、临、肥)

大眼车　(天:安)(唐:乐、迁、昌)

花轱辘　轱辘带辐条的。不带辐条的铁车叫"大车"。(承:隆、滦)(天:安)(邯:邯)

老牛车　(天:安)(唐:乐、昌)(邯:邯)(承:隆、滦)

铁瓦车　(天:黄)(唐:乐、迁、昌)

铁轱辘车　牛拉。(唐:乐)

【大车】

铁车　(承:滦)

花车　(张:沽)

大车　铁轱辘车。(邯:邯、肥、广)(承:隆、承、滦)(唐:蓟)

大车　胶轮车。(唐:蓟)(承:围、丰、隆、青)(保:新)(邯:邯)(天:安)

拍子车　(旧)以人驾辕,驴拉套的运货车,又称"地拉子"。(天:天)

胶皮车　(唐:丰)(承:隆、平、围)(邯:邯)(张:沽)

铁瓦车　(唐:丰)

胶轮大车　(邯:内、威)

大轱辘车　(承:承、隆)

花轱辘车　(唐:丰)

胶皮轱辘车　马拉。(唐:丰)(天:桥)

地牛　起重专用车,一个辕木,很多人拉绳套。(天:天)

【马车】　"马车"在方言中一般专指乘人的,至于生产运输上用的马车,一般叫"大车"或"胶皮轮"等,但这些车并不一定限于马拉,也可以用骡子拉。

马车　指专办喜事或过去高贵的人坐的。(天:静)(承:滦)(邯:邯)

马车　专指短途坐人的四轮马车。(承:平)(邯:邯)

大车　(天:安)(石:宁、赵、灵)(承:兴)(邯:邯)(唐:宝、丰、玉、秦)(张:各地)

胶皮轮　(石:宁)(唐:大)(天:安)(邯:邯)(张:怀、鹿、万、赤)

大胶皮　(唐:乐)

骡子车　不限于骡子拉。(唐:乐、宝、迁、卢、抚)(邯:邯)(张:张、宣)

毛驴车　(天:安)

胶轮车　(天:安)(邯:广、肥、尧)

铁瓦车　(唐:乐、三)

铁轴车　(天:安)(唐:乐、三)

小驴儿车　驴拉的。(承:围、滦)(天:安)(唐:乐)(邯:邯)

大排子车　(旧)(唐:乐)(张:怀)(邯:邯)

大轱辘车　指木轱辘或上边钉有胶皮的。(唐:三)

（承:承）

花花辘车 （唐:三）

四网子车 （旧）（天:安）（唐:三）

汽轱辘车 （邯:鸡）

【趟子车】 短途运输旅客的车子。

棚车 专坐人的。（唐:乐、大）

跑车 （邯:鹿、邯）

脚车 （天:献、安、固、津）

拉脚 （石:衡）（邯:邯）（唐:乐）（天:安）（承:隆）

二等 用自行车后衣架驮送旅客的。（天:天、武）

轿车 （石:武）（邯:鹿、任、广）（张:商）（承:承）

轿车 形状同趟子车，有篷但不搭客，过去地主家专用。（天:沧、桥、献）

轿子车 （唐:乐）

轿车儿 （天:强）（唐:乐）（承:隆）

小轿车 （旧）清末一种形同轿子，安有四个轮子，一骡驾辕，一马或二马拉套的车子。专用于拉人，多是商号资本家乘坐。（天:天）

细车子 （石:无）（邯:邯）

拉座的 （石:枣）（邯:邯）

棚子车 拉短趟的车，搭客的。（唐:滦、昌）（邯:邯）

赶脚车 （天:安）（石:建）

趟子车 坐人的带棚子的小车子。现已消失。（承:围）（邯:广）（唐:丰、昌）

跑趟子车 （石:平）

拉脚的车 （天:霸）（保:易、兴、安、望）（唐:乐）（邯:邯）（石:晋、正）

放脚的车 （保:兴）

【独轮车】

土车 两边有车箱板，专供推土的。（承:平）（石:建、冀、平、正、获、衡、武、藁、栾、宁、安）（天:沧、强、故、献、桥、庆、肃）（邯:魏、鸡、柏、大、宗、鹿、台、沙、任、肥、周、内、尧、成、丘）（保:安、蠡、阜）（张:张、龙、沙）

土车儿 （邯:内）

土牛儿 （天:故）

土牛子车 （天:黄）

小车 （邯:清）（保:博）（承:隆）（天:安）（唐:乐）（张:宣、万、沙、蔚）

小车车 （张:怀）

小车子 （承:青）

小平车 （邯:柏）（保:安）

小胶皮 （天:桥）

小胶皮车 （保:新）（唐:乐）

小轰车 （石:藁、泽）（邯:邯）

小拱车 （石:泽）

小车的 （邯:邯）

小手车儿 （天:安）（承:隆）

小推车 （保:兴）（唐:乐、丰、滦、山、大、玉）（承:围、丰、隆）（天:安、沧、静）（石:深）（邯:邯）（张:怀、蔚、鹿）

小王八脖子车 两边放东西的小车。（天:霸）

推车 （唐:乐、迁、卢）（承:隆、围、承）（石:深）（张:蔚、宣、怀）（邯:邯）

推车车 （张:商）

推车子 （张:万、宣、商）（承:隆、平）（唐:抚）

手推车 （唐:遵、滦、乐、昌）（承:隆、滦、兴）（邯:邯）（张:怀、宣、鹿、蔚）

平车 （邯:宗、乡、鹿、魏）（石:泽、灵）（保:安）（天:强）

平头车 （邯:邯、大）（石:平）

太平车 （石:石、正、获）（邯:邯）

鬼头车 耳子伸在车前面。（天:安、霸）（保:安）

垮车子 （承:隆、平）（唐:蓟）

拱车子 （唐:玉）

拱拱车儿 （天:武）

古龙车 （古）（老）（唐:丰）

蚂蚱车 两边放东西的。（邯:尧）

蚂蚱车儿 （邯:内）

叫蚂蚱 两边放东西的小车。走时吱吱喳喳，故叫“叫蚂蚱”。（石:新、正、获）

叫蚂蚱车 （石:石）

二把手 走起来吱吱叫的车，现已不使用。（天:霸）

二把手小推车　(天:桥)

拱车　(唐:蓟)

夹篓车　(石:平)

轰车　(邯:魏、大、南、广、成)(石:束)

轰车儿　车两边平而中间高,物品放两边。(天:强)(邯:鸡)

独轮胶皮车　(承:承)

【排子车】　人拉的胶轮车。

洋车　(唐:滦)

胶车　(张:赤)

大板车　(唐:乐、抚)

铁排车　工厂车间使用的铁制车,胶轮,人拉。(天:天)

海河车　(新)因根治海河工程中大量使用而得名。(唐:乐)

小拉车　(石:泽)(天:霸、桥、安)(唐:大)

人拉车　(石:束、武、泽)(张:阳、怀、尚)

人力车　(承:平)(唐:蓟)(邯:邯、任)(保:唐)

地排子　(唐:昌)(天:安、天)

地排子车　(天:静、霸)(唐:乐)

地里排子车　(天:文)

sún 人车　(保:雄)

皮车　人或马皆可拉。(张:沽、宣)

【三大套】　三头牲口拉的车。

三套　(唐:宝、抚)(承:平、围)(天:桥、饶)(石:获、行)(邯:邯)

三套车　(保:兴、水、满、涿)(石:建、深、井)(天:沧、津、庆、阜)(邯:柏、漳、尧)(张:张、万、商、怀、沽、康)

三套儿　(唐:丰、昌)(承:承)(天:安)

三套股　(石:赵、正)

三套大车　(邯:邯)(唐:乐)(承:隆)

一套三　(邯:魏)

硬三套　(保:水)

双飞燕　(石:深)

【一个牲口拉的车】

单套　(张:鹿、怀、沽、康)(石:平)(天:安、桥)(邯:邯)(唐:乐、丰)

【一骡一驴拉的车】

套半　(唐:丰、抚)(天:桥)

【两头以上牲口拉的车】

串套　(天:桥)

长套　(唐:乐)(天:桥)

【四大套】

四套　(唐:丰、宝)(承:平、承、围)(石:获)(天:桥、饶)

四大挂　(邯:魏)

四套股　(石:赵)

四套车　(石:建、深、井)(天:津)(保:水、满、涿)(张:张、万、商)(唐:乐)

四套大车　(邯:邯)(承:隆)(唐:乐)

硬四套　四个大牲口(或骡或马)拉的。(保:水)(唐:乐)

圆套　(石:正)

外套车　(唐:秦)

【两个牲口拉的车】

两搭套　(邯:任)

双套儿　(唐:丰)

【套车】　准备车。

浪车　(张:万、康)

【装车】

上车　(邯:涉)(张:各地)(天:静)(承:青)

【卸车】

下车　(邯:涉)(张:各地)

卸货　(天:天)(张:鹿)(唐:乐)(邯:邯)(承:隆)

【有篷的车】

洞子车　参见“趟子车”条。(天:强)

筒子车　(石:深)

蒲气车　(石:深)

篷子车　(唐:昌、丰)(邯:内)

老篷车　(天:桥)

小车子 布篷。(唐:丰)

小轿车子 (天:安)

【车篷】

篷子 (天:桥)

篷车 (唐:乐、大、昌)(邯:邯)

车篷 放车的房子。(天:大、任)(承:隆)(唐:乐、三、丰)

车顶 (张:鹿)

车上盖 (承:平)

车围子 (邯:大)

车篷子 (承:承、滦)(石:灵)(唐:乐、西、抚、卢)(天:静、安)(邯:尧)(保:唐、易、阳)(张:各地)

车蒲冷 (唐:丰)(天:饶)(石:宁)

车不冷子 (石:正)(邯:邯)

蒲笼 (天:河、强、饶)(保:博)

【车箱】

车排 (天:天)

车磕 (石:灵)

车杨箱 (张:万)

车克朗子 (张:怀、沽、张、鹿、康、蔚)

【前车箱以外的部分】

前车盘 (天:献、黄、桥)(石:深、枣)

车前盘 (邯:尧、临)

车簸箕 (石:深)

【车帮】 车箱两边的挡板儿。

车楼 (石:枣)

车扇 (天:庆)

车挎厢 (天:桥)

车押箱 (唐:丰、乐、昌)

车扇子 (天:桥)

车排子 (承:围)

【存放客、货胶皮车的地方】

车场 (天:天)

【车箱帮前后的横木】

车轸 (天:桥、庆、献)(邯:威、南)(石:束、正、藁)

车门槛 (邯:南)

车门限 (石:枣)

车门轸 (邯:清)

【挡头】 车箱后的活板,用以挡所运之物。

笆 (邯:内)

插兜 用荆条编的。(唐:乐、丰)

堵头 挡粪土用。(天:桥)(邯:鹿)

挡板 (邯:内)

粪板 挡粪土用的。(石:正)

荆笆 (邯:鹿、邯)

荆笆 拉煤炭时用的挡头。(石:正)(邯:台)

羊角 用木做的架子,放在车箱前后,以挡拦柴草。(邯:邯、鹿)(石:正、深)

封板儿 (唐:抚)

排栅的 木制,拉庄稼时用。(邯:广)

车围子 (张:各地)

车连子 (唐:滦)

车堵头儿 (唐:乐、抚)(石:束)

车挡板儿 (唐:乐、抚)

车铺板儿 (唐:丰)

【车把】

把 (承:平)

手把 (唐:丰)

车杆 (邯:邯、磁)

车犊子 (唐:滦)

车沿子 (唐:昌、滦)

车柱儿 (石:束)

车子把 (唐:抚)(邯:邯)

车把子 (邯:邯)

车把手 (承:平)

【车辕】

辕子 (石:正)(邯:邯)(承:隆)

辕杆 (邯:邯、沙)(石:井)

车辕子　(全省大部分地区通行)

车辕条　(唐:迁)(张:鹿)(石:石、灵、获、行、正)

车前辕　(石:灵)(邯:邯)

车辕杆　(邯:邯、临)(石:元)

驾辕子　(石:石)(邯:邯)

【车辕头上的立木,用以拴套】

辕橛　(邯:鸡、任、鹿、宗)

辕木橛　(邯:鹿)

辕橛子　(邯:广)

辕柱儿　(邯:内)

辕木橛子　(邯:内)

触角　(邯:南)

车卒　(天:饶)(唐:大)(石:枣)(保:定)

车犊子　(唐:丰、乐)

车独角　(保:容)

车柱儿　(石:深)

车簇子　(唐:迁)(天:固)

车轴子　(石:正)

车卒子　(天:安、献、桥)(唐:昌)

车八转儿　(邯:清)

车辕桩子　(承:围)

车柱角儿　(保:定)

【车轮】

轱轮　(天:桥)(承:隆)

轮子　(承:平、隆)(唐:蓟、丰)(石:赞、石)(邯:魏、鸡、任、涉、成、内、尧)(张:宣、沙)

车脚　(天:沧、献、庆、强、阜、津)(邯:邯、魏、鸡、大、鹿、任、尧)(保:容、博)(石:深)

车脚子　(石:正、行)(天:庆)(保:博、唐)

车饼子　(唐:迁、昌)(承:隆、平)(张:沽)

车辘儿　(天:永)

车轱辘　(全省大部分地区通行)

车轱辘儿　(全省通行)

【辐条】

辐　(石:灵、宁)

辐腿　(张:万)

辐条儿　自行车上的。(天:霸、庆、桥)(石:灵、石)(唐:乐)(邯:邯)(张:各地)

轮子　(天:固)(邯:邯)

车条　(唐:大、秦)(承:隆、承)(邯:邯、丘)

车辐　(唐:遵)(石:灵)(天:饶、桥、庆、津)(邯:任、临、南、尧)(保:博)(张:商)

车辐条　(唐:乐、昌、滦)(承:滦、兴、承、围、隆)(邯:邯)

车支子　(老)(唐:丰)

【车辖】　车轴头之铁键,管制车轮不使之掉。

车 suàng　(天:河)

车钉　(张:沙、鹿、沽)(邯:邯)

车挡　(保:兴)(邯:邯)(天:安)(承:隆)

车管　(天:桥)

车闸板　(石:无)

车辖头　(保:博)(石:泽)

辖　(石:正、宁)(邯:南、成、尧、清)

辖头　(石:无)

轴碗　(唐:乐、秦)(邯:邯)

顶别簪儿　(天:安)(唐:丰、遵)

【车锏】　车轴铁,于轴轮之间,使之不相互摩擦。

锏　(石:衡、元、正、灵、高)(唐:遵)

锏子　(邯:成)

锏的　(邯:广)

铁锏　(天:饶、固、津)(邯:邯、鹿)(石:武、枣)(保:高)

车锏子　(天:霸)(邯:尧)(唐:昌、滦、抚)

车沟先　(天:大)

【毂】　套在车轴上用以安辐条的铁圆筒。

穿　(保:唐)(石:深)(邯:邯)

车穿　(天:桥)(保:蠡)(唐:滦、丰)(邯:邯)

车箍　(石:束)(邯:邯)

车头　(天:献)(保:定)

【车下稳定车轴与车身联系的两根立木】

沟秦 （天:饶、献）（石:深）

勾心 （邯:南）

勾心爪子 （保:定、唐）

车耳 （保:定）

车钩心 与两根立木作用一样,但形状不同。这是用一个弧形的铁或木头,使车轴固定在弧心。（唐:乐、昌、抚）（承:承）（石:深）

车钩榫 卡轴木。（石:正）（邯:邯）

车钩脐 （石:束）

千斤柱 （唐:大）

【车尾巴】

后盘 （邯:内）

后摔 （张:鹿）

后车盘 车箱横木后部。（石:枣、赞）

后尾巴 （天:黄）

后车尾 （张:宣）（邯:鹿）

后车尾巴 （天:桥）

车后 （石:石）（天:山）

车尾子 （承:滦）

车后尾 （全省大部分地区通行）

车后盘 （邯:尧、临）

车后排 （石:元）（邯:任）

车后尾巴 （全省大部分地区通行）

车后一边 （保:望）

车后巴儿 （唐:迁）

车后椅子 （承:围）

车勺尾巴 （石:晋）

【停车时用以支车的木棍】

撑 （邯:内）

前撑 （天:桥）

车撑 （天:庆、桥）（石:深、枣）（邯:邯、南）

车梯 （石:灵、深、晋、石、获、栾）（保:唐、蠡）（天:天、大、固、安）（承:围、隆）（邯:鸡）

车梯子 （天:饶）（唐:大、乐、昌、丰、滦）（承:青）（张:各地）

车支儿 （天:固）

车辕子 （邯:南）

【油瓶子】 膏车用的。

油响 （石:深、束）

油响子 （石:石、获、栾、正）

油响壶 （唐:乐）

油星壶 （唐:昌、丰）

油壶子 （承:围）

瓦瓶子 （石:束、深）

【牛轭】

犟 （邯:邯）

搭由 （保:定）

牛鞅 "鞅"读去声。（全省大部分地区通行）

牛酿 （保:易）

牛鞍子 （唐:滦）

牛夹子 （张:康）

牛吊角 （唐:丰）

牛极子 （张:万、蔚）

牛酿子 （唐:滦、宝、玉、乐、昌、丰）

牛鞅子 "鞅"读去声。（保:兴、蠡、满）（石:正、获）（邯:尧）（唐:滦、乐、昌）（天:霸）（承:隆、围）

牛扣梭 （邯:任、尧、沙）

牛梭的 （邯:广）

牛构梭 （邯:宗）

牛够槽 （天:静）（石:深）

牛勾槽 （石:深、晋、无、束、宁）（天:沧、强、饶、献）（保:定、望）

牛够洁 （张:宣）

牛勾夹 （张:龙）

牛梢头 （天:黄、庆）

牛拱槽 （石:衡）

牛扣槽 （石:赞）

牛扣套 （石:藁）

够槽　(天:河)

梭的　(邯:广)

勾梭　(石:枣)

【夹脖儿】

夹管　(天:津)

夹子　(石:衡、宁)(邯:乡、鹿、南)

夹板　(石:石、正、栾、获)

夹板儿　(张:赤、崇)(唐:昌)

夹板子　(天:阜、故、山、桥、沧、安)(邯:内、邯、广、宗、永、沙、成、清)(张:宣)(承:兴、围、隆)(唐:昌)

夹棍子　(天:庆)

夹棒子　(石:正)

挎板　(张:各地)

围脖子　(石:高)

围脖的　(邯:肥)

缨脖儿　(承:滦)

奖板儿　(全省通行)

穿夹子　(天:安)

套包　(承:隆、滦)(唐:乐、山、三、西)(天:静)

套包子　(唐:玉、抚)(天:安)

套达　(石:灵)

套夹子　(唐:丰、遵、宝、大、玉)(天:饶、献、大、河、沧)(邯:任)

套夹板儿　(唐:乐、丰、卢、昌)(承:青)(石:无、泽)(保:唐、满)

套引子　(张:宣)

套棒儿　(石:灵、建)

套夹脖　(保:完)(唐:西)

阁拉　(天:强、桥)(石:灵、束)

阁拉子　(石:赵)(邯:任)

脖阁拉　(天:东)

达子　(石:灵)

拥子　(天:静)

矿板　(张:万)

圆鞍　(邯:邯)

马夹子　(张:宣)

驴夹板　(天:桥)

【笼头】

扯拉　(保:兴)

扯骡　(石:束)

秋盖子　(天:大)

门缰子　"缰"音 gáng。(唐:大)

门头箍　(唐:大)

笼嘴　(天:桥)(石:宁)

笼头　(全省通行)

【嚼子】

龇牙　(邯:临)

龇牙子　(天:强)

小缰子　(邯:涉)

锁嘴儿　(天:武)(邯:尧)(石:宁)(唐:大)

嚼环儿　(石:正、灵)(承:丰)

嚼的　(邯:广、大、肥)

牙锁　(天:安)

嘴嚼子　(天:静)

马嚼子　(唐:乐、丰、秦)(承:围、隆)

【鞍垫】

鞍衬　(唐:丰)

鞍屉　(唐:昌)

鞍屉子　(承:围)

屉子　(天:桥、安)(石:正、深)(承:隆)

马鞍子　(天:安)

小鞍儿　(唐:大)

水屉子　(承:围)

搭腰　(邯:内)

【缰绳】

纼子　音 zhènzi。(承:平)(邯:内)(张:尚)(石:安)(天:桥)

先缰绳　(唐:大)

撇绳　耕地时使牲口之缰绳。(石:束)(承:隆)

纲绳 （邯:内）（唐:滦、昌）

偏缰 赶车的牵拉拉梢子的牲口用。驾辕前边的牲口叫拉梢子的。（石:获）

鼻构子 （邯:尧）（承:隆）

【肚带】

底肚 （邯:内）

滚肚 （唐:大）

肚绳 （石:平）

大肚 驾辕的肚绳。（石:石、正、栾、深、获）（天:霸）

大肚带 驾辕的肚绳。（唐:乐、昌）

达肚 驾辕用的。（石:灵）（邯:鹿）（承:隆）

小肚 牛用的。（石:束、深）

小肚儿 驾辕的以外的牲口的肚绳。（石:正、宁）（保:容）

小肚带 指从马或牛肚下，两端系在套绳上的肚带。（唐:乐、昌）

【鞦绳】 络在牲口股后之皮带。

鞦 （全省大部分地区通行）

鞦爪 （石:正）

鞦盘儿 （石:正）

鞦搭儿 （石:获）

鞦盖儿 （唐:昌）

偎鞦 （邯:广、成）

蹲鞦 （唐:昌、丰、遵、宝、蓟）

坐鞦 （全省通行）

后鞦 （全省大部分地区通行）

尾子 （邯:魏）

小搭儿 （保:唐）

【套绳】

套 （天:河）（唐:乐、昌）（邯:南、广）（承:隆）

欠套 （唐:迁）

牲口套 （邯:魏、邯）（天:安）（唐:昌、乐）

大套 （邯:磁、邯）

套股 （唐:大、乐、蓟、玉、昌）（石:行）（天:安）

长套 （石:获）（邯:邯、南）（唐:乐、丰）（天:安）

辕套 驾辕的牲口套。（天:河）

辕子套 驾辕的牲口套。（石:正）

车套 （承:围）

小套子 拉碾磨用的。（石:正）

小套子 驾辕的套绳。（邯:成）

梢绳 （全省大部分地区通行）

拍绳 （张:商）

撇绳 （邯:尧、乡）

抛绳 （承:承）

楼套绳 （邯:成）

【揞眼】 牲口套磨所戴的蔽眼物。

揞眼儿 （全省通行）

揞眼的 （张:宣）（保:唐、阳）

揞眼里 （天:阜）

揞眼布 牛用的。（邯:广、成）

揞眼 （天:山）（保:望）（邯:内）

蒙眼 （唐:滦、昌、迁、乐、秦、抚、卢）（承:兴、平、青、隆、承）（邯:涉）

蒙眼的 （唐:西）

瞄眼 （承:平）

遮眼椆的 “椆”音 chōu。（邯:成）

眼罩的 （邯:广）

【钉掌】

上蹄 （邯:涉）

钉蹄 （石:灵）（邯:鸡、磁、涉、漳）

钉蹄的 （邯:肥、邯）

钉蹄儿 （邯:内）

钉蹄子 （邯:内）

钉掌的 指打掌的人。（唐:乐）（邯:邯）

钉头户蹄 （石:灵）

穿蹄子 （石:获）

挂掌 （全省大部分地区通行）

打掌 （全省大部分地区通行）

【牲口掌】

掌　(唐:昌、蓟)(石:正)(天:饶)(保:容)

掌子　(张:阳)

头户蹄　(石:灵)

马掌　(全省大部分地区通行)

马蹄　(石:河)(邯:涉、邯)

马蹄铁　(全省大部分地区通行)

驴掌　(承:隆、青)(天:安)(唐:乐)

牛掌　(石:束)(承:隆)(唐:乐)

【驾辕的牲口】

套辕　(邯:鸡)

驾辕　(邯:邯)

正套　(邯:内)

辕套　(邯:内)

辕牲口　(天:安)(承:围)

【驾辕的正前边的牲口】

梢子　(天:河)(石:获)(承:滦、隆、兴)(唐:丰、昌)(张:各地)

长梢　(承:青)

拉梢　(石:泽、平)(邯:邯、任)(承:滦)

出梢　(石:灵)

拉梢的　(邯:邯、广、肥)(石:平)

拉头套儿　(石:深)

拉长套的　(天:霸、肃、安)(唐:乐、丰、昌)

拉次套的　(石:平)

拉穿套的牲口　(承:围)

正梢儿　(石:正)

跑梢的　(邯:内)

跑梢子的　(邯:内)

【驾辕的偏前方的牲口】

外梢儿　偏前进方向右的。(石:正)

里梢儿　偏前进方向左的。(石:正)

帮套　(天:霸、阜)(唐:乐、丰、昌)

偏套　(保:安)

里梢子　(邯:内)

外梢子　(邯:内)

打里的牲口　(承:围)

打外的牲口　(承:围)

拉边套　(石:深)

【拉套】　牲口驾辕。

套　(承:围)

出套　(石:灵)(天:阜)

出梢　(承:平、兴)(石:行、束)(天:孟、肃)(邯:任、内)

穿套　(石:行)

拉欠　(唐:迁)

拉趟　(张:阳)

拉梢　(全省通行)

崩梢子　(邯:成)

挑梢　(石:高、正)(张:宣)

跑梢　(邯:柏、尧)

打梢儿　(保:阳)

【驾辕正前边的牲口拉车】

拉长套　即“拉梢子”。(保:容、兴)(天:安)(唐:乐、昌)

拉梢　在车前边拉牲口的人。(天:大)(石:深)

拉梢子　驾辕的前边的牲口拉车叫“拉梢子”。(唐:丰、宝、迁、卢)(承:承)(石:藁、深)(天:安、永)(保:新、容)(邯:邯)

拉穿套　(承:围)

【驾辕的偏前方的牲口拉车】

外偏套　(唐:滦)

拉帮套　也指人。(唐:乐、昌、丰)(石:深)(邯:邯)(承:围)(天:安)

【木杈】　方言中“杈”有三股和多股的。股少的用于垛垛,股多的用于翻场。

杈　(天:桥)(承:围)

杈子　(全省大部分地区通行)

杈勒　(邯:涉)

仰角　(保:博)(石:正、深)

木杈子　(唐:抚)

桑木杈子 （唐:乐）

木头杈子 （唐:乐、昌）

车杈子 “车杈子”和“仰角”实际不是一般的杈子。它是成“井”字形的木栏，用以挡在运柴草的大车箱前后。参见“车挡”条。（石:正）

【垛垛用的杈】 这种杈只有双股或三股，多系自然长成的桑木。

禾杈 （石:束）（天:霸、安）

垛杈 （唐:昌）

三齿子 （承:承、隆）

三股杈 （石:深、束）（天:桥）（承:隆）（唐:丰）

桑杈 （邯:郸、鸡、邯）

大杈 （邯:宗、鹿）

【牛笼嘴】

笼嘴 （全省大部分地区通行）

笼头 （承:隆、兴）（张:赤）（天:安、桥）（保:定）

篼子 （唐:三）

篼嘴 （唐:大、滦、迁、秦、卢、乐）（天:安、武）（承:隆）

兜嘴 （石:无、正）（天:河、霸）（保:易、水、满、新）

牛古嘴 （唐:昌）（承:平、丰）

牛篼嘴 （唐:昌、迁、抚、大、丰、乐）（天:固、永）（承:隆、滦、围）

牛兜嘴 （石:行、正）（保:高、雄、容）

牛拉嘴 （邯:内）

牛笼头 （石:石、无）（天:桥）（承:隆）

牛㨨 “㨨”音 chōu。（承:平）（石:元）（邯:柏、涉、临、内、尧）（张:龙）

牛㨨的 （邯:邯、成、任）

牛㨨子 （石:赞）（邯:邯、郸、鸡、成）

㨨子 （古）（石:建、高、平）（邯:邯、鹿、成、临、尧、广、内）

柱嘴棍 （石:平）

zhāo 子 （石:获）

捂嘴儿 （天:静）

扯笼子 （天:静）

【牛鼻桊儿】 “桊”音 juàn，牛鼻上的环。河北省有正定、庆云等地说此词。方言词条如条前面没有“牛”，如光说“鼻拘”，就不限于牛用，马、驴乃至猪都可以用。

鼻揪 （保:新）

鼻须 （唐:丰）

鼻拘 （全省大部分地区通行）

鼻欠 （天:饶）

鼻钳 （石:枣）（天:桥）

鼻拘子 （邯:内、鸡）（唐:抚）

鼻钳子 （天:安）

牛鼻角 （承:围）

牛鼻息 （唐:乐）

牛鼻圈 （邯:宗、鹿）

牛鼻拘 （全省大部分地区通行）

牛鼻吃 （唐:乐、滦）

牛鼻子 （承:隆、丰、滦）（石:深）（天:安）

牛鼻脐儿 （唐:乐、昌）（天:霸、大）（石:井）

牛鼻具的 （邯:邯）

牛钳子 （唐:宝、大）

牛鼻钳子 （邯:清、鹿）（石:宁）（天:故、献）（唐:大）

【步犁】 由于工具大改革，犁的变化很大，所以，凡是犁上的名称，往往新旧不同。有时同名异实，有时异名同实。

犁 （石:赞、高、深、平、获、束、石、衡、枣、元、井、河）（天:饶、献、庆、静、山、河、天）（邯:广、乡、邯、魏、鸡、大、宗、清、临、南、成、尧、漳）（张:宣、商、鹿）

犁杖 （全省通行）

犁杖 指旧式的。（承:隆）（唐:乐、迁）

七寸步犁 （唐:蓟）（天:安、桥）

耕地犁 （石:束）（天:肃）

卧犁 （唐:抚）

木犁 （天:桥）

铁犁 （石:建、行）（天:桥）

耠子 旧语套用。（邯:内）（唐:丰）

躺耠子　指单把手的。(唐:丰)

架耠子　指双把手的。(唐:丰)

【犁辕】

犁身　(石:束、枣)(天:饶)(邯:清)

犁圈　(邯:鹿)(石:河)

犁杆　(石:赞)

犁檐　(邯:邯、威、广)

犁檐子　(承:滦)

犁前儿　(唐:滦)

犁弯　(张:怀、商、崇)(天:献、肃、河、文)(石:井、获)

犁杖弯子　(天:霸)(唐:昌)

犁辕子　(唐:丰、迁、抚)(承:隆、平、丰、围)(天:沧)

犁杖辕子　(天:武)

耠子辕　当地耕地用犁,种地用耠子。(唐:迁)

耠子杆　(石:灵、平、正)

耠杆　(石:无)

【犁柄】

犁箭　(邯:郸)

犁脚　(唐:遵)

犁的　(邯:大)

犁把　(全省通行)

犁扶手　(承:滦、隆、围)

犁巴乙　(张:崇)

犁把手　(唐:宝)(张:龙)

犁把机　(邯:涉)

犁杖把儿　(唐:迁、卢)(天:安)

耠子把儿　(唐:丰、迁)

耠子把　(石:灵)

脚把　(唐:蓟)

【犁柄上小木,耕地到头转向时提犁用】

回头摸　(唐:蓟)

犁把手　(承:围)

【铧】

铧尖　(承:青)

铧子　(承:隆、平、丰、滦)(石:赞、深、灵、平、正、获、束、无、井、高)(保:定)(天:饶)

铧头　(唐:大、三、西、蓟)

铧头子　往一边翻土,耠沟较窄。(唐:丰、遵、迁、蓟)

耠子头　往两边翻土,耠沟较宽。(唐:丰、迁)

犁头　(天:静)

犁铧　(石:深、建、晋、获)(保:容)(邯:郸)(张:阳、龙、崇、宣)(天:东、静、安、庆、桥)

犁儿铧　(保:兴)(张:怀)

犁铧子　(邯:磁、尧、丘、邯)(张:各地)(天:肃、河)(承:围)

犁铧头　(天:安)(唐:大)

镵头　(承:平)(石:武、栾)(天:黄、山、孟、强)(邯:永、成、内)(保:望)

【犁面】

碗子　(保:定、新)

躺邪　(唐:滦、蓟)

马面子　(唐:迁)

盆子　(天:饶)(保:定、博)

犁盆　(天:河)

犁盆子　(天:文、肃)

犁些　(天:饶)

犁子　(天:庆)

犁耳　(全省大部分地区通行)

镜儿　(唐:三)

犁镜　(石:石、正、获)(邯:郸、邯)(唐:丰)

镜子　(石:平、正、束、宁)(邯:任、清、临)(保:容)

犁镜子　(邯:邯、广、乡、鸡、宗、威、鹿、肥、尧、大)(石:无、获)(天:黄、静、文)(承:围)

犁儿　当地不儿化是“步犁”,儿化后成了“犁面”了。(石:井、高)

犁次头子　(唐:滦)

【系托犁面的横木】

犁押　(天:庆)

犁鞅儿　(石:正)

镜托 （邯:鹿）

不见天 （石:束）

【犁辕最前的管耕地曲直粗细的木条】

狗叫子 （唐:滦）

拖拖 （保:满）（承:隆）

犁拖 （天:肃）

拖头 （承:围）（唐:大、乐、昌、蓟、滦）（张:崇、万、商）（邯:邯、鸡）（石:获）

前托 （邯:清）

舵头 （石:井）

套要棍儿 （唐:滦）

【犁前挂牲口套的铁钩】

偏钩 （保:满）（邯:邯）

犁钩子 （天:安、文）

犁牵 （唐:乐、昌）

犁链 （天:桥）

千斤 有铁的，也有麻绳的。（承:围）

拔环 （保:博）

【拖车】 托运犁下地的工具。各地情况不同，形式也不一样。有的是有轮的架子，有的就是用木架在地下滑行。叫犁车的是有轮的，叫拖车的无轮。

拉犁 （保:满）

爬犁 （唐:丰、遵、卢）（天:安）（石:深）

犁车 （石:束）（天:强、肃）

犁床 （唐:大）

犁架子 （承:围）

拖车 （邯:邯）

拖承 （保:兴、水）

拖子 （承:平、丰）（邯:内、尧）（张:赤、龙）（天:文、永）（保:高）

拖床 （天:固、安、武、霸）（唐:三）（保:易、高、安、涿、容）

拖架子 （承:承）

拖拉床子 （唐:大）

汗拖床 当地用耙翻过来架上犁，然后拖着耙带着犁行走。（天:静）

耙拖子 （天:静）

耕地不叉 （石:无）

耕地柯叉 架耠子用。（石:正）

扶犁 （张:阳）

【耠子】 似犁无耳，耕地用的工具。

耖子 （邯:邯）

耩子 （石:行、灵、获）

耠沟子 （张:商）

犁耠子 （天:强）（邯:大）

犁刀 （保:新）

扛耠子 （唐:抚）（承:围）

蹚耠子 用耠子蹚地。（唐:乐、抚、昌）

锄耠子 锄地的叫“锄耠子”，耕地的叫“犁耠子”。（天:强）

犁杖耠子 （唐:昌）

【用耠子松土分土】

耠地 （石:灵）（天:霸、安、桥）（唐:丰）（承:围）

耕地 （邯:邯、内）

串地 （唐:大）

【耙】 碎土块用。

木耙 （承:青、隆）

钉耙 （唐:滦、乐、昌）（承:青、隆）

荡耙 （承:平、隆）（邯:内）

耙拉 （承:兴）

耙尺子 （唐:宝）

华拉子 （唐:大、蓟、丰、玉）

雁齿耙 “人”字形的耙。（石:束）

【盖】 如耙无齿，用以平土。

耮 （古）（邯:邯、乡、郸、魏、鸡、大、磁、宗、威、清、台、沙、成、内、尧、任、临、涉）（唐:山、蓟）（承:平、围、兴）（石:枣、安）（天:故、桥、庆）（张:赤、龙、沙）

耮的 （邯:肥）

盖 （唐:乐、昌）

盖耙 (石:行)

擦子 (邯:尧)(保:兴、易、新)(承:滦)(石:石、建、赞、灵、新、正、获、无、藁、平)(天:霸)

盖擦子 (天:安、永)(唐:大、宝)

耪擦子 (承:滦)

簸扫 比擦子小。(承:滦)

簸索 种地平垄沟用。(唐:迁、宝、玉)(承:围)

磨 (张:各地)

磨拉子 (邯:尧)

趟子 (唐:丰、遵、山、西、玉)

盖条 擦子上的荆条,因擦子系盖地用,故又叫盖条。(石:灵)

木拖 (承:滦)

趟拉子 (承:兴)

【豆茬地】 收过豆子的地。

豆地 (石:石)

豆子地 (天:饶)

豆茬 (邯:邯)

豆茬子 (唐:卢)(承:丰、滦)

茬地儿 (天:静)

【谷茬儿】

茬子 (邯:内)

【麦茬儿】 麦子割后留在地里的近根部分。

麦根儿 (石:深、正)(天:肃、霸)(保:新、雄、定)

麦根子 (天:庆)

麦哈茬 (保:兴)

麦茬子 (承:兴、丰)(天:静)(唐:昌、乐)

麦茬 (邯:邯、内)(唐:乐、昌)

【保墒】

打耙住 (石:灵)(邯:邯)

打垄子 (唐:乐、滦)

保水 (石:无)

保墒势 (石:井)

【抢墒】

赶墒 (张:赤、龙)(邯:尧)

趁墒 (邯:邯、尧)

趁相应 (天:静)

趁湿儿 (石:正、平)(唐:大)

趁潮 (石:石)

趁潮乎儿 (天:静)(唐:乐)(承:围、隆)

趁湿种 (石:灵)

【耕地时第一犁】

开墒 (邯:内)

开墒口 (邯:内)

打墒 (天:安)(唐:大)(石:深)(邯:宗、鹿、邯)

【耩麦】 种麦子。

耩夏粮 (保:水、易)

耩麦子 (邯:广、邯)(石:石、正、栾、获)(天:桥、安)

【耧】

种耘 (石:束、泽、深、元)(保:容、定、易、满)

耧子 (天:武)(唐:乐)

耩子 (石:灵、正)

耩地耧 (邯:邯)

【耧地】

耘地 (天:桥)

耩地 (邯:内)

种地 (邯:内)

蹚地 (承:青、隆、围)(唐:乐)

播种 (邯:内、威)

【锄地】

耪地 (全省通行)

【锄麦】

耪夏粮 (保:水)

耪麦 (天:宁)(保:阳、兴、唐、望)

耪麦子 (唐:乐、遵、西、抚、玉)(承:滦、兴、承、平、围)(天:武、庆、霸、安、桥)(邯:广)

耪麦地 (承:兴)

划麦子 （唐:乐）

锄划小麦 （石:深）

【拔麦子】 指连根拔。

薅麦子 （唐:三）

收麦 （石:深）

【割麦】

挽麦 （张:尚、张、沽、康）

割麦子 “割”音 gā。（承:平、兴、围、滦）（唐:昌、乐）（邯:邯）

【打麦】

碾麦 （唐:乐）

碾麦子 （唐:乐、昌）（邯:邯）

轧麦 （天:永）

轧麦子 （天:大、桥、安）

打麦子 （承:围）

【扬麦】

扇麦 （保:唐）

攘麦 （唐:卢）

扬场 （唐:乐）（邯:邯）

揉麦子 （承:围）

【打场】

压场 （天:静）

轧场 （唐:乐、丰、宝、大）（天:河、霸、安）（石:石、正、栾、获）

碾场 （邯:邯）（唐:滦、乐、昌）

钢场 每逢秋收时收拾场。（唐:大）

【扬场】

撒场 （石:灵）

扇场 用扇车扇粮食。（石:获）

攘场 （唐:卢、抚、大）（承:围、隆、兴）（保:唐）（邯:广）（石:深）

【粮仓】

仓 （全省通行）

仓库 （全省大部分地区通行）

仓子 （承:隆、围、滦、青、平）（唐:抚）（石:建、获、元、赞、井）（张:宣、崇）

仓间 （保:容）

仓上 （张:怀）

仓房 （保:兴）（唐:昌、宝）（承:滦）（石:深、行）（天:黄、固、献、安、河、武、庆）（保:易、满、兴、涿）（邯:广、沙、任、尧、漳）

仓房屋 在滦平仅指过去私人家里存粮的地方。（承:滦）（天:安、霸、沧）（保:新）（石:深、枣、束）（唐:乐）

库 （石:宁）（唐:滦）（邯:内）

库房 （石:新）（承:兴）

粮库 （唐:大）（承:滦）（天:肃）（邯:邯）

粮食屋 （石:束、枣）

粮食仓子 （天:沧）（唐:卢）（张:宣、沽、商）

粮囤 （邯:威）

粮食囤 （唐:乐、遵、三、玉、丰、山、昌）（天:静）（保:唐）（邯:乡、清）

土圆仓 （唐:宝、玉、丰）

玉黍仓子 当地仅临时储存带棒玉米用仓,故称“玉黍仓子”。（唐:宝、丰、玉）

谷仓 曲周、灵寿专指盛谷子的粮仓。（邯:魏、永、鹿、肥、周、内、尧）（天:故、桥）（承:平、隆、兴）（石:栾、藁、晋、灵、获、河、安）（张:万、宣、蔚）（保:定）

囤 （唐:蓟、丰）（天:河）（保:高）（邯:鹿、南）（承:隆）（石:深、衡）

【茓子】

囤席 （保:安）

囤圈子 （保:安）

摺子 （承:围、平、承）（天:黄、庆）

席茓子 （唐:乐、迁）

gùgùzi （天:霸）

【囤】

席囤子 （张:怀）（唐:乐）

篓子 （保:定）

囤套儿　无底的囤。(保:兴)

囤子　(张:赤、龙、沙、商、沽、宣)(承:青)

可拉　(邯:成、肥)

圈　(邯:鸡、临)(石:灵、正)

荆囤子　荆条做的。(保:易)

粮食囤　(天:安)

【囤底】

囤脚　用树枝等编成。(天:强)(邯:宗)(石:深)

围底子　(唐:乐、昌)

【种秋】

种麦子　(邯:邯)(唐:乐)

种麦秋　(承:平、丰)(石:灵、新、武、赵)(天:献、津、河、武、饶、东)(张:赤、龙、怀、尚)(邯:魏、大、台、任、涉、内、尧)

种白秋　(承:滦)

种秋麦　(唐:乐、卢)(天:静)

种麦茬子　(唐:蓟)(保:满)

种大田　(天:桥)

种秋苗　(邯:广)

耩小苗　(邯:尧)

耩麦子　(邯:邯)

【早秋】　早熟作物。

稙秋　(邯:大)

稙庄稼　具体指某种早秋作物就可说"稙……",如"稙玉米",别于晚秋玉米。(石:宁、正、栾、获、深)(天:大、桥)(承:围)(唐:大)

春庄稼　(邯:大)(天:霸)

大秋　(天:山)(唐:滦)

大田苗　(唐:大)

大田庄稼　(天:安)

早庄稼　(邯:魏)

上秋　(天:桥)

春苗　(邯:魏)

【晚秋】　晚熟作物。

晚田　(天:安、霸)

晚庄稼　(邯:南)(石:深)(天:安、霸、桥)(唐:丰、昌)(承:青、隆)

麦茬苗　(邯:魏、邯)

热苗　(邯:大)

老秋　(承:滦、隆)

深秋　(张:阳)

秋苗　(邯:邯)

茝庄稼　(承:围)

【秋收】

忙秋　(承:隆、青)

过秋　(邯:临、台、丘、宗、鹿)(石:深)(唐:乐)

过大秋　收五谷。(天:安、霸)(唐:乐、昌)

过麦秋　(唐:乐、昌)

割地　(承:滦)

大秋　(天:桥、肃)(承:隆)(唐:乐)

【发芽】　种子出芽。

出芽　(天:安、桥、霸)

孳芽　(唐:大)

【分蘖】　稻、麦、甘蔗等植物发育的时候,在幼苗靠近土壤的部分生出一些分枝,叫作分蘖,俗称发棵。

分杈　(唐:昌)(天:桥)

长杈　(天:安)

扩茬　(唐:乐)

【吐穗】　庄稼长出穗子。

秀穗儿　(天:桥)

【吐絮】　棉桃成熟裂开。

裂嘴儿　(唐:大)

开花　(天:安)

开了　(天:桥)

【试验田】　用科学的栽培和耕作方法进行农业试验的田地。

种子田　(唐:大)

【黄锈病】 植物的一种病害，小麦易感染。

黄丹 （天：霸）

【饲料】 喂家畜家禽的食物。如糠、麸、杂粮等。

料 （天：桥）

【碌碡】 作农具用的石滚，中贯以轴，外配木框，曳行以轧谷麦或下种后的墒沟。

磙子 较小的碌碡。（唐：乐、丰、卢）（承：围、隆、兴）（邯：邯）

石磙 （唐：西）（承：滦、隆、平）（天：东、山、桥、宁）（张：沙、崇、尚、口）（邯：乡、魏、鸡、磁、宗、威、清、沙、任、临、肥、周、成、内、尧、鹿、丘、漳）

石碾磙 （邯：大）

石混 （天：桥）

鸡蛋磙子 鸡蛋形状的。（承：滦、隆、围）（唐：丰、宝、玉）

混子 （唐：山、丰）

鸡蛋头 （唐：丰、宝、玉）

碌碡磙子 （邯：内）

【碾子】 碾盘上的石磙，河北省一般都叫碾子，与“碌碡”不同。

碾 （唐：滦）

碾的 （邯：广、邯）

滋轴 （石：平）

【碾心】 碾子上面的圆柱。

碾咕噜 （唐：迁）

碾管心 （邯：邯）（唐：乐、昌）（承：围）

【碾道】 安装碾子的房子。

碾磨道 （邯：邯、尧）

【碾房】 安装碾子的屋子。

磨棚 （唐：乐）

碾棚 （唐：乐、西、丰、昌、大）（邯：尧）（石：深）（天：霸、安）

碾道棚 （唐：迁）

【风车】

采葫芦 （张：商）

扇车 （全省通行）

扇车子 （邯：大）（天：桥）

风茹 （邯：尧）

风箱 （天：桥）

风车子 （唐：乐、昌）

【连耞】

带镰 （唐：丰）

耞把 （天：黄）

耞板 （保：满）

拍子 （石：赞）

排子 （张：蔚）

腊干 （石：平）

【碓】

碓臼 （保：兴）（石：灵、赞、正、获、束、行、平）（邯：广、乡、邯、涉、成、尧）

碓臼窝 （石：冀）

碓子 （唐：滦、秦）（石：赞、元、武、石）（天：大）（张：龙、怀、赤、万、尚、口）（邯：永、内）（承：隆）

碓臼窑 （邯：魏）

碓窝 （邯：内）

调料卜子 指捣各种调料用的碓。（张：商）

稻臼 （天：文、霸）（邯：永、任、内）

茶臼 （石：获）

【碓杵】

石锤 （邯：任）

碓把 （邯：魏）

杵 （天：桥、霸）

杵头 （邯：邯、广）

杵子 （石：束）（邯：尧）

杵臼 （石：正）

稻臼头 （邯：永、内）（张：龙）

碓臼头 （邯：邯、魏）

【钉耙】 人使用的耙地碎土的农具。

老虎抓子 在别地另有意义。（承：平、滦）（石：石、无）

(张:赤、万、沽、龙、怀、蔚)(保:唐、满、清、容)(邯:邯、柏、威、内、丘)

耙　(承:围)

耙子　(全省通行)

粳耙　(唐:丰)

五尺耙　(石:石、正、栾、获)

铁耙　(石:深、灵、平、束、行)(承:平)(天:饶、河)(保:易、水、新、蠡、博)

铁耙子　(石:建)(保:阳)(邯:乡、清、任、南、广、郸、鹿、邯、宗、内)

粳耙子　(唐:抚)

带齿耙子　(唐:乐、昌)

钉耙子　(唐:乐、昌)(邯:临)

锔子　(邯:成)

抓　(唐:三)

柄耙　三个或四个齿。(石:灵)

老虎抓子　河边防水用的一种工具,用木料做三脚架,里边放上石头,放在水里。(承:滦)

【耙子】　用牲口拉的平地碎土的农具。

平耙　(唐:大)

耕耙　(唐:玉)

雁齿耙　一般耙是长方形的,呈人字形的叫雁齿耙。(石:束)

耙　(石:束、石、正、栾、获)(邯:邯)(唐:昌)

耙　场里用的木制钉耙。(天:河)

【拔柴草用的竹耙】

老虎钳子　(天:桥)

耙子　(唐:丰)(天:桥、安)(邯:邯)

爪耙　(石:石、正、栾、获)

【掐谷穗用的刀】

爪刀　"爪"读 zhǎo。(邯:内)

把榫　(唐:乐、丰)

爪镰　(天:霸)(唐:大)

爪镰儿　(石:石、正、栾、获)

【镐】　刨地农具,种类甚多。

镢　(保:阳)

镢头　(全省通行)

镢子　(石:获、元、井、行、建)(张:阳)

大镢　(天:桥)

大镢子　(石:高)

小镢　(天:桥)

镢嘴锛　(邯:大)

镢勾　(天:故)(邯:丘)

镐头　(唐:乐、卢)(承:平、隆、丰、承、青、围、兴)(石:宁、赵、赞、无、晋、枣、获、河、安)(天:固、献、大、庆、永)(邯:永、沙、内)(保:定、满、安、雄、完、容)(张:张、康、宣、沙、尚)

大镐　(石:深、衡)(保:定)(天:肃、安、霸)(唐:乐、昌、丰)

小镐　(保:容)(石:深)(唐:乐、丰)(天:安)

尖镐　(唐:乐)

二镐　(唐:乐)

钝镐　刨冻土用。(唐:乐)

钢镐　刨冻土用的。(唐:昌)

洋镐　两头尖,均能刨地的。(天:黄、静)(邯:临、台、宗)(唐:乐)(承:隆、围、滦)

洋镐　镐刃两边各突出一小角,便于榜地。叫"洋镐",以别于"笨镐"。(唐:丰、玉)(承:隆)

铲子镐　形状同笨镐。(唐:抚)

大帮镐　刨地用。(保:水)

小帮镐　刨玉米等庄稼秸子用。(保:水)

白薯镐　长板形的。(唐:乐)

两头忙　两头都能用的。(邯:鸡)(张:宣)

大糟钩　(天:河)

糟钩　(天:山、河)

大糟　(天:河)

捉钩　(天:东、献)

板格　小而宽。(石:灵)

条格　形状窄而长。(石:灵)

格　大而宽的。(石:灵)

尖镐 （唐：抚）

镐判 镐头上穿柄处。（唐：玉）

【锄头】

锄 （全省通行）

薅锄 薅草用，比锄小，是半圆形。（承：兴）（石：深）（唐：乐、丰）

手把锄 （石：灵）（唐：丰）

扒锄 小的。（邯：临）（唐：宝、玉）

锄地勺子 小的锄头。（邯：南）

耗锄 小的锄头。（石：井）

锄印 （天：庆）

镐锄儿 用以间苗。“镐”音 zhāo。（天：强）

大锄 用来打庄稼土坎的。（邯：临）（保：望）（天：强、安、桥）（石：无、灵）

钩子 （保：阳）

【锄头】 未装锄柄的，仅指铁制部分。

锄板 （承：青、围、滦）（石：藁）（唐：乐、丰）

锄板儿 （天：霸）

锄板子 （邯：鸡）（唐：乐、昌）（承：隆）

锄头 （张：沽）（保：高、新）（邯：邯、临）（石：石）（唐：西、山）（天：安）

小巴锄 （天：桥、安、武）

【锄】 用作动词。

耪 （天：霸、任、安）（唐：乐、丰、昌、山）（承：围、隆）

【间苗】

拔苗 （唐：乐）

定苗 （石：深）

薅苗 别地指薅草。（承：青、丰、滦）（天：强）（张：蔚）

薅地 （承：围、滦）

开苗儿 （天：霸、桥、强）（唐：大）

【薅草】

薅 “薅”后面可添上任何庄稼，指间苗又同时除草，如果只去草不间苗则说“耪……”。所以，“薅”与“耪”很不相同。（唐：乐、迁）

薅地 （唐：昌）（承：平、隆）

薅苗 别地指间苗。（承：滦、隆）（唐：昌、丰、乐）

把草 （天：桥）

拔草 （邯：邯）

打草 （天：文、桥）

打草 用刀割，与用锄薅不同。（石：正）

打落地 指收获后整理地表。（天：饶）（唐：乐、宝、玉）

【锄草】

耪草 （唐：丰、抚）（承：围、滦）（石：枣）（天：东、庆、宁、肃）（邯：磁、宗、尧）（保：唐、水、阳、望、清）

màn 草 （天：霸）

耪地 （天：山、河、安）（石：深）（唐：乐）（承：青、隆）

薅草 （承：平）（唐：丰、遵、乐、昌）

刮草 （天：桥）（邯：磁、邯）

刳草 （天：桥）

找草儿 （天：河）（石：深）

迈青 （邯：邯）

【定苗】 按一定株距留下长得好的幼苗。

开苗儿 （天：桥）（唐：大）

定棵 （天：安、霸）

【锄地】 锄地里草。

锄草 （邯：邯）

锄茬 （天：桥）

耪地 （全省大部分地区通行）

耪草 （承：丰）

铲地 （唐：秦）

【锄麦子】

耧麦子 （唐：乐）

拉麦龙 （邯：大）

耪麦子 （全省大部分地区通行）

锄麦茬 （天：桥）

【锄豆子】 锄豆子地。

找豆眼 （唐：蓟）

耪豆子地　(唐:乐、昌)

耪豆子　(唐:宝、山、丰、滦、大、西、抚、玉、卢、乐、昌、遵)(承:平、丰、围、兴、承)(石:泽)(天:桥、孟、肃、河、武、沧、庆、大、安、永、津)(保:保、满、阳、新、博、兴、阜、涿、完、容)

锄谷茬　(天:桥)

【薅豌豆】　除豌豆地里的草。

锄豌豆　(石:正、获)(天:文)(张:张、沽)

薅豌豆　指将熟了的豌豆拔下来。(承:围、平)(唐:三)(保:满)

【松地】

拉地　用锄松地。(邯:临)

翻地　犁地。(唐:滦、乐、昌)

【铡刀】

草刀　(邯:涉)

铡　(全省通行)

铡草刀　(张:各地)

铡刀刃子　(唐:迁)

铡刀床子　(承:隆)(唐:迁、乐、昌)

【镰刀】

镰　(全省通行)

镰　指小镰。(唐:昌)

镰　割农作物的叫“镰”,割草的叫“镰刀”。(石:安)

镰　有长木柄的。(邯:邯、魏)(石:枣、束)

镰刀子　(天:强)

镰头　(唐:三)(天:安)(邯:邯)

小镰儿　(天:静、安)

扇镰　(天:天)

cōu 子　大镰。(天:静)

穿镰　砍树枝用。(唐:抚)

秋镰　秋收割庄稼。(唐:抚)

小砍刀　打草所用,较小。(天:桥)

【斧子】　种类不同,叫法也不同。

斧头　(承:围)

立斧　劈木柴用,比一般斧子大。(承:滦)(唐:乐、昌)

镐斧　(唐:西)

劈斧　(承:滦)

【砍刀】　砍柴劈柴用。

镰　(保:满)

大扇镰　(唐:乐、昌)(天:安)

梢镰　(邯:尧)

库镰　(张:崇)

柴镰　(唐:抚)(承:丰)

柴刀　(唐:滦)(承:隆)(石:栾)(天:孟、东、天)(邯:郸、鸡、永、内)(张:赤、万、阳、龙、沙)(保:望)

砍草刀子　(天:桥)

duǒ 刀　(天:固)

砍刀　专用来砍肉劈骨。(石:宁)(邯:邯、鸡)(唐:乐、大、玉)(承:围)

砍菜刀　砍菜用。(张:怀)

切菜刀　(邯:邯)

【杀人刀】

大片刀　(石:深、获)(天:安)(邯:邯)

大砍刀　(唐:蓟)(邯:邯)

鬼头刀　(天:天、安)

【锛子】

锛　有的场合可当动词用。(全省大部分地区通行)

钢锛　(天:河)

锛凑子　(天:河)

掘锛子　(邯:肥)

【木楸】　“楸”字又作“锹”、“杴”。

杴　(邯:清)

木 qiān　(唐:乐、昌)

木锹　(唐:秦、抚)(石:深)(天:桥)(邯:邯)

扬杴　专供扬场用的。(承:青)(天:饶、河)

【铁锨】

锨　(邯:邯、临)(承:平、围、丰)(天:桥)

锄锹　锄土用,与掘锹掘地用不同。(唐:迁、丰、宝、玉)

锄铣 （天:静）（石:深）

掘锹 （唐:迁、抚）

洋锹 （唐:乐、抚）

平锹 锄土用。（唐:乐、昌）

挖锹 挖土用。（唐:乐）

板儿锹 （唐:乐、丰）

铁钎 （邯:涉）

铁木锨 （唐:丰、玉、宝、乐）

【撮箕】

撮子 （唐:丰、滦、大、乐、秦）（承:隆、青）（天:山、沧）（张:蔚）

筲箕 （承:平）（石:武）（邯:周、内）（保:满）（张:阳）

撮斗 （邯:鹿）

土簸箕 （唐:乐、宝、玉）（天:静）

小簸些 （唐:乐、抚）

戳子 （唐:玉、丰、乐）

戳子 用以从甲到乙倒挪东西。长而窄小。（唐:蓟）

筲子 （天:桥）

【簸箕】

簸西 （唐:遵）

大簸些 簸粉用。（唐:抚）

畚箕 （承:平、隆）（天:霸）（石:冀）（邯:内、尧）

畚箕 两人抬的圆筐。（邯:乡）

畚 xí （唐:昌）

【粪箕】

粪篓子 （唐:抚、昌）（承:青）

粪箕子 （唐:乐、丰、昌、遵、迁、山、玉）（承:滦、青、兴）（天:天）（邯:广、鸡）

粪兜 （邯:邯）

粪筐 （邯:邯、鹿）（石:深）（承:隆）（天:桥、安）

粪罩 牲口轧场时用以接粪用。（邯:临）

粪簸箕 种地时撒粪用。（承:围）

【簸箩】

筐箩 （全省通行）

面苿箩 柳条编的或木制的盛面用的簸箩。（邯:涉）（唐:乐）

簸拉 （天:安、桥）（唐:丰、玉、抚）

簸栲 （张:怀）

马簸箩 泛指用柳条或桑树条编成的，喂牲口用。（唐:乐）

【篮子】 有提梁的盛物器具，一般用竹、柳条或荆条等编成。

笼子 （唐:昌、卢、迁）（承:青）

筐子 当地篮子可称“筐子”，但筐子不能称“篮子”，“筐子”范围广，包括“篮子”。（天:东）

筐子 廊坊一带“筐子”和“篮子”没有区别。（天:安、桥）

筐 用荆条等编成的。（承:围）

筐篮子 挑土粪用。（天:霸）

笼筐子 圆形的叫圆笼筐子，长方形的叫长笼筐子。（唐:丰、大、蓟、玉）

碗篮儿 形状如碗的篮子。（保:水）

荆篮 用荆条编制的，个儿较大。（保:水）

破荆篮 用破开的荆条编制的，个儿较荆篮小。（保:水）

猫篮 带盖的篮子。（保:水）

土篮子 挑粪土的筐子。（天:武）

荆条篮子 （邯:邯）

疤头篮子 柳条编的。（邯:内）

饽饽筐子 装饽饽用。（天:安、霸）

篮篮 （张:怀）

小篮篮 （张:怀）

和尚头篮子 柳条编的，因光滑故得名。（邯:清）

挑篮 打堤挑土用。（保:新）

河篮 打堤挑土用。（保:新）

土篮 打堤挑土用。（保:新）

土篮子 运土用。（石:正）（天:安、饶、固、静、强）

【筐子】 “篮子”和“筐子”在普通话中是分别不大清楚的（见《同音字典》《新华字典》）。我们认为筐子比篮子大，一般没有提梁，而多用系绳。

巴拉 大的。（唐:丰、宝、玉）

巴拉筐　大的。(唐:丰、山、宝、玉)

花包　大的。(唐:玉、丰)

花筐　大的。(天:桥、安)(保:兴)(石:枣)(唐:丰)(承:青)

笼子　(唐:滦、遵、抚、迁、乐)

筐头　(保:博)

筐子　有互相交叉的二系绳。(张:鹿)(邯:广、邯)

土筐子　背柴背土拾粪用。(天:安)

背筐　背的筐子。(天:安)

花篓　拾柴时背的大筐。(石:枣)

背筐子　背的筐子。(保:水)(天:霸)

灰筐子　收锅灰用,也用来收土。用苇子编的。(天:静)

筐　有大、小之分。(唐:昌)

筐子　专指小筐儿。(邯:清)

小筐子　有四根系绳的。又名宅筐。(唐:卢)(保:水)

宅筐　参见“小筐子”条。(保:水)

小龙儿　较小。(唐:迁、玉、昌)

小笼筐　较小。(唐:丰、大)

小笼子　较小。(唐:滦、山、抚)(承:青)

笼筐子　(唐:丰)

小篮子儿　小筐。(保:水)(唐:乐)

【箩筐】　底方上圆,下小上大的大筐,用以挑抬物品。方言中的“箩头”是最典型的箩筐,如湖南、四川的箩兜。

箩头　过滤用,口大底小。(全省大部分地区通行)

箩陀　磨面前浸泡麦子用。(天:河)

扛篓　(邯:魏)

道箩　(唐:宝、玉)

筐　(石:深)(天:武)(保:博)

筐头　(天:桥)

大筐　(天:天)

挎筐　(邯:任)

架筐　(石:衡、枣)(天:静)(邯:尧)

挑筐　(全省通行)

抬筐　比挑筐大。(唐:乐、丰、昌、迁)(石:灵、正)(天:静、安、桥、天)(保:定)(邯:内)(承:围)

摘筐　(石:建)(保:保)

栽筐　(石:井)

宅筐　(石:获、灵)(保:博、安、清)

浅筐　(石:枣)

背筐　(天:静)

土筐　(天:饶、固)

花拉筐子　(保:易)

挑筐子　(天:庆)

三系儿筐　三根系绳的。(唐:昌)

四系筐　四根系绳的。(邯:任、南)

四根宅子筐　有四根挑梁。(保:唐)

【筐系】

筐宅儿　(保:兴)

【扁担】

担子　(石:宁、无、灵、建)(天:肃、饶、献)(邯:邯、鸡、任、肥、尧、清)(保:定、高、满、阳、博)

担杖　(邯:鸡)(天:肃)(张:尚、张)

抬扁　大的。(唐:丰、蓟、宝、玉)

挑水担子　有钩能挂水桶。(石:束)

【担子】

挑子　(天:献、桥、安)(唐:丰、乐、大)(承:围)

担的　(石:石)(邯:邯)

旱担子　(石:行)

水担子　(石:行)

【担担子】

担挑子　(张:商)(唐:丰、大)(天:安)

担担儿　(天:天)

挑担子　(邯:任)(石:束)(唐:昌)

挑挑儿　(天:天、霸、安)(唐:乐、昌)

挑挑子　(承:青、围)

【扫帚】　大的。

扫出　(天:桥、庆、霸、静)(张:宣)(邯:广)(石:深、正、束)(唐:昌、丰)(承:围)

扫竹 竹制大扫帚。(全省大部分地区通行)

竹扫帚 竹制。(邯:大、邯)(保:满)(石:束)

扫把 (承:平)

【笤帚】 小的。

笤书 (天:霸、静)(唐:丰、昌、乐、玉、宝)

笤竹 (石:无、行)(邯:广)(唐:乐)

扫把 (唐:西)(天:任)(邯:内)(承:平)

扫帚 (天:任)(邯:邯)

笤出 (天:桥、庆、霸)(张:宣)(石:石、栾、深、获、正、束)

【鸡毛掸子】

毛帚 (承:平)(邯:任、内、尧)

扫 (石:宁)

翎掸子 (承:兴、青)

翎掸儿 (唐:迁)

毛掸子 (承:承)(天:天)

鸡毛掸的 (邯:广、邯)

鸡毛呆子 (邯:肥)

鸡毛展子 (邯:临)

鸡翎超儿 (天:强)

掸子 (天:桥)(邯:内)

【桩子】

桩 (天:静、饶、桥)

桩的 (邯:广、邯)

木桩 (全省通行)

木桩子 比较高。(全省大部分地区通行)

木头桩子 (保:唐)(邯:邯)(天:安)(唐:乐、昌、玉、宝)

木橛子 在地表,不高。(天:山)(唐:乐)(承:围、隆)

【打个桩子】

栽桩子 (石:藁)(邯:邯)

栽个桩子 (全省通行)

埋个桩子 (唐:乐、丰、抚、三)(承:围、滦)(石:枣)(保:安)(天:河)

埋根桩子 (唐:昌、乐)

楔个桩子 (唐:丰)(天:津、静)(邯:鸡)

下个桩子 (天:桥)

定个桩子 (张:崇)

立个桩子 (承:青)(石:深)

打个桩的 (邯:广)

砸扦子 “扦子”入地的头是尖的,“桩子”则不是尖的。(承:滦)

楔扦子 (承:滦)

打桩 (天:安、静、霸、庆、饶、桥)(石:藁、无)(保:涿)

【橛子】

木橛的 (邯:邯、大)

木橛子 (承:青、围)

木头橛子 (邯:内)(天:武、天、安)

【榫子】 制木器时,使两材接合所特制之凸凹处,包括榫头和榫眼(卯眼)。

公母榫 (唐:大)

卯榫 (承:滦)

卯儿 (唐:乐、丰)(石:建、获)(承:围、丰)(邯:郸)

卯楔儿 (唐:昌、乐)(保:兴)

楔儿 (石:束、藁)(保:满)(天:河、饶、肃、献)(唐:卢)

牙子 (唐:乐、丰)

卯子 (张:各地)

卯 (石:晋)

卯窍 (石:平)

寨子 (邯:尧)

榫儿 (天:桥)

子母榫 指直角榫。(天:天)

【榫头】 木制物两相接合之处突出之末端,可套入榫眼者。

公榫 (唐:大)

榫儿 (唐:三)(邯:清、广)

卯楔 (承:青)

卯儿 (唐:昌、丰)(天:庆)

楔儿头 (天:河)

楔儿 (天:山)

肩膀　(天:饶)

卯头　(石:获)(张:沙)

卯窍　(石:正)

【榫眼】

母榫　(唐:大)

卯儿　(承:围、丰、滦)(石:灵、枣、井)(天:饶、肃、河)(张:宣)(邯:清、南)

卯楔儿　(天:强)

楔眼　(石:藁)

榫卯眼　(承:平)

卯楔儿眼　(保:兴)

卯楔　(保:安)

楔　(天:庆)

窟窿　(唐:秦)(承:隆)

眼儿　(唐:丰、昌、乐)(天:桥)

卯楔眼儿　(唐:昌)

【接骨斗榫儿】　两块木头不用钉子联结成一块,每块上呈凸凹的缺口,使之互相吻合,然后中间还嵌入一两头大中间小的木头,使之紧锁。

勾连搭　(天:饶)

卜吊　(石:灵)

拍巴掌　(天:饶)

接骨头榫儿　(天:霸)

斗榫　(邯:任)

八字榫　(天:天)

【铁钉儿】

钉　(石:元)(邯:邯)(承:滦)

钉子　(天:桥)

洋钉子　(全省大部分地区通行)

洋钉的　(邯:邯)

铁钉的　(邯:邯)

洋铁钉儿　(承:平)(唐:乐)

秋皮钉　整个钉呈三角形。钉鞋用。(承:青、承、隆)(唐:乐)(石:深)

柴钉　修船用的,方棱短粗。(保:安)

棺材钉　过去钉棺材用的铁钉。(天:天)

枣核钉　中间大两头小的四方大钉,用于接板料、房椽子用。(天:天)

爬头钉　一头有钩的大四方钉。(天:天)

【钉钉子】

钉一钉　(邯:邯)

揳钉子　(邯:内)

卯上个钉子　(天:静)

用钉钉　(邯:邯、威)

【铰链】

折页　(唐:丰、滦、昌、迁、乐、宝、玉、大)(承:青、平、围)(天:安)

百齐　指钉在橱箱上的铰链。(天:强)

折伸　(石:泽)

折铁　(唐:大、三)

折腰儿　(保:涿)

合页　(天:天)(邯:宗、邯)

合页儿　(天:桥、安)

合页扇　(天:桥)

合扇儿　(天:静、沧)

门搭链　(邯:广)

【钳子】

台钳　固定在案子上的。(天:天)

管钳　管工用,固定在案子上的。(天:天)

老虎钳子　(天:天)

夹钳　(承:丰、隆)(唐:大、秦、抚、乐)(石:栾)(邯:郸、临、肥、内、尧)(保:安)(天:桥、永)(张:尚)

针钳子　夹针用的钳子。(天:安)

夹剪儿　(保:兴)(天:武)

夹剪儿　夹针用的。(天:静)

夹剪子　(天:安)

【镊子】

镊的　(邯:邯、大)(承:隆)

夹子 （石:宁）

【锤子】

圪垃锤 （邯:鸡）

打圪垃锤 （邯:鸡）

打耙骨朵 （邯:邯、魏）

榔把凿儿 （天:霸、河）

榔不凿儿 小锤子。（天:静）

锤头 （天:桥）

大锤 特指18～20磅重的锤头，长把儿。（天:天）

油锤 短把儿大锤。（天:天）

榔锤 （石:建）

锤子 专指大锤子。（天:桥、固）（唐:秦）（承:围、滦）（石:深、晋）（保:保）

榔锤 专指大锤子。（石:平）（唐:乐）

榔头 指大锤子。（天:任）（张:沽）（保:满）（邯:涉）

榔头 指小锤子。（天:安、固、强）（承:隆）（保:容）（邯:南）（石:深）

榔头 （全省通行）

榔头 专打茬子用的锤子。（唐:乐）

打圪垃骨朵 （邯:邯）

【木锤】

榔锤 （石:灵）

榔头 （全省通行）

木榔头 （天:天）

【铁锤】

钉锤 指大铁锤。（唐:卢）（邯:邯）

钉锤 指能起钉子的小铁锤。（全省大部分地区通行）

榔头 能起钉子的小铁锤。（承:丰）（唐:秦）（保:保、蠡）

锤子 （全省大部分地区通行）

锤子 专指大铁锤。（邯:尧、邯）

锤子 专指小铁锤。（承:承）（唐:乐、卢）（天:河）（张:张、沽）（邯:邯、涉）（石:深、衡）

大锤 指打铁用的大个铁锤。（天:桥）

斧子 一头有锤顶，一头是刃，木工工具。（天:天）

铁榔头 （天:天）

【绳子】

梢子绳 较细的绳子。（保:唐）

索子 （承:平）（石:泽、赞、石、赵、行、井、深、安、藁、元、无）（天:阜、故）（邯:柏、磁、内、尧、丘）（保:博、定、阜、完）

索子 较粗的绳子。（石:灵、新、晋、获）

索子 较细的绳子。（石:正、平）

索子 铁制绳子。（天:安、霸、固）（保:新、满、雄）

【拴着】 指动物说。

拴的 （邯:广）

拴上 （唐:昌）

拴住 （石:深）

迷着 （承:青）

缚着 （天:桥）

系着 （石:深）

【绑着】 指人说。

系着 （天:桥）

捆着 （邯:邯、内）（唐:大）

【活结】

活褃儿 （全省大部分地区通行）

活扣儿 （全省通行）

活纥絃 （全省通行）

活肯儿 （保:水）

【打活结】

网活纥絃 （保:兴）

网活扣儿 （保:兴）（天:安、桥）

系扣儿 （唐:乐、蓟）

系活扣儿 （唐:丰、大）（天:天、霸）

系活纥絃 （唐:乐）（承:围）

绾活褃儿 （石:晋）（邯:邯）

绾活扣儿 （石:深）

绾活褃 （邯:鹿）

【死结】

死襻儿　正定仅指用小绳打的死结。(承:平)(石:石、泽、赞、冀、晋、新、正、获、束、无、行、衡、枣、藁、宁)(天:饶、强、故、献、文、河)(邯:邯、乡、郸、宗、柏、大、磁、威、永、鹿、清、任、临、涉、尧、漳)(保:保、唐、水)

死纥繨　(全省通行)

死纥繨　仅指用大绳打的死结。(石:正)(邯:邯)

死扣儿　(全省通行)

死捆儿　(石:深)

【打死结】

网死纥繨　(保:兴)(天:桥)

网死克儿　①打死结。②喻人想不开。(保:兴)

挽死襻儿　(石:行)(邯:邯)

挽死捆儿　(石:深)

挽死纥繨　(邯:邯)

打(系)死纥繨　(承:围)

系死扣儿　①打死结。②心胸不开阔。(天:天、霸)(唐:丰、宝、玉)

【肥沃的地】

地壮　(唐:乐、昌)(邯:邯)

地板强　(石:深)

地势强　(石:束)

好地　(天:天)(唐:乐)

壮地　(邯:内)(唐:丰)(承:青、围)

【坏田地】

赖地　(邯:内)(天:天、桥)(唐:乐)(承:围)

赖巴地　(唐:滦)(石:束)

地势赖巴　(石:束)

地势不济　(石:束)

坏地　(唐:乐)

薄地　(天:霸)(唐:乐、昌、大)

薄拉地　(承:青)

xuán 地　(石:深)

嘎咕地　(唐:丰)

兔子不拉粪的地　(唐:昌)

【收成】　农作物的收获情况。

成色　(唐:大)

年景　(天:安、桥)

【荒年】　农作物收成很坏或没有收成的年头。

歉年　(邯:台)(唐:大)

饥荒年　(唐:乐)

【减产】　农作物产量减少。

打少了　(唐:大)

歉收　(天:安)

【半劳动力】　在农业劳动中年老、年幼以及体力较弱的人为半劳动力。

半劳力　(天:霸、桥)

【万能拖拉机】　一种多用途的小型拖拉机。

虾米须子　(唐:大)

【菜园】

菜园儿　(天:天)

园子　(全省通行)

园子地　(邯:涉)(唐:乐)

园子里　(石:宁)

园子里　不只种菜,还种其他东西。(石:石)

菜园的　(邯:邯)

菜园子　专指种菜、卖菜的地方。(天:安)(石:平)(承:围)(唐:乐、丰、昌)

囤畦　种菜苗的地方。(承:丰)

暖畦子　种菜苗的地方。(承:丰)

园子　不只种菜,还种其他东西。(保:满)(承:围)

园 le 地　(邯:涉)

【果木园】

园子　(唐:遵、蓟、抚)

果园　(唐:昌)

果园子　(唐:丰)

果园儿　(邯:内、威)

果木行子 （天:桥）

【苗圃】

苗床 （唐:滦）

子母地 （邯:乡）

苗圃园的 （邯:邯）

花园 （保:易）（邯:肥）

花圃 （天:天）

畦 （天:山）

园子 （天:河）

秧畦子 （天:桥）（唐:乐）

栽子 （邯:南）

树苗地 （石:井）

【培育秧苗的田】

稻池子 （天:静）（唐:大、丰）

畦 （唐:乐）

【水浇地】

水田 （唐:昌）

园子地 因为园子经常用人工浇水而得名。（石:建、晋）（邯:鸡）（天:桥）（唐:蓟）

【土堆】

土堆子 （全省大部分地区通行）

土堆儿 （天:天）

土疙瘩 （邯:内）

土堆的 （邯:魏、肥、邯）

土古堆 （石:建）

土古堆儿 （邯:乡）（唐:乐）

土堆子 较大的。“堆”音 zuī。（石:正）

【土块儿】

坷垃 “坷”音 kā。（全省通行）

坷垃 （老）对土块或土坯的通称。（石:石）

石坷垃 （全省通行）

土垃坷 （唐:丰、遵、滦、山、西、蓟）（石:枣）（承:滦、平）（张:万、尚）

土坷垃 （唐:昌、蓟）（天:天、安）

土鲁坷 （承:围、青）

土坷垃块儿 （唐:乐）

喽嘎 （唐:抚）

坷垃块儿 （石:无、正、灵）（天:大）（邯:内）（保:定、高）

坷垃蛋块儿 （邯:临）

坷垃蛋的 （邯:邯）

疙瘩 如“打疙瘩的”指耕地时打土块的。（唐:乐、山）

【硬土块儿】

硬坷垃 （唐:大）（邯:内）（承:围）

强坷垃 （邯:广）

【碎盆片】

瓦盆片儿 （天:天）

盆碴儿 （保:兴）（唐:丰）

盆碴子 （天:安）

【破碗片】

碗碴子 （承:围）

碗碴儿 （天:安、桥、津、霸）（唐:大、乐、丰）（保:兴）

碗瓷儿 （天:安）

瓦碴儿 （天:天）（唐:昌）

瓦碴子 （天:桥）

碎碗碴儿 （唐:乐）

细瓦碴 细茶碗的碎片。（邯:大、乡、宗、威）

【杂粮】 除米麦之外的各种粮食。

粗粮 如棒子、高粱、豆类等。（保:兴）（天:桥）

五谷杂粮 （唐:乐）（天:桥）

【小麦】

秋麦 （唐:大）

麦 （唐:蓟）（承:平）（石:枣、藁、无、晋、高）（天:山、桥）（邯:魏、鸡、磁、沙、肥、涉、邯、内、尧、大、丘）（张:尚）（保:望、唐、阳、阜、完）

麦的 （邯:广、邯、大、涉）（石:石、正、栾、获）

麦子 （唐:丰、乐）（石:深、晋、束）（天:安、强、桥、霸）（保:兴）（张:沙）（邯:台、任、内、乡、鹿、和、南、宗、尧、柏、邯）

麦啊　(张:鹿)

棱子　(保:满)

夏粮　(保:水、兴)

夏粮　称小麦、大麦、青稞为夏粮。(保:易)

【冬麦】　秋天下种的。

火麦　(天:饶)

冬小麦　(天:天)

春小麦　(唐:大)

秋麦　(唐:丰)(天:安)

【大麦】

草麦　(石:平、建)

草大麦　(石:束、深)(邯:鹿)

春麦　(唐:滦、乐)(石:平、藁)(天:山、阜)(保:雄)

米大麦　(保:兴、涿)(唐:丰)(天:肃、静、安、大)

芒大麦　(唐:丰)(天:肃、安、大、沧)(保:兴、涿、雄)

蚂蚱头麦　(邯:尧)

秋子　(保:安、雄)(天:饶)

【青稞麦】　似大麦,皮肉相离。

露仁　(石:行)

仁大麦　(邯:鹿)

青麦　(唐:滦)(张:沙)

夜麦　(张:尚)

错麦　(石:无)

无芒麦　(天:固)

光秃八麦子　(天:固)

白籽儿麦子　(保:容)

亚麦　(唐:大)

转窝子　(天:沧)

光头　(石:新)

葫芦头　(石:束)

【麦芒儿】

麦芒　(邯:丘、肥、郸、邯)(保:雄)(天:静)(石:晋)

麦芒子　(天:天)

麦芒儿　(唐:乐)

【麦穗儿】

麦穗穗　(张:怀)

麦穗子　(天:东、山、安)(张:张、阳、商、崇、怀)(唐:宝、玉、乐)(石:晋)

【麦莛儿】　麦的茎,即麦秆儿。

麦秸秆　(石:宁、井)

麦秸秆儿　(石:井)(保:完、阜)(天:安)(承:承)(唐:卢、玉、宝)

麦莛的　(邯:肥)

麦莛子　(天:山、安)

麦秸莛儿　(唐:昌、西、蓟)(石:灵、泽、石、平、束、无、安、枣、栾、藁、武、元、深、冀)(承:隆、承)(天:强、黄、饶、故、献、桥、河、永、庆、肃、津)(邯:广、邯、魏、柏、大、宗、永、鹿、台、沙、任、临、肥、周、南、成、内、尧、丘)(张:龙、尚、口)(保:保、望、唐、高、满、清、阳、阜)

花秸　(承:承)(石:束、正)

滑秸　打麦后的麦茎。(天:桥、安)(唐:宝、玉、丰、乐)(石:石、束、深)

麦花秸　(天:天)

麦黄秸　(张:鹿)

麦秆的　(邯:肥)

麦秆儿　(承:兴)(唐:昌、迁)(天:宁)(邯:任、肥、涉)

麦秸　(邯:邯、鸡、大)(张:张、赤、宣、沙、商、崇、蔚)(承:丰、围、青、承、滦)(保:安、新)(唐:三、迁)(石:新)

麦秸子　(唐:滦、三、乐、丰)(承:滦、平)(天:宁)(张:万、阳)

麦秸儿　(唐:丰、遵、抚)(石:无、正、泽、灵)

麦染　(张:蔚)

【麦根儿】

麦秸根　(天:固)

麦秸根儿　(唐:宝)(保:水)

麦根子　(唐:宝、玉、丰)

麦渣子　“渣”音 zhà。(天:桥)

【各地小麦种类例举】

碱麦 一种小麦,在盐碱地种植,麦子皮较厚,和的面劲儿不大,带有咸味。(邯:宗)

留麦 一年只收一季的麦子。麦收后,这块地才再种其他庄稼,秋后仍种麦子。这块地叫"留麦地",种的麦子叫"留麦"。(天:故、桥、霸)

小红五 色较红,面筋多。(保:兴)

小白王 白色,穗较小,麦芒较短,成熟期较早,但在将要成熟时怕大风吹。(邯:威)(天:霸)

大白王 白色,麦芒长,穗粗大。(邯:威)(天:霸)

大白鱼 粒饱满,色白。(石:枣、灵)

光头麦 小麦的一种,穗上没有长芒。(保:兴)(石:建)(天:安)

光秃麦 无芒小麦。(天:固)

葫芦头 有红葫芦头和白葫芦头之分,没麦芒,穗大,麦秸秆粗壮,不怕风吹雨打,成熟期较晚。(邯:威)(天:安、霸)

葫芦头麦子 无芒,二年生。(唐:丰)

蛐子麦 芒长,粒粗短。(石:灵)

秋麦 冬小麦的总称。(唐:乐)

六担准 新品种的高产小麦。(天:天)

【燕麦】 其苗与麦同,但穗长而疏。粒极细小,味甘。其穗下垂,与小麦不同。

亚麦 (天:宁)

洋麦子 (张:宣)

【荞麦】 果实为三棱形,茎高约二尺,色红,叶呈心脏形,花小,色白。

菱子 (石:泽)(保:易、完)

棱子 (保:满、新、蠡、保、水、容、高、清、兴、博、唐)(天:肃)(承:滦)

苦荞麦 荞麦的一种,味苦,不出面,皮厚,可做酒。(承:滦)

瞒麦 粒圆,灰色,种在薄地上不苦,比苦荞麦好吃。(承:滦)

【荞麦皮】

菱子皮 (保:易、完、阳)(石:泽)

棱子皮 (保:定、高、兴、蠡、博、唐)

棱子皮儿 (保:清、保、新、满)(天:静)

【莜麦】 也写作"油麦",实为荞麦的一种,多产于张家口、承德等地区。

油荞 (张:尚)

油麦 (石:无)(张:怀、鹿)

【稻子】 水稻。

稻的 (邯:广、大、邯)

稻谷 (邯:内)

水稻 (天:天)

【大米】 稻子碾成的米。

白米 (保:唐)(天:安)

粳米 (唐:迁、丰、蓟、玉、抚、西、乐)

粳米 (老)(承:围)

稻米 指小站米。(天:天)(唐:大)

【粳米】 稻之一种,不黏,晚熟。

粳子 (承:承、滦)(唐:抚、蓟、乐)(天:安)

旱粳子米 (天:黄)

粳黄米 (张:怀)

大米 (邯:广、邯)

【糯米】 稻米的一种,富于黏性,常用以做汤圆或蒸甜酒。

江米 (全省通行)

江米 做粽子、元宵,说"江米粽子"、"江米元宵",做干饭叫"糯米干饭"。(唐:抚)(天:安、桥、天)

软米 (张:赤)

萝米 (张:鹿)

黏米 (天:宁)

黏大米 (保:博)

【小米儿】 谷子碾去皮。

米 (保:博、定、唐、高、满、安、阳、蠡、望)(唐:乐、蓟、玉)(石:深、获、无、冀、正、衡、赵、枣、栾、藁、元、赞、晋、束、新、灵、安)(天:肃、桥、沧)(邯:乡、郸、魏、鸡、大、磁、宗、永、鹿、台、沙、邯、任、肥、涉、周、南、内、尧、

丘)(张:阳、万、宣、鹿、怀、尚、蔚、沙)(承:平、承、滦)

谷米　(石:藁、无、泽、晋、安)(天:强、桥、沧、阜)(邯:魏、宗、鹿、漳、内、尧、邯)(张:康、商、怀、尚)(保:安)

谷米　指谷子。(天:孟)

小米子　(张:崇)(天:桥)

【秕谷】　有壳无实的谷。

秕子　(天:强、故、献、文、山、桥、霸、庆、津)(石:衡、枣、无、深、束、灵、晋)(唐:山、秦、大、卢、乐)(邯:郸、宗、鹿、清、肥、成)(承:承、兴、围)(保:博、易、唐、满、安、新、兴、蠡、涿、完)

大头秕子　(承:滦)

谷秕　(石:冀、宁、河)

谷秕的　(邯:大、邯)

谷秕子　(唐:丰、玉、迁、宝、乐)(承:滦)(石:行、元、新、栾、藁、灵、正)(天:黄、固、肃、东、静、任、安、大、永、沧、天)(邯:乡、柏、任、尧、邯)(保:高、安、雄、阜)

【莠子】　高一二尺,分生小枝,茎、叶、穗均似粟而小,又名狗尾巴草。

谷莠　(石:灵、建)(邯:乡、邯)(保:新)

谷莠子　(保:定、唐、水、清、安、阳、蠡、博、容)(唐:丰、宝、玉、迁、大、三、乐、抚、昌、卢、滦)(承:青、隆、平、滦)(石:新、正、河、泽、井、栾、藁、武、行、安)(天:强、黄、孟、东、献、大、安、武、永、庆、桥、山)(邯:郸、鸡、柏、威、永、鹿、清、任、内、尧、邯、漳)(张:阳、宣、蔚、鹿)

谷谷莠儿　(天:东、饶)(保:阳)(石:行)(唐:玉)

谷谷莠子　(保:阜)

谷妞儿草　(天:固、静)

谷妞子　(天:安)

故故妞儿　(天:桥)

狗尾巴草　(唐:滦、遵、山、秦、昌)(承:青、平)(石:深、河、高、无、宁、晋、平、安)(天:静、文、永、沧、庆、阜、霸、天)(邯:鹿、邯、清、肥、涉、成、内、尧)(张:张、沽)(保:易、高、满)

狼尾巴缨　(保:完)

狼尾巴草　(邯:丘、肥、邯)

狼尾巴草　样子像莠子,一尺多到二尺高,与莠子不同。(石:正)

毛莠莠　(张:崇、怀)

播播狗　(石:石)

露心　(张:赤)

牛草　(邯:大、广、邯)

兔儿草　(承:承)

扳不倒草　(天:天)

看谷老　(张:赤)

【秕谷皮儿】　碾小米时脱下的皮。

秕子　(天:津)

秕子皮儿　(保:新)(承:承)(石:束)

秕子谷皮儿　(天:桥)

秕谷的　(邯:肥、邯)

秕谷皮子　(张:阳)

秕谷子皮　(张:怀)

皮子　(唐:抚)

谷秕子　(天:霸)(唐:滦、迁、乐)(石:灵)

谷衣子　(天:武)

谷子皮儿　(唐:卢)

谷秕皮儿　(唐:丰)

谷糠　(天:大、霸)(保:定、高、清)(唐:大、乐)(承:兴)

蒙糠　(邯:清)(天:津)

暴糠　(天:津)(承:围)

秕糠　(邯:磁、邯)(承:围)

糠　(承:滦)(天:桥)(张:蔚)

【玉米】

包谷　(邯:内)(石:藁)

包米　(邯:内)(唐:丰、滦、玉、卢、迁、抚、西、乐、蓟、昌)(保:安)(承:丰、围、青、隆、兴、承、平)(石:藁)(天:故、肃、桥)

玉蜀　(邯:鸡、广、邯)(唐:丰、遵、山)

玉蜀黍　(邯:丘、尧、内、成、周、涉、肥、临、任、沙、台、鹿、广、磁、柏、鸡、魏、郸、邯、乡)(石:安、建、获、石、灵、新、束、行、晋、井、深、无、元、赵、藁、栾)(保:完、定)(承:平、隆、丰、围)(张:怀、蔚、尚、宣、龙、沙、张、万、赤、康、阳)(唐:蓟、三、玉)(天:庆、沧、饶、故、献)

玉蜀棒 (石:灵、正)(保:阜)(张:蔚)

玉茭 (邯:尧)(石:赞、灵)

玉茭茭 (张:商)

玉茭子 (保:阜)

棒棒 (石:灵)

棒子 (全省通行)

棒子米 (唐:卢)(承:隆)

棒子骨头 指去掉粒的轴儿。(天:安)

棒棒子 (保:唐)

玉米棒棒 (石:灵)

六谷 (邯:内)

【玉米缨儿】 每个棒子尖端的缨须。

棒缨子 (天:庆)(石:深)

棒子缨 (石:深)

棒子毛 (天:天)

盔缨儿 (邯:磁、邯)

棒子线 (天:庆)

花红线 (唐:乐)(天:庆、安)

花花线 (唐:大)(天:桥)

玉蜀黍缨 (邯:涉)

吐索子 玉米出雄花。(天:安)

棒子胡子 (天:安)

玉米胡 (唐:玉、宝、丰、滦)

玉蜀胡子 (唐:蓟)

【稗子】 有水稗和旱稗两种,叶深绿色。稍头出扁穗,结子和黍粒大,茶褐色,可捣米做粥,也可磨面做蒸食。

稻稗 (保:安)

水稗子 (保:兴)(张:万)

稻莠子 (保:阜)

稻板子 (保:阜)

稗草 (保:安)(张:沙)(天:安)

水稗草 (天:安)

霉子 (天:天)

甩子 (唐:乐)

【高粱】

红粮 (保:兴)(唐:丰、玉)

秫子 (邯:鸡、清、肥、内、丘、邯)(张:康)(石:晋、高)(保:定、望)(天:阜)(唐:蓟)

陶秫 (邯:内)

笨高粱 不黏的。(承:滦)(天:霸、安、天)

黏高粱 黏的。(承:滦)(天:霸、安、天)

白高粱 (唐:山、乐)

竹叶青 (唐:山)

歪脖红 (唐:山)

红灯笼 (唐:山)

关东青 (唐:乐)

多穗高粱 (唐:山、乐)

蛇眼 (唐:乐)

【高粱秆儿】

秫秆 (张:宣)

秫干 (天:静)

陶秫秆 (邯:内)

秸秆 高粱秆、玉米秸的总称。(承:滦)

箭秆 (张:怀、万)

箭秆 “箭”音 jiàng,最上一节长穗的。(唐:乐、山)

箭秆瓤儿 (唐:宝、玉)

秫秸干儿 (天:天)

秫秸 (全省大部分地区通行)

秫秫秸 (张:万)

高粱秸 (保:清、阜)(唐:丰、玉)(石:获、平、井、高、建)

冈梁秸儿 (保:清)

高粱秫秸 (唐:乐)

高粱秆子 (张:崇)(承:承)

格当子 (张:赤)(邯:广、肥)

格当瓤　剥去硬皮的高粱秆。(石:束)

格腾瓤　(唐:乐)

烂秆　(唐:乐)

烂秫秸　(唐:乐)

格脑　打碎的秫秸、玉米秸等柴草,可做饲料。(承:滦)(天:桥)

席篾儿　高粱秆的皮。(石:束)(唐:乐)

席篾皮儿　(唐:乐)

【黍】　形似粟,但穗是散的,碾成的米色黄而黏。

糜子　(保:完)

黍子　(石:灵、枣、深、束)(天:强、霸、安)(张:万、蔚、怀、沙)

糜黍　(唐:大)

黄米　(石:平、灵、枣、深、束)(天:桥)(张:张)(唐:乐)

大黄米　(唐:蓟、丰)

【糜子】　黍类,小于黍。黍是黏的,糜子则不黏。黍秆有毛,糜秆无毛。(糜子也有黏的,但黏性不如黍。)

糜子　性黏。(天:大、武、安)(保:博、唐、保)(邯:威、临)(石:平)

穄子　(石:赞、新、正、平、元、宁、井、栾、藁、晋)(天:饶、武、津)(邯:乡、鸡、大、邯、台、沙、肥、涉、南、成、内、尧、丘、漳)(张:阳)(保:定、保、阳、蠡、阜、博、唐、容)

穄的　(邯:大、邯)

稷子　(石:灵、束、深、建)(天:黄、桥)(保:完)

【芝麻】

芝麦　(邯:涉)

八杈枯　芝麻的一种,多枝杈,比较低矮。(保:兴)(天:安)

大铁鞭　芝麻的一种,独茎,比较高。(保:兴)

霸王鞭　芝麻的一种,只一根茎,无枝杈。(唐:玉、宝)(天:安)

【芝麻秸】　芝麻打落后剩的空壳及枯秆,可用来引火。

芝麻秸子　(唐:大、乐、昌)(天:黄、霸、安)

芝麻秸儿　(天:静、安)(石:泽、石)(保:清)(唐:玉)

芝麻铜儿　(保:蠡)(石:深、束)

芝麻秆儿　(邯:广、邯)

芝麻秆子　(天:东、桥)(邯:广、邯)

【绿豆】　褐绿色,粒小,长圆形,和米煮粥或磨粉制粉条,或发芽做豆芽。

吉豆　(天:阜、肃、静、桥)(邯:任、肥、邯)(唐:抚)

绿小豆　(石:栾)(邯:涉、邯)

粳米绿豆　形状像粳米的绿豆。(承:滦)

【黄豆】

白豆　(张:沙、宣、怀)

渠豆　有渠的地方两岸种植黄豆,据说长得特别,所以叫"渠豆"。(邯:磁、邯)

合豆　(唐:迁)

圆豆　(唐:遵、昌)(承:平)

毛豆　(邯:磁、邯)

豆的　(邯:大、邯)

大黄豆　(天:肃、霸)(唐:宝、玉)

白黑豆　黄豆的一种,白带青色。(唐:昌、抚)

青豆　比一般黄豆色发青。(唐:蓟)

大豆　(唐:宝、玉)

【黑豆】　大豆的一种,色黑,可榨油。

台豆　(天:静、桥)(邯:任)(承:滦)

兔子眼　(天:桥)

兔眼　黄豆粒大的花皮豆,似兔眼。(唐:乐)

猫眼　(唐:乐)

红黑豆　黑豆的一种,带红色。(石:栾、深、束)

磨石豆　(唐:乐)

小黑豆子　(唐:迁)

【红小豆】　红色,较绿豆大,常用以做豆馅。

小豆　(天:霸、桥、安)

小豆子　(邯:磁、邯)

小豆儿　(邯:永、邯)

红豆　(石:石)

小红豆　(石:武、行)(唐:抚)(张:商)(保:涿)(天:武)

红豆子 （张:崇）

红连豆 （保:阜）

江饭豆 （唐:丰、宝、玉、乐）

查豆 （天:津）

饭豆子 （承:滦）

姜豆 （张:沙、万、蔚、怀）（邯:宗、乡、威、南）

【豌豆】 夏初开蝶形小花，结实成荚，嫩苗可做汤。

面菇豆 （天:黄）

细细豆 （邯:内）

【豌豆苗儿】 豌豆的茎叶嫩时叫“豌豆苗儿”，用以做汤或炒菜。

豌豆秧 （承:滦）（保:清）

豌豆秧子 （张:崇）（唐:乐）

豌豆苗 （张:沙）

豌豆颠儿 （天:津）（邯:内）（保:定）

【豇豆】 有红、白、紫各色，嫩荚作筷子形，作菜吃。

小豆 （唐:迁）（天:安）

饭豆 （唐:迁、乐）（天:桥）

爬豆 豆粒大，红嘴白色。（唐:昌、丰、滦、遵、玉、宝、卢、迁、大、西、乐、秦、蓟、山）（承:滦、青、兴、平）（石:高、栾、无、建）（天:黄、固、东、静、献、文、大、沧、永、武、孟、宁、霸、安、山）（邯:魏、威、邯）

江豆 （保:易）（天:安）

白豆 （邯:南）

十八豆 （唐:抚）

上架豆子 （张:崇）

芸豆角 （唐:玉）

菜豆角子 （唐:玉）

菜豆 （唐:玉）

【旅生豆儿】 野生的豆子。

落豆 （邯:任）

胡豆 （石:灵、藁、新）

胡豆子 （天:河）

胡立豆 （天:桥）（唐:蓟）

胡绿豆 （唐:丰）（石:枣、深）（天:霸、故、安）（保:易）（邯:鹿）

落豆儿 （天:武）（唐:抚）

落连豆 （邯:临）

捞豆 （唐:丰、宝、玉）

捞豆子 （承:平）（天:安）（唐:大）

野豆 （邯:魏、任、邯）

野豆子 （唐:滦）（石:冀、衡）（邯:磁、任、清、邯）

野生的 （天:肃）

柳生豆 （张:宣、沽）

柳生豆子 （张:康、怀、赤）

露生豆儿 （保:蠡）（石:获、深、束、行、栾、宁、井、平、建）

铁豆 （邯:尧）

炸角豆 （邯:鹿）

儿生豆 （石:赞）

生豆儿 （承:丰）

垄生豆儿 （承:承）

贼豆子 （天:固）

三胡豆子 （天:河）

旅豆 （张:沙）

旅豆儿 （唐:山）（石:石、安）（保:安）（邯:永、台、内、邯）

胡旅豆 （天:东）

【扁豆】 夏季结实成荚，形状扁长，可作菜。

爬架 （保:兴）

门豆 （保:完）

四季豆 （唐:遵）（天:桥）（邯:内、尧）（保:阳）

扁豆角 （唐:西）（天:霸、安）

豆角子 （承:承）

梅豆角儿 （石:束、深）

猫耳朵 （天:天）

羊羊豆 （唐:乐）

老婆子耳朵 （唐:乐、滦）

老婆耳子 （唐:玉）

芸豆角 （唐:乐）

芸豆　(唐:昌)

【蚕豆】

大豆　(张:沙、万、怀、鹿、赤、崇、蔚)(保:安)

胡豆　(唐:遵、三)(石:栾、无)(邯:内、尧)

面糊豆　(天:献)

树豆　(承:滦)

白黑豆　白带青色。(唐:昌、抚)

【牙豆】　剥皮蚕豆。

豆瓣　(张:蔚)

豆瓣子　(张:崇)

豆瓣儿　(天:静)(张:沙)

蚕豆瓣　(天:武、津)

蚕豆　(石:石)(天:霸)

菜豆　(天:静、桥、故)(保:唐)

大豆牙　(张:沙)

豆嘴　(邯:台)

豆黄子　(张:张)

磨牙豆　(邯:清)

生芽大豆　(张:怀)

【白薯】

红薯　(全省大部分地区通行)

红白薯　(张:鹿、怀)

山药　(唐:玉)(石:行、获、建、赞、无、冀、新、正、河、石、灵、高、束、衡、宁、赵、枣、栾、藁、元、武、晋、安)(天:阜、故、任、文、桥、津、河、饶、强、肃、献)(保:博、定、易、望、唐、高、满、清、安、阳、新、兴、雄、蠡、保、阜、完、容)(张:康、赤、沙)(邯:乡、柏、磁、宗、威、永、鹿、台、邯、任、临、肥、尧、涉、南、内、成)(承:承)

红山药　(石:泽、深)(邯:沙)

山芋　(唐:遵)(保:望、安、雄)(邯:肥、成、邯、内、尧)(石:平、栾、晋)(天:阜、黄、故、东、静、献、山、桥、津、安、沧、大、霸、永、武、宁、河、天)

苕　(邯:内)

番薯　(石:元)(保:望)(邯:内)

地瓜　(唐:滦、遵、玉、卢、迁、抚、西、三、蓟、昌)(承:丰、围、滦、兴、承、平)(邯:邯、永、肥、内、尧)(天:孟、故、肃、东、山、桥、津、庆)(保:望)

洋白薯　(唐:三)

本地白薯　(唐:蓟)

大粒儿　(唐:遵)

【薯蓣】　根圆柱形,皮外有须,色黄,肉成白色。中医用以作补品,平常可用作菜炖肉。

山药　(唐:抚、宝、玉、大)(天:津、天、桥、安)

白山药　(保:蠡)(邯:乡、邯)(石:束、泽、深)

麻山药　(保:定、蠡)(天:天、武)

菜山药　(天:黄、桥)

芋头　(石:灵)

地瓜　(邯:成、邯)

【马铃薯】　形圆如马铃,色黄,肉成白色,可用作主食或菜。

土豆子　(天:东、大、庆、黄、安)(唐:丰、玉、大)

土豆儿　(天:桥、天)

土豆　(唐:昌、乐、滦)(天:霸)

洋芋　(承:平)(天:故)(邯:肥、成、内、邯)

洋番薯　(保:望)(邯:内)

洋山芋　(天:文、桥、故)(保:望)(张:沙)(邯:郸、肥、内、尧、邯)(石:晋、栾)

山药蛋　(全省通行)

山药豆儿　(天:静、天、津)

山药　(唐:西、蓟)(承:隆、丰、滦、兴、围)(张:张、万、龙、崇、阳、沙、宣、商)(邯:邯)

【向日葵】

王介莲　(天:饶)

王家莲子　(天:饶)

猫子嗑花　(唐:昌)

白妮朝凤　(石:栾)

老爷转　(承:围、滦、隆、兴、承、平)

爷爷转　(天:东、大、河、献、沧)

朝爷花 （保:博）

朝阳葵 （石:灵）（保:望）（张:万、沙、尚）（天:宁）（邯:内）

朝阳花 （石:建、冀、河、枣）（张:张、龙、赤、康、鹿、沽、宣、商、崇、怀、蔚、尚、万）（邯:南）

朝阳转 （承:丰）

日头爷花 （石:井）

日头花 （唐:滦、昌）（石:行、建、新、平）

日头转 （唐:遵、蓟）（承:平）（石:高）

转日莲 （唐:丰、宝、山、玉、大、西、秦、昌）（承:围、青、承、平）（石:石、栾、高）（天:静、安、阜、津）（邯:内）

转子莲 （张:沙）（邯:漳、邯）（唐:遵、滦、大、宝、三、乐）（石:获）（天:安）

转季莲 （天:黄）

转向莲 （天:桥）

转莲 （天:天、武）

转逐莲 （石:正、石、栾、获）

转向葵 （天:故）

向日莲 （唐:抚）（邯:尧）

望天葵 （天:任）

望月莲 （保:清、蠡）

望枝莲 （保:兴、新、阜）

望爷花 （保:博）

望日莲 （唐:卢、昌）（石:泽、元、束、衡、无、宁、赵、藁、武、深、晋、安）（天:强、固、肃、南、文、河、永、霸）（保:定、易、保、望、唐、水、高、满、安、阳、兴、雄、涿、完）（邯:乡、柏、宗、鹿、任、临、南、内、尧）

照日莲 （邯:内）

照日葵 （邯:任）

太阳转 （石:枣）

葵花 （邯:宗、乡）

【葵花子儿】

猫子嗑儿 （唐:昌、乐）

小别扭 （天:静）

朝阳花子儿 （张:蔚）

朝阳花子 （张:蔚）（石:冀、枣）

爷爷转子 （天:大）

老爷转子儿 （承:滦）

日头花子 （唐:滦）（石:建、平）

望日莲子儿 （石:宁、晋、深）（天:肃、霸）（保:易、唐、完）（邯:鹿）

望月莲子儿 （保:清、蠡）

望子莲子儿 （保:阜、保、新）（唐:三）

葵瓜子 （保:保）

葵花仁 （天:庆）

转逐莲子儿 （石:正）

转子莲子 （唐:滦、乐）

转季莲子儿 （天:黄）

转日莲子儿 （石:栾）（天:安、肃）（唐:山、大）

转日莲子 （唐:丰、山）

转向莲子儿 （天:桥）

转莲子儿 （天:天、河、武、安）（唐:玉、大）

转心莲子 （天:静）

望日莲子 （保:定、高）（天:永）

开花子儿 （张:阳）

向日莲子儿 （唐:抚）

向日葵子儿 （承:滦）（唐:玉）

瓜子儿 （张:崇、鹿、赤、张、康、万、蔚、怀、沙）（天:安）

穷磨 含有取笑意味。（唐:宝）

穷吹 有玩笑讽刺意味。（保:兴）

【棉花】

棉花 （唐:昌、乐）

棉花 指籽棉,弹好的叫“穰子”。“棉”音 niáng。（天:桥）

棉花 “棉”音 niāo。（唐:乐）

大洋花 （石:栾）

棉花花儿 （保:容）

花 （石:赵、藁、宁、深、获、冀）（天:饶、桥）（保:兴、蠡、阜）（邯:广、乡、邯、郸、魏、鸡、柏、磁、宗、永、鹿、台、沙、任、肥、涉、临、周、成、内、尧）

穰子 （天:河、桥）

【棉花桃儿】

桃子　(邯:丘、邯)

花桃　(石:栾、河)(邯:魏、鸡、任、临、乡、涉、周、丘、邯)

棉桃的　(邯:邯)

棉花桃儿　"棉"音 niáng。(天:桥)

【蓖麻】　油料作物之一种。株高八九尺,茎中空,叶管亦中空。叶大,呈掌状分裂,秋季开红、黄色花,结实叫"蓖麻子"或"大麻子"。籽可榨油,供药用(轻泻)或工业用(润滑油)。茎皮纤维不能打绳、织布。果实外有针状刺。

冰麻　"冰"音 bīn。(张:康、万、怀、张)

大麻　(石:晋)

包麻　(天:河)

青麻　(唐:滦)

麻子　(石:晋、枣、束、深)(天:东、献)(邯:南)

大麻子　(石:晋、石、栾、正)(天:霸、安)(唐:大、丰、宝、玉、乐)

包麻子　(天:黄、沧、庆、文、河)

【大麻】　茎高七八尺,叶掌状。茎皮纤维柔韧,可织夏布,籽可榨油。

绳麻　(唐:抚)

线麻　(保:定、完)(邯:肥、邯)(承:围、青)

蒿麻　(天:黄)

笨麻　(天:献)

小麻　(石:束)(保:蠡)

包麻　(天:任、黄)

白麻　(张:宣、蔚)

大麻子　(保:水、高)(天:静)

麻子　(石:无)(天:桥)

青　(石:衡)

苘　"苘"音 qǐng。(天:桥)

青麻　(天:献、安)(唐:丰、乐)

丘麻　(邯:肥、邯)

洋麻　大掌状叶,开花像棉花,黄色。(天:安)(唐:玉、乐)

好麻　(唐:大)

麻　(张:蔚)

【麻秆】

麻柴　(天:霸)

包麻秸　(天:河)

麻秆秸　(天:桥)

麻秸秆　(唐:宝)(石:晋、河)(承:隆)(天:故、肃)(保:定、易)(邯:鹿、临、丘、邯)

麻秆　(唐:玉、三)(石:泽、行、获、井、建)(保:高、新、兴、雄)(邯:任)

麻秆儿　(天:天、安)

菁秆　(天:东)

麻秸秆儿　(保:水、清、涿)(唐:三、大)

菁麻秆　(天:肃)

【苎麻】　"苎"音 zhù。多年生草本植物,茎直立,高可达七尺,叶子互生,卵圆形或心脏形,花绿色,单性,雌雄同株,果实聚集成小球状,深褐色,表面有短茸毛。茎皮纤维洁白有光泽,拉力和耐热力强,是纺织工业的重要原料。

麻　(唐:滦、遵、玉、乐、秦、蓟)(承:平)(石:建、赞、无、冀、新、河、石、衡、元、井、藁、赵)(天:孟、东、献、桥、河、永、霸、庆、黄、肃)(保:易、容、望、唐、高、清)(张:万、阳、怀、蔚、尚、口)(邯:广、乡、邯、魏、鸡、磁、大、威、永、台、任、周、成、丘、漳)

小麻子　(保:水)(天:饶)

油麻　(邯:任)

青麻　(唐:遵、山)(保:涿)(天:静)

苘麻　"苘"音 qǐng。(保:涿)

南麻　(石:获)

绿麻　(唐:遵、抚、昌)(石:正、枣)(保:兴)(邯:任)

洋麻　(承:青)

朽麻　"朽"音 qiǔ。(石:灵)(邯:大、临、邯)

妈妈挑　(石:晋)

线麻　(承:滦)

好麻　(唐:丰、遵、西、乐)(保:新、兴)(天:献、安)(承:青)

好麻 麻之一种，其颜色比“洋麻”“朽麻”深，近于杏黄色。（唐：山）

【苎麻线】

麻线 （唐：迁）（邯：任、临）

好麻线 （保：定）（唐：乐）（天：安）

南麻线 （石：获）

竹麻线 （邯：大、邯）

麻批 （天：河）

麻绳 （唐：滦）（天：霸）

线麻 （唐：昌、迁）（邯：永、邯）（保：水）

麻经子 （邯：丘、邯）

【慈姑】 叶戟形或箭形，球茎，呈青色，皮硬，多栽于水中，茎很像荸荠，但稍大。

地梨儿 （天：饶、桥、安、天）

地溜溜儿 （保：易）

慈沟 （天：津）

山慈姑 （承：滦）

黑狗蛋 （承：滦）

鬼子姜 （唐：乐）

十二　文化、教育

【读书人】

书理人　(保:蠡)(天:桥)

书理人儿　(保:兴)(承:滦)

知书人　(唐:大)

念书的　(唐:乐)

念书人　(天:桥)

文墨人　(承:承)(唐:丰)

学生　(邯:广、沙)(唐:昌)

有文才的人　(唐:昌)

识文咬字的人　(唐:昌)

识文断字的　(天:安)

【认字的】

念书的　(唐:昌、乐)

学字的　(石:无)

识文解字　(天:东)

识文断字的　(承:承)(天:桥)(唐:大、丰)

喝墨水的　(贬)(唐:昌)

【不识字的】

老粗　(邯:宗、丘)(石:深)

白丁　(唐:昌、乐、滦)(天:河)

灯下黑　(邯:任)

目不识丁　(唐:昌)

白眼瞎　(唐:丰、乐)

睁眼瞎　(唐:三、乐)(天:黄)

睁眼瞎子　(全省通行)

瞪眼瞎子　(邯:肥、涉)(唐:昌)

有眼瞎子　(石:灵)

瞎汉　(张:康、怀)

瞎字不识　(邯:南)

瞎字儿不识的　(天:静)

【学校】

私塾　(旧)(天:肃、霸)(唐:昌)

私学　(旧)(石:获)

私学馆　(旧)(承:平)

馆　(旧)(天:肃)

学馆　(旧)(承:平)

书房　(老)(邯:永)(张:沽、尚)(天:桥)

校房　“房”读去声。(张:鹿)

学房　(老)(唐:昌)(保:容)

学房儿　(天:山)

学　(石:束)(天:饶、任)(邯:宗)(保:蠡)

学儿　(天:河)

学里　(保:唐)

学屋　(天:津)

学堂　(全省大部分地区通行)

洋学堂　(旧)(唐:丰、遵、三、蓟、玉、抚、卢、昌)(承:

承、平、围、滦、隆)(石:建、衡、枣、藁、正、井、晋、灵、获)(天:故、肃、静、桥、津、安、宁、沧、庆)(邯:郸、柏、宗、永、鹿、沙、任、临、肥、涉、漳、内、鸡、尧)(保:安、兴、涿、高、满、定、新、雄、完)(张:宣、龙、沙、尚)

校 (石:栾、获、高)(邯:临、邯、台)

校里 (石:新)(保:唐)

校儿 (石:深)

专馆 指专请教师教本家子弟的私塾。(唐:昌)

【上学校】

上书房 (旧)(邯:永)(张:沽)(天:桥)

上学堂 (全省大部分地区通行)

上洋学 (唐:遵、三、蓟、玉、西、抚、卢、昌)(承:承、平、围、滦、隆)(石:栾、建、灵、获、深)(天:故、肃、静、大、安、沧、河、津)(邯:郸、柏、永、鹿、沙、任、肥、内、鸡、尧)(保:定、水、满、安、新、兴)(张:沙)

上学儿 (天:任、河)(邯:清、南)(石:束)

上学 (唐:昌、乐)

进学校 (天:桥)

【招考】

投考 (邯:涉)

考学 (邯:涉)

【入场】 指入考场。

下场 (旧)(唐:宝、三、昌、丰)(石:无、束、衡、枣、藁、正、冀、泽、新、灵)(天:故、文、桥、安、沧、津)(邯:郸、魏、柏、大、宗、永、沙、任、涉、内、鸡、鹿、尧)(保:定、望、唐、高、安、阳、新、阜)(张:张、蔚)(承:承、平)

下场儿 (旧)(唐:丰)

下考场 (旧)(唐:宝)(天:霸)(邯:南、肥、尧)

进场 (唐:滦、遵、三、蓟、抚、大、昌)(承:各地)(石:石、晋、无、栾、藁、正、冀、泽、灵、建)(天:饶、肃、东、大、桥、宁、安、永、沧、庆、孟、津)(邯:邯、郸、魏、柏、宗、永、台、沙、任、肥、涉、漳、内、鸡、尧)(保:定、易、望、安、阳、蠡)(张:赤、康、沽、宣、龙、沙、蔚、张、尚)

进考场 (天:安)

【试卷儿】

卷儿 (石:衡)

卷的 (邯:大)

卷子 (唐:昌、乐)(天:桥、安)

考卷 (唐:昌)

考卷子 (唐:遵、三)(承:平)(天:肃、桥、河、沧、永)(邯:魏、沙、内、永、尧)(保:望、清)(张:龙、蔚、尚)(石:无、灵)

考试卷 (张:沙)

测验卷子 (天:桥)

考试卷子 (张:万)(唐:昌)

【交卷儿】

交卷子 (全省大部分地区通行)

交卷的 (邯:邯)

【交头卷儿】

交卷第一 (邯:涉)

第一卷儿 (唐:昌)

第一个卷儿 (唐:遵、蓟、大、抚)(承:平、滦、隆)(石:元、藁、栾、晋、灵、石)(天:故、固、肃、东、桥、津)(邯:邯、郸、魏、柏、永、鹿、台、沙、任、内、周、鸡、尧)(保:望、水、阳、涿、保)(张:龙、张、沙、尚)

交头名卷 (邯:肥)

交头名卷儿 (邯:郸)

【交白卷儿】

交卫生卷 (邯:成)

交白头卷 (邯:肥)

窜白卷儿 (旧)(天:强)

交白纸 (保:满)

【评卷子】

号分 (邯:宗)

打分 (天:桥)

判卷子 (老)(天:大、桥、安)(张:万)(唐:蓟、大、丰、乐)

审卷子 (石:无)

批卷子 (石:赞)

阅卷儿 (石:深、束)(唐:昌)

看卷儿　（唐:昌）

【发榜】

画榜　（天:桥）

粘榜　（邯:周、广、尧、沙、威）

抡榜　（邯:沙）

张榜　（天:孟、故、东、献、山、桥、津、河、任、庆）

贴榜　（唐:丰、滦、迁、抚、乐）（承:丰、围）（石:正、灵、深、获、新、衡、藁、赵、冀、束）（天:强、任）（邯:邯、魏、柏、大、宗、永、清、沙、任、南、成、丘）（保:清、安、阳、新、兴、蠡、满、阜、容）（张:张、万、阳、康、龙、赤、鹿）

列榜　（承:平）（石:深、无、元、武、栾）（天:故、桥）（邯:邯、魏、鹿、临、涉）（保:望）

出榜　（唐:大）

【第一名】

案首　（旧）（邯:尧）

头名　（邯:临）（天:桥）（唐:昌）

第一　（邯:尧、成、广）（唐:乐）

大第一　含讽刺意。（天:静）

前一名　（唐:遵）

【末名】

坐椅子　（全省大部分地区通行）

坐椅子的　（石:高）

坐椅子圈　（天:津）（保:安）

坐椅子圈儿　（天:庆）

红椅子　（天:桥）

坐红椅子　（全省通行）

坐红椅子的　（邯:沙）

坐红椅子圈　（石:平）

坐小红椅子儿　（保:唐、新）

坐小红板凳　（保:蠡）

坐小椅子　（石:元、栾）（邯:南）（保:阳）

坐小椅子儿　（保:清）

坐秤钩　（邯:内、任）

坐口板凳　（石:灵）

坐太师椅子　（邯:临）

坐官椅　（张:蔚）

坐黄椅的　（张:万）

大坐椅子　（张:商）

拉大椅子　（承:围）

驮椅　（天:津）

背榜　（全省大部分地区通行）

背榜的　（石:宁）（保:唐）（唐:大）

扛榜　（全省大部分地区通行）

扛榜的　（保:唐）（张:怀）（石:宁）

第末　（保:满）（唐:抚、玉）

老末　（石:无）（邯:台）

老末儿　（石:建、获）

末后尾　（邯:南）

末末底　（天:桥）

末第一　（保:兴）

末突　音 mièdǔ。（邯:内、临）

倒第一　（石:衡）（天:饶、桥、河）（邯:大）

倒数第一　（保:雄）（张:万）（石:井、深）

最后　（承:承）

小尾巴儿　（天:静）

【考取了】

考中了　（唐:蓟）

考住了　（张:万、康、鹿、尚、怀）

考上了　（天:桥、天、安）（唐:昌、乐）

【没考上】

没取　（唐:遵、抚、卢、昌、蓟）（承:承、平、围、滦、丰、兴）（天:肃、桥、津）（邯:沙、鸡、尧）（保:望）（张:宣）

没中　（旧）（保:安）

没考住　（张:万、鹿）

没挂名　（天:桥）

落取了　（承:丰）

落第了　（承:平、丰）（保:安）

落榜了　（唐:滦）（天:安）

考掉了 （承：丰）（邯：沙、内）

白来 （邯：任、鸡）

【毕业】

卒业 （旧）（唐：昌、迁、抚、卢）（承：各地）（石：藁）（天：黄、饶、肃、东、大、山、桥、庆、津）（邯：沙、内、尧）（保：定）（张：沽、宣、沙、崇、鹿、蔚）

结业 （邯：肥）

念满了 （天：桥）

上满了 （保：满）

念出书来了 （张：万）

【私塾】

私塾馆 （张：鹿）

私塾房 （张：万、商、蔚、尚、宣）

私塾房儿 （保：涿、容）

私学 （全省大部分地区通行）

老学 （邯：内）

学馆 （承：滦）

小书房儿 （张：万）

【上私塾】

上私学 （张：沙、崇、尚）（唐：丰、遵、三、东、抚、卢、昌、迁）（承：承、平、围、滦、丰、隆、青）（石：赞、行、冀、无、平、正、泽、灵、高、深、获、新、束、衡、元、武、赵、枣、藁、栾、宁、石、井、晋、建）（天：强、饶、故、肃、静、献、桥、津）（邯：广、乡、郸、魏、鸡、永、鹿、台、沙、肥、周、成、漳、内、尧、丘）（保：博、定、望、唐、水、清、安、新、兴、蠡、高、阜）

上黑学 （邯：大）

念私塾 （张：张）

念小书房儿 （张：万）

【上学】

念书 （唐：大）

念书去 （张：蔚）（承：围）（天：桥）

念书了 （张：沙、万）（邯：台）

求学 （天：桥）

上学 “学”音 xiáo。（唐：蓟）

【放学】

下学 （全省大部分地区通行）

散学 （全省大部分地区通行）

【放假】

放学 （石：赵、束、深）（邯：魏、永、鸡、柏、磁、任、成、丘）（天：桥）

下学 （石：河）（保：唐）

下学 私塾放年假。（张：鹿）

散学 （承：青）（石：获）（天：固、静、献）（邯：尧）（保：雄）（唐：昌、蓟）

散假 （唐：迁、丰、乐）（承：青）

休假 （唐：滦）

【放暑假】

歇伏 （石：泽、束、深）（天：静、安）

放伏假 （老）（唐：丰）

放伏假 （全省大部分地区通行）

散伏学 （唐：乐）

【放寒假】

放年假 （全省大部分地区通行）

放年假 （老）（唐：丰）

散年假 （唐：丰、乐）

放冬假 （天：肃、桥）（邯：鸡、沙、内）（张：龙、赤）（承：青）（石：灵）（保：望）

【开蒙】 教导初学者。

发蒙 （唐：滦）（石：赞、正）（承：平）（天：肃、东、武）（邯：魏、鸡、沙、内）（保：高、满、博）（张：宣、沽）

启蒙 （旧）（唐：昌）

新开蒙 （承：围）

拜圣人 （旧）（保：新）

【学生所经的第一个老师】

开蒙老师 （老）（石：井）

启蒙老师 （唐：大）

【第一年上学】

启蒙　(唐:遵、秦、大、昌、滦、宝、乐、抚、山)(承:承、平、围、隆)(石:元、武、栾、行、石、晋、无、平、正、高、获、新、束、深)(天:强、固、饶、肃、静、文、大、山、桥、宁、安、河、津、沧)(邯:广、乡、郸、鸡、永、台、沙、任、内、尧)(保:安、阳、蠡、涿)(张:宣、鹿、蔚、崇)

蒙学　(石:枣)

刚上学　(唐:乐)

圈性子　(唐:大)

【背书】

背过　(天:桥)

背背书　(邯:广)

【描红】　初学写字的,把印好的红字描成墨字,叫描红。

描儿　(张:怀)

描影　(唐:迁、丰)

描形儿　(唐:丰、迁)

描红模儿　(唐:宝)

描红模子　(承:承、平、兴、隆、围)(唐:山、三、大、秦)(石:宁)(天:固、大、武、天)(保:易、唐、兴)(张:张、沽、宣、龙、赤、沙、崇、鹿、蔚、尚、口)(邯:鸡、沙、任、内、漳)

描红苗儿　(张:万、康)

描红引子　(张:阳)

【起仿影儿】　叫别人给写个仿影。

打仿　(邯:肥)

打仿影　(石:衡)(保:唐)(邯:广)(天:霸)(张:沙)

打仿影儿　(全省大部分地区通行)

打仿影子　(张:张、商、怀、万)(天:沧、庆)

打影子　(邯:涉)

打影格儿　(邯:涉)

替仿影　(老)(邯:鹿)

替仿影　(保:安)(石:武、枣)

替仿影儿　(石:建、井、平)(邯:大、清、南)(天:津)

替仿影子　(天:桥)

起格子　(石:无)(承:平)(保:望)(邯:沙、内、尧)(天:津)

裁仿影　(天:阜)

描仿影　(唐:昌、乐)

【套格子写】　把别人写的仿影,套在仿纸下面,描着写。

照仿　(石:新)

照影　(邯:大)

照帖　把帖放在纸下。(天:肃)

照写　(邯:台)

照着写　(唐:西)(保:新)(石:深、晋、束)

照着描　(保:唐)

照影写　(唐:宝、蓟)(天:饶)(保:满)(张:商)

照格儿写　(保:涿)

照影子写　(张:商)

照仿影儿　(保:博、涿)(天:桥)

照仿影儿写　(保:涿)(天:饶)

衬影子写　(张:宣)

衬格子写　(张:宣)

写仿影　(邯:鹿)(天:东、霸)(保:唐)(唐:昌、卢、乐)(承:围)

写仿影儿　(唐:秦、蓟)

按格写　(邯:成、南、尧)(石:武)

按格儿写　(邯:南)

按格子写　(邯:尧)

描　(石:衡、栾、无、正、晋)(保:定、易)(承:丰)(张:张、阳、沙、鹿、怀)(天:阜、宁、东、津)(邯:广、魏)(唐:丰、滦、秦、昌、乐)

描写　(石:灵)

描仿　(邯:漳)

描影　(唐:遵)

描仿影　(唐:乐)

描影儿　(唐:玉、丰)

套格　(邯:邯、鸡、柏)

套影　(邯:肥)(保:阜)

套着写 （保:唐）

套得写 （保:水）

套仿 （石:灵）

套仿影 （邯:大、魏）

套仿影写 （邯:广）（天:饶）

套着仿影写 （石:平）

套仿影儿写 （承:滦）

套仿影来写 （邯:邯）

铺着写 （唐:迁）（保:兴）

印着写 （保:安）（天:庆）（石:枣）

印格儿 （天:静）

拓着影儿(写) （天:天）

【跳格子】 一个字描格子写,一个字仿着写。

跳格子写 （保:雄）

一影一照 （天:静）

【临帖】 照名人字帖模仿书法。

临写 （邯:大）

临摹 （天:武）

临字 （邯:大）

临字帖 （邯:大）（唐:昌）

临帖写 （保:兴）

写帖 （唐:遵、昌）（承:平、围）（石:灵、栾）（天:阜、黄、东、庆、桥、静）（保:望）（张:阳、尚）（邯:魏、清、肥、涉、周、内）

写帖儿 （邯:磁）

写帖子 （张:怀）

写字帖 （张:张）

写仿临摹 （邯:鸡）

看上写 （张:怀）

看帖 （老）（张:鹿）

看帖 （石:井、武）（张:宣、康）

照帖 （唐:遵、三、蓟、西、抚、大、山）（承:平、隆、青、滦）（石:行、灵、新、元、宁、藁）（天:固、饶、文、桥、津、河、永、沧、庆、天）（保:博、保、望、唐、高、安、完）（张:沽、宣、龙、商、尚、口）（邯:邯、郸、鸡、柏、永、鹿、任、涉、内、尧）

照帖写 （唐:昌、乐）

照法帖 （保:高）

法帖 （保:阳）

仿 （承:丰）

靠帖 （承:滦）

比着写 （石:平）

按帖写 （邯:尧）

摹字帖 （邯:清）

硬写儿 （唐:丰）

离影儿写 （保:满）

【起草儿】

起稿儿 （唐:山、昌）（天:桥）

拟个草 （石:灵、晋）

起个草 （张:蔚）（石:束、建）（承:滦、围）

起个草底 （邯:涉）

打个草儿 （天:河）（石:深）（承:滦、围）

打个草底 （邯:涉）（唐:昌）

打个草底儿 （唐:乐）

打草稿 （邯:尧）（唐:大、蓟）（承:围）

打草稿儿 （天:安、桥）

打稿 （邯:大）

打稿儿 （唐:山、丰）

打个底 （邯:内）

打个底儿 （唐:滦）

写个草底儿 （保:安）（唐:昌）

【誊清】

抄 （天:桥）（邯:广）（唐:昌、乐）

抄清 （唐:滦）

誊写 （唐:三）

剩正 （保:望）（邯:内、尧）（天:桥）（承:平）

誊真 （天:孟、庆、津）

誊稿子 （张:怀、万）

誊稿儿 （唐:遵、宝、秦、三、蓟、乐、西、卢、昌、大）（承:承、平、围、丰、隆）（石:石、藁、栾、灵）（天:饶、肃、献、桥、河、宁、永、沧、津）（保:唐、安、阳、蠡、望）（张:沽、宣、蔚、尚）（邯:邯、郸、魏、鸡、柏、大、永、鹿、清、任、肥、涉、漳、周、内、尧）

誊清儿 （唐:昌）

【涂了】

抹了 （全省大部分地区通行）

拉了 （石:无、栾）（唐:乐）

毁了 （邯:尧）

打了 （张:万、怀）

划了 （邯:沙）

勾抹 （唐:昌）

勾了 （唐:乐）

糊涂了 （张:万）

泯了 （邯:涉）

【改文章】

看文儿 （天:桥）（唐:遵、西、宝、大、玉、迁）

看作文 （石:新）（邯:清）

看文章 （石:无）

批改 （邯:临）（唐:昌）

批作文 （石:赞）（邯:清）

改作文 （张:宣、龙、赤、鹿、怀、口）（邯:广）（天:安）

改文儿 （唐:丰）（石:正、深、枣、井）（保:易、定、蠡、涿、满、安、阳）（承:滦）（张:蔚）（天:静、饶、河）（邯:广、尧、清）

判文儿 （天:桥、安）（唐:遵、大、昌）

判作文 （唐:乐）

【作文】

编文 （石:无、枣）（邯:肥）

编文章 （石:无）

憋文 厌学的说。（天:桥）

写作文 （唐:大）

【零分】

零 （石:衡）（唐:昌）

零蛋 （石:新）（张:万）（唐:大、乐）

零蛋子 （天:静）

大零 （张:宣、怀、鹿、万）（邯:大、永）（天:静、安）

大零蛋 （张:阳、万、商、怀）（天:天）（唐:乐）

大鸭零 （天:静）

铃铛 （保:保）（张:鹿）（邯:清）

大铃铛 （邯:清）

大饼子 （张:康）

大鸡蛋 （张:宣、万）（邯:广、大、永）（唐:昌、乐）

吃鸡蛋 （石:束）（邯:尧）

鸡蛋 （全省大部分地区通行）

鸭蛋 （唐:滦、遵、蓟、乐、迁、昌）（承:平、围、丰、兴）（石:石、宁、栾、无、晋、灵、高）（天:固、肃、东、静、山、桥、河、宁、永、沧、津）（保:望、唐、水、安、阳、兴、雄、涿、阜、完）（张:万）（邯:邯、魏、柏、威、鹿、台、沙、肥、成、内）

鹅蛋 （唐:昌、乐）（承:平、围、兴）（石:栾、无、晋、灵、石、高）（天:肃、桥、永、津）（保:定、唐、水、望、完）（张:崇）（邯:邯、魏、沙、肥、成、内）

圈 （天:宁）

圈儿 （天:桥）（唐:昌）

烧饼 （唐:丰、三、蓟）（保:安、雄）（张:万、鹿）（邯:乡、大）（天:河）（石:河）

大烧饼 （唐:三、乐）

包子 （唐:丰、滦、遵、迁、西）（承:围、兴、青、平）（石:栾）（保:唐、水、满、清）（邯:肥、内）（天:河、宁）

【蘸水钢笔】

水笔 （邯:沙）

蘸笔 （石:栾、枣）（保:满）（邯:乡、邯、鸡、磁、鹿、任、肥、涉、南、尧、丘、柏）

蘸水笔 （邯:邯、广）（石:衡、晋、无）（唐:丰、昌、大）（天:桥、安）（承:围）

【钢笔尖儿】

笔针 （保:雄）

笔针儿 （保:唐、雄）（唐:三）

蘸笔头儿 （邯:鸡）

蘸笔尖儿 （邯:鸡、台、内、任）

钢笔头儿 （承:青）（石:深）

钢笔针儿 （保:清）

水笔头 （石:灵）

笔尖 （唐:迁）

笔尖儿 （石:无）（天:桥）（唐:昌）

【自来水笔】

水笔 （承:围、兴）（石:藁、元、赞、无、正、井、晋、灵、石、获、建）（保:定、望、唐、阜）（张:万、宣、鹿、蔚）（邯:郸、柏、永、台、沙、临、涉、内）（天:大、桥、津、阜）

水笔 各种笔的总称。（天:大）

水笔 （老）（邯:台）

打水钢笔 （唐:抚）

抽水钢笔 （唐:抚、乐）

钢笔 （天:桥、天）（唐:昌）

油笔 （唐:大）

【毛笔】

水笔 （唐:抚、秦、丰、滦、遵、宝、三、蓟、玉、迁、西、大、卢、昌、乐）（承:各地）（石:河、衡、宁、深、束、新、灵）（天:阜、固、饶、肃、东、桥、宁、河、津、武、永、沧）（保:定、望、唐、水、安、新、兴、蠡、容、涿）（张:万、沽、宣、尚）（邯:广、鸡、沙、内、尧）

笔 （天:安）

墨笔 （唐:昌）

【砚台】 特种石头做的研墨用具。

砚瓮 （石:高、获、无、赵、藁、栾、晋）（保:博、易）（张:鹿、宣、赤、沽、蔚、阳、康、尚）（天:任、肃）

砚瓦 （石:赞、行、灵、建、平、无、深、泽、正、井、栾）（天:饶、肃、津）（保:望、唐、高、安、阳、蠡、完）（张:张、万、阳、商、蔚、尚）（邯:广、乡、郸、鸡、磁、鹿、任、肥、涉、漳、周、成、内、尧）

砚池 （天:黄、山）

砚王 （天:任）

砚台盒 （唐:大）

砚石 （唐:滦、秦、抚、昌、卢）（承:平、隆）（石:灵、无、泽、宁）（天:阜、饶、孟、肃、津、河、永）（保:望、安、蠡）（张:阳、沽、沙、怀、尚）（邯:鸡、永、清、沙、涉、内、尧）

砚海 （保:安）（天:天）

砚划 （邯:郸、魏、永、沙、临、大、尧、邯、台、丘、内）

墨海 （天:桥、津）（唐:昌）

墨盒 （唐:秦、迁、山、昌）

墨盒儿 （唐:秦、山、乐）

墨旋子 （唐:抚）

墨盘 （唐:滦、乐、抚、昌、西、迁）（承:承、平、滦、丰、兴、青）（石:石、灵）（保:望）（邯:内）（天:津、永）

墨盘子 （唐:迁、西、昌）

墨台盘子 （承:围）

【墨海】 盆形大砚台。

砚台 （石:晋）

砚海 （张:蔚）（邯:丘）

砚瓮 （天:任）（石:赞）

砚台盘子 （唐:迁）

砚海子 （唐:遵）

墨池 （邯:乡）

墨池子 （保:博）

墨海子 （唐:丰）

墨盘子 （唐:迁）

墨旋子 （天:安）

墨海儿 （唐:山）（承:承）

【研墨】

磨墨 （石:晋、灵）（唐:昌、宝、乐）（承:平、承、青、滦）（天:固、饶、肃、桥、津、武、永）（保:望、安、蠡）（张:张、万、康、沽、宣、怀、蔚、尚）（邯:鸡、宗、永、台、任、肥、涉、内、鹿、尧）

磨墨子 （张:万）

研墨子 （石:建）

【研墨用的水】

墨水儿　（石：深、束）

砚水儿　（天：安）

【水匙】　往砚台里注水的小勺儿。

砚水勺儿　（天：安）

墨水勺儿　（石：深、束）（天：桥）

【墨研熟了】

墨研糨了　（唐：山、蓟）（天：桥、安、河）（保：安、新）

墨研稠了　（张：阳、宣）（石：新、获）（承：承）

墨子磨好了　（张：怀、万）

研稠了　（石：深）

研好了　（唐：大、昌、乐）（天：饶）

研得了　（保：唐）

研好墨了　（石：宁）（天：天）

【墨不熟】

洇　（唐：遵、乐）（天：桥）

淡　（唐：遵）

稀　（唐：迁、遵、丰）（天：桥）

墨淡　（天：津）

墨薄　（保：安）（天：津）

墨洇　（保：容）（天：津、桥）

墨稀　（保：高、水）（天：桥）（张：宣）（承：承）

墨太稀　（保：满）（唐：昌）

墨水稀　（张：沙）

墨不糨　（天：庆）（石：新）

墨不里　（张：张）（邯：大）

没研好　（张：龙、赤）（邯：鹿、临）（天：天）

没研成　（天：饶）

研得稀　（保：唐）

研不稠　（张：阳）

墨得不稠　（张：怀）

墨研得薄　（天：饶）

墨薄写起来洇　（天：静）（唐：乐）

【仿圈】　写仿时压纸的圆或长方形金属器。

铜圈　（张：口）

仿圈儿　（唐：昌）（天：桥）

仿圆　（石：宁）

压仿圈　（张：沽）（天：庆）（石：高、栾）（邯：尧）

压纸圈　（张：鹿）（石：灵）

压纸圈子　（张：万）

【仿尺】　写仿时压纸的尺。

仿千　（唐：遵）

仿压　（邯：大）

仿条　（承：滦）

仿键　（石：正）（唐：蓟）

仿键子　（唐：抚）（承：围）

仿锭儿　（邯：涉）

压尺　（石：冀、灵、栾、石）（唐：昌、西、宝、三、卢、大）（承：平、隆、围）（天：饶、肃、东、献、山、武）（保：博、定、保、望、安、阳）（张：赤、宣、沙、鹿）（邯：鸡、任、临、成、内、尧）

压仿键　（邯：内）

压仿圪锭　（邯：涉）

压纸杠　（石：建、平、高、获、井、栾、灵）（保：阜）

压纸尺　（张：阳）

压纸键　（石：灵）

铜尺　（唐：宝）（天：孟、静）（保：水、安、兴、涿）（邯：鸡、大、南）

铜尺的　（邯：大）

铜尺子　（邯：鸡）

镇尺　（唐：丰、大、迁）（石：束、深、枣）（天：津、宁）

钢尺　（唐：宝）

铁铿　（天：桥）

【掭笔】

破笔　（天：庆）

杠笔　（张：怀、宣）

蘸笔　（天：桥）（保：定）（唐：昌）

探笔　（唐：滦、遵、秦、三、蓟、抚、卢、昌）（承：青、平）（石：灵）（保：望）（邯：内、丘）（天：静、文、津、天、庆）

片笔　（唐：丰）

舔墨 (唐:遵、三、蓟、迁)(承:承、平、兴)(石:灵)(张:张、阳、宣、口)(邯:任、内、尧)(天:东、桥、津、永)

膏点墨 “膏”读去声。(邯:大)

膏笔 “膏”读去声。(石:赞、行、冀、灵、建、平、束、新、无、深、泽、正、获、衡、元、宁、井、枣、藁、栾、晋、石、高)(唐:山、三、宝、大)(承:平、承、滦、围)(天:强、黄、固、饶、肃、大、桥、静、安、河、永、霸、沧)(保:博、易、保、唐、水、高、满、安、阳、蠡、涿、兴、阜、完、容)(张:沽、商、崇、蔚)(邯:乡、邯、郸、柏、大、磁、宗、威、鹿、清、临、肥、涉、漳、南、成、内、尧)

膏墨 “膏”读去声。(石:宁)(承:滦)(唐:乐)

【墨水儿】

淀水 (天:饶、献)(承:滦、围)(保:安)

淀水儿 (天:献、任)

色水儿 (天:饶、桥)

颜色水儿 (石:井)(天:饶、桥)

钢笔水儿 (天:桥)

钢笔水 (唐:大)

【灌水儿】 自来水笔吸水。

灌水 (石:武)(唐:昌)

打水儿 (唐:大)

打水 (石:武)(天:桥、天)(唐:昌)

吸水 (保:新)(天:桥)(邯:鸡、宗)

吸水儿 (石:藁、高、建)(天:饶、河、沧、安)(张:宣、鹿、尚)(邯:广、邯、沙、涉、丘)(唐:乐)

吸笔水 (邯:大)

装水儿 (邯:尧)

抽水儿 (唐:滦、三、蓟、乐、抚、卢、昌)(承:平、围、隆、青)(石:灵、无、栾)(天:固、桥、津)(保:望、安、蠡)(张:康、沽、龙、赤、尚)(邯:柏、鹿、沙、肥、内、尧)

【讲台】

讲堂圪台 (邯:涉)

【课堂】

讲堂 (全省大部分地区通行)

讲堂 (旧)(保:安、水、涿)(张:鹿)(天:庆、大、安)

讲室 (石:枣、冀)(天:饶、河)(保:唐)(邯:乡、魏、尧)

【第一排】

头一排 (保:唐)(邯:肥、内)(石:深、束)(唐:乐)(天:天、桥)

第一行 (邯:大、周)

第一辆桌 (邯:大)

最前边 (承:平)(天:桥)

最前头 (承:平)

【黑板】

墨板 (天:河、津)(保:安、兴)

讲板 (石:灵)

堂板 (承:滦)

粉板 (石:灵)(唐:山、蓟)(天:沧、津、桥)(邯:内)(保:望)

【粉笔】

粉条 (邯:内)(唐:蓟)

【板擦儿】

板刷儿 (保:满)

粉刷儿 (天:津、河)(邯:内)(保:望)(唐:蓟)

黑板擦儿 (全省大部分地区通行)

黑板擦子 (张:张)(唐:迁)

黑板擦擦 (张:万、怀)

【记分册】

记分簿 (张:张、万、鹿)

记分手册 (保:阳)(邯:鹿)

积分册 (天:饶)(邯:沙)

登记册 (石:灵)

手册 (唐:丰、蓟、抚)(承:承、平)(石:栾、晋)(天:故、肃、武、沧、津)(邯:魏、柏、内)(保:望、高、水)(张:宣、沙、口)

分数册 (邯:台)

【点名册】

名册　(唐:丰、抚、大)(承:滦、隆、平)(石:冀、藁、深、晋、枣、行、灵、获)(天:饶、肃、东、宁、永、沧、庆、津)(邯:郸、魏、鸡、柏、沙、任、肥、涉、内、清、尧)(保:定、望、水、蠡、唐)(张:宣、龙、赤、尚)

花名册　(天:霸)(邯:邯)

签到册　(保:阳)

点名簿　(邯:郸)(保:唐)(张:张、万、宣)(承:丰、围)(石:藁)(唐:乐)

出席簿　(张:鹿)

学级簿　(承:围)

座次表　名字与座位次序相合。(唐:大)

【上下课时的礼节】　一般常用起立、敬礼、坐下。

立、礼、老师好　上课用。(承:滦)

立、礼、老师再见　下课用。(承:滦)

立、礼、坐　(唐:遵)(天:静)(承:隆)

一——二——三——　(旧)(唐:丰、遵、西)(天:安)

【上课】

上堂　(唐:丰、遵、三、蓟)(承:承、平、围、滦、兴、青)(石:衡、井、赵、枣、藁、栾、无、泽、灵、获)(天:饶、肃、桥、安、阜、津)(邯:广、邯、郸、鸡、柏、大、磁、宗、永、鹿、台、沙、任、肥、涉、临、周、成、内、魏、尧、漳)(保:定、望、水、高、新、雄)(张:万、宣、沙、怀、蔚、沽、尚)

上堂　(老)(张:鹿)

上班　(唐:遵、西、迁、玉、蓟)(承:平)(石:枣、束、藁、栾)(天:黄、故、肃、东、静、文、大、山、桥、河、沧、庆、津)(邯:鸡、肥、内、郸、丘)(保:定、望、唐、满、清、安、阳)(张:尚)

上班　(老)(唐:丰)

【下课】

下堂　(唐:丰、遵、蓟)(承:承、平、围、滦、丰、兴、隆、青)(石:衡、井、赵、枣、藁、栾、无、泽、灵、获)(天:饶、肃、桥、安、阜、津)(邯:广、郸、鸡、柏、大、磁、宗、永、鹿、台、沙、任、肥、涉、临、周、成、内、魏、尧、漳)(保:定、望、水、高、新、雄)(张:万、宣、沙、鹿、怀、蔚、沽、商)

下堂　(老)(张:鹿)

下教室　(张:龙)

下班　(唐:丰、遵、西、玉、迁)(承:平)(石:束、枣、藁、栾)(天:黄、故、肃、东、静、文、大、山、桥、河、沧、庆、津)(邯:鸡、肥、内、丘)(保:定、望、唐、满、清、安、阳)(张:尚)

【月考、小考】

小测　(石:栾)(天:桥)(保:易、阳、容)

临时考　(张:万)(石:无)

随时考　(天:桥)

试验　(旧)(天:安)

阶段考　(石:深、宁)

小测验　(唐:乐)

【大考】　期终考试。

季考　(邯:鸡、肥、周、丘)

学段考　(邯:尧)

季终考试　(邯:鸡)

期终考　(石:深)

期末考　(石:深)

【逃学】

滑学　(石:枣)(邯:南)(天:桥)

赖学　(邯:内)(承:兴、围)

躲学　(邯:内)(保:望)(承:平、围)

【请假】

告告假　(邯:尧)

告假　(天:桥、霸、安)(唐:蓟、乐、滦、丰)

【民校】　农村中成人利用工余时间学文化的学校。

民学　(天:桥)

午学　(天:桥)

夜校　(唐:昌、乐)

识字班　(天:安)

【识字】

认字　(唐:大)(天:安、桥、天)

【默写】　凭着记忆把读过的文字写出来。

背写　(天:桥)

【校徽】　学校师生戴的徽章。

牌 （唐:蓟）（天:桥）

校牌 （唐:大）

【墙报】 壁报。

壁报 （唐:大）

黑板报 （天:桥）

【誊写钢板】 刻蜡版用的文具。

钢板 （唐:乐、大）（天:天、安、桥）

【信封】

信封儿 （天:天、桥）

信皮儿 （天:天、桥）（唐:昌、滦）

【信纸】

信瓤儿 （天:桥、霸）

【信筒】

邮筒 （天:天、霸、武）

十三　人品

【男人】

官客　(老)(承:承)

外边儿人们　(天:故)(邯:清)

外头列　(邯:大)

外头人儿　(邯:广)(唐:乐)

爷们　(全省通行)

爷们　(老)(石:井)(保:定)(邯:乡)(张:崇)

爷们　男人自称。(唐:大、玉、宝、蓟)(保:涿)

爷们　妇女多说。(承:兴)(天:庆)(张:蔚、怀)(石:藁)

爷们　带有尊重之意。(天:献)

爷们　含有讽刺之意。(张:鹿)

爷们　开玩笑的话。(唐:大)(邯:邯)

爷们　不同辈的人一块的合称。(石:正)(张:宣)(唐:大)(邯:邯)

爷们　幼辈称长辈。(天:强、饶)(唐:宝、滦、三)(承:青)(石:获、灵)(邯:邯、魏、成、广、肥)(张:赤、龙)

爷儿们　(石:枣)(天:河)

爷们儿　(天:静、天、桥、沧)(唐:大)

爷们儿　略带豪放意味。(唐:宝、玉、丰)(天:故)

爷们儿们　指多数。(邯:内)

爷们家　和“娘们家”相对称。(石:束)

男的　(唐:昌)(邯:邯)

男子汉　(全省通行)

男子汉　带有讽刺的口吻。(石:正)(唐:山)(天:安)(邯:邯)

男子汉　妇女多说。(石:井)(张:崇)(保:涿)(邯:磁)

男子汉　指二三十岁的男人。(唐:宝)(邯:邯)

男人家　(全省通行)

男人家　尊称。(石:正)

男人家　妇女多说。(唐:滦、蓟)(承:丰、青、兴)(天:庆)(张:鹿)(保:涿)(石:河)

老头子　一般老年妇女称自己的老伴。(唐:大)

老爷们　(唐:蓟、山、大、迁、抚、西、卢、滦、宝、玉)(承:承、平、滦、隆、围)(天:安、桥、宁、肃、文、河)(保:安、新、雄)(石:深)

老爷们儿　(唐:乐、昌)

老爷们儿　略带豪放意味。(唐:乐、丰)

老爷们　女人多称。(承:围、青、丰)(天:安)

老爷儿们　(唐:滦、迁)(保:易、保、水、蠡)(天:河)

老爷儿们　妇女多说。(保:涿)(天:安)(唐:大)

老爷儿们儿　(天:河、霸)(唐:乐)

老爷们家　(天:强、天)

大爷们　(天:固)

大爷们儿　(天:安)

大爷儿们　(天:文)

大老爷们　(天:固)(唐:大、乐、丰、昌)

老汉　(保:雄)(邯:邯)

掌柜的　(邯:内)(石:深)

做主的 （邯:内）

汉子 （张:万、阳）

汉儿 妇女多称。（张:鹿）

老汉们 （保:望）

汉们 （石:深、高、新、灵、晋、行、元、赵、获）（保:蠡、阜）（邯:邯、郸、宗、乡、鸡、台、沙、任、临、尧）（天:饶）

大汉们 妇女常说。（石:新）（邯:邯）

大丈夫 称已婚的壮年男人。（石:灵）（邯:邯、郸）

男子汉 自称带有自豪意味;别人称带有尊敬和赞扬意味。（石:藁、宁、正、平、获、河、灵）（天:安、饶、强、故、献、大、山、河、庆）（张:宣、鹿）（保:博、定、唐、新、雄）（唐:大、昌）（邯:邯）

男来 （石:井）

老夫们 （保:完）

老夫儿们 （保:水、满、易）

男哩 （邯:临）（天:饶）

外边里 （石:深）

当家的 （全省大部分地区通行）

外当家的 （天:安）

【女人】

堂客 过去对女人尊称。（唐:丰）（天:河）

堂客 （老）（承:承）

当家的 指在家的妇女。别地另有意思。（石:栾）

内当家的 （天:安、河）（唐:乐）

老娘们 （保:望、安）（承:围、平、隆）（唐:滦、迁）（邯:邯）

老娘儿们 （唐:昌、玉）（保:保、满、涿）（天:安、肃）（承:滦）

老娘儿们 家庭妇女自称。（唐:山）（天:安）

老娘们儿 （贬）（唐:大、抚）（承:围、滦、承）（天:桥）

老娘儿们儿 （贬）（唐:昌、丰、乐）（天:霸、安）

老娘们家 （唐:西）

老娘们儿家 "娘"音 niá。（天:安、津）（唐:唐）

老娘子 （唐:山、丰、滦）

老娘子 泛称。（唐:乐）

老婆子 男人对自己妻子的称呼。（唐:乐、昌、蓟）

老婆 （唐:乐、昌、蓟）

老不死的 玩笑话,用于老夫妇之间。（唐:乐）

娘们 （天:桥、河）（张:沙）（邯:邯、宗、尧）（承:围）

娘们儿 （贬）（承:滦）（石:石、正、栾、获、元、平、行、灵）（天:桥、天）（邯:任）（唐:昌）

娘儿们 （全省通行）

娘儿们 男人多说。（天:东）（石:新）（张:鹿）

娘儿们 （贬）（唐:滦、三、大）（承:承、青、兴）（石:宁）（天:饶、献、大、安、河）（张:宣）（保:博、定、保）（邯:邯）

娘们家 （石:晋）

娘们儿们 指多数。（邯:内）

老背晦 （唐:乐）

老太太儿 过去对妇女的统称。若年轻妇女则称为"年轻老太太儿"。（天:安）

小娘儿们 有讽刺意思。（天:安、固）（唐:昌、乐）

大娘儿们 有讽刺意思。（天:安、固）（唐:乐）

妇人 （唐:昌、秦、丰、蓟）（承:兴、隆、平、围）（石:石、藁、栾、正）（天:饶、故、任、桥、肃、献、阜）（张:沙、鹿）（保:安、清）（邯:鸡、宗、鹿、内、尧）

妇人 男人多称。（石:宁）（保:涿）（邯:肥）

妇人家 （唐:丰）（石:枣）

妇道 （唐:大、丰、滦、乐、昌）（石:冀）（天:静、文）（邯:邯）

妇女家 （邯:内）

妇道人家 （全省通行）

妇道人家 （贬）（唐:丰、山、三）（承:丰、承）（石:灵、藁、河）（保:唐、新）（邯:涉）（张:宣）

妇道人家 尊称。（天:献、山、饶）（石:正）（邯:成、乡）（保:定）

妇道人家 女人自称。（唐:遵）

妇道人家 （老）（天:东、强、庆）（保:高、清）（唐:大）（承:青）（张:万）（邯:磁、南）

妇道人家 （文）（石:束、新）（邯:广、南）

妇道人家 （旧）（唐:乐、迁）（保:水）（张:怀）

女来 （石:井）

女列 （邯:大）（天:饶）

女人家　（石：枣）（唐：丰）

内掌柜的　（邯：内）

死老婆子　厌恶意。（唐：乐）

里边里　（石：深）

锅台转　（贬）（唐：乐）

老婆　指老年女人。（邯：鸡）

家里人们　（天：故）（邯：清）

家里人　（天：献）

家里的　（天：天）

【小孩儿】

娃子　（承：平）

小娃子　（天：肃）（保：安、阜）（石：无）

娃娃　指幼儿。（石：平）（保：保、阜）（邯：邯、鸡、尧）

小娃娃　指幼童。（石：晋、无、宁、新）（天：固、桥、阜）（张：沙）（保：高、涿、清）（邯：邯、涉）

小娃儿　指幼儿。（唐：蓟）（承：隆、平、滦）（石：石、灵、深、藁、平、安、河）（天：故、肃）（张：阳、尚）（保：安、雄、望）（邯：鹿、肥、内、尧）

小娃娃儿　指幼儿。（石：泽、正、枣）（保：定、蠡）

小娃儿娃儿　指婴儿。（石：获）（保：新）

小崽　（贬）（唐：蓟）

小崽儿　有憎恶之意。（保：兴）（唐：大、昌）

孩儿们　（张：万）

小孩的　（邯：邯）

个毛孩子　（贬）（唐：蓟）

小孩儿　有喜爱之意。（天：桥）（石：深）

小孩儿　有讨厌之意。（石：获）

小孩子　（贬）（石：获）（天：桥、河）（承：青）

小孩子儿　（唐：昌、秦）

小孩儿羔儿　（邯：内）

匪类　①匪徒。②特别顽劣的孩子。（石：束）

孩子家　（天：津）

【宝贝儿】　对婴儿的爱称。

心尖子　（石：深、束）（天：安）

心尖儿　（天：静）（承：青）（唐：乐、昌）

心肝肉啊　（邯：内）

心尖宝贝儿　（承：青）

掌上明珠　（邯：内）

圣蛋　一般指男孩儿。（天：天）

圣宝贝疙瘩　（唐：乐）

坠腿儿的　含有讨厌之意。（唐：大）

小羔子　（承：隆、围）

羔儿　（邯：临）（承：丰、滦、隆）

狗儿　（保：阜）

养工　（张：阳）

虎工　（张：阳）

肉啊　（天：静）（唐：乐）

眼珠儿　（天：静）

眼珠子　对小孩儿的爱称。（天：安、静）（保：高、完）

小肉　（唐：西）

小亲亲　（保：阜）（石：深）

小家伙　（承：平）（邯：邯）

小娃娃儿　（天：故）（承：平、兴）（石：深）

小宝贝儿　（唐：大、乐、昌）

小宝贝疙瘩　（承：滦、围、平、隆）（邯：邯）（唐：大、昌）

宝贝儿　（天：安）

宝贝疙瘩　（全省通行）

宝贝蛋儿　（邯：成）

小乖乖　（保：定）（唐：西）（承：平）（邯：丘）

乖　（保：蠡）

好小子　（天：强）（唐：乐）

小　（天：饶）

小儿　对婴儿的爱称。（保：蠡）

好宝　（保：雄）

贝儿　（承：丰）（唐：昌）

宝儿　（保：蠡）

宝宝儿　（天：庆）

小心肝儿　（保：兴）

小妞儿　对小女孩儿的爱称。（保：博）

小蛋子 对小男孩儿的爱称。(保:博)

小东西 (张:蔚)

小丫头儿 (唐:乐)

小丫头葱子 (唐:乐)

小闺女儿 (天:天)

女根儿 对小女孩的爱称。(张:各地)

小根儿 对小孩儿的爱称。(张:各地)

亲根儿 (张:各地)

丫头片子 (贬)(唐:乐)

【珍贵喜爱之物】

眼睛珠儿 (天:山)

睛珠子 (天:天)(唐:乐)

【男孩儿】

学生 (承:平)(保:水)

学生 算命先生称男孩儿。(唐:宝、丰、玉)

xié 子 (唐:乐、滦)

小子 (全省通行)

小子 指自己的儿子。(石:灵、衡)(保:阳)(邯:尧、邯)(承:滦)(天:安、桥)

小子 指男少年。(唐:大、遵、昌、滦、乐)(承:隆)(保:涿)(石:河)(天:天)(邯:邯)

小子 (老)(石:石)(唐:山)

小子 (贬)(天:安、庆)(保:唐、高、兴)(石:平、正)(承:滦)(唐:大、乐、昌)

小子家 (天:津)(保:完)(唐:乐)

秃儿 (天:津、桥)(唐:大)

小秃儿 (天:桥、庆)

小秃子 (天:桥)

小小儿 (邯:任、大)(石:获)(天:故、庆)

小小子 指幼儿。(唐:抚、迁)(石:灵)(邯:台、内、临)

小小子儿 (唐:丰、秦)(天:文)(石:深)(保:定)

大小子 含有重男思想。(唐:乐、滦)

半大小子 未成年之男孩。(石:深、束)(承:隆)(天:霸、安)(唐:蓟、玉、乐)

半大小伙子 未成年的男孩。(石:束)

半小伙子 指十四五岁的男孩子。(承:承)(天:霸)

二孩子 未成年之男孩。(石:束)

泼小子 (邯:郸)

男娃子 (承:隆、平)(保:雄)(邯:鹿、内、尧)(张:尚)(石:安)

小的 (邯:邯、广、大)

朴小的 (邯:广)

顽童 (张:蔚)

男孩儿 专指较小的男儿童。(唐:遵)(承:承、围)

男孩儿子 (保:兴)

做活的 (邯:内)

【生男孩】

大喜 (唐:蓟)(石:晋)(承:隆、围)(邯:邯)

得儿子 (唐:滦、昌)

养活个儿子 (天:桥)

【女孩儿】

妮 爱称。(邯:内)(天:饶)

妮子 (邯:鸡)(石:束)

小妮儿 (唐:丰)(石:衡、藁、赵、无、武、赞、元、正、深、冀、井、泽、晋、平、枣、行、束、新、灵、河、安)(天:故、肃、桥、庆)(邯:广、乡、郸、鸡、柏、邯、大、磁、宗、威、永、鹿、清、台、沙、任、肥、临、周、南、成、内、尧、丘、漳)

小妮儿 爱称。(石:获、石、正)(天:饶、强)

小妮子 厌称。(石:正)(天:强)

锅台转 (旧)(天:桥)(承:隆)

小片 (承:围)

小姐 多含贬义。(唐:大)

妞 爱称。(天:饶)

小妞儿 爱称。(张:鹿)(承:隆、平)(石:束、晋、无、行、宁)(天:饶、故、肃、桥)(邯:鸡、沙、内)

丫头 (唐:大、蓟、西)(承:隆、滦、围)(天:安、庆、津)(张:各地)(保:唐、高)

丫头 (贬)(承:承)(天:安)

小丫头 (承:青、平、滦)(唐:大、迁、山)(石:晋)(天:

饶、献、山、河、黄、固、桥)(邯:大)(张:张、万、赤、沽)

小丫头儿　(唐:昌、乐)(保:定、易、阜)(天:桥、静)

小丫头儿　(贬)(唐:滦)(保:水)

小女丫头　(承:青)

女丫头　(承:青)

小丫头子　(贬)(唐:乐、丰、滦)(保:新)

丫头片子　(贬)(唐:乐、丰、大)(承:隆、承、围)(天:安、霸、固)(张:万)

丫头片儿　(贬)(承:承)

丫头片子　(旧)指不缠足的女孩儿。(唐:蓟)

闺女家　(唐:蓟、乐、大)

小闺妞　(天:饶)

小闺女　(石:新、建)(唐:大、滦、玉、秦)(天:孟、河、霸、黄、肃)(保:高、阳、涿)(邯:郸、鸡、永、成、尧、任)

小闺女　(褒)(唐:宝)(承:隆)

小闺妮　(石:行、宁、枣、藁、晋)(邯:肥)

小闺妮儿　(天:安)(石:深、获)(邯:广)

小闺女儿　含有轻女思想。(唐:滦、乐、昌)

小闺女儿　(唐:乐、丰、抚、山)(石:深)(天:静、大)(保:博、定)

小闺女子　(贬)(唐:丰、宝、玉)

小姑女儿　“姑”读去声。(天:固)

女子　(张:阳、康、崇)

小女子　(张:赤、龙)

小女儿　(邯:肥、涉)

闺女　(天:任、献、津)(保:唐、蠡、雄、容)(邯:邯、临)(唐:昌、宝、玉)(石:束)(承:隆)

小亲家儿　对别人家小姑娘的尊称。(邯:清)

一门亲家　(邯:内)

做饭的　(邯:内)

【生女孩】

小喜　(承:隆)(唐:蓟)(石:晋)(邯:邯)(天:天、武)

养活个小丫头子　(天:桥)

【老年人】

老人　(承:围)

老人家　“人”读轻声。对老年人的尊称。(天:桥)

上年纪人　(唐:乐)(承:围)

上岁数的　(邯:内、威)(天:天)

年纪人　(天:安)(承:青、平、隆)(唐:丰、乐)

【老头儿】

老汉　(全省通行)

老汉　尊称。(石:灵、宁)(邯:邯)

老汉　儿子对老人的称呼。(张:鹿)

老汉　老婆说。(张:崇)(邯:邯)

老汉儿　(张:阳)

老者　(文)(天:阜、故)(保:定、安)(邯:郸、鸡、肥、内)(唐:丰、大、蓟)(承:平、承、围)(石:晋)

老爷子　(唐:乐、大、蓟、丰、滦、山、昌、迁、抚、西)(承:青、围、兴)(天:安)

老爷子　指父亲。(天:天)

老头子　(唐:乐、丰、昌、大)(石:建)(天:桥、津)(邯:乡、任)

老人家　(石:深)

老不死的　(邯:内、威)

上年家人　(唐:乐、蓟)

护院的　(石:束)

【老头子】　带贬义。

老的　(张:阳)

老的　指长辈。(承:围)

老头的　(邯:广、涉、邯)

老汉子　(张:万)

老爷子　(石:井)

老头子　①“老头儿”的贬称。②年老女人称丈夫。③引申为丈夫。(天:桥、故、霸、静)(保:兴、蠡、水)(邯:大)(石:衡、深)(唐:乐)

糟老头子　有开玩笑意思。(天:霸、固、安)(承:承、隆)(唐:昌)

老家伙眼子　贬称。(唐:丰、昌、大)(邯:邯)

老家伙　有贬义。(唐:丰、昌)(石:无、深)(天:河)

(邯:邯)

老东西 (天:桥)(邯:邯)(承:隆)

死老头子 (天:黄)(邯:邯)(承:隆)(唐:乐)

棺材瓤子 ①指快死的老头儿。(承:承)(天:安)(唐:乐、丰、昌、宝、玉)②指体弱多病者。(石:深)(天:安)

【同庚】

同岁 (邯:内、威、宗、乡)(天:天、桥)

同年 (唐:遵)(天:大)(保:定)(邯:邯、任)

同一年 (张:张)

同年生 (保:定)(张:赤、龙)(邯:邯)

同生 (石:石)

同生日 (天:孟、文)

同生儿 (邯:涉)(唐:乐)

同年同岁 (天:固)(唐:大)(石:武)

同年兄弟 (唐:丰)

同年弟兄 (唐:丰)

一边大 (唐:大、宝、乐)

一般大咧 (邯:大)

一帮的 (邯:尧、邯)

一发的 指岁数不相上下。(天:天)

一年儿的 (唐:乐、昌)

一般大 (全省大部分地区通行)

一年 (石:高)

一年的 (天:永)(承:隆)

一年生儿 (邯:邯)

一年养的 (张:阳)

【庚兄】

同兄 (唐:大)

年兄 (石:获)(张:赤、商)(保:兴)(邯:广、鹿、周)

同岁哥哥 (邯:肥)(唐:乐、丰)

老哥 (保:兴)

老兄 (保:兴)(邯:成、丘)

兄 (天:霸)

哥 (天:桥、饶)

哥哥 (邯:任、邯)(承:隆、围)

【庚弟】

同弟 (唐:大)

年弟 (石:获)(张:赤、商)(保:兴)(邯:广、鹿、周)

同岁弟 (邯:肥)(唐:丰)

兄里 (天:饶)

老兄 (邯:成)

老弟 (保:兴)(邯:丘)

弟 (天:饶、霸)

兄弟 (邯:任、邯)(天:桥、霸)(承:隆、围)(唐:大)

【干兄】

干哥 (唐:乐、丰)

干哥们 (唐:大)

庚兄 (唐:遵)

拜把子 (唐:大)

【干弟弟】

干兄弟 (唐:乐、丰)

干哥们 (唐:大)

庚弟 (唐:遵)

【老家】 原籍。

原住 (邯:宗、邯)

原家 (邯:宗、邯)

家 离老家较近的人称“老家”为“家”。(天:饶)

【瞎子】

先生 指算卦的瞎子。(唐:乐、丰、遵)(天:天)(承:围)

瞎先生 (邯:邯)

【姑娘】 青年女子。

妮儿 (褒)(邯:临)

妮子 (贬)(邯:临、尧)

女子 (张:龙)

姑娘 对青年女子的称呼,带有尊敬意。(唐:乐、丰、山)

姑娘 娘家人对出嫁女子之称。(天:桥)

姑娘 当地回族称姑娘,汉族称丫头。(唐:大)

姑娘　长辈对结婚妇女亲热的称呼。(保:水)

大姑娘　娘家人对出嫁女子的称呼。(唐:遵)

老姑娘　姑娘中最小的。(唐:宝)(承:承、丰、平、隆)(张:口)

丫头　(唐:昌、乐、大)(承:围、隆、平)(张:怀)(保:易、望)

大丫头　(承:乐、承、滦)(天:静)

大丫头　(贬)(唐:西)

大姐　(天:天)(唐:大)

闺女　(全省通行)

老闺女　对最小的姑娘的爱称。(唐:滦、乐)

闺妮　(石:石、正、栾、行、元、枣)(天:桥、安)(邯:台)

小闺妮　(石:灵)

小闺女　(邯:魏、大、邯)(唐:乐)

小妮　(石:灵)(邯:大)

大妮　(贬)(石:河)

大闺妮　(石:灵)(邯:广)(天:霸、桥)

大闺女　(唐:乐、丰、滦、宝、抚、昌)(承:青、兴、围、滦)(石:赞、平、无、束)(天:安、黄、静、河、霸)(保:望、阜)(邯:邯、魏、大)

姑奶子　尊称。(保:兴)(承:青)

老娃女　爱称。(石:石)(承:隆)

老姑子　嫂子背地里称大姑子或小姑子。(唐:昌)

青年妇女　(邯:邯、内)(石:赞)(承:隆)

年轻妇女　(邯:邯、内)

扯丫头　爱多嘴多舌的女孩。(唐:乐)

疯丫头　到处乱跑的女孩子。(唐:乐)

【儿媳妇】

丫头　(承:滦、围)

大姐　(石:栾、新)

大姐　(老)(保:定)

大姑娘　大儿媳妇。(唐:大)(承:隆)

二姑娘　二儿媳妇。(唐:大)

××他娘　前加她孩子名字,称有孩子的儿媳妇。(保:高)(天:安、献)(石:深)(邯:宗、乡、鹿)

××他妈　前加孩子名字,称有孩子的儿媳。(唐:乐、昌、丰)(石:深)(承:围、青、隆)(天:安)

××媳妇　前加她丈夫的名字,称没有儿子的儿媳。(唐:乐、丰)(石:灵)(保:高)(天:安)(承:隆、青)

你嫂　在儿媳有小姑或小叔时叫。(保:易、蠡)(天:黄)(承:围)(邯:宗、乡)

你嫂子　(唐:乐)(承:青)

他嫂子　(天:天)

老×家　在“家”前加她丈夫的排行“大”、“二”、“三”等。(唐:滦、蓟、昌)

姑太太　(旧)尊称。(天:桥)

××家　(旧)前加她丈夫的名字。(石:晋、束、获)(天:黄、献)(张:赤、康)(邯:广、南)

×姑娘　(旧)前加娘家的姓。(邯:郸)

【城里人】

洋人　(唐:西)

都市人　(承:滦)(唐:宝、玉)

城里的　(唐:昌)(天:饶、东、河)(邯:邯、南)(石:灵)

城市人　(承:青)

城里来的　(唐:乐)

城里头人　(邯:邯)

城里头的人　(保:定、清)

城来的　(张:怀)

城内人　(保:望)

城混子　(邯:鸡)

城里家　(邯:内)

城里儿人　(唐:宝)

城圈儿的　(贬)(唐:滦)

城圈里人　(贬)(邯:邯)

城里街关的人　(天:强)

街上的　(天:故)

街里人　(承:围、平、承)

街店上的　(石:衡)

街面上的人　(承:围、隆、丰)(天:静)

街边子人　(贬)有厌恶和认为对方虚伪的情感。(承:滦、隆)

大地方儿人 （张:赤、龙、崇）（保:易）（唐:丰、乐、宝、玉）

大地方的 （张:万）（保:新）（邯:邯）（承:隆）（天:安）

大地方的人 （石:深、井）（天:强）（唐:西）

大地处的人 （天:桥）

大市面上的人 （邯:内）

【乡下人】

门外人 （张:宣）

地上人 （张:康）

地上的 （张:康）

路里人 （张:赤、龙）

乡里家 （邯:内、邯）

乡瓜子 （贬）（邯:邯、涉）

乡下佬 （贬）（邯:内、威、鸡）（唐:山）（保:易）

乡庄儿人 （唐:丰、宝、玉）

乡屯子的人 （天:桥）

庄稼汉 （天:安）（邯:内、威）

庄汉儿 （张:怀）

庄稼人 （唐:丰、乐、昌、宝、蓟、玉）（天:肃、黄）（石:深）（邯:邯）（承:青、围、隆）

庄稼佬 （天:安、肃、黄）（唐:滦、乐、宝、玉）

庄户人 （天:桥、津）（邯:邯）（张:崇）

庄里的 （唐:昌）

庄稼村子里人 （天:强）

乡里人 （全省大部分地区通行）

山沟人 （承:丰、隆、围、滦）

山乡人 （承:丰、滦、隆）

山沟里 （保:阜）

山沟里的人 （石:井）

山汉儿 （张:各地）

村里人 （邯:柏、邯）

村里的 （张:康）（石:无、灵）

老杆儿 （唐:大）

小山沟的 （承:青）

【土包子】

山筋 （邯:任）

山赶 （邯:尧）

山汉儿 （张:赤、鹿）

山药蛋 （贬）（张:口、万）

眼子 （石:束）

老赶 （全省通行）

老憨 （石:晋、新）

老板 （天:桥）

老丘 （天:饶）

老斗 （贬）（承:平）

老粗儿 （石:获）（天:黄）（张:赤、蔚、龙）（保:满）（唐:乐、蓟）（承:兴）

老丘头 （天:饶）

老土儿 （贬）（全省通行）

老土鳖 （邯:内）

老土包子 （唐:西）

老牛筋 （邯:内）

老山赶 （邯:内）

山赶筋 （邯:内）

老庄稼主儿 （邯:邯、郸）

老夹榆头 （邯:鸡）

庄稼 （石:束）

庄户斗 （保:阜）

庄稼老儿 （天:安、静）（唐:乐）（承:围）

庄稼老斗儿 （石:束）（天:静）（邯:郸）

庄户主 （邯:邯）

庄稼主 （石:无）（承:隆）

庄稼土鳖 （贬）（石:束）

庄稼老土 （石:新）（邯:鹿）

乡巴佬 （张:阳）（天:安）

乡下佬 （贬）（天:静）（张:口）（唐:大、昌）（承:围）

地板子 （贬）（张:商）

土孙 （邯:尧）

土鳖 （石:深、束、枣）（张:康）（保:定）（唐:乐、昌）

土包的 （邯:邯）

土八路　戏谑之词。(唐:山)

土老儿　(唐:昌)

土豹子　(唐:乐、三)

土头土脑的　(唐:昌、西)

大头　(石:束)

大老赶　(天:静、安)(唐:乐)

大老粗儿　(唐:山)

切斗子　(唐:丰)

窝囊　(石:束)

窝窝囊囊的　(石:束)(天:安)(承:隆)

冤大头　(石:束)(承:隆)

香瓜头　(邯:郸)

满头高粱花子　(贬)(邯:大)(唐:昌、玉、乐)(承:隆)(天:安)

高粱花子脑袋　(天:桥)

满脑袋高粱花子　(唐:大)

【见闻不广,缺乏常识】

庄稼百合的　(贬)(石:深、束)

庄稼气　(石:束)

老赶　(天:天)(承:围)

【自己人】

一家子　(唐:昌)(保:兴)(石:深、晋)(天:安)

一家人　(唐:大、迁、抚、西)(邯:邯、肥)(保:容)

一家子　同姓同居。(张:沙)(唐:乐)(天:安)(邯:邯)

知己人　(承:滦)

己个人　(保:雄)

个的人　(保:水)

己个儿人　(唐:丰、乐、滦)

自个人　(全省大部分地区通行)

自家人　(全省通行)

自己个儿人　(唐:乐、卢)

自个儿人　(张:张)

自个的人　(保:高)(天:桥)

自们的人　(保:清)

自家家里人　(保:阜)

里码的　(天:肃)

里码人　(唐:丰)

个人的人　(天:桥、河、津)

个儿家人　(保:新)

自己人儿　(邯:广)

门里人　(石:元)

个人家　(天:静、庆、阜)

挨己人　(张:赤、龙)

当家人　(承:滦)

自儿人　(张:张)

没外人　(天:天)

【本家】

亲友　(承:滦)

家里　(唐:丰、乐)

一家子　(全省通行)

当家的　(邯:邯)

当家子　(全省通行)

当属家　(张:宣)

自家　(承:围、承)

自己家里　(邯:邯、尧)

自己人们　(石:安)

自家院里　(天:强)

一家的　(邯:漳、邯)

个人家　(天:庆)

一个家里　(邯:尧、邯)

老一家儿　(邯:涉)

一家人家　(天:桥)

家里的　(唐:滦)

【外人】　不是自己人。

人家　(邯:尧)(保:望)(唐:昌、大)(天:安)(承:围、青、隆)

别人　(张:万、康)(保:兴)(邯:邯、任、尧)

外姓　(石:灵)

外家人 （邯:尧）

外姓人 （天:安）（承:围）

外头里 （石:元）

外边的人 （邯:丘）

外头人们 （天:静）

外下人们 （天:静）

旁人 （张:赤、万、龙）（邯:尧、邯）（承:隆）（唐:玉、昌、滦）

旁不相干 （天:天）

外姓旁人 （天:桥）

另姓旁人 （唐:乐）

【外地人】

外来的 （保:蠡）

外来人 （唐:迁、抚）（天:安、肃、献、大、河）（承:围、滦、承）（张:赤）（保:定、兴）（邯:邯、大）

外头人 （邯:尧、临、邯）

外头的 （天:庆）（唐:滦）

外来户 （承:青、围）（天:安、天）（唐:大、乐、昌）

外来户儿 由外地迁入者。（天:霸）

外住户 （全省大部分地区通行）

外眼人 （石:无）

外边人 （邯:邯）

外路子人 （保:阳）

远方人 （邯:内、威）

远处人 （承:平）（唐:乐）

省人 （邯:鸡）

【内行】

把式 有某一行技术的。（石:深、束、宁、石、正、栾）（天:桥）（邯:任）（唐:乐）

在门 （石:赵）

懂行 （唐:乐、昌、秦）（天:静、桥、山）（邯:邯）

懂局 （唐:丰、西）（天:霸、黄、桥）

本行 （承:兴）（唐:昌）

在行 （全省通行）

老在行 （唐:乐、滦）

老行家 （唐:滦）

老把式 （天:安）

里行 （张:万、赤、康）

里马里 （天:饶）

行家 （唐:滦、乐、昌、大、迁）（石:建、束、无、晋、井）（天:天、河、桥）（张:蔚）（邯:任、尧、广、邯、宗、乡、鹿）（承:隆）

行道 （邯:鸡）

行里出身 （张:赤）

通行 （承:兴）

钻门儿 不干某行而懂某行技术。（石:获）

不力巴 （唐:昌、大、乐）（邯:鸡）（石:深）（天:安）（承:青、围、隆）

门里出身 （邯:内）

【外行】

黄梨 （天:天）

倒把头 （邯:任）

半拉架 （天:桥）（承:隆）

二意子 （天:桥）

二五眼 （唐:昌）

外路人 （贬）（石:宁、束）（天:孟、饶）

怯篓儿 人人都知道的东西，自己不知道闹出笑话来，这种人叫“怯篓儿”。（承:滦、隆）

隔行 （天:肃）（唐:昌）

力巴 （全省大部分地区通行）

力巴头 （承:围、隆）（天:桥）（石:平、深）

老憨 （唐:秦）（承:围）

不沾 （张:怀、鹿）（石:井、平）

不懂行 （唐:乐、迁、昌）（承:隆、平、围）（邯:邯）

不懂局 （唐:丰）（天:河、桥、霸）

不沾闲 （邯:丘、邯）

不懂眼 （天:河）（唐:乐、昌）

不摸门 （天:饶、桥）（承:隆）（邯:邯）

不在行 （邯:丘、尧）（石:束）（唐:蓟）（保:兴）（天:安）

不在行 ①工作不熟悉。②作风不正派。（唐:滦、昌）

（天:安）（邯:邯）

门外汉　（张:万、赤）（保:满、望）（邯:永）（石:井）（唐:大）

【外行人】　方言中同“外行”有混的地方，可参看“外行”条。

笨尖儿　（保:水）

二把刀　（天:安、静）（唐:丰、宝、乐、玉）（承:隆、青、围）

柳生货　（张:崇）

不懂经　（邯:内、威）

劣巴头　（邯:内、威）

门外汉　（唐:大）

怯　（保:易）

坐茬手　（石:无）

力巴　（全省通行）

力巴头　（全省通行）

力巴头　（贬）（承:围、滦）（邯:广、临）（石:平）（天:桥）

力巴刀　（天:强）

力笨儿　（唐:滦、大）（承:承）（天:桥、宁、武）（邯:内）

生手儿　（保:兴）

外行力巴头　（天:黄）

窝囊　（保:易）（承:隆）

【半瓶醋】　学而未成，尚不成熟之意。

欠火　（邯:大、邯）（承:隆、滦）

欠把火　（邯:内、威）

欠根火　（邯:邯、尧）

缺一火　（邯:邯、肥）

二虎板　（邯:内、威）

二五种　（邯:肥、邯）

二合子　（邯:尧）

二成子　（邯:尧）

二八扯子　（唐:迁）（承:青、隆、承）

二把刀　别地另有意义。（石:深）（天:津、霸）

二汉头　（天:桥）

二不愣　（邯:肥）（唐:玉）

二虎　（邯:任、邯）（唐:乐）

二虎种　（邯:广、邯）

二半吊的　（邯:广、大、邯）

二红砖　（邯:大）

不说数　（邯:成）

不够数　（邯:邯、尧）

不够三百钱　（邯:尧）

愣小子　（天:天）（唐:乐）

愣头青　（唐:乐）

一瓶子不满　（邯:内、威）

半兴子　（保:唐）

七成货　（张:万）

晃根子　（唐:丰）

二百五　（承:围、隆）（石:宁、衡）（天:安）（唐:乐、昌）

二百五　（贬）（石:深）

半拉架　（承:围）

半吊子　（全省通行）

半瓶子　（石:井、建）（保:容、水）（承:隆）（邯:邯）

半提漏　（承:平）

半罐子　（承:平）

半盆醋　（邯:临）

半膘子　（唐:乐、滦、遵）（张:赤）（保:易）（邯:临、尧）（天:安）

半破子　（唐:滦、乐）

半朝南　（张:万）

【冒失鬼】

扯　用于女人。（天:天）

二百五　（唐:大）

二愣子　（石:深）（天:天）（唐:滦、昌）

愣葱　（邯:内）

愣儿葱　（唐:丰）

愣头青　（天:天）（唐:乐、昌、蓟）

不着调　（天:天）

半膘子　（承:围）（天:天）

半愣子 （石：束）

莽撞汉 （石：束）

瞎蒙海 没有切实计划只有主观愿望而孟浪做事的人。（石：束）

郎荡鬼 办事不着边的人。（石：束）

【思想不大清楚，办事不得要领的人】

二意子 （承：平）

二汉 （天：桥）

二不愣子 （唐：玉）

糊涂 （唐：大）

半耍不俏 （邯：邯）

半吊子 （石：行、衡、束、河）（邯：威、涉）（天：庆）（张：宣）

【粗枝大叶的人】

半挂子 （保：唐）

喇吗 （石：深）

拉忽 “拉”音 lǎ。（唐：昌、滦）

马大哈 （天：天）（唐：丰）

吊儿郎当 （唐：大）

【本领不大，但又自满的人】

烧包儿 （石：深）

假有事 （唐：玉、宝、丰）

假疑会 （唐：玉、宝、丰）

假不指 （唐：玉、宝、丰）

疑孤蛋 （天：天）（承：围）

着不了，盛不下 （承：围）（天：天）

不知吃几碗干饭 （天：天）（承：围）

一瓶子不满，半瓶子晃荡 （全省通行）

【诚实可靠的品质】

实着 （石：束）

实在 （邯：内）（唐：乐、昌、滦）

实诚 （承：滦）

实落 “落”音 lao 或 luo。（天：霸、桥）

实心子 （天：天）

实心眼子 （承：滦）

实心眼儿 （唐：乐）

恩实 （唐：丰）

心眼实 （天：安）（石：束）（邯：邯）

信得过的 （唐：大）

【二流子】

丧门星 （唐：大）

下三烂 （天：天）

败家子 （唐：大）

臭狗食 （天：天）

现世报 （承：青）

现眼报儿 （天：静）

半吊子 游手好闲的人。（天：静）

要潦倒的 （石：束）

潦倒帮子 （石：束）（天：安）（承：隆）

潦打帮子 “潦”音 lào。（天：霸）

lào 倒帮子 （唐：乐、昌）

lào 菜帮子 （唐：蓟）

狗食 （天：静）

半膘子 （天：安）（唐：乐、昌）

【作风不正派】

破鞋 指女人不正派，乱搞。（天：天）

婊子 （承：围、滦）

浪荡 （邯：内）

骚货 （石：深）

飞娘们儿 （唐：乐）

养汉老婆 （承：围、滦）（天：天）

半瓶醋 女人不正道。（邯：肥）

不地道 （唐：丰）

不在行 ①作风不正派。②对工作不熟。（唐：昌）（天：安）（邯：邯）

不正经 （石：深）

不稳当 （唐：大）

有外心 （天：天）

【外国人】

大鼻子　(邯:内、威)

毛子　(贬)(唐:丰)(承:承)

外国佬　(唐:大)

外国毛子　(天:静)(唐:昌)

外洋人　(邯:鸡)

鬼子　(邯:尧)(天:孟、东)(唐:昌)(承:隆)

洋人　(邯:内)

洋鬼子　外国传教士。(邯:魏、邯)(唐:昌)(天:桥)

洋鬼子　过去指日本侵略者和高丽入侵者。(石:晋)(邯:邯)

外国鬼子　(张:万)(承:承)(唐:昌)

老洋鬼子　(老)(邯:广)

老毛子　(贬)(唐:乐、丰)(承:承、隆、围、滦、平、青)(邯:宗、乡)(天:安)

【日本人】

倭奴　(张:赤)

东洋人　(天:肃、安)(邯:邯)

洋鬼子　(石:灵)(邯:邯)(天:安)

东洋鬼子　(承:隆、滦)(天:安、孟)(邯:邯)

毛子　(天:静)

老毛子　(天:东)

日本人　指一切带有日本味的人。(唐:昌)(邯:邯)

日本子　(天:饶、东、桥、河)(保:博)(唐:昌)

日本小　(邯:大)

日本小子　(邯:魏)

日本小鬼　(贬)(天:故)

日本鬼的　(邯:邯)

日本小鬼　(全省大部分地区通行)

日本鬼子　(天:安)(承:青)

小鼻子　(唐:昌)

小日本　(承:滦)

小鬼子　(邯:临)(承:承)

小日本子　(贬)(唐:乐、丰、滦、昌)(承:隆、围、承、平)(石:武、无)(天:任)(张:万、赤)

小日本鬼子　(唐:乐、昌、抚、大)(承:兴、平、围)(天:阜)

小日本人　(邯:尧)

【对头】

不对　(邯:广)

不对劲　(邯:邯)

怨家　(全省大部分地区通行)

仇家　(天:孟)(邯:邯)(承:隆)

敌对　(保:定)

死仇　(邯:内、邯)

对头儿　(保:兴)(承:隆)

对头炮　(天:桥、津)

死不对劲　(保:阜)

【炊事员】

炊食员　(褒)解放后出现的。(唐:滦、乐)(天:安)

厨师　尊称。(张:赤)(唐:秦)(天:故、桥)(邯:邯)

厨的　(邯:磁)

做饭的　(旧)女的。(石:束)(承:滦)(邯:邯)(天:安)

做饭的　(全省通行)

做饭的　“做”音 zòu。(天:强)(保:定)

厨子　(唐:遵、三、蓟)(石:正、获、晋)(天:阜)(承:滦、平、兴)

厨子　(贬)(唐:山)(天:静、安)(邯:永)

大师父　(褒)(全省通行)

大师父　(贬)(保:定)(张:沽)(承:青)

厨师父　能应对各种筵席的。(唐:遵、宝)(承:兴、滦)(石:深)(天:饶、阜、孟、献、安)(张:赤、沙、龙)

厨师父　(褒)(承:平)(张:沽)(保:完)

厨子师父　(天:霸)

厨师父　当面称。(石:衡、枣)(承:隆)

厨师父　(文)(全省大部分地区通行)

伙食员　(唐:乐)

伙夫　(旧)(邯:广、魏、大、任、肥、尧、邯、宗、乡)

腒长　“腒”音 jū。(邯:成)

【管家】 给地主或有钱人家管理财产事务的人。

二爷 （天:孟）

二掌柜的 （唐:乐）

狗腿子 （唐:大）

管事的 （全省通行）

掌佐的 （石:正、深）

掌柜的 管家里事的。（石:无）（张:赤、崇）（天:天、东）（邯:邯）（唐:乐）

戳脚子 （天:孟）

拉鞭的 （石:衡）

当家儿 （邯:临、漳、邯）（保:博）

当家人 （天:静）（邯:尧、邯）

当家里 （邯:柏、大、邯）

当家的 （唐:乐）（石:河）（天:饶、故、桥、庆、津）（张:赤、龙、沙、蔚）（保:雄、完）（邯:乡、临、南、内、丘、邯）

主事的 （张:赤、龙）

主人家 （天:桥）

主事人 （邯:邯）

【伙计】

伙计 同志间表亲近的一种称呼。（全省通行）

伙计 同事。（全省通行）

伙计 夫妻间互称。（石:深）

伙计 合伙做买卖的人。（承:平）（石:平、建）（保:新、兴）（张:沙）（邯:邯）（天:桥、安）

伙计 同伴。（天:安）（邯:邯）（唐:乐、昌）

【喂牲口的】

把式 （保:易）（唐:丰）

把式 （旧）（天:安）

喂头哩 （石:赵）（邯:鸡、邯）

喂头物 （邯:广、肥、邯）

喂头口的 （邯:成）

喂头夫的 （旧）（保:定）（邯:邯、临、尧、内）（唐:玉）

喂头夫咧 （邯:大）

喂头户的 （石:元、宁）（邯:任、南、邯、台、宗、鹿）（天:桥）

喂牲口官儿 （承:承）

喂牲口的 （全省通行）

喂牲口的 （贬）（承:承）（保:满）（天:沧）（石:深）

喂牲口的 （老）（唐:山）（天:任）

马夫 （邯:任、邯）

马夫 指部队中养马的。（石:深）

牛倌 （保:高）（石:井）（唐:秦）（承:隆、围、滦）

饲养员 （新）（唐:乐、玉、宝、大）（承:滦）

【奶妈】 受雇给别人家奶孩子的妇女。

干娘 （全省通行）

娘 （承:滦）

娘娘 在不同场合可指伯母。参见“伯母”条。（邯:南）

妈 （唐:丰）

奶姆 背后称。（石:衡）（天:桥）（邯:邯）

乳娘 （天:故、肃）

奶姆 （褒）（天:安）

奶姆 （石:枣、宁、赞、无、正、冀、晋、束、石、栾）（天:孟、黄、宁、河、霸）（承:兴、平、滦）（保:保、满、阳、兴、容）（邯:鸡、宗、威、鹿、清、临、肥、内、邯）（唐:丰、滦）

奶娘 （旧）（全省大部分地区通行）

奶子 （石:深、束、行）（天:强）

奶的 （邯:邯）

奶妈子 （贬）（承:平、丰、滦、承、隆、青、兴、围）（天:饶、天、津、庆、黄、东、河）（保:定、兴、雄、唐）（石:元、正、深）（唐:昌、抚、三、卢）

奶妈的 （邯:广）

老妈子 （唐:乐）（石:赵）

老妈子 背后称。（天:天）（唐:大）

老姐 （邯:任）

老家 住在奶妈家的孩子对奶妈的称呼。（邯:尧）

领孩子的 （石:灵）

哄孩子 （邯:肥）

看孩子 （邯:邯）

哄孩子 指年轻妇女或未婚姑娘看小孩儿的。（承:隆）

【保姆】 带孩子做杂务，但不给孩子喂奶的妇女。

干妈 （邯:内）

干奶妈 （邯:内）

干娘 （全省通行）

跟主儿 （天:天）

奶姆娘 （邯:宗、乡）

奶姆 （邯:丘）（石:宁）

奶子 （天:饶）

奶妈子 （天:安、桥、霸、庆）（张:康、怀）（邯:任、广）

奶孩子的 （天:饶）

看孩子的 （唐:乐、迁）（天:安、河）（邯:邯）

哄孩子的 （唐:乐、迁）（承:隆、丰）（张:宣）

老姐 （邯:郸）

老妈子 （天:霸、饶、桥）（保:兴）（唐:乐、丰）

挟孩子的 （石:束）

领孩子的 （石:灵、行）

【小孩胡闹不听话】

僁头 小孩不听话，大人骂“发僁头”。（石:束）

僁头羔子 胡闹不听话的小孩。（石:束）

淘气 （承:围）

淘神 （天:天）

撒蛮 （承:滦）

发费 （邯:内）

【男仆】 下面的说法皆是从前用的词。

佣人 （石:深）

听差 （全省通行）

家人 （天:安）

官项 （承:兴）

支使 （天:黄）

支使的 （天:河、肃）（石:深）

支使小子 （贬）（天:河、霸）

当差的 （全省通行）

当差的 （老）（天:大）

使唤人 （唐:乐、大）（石:获）（保:兴）（邯:广、肥、邯）

使唤小儿 （石:井）

做活的 （邯:丘、邯）（天:桥）

做活儿的 （保:易）

蛮小子 （石:赵）（邯:郸）

蛮小的 （邯:郸）

跑堂的 （唐:秦）（天:安）

打杂儿的 （保:兴）（张:蔚）（承:青）

跑差事的 （张:万）

侍候人的 （天:静）（张:赤、龙、口）（唐:乐、昌）

【女仆】

嫂子 （唐:抚、乐）

嫂儿 （石:赞）（承:隆、平）（天:桥、武）（张:沙）（邯:周、内、漳）（唐:秦）

大妈 （唐:乐）

支使 （天:黄、肃）

女工 （天:安）

妈妈儿 （石:衡）

女做活 （保:新）

老妈儿 背后称。（天:静）（保:高）

奶妈子 （邯:魏）

妈儿妈儿 （邯:清）

使唤女人 （旧）（邯:肥）

使唤女 （邯:内、邯）

上锅上的 （张:赤、龙）

做饭的 （石:束）（天:饶）（邯:邯）

做饭老婆儿 （邯:广、邯）

×家 “家”音 jie。姓什么叫什么家。（石:泽）

【老姐妹儿】 女仆之尊称。

干干儿 （石:正）

老干儿 （邯:鸡、肥、内）

【老姐妹】 上年纪的妇女相互亲热的尊称。

老姐妹们 平辈老年妇女相互尊称。（邯:邯）（承:滦）（天:安）

老姐妹儿 上年岁妇女之间相互尊称。（唐:乐、宝、

昌、遵、丰)(承:围、兴、平、滦、丰)(石:无、赞)(保:定、高、兴、安)(邯:肥、涉、尧、丘)(天:安、静、献)

老姊妹儿 从小在一起互称“姊妹”,上年岁时,互称“姊妹儿”。(石:获)(天:桥)

老姐妹儿 上岁数的妯娌之间的亲热称呼。(唐:玉、宝)

老姐们儿 (天:天)

【丫环】

梅香 (唐:昌、滦)(石:行、河、新、正)(保:唐、安、阳)

梅香丫头 骂人话,大概由女仆卑贱而来。(唐:乐)

丫环 (全省通行)

蛮妮子 (邯:尧、鹿、肥、郸)(石:赵)

蛮女的 (邯:鸡)

使女 (唐:宝、昌、秦、遵)(承:丰、围、青、承、平)(石:平、新、晋、建)(天:饶、故、肃、宁、沧、阜)(保:安、兴、雄、蠡、阜)(邯:邯、乡、郸、魏、鸡、永、鹿、肥、任、涉、内、尧)

指使女 (邯:南)

支使丫头 (天:孟、黄、河、桥)

指使丫头 (天:静、强)

使唤妮儿 (邯:临)

使唤女子 (邯:尧)

使唤女儿 (石:井)(邯:任、肥)

使唤丫头 (唐:丰、宝、大、蓟)(承:承)(天:强、孟)(保:易、水、新)

【长工】

觅汉 (邯:广、沙、涉、肥、邯)

伙计 (全省通行)

伙计 长工相互称。(天:安、大)(保:新)(邯:涉、邯)

二把活 使牲口的。(石:获)

大把活 比二把活技术好。(石:获)

掌鞭的 尊称。(天:肃)

掌做的 (天:桥)

活 如“他家雇了三个活”。(承:承)

长活 (承:隆、承、围)(天:献、安、霸)

年工 因以一年为期。(保:安)

揽活哩 (石:赵、正、石、栾)

揽长工的 (石:获、井)

拉长工 (石:泽)

受苦的 (石:行)

打头的 长工头儿,技术最好。(唐:丰、抚、乐)(承:隆、青)(天:桥)

水罐子 次于打头的。(唐:丰)

跟作儿的 许多长工,除去第一个、第二个,其余叫跟作儿的。(唐:丰)

扛活儿的 (天:孟)(唐:乐、昌、蓟、大)(石:深)

扛年子的 (天:静、文)

当伙计的 (天:故)

做活的 (石:衡、枣、行、束)(承:丰、围)(天:固)(邯:临)

做长活的 (天:肃)(保:唐、蠡、完)(张:龙)(邯:内、任)

掌班儿的 (保:易)

扛年皂 (天:大)

扛长活的 (天:安)(邯:内)

【工人】

手艺人 (石:束)(天:饶、桥、安)(唐:昌)(承:隆)

耍手艺的 (天:安、肃)(唐:乐、昌)(承:青、围、滦)(石:深)

做活的 (张:赤)

做工的 (全省通行)

做小工的 (贬)(唐:乐、秦)

修工的 敌伪时期产生的词,本义是修筑工事的工人,现在用来称呼建筑工人。(石:泽)

××匠 什么工种称什么匠,如“木匠”、“瓦匠”。(石:束)(保:安)(邯:邯)(唐:乐)(承:围、隆)(天:桥、安)

大把 有相当技术,能独当一面的。(石:束)

【小工】 技术不精,一般做辅助工作的工人。

二工 (邯:大)

短工 (张:万)(承:隆)

零工 (唐:西)

供饭的 (承:兴)

小工儿　建筑业中的。(天:大、霸)(邯:邯)(石:深)

小工的　(邯:丘)

小工儿　(唐:宝、三)(承:兴、承)(天:桥、安、黄)(保:定)

小工子　(唐:乐、迁、昌)(保:定、易、阳、兴、容)(天:天、河、静)(承:青)

小工子儿　(天:桥)

做小工儿的　(唐:乐、秦、昌、滦)

当小工的　(邯:尧、邯)

搬工的　盖房的小工。(唐:丰、昌)

【雇工】　长工是雇工中最常见的一种,因而与"长工"条有重复之处,应互相参看。

觅汉　(邯:鸡、成、广)

米头　(邯:魏)

大把　驾车养牲口的。(天:献)

受苦的　(张:口)

做活的　(承:平)(天:强)

侍候人的　(张:蔚)

揽活的　(石:元)

扛活的　(唐:乐、宝、大、西、抚)(承:青、围、平)(石:武、河)(天:安、故、大、河)(邯:清、尧、邯)

扛年做的　(天:大)(石:深)

扛长活的　(唐:乐、丰)(承:滦、隆)(石:晋、正、泽、束)(天:强、静、任、安)(保:博、定、高、阳)(邯:任、尧、南)

打短儿的　(天:桥、山、津)(承:滦)

做长活的　(邯:尧)(保:唐、满、完、蠡)

做长工的　(全省大部分地区通行)

做活儿的　(全省通行)

做活儿的　指女子。(石:泽)

做活的　指男子。(石:泽)

做活的　(邯:邯、丘)(保:易)(天:天、任、献)(石:衡、元)(承:承、滦)

当长工的　(张:万)(石:晋)(邯:邯)

当找工的　(石:井)

找工　(石:建、平)

领做的　长工头儿。(天:霸、固、武、河)

【短工】

小工　(张:怀)

打短　(承:滦)

打短儿　(天:安)

打短工　(邯:肥)

打短工的　(邯:内)

打短的　(承:滦)(天:霸)

月工　以月为期的。(保:安)(邯:任)(天:饶、献)

月活　以月为期的。(天:安)

做月的　(唐:滦)

做零活儿的　(唐:秦)

做短工子　(张:怀)

做小工的　(邯:内)

临时工　(天:天)

【零工】　"零工"同"雇工""短工"条大有交叉之处,因而应把几条参照看。大致说来"零工""短工"可包括在"雇工"内;"零工"的工期比"短工"更短,不过二者并无绝对的分界线。

工夫　(唐:昌、抚、宝、迁)

零活　(天:天)

撺忙的　(邯:内、鸡)

做工夫　(承:兴)(唐:蓟、乐)

做工夫的　指做工夫的人。(唐:乐、蓟)

做工夫的　(唐:三、滦)(承:平)

小工　(邯:邯)(唐:遵)(天:桥、献)

小工儿　(唐:山、丰、遵)

小工子　(唐:昌、迁)

小短工　(唐:秦)

短工子　(张:康)

短汉　(张:宣)

找工　(石:行、正、新)(保:唐、阜)

找工儿　(保:定)

当找工的　(石:灵)

散工 （唐:丰、遵、山、昌、秦、西）（承:兴、平）（天:故、肃、东、文、山、桥、河）（保:易、安、蠡、望）（邯:涉、内）（石:晋、安）

杂工 （保:阳）

打杂儿 （张:宣）（天:桥）（唐:乐、滦）

打杂的 （唐:滦）（石:无、宁、建）（天:霸）（保:定）（张:宣）（邯:邯）

打短 （保:高、水）（天:肃）

打短的 （天:桥、静、安）（保:兴、安）（承:平、围、隆）（唐:昌）

打短儿(的) （唐:乐、大）（承:丰、滦）（石:泽）（天:固、故、河）

打短工的 （邯:尧、邯）

打找工的 （石:获）

做短工 （天:肃）（张:沙）

卖短儿 （天:安、静）

做零活的 （石:高）（邯:邯）

做零活儿的 （全省通行）

日工儿 （保:定）

半拉子 年青人。（承:承）

小活儿 年青人。（承:承、隆）（天:安）

【学校的工友】

校役 （旧）（天:安）

堂役 （旧）（天:天、安、霸）（唐:乐、丰、昌、蓟）

工友 （天:天）

【农民】

受苦的 （石:获、灵）（张:赤）（邯:邯、郸、磁、肥）

受苦棒 （旧）（石:灵）

庄户主 （保:阜）（石:建）

庄稼主 （保:阳）（邯:邯、临）（石:行）

庄稼主儿 （邯:内）

庄稼老土儿 （邯:内）

庄稼人 （全省通行）

庄稼汉 （贬）（全省通行）

庄户老 （张:赤、宣、龙）（唐:昌）

庄户人 （张:万、赤、康、宣、商、崇、怀、尚）（天:桥）

庄户人 （老）（张:崇）

庄稼头 （贬）（承:平）

庄稼人家 （天:孟）

庄稼老儿 （贬）（唐:丰、山、昌、秦）（石:行）（天:肃）

庄稼老斗 （贬）（保:新）

庄稼耙子 （贬）（唐:滦、昌）（承:滦）

当庄户的 （张:赤）

翻土路沿的 （贬）（唐:滦）

养种地的 （石:获、灵）

种地的 （石:束、河、正）（天:孟、津、河、阜）（保:易、满、清、容）（张:赤、龙）（邯:邯、郸、肥、周、漳）（唐:大、乐、昌）

种庄稼活的 （石:正、深、泽）

做庄稼的 （全省通行）

种庄稼的 （全省通行）

拽驴尾巴的 （邯:内）

捅牛屁股眼子的 （邯:内）

老庄稼头儿 泛指老农。（唐:乐）

下庄稼地的 （承:围）

社员 （新）（全省通行）

【手艺人】

师傅 尊称。（天:天、肃）（邯:邯）

手艺 （邯:漳）

手艺地儿 （石:束）

艺人 包括文艺工作者。（保:雄）（邯:邯）

耍手的 （天:阜）

耍手艺 （石:泽）

耍手艺人 （保:安）

耍手艺的 （全省通行）

玩手艺的 （天:庆）

戏手艺的 （保:阜）

做手艺的 （全省通行）

技术人　（唐:秦）（邯:邯）（保:满）

【经商的】

掌柜的　（承:隆、围、滦）（邯:邯）

掌柜的　尊称。（承:平、隆）（天:桥、肃）（邯:邯）（唐:乐）

掌握的　（承:隆）

买卖人　（全省大部分地区通行）

买卖地儿　（石:束）

干小件的　（邯:鸡）

住地方的　（张:万）（唐:乐、昌）（承:隆）

出门儿的　（唐:乐、丰）

跑买卖的　（天:东）（邯:邯、尧）（唐:迁）

跑腿儿的　（唐:丰）

跑商的　（石:宁）

生意人　（天:孟）（邯:涉、邯）

做买卖的　（全省通行）

做买卖的　比经商的资本小。（唐:抚、秦）（石:平）（邯:邯）

做买卖的　“做”音 zòu。（唐:滦）

做生意的　（邯:涉、邯）

小商　（唐:蓟）

【小贩儿】

贩子　（石:衡、枣、灵）（天:东、桥、庆）（邯:大）（唐:乐）

小贩子　（唐:大）（石:武）（张:怀）

二道贩子　（张:赤、龙）

小买卖人　（石:束、灵）（天:大、肃）（保:安、兴、蠡）（邯:邯）

小商　（邯:肥、邯）

小商贩　（天:肃、东、阜）（邯:丘、任、尧、邯）（保:阳、雄）（唐:西、大）（承:围）

行贩　（邯:肥）

担挑的　（张:赤、商）（唐:丰）

担八根绳儿的　（石:束）（唐:乐、丰、昌）

挑小挑儿的　（承:隆、平、滦）

干小件儿的　（石:行）

做小买卖　（邯:邯、肥）（承:隆、丰）

做小买卖的　（全省大部分地区通行）

卖杂货的　（承:滦）

跑小买卖的　（天:强）（唐:乐）（邯:邯）

挑八根绳的　（唐:昌）

挑八股绳的　肩挑的小贩。（石:束）（天:桥）（承:隆）

推小车的　（邯:内）

耍秤杆子的　（邯:内）

【摊贩】

摆摊　（邯:邯、清、涉）（石:衡）

摆摊的　（全省通行）

摆小摊儿的　（天:安、静）（承:滦、承）（唐:昌）

摆摊摊的　（张:怀）

摆摊儿的　（天:故、武）（保:兴）（唐:丰、宝）（石:获）

摆摊子的　（张:万、康、张、崇）

摆小摊的　（天:安、河、霸、饶）（保:定、保、新、涿）（张:蔚）（邯:邯、威）（石:正、获、晋）（承:青、兴）（唐:秦）

摆零摊　（邯:肥）

摆杂货摊儿的　（天:强）

摆案子的　（唐:丰）

出摊　（天:肃）（石:高）（承:隆）

出案子的　（唐:丰）

出床子的　（承:青）（唐:昌）

出摊儿的　（唐:丰、滦、昌、玉）

出小摊的　（唐:迁）（承:围、青）

小摊　（石:栾）（承:平、隆）

小摊贩　（天:天）

挑挑的　（唐:乐）

担挑儿的　（天:天）（唐:大）

卖小货的　（张:沙）

开小铺的　（保:安）（邯:邯）（承:隆）（唐:乐、昌）

做小买卖的　（张:赤）（天:安、任、天）（邯:邯）（唐:乐、昌）

做小买儿卖儿的　（石:深）

【货郎】 乡村里的一种小贩,持货郎鼓叫卖。

摇针的 (保:博)

摇拨浪鼓的 (唐:乐)

摇货郎鼓的 (天:天)(石:泽)

摇大鼓的 (张:蔚)

摇货郎儿的 (保:定)

摇拨浪等的 (石:晋)

打鼓儿的 (保:满)

货郎鼓儿 (保:满)

货郎儿 (承:兴)(唐:玉)(保:唐)(邯:涉)

货郎子 (全省通行)

货楞 (天:桥)(唐:三)

货楞子 (唐:西、遵、蓟、宝、玉)(承:青)

货郎担儿 (石:宁、新、平)(保:兴)(邯:肥、尧、鸡、磁)

货郎儿子 (天:故)

货郎担子 (石:元)(张:怀)(邯:邯)

货郎挑 (承:滦、隆)

货郎挑儿 (承:滦、丰)(天:饶)(保:水)(邯:内、丘)(石:衡)

货郎儿挑 (邯:乡)

货郎挑子 (邯:魏、任、内)(唐:三)

碎货挑 (天:孟)

大不楞 (张:阳)

大鼓挑子 (张:万)

担挑的 (张:怀)

担货郎挑的 (邯:南)

担杂货担的 (天:河)

挑货郎儿 (保:清)

挑货郎担 (石:获、灵)

卖生活的 (张:赤、鹿)

卖货的 (张:龙)

卖小货的 (张:蔚)

卖杂货的 (天:肃、河)

卖洋针洋线的 (邯:威)(天:安)

卖针线的 (保:保)(石:束、正)(唐:乐)

卖洋针的 (石:正)

卖线货的 (石:武)

卖带子的 (天:霸、文)(保:保)

换布撤烂套子的 (石:无)

换泥人的 (唐:大)

【货郎鼓儿】

咕咚仓 (保:兴)

针铃 (保:阳)

针子 (唐:抚)

拨摆鼓儿 (唐:滦)

拨浪鼓子 (天:安)

拨浪鼓儿 (唐:大、乐、丰、玉)(石:枣、宁、束、建)(张:张)(天:霸)

拨浪鼓 (唐:遵、昌、滦)

不楞子 (张:万)

不楞鼓子 (张:沽)(唐:滦、宝)(石:元)(天:桥)

不郎鼓儿 (唐:滦、西、乐、昌)(石:赞、无、灵、井)(邯:南、尧、郸)(保:唐)(张:赤)

梆浪鼓 (张:赤、龙)

八浪鼓儿 (张:阳)(邯:永)(石:元)

货郎鼓 (天:黄)

货郎鼓子 (天:安、霸)

货郎鼓儿 (天:桥、黄)

大拨浪鼓 卖布的。(张:宣)

小拨鼓 卖豆腐的。(张:宣)

摇铃的 (承:围)

唤头 小贩用以代替口叫卖的器具皆叫唤头。(保:兴、望)(唐:丰)

唤头 卖肉、卖豆腐,用梆子;卖药及拉骆驼的用串铃;卖香油用当当;染布的用小钹;货郎儿用拨浪鼓儿。(石:束)

唤头 剃头的人手里拿的那个器具叫"唤头"。(天:天)

【脚行】 属于有组织的,专以搬运为业的人。在方式上有以人背肩挑担的,有用工具或牲口搬运的。

脚夫 (贬)(天:饶)

搬运　（天：静）

送脚的　（邯：涉、邯）

拖脚的　（保：阜）

扛包的　（邯：内、威）

扛河坝　（天：静）

扛脚儿的　（石：束）

扛脚的　（天：静、河、霸、孟、饶、安）（保：定、兴）（邯：尧、邯）（石：行）

扛小脚的　（邯：邯、鸡、尧）

扛脚行的　（唐：乐、西、昌、宝、玉）（承：隆、平）（天：安、强）（石：石、正、栾）

扛大个儿的　（天：安、静）（保：兴）（唐：昌、大）（石：无）

赶脚的　（天：安、固）（张：赤、龙）（石：建）（唐：迁）

赶垛子的　（张：商）

撵车的　（邯：邯、任）

车把式　（张：鹿）（承：隆）

赶驮子的　过去包揽运货的。（唐：迁）（承：隆）

推脚的　用手推车运货的人。（石：正）（天：安）

拉脚的　用牲口拉运东西的人。（石：正）（天：霸）（邯：邯）（承：青、隆）

拉脚的　（唐：乐、昌、大、三、遵）（邯：邯、磁、威、任、周、肥、丘）（石：灵）（保：定、易）（承：承）

脚行　（唐：大）

【挑夫】　旧社会给人挑东西的。

脚夫　（全省大部分地区通行）

担脚　（邯：临、邯）

担担　（邯：肥、邯）

担脚的　（石：束、获）

担担子的　（石：灵）（保：定）

担担儿的　（石：无）

担担的　（天：河、饶）（邯：邯、鸡、永）

担小挑　（张：蔚）

担挑的　（保：新、阜）（张：宣）

担东西的　（张：阳）（邯：邯、大）

担东西咧　（邯：邯、大）

担八股绳的　（石：正）（邯：邯、威）（承：隆）

挑担的　（石：藁）（邯：尧、邯）

挑挑的　（天：河）（承：围）

挑脚儿的　（天：大）（保：定）

挑担子的　（张：沙）（邯：任）（保：定）

挑脚的　（唐：滦、昌、乐）（天：霸、静、永）（石：赵、正、晋）（邯：邯、丘）

【军人】　下列方言多是旧词。

丘八　（旧）（贬）（承：隆、围、承、滦、平）（天：献）（保：定）（张：龙）（邯：内）（石：束）

大兵　（天：静、安）

吃粉的　（张：赤）

老总　（老）（邯：广、柏、成）（天：固、饶）（张：怀）

老总儿　（全省通行）

老总儿　（旧）（唐：遵、蓟）

扛枪的　（邯：内）

当兵的　（贬）（天：大、故）

当兵的　（全省通行）

【警察】　下列方言多是旧词。

巡捕　解放前外国租界的警察。（天：天）

巡警　（旧）（全省通行）

巡警　比警察权力小。（张：沽）

巡警　（老）（邯：广、柏）（张：赤、龙）（唐：昌、抚）

巡警狗　（唐：滦）（承：滦）

巡警狗　过去指日本人。（天：桥）（承：隆）

巡警狗子　（贬）（唐：昌）

警狗子　（承：兴）

警察狗子　（承：平）

站岗的　（石：栾）（承：隆）

看街狗　（保：兴）

红帽儿　（天：静）

交通岗　（唐：山）

兵油子　指兵痞。（天：阜）（唐：乐）

狗腿　（石：平）

衙役 （石：平）（承：隆）

穿号褂子的 （旧）（天：天）

【警察局】

局子里 （石：宁）（天：桥）

局子 （旧）（承：围）（唐：丰）

大局子 （天：天）

【医生】

先生 （全省通行）

先生 尊称。（天：故）

先生 （旧）（石：石、灵）

先生 ①医生。②算命的。（邯：邯）（唐：乐、昌、遵）

先生 专称中医。（全省大部分地区通行）

大夫 （天：沧）

大夫 专称西医。（承：围）（唐：滦、山、抚）（邯：邯）

医官 军队里的医生。（全省大部分地区通行）

医官 过去机关内的医生。（张：沙）（邯：郸、永、内）（天：大）（唐：蓟）

太医 （保：满）（石：新）

医生先生 （天：任、河）

瞧病的 （唐：迁）（邯：邯）

看病的先生 （天：河）（石：枣、建）（邯：邯）（唐：昌、乐）

看病的 （邯：邯）

【教书先生】 私塾。

先生 （邯：内）（天：天、桥）

师傅 （邯：任）

教习 （旧）（石：平）（唐：迁）

教书的 （唐：乐）（天：孟、河、天）（石：元、武）（邯：邯）

教书匠 （贬）（唐：昌、宝）（邯：鸡）（天：安）

教学的 （唐：昌、乐）（承：隆）（邯：邯）

教儒书的先生 （天：霸）

老先生 （石：宁、灵）（天：肃、天）（邯：涉）（唐：大、乐）

老私塾先生 （承：承、围、隆）（天：安）（邯：邯）

孩子王 （贬）（唐：玉）

【教员】

老师 （全省通行）

教书匠 （天：天）

教书的 （唐：丰、乐、大）（张：万）（天：安）（承：围、隆）

教书先生 （保：保）（邯：邯）

教学的先生 （天：河）

【学生】

书生 （张：赤）

弟子 （文）（保：安）

学生 “学”音 xiáo。（唐：滦、乐、昌）

念书的 （全省大部分地区通行）

念书的 （旧）（张：商）（承：滦）

上学的 “学”音 xiáo。（全省大部分地区通行）

洋学生 （旧）（唐：昌）（天：安）

门生 （邯：鸡）

徒弟 （邯：鸡、任、邯）

【同学】

学生 （保：雄）（张：万）（邯：邯、鸡）（唐：迁）

学友 （邯：内、威）

同窗 （旧）（全省通行）

同窗 现在称有特别亲密的意思。（石：宁）

同窗弟 （天：河）

同桌 （承：兴）

窗友 （邯：内、威）

师兄弟 指同师学徒。（天：天）

师兄弟 （石：正）

一级的 （承：兴）

【老学究】

通肚子 （天：孟）

老先生 （石：宁、枣、深、井、平、新）（天：天、安、肃、静、献）（张：沙、商）（邯：邯、大、永、台）（唐：大）

老学生 （张：阳）

老学问 （天：桥）（张：赤、龙）

老秀才 （张：沙）（邯：邯）（承：隆）

老道学 （保：高）（石：无、束）

老文学　（保:新）

老书愚儿　（贬）（保:兴）

书理人　（唐:大）

书呆子　（邯:内）

四书先生　（邯:内）

读书人　（唐:大）

老念书的　（唐:乐、昌、滦、丰）（张:阳）

本地圣人　（张:蔚）

读死书的人　（承:平）

【书香人家】

老家子　（石:束）

念书家　（天:天）

文墨人　称“书香人家”中的成员。（承:承）（唐:丰、宝、玉）

功名家　（石:无）

书箱底　（天:桥、黄）

斯文下书　（石:衡）

诗书门第　（承:隆、承）（张:赤、沽）（邯:郸、尧）

诗书人家　（邯:尧）

文化家庭　（新）（唐:遵）

书香主　（天:庆）

书理家主　（保:水）

书香门第　（唐:滦、遵、宝、山、昌、乐、丰、大、迁、抚、三、卢）（承:承）（保:兴）（石:深）（天:安）

书香子弟　称家庭成员。（承:隆、丰）

书理人家　（天:桥、大）（保:高）

书理家儿　（保:兴）

书礼主儿　（天:安）

书修人家　（保:定）

念书的主儿　（天:任、河）

文礼之家　（承:承）

大家主儿　（石:束）（天:肃）（邯:邯）

读书人家　（新）（石:宁）（邯:邯、成、郸）（保:完）

世家　（石:平）

【暴发户儿】

猛一富　（邯:郸、鸡、涉）

猛一起　（石:衡）

发猛时的　（张:阳）

暴发财主　（保:兴）（唐:乐）

狐子光景　（迷）（石:灵）

初发户　（张:崇）

新长日子　（邯:尧）

新发户　（唐:滦、大、西、昌）（天:静）（保:定、阜）（邯:大、鹿、任）（石:正、束、获）

新起户　（邯:尧）

兴起家　（邯:清）

新起家的　（保:定）

新起家儿　（石:枣、无、深、束）（邯:成）（天:桥）

发财户　（天:桥）

发横财　（贬）（天:天）

新发物主　（邯:广）

新发财户　（邯:周、邯）（唐:乐）

发 shē 户　（石:获）

【老悭头】

焦毛　（石:束）

瞎撮　（天:饶）

尖　（天:安、津、霸）

尖头　（天:安）（邯:宗）（石:深）

老抠儿　（唐:丰、昌、滦、抚）（石:束）（天:饶）

老悭儿　（承:隆）（唐:宝）（石:藁）（保:保、容）（邯:内）

老细丝　节俭得很。（石:建）（承:隆）

加雨头　（邯:南）

死抠　（邯:任）（石:行）（承:隆）（唐:乐、玉）

死孙　（天:桥）

死家汉头　（唐:大）

死刻刻儿　（石:平）

死刻子　（石:正、行）

死巴抠　（邯:南）

悭头 （保:容）

悭头棒 （邯:魏、邯）

倔巴头 （承:围）

新起家 （石:深）

财迷 （唐:山）

格喈头 （石:行）

看财奴 （唐:抚）（天:饶、天）（承:隆）

抠细 （唐:昌）

老细手 （邯:南）

细 （唐:昌）（承:隆）

守财奴 （天:饶）（承:隆）

结愚头 （邯:郸）

穷抠儿 （天:武、天）（保:蠡）

贫抠儿 （承:承）（唐:玉）（石:武）（保:蠡）（张:宣）（邯:内）

贫抠儿 没钱可花的“老悭儿”。（唐:滦、玉）

贫骨头 （承:承、丰）

小贫骨头 （承:承、丰）

小气 （天:桥）（承:隆）（唐:乐）

小气鬼 （唐:昌）（承:隆）

小算盘 （邯:内、威）

【吝啬】

尖 （唐:大）

小气 （天:霸）（承:青）

小小气气 （天:霸）

抠儿 （天:天）（唐:乐、昌）

抠气鬼 （唐:昌）

财迷 （唐:乐、昌）（天:天）

死样 “样”音 yāng。（承:青）

抠抠腚眼子,嘣嘣手指头 （天:桥）

克勒 “克勒”音 kēi lei。①吝啬。②勒掯,即强制约束。（石:束）

渠 （石:束）

不开眼 ①吝啬。②贪小便宜。③遇事看不出问题。（承:隆）（邯:邯）（石:深、束）

【上中农】 土改前的。

肉头户 （天:桥）

露头户 （邯:清）

门楼房 （唐:大）

【破落户儿】

背兴的 （张:崇）

落凡主 （邯:南）（石:束）

落凡户 （石:赞）

落饭家 （石:枣）

落大家 “落”音 lào。（唐:滦、乐）（天:安）

落坯 （石:建）（天:孟）

落培户儿 （石:正、平）

落皮主 （邯:尧）

落魄 （天:安）

落魄主 （邯:任）

落返主 （石:河）

落家户 （天:桥）

落发户 （石:宁）

破落家 （天:宁）

破大家 （天:天）

破落骨子 （天:文）

破落人家 （张:万）（承:隆）

破大门儿 （天:山）

破大家儿 （保:满）（唐:丰、宝、大、昌、玉）

破大家子 （唐:大）（保:定、新、阜）（承:隆、平）（天:静、大、安）（石:获）

败家 （天:大）（唐:乐）

败家主 （天:河）（石:深）

下败主 （邯:广、鸡、大、肥）

下败家 （邯:成）

下败户儿 （邯:临）

大家落 （保:兴）

大家落魄 （天:河）

贫家 （邯:魏）

穷家　(邯:魏)

打了锅了　(石:衡)

老大家儿　(保:兴)

【败家子儿】

拆房镐　(保:兴、新)(天:安)(邯:邯)

化铜锅　(保:兴)

猴头　如:“家败出猴头。”(保:安)(唐:玉)

糟将　(保:唐、满)

荡家子　(旧)(石:石)

荡家子儿　(全省大部分地区通行)

无了忧　不务正业的人。(天:天)

破家五鬼　(邯:郸、大)(天:静)

破败星　(天:肃)

浪荡子儿　(石:藁、灵)(张:怀)

浪荡子弟　(邯:鹿)

浪荡公子　(全省大部分地区通行)

败家精　(邯:尧)

败家郎儿　(保:兴)

败家子子　(石:无)

落道帮子　(唐:大)

货家子　(邯:大)

花家子　(天:固)

赖小子　不务正业的人。(张:商)

【乞丐】

花子　(全省通行)

花子　(老)(石:行)(邯:柏)

花子　(贬)(天:大)

花子　①拾柴的乞丐。②在街上要饭吃的乞丐。③以偷鸡为生的。④刺破头要饭的乞丐。(天:强)

老吃　有组织的乞丐。(天:强)

花子　专指男的,能说一些行话。(唐:宝)

老花子　(承:青)(唐:昌、乐、抚)(天:桥、东)(保:安、新、兴、雄、涿)

老花辣子　(保:雄)

讨粥的　(唐:山、丰)

讨吃子　(张:万、赤、阳、沽、宣、龙、沙、鹿、怀、蔚、张)(石:平)

讨吃的　(张:康、商、尚)

讨饭的　(天:肃)(张:崇)(邯:邯、任、尧)(唐:乐、昌)

要饭的　(全省通行)

讨饭吃的　(保:唐)

要小钱的　专要钱。(石:束)(邯:宗、乡)

要饭吃的　(邯:邯、永、涉)(唐:大、昌)(承:滦)(天:肃)(石:无、正、晋、灵、获)(保:望、唐、高、兴、蠡、阜)

要饭花子　(唐:昌、秦)(承:兴、隆)(天:安)

要饭哩　(邯:临)(天:饶)(石:元、深)

叫街的　专在街上要,不上门的乞丐。(石:行)(天:强、桥)(邯:邯、肥、尧)(唐:昌)(承:隆)

叫花子　(贬)(天:庆)

叫花子　(全省通行)

打破头的　(邯:宗)

刺脸的　刺破头的恶乞丐。(石:束)

拿鸡的　偷鸡的乞丐。(石:束)

抄花子　(邯:临)

扒干棒的　抢树上干柴的乞丐。(天:强)

抢嘴吃的　抢食物吃的乞丐。(石:束)

【乞丐】　有组织的。

泼下　(石:束)

诈黑子　(石:束)

坐方的　(贬)(石:束)

占方的　有组织的乞丐头,给人照管婚丧事的。(保:兴)

杆上的　(石:束、无)

杆儿上　指有组织的乞丐头。(石:藁、正)

杆儿上的　(天:霸)

讨荒的　(邯:邯)

拉破头的　(天:桥)

花子堆　其中的领导者又叫“花子头儿”。(天:天)

大篓子上的　在乞丐中辈分高的。(保:兴)

【荐头】

举荐 (天:肃)(保:定)(邯:广、肥)

举荐人 (张:宣、蔚)(邯:清、临、魏)(石:无、束、建)(保:安、兴)(天:强、河、桥)

荐举 (石:井)

荐举人 (承:围、平)(唐:大、抚、昌)(天:孟、桥)

荐学人 (唐:宝)

荐事人 (天:静)

荐儿头 (保:清)

引进人 (天:饶)

引见人 (全省大部分地区通行)

保举人 (天:天)

【拉纤的】 说合买卖房子的人。本条与“跑合的”条有相混的,说明当地没有这种分别。“拉纤的”、“跑合的”、“中人”、“经纪”几条应相互参照看。

来人 (唐:乐、大、卢)(承:隆、丰)

牙行 (石:平)(唐:乐)

牙子 (唐:抚)(张:蔚)(天:安)

放牙 (张:沙)

经绍 (邯:肥、成)

打帮的 (张:阳)

吃帮媒的 (张:怀)

同人 (邯:任)

纤手 (唐:秦)(天:故、肃)(邯:内、鄣、肥)(石:安)

经纪 (保:定)

拉经纪 (承:平、隆)

圆盘子 (承:平)

拉房纤的 (天:霸)

拉船的 (天:故)

拉伙的 (唐:大)

斤斤 (石:深)

中间人 (保:高)(天:安)(唐:大)

同中人 (邯:内)

说中的 (天:静)

跑交的 (石:藁)

跑合的 (邯:南、临)(天:桥)

说合的 (石:束)(邯:南、邯)

说合人 (全省大部分地区通行)

管闲事 (邯:邯、台、宗、乡、鹿)

管闲事的 (邯:内)

中人 (全省通行)

办事人 (张:万、宣、崇)

老纤头 介绍别人当老妈儿的人。(天:静)

【跑合儿】 说合生意的人。

提猴的 (张:商)

拉纤的 (唐:卢)(邯:魏)

过河人 (保:兴)

成事人 (石:建)

事中人 (保:雄)

贴主 (保:雄)

来人 (唐:大、蓟)(承:丰)

牙行 (承:滦)(天:孟)(保:定)(石:赞、井、行)

跑脚 (唐:乐)

跑路儿 (邯:永)

跑经纪 (唐:昌)

跑外的人 (张:沙)

跑外的人 (新)指社队工副业采购员。(唐:宝、玉、丰)

跑买卖的 (张:口)

跑行的 (石:平)

跑合儿的 (保:易、保、唐)(天:津、天、桥、安)(唐:昌)

跑腿的 (唐:大)

当经纪 (唐:昌)

经纪 (天:强)(邯:成)

经纪人 (唐:蓟、抚)(邯:肥)

买卖人 (邯:内)

打帮买卖的 (张:万)

说合人 (唐:滦、西)(保:兴、蠡)(邯:任、南、邯)

交易员 (新)(邯:邯、肥、成)(唐:滦、遵)

中人　(唐:丰)(石:宁)(天:天、文、大、安)(保:兴)(邯:任、临、丘)(承:隆)

金几　是"经纪"的音转。(石:石、栾、正、获)

【中人】　为别人买卖作见证和调停的人。

来人　(唐:乐、抚)(承:隆、平、围)(天:固)

牙子　(保:清)(天:安)

同人　(邯:任、尧)

同中人　(邯:肥)

过河人　(保:兴)

证见人　(张:赤)

吃帮媒的　(张:怀)

当间儿人　(天:天)

中见人　(天:肃)(石:灵)

中间人　(唐:西)(天:静、安、天)

【经纪】　专以说合双方买卖为职业的人。

牙行　(唐:乐)(张:宣、赤)(保:水、兴、易、保、阜)(石:平、建)

牙纪　(邯:鸡)(张:赤)

牙子　(张:赤、商、蔚、怀)(保:唐、清、定)(唐:抚)(天:安、固)

经经　(天:河、庆)(石:深、栾、晋)(邯:临)

经家　(唐:卢、三)(天:献)

经纪　在菜市管斗秤的人。(保:新)

金金　是"经纪"的音转。(天:桥)

搭帮　(承:兴)(张:赤、阳)(保:兴)

跑合的　(天:天)

跑经济的　(唐:昌)

牙行业者　(承:平)

打帮人　(张:赤)

【烟经纪】　说合卖烟的经纪。

烟经经　(天:河)(石:石)

烟牙子　(保:清)(张:宣、沙)

炭经纪　(邯:磁)

羊经纪　(邯:涉)

【粮食经纪】

粮食牙行　(石:平)

粮行　(天:天)

牙经　(石:平)

【牲口经纪】

牙行　(贬)(天:天)

牙子　(唐:行)(天:安)

斗牙子　(张:沙)

小鞭手　(邯:涉)

捅牛屁股的　(天:静)

戳驴屁股的　(天:桥)

头经纪　(邯:鸡)(石:赵)

头夫经纪　(邯:大)

头户经纪　(石:河)(邯:威、南)(天:津)

头骨经纪　(石:枣)

头伙经纪　(石:获)

头物经纪　(邯:广)

头驴贩子　(石:井)

头夫牙行　(石:平、建)

边牙行经纪　(邯:大)

牲口牙行　(保:保)(石:建)

牲口贩子　(天:静)(邯:永)(承:围、隆)(唐:大)

牲口牙子　(唐:抚)(张:万、沙、商、怀、宣)(保:清)(天:安)

牲口经经　(天:河)(唐:昌)

经家　(唐:宝)(天:静)

拉经纪的　(承:滦、围、隆)

【买卖时过秤的】

贴主　(天:霸)

【买卖粮食时过斗的】

贴斗　(天:霸)

【以买卖破烂衣、饰等物为业的妇女】

卖婆　(石:束)

【代卖故衣、旧物的人】

打货匠 （张:蔚）

卖破烂的 （天:天）

【收购旧衣物，拾破烂的人】

大筐 （天:天）

【手续费】

佣钱 （旧）（全省通行）

佣钱 （老）（邯:永）

佣钱 指牲口买卖的手续费。（唐:宝、抚）（保:高）（天:庆）（邯:邯）

打佣钱 （邯:大、邯）

中钱 指土地买卖的佣钱。（唐:三）（天:静）

头钱 （唐:大）

小费 （旧）（天:天）

【接生的人】

老娘 （唐:乐、宝、丰、山、大、西、玉）（天:固、静、任、文、大、武、霸、安）（保:水、高、安、新、兴、雄、容）

老娘 （旧）（唐:丰）（天:安）

老老 （承:丰、隆、滦）（天:沧、静）（保:满）（邯:内）（张:沽）

产婆 （唐:迁）

收生 （石:无）（天:桥）

收生的 （唐:宝、玉、昌、乐）（保:兴、保）（邯:鸡）

收生婆子 （天:安、桥）

拾孩子 （邯:郸）

拾掇孩子的 （老）（邯:南）

老牛婆 （唐:昌）（天:桥）

娘婆 （承:隆）（天:宁）（邯:内）（张:沽）

老娘的 （唐:迁）

老娘婆 （全省通行）

接生的 （天:沧）

接生婆 （张:万、赤）（保:阳、涿）（邯:邯、临）（唐:秦、遵、乐）（天:东）（承:兴、隆）

包裹孩子的 （张:赤）

包孩子的 （张:万、阳、怀）

稳婆 （旧）（张:沙）

【法医】

相验 （张:宣）

官妹 指女验尸官。（石:新）

验尸的 （全省大部分地区通行）

验尸里 （石:石）

验尸来 （石:井）

仵作 （张:商）

仵作 指女验尸官。（唐:宝、丰、昌）

仵子 （唐:乐）

【单身汉】

独挑 （邯:大）

独身汉 （张:张）

男寡夫 （天:桥）

寡汉子 （邯:郸、内）（张:沽）（石:安）

鳏棍儿 （保:兴）（唐:乐、丰、昌）

孤老汉子 （石:深）

一根棍儿 （天:强）

光棍 （唐:乐、昌）（石:元）（承:兴、隆、围）（天:桥、河）（张:赤、沙、商）（邯:邯）

光棍子 （唐:玉、宝、大）（承:青、滦）（张:沽）（天:桥）

光汉 （邯:魏、邯）

光棍汉的 （邯:丘）

光棍汉儿 （全省通行）

光光汉 （石:石、正、栾）

光棍儿 （全省通行）

光棍人 （张:赤）

光杆子 （贬）（唐:抚）

打光棍儿 （唐:乐、昌、蓟）（张:赤）（保:安）（邯:邯）

小子 （天:献）（保:雄）

【老姑娘】 老处女。

独身 （石:深）

孤子 （张:赤）

姑太太　(天:静)

家姑老　(唐:抚、丰、遵、宝)(保:易)

家官儿老　(天:安、固)(承:隆)

家管老　(保:兴、新)

老姐　(张:鹿)

老寡妇　(张:康)

老小姐　(天:宁)(张:沙)(邯:永、内、尧)(石:石)

老姑娘　天主教修女。(天:献)

老闺妮　(石:正、灵)(唐:大)

老妮子　(石:赵)(邯:临、周)

老女儿　(唐:秦、玉)(承:平)(张:赤、万、沽、龙、商)(邯:鸡、内、尧)(石:平、行、高、建、安)(保:清)

老闺女　(全省通行)

老丫头　(唐:西)(天:阜)(张:万)

老坐家女儿　(天:安、沧)(承:隆)

闺女种　(邯:乡、邯)

老闺女种　深泽含贬义。(石:泽)(邯:成、邯)

大闺女　(天:文、大、静)(保:安)(石:平)

大姑娘　(天:文)

老大姑娘　(唐:昌)

贞女　(石:新)

贞节女　(褒)(承:围、隆)(天:河)

坐家女　(唐:抚)(承:隆)

小姐姐　(天:桥)

小姐　(保:清)

坐脚丝儿　(石:束)

【未婚男子】

坐脚丝儿　(石:束)

童子　(唐:乐)

童丝儿　(石:石、正、栾)

童蛋子儿　(天:天)

小伙子　(唐:乐)

【再嫁的妇人】

回头　(天:庆)

散头　(天:饶)

活头　(石:赵、宁、平、藁、新)(邯:鹿、周、内、尧、南、广、邯)

活头　嫁过几次。(邯:肥、邯)

活头　原丈夫未死又嫁。(石:正)(邯:邯)

活人妻　指原丈夫还在。(承:隆、滦)(天:霸、安、肃)(邯:威、南)(张:商、康、沙、口)(石:平)(保:阜)(唐:乐)

走寡妇　(张:宣)

白地的　(唐:迁、滦)

残婚　(天:静)

后续　(邯:邯)(唐:乐、滦)

后跟　(保:定)

后婚儿　(承:平、围)(唐:遵)(石:衡、枣、深、晋、束)(天:桥、沧、强、黄、肃、静、文、大、河、庆、青、献、天、任、山、津)(邯:清)(保:易、水)

后婚头子　(天:东、桥)

后老伴儿　(天:安、静)(唐:乐、山)(承:隆)

后老婆　(唐:大)(天:桥)(保:保)

后老婆子　(天:安、孟)(承:隆)(唐:乐)

后婚老婆　(贬)(承:青)

二茬子　丈夫未死又嫁人。(石:正、河)

二翻身　(天:阜、沧)

二婚的　(唐:乐)

二婚　(唐:滦、宝、大、迁、抚、乐、昌)(天:静、安)(张:张、万)

二婚货　(贬)(唐:乐、昌)

续弦　雅称。(天:天)

填房　(天:天)

晚婆子　(天:安)

走道的　(天:沧)

后老妈妈子　(贬)(天:桥)

【寡妇再与别人结婚】

走道儿　(天:安)(承:青)(唐:乐、宝、玉、蓟、丰、昌)

走头儿　(邯:宗)

改嫁　(邯:内)(唐:大)

二婚　(承:滦)

嫁人家 专指寡妇再嫁。(天:桥)

抬身儿 (邯:内、宗)

出门 (天:霸)

寡妇起身 (张:宣)(邯:内)

晚嫁 (承:围)(保:安)

重婚 (邯:永、邯)

朝前走啦 (石:新)

【衙役】

班房 (石:深)

班子 (石:束)

班的 (石:束)

班头 (唐:滦、遵、丰、昌)

班里的 (石:枣)(天:河)

班哩床哩 (石:宁)

老班长 (邯:大)

听差 (张:张)

员差 (石:深、束、建)

应役的 (邯:鸡)

衙门汉 (张:万、康、怀)

狗腿子 (贬)(天:静、河)(石:平、行)

当差的 (全省大部分地区通行)

【囚犯】

守法的 (唐:迁、西)(承:围)

犯人 (天:天、霸)(唐:昌)

犯法的 (张:万)

罪人 (全省大部分地区通行)

坐监的 (天:大)(石:束)(邯:邯)

蹲笼子的 (承:青)(唐:丰)

蹲笆篱子 (承:青)

蹲笆篱子 "篱"音 lǚ。(唐:乐、昌)

【念秧儿】 有求于人或向别人表示意见,不直接说出,用言语从旁使对方感觉知道。

念黄经 (唐:丰)

念三音 指用话刺人,旁敲侧击。(天:桥)

念丧音 (天:天)(唐:大)

铲 (天:天)

说山 (唐:丰)

敲铲子 (天:天)

扬可 (天:桥)

唠叨 (张:宣)

【背后说坏话发牢骚】

念秧儿 (石:深、晋、宁、正)(唐:昌)(承:平、青)(邯:尧)(保:水)

砸棒槌 (天:天)

瞎嘟嘟 (天:天)

背天鬼 (张:怀、鹿)

【念秧儿】 或叫"局骗",即假设一事,以诱取财物。

拉黑牛的 (邯:鹿)

顶包的 (邯:鹿)

大兴棚 (石:衡)

大利 (天:天)

【卖膏药的】 卖假药骗人财物。

撒力子的 (天:津)

卖当的 (保:阜)(唐:昌)

卖古兰的 (贬)(石:灵)

卖膏药 (邯:广、邯)(唐:乐)

卖野药的 (天:桥、霸、安、肃、天)(保:新、兴)(石:无、泽)(唐:乐、玉、丰、昌、大)

野医生 (张:怀)

卖膏药的 (唐:遵、乐)

卖膏药的 ①耍嘴。②卖假药骗财。(唐:昌)(承:平)(天:阜、静)

卖大力丸的 (天:天)

卖狗皮膏药的 (唐:乐)

打跑水的 (石:无)

鲁之卖当的 (石:束)

耍嘴皮子 (天:静)

【走江湖的】

艺人　（天：静）

卖艺的　（承：隆、围）（石：宁）（天：安、霸、静、大）（保：高、阜）（唐：抚）

游街卖荡的　（石：获）

卖野药的　（邯：威、清）（石：深）

外跑的　（承：滦）

吃生意的　（石：平）

跑腿的　（保：兴）

跑江湖　（邯：广、邯）

跑四外的　（石：赞）

跑江湖的　（邯：邯、漳）（天：安）

跑马解的　指较大型的流动杂技团。（天：桥）

抖江湖的　（石：井）

走江湖的　（石：安）（邯：邯）

走江湖手　（邯：永、邯）

串江湖的　（保：阜）

走南闯北　（唐：大、西）（天：故、静、河、霸）（保：定、雄）

闯江湖的　（石：藁、正、深、灵）（天：肃、庆）（邯：柏、清）

变戏法的　（唐：乐）

变玩戏法的　（保：高）（天：桥）

野卖药儿的　（保：水）

打拳卖艺的　（石：正）（邯：邯）

走过京闯过卫的　（天：津）

拉骆驼的　拉着骆驼卖野药，算卦相面的人。（石：束）（唐：乐、昌）

【骗子】

绷子　（邯：内）

绷骗子　（保：新、雄、兴）（石：灵）（唐：遵、蓟）

述大驴的　（唐：丰）

绷子头　（邯：内）

绷子手　（唐：抚）（承：围、滦、平）（天：桥、安、饶、强、大、河）（保：高）（石：枣、平、正、深、泽、行、束、获）（邯：内）

递包的　以坏的换别人好的。（石：正）

奔子茬　（石：建）

骗子手　（邯：邯）（天：桥、霸、安）（唐：乐、昌）（承：隆）

拐骗　（邯：清、邯）

撇手　（邯：内）

撇的　（邯：大）

诓骗手　（邯：广、肥、邯）

拍白的　（张：阳、康、怀、口）

拐子　（唐：乐）（邯：内）

拐子手　（唐：大、三）（承：青）（天：安）

吃白钱的　（天：静）

绷骗手　（唐：玉、蓟、遵）（保：雄）

金劈两当　指用花言巧语哄骗钱的。（保：阳）

【诈骗】

狼　比“诈骗”意义轻。（天：霸）

狼人　（唐：滦）（天：桥）

楞人　（天：天）

抓唬　（承：隆、平）（邯：邯）

坑人　（天：桥）（石：深）（承：隆）（唐：大、宝、玉）

【欺负人】

压巴人　（邯：宗）

捉大头　（石：束）

琢磨人　（天：天）

捏鼓人　（天：天）

拿眼子　有污辱妇女之意。（石：束、深）

拿生眼　（唐：大）

拿大头　（唐：乐）（石：石、正、栾）（天：安）

【拍花子的】　过去以迷药诱拐小儿的。

拐子　（天：孟、武）

老拐子　（天：武）

打花的　（保：唐、完）

打西板的　（石：束）

打西把狼的　（天：桥）

打迷糊药的　（天：静、沧）

打迷花的　（天：霸）

打拾破郎的　（石：枣）

打莲花落　（邯：成）

撒迷魂药的　（天：天、黄、大）

锛子手 （张:宣）
放花的 （保:安、兴、新）
放迷花的 （天:肃、献、河、霸）
撇迷花的 （天:安）
拐迷糊药哩 （石:深）
迷惑小人的 （天:饶）
拍白的 （张:商、怀）
拍花的 （全省大部分地区通行）
拍花哩 （邯:台）
拍花骨的 （石:赞）
拍马生的 （唐:昌）
拍郎花的 （唐:大）
拍巴掌的 （唐:抚）
叫街的 （保:定）
拍马花的 （唐:大、乐）
拍迷糊药的 （天:桥、武）

【拐带】 将别人财物骗得携逃。
拐子 （唐:乐、丰、宝、秦）（邯:永、邯）
拐骗 （张:宣）（保:雄）（石:井）（邯:邯）
拐子手 （天:安、庆）（唐:三、大）（承:围、青）（邯:邯）
拐和尚 （石:深）
拐带手 （石:灵）
拍白的 （张:阳）
骗子手 （天:天）
坑绷拐骗 （唐:乐）（天:桥）
挎上走了 （张:商）
绷骗手 （天:霸）（唐:玉）
绷贴拐带 （天:桥）

【拐带】 贩卖人口的。
人贩子 （全省通行）
挑梢 （邯:涉）
骗子手 （唐:秦）
跑趟子的 （天:山）
打许的 （天:庆）
拐带手 （石:灵）
拐带 指拐骗妇女的人。（承:滦）（石:新）
拐孩子 拐带小孩。（保:阳）（石:无）

【贼】 小偷。
小绺 （邯:柏、清、任）（天:桥、安、强）（石:束、灵）（唐:乐）
小毛贼 （天:霸）（保:兴、雄）（邯:台）（唐:昌）
小毛偷子 （石:灵）
毛贼 （石:建）（承:隆）
挖窟窿的 挖墙的小偷。（天:安、静）
三只手 （唐:乐、昌、迁）（邯:邯）（承:隆）（天:天、安）
顶白扇 白天偷。（石:束）
顶白扇儿的 （天:安）
白钱 （石:束）
贼 ①土匪。②劫道的。③小偷。④城市中的扒手。（天:强）（邯:邯）（唐:滦、昌）
小毛贼子 （石:束）（唐:昌）
小贼 （唐:宝、大）（保:兴、雄）
小贼的 （邯:邯）

【土匪】
明火的 指明目张胆地抢别人东西的。（承:青）
老毛子 （旧）指洋人和土匪强盗。（天:天、武）
刀客 （唐:蓟）（邯:内）
大杆 （邯:肥）
响马 （邯:涉、邯）（唐:乐）
三儿 （天:山、庆、静）
当三儿的 （天:静）
胡子 （唐:乐、滦、抚）（天:安）
红胡子 （唐:乐、蓟、昌）
马达子 （承:滦）
马达子 （旧）（承:围、隆）
楼子头 （保:唐）
杆子 （张:万）（邯:邯）
杆儿上 （承:隆）（石:藁、正）（张:宣）（保:唐、望、阜）（邯:鸡、临、成、内、尧）
棒客 （唐:蓟）（邯:内）
绑票的 （天:桥、安、武、河）（唐:乐、蓟、大、昌）（石:深）

棒子手 （张：张、万、商）（唐：昌）

砸明火的 （天：静、安）（保：定、兴）（石：深、河）（承：围、隆）

砸明火绑票的 （石：泽）

砸股钉的 （天：黄、静）

劫道儿的 （天：桥、静）（保：安）（唐：乐）（承：隆）

老卡儿 （天：霸）

老抢儿 （唐：丰、宝）（石：枣、深、束）（天：安、饶、强、肃、津）（保：兴、定、高、新）（邯：尧）

老砸儿 （邯：邯、乡、大、宗、任、威）（石：河）（天：桥）

老砸的 （邯：肥、邯）

打扛子的 （唐：迁、西、丰、昌、乐、蓟）（承：隆、青）

打杆 （张：沙）

打闷棍，套白狼的 ①拦路抢劫的。②干一本万利缺德买卖的。（天：天）

劫道的 （保：定）（承：隆）（唐：乐、昌、蓟）（天：安）

叨人的 （张：尚）

棍子儿 （保：唐）

大绑 （张：万、赤）

拉杆儿的 指土匪头儿。（张：赤）（天：天）

拉杆子的 成帮的土匪。（承：围）

站梁岗儿的 小土匪。（承：滦）

做贼的 （天：桥）

逃兵 由兵变成的土匪。（石：平）

杆子头儿 土匪头。（张：怀）

【好吃懒做的人】

熬年 （石：安）

【经教育改正了偷盗毛病在大商场中负责抓小偷的人】

钓鱼的 （天：天）

【为别人做事放哨的】

站高岗的 （唐：遵）

瞭哨的 （张：宣）（邯：任、大）（石：井）

瞭人儿的 （张：阳）

瞭高儿的 （唐：昌）（天：天、桥）

望风的 （唐：乐、昌、滦）

放风的 （唐：大）（石：深）

照高的 （邯：涉）（承：隆）

站岗的 （唐：迁）（天：饶）（邯：魏、邯）

亮高儿的 （保：定）

看动静的 （石：泽）（邯：邯）

瞭风的人 （张：沙）

堵水的 （邯：魏）

【把风的】 盗贼劫人时，在外放哨的。

看眼儿的 （唐：抚）

听风的 （承：滦、平）（天：静、安）

看风的 （承：平）（邯：尧）

看风声的 （天：霸）（邯：邯）

押风的 （张：宣）

望风的 （唐：乐、宝、玉、卢）（张：阳）（天：宁）（承：青、平）

放风的 （保：易）（张：康）（承：围）（天：安、桥）（唐：大）

观风的 （保：唐）

瞭风的 （张：怀）

瞭风儿的 （唐：丰、迁）

把哨的 （邯：尧）

瞭哨 （天：天）

瞭哨的 （张：龙）（石：正、枣）（保：兴）（唐：昌）

把风眼 （石：建）

当水的 （邯：涉）

把外水的 （邯：肥）

把大水的 （邯：广）

把门的 （邯：广）

扬风的 （唐：遵）

【引线的】

眼 （保：兴）

眼线 （全省通行）

线儿 （邯：清）（石：束）

牵线的 指后台操纵者。（天：天）

拉线 （张：康）

拉线的 （唐：抚）（承：平、隆）（保：兴）（张：沽）（天：

文、霸、安）
拉线儿的 （张：宣）（天：霸）
耳板 （石：宁）
放线的 （保：高）（石：深、泽、束）
报信的 （天：饶、安）（邯：邯）
通风的 （承：青）（邯：邯）
透风的 （承：隆）（邯：邯）
勾儿 （天：庆）
勾子手 （天：庆）
勾子 （邯：任）（石：正）
扒勾儿的 （天：津）
底勾 （邯：肥）
底线 （石：平、枣、衡）（天：固）（邯：广、魏、鸡、大、威、永、沙、邯、肥、南、尧）（唐：乐、昌）
拉底的 （保：兴）（天：文）
拉底线 （保：新）
扒线的 （天：黄）
指点的 （天：饶）（保：兴）
拉皮条 别地另有意义。（邯：邯）
拉皮条的 （唐：西、丰）（邯：内、邯）
搭桥的 （唐：宝、玉、迁）（邯：邯）
扎眼儿的 （唐：昌）
离勾拉勾 （天：天）

【绑票】

请财神 （石：束）

【打入内部】

坐底 （天：安）（唐：丰、玉）
钻进去 （天：天）
安上底线 （唐：昌）

【窝主】

窝赃 （天：天）
窝仓主 （石：束）（邯：邯）
贼窝 （唐：大）
吃二馍 （天：天）

【软弱无能】

屃香 （唐：宝、玉）
屃包 （唐：乐）
屃 （唐：宝、玉）（石：深）
熊 （石：深）（唐：乐、丰、昌）（天：桥）
草包 （承：滦、围）
菜货 （唐：乐、昌）
窝囊 （天：桥）
饭桶 （唐：大）
没能耐 （邯：内）

【软弱无能的人】

熊包 （天：桥）（唐：丰）
屃小子 （唐：宝、玉）
屃包 （邯：内）
菜包 （邯：内）
菜货 （天：安）
菜虎子 （石：束）
菜小子 （唐：宝、玉）
吃菜货 （天：霸）
软蛋 （唐：大）
懒巴货 （唐：昌、滦）
熊蛋包 （唐：宝、玉、昌）
窝囊包 （天：天）
窝囊废 （天：天、桥）

【性情固执】

犟 （邯：内）
倔 （唐：玉）
脾气 （石：束）（邯：邯）
怄巴 （石：束）（唐：乐）
不随和 （天：天）
别扭劲儿 （唐：昌）
别扭脾气 （唐：昌）
杠头 （唐：大）
一条道跑到黑 （天：桥）

【不听说,不听劝,固执己见的人】

拧　骂人的话。(石:束)(唐:乐)(天:霸、桥)

拧种　骂人的话。(石:束)(唐:丰)(天:安、霸、桥)

拧别子　骂人的话。(唐:玉、宝)

拧丧种　(天:天)

【性格、见解特别】

各色　(天:天)(唐:乐)

各别　(唐:昌)

各路　(石:束)(天:霸)(承:兴)(唐:丰、昌)

个拉甭子　"甭"音 běng。(天:天)

【与人纠缠找麻烦的人】

刺头　(唐:大)

泥腿　(唐:丰)

缠磨头　(石:束)(邯:邯)(天:安、霸)

找斜茬儿　(天:天)

【孩子缠磨人】

打磨　(石:束)(邯:邯)

磨仗　(唐:滦)

磨裤裆　(天:天)

刁蹬人　(天:桥)

折磨人　(唐:昌)

【小孩性情执拗】

蛮　(承:围)

轴劲儿　(天:天)

拧丧种　(唐:大)

发牛　(石:束)(邯:邯)

牛起来没个完　(石:束)(邯:邯)

【地痞无赖】

恶棍　(邯:内)

流氓　(邯:内)

二流子　(唐:乐)

无赖游　(唐:昌)

耍光棍的　(唐:乐)

混混　(唐:乐、玉)(石:束)(天:安)

混混儿　(唐:昌)

混腿　(石:束)

光棍　(石:束)(邯:邯)(天:霸)(唐:乐、丰、昌、玉)

无赖游儿　(石:束)

死签儿　(天:天)

【耍无赖】

耍泥腿　(石:束)(天:安)(唐:丰)

耍光棍　(石:束、深)(天:霸、桥)(唐:乐、丰、昌)

耍不要脸　(天:天)

【娼妓】

破鞋　(全省通行)

破鞋匠　(承:青)

潦倒娘们　(石:束)

潦倒帮子　(天:安)

养汉的　(唐:乐、昌)

养汉精　(全省大部分地区通行)

养汉老婆　(承:青)(天:桥)

野鸡　(石:束)(天:安、霸)(唐:乐)

耍潦倒的　(石:束)

婊子　(唐:丰)

小婊子　(唐:玉)

卖肉的　(邯:内)

卖大炕的　(唐:乐、昌)

妓女　(天:天)

圈子　(天:天)

货　暗娼代称。(天:天)

暗门子　(天:天)

开窑的　(邯:邯)

窑子货　(邯:内)

放鹰的　(邯:邯)

偷野汉子的　(唐:乐、昌)

十四　交际

【应酬】

随人情　(天:黄)(石:衡)(唐:昌)

随人事　(天:黄)

好招待　(邯:涉)

好小场儿　(邯:涉)

糊楞　(天:桥)

应付　(天:桥、安)(张:万)(石:枣)

支应　(承:丰、围)(石:正)(邯:广、鸡)(唐:大)(天:安)

待承　(邯:鸡)

侍候　(邯:邯)

应候　(唐:遵)

照应　(张:崇)(石:枣)

招待　(唐:乐)

【来往】　互相有联系。

有串换　(天:河、安)(石:枣)(唐:昌)

过场　(唐:抚)

走动　(石:深)(唐:乐、昌)

交往　(邯:郸)(张:尚)(石:枣)(唐:昌)

往来　(全省通行)

往来　(文)(天:故)

来来往往　(天:东)(张:万)

【看人】　拜望朋友或亲戚。

摸摸人　(张:怀)

毛一毛　(张:崇)

māi 人　(张:沙)

照人　(邯:涉)

望人　(唐:秦)

瞅瞅　(唐:昌)

瞧人　(全省通行)

瞧人　(老)(承:平)(邯:成)

瞧人儿　(承:滦)

瞧朋友　(邯:广)

瞧亲亲　(邯:广)

摸摸　(邯:台)

看看　(唐:昌、乐)(承:丰、围)

看看去　(邯:大)

看望人　(石:泽)(唐:乐)

访人　看没见过面的人。(唐:丰)

访人　(全省大部分地区通行)

访人　(文)(承:承)(天:故)(邯:成)

访人　有事特访。(承:平)(石:无、平)(邯:任)(天:饶)

串亲戚　(唐:昌)

探亲　(唐:昌)

【拜望】

走亲　(天:沧)

走走　(天:宁)

盯　(张:怀)

看　(天:津)

看看　(全省大部分地区通行)

看看去　(唐:秦、乐)

望看　(天:静)(邯:尧)

望望去　(唐:秦)

探望　(承:平)(张:万、商)

串亲戚　(承:围)

【回拜】

回敬　(邯:大)(石:枣)

回谢　(石:获)(唐:乐)

回礼　(张:怀)(石:衡)

回看　(全省大部分地区通行)

回见　(唐:秦)

反回来头看　(张:万)

拜望　(唐:大)

回看　(邯:任)

向后看　(张:万)

【男客】

官客　(旧)(全省通行)

男里　(石:无)

男客　“客”音 qiě。(承:围)

【女客】

堂客　(全省通行)

女里　(石:无)

女客　“客”音 qiě。(承:围)

女客　指暗娼。(唐:滦)

堂客　办丧事的女客。(邯:涉)

堂客　指妻。(唐:遵)(保:涿、易)(张:龙)

堂客　指娼妓。(唐:昌)

【名片】　印或写着姓名的纸片,拜访时用。

片的　(邯:广、漳)

名姓片　(张:宣)

名封儿　(邯:柏)

片子　(全省通行)

【名帖】　旧时印上姓名或商号的长方形红纸,交际用。

帖　(邯:广、大)

帖子　(全省通行)

帖子　①地契。②婚约。(天:强)

帖儿　(张:鹿)(石:枣)

小帖儿　指婚约。(邯:台)

【递片子】

送帖子　(唐:遵)(天:安)

给片子　(邯:尧)

送片子　(承:滦)(天:黄、河、安)(邯:临、涉)

递个片子　(天:河)

【送礼】

送人意儿　(唐:丰、蓟、秦)(天:山、阜)

随礼　指在红白喜事上大家都送礼。跟着送,叫随礼。(全省大部分地区通行)

送人情　别人对自己有好处觉得感恩不尽时,给别人送礼。(唐:山、乐)

送人情　(全省通行)

送人情　表心意,礼物较少。(唐:秦)

送人情　含虚伪之意,如拿别人的东西送人。(全省大部分地区通行)

送人情　范围广,如该要的东西不要了。(石:河)

送人情　泛指,不一定拿东西,有时在事情上有意帮助也叫送人情。(唐:抚、乐)(天:安、天、山)(保:涿)

送人情　指说人情话,不送物品。(保:新)

送人情　拉拢人。(张:口)

【迎客】　迎接外来的客人。

接戚　(天:永)

接客　“客”音 qiě。(承:围)(天:安)(唐:丰、昌)

接亲戚　(邯:大)(石:衡、枣)(唐:乐)

接亲亲　(邯:广、成)

迎接亲戚　(张:万)

迎接　(张:怀)

接待 （张:怀）

迎客 专指娼妓接客。（天:固）

接客 专指娼妓接客。（承:丰）（保:水、高）（天:固）

【让客语】

上去吧 在村外或街上遇见客人时这样让客。（天:静、安）

家去吧 在村外或街上遇见客人时。（全省大部分地区通行）

上炕吧 （张:崇）（唐:乐）

屋喝喝吧 让喝水的意思。（天:桥）

屋里坐坐吧 （邯:内）

喝碗儿茶吧 （邯:内）

请歇歇脚 （承:隆、围）

到屋里坐会儿吧 （唐:乐）

【迎客语】

来了 （承:围）

您来了 对方是二人以上时才用。（邯:成）（石:衡）（唐:西、昌）

您来了 指旧社会娼妓接客。（保:水）

您老才来 （张:崇）

您儿来了 （保:阳）

才来了 （天:饶）

刚来啊 （天:沧）

来了，你老 （唐:乐）

【送客语】

冷待你老了 （天:静）

慢请了 （唐:秦）（承:隆）（天:阜）（邯:肥、内、尧）（石:安）

不送了 （全省大部分地区通行）

不送了 （唐:乐）

不远送了 （邯:内）（天:安）（唐:乐、昌）

回去吧 （天:沧）

回得吧 （张:万）

【问候语】

您快当 （老）（天:庆）

你旺祥 （天:津、桥）（承:围）

扎实吧 一般对长辈老人的问候。（邯:广）

你结实 问候老人用语。（天:河）（承:围）（石:枣）

扎实 只用于说小孩儿身体好。（天:河、安）

您结实 （石:无、获）

您壮实 （石:无）（唐:乐）

你壮实 （天:桥）（石:枣）

好喂 （石:宁）（天:沧）

好呃您 （邯:大）

您儿好 （保:阳）

这孩子发实吧 对小孩儿。（唐:乐）

您老身子板儿壮实吧 （唐:乐）

【招待】

待 （保:博）

待承 （邯:大）（天:安）（石:衡、枣）

待争 （邯:广）

支应 （承:滦、围）

支应支应 （承:滦）

好招待 款待。（保:新）（天:沧）

款待 （唐:昌）

【待客】

支应客 （承:滦）

支应人儿 （承:滦）

招待人儿 （承:滦）

伺候客 （天:河）（唐:乐）

招待客 （唐:西）（承:滦、丰、青）（保:易）（天:安）

待争亲亲 （邯:广）

招待亲戚 （邯:大）（石:枣）

待戚 “戚”音 qia，入声。（张:宣）（天:沧）

招待戚 （承:平）

款客 （全省大部分地区通行）

支应客 “客”音 qiě。（承:围）

待客 “客”音 qiě。（唐:昌、滦）

待敬　(唐:昌)

【客对主表谢意说的话】

麻烦啦　(保:唐)(石:枣)(天:安、沧)(唐:乐、丰)

添麻烦了　(邯:内)

打扰您了　(邯:内)

多谢多谢　(全省通行)

谢谢你老了　(唐:乐)

【招待不周】

待承不好　(保:涿)(唐:大)(天:安)

接济不到　(石:宁、枣、衡)

照顾不周　(石:宁)

照顾不到　(邯:郸)

不会招待　(邯:成)(天:沧)

招待不到　(保:满)

招待不周到　(石:枣)(唐:秦、乐)(天:东)(邯:丘)

怠慢　(全省通行)

慢待　(全省通行)

慢待了　(张:鹿)(承:滦)(唐:乐)

【主人怕对客人招待不周说的客气话】

屈坐　(石:枣)

空坐　(承:兴)(石:武、赞)(天:饶、霸)(保:清)(邯:魏)

空坐、空坐　(全省大部分地区通行)

闲坐　(天:河)

一定吃不好　(石:石)(唐:乐)

吃得不好　(邯:大)(天:沧)(石:枣)

饭食不好　(邯:内)

没吃好吧　(承:围)

包涵点　(张:怀)(唐:乐)

包涵包涵　(邯:内)

包涵着点　(邯:大)(石:枣)(唐:乐)

冷待啦　(天:安)

慢待啦　(邯:大)(天:桥)

白耽搁 bēn 得　(邯:大)

【主人怕客人作假说的话】

别拘着　让客人随便吃菜。(石:枣、衡)(唐:乐)(天:安)

别客气　(邯:内)(天:天)(唐:昌)

甭做客　"客"音 qiě。(天:安、沧、武、桥)

实在点儿　(天:桥)(石:衡)(唐:乐)

【客人走时对主人说的话】

添麻烦啦　(天:静、安)(唐:乐、丰)(石:枣)

请回　(唐:丰)

不要送　(邯:内)

你别送了,回去吧　(唐:昌、乐)

你别动了　(石:灵)(天:沧)(石:衡、枣)(承:围)

您别往外走了　(唐:滦、昌)

待家哪　(承:滦)

留步,留步　(全省通行)

【主人对客人的客气话的回答】

应当　(天:庆)(唐:乐)

应当,应当　(承:丰)(天:饶)(石:枣)

应该　(石:藁)

没说的,别见外　(唐:乐)

礼当　(石:衡、武、赞)(天:霸)(张:蔚)

礼当如此　(保:高)

礼当,礼当　(全省通行)

【不客气】　主宾都可用。

没说的　(全省大部分地区通行)

别客气　(唐:乐)

别见外　(唐:乐)

甭客气　(全省通行)

不作假儿　(邯:广)

随便吧　(天:静)

不要见外　(保:安)(石:枣)(天:沧)(唐:乐)

【蓝青官话】　带有自己方言语音的普通话。后列方言词都是过去的说法,反映了当时对"普通话"的糊涂认识。

月台官腔　(唐:丰、滦、山)(承:兴、平)(石:高、宁、安)(邯:清、台、肥、南、内、尧)

官腔 （唐:昌、乐）

官话 （石:河、获）（唐:抚）（邯:郸、任）

官话 指听得懂的话,有时也指难听的话。（天:静）

京话 （承:滦）

京腔 （唐:昌）（承:滦）（石:正、获、衡、井、冀）（邯:郸）（张:崇）

【说蓝青官话】

抛嘛 讽刺想说北京话而未说好的人。如:“你抛嘛呀。”（天:桥）

拍京腔 （邯:周）

半撇子京腔 （石:束）

撇京腔 （邯:任、周）（唐:抚、昌）

说京腔 （保:博、满）

撇京腔 过去鄙视别人说北京话不说本地话。（天:安、霸）

【会说话的人】

卫嘴子 过去指天津人能说话。天津原叫“天津卫”,人们认为天津人会说话,故会说的人也可叫“卫嘴子”。（天:安）（唐:丰、蓟）

巧嘴八哥儿 （邯:内）

那两片嘴子 （唐:昌）

耍嘴皮子 （天:安）

会耍嘴皮子 （唐:乐）

说话巴巴的 （唐:乐）

【果碟儿】 筵席上或平常盛果食的小盘。

盘儿 （承:滦）（石:枣）（天:沧）

果盘 （邯:威）（天:东）（唐:卢）（石:武、灵）

果盘儿 （全省通行）

果盘子 （保:安）

果盘的 （邯:邯）

碟儿 （承:滦）

果碟 （张:沙）

果碟子 （天:黄、安）（石:无）（保:安）（唐:昌）

果子碟儿 （唐:西）

茶果碟儿 （石:泽、深）（天:强）

【茶点】 茶水和点心。

茶食 （全省通行）

茶食 商店卖的方块点心。（邯:宗）

茶食 比茶点分量多,方式隆重。（承:承）

茶架儿 即摆点心、茶待客。（唐:昌）

果茶 （唐:丰）

点心 （全省大部分地区通行）

席馃子 （天:大）

【纸烟】

棍烟 （张:万）

洋烟 （全省大部分地区通行）

洋烟 （旧）（保:安）（唐:丰）

烟卷 （张:沙）（天:天）

烟卷儿 （全省大部分地区通行）

洋烟卷儿 （唐:昌、乐）（石:束）（邯:沙、任）

现成儿的 （唐:大）

【旱烟】 装在烟袋内所吸的烟草碎末。

土烟 （唐:滦）

皮烟 （张:万）

火烟 （承:承、滦、围）

叶子烟 （承:承）（天:沧）（唐:乐、大、昌）

旱烟 （唐:昌）

大叶儿 （天:安、霸）

老叶子烟 （天:安）

【倒茶】

沏茶 （承:围）

倒水 （天:河）（邯:广、邯、沙、临）（石:石）

倒茶叶水 （石:建、枣）

斟茶叶水 （天:沧）

斟水 （天:安）（张:沽）（唐:昌）

斟茶 （天:霸、大、黄、安）（张:沽、崇、万）（唐:山、大）

倒茶水 （唐:滦、昌）（石:建）（天:沧）

【置酒席】 设饭款待亲友。

置酒 （天:宁、阜）（邯:鸡、鹿、内、尧）（唐:秦）（承:平、隆）（石:安）

成席 （承:滦、围）（石:衡、枣）（天:黄、大）

摆席 （天:宁、饶、阜、固、强、故、肃、东、静、任、桥、津、安、天、河、武、永）（唐:大、昌）（石:枣）

摆酒 （唐:乐）

摆酒席 （唐:昌）

摆桌子 （唐:丰）

摆宴席 （邯:内）

【一桌酒席】

一席 （邯:广）（保:唐、蠡）

一桌席 （全省大部分地区通行）

一张桌子席 （天:沧）

【知单】 请客帖子之一种。

帖子 （天:霸）

知客单 （天:安）（唐:昌）

礼单 （唐:遵、丰）（天:沧）

请帖 （天:安）

【请帖】 请客用的通知书。

帖子 （全省通行）

帖子 意义范围大,不限于请帖。（石:藁、获）（邯:成）

请帖子 （天:河）

请柬 （承:平、承、围）（石:安）（邯:邯、鸡、内、尧）

【下请帖】

下帖 （邯:广）（石:衡）

下帖子 （全省通行）

撒帖子 （保:安）（唐:乐、昌）

【催请】 客到约定的时刻没来,主人再去请。

速 （唐:秦）（石:赞、井、枣）（天:强、阜、霸）（邯:任、肥、成、内）（保:安）

请咧 （邯:大）

照客 （唐:抚）

快点 （邯:丘）（天:沧）（承:围）

快 （邯:周）

安好了 再次请叫"安好","安好了"即"催请了"。（天:静）

【主客】 主要的客人。

正客 （唐:丰）

上客 "客"音 qiě。（承:围）

上客 （承:平、围）（天:安）

戚人 （张:怀）

贵客 （邯:柏）（承:承、围）（天:桥）

贵客 过去一般指女婿或所谓贵人。（天:庆、献、安、大、沧）（邯:魏、大）（保:易、安、蠡）（唐:乐）

主宾 （全省大部分地区通行）

【陪客】 陪伴主要客人的客。

伴客 （承:隆）

陪席 （保:高）（石:枣）

陪席的 （唐:乐）

陪客 "客"音 qiě。（天:安）（承:围）

陪戚的 （天:固、沧、霸）（石:衡）

陪亲戚的 （唐:乐）

【上席】 酒席上最尊贵的座位。一般以靠正墙那边为"上席",让最尊贵的客人坐。

上岗的 （邯:广）

上岗儿 （承:滦）

上首 （邯:广）（张:阳、康）（承:承）（保:蠡）（唐:丰、昌、大）

上座 （邯:内、威）

里边 （承:围）

正座 （天:安）（石:衡）（保:满）（唐:玉、昌）

正座儿 （天:霸）

首席 （承:滦）（张:商）

坐席 （唐:西）（邯:磁）（张:万）

【打横】 坐在桌子的侧面。

打横头 （唐:丰、滦、乐）（保:涿）（石:衡）

打横骨 （石:衡）

打横骨儿 （石:束）

陪着 （石:宁）（天:沧）

坐偏席 （石:获）

【席桌两侧的座位】

旁座儿 （天:安）

下首 （天:静）（唐:大、丰）

陪座 （石:正）（邯:大）

偏席 （保:保）

【下席】 与上席对面的席位。

下边 （唐:大）

陪座 （承:滦、围）

下把椅子 （邯:丘）

起坐 （天:桥）

下首 （全省大部分地区通行）

下首里 （石:泽）

下首儿 （天:沧）

下座 （邯:内、威）

【入席】 坐入摆好杯筷的筵席上去。

安席 （张:商）（石:束）

安坐 （保:安）

落坐 （天:安）（保:水）

就座 （全省通行）

就座儿 （承:滦、围）（天:沧）

就席 （石:河、井、栾）（邯:任）

就位 （石:灵、晋）

坐席 （天:桥）（邯:大、郸）（石:束）（保:蠡）

【上菜】 宴会上把菜端到桌上。

盛菜 （唐:秦）

端菜 （全省通行）

来了 （承:滦）

【斟酒】

看酒 （邯:内）

筛酒 （唐:丰、乐、遵、昌）（承:青）（天:饶、河）

倒酒 （全省通行）

筛上 （唐:昌）

漫酒 （石:宁、藁、衡、枣）

满酒 （全省大部分地区通行）

满上 （唐:丰、昌）（承:丰）（天:强、沧）

满一盅 （承:滦）

斟一盅 （承:滦）

斟上 （唐:昌）

【劝酒】 劝客人喝酒。

让酒 （唐:丰、遵）（石:枣、衡）（天:静、桥、河）（承:围）

先酒 （唐:秦、迁）（天:肃）（邯:内）（张:尚）

请酒 （承:滦）

满酒 （天:桥）

献酒 新郎给客人或长辈敬酒。（天:安）

同起 同喝酒。（邯:肥）

您先来着 （承:滦）（天:沧）

干一杯 （邯:内）

端一端 （邯:内）

【敬酒】 宴席上代人斟酒请别人喝。

奉酒 （承:平）

敬酒 （石:正）（唐:昌）

请酒 （邯:鸡）

换酒 （邯:丘）

对盅 （石:建）

对饮 （全省大部分地区通行）

都来看 （唐:乐）（承:滦）

【酒席上划拳行令，一人和所有的人划一遍】

打通席 （邯:内）

打通关儿 （石:束）（邯:台）（承:围）（唐:丰、昌）

打通锅儿 （邯:内）

【干杯】 喝完杯中的酒。

干 （承:丰）（唐:乐）

照杯 （石:晋）

透它 （天:桥）

透一个　（石：深）

见底　（全省通行）

看底　（石：藁）

干底　（石：井）

上好　（邯：内）

喝起　（邯：大）

喝净　（石：获）（邯：鸡）

喝透　（石：深）

喝透了　（石：枣）

喝清吧　（张：沙、怀）

上深点　（石：深）

过一个　（石：深）

干了　（全省大部分地区通行）

喝干　（邯：柏）（石：束）

喝干了　（石：束）（天：河）（邯：清）

喝干杯　（邯：威）

干盅　（邯：广、尧）

【敬菜】　代人夹菜请别人吃。

奉菜　（唐：秦、蓟）（承：平）（邯：内、尧）

操菜　（邯：广）

布菜　（天：安）（石：束）（唐：丰、昌）

请菜　（石：行）（承：滦）

让菜　（唐：大）

夹菜　（承：围）

尝尝　（邯：内）

【请客人夹菜吃】

动菜　（天：安）（石：正）

动动菜　（邯：内）

动筷　（天：桥）（邯：台、任、乡、南、宗、威）（唐：昌）

就菜吃　（天：安）

刀刀吧　（邯：大）

您请菜　（承：滦）

您请菜儿　（承：滦、围）

您就菜吃　（承：滦）（唐：乐）（石：衡、枣）

您就点儿菜儿　（承：滦）（天：沧）

【饭后收拾碗筷】

抄桌　（天：桥）（唐：丰、蓟）

抄桌子　（承：围）

收拾桌子　（唐：乐）

收拾家伙　（唐：昌、滦）

【作假】　客气不多吃菜。

就客　（保：易）

充客　（天：山）

装客　“客”音 qiě。（唐：昌）

装客儿　（唐：宝）（天：黄）

做客　（全省大部分地区通行）

做客　“做”音 zòu；“客”音 qiě。（天：沧）

着假　（张：万）

拘着　（天：天、河）（石：枣）

眼生　指小孩。（承：围）

捏　（邯：漳）

装扮　（唐：山）

装样儿　（天：黄）

虚假　（邯：郸）

虚的　（张：宣）

不实罗　（石：枣）

不实在　（承：围）

不实诚　（邯：大）

外道　（承：滦、围）（唐：大、昌、乐）

假估　（承：滦）

尽客　（石：新）

【别客气】

甭作假　（张：崇）

别作假　（邯：台）

别外道了　（承：围）

【结婚时新郎在宴席上叩头谢客】

参席　（承：滦）

拜席　（唐：丰、昌）

【吃了饭见人说的客气话】

偏了 （石:束）（唐:乐、丰、昌）（天:安）

偏过了 （石:束）（唐:乐、昌）（天:安）

先偏了 指就席时，对还没吃的人说的话。（唐:大）

【比别人早吃饭】

先偏 如:“先偏您啦。”（天:安）（唐:丰）

先偏了 （唐:昌）

偏过了 （唐:昌）

【缺少应有的礼貌】

短礼儿 （唐:乐）（石:束）

缺礼 （唐:滦、丰、昌）（承:围）

混牛儿 （唐:大）

【讲究礼貌】

礼细 （石:束）（唐:乐）

礼到 （唐:丰）

礼节周到 （唐:昌）

懂事儿 夸别人的孩子懂礼貌。（唐:大）

有大有小 （承:围）

【酒席结束】

散席 （唐:大、丰）

起席 （张:商）

赴完席 （唐:昌）

【抹布】

搌布 （天:安）（唐:昌）

带手 （承:滦）

带手布 （天:沧）

【用抹布擦桌子】

走走 （承:滦）

抹抹 “抹”音 mā。（唐:昌）

擦擦 （唐:乐）

抹桌子 “抹”音 mā。（承:围）

抹一抹 “抹”音 mā。（天:沧）（唐:昌）

【互相之间熟到不必拘礼节】

随便了 （唐:大）

随便儿 （邯:乡、宗、鹿、威）

熟不讲礼 （唐:丰）

不必彼此 （唐:昌）

没讲究儿 （石:束）

【好像见过面】

面熟 （全省通行）

面善 （石:束）（唐:丰）

【初会生人，羞涩不大方】

面嫩 （石:束）

面生 （唐:乐）（邯:内）

面矮 （唐:滦、丰、昌）

脸皮热 （石:深）

脸皮儿薄 （邯:内）

chǔ 窝子 （天:沧）

见不起人 （唐:大）

【经常来往】

打连连 （石:束）（唐:昌）

常走动 （承:围）

跑破门 （唐:大）

常来常往 （唐:昌）

总么来往 （邯:台）

经常打交道 （唐:昌）

【翻脸】 两人因某事感情破裂。

变脸 （承:围）

破脸 （石:束）

破脸儿啦 （唐:昌）

红脸了 （天:沧）

掰开面子 （天:沧）

抓破脸 （邯:内）（天:安）

抓破面皮 （唐:大）（石:束）

撕破脸皮 （天:沧）

【向人表示和善】

赔笑脸儿　（唐：大）

递和气儿　（石：束）

【盟兄弟】　结拜的弟兄。

磕头的　（天：安）（石：束、衡）

磕头弟兄　（邯：内）

拜把子　（唐：大）

拜把子的　（唐：昌）

拜把弟兄　（邯：内）

挨帖的　（唐：昌）

挨帖弟兄　（邯：内）

把兄弟　（天：安）（承：围）（唐：丰）

干哥们儿　（唐：乐、昌、蓟）

盟兄把弟　（石：束、枣）

【捎个信儿】　请别人带口信儿。

捎个话儿　（唐：丰、乐）

捎个话去　（石：宁）（唐：乐、昌）

带个话儿　（唐：丰、乐、昌）

传个信儿　（邯：任）（天：饶）

【受别人委托顺便给带东西或文件的人】

顺便人儿　（石：束）（唐：昌）

跑腿的　（唐：大）

【匿名信】

没影信　（张：张）

没风信　（张：沽）

黑信　（全省通行）

没头信　（石：衡）

黑头信　（张：宣、阳、蔚）

没名信　（全省通行）

无名信　（石：束、枣、深）

【匿名帖子】　匿名的传单。

黑帖　（承：隆）（张：阳）

黑呈子　（承：青）

秘密帖儿　（承：青）

黑帖子　（唐：丰）（邯：广）

没头帖子　（全省通行）

蒙头帖子　（天：黄）（石：河、行）（邯：南）（保：安）

【招帖】　贴在街市上的广告。

告白　（唐：遵）

告示　（唐：大）

帖子　（全省通行）

告白帖子　（唐：丰）（石：深、束）

告白帖儿　（天：安、静）（石：深、束）（唐：昌）

【装扮】　伪装作假。

装么　（天：桥）（石：衡）

装的　（天：肃）

装着　（天：大）

装模作样　（石：新、枣）（唐：昌）（天：安）

假扮　（承：承）

化装　（文）（天：静）（石：深、束）

打扮　（承：围）（天：沧）

【装病】　假装有病。

装蒜　（唐：大）

装恙　（邯：大）

装秧　（邯：清）

装病卖傻　（天：河）

【装傻】　假装糊涂。

装洋相　（邯：郸）

装孙子　（张：宣）（唐：乐）

装鼻儿　（唐：丰）

假装风毛　（张：龙）

装聋　（承：青）

装疯卖傻　（石：栾、枣）（天：静、宁、霸）（唐：三、昌）（承：承、围）

装啥　（邯：鸡）

装傻充愣　（天：安）（唐：昌、滦）

洋相　（唐：大）

【他们两人不对】　两人合不来，闹意见。

象眼 （天:饶）

不好 （张:万）

不睦 （文）（邯:大）（保:安）（石:束、深）

不和睦 （张:崇）（石:束、深）（唐:昌）

不相宜 （石:正）

不和美 （天:河）

不融洽 （唐:蓟）

不合适 （邯:任）（石:束、深）

不对劲 （石:枣）（天:庆）（邯:邯、郸、任、磁）（承:围）

不对劲儿 （唐:山、迁、乐、丰、昌）（天:静、安、沧）（张:沽）（石:深、束）

不对眼 （石:晋、深、束、枣）（天:桥）（保:易）（唐:乐）

不搁卯 （邯:内）

不捏眼儿 （天:安）

不对事 （石:束、深、正）（邯:临）

不对路 （天:宁）

不对道路 （承:隆）

不投脾气 （天:献、黄）（石:深、束、枣）

不对脾气 （天:献）

不投缘法 （石:深、束、枣）

不投缘儿 （唐:昌）

不对缘法 （邯:郸）

不对响气 （天:饶）

合不来 （唐:遵、乐）（承:平）

上不来 （天:静、大）（石:枣）

成不上来 （天:河）

光隔气 （邯:台）

说不着 （保:唐）（邯:乡、宗、威）

不对付 （全省通行）

不能对付 （邯:鸡）

不对头 （全省大部分地区通行）

【不说话】 指两人不和，互相有意见而怄气。

记话 （天:河）

恼得了 （张:万）

不拉叨 （天:强）

不过话 （承:滦）（石:深、束）（天:安）

不过火 （天:饶）

不讲话 （全省大部分地区通行）

不讲话 指一个人在一定场合下不爱说话。（邯:威）

谁不理谁 （天:孟）（保:安）

谁也不理谁 （唐:昌）

谁也不答理谁 （保:容）（石:束、深、枣）

不待理 （张:阳）

不待答理 （石:灵）

不搭声 （承:兴）

不搭腔 （全省通行）

不愿意 （承:围）

不过火儿 （邯:内）

不管理 （张:沽）

不共语 （邯:魏）

不搭茬子儿 （张:怀）（保:新）

不搭腔不拉 （邯:清）

见面拧脖子 （唐:大）

【说错了话】

走火了 枪走火的转意。（全省大部分地区通行）

离板儿了 俏皮话。如：“灶王爷打跟斗——离板儿了。”（天:天）

【对人表示不满】

瞪 （石:深、束）

白瞪 以白眼看人，表示看不起。（石:深、枣、衡、束）（唐:蓟）

不愿意 （承:围）

慢理不搭 （天:沧）

卡着半个眼睛也看不上你 （唐:乐）

【煽动】

煽掇 （石:深、束）

调唆 （全省大部分地区通行）

话落 （承:围）

撸掇　（邯:内）

撸弄　（邯:内）

瞎出出　（唐:大）（天:天）

咤吼　（贬）（石:束、深）

咤哄　（贬）（石:束、深）

【绝交】

掰了　（邯:宗、乡、鹿、威）

掰交情　（石:束）（唐:丰、昌）

掰面子了　（天:安）

掰 lèn　（邯:内、丘）

断了　如“断亲”“断来往”。（石:束、深）（唐:乐、大）

断绝　（石:束）

【顶嘴】

犟嘴　小辈对长辈。（全省通行）

【冤家】

仇家　（天:河）

仇人　（全省通行）

对头　（天:肃）（保:安）（唐:丰、昌）

死对头　（唐:西、乐、宝、昌）（石:深、枣）（天:安、沧）

对头炮　（天:桥）

对头冤家　（承:青、承、围）

冤家对头　（承:平、围、承）（天:安）（石:枣）

冤家　指小孩没出息。（承:丰、围）

【不忿儿】　气愤不平。

气不平　（唐:滦、三）（承:青）（天:桥）（张:怀）（邯:邯）

气不公　（唐:易、抚、昌）（承:青）

气不顺　（张:怀）

不服气　（承:滦）（石:枣）

过不去　（天:桥）（张:宣）

看不透　（承:滦）

看不公　（承:滦）（石:束、深、衡）

不平　（全省通行）

抱不平儿　（承:滦）（石:束、深）

打抱不平　（天:静）

抱打不平　（石:束）

拔闯　出头代人抱打不平。（石:束、深）

气得慌　（保:唐）（石:枣）（天:沧）

不忿气　（天:静）

气不忿儿　（邯:宗）（唐:乐）（天:安）（承:围）

【背黑锅】　代人受过。

受连累　（石:深、束、枣）

垫背　（石:深、束）

被累　（天:静）（石:枣）

受挂累　（保:唐）（石:深、束）

吃挂落　（天:大）（唐:大、昌）

吃挂待　（承:围）

背包袱　（唐:秦）

纳黑东西　（石:无）

喝乌鲁水儿　（承:青）

喝乌都水　（唐:昌）

不黑不白的　（唐:昌）

眼子　（邯:任）

吃亏　（邯:任）

【冤枉】

冤　（天:大、静、津）（唐:西、乐、三、昌）（保:满）（石:衡）

冤屈　（全省通行）

屈冤枉　（唐:丰）

【受屈】

窝囊了　（石:束、深）（天:静）（唐:蓟）

受窝囊　（石:束、深）

受窝囊气　（天:安）

含怨　（唐:丰）

吃亏　（张:蔚）（石:束、深）

被亏　（石:束、深）

吃屈儿　（天:静）

吃诖误　（承:青）

受冤屈　（唐:昌、乐）

挨冤　（保:雄）

屈枉 （承：平）

包屈 （天：大、桥、河）（石：束、深）

被屈 受屈。（邯：郸、鸡、台）

委屈 （石：高）

受委屈 （张：万）（承：围）（石：枣）（唐：昌）

冤得慌 （邯：郸）（天：河）

冤屈了 （邯：任）

【笑话】 嘲笑，讽刺。

抛轻 对别人看不起又不说，只是用脸面表示。如用白眼看人或撇嘴等。（承：滦）

改 （天：孟、饶、武、故、静、献、桥、津、宁、沧）（唐：丰、抚、秦、昌）（承：平、隆）（石：藁、无、冀）（邯：邯、肥、成、内）

改人 （石：衡）（天：安）（唐：昌）

真改人 （天：东）

糟改 （承：隆、围）

糟改人 （唐：昌、大）（保：高、安）（石：衡）

改模人 （石：宁）

糟践人 （承：青）（唐：乐、昌）（石：枣）

耻笑 （张：崇）

耻笑人 （邯：鹿）（保：雄）

笑话人 （天：天、沧）（唐：乐）（石：枣）

捉摸人 （天：静）（石：枣）

算计人 （天：静）（石：枣）

讪答 诳人。（石：束、深）

改透 （保：安）

【捉弄人】

作践人 （唐：丰）

耍戏人 （唐：大）

玩弄人 （邯：内、威）

糟践人 （承：围）

捉摸人 （天：大、安）（石：枣）

踩践人 同甲说乙的坏话。（承：滦）

【欺侮人】

窝憋人 （石：束、深）

撅 （古）给别人难堪。“我受撅了”，即别人给了自己难堪。（石：束、深）

欺负人 （邯：内）（唐：乐）（承：围）

【插嘴】

插一杠子 （邯：鸡）（唐：乐）

半腰插杠子 （唐：昌）（天：安）

截舌 （邯：清）

插花截舌 （天：河）

屁股底出来个嘴 （张：崇）

搭言 （唐：迁）（承：承）

搭腔 （石：无）

接嘴 （邯：邯）（张：阳）

接声 （唐：抚、乐）

接下语 （张：蔚）

接下句子 （邯：南）

接下茬 （保：满）（唐：乐）

多说话 （石：宁、石）（天：桥）

肯说话 （石：石）

多嘴 （全省通行）

多嘴多舌 （唐：昌）

擩嘴 “擩”音 rǔ。（张：万）

初嘴 （邯：涉）

抢话 （承：平、隆、围）（唐：大）

抢说话 （承：平）

抢嘴 （承：隆）（唐：乐）

接下茬儿 （唐：昌）

接下口语 （天：沧）

【打岔】 故意避开正题说些枝节的闲话。

打糟 说废话。（石：无、束）

打岔儿 （唐：昌）

插一杠子 （石：泽）

打佯声儿 故作不懂别人说的意思。（承：滦）

撕旁岔儿 （承：承）

【挑眼儿】 挑人的差错。

挑眼色 （天:东）

挑眼来 （张:龙）

挑礼儿 （石:束、枣、深）（天:天、武、沧）

挑字眼 （天:庆）（邯:内）

挑字眼儿 （唐:秦、乐）

挑刺眼 （保:雄）

挑四眼儿 （承:平）

挑眼拨刺 （石:宁）

挑眼拨刺的 （承:隆）

挑刺拨眼 （天:黄）

挑节骨眼儿 （唐:滦）

吃邪 （保:唐）

找事儿 （邯:台）

找碴儿 （全省大部分地区通行）

找邪碴 （石:束、深）（天:沧）

找疵儿 （唐:丰、乐）

挑刺儿 （天:沧）（唐:大、乐）

挑眼了 （承:围）

挑毛病 （张:康）（石:枣）

找斜闲 （天:静、桥）

找别扭儿 （唐:丰、乐）（石:枣）

挑拣 （承:隆）

挑碴 （邯:柏、内）

挑点儿 （张:怀）

挑翅 （石:深、束）

歪打 “打”读轻声。（石:束、深）

找寻 （石:束、深）

拿捏 （石:束、深）

扽科儿 “扽”音 dèn。（石:束、深）

没事找事 （天:静、安）（唐:乐）（石:枣）

给下不去 （石:束）

刁难 （石:束、深）

给小鞋穿 （石:束）

磨道找脚迹儿 （保:定）

鸡蛋里头拣骨头 （天:静）（承:青、滦、围）（唐:昌、乐）

鸡蛋里捡骨头 （保:新）

棒槌上掰杈儿 （邯:内）

横挑鼻子竖挑眼 （唐:昌）

【做作】 不自然，装腔作势。

酸 （唐:大）

不自在 （承:围）

扭扭捏捏 （天:安）

拿摆 摆架子的意思。（保:定）（石:衡）（唐:乐）

拿捏 （全省通行）

拿隆 （天:孟）

拿捏 不大方。（邯:成）

拿捏着 （天:东）（石:衡）

拿拿捏捏 （石:深、枣）

拿样儿 （天:黄）（石:枣）

装着 （石:深、束）

假装 （唐:宝、三）

装扮 （唐:丰、乐）

装胖 （张:蔚）

装蒜 开玩笑。（石:深）

装蛋 开玩笑。（石:深）

造作 （承:承）

闹假招 （天:饶）

【摆架子】 表示骄傲自得的态度。

大眉厮拉样儿 （石:束、深）

眼皮不抬 （石:束、深）

撑不起座来 （石:束、深）

大乎 （天:静）

大相 （邯:临）

样儿大 （邯:广）

大模大样 （天:安）

鼻下插葱——装象（相） 歇后语，多说前半句。（唐:昌）

相儿大 （邯:内）

装蒜 （唐:昌）

装大瓣蒜 （唐:昌）

不认人 （承:滦）

疑疑乎乎 （天:静）

摆 （保:新）

臭摆 （石:深）（天:献）

臭品 （唐:丰、秦）（承:平）（天:阜）（邯:内、尧）

臭气 （天:饶）

臭美 （唐:遵）（承:丰）（石:衡）

臭 yǐ 美 （天:沧）

臭装扮 （唐:丰）

臭烘烘的 （天:强）

臭闻不 zuǎi （天:静）

拿架子 （石:获、灵、晋、束、元、宁、栾、无、枣、正、深）（天:桥、天、东、安）（邯:魏、鸡、鹿、临、南）（唐:昌）

拿架儿 （石:行、深、束）

拉架子 （唐:滦）（石:井）

扛架子 （承:滦）

端架子 （全省通行）

端着个架子 （天:静）

大架子 （天:静）（承:滦、围）（石:深、束）

架的怪大 （邯:大）

架子哄哄儿 （承:滦）

架子扛着 （承:滦）

摆架的 （邯:邯、大）

成了 （承:滦）

迈四方步 （天:桥）（邯:丘）

【摆谱儿】 故意做出体面或安逸的气派，以炫人骄人。

拍谱儿 （唐:滦）

排谱 （保:新）（张:沙）

排谱儿 （唐:丰、乐）

耍排场 （石:深、束、枣）

耍派头 （石:深、束）

摆谱 （石:泽、束、深）（唐:昌）

闹牌子 （石:获、元、枣、束、深）

摆派头 （保:安）（天:天）

摆派头儿 （唐:乐）

摆牌子 （全省大部分地区通行）

摆牌的 （邯:邯）

卖牌子 （邯:涉）

买牌子 （邯:成）

zhuāi 牌的 （邯:大）（石:建）

耍牌头 （邯:任）（唐:昌）

臭摆 （石:深）（唐:大）

闹样 （石:平）

闹样子 （邯:柏）（石:束、深）

闹牌头 （承:围）

谱儿了 （承:滦）

臭谱儿 （承:滦）

【耍排场】 故意铺张。

摆阔 （天:河）

闹阔 （石:衡）

显意 （天:沧）

装阔 （唐:大）

摆阔气 （全省大部分地区通行）

摆洋阔 （邯:大）

闹阔气 （天:强、肃）（邯:邯）（保:高）

讲阔气 （唐:秦、昌）

抖阔气 （邯:涉）（石:平）

闹谱 （承:滦）

闹阔 （石:深、束）

闹江湖 好赶时髦。（石:平）

要好 （石:栾）

要样儿 （邯:南）

玩排场 （承:滦）（唐:宝）

真排场 （承:滦）

假排场 家里没钱，故意学耍排场的人家。（承:滦）

讲排场　（唐:丰、昌）

穷摆谱　（天:霸）

露有钱儿　（唐:昌）

闹排场　（石:河、行、建、束、井、深）（邯:台、大、郸、任、涉）（保:新）（张:阳）（承:围）

【拿糖】　做事时故意表示为难，以抬高自己的身份。

拿酸　（张:怀）

酸碰地　（张:万）

假酸　（保:水）（张:怀）

酸文假醋　（张:张、商）（天:固）

拿糖作卤　（天:文）

拿酸捏醋　（天:任）

拿酸捏臭　（天:河）

拿糖作势　（石:行）

拿糖作醋　（全省大部分地区通行）

拿场摆怪　（承:围）

取糖　（张:阳）

装着　（石:深、束）

拿腔作势　（邯:尧）

装腔　（石:深、束）

拿着　（保:新）

拿上了　（天:天）（唐:乐）

拿降　（天:静）

拿人　（天:黄、天）（唐:大、乐）

拿捏　（张:口）（石:无、束、深）（承:围）

拿捏着　（保:容）（石:束、深）

拿洋脚　（邯:南）（保:定）

拿行人　（唐:丰）

拿扼人　（保:安）

拿起来了　（保:雄）

拿一把　这事非他不行，可是他不去做。（天:大、沧）（石:束、深、枣）（唐:昌）

拿一把儿的　（天:宁）

请糖　（唐:秦）

拿糖　工作迟慢。（张:宣）（唐:昌）

拿发人　（唐:昌）

油麻花饼　（天:桥）

【为难】

噘瘪子　（天:桥、安、沧）（石:衡）（唐:乐、丰）

坐蜡　（天:桥、安）

坐橛子　（邯:内）

【装蒜】　骂人装腔作势，或对事故作不知。

装葱　（唐:昌、乐、蓟）

装洋蒜　（张:阳）（唐:乐）

装大瓣蒜　不懂装懂，要露一下子。（唐:昌、乐）

【出洋相】　故意作怪样儿，以博人笑。

出形　（邯:鸡）

耍宝　（唐:抚）

冲洋相　（天:饶）（保:唐）

玩洋相　（石:枣）（保:新）

装洋相　（保:容）

装相相儿　（承:滦）

现世鬼　（天:静）

出鬼相　（张:万）

出怪相　（邯:鸡）

出怪样子　（石:栾）

来外快　（承:青）

闹蠢样　（保:安）

出傻故事儿　（保:水）

耍活宝　（唐:乐）

【丢人】　露丑。

出丑　（邯:内、威）

丢脸　（邯:内、威）

丢丑　（石:束、深）

丢名　（张:万）

现世　（天:津、武、沧）（唐:乐、昌）

墩底　（石:正）

偷根　（承:滦）

伤脸 （邯:鸡）

寒碜 （承:滦）

丢面子 （全省通行）

丧名誉 （邯:鸡）

不要脸 （邯:涉）（石:枣）

现世报儿 （天:天、静、安）

丢人现眼 （石:正、枣）（唐:乐、昌）（天:安）

现眼 （全省通行）

不知道 shùn （邯:大）

败兴 （邯:尧）

【给脸不要脸】 说人不懂好坏。

给你脸不张兜 （承:滦）

不认抬举 （承:滦）（天:安）（石:枣）（唐:丰、昌、乐）

不知香臭 （唐:昌）

不知好歹 （唐:昌）

得锅台上炕 （唐:大）

【两面派】

好赖人 （承:滦）

两头光 （承:滦）

两头拱拱 （承:滦）

两面人 （邯:内）

两头装好人 （唐:乐）

阴阳脸 （唐:大）

阴一面阳一面 （唐:昌）

里外好人 （唐:昌）

转轴脑袋 （唐:大）

【见人不敢说话的人】

塞头 （唐:丰）

腼腆 （唐:昌）

夹干头 （承:滦、围）

一说话就脸红 （唐:昌）

【握手】 是见面或分别时的礼节。

拉拉手儿 （天:桥）

【抱歉】 心中不安，觉着对不起别人。

愧得慌 （天:桥）

亏心 （天:桥）

【伴同】 陪同；一同。

陪着 （唐:大）

一块儿 （天:安、桥）

一堆儿的 （天:桥）

燕赵文库

河北方言词汇编

下册

李行健　主编

燕赵文库编辑出版委员会
燕山大学出版社

十五　日常生活

（附日用杂品）

【起床】

起　（张:蔚）（保:蠡）（天:天、阜、安）

起来　（全省通行）

起来　“起”音 qiě。（唐:滦）

起来　指临时休息完了起来。（张:怀）

起身　（全省大部分地区通行）

起身　①死人出殡时用绳子把棺材抬起来。②活人起床，带贬义。（唐:丰）

【洗脸】

洗面　（石:安）（张:赤、沽）（承:平、隆）（邯:魏、鸡、鹿、肥、内、尧）（天:宁）

净面　（旧）（唐:秦）（邯:鸡）

净面　对死人说。（邯:尧）（天:霸）

擦脸　（承:围）

【漱口】

漱嘴　（全省通行）

漱嘴　（老）（石:元、石、深、衡）（张:龙）

涮嘴　（邯:内）

【刷牙】

刷牙子　（天:大）

刷牙齿　（全省大部分地区通行）

【梳头】

抿头　施油。（石:束、深）

抿头发　施油。（石:束、深）

拢头　“拢”音 lěng。（张:万）

拢头发　（天:阜、静、固）（石:枣）

拢脑袋　（唐:滦）（保:徐）

拢头子　（石:灵）

梳头子　（邯:尧）（石:灵、高）

梳头子儿　（邯:柏）

梳头袋　（天:河）

梳脑袋　（唐:昌、乐）（保:博、满、清、安、唐）（天:饶、强、任、沧、霸）（石:深、束）

梳纂头　老人梳纂。“纂”音 zuǎn。（天:静、安）

通脑袋　（唐:滦）

【篦头】

齿极密的梳发工具。作用为刮去头皮油泥之类，故篦头与梳头不同。

刮　（石:衡、深、束）

刮头　（石:正、晋）（唐:山）（天:黄、沧）（张:鹿、宣、万）（邯:大、邯、磁）

刮刮　（石:灵、深、束）（天:孟）（承:围）

刮头子　（石:灵）（承:滦）

刮脑袋　（唐:滦、昌、乐）（天:饶、肃）（保:满）（石:深、束）

刮头发　（全省大部分地区通行）

刮刮脑袋　（唐:昌）

梳头 （保:易）（邯:任）

梳头发 （邯:鸡）

梳脑袋 （天:任、沧）

拢头 （天:大）

拢头发 （唐:平）（石:枣）（天:固、河）

抚头发 （张:沙）

通头发 （唐:丰、蓟、滦）

【梳辫子】

梳辫儿 （承:承）（石:深、束）（邯:南、鹿、威）

梳辫的 （邯:漳）

梳小辫子 （唐:昌、乐）

扎辫子 （唐:秦）（天:霸）（石:枣）

绑辫子 （天:桥）

打辫子 （唐:玉）（天:孟、安）（石:深、束）

拧辫子 （邯:乡）

编辫的 （邯:邯、漳）

编辫子 （唐:昌）

【挽(纹)纂儿】

梳纂 （天:饶、大）（石:深、正、枣）（承:滦）（唐:丰、大）（邯:内）

梳纂儿 （唐:昌、丰、遵、乐）（保:兴、水）（天:大、桥、安）（邯:宗、乡）

梳纂儿 现在只老太太挽纂儿。（唐:昌、乐）

挽发髻 （石:无）

梳鬏的 （邯:邯）

梳鬏髻 在头顶两边。（保:新）（天:黄）

梳圆头 （唐:抚）

挽头 （全省通行）

挽头 三四十岁的女人梳的。（唐:昌）

挽纂子 （保:唐）

挽罩子 （唐:西）

盘纂 （邯:成）（石:衡）

【纂】

盘头 （石:深、束）

圆头 （石:深、束）

圆头 四五十岁的女人梳的。（唐:昌）

贝儿贝儿 老太太的头发稀少,在后边挽起来。（唐、昌）

纂疙瘩 （唐:乐）

【理发】

剪头 （唐:抚）（承:围、平、滦、兴、青）（天:桥）

剪发 （承:平）

剃头 （全省大部分地区通行）

剃脑袋 （石:深）（天:文）（保:唐）（承:青）

剃脑袋的 （天:文）

洗头 （天:天）

推头 推分头叫推头。（天:天、桥）（唐:大）（石:深）

推头 （天:沧、任、河、宁、静、山、黄、东、桥、献、文、肃、安）（张:万、阳、鹿、沙、尚）（保:阳、涿）（邯:宗、南、柏、邯）（承:兴）（唐:玉、宝、山、乐）

烫头 女子理发。（天:天）

【推平头】

剪平头 （唐:丰、遵、迁、蓟、抚、乐、三、昌）（承:丰、承、围、隆、平）（石:石、藁、栾）（天:东、阜、津、沧、桥、任、献、河、山、黄、文、肃）（保:望）（邯:鸡、永、涉、内）

剪个平头 （唐:昌）

【刮脸】

刮刮脸 （唐:昌）

刮刮胡的 （邯:邯）

修理门面 （唐:遵、三、昌、乐）

修门面 （邯:邯）

【剃光头】

剃光和尚头 （邯:丘）（保:满）

剃秃头 （张:尚）

剃秃子 （唐:抚）

剃光秃儿 （唐:三）（天:安）

剃光葫芦头 （石:新、晋、枣、灵）（天:文、强、黄、饶、河、永、霸、献、桥、沧、东、肃、山、安）（保:易、水、安、阳）（邯:大）（唐:乐）

剃秃葫芦头　(保:保)

剃个秃葫芦　(承:承)(石:深)(天:沧、桥)

剃光　(邯:内)(张:蔚、鹿)

剃光葫芦儿　(唐:昌)

剃光瓜　(唐:玉、丰)

剃光头　(邯:邯)

剃电光头　(贬)(邯:邯)

剃和秃头　(贬)(唐:西、三)(石:赞、晋、元、宁、枣、栾、灵、高)(承:平)(天:桥、天、津)(保:望、唐、满、清、阳、完)(邯:乡、邯、郸、鸡、柏、磁、宗、永、鹿、台、沙、任、肥、涉、成、内、尧、丘)

剃葫芦头　(贬)(石:衡、武、栾、高)(天:孟、故、肃、东、静、桥、津、安)(保:博、保、望、清、蠡)(邯:乡、鸡、沙、涉、成、内、尧)

剃脑袋　(保:雄)

剃光脑袋　(石:无)

推光　(天:静)

革命党　清末民初用语。(天:安)

推电光头　(邯:邯)

秃老亮　(天:天)(承:丰)

【中分】　头发从中间分缝儿。

正分　(石:新、安、宁、栾、赞、灵、获)(张:怀)(保:易、新、蠡)(邯:魏、成、肥、尧)(唐:西)(天:沧、河、文、黄、任、献、东、山、黄)

正缝儿　(唐:丰、山)

直缝　(天:东)

平分　(保:唐)(邯:大)

当不间儿分印儿　"间"音 jiàn。(保:保)(石:深)(唐:玉、乐)

【偏分】

偏缝　(天:东)(唐:山)

偏背　(石:无)

背分　(保:雄、蠡)

一面倒　(承:滦)(石:栾)

分偏道儿　(唐:西)

【捶背】

捶脊梁　(全省大部分地区通行)

捶脊背儿　(石:无)

捶后心　(天:静)

捶后脊梁　"梁"音 niáng。(天:东、静、桥)(唐:乐)

砸梁　(天:庆)

砸脊梁　(天:饶、庆)(保:高)

砸砸脊梁　(邯:邯)

放睡　(唐:昌、宝)(承:滦、兴)(石:枣)(天:大、安)

拿麻　(承:滦、兴、隆)

泻火　(张:张)

打脊梁　(石:灵)

tìng 脊梁　(石:获)(邯:邯)

【择眉】　女人修饰眉毛。

择脸　(保:阜)

择眉毛　(全省大部分地区通行)

择眼睛毛　(唐:迁、乐)

流眉　(张:康)

剔眉　(石:枣)(天:东、桥)

挦眉　"挦"音 xián。(石:灵)

捏眉　(石:灵)

刮眉毛　(张:阳)

开开眉　(石:井)

拔眉毛　(保:高)

开脸　旧时女子结婚前用细线绞去脸上及眉间的汗毛。(天:天、桥)(承:青)(邯:邯)

开眉儿眼　(唐:昌)

【澡堂】

池堂　(天:桥、沧、文、东、任、献、河、黄、山、肃)

澡堂的　(邯:邯)(石:深)

澡堂子　(天:天、桥、安)(承:围)(唐:昌、丰、乐)

浴池　(唐:滦)

【池塘】　澡堂中的大池。

池子　(全省大部分地区通行)

【盆塘】

盆儿 （天:天、津）（承:承）（唐:大）

盆子 （全省大部分地区通行）

盆池 （唐:昌）

盆澡 （邯:涉）（石:深）（天:安）

【搓澡】

搓搓 （天:天）

搓身子 （石:灵）

搓脊梁骨 （石:赞）

擦背 （张:张）（石:赵、深）

擦背儿 （石:无、晋）（承:围、平）（唐:三、昌、蓟）

中活 不常用。（承:兴）

【剪指甲】

铰指盖 （天:桥、天）（唐:大）

铰指盖儿 （承:滦、围）

铰指甲盖 （天:大、任）（石:枣、衡）（承:围）

铰指头盖儿 （天:静）

铰指甲 （唐:丰）（邯:内、威）

铰手指甲 （唐:昌）

铰手鸡金 （唐:乐、滦、昌）

铰手指尖 （唐:抚）

铰手鸡金盖儿 （唐:乐）

铰手指盖子 （天:庆、东）

铰鸡鸡盖子 （天:黄）

铰指切 （张:各地）

铰指盖子 （天:安）

铰指跟 （唐:玉）

【刮胡子】 参看“身体”类“胡子”条。

剃胡子 （全省通行）

刮脸 刮脸包括刮胡子。（石:深）（唐:滦、昌）（邯:台、乡、宗、内、任、威、南）

刮发子 （天:河）

剃胡彩 （石:元、建、平）（张:阳、鹿、康）（保:安）（邯:内）

刮胡彩 （保:阳）（石:无、井、元、正、建）（张:万、怀、鹿）

刮胡儿 （保:高）（石:深）

铰胡子 （邯:鸡）

剪胡子 （邯:鸡）

【掏耳朵】 参看“身体”类“耳屎”条。

取耳 专业用语。（承:承）

挖耳朵 （全省通行）

挖耳碎 （邯:内）

挖耳残 （承:隆）

挖耳朵眼儿 （唐:乐）

剜耳朵 （天:黄）

掏耳的眼 （邯:大）（天:沧）

掏耳头 （唐:昌、乐）

掏耳碎 （保:阜、完、雄、唐、满）（石:正、行、束、新、灵、宁、栾、深）（天:霸、天、静、献、桥、文、东、任、河、黄、山、肃、沧）（邯:柏、威、尧、丘、南、宗）（承:围）

掏耳屎 （邯:涉）

掏耳塞 （邯:邯、郸、涉）（张:万）（天:安）

掏耳蛆 （石:获）

掏耳龙 （石:泽）

【上地】 做活。

去地 （张:阳）

去地里 （邯:尧）

上洼 当地多系洼地。（天:献）

下洼 （天:河、献、大）

上坡 （天:庆）

上地去 （天:东）

上地里去 （天:饶、强、沧）（保:定）（石:河、深、束、枣）

上了地里了 （石:宁、深、束）

下地 （全省大部分地区通行）

【上工】

上晌 （邯:广、大）

任工 （张:万）

上工 新到一个厂子去做活或休息以后又重新做活。（石:枣）（天:强）

上工　单指做零工。(唐:山、乐)

上工　过去长工每年初到地主家干活。(保:满)(天:固)(承:平、青、滦)(张:鹿)(石:束)

上班　农民做年工或月工的开始称“上班”。(保:安)(天:天)(唐:大)

干 jian 儿　指上工干活儿。(石:灵、行)(邯:台)

【怠工】

磨洋工　(天:桥、天、安)

【歇工】　收工。

歇工　(老)(天:饶)

散工　(保:安)(张:万)

散活　(天:沧)

煞工　(天:桥)(石:深、束)

下工　工作期满回家。(天:安)(石:深、束)

下黑　下午工作完了。(石:灵、行)

散了　(天:桥)

收班　(唐:昌)

收工　(邯:内)(唐:大、乐)(承:围)

下晌　(石:灵、获)(邯:广、大、任、成)

煞作　只限手艺活,如泥瓦匠常用。(石:深、束)

下班　(邯:内)(唐:大)

【歇工】　停工休息,或工间,或三五天,时间不定。

歇晌儿　午休。(邯:鹿、乡、宗)(石:束、深)(承:围)

歇了　(天:安)(唐:大)

歇盼儿　(石:深)

歇工　每劳动半天中间的休息。(石:正、晋)(承:平、丰、围)(邯:广)(唐:迁、西)

歇烟儿　工间休息。(唐:昌、丰、乐)

歇畔儿　农民劳动当中在地头上休息。(石:束、深)(天:霸)

下班　职员停止一个时期工作。(承:承)(石:衡)

歇晌　(石:赞)(唐:昌)

下晌　中午休息。(邯:广)(石:灵、行)

下晌　劳动后的休息。(邯:磁)

呆班　(唐:滦)

【出门儿了】　临时外出。

出哩了　(石:灵)

出去了　(全省通行)

出去啦　(天:黄)

出门了　(承:围)(唐:西、遵)(天:河)(张:沙)

出门子　(张:怀)

出外　(石:束、深)(邯:鸡)(承:平)

出外了　(保:定)

外出了　(承:隆、围)(保:定)(唐:昌)

往外边去了　(邯:尧)

上街了　(张:万、口)

不在了　(石:灵)

走外　出远门就业。(石:束、深)

出了门了　到外村去。(保:安)

出门儿了　走亲戚去了。(天:静)(张:万)(唐:昌)

出门儿了　到远地方去。(唐:宝、蓟)(石:石、衡)(承:平、承、青)(邯:威)(张:沙)(天:任、沧)

出远门了　(唐:乐)

【换班】　工作人员按时轮流替换。

倒班儿　(唐:大)(天:天)

【赶集】

上集　(石:无)(承:平)(天:饶)

上街　(唐:蓟)

上店　(邯:尧)(天:桥)

上市　(石:无)(天:桥)(承:隆)

上市　指到市场上卖东西。(天:庆)(承:青)

上市　过去的农民到市上去卖短工,叫“上市”。如没有人雇叫做“没下去”,例:“你怎么没下去?”“人太多,下不去。”(天:安)

赶集上店　(天:天)

【集】

大集　(唐:昌、乐)(天:桥)

市　(唐:蓟)(天:永)(张:康、尚)(承:兴)(保:定、雄)

（石：行）（邯：郸、柏、永、尧）

场 （张：康、尚）（邯：柏）

市 比“集”概念小，专指卖某种东西的地方。如“北街是菜市”。（唐：丰、抚、乐）（石：获）（天：天）

【过去逢神的纪念日上庙去】

上庙会 （唐：昌）

赶庙 （石：灵）

赶庙会 （天：天、安）（唐：乐、昌）

【出差】 暂时到别处办理公事。

出发 （天：桥）

外出 （天：安）

【回家了】

家来了 （天：静、安）（保：定、安）（石：深、衡、束）（唐：乐、昌）

家去了 （唐：大）

来了 （邯：郸）

回来 lan （邯：临）（石：枣）

回来咧 （唐：滦）

【玩儿】 玩耍游戏。

耍 （全省大部分地区通行）

耍得儿 （小）（石：正）

玩耍 （天：桥）

玩儿玩儿 （天：黄、沧）（石：枣）（唐：乐、昌）

玩儿 指玩具。（天：东）

【逛】 闲游。

耍 （石：藁）

逛 有意识到热闹的或新鲜的地方去玩。（唐：昌、山、抚、丰、滦、乐）（天：天）（保：涿）（石：枣）

游逛 （保：兴）（唐：昌）

逛达 （张：沙、蔚）（唐：乐）

逛逛 （石：无、灵）（邯：大）（承：滦）（唐：昌）

转转 （石：灵、深、束）

转转儿 （保：唐）

转悠转悠 （天：安）（石：灵、深、束）（唐：乐、昌）（石：枣）

慢游 （邯：临）

闲遛 （石：束、深）

溜达 （全省通行）

遛遛 （石：灵、束、衡、深）（承：围）（邯：大）

遛遛 指无目的地游逛。（唐：昌）

闲串 （贬）（唐：乐）

窜 （邯：广、成）

串串 （邯：邯、沙）

散散心 （邯：郸）（石：枣）

磨磨磨磨 如：“吃完饭没事到街上磨磨磨磨。”（天：天）

磨磨儿 （石：深、束）

玩耍 （石：石）

【散散步】

玩去 （邯：乡）（石：枣）

走走 （全省通行）

走走 有事去一下。（石：正）

走走 老太太用。（邯：成）（石：新）（唐：乐）

遛遛 （唐：乐）（保：兴）（天：献、天）（石：深、束、衡）

逛逛 （邯：郸）

游游 （邯：涉）

串串 （邯：成、邯）

窜窜儿 （邯：广）

绕绕 （唐：乐、抚、迁）

绕儿绕儿 （唐：昌）

溜达溜达 （全省通行）

溜达溜达 游手好闲。（承：承）

转转 （保：兴）（石：束、深）

拿个弯 （保：涿）

绕个弯儿 （天：天）

转悠转悠 （唐：乐）（保：安）（邯：威）（石：深、束）

来回走走 （邯：邯）

圪游圪游 （邯：涉）

磨悠磨悠 （邯：南）

转一 kē la 意思是转个弯儿。（邯：台）

【徒步而行】

坐十一号 开玩笑说法。(唐:昌、乐)

步下撵儿 (石:深、束)

步撵儿 (唐:大、丰、乐、昌)(天:安)(承:围)

用腿腿 (唐:昌)

拿步量 (唐:昌)

步行 (承:围)

步撵 (唐:蓟)

下步撵儿 (唐:昌)

趔 (大:沧)

走着 (邯:乡、南、宗)

【饿了】

饥 (石:正)

饥了 (全省通行)

饥了 指小孩饿了。(石:新)

饥困了 (石:枣)

饿里慌 (石:灵)

饿里慌了 (天:饶)

饿得慌 (全省大部分地区通行)

饿 "饿"音 wò。(天:河、阜、霸)

饿里慌 "饿"音 wò。(石:深)

【嘴没味儿】 吃东西不香,不想吃。

不香吃 (张:沙)

嚼着不香 (天:东)

吃得不香 (张:阳)(天:沧)

吃着不香甜 (唐:昌、丰、乐)(石:平、束、枣、深)(保:安)(天:大)(邯:尧)

没油水 (唐:西)

嘴没味道 (邯:尧)

没滋味 (天:桥、东)(石:河、深、束、衡)

没有滋味 (天:津)(石:深、束)

没滋没味儿 (唐:昌)(天:安)

嘴没滋味儿 (保:博)(邯:郸)

不合口味 (天:河)

【吃早点】 早上吃的点心,实际上城市里早饭因吃得少,做得也随便,所以早餐都叫"吃早点"。

吃早饭 (唐:大)(邯:内)

吃点心 (全省通行)

吃果的 (邯:磁)

喝粥 (邯:大)

吃早上饭 (唐:滦、昌)

吃早下饭 (唐:宝、乐)

吃早晨饭 (天:桥、安、庆)(承:滦、围)(石:元、深、行、获、建)

吃早起饭 (唐:丰)(石:束、获、深、枣)(天:饶)

吃早清饭 (保:易)(石:衡)

吃清早饭 (邯:邯、任、乡、威、宗)

【吃午饭】

吃晌午 (全省大部分地区通行)

吃中饭 (全省大部分地区通行)

吃中午饭 (邯:内)

吃晌饭 (承:承)

吃上午饭 (邯:南)

吃晌午饭 (全省通行)

吃晌活饭 (全省大部分地区通行)

【正餐前吃点零食】

点心点心 (邯:鸡)

点点 (邯:鸡)

点补一下 (石:灵、深、枣、衡)(唐:乐)(天:沧)

垫垫儿 (唐:丰)

垫巴垫巴 (承:围)

垫补垫补 (邯:内)(唐:大)(天:霸、安)

打打尖儿 (唐:昌)

零叨 指孩子们吃零食。(唐:乐)

【早饭】

早心饭 (承:围)

早晨饭 (石:冀、枣)(天:安)

早起饭 (石:深、束)(唐:丰)(天:沧)

早勤饭 （石:束、深、衡）

岑旦饭 （邯:内）

清早饭 （邯:邯、周、丘、鹿、宗、威、南）

【晚饭】

后晌饭 （天:献、庆、山、沧）（邯:邯、郸、台、乡、威、宗）（保:博）（承:围）（唐:丰）（石:深、束）

后晌儿饭 （天:天、静、安）

黑家饭 （石:新）（唐:昌）

黑夜饭 （张:阳、怀）

黑老饭 （石:深、束、枣）

和沿饭 滦南柏各庄一带管晚上叫“和沿”，音 héyan。（唐:滦）

糊忘饭 “糊”读去声，“忘”读轻声。（邯:内、临）

【吃晚饭】 河北省不少地方叫“喝汤”，因为晚上一般常做汤以伴干粮吃。“汤”是用极少的小米或面做的。中午不做这种汤。

喝汤 （全省大部分地区通行）

喝粥 （保:兴）

喝薄的 （天:黄、沧）

喝后晌汤 （邯:大）

吃黑夜 （张:万）

吃黑老饭 （石:深、束、枣）（张:康）

吃黑了饭 （石:武、衡）（保:安）（邯:威）

吃黑来饭 （邯:涉）

吃黑牙饭 （石:平、行、井、灵、建、赵）

吃黑价饭 （唐:滦、昌）（保:阳）

吃黑家饭 （保:高）（邯:南、宗、乡）（唐:山、滦、抚）（石:正）

吃黑个饭 （石:冀）

吃黑下饭 （石:枣）

吃黑夜饭 （唐:滦、昌）（石:获、栾、元）（保:定、满、阜）（张:阳、鹿、杯）

吃后阴饭 （唐:滦）

吃后晌 （石:晋）

吃后晌儿饭 （石:深）

吃后晌饭 （全省通行）

吃红晌饭 （天:津）

吃糊忘饭 （邯:沙）

吃黄饭 （邯:邯）

吃黄昏饭 （邯:临）

吃晚上饭 （承:滦）（邯:尧）

吃洪合饭 （邯:南）

【开饭】 准备好饭。

摆饭 （全省大部分地区通行）

端饭 （全省通行）

打饭 （邯:尧）（天:沧）

上饭 （邯:郸）

凉上饭 （邯:邯）（石:枣）

摆上饭 （石:束）

放桌子 （张:怀）（唐:乐）

喝粥了 本地早晚多喝粥，故称开晚饭为“喝粥了”。（保:水）

吃饭 （承:围）

【盛饭】

舀饭 （全省通行）

舀饭 由锅里往盆里盛。（唐:山、蓟）（天:桥）

讨饭 （邯:郸）

打饭 （保:涿）（唐:乐）

盛上 （唐:昌、乐）

盛上饭 （天:沧）

铲饭 （张:万、商、崇）

拣上 （张:怀）

【吃饭】

用饭 （全省通行）

用饭 （文）（天:故、饶、桥）（唐:三）（保:完）（承:承）

开餐 （保:雄）

吃罢 （张:怀）

舀饭 （邯:尧）

【夹菜】 用筷子从菜碗、盘、盆中取菜。

搛菜　(全省通行)

刀菜　(承:围、丰、承、平、隆、滦)(唐:秦、昌)(张:沽、龙、尚)(邯:魏、大、威、肥、内、丘)

夹菜　(唐:昌)

拣菜　(张:万)

拾菜　(天:桥)

舀菜　(张:商)

汲菜　(石:藁)(邯:任、邯)(张:宣)(天:庆、黄)

汲菜吃　(天:山)

掗菜　(石:灵)

取拉　(文)(唐:丰)

抄菜　(邯:成、清、磁、乡、广、威)

布菜　给别人夹菜。(唐:三)

【夹菜夹的量多】

箸子　(天:桥)(唐:大)(石:枣)

一箸子　(承:围)

一大箸子　(天:沧)(邯:台)(唐:昌、滦)

一掘子　(天:桥)(石:衡)(唐:丰)

【小孩要人家的食物】

要嘴　(天:安)

要嘴吃　(全省大部分地区通行)

吃嘴　(邯:内)

【舀汤】

撇汤　(全省大部分地区通行)

盛汤　(全省通行)

掗汤　(唐:昌、滦)

扢汤　(唐:昌)

【摆筷子】　饭前准备筷子。

拿筷子　准备筷子吃饭或从别处取筷子来,与用筷子(用以吃饭)不同。(唐:大、抚、丰、乐)(石:束、枣、石、衡)(承:平、围、丰)(张:沽)(天:沧)

拿箸子　准备筷子吃饭。(石:正)

【使筷子】　用筷子吃饭夹菜。

使笋子　(保:阳)

用笋子　(保:阳)

拿笋子　(保:阳)

拿箸儿　(邯:柏)

拿箸子　(石:灵、藁)

拿箸子儿　(邯:柏)

用箸子　(石:藁)

使箸子　(石:正、行、新、无、泽、灵)(保:博、唐)(邯:临)

捉筷子　(邯:涉)

拿筷的　(邯:广)

拿筷子　(全省通行)

抄筷子　(唐:大)

【肉不烂】　炖或烧的肉未到烂熟。

肉还好的　(石:石)

生　(邯:内)

硬　(张:万)

肉硬棒　(石:束、深)

肉不软　(邯:涉)(保:保)(石:晋、平、行、新、建、深、束)(唐:乐)

肉不烂糊　"烂"音 luàn。(唐:昌、乐)(天:沧)

肉不髱　"髱"音 bā。(唐:秦)(邯:内)

咬不动　(邯:内)

【饭生】

个生　(唐:昌、乐)(保:完)(石:束、深)

生了　(承:滦)(天:河)

生了　指肉食。(天:固)

欠火　(天:桥、安)(邯:郸、乡、宗)(石:束、深)(唐:丰、昌)

没做中　(邯:郸)

不过火　(天:桥)(石:衡)

间生饭　(张:怀)

夹生　(全省通行)

当中生　(石:新)

夹生饭　(邯:涉)

夹生　指做干粮。(承:围)

不熟　(保:定、兴)(石:枣)

欠火 指一切东西不熟。(邯:邯)(天:安)(唐:大)

生熟不烂的 (石:束)

硬芯心 (唐:大)

没做熟 (天:沧)

欠把火 (邯:内)

【吃饭噎住了】

噎食 (张:鹿)

哽住了 (全省大部分地区通行)

卡住了 (石:无、枣)(邯:鸡)(保:安、阳)

黑眼皮 (天:桥)

【打冷嗝儿】

叫狗儿 (张:宣)

嗝咕 (邯:邯)

嗝逗 (天:霸)

嗝儿打 (天:庆)(石:深、束)

打噎 (石:藁)

打噎巴嗝 (天:河)

打嗝 (邯:邯、任)(保:安)

打嗝儿 (全省通行)

打冷嗝逗 (邯:内)

打哽儿 (邯:郸)

打哏啊 (石:无、晋、枣)(天:强、饶、大)(保:博)

打哏儿喽 (石:枣)

打嗝噔儿 (唐:抚)(邯:广、磁、涉)

打嗝噔 (唐:抚、秦)

打嗝得儿 (唐:乐)(保:易)(邯:清)(石:正)

打嗝逗 (全省通行)

打嗝逗儿 (全省通行)

打嗝儿逗 (石:灵)

打响嗝逗儿 (承:丰)

打嗝喽 (石:枣)(张:万)

打圪嗝儿 (张:康)

打冷嗝伸 (石:灵)

打冷丁神 (张:怀)

打生食嗝儿 (邯:鹿)

打凉嗝 (邯:鹿)

【打饱嗝儿】

生食嗝 (保:安)(石:枣)

倒饱 (石:灵)

打嗝 (全省通行)

打嗝儿 (天:静、文、天、沧)(邯:临)(保:保、唐)(张:宣)

打嗝逗儿 (唐:山)

打哽喽 (邯:广)

打嗝栖 (邯:大)

打嗝儿咕 (邯:沙)

打嗝得儿 (唐:昌)

打嗝饱 (张:沙、怀)

打饱食 (张:宣、崇、鹿、商、蔚)

打饱哏 (石:藁)

打饱嗝 “嗝”音 gan。(唐:丰、遵、抚、迁、乐、昌)(保:安)

打饱哏儿 (邯:内)

【细嚼烂咽】

慢慢吃 (张:崇)(石:枣)

细嚼细咽 (唐:蓟、昌乐、抚、迁、丰)(天:黄、孟)(承:青)

细嚼缓咽 (唐:滦、山、玉、西)(石:石、灵)

细嚼慢咽 (天:沧)(唐:乐)

【抢着吃】

抢食 (保:满)(唐:丰)

抢嘴 (唐:昌)

抢吃 (天:饶、桥)

抢的吃 (张:阳)

争嘴吃 (天:河)(石:枣、衡)

【撑住了】

胀了 (承:平)(唐:乐、秦)(石:赞、束)(天:故、宁)(邯:鸡、内、尧)(保:定)

胀肚 (承:平、围)

肚胀了 (唐:蓟)(邯:鸡)(保:唐)

胀肚子 (唐:蓟)

吃胀饱了　(天:庆)

饱里个怪　(邯:郸)

饱得没法　(邯:郸)

噎住了　(保:望)

憋得慌　(张:宣、崇)(石:衡)

撑慌　(邯:涉)

撑坏了　(石:无、灵)(保:高)

撑毁了　(邯:肥)

撑得慌　(全省大部分地区通行)

撑里慌　(石:宁、新、建)(邯:柏、任、临、大)

撑着了　(石:井、正、平、灵、石、新)(承:围)(唐:大)

憋得活　(张:万、怀)

【喝茶】

吃茶　(全省大部分地区通行)

喝水　有茶没茶都叫喝水。(石:枣、衡、安)(天:饶、河)(邯:南、成、广、清)(承:围)

喝茶水　(天:霸、沧)(邯:任)(保:新)(唐:滦、乐、昌)(石:灵)

喝茶叶水　(邯:任)(石:衡、枣)

喝茶　①指喝茶水。②请别人到他家吃饭。(唐:遵)

【喝酒】

吃酒　(全省大部分地区通行)

吃酒　只用在吃喜酒上。(保:涿)

咽酒　(天:桥)

用酒　(邯:内)

【吸烟】

吃烟　(邯:尧)(张:各地)

吸溜　指吸烟时向内吸气。(石:束)(唐:乐)

抽烟　(全省大部分地区通行)

抽烟袋　(唐:滦)

【洗手】

洗巴掌　(保:阳)

洗爪子　对小孩说。(天:河)(唐:乐)

洗洗爪　对小孩说。(天:河)

洗洗手　(天:沧)

涮涮手　(天:沧)

【洗脚】

洗脚板　"脚"读入声。(张:沙)

洗脚夹子　(天:河)

洗脚丫儿　(保:望)(石:枣)(唐:乐)

烫脚　(天:天)(承:围)

洗脚丫子　(唐:乐)

【擦脚】

gěi 脚　(张:万)

揩脚板　(张:鹿)

洗脚　(唐:卢)(承:青)

擦脚　有时也指洗脚。(唐:西)(承:围)(天:沧)

【洗澡】

扑腾　在天然水坑中洗。(天:强)

打扑腾　游泳。(石:深、束)(唐:乐)

洗身　(全省通行)

洗身　在池塘或河中洗澡。(邯:乡)

洗身上　(唐:昌、乐)(石:井)(张:宣)(保:易、兴)

洗身上　洗身体局部。(承:承)

洗身子　(石:束、无、获、元、宁、藁、冀、新)(承:隆、围)(邯:郸、鸡、永、鹿、任、尧)(保:定、唐)

洗洗身的　(邯:邯)

洗洗身子　(邯:邯)(石:枣)

洗浑身　(唐:昌、秦)

沐浴　(承:隆)

烫澡　(天:河)(唐:昌)

【擦身】

擦擦　(全省通行)

抹身的　(邯:广)

擦擦　擦身上个别部位。(唐:大)

擦身的　(邯:邯)

擦身子　(石:灵、冀)(承:平)(天:霸)(邯:鹿、沙、永、任)(保:易)

擦身上 （唐：丰、山、乐、昌）（承：丰）（天：饶）

擦擦身 （邯：沙、涉）

擦擦身子 （石：无、枣）（承：隆）（邯：邯、尧）（天：东、沧）

擦擦身上 （天：静、河、肃）（保：兴）（唐：山、昌）

切一切 "切"上声。（石：束）（张：万）

【旧时妇女洗身体或洗脚不对外人说而用别的词代替】

用水 （天：安）

【小便】

小解 （全省通行）

解手 （天：静）（张：龙）（承：围）（唐：乐、昌、蓟）

解小手 （全省大部分地区通行）

解小手儿 （全省通行）

解小手儿 （老）（承：平）

解个小手 （天：霸、东、河）

尿 （邯：广）

尿尿儿 指小孩撒尿。（邯：任）（保：定、涿）

尿尿 （全省通行）

尿尿 指小孩撒尿。（石：泽、宁、灵）（唐：山）（天：阜）

尿尿 第二个"尿"音 suī。（天：霸）（唐：丰、大）

尿泡 （石：平、河、束、正、深、建、灵、枣、宁）（天：饶、肃、文、河、阜、津、沧、任）（邯：宗、威、清、南）（保：博、唐、安、阳）

尿泡尿 （天：静、安）（唐：乐、昌）（石：衡）

尿一泡 （邯：邯、柏、临、内、尧）

尿泼 （邯：柏、临）

尿点得 （邯：大）

撒水 （天：桥）

溺尿 （天：安）

撒尿 指小孩。（石：灵）（唐：昌）

【大便】

出恭 （旧）（全省通行）

大解 （石：束、深）

解手儿 （石：束、深）

解大手 （张：沙）（石：安）（天：河、东）

解大手儿 （全省通行）

解个大手儿 （天：霸）（唐：乐）

屙 （邯：郸、大、沙、广）

屙咧 （邯：邯、成）

屎一泼 （邯：内）

屙屎 （全省大部分地区通行）

拉屎 （全省通行）

拉屎 指小孩大便。（石：泽、藁）（承：围）（石：衡）

拉屎 指拉稀。（邯：涉）

屙㞎㞎 （邯：尧、内）（张：蔚）

拉㞎㞎 （唐：抚、蓟、昌、秦）（天：桥、静、沧、肃、大、津）（石：枣、宁、新、正、衡、石、灵、深、束）（邯：柏、临、南）（承：围）

蹿鞭杆子 玩笑用。（邯：内）

【拉肚子】 本条与"疾病"类"泻肚"条重复。

蹿稀 （石：深、束）（唐：乐、丰）

蹿鞭杆子 （唐：蓟）（天：安）

蹿箭杆子 （唐：昌）

拉稀 （承：围）

跑肚子 （邯：内）

跑茅子 （邯：台、宗、乡、南、威）

【乘凉】

凉热 （石：平）

凉快 （石：石、衡、束、深）（天：阜、故、文、沧、庆）（邯：广、邯、郸、大、永、台、沙、周、南、成）（保：阳）（唐：大）

凉快着 （保：阳）

凉快凉快 （全省通行）

凉爽凉爽 （张：鹿）

凉凉 （石：建）

凉少凉少 （张：怀）

纳凉 （承：隆、平、围）（唐：蓟、秦）（天：故）（邯：郸、内、鸡、尧）（张：赤、尚）（保：兴）

到凉里去 （邯：柏）

歇凉　(全省大部分地区通行)

歇凉儿　(全省大部分地区通行)

歇歇凉　(天:河、霸)

歇阴凉　(承:隆、围)

歇阴凉儿　(承:滦)

【晒暖儿】　冬天晒太阳。

趁日头坡　(石:获)

下暖儿　(石:灵)

下暖暖儿　(石:行、灵)

暖和　(邯:涉)

暖和着　(保:阳)

暖和暖和　(张:怀)(邯:沙)

晒晒　(石:建、灵、衡)(天:东、献、津、河、阜)(邯:任)

晒阳阳　(唐:丰、西、秦、蓟)(承:承、滦、围)(天:安、孟)(张:鹿)

晒阳阳儿　(唐:宝、大)(承:平)

晒暖暖　(石:藁、无)(张:万、阳、崇、康、商、口)

晒暖暖儿　(石:正)(保:阜)(张:宣)

晒爷爷　(天:山、庆)(石:衡)

晒爷爷　妇女跟小孩说话。(天:桥)

晒爷爷儿　(天:宁)(张:沽)

晒老爷儿　(天:故、桥、沧)(保:保、唐、清、兴)

晒老爷　(保:唐)

烤老爷儿　(邯:涉)

爷爷地里晒晒　(石:枣)

站在爷地里晒晒　(邯:成)

晒日头　(石:灵、井)(邯:沙)

在日头地晒晒　(石:新)

在日头地儿晒晒　(邯:鸡)

日头地里暖和暖和　(邯:临)

晒奶奶儿　(保:水)

太阳晒晒　(邯:邯)

晒老暖儿　(保:高)

晒暖儿　"暖"音 nǎngr。(唐:抚、昌)(承:承)

向暖和儿　"暖"音 nǎng。(邯:涉)

晒晒太阳　(天:沧)

【烤火】

取暖　(邯:尧)(石:枣)

烤烤　(唐:滦、乐、昌)(承:承、围)(石:宁、衡)(天:桥、河、天)(邯:大)

向火　(邯:鸡、内)(唐:秦)(石:灵)

烤烤火　(天:沧)

【点灯】

掌灯　(唐:滦、昌)(石:衡、束、深、枣)(承:平)(保:安、兴)(天:安)

掌灯　指到了晚上了。(唐:大)

掌上灯　(唐:昌、乐)(石:束、深、衡)

点明儿　(邯:涉)

点着灯　(邯:宗、尧)(石:枣)(承:围)

点上灯　(唐:昌、乐)(邯:尧)(承:围)(天:沧)

【吹灯】

止灯　(全省大部分地区通行)

关灯　指电灯。(天:天)

扇灯　(天:永、文、霸、安)(唐:遵、乐、丰)(保:涿、满、兴)(石:正)

闭灯　指电灯。(承:承)(唐:秦、昌)

吹熄灯　(邯:郸)

把灯吹熄　(张:鹿)

吹了灯　(邯:尧)(石:束、深)(唐:乐)

灭灯　指电灯。(张:口)(唐:昌)

吹 sā 灯　(唐:昌)(天:沧)

【人死了】

吹了　(承:围)

吹灯　(承:平、围)

老了　指老人死。(唐:大)

灯灭了　(邯:内)

过去了　(天:天)(唐:昌、滦)

销户口了　(邯:内)

见阎王爷去了 （天:天）

见阎老五去了 （唐:昌）

伸腿儿了 （贬）（唐:昌）

【休息会儿】

歇着 （邯:柏）

歇一会儿 （张:崇）（邯:郸）

歇一歇 （张:怀）

歇出儿 （石:衡）

歇儿歇儿 （承:滦、围）（石:枣、衡、束、深）（唐:丰）

歇会儿 （全省大部分地区通行）

【困了】

乏了 （唐:昌、乐）（张:鹿）

盹了 （保:高、兴）

打盹咧 （唐:抚、乐）

打盹了 （唐:西）（天:宁、沧）（石:枣）

盹睡了 （石:井）（保:阳）

来神了 （天:桥）

来觉儿了 （承:承）

眼皮打架了 （邯:鸡）（唐:昌）

睁不开眼了 （邯:鸡）（唐:乐、昌）（天:沧）

迷瞪了 （石:束、深）（唐:昌）

瞌睡 （承:承）

瞌睡了 （全省通行）

【打盹儿】

发迷 （张:鹿）

迷瞪 （石:束、深、枣）（唐:乐）

迷瞪了 （保:涿）

眼皮打架了 （承:隆）（唐:乐）

瞌头 （唐:滦、蓟、秦）

瞌头儿 （承:承、围）（唐:抚、大、三、昌、乐）

瞌睡 （邯:广、柏、大、任、肥、沙、丘）（张:龙、蔚）（保:易）（石:藁、赞、行、新、获）（承:承）

打瞌睡 （全省大部分地区通行）

冲瞌睡 （唐:蓟、秦）（石:建、安）（天:阜、故、宁）（邯:鸡、沙、内）（张:尚）

栽打 （石:束、深）

栽盹 （邯:大）

息盹 （邯:永）

冲盹 （天:河）

丢盹儿 （石:建、正、井、行）（张:万、康、宣）

气盹儿 （邯:涉）

冲盹儿 （保:兴）（承:承）

七嘴 （邯:任、临、沙、磁）

丢嘴 （石:赵）（邯:尧）

且嘴 （邯:邯）

且嘴儿 （邯:广）

【解扣儿】

解疙瘩儿 （唐:丰）

解扣儿 “解”音 gǎi。（唐:乐）

解扣的 （邯:邯）

解疙瘩襻儿 （天:安）

【上床】

上炕 与上床不同，指上土炕或火炕。（全省通行）

【躺下】 躺的动作。

躺倒 （石:正、行）（邯:涉）

睡觉咧 （天:河）

躺那儿 （邯:大）

挺 （贬）（承:承）

睡下 （全省通行）

挺尸 （贬）（唐:昌）

挺下 （贬）有挺尸的意思。（承:承）（天:宁、安、武）（保:兴）（邯:内）

倒下 （唐:丰、乐）（石:深、枣）

卧下 （承:隆）

躺啊 （石:井）

仰下 “仰”音 niǎng。（张:蔚）（石:束、深）

圪晾下 （张:万）

【躺着】 已躺在床上。

挺着　(唐:秦)(天:安、宁、武)(邯:鸡、内)(保:兴)(石:束、深)

挺着　(贬)(承:丰)(石:束、深)

挺着　调笑或叱责时说的。(天:庆)

挺尸　骂人话。(天:安)(唐:乐)

躺的　(张:阳)

歇着　(唐:秦)

倒着　(唐:乐、昌)(石:深、束)

趴着　(天:桥)(唐:乐)

歪着　(邯:大)(唐:乐)

歪拉着　侧身而卧。(石:深、束)(唐:乐)

仰着　"仰"音 niǎng。(张:蔚)

仰八着　(贬)脸朝上。(石:深、束)(唐:乐)

仰八卧牛的　(天:桥)

倒下了　(唐:昌、乐)

躺着呆着　(天:沧)

睡倒了　(保:博)

睡下　(承:平、围)

睡下了　(邯:成)

【睡觉了】

睡了　(石:束、深、枣)

睡下了　(唐:昌)(张:万)(石:束、深)(承:围)

睡了觉了　(天:阳)(石:束、深、枣)(唐:乐)

躺下了　①睡觉了。②倒下的意思,如"大风把树刮躺下了"。(石:深、束)(承:围)

囫囵个儿　不脱衣裳睡觉。(石:深)

囫囵觉　睡整夜。(石:深)

休息了　(保:安)

钻被窝了　(唐:乐)

【睡着了】　已入睡。

睡死了　(石:宁、束、深)

睡下　(承:承)(保:新)(天:山)(唐:遵)

【打鼾】　睡中鼻息作声。

车呼　(张:沽)

打呼　(全省大部分地区通行)

打呼噜　(全省通行)

打哈噜　(保:满)(石:灵)

呼噜呼噜　(邯:鸡)

呼噜大觉　(邯:大)

打鼾睡　(石:晋、束、深、行)(张:张)

打鼾吹　(石:栾)

打鼾鼻儿　(邯:广)

打鼾唇　(邯:乡)

打鼾声　(唐:抚)

打鼾呼噜　(邯:南)

【睡迷糊了】

睡纳了　(保:兴)

睡呆了　(邯:涉)

睡傻了　(天:河)(邯:涉)

睡五迷了　(唐:丰、抚、乐、昌)

睡着了　(邯:内)

睡二虎了　(唐:昌)

睡得晕儿吧唧　(邯:大)

睡得二昏昏的了　(保:安)

夜怔　(天:庆)

呓症　(邯:涉)

睡呓症下　(邯:广)(天:津)

发呓症　睡醒了,但还不清醒。(邯:鸡)(天:安)

睡愣怔了　(唐:抚、乐)(石:束、深)

睡茶了　"茶"音 nié。(唐:丰、大、乐、昌)

【尿炕】

尿下了　(天:桥)

尿被　(唐:大)

画地图　(天:安)

【失眠】

疗夜　(邯:沙)

翻夜　(邯:临)(石:正)

犯夜　(石:束、深)

反觉 （石:深）

烙了一夜饼 指失眠的人不断地翻身。（唐:昌）

失困 （天:河）

失觉 （天:安）

【睡午觉】

午休 （唐:遵、蓟、昌）（保:高）（石:束）

息工 （邯:威）

歇工儿 （邯:广、临）

歇晌 （全省通行）

歇晌儿 （石:泽）（唐:昌）

歇儿晌 （邯:磁）

晌午觉 （邯:内）

睡晌觉 （全省大部分地区通行）

睡晌觉儿 （邯:威）（石:束、深）

睡晌午觉 “午”音 huō。（全省大部分地区通行）

睡晌午觉 “午”音 hu。（唐:三）（承:围）（石:衡、枣）

睡中觉 （石:无、安）（唐:昌、秦）（邯:鸡、内、尧）（张:张、沽、尚）（天:宁）

晌午睡会儿 （石:石、正）

【侧着睡】

偏着睡 （唐:昌）

半偏睡 （张:万）

湖华睡 （张:阳、怀）

楞膀睡 （唐:秦）（石:元）（邯:魏、柏、大、台、沙）（保:满）（天:阜、故、武）

斜膀睡 （张:崇）

歪拉着睡 （贬）（石:深、束）（唐:乐）

脸朝一边睡 （邯:邯、成）（石:衡）

炸楞着睡 （张:宣）

者楞膀睡 （邯:广）

直楞睡 （邯:涉）

直楞着睡 （邯:漳、磁）

侧脚睡 （石:束）（天:强、津、静）（保:博）

侧面睡 （张:万）

侧卧着睡 （唐:丰）

侧身睡 （邯:任）

侧着身睡 （邯:丘、南、清）（天:孟、庆）（石:枣）

侧楞着身睡 （邯:邯）

侧楞腾睡 （石:平、行）

侧楞膀睡 （全省通行）

侧楞膀子睡 （承:承）

侧楞着睡 （保:阜）

侧楞着睡 “侧”音 zhǎi。（唐:宝、三、山、卢）（天:大）（承:隆）（保:易、水、涿、兴、保、阳）（石:束、深）

侧匡睡 （邯:鹿、临）

侧着匡睡 （邯:临）

栽匡睡 （石:河）

栽着身睡 （石:宁、枣）

栽歪着睡 （唐:昌）（天:宁）（保:新）（承:青、围、承）

摘歪着睡 （保:容）（石:衡）（唐:乐）

摘楞着身睡 （保:安）（天:任、安）（唐:乐）

摘楞的睡 （保:清）

摘楞角儿睡 （天:霸）

宅楞膀子睡 （唐:蓟）（承:滦）

宅着胯睡 （石:石）

宅楞胯儿睡 （保:唐）

窄楞着炕睡 （石:井）

仄歪着身睡 （天:河）（石:枣）（唐:乐）

仄楞身睡 （天:献）

仄楞着身子睡 （唐:昌）

仄着脚儿睡 （石:深、衡）

仄着脚睡 “仄”音 zhǎi。（石:枣、晋、正、束、深）（天:饶、强、黄、天）

仄着膀睡 （石:正）

仄着胯儿睡 （邯:宗、乡）

窄卧胯睡 （唐:大）

zhēi 歪着睡 （承:丰）

zāi lei 睡 （唐:秦）

【仰着睡】 脸朝上。

仰着睡 (邯:临)

仰脸睡 (邯:邯)(石:枣、衡)

仰脸困 (邯:永)

仰着身睡 (邯:内)

仰面朝天睡 (唐:昌)

仰脖的睡 (邯:涉)

脸朝天睡 (邯:内)

脸儿朝上睡 (邯:内)

脸朝上睡 (唐:乐)(石:枣)(邯:广、磁、鹿、大)

面邻天睡 (张:崇)

面朝上睡 (邯:丘)

面朝天睡 (张:鹿)

面迎天睡 (张:商、尚、张、口、康、沽)

面迎上睡 (张:蔚)

肚朝天睡 (张:阳)

肚儿朝天睡 (张:万)

肚子朝天睡 (张:龙)

肚仰天睡 (张:龙、赤)

肚儿迎天睡 (张:怀)(唐:乐、昌)

四脚拉插 (邯:大)

大面朝天睡 (天:饶)

仰八脚 (邯:沙)

仰八脚睡 (全省通行)

仰排脚睡 (石:平、深、建)

仰排脚儿睡 (石:井)

仰着脚睡 (石:束、衡)

仰着脚儿睡 (唐:昌)(邯:清)(保:阳)

仰八着脚睡 (石:泽、平)

仰八着脚儿睡 (贬)(石:束、深)(唐:乐)

仰八着脚子睡 (贬)(保:安)(石:束、深)

【俯睡】 趴着睡。

趴的睡 (张:阳)(唐:昌)

趴着睡 (全省大部分地区通行)

马趴着睡 (石:束、深)

脸朝下睡 (邯:邯)(石:枣)(唐:乐)

嘴啃地睡 (邯:内)

【一个被窝内一头睡一个人】

通脚儿 (石:束、深、枣、衡)(邯:宗、乡、南)

打挺腿 (邯:台)

打通腿 (石:深)

打横拐 组成一个丁字形,在别人头上横着睡。(石:深)

打通腿儿 (天:霸、安)

蹬脚儿睡 (邯:内)

【支腿睡】 仰睡拱腿。

栖睡 (邯:鹿)

罗圈腿 (石:宁)

跷着腿睡 (邯:大)

跷着脚睡 (天:饶)

蜷腿睡 (张:崇)

蜷着腿睡 (邯:临)(石:枣)

戳腿睡 (唐:乐)

戳腿儿睡 (保:新)

戳着腿睡 (保:安、兴、新)(石:晋、深、束)(唐:乐)

竖腿睡 (张:万)

竖着腿睡 (邯:威)

竖席起腿睡 (张:怀)

拱腿睡 (天:固)(唐:秦、昌)

拱腿儿睡 (天:霸)

窝蜷着睡 (邯:内)

弓着腿睡 (保:新)

支锅 (承:承)(唐:昌)

支锅睡 (唐:昌)(天:东)

支锅儿睡 (全省通行)

支着脚睡 (天:沧)

支罗锅 (天:河)

支着腿睡 (唐:卢)(天:津、安)(保:易)(承:青、围)

支着窝棚睡 (石:束、深)

仰排着脚睡 (石:井)

圪桩腿儿睡 （邯：广）
圪连着腿睡 （邯：周）
挺着腿睡 （石：获）

【蜷腿睡】 侧身曲腿。

弯腿睡 （张：万）
团着睡 （张：崇）
圪娄着睡 （石：无）
曲连着腿睡 （石：深）
侯拐着腿睡 （唐：宝）
圪蜷着腿睡 （张：宣）
圪连着腿睡 （邯：成）
佝偻着腿睡 （唐：丰、大）（石：深、束）
蜷的腿睡 （邯：大）
蜷窝儿着腿儿睡 （石：束、深、枣）
蜷着睡 （天：沧）
蜷着腿儿睡 （邯：内）
围着腿睡 （承：围）

【脖子转筋了】

皱颈 （天：河）
扭筋了 （邯：临）（唐：乐）
转筋了 （邯：鸡）（石：枣）
扭了脖颈了 （张：沽）
扭了脖子筋 （邯：周）
立了脖子 （张：鹿）
潦倒脖了 （天：河、沧）
劳正脖了 （保：安）
落脖 （石：藁）
落支脖子 （石：行）
落倒脖了 （天：文）
落边脖子了 （保：定）
落过脖子了 （保：清）
落坠脖子了 （保：阳）
落古了脖子 （天：献）
落古儿脖儿 （保：唐）
落钩了脖子 （石：束、深）
落枕了 “落”音 lào。（全省通行）
落枕了 （张：怀）
落枕脖 （石：河）（天：安、永、霸）（邯：乡、鹿）
落枕脖儿 （邯：成）（石：正）（天：霸）
落枕脖子 （天：强、固）（石：灵）
落枕脖了 （石：宁、栾）（邯：南、丘）（保：容、保、雄）（天：强）
落脖枕了 （天：安）
落枕脖的了 （邯：大）
落干了 （保：高、满）
落干脖儿了 （保：博）
落根脖子 （天：饶）
落根脖 （石：深）
落根脖儿 （石：晋）
落根脖了 （石：安）
落根脖儿了 （天：肃）
落根了脖儿 （天：饶）

【腿肚转筋了】

转筋 （张：万）（石：枣）
转筋了 （张：商）（唐：乐）（天：沧）
背筋 （张：万）
绉筋了 （张：鹿）
抽麻筋了 （承：兴）
就筋 （张：崇）
就筋了 （张：阳、尚）
腿抽筋了 （全省通行）
腿肚子转筋了 （承：围）
腿肚的转筋了 （邯：广、邯）
转腿肚子 （全省大部分地区通行）
转腿肚儿 （邯：台）
转腿肚了 （邯：磁）
转腿肚子了 （石：井、晋、元、枣、深）（天：东、庆、桥、安）（承：围）

转了腿肚子　(邯:周)(石:深)(天:沧)

【做梦】

梦梦　(张:万、康)

梦梦儿　(邯:涉)

捧梦　(天:沧)(承:围)

下梦州了　(邯:内)

【说梦话】

说睡　(唐:大)

说胡话　(石:河、衡)(邯:涉)(唐:秦)

说夜话　(天:庆)

说睡话　(邯:郸)

睡说　(邯:涉)(张:万、阳、康、怀)

胡说　(邯:涉)(张:康)

魇着了　指做噩梦时大声嚷。(唐:昌)

【呓症】　熟睡时下意识地起来言语或动作。

打梦槌　睡着觉打人。(邯:大)(石:枣)

撒呓症　指小孩。(石:正、行、灵、平)(承:承、平)(天:河)(邯:任)(唐:大)

发呓症　似醒非醒。(天:固)(石:衡)

发呓症　(全省通行)

发呓挣　小孩刚睡醒哭闹。(保:水)

梦游　(石:束)

夜症　(天:庆)

撒愣睁　(唐:丰)

撒迷症　(石:束、深)(天:饶、沧)

耍呓睁　(天:静)

发愣睁　大嚷。(唐:西、昌)

发呓子　(张:宣)

【魇】　梦中惊怖。“魇”音 yǎn。

压虎儿　(承:丰)

压虎了　(唐:大)

压虎子　(天:静、安)

压住了　(全省通行)

压虎子压了　(唐:西)(邯:成)(保:兴)

叫压虎子压了　(天:安)

压虎子压住了　(天:固、霸)(保:兴、容、高)(石:深、束)(邯:广、乡)

梦见压虎子了　(全省大部分地区通行)

梦压虎了　(石:束)

闹压虎子　(承:承)

来压虎鲁子了　(承:青)

招压虎子了　(承:围、平、滦)(石:衡、枣)(天:黄、天)(邯:广、宗、清)

招压巴虎子　(天:东)

招压巴虎子了　(天:桥)

吓着了　(天:沧)

着压虎了　(承:围)

着了压虎子了　(天:阜)

梦见压巴虎子　(天:河、津)

睡虎压了　(邯:任)

虎子压住了　(邯:内)

狐子压住了　(石:获)

挨狐子压了　(石:元)

挨虎子压了　(石:赞、正)

压虎的压住了　(邯:大)

巴虎子压住了　(保:定、唐)

着压巴虎压着了　(天:河)

压虎鲁子压住了　(唐:丰、西)

睡虎子压住了　(石:平、灵、建、衡)

匹利虎压住了　(石:新、宁)

压睡　(邯:广)

压睡了　(邯:磁、尧)

睡压　(石:深、晋)(天:饶、强)

睡压了　(天:肃)(邯:永、邯、鸡、磁、肥、尧)(唐:滦、乐)(张:鹿)

睡压住　(邯:涉)

睡压住了　(张:康、宣)

睡魇　(张:商)

睡药了　(张:崇)

睡噎住了 （张:万）

鬼压 （邯:涉）

狗子压 （唐:迁）

单虎子压 （邯:鹿）

挨慑 （石:行）

挨狐子压 魇住，不仅梦中惊怖，而且出气困难，胸口如有重负，憋闷异常，迷信的人都说狐子坐在了胸上，使人难于呼吸，因此用“压”，不用“魇”。（邯:内）（石:藁）

狐狸慑 （石:行）

虎子被气了 （邯:周）

挨虎子慑了 （石:新）

梦见丫头了 （承:隆）

屁渣虎压住了 （邯:临）

狐狸皮子压住了 （保:易）

拿狐狸皮子压住了 （保:水）

压虎子来着 （唐:蓟）

【熬夜】

熬眼 （张:怀）

熬眼儿 （石:束、衡、深、枣）（保:兴）

坐黄昏 （邯:尧）

熬黄昏 （邯:尧）

熬年年 （张:万）

坐夜 （全省通行）

坐夜 另指过去老太婆到神庙里祈祷坐夜。（邯:涉）

坐夜 指守丧。（承:承）（石:枣）

值夜 （天:宁）

值更 （天:宁）

守夜 （天:宁）

【开夜车】 临时的增加夜晚工作时间。

熬夜 （天:河）（石:衡、枣）

打夜子 （天:固）

打夜夜 （张:阳）

打夜作 （石:正、衡、枣、束、获、深）（唐:昌、乐、丰、西）（承:承、丰、围）（天:强、孟、安、天、霸、大）（邯:南）（保:水、满、兴、定）

打夜工 （天:故）

赶夜 （承:围）（邯:柏）（天:沧）

赶夜车 （石:无）

赶夜工 （邯:涉）

赶夜工儿 （全省通行）

赶夜班 （天:庆）

熬干灯 熬夜熬的时间长。（邯:鸡）

黑班儿 （天:静、故）

夜里赶 （邯:大）

连轴儿转 （石:灵、深、束）

拉夜干儿 （承:青）

加夜班 （唐:大）

加夜班儿 （邯:内）

【横事】 凶事，意外的祸患。

灾 （唐:大）（天:桥）

【带头】

领头 （唐:大）

【带徒弟】

教徒弟 （天:桥）

【过磅】 用磅秤称东西。

过秤 （唐:乐）

【储备】 储存起来以备必要时用。

放起来 （天:桥）（邯:邯）

【家信】 家庭成员中彼此来往的信件。

家常信 （唐:大）

平安信 （天:安、桥）

【挂号信】 付邮时由邮局登记编号的信。

保险信 （唐:大）（天:安、桥）

【地址】

地点 （天:桥）（唐:昌、大）

【自行车】

车子 （全省大部分地区通行）

单车 (承:平)(邯:内)

脚踏车 不太通行。(唐:昌、三、蓟)(承:平、围、隆、承)(石:灵、石、栾、藁、安)(天:故、桥、庆)(邯:郸、魏、鸡、永、鹿、任、内、尧、丘)(张:张、沙)

洋车 (唐:宝、昌、大、三)(承:平)(天:桥、固、安、武、永、霸)(邯:邯、魏、永)(保:新、涿)(张:阳、商、尚)

洋马 (承:平)(天:阜)(邯:肥、内、丘)(保:定)

洋驴子 (唐:滦、昌、迁、抚、卢)(承:隆、平、滦、青、承)(石:晋、无)(邯:肥、内)

洋车子 (唐:丰、乐、遵、蓟、玉、迁、西、抚)(承:围、平、隆、兴、承)(石:无)(邯:邯、大、清、任)(张:沽、鹿、阳)

铁驴 (老)(邯:广、邯、鸡、台、沙、肥、尧)(石:井)

铁支子车 两轮胶死,带是铁的。(唐:蓟)

不吃草的驴 (天:桥)

【旱井】

干井 (唐:丰、乐)(承:青、平、丰、围)(邯:内、乡、宗、威)

死井 (唐:丰、滦)(承:滦)

空井 (张:沙)

枯井 (邯:沙、尧、内)(张:宣、崇、口、万、张)(唐:昌)(石:灵、建)(承:平)(保:阜)(天:天)

旱筒子 (邯:肥)

干眼子井 (天:大)

笨眼 (石:衡)

笨井 (石:深)

黑苦井 (张:龙)

【土井】 不用砖石砌的井,在河北叫土井。

土井窝子 (天:庆)

土井子 (天:安)

土罗井子 河北山区挖的这种竖井都是为了储藏农作物之用,称之为菜窖。也有的地方是挖横的。(唐:昌)

【一眼井】

一口井 (唐:乐)

一面井 (张:张、康、崇)

一个井 (唐:宝、卢)(石:宁)(天:饶、任、大)(邯:尧)(保:定、满、望)

一盘井 (邯:肥)

一源井 (邯:广)(石:无)

【井绳】

汲绳 靠近水斗的短绳。(张:沙)(保:安)

斗绳 (张:张、商)

把水绳 用手往上提水的绳子。(石:井)

辘轳绳 (天:静、献、任)(保:新、雄)(唐:昌)

【汲水桶】 方言中,“杓”是木制的,“水筲”有木制也有铁制的。“柳罐”、“柳斗子”之类,则多系用柳条编制,但也有铁制的。柳条制的多用在浇地时。

杓 (邯:清)

水杓 (张:赤)

筲 (古)(石:衡、枣、赵、赞、深、束)(邯:广、魏、鸡、大、磁、鹿、台、肥、涉、周、南、成、内、沙、漳)(保:易)(天:河、桥)

水筲 别于非木制的。(天:桥)(邯:临)(唐:昌、蓟)

梢罐 (石:井)

水筲 (承:平、围、滦、隆)(石:平、束、冀)(天:献、任、桥、安、霸、沧)(邯:任、尧)(张:张)(保:博、新)

洋筲 白铁的担水桶。(承:青)

洋铁斗子 用铁片、锡焊成的。(唐:遵)

壳子 (石:获)

搕唠 (石:正、获、高)

栲栳 (天:河)(石:元)(邯:任)

水斗儿 (天:天)

水斗子 浇水、淘水用。柳条编的。(承:青、滦、围)(石:河)(天:文、大、庆、安)(张:宣、龙、商、崇、张、蔚)(保:雄)

水兜子 (天:固)

提水罐 (天:河)

桶 以前,提水用的工具多指“筲”和“栲栳”(浇地用),现在这两种工具均已被桶替代。(邯:内、威)

水桶 (唐:昌、乐)

洋铁桶 薄铁制。(唐:昌、乐)

罐 有瓦做的，较小。（天：静、文、桥、东）（邯：郸、柏、永、肥）（保：满、涿）

柳条罐 （唐：昌）

柳斗 （唐：山、丰）（保：蠡）

柳斗子 （天：饶）（保：满）（石：深）

柳根斗子 （承：丰）

斗子 （张：鹿）（保：新）（石：深、束）（天：强）（唐：乐）

水斗子 （唐：遵、蓟）（承：围）（石：枣）（张：口）

柳罐斗子 （承：隆）（保：兴）

柳罐 （全省通行）

柳罐 小的用瓦做。（保：高）

柳罐斗 木制。（唐：乐、昌）

【打水】 从井中把水取出。

摆水 （唐：丰、宝、乐、昌）（承：青）

搅水 （张：赤、龙、蔚）（邯：涉）

汲水 （古）（保：高、安）（承：平）（天：故）（张：尚）（石：安）

拉水 （唐：滦）

推水 （唐：遵）

摆水 （唐：大）

提溜水 （天：桥、天、庆）（唐：丰、乐）（承：平）

系水 （张：沙、尚）（石：晋、宁）（保：高）

拎水 （承：平）

拔水 指用手拔井绳提水。（唐：滦、蓟）（邯：邯）（张：龙、商、鹿、蔚）

提水 （天：任、文、大、桥、河、饶、强、肃、安、天）（保：高）（石：深、枣、束、衡）（承：平、青）（邯：鹿、南）

提水 用扁担担水。（唐：抚）

打水 生产用水。生活用水叫“提溜水”。（唐：丰、昌）

【辘轳】

落辘 “落”音 luò。（石：无、灵、赞、藁、晋、行、宁）

落柱 “落”音 lào。（石：高、元）

捞路 （保：定）

物辘 （天：桥、庆、沧）（唐：抚、卢）

乌辘把 （唐：昌）（承：青）

落除 “落”音 lào。（邯：临）（石：赞）

辘啊 （张：鹿）

【桔槔】

杆的儿木 （唐：丰）

擢杆 （邯：大、广、周）

轧杆 （邯：磁）

轧杆儿 （承：隆、平、承）（石：新、正、获、束、高、灵、赞、衡、藁）（天：饶、静、桥）（邯：鹿、任、成）（保：博、定、唐、满、阳、望、蠡）（唐：三、卢）

杆儿 （张：万）（唐：滦、遵）（石：赞、获、高、栾）（保：高）

拉杆儿 （石：灵）

吃水杆 （石：建）

挑杆 （邯：威）

挑杆儿 （石：行、平、泽、灵）（邯：清）

吊杆儿 （唐：滦、大、乐）（承：滦、青）

吊斗杆子 （唐：昌）

撅搭杆 （天：桥）

掘杆儿 （邯：乡、鹿、鸡）（天：桥）

拔杆 （天：静、文、霸）

骂杆子 （天：静）

吊达杆子 （保：兴）

天秤 （文）（天：饶、河）

【塔灰】 屋顶上倒垂的丝状灰尘。

了吊子 （唐：抚）

【灰尘】

灰 在别的地方指燃烧后的灰烬。（全省大部分地区通行）

灰 地上的灰尘。（唐：丰）（天：强、桥）（张：怀）

灰 地上堆积的尘土。（天：山）

灰 房上往下落的灰尘。（保：易）

灰 由烧火而飞起的尘土。（承：隆）

尘 （石：平）

灰土 （邯：魏、鸡、涉）

尘土 器物上的灰尘。（唐：丰、乐、滦、昌）（石：安、获）（天：津、霸、安）

尘土　地上很厚的灰土。(石:石、河)

尘土　暴土。(唐:乐)

土　(全省大部分地区通行)

土　指地上的灰尘。(全省大部分地区通行)

雾绿尘　(张:崇)

醭土　(天:沧、故)(邯:鹿)(石:枣)

暴土　(石:晋)(天:黄、静、沧、桥)(邯:鹿)(承:滦)

塘土　(邯:永、任、邯、肥)(石:赞、正、无、晋、平、泽、建、灵、石)(天:饶)(保:保、唐、蠡)

土灰　(邯:内、柏、尧)(张:尚)(石:石)

土丝　(石:河)

沙土冈子　(石:深)

【尘土飞扬】

荡和　“荡”音 táng。(石:正)

尘土飞扬　(天:天)

暴　如:“不要扫地了,太暴得慌。”(邯:台、内、任、南、乡、宗、威)

【凉水】

生水　(唐:丰)(邯:内)(张:宣、崇)(保:新)(天:安)

冷水　(文)(全省通行)

井白凉　指刚由井里打上来的水。(天:桥)

井巴凉儿　(天:武)

井巴凉水儿　(唐:乐)

【开水】　供喝的。

白干　(唐:迁)(邯:内)

白水　(唐:蓟)(天:天)

白茶　(天:桥)(邯:内)(保:望)(承:平)(张:尚)

白开水　(唐:蓟、昌、滦)

凉白开　指晾凉了的开水。(天:桥)

开白水　(唐:西、丰、抚、乐、昌)(承:青)(天:固、安、桥)(石:新)

滚开水　(石:获)(承:隆)(邯:任、尧)

【开水】　不是喝的。

熟水　(唐:丰)

开的　(天:固)

滚水　(全省大部分地区通行)

滚开水　(全省通行)

滚开　(天:天)

滚开儿水　(唐:丰)

滚白水　(石:束)

开疙瘩的水　(邯:肥)

沸水　(承:平)

放水　(天:桥)

疙瘩瘩开水　(张:万)

【热水】

汤　(古)(唐:蓟、山)(承:滦、青)(石:栾)(天:东、桥、阜)(邯:肥、周)(张:张)

汤　热水中放有别的东西。(邯:魏、鸡、永、任)(保:望)(承:平)

汤水　(石:无)

【温水】

温温水　(张:阳、康、龙、崇、怀)

温温儿水　(石:井)

温和儿水　(天:静、河)

温乎水　(唐:丰、昌、西、抚、乐、卢、山、蓟、滦)(石:无)(承:青、围、滦)(天:霸、饶、天、安、孟)(保:易、兴)

乌笃水　别地有指脏水或放久了的水的。(全省通行)

乌笃水　指不开的水,不能喝。(天:天)

乌头水　(唐:遵)(张:蔚)

乌拉巴笃水　(承:平)

乌涂水　(承:滦)(石:平)(邯:任)(保:易)(天:桥)

阴阳水　(张:张)

阴阳水　指开水中兑凉水。(天:天)

对口　指供喝的温水。(天:天)

正好　指供洗用的温水。(天:天)

温凉不等的水　(天:桥)

【乌涂水】　不新鲜不能饮用的水。

乌头子水　(天:庆)

热谷独子水 （邯:南）

乌笃水 带有不喜爱的意味。（天:安）

乌不涂的 （天:安）

刺拉子水 （天:庆）

陈水 （邯:广）

乌笃水 太阳晒热的水。（天:献、安、桥）

乌笃水 开过时间长了。（邯:魏）

乌涂水 （石:灵）

【泔水】

乱泔水 糨的。（承:滦）

清泔水 稀的。（承:滦）

刷锅水 （唐:迁、丰）（邯:大）（张:鹿）（石:安）（天:桥）

潲水 （唐:大）（张:尚）

杂沫水 （邯:成、广）

恶水 （石:栾）（邯:鸡、永、尧）（张:康、沙）（保:望）

漕水 （邯:鸡）

苦水 （邯:永）

甜水 （石:高）

臭水 （天:天）（承:丰）

臭水 指死坑死河中发霉的水。（天:天）

脏水 （石:灵）（邯:尧、鸡）（保:安、保）

【水沸腾】

水开了 （唐:乐）（天:桥、天）

水滚了 （石:灵）（张:万）

开了 （天:天、安）

开锅了 指锅中的水开了。（天:安）（石:束）（唐:乐）（承:围）

开壶了 壶中的水开了。（石:束）

滚开 （唐:大、蓟）（天:静）（石:束）

翻开 指水开得大。（唐:丰、遵、蓟）

【洒水】

潲点水 指在衣服上或屋内地面洒上水。（天:天）

潲水 （唐:乐、丰）（石:正）（天:桥）（张:万、尚）（邯:乡、宗、威）

【煤】

本条与“烟煤”、“无烟煤”及其他各种煤有重复，请互相参看。

大炭 块煤。（保:容）（张:沽）

煤 专指无烟煤。（石:正、石、灵、晋、平、行）（天:霸）（邯:广、邯、沙、任、内、尧、乡、肥、磁、鹿、南）

炭 指烟煤。（石:井、枣、藁、宁、赵、元、赞、无、正、晋、平、束、新、石、获、高、建）（天:黄、桥、永、庆、阜、津）（邯:广、乡、邯、郸、魏、鸡、柏、磁、宗、威、永、鹿、清、沙、任、肥、临、周、南、成、内、尧、漳）（张:张、赤、阳、康、万、宣、沙、商、崇、鹿、怀）（保:定、易、唐、望、雄）

煤子 煤面。（石:建）

砟子 指无烟煤。（石:晋、泽、枣、行）（邯:清、台、临、威、鹿）（天:桥、津）（唐:昌）

大砟 指煤中的石头，有些煤性，含硫，能烧石灰或用大土坯炉取暖。（唐:滦、山）

混砟 大小块混杂的无烟煤。（石:泽）

砟块儿 天津分阳泉、大同、开滦、门头沟、下花园砟块儿。（天:天）

砟芯儿 分为阳泉、大同、开滦、门头沟、下花园砟芯儿。（天:天）

【烟儿煤】

煤的一种，暗黑色，有光泽，质地比较致密，易燃，有烟。

煤 （张:万）（邯:清、周）（唐:抚、玉、秦）（石:晋、平）

黑烟 （唐:滦、蓟、西）（承:隆、平）（天:永、阜）（保:定）（张:张、崇、蔚、尚）（邯:魏、柏、涉、漳、内）

黑烟煤 （石:无、深）

柴煤 （承:围）

炭 （石:正、石、赞、平、晋、束、藁、赵、枣）（张:阳、宣）（邯:广、乡、鸡、大、宗、清、沙、任、临、肥、内、尧、邯）

烟炭 （石:平、灵）

炭头 （石:枣）

炭砟 （张:宣）

大炭 （张:阳）

大块炭 （张:怀）

稀炭 （石:建）

砟子　(张:宣)(保:唐)

【无烟煤】　煤的一种,质硬,色黑,有金属光泽,燃烧时发出很少的烟或几乎没有烟。有的地区"煤"专指无烟煤。参看"煤"条。

穴火　(张:万)

老砟　(唐:秦)

大砟　(保:蠡)(石:泽)(唐:丰、抚、昌)

砟子　(唐:各地)(石:深、晋、衡、枣、藁)(天:桥、饶、津、文)(邯:乡、宗、清、临、尧)(承:围)(保:雄、完)

炭　(石:平)

石炭　(保:唐)

矸子　(唐:丰)

尾炭　(张:阳)

笨炭　(石:建)

烤炭　(张:怀)

大炭　(保:唐)

煤子　(邯:广)

大煤　(保:雄)

元煤　(天:山、河)

夯煤　(张:沙)

白煤　(邯:涉、漳、内、尧)(天:大、文、永)(唐:大、滦、昌、宝、玉、蓟)(承:平、隆)(石:新)

白烟煤　(石:无)

笨煤　(老)"笨"音 bēn,下同。(张:龙、鹿)

笨煤　(张:鹿、宣)

阳泉煤　(石:井、深)

红煤　(唐:丰)

红煤　外形和砟子相似,色暗无光,燃烧时火力强,没邪味,无烟。(天:饶)

青烟　没炼过的原煤,燃烧开始有时爆炸,无烟,有硫黄味。(天:饶)

水砟　(唐:各地)

【硬煤】　煤质硬,不易燃,也叫无烟煤。

砟子　(石:衡、枣、深)(邯:任、成、广)(唐:大)(天:桥)

大砟　(石:泽)(天:山)

老砟　(唐:丰)

砟子块　(邯:临)

砟子煤　(承:围)

大炭　(张:康、沙、鹿)

大炭块子　(张:万)

块炭　(张:商)

炭块　(邯:临)

块儿岩　(张:张)

块儿煤　(全省通行)

小炉块　(保:安)

煤坷垃　(邯:漳)

大煤　(石:灵)(保:兴)

煤块　(全省通行)

煤块子　(邯:涉)

煤块儿　(保:容、涿)

大块煤　(天:宁)

【原煤】　块末混合的煤。

元斗儿炭　(保:阳)

混砟　(保:易、清)(邯:清)(石:武、泽)(天:桥)

混岩　(张:张)

混炭　(保:完、阳)(张:万)

二和炭　无烟煤、烟煤混在一起。(邯:邯)

混煤　(全省大部分地区通行)

混合砟　(石:衡、枣、深)

混合煤　(邯:丘)(张:龙、沙)

混合煤　指无烟煤和烟煤混合在一起。(张:龙)

碎煤　(石:灵)

【煤砟子】　小块硬煤。

中砟　(天:静)

水砟子　(石:平)

乱煤　(张:蔚)

碎煤　(石:栾)

疙瘩煤　(张:万)

砟子　大小块煤的统称。(石:枣)(天:桥)

砟块 （天:桥、沧、文、献、任、东、黄、山、河、肃）

砟子煤 （唐:迁）

【煤砖】

干煤 （邯:大）

煤饼 （邯:尧）（石:深）

煤饼子 （天:天、桥）

煤皮 （张:张）

煤膏 （邯:漳）

煤块 （邯:任）

煤坯 （张:沙）（邯:大）（唐:昌、乐）

煤坯子 （唐:昌、宝、玉、丰、滦、抚）（承:围、滦、承）（石:束）

蜂窝煤 是从1958年以后才逐步推广的。（天:天）

【煤末子】 方言中的“炭”，在不同场合下，往往可以指木炭。“炭面子”也可指煤末子。

煤末儿 分砟末、硬煤末儿、烟煤末儿及混合末。（天:天）

煤面儿 指无烟煤面。（邯:永、台、沙、任、临）

煤面 （石:藁、晋）（邯:邯、任、涉）（唐:遵）

煤面儿 （唐:乐）（石:行）（邯:丘）

煤面子 （张:口）（唐:乐、昌）（天:桥）（承:围）

煤面子 无烟煤。（石:正）（邯:内）

面煤 （唐:遵、丰）

煤炭面子 （承:平）

炭渣儿 （承:隆）

炭面 （石:藁）（邯:涉、广、大）

炭面儿 （邯:永、临、尧）

炭末子 （张:商）

炭面儿 指烟煤面。（邯:台、沙、任）

炭面子 （全省通行）

炭面子 指烟煤。（石:晋、正）（邯:内）

煤渣 （唐:蓟）（承:隆）（保:定）

煤渣子 （保:定）

烂渣子 （张:鹿）

砟子面 无烟煤。（石:无、泽）

砟末子 （天:桥）

末儿煤 （唐:迁）

碴子末儿 （天:桥）

【柴草灰】

小灰 （石:深、束）（唐:丰、大、昌）（承:围）（天:桥、安）

小灰子 （承:青）

灰 不同地方、不同场合，还有别的含义。（邯:任）（石:石）（保:满）（唐:丰、昌）

【木炭】

炭 在别的地方另有意义。（唐:丰、大、宝、昌）（承:丰、兴、隆、平、承、滦、围）（天:安、桥、肃、静、文、山、河、天、霸）（保:保、高、安、阜、容）（石:河）

【木炭末子】

炭面子 指木炭面。（保:高）

炭末子 指木炭面。（承:平）

【灰烬】

灰 安次俗语:“是灰热过土。”意思是沾一点亲的就近一点儿，说明灰与土不同。（全省大部分地区通行）

土灰 炉灰。（石:安）

黑壁土 （天:庆）

灶门灰 柴草燃后的余烬或烟的凝结物。（天:庆）

灶膛灰 （天:天）

锅底灰 （唐:乐）

锅灰 锅底下粘的黑灰。（天:天）

炉灰 （天:天）

【煤油】

洋油 （全省通行）

石油 （全省大部分地区通行）

美孚家的和德习估家的 （旧）这是半殖民地天津的旧有词汇。指两大外国石油公司经营的石油垄断买卖。天津人习惯上以字号代油名。（天:天）

灯油 （承:平、青、围）（唐:蓟）

火油 （承:平、滦、青、围）

鬼子油 （旧）（保:唐、望）（天:武）

毛子油 (老)(唐:丰)

【生火】

打火 (石:无)

打火底 较大的灶生火。(石:灵)

就火 (张:怀、尚)

笼火 做饭生火。(石:泽、藁)

笼火 在盆中生火取暖。(天:安、霸、桥)(唐:乐、丰、遵、蓟、抚)(承:平、丰、滦、围、青)(石:行)

笼火 在野地点火。(邯:磁)

笼火 在野地或院内点火。(张:张)(天:安)

笼火 烧柴时用。(石:建)(承:承)

引火 灶内生火。(唐:丰)

点火 (唐:昌、迁、抚、乐)(承:丰、兴、围)(天:武、庆、桥、津、安)(邯:宗、清、南)(保:唐)

点火 做饭生火。(保:博)(天:强)

点火 烧木柴灶生火。(保:兴、易)(天:安)

烘火 (邯:涉)

弄火 (天:庆)(石:束)

弄炉子 炉内生火。(石:束)

肿火 (唐:滦)

焓火 (古)"焓"音 hán。(邯:魏)

烧火 指生火做饭。(天:桥)

生炉子 (天:天)

【失火】

走水了 (老)(唐:昌、抚)(承:滦)(保:安)(天:桥)(张:宣)

着黄了 (张:崇)

着火了 指起火时而言。(承:围)(天:天、安、桥、霸、津)(唐:大)(邯:台、任、内)

火着了 (承:平)

起火了 (全省大部分地区通行)

看了天了 (张:万)

走火了 ①失火。②枪炮不慎打响。在别的地方只有后一意义。(石:栾)(天:沧)(邯:魏)(张:宣)(唐:三、蓟)

【火车出了轨道】

出轨了 还有引申意义,变成根本不可能办到的事情。如:你要能借书来,那算"出轨了"。(天:天)

【电线走火了】

走火儿了 (天:天)(保:保)(石:泽)

【马口铁】

白铁 (全省通行)

白茬铁 经过闷火的叫"马口铁",未经闷火的叫"白茬铁"。(天:固)

生铁 (天:天)

灰铁 (邯:任)

灰锅铁 (天:天)

铸铁 (天:天)

锰铁 (天:天)

锋铁 (天:天)

加工件 指经闷火定型的。(天:天)

洋瓦 (全省通行)

洋铁片子 (承:围)

洋铁片儿 (唐:丰)(石:宁)(天:安、河、庆、肃)(邯:沙)

洋铁叶儿 (唐:大)

洋铁叶子 (天:庆)(张:口)

洋白铁 (石:冀)

洋隔箔 (石:行、建、获)

马口铁叶 (天:安)

马口铁叶子 (张:龙)

马连铁 (天:天)

马胡铁 (天:黄、静)

马根铁 (天:静)

马嚼子 (张:沽)(邯:南)

马根铁叶 (老)(天:安)

藏铁片 (保:易)

【磁铁】

吸铁石 (全省通行)

吸铁石儿 (石:无、平)(邯:大)

马蹄铁 (天:桥)

【土铁】

笨铁 （邯:尧）

黑铁 （唐:大）

【锡】

白铁 （石:建、获）

锡铁 （邯:涉）

锡镴 （唐:丰、滦、卢、抚）（承:平、丰、围、青、隆、滦、承）（石:晋、安、束）（天:武、庆）（保:易、满、阳、蠡、望）（邯:内）

锡镴 质量次的锡。（唐:昌）

锡镴子 质量很次的锡。（保:雄）

锡镴蛋子 有不稀罕的色彩。（天:庆）

广锡 （邯:大）

皮锡 （邯:大）

镴烛 （保:望）

焊药 （石:获）（唐:乐）

【水银】

水印 （邯:广）

【樟脑】

洋冰 （邯:尧）

潮脑 （全省大部分地区通行）

潮脑 是一种药材，能杀蛆，与樟脑不同。（石:安）（天:故）

【樟脑丸（卫生球）】

潮脑球儿 （唐:山）（天:天）（张:崇）

卫生蛋 （石:平）（唐:乐）

臭球 （全省通行）

臭蛋 （石:井）（张:宣、沙、鹿）（邯:台、沙、涉、磁、漳）

避瘟球 （石:束、赵）（唐:昌）

【硫黄】

龙黄 ①硫黄。②有时可专指火柴头。（全省通行）

磷黄 （张:阳、康、宣）

论黄 （天:饶）

【土坯】

泥板子 专供搭炕用的。（张:怀）

水坯 用土、麦秸和水做成的坯，垒墙用。（保:满）

旱坯 用水浸土打成。（保:满）

土砖 （石:石）

坯 （天:安、桥）（唐:丰、昌、滦）

坯子 烧砖用。（保:兴）（天:霸）

坯子 （张:阳）（邯:内）

土坯子 （承:兴）（张:赤）

砖坯 小块的土坯。（承:青）

砖坯子 砖形的土坯。（邯:沙、肥、尧、郸）（张:龙）（承:丰、滦）（天:河、天）（保:完）

墼了 （古）“墼”音jī。（张:阳）

土墼 （张:商、尚、蔚）

土墼子 （张:张）

泥墼子 （张:蔚）

炕坯 （承:隆）

【砖头】

砖头子 （天:静、河、桥、津）（唐:乐、丰、昌、迁）（承:围）（保:涿）

砖头儿 （天:天）

砖头块 （邯:魏）

半头 指的是五分头砖。（天:天）（唐:乐）

【半块砖】

半头砖 （张:万）（唐:乐、丰、昌）（邯:大）（天:霸、安）（石:河、灵）

半拉头 （唐:大）

半头 （天:天）

半拉子砖 （承:承）

半疙瘩砖 （张:万、尚）

砖块 （天:桥）（张:龙、宣）

砖头子 （承:青、围）

打狗砖 很小的砖头。（保:雄）

【大半块砖】

大半头 （保:望）（天:桥、安）（唐:乐、丰）

大半拉头 （唐:大）

大半拉子 （承:承）

大半截头子 (邯:内)

多半头 (天:霸)

六分头 瓦工专用词。(天:天)

七分头 瓦工专用词。(天:天)

八分头 瓦工专用词。(天:天)

九分头 瓦工专用词。(天:天)

【一块砖平分作两截】

平开 瓦工、大炉工用词。(天:天)

半截砖 (承:围)(邯:内、威、台、任)

对截子 (唐:丰、大)

【瓦块】

瓦块儿 (唐:乐)

瓦碴片儿 (邯:内)

瓦 chàn 子 如"砖头子,瓦 chàn 子"。(唐:乐)

瓦片子 (天:安、津)(承:丰、围)(石:束)

瓦片的 (邯:邯)

瓦之片 (石:赞)

瓦支儿 (邯:广、涉)

瓦片片 (邯:尧)

瓦碴儿 范围较宽,包括破碗盆等的碎片。(全省通行)

瓦碴子 (石:元)(天:黄、桥)(张:张、怀)

瓦碴的 (邯:邯)

瓦残儿 (唐:滦)

瓦片心 (承:青)

【把一块砖劈成薄砖】

立开 瓦工、大炉工用词。(天:天)

【筒瓦】

筒儿瓦 (全省大部分地区通行)

筒子瓦 (唐:抚、昌)(石:正、泽、衡)(天:静、文、山、霸、庆、饶)

筒的瓦 (邯:大、肥)

扣瓦 (石:灵)

猫头瓦 (邯:尧)

平瓦 (邯:尧)

布瓦 大而稍平的筒瓦。(保:满、兴)

羊尾巴瓦 带有滴水的瓦。(保:兴)

片瓦 稍有弯形的瓦。(保:兴)

洋瓦 指机制瓦。(天:桥)

阴阳瓦 (天:天)

【瓦】

平瓦 (天:天)

板瓦 (张:龙)

【石灰】

大灰 (石:无、行、新、正、河、平、获、泽、高、建、灵、赞、元、宁、赵、藁、深、井)(邯:乡、鸡、沙、任、临、肥、内、尧)(保:望、涿、定)

白大灰 (石:束、晋)(邯:任、台、宗、内)

白石灰 (承:平)(唐:乐)

笨灰 (石:灵)

唐灰 (邯:广)

灰 "灰"在不同场合还有别的含义。(全省通行)

白灰 (全省大部分地区通行)

生灰 未淋的石灰。(邯:内、威)

熟灰 淋过的石灰。(邯:内、威)

塘灰 未淋的面灰。(邯:内)

青灰 黑色的铅灰。(天:天)

【水泥】

洋灰 (唐:丰、滦、昌)(唐:大)(天:安)

洋大灰 (石:平、建)(邯:沙、内)

【泥】

泥巴 (保:新)

泥巴 指干墙泥或干泥。(邯:涉、成)(石:新)(保:安)

泥巴 掺有麦秸的泥。(石:安)

穰加泥 掺有草,用以抹墙防止裂缝的。(唐:蓟)

哑巴泥 不掺草。(唐:蓟)

糙泥 掺有麦秸的。(唐:丰)

大泥 即糙泥。(唐:丰)(天:天、安)

细泥 掺有麦糠的。(唐:丰、昌)(天:安)

十六 衣着

【衣服】

衣裳 (全省大部分地区通行)

衣类 例:“连个衣类也混不上。”(天:津)

穿的 (石:无、束、深、枣)(唐:昌、乐)

穿头儿 (石:无)

【服装】 除鞋帽以外的衣物。

穿戴 (全省通行)

穿戴 包括鞋、帽、衣服、全身打扮。(张:张、鹿、沽)(天:蓟、安)(唐:乐、秦)

穿着 (全省通行)

穿里 (保:阜)

穿的 (承:兴、围)(天:饶)(邯:肥)(张:万、阳、崇、口)(唐:秦)(石:枣)

穿上 (邯:肥)(张:商、蔚)

穿装儿 (保:水)

穿着打扮 有时包括鞋帽在内。(唐:昌)

【首饰】 妇女头上所戴的装饰品兼及臂钏指环等。

银器 (邯:大、磁、宗、任、肥、周、广)(石:平、灵)

银饰 (邯:宗)

银生活 (老)(张:鹿)

头戴 (邯:尧)(张:万)

戴的 (张:阳)(石:枣)

头面 (邯:鹿)(保:定)(唐:昌)

头脑 (邯:永、涉)

头面 女演员头上戴的。(唐:迁)

【打扮】 修饰装扮。

利生 (承:兴)

打丈 (保:清)

打整 (天:强)

打整 伺候。多指伺候病人。(石:深、束)

打衬 (唐:昌)

打指 (天:任)

修饰 (保:安、兴)(石:无)

装扮 (邯:涉)

拆扮 (张:万)

扎挂 (天:津)

扎裹 (唐:迁、乐)(石:深、束、枣)

扎裹 指对小孩打扮或指责备小孩衣服鞋袜。(石:深、束、衡)

扎姑 (天:山、宁、桥)(承:兴)(唐:乐、蓟)

拾掇 (邯:大)(承:兴)(天:山)

梳洗 (邯:尧、肥)

梳妆 (邯:尧)

捯饰 “捯”音 dáo。(全省通行)

捯饰 (贬)本来不美而硬要讲究漂亮。(唐:山、秦)(石:泽)(承:平)(天:东、安)(保:新)

捯饬 (石:束、深)(天:强、黄)

【棉衣】

套衣裳　(邯:涉)(石:深)

套衣服　(邯:涉)

棉的　(承:围)(唐:昌)(石:束、灵、行)

棉衣裳　(唐:乐)(承:围)

冬衣　(邯:内)

冬服　(邯:内)

冬装　(邯:内)

【夹衣】

夹子　(邯:漳)

夹的　(石:束、灵、行)(唐:昌)

夹袄　(唐:蓟)

夹衣裳　(唐:乐)(承:围)(天:安)

小夹儿　(邯:磁)

【单衣】

单的　(承:兴、围)(唐:昌)(石:束、灵、行、衡、枣)

单衣裳　(唐:乐)(承:围)(天:安)

夏服　(邯:内)

夏衣　(天:宁)

夏装　(邯:内)

布褂　(全省通行)

【布衫儿】　女人穿的短衫。

汗褂　(邯:任)(天:沧)

汗褂子　(邯:鸡、任)

汗褂的　(邯:大)

褂褂儿　(石:正、建、行、获)(保:阳)

布褂　(全省大部分地区通行)

布衫　昌黎有大布衫、小布衫之分。小布衫是指衬衣,又名“汉褟子”。(石:束)(唐:乐、昌)

布衫的　(邯:邯、周)

布衫子　(张:阳、沽、商、口)(石:枣)

大布衫儿　(石:赵)(唐:昌)

小衫儿　(张:鹿)

半截袖袄　(唐:滦)

【旗袍】　妇女所穿单的长袍儿。

外罩　(唐:遵)

袍罩　(唐:滦)

袍子　(石:无、枣)(保:定、望)(张:阳)

长袍儿　(保:望)(唐:大)

长袍子　(保:高)(天:沧)

大旗袍　男人穿的。(张:鹿)

大褂　(石:石)

大袍的　(邯:邯)

长衫儿　(张:赤)

半大袄　(张:鹿)

【马褂儿】　旧日骑马所穿的一种短外衣,后沿为穿于长衣外面的常服及常礼服,原有右襟的,后多成对襟的,后襟中下方开短口。

褂子　(张:蔚)

马顿子儿　(天:桥)

马褂的　(邯:广、邯、肥、大)

马褂子　专指大棉袄外面的小棉袄。(唐:山)

马褂子　(全省通行)

马褂子　指棉的马褂儿。(张:怀)(天:孟)

鹅林带　(张:康)

鹅黑带　(保:定)

【小褂儿】　单上衣。

小褂儿　对襟的。(石:束、枣)(唐:昌)

褂　(承:滦)

小衫儿　(全省大部分地区通行)

小衫子　(张:阳)

小布衫儿　(全省通行)

小布衫子　(张:沽、口)

小布衫儿　小孩穿。(张:怀)

小毛衫儿　一两岁小孩穿。(保:涿)

小褂儿　没袖。(邯:涉)

小褂褂　(保:阳)

小褂褂儿　(石:建)

大布衫儿 较大的短衫。(唐:乐)(石:宁)(邯:成)(张:鹿)

【长衫】 过去男人穿的长衣,又叫大褂儿。

衫 (承:滦)

衫子 (石:新)(邯:涉)(保:阳)

大褂 (全省大部分地区通行)

大衣裳 (天:河、武)(保:涿)

大衫 (张:沙、鹿)(邯:魏)

大衫儿 (全省通行)

大衫儿子 (张:怀)

大叶 (保:水)

大叶儿 (天:安)

布衫子 (张:蔚、口)

大布衫 (张:阳、沙)

大布衫儿 (全省通行)

大袄 (保:安)

夹大袄 (唐:迁、乐)

长袍 (天:文、天)(唐:宝、丰)(邯:任)(保:安)(石:枣)

大袍儿 (保:望)

外罩 (唐:遵)

袍罩 (石:泽)

大褂子 (天:安)

小大衫 (老)男女可穿。(邯:成、丘)

【夹袍儿】 双层布做的长袍儿。

袍子 (保:定)

夹袍子 (唐:迁、西)

夹袄 (天:霸、武、沧)(唐:遵)(保:阜)(石:枣)

大袄 包括棉袍和夹袍。(唐:滦)

夹袍儿 (唐:昌)

夹大袄 (唐:乐、昌)

大袄 (邯:肥)

大夹袄 (全省通行)

大衣 (邯:成)

大夹子 (邯:漳)

夹大褂儿 (保:清)

【布做的背心】

褙肩 (唐:大)

布背心 (旧)(承:围)

紧身儿 (张:鹿)(唐:丰)

袄褂儿 两层布。(邯:涉)

【夹褂子】 双层布做的短上衣。

小夹袄 “夹”音 jiāo。(邯:魏)

小夹 (邯:肥、成)

小夹子 (邯:临)

小夹袄 (全省通行)

小夹袄 小孩穿。(石:石)

夹袄 (唐:滦、乐)(石:灵、石)(张:张、鹿)(保:望)(邯:郸、丘)

夹袄子 (张:阳、蔚)

夹褂褂 (保:阳)

夹褂的 (邯:肥)

袍 (保:定)

【棉袍儿】 棉的长袍。

大袄 (石:正、灵、武)(天:饶)(邯:广、鸡、任、内、尧、邯)(保:博、望、水)

大袄的 (邯:邯)

大棉袄 (全省通行)

大袍子 (邯:邯)

袍的 (邯:邯、周)

袍子 (全省通行)

袍子 包括夹的。(张:怀)

棉大袄 (唐:滦、迁、乐、昌)

棉大褂 (天:安)

棉袍 (承:围)

棉袍子 (唐:西)(天:山)(张:张、阳、商、崇)(承:围)

大衣 (邯:邯)

【棉袄】

袄 (邯:肥、涉)(石:无、建)

袄儿 （邯:郸）

小袄 （保:水）

小袄 妇女穿的。（保:定）

小袄子 （唐:乐）

棉袄子 （张:阳）

腰子袄 （唐:滦）

大袄 妇女穿的。（保:定）

大袄 （保:易）

大棉袄 （邯:永）

二大袄 长到膝盖上的。（承:滦）

【小棉袄儿】 中式的套在里边的小棉袄。

紧身儿 （天:宁）

腰子袄 （唐:蓟）

小腰子袄 （唐:滦）

小袄儿 （邯:广）（石:无、建、深、束）（唐:乐）

小袄 （邯:肥、内、任、丘）

外套袄 套在外边的。（石:泽、束）

袄心 （石:泽）

撅尾巴小袄儿 ①形容穿戴朴素。②形容穿戴得不好。（保:水）（唐:乐）

【皮袍儿】

皮袄 （全省通行）

大皮袄 （承:滦、围）（邯:大）（张:宣）

皮大袄 （保:易）

皮大衣 （邯:内、威）

【短装】 短小轻便的服装。

轻装 （邯:肥）

短打 （邯:大、威、清、台、成）（张:宣）

短衣裳 （唐:抚）

小衣裳 （石:石、泽、无、枣）（天:山、庆、天）

小打扮 （全省大部分地区通行）

小打扮儿 （唐:玉）（石:深、晋、束）（天:强、孟、任、文、大、安、天、庆）（邯:广、临）（保:唐、水）

短打扮 （天:东、静、山）（邯:鹿）（保:新）（石:无、灵、束）

短打扮儿 （唐:丰、抚、昌）（石:行）（天:献、宁、武）（保:易）

短打儿 （唐:迁、秦）（承:承、丰、围）（石:正、高、衡）（天:肃、桥、河、沧）（保:满）（张:尚）

短身 （天:静）

便褂儿 （张:怀）

短打儿 旧戏剧中不穿靠的武生的穿扮。（天:强）

【西服】 西洋式的服装。

洋装 （唐:昌）（承:围、平）（邯:郸、清、台、任、肥、涉、内、尧）（保:定、安、清）（张:龙、怀）

洋式衣裳 （邯:磁）

洋衣裳 （邯:邯）

洋服 （全省通行）

洋服 （老）（天:东）（唐:丰、迁）（承:围）

西装 （全省通行）

西式 （邯:永、周）（张:崇）

西式服 （邯:魏、丘）（保:唐）

制服 一般人常把“西服”和“制服”混称。（石:无、宁）（天:山）（邯:威、南、尧）（张:怀）（承:围）

【大衣】 西式外套。

大氅 （全省通行）

大氅 （老）（天:东）

套衣 （保:望）

外套儿 （全省通行）

外套儿 罩在毛棉袄外边的单衣。（张:沽）（保:安）（石:宁）（唐:三、遵）（天:强）

外套儿 呢绒的半身衣。（唐:秦）

外套儿 清代一种长衣。（天:山、庆）

小大衣 比棉袄略大一点儿的皮、棉外衣。（唐:迁）

【衬衣】 贴身穿的上衣。

衬袄 （张:赤）

里衣 （唐:遵）

纳衣 （石:灵）

衬衫儿 （邯:内、威）（唐:昌）

内衣 （唐:遵、乐）（石:灵）

衬衣儿 （唐:迁）

布衫子 （张:阳）（石:枣）

衬衫子 （张:口）

衬褂儿 （张:赤）

贴身子布衫 （邯:鹿）

贴身褂儿 （天:宁）

汗溜儿 白粗布做的。（承:滦、围）

汗褟儿 （承:滦、围）

小汗褟 （唐:玉）

汗衫 （天:桥、固）（邯:漳）（唐:山、昌、丰）（承:滦、承、围）

汗褂子 （邯:漳）（石:枣）

套布衫 （邯:郸）

套衣 （唐:遵）（邯:广）

套衣裳 （邯:广）

褂子 （石:无、枣）

套褂儿 （天:宁）

套褂子 （保:定）

套衣裳布衫儿 （石:束、深）

【衣襟儿】 衣服前面有纽扣可以开合的部分，如大襟儿、对襟儿。

袄襟 （唐:秦、乐、昌）

襟子 （石:灵）

衣大襟 （唐:迁）

衣裳襟 （邯:肥）（张:沙）（承:围）

衣裳襟儿 （全省通行）

衣裳大襟 （邯:尧）

扣襟 （保:高）

大襟 （承:围）

【大襟】 中式便褂儿的前身儿。

袄大襟 （张:鹿）

袄儿大襟 （张:阳）（唐:乐）

大襟儿 （保:兴、保、容、阳）（石:井）（唐:乐、昌、迁）（天:安）

偏襟 （唐:遵）

偏襟儿 （唐:昌、乐）

琵琶襟 坎肩的偏大襟，边缘有出入。（保:定）

【小襟儿】 对襟儿衣服，在两襟相接处一般左右襟上再绑上一条布，为防止露风，又叫掩襟儿。

小底襟 （承:围）

小底襟儿 （承:滦）（石:无）

小掩襟 （石:获）

小襟子 （张:怀、张、万）

衣襟儿 （天:安）

对襟儿 （唐:大）

【对襟】 衣服之两襟相对，在胸前设纽扣。

对门 （邯:郸、鹿、肥、周、尧）（保:安）（张:沽、龙、赤）

过门儿 （石:灵）（邯:广、郸、大、鹿、肥、周、尧、丘）（保:清、安）（张:沽、龙、蔚、万）

对门子 （张:商、康、阳）

对门襟子 （张:张、赤）

对襟子 （张:怀）

对襟儿 （唐:乐）

【底襟儿】 盖在大襟下面的狭幅襟。

掩襟儿 （石:深）（承:围）

底子襟儿 （唐:丰）

底襟子 （张:万）

内襟 （邯:鸡）

小襟儿 （邯:鹿、郸、鸡、尧）（唐:丰、抚、山）（石:深）

【缺襟儿】 缺底襟、缺小襟、缺大襟的总称。

短襟 （保:望）

挖襟儿 （唐:乐、迁、丰）

挖襟子 （张:怀）

【大襟的上部】

抬裉 （石:束）

拙襟 （承:滦）

大襟嘴 （承:滦）

大襟头 （承:滦）

【腰部】

腰裉　（唐:丰）

【腋部】

抬裉　（唐:丰）

【下摆】　长袍儿下端之横幅。

下包儿　（唐:昌）

下大摆　（天:孟）

下轮头　（承:围）

口面大　（承:滦）

底翘　（唐:丰）

下翘　（唐:丰）

下贴边　（唐:秦）

下扎　（全省大部分地区通行）

下扎　上身下边肥大。（承:滦）（石:灵）

底摆　（唐:昌）

【领子】

领啊　指领子,也指领口。（张:鹿）

领的　（邯:广、邯、大、肥）

大领　（张:崇）

大领儿　（唐:迁、乐）（石:无、深、束）（保:清）

大领子　（张:万、怀）（承:围）

衣领儿　（保:望）

脖领儿　（唐:昌、乐）

脖领子　（唐:遵）（石:枣）

袄领儿　（唐:昌、迁）（天:静、津）

【领口】

领窝　（天:大）（保:望、新、雄）（承:围、兴）

领窝儿　（唐:迁）（保:兴）（天:安）

领窝儿　做便服挖的领口。（天:静、安、霸）（唐:大、昌）

领口窝　（张:沙、怀）

齐口儿　（保:清）

【袖子】

袖儿　（石:束、深）（唐:乐）

袖的　（邯:广、邯、肥、大、丘）（石:井）

袖啊　（张:鹿）

袄袖　（张:鹿）（唐:乐）（承:围）

袄袖儿　（唐:乐）

袄袖子　（天:桥、霸）（石:枣）（承:围）（唐:乐）

衣裳袖　（邯:肥）

【袖口儿】

袖头　（天:桥）（石:枣）

袖口子　（张:万、沽、崇）

袖口的　（邯:邯）

袖筒儿　（石:无）（唐:乐）

【贴边】　衣服里面边缘处加的窄条儿。

贴䌊　"䌊"音 qiào。（唐:丰、遵、乐、迁、蓟）（承:滦）（石:灵、建）（保:安）（邯:尧）

贴䌊子　（邯:任）

贴䌊儿　（唐:滦、乐）

贴条　（邯:涉）

贴 qiè　（石:平）

边䌊儿　（石:深、束）

立䌊　竖的贴边。（天:天）

缘条儿　（石:深、束、枣）

挂䌊　（石:栾）

镶边儿　（邯:任、尧）

立柱　上衣前胸钉扣子的地方两边卷进的贴边。（承:滦）

裙边　皮袄边缘接连皮子的贴边布。（保:定）（石:束、深）

托肩　领口上的贴边。（天:天）（石:深、束）

围子　上衣下面的贴边。（承:滦）

【兜儿】　衣服上钉的口袋儿。

口袋儿　（唐:三、丰、秦）（承:承、兴）（保:易、清）（石:束、深）（天:固、安）

布袋儿　（全省通行）

布袋儿　妇女称。（石:新）

口布袋儿　（天:孟）

兜兜　（石:枣、束、深）（邯:鹿、清）（天:安）

兜兜儿 （石:无、晋、束、深）（天:任）

兜兜口 （唐:宝）

吊兜儿 （承:承）

漏兜 （天:黄）

搂斗 （天:山）

挎兜 （唐:抚、乐、昌）（承:围）

挎包 （保:阳）

弥弥 （张:宣）

腰弥儿 （张:宣、鹿、蔚、万）

腰弥子 （张:商、崇、张、尚）

洋弥儿 （张:万）

洋弥子 （张:阳、康、怀）

道窗 （张:鹿）

倒岔儿 （张:尚）

倒岔子 （张:龙、尚）

褡裢儿 （唐:迁、抚、滦）

小褡裢儿 （老）（唐:丰、昌）

袄兜儿 （唐:乐）

衣兜儿 （邯:内）

兜口 （唐:大）

兜儿 （唐:昌）

兜门 儿童多用此语。（天:武）

【裤子】

下身 （石:宁、深、束）（邯:丘）

下身儿 （石:无）（唐:昌）

下件 （邯:涉）

裤啊 （张:鹿）

裤的 （邯:广、邯、肥、丘）

【单裤】

单裤儿 （石:束、深、衡）

单裤子 （石:深、束、枣）

裆裤 （天:东、静、津、桥）

单裤啊 （张:鹿）

单裤的 （邯:广、邯、肥、丘）

【夹裤】

夹裤子 （石:深、束）

夹裤的 （邯:广、邯、肥、周、丘）

夹下身 缝纫工人用语。（张:鹿）

【棉裤】

套裤 （邯:涉、清）

【套裤】 只有两条裤腿，没有裤裆和裤腰，套在裤腿外面穿。

套衣 （邯:丘）

裤套 （天:天）

衩裤 （邯:鸡、台、任、肥、南、尧、魏）（天:强、东、庆、桥）（石:新、灵、行、衡）（承:滦）（唐:滦、玉、乐）

衩裤 棉的，上连腰带，过去老人用。（保:兴）（邯:清）

衬裤 （唐:山）

【罩裤】 为防止里面裤子弄脏弄破，外面再套的一条单裤。

罩子 （张:阳、口）

套裤 （邯:广）（保:望）（唐:乐）（承:围）

衩裤 （保:唐）

衩裤 （老）（保:高）

外套裤 （邯:邯、丘）

裤单 （石:藁）

裤片 （保:新）

裤片儿 （保:兴）

裤罩 （全省通行）

裤罩儿 （唐:迁、乐、丰、昌）（石:无）（天:孟、静、安）（保:易、兴）

裤罩子 （天:东）

裤套儿 （石:正）

裤子套儿 （石:束、深）

【短裤】

裤衩儿 （全省大部分地区通行）

裤衩子 （承:滦、围）（天:东）（石:枣）（唐:乐）

裤衩的 （邯:广、邯）

裤头儿　（邯:沙）

衬裤子　（张:万）

【连脚裤】　小孩儿穿的,裤子与袜子连在一起。

带蹄裤　（邯:丘）

带袜脚的裤子　（唐:抚）（天:黄）

带袜头子　（唐:昌）

带袜头子裤　（天:东）（唐:乐）

袜脚　（天:孟）

蹲的裤　（邯:魏）

兜兜裤　（石:无）

娃娃裤　（张:龙、鹿）

袜袜裤　（张:宣、崇、蔚）

连袜裤　（张:张、阳、怀）（保:兴）

连袜脚　（张:张）

连袜子裤　（张:沽）

连袜袜裤　（张:商）

连袜子裤儿　（张:万）

袜脚裤　（天:庆、山）

连腿裤　（天:东、津）（邯:任）（保:阜）

连腿裤的　（邯:肥）

连脚裤的　（邯:邯）

连脚子裤子　（石:正）

棉骨朵　（邯:漳）

棉囤的　（邯:漳）

连襟倒　（承:滦、围）

褡褡的　（邯:大）

骨朵的裤的　（邯:广）

带裤脚的裤　（天:沧）

【开裆裤】　裆不缝,便于大小便,小孩子穿。

衩衩裤　（张:康、商、崇、怀、沽、万）

杈拉裤　（石:赵）

裆裤　（邯:柏）

裆裤的　（邯:邯）

露冢子裤　（邯:肥）

露屁裤　（石:藁）

露屁股裤　（邯:任、成、尧）（石:晋）

露屁股裤子　（邯:鸡）

露屁户裤的　（邯:大、周）

满腚裤　（邯:鹿、丘）（石:宁）

露冢的裤的　（邯:广）

留裆裤　（石:建）

留裆裤子　（石:井）

敞裆裤　（唐:丰）（天:宁）

露裆裤　（石:灵）（邯:威、南、乡、宗）

露裆裤子　（石:枣）

豁裆裤　（石:获、元、正、新、石、灵）（邯:郸）（保:望、阳、清）

豁裆裤子　（保:唐、涿）

豁裆儿裤　（保:完）

活裤子　（唐:迁、抚）

活裆裤　（唐:遵、迁、昌）（承:丰、滦、青、承、围）（保:高、满）（张:赤）

破裆裤　（天:静）

开裆子裤　（天:津）

揭裆裤　（石:行）（邯:台）

【漫裆裤】　就是一般的裤子,裤裆缝死,与开裆裤相对。

整裆裤　（唐:丰、山）

浑裆裤　（唐:昌）（天:武）（邯:内）

滚裆裤　（唐:宝、昌）（承:兴）（石:束、赞）（天:饶、静、永、霸、沧）（邯:威、台、内）（保:望、安）

扭裆裤　（邯:鹿）

严裆裤　（张:阳）

查裆裤　（石:深、束）（天:强、黄、献）

斜裆裤　（天:静）

拧裆裤　（天:东、静）

隐裆裤　（张:康、怀）

留裆裤　（石:平）

堵裆裤　（天:庆）

搬裆裤儿　（邯:乡）

裆裆裤 （张:商、崇）

囫囵裆裤 （天:大、静、天）

杀裆 （天:强）

杀裆裤 （全省通行）

杀裤裆 （唐:大）

死裆裤 （唐:遵、乐、昌）（承:丰、滦、青、围）（天:河、天）（保:满）

死裆儿裤 （保:兴、隆）

有裆裤 （天:孟、山）（邯:郸、大、任）（张:万）

有裆裤的 （邯:邯）

便裤 （保:高）（唐:大）

抽腰裤 （石:无）

杀腰裤 （邯:南）

束腰裤 （邯:任）

免腰裤 （天:桥）

紧腰裤 （石:正）

襟腰裤 （天:庆）

襟腰裤子 （石:行）

连裆裤 （天:沧）

【女人穿的不绑腿的裤子】

彩裤 过去女人穿裤多扎腿，只少数不扎。这个词现已不用。（石:束）（承:围）

散腿裤 （唐:丰）

【裤裆】

裆里 （天:故）

裆里 ①指裤裆。②指人的小便处。例:“裆里长了个疮。”（天:饶）（唐:乐）

裤裆里 （保:阳）

腿裆 （石:无）

【裤腰】

腰 （邯:涉）

腰儿 （石:灵）（保:望）

裤腰子 （唐:丰、玉）（天:宁）（石:建、无）

【裤腰带】

腰带 （唐:丰、大、迁、昌）（承:丰、平、围）（石:深、灵、无）（邯:邯、鸡、沙、漳、尧）（保:唐、兴）

腰带子 （天:宁）

抽腰带 （天:任、强）（保:保、兴）（石:晋、束、深、无）

煞腰带 （石:束、河、衡、宁、枣、深）（天:强）（邯:任、南、尧）

煞腰带 指用粗线织的腰带，不是皮的。（邯:乡、宗）

束腰带 （邯:郸、沙、任、尧）

出腰带 （邯:广、魏、磁、肥、周、丘）

促腰带 （邯:涉、大）

穿腰带 （邯:漳）

紧腰带 （石:正）（邯:尧）

裤系带 （石:灵）

扎腰带 （天:故、东、桥、宁、津）

扎腰带子 （天:宁）

扎带子 （天:津）

kuǐ 挤带 （天:静）

系腰带 扎在大棉袄外边的腰带。（石:宁）

腰儿硬 用皮子做的，特别宽。（天:宁）

腰里硬 （天:沧）

腰带 （唐:滦、大）（天:安）

【裤腿儿】

裤脚 （石:灵）（唐:乐）

裤脚儿 （唐:丰）（天:安）（保:兴）

裤腿脚 （张:怀、鹿）

裤腿脚儿 （保:唐、满）

裤脚接 （张:阳）

腿儿 （石:无）

裤腿 （邯:涉、肥）（承:围）

裤腿子 （张:沽、崇、口）

裤筒 （承:围）

裤筒儿 （全省通行）

裤筒子 （承:兴）（天:东、宁）（邯:鹿）

裤筒脚 （天:肃）

【袍罩】 棉袍或皮袍外面套的单大褂儿。

罩子 （张:崇）

单罩 （邯:大）

外罩 （天:霸）（邯:邯、鹿）

外罩儿 （唐:丰、宝、玉、乐）（承:滦、围、兴）（石:无、平）（天:固、安）（保:新）

袄罩 指短袄的罩。（唐:山、抚、乐）

袄罩儿 （全省通行）

袍罩儿 （唐:昌）

大衫 （邯:大）（张:宣）

大衫儿 （邯:广）

大衫的 （邯:广）

大衫布 （邯:邯）

大褂 （邯:丘）

大褂儿 （保:兴、蠡、高）

套衫 （石:灵）

马褂 （保:望）

马褂子 （邯:肥）

皮袄罩 （保:易）（张:沙）

棉袍罩 （张:沙）

棉袄罩儿 （保:易）（唐:乐）

【斗篷】 御寒披的无袖大衣。

斗风 （石:灵、行）

披篷 （保:望）

大氅 小孩披的。（天:霸）

【背心】 短而无袖，仅遮胸背，夏天常穿。

背巾 （唐:西）

套头 布做的。（唐:迁）

汗衣 （邯:尧）

汗褟儿 （保:望）

腰腰儿 小孩穿的。（保:阜）（石:建）

猪腰子 自做的。（张:赤）

坎肩儿 （旧）（石:深、束）（唐:乐）

坎肩 过去用，中间带扣的。（承:围）（天:桥）

坎肩 过去用，布做的。（唐:丰）（承:围）

小坎儿 （邯:涉）

坎肩子 （张:口）

背褡儿 过去立秋时给过百日的小孩做的像背心一样的小衣服。（承:滦）

褡褡 棉的，套在棉衣外边。（石:灵）

【汗衫儿】 贴身轻软能吸汗的短衣。方言常同衬衣混。

汗褟 （邯:肥）

汗褟儿 （全省通行）

汗褟儿 家做的单背心。（石:深）

汗褟的 （邯:广）

汗褟子 （唐:滦、玉、遵、昌）（承:青、平）（天:黄）（张:张、阳、商、怀）

汗褟褟 （张:崇）

汗褂儿 （全省通行）

汗褂儿 男人的单上衣。（邯:宗）

汗褂子 （张:沽）

汗褂的 （邯:广、丘、宗）

汗溜 （唐:宝）

汗溜儿 （承:滦）

汗巾儿 （天:静）（邯:清）

汗坎儿 （石:无）

小布衫儿 （邯:邯）（石:束、深）

汗落儿 （唐:丰）

汗褡 不带袖。（石:灵）

【瓜皮帽】 旧式小帽，六瓣缀合，顶有小结，形状像半个西瓜皮。

小帽 （石:获）

小平帽儿 （邯:涉）

疙瘩帽 （张:鹿）

西瓜皮帽 （石:晋、衡、赵）（天:饶、东、静）（邯:鹿、任、内）（保:新）

瓜皮帽子 （张:崇）

六块瓦帽 （邯:尧）（天:安）

六块瓦的帽 （石：宁）

帽盔 （唐：宝）

帽盔儿 （石：枣、宁、束、深）（保：易、兴）（唐：大）

帽盔子 （天：肃）（唐：乐）

帽垫 （承：围）（天：肃）（邯：丘）

帽垫儿 （石：枣）（天：故、津）

帽垫子 （天：宁）

帽壳 "壳"音 ké，下同。（石：灵、无）

帽套 （邯：广、临）

帽衬儿 （天：天、宁）

帽头 （唐：卢）

帽头儿 （承：青）（邯：邯、郸）（唐：丰、昌）（天：桥）

瓜壳 （石：灵、建）（张：龙、鹿、崇）

瓜壳儿 （张：万、宣）

瓜壳子 （张：商）

便帽 （全省通行）

蛋壳儿帽 骂人话。（邯：内）

【礼帽】 旧时举行典礼时所戴的帽子，帽顶中间塌陷，四处有边缘，边儿微卷。

毡帽 （唐：宝）（天：安）

壳帽 （保：望）

美国帽 （天：天）

春秋帽 （唐：宝、大）（天：静、安）（保：雄）

洗脸盆帽儿 （石：枣）

洗脸盆帽子 （天：津）

文明帽 （邯：内）

【草帽】 用麦秆编制的帽子。

凉帽 （石：宁）

伞帽 （邯：南）（石：晋）

草帽儿 （石：衡、宁、井）（邯：尧）

草帽子 （全省通行）

草帽子 （贬）（天：强）

草帽的 （邯：邯、肥、漳）

【用秫秸皮编的草帽】

凉帽 （唐：遵、抚）

苇连头 （承：围、丰、昌）

酱篷篓儿 因类似盖酱缸的酱篷而得名。（唐：乐）

【毡帽】 毡做的小圆帽。

毡子帽 （石：元）

卤虾帽 （唐：抚）

帽壳 "壳"音 ké，下同。（保：阜）

毡帽壳 （石：行、灵）（保：阳）

毡帽套儿 （保：完）

帽头子 （唐：宝）（天：山、津）

帽头儿 （承：丰）（天：山、津）

毡帽头 （唐：遵、大、蓟）（承：围、隆）（石：行、新、灵）（天：桥）（保：博、望）

毡帽头儿 （全省大部分地区通行）

毡帽头子 （天：东、宁、庆、安、黄）（石：武）

毡帽子 （全省通行）

毡帽的 （邯：邯）

三元 带边。（承：滦）

【风帽】 冬日御寒防风之帽。后列方言词都是御寒防风之帽，但形状则各不相同。

脑包 （石：获）

脑包的 老年妇女戴。（邯：肥）

风连帽 （唐：宝）

风翎帽 （承：滦）

暖帽 （张：崇）

猴帽 用线织的。（石：深）

马虎儿 （保：定）

马虎帽 （石：正）（邯：内）

一把撸 用毛线织的。（承：滦）

二升半 用毛线织成的筒形帽。（承：滦）

夜壶套 直筒的，卷起能戴，放下能把头、脸、脖子都装住，只露两个眼。（石：灵、宁）

茶壶套 用毛线织的。（天：安）（唐：乐）

窑洞帽 （石：正）

火车头　皮的。(承:滦)

三块瓦　皮的或绒的,除两边有翅子外,帽前还立有一块,构成三块。(石:灵)

三块瓦帽　见上条。(天:安)

将军帽　(唐:昌)

棉帽子　泛称。(唐:乐)

【飘带儿】　风帽上的带儿。

脑包上边的带　(邯:肥)

【制服】　样式有一定规定的衣服,如军、警、学生都有制服。邯郸地区群众把中式衣服以外的,甚至连中山服都一概叫“西服”“西装”,所以“制服”也属“西服”之列。

砸的衣服　(邯:广、清)(石:枣)

操衣　(旧)(全省通行)

军装　(邯:肥)

西装　(邯:成)

西服　(张:怀)

西式服　(邯:尧)

【军帽】

操帽　(唐:滦、遵、宝、迁、抚)(石:赞、宁、安)(承:平)(天:津、沧、霸)(保:定、唐、高)(邯:永、内、尧、丘)

操帽　(旧)(唐:昌)(石:藁、束)

操帽　草一类植物编成。(保:雄)

操帽　里边的帽套。(石:灵)

制帽　(唐:宝)(承:青)

制服帽　(天:天)

兵帽　(天:饶)(保:望)(邯:广、肥、周、尧、丘)

兵帽子　(石:无、获)

大兵帽子　(天:安)

战斗帽　(唐:迁)

学生帽　(石:获)

帽　(承:围)

【学生帽儿】

操帽　(天:安)

掭帽儿　(天:安)

帽子　(承:围)

【军服】

操衣　(邯:尧)

军衣　(邯:台、内)(天:天、武)

军装　(天:天)

【帽檐儿】　帽的前缘,呈檐形。

遮阳　(天:孟)

太阳遮儿　(唐:迁、昌)(天:津)

帽檐子　(张:张)

帽罩　(邯:任、肥、丘)

帽罩儿　(邯:大)

眼罩儿　(石:获)

帽盖儿　(石:灵、衡、枣)

帽遮　(承:围)(天:文、桥、东)

帽遮儿　(承:滦、围)

帽遮头儿　(唐:丰)

帽遮阳　(石:建)

帽遮檐　(石:束)(天:大)(保:高)

帽遮檐儿　(石:晋、束、深)(天:强、任)(保:唐、阳、兴、蠡、完)(唐:乐)

帽遮眼　(天:安)

帽额檐子　(张:阳)

舌头儿　(全省大部分地区通行)

帽舌头　(天:故)(邯:内)

帽子舌头　(保:安)

帽舌头子　(张:万)

帽舌头儿　(唐:丰、昌)(承:隆)(石:栾)(天:宁)(保:满、清、安、新、容)(邯:沙、任)(张:怀)

【帽带儿】

襻儿　(石:束、深)

帽襻　(承:围、平)

帽襻儿　(唐:丰、昌)(石:新、深、衡、宁、泽)(承:平)(天:故、肃、桥、沧、庆)(保:望、高、兴)(邯:郸、威、

鹿、任、内、尧、大）

帽襻儿 （老）（石:束）

帽子带儿 （石:束、深）

帽带子 （天:东）（张:阳）

帽带 （保:定）（邯:郸）

【围裙】 干活时围在腰部，保护衣服清洁的。

围巾子 （邯:漳）

zān 裙 （张:蔚）

水裙 （邯:广、任、临、肥、尧）

水裙子 （邯:涉）

战裙 （保:博）

围裙 （全省大部分地区通行）

围裙子 （张:万）

护腰 （邯:内）

围腰布 （天:饶）

围腰的 （唐:迁）

围腰子 （唐:昌）

围腰儿 老太太围在腰间防寒的棉垫。（承:滦）

围腰 棉的长方形，两端有带，是病人防止肚子受冷用的。（保:博）（唐:乐）

围腰儿 小孩围的。（承:丰、隆）

【风纪扣儿】 制服军服的领钩儿，系好风纪扣表示严肃守纪律。

挂钩 （邯:广）

领钩 （邯:大、肥）（石:衡）

领钩儿 （全省大部分地区通行）

领扣 （天:东）

领扣儿 （全省通行）

风领扣 （邯:肥）

风领扣儿 （邯:鸡、威）

脖扣 （天:东）

脖扣儿 （天:桥）

脖里扣 （石:束、深）

脖里扣儿 （天:强）

脖子疙疸 （唐:大）

风纪扣儿 裤裆扣。戏称。（唐:大）

【裹腿】 裤外裹腿的布条儿，军人常用。

绑腿 （石:深、灵）（唐:大、昌、乐）（天:宁、孟）（保:涿）（邯:周）

绑腿带 （天:桥）（石:建）

绑腿带子 （石:束、深、枣）

绑腿带儿 （石:深、束、衡）

腿带子 （石:束、深）

腿带儿 （石:深、束）

裹腿带子 （石:灵）

裹绷 “绷”读轻声。（承:滦）

腿绷 （唐:宝、滦、昌）（承:承）

捂腿 （邯:鸡）

腿篷 （唐:丰、卢）（天:津）（承:围）

腿绊 （承:青）

腿封 （唐:遵）

腿绑 （唐:玉）（承:兴）

【腿带子】 冬天御寒或平常干活时扎腿用的带子。

绑腿 （张:怀）

绑腿 小孩用。（唐:昌）

绑腿带 （石:建、赵、行）（天:河）（邯:魏、内）

绑腿带的 （邯:邯、肥、周、郸）

绑腿带的 老人冬天用。（邯:邯）

带子 （石:冀、石）（天:任）（保:易、望、唐、清）（张:崇）

绑腿带子 （石:元、衡、宁、井、赵、武、束、灵、枣、河）（天:孟、饶、故、山、桥、河、庆、津）（邯:宗、永、沙、任、漳）（张:阳、宣、龙、沙、商、赤、怀）

绑带子 （天:东）

裤结子 （张:万）

绑腿儿 （石:高、石、赞、栾、安）（天:黄、固、宁、沧、桥）（邯:郸、磁、鹿、涉、威、任、沙）（张:张、鹿、万）（承:平）（唐:大）

绑腿带儿 （石:正、新、深、灵、无、晋、枣、藁、冀、平、灵、获）（天:饶、献、宁、阜）（邯:广、鸡、大、台、临、肥、

涉、南)(张:蔚)

绑腿儿带儿　(天:强)

扎腿　(唐:三)(承:滦)

扎带子　(唐:山)

扎腿带子　(全省通行)

扎腿带儿　(全省大部分地区通行)

腿带儿　(唐:乐、昌)

【扣子】　指金属或化学品的纽扣。

扣的　(邯:邯、大)

洋扣儿　(天:安)

纽子　(唐:遵、迁、三、蓟、昌、大)(承:承、滦、隆、青、平、兴)(天:故、桥、宁)(邯:内)

纽子　指圆的;扣子,指扁的。(唐:大)

纽儿　(石:赵)

袄扣儿　(唐:乐)

扣　(承:围)

【纽扣儿】　布结成的。

纪扣　(邯:鸡)

疙瘩子　(天:黄)

疙瘩儿　(唐:丰、滦、宝、迁)(天:黄、天)

疙瘩绊儿　(天:沧)(唐:大)

蒜疙瘩儿　(唐:昌、丰、乐、蓟)(石:灵、深、束、行)(天:安、东)(保:保)(邯:清)

算盘疙瘩　(承:滦)(保:兴)

蒜麻疙瘩　(承:围、滦)

扣疙瘩　(石:灵)

三疙瘩　(石:灵)

桃疙瘩　(张:康、崇)

桃儿疙瘩　(张:鹿)

纽住扣儿　(邯:鸡)

【扣纽儿】　扎纽扣时,扣子穿过的孔。方言中说“扣眼”之类,就是制服上的,只在布上剪孔作扣眼,而其余的叫名则多指中式衣服用布条制好钉在衣服上的。

疙瘩迷儿　(唐:丰)

扣环　(石:灵)

襻子　(天:静)

扣襻　(天:东)

扣襻儿　(天:黄、津、安、肃)(承:滦)(唐:乐)

瘩瘩襻儿　(天:天)

纽襻　(唐:三)(承:围)

纽襻儿　(唐:宝、迁、大、昌、丰、三)(承:承、滦、隆)(石:深、冀、灵)(天:肃、大、桥、永、沧)(保:保)(邯:郸、内)(张:尚)

扣纽子　(唐:遵、昌)(石:栾)(天:肃)

扣门儿　(邯:临)(石:深、束)(唐:乐)

扣门　(保:兴)

扣鼻　(全省通行)

扣鼻子　(天:故)

扣鼻儿　(石:衡)(张:张、商)(天:安)(唐、抚、乐)(承:丰)

扣迷儿　(唐:宝、迁、三、丰、遵)(承:滦、围)(石:正、灵、井、建、获、衡)(天:强)(保:唐、易、完)(邯:乡、丘)

扣眼　(天:大)(邯:肥)(保:唐)

扣眼儿　(唐:丰、大)(承:滦)(天:静、安)

扣子眼儿　制服上的。(唐:迁)

【钱包】　皮的或塑料的。

钱夹　(唐:丰)

钱腰子　(唐:大)

腰里硬　(石:获)

靴腰子　(天:静)

【裙子】　女人穿的。

踅子　(保:兴、安)(天:强)(石:栾、无)(邯:肥)(承:滦)(张:怀)

裙的　(邯:郸、广、邯)

【桌围子】

围裙　(邯:尧)

围裙子　(张:张、万、阳)

围桌　(承:围)

桌围布 （唐:大）

【褡包】 农民扎在衣服外面的腰带。

战带 （全省通行）

抽褡 （天:沧）

褡布 （天:安）

褡帕 （天:固）（唐:大）

杀包 （天:饶）

护腰 （邯:内）

束腰 （邯:永）

展带 衣服外边的。（石:灵）

扎包 （天:津）

扎布带 （天:沧）

战兜子 （承:青）

腰巴带子 （唐:抚、乐）（天:宁）

腰褡布 （天:静）

褡包带 （唐:秦）（天:肃）

腰褡把 （承:兴）

打布带子 （唐:昌）

打巴带子 （唐:昌）

大布带子 （唐:滦）

围腰 （天:庆）

腰带 （承:围）（石:石、灵、无）（天:桥）（保:容）（张:张、万、阳、康、沙、商、崇、怀）

腰带子 （唐:迁）

腰战带 （张:鹿）

战腰带 （邯:内）

大腰带 （石:藁）

围腰带 （唐:卢）

抽腰带 又名“煞腰带”，用以束裤，不在衣服外边。（石:束、深）

煞腰带 （石:行、栾、元）（邯:台）

系腰带 （张:龙）

外腰带 （邯:尧）

扎腰带 （天:孟、山）

紧腰带 （张:宣、蔚）（保:阜）

腰里硬 线织成的。（石:束、深）

腰里硬 （天:静）

腰里挺 （天:文）

凉带 旧社会当官的、有文化的人在大衫外边腰间扎练带，约一寸多宽。（承:滦）

【宽而硬的腰带】 线织的腰带，较硬，约三寸宽。本条与“褡包”条多有重复，请互相参看。

腰带 （唐:西、乐）（张:沽、沙）

腰带子 （唐:昌）

腰带巾 （唐:秦）

腰硬 （唐:宝）

腰儿硬 （保:兴、易）

腰里挺儿 （天:饶、肃）

腰儿挺 （石:枣）

腰兜 （保:高）

裤腰带 （石:灵）（天:安）

裤带 （唐:蓟）

板带 （保:安）

搭布 （唐:西）

围腰子 （天:庆）

兜肚子 （天:庆）

战腰带 （唐:卢）

腰里硬 腰带上穿着皮钱包叫腰里硬。（石:获）

腰里硬 练武术用。（唐:丰）

【衣带儿】

襻儿 代替扣子以系衣服。（石:深、束）（唐:丰）

【袜带】 穿长袜时，在袜筒儿上部一般用有松紧的带儿卡住，叫袜带。

袜卡子 （唐:丰、遵）（石:无）（保:兴）（承:兴、围）

腿卡子 （老）（天:东）（承:围）

卡带儿 （天:强）

袜卡带儿 （旧）（石:正）

腿箍儿 （唐:蓟）

腿卡子　(唐:丰、抚、乐)(承:兴)

卡带　(保:安)

卡带子　(天:大)

腿带　(邯:广)

腿带子　(唐:滦)

腿带儿　(天:庆)

袜卡子　(唐:昌)(石:深、束)(天:东)

袜子带　(承:隆)

袜带儿　(唐:昌)

袜带子　(全省通行)

松紧带　(唐:蓟)(天:大、天、武)

【兜肚儿】　如小孩带的。

兜　(天:肃)

肚肚　(石:石、获)

肚肚儿　(石:平、正、无、晋、藁、元、井、灵、建)(邯:临、尧)

小肚肚儿　(石:灵、衡)

老肚肚　(张:万、商)

老肚子　(张:康)

兜肚肚　(张:崇)

周肚儿　(邯:鹿)

肚兜儿　(石:栾)

lú 肚子　(张:蔚)

顿顿儿　(石:正)(保:定、唐)

腰子　(唐:昌、乐)(保:易、兴、水)

护巾的　(邯:邯)

护巾子　(张:怀)

搂搂　(邯:涉)

搂肚　(邯:涉)

搂肚儿　(张:宣)

搂肚肚　(张:康)

牛心　(邯:永)

牛心子　(邯:肥)

纽心儿　(邯:郸)

兜肚儿　青壮年劳动时,腰间带的。(天:庆)

兜兜　(天:沧、安)(承:围)

【鞋】　后列方言都是样式不同鞋子的名称。

板尖鞋　鞋前头有一条硬板,适于走山道。(保:水)

山鞋　底厚,帮纳得密,适于山区穿。(保:水)

扎眼鞋　(保:满)

福字礼鞋　鞋脸上有"卍"花,老翁穿。(石:深、束)

刮帮鞋　鞋面用糨糊贴的。(承:滦、围)

千层板　鞋底一层一层地贴在一块,白色。(保:水)

千层底　(邯:内)(唐:蓟)(天:武、安)

没脸儿鞋　现在一般穿的霸口布鞋。(石:束)

实纳帮　(承:滦)(石:束)(唐:丰)(天:安)

纳帮子鞋　硬帮的。(天:大)(唐:蓟)

纳帮儿鞋　(唐:乐)

乌眼儿鞋　鞋上有乌眼,可穿带的鞋。(唐:丰)

小鞋的　过去妇女用的套鞋。(邯:广、尧、成)

【布鞋】

便鞋　(保:博、兴)(石:灵)

凉鞋　(石:晋)

伶鞋　布便鞋,浅帮。(石:晋)

靸鞋　(天:安)(唐:乐)

懒汉鞋　(新)现在穿的布鞋,鞋面上有两条橡筋的。(天:天)(邯:台)

布儿鞋　(保:清)

鞋　(张:鹿)(保:望、涿)(唐:宝)(石:衡、深、束)

【双脸儿鞋】　鞋帮儿前端凸起两条棱,有的夹布条儿,有的夹皮条儿。

沙鞋　(石:高)

靸鞋　(保:雄)(天:强)(唐:卢)

两道梁　(张:鹿)

两道脸儿　(石:晋、深、束)(邯:涉)(张:张、万)

二道眉　(石:河)(邯:乡、鸡、大、宗、鹿、周、南、成、丘)

二道眉鞋　(邯:任、尧、肥)

双腰儿　(张:鹿)

双脸子鞋　(天:东、津、庆)

双脸子 （天:孟、黄、强）

双脸的 （邯:邯）

双脸鞋 （保:定、安）（张:沙）（承:围）

长双脸鞋 （承:滦）

双夹脸儿 （承:隆）

衩衩儿鞋 （保:完）

夹脸儿鞋 鞋头中间夹皮条，多棉鞋。（唐:昌）

夹脸儿 （唐:滦）

老铲鞋 （天:津）

骆驼鞍儿 棉的，有短靿。（石:晋）

搬尖鞋 （张:怀）

二皮脸 鞋头上有两个短皮脸。（承:滦）

老头乐 （唐:蓟）

三皮脸儿鞋 （唐:昌）

双皮脸儿鞋 （唐:昌）

双皮脸儿 鞋头有两个皮脸。（承:滦）

【套鞋】 雨鞋，包括胶的和布（用桐油油过）做的。

半蹬 （唐:大）

套靴 （唐:丰、昌）

鞋套儿 男人用的。（邯:广）

鞋套儿 （石:井）

油鞋 （石:获）（唐:乐）

油靴 （石:深、束）

泥脏脏 小脚妇女下雨时穿的。（张:万）

浣鞋 （邯:大）

套鞋 老人套在鞋外的（最古老的）。（天:东）

【皮鞋】

皮拐 （天:宁）（邯:漳）（唐:昌）

【棉鞋】

毛窝 过去老头穿的，帮浅，单脸。（承:滦）

棉靰鞡 （承:承）

老头乐 （承:滦）（石:深、束）（天:饶）（保:高）

棉靴 （旧）（唐:宝）

暖鞋 （邯:涉）

快鞋子 （张:万）

靴头 （天:大）（邯:任、南、台）（石:深、晋）

靴头 老太太穿的。（石:新）

靴头儿 （石:正、无、获、枣）（天:大、安、霸、天）（保:定）

靴头子 （石:无、枣、衡）（天:文）

温靴 （石:平、建）

翁鞋 男的穿的。（天:强、饶）（石:深、束、行、晋）（邯:沙、漳、成、台、乡、宗、威）

靴子 （全省通行）

靴子 男人穿的。（天:庆）

靴子 女人穿的。（天:饶、强、津）（石:深、束）

靴子 老太太穿的。（邯:鸡）（保:望）

靴子 过去小脚女人穿的小底棉鞋。（唐:昌）

靴 （全省大部分地区通行）

靴 （老）（邯:成）（张:鹿）（天:河）

靴 女人穿的。（天:庆、津）（邯:宗）

靴 女人裹脚时穿的。（天:静）

靴的 （邯:邯）

棉靴 （唐:大）

棉靴子 （邯:内）

【毡鞋】

毡靴头 （邯:内）

毡疙瘩 （唐:昌）

毡翁儿 （邯:内）

毡窝儿 （石:深、束、衡）（天:桥）（唐:丰、乐、昌）

毡趿拉儿 （石:束、深）

【马靴】 皮制长筒靴子。

靴 （唐:山）

靴的 （邯:邯）

靴子 （承:滦）（张:阳）

马靴子 （全省通行）

大马靴 （承:滦）（唐:乐）

快靴 （旧）（石:束）（保:兴）

长筒靴子　（天:霸）（石:枣）

高鞠靴子　（唐:丰）

【马靴】　武生穿的薄底高鞠靴。

快靴儿　（石:束）

抓地虎快靴儿　（石:深、束）

【靴鞠鞠儿】　靴子的上部，又叫靴筒。

靴鞠的　（邯:大）

靴鞠子　（承:滦）（石:行）（张:崇）

靴筒儿　（保:兴）（天:沧）

【拖鞋】　没有后跟的便鞋。

靸鞋　（邯:魏、大、沙、肥、内）（张:龙、尚）（承:平）（唐:抚）

靸鞋　硬帮布鞋。（唐:抚）

sē 鞋　（邯:沙）

趿拉儿　（天:安）

趿拉鞋　（保:易）

趿拉板　（承:隆、围）（石:衡）

趿拉板儿　木做的。（唐:昌）

趿拉巴鞋　（石:获）

鞋趿儿　（保:兴）

鞋趿拉　（唐:丰、滦）（承:围、隆、青）（石:泽、枣、深、束）（天:饶、大、霸、肃、天、安）（保:阳、新）（邯:南）

鞋趿拉儿　（唐:丰）（承:围）（石:泽、深、束）（天:饶）（保:阳、新）（邯:南）

呱板鞋　（邯:成）

鞋呱嗒　（邯:台）

鞋拖拉　（保:新）

【脱鞋】　指动作。

扒鞋　（承:滦）（唐:乐）

【趿拉着鞋】　指动作。穿鞋时不把鞋后跟儿蹬上，而是踩在脚下。

倒跟鞋　（张:万）

趿拉鞋片　（张:鹿）

趿拉着鞋片　（邯:永、鹿）

趿拉的鞋　（张:阳）

踢拉着鞋　（石:栾、灵）（唐:昌）

刺啦着鞋儿　（石:灵）

拖拉着鞋　（石:无）（邯:乡、宗）

【单脸儿鞋】　鞋帮儿分两片，在前面沿一布条儿或皮条儿把两片帮儿缝在一起。

一道门　（石:晋）

一道脸　（石:晋）（邯:鹿、尧）

一道脸儿　（邯:涉）

一道脸鞋　（邯:丘）（张:万）

一个脸儿鞋　（石:枣）

单脸子　（天:东、庆）

一个鼻鞋　（石:石）

满泥鞋　（石:井）

老板头儿鞋　（保:完）

便鞋　（天:孟）

认脚　（邯:周）（唐:乐）

【缠足妇女的鞋脸儿】

裹脚面儿　（石:束）

【一般的便鞋】

没脸儿鞋　（邯:鸡）（承:兴）（石:平、束、深）

没脸脸鞋　（张:康）

【鞋底儿】

底子　（全省通行）

底子　没做成鞋时的底儿。（唐:丰、西）（承:滦）（石:晋、束、深）（天:任）（保:定、雄）

底的　（邯:广）

底啊　（张:鹿）

鞋底儿　专指女人或小孩的鞋底。（保:水）

鞋底的　（邯:广、邯）

鞋底子　（唐:乐）

【底缘条儿】　包鞋底儿所用的布条儿。一般用白布。

底疏　（保:安）

底排子　（张:怀）

底拍儿　（承:滦）

底条 （邯:肥、广）

底条的 （邯:肥、邯）

底子条儿 （唐:丰）

底子边儿 （天:沧）

鞋条儿 （唐:三）

粘衣条 （唐:大）

缘条 （天:东、永）（邯:宗）（张:崇、蔚）

缘条儿 （石:灵、获、衡、泽）（天:孟、静、安）（邯:乡）（保:兴、新）（张:阳、商）

缘底条 （邯:涉、周）（承:围）

鞋缘条儿 （石:宁）（天:强）

缘底条儿 （邯:大、台、任、肥、尧、阜）

底子缘条儿 （石:井）（唐:昌）

【鞋帮儿】

鞋帮子 （石:深、束、枣）（唐:乐、昌）（天:安）

帮儿 （保:望、唐）

帮子 （全省通行）

帮子 没做成鞋时的鞋帮儿。（保:雄）（唐:丰、西）（石:晋）

鞋帮的 （邯:广、邯、大、丘）

【鞋楦子】 木头做的,形状像脚,放在鞋里,使鞋合脚的样式。

鞋衬子 （邯:尧）

鞋撑子 （邯:任）（石:建）

楦头 （全省通行）

楦子 （邯:漳）（石:灵）（天:宁）

鞋楦 （石:衡、束、枣、深）（天:孟、故、肃、霸、东、永、沧、庆、饶、静、献、任、文、河、津）（邯:大）（保:新、兴）

鞋楦儿 （天:津）（邯:威）（保:保）

鞋楦的 （邯:广）

鞋楦头 （天:固）（唐:乐）

【鞋拔子】 穿鞋用具,放在鞋后跟里边,向上提以助穿鞋。

鞋挖子 （承:平）（天:宁）

鞋提子 （邯:成）

鞋提的 （邯:大）

鞋凹子 （张:赤）

鞋蹬子 （石:正、泽、晋、藁）

鞋板子 （张:蔚）

提鞋板子 （天:故）（邯:南）（保:安）

鞋娃 （张:沽）

鞋溜子 （石:束、晋、冀、深）（邯:台、任、乡、尧）（保:定）（张:阳、康、沙、鹿、商、怀）

鞋溜的 （邯:鸡、周）

鞋溜儿 （邯:涉）

鞋溜根儿 （张:崇）（邯:台）

鞋拥子 （石:建）

鞋搊子 "搊"音 chōu。（石:平）

鞋靶子 （保:易）

鞋耙子 （保:唐）

鞋约子 （唐:大）

【鞋提跟儿】 小孩鞋后跟帮上的提手儿。

曳跟 （石:平）（邯:鸡、任、周、成）

曳跟儿 （邯:广）

拽跟儿 （全省大部分地区通行）

拽跟的 （邯:邯）

拽跟带儿 （张:鹿）

鞋拽跟 （邯:宗、肥）（保:高）

鞋曳跟 （石:正）（邯:尧、魏、南）（天:东、庆）

鞋拽跟儿 （承:滦、围）（邯:郸、大、鹿）（保:定）

鞋曳跟儿 （石:枣、晋、束、深）（天:故）

提跟 （老）（张:万）

提跟儿 （唐:玉）

小襻儿 （石:无）

鞋襻儿 （石:无）

鞋拽拔儿 （石:行、赞）（承:平、隆）（天:桥、津、宁）（邯:郸、沙、肥、漳、内）（保:望）

压跟的 （邯:邯）

鞋流跟儿　(石:河)

提跟带　(张:阳)

鞋鼻子　(张:商)

护跟带　(张:万)

鞋助跟儿　(石:获)

【鞋带儿】　做在鞋后跟(或内侧)的带儿,相结(或扣在外侧)时,可防鞋掉。

拽跟　(邯:丘)

鞋绊儿　女人鞋上的。(承:滦)

鞋带子　(张:阳、沙、蔚、怀)(石:灵、枣)(唐:乐)(天:安)

鞋鼻　(邯:大)

鞋跟带　(保:阳)

缚鞋带儿　(石:无)

鞋绳儿　(唐:遵、玉)(承:平)(天:故、桥)(邯:柏、成、内、尧)(石:石)(张:尚)

掳跟带　(张:崇)

鞋带带　(张:万)

盘鞋带儿　缠足妇女之鞋带儿。(石:束、深)

【袜子】

袜　(唐:遵、乐、蓟)(石:无、藁、灵、安)(承:平)(天:静、桥、津)(邯:鸡、鹿、肥、内、尧)(张:康、宣、尚)

袜的　(邯:广、邯、大、丘)

袜啊　(张:鹿)

洋袜子　(旧)指针织品。(天:安)(唐:乐、蓟)(承:承、围)(石:晋)(张:万)

脚登儿　过去缠足妇女露脚尖儿的鞋。(石:深、束)

【袜底儿】

袜底的　(邯:广、鸡、丘)

袜底子　(唐:乐)(天:安)(承:围)

袜后跟儿　(唐:昌)

袜里子　(唐:乐)

袜心　袜底儿中间。(承:滦)

【布袜后跟垫布较多、纳得较密的地方】

主跟　(石:平)(承:围)

【手绢儿】

手巾　(石:井、藁)

手件　(石:平)

手巾儿　(全省通行)

小手巾儿　(全省通行)

小毛巾儿　(石:栾)

绢子　(张:阳)

小绢　(唐:宝、昌、大)

【毛巾】　擦脸擦手的,有布做的和棉织的。

毛巾　(新)(唐:大)

手巾　(天:安)(唐:乐、丰)

手巾儿　(邯:永)(唐:大)(石:衡)

擦脸巾　(邯:魏)

擦脸手巾　(石:灵、枣)(邯:磁、丘)

羊肚手巾　指毛巾。(天:饶、安)(唐:乐、昌)

羊肚子手巾　(石:正)(承:围)

擦脸布　(邯:大)(石:宁)

洗脸手巾　(石:获、深、束)(唐:乐、昌)

汗巾子　(张:阳)

【围巾】　围在脖颈上的长条巾,用以防寒风,普通为毛线织成。

围脖儿　(旧)(唐:迁、乐、昌)(石:石、枣、衡)(保:新)(天:安)

围脖儿　毛线或厚料子的叫围脖儿,单的、丝绸等薄料子的叫围巾。(天:津)(承:围)

围脖子　(承:滦)(天:东)(张:阳、沙、崇)(保:阳)

【围嘴儿】　小孩脖颈上套着的花瓣形布垫。

哈喇盘　(承:滦)(邯:乡、宗、南、威)

哈喇转　(承:滦)

转哈喇　(承:滦)

转褡鲁　(唐:丰)

围脖　(石:元、井、平、行、石)

围脖儿　(石:井)

护巾儿　(石:深、束)

上围巾 （天:沧）

【仅一块前襟围在胸前作衣服穿】

护大巾 小孩用。（承:滦、围）（天:沧）

围巾 女人用。（承:滦）

饭单 小孩用。（唐:大）

【手套】

手八指 （唐:遵）

手巴掌 （全省通行）

手巴掌儿 （全省大部分地区通行）

手巴掌儿 用棉布做成，大姆指在一个筒，其他四指在一个筒。（石:安）（唐:乐）

手巴掌的 （邯:大）

手巴纠儿 （天:宁）

手巴状状 （张:怀）

手套子 （张:阳）

手套儿 （唐:昌）

手闷子 （唐:乐）

棉手闷子 （唐:乐）

【套袖儿】 棉的或皮的圆筒，套在袖口上，冬季取暖。手可以抄在其中。

暖袖儿 （石:深、束）

皮袖头 （承:滦）

套袖 （承:围）（唐:昌）

【耳朵帽儿】 棉的或皮毛的。冬天戴在耳朵上防寒。

捂耳 （保:博）

暖耳 （石:平、石、建、无、赞、获、元、井、赵、栾、藁）（承:平）（邯:柏、任、临、涉、内、尧、鸡、大）（保:定）（张:尚）

皮耳朵 （邯:乡）

撇耳朵 （石:正）

护耳封 （石:无）

捂耳朵帽儿 （张:宣）

耳挖 （张:鹿）

耳安 （邯:魏、永、肥、涉）

耳安儿 （邯:广、成）

耳朵安儿 （邯:漳）

耳朵安子 （邯:磁）

耳套 （全省通行）

耳套子 （张:阳）

耳封 （保:阳、阜）（石:无）

耳包 （唐:昌）

耳包儿 （唐:滦、迁、卢、乐）（天:宁）

耳窝 （石:枣）

耳毡 （唐:遵）

耳毡儿 （承:兴）（唐:玉、蓟）

耳圈 （张:商）

耳圈儿 （保:涿）

耳 wēng （石:泽）

耳朵护 （天:东）

耳罩 （石:晋）（天:饶、任、文、大）（保:高、安）

耳朵罩儿 （保:兴）

耳头套儿 （唐:丰）

耳朵套儿 （张:蔚）（天:静、天）

耳勺儿 （天:孟）

耳朵勺 （唐:山）（天:安）

耳朵帽子 （唐:昌、卢）

耳挖子 （张:万、怀）

耳风子 （石:行）（保:定、唐、阜、完）

耳帽子 （天:黄）（张:沙）

耳折子 （唐:迁）

耳朵帽儿 指带耳朵的帽子。（唐:抚）

耳扇扇 毡帽两侧护耳的部分。（张:怀）

【眼镜】

镜子 （全省大部分地区通行）

镜子 （老）（张:鹿）

镜的 （邯:广、大）

眼镜儿 （唐:乐）

眼镜子 （全省通行）

【风镜】 防风的眼镜。

避风镜　(唐:遵)(承:隆、平)(邯:鸡、鹿、内、尧)(保:清)(张:尚)

【望远镜】

千里眼　(旧)(全省通行)

千里眼　一种神秘的说法。(张:鹿)

千里镜　(全省大部分地区通行)

千里镜　(旧)(石:河)

翻山镜　(张:万)

【褡裢儿】　盛钱物的小袋。

褡子　(石:栾)(邯:鹿、临)

褡裢子　(张:阳)

褡裢的　(邯:邯、成)

钱褡　(石:平)(天:强)(邯:鹿)(保:唐)

钱褡儿　(保:唐)(天:强)

钱褡子　(保:安)(承:青、围)(唐:乐、昌)

钱褡裢　(承:兴)(石:枣、建)(天:安)

钱褡裢儿　(石:枣、建)(天:安)

小褡子　(邯:任)(石:束、深)

钱留子　(保:安)

钱插子　(承:青)(天:静)(唐:昌)

褡布袋子　(唐:迁)

哨马　(张:沙、商)(保:安)

哨马儿　(保:易)

少马子　宽短。(邯:郸)

上马子　(唐:三、大)(邯:沙)

钱捎马　(石:藁)

挎兜儿　(唐:昌)

腰串儿　带在腰里的。(承:滦)

卷袋　(石:平)

穗头　(邯:尧)

哨裢　专指大的褡裢,能装行李。(张:鹿)

褡裢儿　衣服上的口袋。(唐:昌)

【背褡裢】　两个盛钱物背在肩上的褡裢。

捎马儿　(石:深、建、行、晋、泽、灵、获)(保:易、阜)(张:鹿)(天:饶)

捎马子　(张:崇、蔚)(石:正)

上马子　(唐:蓟、大)(邯:肥)(保:水、兴)

上马的　(邯:邯、鸡)

钱马的　(邯:邯)

钱褡子　(石:束、深)(唐:滦、昌、抚、乐)(天:黄)(邯:南)(保:兴)(承:围)

钱裕啦　(保:望)

钱插子　(唐:丰、西、大、卢)(天:东、宁、静、安)

钱留子　(天:霸)

褡子　(石:束、枣、冀、深)(邯:乡、宗)(天:安、庆)

褡的　(邯:大)

捎褡子　(石:衡)

捎末子　(保:唐)

背夹子　(张:阳)

背套　(张:沽、宣、怀、商)(邯:永)

褡背子　(张:万)

秋冷儿　(承:滦)

褥套　(唐:宝、乐、昌)

【荷包】　随身佩带的小口袋儿,用以装钱币等物。

钱夹　(天:津、天)

钱夹儿　(唐:昌、乐)(天:强)(石:衡)

钱夹子　(唐:抚)(天:孟、安)

钱袋　(全省通行)

钱口袋　(天:霸)

钱口袋儿　(天:山)(保:涿)

钱包　(全省通行)

钱包子　(张:阳)

钱兜　(石:栾)

钱斗儿　(石:正)

钱折子　(承:滦)

钱布袋儿　(天:强)

钱褡裢儿　(唐:玉)

皮包　(张:沽)

皮包儿 （石:无、晋、井、灵）（张:怀）（邯:广、魏）（承:滦）

皮包子 （张:崇）

挎包 （唐:大）（邯:大）

挎包子 （邯:肥）

腰包儿 （唐:丰）

挎布袋 （天:东）

票夹儿 （邯:乡）

战兜子 （唐:丰、玉）

靴掖 （邯:南）

靴掖子 （保:兴）（天:津、强）

钱掖子 （保:水）

顺带 旧社会妇女用。（石:石、获）

顺带儿 妇女用，围在腰带上。（石:正）

针扎扎 （张:万）

【扇子】

风扇 （石:无）

扇的 （邯:广）

蒲扇 （唐:大）

【折扇】 能折叠开合的扇子。

扇子 （唐:滦、昌、丰、抚、乐）（天:饶）（保:兴）（石:束、深）（承:围）

纸扇 （全省大部分地区通行）

纸扇子 （石:获、井）（邯:邯）（天:霸）（保:完）（唐:昌）

纸儿扇子 （保:清）

小扇 （邯:大）

小溜扇 （邯:尧）

茶扇 （邯:南）

里老婆扇 （保:阜）

江西柳儿 （承:滦）

【羽扇】 羽毛做的扇。

翎扇 （保:唐）（石:深、束）

鸡翎儿扇子 （保:唐）

鸡毛扇 （唐:山、乐、丰）（天:沧）

雕毛扇 （唐:昌）

羽毛扇 （唐:昌）

【蒲扇】 用蒲葵叶制的大圆扇，又名“葵扇”或“芭蕉扇”。

芭蕉叶 （石:正）

芭蕉叶儿 （全省大部分地区通行）

芭蕉扇 （全省通行）

芭蕉扇儿 （唐:昌、乐）（保:水）

芭蕉扇子 （保:唐）

芭蕉叶扇 （邯:魏）

芭蕉叶扇子 （石:建）

芭蕉叶儿扇 （邯:乡、漳）

荷叶扇儿 （天:桥、天）（保:阳）

竹叶扇 （邯:任）（保:定）

竹叶子蒲扇 （天:文）

蒲扇 蒲草编的扇。（石:深、束）（唐:昌）

【团扇】 用纱布或线做的圆形扇。

凉扇 （承:滦）

纱扇 （保:兴）

圆屯 （石:元）

圆扇 （石:枣）（邯:大、任、尧）

圆扇子 （张:怀）

【手表】 戴在手腕上的表。

子表 （邯:成）

腕表 （承:平）（邯:内）（保:雄）

腕子表 （唐:蓟）

镯表 （唐:三、宝）（承:平）（天:肃）（石:安）（保:新）（邯:内）

镯子表 （天:安）

镯子 （承:丰）

表 （邯:内）

【镯子】 手腕上戴的一种圆圈形的金、银或玉石装饰品。

爪 （唐:昌）

手镯子 （邯:周、鸡）（石:衡、枣）（唐:乐）

手镯 （天:津）（张:怀、商、万）（唐:昌）

镯的　（邯:广）

手钏　如玛瑙手钏、珍珠手钏。（石:束）

手束　（邯:涉）

凉镯儿　玉制的镯子。（承:滦）

【戒指】　即指环，以金属或宝石制成环状，套在手指上的装饰物。

箍儿　（石:安）

戒箍　（石:衡、武、枣）（天:桥、孟、沧、天）

戒箍儿　（石:枣）（天:沧、孟）

手箍儿　（承:承、兴、平）（石:灵）（唐:抚、昌）（天:东、河、静）（邯:内）（保:安）

戒钗儿　（张:崇、阳）

戒镏子　（天:东）（张:万）

镏子　（唐:山、大、乐、昌）（承:滦）（石:正、泽、束、无、晋、建、深）（天:强、文）（保:博、定、望、雄）（邯:尧）

手镏　（天:霸、河）（保:保）

手镏子　（唐:玉、卢、乐）（天:静、安）

手镏儿　（唐:丰、宝、迁、大、抚、昌）（承:承、丰、滦、兴、围）（石:深）（邯:郸）（保:博、易、新、涿）

手镏的　（邯:邯、肥）

金镏子　（唐:滦、昌、秦、乐、蓟）（邯:漳）

扳指儿　（唐:玉）（承:兴、滦）（保:水）

扳子　（石:晋）

圈儿　（邯:涉）

手圈的　（邯:邯）

手圈子　（张:沽）

嘎子　（天:津、安）

金嘎子　“嘎”音 gá。（天:东、静、宁、桥、天）

镏针儿　（保:清）

窟环环　（张:怀）

银指甲　手指甲上的银箍。（承:滦）

【项圈】　妇女和小孩儿脖子上戴的装饰品，多系银制。

脖链　（石:宁）

脖链儿　（唐:丰、昌）

脖圈　（石:灵）（邯:永）

银脖圈　（邯:大、尧）

圪拉　（邯:任）

脖格拉　（石:建）

脖锁　（唐:宝）

银脖项　（邯:尧）

银圈　（石:平）（张:口）

银丝　（石:束、深、枣）（邯:南）

银绳　（邯:鹿、尧）

银圪拉　（石:井）

圈套　（石:无）

扛圈　（天:文）（保:安）

圪拉圈　（保:阜）

圪拉儿　（保:阳）

圪拉套　（保:满）

项链　（唐:山）

项链儿　（保:保）

大链子　（张:商）

套　上写“长命百岁”。（张:怀）

套包　本为牲口的套包，也用于小孩的项圈。（唐:乐）

锁子　（承:围）

【百家锁】　旧俗为婴儿向各家要钱制成锁链，传说佩戴可以长命百岁。

锁　（唐:宝、大、迁、丰）（承:青、平）（保:安、水）（张:商）（天:静）

锁儿　（张:万、阳）（石:建）

脖锁　（石:束、深、晋）

银锁　（石:平、行）（张:口）（保:阜）（天:沧）

锁子　（承:平、围）（天:静、桥、霸、天）（唐:大）（保:唐）

银锁子　（石:获）

长命锁　（石:泽、获、晋）（天:宁）（邯:沙）（张:万、鹿）（保:易）

成人锁　（石:宁）

百家链　（唐:遵）

百家钱儿　（天:静）

锁子 旧俗小孩认干娘，每到生日，干娘用带眼铜钱穿成锁链悬于小孩儿脖上，以图长命吉利。每增一岁，增一个铜钱，至十二岁摘下。（石：束）

【耳挖子】 掏除耳垢用具。

耳挖儿 （唐：宝）（天：天）（邯：周）

耳勺 （全省大部分地区通行）

耳勺儿 （唐：滦、大、遵、迁、抚、昌）（天：静）

耳勺子 （张：阳）

耳朵勺儿 （天：沧）（唐：迁）（石：正）（张：张）

耳朵勺子 （张：商）

耳挖勺儿 （唐：大、西）（承：承、兴）（石：新、高、安）（天：大、山、桥、津、宁、永、霸、沧）（邯：大、内、漳）

耳挖勺子 （张：口）

耳挖簪儿 （邯：永）

耳头勺 （唐：遵）

耳头勺儿 （唐：丰）

耳剜勺 （天：东）

耳剜的 （天：东）

掏耳剜儿 （石：枣）（天：强、献）（邯：乡、宗）

勺儿挖子 （保：望）

抠耳朵勺 （张：宣）

剜耳勺 （天：黄）

剜耳勺儿 （天：庆）

挖耳勺勺 （张：怀）

挖耳勺 （张：沙、鹿）（保：清）（邯：魏、内）

掏耳挖 （天：文、河、肃）（保：阳、新、高）（石：冀、建、藁）（邯：任）

掏耳挖儿 （石：无、晋、栾、衡、宁、泽、束、深）（天：强、任、静）（邯：鸡、鹿、清、台、涉）（保：容）

掏耳挖子 （石：平、行、赵、元）（保：唐、水、高）

掏耳剜 （石：武、河）（天：饶）（邯：宗、南）

掏耳朵勺 （张：宣、蔚）

掏耳勺儿 （唐：滦、遵、卢、昌、乐）（承：滦、平、承、隆、围）（石：正、深、灵）（邯：邯、沙、临、丘）（保：易）

挖耳勺子 （天：故、安）（邯：内）

掏耳朵勺子 （张：崇）

掏耳碎勺儿 （石：灵）

掏耳塞子 （邯：磁）

掏耳啊 （邯：涉）

簪儿 （邯：永）

【梳胡须的小篦子】

胡梳 （唐：昌）（天：安）

胡梳儿 （天：霸）

胡梳子 （石：束）（唐：昌）

【簪子】 妇女头上装饰品之一种，有横直圆扁之分，用以绾发。

簪儿 （唐：遵）（承：滦、青、兴）（石：灵、栾、元、建、深、束）（保：易）

簪的 （邯：广、邯、大）

金簪子 （石：无）

小簪 （唐：宝、抚、大）

别顶簪 （保：定）

牙簪儿 （石：平）

鬓簪儿 斜插于鬓。（石：栾、束）

扁簪 三寸长，一寸一分宽的扁银簪。（承：滦）

大扁簪 四五寸长。（石：束、深）

别针儿 比簪小的银针。（承：滦）

别簪 （唐：昌）

压簪 （唐：昌）

簪子 （唐：昌）

【耳环】 妇女耳朵上的装饰品。

耳钳子 （张：鹿）

钳子 （唐：丰、滦、宝、迁、秦、玉、抚、三、昌、乐）（承：承、青、平）（天：阜、肃、静、武、天）（邯：柏、肥、内）（张：鹿）（石：深）

环环 （张：张、怀、万）

环子 （张：蔚）

坠子 （唐：丰）（天：安）

耳圈 （张：沽）

耳圈子　(张:龙)

【耳坠子】　带有坠子的耳环。

坠儿　(天:霸)

坠的　(邯:广、邯、大)

耳朵坠　(天:桥)

坠子　(全省通行)

坠子　也可指一般耳环。(石:深)

耳坠儿　(天:桥、永、沧、任、饶、津)(邯:乡、魏、鸡、大、磁、永、鹿、台、沙、任、肥、涉、漳、周、南、内、尧、郸)(张:尚)(石:井、深、灵、建、束)(承:承、隆、兴)

耳朵坠儿　(石:正、深、束)(天:桥、沧)

坠钉儿　钉形的坠子。(承:滦)

耳捏儿　捏在耳垂上。(承:滦)

【耳朵眼儿】　旧日妇女为戴耳环耳垂儿上刺的眼儿。

耳坠眼　(石:无)

坠子眼　(石:无)

耳朵眼　(唐:宝、乐)

【胭脂】　一种红色搽脸颜料,妇女的化妆品。

胭粉　(唐:大、抚、昌、乐)(天:宁)

胭脂饼　(石:灵)(唐:昌)

胭子　(天:天)(石:枣)

红粉　(张:沙)(保:保)

红　(唐:滦)(邯:尧)(保:保)(张:沙)

颜粉　(唐:迁、蓟)

洋红　(唐:抚)

【粉】　妇女敷面用的白粉,化妆品之一种。

宫粉　(唐:昌)(承:隆、平)(石:藁)(天:饶、献、山、沧)(邯:沙、内)(保:望)

官粉　(全省通行)

大官粉　(天:静)

胭粉　(承:围)(唐:滦、遵、宝、山、玉、蓟、大、乐)(石:晋)

蒲粉　(唐:遵、迁、抚)(石:晋)(承:青)(天:东、津)(保:清)

扑粉　带点颜色。(唐:滦、西)(天:安)

雪花粉　(唐:丰)

【裹脚】　过去妇女缠足用的布条。

裹脚条　(唐:山)(承:滦、围)(邯:成、丘)(保:新)(石:平)

裹脚条子　(唐:丰、宝、山、迁、玉、昌)(承:滦、兴)(石:灵、高)(天:静、宁)(张:万、鹿)

裹脚条子　(贬)(石:深、束)(天:天)

臭裹脚条子　(贬)(石:深、束)

裹脚条的　(邯:邯)

裹脚条儿　(石:晋)

裹脚布　(石:宁、枣)(唐:乐)

缠脚布儿　(石:无)

包脚布儿　(石:无)

半破儿　过去土布面窄,买二尺长、半幅宽再把半幅分两份就成两条裹脚。因妇女不愿说买"裹脚"故用"半破儿"代替裹脚。(天:安)

裹脚布的　(邯:大)

【包脚布】　过去男子包脚用的。

包脚　(唐:迁)(石:灵)(承:平)

脚布子　(唐:滦、昌)(天:静)

包脚布子　(唐:迁、玉)(承:滦)(天:津、武)(保:望)(张:阳)(石:枣)

包脚布的　(邯:广、邯)

【由裹脚引起来的两个歇后语】

潘金莲的裹脚——又臭又长　(承:围)(天:任)(保:阜)

裹脚条的做围嘴帕的——臭一圈　(邯:邯)

【别针儿】

曲别针儿　(承:隆)

针扎扎　(张:万)

膈针　(石:泽、晋、枣)(保:高)

拨针　(石:晋)

piá 子　(石:宁)

扣针　(邯:邯)

扣针 指卡子。(张:鹿)

【伞】

撑子 (承:隆)(邯:内)

遮 (邯:内)

【雨伞】

雨盖 (邯:内)

【旱伞】 遮太阳用。

阳伞 (唐:滦、遵、昌、乐)(承:隆)(石:藁、安)(天:故、桥)(邯:沙、内、尧)

阳旱伞 (石:平、灵、井)

布伞 (天:安)

坤伞 (天:故)

【雨帽】 遮雨用。

雨笠 (唐:遵)(石:宁)(邯:内)

笠帽 (石:新、高、栾)(承:平)(邯:永、任、内、尧)(天:天)

斗篷 (天:安)

斗篷 苇篾子编成,亦可遮阳光。(天:孟)

小斗篷儿 秫秸篾、苇篾子编制而成,帽顶成三角形,另可遮阳光。(唐:丰)

苇连头 秫秸篾编的。(承:围)

凉帽 成窝窝头形,晴雨皆可用。(唐:丰、滦、抚)

酱篷冷 见"凉帽"注。(唐:卢、昌、丰、抚)

酱篷篓儿 (唐:乐)

缸帽 (唐:蓟)

【雨衣】

油衣 (石:建)

油大褂儿 (天:安)

【窗户外遮雨用的布或木板儿】

雨盖 (天:桥)(石:石)

雨搭 (石:深、束)

雨搭子 (天:安)

【雨布】

雨单 (天:桥)

油布 (天:安、武)

【雨鞋】

水鞋 (唐:遵、迁、西、昌)(承:围、滦、兴、承、平、青)(石:灵、井)(保:唐)(张:万)(邯:涉、漳、尧)

雨靴 高靿的。(唐:丰)

雨靴子 高帮的。(唐:丰)

胶皮鞋 (唐:滦、宝、乐、大)(承:兴)(石:枣)(天:肃、天)

踩雨鞋 (石:无)

油靴 布鞋涂桐油制成。(石:深、获、平、束)(天:天)(邯:威)

炸雨鞋 布鞋涂桐油制成。(张:阳)

雨鞋 布鞋涂桐油制成。(唐:滦、抚、乐、昌)(张:怀)(邯:柏)

【木履】 木底的拖鞋。

雨踏子 "踏"音 chà。(邯:沙)

脚踏子 (邯:沙)

屐子 (石:宁)

木头底 (唐:迁)

木头底鞋 (邯:涉)

木头底的鞋 (邯:大)

呱嗒板 (石:灵、正)(天:霸、安)(邯:鸡、清)(唐:大、昌)

大呱嗒板儿 (天:津)(唐:大)

趿拉板 (石:冀)(保:易)(唐:乐)

趿拉板儿 (张:阳)(唐:丰、滦、秦)(承:滦、围)

呱嗒儿 (天:安)

嘎嗒板儿 (张:宣)(石:深)

泥鸭 (邯:任)

泥居子 (邯:漳)

泥屐子 (邯:尧)

泥屐 (石:赞、河)(邯:广、鹿、台、沙、任、内、乡)(张:尚)

【拐杖】 老人走路时使用的木棍。

拐棍儿 (石:深、束、衡、枣)(唐:乐、大、丰、昌)(天:沧、安、霸)

拐棍的 (邯:魏)

拐棍　（石:武）（承:围）

拐棍子　（唐:迁）

拐棒　（天:东、津、庆）

棍子　过去没钱买拐杖，用棍代替。（天:桥）

龙头拐　（邯:尧）

石头杖　（邯:内）

【盲人用的棍儿】

明杖　（石:灵）

眼棍儿　（邯:内）

马杆儿　（唐:昌）

马杆子　（唐:丰）

【手杖】　俗称“文明棍儿”，手握的一头呈一圆钩形。

洋棍儿　（唐:遵）（石:无、藁）（邯:沙、内）

藤子棍儿　（石:无）

拐棒　（天:山）

拐棍　（承:围）

主棍　（承:围）

文明棍儿　（唐:丰）

【旱烟袋】　与水烟袋相对称的无水的烟袋。

旱烟锅儿袋　（石:无）

旱烟袋　（唐:昌）

旱烟锅袋子　（张:阳）

烟袋　（天:安）（唐:昌）（承:围）

烟斗　（石:晋）（天:静）

烟锅子　（张:万）

烟锅儿　（石:晋、行）

烟袋锅　（石:晋、枣、衡）

旱烟锅子　（张:阳）

火烟袋　（承:滦）

【水烟袋】

水烟壶　（邯:鸡、任）

水烟锅儿　（石:行）

水烟锅子　（张:万）（石:行）

水烟锅儿袋　（石:无）

水烟葫芦　（邯:内）

【烟袋荷包】　装旱烟的口袋儿。

烟袋儿　（石:无）（天:宁）

烟袋　（张:蔚、怀）

烟口袋儿　（唐:丰、滦、遵、山、迁、秦、抚、玉、蓟、昌、乐）（承:丰、滦、青、围）（天:武、沧、献）（张:宣）

烟口袋子　（张:万、张、康、崇、怀、口）

烟口袋　（张:蔚、沽、龙、商）（邯:涉）

烟袋口袋　（唐:西、卢）

烟叶袋儿　（石:无）

荷包　（石:建、灵）（保:唐）

烟荷包　（承:滦）（石:正、灵、枣）（保:易）（张:赤、沙、鹿、蔚、宣）

烟荷包儿　（保:定）（石:束、深）

烟锅荷包　（石:泽）

烟布袋　（邯:大）

烟布袋的　（邯:邯）

烟布袋儿　（全省通行）

烟荷贝　（承:围）

【烟袋别子】　烟袋荷包上的坠子，石制的或木制的，因经常缠在裤带上，故称“别子”。

坠儿　（唐:大）

坠石　（唐:三）

坠石儿　（唐:玉）

坠绳　（保:安）

坠手　（天:霸）

坠头　（保:新）（石:枣）

荷包坠儿　（石:正、深、晋）（天:安、肃）

荷包坠手儿　（天:安）

荷包坠什　（保:定、兴）（天:固）

烟袋坠子　（保:容）

烟袋坠头　（天:山）

烟袋坠儿　（唐:秦、乐）（石:建）（保:唐）（邯:鸡）

烟袋坠手儿　（承:兴）

烟袋荷包坠儿 （唐:宝）

烟布袋坠儿 （唐:山）（承:隆）（石:新、束、无、赞、获、井、藁、武）（天:孟、献、桥、津、沧）（邯:广、邯、郸、威、永、任、涉、漳）（张:沽）

烟荷包儿坠儿 （石:深、束）（唐:大）

烟荷包坠头儿 （保:涿）

烟荷贝疙瘩 （承:围）

烟口袋坠儿 （唐:滦、乐）

烟袋别头 （邯:清）

烟袋别棍儿 （唐:抚）

烟袋穗头儿 （石:无）

烟荷包挡头 （承:围）

烟荷包挡头儿 （承:滦、围）

烟袋格 （天:饶）

烟袋叶小 "叶"读阴平。（唐:蓟）

荷包穗头 （天:黄）

荷包挡头 （石:衡、枣）（天:东、大、庆）（邯:南）

别子 （石:平）

烟锅别子 （张:怀）

烟锅圈儿 （张:阳）

扳指 （张:鹿）

烟扳指 （张:蔚）

烟锅钵儿 （张:阳）

烟袋别子 （唐:昌）

【烟袋杆儿】

烟杆儿 （石:无、灵）

烟锅杆 （张:龙、蔚）

烟锅杆儿 （石:无、行）（保:阳、阜）（张:阳、康、宣、怀）

烟锅杆子 （张:万、康、崇）

烟袋杆子 （天:黄、山、津）（唐:昌）

气筒子 （贬）（承:滦）

【烟袋锅子】 烟袋上盛烟叶的，部分形似锅，多用铜制成。

烟锅(儿) （唐:乐）（石:新、灵、元、行、深、束）（保:安、阜）（张:鹿、蔚）（邯:鹿）

烟锅子 （保:唐、水）（张:张、阳）

烟锅头儿 （石:无）（张:崇）（天:安）

烟锅头子 （张:沽）

烟袋锅的 （邯:邯）

烟袋脑袋 （保:易）

烟袋锅子 （唐:昌）

烟袋锅儿 （邯:内）

烟锅脑袋 （石:无）

【烟袋嘴儿】 嘴吸部分，多用石或金属制成。

烟锅脑袋 （石:无）

烟锅脑袋儿 （保:唐）

嘴的 （邯:鸡）

烟嘴 （保:阜）（邯:鹿、大）（张:鹿）

烟嘴儿 （石:无、行、深、束）（保:安）（张:鹿、蔚）

烟嘴儿 纸烟的。（石:灵）（唐:乐）

烟嘴子 （承:隆）（张:张、万）

烟锅嘴 （张:沙）（保:阜）

烟锅嘴儿 （石:无、枣）（保:唐、阳）（张:蔚、宣、商）

烟锅嘴子 （张:阳、万）

烟袋嘴子 （唐:昌）

烟袋嘴儿 （唐:昌）

【烟袋油子】 烟袋杆中积蓄的烟垢。

烟腻 （邯:临）

烟锅油 （邯:鹿）（石:晋）

烟锅油儿 （石:行）（保:阜）（张:鹿、怀）

烟锅油子 （保:定、唐、水、阳）（张:张、万、赤、龙、沙、崇）

烟油 （全省大部分地区通行）

烟油子 （全省通行）

烟油的 （邯:广、邯）

烟油儿 （邯:郸、鸡、永）（石:正、获、河、建）

烟袋屉屉 （唐:迁、昌）

烟锅药 （石:晋）

【火镰】 过去取火用具，有荷包儿，内装燧石和火绒，一端装一钢铁合金的火刀。

火镰的 （邯:广、肥、丘）

火镰条儿　(张:万)

大镰　(唐:昌)

【火镰上的荷包,内包燧石和火绒】

火镰包子　(承:滦)(唐:昌)

【火镰上的火刀】

火镰片　(石:宁)(承:滦)(唐:昌)

【火绒儿】　打火时引燃的物品,把蒲绒用硝沤或掺上硫黄。

绒子　(石:武、深)(天:强、东、献、桥)

葛绒　(保:阜)

火葛绒子　(张:崇)

火绒子　(石:正)(承:平、围)(天:强、东、献、桥)(唐:昌)

【火石】　与火刀相击发火的褐色石块儿。

火镰石　(石:平、深、束)(天:强、饶)(邯:丘)

火石头　(石:无、晋、赵)(邯:任、临)

打火石　(石:深、无、晋、束、枣)(天:强)(唐:遵)

打火石头　(石:无、衡)

【火纸】　涂硝的纸,易燃。

葛　(石:建、井、平)

火葛　(石:灵、获)

葛纸　(石:灵)

硝纸　(石:灵、栾)(邯:柏、临、涉、内、尧)

裱新纸　(天:饶)(邯:肥)(唐:昌)

大纸　(唐:昌)

【纸媒儿】　即"火纸媒儿"。用纸捻成一尺左右的长管儿,可把余火吹成火苗儿。

纸迷儿　(唐:抚、昌)

纸迷子　(唐:迁、抚、昌)(石:正)

纸篾儿　(石:正)

纸媒子　(邯:尧)(承:围)(保:兴)

火纸捻　(天:桥)

火纸媒儿　(石:深)(邯:广)

火卷　(承:围)

纸捻儿　(全省通行)

【火绳】　用艾子的枝叶编成绳,点着可以熏蚊子。

艾绳　(全省大部分地区通行)

艾叶　(石:灵)

艾子　(张:崇)

艾蒿绳　(承:平、围、承)

艾腰　(张:龙、怀)

艾子腰子　(张:商)

蒿子绳　(天:故、肃、东)(保:兴)

火绳腰　(保:阜)

火绳儿　(张:阳)

栗花火绳　栗子花编的。(唐:昌)

【手纸】　大便用纸,河北省多叫"擦屁股纸"。

草纸　(张:鹿)

黑纸　(保:清)

卫生纸　(唐:宝)

灰纸　(天:静、天)

便纸　(石:无)

擦腚纸　(天:黄、桥、庆、津)(邯:威、鹿、清、丘)(石:衡、枣)(承:围)

擦包纸　(石:灵、藁)(承:平)(邯:广、郸、鸡、磁、永、沙、肥、涉、内、漳)

擦屦的纸　"屦"指屁股。(邯:周)

底包纸　(石:灵、平、行)

底屁股纸　(石:灵)(邯:台)

屎劈儿　擦屁股用的秫秸秕儿,本地不用纸。(唐:丰、乐)

擦屦子纸　"屦"指屁股。(邯:肥)

格滕劈子　一节秫秸叫"格滕"。(唐:乐)

【草纸】　一种用草制的粗纸,多用以包物或垫物。

麻黄纸　(石:无)

粗草纸　用三棱草制成。(承:滦)

细草纸　用蒲草制成。(承:滦)

粗纸　(天:山)(石:无)(唐:昌)

十七　疾病、医疗

【生病】

不四致了 （唐:丰、昌、宝、乐）（天:安）

不中受 （邯:磁、邯）

不壮实 （天:桥）（唐:乐）

不快当 （天:山、庆）（邯:邯）

不对付 （石:束、深）

不痛快 （保:兴）（邯:邯）

不合适了 （承:隆）（天:霸）（唐:玉、宝）

不耐烦了 （保:易）（邯:邯）

不待动的 （邯:任、邯）

不自在了 （保:水、兴）（石:束）（唐:玉、丰、滦、乐）

不大自在 （唐:秦、玉、宝、丰、乐）

不得来 “得”音 děi。（天:东）

不得力儿 “得”音 děi。（天:桥）

不得(dei) （邯:涉、邯）

不得了 （唐:大）（保:易）

不得了 指轻病。（保:水、阳）

不得劲 （唐:大、丰、玉、宝）（天:献、桥、安）（邯:邯）（石:深、宁）

不得劲儿 指轻病。（天:肃、故、霸）（邯:清、邯、宗、乡）（石:正、束、灵、衡、深、晋）（唐:乐）

不好了 （承:兴、平、围、承、隆、滦、丰）（石:平、建、束、行、石、灵、泽、衡、井、枣、栾、藁、无、深、获、高、正）（天:孟、故、东、桥、肃、天）（邯:邯、乡、郸、魏、鸡、鹿、沙、任、肥、内）（张:沽、蔚、尚）（保:水、阳、新、完、兴）（唐:秦、卢）

不好了 指小病。（保:高、安）

不好了 重病,“要死了”的意思。（唐:丰、滦、山）（邯:尧）

不好哩 （石:元、宁、衡、河）（邯:宗、沙、临、涉、南、尧）

不好受 （石:束、深）（天:霸）（唐:乐）

不大好 （天:献）

不大好了 （邯:广、邯）

不好得慌 （石:束）（天:肃）

不舒坦 （天:霸、安）（唐:玉、三、乐）（承:滦）

不舒坦 指小病。（天:庆、安）

不舒坦 指心病,不如意。（石:泽）

不舒坦了 （唐:丰、迁、抚、昌）（承:青）（天:静）（保:满、阳）

闹不舒坦了 （唐:迁、玉、丰、乐）

不舒服 （天:安、东、庆）（承:滦）（保:兴）（石:晋）（张:蔚）

不舒服了 （全省大部分地区通行）

不舒服了 （文）（邯:邯、柏、磁）（唐:三）（石:新）（天:故）

不舒服了 轻病。（唐:玉、滦、宝、山、蓟）（承:平）（石:藁、宁、正、晋、束、灵、石）（天:饶、山、安、武）（张:万、沙）（保:定、高、满）

不大舒服 （承:承）（保:兴）（天:安）

不大舒服 （文）（邯:广、邯）

不怎么舒服　(保:安)(天:安)

不大受用　(唐:滦)

懒动　(唐:卢)

生懒　小孩生病。(石:宁)

生火了　(邯:肥、邯)

上火了　(唐:乐、昌)(石:深、安、晋)(天:安)

上火咧　(唐:滦)

有火咧　(唐:滦)

嫌不好了　(天:静、饶、桥)

嫌乎不好　(承:承)

有绽儿了　(唐:丰、玉、滦、宝)

有病了　(唐:丰)

得病了　(唐:丰)

着了炕儿了　重病。(保:兴)

症候儿　(天:静)(唐:滦)

生病　(贬)指一年到头地生病。(天:强)

生病呢　(保:安)

闹病儿　(天:庆、强)(张:沙)

闹病了　轻病。(天:黄)(保:安)

害病　(石:建)(邯:临、邯)

长病了　(承:平、丰)(天:庆)

觉病　①感觉不好受。②妇女怀孕初感不适。③引申做事不妥。(天:天)

病了　(天:天)

得了病了　(张:万)

难受了　(张:万)

【急病】

蹩病　(石:建)(邯:沙、肥、邯)

紧瘟气　(承:滦)

脱症　(张:万)

死症　(邯:肥、邯)

急症　除病急之外,还有死的含义。(承:平)

紧急症　(邯:磁、邯)

急症候　(唐:丰、迁、大)(天:霸)

急症疾　(唐:滦、丰、乐)(保:易)

急症疾儿　(唐:大、丰、玉、宝)

暴症候　(保:兴)(唐:玉)

暴病　对某人有仇恨,当他得急病时就说"得暴病了",平常不说。(承:丰、滦)(石:束、正、枣)(唐:迁、玉、丰、乐、大)(天:饶、固、大、安、河、霸)(保:满、安、蠡)

紧啖火　(承:丰、滦)

紧症候　(唐:丰、迁、滦、玉、乐)

吃紧了　病重要死。(唐:昌)

病沉　(邯:周、邯)

快病　(石:正、晋)(邯:邯、肥)

急紧病　(邯:大、邯)

紧急病　(天:河)(邯:磁、邯)

急性病　(邯:丘、邯)(张:万、怀)

急病候　(保:水)

要紧的病　(天:阜)(唐:秦)

猛病　如:"他得猛病死了。"(邯:台)

【旧病复发】

犯病　(天:安、霸)(石:束、深)(保:高)(张:怀)

犯病了　①指旧病复发。②指妇女临产前的反应。(唐:丰、玉、宝)

犯老病　(天:天、桥)(唐:乐)

病又犯了　(邯:宗、乡)

老病又犯了　(唐:丰)

又犯了　(唐:昌)

又反复了　(唐:昌)

【病轻了】

回头了　(石:宁)(邯:邯)

松了　(承:隆、平)(邯:邯、内)(张:尚)

松动了　(唐:昌)

松和了　(石:束)

差以了　指急病好一点了。(承:滦)

差以点　指急病好一点了。(承:滦)

差一点　指差一点死亡,危险期已过。(石:获)

可以了 （张：阳、崇、怀）

可以的了 （张：万、蔚）

容时候了 重病减轻了。（唐：丰、玉）

见了好了 指病刚好转一点。（石：灵、深）

见好 （天：桥）（唐：乐）

见轻 （石：建、晋、安）（保：阜）（天：桥、天）

见效 （邯：周、邯）

见效了 指用药后病势减轻。（张：万）（唐：丰、宝、玉）

见劲了 （承：丰）

见灾了 （唐：昌）

轻了 （邯：丘、邯）

显轻了 （邯：成、邯、宗、乡、鹿、南、威）

病轻巧了 （邯：肥、邯）

比先强点儿了 指重病见好。（唐：乐、丰、玉）（石：栾）（天：安）

好点了 （天：天）

舒坦了 （唐：乐）

想吃饭了 （唐：乐）

松欠点了 （唐：乐）

【泻肚】

拉 （邯：临、邯）

拉稀 玩笑话。（天：安）（保：蠡）（邯：邯）（唐：丰、乐）（石：深、晋）（张：万、蔚、怀）

拉薄屎 （天：强）（石：深）

拉稀屎 （石：束、灵、深）（天：桥、河、霸）（邯：永、邯）（保：高、阳、新）

拉肚 （承：承、丰、滦）

拉肚子 （承：兴、围、隆、平）（唐：玉、西、三、乐、卢、抚、迁、秦、蓟、昌、大）（石：无、新、石、高）（天：阜、故、肃、东、桥、宁）（邯：郸、魏、鸡、鹿、台、任、临、肥、内、尧、磁）（张：张、沽、宣、沙、尚）

跳肚 （天：河）

走肚 （张：宣）

跑茅子 （石：平、正、获、宁、栾、井、赞、深）（天：桥）（邯：邯、郸、鸡、宗、鹿、清、沙、任、南、内、尧）

跑肚 （唐：丰、大）（石：建、正、灵、衡、武、枣、深）（承：承、滦、平）（天：桥、阜、东、静、大、霸、安）（邯：大、涉、广、邯）（张：万、康、商、宣、沙、崇、怀、蔚）（保：水、阳、兴）

跑肚子 （邯：鸡、成）（张：尚）（天：强）

闹肚子 闹肚子比泻肚子轻。（保：涿）（石：晋）（唐：乐）（天：安）

闹肚子 （文）（邯：磁）（石：新）（唐：大）

闹肚子 （全省大部分地区通行）

肚里不好 （保：安）

起夜 指夜间泻肚。（唐：丰、玉、宝）

蹿箭杆儿 （保：水）

蹿箭杆子 （唐：乐）

蹿鞭杆子 （承：滦）（天：桥、霸、安）

蹿稀 （承：平）（邯：尧、邯）（保：水）（石：深、石）（天：安、霸）（唐：玉、宝、乐、大）

开稀拉铺 诙谐说法。（唐：丰、玉、宝）

泻 （天：肃、桥、宁、沧、庆、阜）（邯：魏、柏、鹿、清、沙、内、尧、丘、邯）（张：沽、宣）（保：高、阳、新）（唐：三、大、蓟）（承：平、承）（石：无、石、获、安）

水泻 （承：承）

屙稀 （邯：沙、邯）（唐：大）

【发烧】

烫 （唐：丰）

翻滚烫热的 指发高烧。（承：围）（唐：大）

热 如“热得烫手”。（唐：乐）

热儿乎 （天：静）

热乎乎的 （邯：鸡、邯）

发热 （唐：玉、宝）

烧火 （天：静）

烧心 （天：静）

发烧 ①体温升高。②为难的意思，如说：“这个事儿请您给发发烧吧！”就是让人为难给办理的意思。（保：水）

烧 ①发烧。如“烧得我嘴唇都破了”。②财大身弱，忘乎所以。如：“你看他刚有俩钱，就烧得五脊六兽。”③鼓鼓劲，激激火。如：“给他烧烧去是没问题。”（天：天）

火大　指发高烧。(唐:丰)

上火　(唐:乐)

有火了　(唐:乐、丰)(石:深、晋)

【发冷】

噤噤　(天:强)

打噤　(保:安)

石噤　(张:阳)

冷噤　(唐:西、乐)(承:平)(石:藁、无、安)(天:桥、宁、阜)(邯:内、尧)(保:兴、水、完)(张:万、口)

冷战　(邯:郸、邯)(天:静)

冷战　不一定有病,也许因受惊而打"冷战"。(唐:抚)(天:安)

作战　(唐:大)

发凉　(张:崇)(唐:宝、玉)

打战　(邯:郸、邯)

打冷战　(天:霸、安、桥)(唐:西)

打冷噤　(唐:丰)(承:平)(邯:尧)

打得得　"得"音 dēi。(承:滦)(保:高)(石:宁)(邯:丘)(唐:乐、大)(天:霸、安、桥)

打哆嗦　(唐:昌、滦)

打牙　(唐:大)

打冷格神　(石:晋)(邯:乡)

打噤噤儿　(承:滦)

浑身打噤噤　(石:束)

唧唧嗦嗦　(天:天)

冷冰冰的　(邯:鸡、邯)

冷个神的　(石:正)

乍寒乍冷　(保:阳)

乍寒乍冷的　(张:怀)

【咳嗽】

咳哩　(邯:涉、邯)

咳头　(邯:邯)

咳咳　如:"你老咳咳吗?吃草棍了?"(天:天)

咳嗽　(天:桥)

【伤风】

伤凉　(石:灵)

伤风　(唐:乐)

中风　(石:平、无、灵)(保:定、唐、阳)

吃风　(邯:尧、邯)

受风了　注:天津把感冒着凉一般叫"受风了",把腰腿疼叫"着凉",把肚子疼叫"凉着了",把经期受凉叫"沾凉了",把眼歪嘴斜叫"中风",把饮食不当呕吐叫"风拍食",夏天感冒叫"热伤风"。(唐:昌)(天:天、桥)

受寒　(唐:丰、遵、山、玉、三、卢、大、昌、蓟、乐)(承:平)(石:无、晋、藁、安、宁)(天:阜、故、肃、静、山、津、宁、沧)(邯:乡、魏、鸡、宗、鹿、台、沙、任、临、肥、内、尧、郸)(张:张、阳、沽、宣、尚)(保:易、望、兴、雄、完)

受寒　指腰腿痛。(唐:抚、乐)(天:饶、安)

受寒　专指肚子说。(承:丰)(天:安)

着凉了　(唐:乐)(天:安)(承:承)(石:深)

着了凉了　(张:万)

着了风了　(保:阳)(石:深)

着风了　(唐:昌、乐)

风发　(张:宣、蔚)(邯:台)

风闪触了　(邯:邯)

风扑着了　(邯:肥、邯)

风吹着　(石:建、灵)

风吹着了　(唐:乐)

风迫着　(石:建)

拍着了　(张:商、怀)

风冒着　(邯:清)

风冒着了　(唐:迁)

闪汗　(唐:迁)

闪风了　(唐:昌)

闪着了　(唐:乐、昌)

冻着了　(唐:乐)(天:安)

冻着　(唐:蓟、玉、宝、丰、大)(天:阜、桥、霸)(石:深、晋)(邯:宗、乡、鹿)

冷着了　(天:河)

着凉 （唐:乐、大）（石:深）

凉着了 （邯:肥、邯）

抖搂着了 （承:隆）（天:桥）

【气喘】

痰喘 （唐:西、迁、昌）（承:滦）

痰喘咳嗽 综合病症。（唐:玉、宝、丰）（承:承）

喘 （承:承）（唐:玉、宝、抚、大）（石:束、灵、衡、晋）（天:饶、津、霸）（张:怀）（保:博、定、阳、兴、雄）（邯:邯）

发喘 （保:安）

上喘 （天:黄、桥、津、庆、安）

喘气 （邯:邯、周）

喘歇歇 （保:安）

喽喘气 （邯:邯）

喝喽喘 （石:获）

喝喽喘气 （石:获）

喝喽的病 （邯:鸡）

喝喽气喘 指有病时的气喘。（张:崇）

喝儿喽脖子 因喘气时嗓子里总有喘声。（承:滦）

气喝喽 （邯:鸡、永）

倒齁 （唐:昌、乐）

齁巴 （唐:丰、大）

齁巴 吃了太咸的东西以后，呼吸短促叫齁巴。（唐:抚）

伤凉 （石:灵）

伤力 （唐:丰）

接不上气 （天:天）

上不来气 （邯:宗、乡）

气短 （石:灵）（张:张、万、蔚、怀）

痨病 又咳嗽又喘的气管炎病叫痨病。（承:承）（天:静、大、天、河）（保:易）

【中暑】

火啦 （天:河）

火落了 （保:高）（天:霸）

闹火楞 （唐:西）

火楞着了 （天:桥）

火龙儿 （石:束）（天:强）（保:定、唐）

火脸了 （天:饶）

热火龙了 （石:枣）

热火 （石:武）

热地 （唐:卢）

热着 （唐:蓟、乐）（天:桥、霸）（邯:威、清）（石:晋）

热着啦 （天:河、天、安）（石:晋）（唐:乐、大）

热着哩 （天:肃）

热着了 （唐:丰、乐）（承:滦、青）（石:平、无、束、正）（天:津、河）（邯:广、大、任、肥、周、南、尧、丘、邯）（保:满、阳、兴、蠡、涿）

着热啦 （老）（张:龙、赤）

着热 （保:阜）

伤热 （石:灵、深、泽、正、平）（天:庆）

受暑 （承:滦）（天:静）（张:阳、怀、张）

受暑了 （唐:秦）

受热 （唐:蓟）（天:庆）

受热了 （天:天、静）

受热啦 （天:天）

闷着 （天:阜）

慌烫 （石:宁）

憋住汗了 （唐:丰、玉、宝）（石:深）

霍乱 （天:安、大、河、黄、静）（张:张、蔚）（唐:大）

热霍乱啦 （天:安、霸）

【霍乱】 一种上吐下泻的急性传染病，方言中“霍乱”和“中暑”有混同的，参看“中暑”条。方言中有称“霍乱”为“痧子”的，也有“痧子”指中暑的。参看“痧子”条下注解。

时病 （石:衡）

时病儿 （天:静）

时灾 （天:天）

时令病 （古）（唐:秦）

拉哕病 （石:石、新）

暴病 （石:行）

虎列拉 “虎列拉”系外来语，译音。（唐:秦、丰、昌）

虎狠病　（邯:鹿）

霍乱子　（承:承）（石:建、平）（张:怀、阳、万）（邯:邯）

霍龙子　（承:丰）

霍乱症　（唐:滦、乐）（天:安）

紧霍乱　（承:围、滦）

抽筋霍乱　（唐:丰）

庄稼霍乱　（天:桥）

霍乱转筋　（邯:大、邯）

走马疔　（石:晋）

痧　（唐:蓟）（承:围）（天:宁）（邯:内）

痧　出红点,像麻疹。（唐:抚）

痧子　（石:冀、获、宁、安）（张:康）（邯:邯、磁、广、乡、魏、宗、威、永、清、沙、任、肥、周、南、内、成、鸡、郸、丘、漳）（唐:蓟）

痧子　指肚痛很重,针灸胳膊流黑血便好。（石:河）

痧子　较霍乱轻。（邯:尧、邯）

痧症　（天:桥）（唐:蓟）

黑痧胀　（保:博）

翻　（唐:西）

起翻了　（唐:丰）

羊毛疔　（唐:西、迁、乐）（天:桥）

羊毛疔　指发高烧,也许是指流行性感冒或副霍乱病,不专指霍乱病。（唐:昌）

抽筋病　（唐:昌）

抽筋儿　（唐:乐）

转筋　（石:束）（天:强、饶、河）

腿肚子转筋　（保:水）

转腿肚子　（天:霸、沧）

【上火】

有火　（天:桥、河）（邯:尧）（唐:乐、大）

有点火　（承:滦）（唐:乐）

有火了　（天:静）（邯:大、尧、鸡）（唐:各地）

生火了　（邯:磁、邯）

上火　①指发高烧。②指人发脾气。（保:涿）（石:深、晋）（张:各地）

上火了　（唐:各地）

上火儿了　（天:霸、安）（石:石）

上了火了　（张:万、怀、沙）

上焦火盛　中医用,非指发烧,指炎症。（天:天）

伤火　（石:灵）

积火了　（石:宁）

发火　（保:满）（邯:邯）

火了　（邯:鹿）

火气大　（保:完）

火气　（唐:遵、三、大、玉、蓟）（石:获、石、高、赵、无）（承:兴、承）（天:宁）（邯:郸、邯、广、魏、永、任、肥、涉、漳、周、成、内、鸡、大、磁、尧）（张:沽、沙）（保:易、清、水）

火盛了　（邯:鸡、邯）

内热　（天:天）

【黑热病】

由黑热病菌传染引起,症状有贫血,脾脏肿大等,也有叫“痞积”或“痞块”的。

大肚子痞积　（石:束）（唐:丰）（天:安）

大肚痞　中医称痞症。（天:天）

大肚痞　（天:桥）（唐:玉、宝、丰）

【不消化】

食积　（全省大部分地区通行）

食积　指严重的消化不良。（唐:山）（承:承）

食积　医学上用。（石:石）

食积　指小孩儿得病。（承:平）

食因　（邯:尧）

食气　（邯:大、郸、丘、邯）

食水　（保:阜）（唐:大）

食火　（唐:遵、滦）（张:沙）（天:安）

食撑里慌　（邯:尧）

食水不往下走　（保:高）

积食　（石:泽、冀）（天:宁）（张:阳、龙）（唐:乐）

积食　指大孩子消化不良。（唐:宝、昌）

积上食了　（石:灵）

积着食啦 （天:孟）

积生食了 （邯:南）（保:满、容）

伤食 （石:藁）（唐:昌）

重食 不消化，打嗝有臭味。（承:滦）

停食 （承:滦）（张:蔚）（天:桥、固）

停滞 （天:安、霸）

存食 （唐:滦、西、抚、迁、蓟、大）（承:滦）

存着食了 （天:静、安、桥）（唐:大）

存上食了 （石:灵）

存住食了 （保:易、保、水、兴）（唐:丰）

存住东西啦 （天:河、霸）

窝住了 （张:万、怀）

窝着了 （石:无）

窝住食儿 （石:建、深、井、赵、泽）（邯:台）

窝肚里了 （邯:任、邯）

窝到肚食里了 （邯:鹿）

窝积 （石:元）

搁住食了 （邯:清）

堆着食了 （天:饶）

堆住了 （石:宁）

吃着了 （石:束）（张:万、怀）（邯:大、邯）

吃得大 一般的消化不良。（唐:山）

吃了不下 （邯:威）

吃了下不起 （保:唐）

有食 （张:口）

有食了 （天:静）（张:崇、商、沙）

有隔子 （天:强）

不受 （天:阜）

不克化 指大人，孩子叫食积，小孩子叫奶积。（唐:宝）（承:青）（邯:邯）

不克扣 （承:丰）

不变化 （保:阳）

不消化食儿 （天:黄）（唐:昌）

滞肚 （邯:涉）

淤积 （天:沧）（保:博）（唐:昌）

结着 （石:衡）

奶积 指小孩。（唐:宝、迁、秦）

心里满 （邯:尧、邯）

噎住了 （石:宁）

汪到心口了 （邯:磁、邯）

起马牙 （唐:滦）

绾住了 （邯:宗、乡）

犯食根子 例:“这孩子又犯食根子，少吃点吧!”（天:天）

【肚子痛】

痧子 （邯:鸡、邯）

肚肚痛 （张:怀、鹿、张）

肚里痛 （石:石、束、深）（天:饶、文）（邯:大、邯、台）（保:定、唐）

肚痛 （邯:邯）

肚子拧得慌 （天:天）

肚肠子痛 （天:静）（唐:丰、玉、宝）

闹肚子 别地另有意思。（天:桥）（石:晋）

肠子痛 （唐:昌、蓟）（邯:郸、邯）

断肠翻 肚子非常疼，往往脸变色，出虚汗。（天:天）

【胃痛】

心疼 （邯:南）

心痛 （承:滦）（石:无）（邯:鸡、邯）

心里痛 （天:庆）

心口痛 （全省通行）

心口痛 指肚子部分痛。（石:井）（天:安）

心口窝痛 （天:黄、安）

心口里痛 （保:定）

烧心 （唐:各地）

【胃不舒服】

堆囊 胃闷。（石:束）

淤囊 胃淤闷。（石:束）

胃不舒坦 （唐:乐）

心口不得力儿 （天:桥）

堵得慌 （天:天）

【胸痛】

胸脯子痛　（天:肃、霸）（唐:玉、丰、宝、乐）

胸口痛　（天:天）

胸间疼　“间”音 jiē。（唐:乐）

胸杈子痛　（唐:丰）

【头晕】

头蒙　（邯:邯、鸡、磁、周、宗、鹿、南、乡、威、成）

头蒙蒙　（石:束）

头袋蒙　（石:无）

头眩　（石:束）（天:饶、献、河、大、安）（张:万、怀、蔚）

头昏　（石:泽、灵、深）（张:尚）（唐:丰、乐）

头子发晕　（石:无）

头迷　（承:青）（唐:滦）

头迷眼黑　（唐:昌）

迷昏　（承:滦）（天:安）（唐:大）

迷糊　（唐:昌、玉、宝、丰、乐）（承:丰、承、隆）

远园　（天:庆）

脑袋晕　（唐:昌）

脑袋发晕　（承:滦）（唐:玉、宝、丰）

脑头痛　（保:阜）

脑瓜子晕　较重。（天:天）

晕乎　较轻，小孩多说。（天:天）

【晕车】

醉车　（石:高、无）（承:平）（天:故）（邯:内）

昏车　（石:无）

游车　（张:怀、万）

破车　（石:石）

【晕船】

醉船　（天:故）（石:无）（邯:内）

破船　（石:石）

昏船　（石:无）

【头痛】

头子痛　（石:建）

头脑痛　（邯:涉、邯）

脑浆儿痛　（保:兴）

脑瓜儿痛　（唐:秦、宝、玉、丰）

脑瓜子痛　（唐:丰、玉、大、乐）（承:平）（天:天）

脑瓜仁痛　（唐:山）（天:安）

脑子痛　（邯:肥、邯）

脑袋痛　（老）（唐:山、乐）（石:深、晋）（天:霸、安、桥）

【恶心】

干恶　（石:井）

干哕　（天:强、献、静、河、桥）（保:易、阜、满）（唐:滦）

想哕　（唐:抚）（保:易）

想翻哩　（邯:涉、邯）

ruǒ 了　（邯:磁）

心烦　（邯:鹿）（石:深、行）

呕心　（石:枣）（承:青）

呕心想哕　（唐:乐）

翻心　（天:安）（唐:大）

发呕　（唐:遵）（石:正）（天:固）（保:定）（邯:尧、磁、内）

恶吐　“恶”一般音 nāo。（唐:遵、迁、昌、蓟、秦、丰、抚、卢）（石:无、藁）（承:平）（天:故、桥）（保:定、望、完）（邯:尧、内）

恶应　（唐:昌、乐、滦）

恶心　①令人生厌。②指病。（天:天）

熬心　（天:桥）

上上呕　（天:静）

mā 心　（唐:昌）

翻腾得慌　（天:静、安）（邯:邯）

肚里翻腾（慌）　（唐:昌）

肚里翻央　（保:安）

【干哕】

干 ruǒ　（邯:广、成）（石:宁）

干哕　（张:各地）（邯:宗、乡、台）（天:桥）

干咳　（天:献）

干呕　（承:青）（石:建）

干恶应　“恶”音 ào。（天:庆）

要吐 （天：天）

【吐了】

唾了 （邯：磁、邯）

哕了 （邯：邯）

ruǒ 了 （邯：广、磁、威）

哕了 （唐：丰、滦、卢、秦、昌、乐、抚）（石：平、晋、冀、正、获、行、赞、衡、宁、栾、泽、枣、束、新、河、建）（承：青）（天：饶、肃、桥、河）（保：博、阳、阜）（张：宣、蔚）（邯：郸、威、鹿、台、沙、任、临、南、尧、乡、魏、大、内）

呕了 （天：固）

嘦 指牲口说，说人就是骂人。如说“你胡嘦”即骂对方胡说八道。（石：束、宁）（天：桥、霸）（唐：宝、丰）

嘦咧 指牲口吐食。（唐：滦）

倒了 例：“刚喝点酒，就都倒了。”（天：天）

倒出去 有意吐出去。（唐：昌）

倒出来了 （唐：昌）

漾出来了 专指婴儿吃奶过多吐出来。（唐：昌）

【肺结核】

长远病儿 （天：静）

痨 （张：蔚）（邯：鹿）（石：建）

痨疾 （唐：西）（石：平、井）（张：万、怀）（天：桥）（邯：邯）

痨伤 （石：束、枣）（邯：柏、大、宗、乡、威、南）

痨症 （石：无）（保：阜）

痨病 指女的得肺病。（保：雄）（张：沙）

痨病 将肺病和妇女不来月经都叫痨病。（唐：山）

痨病 指慢性气管炎。（承：承）（石：晋）

痨病 泛指各种难医的慢性病。（唐：丰）（天：桥）（张：怀）

痨症病 指难治的妇女病。（唐：丰）（石：无）

女儿痨 指女孩得痨病。（承：承、滦）（天：霸）

童子痨 指男孩得了痨病。（承：滦）

干痨 （承：承）

干痨 女人得了痨病叫干痨。（承：滦）

肺痨 天津有“五痨七伤”之说，故每种痨病前都有定语，中医也有此说。（天：天）

细病 （邯：郸、邯）

老病 ①指慢性病。②指痨病。（唐：昌）

【害痨病的人】

痨病腔子 （保：安）（邯：磁、邯）（天：天、桥、安）（唐：丰、宝、玉、大）

痨病秧子 （唐：乐）

痨病架子 （唐：滦）

痨病鬼儿 （承：承）（邯：邯）

棺材瓤子 说此话时一般分大人小孩，如：“老棺材瓤子来了。”“小棺材瓤子来了。”（天：天）

【脱肛】 肠子从肛门脱出。

吊叠肚 （石：宁、束、深）（邯：宗、乡、台）（天：天、霸、安）（唐：大、丰、山、蓟）

吊叠头 （唐：宝、玉）

吊叠子 （邯：成）

吊肚 （天：桥）

【疝气】

偏坠 （天：饶、桥）

气蛋 （天：桥、大、霸）（邯：广、乡、鸡、沙、任、尧、邯）（保：定）（石：安、晋）

气蛋 指蛋子往下坠。（邯：鸡、邯）

气蛋子儿 （天：静、天）

气球 （天：河）

气卵子 （唐：乐）

大气卵 （唐：蓟）

疝火 （保：唐）

疝症 （承：滦）

小肠疝气 （全省大部分地区通行）

小肠窜气 （唐：大）（石：枣）（保：新）（天：霸）

小肠换气 （唐：玉、丰、遵、西、抚、大）（承：平）（天：静、桥、安）

【发疟子】

放牛 （邯：磁、邯）

放老牛 （邯：涉、邯）

放老犍　(唐:蓟)(邯:内)

发死　(石:井)

发热　(邯:涉、邯)

发摆子　(石:建、正、获、石、灵、无、宁、赵、藁、平、元)(保:定、阜)(张:龙)(邯:尧、涉)

发疟子　方言里有句俗话:"疟子鬼儿,不是食,就是水儿。"当地不了解这种病的根源。(唐:大、滦)(天:天、桥、强)(石:安、晋)

发鸭子　(邯:邯)

卖大桃　(唐:乐)

卖白桃　(唐:昌)

做买卖　(唐:抚)

抓老家　(保:水)

打脾寒　(邯:内)

打摆子　(唐:迁)(石:新、栾、晋)(天:宁)(张:万、赤、阳、康、沽、宣、沙、商、崇、蔚)(邯:内、尧)

摆子伤寒　(张:怀)

闹疟子　(保:满)

冷热病　(承:青)(石:无)

闹冷热病　(唐:西)

【绞肠痧】

反症　(天:桥)

羊毛疔　(石:束)(天:桥)(唐:乐)

紧霍乱　(石:平)

转肠阴　(石:灵)

痧子　(邯:鹿、任、广、宗、乡、南、威)

五痧胀　(石:衡)

转肠痧　(石:元)(天:霸)

断肠痧　(石:深)(天:庆、津、静、安)

小肠痧　(承:滦)

鼓肚痧　(张:龙)

滚肠痧　(唐:抚)(石:无)(张:崇、尚、张)

寒痧子　(天:饶)

寒火凝滞　(唐:迁)

动火了　(唐:丰)

绞肠翻　(天:天)

【痘】

花　(全省大部分地区通行)

花儿　(唐:丰、大)(承:丰、承、青)(天:静、安、桥)(保:易、保、唐、兴、容)

yìng 花　(张:赤)

天花　(天:天)

出花　(唐:昌)

痘子　(唐:西)

小痘子　(邯:磁、邯)

大差　(张:蔚、怀)

【出痘】

做活儿　(邯:邯、鸡、肥、尧)

生斑　(唐:丰、乐)

生花　(石:灵、河、赵、安、晋)(天:黄、桥、河、宁、山)(邯:清、鹿、南)(保:阜)

生花儿　(石:衡、枣、晋)(保:阳)(天:静)(邯:邯)

生疙瘩　(石:建、井)

生疮　(邯:邯、鸡、乡)

生疹子　(天:阜、桥)

出疹子　(天:安)(唐:各地)

出麻子　(张:崇)(邯:周、邯)

出花儿　(天:安、霸)(邯:邯)

出天花儿　(全省大部分地区通行)

出疮　(邯:涉、邯)

害疮　(邯:任)

害痘儿　(张:阳)

长花　(天:河、饶)(保:满)(石:束)

长花儿　(天:安、肃、任、强)(保:定)(唐:玉、宝、丰)

【种痘】

点疮　(邯:任)

点花　(石:栾、赵)(邯:内)(保:阜)

点花儿　(石:行、新、赞、元、灵、获)(保:阳、唐)(邯:临、尧)

点疙瘩 （石：建、井）

种斑 （唐：乐、滦）

种疮 （邯：乡、任）

种活 （邯：肥）

种花 （石：石、武、正、安、晋）（张：龙、崇、蔚）（天：安）

种花儿 （全省通行）

栽花 （天：阜、桥）

栽花儿 （承：丰、青、滦、平、承）（天：故、桥）

栽疮儿 （邯：涉、邯）

【伤寒】

中寒 （石：平）

沙寒病 （邯：大、邯）

寒病 （天：庆）（邯：邯）

流寒 （邯：涉、邯）

水病 （张：怀）

小不好病 （唐：乐）

热病 （石：枣）

瘟气 （石：正、行）（保：定）

瘟灾 （石：无）（天：河）

瘟子 （唐：遵）

闹瘟 （唐：三）

瘟症 （石：晋、深、藁、获）（天：饶、安）（邯：沙、任、临）（保：新、涿）

瘟病 （唐：宝、昌、蓟）（石：建、深、衡、泽）（承：平、承）（天：固、肃、霸）（邯：宗、鹿、台、任、内、尧）（保：定、唐、水、兴、蠡、涿、望、容）（张：宣、尚）

瘟疫 （全省大部分地区通行）

瘟疫病 （唐：丰）（石：新）（邯：柏）

瘟气病 （石：正、灵）（保：阜）

受风 （保：安）

伤风 当地认为伤风转重变伤寒。（石：束）

大闪风 有时也指重感冒。（天：桥）

【流行的传染病】

时疫 （邯：涉、邯）

瘟疫 指吐泻严重的流行性传染病。（保：安）（天：桥）（唐：乐）

瘟疫 （张：宣、沽）

瘟疫 因气候不正常而得的传染病。（石：平）

瘟疫病 （唐：抚、丰）（承：平）

【流行性感冒】

瘟疫 （承：青）（唐：丰）

瘟疫 指厉害的流行性感冒或死亡率高的传染病。（保：高）（唐：乐）

小不好病 （唐：昌）

伤风 （邯：邯）

流感 （天：天）

冻着了 （天：桥）

【痢疾】

下坠 （石：束）（唐：大）

下憋 （石：石）

坠肚 （唐：大）

红痢 （天：桥）

白痢 （天：桥）

红白痢 （天：桥）

恶痢 （石：宁）

屙痢 （石：束）（邯：台）

蹲肚 （天：天）

拉痢疾 （唐：乐）

【腮腺炎】 耳下腺发炎，引起脸红肿。

鼓腮 （邯：广、邯）

肿腮 （唐：卢）

肿痄腮 （石：深）（唐：丰、西、滦）（保：安）（天：庆）

肿嘴子 （天：宁）

肿腮济 （天：津）

肿呲巴子 （唐：西）

痄腮疙瘩 （邯：任）（张：沙）

痄势 （天：安）

痄才 （唐：昌）（保：唐、新、阜）（石：行）（天：霸、桥）

痄瘀　(天:河、沧、桥)

闹痄腮　(天:天)

耳痄　(天:大)

【黄疸】

长黄　(石:枣)(天:强、桥)(邯:清)

长黄了　(邯:南)

长黄疾　(承:滦)

黄疸疾　(邯:大、邯)

黄　(张:崇)

黄病　(全省通行)

黄疸病　(邯:广、魏、鸡、柏、威、台、任、成、内、尧、丘)(天:故、肃、山、桥、河)(石:赵、赞、无、晋、安)(唐:滦、遵、乐、山、三、秦、昌)(承:隆)(保:定、唐、满、阳、雄、完)(张:宣、沙)

黄疸病　指麦子生黄疸病。(邯:肥、邯)(石:正)(唐:乐、抚)(天:安)

【羊角风】

羊角风　(全省大部分地区通行)

癫痫　(唐:迁、秦、昌)(石:武)(天:桥)(邯:内、尧)(保:望)

癫痫　医学上用。(石:新)(天:庆)

疯啦　(张:怀)

抽风　(石:灵)(邯:鹿、邯)(保:兴)(唐:乐)(天:安)

发晕风　(邯:鹿、清、任)

发暗风　(邯:任)(石:建)

气迷风　(石:高)

羊官风　(张:万、康、龙、商、怀)

羊羔风　(承:围、滦)(石:灵、赞)(邯:邯、漳、郸、大、磁、永、沙、临、肥、涉、周、广)(张:崇、鹿、蔚)(保:阜)

羊沟子风　(天:庆)

羊根儿风　(唐:抚)

羊痫风　(天:任、文、山、桥、河、武、沧、饶、阜、强)(邯:广、鸡、宗、威、鹿、任、肥、成、内、尧)(保:保、涿、完、容)(张:宣、沙)(石:晋、安)(唐:丰、滦、三、卢、昌)(承:平、隆、青、滦)

羊家风　(石:衡、枣)(天:强、河、桥、霸)

抽羊角风　(天:大、安)(唐:乐)

抽羊羔风　(承:兴、滦)

抽鸡爪子风　(天:天)

抽阴风　(邯:宗)

抽神风　(天:桥)

抽火风儿　(唐:秦)

【惊风】　一种小儿病。

出风　(张:阳)

出风　小孩生下十天中得病。(张:鹿)

中风　(保:阜)(邯:邯)

生风　(天:任)

受风　(承:青)(唐:遵)

起风　(唐:秦)

火风儿　(唐:秦)

抽风儿　(天:静)(保:涿)

有风儿了　(承:滦)

吓着了　(天:河、沧、桥、安、霸)(邯:南、大、乡、宗)(保:兴、保)(石:衡、晋)(唐:乐、大)

惊吓　(唐:抚)(石:深)(天:强)(保:定)

惊着了　(承:丰)(张:崇、万、蔚、沙)

惊吓着了　(石:正)

狗惊风　(张:宣)

惊吓失魂　(天:安)

惊吓抽风　(天:安)

惊吓风　(天:饶)(保:新、兴)

吓惊风　(邯:鹿)

惊吓火　(唐:丰)

着了惊　(石:高)

快惊风　(石:正)

惊风不语　(邯:鸡、邯)

惊气　(邯:清、肥)

受惊　(邯:威)

四六棉风　指小儿生下四至六天内抽风。(天:霸、安)

四六风 （保:涿）（张:怀）（承:滦）（天:桥）

四六风 小孩刚生下来，四至六天抽风。（保:蠡）（张:康）（唐:乐）（天:安）

六九风 指小孩刚生下来六至九天里抽风。（保:蠡）

抽七风 （石:束）

抽病 （石:平）

抽风 （天:天）（唐:乐）

【急惊风】 小儿急性神经病，患儿手足痉挛，牙关紧闭，简称急惊。

急急风 （石:衡）

急热惊风 （承:滦）

急症病 （邯:鸡、邯）

急紧风 （邯:广）

紧惊风 （邯:临）

紧痪化 （唐:抚）

丢魂了 （唐:丰）

吓的了 （邯:邯）

受惊啦 （张:鹿）（邯:邯）

惊吓风 （天:大、安）（保:蠡）

【慢惊风】 一种小儿病，成人偶尔也有得的，简称慢惊。

慢症病 （邯:鸡、邯）

慢痪化 （唐:抚）

惊吓火 （唐:丰）

着惊轻 （石:高）

吓着了 （唐:丰）（石:晋）（天:安）

【小孩假死】

草才儿 （天:静）

草迷 （唐:滦）

闭气了 （天:天）

【抽风】

打 zhū zhu （邯:大）

抽 （唐:抚、乐）

抽火风 （保:安）

抽羊角风 （保:安）（天:安）

有风气了 （邯:鸡、邯）

起风了 （天:天）

济风 （邯:涉、邯）

搐风 （承:平）（唐:西）（天:文、桥）（邯:周、邯、鸡、威）（张:赤、宣、尚、阳）（石:获、赞）

【中风】 脑充血，往往突然昏倒，或后转为瘫痪麻木。

痪绝 （天:饶、桥、霸、沧）（唐:大）（石:行）（保:安、兴、唐）

痪症 （石:束）

痪火 （唐:滦、宝、乐）（承:承）（天:安、武）

痪化 （唐:抚）

痪气 （唐:山、秦）（天:河、肃）（邯:魏、台、内、大）（保:清）（张:万）（承:青）

痪气病 （天:东）

慢痪火 （承:承）（唐:乐）

紧痪火 （老）（唐:乐、丰）（承:承）

瘫痪 （唐:蓟）（石:获）

傻病 （天:静）

哑巴憨 （邯:大、邯）

中风不语 （天:大、黄、静、桥）（邯:鸡、大、沙、邯）（保:蠡、安）（石:衡、武、正、深、枣、束）

受风 （天:阜）

脑充血 七窍出血。（张:商、万、沙）

【半身不遂】

中风 （唐:抚）

动火 有手哆嗦现象。（天:静）

偏枯 医学用语。（承:滦）

瘫子 （天:静）

瘫痪症 （石:无）

瘫疾了 （天:桥）

瘫症 （石:石）

瘫啦 （邯:涉、邯）（石:建）

风瘫 （石:束、武、晋、宁、深）（天:大）（邯:郸、鸡、成、邯）

软瘫 （石:石）

慢急 说不出话来。（天:静）

慢痰火　(唐:乐、丰、大)

中瘫痪　(天:桥)

脑出血　(天:庆)

【疮】

疮　较重的。(天:强、桥)(邯:邯)

疮儿　较轻的。(天:强、桥)(张:怀)

大疮　杨梅疮。(石:束)(天:桥、霸)

疖子　比疙瘩小。(天:天、安)(张:怀)(唐:乐)

注:天津把小疮叫"疖子",比疖子重的叫"疮",更重的叫"大疮"。

【生疮】

起疮　(邯:邯)

起疙瘩　(张:阳)

害破　(张:万)

长破　(张:沽)

长疖子　比疮大。(天:大)

长瘘子　大的疮。(天:大)

长疙瘩子　(保:安)(天:河)

长疙瘩　(全省大部分地区通行)

长疙瘩　比疮小,病情轻。(石:灵)

长疙瘩　较轻,未化脓。(唐:蓟)(保:水)(天:安)

长疙瘩　大的。(张:崇)

长窟窿　(邯:内)

长窟窿　疮破后长窟窿。(保:满)(张:沙)

长罗罗疙瘩　还未破口前。(唐:西)

长疮　(全省大部分地区通行)

长疮　指成片的。(天:天)(邯:邯)

长疮　指重的大的。(石:灵、涿)(邯:邯)

长疮　指小的。(张:崇)

长疮　指时间长的。(张:鹿、沙)

长疮　指疙瘩破了。(邯:成、邯)(张:沽)

长疮　指已溃烂出脓。(石:宁)(保:水)(邯:大、邯)(天:静、安)(唐:大)

【淋巴腺肿大】

长疙瘩　(天:安、庆)(石:晋)

瘰疬疙瘩　(天:桥)

气瘰　(唐:乐)

【疔】

疔毒　(唐:丰)(石:平)(天:霸)

疔疮　(邯:鸡、邯)

大疔　(天:宁、霸)

羊毛疔　(天:东)(邯:大、邯)(保:清)

镇口疮　长在嘴角上的。(石:宁)

老鼠疮　(石:石、栾)

【长疔】

生疔　(唐:玉、抚、遵、宝、山)(邯:涉、邯)

生疔　平常忌讳用。(唐:丰)(邯:邯)

生长疔　(唐:滦)

长疔疮　(石:栾、藁、赵、宁、元、赞、无、正、深、冀、井、泽、晋、行、束、新、灵、安)(天:饶、肃、山、桥、沧、庆、阜)(邯:广、乡、郸、魏、柏、大、鸡、威、永、鹿、台、沙、任、临、肥、周、南、成、内、尧)(保:博、定、保、唐、高、满、安、蠡、望、清、容)(张:万、赤、沽、宣、沙、崇、尚、口)(唐:秦)(承:平、青、滦、围、兴)

长疔毒　(唐:西)(石:藁)(天:黄、孟、静、文、津、河、霸)(保:安)

长大疔　(唐:三)(天:霸)

长疔毒儿　很少说。(石:正)

害疔气　(张:阳)

【化脓】

鏖发　(天:庆)(唐:昌、蓟、滦)

生脓　(唐:山)(石:束)(天:静)(邯:涉、邯)(保:安)

溃脓　(石:获、井)(邯:漳、邯)(保:阜)(天:安、天)

灌脓　正化。(石:灵)

套脓　(天:黄、东、献、津、肃、霸)(邯:邯)(石:宁)

跳脓　(石:新)(天:强、大、桥)(邯:周、邯)(保:满)

出脓　(石:灵)(保:涿)(张:康、怀、蔚)

窝脓　(唐:遵、宝)(保:兴、雄)(邯:邯)(天:霸、安)

窝脓 有脓出不来叫窝。(天:静)(唐:乐、大)

鼓脓 (承:兴、隆、丰、平、围)(石:高)(天:孟、桥、津、河、宁、沧、阜)(邯:乡、邯、郸、魏、鸡、柏、台、沙、任、肥、内、尧)(保:易、雄、清)(张:沙、尚)

鼓脓 疮要出脓。(张:鹿)

鼓脓 有脓没有流出。(承:滦)

长脓 (石:泽)(天:河、武)(保:满)(天:霸)

有脓了 (石:衡、灵)(邯:鸡、邯)(承:青)

为脓了 (唐:丰、宝、玉)

汪脓了 (唐:滦)

鼓都脓 (石:获)

泛了 (天:饶)

熬破了 (天:桥)

【开刀】

杀 (石:灵)(保:阳)

杀老 (石:正)

拉 “拉”音 lá。(天:故、强)(保:涿、兴)(石:枣、束)(天:肃、献、桥、津)

拉了 (承:滦)

拉开 (唐:丰)(邯:肥)

拉开了 (保:水)

zhā (邯:尧)

割 (全省大部分地区通行)

割 “割”重,“开刀”较轻。(张:沽)

割开 (唐:抚)

割了 “割”音 gá。(承:滦)

开疮 (天:大)

开了 (唐:宝、蓟)(承:滦)(保:雄)

开口 (张:鹿)

开膛 对内脏开刀叫开腔。(天:强)

开口子啦 (张:怀)

拉 (天:天、桥)

动刀 (邯:成)

做手术 (唐:大)

【结痂】 生疮的地方,疮好时在皮肤上结成干硬脓甲。

定 (天:桥)

定痂 (邯:鹿)(石:枣)(天:黄)(张:康)

定痂乍 (唐:滦、丰、宝、玉、乐)(邯:清、涉)(天:沧、桥)(承:滦)(张:宣、沙)

定痂乍了 (邯:台)

定啦痂了 (邯:邯)

扣痂 (石:新)(天:天)(唐:大)

扣嘎儿 (天:静)

扣痂儿 (石:行、束、平)(邯:任)

疴痂 (石:建、获、正、石)

扣嘎巴 (天:大)

扣痂渣 (天:河、桥、霸、献、安)(保:水、安、兴)

扣痂痂儿 (承:承)

长痂 (石:无、行、泽、元、藁、正)(邯:宗)(唐:大)

长上痂了 (石:束)

长疤啦 (唐:滦)

长痂痂 (唐:昌、乐)

长疙疤 (唐:遵)

长圪渣儿 (天:强)

长疙痂子 (张:崇)

庆痂儿 (唐:蓟)(石:无)(邯:鸡、周、内)

庆疙痂儿 (石:赞)(天:强)(邯:鸡、沙、内)(张:龙、沽)(唐:秦)

结痂渣 (保:安、易)(天:桥、庆)

结疙痂儿 小孩儿种花儿过月叫结疙痂儿。(天:固、霸)

结疙儿 (天:天)

打痂 (石:晋)

把痂了 (张:阳)

干痂痂了 (张:怀)

疤拉 脱痂后之疤。(唐:昌、蓟)

【痂】

疙痂 (张:商)(邯:邯)(唐:丰)

疙痂儿 (邯:柏、临)

疮疙瘌儿　(邯:邯)

疙把瘌儿　(石:无)(邯:邯)

缺子　结瘌。(保:阜)

疤拉　(唐:抚)

疙渣儿　(天:桥)(唐:乐)

【疤】

聚子　(唐:丰、滦)

疤拉　(全省大部分地区通行)

疤拉　凡是由跌打损伤长疮所留下的痕迹都叫疤拉。(承:平)(唐:乐、大)(天:安)

疮疤　(天:肃、桥、宁、庆、阜、故)(邯:郸、魏、鸡、磁、宗、鹿、任、肥、涉、内、尧)(保:唐、满、兴、望)(张:万、沽、宣、龙、沙、鹿、蔚、尚)(唐:遵、西、三、昌、蓟)(承:隆、丰、青、滦、围)(石:武、无、新、石)

疮疤　因长疮而留下的痕迹。(承:平)(石:灵)

疮疤拉　(承:青、滦)(保:定)(天:霸)

疮疙瘌　(邯:磁、邯)

疤瘌　(天:天)

疮盘 mǐ　(邯:成)

【碰伤】

创伤　(邯:任)

磕伤　(承:隆)

砸伤　(承:隆)

撞伤　(承:滦)(天:桥)

碰着了　(石:平)(邯:广、郸、邯)(保:阜)(天:安、桥)(张:张、蔚、沙)(唐:乐、大)

碰坏了　(唐:遵、丰、山、乐、大)(承:滦)(天:霸)(石:无)(张:阳)

碰破　(石:无)(天:强)(邯:邯)(保:唐)(张:崇)

碰破了　(天:大、安)(邯:广、邯)(石:晋)(唐:乐)

碰破啦　(张:怀、万、蔚、沙)(天:安)

压伤　(承:隆)

撮伤　(承:隆)

招着啦　(天:桥)

【摔伤】

跌伤　(唐:乐、滦、西、山、昌)(石:束)(承:平)(天:静)(张:鹿、沙)(邯:鸡、磁、永、周、成、鹿)

跌破　(张:崇、怀、万)

跌坏　(张:阳、蔚)

摔破　(石:无)(天:桥、强)(保:满)

摔坏　(唐:遵)(石:无)(张:蔚、沙)

摔坏了　(唐:乐、丰)(承:滦)(石:晋)(天:安)

摔着　(石:衡、高)(保:阜)(邯:郸、邯)(唐:大)

伤　(邯:邯)

栽伤　(唐:西)

栽坏了　(天:霸)

磕破啦　(天:桥)

【被刀枪等硬器所伤】

硬伤　(石:束)(唐:宝、玉、丰)(天:安)

红伤　(天:天、桥)(唐:丰)

【蹭破皮儿】　擦破皮儿。

遭破了　(天:桥)

变上裂子了　(张:崇)

磨破皮儿　(天:静、安)

擦皮　(唐:丰)

擦破了　(邯:磁)(张:沙)

擦破皮儿　(石:无、宁)(唐:乐)(天:安)

擦了一层皮儿　(邯:磁、邯)(石:深)

划破皮　(邯:鹿)(保:满)

撞破皮儿　(石:灵)(邯:广、大、成、邯)

碰破皮　(张:阳、龙、赤)(邯:邯)

蹭破肉皮　(保:安)

蹭点皮　(天:天)

【拉个口子】

捅个口子　(石:无)

破了口子　(石:高)

割个口子　(唐:遵)(承:平、围、兴)(邯:涉、邯)(石:赞)(保:阳)(张:沙、崇、鹿)

砸拉个口子 （石:宁）

扎个口子 （唐:滦、乐）（石:无、获、泽、藁）（天:永、安）（保:博、满、清、易）（张:康、尚）（邯:丘、邯）

扎了个窟子 （张:怀、万）

拉个口 （石:石）（唐:丰）

拉个口儿 轻。（天:天）

拉个口子 重。（天:天）

划个口子 （石:获）（保:博）（天:桥、安）（张:沙）

劙个口子 “劙”音 lí，古词，分割的意思。（石:平、元）（邯:磁、魏、邯）

【抽打后皮肤上起的伤痕】

驴唇 （石:行、新、正）

伤青 （邯:沙、邯）

圪棱 （张:崇、怀）

鞭花 （天:安、霸、静）

红圪棱 （邯:涉、邯）

一圪棱 （张:宣、沙）

历崇 被树枝或硬东西刚划破皮出血。（石:建）

檩子 （天:静、桥、安）

血檩子 （天:天）

圪檩 （邯:临）

起檩子 （承:围）（天:天）（唐:乐、大）

岗子 （天:黄）

肉岗子 （天:大）

血子晕了 （天:强）

布鳞 （邯:鹿、南、邯、郸、大）（石:宁）

布鳞 与驴唇不同在于没有疙瘩，只有光滑的初伤表面的条子，如指甲划破的属这类。（石:束）

血布鳞 见“布鳞”条注。（石:束）

暴列 （保:高）

朴鳞 （邯:威、磁）

印烙子 （天:桥）

布唇 （石:获）

铺唇 （石:元）

鳞唇 （唐:丰）

驴臣 （石:石）

驴嘴 （石:高）

驴虚 （唐:抚）

驴身 （保:完）

六起来了 （保:新）

打伤 （张:万）

喧啦 （唐:滦）

【痔疮】

瘘 （唐:乐、三）

瘘 外痔。（唐:昌）

瘘疮 （石:深、河、宁、赵、正、晋、行、石、建）（天:饶、津、安、桥）（邯:鹿、任、丘、周）（保:定、雄、阜）（张:赤、商、怀、蔚、张、崇）

瘘疮 天津指形成瘘管儿的重痔。（天:天）

疮儿 （张:阳）

肉疮 （邯:清、南、宗）

痔 （唐:昌、蓟）（石:藁、井）（天:肃、桥、宁）（邯:魏、肥、内、尧）（张:宣）（承:隆）

痔核儿 肛门里面的疙瘩。（承:滦）

老痔疮 时间很长。（张:鹿）

里痔 肛门里面的疮。（承:滦）

里肉 生在肛门里边的痔疮。（邯:威）

外肉 生在肛门外边的痔疮。（邯:威）

掉叠肚 （石:宁）

【疥疮】

疥 （全省大部分地区通行）

疥 分干疥和脓疥。（石:灵、获、石）（唐:乐）

疥子 （唐:昌、秦）（承:滦）（天:宁、阜）（邯:魏、肥、内、尧）（张:沽、崇）

疥子 长疥人身上长的蚤子，能传染疥病。（承:滦）

葛志 （邯:内）

自在疮 （天:强）

老痣疮 （石:高）

痗痣 （邯:内）

癞　(天:天)

【癣】

钱儿癣　(天:霸)

钱癣　(保:雄)

干癣　(保:雄)

脓癣　(保:安)

牛皮癣　像牛皮一样,一大片。(石:深、灵)

疥　(石:衡)

泞癣　一种流水的癣。(唐:抚)

花癣　一片片的,不硬。(石:灵)(天:山)

桃花癣　发于春,白色。(唐:昌)

【干癣】

风癣　(天:静)

圈儿癣　(天:静)(唐:乐)

起皮癣　(石:无)

干皮癣　(张:康、龙)

吃毛儿癣　(天:静)

狗屁癣　(唐:抚、乐)(张:蔚)

狗皮癣　(张:万、怀)

驴屁癣　(唐:丰、宝、玉)

汗脸癣　(唐:秦)

牛皮癣　(唐:丰、秦)(石:新、平)(邯:肥)

牛皮癣　皮厚发硬,不出脓不出水,只是发痒。(承:滦)(邯:大、邯)(天:安)(石:晋)(唐:乐、大)

【金钱癣】

弄癣　流脓出水的金钱癣。(唐:宝)

虎皮癣　(天:献)

狗屁癣　(唐:迁)(张:康)

狗屁癣　这种癣带白霜。(唐:抚)

狗屁癣　过去迷信狗放屁时人笑,就会生癣。(张:万、沙)

钱癣　(天:东、河、霸)(邯:任、尧)(石:石)(保:雄)(唐:大)

钱儿癣　(全省大部分地区通行)

金钱癣　(保:满)(张:沽)

大钱癣　(唐:抚、三)(石:无)

大钱儿癣　(天:武)(承:青)(唐:大)

圈癣　(唐:丰、山、玉)(天:固、庆、静)(保:新)

圈癣　成环状,中间没有癣。(唐:蓟)

圈儿癣　(唐:滦、卢、昌)(天:桥、静)(保:水、兴)(承:承)

【痱子】

热颗子　(张:怀、崇)

热疮　(石:平、获、灵、赞、建、行)

热疙瘩　(石:深、泽、枣、晋、束)(天:饶、肃、强)(邯:南)(保:完、定)

热疙瘩子　(天:庆)(保:唐、蠡)

热疖子　(石:行)

热痱子　(承:兴、围、隆、丰、平)(石:新、高、井、藁、无)(唐:三、蓟、秦)(天:故、桥、河、肃)(邯:永、内)(保:定)(张:张、赤、宣、龙、沙、鹿、尚)

乍痱子　(保:安)

痱子疮　痱子多了形成的疮。(天:静)

粉刺疙瘩　(石:衡)

热毒子　一般指长在屁股上的大疙瘩。(天:天)

【狐臭】

狐包臭　(邯:大、柏)

狐骚味　(承:围)

狐巴臭味　(唐:抚)

狐臭子　(张:商)(保:新)

狐臭味　(天:霸)(唐:抚)(承:围)

狐抱眼　(石:衡、枣)

狐臭眼儿　(唐:西、迁)(承:隆)(天:桥、庆)(邯:永、台、内)(张:尚)

狐腋臭　(张:赤)

腋臭　(承:隆)

腋气　(承:滦)

臭胳肢窝　(天:安、桥、天、霸)(唐:玉、丰、宝、乐)(邯:清)(承:承、滦)(石:深、晋)

臭骨头　(老)(承:围)

臭姑子 （张:怀、康、张、万）

臭筒子 （张:赤、阳、宣、崇、鹿、蔚、沙、怀）

臭汗毛眼 （邯:郸、邯）

狐臭气 （邯:涉、邯）

铺臭气 （天:饶）

【口臭】

牙干臭 （张:怀）

嘴臭 （全省大部分地区通行）

嘴牙花子 （唐:滦）

臭牙花子 （唐:玉、丰、宝、大）（天:霸、安）

臭嘴 （天:天）

【爱乱骂人】

臊嘴 （邯:周、丘、邯）

嘴臊 （天:天、霸、安）（唐:宝、玉、乐、滦）

脏口 （唐:大）

口臭 ①爱骂人。②做买卖随便要大价。（保:水）（天:霸）

口臭 说的话别人不愿意听。（唐:乐）（保:水）（天:桥）

臭嘴子 （唐:乐）

咬舌根 （保:安）

【甲状腺肿大】 颈上长瘤子，使脖子涨大，又名“大脖子”。中医叫“瘿”，音 yǐng。

粗脖 （唐:西）（承:围、丰、承）

粗脖子 （唐:滦、昌）（石:灵）（天:静）（张:万、康、宣、怀）（邯:柏）

粗脖子病 （邯:涉）

粗脖根儿 （唐:抚）

大脖的 （邯:邯）

大粗脖 （唐:玉）（张:龙）

大粗脖子 （张:崇）（唐:抚、乐、迁）

大气脖儿 （唐:秦）

气脖儿 （天:天、静）（石:栾）（张:商）

气累 （唐:丰）（石:衡）

气累疮 （天:强、河）

气瘰脖儿 （承:承）（保:定、安）（天:大）

气瘰疙瘩 （石:枣）

气瘤疙瘩 （邯:周）

山瘿 （天:安）

山瘿脖子 （天:霸）

山痨脖子 （保:新）

瘿下郎 （邯:涉）

瘿包脖子 （邯:内）

瘿袋 （承:围、青、滦、平）（石:灵）（保:易、水）（唐:西、卢、迁）

瘿袋 脖子上长瘿。粗脖子不是长瘿。（承:丰）

大瘿袋 （承:滦）（唐:蓟）

瘿袋脖 （承:兴、隆、平）（唐:西、蓟）（石:平、井、灵、建、获、行、新、赞、高、元）（张:龙、蔚）（保:满、阳、保、唐、清、阜）（邯:任、临、内）

蛤蟆脖子 说笑话时用。（天:静）

能袋脖 （石:正）

肿脖瘟 （邯:任）

瘤子 （邯:威、邯）

【六指儿】 除了正常的五个手指或脚指头外，另外多长出的一个枝指。

六雌雌 （张:崇、万、康、张、怀）

六雌 （张:蔚）

六持儿 （张:沽）

六枝马儿 （保:唐）

六枝枝 （张:怀）

六枝的 （邯:郸）

【左撇儿】 以左手拿筷子或操作的人，这种人左手比右手灵活。

左拉撇 （邯:南、丘）（唐:大、丰、遵、玉、昌）（石:晋）（天:安）

左拉撇子 （唐:昌、宝、玉、乐）（天:安）

左不拉撇 （邯:乡、鹿）（天:桥、庆）

左裹拉撇 （天:山）

左格拉撇 （石:枣）

左股撇 （天:沧）

左股拉撇 （石:宁）

左锅儿撇 （天:安、黄）

左裂撇 （唐:秦）

左撇拉子 （保:唐）（邯:威）（唐:昌）

左撇拉裂 （天:庆）

左撇拉拐 （天:静）

左朴裂 （邯:郸）

左不裂 （唐:大）（石:晋）（天:安、天）

左不啦 （邯:大）

左不勒角 （邯:周、邯）

左撇瓜子 （石:灵）

左撇裂 （全省大部分地区通行）

左撇裂子 （石:灵、井）（保:唐）（承:滦）

左撇连 （张:崇）

左撇子 （唐:乐）

左指儿 （张:万）

撇拉 （石:石）

闹撇裂 （石:新）

撇裂腿 （邯:任）

【瘸子】

点脚 （天:庆、安）（保:完）（石:灵、束）（邯:邯）

点脚子 （唐:蓟）

癫脚儿 （唐:乐）

拐子 （天:阜、固、故、肃、东、静、献、文、大、桥、河、宁、沧、安）（邯:邯）（石:深）

拐子腿 （石:枣）

拐拉腿 （天:东、桥）

拐腿子 （承:兴、围、隆、青、滦、平）（石:行、赞、元、无、井、藁、安）（唐:三、卢、抚、迁、秦、蓟）（天:桥、河）（张:张、万、沽、沙、商、怀、尚）（保:水、安）（邯:乡、郸、魏、鸡、柏、宗、鹿、台、沙、任、临、肥、成、内、尧）

根半腿 （石:灵）

跛子 （文）（承:平、围）（邯:鸡）（天:故）

跛子 （承:隆）（石:无、高、灵）（唐:乐、秦、蓟）（天:桥、宁）（张:沽）（保:新、蠡）（邯:肥、涉、内、尧）

瘸腿儿 （承:兴、平、滦）（石:晋、枣、无、深）（唐:三、抚、蓟、丰、大）（天:故、肃、静、桥、宁、河、沧、津）（张:沽、沙、尚）（保:水、安、清）（邯:广、乡、郸、魏、鸡、鹿、清、沙、临、涉、内、尧）

瘸哩 （邯:涉）

瘸巴 （天:庆）

瘸子 一般指瘸胳膀,有时也可指拐腿。“拐子”则专指“瘸腿”。（石:正）（天:安、桥）

瘸子 专指腿,一般指较重的瘸腿。（天:天）

瘸拐子 （唐:秦）

【一只腿】 一只腿的人。

独腿燕 有憎意。（石:行）

一只夯 （邯:内）

一根腿 （石:无、灵、井）（天:桥）

一个腿 （唐:三）（石:枣）（保:高、唐）

一条腿 （邯:邯）

单腿 （保:容）

单条虎 （天:天）

【一只手】 只有一只手的人。

一杆炮 （石:灵）

一杆槌 （唐:滦）（石:建、灵、行、新）（承:隆）（邯:邯、郸、鸡、永、肥、涉、成、内、尧、广）（保:阜）

一只槌 （邯:周、邯、丘）

一个手 （唐:三）（天:静、黄）（张:万、阳）（保:唐）

一张手 （天:桥）

一条胳膊 （邯:邯）

根半胳膊 ①胳膊有毛病。②带有贬义或开玩笑的意思。（石:灵）

瘸手儿 （天:静、天）

秃爪儿 ①一只手。②缺一个手指头。（承:滦）

秃爪子 （承:滦）

单手 （天:静）

拽胳膊 “拽”读去声。天生的胳膊残废或有手不能拿东西的人。（天:固）

瘸胳膀 （石:正）（张:怀）

单rōu （天:桥）

【病伤后不能复原】

残病儿 （石:束、深）

残号了 （天:桥）

残疾 （天:安）

落残 例:“我这条腿打碰了后,落残了。”(天:天)

半病子 例:“别看他半病子,也不少干活。”(邯:宗、乡、鹿)

【罗锅儿】

驼子 （唐:遵）(石:无)(承:隆)(天:桥、宁)(张:沽)(邯:魏、鸡、永、鹿、肥、内、尧)

驼子 （文）(石:藁)(唐:三)(天:故)

弓腰 （承:平）

背锅子 （张:张、万、沽、商、崇、怀、蔚、阳、沙）

背锅儿 （石:石、建、安）(天:宁)(张:康、宣、龙、鹿、蔚、尚)(邯:乡、魏、鸡、永、鹿、沙、任、肥、周、内、尧)(唐:蓟)

锅子 （邯:漳、成、广、磁、邯）

锅腰 （天:沧、桥）(邯:鸡、邯、宗)

小锅腰 （邯:涉、邯）

罗锅腰 （天:桥、河、庆、黄、东、景、安）(邯:鹿、郸、鸡)(石:正)

罗锅子 （唐:玉、丰、滦、乐、迁、抚、大、宝）(承:平、滦)(天:强、霸、安)(保:安)(张:沙)(邯:邯)(石:深)

前锅腰后努肚 （邯:鸡、邯）

前鸡胸,后罗锅 （天:天）

【麻子】 脸上长的麻子,有时也可用这种特征作为长麻子的人的外号或代称。

鸡鹄西瓜皮 （唐:卢）

冷子砸弄泥 （唐:卢）

疤 （张:蔚）(邯:涉、尧)(石:行、灵)(保:阜)

疤子 （张:赤、阳、商、崇、怀、蔚、尚）(石:元)(保:阜)

疤脸 （石:平、井）(张:鹿、赤、沙)

一脸疤 （石:建）

浅白麻子 （唐:卢）(承:滦)

浅白麻子 少而俊。(保:安)

狗屎麻子 多而丑,和“浅白麻子”(少而俊)相对成义。(保:安)

麻枣 （贬）(承:丰)

麻面 （保:兴）

麻脸 （天:阜）(邯:鹿)

麻脸大天 “大天”指骨牌之天牌,意取其坑多也。

麻大天 （贬）(唐:抚)

麻子脸 （保:定）(石:元、晋、深)(唐:乐)

麻子痘 （邯:郸、邯）

麻痘痘 对麻脸小孩的称呼。(唐:滦)

麻子蛋 （贬）(天:桥)(唐:大)

麻的 （邯:邯）

大麻子 （天:天）

当花的 （张:鹿）

坑人 （石:宁）(承:平)(天:安)

【瞎子】

二成眼 看得见一点路。(承:滦)

二股眼 骂人时说。形容人的眼睛像梿枷杆穿枷,一头带孔的地方。对东西看不出好坏,就常叫“二股眼”。(承:滦)

没眼的 （石:灵）(邯:鸡)(保:安、兴)(张:蔚)

没眼人 （承:平）

没眼睛人 （承:青）

瞪眼瞎 瞪着眼看不见。(承:滦)(唐:乐)(天:安)

瞎的 （邯:广、邯、磁、漳）

瞎瞽眼 （承:隆）

睁眼瞎 也指文盲。(天:天)

双失目 （唐:秦）(天:安)

【聋子】

聋的 （邯:广、邯、磁、漳、成）(石:正、获、石)

聋巴 （唐:乐）

龙王爷 用谐音(龙和聋)构成的词。(承:滦)

【哑巴】

哑子 （石:无、灵）（承:平）（天:桥、宁、阜）（张:宣、商、尚）（邯:鸡、鹿、肥、内、尧）（唐:蓟）

哑巴子 （张:张、万、怀）（唐:大）

半哑子 会说一点，但极不清楚。（天:静）（石:晋）（唐:乐）

没嗓子的 （保:安）

【水蛇腰】 腰部微曲的人，但不是残疾，而仅是一种习惯，当注意时，亦可挺直。

水蛇腰子 （天:东）

水蛇车 （邯:魏、邯）

水水腰 （天:固、霸）

水拉腰 （天:安、霸）

水身腰 （唐:各地）（承:承）

长虫腰 （石:高）（邯:台）

佝偻腰 （保:安）

吊弓腰 （天:肃）（保:博）

弓弓腰 （天:桥）

膛腰 （邯:尧）

牛辣巴 （张:万）

拱肩 因腰曲而使肩拱起。（保:高、博）（唐:大）

探肩 由于腰微曲，显得肩向前倾，所以叫“探肩”。（邯:周、丘、邯）

探西肩 （天:桥）

【柳条腰】 腰细的人。

马蜂腰 （邯:大、磁、任）（石:平）（天:霸）

细狗腰 （邯:肥、邯）

细狗腰儿 （邯:周、邯）

小细腰 （天:天）

蝲蛄腰 （邯:临）

【公鸭嗓儿】 嗓音发沙的人。

狗哑嗓儿 （保:易）

哑巴驴 骂人话。（石:灵）

哑巴鸡 （天:饶）

哑巴驴嗓子 （石:无）

哑巴鸡嗓子 （邯:邯、郸、成）

哑嗓儿 （石:获）（天:安）（保:涿）（邯:邯）

哑嗓子 （唐:三）（石:冀、正、栾）（张:龙、沙、崇、怀、鹿、万、蔚）（邯:周、邯）

哑巴嗓子 （天:静、桥）（石:深、赵、赞、平、河、晋、灵）（邯:鸡、任、邯、肥、大、南、丘）

哑巴嗓儿 （石:束）（保:保、唐）（邯:台、肥、邯）（天:安）

哑巴嗓子儿 （邯:广、邯）

糖嗓 （石:藁、深、宁）（天:静）（邯:沙、乡、南、鹿）

别嗓子 （张:口）

破嗓子 （石:新）

破锣嗓子 （天:天）

劈嗓的 （邯:磁、邯）

劈拉嗓子 （石:宁）（天:桥）

拉巴嗓子 （保:安）

沙拉嗓子 （石:建）

沙嗓子 （张:商）（邯:鸡、临）

左嗓子 （张:赤）

公嗓儿 （唐:大）

粗嗓子 （张:万）（邯:邯）

【一只眼】

一只眼 （邯:邯）

一个眼的 （天:桥）

一个眼鸟枪 （邯:鸡、邯）

一杆枪 （邯:肥、邯）

一盏灯 （邯:大、邯）

鸟枪 （邯:沙）

老一子 （邯:成、邯）

老单子 （邯:鸡、任、临、内）

老单 （邯:永、鸡）

老独 （邯:尧）

晌午歪 （贬）（承:平）

单打一 （邯:大、邯）

单罩 （贬）（承：平、围、丰、滦）

单罩眼 （承：滦）

单眼罩 （石：行）

单眼 （张：沙）

单川 （承：兴）（唐：宝、三）

独出 （邯：肥、邯）

独打一 （天：固）

独单冲 （石：泽）

独只眼 （承：隆、平）（天：桥、庆）（张：沽）（邯：肥、内、尧）

独眼 （保：水）（邯：任）（天：霸）（唐：宝、玉）

独眼瞛 含骂意。"瞛"音 cōng。（石：晋、深）（天：东、河、津、肃、天）（邯：宗、郸、大）（保：安、蠡、高、满、兴）（唐：大）

独眼龙 （唐：三、宝、玉、西、乐、卢、迁、昌、秦、蓟、丰、滦）（承：丰、隆、滦、平）（石：平、冀、获、新、高、藁、无、安）（天：黄、东、安、静、桥、河、宁、永、霸）（张：赤、康、沽、龙、怀）（保：定、唐、满、安、阳、涿、清、保）（邯：郸、鸡、台、沙、任、丘、临、肥、内、尧）

独眼贱 骂人用。（邯：郸、邯）（唐：大）

【远视眼】

远眼 （承：隆）（唐：大）（天：武）

远视 （承：隆）（天：安）

远觑眼 （张：阳）

远气眼 （天：桥）

花眼 （唐：宝、丰）（石：枣）（天：任、大、河、庆）（保：易、阜）

【老花眼】 程度极深的远视眼。

花眼 （唐：丰、大）（石：枣、宁、灵）（天：静）（保：雄）（邯：威）

眼花 （石：无、武、束）（天：饶、武）（保：定、唐、高、新、雄、清）（邯：广、大、任、南、邯）（唐：乐）

【近视眼】

瞎觑眼 （石：束）

近觑眼 （全省大部分地区通行）

近觑眼 （老）（石：正）

近觑眼儿 （保：唐）

近气眼 （唐：乐、昌）（天：桥）（邯：邯）

【夜盲】 天黑看不见。

雀迷眼 （唐：丰、昌）

雀盲 （天：静）（唐：乐）

夜盲 （唐：大）

夜朴眼 （邯：邯）

【羞明】 视神经衰弱，畏见强光之症。

怕照 （保：新）

怕明儿 （保：满）（邯：永、邯）（石：灵）

怕亮 （天：霸、肃）（石：深、冀）（唐：卢、秦）（承：承）

怕亮儿 （唐：丰、滦、山、抚、卢、三、西、秦）（承：丰、平）（天：静、任、津）（保：容、水、保）

怕晃眼睛 （承：滦）

怕晃明 （石：深、束）

晃明 （石：正、平、行）（保：完）

羞亮儿 （邯：清、台、内）（保：水）（承：隆、滦）（张：尚）（石：晋）

羞光 （石：获）

眼羞 （石：藁）

阴天乐 （天：桥）（唐：山、大）

【鼓眼泡儿】 上眼皮鼓凸。

鹞子眼 （石：获）

鹳子眼 （张：宣）

豹子眼 （唐：遵、大、蓟）（石：新、赞、武、深、安）（承：平）（天：饶、文、大、阜）（张：张、宣）（保：阳、兴、清）（邯：郸、魏、威、肥、南、成、内）

暴突眼 （石：平、高）（邯、尧）

豹鱼眼 （邯：邯、大）

豹火眼 （唐：三）

暴突眼儿 （保：定、唐、满、蠡）（石：行、晋）

大豹子眼 （天：沧）

龙井鱼眼 （唐：昌、乐）

金鱼眼 （保：安）（邯：永、邯）（唐：丰）（天：霸、天）

鱼眼 （邯：永）

蛤蟆眼睛 (唐:抚)

蛤蟆眼 (唐:滦、大)(承:围)(天:安、固、霸)

蛇眼 (承:围)

胖眼皮 (邯:临)

雀鼓眼 (石:灵)

鼓眼 (张:尚)(邯:清)

鼓眼 指猪。(石:灵)

肉眼泡儿 (唐:丰、山、滦、宝、玉、乐)(石:正)(邯:广、邯)(天:霸、安)

大眼 (邯:磁、邯)

大马眼 (天:宁)

瞪眼 (天:黄)

圆眼 (张:阳)

奔奔的眼 (张:崇)

卧肉眼 (邯:南)

鹞的眼 (邯:魏、邯)

八路儿眼 眼球凹入。(张:万)

【斜眼儿】 眼的视角不正,歪向一边。

晌午歪 (唐:丰、宝、玉)

十二点半 (唐:丰)

螃蟹眼儿 外斜视。(天:安)

斜楞眼儿 (天:桥)

【对眼】 两眼都向内斜视。

斗鸡眼儿 (唐:丰、宝、蓟、昌)(承:平)(天:宁)(保:阳)(邯:内)

斗勾眼儿 (唐:遵、乐)

斗眉眼儿 (石:井)

斗风眼儿 (张:龙)

斗眼儿 (天:静、天)(唐:乐)

斜眼 (保:安)(石:平)

斜楞眼 (天:东)(石:深)

斜拉眼 (邯:大、邯)

对子眼 (张:尚、怀)

对子 (天:桥)

对子眼儿 (唐:玉、滦)(石:高、赵、栾、安)(承:青)(天:桥、宁、阜)(张:万、康、商、宣、尚)(邯:鸡、鹿、内、尧)

对眼子 (石:灵)

对眼的 (邯:邯)

对对眼 (石:获、石)

对花眼儿 (邯:周、邯)

瞪子眼 (张:沙、怀)

白窠眼 (天:东)

三棱角眼睛 (唐:滦)

眯缝眼 (石:平)

【唇裂】 上唇残缺。

豁子 (全省大部分地区通行)

豁嘴子 (石:元、安)(天:黄)(唐:乐)

豁嘴儿 (石:宁、藁、无、石)(天:强、文、河、宁、肃、沧)(张:沽、沙、龙)(保:定、保、安、兴、涿、容)(邯:宗、永、鹿、台、沙、任、临、肥、内、尧、鸡、大)(唐:滦、玉、秦、乐)(承:承)

豁子嘴儿 (唐:滦、秦、昌、西、抚、丰、乐)(石:建、河、泽、晋)(天:静、安、桥、强)(保:唐)

豁巴嘴 (保:兴)

豁豁 (石:灵)

豁豁嘴 (天:永、霸、肃、安)(保:安、雄、容)(石:束)

豁拉嘴儿 (唐:迁)

豁拉缝 (天:天)

豁嘴唇儿 (石:正)

大豁 (天:桥)

小豁 (天:桥)

谷巴嘴 (唐:遵)

兔子嘴儿 (唐:丰)

坌子 “坌”音 bèn。(承:平)

坌唇 (承:兴)

三瓣嘴儿 (承:青)(唐:丰、蓟、昌)

三片嘴 (邯:鸡、邯)(保:阜)

三片嘴 (贬)(天:安)

三片嘴 指兔子。(唐:乐)

【豁牙子】 口中门齿有残缺。

没牙老 指口内缺牙或无牙。(保:兴)

没牙老儿 叫换牙时孩子。“没”音 mu。民谣:“没牙老儿,啃脆枣……。”(天:静、安、霸)

没牙豁儿 (石:井)(天:桥)

没牙磕 (保:阜)

岔牙子 (承:兴)

岔牙儿 (承:平)

豁子牙 民谣:“豁子牙,冒凉气,跟着耗子吃小屁儿。”(唐:丰、乐)

豁牙牙 (张:万、怀、沙)

豁牙的 (邯:广、大、邯)

豁的 (邯:邯)

豁积齿 (唐:蓟)

豁唇子 “唇”读去声。(唐:滦)

老没牙 “没”音 mu。(石:束)(天:桥)

【龅牙】 嘴唇包不住门齿,以致露在外面。

露齿子 (承:滦)

露齿的 (邯:郸、邯)

龇牙子 (天:强、安)(唐:丰)

龇的牙 (邯:邯)

豁牙露齿 (石:灵)

豁牙子 (张:沙)

龅牙 (保:定)(石:晋)(天:桥)

大龅牙 (天:安)

虎牙 (天:天)

【嘴唇和门牙在外鼓着】

鼓崩嘴 (唐:遵、乐)(天:安)

猴子嘴 (邯:邯)

猞猁嘴 (天:天)

【老公嘴儿】 成人不生须的。

白虎 (石:平)(天:庆)(保:满)

光嘴巴子 (张:万)

光嘴巴 (张:赤、鹿)(邯:大、丘、邯)

二尾子 “尾”读 yì。(张:康)

妈妈嘴 (石:正)

老妈妈嘴 (天:桥)

老妈子嘴 (邯:清)

娘们嘴 (天:东、黄)(邯:乡、邯)(唐:乐)

婆婆嘴 (张:商)

婆娘嘴 (石:河)

老婆嘴 (天:阜、东、桥、津、静)(邯:广、乡、邯、大、永、鹿、任、肥、涉、南、成、尧)(石:赞、行、获、建)

老婆子嘴 (邯:鹿、尧)

老婆嘴儿 (唐:乐、抚)(承:青)(石:衡、正、枣、藁、元)(保:定、唐、阜)(邯:鸡、临)

老婆嘴儿 包括成人不长胡子和嘴往下陷的。(石:灵)

没胡子 (邯:邯)

老公(太监)嘴 (唐:蓟)(天:天、桥)

【天老儿】 生来毛发皆白的人。

老白 (石:冀)

老白毛 (天:津)(邯:肥、邯)

标白 (张:阳)

白姑 (邯:丘、邯)

白姑儿 (邯:威)

白公 (承:围)

白老儿 (天:安)

白官 (石:衡、枣)

白毛儿 (承:青)(天:津、河、庆)(邯:大、磁、邯)

白毛子 (唐:丰、滦)

白头 (天:桥)

白头发 (邯:内、邯)

白头老儿 (天:黄)

白天落儿 (唐:遵)(石:束)(邯:宗、鹿)

白天老儿 (唐:丰、宝)(天:饶、肃)(保:博、定、完)

白天鹅儿 (唐:宝、玉)

苍老儿 (张:尚)

苍白老儿　(邯:广、邯)

阴天乐儿　(唐:丰)

雪里迷　(天:固、文)(邯:涉、肥、内)

【傻子】

愣货　(张:张、怀、鹿、万、沙)

愣小　(张:怀)

愣子　(张:商)

愣头青　(唐:大)

白痴　(承:青)

桥子　(张:阳、康)

弄伙　(张:万)

傻人　(承:滦)

傻八儿　(天:天)

傻呆儿　(天:静、强)

傻蛋　(天:天)

傻瓜　(天:桥)

呆子　(承:平)(石:行、新、灵、藁)(唐:三、昌、抚)(天:肃、桥、阜)(邯:郸、任、内)(张:赤、宣、蔚)(保:定、望、唐、满、阳)

炊　(邯:永、邯)

炊子　(石:无)(邯:内)(张:阳、尚)

二虎　(承:青)(邯:邯)

二百五　(承:滦)(邯:邯)(唐:宝、玉、丰、乐)

二百五　指做事没准头的人。(天:安)

二不愣子　(承:青)

二憨头　(承:青)(天:桥)

二愣子　(唐:滦)

缺心眼　(保:兴)(邯:邯、宗、乡)(唐:宝、玉、丰、乐)(天:安)

缺心眼　不太傻。(承:滦)(邯:邯)

欠心眼　(承:滦)

半癫子　(承:滦)

俏货　(张:崇、张、怀、万、蔚)

晕蛋　(邯:邯)

少肺头的　(天:桥)

【请医生】

接医生　(承:隆)

接大夫　(唐:迁)(承:隆)

接先生　(唐:乐、丰、迁、蓟)(承:隆)(保:水)

叫先生　(天:静)(邯:肥、邯)

请人　(天:静)

请看病的　(承:平)

请瞧病的　(张:鹿、沙)

请先生　(全省大部分地区通行)

请先生　(老)(石:石、晋)(邯:南)(承:平)(张:龙)(天:大、霸)

请先生　(旧)(保:雄、满)

请先生　指请医生或请教师。(张:沙、商)(天:安)

请医家　(邯:邯)

【医】 治疗病。

疗　(唐:遵、秦)(石:藁、赵)(承:平、隆、兴)(天:肃、故、庆)(邯:魏、鸡、柏、大、宗、唐、内、尧)(张:张、宣、万、沽、沙、尚)

扎估　“扎”读阳平。(承:滦)

扎估病　“扎”读阳平。(承:滦、隆)

扎估扎估　(承:滦)

瞧　(保:满、清)(邯:涉、成、邯)(张:鹿)

瞧瞧　(唐:昌)(天:固)(邯:磁、邯)(保:兴)

看　(邯:成、尧、漳)(张:万、阳、崇、怀)(保:阳、阜)(石:无)

看看　(石:石、晋)(邯:广、磁、邯)(天:桥)(唐:蓟)(张:万、沙、蔚)

看病　(天:天)

治　(唐:丰)

下药　专指治疗,不指诊断。(天:桥)

【诊病】

瞧病　(全省大部分地区通行)

瞧病　①诊病。②看望病人。(石:藁)(邯:邯)

瞧症候　(唐:迁、丰)

瞧瞧病儿 （承:滦）

治治 （承:围、滦、丰）（唐:秦）（保:兴）（邯:邯）

看看 （邯:广、磁、邯）（天:桥）（保:兴）（石:晋、深）（唐:大）

瞅瞅去 （承:滦）

疗病 （张:怀）

诊疗 （邯:磁、邯）

诊断病 （石:石）

整治整治 用土法治疗。（承:滦）

看看病 （张:怀、沙）（天:桥）

看病 （唐:各地）

【号脉】

切脉 （石:晋）（天:宁）（邯:内、尧）（张:宣）（保:蠡）

切脉 （文）（邯:鸡）（承:承）

瞧脉 （唐:滦、昌）

断脉 （石:无）（邯:宗）

看脉 （天:河）

捉脉 （邯:磁、成）

把脉 （石:灵）

诊诊脉 （承:滦）（邯:宗）

摸脉儿 “摸”音 māo。（石:深）（天:桥）

摸脉 （唐:乐）

摸摸脉 （天:天）

miē 脉 （张:张）

评脉 （承:滦）（邯:广、肥、乡、成）（保:满）

【开方子】

开单子 （承:围）（唐:三、迁、蓟）（石:衡、枣、武、安）（天:安、强、阜、故、山、桥、河、宁、沧、肃）（邯:鸡、南、内、尧）（张:尚）

开单子 ①开药单。②开各种便条。（张:沽）

开药单 （唐:滦、三、乐、卢、迁、秦、蓟、昌）（石:无、晋、石、枣、深、安）（承:平、兴、围、隆）（天:强、饶、孟、故、东、献、文、安、宁、永、沧、庆、阜、肃、桥、津）（邯:乡、魏、鸡、宗、威、鹿、清、任、内、尧、丘）（张:宣、沙、沽、尚）

开药单儿 （天:静、安）（石:晋）

开药方子 （张:崇、张）（保:定）（石:深）（天:霸、安）

开药方儿 （张:沙）（唐:乐）（天:天、桥）

开药方 （石:深）

开个方子 （天:天）

药方的 （邯:邯）

处方 （邯:清）

处方儿 （唐:三）（承:丰）

处方子 （唐:遵、迁、秦、蓟、昌）（石:无、晋、新、灵、藁、安）（承:平、隆）（天:固、肃、文、津、河）（邯:魏、鸡、柏、鹿、台、沙、肥、成、尧）（保:雄）（张:沽）

处方子 （文）（邯:任、广、清）（承:承）（天:故）（张:宣）

处方子 医生用语。（保:涿）（天:桥）（承:滦、围）

配偏方 请人开一个流行的简单药方。（保:安）

【一剂药】

一服 （石:灵）

一服药 （唐:乐、西、丰）（天:黄、肃、津、霸、安、桥）（邯:邯）（张:蔚、沙、张、万、阳、龙、鹿）

一服汤药 （承:隆）（天:霸）

一味药 （唐:蓟、大）（天:强）

一味药 也指一服药中的一种药。（唐:宝、玉、丰）

【一剂药吃三次】

一剂药吃三淋 （唐:丰）

吃三剂 （承:平）（邯:邯）

吃三回 （天:天）

吃三煎 （天:霸）

吃三淋 （天:桥）（唐:大）

【吃中药】

小锅儿饭 谑语。（天:霸、安）（承:承）

吃大药 （唐:丰）（天:桥）

喝汤药 （天:天、桥）

【一服药的分量】

药剂子 可说“药剂子”大或小。（承:滦）（唐:丰）（邯:邯）（天:安、霸）

药量 指中草药的钱分。（天:天）

【药引子】

引子 （全省大部分地区通行）

引子 ①指药引子。②甲事引出乙事，甲事也叫引子。（承:平）（邯:邯）

药引 （邯:涉、邯）

【药罐子】 熬中药用的沙锅，有把无嘴，无固定盖。方言中的“吊子”和“×壶”都是带嘴有固定盖的。

燎 “燎”音 liǎo。（唐:秦）

药壶 （石:栾、赵、深、井、新、石、高、正）（张:鹿）（邯:柏、鹿、任）（天:饶）（保:阳）

药壶子 （石:无）（张:万、康、龙、沙、崇、宣、怀）（保:唐）

药沙壶 （石:平、行、灵）（邯:临）（保:阜）

药茶壶 （邯:涉、邯）（张:商、蔚）

药茶壶儿 （石:建）（张:宣）

药锅 （全省大部分地区通行）

药锅儿 （承:滦）（天:静）（唐:乐）

药锅子 （天:静、沧、安）（保:唐、满）（邯:清）（张:沙）

药锅的 （邯:大、邯）

药勺 （天:东）

药吊 （石:武）

药吊儿 （石:藁、宁、无、深、枣、行、束、安）（承:各地）（唐:丰、滦、遵、宝、抚、山、大、蓟、卢）（邯:清、台、内、尧）（天:黄、固、强、故、肃、献、文、大、山、津、桥、河、宁、武、霸）（保:博、易、高、清、安、新、兴、雄、蠡、涿、完）（张:赤、沽、宣、龙、尚）

药吊子 （承:平、承）（唐:丰、滦、西、乐、三、卢、玉、秦、昌）（石:衡、泽、晋）（天:阳、强、静、津、安、河、霸）（保:安、容）（张:阳）

沙吊 （邯:尧）

沙吊子 （天:静）

沙壶 （天:安）（邯:尧）（石:藁）

沙茶壶子 （张:宣）

药罐子 常吃药的人。（保:雄）（天:桥、霸、安、天）（唐:乐）

【煎药】

做小锅饭 （唐:蓟）（天:安）

滚药 （邯:磁、邯）

熬药 （唐:昌、乐）（邯:邯、台、宗、乡、任）（石:深、晋、获、正、宁）（天:天、霸、桥）

【头汁药】 第一次煎的汤药。

头淋 （唐:丰、昌、乐、大）（天:桥、霸、安、天）

头煎 （邯:台）

头料儿 （石:束、正）（邯:邯）

【二汁药】 第二次煎的汤药。

报查 （右:束）（大:桥）

复渣 （邯:台）

二料儿 （石:束、正）（邯:邯）

二淋 （唐:宝、玉、丰、乐、大）（天:天、安）

【中药铺里抓药的人】

拉药抽头的 （天:强、桥、安）（邯:邯）

拉药匣子的 （唐:丰、宝、玉、乐、大）

抓药的 （天:天）

司药 中医用语。（天:天）

【抓药】 指中药。

撮药 （邯:涉、邯）

打药 （唐:丰、宝）（天:黄、孟、文、大、河、霸）（保:安、新）

包药 （唐:山）（天:东、山、桥、庆）

拿药 （石:灵）（保:满）（天:霸、安）

赎药 （古）（石:无）（邯:内、尧）（张:尚）

取药 （石:束）（保:安）（天:任、安）

抓药 急用时说。（唐:山、乐）

抓药 取中药均称抓药。（石:石、栾、正）

配药 （邯:广、邯）

配药 两种以上的药混在一起，压成药面或做成药丸。（承:滦）（石:正）

买药 （邯:肥、邯）

【买药】 指西药。

包药 （天:庆）

取药 （唐:丰）（天:饶、河、强、故、肃、东、安）（邯:柏、大）

拿药 中西药都称拿药。(石:灵)(天:桥、安)

配药 (全省大部分地区通行)

【药房】 卖西药的。

药舍 (石:无)

西药房 (邯:大、邯)

洋药房 (唐:丰、玉)(承:丰)(天:桥)

药房 中西药统称。(石:正)

【药铺】 卖中药。

药店 (保:安)(唐:遵、玉、昌、西、滦、抚、三、秦、蓟)(承:围、隆)(天:饶、肃、大、桥、宁、河)(邯:郸、魏、宗、鹿、沙、内、尧)(张:赤、宣、尚)

药店 大药铺,可以批发药。(承:平)(张:沽、蔚)(唐:大)

药行 可以批发药材。(石:深、宁、藁)(邯:鸡、大)

药铺子 (邯:邯)

药房 (石:宁)

注:天津中药铺称"××堂",如"达仁堂"。卖西药的称"店"或"房",如"香港药房"。

【偏方儿】

偏方子 (张:沽、沙)

秘方 不传人。(石:束、深)(邯:鸡、邯)(唐:玉、宝、乐)

单方儿 (邯:内、尧、魏、成)(石:无、安)

专方儿 (天:武)

土法 (天:桥)(邯:邯)

海成方 (唐:乐)

海方方儿 (承:青)

海堂方儿 (唐:丰)

出个偏法 (保:雄)

开偏方 所谓偏方者,系指不在《汤头歌》的药方。

复长方 (唐:滦)

【发汗】

猫汗 (唐:滦、乐)

见汗 (保:博)(天:饶)

表汗 (唐:丰、乐、蓟、玉)(承:平、隆)(石:栾、赞、井、安)(邯:邯、郸、魏、鸡、柏、磁、宗、永、鹿、台、大、临、肥、涉、周、成、内、尧)(天:静、宁、武、安)(张:尚、口)(保:水、阳、新)

表表汗 (邯:鸡、邯)

表表 (承:承、滦)(石:晋、灵)(天:霸)(邯:磁)

发表 吃药发汗。(承:滦)

出水 (张:万)

出出汗 (保:满)(天:桥、强)(石:枣)(邯:邯)

【败毒】

解毒 (唐:玉、宝、抚)(承:青、滦)(天:强)(邯:广、肥、邯)

放毒 (天:阜)

拉毒 (邯:涉、邯)

拔毒 (天:庆)

破毒 (天:桥)

出出毒气 (邯:大、邯)

出毒火 (天:天)

去去毒 (张:崇)(唐:宝、玉)

去毒火 (石:深)(天:肃、安)

去毒火儿 (承:滦)

败败毒火 (保:安)(唐:乐)

消毒 (石:井、武)(天:东)(邯:丘、尧、鸡)(保:雄、清)(张:张)

【去湿】

除湿 (承:滦、隆、围)(唐:昌)(石:藁)(天:宁、庆)(邯:广、鸡、任、临、内、尧)(保:望、雄、清)(张:万、沽、崇)

除湿气 (石:获)

去湿气 (天:静、安、津)

拉湿气 (邯:涉、邯)

去潮 (唐:乐)

【除风】

追风 (唐:玉、丰)(邯:临、尧)(张:宣)

散风 (石:建)(天:静、安)(保:兴)

驱风 (唐:丰)(张:蔚)

去风 (唐:丰、抚、迁、昌)(石:正、灵)(承:兴、隆、丰)

（天：山、桥）（邯：鸡）（保：蠡）（张：宣、崇、鹿）

去去风气　（天：天）

出风　（邯：尧、丘）

出出风　（天：固）

打风　（邯：尧）

打风气　（邯：大、邯）

表表　（天：霸）

炙炙　用火炙可除风，小孩生下避免抽风常在火上烧个疤子。（邯：大、邯）

【去火】

泻火　（邯：广、肥、邯）

退火　（石：武）

放火　（唐：丰、玉）（邯：邯）

打火　（天：桥）

清火　（石：建）

出火　（唐：丰）（天：静）（邯：尧）

下火　（张：康、沽、宣、商、崇、蔚）

下下火　（张：张、万、怀、沙、尚、沽、康）

败火　（全省大部分地区通行）

败败火　（唐：玉、蓟、宝、乐）（邯：大、邯）（张：沙）（天：安）

去去火　（天：桥）（唐：玉、宝）

【消食】

过肚　（邯：涉、邯）

去食　（张：康）

杀食　（唐：大）（保：满）

克食　（天：静）

打食　（唐：丰、遵、山、三、秦）（石：灵）（天：饶、桥）（张：商、崇、康）

打食水　（邯：任）

打食水　吃有助消化的东西。（天：肃、霸）（唐、乐）

打打食水　（保：安）（唐：乐）

打食气　（邯：郸、邯）

打打食气　（邯：大、邯）

破积　（石：行）

化积　（保：蠡）（邯：漳）

化滞　医生用语。（承：滦）

化食　（唐：宝、三）（承：丰）（天：故）（保：唐、兴、蠡）（邯：临）

化食积　（石：获）

消积　（承：隆）（唐：蓟、昌）（石：藁、武、正、深、新、河、安）（天：山、宁）（邯：魏、鸡、柏、涉、内、尧）（保：博、望、涿、蠡）（张：万）

消积　医生用语。（天：庆）（承：滦）

消积滞　（承：隆）（唐：蓟、昌）（邯：肥、内）（张：赤）

消积滞　医生用语。（天：庆）（邯：鸡、邯）

消发食　（唐：西）

消化食　（唐：滦）（承：兴）（天：东、桥）

消化食儿　（天：黄、安）（石：晋）（唐：玉、宝、乐）

消化消化食儿　（唐：乐）

消化食水　（石：建）

消食化水　（承：承）

化气　吃药散去肚内淤气。（承：滦）

克化　（邯：邯）

开解开解　（张：怀）

【扎针】

下针　（邯：涉、邯）

行针　（唐：丰）（承：兴）

行针　扎上到去针的这段时间。（石：深）（唐：玉、宝、山）（天：霸、安）

打针　如："得打针吃药，病才能好。"（天：天）（唐：乐）

【拔火罐儿】

搬罐　（邯：涉、邯）

搬罐子　（邯：丘、邯、宗、乡）

搬罐的　（邯：大、邯）

搬火罐儿　（邯：鸡、邯）

火罐儿　（唐：丰）（承：隆、承、滦、丰、青）（张：龙）（石：行、石、获）

坐火罐　（邯：尧）

拔罐 (天:津)

拔罐儿 (邯:南)(唐:三)

拔罐子 (唐:大、三)(石:晋、宁、衡、枣、无、深、泽、束、河)(承:承、滦)(天:桥、强、饶、肃、大、河、庆、阜、天)(邯:威)(保:唐、高、满、清、新、兴、雄、涿)

拔火罐子 (张:沽、沙)(唐:乐)(天:安)

拔拉罐子 (承:承)

拔拽罐儿 (承:承)

拔拔罐子 (保:安)

拔火罐的 (邯:广、邯)

扣罐子 (邯:周、邯)

扣火罐子 (邯:肥)

打火罐子 (张:鹿、张)

打火罐儿 (张:龙、商、沙)

打火钵子 (张:万、怀)

推走罐子 扣在身上可以动。(承:滦)

【火罐】

火罐扒子 (张:崇)

火罐罐儿 (唐:滦、卢)

罐子 (石:冀)(天:桥)

拔火罐子 名词。(天:安)

【敷药】

擦药 (唐:滦、玉、卢、抚、迁、昌、山、蓟)(石:无、建、获、石、灵、深)(承:平、兴、隆)(天:故、肃、河、宁)(邯:魏、鹿、鸡、大、内、尧)(保:望、阳、雄)(张:宣、蔚、沽、沙、尚、口)

抹药 (唐:丰、大)(石:获、灵)(承:平)(保:安)(张:万、宣、龙)(邯:邯)(天:桥)

上药 (天:天、安、桥)(邯:宗、乡)(唐:乐、宝、玉)

【药膏】 西药。

药膏子 (唐:西、乐)(张:怀、万)

【贴膏药】

上膏药 (石:无)

糊贴膏药 (天:固)

糊膏药 例:“不糊膏药好不了,我来给你糊一贴吧。”(天:天、桥)(唐:乐)

糊一贴 (天:天)

【搽药膏】

上药膏 (石:无)(天:霸、静、桥)(邯:肥、邯)(保:保、新、涿)(唐:丰)

抹药膏 (承:围、滦)(石:无、冀、正、获、石、河、灵、枣、元、新)(天:饶、肃、静)(邯:大、沙、肥、广、周、南、成、磁、乡)(保:满、安、阳、蠡)(张:沙)(唐:宝、玉、乐、大)

抹点药膏 (天:安)

搽药膏子 (张:怀、万)

【妇女病】

细病 (保:易)

月子病 (天:天)

下边的病 (唐:昌)

【眼皮上长的小疙瘩】

麦粒肿 医生术语。(石:束)

长橛眼儿 (石:束、宁)

橛子眼 (张:万、怀)

针眼 (唐:丰)(天:天、桥)

长针眼 儿歌:“偷人针,偷人线,长个针眼让人看。”(唐:大、昌、蓟)

主眼 (唐:丰)

长主眼 指下眼皮长疙瘩。民谣:“上针眼,下主眼,三年不好得五年儿。”(唐:滦、乐)

长活眼 (唐:昌)

【临时见好不能去病根的药】

顶药儿 (石:束)(天:桥、安、霸)(唐:丰、宝、玉、乐、大)

止痛药 (天:天)

【治病土法,用顶针在身上来回刳可以活血】

刳刳 (承:滦)(天:桥)(张:沙)

【色盲】 眼睛不能辨别颜色的一种病症。

雀盲眼 (唐:蓟)

【盲肠炎】

阑尾炎　（唐:蓟、滦、昌）（天:霸）

断肠痧　（天:安）

【打针】

扎针　（天:桥）

【盗汗】　由于病理原因，夜间睡觉时出汗。

出虚汗　（唐:昌）

【橡皮膏】　贴在伤口上的胶布。

胶布　（天:霸）

十八 饮食

【饭食】 泛指,又称伙食。

吃的 (石:无)(张:阳、蔚、万、怀、沙)(邯:邯)(唐:乐)

吃食 (承:丰)(邯:邯)

吃喝 (唐:乐、丰、大)(天:津、霸)(石:晋)

伙食 (全省大部分地区通行)

饭 (天:霸、安)(邯:邯)

饭吃 (石:建)

饭菜 (天:天)(唐:乐)

饭茶儿 (石:正、无)

饭茶子 (石:正)

茶饭 (张:蔚、怀、万、沙)

饭服的 (邯:周、邯)

汤水 (唐:大、玉)(石:获、安)(天:饶、故、肃、静、山、津)(张:宣)(邯:郸、魏、永、鹿、台、任、肥、涉、内、尧、漳、邯)(保:高、蠡)

汤水 不好的吃食。(保:新)

嚼裹儿 好的饭食。(唐:丰、山、乐)(承:兴)

【好饭】

犒劳 吃犒劳即吃好的。(石:束)(邯:邯)(天:霸、安)(唐:丰、宝、玉、乐)

好吃的 (天:桥)

差样儿的 (天:桥)

【便饭】 河北省大部分地区称“家常饭”、“家常便饭”。

大家饭 (唐:蓟、玉、丰)

饼子饭儿 农村以面食(好饭)待客,而又自谦的话。(石:束)

庄稼饭 客气的话。(天:静、桥、安)(邯:邯)(唐:宝、玉、乐)

庄户饭 (张:怀、涿)

粗米大饭 (唐:遵)

平常饭儿 (唐:丰、玉)(石:深)(天:桥)

【早饭】

朝饭 (邯:涉、内)

早晨饭 (唐:滦)(承:承、兴)(石:深、灵、晋、无、正、武、栾、建、泽)(天:固、孟、故、东、静、山、桥、永、沧、庆、津、安)(邯:魏、宗)(保:唐、阳、阜)(张:沽、鹿)

早清儿饭 (保:清、涿、完)

早起饭 (全省大部分地区通行)

早下饭 “下”读轻声。(唐:宝、玉)(天:霸)

早上饭 “上”读轻声。(唐:宝、玉)(天:桥、霸)

清早饭 (邯:邯、磁、沙、任、肥、涉、周、成)(保:保、清、涿、完)

清早起饭 (唐:丰、玉)

chéng ge 饭 (石:宁)

【早点】 “早点”和“早饭”往往相混,因为“吃早点”的地方,不“吃早饭”,反过来“吃早饭”的地方也不

"吃早点"。这两种习惯不同时并存在一个地方。

早饭　(天:霸)

早晨饭　(石:衡)

果子　(承:滦)(唐:滦、蓟)

点心　(唐:遵、宝、迁、乐、蓟、玉)(承:围)(石:井、赵、栾、藁、无、深、安)(天:固、饶、故、静、河、永、孟、肃、天)(张:万、赤、沽、宣、龙、沙、商、鹿、怀、蔚、口)(邯:邯、魏、柏、大、磁、永、鹿、台、沙、肥、涉、内、丘)(保:定、高、安、阳、蠡、容)

茶食　(石:元)(唐:乐)

【午饭】

晌午饭　(全省大部分地区通行)

晌活饭　(石:元、晋、深)(天:黄、饶、桥)(张:鹿)(保:易、唐、高、清、阳、阜)(唐:昌、宝、玉、乐)

晌户饭　(天:津、霸、桥)

晌住饭　(张:各地)

中饭　(唐:遵、昌)(天:桥)(张:沙、尚)(邯:鸡、内、尧)(保:定)(石:安)

【晚饭】　参看"日常生活"类"吃晚饭"条。

夜饭　(张:龙)(邯:台、肥、内)(保:定)

黑夜饭　(石:赵、栾、无、泽)(张:阳、康、宣、尚、蔚、沙)(保:水、满、容)

黑价饭　(保:高、阳)(唐:玉、滦、乐)(石:晋)

黑了饭　(石:衡)(张:怀)

黑来饭　(邯:涉)

黑老饭　(张:万)(石:深)(邯:清)

黑家饭　(唐:迁、卢)(石:建、新、元、正、宁、藁、深)(邯:鹿、南、丘)(保:易、保、清、蠡、阜)

黑下饭　(石:平、枣)

黑呀饭　(石:行、井)

晚上饭　(唐:秦)(石:石)(天:静)(承:承、围)

后晌饭　(唐:宝、滦、丰、山、昌、玉、乐、大、三、遵、蓟)(承:滦、丰、青)(石:束、深、晋、正)(天:大、强、固、饶、孟、肃、献、任、文、安、河、永、庆、天、霸)(张:张、怀、沙)(邯:宗、台、任、肥)(保:博、易、容、兴、涿、新)

后 hang 饭　(天:河)

后往饭　(邯:广、沙、临)

货晌饭　(邯:成、邯)

糊晌饭　(邯:台)

户三饭　(邯:沙)

户上饭　(邯:内、鸡)

糊忘饭　(邯:临)

黄昏饭　(邯:磁、邯)

哄 hang 饭　(石:深)(天:桥)

累阶饭　(保:唐)

【打尖】　旅途中吃饭。

盘缠　(唐:丰、玉、宝、乐)

贴晌　(邯:任)(石:武)

贴晌　干累活时,早、午饭之间加的饭。(唐:宝、玉)

垫补　(石:河、深、栾)(唐:玉、大)

点补点补　(石:正)(天:桥、安)(唐:乐)

找补点　(唐:昌)

垫垫儿　(天:宁)(邯:鸡、周、邯)(唐:乐)

搬零碎的　(天:桥)

胖腾　(石:石、深)

打铁场　(邯:磁、邯)

打打尖　(天:东、霸、桥)(唐:乐、蓟)(石:灵)

打尖　①旅途中吃饭,吃得一般较少。②休息,但不吃饭。(张:鹿)(天:桥)

停停脚　(石:无)

【饿了随便吃点东西】

点心点心　(唐:乐、山)

点补点补　(石:灵、深)

点补点补　留客人吃饭时客气话,意思是"随便吃点儿"。(保:水)(唐:乐、大)(邯:宗、乡)

垫垫　饿了弄两块点心垫垫。(天:天)

垫热儿　(唐:丰)

【正餐以外再吃饭】

打腰尖　(唐:迁、玉、宝、乐)

打贴补 （石：正、获）

打尖 （石：宁）

半腾 （天：宁）

找补找补 （天：天）

盘缠 （唐：丰）

【食品】 吃的东西。

吃 （石：新）（天：黄）

吃儿 （唐：遵）（承：兴）（天：东、霸）（保：涿、完）（石：井、深）

吃的 （天：天、东）（张：阳、口）（邯：任）（唐：滦、宝、玉、乐、大）（石：无、建、深）

吃哩 （石：晋、深）

吃食 （全省大部分地区通行）

吃物 （邯：丘）

吃食物儿 （保：兴）（唐：丰、遵、玉）（天：安）

吃头 （石：深、晋、建、枣）（邯：任）

吃头儿 （石：无、正、行）

吃伙 （石：晋）

吃伙儿 （唐：昌、乐、迁）

吃东西 （石：灵、无）

好吃的 （承：滦）（石：深）

垫补的 如："有垫补的吗？弄点儿来吧！"（天：天）

【零食】

碎嘴 （邯：临）

零碎嘴子 （天：故）

零碎吃 （石：灵）

零单嘴 （邯：鹿）

零嘴 （全省大部分地区通行）

零嘴儿 （唐：丰、乐、大）（承：承）（天：静）（张：阳）（邯：漳、邯）（石：深）

零吃儿 （全省大部分地区通行）

零吃的 （张：万、口）（石：无）

零揪 （天：宁）

打零嘴儿 （唐：迁）

零打嘴的 （唐：昌）

吃哩 （石：深）

吃伙 （石：深）

干的儿 （邯：邯）

【吃零食】

盘当 小孩在家吃零食。（承：滦）（唐：大）

盘饽饽 （天：霸）

吃零嘴 （全省大部分地区通行）

吃零嘴 小孩儿吃零食。（天：安）（唐：大）

吃零食的 （天：大）

吃零碎 （天：河）

吃零碎的 （天：东、河）

吃零碎饽饽 （保：雄）

搬零食 （天：桥、安）

搬着吃 （石：平）

搬腾 （石：正、晋、深）（保：水）（邯：任、永、南）（张：沙）

搬腾饽饽 （唐：乐）

搬饽饽 （天：固）

搬着食 （石：井）

搬丘 （天：黄、孟）

零搬腾 （邯：郸、邯）

搬腾干粮 （天：庆）

搬零饽饽 指小孩吃零食。（天：安）

搬 yě 吃 （邯：涉、邯）

搬零碎的 （天：桥）

打零嘴 （唐：丰、滦）（天：安）

零揪了 就是零吃了的意思。（唐：宝、玉）

零叨 （唐：蓟、昌）

叨零饽饽 （保：安）

叨零嘴 （天：天）

【买零食】

买零嘴 （邯：邯）（石：深）（天：安）（唐：大、丰、宝、玉）

买零嘴儿 （天：霸）

买零吃伙儿 （唐：抚、乐）

买吃伙儿 （唐:乐）

花零钱 （天:天）

【夜宵】 夜间所吃之点心,亦称“消夜”。

消夜 （承:隆、承）（石:宁、石、安）（天:饶）（邯:郸、威、台、内）（张:张、万、康、宣、沙、尚）

晚宵儿 夜静更深时用的饭。办红白喜事时帮忙的人常吃此饭。（承:滦）（唐:乐）

夜饭 半夜的加餐。（天:静、孟、天）（石:灵、石、无、正、获、安、深、束）（张:康、尚、沽、崇）（保:唐、阜）（承:承）（唐:丰）（邯:任）

夜食 （保:兴）

小吃 （天:桥）

连夜儿饭 （保:清）

【小锅饭】 过去大家庭中,集体饭食之外,私自做的饭食。

做体己吃 （唐:遵）

体己饭 （全省大部分地区通行）

体体饭 （张:赤、宣、怀）

开小灶 （天:安）

小灶 （天:津）（邯:鹿）（唐:大）

小灶儿 （天:静）（唐:玉）

小锅儿 （唐:丰、滦）（天:霸）

小锅的 （承:平）

小锅饭 （石:赞）（天:安、桥）

开小锅儿 （张:万、蔚、怀、沙）

吊小锅 （保:安）

【剩饭】

旧饭 （石:建、井）（张:万、怀、沙）

陈饭 （天:桥）

冷饭 （唐:丰、滦、遵、乐、迁、抚、玉、昌、卢、秦）（承:隆、青、平）（天:山、桥、静、津、霸）（邯:广、魏、鸡、磁、永、任、肥、内、郸、漳、邯）（张:张、万、赤、沙、康、宣、崇、蔚、尚）（石:无、安）（保:定、易、阜）

凉饭 （唐:丰、遵）（石:灵、新、无、正、藁、井）（天:固、山、桥、津）（保:唐、清、阳）（邯:邯、魏、磁、肥）

打落子饭 多数人的剩饭敛在一起。（天:津）

【凉饭】

冷饭 （张:鹿、怀、沽、商、龙、沙）（邯:成、尧、涉）

【饭做好后等一段时间再揭锅】

回气 （石:晋、深）

收收气 （天:安）

窜窜气儿 （天:桥）

燉会儿 （天:天）

闷闷 （邯:丘、邯）（唐:丰）

闷闷儿 （唐:大）

【饭糊了】

饭炠了 “炠”音 nòu。（张:沙、鹿、蔚、万）

炠了 （张:赤、阳、沽、崇、蔚、万）（邯:台、沙、临）

炠味儿 （张:万、怀）

炠糊了 （石:建）（张:口）

炮锅了 （唐:丰、遵）（石:深、束、正）（天:津、桥）

炮锅味儿 （石:河、冀）

巴锅 （邯:任、邯）

巴锅了 （邯:广、邯）

巴锅气 （邯:成）

巴锅饭 （邯:肥、邯）

碴巴了 “碴”读上声。（唐:丰、玉）

烟窜了 （唐:抚）

烟馏子味儿 （保:兴）

饭糊气 （石:灵）

锅糊了 （天:天）

糊锅了 （承:滦）（石:深）

糊巴了 （唐:昌）（石:束、正、晋）（邯:广、周、邯）

糊巴味了 （唐:昌）

饭糊巴了 （张:怀）（唐:乐）

有糊气味儿了 （石:灵）（保:唐）

有糊巴子味儿了 （天:固、霸、安）

有糊巴子味儿 （邯:漳）

有糊巴臭味儿了 （唐:抚、乐）

糊臭味儿 （唐:迁）

糊巴味儿了 （保:水）

糊巴气 （保:阜）（石:深）

糊巴味儿 （保:兴）（天:强）

糊巴锅了 （石:栾）

火大了 （唐:蓟、宝、玉、乐）

过火了 （天:安）

爆锅了 （唐:滦、宝、玉）

巴了锅了 （张:万、沙）

烟窜啦 （唐:滦）

窜烟了 （唐:昌）

钻烟了 （唐:大）

【饭馊了】

吃不里了 （石:灵、深）

坏了 （石:灵、深）（邯:南）

味儿了 （石:束、深）（天:山、静）（邯:邯）

有味儿了 （天:黄）（唐:玉）

酸了 （石:冀、束、枣、深）（天:强、静、桥、河）（保:完）（邯:任、肥、南）（张:口、万、蔚、怀、沙）（唐:乐）

酸啦 （保:定）（邯:邯）（唐:玉）

饭酸了 （保:满、清）（张:沽、沙、蔚）（承:青）（天:庆）（唐:乐）

酸棒了 （石:宁、束）（保:蠡）

馊棒子味儿了 （保:水）

出气了 （保:阳）

燍气了 "燍"音 sī。（石:冀、建、行、深、灵、新、平、石、获、正、元、赵、栾、束、安）（承:平）（天:孟、沧）（保:定、阜）（邯:广、乡、邯、郸、大、磁、永、鹿、台、任、临、肥、涉、漳、周、成、内、尧、丘）（张:张、万、阳、康、沽、龙、商、怀、蔚）

燍香了 （天:饶）（保:定、唐）（石:束）（唐:迁、遵、西）

燍肮了 （天:文）（石:深）

燍脑了 （石:冀、深）（天:桥、津）

燍弄味 （承:丰）

饭燍弄了 （承:隆）

燍囊了 （承:平）（天:沧、大）

燍囊了 指糕饼发酵。（承:滦）

【锅巴】

焦包 （张:万）

嘎嘎儿 （唐:抚、玉）

嘎渣 （全省大部分地区通行）

饭嘎渣 （保:高）（石:无、栾、深）（承:滦）（唐:乐）

锅嘎渣 （全省大部分地区通行）

糊饼 （唐:大）

糊嘎渣 （保:定）（石:深）（唐:乐）

干饭嘎渣 （唐:迁、玉、宝、乐）

粥嘎渣 做高粱面或玉米面粥时贴在锅上的锅巴。（唐:迁、乐）（天:安）

锅渣儿 （张:万）（保:清）

锅嘎嘎 （唐:丰）

锅嘎个儿 （承:青）

粥嘎嘎 （唐:玉）

锅嘎巴 （天:故）（邯:大、邯）

粥嘎巴 （唐:山）

锅沿 锅沿儿上的锅巴。（天:桥）

锅领儿 锅沿儿上的锅巴。（天:桥）

抄嘎子 指用绿豆面摊好的锅巴。（天:静）

【面粉】

白面 （石:深、正、获）（天:安、霸）（邯:广、乡、宗、台、任、内、鹿、南、和）（唐:蓟、山）

灰面 （唐:玉）（邯:魏、内）

灰面 过去卖面的说。（唐:迁）

面 （全省大部分地区通行）

面儿 （天:强）

面子 （天:宁）

麦子面 （石:栾、建、灵、晋、深）（天:津）（邯:邯、肥）（唐:宝、玉、乐）

粉面 （石:新）

洋面 （石:栾）

洋面　最好的面。(天:静)(唐:山、丰、玉、乐)

洋白面　(邯:肥、邯)(唐:乐)

细面　以别粗面。(石:晋、深)

一揽子到底的面　把麦子一直磨净只剩麸子所得较次的面。(天:津)

一箩到底的面　(唐:乐)(天:桥)

【挂面】

白切面　(张:赤、万、怀)

线面　(石:元、安)(天:桥)(邯:内)

丝面　(唐:遵)

挂面条儿　(保:唐)(张:万)(唐:乐)(天:安、桥)

手把条　指手工做的挂面。(石:正、获)

【汤面】

汤　(唐:乐、抚、宝、丰)(石:栾)(邯:周、尧)(天:桥)

汤　泛指面条、面疙瘩或面片做的汤。(保:涿)(唐:乐)

温汤　稠的汤面。(天:强)

热汤　(天:霸、强)

稀汤　(保:安)

白汤　人不舒服时吃的汤面。(保:博)

切汤　(唐:遵)

条儿汤　(唐:玉)(天:固)

热汤儿面　(保:兴)(天:饶)

热面汤　(天:安)(唐:丰、大)(石:束)

面汤儿　(石:栾)(张:鹿)

稀面汤　(石:晋)

稀面　(石:晋)

面条　武强指稠的汤面。(保:安)(天:强)

面汤　(全省大部分地区通行)

面　(石:束)

温面　指稠的汤面。(天:强)(石:深)

热面　(保:保)(邯:南)

连汤面　(石:建、行)(邯:郸、邯)

卤汤面　(张:鹿)

原汤面　(保:蠡、阳、博)(天:饶)(石:藁)

炝锅面　带酱油汤的汤面。(邯:大、邯)

炝汤面　汤里加油、菜调料。(邯:清)(张:怀)

浑汤面　炒菜后加水煮的汤面。(石:平)

【面条儿】

面　(唐:宝、大、蓟)(承:平、承)(石:泽、晋、冀、束、枣、获、藁、栾、元、无、正、石、深、新、灵、建、安)(天:东、静、山、安、河、饶、阜、津)(保:定、阳、兴、蠡、涿、唐、完)(邯:郸、鸡、磁、宗、永、鹿、沙、任、临、肥、漳、成、内、尧、乡、丘)(张:张、宣、蔚、尚)

面　包括各种面的吃法,如吃面条儿、馒头、饺子等都叫吃面。(天:桥)

面条子　(全省大部分地区通行)

面条的　(邯:广、邯、大)

条子　(保:阳)

汤条子　(天:津、桥)

切面　(唐:迁、遵、抚、蓟)(天:天)(张:蔚)

白切面　(张:万、鹿)

下面　(张:蔚)

擀面带儿　(石:无)

擀白面　(保:水)

擀面条儿　(石:无)

擀面　(石:无)

拽面　用手拉长的面条儿。(邯:任)

抻面　"抻"音 chēn。(邯:临)

捞面条　(唐:大)

好面条　专指白面条儿。(邯:涉)

把儿条　短的面条儿。(保:新)

面条　用麦面或高粱面做成的面条。(邯:临)

圪豆　比面条短。(天:静)

白豆面　豆面加白面做成的面条。(张:蔚)

小豆面　豆面加小麦面做成的面条。(张:蔚)

【面汤】　煮面后剩的汤。

汤汤儿　(保:新)

原汤　(天:固、桥、安)

【面加菜煮成汤】

糊涂汤 （唐:昌、乐）（承:平）（保:博）

乱糊汤 （唐:滦）（石:深）

糊糊 （石:井、平）

【改汤儿面】 把面条用清水煮过，然后捞出再下在有作料的汤里煮。（唐:丰）

【糊汤面】

条子白粥 （保:高）

红汤面 （张:蔚）

乱汤面 （石:宁）

黏汤面 面条短，煮得烂。（石:平）

混汤面 （保:保、阳）（唐:抚、大）

浑汤面 （唐:秦）（天:安）

糊汤面 把面煮熟后捞出来，另加上用鸡蛋等物做的汤。（石:藁）

热汤面 （唐:玉）

热汤面 后浇卤的。（天:天）

热面汤 （唐:玉）（天:津）

烂面汤 （天:津）

面汤 先炝锅，后放面，一起吃。（天:天）

黏糊汤 （天:津）

冷汤 （天:永、河）

热汤 （天:固、河、饶）

一锅熟 （石:灵）

拨拉疙瘩汤 （天:霸）

【捞面】 煮熟后从汤中捞出来的面条。

捞面 天津普遍称此，不带菜码的称"光杆儿面"。（天:天、安）

捞子 （天:宁）

捞汤 （天:永）

凉汤 （唐:丰）

冷汤 冷汤实际上是没有汤。（天:献、肃、津、霸、安）（保:安）

干面 （石:建）

挑面 （张:沙）

干挑面 （石:藁、束、新、泽、深）

干挑面 炸酱面，用汤少所以叫干挑面。（保:博）

干挑儿面 （唐:乐）

干起面 （邯:鸡、邯）

锅里挑 （邯:南）

温面 （石:新、衡）（天:桥）

凉面 （天:肃）（唐:玉）

凉面条 （天:肃、山）

水捞面 （邯:威）

【不过水的捞面】 面煮熟后直接从锅里捞出来吃。

锅挑 （唐:大）（天:天）

锅里挑 （保:水）（天:安）

锅里挑儿 边吃边用筷子从锅里挑出来吃。（天:强、霸）

荐挑 （唐:宝、丰）

热汤面 （保:水）

热面 （石:枣）

【过水的捞面】

温面 过温水。（石:武）（天:桥）

温面 过凉水。（石:枣）（天:津、桥）

水捞面 （邯:沙）

出水面 （石:灵）

过水面 （唐:滦、乐、玉、丰、昌、迁、大、抚、蓟）（承:兴、滦）（保:保、水）

冷面 （天:安）

凉面 过凉水。（天:黄、津、安）（保:保）（邯:邯）（石:晋）

一过水儿面 面条捞出后过一次水，较热。（天:安）（邯:邯）

冷汤 过凉水。（天:饶、安）

凉汤 过凉水，仅小孩吃。（天:安）（唐:玉）

【芝麻酱拌的面】

温面 （石:深）

油脂拌面 （石:束）

麻脂面 （石:枣）（邯:大、邯）

麻酱面 (唐:山)(天:天)

【打卤面】

凉汤 (唐:滦)

温汤 (天:饶)

卤汤面 (石:平、建)

卤面 (石:深、泽、晋)

肉卤面 (天:天)

素卤面 (天:天)

勾卤面 (唐:迁、山、玉、昌)

浇卤面 (天:安)

打卤面 用菜和面条一块煮熟,再浇有味的汤。(保:唐)(唐:乐)

打乳面 (邯:邯)

肉乳面 卤中有肉。(石:藁)

【臊子面】 "臊"音 sào。

卤子面 (邯:涉、鹿)(承:平)

卤汤面 (石:井、平)

肉臊子面 (保:阳)

调臊面 (邯:任)

臊糊卤面 (天:肃)

臊窝面 用蒜拌的面。(邯:永、邯)

【臊子】 肉末做成的,拌面用。

肉丁儿 (唐:滦)

肉臊子 (张:阳)

肉臊子汤 (保:阜)(张:阳)

汤子 (张:沽)

卤 (唐:丰)(石:晋、灵、束、深)(邯:乡、邯)

卤子 (石:宁)(天:静、文、安、天)(承:平)(邯:鄣、永、鹿、沙、任、涉、鸡)

【卤】 北方吃面,多用卤少用臊子,所以,"臊子"与"卤"常混。

打卤儿 (石:深、束)

浇卤 (邯:涉、邯)

浇卤子 (承:平)(邯:广、大、永、鹿、沙、任)(天:静、文、天)(石:宁)

浇汤 (石:赞)

浇面 (石:石)

浇肉丁儿 (承:滦)

浇臊子 "臊"音 sào。(石:藁、元、石)(邯:鸡、鹿、台、沙、涉、内)(张:沙、商、尚、口)

拌臊子 (张:阳)

浇上臊 (邯:丘、邯)

【饸饹】 白面或高粱面,用带圆眼的床子压成面条,煮熟用卤拌着吃。

饸拉 (石:束、深、晋)(天:饶、桥、津、河、天、安)(邯:尧)(保:新、完、保、容)(张:怀、沙)(唐:丰)

饸饹 (唐:三、西、玉、卢、昌、秦、蓟、遵、滦)(承:隆、平)(石:冀、灵、赞、建、新、石、无、获、宁、井、赵、藁、武、深)(天:阜、固、故、东、大、天、河、沧、津)(邯:柏、威、台、任、临、内、尧)(保:定、望、雄、蠡)(张:万、阳、康、宣、商、怀、蔚、尚、口)

饸饹面 (唐:秦)

压饸饹 (唐:宝、玉、乐)(张:万、怀、沙)

圪豆子 (唐:迁)

疙瘩儿 豆面做成的。(张:怀)

【片儿汤】 用面片煮的汤。

片儿汤 (天:天)(唐:乐)

面片 (石:深)

面片汤 (天:东、桥)(石:灵)

面片汤儿 (邯:邯)

面片子汤 (天:黄)

面片儿汤 (邯:邯)

面叶 (石:平)

面叶儿 (石:泽、深、束、晋、冀、河、行、新、平、石、无、获、宁、赵、枣、栾、藁、正、安、灵)(天:饶、故、肃、庆)(邯:广、乡、魏、鸡、大、磁、宗、永、鹿、清、台、沙、任、临、肥、涉、漳、周、南、成、内、尧、鄣、柏、丘)(保:博、定、新、兴)

面叶汤 (保:新)(邯:肥、涉、磁、邯)

面叶子汤 （邯:邯）

撅片儿 （石:井、平）（邯:涉、邯）

撅片儿汤 （邯:涉、邯）

揪片儿 （保:阳）（张:阳、蔚、沙）

揪片子 （张:口、怀）

摘片儿 （张:鹿）

摘片子 （张:崇）

撅片子 （张:万）

撅疙瘩 （张:鹿、口、万、沙）

揪疙瘩 用手揪成小片做成的汤。（天:安）

云汤片 （承:滦）

裤腰带 （保:水）

切棋儿 （天:静）

【面疙瘩】 把面拌成疙瘩或用手揪成疙瘩做成的汤。

疙瘩 （石:石、衡、枣、深、束）（邯:魏、周）（天:津）

疙瘩的 （邯:魏）

疙瘩汤 （全省通行）

民谣:“一分病,二分装,一心要吃疙瘩汤。”（唐:乐）

疙瘩儿汤 （唐:丰）（石:深、束）

疙瘩猴汤 （天:东）

拌疙瘩 （石:正、栾、束、无、深）（邯:邯）（保:博）（张:崇、阳、商、万、蔚）

拌疙瘩汤 （邯:邯）（唐:乐）

拨疙瘩 （张:鹿）

揪疙瘩 面硬时用手揪成的。（石:束、深）（张:怀、商、万）

珍珠疙瘩汤 疙瘩较小。（张:鹿）（石:束、深）

拌汤 （张:阳、商、蔚、宣）

扒拉汤 （天:宁）

扒拉疙瘩 （天:安）

【饺子】

包子 大个的饺子。（保:蠡）

包子 （邯:成、邯）

包包儿 （石:平）

包馅 （石:晋、建、栾）（保:唐、安）

扁食 （全省大部分地区通行）

饽饽 （唐:滦）

【水饺】 在水里煮,区别于蒸饺。

饺子 （天:天、桥）

水饺子 （张:张）

水煮饺 （唐:抚、卢）

水扁食 （张:怀）

扁食 （天:桥）

煮饺 （石:藁、平）（唐:滦）

煮饺子 （石:栾）（天:东、山、津）（唐:乐、丰）（邯:任、邯）（张:沙、万）（保:新）

煮包子 （唐:遵、西、玉）（石:束、元）（邯:鹿、鸡、永、肥、内）

小包儿 （邯:永）

煮饽饽 （唐:三、玉、宝）

【蒸饺儿】

饺子 （唐:滦）

蒸饺子 （唐:丰、乐、大）（天:东、桥）（保:新）（石:深、束、晋）（张:沙）

大蒸饺子 （天:桥）

蒸包子 （天:安）

【锅贴】 煎的饺子。

锅烙儿 （承:滦）

锅贴 用粗粮面做的贴饼子,有时也指煎的饺子。（唐:遵、昌、宝、玉）

馅饼 （唐:滦）

菜娘子 （唐:滦）

【饺子馅儿】

馅子 （全省大部分地区通行）

馅儿 （唐:乐）

包馅 （石:石）

【馄饨】 以薄面片包馅儿的煮熟的食品。

包面 （唐:玉、抚）（石:安）（邯:内）

猫耳朵 （天:固）（保:涿）

注:张家口地区“猫耳朵”指用莜麦面搓的不带馅的手指头长的小圆筒。

猫耳朵饺子　(天:饶)

饺儿　(唐:遵)(石:晋、赞、栾、安)(天:桥)(邯:永、任、肥、内)

汤饺儿　(石:束)

抄手儿　(唐:抚)

【烧麦】　类似包子,以极薄的面皮包馅儿蒸成,上端捏成碎褶。

烧眉　(张:龙)

合折　(石:晋)

撮撮包　(天:任)(石:深)

撮包儿　(石:正)

小肉包子　(唐:三)

开口包子　(唐:滦)

馍馍　(石:深)

【麦仁儿】　大麦去皮。

麦仁的　(邯:邯)

麦仁米　(石:建)

大麦米　(唐:大、丰、乐)(保:定、阜)

大麦仁儿　(全省大部分地区通行)

大麦仁子　(天:静、大、桥、河)

玉麦仁儿　(天:文)(邯:临、内)

麦子仁　(保:安)

麦子秫米　(石:深、束)

麦米糊儿　(保:定)

【碾转儿】　大麦仁磨成的面做的面条。“碾转”都读去声。

碾转子　(天:静)(保:唐)(张:沙)

碾碾转　(保:定、高、安)

碾碾转儿　(保:易、保、唐、兴)(石:无)(天:桥、天)(邯:邯)

碾碾转的　(邯:邯)

碾缀儿　(唐:宝、玉)

压面　(邯:邯)

不锯　(邯:魏、大、邯)

大麦面　(石:赞)

大麦果　(石:深)

【粥】　用面(玉米面、高粱面)煮成。

糊糊　(邯:涉、邯)(保:阳、阜)(张:阳、沽、蔚)

糊粥　(邯:肥、邯)

糊饭　(邯:广、邯)

糊涂　(张:万、阳、沽、蔚、涿、尚)(唐:丰、滦、秦、昌)(保:阳)(承:承、隆、兴、平)(石:深、灵、高、束、尢、正、获、元、栾、安)(天:宁、沧、津)(邯:广、邯、魏、鸡、柏、大、威、鹿、沙、任、临、肥、周、内、尧、郸、丘、漳)

糊涂饭　(石:宁)

糊涂粥　(承:兴、青)

糊涂汤　(唐:乐)

糊涂浆子　(承:围)

面粥　(保:新)(唐:山)

面儿粥　(天:安)

面糊涂　(承:滦)(张:沙)

面糊糊　(保:阜)(张:崇、怀、商)

白粥　(石:冀、衡、深、束、宁)(邯:清)(保:高、唐、完、蠡)

稀粥　(保:水)(天:天)

乱粥　原汤的稀粥。(唐:昌)

水粥　(唐:滦)

碎米粥　(唐:滦)

糙粥　(唐:滦)

腊八粥　(唐:滦)

黏粥　(天:津、桥)

黏糊头子粥　指糨糊。(天:天)

稀糊涂　(唐:丰、抚、西、卢、昌)(承:平、青)(石:平、元、无、赵、藁)(邯:邯、魏、鸡、柏、大、永、沙、任、肥、涉、成、内、尧、郸)

沫子　玉米糙粥。(唐:迁)

糙子　(保:阜)

糙子粥　用玉米、高粱糙做成。(天:安)

苞米糙子粥 大粒。(唐:乐)

苞米糁儿粥 小粒。(唐:乐)

大棒子米粥 玉米糙做成。(保:新)

棒子糁粥 玉米糙做成。(保:定)

棒糙粥 玉米糙做成。(天:天)

棒子粥 玉米面做成。(唐:宝)

熬粥 (保:安、新)

伶俐粥 过水的粥。又称水饭。(唐:昌、滦)

茶面 (保:兴)

浆子 (保:清)(唐:大、玉)

黍米饭 玉米糙做成。(天:献)

【茶汤】 把面炒熟,用水冲着喝。

茶汤 "汤"读轻声。(保:涿)

布子 (承:滦)

稀糊涂 (石:平)

稀糊 (邯:邯)

【稀饭】 米熬的饭。

饭 相对"粥""汤"而言。(唐:宝、玉)(天:桥)

白米饭 (邯:广、周、鸡)(石:深)

白饭 (邯:南、邯)(石:强)

米饭 (天:霸)(石:冀)

小米饭 (天:天)

大米饭 (唐:玉)

糊米饭 (邯:鸡、邯)

乱糊饭 (石:藁、深、束)

稀乱饭 (石:深)

连汤饭 (保:水)

薄饭 (天:静、任)

粥 (唐:乐)

薄粥 (唐:乐)

蒙粥 (石:建)

黏粥 (天:黄、孟、故、桥)(石:束)

米白粥 (保:博)

饭汤 (保:唐)

白饭汤 (邯:威)

米汤 (唐:卢、玉、昌)(石:赵、元、赞、无、井、泽、晋、宁)(天:阜、固、肃、文、桥、庆)(邯:乡、邯、郸、柏、永、鹿、台、任、肥、涉、漳、内、尧)(保:定、阜、容)

糊汤面 (张:沽)

【稠粥】

白粥 (石:获)

糨饭 (天:饶、桥)(唐:乐)

靠饭 (邯:南)

稠饭 (邯:清)

乱乎 (石:束)

乱饭 (石:枣、无)(邯:清)

乱乎饭 (石:深)

乱米饭 (邯:尧)

黏糊儿饭 (天:霸)

黏糊头儿饭 (天:静)

黏糊头子饭 (天:津、桥)

草帽头子饭 (天:津)

连汤饭 (承:承)

【干饭】 用米蒸或焖而成的饭。

小米粥 (张:蔚)

粥 (张:宣、万、蔚、怀、沙)(唐:大)

焖粥 (张:宣、万、蔚、沙)

焖饭 (张:宣、万、沙)(石:深、束)(天:霸)(唐:乐)

稠饭 (天:东)

黏干饭 黍子或黏高粱米做的。(天:安)(唐:乐)

干饭 小米做的,呈块状。(保:博)(天:静、安)(张:鹿)

捞饭 (邯:邯)(石:平)(张:万、怀、沙)

枯查 放上油盐做的。(唐:蓟)

【焖干饭】 把米下在锅里,一次做成的饭。

塌锅干饭 (唐:丰、宝、玉、乐、滦)

枯查干饭 (唐:滦)

【豆饭】

豆米饭 (邯:临)(石:深)

豆干饭　(承:兴)(天:安)

豆儿干饭　(承:滦)(张:沙)(天:霸)(唐:丰、宝、玉、乐)

豆子饭　(石:深)(天:桥)

【二米饭】　大米、小米羼和做的。

二饭　(石:高)

二米的饭　(邯:邯)

二米子饭　(唐:丰、乐、抚、玉、昌)(张:张、万、阳、康、宣、商、崇、怀、尚、口)(承:承、隆、丰)(石:深、冀、赞、束、藁、安)(天:阜、津、永、沧)(邯:邯、磁、任、内、丘、漳)

二米干饭　(天:安)

两米饭　(石:藁、栾、正、井、平、行、灵、建)(天:宁)(张:蔚)(邯:郸、台、邯、涉、广)(保:阳、阜)(唐:宝、山、玉、蓟、迁)(承:滦、兴)

两米子饭　(石:正)(天:饶、庆)(邯:沙、成)(保:定、水)

两米儿饭　(唐:丰)(承:承)(邯:大、邯)(保:唐、兴)

两米子粥　(保:定)

两羼饭　(天:桥)

两羼儿饭　(邯:清)

两大羼的饭　(保:安)

混合饭　(石:石)

羼合饭　(天:文)

羼合子饭　(邯:宗)

大小米饭　(石:泽)(保:博、高、蠡)

大小米儿饭　(天:静)

粳米小米干饭　(唐:乐)

亚葫芦饭　(唐:丰)

眨巴眼干饭　(唐:滦)

连米粥　稀饭。(唐:卢)

【混合饭】　几种米混合做成的饭。

三米　大米、小米、绿豆混合做成。(石:获)

三米儿饭　大米、小米和高粱米混合的。(承:承)

菜豆饭　小米羼菜豆做成。(石:深)

朵花饭　米、面、菜等合在一起做成的饭。(石:宁)

咸饭　米与面条合做的,加上盐。(保:安)

小米干饭爬豆铲儿　小米爬豆合做的。(唐:迁、玉、乐)

小米菜饭　(石:深、束)

合合儿粥　米、菜和面疙瘩合做的。(保:水)

【炒饭】

炒白饭　(石:平)

【高粱米饭】

秫米饭　(石:束)(唐:山)(天:安)

秫米干饭　(唐:乐)

续米饭　(石:深、束)

【小米儿饭】　过去河北省不产水稻,因而说"饭"一般指小米的,如果大米做的前边一般常加"大米"二字。

饭　(张:沙)(石:赵、灵)(保:博)(邯:邯)

白饭　(石:枣)

米饭　(邯:广、邯)(石:宁、灵、石、获)

二米饭　米饭。(邯:成、邯)

小米干饭　(唐:乐)

腊八饭　一般放四五种米,阴历腊月初八早晨吃。(唐:大)

【小米儿粥】

光饭　(石:衡)

水饭　(承:滦)

白饭　(邯:南)

白米饭　(天:强)(石:深、束)

稀饭　(张:宣)(承:滦)(邯:邯)

稀米饭　(邯:周、邯)

小米饭　(石:石、藁)(唐:丰)

小米稀饭　(天:东、桥)(承:围)(张:沙)

稀粥　(张:万、阳、蔚、宣、龙、沙、商、怀、口)(保:唐)(邯:任)

小米粥　(保:涿)(承:青)(唐:迁)

小米儿粥　(天:津、安)(保:涿、易、完)(唐:遵、乐)

小米稀粥　(张:崇、鹿、沙)(唐:滦)

稀小米粥　(唐:滦、乐)

薄小米粥　(唐:乐)

饭汤 （保:雄、阜）（石:栾）

小米汤 （石:栾）（天:山、天）（保:涿）（邯:郸、魏、漳）

小米儿汤 （邯:邯）

小米儿饭汤 （天:静、安）

小米儿米汤 （邯:广、乡、邯、郸、大、磁、永、台、任、肥、涉、成、内、尧）（唐:遵、宝、山、蓟、抚、卢、三、西、玉、昌）（承:隆、丰、平）（保:定、阳、高、兴、阜）（石:泽、建、行、新、高、无、正、井、藁、安）（天:文、桥、永、沧、庆、津）（张:尚）

小米子米汤 （天:黄）

【将米炒熟做的饭】

胡米饭 （天:故）

炒米饭 （张:蔚）

【水捞饭】

伶俐饭 （石:强）（唐:丰、乐）

凌凌饭 （天:桥）

水饭 如:"小米水饭""大米水饭"。（石:平）（保:水、兴、阜、高、保、满）（承:承）（邯:南）

过水饭 （唐:丰）

捞水饭 （唐:蓟、大）

捞饭 （天:天）

【黍米饭】 糜子米做的。

黍谷米饭 （承:滦）

黏米饭 （天:天）

黄米干饭 （唐:乐）

【死人头前供的饭】

倒头饭 （保:兴）（唐:丰）（天:天、安）

【定心汤】 产妇产后第一次吃的小米稀饭。

定心饭 （保:兴）（天:安）

定心汤 内放鸡蛋。（天:天）

【米汤】 捞干饭剩下的汤。

浆子 （保:唐）

饭汤 （石:枣、束、深）（天:饶、肃、静、安、霸）（保:博、高）

粥米汤 （唐:迁、乐）

淘米米汤 饭里的汤或洗米后的水。（唐:山、乐）

【馒头】 白面蒸成的圆形或长方形无馅食品。

馍 （唐:秦）（承:平）（石:藁）（天:桥）（邯:郸、魏、磁、永、鹿、沙、肥、涉、内、尧、漳）（张:尚）

馍馍 （全省大部分地区通行）

蒸馍 （承:平）（石:藁、无、新）（天:桥）（邯:郸、魏、鸡、鹿、任、肥、沙、内、尧）（唐:秦）（张:万）

蒸馍馍 （张:万）（石:栾）

包子 （唐:丰、遵、宝、山、大）（承:平）（保:唐、安、兴、阜、完、易、满、容）（张:赤、沽）（天:武、霸、安）

卷子 （全省大部分地区通行）

卷子 刀切成方形的。（石:高、深）（天:东、献、任、桥）（保:博）（张:万）

饽饽 （天:固、孟、山、河）

刀切馒头 （唐:滦、蓟）

【馒头片儿】 馒头切成的片。

包子片 （唐:丰）（天:霸、安）（保:兴）（张:沽）

包子片儿 （保:兴）

包子干儿 （唐:丰、宝、三、大）

馒头干儿 （唐:丰、遵）（天:天、安）（张:沙）

炸馒馒片 （邯:大、邯）

馒馒干儿 （石:井、平、河、建）（天:固）（保:唐、阜）（邯:邯）

馍片 （邯:沙）

馍干儿 （唐:遵、西）（天:桥）（石:灵、无、平）（邯:沙、任、内、鸡）（保:定）

馍馍干儿 用油炸过的。（石:平）

馍馍片儿 （张:赤、龙、崇、蔚）（唐:遵、滦）（承:丰、平）（石:建、灵、河、赞、正、元、石、获、安、宁、枣、栾、藁、无、新、冀）（天:故、东、山、桥、河、献、沧、津）（邯:广、乡、邯、魏、大、威、清、台、沙、任、临、肥、南、内、尧、郸、鸡、磁、宗、永、丘）（保:定）

馍馍片的 （邯:邯）

炉馍馍 （张:万）

烧馍馍片 （邯:大、邯）

干馍馍片　(张:怀)

干馍馍　(张:蔚)

饽饽片　(天:永、河)(邯:涉、邯)(唐:滦)(保:新)

饽饽干儿　(保:唐)

卷子干　(石:晋)

卷子干儿　(石:泽、无、深)

卷子片儿　(石:深、无、栾、束)(天:强、饶、献)

风糕　(张:阳)

稷炙　(天:孟)

【花卷儿】　用白面蒸成的,一层一层的,中间加油盐的食品。

油的　(邯:邯)

油卷的　(邯:邯、任、肥)

油卷子　(张:张)

花馍馍　(保:博)

花饽饽　(保:博)

花卷子　白面与高粱面做成的。

花卷的　(邯:广、邯)

花花卷子　(邯:鹿)

拧心卷子　(石:栾、获)

拧丝卷子　(石:正)

油盐卷子　(天:霸)

蒸卷子　(唐:滦)

卷子　(全省大部分地区通行)

莲花卷心　祭祀时用。(邯:尧)

小花卷儿　送人出嫁用。(邯:尧)

卷馍　(邯:内)(天:饶)

卷蒸　(邯:任)

枣花　盘旋形状,有枣。(石:束、深)

【金银卷儿】　一层白面,一层黄玉米面做成的卷子。

金银卷儿　(唐:乐)

金裹银儿卷子　(承:承)

【包子】　包馅的食品,有圆的、长的。

馒头　(保:定、高)

包的　(邯:邯)

包馅　(承:平)

馅包子　(保:兴)(天:霸)(唐:玉)

菜包子　①指菜馅的包子。②无能,也叫“菜包”、“菜”。(石:深)

菜包子　(唐:玉、乐)(天:天)

蒸包　(天:桥)(石:宁)

蒸蒸子　(保:唐)

大包儿　(邯:永)

懒龙　长形、个大、分层,层中有馅,面片卷成。(唐:滦、蓟)

【肉包子】

肉馍馍　(邯:清)

肉包的　(邯:邯)

【糖包子】

蒸食　(天:天)

糖包　(石:深)(天:天)

【豆馅的包子】

蒸食　(天:天)

馒头　(保:博)

豆包　(天:天)(邯:台)

豆包子　(唐:丰)

豆馅包子　(天:安)

【杂粮面蒸的圆形食品】

馒馒　(唐:迁、卢)(张:沙)

烙馍　(唐:迁)

蒸馍馍　(唐:迁)

饽饽　有馅的。(唐:抚)(承:青)

饽饽头儿　(唐:丰)

蒸饽饽　(唐:乐)

【蒸饼】　用杂粮做成饼形,贴锅蒸成。

饽饽　(承:滦)(天:霸)(唐:丰、乐)

饼子　一般用玉米面或小米面来做。(天:桥)

【窝窝头】

馍馍 （承：滦）

饽饽 （张：万）

窝窝 （石：深）

窝头 （天：天、桥、安）

【锅饼】 用锅烙的，个大而厚的发面饼。

锅盔 （唐：大、三、丰、宝）（承：平、承、围）（石：宁）（天：饶、安、武、永、霸、肃、文）（邯：广、鸡、台、任、内、涉）（保：定、兴）（张：万、阳、龙、沙、商、崇、蔚、宣、尚、口）

锅盔 有枣的。（保：安）（天：献）

锅饼子 （张：沽、怀、张、万）

锅饼的 （邯：周、广、邯）

大饼 （唐：昌）

旋饼 "旋"音 suàn。（石：石）

糖饼 （石：栾、井）（保：安）（邯：尧）（唐：秦）

摊饼 （唐：滦）

发面饼 （天：安）

【烧饼】 带芝麻的小圆饼。

饽饽 （唐：抚）

火烧 （唐：迁、乐）（邯：邯）（石：深）（天：安）

【火烧】 无芝麻的小圆饼。

火烧子 （张：张、万、崇）

火烧子 中间夹肉。（唐：昌、抚）

杠炉烧饼 （唐：乐）（石：石、井、平）

杠炉饼 （张：鹿）

杠炉 （张：鹿）

杠子烧饼 （天：桥）

义子烧饼 方形，唐滦特产。（唐：滦）

瓤子烧饼 大而无馅的。（唐：丰）

烧饼 （邯：邯）

烙上烧 （唐：滦）

【葱油饼】 饼中加油盐和葱花烙的饼。

饼 （石：枣）

酥饼 （石：藁）

菜饼 （邯：任）

油饼 （承：围）（邯：乡、磁、丘、邯）（唐：卢）（天：文、津）

大油饼 （天：天）

腥油饼 （石：深、束）

荤油饼 （天：天）

炙油饼 （石：灵）（保：涿）（天：安）

脂油饼 （石：晋、束、深、正）（天：静、献、霸、天、安）（保：水、阜）

襄脂油饼 （石：深、束）

油酥饼 （石：藁）

油盐饼 （保：蠡）

油饽饽 （天：庆）

油馍 （唐：遵）（石：河）（天：桥、大）（邯：威、肥、周、内、丘）

油炸馍 （石：井）

油盐墩的 （邯：广、邯）

油卷子 （邯：肥、邯）

油垫卷子 （石：获）

葱饼 （张：万、崇）

葱花饼 （唐：乐、遵、宝、大、秦）（张：鹿、怀）（承：承、滦）（石：灵、行、正、衡、藁、束）（天：固、饶、安、黄）（邯：邯、大、台、涉、南、尧）（保：定、兴、唐、安、涿）

葱花儿饼 （天：桥、孟、静、霸）（保：易、保、兴）（张：鹿）（唐：乐）

葱花饼子 （张：阳）

葱花旋饼 "旋"音 suàn。（石：获）

肉饼 （天：安）

肉丝饼 （保：安）

【黍米面或黏高粱面烙成的饼】

黏火烧 （承：隆、平）（石：晋）（天：安）

黏饼子 （承：平）（天：桥）

黏糕饼子 （承：平）

【烙饼】

饼 （全省大部分地区通行）

大饼 （天：山）（承：承）

旋饼 （石：建、灵、平）（保：定）

烙旋饼　（保:安、博）（石:栾）

菜旋饼　（保:定）

抨饼　（邯:大、邯）

打饼　（唐:抚）

发面饼　（唐:滦、蓟）

死面饼　（唐:滦）

烙饽饽　（保:清）

烙馍　（石:藁）（邯:临、内、尧）（保:清）

烙馍馍　（石:栾）

烙馍馍　杂粮面的。（唐:迁）

烙子　（邯:尧）

火烧　（天:任）

【白面摊饼】　用加葱、盐的白面糊摊成。

咸食　（石:束、宁）（唐:丰）（保:高）（天:霸）

面饼的　（邯:丘、邯）

面托　（石:石）

摊面　用白面加葱盐烙成的薄片。（唐:山、玉、宝）

摊糊儿　无盐、无葱菜。（张:怀、万）

糊饼　用玉米面做成，不翻个。（唐:山、玉、宝）

煎饼　（石:无、束、深）（天:桥、安）（邯:邯）

水斤儿火烧　（唐:乐）

【菜】　饭菜的菜，后列方言词有以工具代菜名的，不过那都是主人待客时才用的。如:"四个盘儿"，即四个菜。

就的　（天:安）（唐:宝、玉）

就着吃的　（唐:宝、玉）

就吃　（邯:涉、邯）（天:山）

就吃的　（天:津、桥）

就吃头儿　（石:深、束）

落筷儿的　（天:津）

咸菜　对菜的统称。（石:束、深）（邯:邯）（唐:宝、玉）

小菜　（唐:蓟、抚、玉）（承:滦、隆、青、平、丰）（石:石、泽、安、晋、赞、无、新、正、元、武）（天:阜、故、东、献、山、桥、永、津）（保:定、阜）（张:宣、尚）（邯:郸、魏、丘、邯）

菜蔬　（天:静、文、大、桥、固、故）（保:兴、阳、阜、雄）（唐:三、蓟）（石:栾、宁、无、井、藁、安）（承:平）（张:宣、怀）（邯:鸡、涉、内）

盘子　（石:深、束）

盘儿　（邯:涉、邯）（石:束、深）

碟儿　（石:深、束）

碟子　（石:深、束）

碗儿　（唐:宝）（天:天）

盐净　菜的统称。（唐:滦）

【荤菜】　鱼、肉等做的菜。

肉菜　（全省大部分地区通行）

腥菜　（石:深、束）

鱼菜　（保:安）

【青菜】　各种蔬菜。

菜　（石:深、束、新、灵）（天:强）（唐:迁）（邯:南、邯）

菜蔬　（保:兴）

水菜　（石:深、束）（天:天）

素菜　（天:庆）

小菜　根部供食用，如蔓菁一类的青菜，以别于白菜。果儿做成咸菜。（石:深）（保:兴）

【小菜儿】　酱菜、咸菜之统称。方言中有"八宝菜""十香菜"等，是数种菜混合在一块的。

腌菜　（承:兴）（保:易、容、雄、阜）（唐:遵）（邯:乡、鸡、永、鹿）（天:阜、霸、文）（张:万、赤、阳、蔚）

酱菜　（天:安、固、天）（石:枣）（保:博、完）

酱小菜儿　（保:清）

小菜儿　高级的咸菜。（唐:丰、玉）（承:承、隆、丰、青、滦）（石:深）（天:强、任）

小菜儿　"菜"重读。指容易做的事情。如问:"你能铡草吗?"答:"那是小菜儿，再难再重的活儿，咱都干得了。"另有讥人无能意，如:"你打不了他，真小菜儿包子!"（石:深、束）

咸菜　（天:桥、永、安）

咸菜疙瘩　（承:滦）（天:安）

咸菜条儿　（承:滦）（天:安）

八宝菜 （承:滦）（天:安）（唐:大）

十香菜 （邯:肥、南）（保:博）（石:深）

十样菜 （石:平）（邯:广、鸡、肥、成、大、邯）

十样的菜 （邯:鸡、大、邯）

就吃 （邯:涉、邯）

就吃头儿 （石:深）

盐净 （唐:迁、乐、昌）

【好吃的食品】

好吃头 （石:束、深）

好的儿吃 （邯:邯）

有滋有味 （天:天）

【腌菜】

杀菜 （石:无）

腌咸菜 （唐:乐）

【酱疙瘩】 芥菜头腌成，又名大头菜。

酱疙瘩头 （保:保、定）

酱菜 （张:商）（保:阜）（唐:大）

酱腌菜 （张:阳、怀）

酱瓜子 （唐:丰、昌、宝、玉、乐）

芥疙瘩 （邯:广、大、永）（石:深）

疙瘩头 （石:石）（天:任）（保:安）

五香疙瘩头 （天:大）

红咸菜 （唐:丰、昌）

大头菜 （唐:滦、迁、蓟、玉、山）（承:兴、平）（石:泽、新、行、石、深、灵、井、正、晋）（天:饶、津）（保:易、保、望、满、兴、蠡）（张:宣、尚）（邯:郸、沙、肥、漳、内、永、尧）

酱疙头 （天:天）

【咸萝卜】

萝卜疙瘩 （唐:乐）

瓜子 （唐:抚）

红瓜子 煮熟的干咸萝卜。（承:青）

【臭豆腐】

腐卤 （少）（唐:玉）

糟豆腐 （石:栾）（张:蔚）

卤豆腐 （石:灵）

【麻酱】

麻坯儿 （天:静）

麻汁 （石:衡、冀、束）（邯:乡、鸡、清、威、南、丘）（天:孟、霸、山、桥、沧、东、文、黄、河、任、献）

麻汁酱 （邯:广、丘）

麻米酱 （邯:鹿、周）（石:深）

麻泥酱 （石:平）（唐:丰）

麻泥儿酱 （石:建、栾）

香油坯 （唐:滦、大、卢、抚、乐、昌）（承:青、平）（石:泽、新、晋、宁、赵、栾、深）（天:沧、强、饶、桥、永、津、文、任、献、河、山、黄）（邯:柏、临、肥、内、尧）

香油酱 （邯:任、尧）

油坯 （唐:昌、三）（石:深）

油坯儿 （唐:大、宝）（石:束）（天:安）

芝麻泥儿 （石:建）

芝麻泥酱 （邯:邯）

白酱 （天:饶、河、庆、霸）（保:安、蠡）

【面酱】

黄酱 （石:灵）（保:易、唐、涿）（张:商）

黑酱 （石:深、束）

大酱 （承:承、滦）（唐:秦）

甜面酱 （天:桥）（石:正、行）（邯:宗、清、丘）（唐:昌、乐）

【豆瓣酱】

豆食 （石:平、藁）

豆糁 （邯:内）

豆酱 （天:束、宁）（保:唐、高、满、清、阳、蠡）（邯:郸、大、磁、威、涉、漳、周、内、广、乡、邯、临、丘）（石:井、新、高）

豆儿酱 （保:涿）（唐:乐）

豆食酱 （保:安）

酱 （唐:丰、遵、迁、玉、乐）（保:博）（石:束、衡、深）（天:桥）

大酱 （全省大部分地区通行）

黑酱　(保:唐)

黄酱　(保:兴)(张:宣、沙、蔚)(承:兴)(唐:大)

【辣酱】

辣子酱　(石:衡、栾、宁、赞)(邯:柏、鹿、尧)(唐:三、卢)

辣椒酱　(全省大部分地区通行)

秦椒酱　(天:饶)

瓜辣子酱　(天:桥、文、沧、任、献、河、山、东、肃、黄)

【剩菜】　指吃剩下的菜。

下桌　(贬)(石:平)

冷菜　(唐:滦)

回头菜　(唐:宝、蓟)

回头　指宴会时剩的菜。(承:承)

菜底　(保:安)

剩菜底　(石:灵)

残菜　(石:晋)(邯:涉、邯)

跟头菜　(贬)(石:束、深)

跟大　(石:深)

萝菜　指待客人时的剩菜。(承:承)

折箩　酒席吃过后的剩菜。(保:涿)(天:津、霸、天、安)

折箩菜　(唐:丰、宝)(天:孟、大)(保:安)

打毛菜　(邯:大、邯)

杂和菜　指把各种剩菜合在一起。(保:兴、容、安)

杂烩菜　(天:安)

撤桌菜　(邯:大、台)

涮嘴巴　(贬)(天:东)

抄盘儿菜　(邯:涉)

打落子菜　"打落子"是叫花子的意思,这说法有骂人的意思。(天:津)

退盘儿菜　(天:肃、桥)(邯:涉、成、内)(承:承)

【豆腐】

豆腐　(邯:肥、邯)

灰门儿　(邯:内)

【豆腐干儿】　用布包豆腐,压实烘干而成。

香干儿　(石:深)(天:静、桥、安、天、沧)(邯:内、永、台)(保:兴)(张:宣)

五香干儿　(邯:永、邯)

豆腐片　(石:无)(唐:蓟)

豆腐干子　(天:黄)

五香豆腐干　经过熏制。(张:鹿)

干凉豆腐　豆腐干片。(邯:丘、邯)

干豆腐　(唐:滦)

豆腐干　"腐"音 wu。(邯:邯)

千张　点成的豆腐,压成很薄的比较大的豆腐干。(张:龙)(承:丰)

【豆腐皮儿】

腐竹　(石:冀)(邯:邯、涉、漳、内)(保:保、兴)

腐皮　(天:桥、固)(邯:永、内)(承:隆、承)

豆腐皮子　(张:万)

皮子　(张:蔚)

豆腐泡子　(天:静)

豆腐张子　(天:安)

豆腐丝　(唐:大)

豆筋　(唐:秦)(石:赞、安)(天:饶)(邯:魏、永、内)(保:高)

豆皮　(唐:丰、宝、大、秦、蓟、迁、玉、抚、卢)(承:隆、青)(石:元、正、安)(天:阜、桥、天、永、沧)(邯:魏、鸡、永、清、内、尧)(保:新、雄)

豆皮　指豆子的皮。(邯:邯)(石:正、石)

豆皮子　(唐:迁)

豆皮儿　(保:清)(承:承)(唐:三)

油皮　(张:阳、怀)

千张　(天:永)(邯:内)(张:赤)

【炸豆腐】　煎炸豆腐。

油过豆腐　(石:获)

炸豆腐泡儿　(保:兴、易、保、清)(天:安)

熘豆腐　(石:平)

咕丢豆腐　油炸过的豆腐加上调料。(天:桥、天)(唐:大)

煎豆腐片　(保:定)

【豆腐脑儿】

老豆腐 （唐:遵、大）（承:兴）（石:深、枣、晋）（天:强、天、桥）（邯:任、台）（保:兴）

豆腐脑子 （石:灵）（天:庆）（邯:肥、邯）（唐:乐）

豆腐脑 （邯:邯）

【豆腐浆】

白汤 （石:泽、束）

浆 （保:安、兴、定）（邯:南）（天:霸）

浆子 （唐:抚、昌）（石:冀）（天:静、天、宁、霸）

豆浆子 （天:安）

豆汁 （承:滦）（天:山）（邯:大、邯）

豆汁儿 用做高粱粉时滤布上面的渣子做成的浆子。（石:宁、正）（承:滦）

豆腐汁子 “豆腐汁子”是指没出过豆腐的,“豆腐浆”是指出了豆腐的汁。（唐:迁）

豆腐汁儿 （保:定）

奶子 （保:阜）

粉浆子 （邯:丘、邯）（承:滦）

豆汁粥 在豆浆里放上小米熬成的粥。（承:滦）

【酱豆腐】

腐卤 （唐:抚、昌）（石:灵）

腐乳 （唐:乐）

豆腐乳 （文）（承:平、承）（石:晋、冀、河、无、新、石、束、衡、宁、赵、枣、栾、藁、赞）（唐:昌、乐、宝）（天:阜、故、东、庆）（邯:邯、郸、魏、鸡、柏、大、磁、宗、威、永、鹿、清、台、沙、任、乡、临、涉、漳、周、南、成、内、尧、丘）（保:高）

豆腐卤 （天:桥）（邯:广、肥、邯）

卤豆腐 （唐:滦）

腐卤豆腐 （石:灵）

糟豆腐 （唐:玉）（石:宁）

辣豆腐 酱豆腐中加上了辣椒。（张:张）

南豆腐 （石:束、深）

臭豆腐 农民把臭豆腐与酱豆腐混淆的叫法。（天:强）

酱豆腐 指红色的。（唐:滦）

【粉皮】 用各种粉制成的薄片,做菜用。

旋粉 （张:蔚）

粉饹馇 （张:蔚）

粉坨儿 （张:阳）

粉皮子 （天:黄、东、山）（邯:邯、磁）

黏痂 （唐:大）

【粉条儿】

牛毛粉 细的。（邯:鹿）

粉 （唐:迁、玉、丰）（承:青）

粉儿 （唐:滦、乐）

干粉 （唐:迁、抚）（石:深、晋、建、束、衡、武、枣）（天:饶、孟、故、文、大、东、山、桥）（保:博、安、兴）

粉干儿 （邯:清）（天:桥）

粉丝 （天:桥）（张:张、怀、万、尚）（承:平）（石:安）

丝粉 （唐:昌、乐）（邯:内）

金丝粉 细的。（承:滦）

油丝粉 细的。（承:承）（张:宣）

大粉 宽的。（承:青）

汤粉 细的。（唐:迁、抚、昌、滦、乐）（承:滦）

片粉 宽的。（石:晋）（唐:昌）

粗粉 （唐:乐）（承:承）（天:安）

细粉 （张:沙）（唐:丰、遵、宝、大、秦、迁、蓟、抚、三、昌、玉、乐）（承:承、丰、青、围、平）（石:泽、深、晋、行、无、新、石、获、灵、正、栾、藁）（天:阜、庆、天、安）（邯:乡、鸡、宗、鹿、任、临、内、尧、丘）（保:定、清、新、蠡、阜、完）

宽粉 扁片的粉条儿,有小手指宽,放在肉里一起炖。（唐:丰、玉、宝、乐、抚）（保:新）（承:承、滦、围）（天:霸、安、天）

宽干粉 （石:晋）（唐:昌）

粉条子 （张:万、蔚）

粉坨 （唐:滦、蓟）

【凉粉】 用各种豆粉或白薯粉熬成糊状再受冷而成,用酱配蒜等拌着吃。

凉粉儿 （全省大部分地区通行）

凉油粉儿 （唐:西、抚、山、三、玉、秦、昌、蓟、迁）

【丝糕】 米面发酵蒸成的食品。

黄子 （石:束、深）

丝糕黄儿 （石:束、深）

发糕 玉米面发酵蒸成,切成方形或菱形块儿。（唐:乐、滦）

枣糕 白面、玉米面发酵后蒸成,上面按上一些大枣。（唐:滦、蓟）

【点心】 食品店卖的各种糕点。

炉食 （张:万）

茶食 （唐:抚、昌）（承:承、围）（石:冀、新、河、行、无、衡、灵、宁、赵、枣、藁、武、安）（天:强、饶、沧、阜）（邯:鹿、内、尧、柏）（保:蠡、满）（张:康、宣、蔚、万、尚）

茶食 （老）（天:东）

茶点 （承:平）

馃子 （保:博、定、易、容、望、唐、水、安、阳、蠡、兴、阜、雄、涿）（唐:丰、滦、乐、宝、大、迁、蓟、抚、卢、三）（承:各地）（张:宣、尚）（天:强、黄、固、饶、故、肃、任、文、津、永、霸、庆）（邯:广、乡、邯、郸、魏、鸡、大、磁、宗、永、鹿、台、沙、任、临、肥、涉、漳、周、南、内、尧、丘）

馃馅 （邯:肥、邯）

油糕 个别人称此。（天:桥）

【油条】

馃子 （邯:广、魏、邯）（天:天、霸、安、桥）（石:深）

大馃子 （唐:遵）（承:隆、承）（天:桥、安）

香油馃子 （唐:滦、丰、昌、迁、抚、玉、乐）（天:黄）

油炸馃儿 （承:青）

油炸馃子 （张:蔚）（保:安）

油馃 （石:井）

油馃子 （邯:魏、邯）

炸馃子 （承:承）（石:无）（唐:玉）

细馃子 （天:河）（保:安）

大鬼 （张:鹿）

油炸鬼 油条。（天:霸、安）

油炸鬼 ①油条。②指二流子。（张:怀）

油炸条 （张:康）

炸油鬼 白面片拧成两股,下油炸成,没有糖心,像城市卖的油条折回来。（石:井）

麻燕儿 （张:万）

麻糖 （保:定、阜）（石:井、晋、平、灵、深、束、石、泽、正）（邯:邯、清、沙、临、鸡、任、涉、成、漳）（天:强、饶）

麻糖 盘成圆形的油条。（邯:南）（石:深）

麻糖 油条、油饼等之总称。（石:束、深）

【油饼】 用油炸成的白面饼,饼中划成条状,整个形状像一个炉箅子。

炉炙馃子 （邯:丘、邯）

油炸鬼儿 （唐:迁）

油箅子 （张:沽、蔚）

炉箅子 （承:平）（唐:蓟）

火炉箅 （张:蔚）

锅箅儿 （张:沽）

炸炉箅子 （承:兴）

炸炉屉 （唐:迁）

炸馃子 （唐:大）

炸饼 （唐:迁）（天:霸）

油炸饼 （唐:丰、西、卢、玉、乐）（张:崇）

炸排叉儿 （保:兴）

炸糖片 带糖。（保:兴）

糖片 又名“厚片”,带糖。（保:保）

麻糖 带糖。（石:井）

麻糖片 （石:无）（保:唐）

馃饼 带糖。（邯:尧）

馃子饼 （唐:玉）（天:大）

大馃子饼 （天:天）

馃子片 （唐:西）（保:唐）（天:大）

馃子 （石:藁）

馃子排子 （天:大）

油香 较厚,回民过节时吃的。（保:兴）（张:怀）

脆片 又名“薄片”,又薄又脆,没糖。（保:保）

荷包 先做一个圆片,然后打开一个口儿,把生鸡蛋打在里面封好口再炸而成。（保:保）

【麻花】 油炸的面食,一股一股拧在一起,很脆。

绳头 (邯:鹿、任、尧、台、漳、邯)

麻黄 (张:万)

麻黄儿 (保:清)(张:阳)(石:行)

麻条 单根的。(保:阳)

麻球 带有芝麻的实心球儿。(承:滦)

炸麻花 螺旋状的面片。(保:兴)

炸麻花儿 (唐:乐)

【油炸糕】 一般是黏米面的,里面有馅,柔软,外面是脆的。

炸糕 (天:天、霸)

糖糕 (邯:尧)

江糕 (石:晋)

油鬼 (石:平、井、建)

油炸鬼 (石:衡、深、束)(唐:玉)

油炸鬼 黍米面里加枣放在油锅里炸,熟后呈黄色,脆的。(邯:尧、威、鹿)(石:束、深)

油炸鬼 油炸的无定型的面疙瘩。(石:无)

【蛋糕】

槽糕 (承:平)(保:兴、涿、完)(天:固)

槽子糕 (全省大部分地区通行)

油糕 好的蛋糕烤成的。(唐:丰)

油炸糕 (石:深)

【蚕豆】

铁蚕豆 (保:兴)

【开花豆儿】 把浸水蚕豆一端割开,放在油中炸成。

炸蚕豆 (保:安、兴、清)(天:霸)

油炸豆儿 (承:承)

油花豆儿 (天:安)

莲花豆儿 (张:商)

崩豆儿 (唐:丰)

老虎豆儿 (天:静、天)

兰花豆儿 (邯:漳、邯)(张:蔚、口、怀、鹿、崇、沙、龙、宣、沽、阳、万)(天:霸、永、津、河、安、山、文、任、献、静、肃、故、饶、孟)(唐:秦、大、山、三、乐、宝)

腌豆儿 (保:涿)

【炒米花】 用江米炒制。

炒米 (唐:滦、山、乐、秦)(承:围、平、承、滦)(石:泽、高、行、赞、元、束、宁、井、武、藁、赵、冀、安)(天:强、故、肃、东、桥、天、津、阜)(邯:广、郸、鸡、大、威、永、鹿、任、涉、成、内、丘、邯)(保:满、清、阳、蠡、阜)(张:万、康、沽、沙、商、怀、蔚、尚)

米花 (天:桥、饶)(邯:漳)

爆花儿 (唐:昌、乐)

爆米花儿 包括大米和玉米。(天:天)(保:容)

炒爆花 (天:霸)(唐:乐)

【玉米花儿】

玉蜀花 (邯:鸡、邯、周)

玉蜀黍花儿 (石:行)(邯:涉、丘、邯)

玉蜀花儿 (邯:广、周、鸡、邯)

炒玉蜀花 (邯:乡、邯)

炒米花 玉米或高粱炒成的。(张:阳)

蹦花 (天:文)

崩米花 (石:灵)

爆花 (唐:丰、滦、抚、卢)(承:隆)(天:故、静、永)

爆花儿 (唐:卢、蓟、秦)(天:大、河、霸、安)

炒爆花 (天:安、霸)(唐:大、乐)

包子花儿 (天:河)

包谷花儿 (唐:遵、乐、秦、玉)(承:隆、平)(石:石、安)(邯:郸、沙、内、邯)(张:赤)

包米花儿 (承:青)(石:深)

烹花儿 用锅炒玉米或豆子,炒到干焦成花,可食用,也可以加工成糁做饲料。(邯:丘、邯)

炒料豆 见"烹花儿"注解。(邯:丘、邯)

包米爆花 (唐:昌、乐)

棒花 (承:隆、滦)(石:枣、衡)

棒子花 (天:山、河、沧、武、庆、故、东)(邯:大、永、宗、鹿)(保:博、定、高、安)(承:围、兴)(石:冀、高)

棒花儿 (唐:迁)(承:丰)

棒子花儿　(唐:三、大)(石:束、无、深、泽、晋)(天:黄、饶、任、津、孟、强、桥、静、东)(邯:清、台、南、威)(保:易、新、兴、蠡、保、阳、唐)(承:承)

棒棒花儿　(石:灵)(保:阳、唐)

沙棒子花　(唐:大)(天:献)

爆棒子花儿　(保:水、容、清)(石:深)

【花生】

落生　(唐:宝、玉、丰、大)(邯:宗、乡)

落生角　(唐:宝、玉)

落花生　(唐:乐)

花生豆　(石:深)

落瓜生儿　(石:深、束)

长果儿　(石:束、石)(天:桥)

长果　(石:深)

长生果儿　(石:平、井、新)

老生儿　(邯:邯、郸)

仁果　(石:晋)(天:霸、安)

大仁果　(天:天)

小仁果　(天:天)

拉生　(石:深)

豆　(石:深)

【花生仁儿】　花生米。

仁果儿　(天:静、霸)(石:深)

仁生果　(天:文)(石:束、深)

果仁　(石:高)(天:沧)(唐:大)

果仁儿　(天:静、天、沧、霸)(石:高)

大果仁　多指水煮熟的,用火炒熟的多叫花生仁。(保:安)

仁果仁　(保:雄)(天:霸)

仁果仁儿　(天:永、霸、安)

长果仁　(天:故、东、河、庆、桥)

花生米　带红皮的叫花生米,不带红皮的叫花生仁儿。(承:兴)

花生粒　(唐:遵)

落生仁　(邯:魏、邯)

落生仁儿　(唐:丰、玉)

拉生仁儿　(邯:磁、邯)

落生粒儿　(唐:迁)

落花生仁儿　(天:孟)

落花生粒儿　(唐:乐)

落瓜生仁儿　(石:深、束)

豆儿　(石:束、深)

落生豆　(邯:成、邯)

豆仁儿　(石:束、深)(保:博)

长生果豆儿　(石:行)

拉生豆儿　(邯:广、周、磁、肥、成、邯)(石:深)

仁果豆儿　(天:饶、霸)(石:冀、晋、深)

长果豆儿　(石:石、栾、新、泽、无、深)(天:故、河)(邯:南)

花生豆儿　(全省大部分地区通行)

炉香　炒熟了的。(天:安)(石:深、束)

【猪油】

荤油　(全省大部分地区通行)

荤油　指所有动物油。(邯:临)(张:蔚)

脂油　(承:承、平、兴)(石:泽、安)(天:黄、津)(邯:广、涉、内、尧、任、邯)

脂油　指炼好的猪油。(承:滦)

大油　(邯:内)(张:商)(天:安、霸)(唐:玉、宝)

腥油　(石:平、栾、藁、正、晋、行、新、灵、深)(天:桥、强、东、任、大、庆、霸)(邯:任、涉、邯、宗、乡、成、漳)(保:望、唐、阜)

猪腥油　(石:束、深)(邯:肥、南)

猪腔油　(天:津)

水油　(承:承)(天:安)

花花油　靠近猪心脏处的油。(天:强)

厢脂油　靠近肌肉上的油。(天:强)(唐:乐)

襄脂油　附着于猪的胸腔内壁的油,呈大片状。(石:深、束)

乱肠油　附着在猪肠子上的油。(石:深、束)(天:霸)

桂油　(唐:乐)

板油 （天:安）

板子油 （天:桥）

【花生油】

香油 （张:阳、口）

果油 （唐:大）

果仁油 （天:天）

卫生油 （唐:大）

卫生油 指经过滤的花生油。（天:桥）

白油 （邯:台）

【芝麻油】

麻油 （唐:玉）（石:灵）（天:阜、固、桥、武）（邯:邯、郸、鸡、肥、内）

麻油 指用大麻子榨的油，不能吃。（唐:玉、三、蓟）（承:丰、围、平、滦、承）（邯:涉、尧、邯）（保:安、新）

生芝麻油 （邯:任）

素油 （张:蔚、沙）

磨子油 （邯:肥、邯）

小磨油 （邯:漳、邯）

小磨香油 （邯:肥、邯）

小磨儿香油 （邯:郸、邯）（天:霸）

香油 （天:天、安、桥）（唐:丰、乐、昌、滦、蓟、山、丰、玉、宝）（邯:台、内、沙）（石:深）

【盐】 做菜用的咸盐。

盐巴 （石:无）（邯:内）

小盐 （邯:肥）（石:深、束）

小盐 指本地能做的硝盐。（邯:永）

大盐 由海水晒成的盐。（邯:永、肥）（石:深、束）

咸盐 （全省通用）

细盐 指加工成粉末的盐。（唐:玉）

精盐 指加工成粉末的盐。（唐:玉）

注:在天津，“大盐”指原盐，“二盐”指粉碎盐，“精盐”指加工盐，“硝盐”指硝花子，苦涩不能食。

盐面 指加工成粉末的盐。（唐:玉）

盐疙巴 （石:无）

大盐疙巴 （石:栾）

【酱油】 以大豆、盐与水制成之液体，色黑味咸，用以调味。河北省内一般叫青酱。

青酱 不能生吃的酱油。（唐:丰）

青酱 质低酱油。（唐:宝）（天:饶）（承:兴）

青酱 指农村自己做的。（天:饶）

青酱 不太咸的叫青酱，咸的叫酱油。（张:鹿）

青酱 （天:天、桥）（邯:台、内、临、沙）

豆油 （唐:丰、玉）（石:晋）（天:阜、故、庆、东）（邯:郸、大、鹿、内）（保:唐、清、雄）（张:宣）

【醋】

忌讳 饭馆中用。（唐:丰、宝、乐、三、玉、昌）（承:承、隆）（石:深、晋、冀、河、束、枣、正、行、新、灵、安、宁）（天:强、饶、故、肃、东、静、献、任、山、桥、天、津、沧、庆）（邯:鸡、柏、大、威、清、台、沙、南、尧、漳）（保:定、易、保、水、安、新、兴、雄、蠡）

老西儿 一部分人把山西人叫老西儿，因山西人喜醋，所以醋也叫老西儿，说时总带些调侃意味。（唐:迁）（石:深、束）

酸的 （唐:蓟、三、西、昌、迁）（承:围、平、承）（石:冀、宁、藁、正、灵）（天:桥）（邯:鹿、内）（保:定、唐、阳）（张:沙、宣）

酸儿 （唐:遵）

酸儿 饭馆用。（唐:丰）

【红糖】 粗制砂糖，红褐色。

砂糖 砂粒状的红糖。（天:静、桥）（邯:涉、邯）

赤糖 （邯:肥、邯）

黄糖 （邯:肥、邯）（石:灵）

青糖 质量差的红糖。（保:安、雄）（天:霸）

黑糖 （唐:乐）（承:滦）（石:无、石、获、栾、新、灵、建、安）（邯:广、乡、邯、郸、魏、鸡、大、宗、永、沙、任、临、肥、涉、周、成、内、尧、磁、丘、漳）（保:唐）（张:张、万、阳、康、宣、龙、沙、商、崇、鹿、怀、尚、口）

【白糖】 甘蔗汁制成褐色砂糖后，再压榨，出糖蜜，成白糖。

盐糖　（石：枣）

砂糖　（石：晋、深、束、宁）（张：鹿）（邯：丘、邯）

白砂糖　（石：晋、栾）（承：隆）

【水果糖】　用颜色纸包成的小块硬糖，有水果味。

纸卷糖　（张：怀）

糖钩　过去卖的钩形的糖。（承：滦）

糖块　（邯：邯、郸）（天：桥）（唐：山、宝、玉）

糖球儿　（唐：乐、山）

糖角儿　“角”音 jiǒ。（唐：山）

糖疙瘩　（唐：山）

【麦芽糖】　用麦芽和淀粉糊合煮而成，有甜味，可酿造酒精，也可吃。

饧　（古）（石：建）

糖　（唐：丰）（邯：涉、邯）

糖坨　（石：正、赵）（张：鹿）

糖坨子　（唐：丰）

糖瓜子　（唐：抚、乐）

糖瓜儿　（天：天、饶、安）（唐：乐）

糖果儿　（石：平）

糖光　（邯：南）

糖官　（邯：任）

糖稀　小孩亦称其为“缠糖”。（天：桥）

大糖　（天：文、霸）（邯：大、邯）

大块糖　（承：围）

大麦糖　（唐：昌、山）

白糖　真正白糖当地叫“砂糖”。（石：藁、冀、束）

白龙糖　（天：天）

小糖子　（保：涿）（承：承）

小糖儿　（承：兴）

缠糖　（天：故）

哈糖　（唐：宝）

椭糖　（邯：鹿）

灶糖　麦芽糖多祭灶时吃，故叫“灶糖”“祭灶糖”。（唐：滦、秦、抚）（保：满）（承：平）（张：沙、龙）（石：深、冀）（天：黄、大、桥、河、沧、庆、阜）（邯：内）

祭灶糖　（天：献）（保：易）（邯：广、大、邯）（石：平）（张：鹿、沙）

麻糖　（张：商、崇、口、怀、蔚）（保：易）（邯：鸡）

粘板糖　（张：赤、龙）

打牙棒　（张：鹿）

关东糖　（承：承）

米糖　（承：滦、围）

黍稷糖　（邯：尧）

【作料】　调和食味的材料，如姜、酱等。

调和　（张：怀）

调料　（张：万、阳、康、鹿、怀、蔚、沙）（唐：宝）（邯：鸡、尧、邯）（保：水）

调料面　（张：口）

广料　（天：津）

香料　（天：津）

材料　（邯：鸡、周、邯）（石：灵）（天：桥）

小材料　（邯：临）

研香杂料　（天：津）

花椒大料　（石：晋、深）（唐：乐）

搁料　（张：赤、蔚、龙）

搭搁　（唐：遵）

【八角茴香】　调食品的香料，黄褐色，有仁，味甜，裂成八瓣，一个瓣里有一核。

八角　（邯：内、尧、漳、邯）

八大味　（保：阜）

八大料　（石：建、灵、平）

大料　（全省通行）

大料瓣　（天：桥、天）（邯：邯、郸）（唐：宝、玉）

大茴香　（石：平、宁、赵、枣、栾、冀、行、获、安）（承：丰、承、围、隆、平）（天：安、山、饶）（张：宣）（保：满、清、阳、安、阜）（邯：广、乡、邯、郸、魏、鸡、大、磁、宗、威、永、鹿、清、台、沙、任、肥、涉、周、南、成、内、尧、丘、漳）

大茴香籽　（天：献）

茴香　（唐：卢）（石：灵）（张：张）

荤香大料 （唐:迁）

广料 （保:雄、涿）（天:任）

肉料 （邯:丘、邯）

药料 （邯:丘、邯）

五香料儿 压碎后的。（天:安、津、霸）（承:兴、隆）

五香料面 压碎后的。（承:隆）

【茴香】

小茴香 （全省大部分地区通行）

茴香籽 （保:安）（天:献）

【茴香菜】 指茴香之茎菜，食用。

茴香 （天:天、桥）

小茴香 （石:获）

【豆豉】 用豆制成的食物，制作有水浸、蒸熟、发酵、封晒等过程。

豆菜 （邯:丘、邯）

豆瓣酱 （石:枣）（天:天）

肉豉 （邯:大、邯）

【花椒】 一种作料，味麻辣。

花生 厨师用语。（唐:遵）（保:雄）

花生 （旧）商人用。（承:围）

花胡椒 花椒和胡椒的统称。（承:滦）

麻的 （石:宁）

【胡椒面儿】

古月 过去商人用。（承:滦、围）

胡椒 （张:万、赤、宣、蔚、尚、口）（唐:丰、遵、昌、西、大、玉、蓟、迁）（承:平、隆、承、围）（石:泽、晋、赞、无、石、获、井、栾、藁、新、宁、赵、安）（天:阜、故、肃、东、献、文、桥、安、永、霸、沧、庆、宁、天）（保:定、保、水、高、安、阳、兴、涿、阜、容）（邯:乡、郸、魏、鸡、大、磁、宗、永、鹿、清、沙、任、临、肥、内、尧、丘、邯）

【葱花儿】 葱切成的碎块。

葱丝 （邯:肥、邯）

【姜末儿】 姜切成小碎末，用来调味。

黄末 （邯:肥、邯）

姜米 （石:武）

姜米儿 （天:河）（石:元、井）（邯:内）（唐:三、大、蓟）（张:沽、尚、口）（承:隆）

姜片 （邯:任）

姜片儿 （唐:卢）（承:滦）

姜丝 （石:平）（保:雄）（邯:鹿）

姜丝儿 （石:晋、冀、河、无、栾、灵）（天:静）（保:定、唐、安、兴）（邯:鸡、尧、丘、邯）

姜码 （邯:大、邯）

姜码儿 （邯:广、邯）

姜面儿 （张:商、尚、沙）（保:涿）

碎姜 （邯:周、邯）

【蒜泥】 蒜捣成的糊。

蒜水儿 （石:灵）

蒜汤儿 （承:兴）（天:固）

蒜泥儿 （石:灵）

蒜末 （唐:抚）

蒜末末儿 （张:崇）

乱蒜 （唐:玉）

烂蒜 （唐:丰）（石:冀、行）（张:宣、鹿、蔚）（邯:涉、邯）

砸蒜 （天:武、霸、安）（邯:台、邯）（唐:三）（石:深）

捣蒜 （唐:滦、乐）（张:鹿）（保:高）（邯:乡、任、肥）

捣烂蒜 （石:建）

扎饭 “扎”音 zhǎ。（唐:玉）

【吃饭有了着落】

饭落儿 （石:束）

饭庄 （天:天）

【腻】 食物油多或肉类肥厚。

腻乎 （石:束、深）（邯:丘、邯）

腻人 （唐:乐）

肥腻 （石:束）

油腻 （石:束）（邯:丘、邯）（唐:乐）（天:天）

油水 （石:束）

上壮 （天:桥）

【芡粉】 豆类制成的粉，可用温水调成糊状，做菜时加入使菜汁黏糊。

团粉 （唐:大、三、昌）（承:丰、围、隆、承、滦）（石:深、高、赞、束、正、安）（天:桥、安、天、河、武、永、霸、强、沧、孟、饶、静、黄、固、肃、献、任）（张:阳、宣、龙、沙、鹿、怀）（保:定、易、容、保、唐、水、高、满、清、安、新、兴、雄、蠡、完）（邯:永、涉、磁、内）

团粉面 （保:定）

团粉面儿 （承:滦）

粉团 （石:枣、武）（天:文、大）

粉檀 （天:故、桥）

粉面 （石:行、深、井、平）

粉面子 （石:新）（唐:秦）

粉坨子 （唐:玉）

粉淀子 （唐:丰、山、玉）（承:承、围）（天:静）

淀子 （唐:丰、宝、大、玉）

芡粉淀子 （唐:大）

粉芡 （石:深、建、冀、石、栾、藁）（邯:邯、广、乡、郸、魏、大、宗、任、临、肥、南、尧）（张:怀）（保:易）（唐:乐）

芡 （保:蠡、涿）（唐:丰、滦、三、昌）（张:张）（石:泽、晋、获、衡、井、枣、藁、栾、元、正、灵）（天:故、饶）（邯:魏、宗、台、沙、肥、周、成、内、尧、丘、漳）（承:承）

芡面 （石:获）

芡粉面 （石:正、新）

干粉面 （石:平、正）

鸡头米粉 芡实磨的粉。（唐:抚）

团 （天:文、安）

【勾粉芡】 做菜时加芡粉。

勾芡 （全省大部分地区通行）

勾汁子 （唐:迁、乐）

勾粉面 （唐:秦）

勾点粉芡 （邯:大、邯）（唐:乐）

调芡 （天:天）（唐:乐）

打芡 （石:灵）（保:阜）

拢芡 （天:天）

调乱 （唐:山）

【香菇】 蘑菇的一种，肉肥厚，味美。

树蛾的 （邯:涉、邯）

枣蛾 （邯:鸡、邯）

山珍 （邯:邯）

毛菇 （石:河）

油蘑 （天:安）

白黑儿毛菇 （邯:广、邯）

白蘑 （唐:玉）

口蘑 专指张家口地区的坝上产的。（天:天）

香信 （石:正）

香蕈 （石:高）（承:平）（天:饶、桥）（邯:郸、内）

香菌 （承:平）（天:桥、大）（邯:郸、尧、邯）（石:灵）

香蘑 （唐:丰、昌、抚、卢、秦）（承:丰）

大香蘑菇 （石:栾）

【银耳】 即白木耳，滋补品。

白木耳 （石:束）（承:滦）（天:静）（邯:邯）

金银木耳 （天:安）

【金针】 即黄花菜，每年夏秋开黄花，花长圆形，未开花之前摘下，或晒干或鲜食。

花菜 （保:安、兴）（天:天）

花子菜 （石:衡、武、枣）（天:天、桥）

黄花 （承:围）（张:沙）（唐:大）

黄花子 （张:沽）

黄花儿 （全省大部分地区通行）

黄花菜 （唐:昌、卢、乐、秦、玉、抚）（石:深、武、枣）（天:山、孟、庆、饶、黄、故、静）（保:新、涿）（邯:鹿、清、任、涉、南、尧、魏、邯）（张:张）

金菜花 （天:东）

金菜花子 （天:山）

针金菜 （天:静）（邯:清）

【海带】 海藻的一种，狭长似带，褐色，常做菜吃。

海菜 （唐:抚）（承:隆、滦）（张:赤、蔚）（邯:邯、大、永、

肥、周、内、尧、广、魏、丘)

海白菜 (唐:丰、遵、迁)

黑笋 (保:蠡)(邯:宗、南)(石:平)(天:饶、强)

【海蜇】 动物,产近海中,形如张伞,平滑而软,其薄皮可凉拌做食品。

蜇头 (承:承、围)(唐:三)

海蜇头 (石:正)

蜇皮 (唐:宝、三、玉)(承:承、围、兴、平)(石:晋、无、栾、新、安)(天:饶、故、桥、天、津、宁、固)(保:水、兴、雄、涿)(邯:涉、内、尧、邯)

海蜇皮 (张:张、商、怀、蔚、宣、口)(唐:遵、大、三)(保:完)(承:承、隆、平)(石:井、藁、正、安)(天:桥、河、津)(邯:永、沙、南、内、邯、尧、魏)

【肉块儿】 切成小块的肉,如炖肉、烧肉所切成的块。

肉炖儿 (承:滦)

肉方儿 (石:无)

肉方子 (石:无)

方肉 (天:故)

肉块子 (承:滦)(天:东、黄、桥)(张:张)

肉咕棱子 (天:静)

肉咕噜子 指较大的肉块。(天:桥)

老虎肉 (保:满)(唐:玉)

骰子肉 (唐:昌)

块肉 (唐:玉)

【肉丁儿】

肉丁子 表示不喜爱。(承:滦)

肉格子 (邯:肥、丘、邯)

肉圪丁儿 (石:灵、平)(保:阳)(邯:永、广、邯)

【肉片儿】

肉片子 (石:灵、元)(天:庆、桥、安)(承:滦)

肉片子 表示不喜爱。(承:滦)(唐:乐)(天:安)

片子肉 (天:故)

肉膘儿 肥肉。(石:束)

【肉丝儿】

肉丝子 (天:桥、天)(承:滦)

肉丝丝儿 (石:无)

【肉末儿】

肉馅 (邯:临)(张:鹿)(石:灵、深)

肉馅儿 (石:泽)(保:兴)(邯:广、邯)(天:安)

肉馅子 (张:商)(石:深、束)(天:桥、安)

肉渣 (天:文)(石:深)

肉渣儿 (石:深、束)(张:沙)

肉渣渣儿 (石:深、束)

肉末子 (张:口、万、怀)

碎 (天:山)

碎肉 (承:滦)(保:高)(邯:台、任、肥、丘、邯)

【肉皮】

皮 (邯:任、邯)(天:天、桥)

肉表 (邯:肥、邯)

肉皮 肉不烂也叫肉皮,"皮"不是名词。脆的食品不脆时,也说"皮了"。(石:河、束、深)

【肉冻儿】 肉熬熟凝固成的食品。

肉糕 (石:束、深)

花糕 (石:束、深)

猪头糕 猪头肉做成。(石:高、深、束)(承:丰、滦)(天:饶)(保:易、兴)

肉共的 (邯:鸡、邯)

肉共 (石:赞)(邯:尧、大、邯)

肉共儿 (邯:丘、周、邯)

共肉 (石:冀)

肉棍儿 (张:宣)

肉凝儿 (唐:丰)

冻 (承:平)

冻肉 (石:新、灵)(天:桥)

冻儿 (承:承)(保:水、清、兴)

冻子 (天:饶、霸、桥)

冻冻儿 (承:滦)

肉冻冻儿 (承:隆)

肉冻子　（天：黄、故、静、桥）

虎皮冻　（保：涿）

虎皮冻儿　（唐：丰）（承：承）

焖子　（石：正）（保：兴）

猪头焖儿　猪头肉做的。（天：饶）

猪头共的　（邯：肥、邯）

猪头冻　猪头肉做的。（唐：西、宝、玉）（石：泽、枣）

猪皮冻儿　（承：滦）（天：安）

鸡冻儿　鸡肉熬成的冻儿。（承：滦）

皮冻儿　肉皮熬的。（唐：抚）（承：丰）（邯：任）（张：沙、商）

肉 jǔn 子　（张：怀）

【肉汁】　用肉类制成的流质食品。

肉汤　不是煮肉的汤。当地煮肉的汤叫“白汤”，炖肉的汤叫“荤汤儿”。（唐：丰、玉）（石：深、束、枣、泽）（保：高、新）（邯：任、肥）（张：商）（天：故）

肉汤儿　（唐：滦）（承：兴、滦）（石：晋、建）（天：孟、静、天）（保：易、满、阳、兴）

肉汤的　（唐：抚）（邯：大）

肉浆　（唐：大）

【肉松】　把肉加香料炖烂后，用火焙干而成的粉状食品。

松肉　（天：静）

【米粉肉】　把肉块裹米粉一起蒸熟的食品。

米密肉　（天：桥）

密封肉　（天：静）

米心肉　玉田、宝坻除了指米粉肉外，也指一种有粒状细菌病的猪肉。（唐：遵、玉、宝）

蒸肉　（石：赞）

清蒸肉　（邯：永、邯）

粉蒸肉　（唐：山、昌）（石：衡、宁、井、赞）（承：隆、滦）（天：强、故、大、庆）（邯：威、清、成、内）

粉熬肉　（唐：滦）

粉炖肉　（唐：秦）

元宝肉　（天：静）

江米肉　（承：滦）

芙蓉肉　（唐：昌）

肉糕　（石：晋）

坛子肉　（天：静）

【扣肉】　把切好的肉片或肉块，肉皮朝下放在碗里，放在笼里蒸熟后再扣在另一个碗内。

扣碗　（石：正）（天：霸、安）（保：易、安）（邯：广、大、邯）

扣碗肉　（石：新）（保：涿）（邯：邯、尧）（唐：玉）

烧白　（唐：丰）（石：晋、衡、宁、武、高）（天：饶）（邯：乡、成、内、邯）（张：尚）

烧肉　（石：赞）（天：献）

白片　（承：围）

白肉　（唐：西）（保：兴）

烧白片　（张：宣）

烧白肉　（承：隆、平）（张：沙）

川白肉　（唐：抚）

白条子　（保：新、兴）（天：霸、安）

酥造肉　（唐：丰）

豆豉肉　（唐：三）（承：滦）

蒸碗儿　（保：涿）（唐：宝、玉）（天：安）

坛子肉　（保：安）

木梳肉　（唐：昌）

拢梳背肉　（唐：蓟、乐）

元宝肉　（天：天）

花椒肉　（唐：昌）

坛儿肉　（石：安）

【红烧肉】　把肉放在锅里炒一炒，然后放上香料等炖熟。

红肉　（唐：丰、西、蓟、玉）（承：平）（石：藁、安）（天：献、桥、河）（保：望、唐、兴、完）（邯：郸、肥、内、邯）（张：万）

红烧　（唐：丰、迁、大、蓟）（张：宣）（承：滦、丰）（石：冀、高、新、藁、河、安）（天：饶、故、肃、桥、津、宁、沧）（保：安、雄、蠡、水）（邯：乡、永、内、邯）

烧肉　（唐：蓟、三、西、大、玉）（承：平、围、兴）（石：泽、深、石、束、新、赞、无、获、栾、藁、安、武、正、晋、灵、建）（天：阜、故、东、献、大、桥、津、河、庆、肃）（保：

定、望、唐、满、安、阳、阜)(邯:广、郸、鸡、磁、宗、永、鹿、台、肥、涉、内、尧、任)(张:张、万、赤、阳、康、沽、宣、龙、沙、商、崇、鹿、怀、尚)

红焖肉 (唐:丰)

红烹肉 (保:唐)

红条子 (保:新、兴)(天:霸、安)

熬肉 把肉和别的菜熬在一起。(天:安)(唐:丰、宝、玉、山)

炖肉 (唐:宝、丰、玉)(石:平)(天:霸)

大炖肉 (邯:永)

小炖肉 (天:天)

酱肉 (天:宁)

【肘子】 猪腿上半部。

蹄 (天:肃)(保:望)

蹄膀 (唐:丰、滦)(承:青、围)(石:晋、石、无)(邯:内、尧)

膀蹄 前腿下部,"肘子"才指上部。(邯:任)

膀蹄 (唐:昌、山、卢)(天:津)(邯:郸)(石:灵)

肘子 凡一碗一个的方肉叫肘子。(唐:玉、宝、山)

方肉 (唐:玉、宝、山)

方子肉 (唐:玉、宝、山)

【猪蹄子】 猪小腿儿和胶质的蹄子。

猪蹄儿 (天:安、故、固、静、任、津、天、霸)(唐:丰)(承:承、滦)(保:易、水、涿)(石:深、获、束)(邯:清、台)

猪蹄脚 (石:无、栾、平、河)(保:博)

膀蹄爪儿 (唐:昌)

猪爪儿 (唐:西、卢、丰、滦、遵、玉、唐)(天:霸)(承:承、兴)(保:兴、完)

猪爪子 (唐:宝、乐、大、迁、三、玉、昌、遵、抚)(张:尚)(承:承、丰、围、青、平)(石:晋、建、石、无、藁)(天:阜、肃、东、山、桥、河、永、沧、庆、安)(保:望、唐、高、安、新、兴)(邯:永、内、邯)

猪脚 (石:深)

爪尖儿 (石:正)

爪 (唐:大)

猪靴靴 指猪的胶质蹄子。(张:怀)

猪腿 (天:文)

膀蹄 (邯:任)(唐:抚、滦)

【里脊】 猪羊等脊骨两旁的肉。

里脊肉 (邯:南)

里脊丝儿 (天:静)

扁担肉 (保:兴)

扁担肉 指外脊肉。(唐:昌)

脢子 "脢"音 méi。(唐:宝)(石:赞)(天:东)(保:定)(邯:成、内)(张:万、崇)

【(牛)腱子】 筋肉附着骨头的部分。

腱子 有时也指肘子。(唐:迁)

腱儿 (石:灵)

腱子肉 (张:商)(天:安)

腱子疙瘩 (石:正)

腱棒儿 (天:任)

筋 (石:行)

牛筋 (邯:内)

贴骨肉 (天:天)

折骨肉 (天:天)

【蹄筋】 指筋。

蹄筋儿 (唐:丰、三)(承:滦)(保:唐)(石:深、束)

蹄黄 (保:涿)(唐:大)

牛蹄筋儿 (天:天)

筋儿 (天:桥)

【牛舌头】 牛舌制成的食品。

口条 (全省大部分地区通行)

牛口条 (唐:玉)

牛舌根 (保:定)(石:正、深)

缭青 (邯:内)

缭青 ①牛舌头。②过去有些人歧视回族人,称回族人为缭青。(天:桥)

【下水】 猪的内脏。

肉下水 (邯:丘、邯)

红下水 指心、肝、肺。(唐:丰、蓟、宝、玉)

白下水　指肠肚儿。（唐:丰、蓟、宝、玉）

红白下水　（天:强）

下水　专指生的。（张:各地）（天:桥）（唐:乐）

猪下水　（唐:乐）（天:天、安）

猪下货　（唐:大）

上水　指心、肝、肺，其他称下水。（天:山、霸）（石:枣）（邯:邯）

杂水　（邯:涉、邯）

杂格　（邯:肥、邯）

杂样　猪下水之外还包括耳朵、尾巴之类杂件。（天:天、安）

灯篓　指心、肝、肺。（保:兴）

肠子、肚子、拨浪鼓子　"拨浪鼓子"无义，只与前部分一块当"下水"用。（邯:临、周、邯）（石:宁、深）

【杂碎】　牛羊的内脏。

杂割　（邯:永、邯）

下水　（唐:遵）（天:饶、东）

杂耍　（唐:西）

杂子　（石:无）

杂碎　除下水外还包括蹄爪和头。（唐:丰）

杂碎　熟的。（张:鹿）

羊杂碎　（唐:乐、大）（天:天）

牛杂碎　（天:天）

肠子肚子　（石:灵）

【肺】

肺叶　（石:灵、束、深）（邯:内）

肺头　（石:枣、衡）（天:津、桥）（邯:南）

肺婆　（石:灵）

肺拍子　（石:获）

肺头子　（唐:迁）

肺子　（张:崇、宣、万、蔚、怀）（唐:抚）

心肺　（张:万、怀）（唐:遵、乐、迁、三、昌、滦、卢）（承:青）（石:束、晋、高、栾、藁、安、新）（天:强、阜、故、桥、沧、庆、津、肃）（保:阳、博、阜）（邯:邯、郸、鸡、柏、磁、永、鹿、涉、漳、内、尧）

心肺　指内脏。（天:东）

心肺　包括心、肝、肺。（唐:抚）

心肝肺　（承:平）

上水　（保:博）（天:安）

【肠子】

肠儿　（唐:丰）（石:栾、束）

肠的　（邯:广、邯、周）

肠皮儿　细肠子。（唐:丰）

荷包肠子　肥肠子。（唐:丰）

【肚子】　猪、羊的胃。

肚　（邯:邯）（天:安）

肚儿　（石:深、束）（唐:迁、玉、宝）（保:易）（天:天、霸、安）

肚的　（邯:周、涉、邯）

草包　指牛、驴、骡、马的肚子。（石:灵）

【百叶儿】　牛的胃。

百　（邯:鹿）（唐:抚）

百折　（邯:涉、邯）（石:建）

葫芦　因百叶儿形状像葫芦。（承:滦）

伞带　（承:滦）

麦牛　（邯:肥、邯）

下水　（张:阳）

【肝儿】

肝子　（唐:遵、乐）（石:晋、无、安）（天:桥、津）（保:雄、阜）（邯:魏、磁、威、内）（张:张、阳、康、沽、商、崇、怀、蔚、尚）

肝的　（邯:广、邯）

肝花　（天:安、桥、河、东、文、孟、庆、黄、霸）（保:高、唐、博、定、阳、雄、完）（石:武、泽、建、灵、正、衡、井、枣、栾、藁、河、行、束、深）（承:平）（邯:广、永、邯、台、宗、任、临、尧、乡、周、内、丘）（张:宣、鹿、口）

肝黄　（张:万、宣、鹿、口）

肝活　（石:武）（天:桥、河、东、文、安）（保:高、唐）（张:蔚）（唐:乐）

肝尖　（唐:滦）

心肝 （保:唐）

【腰子】 肾脏。

腰儿 （唐:遵）（石:晋、高）（承:隆、平）（天:桥、津、河）（邯:邯、永、内、尧、大）（张:尚）

腰的 （邯:广、涉、邯、大、周）

腰啊 （张:鹿）

【鸡杂儿】 鸡的内脏。

鸡杂 （天:任、文、大、桥）（承:围）（保:雄）（石:武）（邯:魏、邯）

鸡杂碎 （张:阳）（天:安）

鸡杂拌 （邯:邯）

鸡杂子 （张:沙）

鸡杂个儿 （邯:广、肥、邯）

鸡杂干 （邯:成）

鸡干儿 （邯:郸、邯）

鸡下水 （邯:涉、邯）

【鸡胗肝儿】 鸡的胃。

胗肝儿 （唐:遵、昌）（承:承、丰、隆、平）（天:固、桥）（保:易）（邯:内）

鸡胗 （唐:丰、滦、乐、抚、卢、山）（承:滦、围）

鸡胗子 （唐:秦、三）（承:兴）（保:涿、水）（天:安）

胗子 （承:兴）（唐:宝、大、玉）（石:井、藁、赞）（天:桥、安、武）（保:水、清）（邯:魏）（张:赤、沙、口）

炸胗儿 （石:正）

化消胆 （石:获）

化合胆 （石:行）

鸡不滋 （张:商）

鸡不士 （天:桥）

鸡包肚 （保:高、兴）（石:泽）

【鸡内金】 鸡胗内的一层有褶的黄皮，入药，能助消化。

膍胵 音 píchī。（承:滦）

鸡肫皮 （承:滦）

鸡膍胵 （天:霸）（石:深）

鸡包肚 （石:深）

化石丹 （唐:大）

【猪血】

红豆腐 （全省大部分地区通行）

红豆腐 泛指猪、牛、羊血。（石:行、束、栾）（天:强）

血豆腐 （唐:遵、迁、蓟、抚）（承:兴、青、滦）（石:赵）（天:固、饶、天、静、河、武、永、安）（保:定、清、涿、完）（邯:台、任、临）

血豆腐 泛指猪、牛、羊血。（承:承）（天:强、安）

猪旺子 （邯:内）

【鸡血】

红豆腐 （唐:丰、三）（石:晋、栾、藁、无、正、新、安）（天:孟、肃、献、桥、津、河、庆）（保:博、望、唐、高、清）

血豆腐 （天:固、安）（保:定）

鸡旺子 （邯:内）

【鸡蛋】

白果 （唐:玉、丰、遵、宝、抚、大）（承:承、丰、围、平、隆、兴）（天:津、宁、霸、安、桥）

白果儿 （承:承、兴）

鸡子 （天:永、沧、霸、安）（承:围）（石:武、新）（张:沙）（邯:魏、宗、任、肥、涉、邯）（唐:大）

鸡子儿 （唐:乐）（天:天、桥）

【炒鸡蛋】 用油炒。

摊鸡子儿 （张:赤）（承:围）（天:安、永、霸）（保:雄）（唐:乐）

摊鸡蛋 （唐:丰、遵、大、卢、抚、乐）（承:青、平）（天:安、固、霸、桥）（保:水、新、兴、蠡、涿）（张:各地）

摊白果 （唐:丰、遵）（承:滦）（天:霸、安）

摊黄菜 （唐:丰、滦、遵、宝、蓟、三、玉）（承:承、围、兴、隆、平、滦）（石:深、晋、冀、正、新）（天:阜、饶、肃、献、桥、文、津）（邯:涉、内）（保:定、安、兴、雄）

摊黄菜 饭馆用语。（承:丰）（天:任、津）（保:唐、蠡）（张:鹿）

摊咸食 鸡蛋加上些面摊成的鸡蛋饼。（天:强）

煎鸡蛋 (邯:大、任、邯)(保:唐、阜)(天:霸)(石:栾、无)

煎鸡子 (石:无)

鸡蛋饼的 (邯:鸡、邯)

鸡蛋煎饼 (邯:肥、邯)

炒白果 (唐:丰)(承:隆、丰)(天:霸、安)

炒黄菜 (石:藁)(天:静)(张:宣、怀、涿)

炒五香 饭店用语。(张:鹿)

【荷包蛋】 把鸡蛋去壳,整个放入开水锅中煮熟,再放些作料。

荷包鸡蛋 (石:元、正、冀、井、枣、获、河)(唐:乐)(承:平、丰、青)(天:饶)(保:易、高、清、新、兴)(邯:广、大、清、任、南、成、丘、肥、邯)

荷包鸡子 (石:深、获、泽)(天:黄、东、任、津)(邯:台)

荷包鸡子儿 (邯:台、邯)

wèng 鸡蛋 (保:清)

跌鸡子 (张:沙)

转鸡蛋 (张:蔚)

炸荷包 油炸的。(唐:三)(张:宣)

虎皮蛋 (邯:永、邯)

【卧鸡子儿】 把鸡蛋整个打入已煮开的面汤或其他汤中。在河北省一般很少说"卧鸡子儿",所以常与"荷包蛋"相混。

荷包鸡子 (天:东)(保:定)

荷包鸡蛋 (保:易)(石:深)

荷包蛋 (保:安)

卧果儿 (唐:丰、滦、遵、宝、山、玉、昌、大、抚)(承:承、滦)(石:深、束、高、安)(天:饶、故、肃、静、献、任、文、大、山、桥、沧、霸)(邯:大、涉、南、内)(保:安、兴、蠡、涿、定)(张:宣、鹿)

卧白果 (唐:遵、抚)(承:围、滦)(天:霸、安)

卧鸡蛋 (天:安)

打鸡蛋 (保:阜)(石:深、束)

打荷包鸡子 (保:定)

打荷包鸡蛋 (保:清)(唐:乐)

跌鸡蛋 (张:商)

跌鸡子 (张:沙)(保:阜)

跌荷包儿 (张:宣)

白鸡蛋 (石:晋、赞、藁、安)(邯:魏、内、邯)(保:新)

煮鸡蛋 (保:容)

汤荷包儿 (石:藁、宁、安)(天:桥、津)(邯:郸、威、任、成、内、尧、邯)(保:高、蠡、完)

鸡蛋荷包 (石:晋)

【炸鸡蛋】 把鸡蛋打开,整个放油锅里炸煎。

气布袋 (邯:乡)

鸡蛋布袋 (石:栾)

鸡蛋口袋 (天:静)

鸡蛋荷包 (唐:抚)(保:蠡、阜)

鸡蛋饺 (石:高)

炸鸡蛋饺儿 (天:天)

炸蛋饺儿 (承:滦)

炸鸡蛋儿 (唐:遵)

炸荷包鸡蛋 (石:赵)(保:兴)

炸白果 (唐:丰、遵)

荷包蛋 (保:容、水)(唐:丰)(邯:宗)(承:滦)

油荷包 (石:栾)(天:东)

油荷包儿 (承:承)(石:晋、栾、藁、灵、安)(天:东)(邯:郸、柏、内)(保:保)(张:宣、尚)

炸蛤蟆 炸鸡蛋,外边裹面。(天:饶)

【煮鸡子儿】 在水中煮不去壳的鸡蛋。

煮白果 (天:静、霸、安)

煮白果儿 (唐:丰、遵、宝、大、蓟、抚、玉、三、西)(承:承、丰、兴、隆、平、滦、围)(石:新、高、藁、安)(天:肃、静、献、文、宁、永、安)(邯:内)(保:安、雄)

煮鸡蛋 (张:沙、崇、鹿、蔚、怀)(石:栾、赞、无、井、石)(承:平、兴)(邯:邯、广、鸡、磁、涉、周、南、丘)(保:易、唐、水、高、清、兴、新、阜)(唐:丰、宝、玉、乐)(天:固、霸、桥、安)

【蛋花儿汤】 把鸡蛋打在碗中,调匀,然后放入开的锅中做汤,又叫"甩果儿"。

鸡蛋絮 (石:建)

鸡蛋絮儿汤 （石:获）

鸡蛋汤 （石:赞、衡、枣、深、冀）（天:孟、东、霸、桥、安）（邯:邯、台、任、广、大）（唐:宝、秦、玉、乐、大）（承:滦）（保:蠡、涿、阜）（张:张、宣、商、口）

鸡子汤 （天:东）（邯:任）

打鸡蛋汤 （邯:丘、邯）

打鸡蛋罗丝 （石:束、深）

打鸡子儿 （邯:临）

甩袖 （唐:滦）（承:滦）

甩袖儿汤 （唐:丰、西、抚）（天:安）

甩鸡子 （唐:迁）（天:静、桥、沧、天）（张:沙）

甩个鸡蛋 （唐:昌、乐）

甩果儿 （保:保、唐）（石:深、正）（唐:丰、滦）

甩白果儿 （唐:三）

糊汤 （石:平、新）（天:饶）

羹汤 （保:安）

絮汤 （唐:蓟）

木樨汤 （石:藁）（天:安、饶、献、霸）（保:定、安）（唐:丰）

荷鸡蛋 （保:易）

打卤 （保:雄）

挂儿汤 （唐:宝）

【冲鸡子儿】 先把鸡蛋打在碗里调好，再用开水冲。

冲鸡蛋花儿 （承:青）（唐:迁）

冲鸡蛋水 （承:滦）

冲鸡蛋汤 （石:束、深）（天:霸、天）（唐:乐）

冲白果 （唐:丰）（天:霸、安）

泼鸡子 （石:灵）

泼鸡子儿 （石:晋、新）（保:涿）

泼鸡蛋 （邯:广、任、成、邯）（石:束、深）（张:沙）

泼鸡蛋汤 （石:获）（保:阜）

沏鸡子 （石:枣）

沏鸡蛋汤 （邯:大、邯）

扑鸡蛋汤 （邯:磁、邯）

鸡蛋汤 （全省大部分地区通行）

【蒸鸡子儿】 把鸡蛋打在碗里，调好，然后再蒸成豆腐脑儿状。

蒸蛋羹 （全省大部分地区通行）

蒸鸡蛋羹 （天:天）（保:兴）（唐:大、乐）

蒸鸡糕 （张:宣）（天:安）

蒸鸡子糕 （石:深）

蒸鸡蛋糕 （全省大部分地区通行）

蒸鸡蛋糕子 （唐:遵）（天:桥）

鸡蛋糕 （张:万）（唐:丰）（承:承、丰、滦）（石:衡、深、束）（天:故）（邯:广、大、邯）（保:安）

鸡蛋羹 （承:滦）（天:天）

打鸡蛋糕 （邯:宗）

卧鸡蛋糕子 （唐:三）

炖蛋 （天:庆）

炖鸡蛋 （唐:抚、滦）（张:阳）

炖鸡子儿 （唐:迁、昌、乐）

炖鸡糕 （张:商）

熥鸡蛋 （张:沽）

馏鸡子儿 带皮儿蒸鸡蛋。（石:宁）

馏鸡蛋 （张:蔚）

【松花蛋】 用石灰、黏土、食盐、稻壳包裹鸡鸭蛋腌成的蛋。

变蛋 （张:赤、宣、龙、商、鹿、蔚）（唐:丰、滦、宝、山、迁、蓟、三、西、遵、昌、玉）（承:承、丰、围）（石:泽、深、冀、晋、建、束、行、平、获、衡、元、赵、栾、藁、安）（天:黄、故、肃、献、山、宁）（邯:乡、郸、魏、鸡、柏、大、磁、宗、威、清、丘、永、鹿、台、沙、漳、任、临、肥、涉、广、南、成、内、尧、邯）（保:定、新）

软蛋 （天:故）

皮蛋 （唐:滦）（邯:鹿、任、内）

松花 （唐:丰、滦、遵、宝、抚、山、三、大、卢、玉、秦、昌、蓟、迁）（保:博、定、容、保、望、唐、满、安、新、兴、涿）（邯:乡、邯、柏、大、磁、永、台、沙、任、南、成、尧、漳）（承:平、承、青、滦、围、兴）（天:天、霸、安）

【咸鸡蛋】 盐渍后的鸡蛋。

腌鸡子 （承:平）（保:涿）

腌鸡蛋　(全省通行)

腌白果　(天:宁、霸、安)

腌咸白果　(承:平)

咸白果　(承:平)

咸鸡子儿　(全省大部分地区通行)

臭鸡蛋　(石:无)

【老腌儿】　盐渍较久的鸡蛋。

老腌　(承:围)(张:沙、崇)

【暴腌儿】　新腌的。

暴腌　(承:围)(张:崇)

腌新的　(张:沙)

新腌　(邯:涉、邯)(石:赞)

熟腌　把鸡蛋煮熟后腌的。(邯:大、南、邯)

【香肠儿】　以碎肉及香料装入肠衣中,风干后食用。

灌肠　(唐:抚、宝、玉)(石:平)(邯:鹿、任)(保:保、阜)(张:阳、怀、蔚)(天:桥、安)

灌肠儿　(天:献、宁、庆、安)(石:正、建、深、束)(唐:乐)

南肠　(承:滦)(石:束、枣、深)(邯:鹿)

沏肠　(承:丰)

腊肠　(承:围)(唐:丰)

【肉汤】　炖肉或煮肉的汤。

肉汤子　(天:东、桥)(唐:乐)

肉汤儿　(天:天、桥)(张:沙)(唐:乐)

肉汤的　(邯:广、邯)

肉汤　带汤吃的肉。(石:栾)

荤汤　(唐:大)(张:沙)

荤腥汤　(张:怀)

老汤　(天:文、霸、安)

腥汤　(邯:涉、邯)(石:灵)

煮肉汤　(石:灵)

【清汤】　放点盐、酱油而无菜肴做成的汤。

煮汤　(张:赤)

对汤　(天:霸)

素汤　(邯:丘、邯)

勺清汤　(石:泽、束、深、灵)

清汤拉水　(保:阜)

清汤　煮肉煮鸡后的汤把油撇出去。(唐:抚)

【膏汤】　饭馆用语。略有油脂、盐的清汤。

勺清　(石:深、束)

白喝汤　(石:平)

两省汤　①省算账。②省拿钱。(石:新)

清汤　当地饭馆中喝清汤不要钱,喝膏汤要一点钱,因膏汤油多一些。(唐:抚)

【酸辣汤】　豆腐、鸡血切成细条,调芡粉等制成的汤,加胡椒末及醋,味酸而辣。

胡辣汤　(邯:磁、邯)

【干鱼】

干鱼皮子　(唐:抚)

干鱼儿　(唐:玉、宝)

咸鱼　(保:兴)(天:安)

腌鱼　(邯:大、邯)

贺腊鱼　(石:衡)

锅包鱼　(天:静)(唐:三)(石:石、正)

鲞鱼　"鲞"音 xiǎng,古词。(天:河)(张:口)(保:满、兴)(邯:内)

【黄酒】　用黄米、糯米制成的酒,色黄。

老酒　(唐:丰、滦、遵、昌、三、卢、玉)(承:承、滦)(石:深、晋、正、高、安)(天:桥、肃)(邯:柏、沙、南、内、肥、邯)(保:定、阳、雄)

绍酒　(邯:大、邯)

干黄酒　(张:宣)

黄米酒　(石:栾)

干榨儿　(唐:丰)

【白酒】　纯高粱酒。

酒　(石:深、束)

白干酒　(天:东)(唐:滦)

白干儿　(全省通行)

老白干儿 （石:井、新、灵、无）（保:水）（天:孟、故、安）（邯:鹿）

烧酒 （全省通行）

蒸酒 （天:桥）（邯:尧）

二锅头 白酒中质量较好的。（张:万、怀）

【江米酒】 用糯米做的甜酒。

糯米甜酒 （承:平）（邯:内）（保:安、雄）

米酒 （唐:丰）

甜酒 （石:宁、井、赞、正、泽、晋、灵、石、高、安）（天:东、静、文、桥、津、河、沧、饶、阜、固、强、故、肃）（邯:广、魏、大、宗、威、永、沙、任、肥、周、成、内、尧、丘）（保:望、高、清、安、阳、蠡、完、容）（张:龙、鹿）（承:平、隆）（唐:三、卢、秦、蓟）

酒酿 （承:平）（天:桥）（邯:内）

浮子酒 （承:平）（邯:内）（保:雄）

【色酒】

色酒 指各种露酒。（天:天）

【茶水】 茶沏开的水。

茶叶水 （承:承）（石:武、灵、建、深、束）（天:宁、安）（邯:广、邯、周、南）（保:博、阳、阜）（张:怀、涿）（唐:宝、玉）

叶子水 （石:河）

【开水】

白水 （石:晋、深、束）

白茶 （唐:遵、西）（石:石、新）（承:平）（天:桥）（邯:魏、沙、临、内、邯）（保:望、安）（张:沙、尚）

白开 （唐:丰、滦、宝）（承:隆、滦）（石:深、藁）（天:桥、故、庆）（邯:清）（保:兴）

白开水 （唐:丰、滦、乐）（石:束、栾、无、河、深）（天:强、固、饶、宁、霸、山、桥、天、安、庆、津）（邯:涉、邯）（张:万、宣、沙）（承:平、隆、滦、兴）

滚水 （邯:鸡、邯）（张:尚）

开白水 （唐:西、抚）（天:黄）（邯:尧）（保:雄）（石:灵）

玻璃（茶） （邯:魏、邯）

老白干 （老）（邯:临）

【做饭】

弄饭 （唐:遵、大、蓟、抚、三、玉、卢）（天:桥）（承:承、兴、青、平）（石:晋、藁、安）（邯:永、台、涉、内、鸡、邯）（保:清）（张:宣）

弄饭 把做好的饭端上来。（张:宣）（天:桥）（邯:沙、内、尧）（石:藁、晋、安）（唐:遵、抚、三、大、卢、玉）

烧火 （天:津、桥）（唐:大）

烧饭 （唐:遵）（承:平）（石:石、栾）（天:故、桥）（邯:魏、邯、漳、内）（张:宣）

烧饭 把做好的饭加把火。（邯:尧）

煮饭 （张:赤）

挨饭 （石:晋）

忙饭 （天:津）

忙饭打食 （天:津）

做饭 "做"音 zòu。（天:宁、桥）

【饭做好了】

做便宜了 （张:张、鹿、怀、万、蔚）

做成了 （天:强）

成了 （唐:蓟）

做成了 （张:阳）（石:深）

做熟了 "熟"音 shéng。（承:围）（唐:丰）

中了 （唐:山）（承:滦）（天:山）

中了 回答别人的问话。（保:定）

做中了 （唐:滦、遵、蓟、卢、昌、山）（石:晋、石、行、束、正、获、无、新、赞、衡、元、井、赵、枣、栾、藁、灵、河、安）（承:承、滦、围、兴、青、平）（天:故、山、庆）（邯:广、乡、邯、郸、魏、鸡、大、磁、威、永、鹿、清、台、沙、任、临、肥、涉、周、南、成、内、尧）（保:望、阳、定、阜）

做得了 （唐:遵、蓟、抚、三、玉、昌、大）（承:承、围、平、兴、滦）（石:晋、元、藁）（天:安、强、故、东、任、山、桥、宁、武、永、沧、静、献、天）（邯:乡、沙、漳、尧、丘）（保:水、满、安、阳、兴、涿、完、容）（张:宣、崇）

做熟了 （天:安）

做完了 （天:静）

完了 （唐：遵）（天：任）

做起饭了 （张：张、沙）

行了 （唐：遵、蓟）（承：平）

饭中了 （石：平）

中饭了 （石：石）

熟饭了 （天：桥）

【蒸米饭】

炖饭 （承：兴、滦）

炖开饭 （承：平）

做干饭 （唐：昌、乐）

糗饭 （邯：鹿）

焖开饭 （承：兴）

焖饭 （天：任）

焖干饭 （唐：西、宝、抚、迁）（石：束、泽、深、晋）（承：平、青）（天：固、安、津、天）

蒸干饭 （唐：乐）

蒸米饭 （天：天）

蒸捞饭 （邯：成、邯）

蒸干 （邯：魏、邯）

蒸干泥 （邯：魏、邯）

熥饭 ①蒸饭。②把冷饭蒸热。（张：鹿）

炒干饭 （承：平）（邯：邯）

捞干饭 （天：山）（邯：乡、郸、大、鹿、沙、任、肥）（保：阳、阜）（唐：三）（石：灵）

捞干饭 煮后捞出再蒸。（天：东、强、桥）

捞饭 （天：文）（邯：鸡、邯）（保：涿）（张：崇、蔚、怀）（石：灵）

【煮粥】

馇粥 （承：隆、滦）（唐：大、丰、乐）（天：安）

馇黏粥 （天：桥）

馇白粥 “馇”即“煮”的意思，但只能用于煮猪食和此处，“白粥”是杂粮糁儿做的糊。（石：束）

熬粥 （天：天、安）

糗粥 （承：隆）

熬饭 （邯：大、清、成、邯）（保：高）

熬稠饭 （邯：丘、邯）

捞稀饭 （天：固）

蒸稀饭 （天：固）

煮水饭粥 （唐：西）

【饭开锅后继续煮】

科查饭 （石：束、深）（天：安）

枯查枯查 （唐：丰）（天：桥）

【焖饭】

捞饭 （邯：磁、邯）（张：宣）

捞干饭 （邯：台、周、邯）（张：沽）（保：定、安）（天：桥）（石：石）

蒸干饭 （唐：抚）

焖粥 （张：鹿、沙）（石：建）

焖干饭 （唐：丰、抚）（承：兴、青）（石：束）（天：安、故、东、山、天、强、霸）（邯：大、邯）（保：博、兴、满、清）

糗干饭 （邯：临）

空干饭 “空”读去声。（唐：蓟）（石：安）（天：桥）（邯：内、周、丘）（保：望、满）

【糗饭】

糗 （古）“糗”音 qiù。（石：深）（唐：昌、乐）

糗饭 “糗”音 qiǔ。（天：桥）

【烧火】

闪火 （石：栾）

拉火 （张：万、沙）（石：深）

拉风箱 （张：鹿、沙）（石：深）（天：桥）

点火 （邯：磁、邯）

烧锅 （石：泽、石、藁、安、深）（天：故、固、桥、河）（邯：郸、魏、鸡、宗、威、永、任、邯、肥、内、尧）（保：阳、蠡）（张：宣、尚）（唐：遵）

烧着 （唐：蓟）

烧水 （石：晋）

烧饭 （石：晋）

【洗菜】

投菜 （唐：抚）（石：灵、宁）（邯：鹿）（保：唐、高、清、阜）（张：蔚）

撩菜 （张：怀、万）

涮菜 （邯：广、大、邯）

淘菜 （唐：遵、玉）（承：隆、平）（石：晋、石、藁、安）（天：河）（邯：乡、邯、郸、魏、磁、鹿、沙、肥、涉、漳、周、成、内、尧）（张：赤、阳、康、沙、崇、宣、尚）

【择菜】 切菜前去掉菜的黄叶，以及不能吃的或坏的部分。

拾菜 （张：蔚）

拣菜 （石：晋、建、无）（邯：永、邯）（张：阳、宣、龙、崇、怀、沙）

择菜 （唐：乐）

摘菜 （天：安）

【切菜】

剁菜 （石：无）（天：津）

剁菜 将菜切得稀烂。（石：宁）（唐：乐）（天：安）

【煮汤】

打汤 （张：怀、赤）

煎汤 （邯：鹿）

烧汤 （邯：广、魏、鸡、大、威、鹿、丘、邯）

放汤 （唐：丰、滦、昌、乐）

做汤 （天：静）

熬汤 （全省大部分地区通行）

滚汤 （邯：磁、涉、邯）

【洗米】 做饭前用清水把米洗干净。

汾米 （邯：内）

捞米 （天：庆）（邯：鸡、任、邯）

搓米 （石：正）

投米 （唐：宝、三、大）（石：晋、建、正、高、宁、灵）（天：桥、故、静、安、河、武、沧、津、霸、安）（邯：威、鹿、任）（保：定、保、高、清、兴）（张：鹿）

淘米 （全省通行）

沙米 "沙"读去声。（唐：滦）

【和面】

搋面 （天：天、津）

搓面 （保：唐）

揉面 （天：津）（张：阳）

和面 "和"音 huó。（唐：遵、三、迁、丰、大）（承：滦）（石：石、栾、深、获、正）（天：桥、固、静、津、霸、安）（保：唐、兴、定）（张：张、蔚、沙）（邯：临）

车面 和的面软硬不合适，再和和。（石：灵）

【揉面剂儿】 准备做饼、包子等时调揉分成的小块面。

拽面 （天：肃）

拽面剂儿 （邯：大）

掐面剂儿 （天：天）

揉面剂儿 （天：天）

揪面剂儿 （唐：乐）

团面剂儿 （唐：乐）

揉面 （承：滦）（石：晋）（张：商、口）

做剂 （石：泽）

做剂子 "做"音 zòu。（天：桥）

揪剂子 （唐：大）

撅面剂子 （张：怀）

擀面剂 （邯：宗）

擀剂子 （天：东、安）（唐：乐）

【戗面饽】 戗饽面做成的饽饽馒头。

戗面饽饽 （唐：卢、乐）（天：固、山、霸）（张：蔚）（保：安）

戗面馍馍 （天：霸、庆、津、桥）

范面饽饽 （保：清）

戗面馒头 （石：高）（天：黄、肃、天、安）（保：水）（张：龙）（承：承、滦）

【戗面】 揉面时加入干面。

揉饽面 （张：崇）

格饽面 （张：阳）

撒饽面 （石：获）（保：高）

撒面饽 （张：商、怀）

戗面儿 （保：易、高）（天：天、安）

饯锅面　(保:定)

【饽面】　揉面时加入的干面。

饽面　(天:天)

面饽儿　(承:隆)(邯:大、邯)(保:易)

【擀面条】

擀汤　(天:霸、强、固、肃、桥)(保:容)

切面　(张:康)

擀面条　指荞麦面或其他面,白面称擀面。(石:新)

擀面　(全省大部分地区通行)

擀面汤　(天:庆)

擀冷汤　(天:文、大)

擀面片　(唐:抚)

擀条子　(保:阜)

【抻面条】　用手将面抻成长条。

揪面条　(张:阳)

揪面片　(石:晋)

把条儿　(唐:三)

抡面　(天:安)

拽面　(邯:郸、鸡、沙、任、涉、成、永、广、台、邯)

拉面　(唐:滦、蓟、西)(承:隆)(石:行、平、获、新、无、赞、井、藁、元、正、冀、建、灵)(天:武)(邯:宗、永、台、涉、成、内)(保:望、阜)(张:张、赤、沽、宣、龙、沙、商、崇、鹿、怀、蔚、尚)

抻面　(唐:丰、三、宝)(邯:台)(承:滦、兴)(石:深、正、栾、宁、灵、束)(保:易、涿、唐)(天:安、津)

抻条儿面　(天:静、天)

抻面片　(承:隆)

抻片儿汤　(保:清)

撅面片　(邯:台)

【捞面】　把煮熟的面条儿从汤里捞出。参见前面"捞面"条。

锅挑　(天:天)

舀面　(邯:丘、邯)

挑面　用筷子捞。(邯:临)(天:安)(石:获、栾、深)

起面　(邯:鸡、永、邯)

干起面　(邯:沙、大、邯)

捞面条　(天:东、安)(邯:邯、肥、成)

捞汤条　(天:桥)

【蒸馒头】

蒸干粮　(天:桥)(石:深)

蒸馍　(邯:沙)

蒸馍馍　(承:平)(石:深、晋、建、元、平、宁、井、无、赵、枣、栾、藁、赞、正、河、获、灵、冀、行、新、高、安)(天:阜、固、故、东、文、山、桥、庆、津)(邯:乡、邯、郸、魏、鸡、柏、大、磁、宗、永、鹿、清、台、任、临、肥、涉、南、内、尧、丘、漳)(保:定、望、唐、阳、阜)(张:张、万、赤、阳、康、崇、蔚)

蒸馍馍　不是白面做的,是玉米面或其他面做的。(张:沙)

蒸卷子　(石:泽、深、晋、建、灵、束、正、衡、栾、藁、无)(天:献、庆、津)(邯:鸡、威、内、大)

蒸包子　(唐:丰、玉、大、乐)(石:晋、建)(天:永、霸、安)(保:唐、清、易、阜、水、容)

蒸饽饽　(唐:滦)(保:博、唐、安)(天:庆、津、献)

蒸饽饽　饽饽是用小米面、玉米面蒸的,里头有豆馅。(唐:遵、乐)

【馏馒头】　"馏"音 liù。把凉馒头放在锅里加热。

蒸食　(唐:三)

炉馍片　(张:赤)

熥干粮　(石:衡)

熥饽饽　(保:博)

熥馍馍　(邯:鹿)(石:宁)(天:桥)

熥馒头　(唐:山)(石:深、晋)(邯:鹿、肥、邯)(张:赤)(天:天、安)

熥卷子　(石:束、晋、灵)

熥包子　(天:霸、安)

馏包子　(唐:三、乐)(保:易、清)

馏干粮　(石:石、正、栾)

馏卷子　(石:泽、无、栾)

馏馍馍 （石:井、栾、赞、元）（邯:柏、磁、邯）

熥 "熥"读阴平。凉食物（固体，如馒头、包子）再于锅中蒸热。也叫"熥熥"。（石:深）（唐:玉、宝）

【切面条】 用刀切面。

切面 机器压的。（天:庆、天）

切面 （全省大部分地区通行）

切面条 指粗面。（石:新）（天:安、景）

刀切面 （保:博）（唐:迁）

切汤 （天:桥）

【发面】 使面发酵。

范面 （石:灵、晋、建）（保:兴、清、高）（唐:迁、抚）

起面 （石:晋、获、无、栾）（保:阳）（张:张、万、阳、康、沽、尚、崇、鹿、怀、蔚）

【面酵子】

皮头 用面酵子发好的面，发面时加入一点儿，能够缩短发面时间。（石:井、藁、灵、石、栾）

肥 （保:高、蠡）（张:康、怀、蔚）（天:天、景）

老肥 （张:鹿、蔚）（天:安）

面肥 （天:东、霸、安）（唐:丰、玉、宝、大）

面肥子 （张:沙）

肥头 （张:万、张）（唐:乐）

肥面 （天:庆、孟、黄、山）

老面 （邯:鸡、邯）

渣头 （邯:鸡、任、邯）

提头 （石:晋）

接头儿 （石:深、束）

糟 （天:桥、庆）

糟饼子 （保:兴）

起头 （石:泽、晋、正、无）（保:定、望、阜）（张:万）

起头儿 （保:保、唐、清）（石:行）

起子 （石:宁）（天:庆、大）（承:承）

面起子 （唐:滦、遵、昌、迁、抚）（承:滦、兴、青、平）（张:沽）（天:安）

引子 （承:承）

面引子 （唐:迁）（承:滦、围、青、兴）

酵的 （邯:广、邯、大）

酵子 （石:泽、正、平、乐、无、新、衡、元、宁、赵、枣、栾、武、冀、晋、行、灵、安、获）（天:黄、故、津、东、山、固、津、阜）（邯:乡、郸、魏、鸡、磁、宗、威、永、鹿、清、台、沙、任、临、肥、涉、漳、周、南、成、内、尧、丘）（保:博、定、保、望、蠡、完、清）

引酵 （保:兴）

面引酵 （唐:迁）

起酵子 （张:商）

【下面条】 把面条下到锅里。

下汤 （天:肃）

煮汤 （保:容）（天:霸）

溜汤 （天:津、桥）

着面 （保:唐）

搞面 （石:无）

煮面条 "煮"音 jǔ。（天:东）

熬面条 （承:滦）

溜面条 （天:山、津）

溜面条儿 （天:孟）

煮 （天:永、固）

煮面 （石:灵、栾、石）（唐:大）（承:承、围）（保:清、涿）（天:天）

煮面条 （天:武、天）

【凉拌】 把蔬菜切细后，不用煎炒，而用酱油、醋等生拌着吃。

漤 "漤"音 lǎn，古词。（承:承、平）（石:行）（天:桥）（唐:抚、昌）

杀（白菜） 把蔬菜切好，放上盐，使蔬菜中多余的水分流出，再拌上调味料，现切现吃。（保:兴、清）（石:束）（天:安、霸）

调菜 （张:崇）

调白菜 （石:灵）（张:赤、商、沽、尚）

调凉 （唐:秦）（张:商）

拌 （保:易）（天:安、天）

拌酥吉 (石:正)

生腌 (邯:任)

腌留 (张:宣)

暴腌 立时腌立时吃。(石:束)

【炒一下菜】 炒一炒菜再熬。

漤 (唐:抚)(天:天)

煸 (唐:丰)

【烫一下菜】 在开水里将菜烫烫。

漤白菜 (石:行)

焯白菜 (天:桥、天)(唐:丰)

【渍白菜】 把白菜放在容器里使之发酵。

渍酸菜 "渍",古词。(承:滦)(唐:昌、乐、丰)(天:天、安)

渍菜 (唐:昌、滦、蓟、乐)

【炒菜】

做菜 (天:山)

熬菜 (唐:迁、乐)(天:静、津、桥)(张:鹿、沙)(石:无)

熬菜 油少汤多。(张:鹿、蔚、怀、沙)

烧菜 (唐:遵、蓟、乐)(承:平)(天:故)(邯:内、尧)(张:鹿)(石:安)

【烧肉】 把肉切成小块,加上香料,不要汤,长时间地炖。河北各地不大吃这种做法的肉,所以词形是烧肉,但意义就不大同了。

烧肉 用油炸。(邯:成、涉、广、邯)(保:阳、兴、唐、涿)(唐:三、蓟)(石:深)(张:商)

烧肉 油多,火细,时间长。(天:山)

烧肉 把肉放在油锅里,上面抹上红酱。(石:石)

烧肉 用油或酱把熟肉煮一下。(石:行)

烧肉 熏肉。(石:武)(天:献、桥)

【汆丸子】 开水煮丸子。

捏丸子 (保:清)

团丸子 (邯:周、邯)

挤丸子 (石:无)

滚丸子 (石:灵)

溜丸子 (唐:三)(石:深)(天:山)

水汆丸子 (保:定)

汆丸子 (天:安)

【炸丸子】 油炸丸子。

挤丸子 (唐:滦)

全丸子 (石:晋)

煎丸子 (唐:丰)

汆丸子 (邯:任)

炸丸的 (邯:大)

炸丸子 (天:天)(唐:人)

煎丸子 用少许油,不粘锅。(天:天)

熘丸子 (保:兴)

麻辣丸子 加有花椒的。(保:兴)

【包饺子】

掐饺子 (唐:遵、三)(石:灵)(邯:尧)

捏饺的 (邯:邯)

掐疙瘩 (邯:沙、涉)

捏小包 (邯:大、邯、永)

捏煮饺 (石:建)

捏扁食 (天:肃)(张:鹿)(邯:鸡、沙)(石:灵)

捏饺子 (全省通行)

捏饺子 说俏皮话时用。(承:丰)

捏饺啊 (张:鹿)

捏包子 (邯:周、魏、广、邯)(保:阳)

挤饺子 (唐:遵)

包包的 (邯:大、邯)

包饽 (唐:丰)

【包包子】

包团子 (石:束)

包包的 (邯:邯、大)(石:石、正、栾)

包肉馍馍 (邯:清)

捏包子 (唐:西)(石:深、无、藁、行、灵)(天:肃、强)(保:满、安、兴、阜、完)(张:赤)(邯:台、涉、邯)

拈包子 (唐:遵)

揉包子 (保:水、清)

兜包子 (天:肃、霸、安)

做包子 (唐:滦、蓟、抚、西)(保:定、高、蠡)(承:承、丰、青、平)(石:泽、深、晋、无、安)(天:肃、山、宁、永、饶、桥)(邯:内、尧)(张:尚)

蒸包子 (唐:丰、遵、大)(天:强、固、乐、献、任、文、大、津、天、河、宁、沧、庆、安)(保:新、涿)(张:赤)

【沏茶】 泡茶。

浸茶 (保:定)

泼茶 (石:灵、井)(邯:漳、魏、涉、邯)(保:阜)

闷茶 (唐:遵)

冲茶 (天:桥)

冲壶 (邯:肥、邯)

沏叶子 (唐:宝)

沏茶叶 (邯:广)(石:深)

沏壶茶 (天:天)

闷点茶卤儿 (承:承)

【团子】 用面食做皮,内包大量菜的食品。

菜团子 (天:天、霸)

菜饼子 (天:桥)

菜饽饽 (唐:乐)

十九　婚丧

婚丧喜庆类说明

有关过去婚丧仪式的许多词，随着社会的发展，已成了历史现象。但其中许多词差不多存在了几千年，从《诗经》中的“亲结其褵，九十其仪”到半殖民地半封建的中国，其间是没有发生过像现在这样彻底变化的。在过去，这些词同劳动人民的生活是十分密切的，同一种仪式或节日，各地有不同的名称，再加上各地特有的一些习俗，就使方言显得更为纷繁。如果把这些词作为历史材料保留下来，无论对于语言学或其他社会科学，都会有参考价值。正是在这种意义上，我们才保留了它们。其中的封建迷信、剥削阶级的意识，如男尊女卑等，则正是我们批判的对象，今天的读者是可以看出来的。

至于“迷信”类的词，更是如此，它们正是过去生产落后、愚昧无知的反映。反动统治阶级为了麻醉劳动人民，从精神上加强对他们的奴役，也是极力宣扬维护封建迷信的。由于“迷信”在人们生活中占了一定地位，所以也产生了不少方言词。上述两类词，给我们勾画出了旧社会风俗习惯、精神生活的一幅鸟瞰图。

【嫁娶之事】

亲事　(全省大部分地区通行)

红事　(邯:郸)(唐:昌、乐、大)(天:桥)(张:各地)

人生大事　(天:桥)

喜事　(唐:丰)

【结婚】　男女双方经合法手续结为夫妻。

过门儿　(天:安)

过事　(邯:南)(石:束、深、宁)

过红事　(邯:任)(石:束、深)

过喜事　(邯:任)(石:深、束)

办喜事　(天:沧、桥)(承:围)

办事儿　(保:唐)

搁亲　(邯:鸡)

结亲　(唐:丰)

娶媳妇　从男方说。(唐:昌、乐、大)(承:丰、兴、围)(邯:威、尧)(石:深、束)(天:桥、安、霸)

拜天地　(唐:滦、乐)

聘闺女　从女方说。(唐:大)

【说媒】

保亲　(唐:滦、大、蓟、三)(承:隆、承)(石:正、安)(天:阜、故、肃、桥、宁、津)(邯:内)(张:沽)(保:雄)

说亲　(保:阳)(石:正)

提亲　(全省通行)

提亲事　(张:蔚)

提亲家 (邯:清、威)

提媒 (唐:遵)(邯:尧)(承:滦)

保媒 (唐:丰、滦、遵、山、秦、抚、蓟、迁、卢、乐、三、玉、西、昌)(承:隆、承、滦、围、兴、平、青)(石:建、正、无、灵、冀、平、晋、井、深、建、安)(天:固、故、肃、东、静、山、桥、天、宁、青、阜)(邯:内、尧、清)(保:易、唐、满、阳、兴、雄、蠡、清)(张:沽、万)

保媒 (文)(承:丰)

说媳妇 (唐:滦)(石:深)(天:桥)(张:万、蔚、怀)

说媳妇 男方称。(石:深)

说婆家 女方称。(石:深)

做媒 (天:沧)

牵线 (天:沧)

搭桥 (天:沧)

当红娘 深县一带现在的新词。(石:深)

【娶媳妇】

过事 (石:束、深)

过事儿 (石:束、深)

娶亲 (张:宣、怀、蔚)(唐:遵、秦、蓟、乐、三、昌、丰、抚)(承:隆、丰、承、围、平)(石:建、正、石、深、灵、新、晋、行、枣、藁、武、束)(天:阜、故、肃、静、山、桥、宁)(邯:魏、鹿、台、沙、任、涉、内、尧、鸡)(保:定、高、满、安、阳、雄、蠡、望)

娶亲 男方亲戚朋友到女家去接新娘。(张:万)

娶亲 新郎到女家去迎新娘。(保:兴)(承:滦)

接老婆 (唐:秦、卢)(承:隆、围)(天:宁)(邯:内、尧)(保:雄、望)(张:赤)

娶老婆 (石:藁、无)(邯:永、沙、临)(张:万、蔚、怀)

娶女人 (老)(张:龙)

娶媳的 (邯:邯、磁)

娶媳妇咧 (邯:大)

娶媳妇儿 (石:深)(天:桥)

完亲 (老)(邯:广)

完婚 (唐:蓟、迁、三、昌)(承:围、平、承、丰)(石:石、新、晋、赵、枣、行、安、束、藁、深)(天:阜、故、肃、东、文、宁、庆)(邯:郸、魏、鸡、大、永、鹿、成、任、涉、广、肥、内、尧)(保:安、兴、雄)(张:赤、沽、尚)

成家 (天:桥、阜、黄、任、河、安)(保:博、新、水、涿、雄)(唐:丰、昌、蓟、迁)(石:深、束)

成家 上年纪的人结婚叫“成家”。(保:蠡)(唐:丰)

成人 (邯:大)

安家 (承:隆、围)

成亲 (全省大部分地区通行)

成亲 (老)(邯:乡、周、成)(承:承)

成婚 (唐:昌、玉、秦、蓟)(承:平)(天:肃、宁、故)(邯:魏、鸡、柏、肥、内、尧)(保:唐、高)(张:沽、宣、龙、沙、尚)(石:晋、石)

成亲 刚订婚。(天:桥)

成婚 刚订婚。(天:桥)

【出嫁】

娶 (天:献、任、武、饶、河)(石:深、束)

娶了 (天:固、桥)(邯:邯、磁)(保:唐、完)

娶咧 (邯:大)

女娶 (旧)(邯:清)

聘了 (承:滦)(石:深)

聘嫁 (石:获)

嫁了 (张:怀、万)(邯:周)

过门 (石:冀、深)

过了门 (石:束、深)

出门 (邯:鹿)(保:清)

出门子 (唐:丰、滦、遵、宝、山、昌、大、秦、蓟、卢、三、玉、西、乐)(承:隆、丰、承、滦、围、兴)(石:石、河、无、赵、宁、安)(天:饶、黄、孟、肃、献、大、山、桥、津、安、天、河、武、沧、庆、静)(邯:乡、郸、魏、磁、鹿、沙、肥、周、南、内、尧、丘、鸡)(保:阳、雄、望)(张:沽、宣、口)

出门子 男人死后再嫁。(保:水)(天:饶、任)

出门子 (老)(承:平)

出门儿了 (张:沽)

出门儿 (天:霸)

出门走 专指寡妇改嫁。(石:深)

出阁　(唐:丰、玉、西、滦、遵、昌、大、秦、抚、蓟、迁、卢、乐)(承:各地)(石:建、石、正、河、获、武、灵、新、井、藁、安)(天:阜、孟、津、肃、静、文、大、山、桥、宁、河、沧、饶、东、庆、天)(邯:鸡、永、鹿、台、任、内、尧)(保:定、水、安、雄、蠡、保、易、涿、望、完、阜、容)(张:赤、沽、宣)

出聘　(唐:蓟、迁、三、昌、大)(承:隆、围、兴、平)(石:正、石、无、新、冀、泽、晋、行)(天:强、阜、肃、文、山、安、宁、永、霸)(邯:尧)(保:定、易、容、水、高、安、雄、蠡、涿、望、新、兴)(张:阳、康、沽、宣、赤、鹿、怀、蔚、尚)

出聘　(老)(天:饶)

出聘　(文)(邯:鸡)(承:承、滦)(天:饶)

出嫁　专指寡妇改嫁。(石:正、灵)

寻婆家　"寻"音 sín。(天:深)

找婆家　(唐:山)

坐亲　如:"你家女儿和谁家坐亲了?"(承:滦)

做媳妇　(唐:丰、抚、昌)(天:黄、大、沧、东)(张:崇)

嫁人家　指寡妇改嫁,吴桥方言里,闺女结婚谓"娶",寡妇再嫁为"嫁"。(天:桥)

【聘姑娘】　父母把女儿嫁出去。

嫁女　(天:肃)(邯:内、魏、鸡、永、鹿)(张:赤、康、沽、尚)

嫁闺女　(唐:滦、秦、迁、乐、昌)(承:隆、承、滦、平)(石:建、河、冀、晋、无、宁、赵、武、元、安)(天:肃、东、山、津、河、宁、沧)(邯:鸡、磁、宗、永、鹿、清、台、任、肥、内)(保:清)(张:张、万、康、沽、宣、怀、尚、口)

送闺女　(石:井)

娶闺女　(石:束、深)(天:强、饶、肃)(邯:尧、沙)(保:博)

娶闺妮　(石:衡、枣、深)

聘闺女　(唐:遵、宝、大、抚、乐、三、玉、丰)(石:正、石、无、深、新、泽、获、行、栾、藁)(承:平、围)(天:孟、肃、静、文、大、河、宁、霸)(保:唐、高、阳、新、蠡、涿、望)(张:宣、赤、崇、鹿、蔚)(邯:南)

聘闺妮　(天:安)(石:枣、正)

聘闺娘　(天:武)

聘姑奶奶　(唐:三)

发送闺女　(邯:乡)

打发闺女　(石:建、灵、平)(邯:任)(天:桥)

出世闺女　(邯:涉)

聘出去　(唐:昌)

聘主　(天:桥)

出嫁闺女　(邯:广、邯、郸、鸡、柏、大、临、丘)

出大闺女　(邯:成)

【媒婆】　旧社会以做媒为职业的妇女。

跑边的　(天:桥)

媒人　(保:完)(石:深、束)(天:安、桥)(张:蔚)(承:围)(唐:丰、昌)

媒婆　(贬)(天:安、大)(石:正)(保:易)(唐:抚)

媒婆儿　(石:深、束)

媒婆子　(贬)(天:河、饶、东、静、黄、桥、安)(保:唐、阳)(张:怀)(邯:沙、尧)

媒人婆　(邯:成)(保:安)(天:饶)(石:深)(唐:丰)

媒人婆子　(保:新)

老媒婆子　(承:滦)

媒老婆子　(保:阳)

说媒的　(石:宁、深、束)(张:各地)

保亲的　(石:正)

保媒的　(唐:抚、昌)(张:万)

做媒的　(天:沧)

【媒人】　过去男女结婚的介绍人。

大媒　较郑重。(天:天、桥)(承:承)

大媒　(唐:大、三、昌)(承:滦)(石:深、藁)(天:阜、静、宁)(邯:鸡、任、内、尧)(张:沽)

大宾　(古)(天:天)

大红人　(唐:抚)

大红媒　(石:深)

老媒　(张:万)

小媒　(天:静)

【相看】　"相"读阴平,旧社会经媒人介绍后,无论男方女方都可亲自看看对方,也可由亲朋好友代看,好决定订婚,这叫相看。例:"相媳妇""相女婿"。

相 (天:天)(石:灵、深、束)

相相 (唐:丰、乐、昌、三)(石:新、衡、深、束)(天:饶、东、霸、安)(邯:大、涉、尧)(保:唐、水、阳、兴、阜)

相一相 (全省大部分地区通行)

相看相看 (石:束、深)

相门风 (承:滦)

小登记儿 解放后新出现的说法,前几年农村中还有包办婚姻,但往往在区政府登记时,男或女方因有政府做主,常在当时提出不同意而获得婚姻自由,从而使双方父母难堪,双方父母为了避免这种现象,就在登记前,让互相看一看,为登记做准备工作。(天:桥)(保:水)

搞一搞 (天:静)(保:定)

谈话 由别人介绍而结婚,婚前,让双方认识一下,互相谈谈。(天:桥)

谈话 解放后深县把相亲的意思说成谈话。(石:深)

相闺女 从男方着眼。(邯:大)

相女人 从男方着眼。(张:赤)

相姑爷 从女方着眼。(唐:昌)(承:丰、滦)(天:宁)

相媳妇 (邯:宗、乡)

相女婿 (邯:宗、乡)

相对象 (唐:滦、昌)

见面 (天:沧)

【订婚】 过去男女双方结婚前,要订立婚约,把婚姻关系基本上固定下来,这种手续叫订婚。

说主 (天:东)

过礼 (唐:秦)(石:束、深)

定亲 (全省通行)

定亲事 (唐:宝、秦、蓟、迁、昌)(承:隆、丰)(石:藁、安、晋)(天:阜、孟、肃、东、山、桥、安、庆、武、故)(邯:郸、魏、永、鹿、台、任、肥、内、尧、鸡、周)(保:蠡、涿)(张:康、沽、沙、尚)

定下了 (张:鹿)

定媳妇 男方说。(唐:抚)(张:万)

搁亲亲 (邯:广)

结红头绳 (邯:涉)

说婆婆家 (天:东、桥)

下定 (张:怀)

下财礼 (唐:滦)

说定了 (保:新)

停当了 (唐:西)(保:唐)(石:深)

换盅 (唐:西)

换帖 (天:天)(石:井)

换帖儿 (保:阳)(石:深、束)

行啦 (邯:大)

吃饺子啦 女方到男方家,做饺子招待,如果她吃了,就算订婚了。(唐:滦)

【下定礼】 过去订婚时,男方同女方换生庚八字帖子,同时送去礼物。

放定 (邯:内)(唐:蓟)(石:无、深、冀)(承:隆)(保:望)(张:尚)

放定 (老)(承:承)

下帖 男方告诉女方准备娶。(石:灵)

换帖 (石:枣)

换帖儿 (保:易)

递帖 (石:枣、深)(天:桥)

拿帖 (天:饶)

送帖 放定。(石:枣、深、束)

传帖 (邯:任)

过帖儿 (天:大)

拿小帖 (唐:大)(邯:肥)

换帖啦 (邯:大)

换小帖 (邯:大)(石:深、束)

换大帖 "换小帖"是下定,"换大帖"是订好婚期后通知女方。(邯:大)

换书 (邯:宗、鹿、乡)

换把物 深县一带订婚时换礼物叫换把物。(石:深)

拿帖子 (唐:宝)

打帖子 (石:获)

换婚书 (保:完)

下定亲帖儿 (天:强)

下柬　（石：建）

递柬　（石：建）

下大书　（保：高）（石：深、束）

下书　（保：博）

接定　指寡妇再嫁。（邯：涉）

一定　（邯：柏）

下定　（唐：山、大、秦、迁、乐）（承：隆、丰、承）（石：石、无、深、晋、赞、元、赵、藁、武、安）（天：阜、文、天、永）（邯：邯、魏、永、台、沙、任、周、内、尧、磁、丘）（保：容、保、唐、清、蠡）（张：张、万、阳、康、沽、赤、宣、沙、尚、鹿、怀、蔚、口）

下把定　（邯：鹿）

下礼　（唐：抚、西）（天：山、黄）

下小礼　（唐：大）

下聘礼　（保：保）

定礼　（唐：山）

彩礼　（保：新）

过礼　（天：安、霸、沧）（石：深、束）（唐：大）

过小礼　（保：安）

过婚礼　（承：兴）

过大礼　定日结婚叫过大礼。（保：安）

押婚　（唐：抚、昌）

过小柬　（天：孟）

【喜期】　结婚的日子。

佳辰　（文）（邯：尧）

吉日　（天：桥）

喜日　（保：水、蠡）（邯：魏、南）

喜日子　（石：无）（保：雄）（承：平）（唐：抚）（天：静）

吉令儿　（承：滦）

吉利日子　（天：固）（保：高）

好响　（唐：丰）（石：行）（天：饶、东、静、献、沧）（邯：临、尧）

好日　（全省大部分地区通行）

好日子　（石：元、栾、藁）（天：孟、肃、东、静、文、山、桥、津、安、天、河、宁、武、永、霸、庆）（邯：乡、邯、魏、鸡、柏、磁、宗、威、永、鹿、清、台、沙、任、临、肥、涉、周、成、内、尧、鄗）（保：博、定、容、唐、水、满、安、阳、涿）（张：张、万、阳、康、沽、宣、赤、沙、商、崇、怀、蔚）（唐：昌、大）（承：围）

好时候　（张：宣）

【喜礼】　结婚时亲友们所赠的礼品。

喜钱　（唐：遵）（保：新）

拜钱　小辈结婚向长辈行拜礼，长辈给钱。（保：兴）（石：束）

拜钱　男方长辈给新娘子的钱。（唐：昌）

拜钱　（天：霸、安）

上拜钱　（天：沧）

喜帐　指送帐子。（邯：广）

份子　（保：兴）（石：深）（唐：昌）

份礼　（承：滦）

喜敬　（承：隆、承）（石：正、无、衡、藁）（邯：台、内）（张：康、沽、尚）（天：桥）

贺礼　（石：深、束）

贺喜　（张：万）

喜贺　（石：高）

上礼　（唐：卢）（天：静）

随礼　（天：静）

随份子　（唐：蓟、昌）

【订婚礼品】

财礼　（天：固）（张：万）

四色礼　（天：河）

彩礼　（唐：滦、丰）（天：安）

见面礼　（天：桥）

【表示明媒正娶】

用花花轿抬来的　（石：束）（天：桥）

花红绿轿抬来的　（唐：昌）

明媒正娶　（唐：昌）

【结婚的前一天】

催妆　从女方说。（保：易）

催妆　从男方说。（天：霸）

吹门 （唐：昌）

【添箱】 女子出嫁时，亲友所送的礼物或礼金。

压腰 （天：静）

压腰的 （保：兴）

送箱 （唐：遵）

嫁中 （天：静）

送饭 “送饭”多是送钱，而添箱多是成件的礼品。（邯：临）

送奁敬 （唐：迁）（承：隆）（石：宁）（天：肃、山）（邯：鹿、台、内、永）

送奁敬 （老）（承：承）

送嫁奁 （张：康）

添三 （保：东）

添柜 （保：雄）

添箱的 （石：枣）（唐：昌）

添箱礼 （石：枣、建）

添包袱 （天：阜）

填房 （保：安）（邯：丘）

鞋钱 专指金钱，不包括衣料、首饰等东西。（石：束、深）

点茶 送食品。（天：黄、桥）

【喝喜酒】

吃请 （张：崇、怀）

吃喜酒 （全省大部分地区通行）

【帮轿】 （动词）女方的男性亲人跟轿到男方去。

坠轿 （邯：鹿）

约轿 （张：阳）

业轿 （张：康）

益轿 （张：万）

搭轿 （唐：三）

压轿 （天：永）（石：行、宁、藁、赵、栾）（唐：迁）（邯：丘、魏、临）（保：高）

跟轿 （张：万）（承：兴）

扒轿 （保：阜）

扒轿杆 （天：饶）

把轿 （唐：丰）（邯：郸、台）

把轿杆 （石：元）（天：阜）

把轿杆儿 （石：获）

扶轿 （石：深、束）

扶轿杆 （天：献）（邯：广）

扶轿杆儿 （唐：抚）

掐轿杆儿 （承：青）

押包袱 （唐：大）

送客 多由新娘子亲人为之，亦有请外人者。（唐：昌）

【帮轿】 （名词）

送驾的 （旧）（天：黄）

送水的 因新娘路上要喝水，由帮轿的供给。（石：束、深）

送油的 （天：天）

娶亲的 （承：承）

把轿的 （邯：邯、沙）

跟轿的 （邯：威）

挎轿的 （石：枣）

压轿的 （唐：滦、昌）（石：平、晋）（天：固、静）

稳轿的 （天：大）

把轿杆的 常由新娘的哥哥充当。（保：阳）（石：获）

扒轿杆的 （保：蠡）

新亲 帮轿送亲合称“新亲”，男的叫“帮轿”，女的叫“送亲”。（唐：蓟、大）

【送亲】 女家的女性亲人，送新娘到男家去。

送饭 （石：衡、深）（保：清）

送亲嫁 （邯：威）

送亲 新娘与新郎两家距离太远，结婚的头一天，把新娘送到新郎村上住在别人家。（天：强）（石：深、束）

就亲 见“送亲”条注。（石：束、深）（天：霸）

新亲 （天：安）

帮亲 邻居送新娘。（承：滦、围）

跟轿咧 （邯：大）

【送亲客】 女方派去送亲的人，方言中“客”音 qiě。

送的 （保：阳）

送客 （石：正、藁、灵、无）（邯：任、涉）（张：鹿、蔚）

送亲客儿　(承:滦)

送轿的　新娘的兄弟提一把茶壶送轿到半路。(天:桥)

送亲的　(邯:南)(承:滦、围)(张:宣、万、怀)

送新亲的　(天:静)

送女婆　自己家的长辈,送闺女出嫁。(邯:广)

送女客　(唐:乐)(天:河、固、黄、孟)(保:满、唐)(石:灵、平)

送礼客　(天:大)

送妞客　(保:易)

送门客　(唐:遵、昌、丰)

送门儿客　(唐:昌)

送饭的　(石:枣、深、束)(邯:南)

送水的　跟着新娘的轿去的。(石:河)

压轿的　(石:深、束)

压轿的　用两乘轿娶亲,帮轿的叫“压轿的”,用一乘轿娶亲,帮轿的叫“压车的”。(天:强)

压轿啦　(邯:大)

押车的　女方的弟弟坐在车后,送姐姐出嫁。(承:滦)

送闺女的　(邯:南、任)

男送客　(石:新)

串新亲的　(邯:南)

老客　(唐:乐)

作揖的　(石:枣)

钉门帘子的　新娘弟弟送姐姐到男家,入洞房时由他把门帘钉上。(承:滦)

新亲　(唐:大)

【接引客】　男方派去陪新郎到女家迎亲的人。

娶客　(石:获)(保:唐)

娶女客　(天:河)(保:安)

娶门客　(唐:丰)

请亲客儿　(承:滦)

陪客　(邯:大)

作陪的　(石:束、深)

引客　(石:深)

娶亲　(石:建)(保:涿、完)(天:安)(唐:大)

压轿的　迎亲时,轿子从男方出发时,轿里先坐一男孩,到女家,男孩出来,新娘上轿,这个男孩叫“压轿的”。(天:桥)

接亲的　(天:静)(承:围)

【搀亲】　搀扶新娘行礼。

拉拜　(石:束、深)

架拜　(石:深、晋)

扶拜　(石:衡、枣)(天:强)

搀拜　(唐:昌、乐、三、秦、蓟、迁)(承:平、隆、青、围、兴、承)(石:宁、井、藁、赞、正、新、高、安)(大:饶、故、文、大、桥、安、武、永、霸、庆、黄)(邯:广、邯、郸、魏、大、永、鹿、任、临、肥、内、尧、丘)(保:博、定、易、容、水、高、新、蠡、涿、望)(张:赤、阳、沽、宣、沙、鹿、蔚、尚)

搀媳妇　(唐:西)(保:阜)

搀媳妇儿　(唐:丰、遵、宝、大、抚)(石:行)

搀新媳妇　(保:阳)(石:灵)(唐:玉)

架媳妇　(石:石)

搀新人　(保:满)

上拜　(石:无、冀、赵、深)

【搀亲太太】　搀扶新娘的人。

搀拜　(保:易)

搀拜的　(唐:滦、遵、山、迁)(承:丰、承、围、兴、平、青、隆)(石:正、高、新、赞、宁、藁、安)(天:饶、黄、固、故、肃、安、武、永、霸、沧、庆、大)(邯:邯、郸、任、临、肥)(保:博、定、容、保、水、高、蠡、涿、望)(张:万、阳、沽、沙、宗、鹿、蔚、尚)

扶拜的　(石:衡、枣、深)(天:强、饶)

妈妈儿　(石:枣)

跟屋的　(天:山)

架女客　(天:津)

架落子　(天:津)

架拜的　(石:深、晋)

架媳妇的　(天:桥)

架新媳妇的　(邯:台)

搀亲的　(天:静)(保:兴)(张:龙、商、怀)

搀媳妇的 搀亲当地用小女孩。(唐:丰、抚)(石:行)(承:承)

搀新媳妇 (唐:卢)(石:灵)(保:满)

搀新娘的 (承:平)

搀新人的 (石:建)

搀扶婆 (承:平、隆)(石:井、安)(天:桥、阜)(保:清)

领拜的 (天:东)(保:新)

将媳妇的 (唐:秦)

料里坐帐的 (天:天)

接媳妇的 (天:河)

接下轿的 (天:文)

陪亲 (邯:永)

【过嫁妆】 女方往男方送嫁妆。

过妆 (邯:广)

过礼 (唐:昌)(天:永)

通路 (石:枣)

相门 (唐:遵)

铺床 (邯:鹿)(张:宣)

送拾罗 (石:灵)

送嫁妆 (唐:西、丰、大)(承:兴、围)(石:正、深、束、衡、赵、灵、藁)(天:强、饶、阜、固、河、霸、武、任、安)(邯:鸡、鹿、任、临、南、涉、尧、郸)(保:定、唐、安、新、雄、蠡、阜)(张:万、蔚)

抬嫁妆 (唐:抚)

送家伙 (邯:临)

点嫁妆 (邯:磁)

过陪送 (邯:大)(石:赞)

送陪送 (唐:乐)(石:深)

陪送嫁妆 (天:东)

配嫁妆 (石:石)

陪嫁妆 (张:张、商)

取妆 男方到女方去取。(保:唐)

拉嫁妆 男家去拉。(石:衡)(天:桥)(唐:昌)(石:深、束)

拉陪送 (邯:清)(石:深)

【过礼品】 结婚前一天男方送礼物给女方。

庆中 (天:强)

抬食饹 (石:正)

抬食盒 深县一带娶亲时,男方给女方送礼,专有那么一层一层摞成的柜子,里面要装十斤猪肉、一百个馒头,还有其他东西。(石:深)

催妆食盒 结婚前一日或当日早晨,男方给女方送食盒,女方即送嫁妆来。(天:饶)

【谢亲】 新郎在发喜轿之前先到女家磕头叫"谢亲"。

求亲 新郎随轿一块到女方家去磕头,也有催妆的意思。(石:深、束)(邯:南)

谢亲 结婚的第二天或第三天新郎同新妇到岳父家去磕头。(石:束、晋)(保:博)

验礼 (保:高)

交天 (保:易)

高坐 (邯:内)

行礼 (石:行)(邯:大)

认亲 婚后三天,新娘与新郎去新娘家串亲。(张:崇)(邯:丘)

认门子 婚后新郎与新娘一块到岳父家和其他亲戚本家去磕头。(邯:丘)(张:怀、万、蔚)

恳亲礼 (天:饶)

接回门 (天:安)

【迎亲】 新郎到女家迎娶。

娶送亲儿 (唐:三)

娶 (石:灵)

迎亲 (唐:西、大、秦)(石:赞、宁、栾、武)(天:阜、静、安、河)(邯:柏)(保:易、兴、保、阜)(张:阳、宣、怀)

娶亲 (唐:宝)(石:灵)(邯:大)(保:定、易、兴)

迎新亲 新媳妇将到时,男方的人走出较远的地方去迎接。(承:滦)

接亲 (天:东)(张:崇)

接客 (唐:大)

接亲亲 (邯:周)

大娶 男女两家离得近,新郎直接到女家去娶。(石:建)

就亲　男女两家离得远，新娘在喜期头一天到男家，待第二天行礼。（石：建、深）（天：安、霸、桥）

【花轿】　旧俗结婚时，新娘所乘带有花彩装饰的轿子。

红轿　（邯：郸）

彩轿　（天：大）

喜轿　（唐：丰、蓟、迁、昌、三）（承：隆、围、承、兴、平）（石：建、石、无、晋、宁、藁）（天：肃、山、桥、宁、庆、天）（邯：郸、柏、永、任、肥、成、内、尧）（保：定、易、安、雄、望）（张：万、阳、沽、宣、沙、鹿、蔚、尚）

轿子　（张：怀、崇）（唐：大）（承：青、承）

花轿　（唐：昌）

花花轿　（天：河）（邯：尧）（保：阳）（石：深、束）

蓝轿　新郎坐的。（邯：郸）

媳妇轿　（唐：滦）

【倒毡子】　旧时新娘下轿时，要在红毡子上走，下边有人倒换传递，一直教新娘走到拜天地的地方去，这种仪式叫倒毡子。

登鞍　包括在倒毡里。（天：任）

赶毡　（石：灵）

抱毡　（石：武）

踩布　（张：鹿）

倒席　（保：易）

倒布　（保：易）

传席　（唐：蓟）（承：隆、平）（石：冀、宁、井、无）（邯：郸、魏、永、肥、周、内）（保：水、高、望）（张：阳）

传席　新娘下轿后，用席代毡，到拜天地地方时，才用毡子，所以先传席后倒毡。（保：满）

传毡　（唐：滦、秦、蓟、迁、昌）（承：兴、平）（石：石）（邯：永、台、内）（张：赤、宣、沙、口）

拉黄布　（张：怀）

倒口袋　（石：行）（唐：昌）

倒红毡　（唐：抚、迁、昌）（石：正）（承：围）

传席夹毡　（邯：丘）

抻毡　新郎行婚礼时铺红毡。（邯：广）

夹红毡的　（天：河）（唐：丰）

倒毡　（天：桥）

【走火盆】　过去结婚时一种封建迷信的仪式，新娘下轿从火盆上迈过去，表示闯灾去祸。

迈火　（天：静、大）

旺火　（唐：丰）

端火盆　寡妇改嫁下轿时用。（唐：抚）（天：霸）

迈火堆　寡妇改嫁，到男家门口先迈火盆，因为迷信说寡妇命坏，要用火冲冲。（承：滦）

迈火盆　（唐：滦、遵、秦、三、昌）（承：兴、滦、围）（石：石、束、灵、新、冀、晋、井、藁）（天：肃、文、安、天、河、武、永、庆）（邯：魏、柏、磁、内、丘）（保：博、易、保、水、高、清、蠡、望、完）（张：阳、赤、口）

搂摊　旧社会寡妇再嫁时，在十字路口找一棵树，用双手抱一下，来代替走火盆。（承：滦）

打醋坛　（张：怀、鹿）

【拜堂】　旧婚礼一种仪式，结婚时男女双方同拜天地叫拜堂；拜天地后，拜见父母也叫拜堂。

上拜　（石：赵）（唐：大）（邯：宗、威、乡、鹿）

拜花堂　（承：滦）（保：雄）

拜花灯　据说是从戏剧中来的词。（石：宁）

拜天地　（天：桥、安）（唐：滦、乐、昌、丰）

【开脸】　旧时女子临出嫁要梳上圆头，把脸和脖子上的汗毛去掉，修齐鬓角，这就叫开脸。

薅脸　（邯：涉）

开绞脸　（邯：大）（石：深）

开脸　在轿内用线在脸上比划一下。（石：正）

开脸　旧时结婚第二天，新娘把脸上的汗毛用线绞掉，修眉，修鬓，以后不定期的，叫绞脸。（唐：昌）

绞脸　（唐：乐）（邯：宗、乡）（承：围）

【过鞍子】　过去结婚的一种封建迷信仪式，新娘下轿迈过马鞍子，表示步步平安。

踏糕　因为马鞍子上边有糕，所以又叫踏糕。（石：深、灵）

过桥　（邯：内）

过鹊桥　（邯：任）

过胜子 （邯:广）（保:博）

踩鞍子 （张:阳）

骑鞍子 （天:静）（张:龙）

过骑鞍 （保:阳）

扳鞍子 （承:滦）

踏鞍子 （石:灵）

迈鞍子 （唐:丰）（石:建）（天:饶）（保:兴）

迈鞍子 很少说。有时用于改嫁的寡妇。（石:束）

迈马鞍子 （唐:秦）

迈骑鞍 （张:蔚）

迈扣花子 当地管织布机轴叫扣花子，新娘下轿后，迈扣花子表示步步荣华。（保:兴）

抱历头抱酒壶 新娘下轿后抱历书，表示立规矩，糊住嘴不乱言。（保:兴）

【与新娘开玩笑，搜找她带去的食物】

翻富 （石:束、深）

【在新娘的陪送器皿中放些麦麸以助吉利】

添富 （石:束、深）

【上拜】 结婚时，新娘向夫家亲友行礼。（石:束、深）（天:安、霸）（唐:大）

【新郎】

姑爷 女方对新郎的尊称。（天:饶、安）（唐:乐）

新姑爷 （全省大部分地区通行）

新姑爷 对有钱财新郎的称呼。（张:怀）

新姑爷 女婿到丈人家过正月十五，被称为新姑爷。（保:易）

新姑爷 女家长辈对女婿的称呼。（保:定）（唐:乐）

新姑爷 女方乡亲对新郎的尊称。（承:丰）（唐:乐）

新姑老爷 （唐:蓟）

新郎官 （唐:大、三）（承:隆、丰、承、兴、平、滦、围）（石:灵）（天:肃）（保:保、清、安、兴、雄）（邯:肥、尧）（张:沽）

新女婿 婚后第一年到丈人家去，称新女婿。（邯:宗、乡）（石:深）

【第一次结婚的男人】

坐脚丝 （石:束）

【新娘】

新妇 （保:雄）

新人 （保:新）（石:深、束）

新姑娘 （承:围、兴、平）（石:灵、安）（邯:郸、内、尧）（张:沽、尚）

新姑娘 娘家人称呼。（天:肃）

新闺女 （保:定）

新媳的 （邯:邯）

新媳妇 （天:沧、任、霸、安）（唐:大）

新媳妇儿 （唐:昌、丰、乐）（石:深）（天:桥）

【伴娘】 女家派到男家去照顾新娘的女人。

伴姑 （唐:秦）（邯:内）（张:沽）

送饭的 （石:晋、衡、深）

送妮婆 （邯:大）

送亲的 （天:河、大、安）（张:阳）（邯:宗）（承:滦、围）

领新媳妇的 （石:获）

送女亲 （天:饶）

送婆子 （保:新）

圆饭的 （邯:永）

圆饭媳妇 （邯:郸）

跟亲的 （张:蔚、怀）

走新亲的 （保:新）

搀媳妇的 （唐:昌、丰）

领新媳妇的 （石:束、深）

娶女客 （保:水）

【伴郎】 在婚礼中，男方请来专门照拂新郎的男人。

配郎 （唐:丰）

引客 （石:深）（天:饶）

伴客 （保:满、望）

陪客 （邯:大）（保:兴）

陪客的 （石:枣）

作陪的 （石:束、衡、深）

伴女婿　（张:商）

娶女客　（石:建）

领新女婿的　（石:获）

压轿的　（石:无）

压轿梁　（邯:大）

【喜娘】　旧俗婚礼中服侍新娘的妇女。

伴娘　（石:灵）

配房　（天:静）

跟屋儿的　（石:深、束）（天:桥）

拉拜的　（石:深、束）

搀亲的　（张:怀）

陪房的　（天:天）

陪嫁的　（唐:丰、滦、宝、山、大、秦、迁、三）（承:平）（石:元、冀、赞、宁、井、栾、安）（天:故、肃、静、献、文、大、山、桥、宁、武、永、津）（邯:邯、郸、鸡、磁、威、永、沙、任、内、尧）（保:保、蠡、易、容）（张:万、阳、沽、宣、赤、沙、崇、尚）

送饭的　（石:衡、深）

送小饭儿的　为新娘梳妆打扮的。（天:任）

送客　（石:元）

送宾客　（唐:丰）

送嫁的　（天:庆）

送戚的　（邯:尧）

送媒客　（邯:任、临）

送女客　（保:兴、定、阳、水）（天:霸、黄、强）

送的客　（天:肃）

女送客　（石:获）（保:完）

送闺女的　（天:强、饶）（唐:乐）

送门客　（唐:西）

送饭媳妇　（邯:周）

圆小饭的　随新娘去的两个妇女。（保:安）

圆饭　（天:任）

送女婆　（邯:肥）

娶女婆　（邯:肥）

娶门客　（唐:滦）

【新房】　新婚夫妇的卧室。

喜房　（唐:迁、昌、大）（天:桥、阜）（邯:内、尧）（张:阳、康、宣、赤、商、怀、蔚、尚）（承:承）（保:完）

洞房　（唐:蓟、昌、大）

新房　（唐:丰）

新屋　（石:泽）

新屋儿　（天:强）（石:深、束）

新媳妇屋　（邯:南）（石:束）（天:饶）

新媳妇屋子　（保:定）（石:束、深）

媳妇屋　（石:宁）

【响房】　结婚之日，喜轿出发之前，先在新房前奏乐击鼓。

响棚　办喜事搭个棚，在里边吹喇叭。（保:唐）

响门　（唐:遵）（石:藁）（天:庆）

响动着　（保:新）

响动响动　（石:深、束）

响笛儿　（石:正）

响响儿吧　上轿前新娘要行礼，有人通知吹鼓手时说。（邯:广）

响房　指在屋里打锣敲鼓。（保:雄）（唐:迁）（承:围）

闹房　（邯:磁）

响宅子　（保:阳）

吹房　（唐:滦）

吹床　（唐:抚）

吹门儿　（唐:昌）

吹洞房　（承:青）

吹新房　（天:桥）

吹喜房　（张:龙、鹿）

【吹鼓手】

当吹打的　（石:束、深）

吹打的　（保:清）（石:深、束）

吹鼓达子　（天:桥）

吹鼓打儿　（天:霸）

吹呜哩喳的　（天:任）

【在吹鼓手中滥竽充数的人】

坐头 只会坐着吃，不会干事的。（石:束、深）

【坐帐】 旧时结婚，新夫妇拜堂后，入洞房，两人并坐在床帐之间。

装新 （唐:宝）

坐喜 （承:隆）

坐福 （石:平）（承:滦、围、兴）（唐:丰、滦、遵、西、山、昌）

坐福 新妇在举行完婚礼后，坐在炕上中间靠窗户的地方。（唐:抚、丰）

坐福 新郎在新娘没到之前，在洞房里坐着等候。（承:平）

生财 （唐:宝）

坐炕 （唐:滦、遵、秦、蓟、三、玉、昌）（承:隆）（石:正、石、无、高、灵、新、冀、晋、获、赞、宁、井、栾、藁、安）（天:饶、黄、固、肃、文、大、山、宁、永、庆、阜）（邯:邯、魏、柏、大、磁、宗、威、永、台、任、临、肥、涉、成、内、尧、丘）（保:博、保、唐、望、容）（张:阳、沽、宣、沙、尚、崇、万、商、口）

坐炕 在新娘进屋前，先有一个小孩在屋里坐一坐。（保:易）

坐炕角 （石:灵）

坐炕上了 回民用语。（唐:大）

躺炕上了 （唐:大）

坐八棱子被 吃饭之前，坐在铺好被子的炕上。（天:大）

【新婚三天内新娘不干活坐在炕上】

坐三响 （天:肃）

坐三天 （保:蠡）（唐:大）

【交杯酒】 旧式婚礼中，用两杯，以彩线连结，注酒其中，供新夫妇互饮一杯，也有不喝酒而用面汤或饺子代替的。

将母盏 （承:滦）

倒杯酒 （石:石）（张:龙）

换杯酒 （邯:内、南）

换酒盅 （邯:周）

换盅酒 （邯:柏）

喝喜酒 （邯:大、任）

喝和气酒 （张:商）

交杯盏 （唐:丰、抚、三、昌）（承:承、滦、围）（邯:内、台）（张:康、沽、沙、赤）

交杯换盏 （石:井）（张:崇）

交心酒 （石:灵）（邯:大、沙）（天:安）

对面席 （天:津）

交心面 刚结婚的夫妇同吃一碗面。（石:灵、正）（保:定）

合欢饺子 夫妇同吃饺子。（天:安）（石:衡）

和睦饺子 （天:霸）

和美饺子 （天:任）（张:怀）

吃见面饺子 新郎新娘吃饺子。（保:新）

吃宽心面 （天:安）

喝伴汤 新郎新娘入洞房后，吃白面拌的疙瘩汤。（张:怀）

【喝交杯酒】

换杯 （邯:广）

碰杯 （唐:抚）

换杯 两方家长换酒盅表示结亲。（天:大）

【暖房】 新婚后，洞房置酒果聚会。

坐席 （邯:肥）

搅酒 （承:围）

喝酒 （邯:广）

喝喜酒 （邯:魏）（天:安）

吃宽心面 （天:大）

吃和美饺子 （天:大）

吃子孙饺子 （唐:遵、昌）

吃对面席 指新郎新娘一起用饭。（唐:抚）

【划拳时输了不喝酒】

搅酒 （石:深、束）（唐:丰）

【暖房】 迁居前一天，亲友到新居吃饭、祝贺。

温居 （天:静、天）

温锅儿 （石:深、束、安）（天:饶）

【闹新房】 结婚那天晚上和新郎、新娘逗着玩。

闹房 （唐:昌、西、乐）（石:宁、枣、栾、藁、无、晋、行、束、新、安、深）（承:隆、平、承、兴）（天:固、肃、桥、故）（张:

沽、宣、赤、崇）（邯：广、邯、魏、鸡、大、威、永、鹿、台、沙、肥、南、尧）（保：定、易、保、唐、水、安、蠡、涿、阜）

闹洞房　（唐：滦、昌、大）

闹着玩　（天：任）

闹喜　回民说。（唐：大）

嘈房　（保：阜）

搅房　（承：平、隆、丰、滦、承）

搅洞房　（承：兴）（保：兴）

搅酒　（承：平）

看媳妇　（邯：任）

看媳妇儿　（石：深、束）

乱媳妇　（邯：丘）

逗媳妇　（天：饶、河、静）

耍媳妇　（石：平）（天：山）

耍新媳妇　（石：灵）

耍新媳　（邯：磁）

闹新媳妇　（邯：永）

玩媳妇　（邯：任）

哄新媳妇　（张：怀）

【偷听新婚夫妇说话】

听房　（石：束、深）（天：强）（邯：南）（保：定、望）（张：鹿、阳、蔚）

听新房。（天：强、东、肃、桥）

听新媳妇儿　（天：强）

听声　（唐：昌、平）

听窗根　（天：霸）

【回门】

旧俗，新妇入夫家三天或三天后，偕婿回娘家拜见父母，由于各地回门的日子不同，往往叫法也不同。

谢亲　（天：饶）（石：深、束）

作九　（邯：沙）

换九　（唐：滦）

送九　（保：高）

九日　（邯：广）

回九　（唐：迁、三、卢、玉、秦）（石：藁、高）（天：黄、文、庆、静、山）（邯：沙、肥、郸）（保：涿、安、阳、阜）（张：张、康、沽、宣、沙、商、鹿、万、尚）（承：承、围）

请回九　（张：怀）

亲九　（张：龙、赤）

过九天　（邯：邯）

住双九　（天：河）

住单九　（天：河）

住九天家　（唐：蓟）

住九天　（唐：抚）（邯：磁、郸）

住九日　（邯：魏、涉）（天：山）

住六　新婚夫妇过头一个春节，男的到女家住六天，这叫住六。（石：深）

住八天　（天：安）

住日子　（唐：昌）

回面　（石：灵、赞、赵、元、建）（邯：尧）

回妆　（石：获）

回三　（张：崇）

回四　结婚四天后新郎同新娘一起回到女家。（唐：秦）（天：静）

回七　（承：围）

回六　（天：静、天）

认门　（天：河）

回门儿　（唐：昌）

住回门　（天：安）

三天里　（石：无）

回三还九　结婚后在男家住三天，在女家住九天。（石：灵）（唐：昌）

接三回四，接八回九　第三天或第八天接回娘家，第四天或第九天送回婆家。（保：易）

接回门　（唐：大）（承：滦）（保：水、新、兴）（天：霸）

接对日　（保：兴）

接姑爷　（唐：宝、大）

请女婿　（邯：大）

【把回门的新婚夫妇叫回来】

叫九　（保：蠡）

【新媳妇到本家去磕头】

拜三 （天:献）

认大小 （唐:大）

【回门回来带的白面饼子】

捂嘴旋饼 （石:灵）

【再醮】 寡妇再嫁。在封建礼教下,寡妇再嫁被认为有伤“风化”,所以过去方言叫名也都打上了这种旧礼教的烙印,含有鄙视等意味。

抬身 （天:东、黄、献）（石:枣、深、束）（邯:清）

起身 （石:河、冀、晋、宁）

后起身 （张:康、怀）

寻主儿 “寻”音 xín。（天:大）（石:衡、深、束）

寻了主儿 （天:强）（石:深、束）

寻主走了 （石:束、深）

走了 （天:桥）

走主 （天:河）（邯:大）（保:新）

走主儿 （天:任）

走道 （天:黄）

走道儿 ①过去说寡妇再嫁。②指一般走路。（天:静、庆）（唐:昌、乐）

走道儿 （唐:丰、滦、抚、迁、乐、西、昌、卢、蓟）（承:青）（天:静、安、津、庆）

走道了 （承:平）

走一步 （唐:宝、秦、三）（承:平）

往前走 （唐:秦）（承:隆、丰、承、滦、围、兴）（石:正、石、深、灵、新、泽、晋、行、藁、安）（天:饶、固、肃、大、山、河、宁、武）（保:博、定、保、唐、水、高、满、安、阳、兴、蠡、涿、望、清、阜、容）（张:沽、沙）

往前走 （文）（保:易）

前行 （张:赤、宣）

往前行 （保:阳）

前行一步 （张:康）

往前走一步 （承:滦）

往前迈了一步 （邯:南）（石:深、束）

向前迈了一步 （天:阜、河）

出门子 （承:兴）（保:易）

出门儿 （天:霸）

出门走了 （石:束、深）

嫁人 （邯:郸）（保:唐、安、兴、望、完）

出门儿 （天:饶、固、任、肃、霸）（保:水）

嫁人家 （天:桥、宁）

嫁了 （石:栾）（邯:广、乡、周、南、大）

又出嫁 （石:建）

又走了一家 （唐:昌）

回头人儿 （唐:昌）

回头 （天:庆）

后婚 （天:桥）

后婚儿 （石:束、深）

半劈人 旧礼教不许寡妇再嫁,对再嫁的寡妇称为“半劈人”,意思是说这个人已被死去的丈夫劈去了一半,不再是个完整无缺的人。（保:完）

二茬 （唐:大）

二婚 （唐:昌）

活人妻 离婚后再嫁的女人。（石:深）

【改嫁寡妇不写婚书,男方交衣物作定】

茶带 （石:束）

【续弦】 古时以琴瑟喻夫妇,故妻死叫“断弦”,再娶叫“续弦”,从男方说。参看“亲属”类“续弦”条。

续一个 （石:获）

续房 （承:滦）

又续一房 （唐:昌）

续上 （保:满）

续宗 （张:阳）

续婚 （邯:内）

续亲 （邯:邯）（保:唐、阳）（张:阳）

续亲 小姨子嫁给姐夫叫续亲。（天:强）（石:深、束）

续娶 （唐:滦、遵、秦、蓟、迁、乐、昌、西、大）（承:隆、承、平、青）（石:建、石、河、无、高、新、泽、晋、获、赞、行、元、井、藁、安）（天:强、黄、孟、故、献、文、山、宁、永、庆、肃、阜、东、献）（邯:鸡、威、台、沙、肥、周、成、内、

尧、大)(张:张、万、沽、龙、崇、赤、尚、口)(保:安、阜)

娶填房　(唐:西、乐)

娶后婚　(天:桥)(保:安)

娶后的　(保:唐)

娶后老婆的　(邯:大)

娶二房　(唐:遵、卢)(石:灵)(承:丰)

结后婚　指娶寡妇。(保:安)

结后婚儿　(天:任)

结后老婆　四十岁以上的人娶老婆。(保:新)

补后　外人称。(邯:磁)

补后　(邯:成)

另娶　(石:栾)

再婚　(张:康、怀)

再寻一个　"寻"音 xín。(石:束、深)

后续　(天:东)

后婚　(石:平、深)

【填房】　前妻死后,再娶的妻子。

续弦　(唐:昌)

续的　(石:衡、束、深)(唐:昌)

续上的　(石:束)

后续的　(石:枣、束、深)(邯:丘)(唐:昌)

老后　①续娶的系寡妇。②前房儿女暗地称继母。(石:宁、束、深)(唐:昌)

后的　(石:深、束)

妻脚　(天:桥)

后老婆儿　年纪大了后再娶。(石:深、束)(唐:乐)

后老伴儿　年纪大了再娶。(石:深、束)(唐:昌)

继配　(文)(石:束、深)

【续女儿】　女方死后,其母家又认原女婿续娶的妻子为闺女。

续闺女　(天:静、桥、安)(石:束、深)(唐:乐、昌、丰、大)

续女婿　(石:深)

续姑太太　(天:桥)

【结发夫妻】

元配　(石:深、束)(天:安)(唐:乐)

髽髻夫妻　(石:深、束)(唐:昌)

结发夫妻　(石:深、束)

髽鬏夫妻　(唐:丰)

【大闺女出嫁了】　以别于寡妇改嫁。

娶了　(石:深、束)(天:桥)

聘了　(石:深、束)

寻了人　"寻"音 xín,下同。亦习称寡妇再嫁。(石:深、束)

寻了婆家　(石:深、束)

寻了女婿　(石:深、束)

找婆家　(唐:乐)

【赘婿】　把女婿招入岳家,尽儿子的义务。

倒装门儿　入女家后男方改姓女方之姓。(石:深、束)

倒插门　(唐:大)

倒插门儿　(天:安、霸)

倒扎门儿　(唐:昌)

倒招门儿　(天:霸)

招门的婿　(石:束、深)

招女婿　(张:崇)

招婿　(天:桥)

招汉子　(张:宣)

招养老女婿　(唐:昌、蓟、乐)

招养老姑爷　(承:围)

【怀孕了】　妇女受孕有了胎儿。

有宝了　开玩笑用。(石:束、深)

有物儿了　开玩笑用。(石:束、深)

有喜了　总也没有小孩的妇女怀孕称有喜了。(唐:山、丰、昌)(天:桥、安)

有喜事了　(邯:魏)

有货了　开玩笑用。(石:束、深)

装上载了　玩笑话。(石:束、深)

笨了　因怀孕后不灵活。(石:深、束)

sǒng 拉　(邯:大)

身子不利索　身子因怀孕而不利索。(承:滦、围)

身子不方便 (承:承)(唐:昌)

闹口 妇女怀孕有爱吃某种味道的现象,故怀孕称"闹口"或"闹口呢"。(石:新、深、束)

闹口呢 (石:深、束)

胎喜 (承:青)

怀胎 (石:束、深、灵)

有了 (全省大部分地区通行)

有了 孕妇自称。(保:易)(天:饶)

有了 老太太说。(保:雄)

有了 (贬)(石:宁)(保:新)

有事 (邯:南)

有身子 (石:建)(唐:昌)

有身子了 (保:易、唐)(唐:昌、乐)

有小孩儿 (天:静)

有胎喜了 (承:青)

怀上啦 (承:兴)(石:深、束)

怀身子 (天:任)

怀身子了 (唐:昌、丰)(保:安)(石:深、束)

怀着身呢 (石:束、深)

怀着身子 (天:安)(石:深)(唐:昌)

怀带着 (天:宁)

怀孩子了 (邯:魏)(石:束、深)(天:桥)

怀孩的了 (邯:邯)

怀上孩子了 (石:束、深)

双身子了 (全省大部分地区通行)

双身子 (唐:昌)

带双身子了 (承:滦)

重身了 (张:赤)

重身上了 (张:鹿)

重身子了 (唐:大)

带身子了 (天:沧)

带上身子了 (保:新)

揣上了 (承:滦)

揣上了 开玩笑时说。(天:天)

揣孩子 (唐:昌、抚)

大肚子了 (贬)(石:束、深)

肚子大了 (唐:昌)

【孕妇】 怀胎的妇女。

推车的 (石:灵)

推小车的 故意取笑。(石:泽)(天:安)

四只耳 忌讳。(保:阳)

四眼人 在忌讳的场合用。(唐:丰、滦、宝、山、迁、卢、三)(承:承、围、青)(石:建、束、平、晋、安、深)(天:黄、肃、静、桥、安、河、宁、霸)(邯:郸、大、内)(保:博、高、清、新、雄、蠡、易)(张:万)

四只眼人 (张:怀)

四眼子 (唐:大、抚、昌)

四眼子人 (全省大部分地区通行)

大肚子 (贬)(天:庆、天)(邯:邯)(保:定)

大肚子 玩笑话。(天:献)(石:束、深)

大肚的 (邯:大)

大肚老婆 一般忌讳说此词。(张:康、万、怀)

大肚子老婆 (张:商)

双身子 (石:衡、获)(张:康)

双身子儿 (唐:滦)(张:张)(石:束、深)

重身子 (承:青)(张:康)

怀身子 (天:河)

怀身的 (石:束、深)

怀着身子的 (天:任)(石:束、深)(唐:昌)

带身子的人 (保:新)

【小产】 妇女受孕后二十八周以内胎儿脱离母体叫小产,也叫小月或流产。

落骨 (天:桥)

小生 (张:万)

小添 (保:阳)

掉孩 (邯:涉)

掉了 有时也指牲口。(天:东、任、桥、霸)(邯:邯、南、尧)(保:兴、雄)(石:束、深)(唐:昌)

跌孩子 (张:康)

月孩子　（张:康）

落窝了　（贬）（承:平）

流了　（保:水）（天:天）

小月　（唐:滦、乐、抚、昌、大）（承:丰、围、兴）（石:正、高、新、冀、平、泽、枣、武、灵、深）（天:大、山、河、强）（邯:清、尧、宗）（保:水、高、满、新、望）

小月儿　（天:肃）

小月子　（唐:丰、遵、宝、迁、卢、玉）（承:隆、承、滦、平、青）（石:建、石、无、深、高、赞、衡、元、井、赵、栾、获、安）（天:阜、孟、故、东、静、献、桥、宁、肃）（邯:乡、郸、魏、鸡、柏、威、鹿、台、沙、任、临、肥、周、内、尧、丘）（保:保、清、蠡、定、阜、完、容）（张:张、阳、宣、沙、怀、尚、口）

小月子　妇女称。（保:雄）

小月了　（唐:迁、昌、山、宝、滦、大）（承:平、承、围）（石:宁、深、河、束、藁）（天:河、饶）（邯:周）（保:易、唐、安、兴）（张:沽、赤、崇、蔚）

小月的儿　（邯:广）

坐小月子儿　（邯:大）

坐小月子　（张:商）

带小月子　（唐:西、乐）

小月孩子　（张:赤）

【生小孩的屋子】

喜房　（承:滦、围）

月子屋　（唐:滦、昌）

【临月儿】　妇女怀胎足月，将到产期。

脚底下　（天:庆）

够日子儿　（石:深）

眼前的月子　（保:兴）

到月　（石:冀）

到月儿　（唐:滦）（承:滦）（石:行）（邯:永）

到月了　（天:津）（承:丰、围）（石:石）（邯:邯、南）（唐:昌）

到月子了　（石:宁、束、深）

到时候了　（石:衡）

快占房　（石:枣）

快占房了　（石:获）（天:桥）

快占房啦　（邯:威）（石:深、束）

快上炕　（邯:临）（保:满）

快上炕了　（天:桥）（石:束、深）（邯:临）

快占炕了　（石:深）（天:桥）

临时子　（保:易）（石:建）

临时子了　（保:定、阳）

临月的　（邯:磁）

临产月　（石:无）

临月身子　（张:赤、龙）（唐:丰）

临月的身子　（保:雄）

临时月子　（承:兴）

临时的月子了　（保:安）

快养呀　（张:康）

快养活　（保:阜）

快养活了　（唐:大、乐、昌）（石:深、束）

快养活孩子呀　（邯:丘）

快抱了　（保:唐）

快有了　（邯:肥）

快月得了　（邯:大）

快到月子　（邯:周）

快坐月呀　（石:灵）

快坐月子了　（邯:邯）（保:新）（石:束、深）（承:围）

快到月子呀　（石:灵）

快到月儿了　（天:静、安）

快到月子了　（天:桥）

快到月的了　（邯:广）

快到时候　（石:枣）

快见面啦　（邯:清）

快拾孩子了　（天:东）

该猫炕上了　（唐:滦、昌）

【女儿将产，母亲送去的小孩衣物】

小陪送儿　（石:束、深）

【临产】　孕妇快要生小孩了。

临蓐 （唐：遵）（石：灵）（天：宁）

临盆 （唐：遵、秦、抚、迁、昌）（承：隆、承、平）（石：新、冀、晋、藁、灵）（天：故、肃、宁、山）（邯：郸、柏、鹿、内、任、尧、鸡）（保：定、保、唐、兴、蠡、涿、望、安、完）（张：赤、宣、龙、沽）

临盆了 （承：丰）

到月的了 （邯：广）

要生了 （唐：大）

【过产期不生】

懒月 （承：滦）（邯：宗、乡）（唐：昌、丰）（天：桥、天）

过了日子儿 （石：深、束）

【落生】 婴儿刚生下。

添了 （石：束、深）（唐：昌、滦）

落草 （全省大部分地区通行）

落草儿 （承：滦）（天：静、强、津）（保：水、满、易）（石：深、束）

落生 （天：静）

见面 （邯：大、清）

抱啦 （保：唐）

占房 （石：枣）（天：安）

占了房 （石：深、束）

占了炕 （石：深、束）

上了炕 （石：束、深）（天：安）

卧草铺 （邯：郸）

坐的炕上 （张：商）

领孩子 （石：衡、深）

养活孩子呢 （石：深）

产生 （天：沧）

下生 （天：大、桥）（承：平、围）（保：定）

下生了 （承：滦、围）

养下了 （张：怀、万）

养活 （天：饶、安）（唐：乐）

【收生】 帮助产妇顺利地把小孩生下来。

包孩 （张：鹿、万、怀）

包孩子 （张：阳、康、商）

抱孩子 （张：万）

抱腰 （天：桥）

洗孩子 （唐：宝、大）

捡孩子 （承：滦）

拾孩的 （邯：大）

拾孩子 （天：桥）

拾掇月子 （天：河）

接生 （承：围）（唐：乐）

【剪脐带】 小孩离开母体，把脐带剪断。

铰脐带 （承：承）（石：建、正、束、枣、深）（邯：邯、郸、大、磁、临、肥）（保：易）（张：康）（唐：大、丰、乐）（天：桥）

断脐带 （唐：山、昌）（承：滦、围）（天：桥）

剪脐儿 （唐：卢）

剪脐带子 （张：张）

【胎盘】 介于子宫和胎儿之间圆饼状组织，通过脐带和婴儿相连，是胎儿和母体的主要联系物。

衣 （唐：遵、西、宝、三）（石：束、深）（天：献、大、霸、饶、武、强、静、桥、天）（邯：威、清）（张：阳、沽、宣、万、怀）

衣胞 （石：新、灵、石、河）（天：河）（唐：滦、迁、卢、昌）（保：博）（邯：南）（张：沙）

衣胞儿 （唐：丰、滦、大、秦、抚、蓟、迁、昌、唐）（承：隆、承、兴、平）（石：石、晋、泽、平、冀、获、行、藁、深、束）（天：故、宁、沧、庆、肃、天）（邯：乡、郸、魏、鸡、大、宗、永、鹿、台、沙、任、临、肥、涉、漳、内、尧、成）（保：定、易、水、满、蠡、涿、望、阜、保、完、兴）（张：万、沽、宣、崇、尚、口）

衣胞的 （邯：广、邯、大、磁）

衣胞子 （承：隆、丰、承、围、滦、兴、平）（石：建、正、石、高、灵、新、平、获、赞、元、赵、枣、栾、藁、安）（天：阜、黄、孟、故、肃、东、献、任、山、宁、沧、庆）（邯：郸、魏、鸡、柏、永、沙、任、临、肥、周、南、尧、成）（保：定、易、阳）（张：张、康、龙、商、鹿、怀、蔚）

泥胞子 （天：河）（承：平）（保：唐）

泥胞儿 （唐：昌、乐）

泥　读阴平。(天:霸)(唐:丰)

小孩泥　(天:安)

脐胞　(石:宁)

浆胞　(石:武、束)

胎　(天:桥)

胎衣　(承:隆、青)(石:灵、井、栾)(天:肃、桥、宁、固)(邯:沙、内、尧、丘)(保:望、高)(张:尚)

胞皮儿　(天:安)

衣裳　(石:衡)

紫合车　(承:青)

小孩衣　(天:安)(保:新、雄)

【坐月子】　妇女产后一个月的调养期。

卸了载　玩笑话。(石:束、深)

偎窝儿　玩笑话,比方鸡下蛋。(石:束、深)

节儿里　(保:兴)

生产　(石:石)

待月子　(唐:抚、迁、卢、昌)(承:隆)(邯:广)

月子里　(石:无、灵、深、束)(唐:昌)

坐月的　(邯:邯、大)

猫月子　(唐:抚、迁、乐、西、昌)(承:青)

猫下了　(唐:昌)

上炕　(石:无、束、晋、藁、深)(保:易、满、兴、新、高)(天:桥、安)

上炕了　(天:静)(保:兴)(石:束)

倒下了　(承:承)(天:强)

躺炕上了　(唐:三)

躺下了　(唐:三)(承:滦、平)(天:强)

占房　(天:饶、河)(保:望)(天:安)

占房了　(承:滦)(天:静)(保:兴)(石:束、深)(唐:昌)

占了房了　(保:易)(石:深、束)

占喽房咧　(石:深)

养孩子　(承:丰)(张:鹿)

养活孩子　(保:雄)(天:安)

养上孩子了　(张:万)

生孩子了　(天:桥)

拾孩子了　(天:桥)

添了　(石:束)

【生下小孩十二天】

大满月儿　(石:正、深、束)

做十儿　"做"音 zòu。(唐:昌)(天:桥)

十二儿日　(唐:昌)

十二响　(天:霸)

【满月】　婴儿生后一个月。

出满月　(唐:秦)(天:桥、天)

出月　(张:鹿)

【小孩满百天】

百岁　(唐:丰、昌、大)(天:天、桥、安)(承:围)

百岁儿　(天:霸)

【头生儿】　结婚后第一胎生的小孩。

头首　(天:大、桥)(邯:涉)(张:鹿)

头首儿　(张:宣)(承:青)(唐:抚、西、昌)

头首子　(张:赤)

头首首　(张:万、张、康、崇、怀)

头世　(邯:郸)

头大　(邯:周)

头大儿　(天:饶、安)(石:深、束)

头大的　(石:深)(天:天)

头大孩子　(邯:内)

头胎儿　(石:深、束)

头一胎　(唐:卢)

头生　(唐:乐)

头生子　(承:丰)(天:庆、饶、安)(保:高)(石:藁)(邯:肥)(张:商)

头个孩的　(邯:磁)

头一个　(天:东、阜)(保:满)(张:沙)

【生第一个孩子】

开怀　(天:桥、霸)

开怀儿 (石:束、深)(唐:昌、丰)(天:安)

才开怀儿 (天:津)

【遗腹子】 父亲死后才出生的孩子。

殁生 (石:衡、藁、武、灵)(天:孟)

殁生子 (石:井、高)

殁生儿 (唐:丰、滦、山、大、秦)(承:承、兴、平)(石:建、正、河、深、束、平、灵、新、泽、赞、行、衡、藁、武)(天:饶、黄、文、山、安、河、霸、庆、阜、大)(邯:广、魏、鸡、大、威、鹿、台、沙、任、临、内、清)(保:博、定、水、满、安、阳、兴、涿、容、定、唐)(张:宣、崇)

殁扇儿 (天:桥)

殁水生儿 (天:河)

暮生 (石:栾、藁、石、建、宁)(张:鹿、沙、赤)(天:固、静、河)(邯:乡、邯、肥、临、磁、魏、广)(唐:蓟、宝、玉、三、大)(保:阜)

暮生儿 (唐:山、大、三、乐)(承:滦)(石:深、高、新、平、晋、获、枣、安)(天:献、任、津、强、沧、饶、天、安、霸)(邯:郸、鹿、永、宗、涉、乡、南、威、成、尧、清)(保:新、易、清、保、完、蠡)

暮生子 (张:商)

暮生生 (张:怀)

暮儿 (邯:周)

暮虫子 (张:蔚)

暮里愁 (张:蔚)

梦生 (唐:抚、卢、遵、滦)(承:青、围)

梦生儿 (唐:遵、西、丰、昌)

谋生生 (张:万、康)

某生 (天:阜)

背娘生 (张:怀)

【双生儿】 即孪生,一胎生两个孩子。

对把 (天:桥)

一肚俩 (张:万)

壮生 (张:沙)

壮双儿 (张:宣、龙、赤、鹿、蔚)

双生生 (张:商)(天:霸)

双生的 (邯:磁)

双双生儿 (石:灵)

壮双子 (张:崇)

冒生生 (张:怀)

创生生 (张:阳)

双把 (天:桥)(邯:清)

双棒儿 (唐:丰、滦、遵、宝、大、秦、卢、三、昌、蓟)(承:隆、丰、承、滦、围、兴、平)(石:赵、枣、高)(天:大、安、河、武、庆、津)(邯:鸡、威、内、尧)(保:清)(张:沽)

双把郎 (唐:卢、滦、西)

双棒郎儿 (唐:迁、抚、滦、昌)(承:青)

一对 (天:大)(保:雄)

双双 (邯:鹿)(保:唐、水)

双双儿 (保:兴、定、完)(唐:乐)

双子 (天:静、山、桥、大、黄、天)

对双子 (天:静)

一对双双儿 (石:深)

一对双儿 (保:满)

双儿双儿 (石:宁)

双胞 (石:安)

双胞儿 (唐:山、昌)(承:平)(天:故)(邯:内)(张:康、沽)(石:安)

【老生子】 方言中"老生子"一词往往双关,指妇女年纪大了生的小孩,另也指妇女最后生的小孩。本条与"亲属"类"小儿子"条有重复的地方,请参看。

老灭儿 "灭"读阴平。(石:深、束)

老灭灭 "灭"读阴平。(石:束)

老灭犊儿 (天:桥、安)

老根子 (张:怀)(唐:丰)

老儿子 (唐:乐、山)(天:天、安)

老孩子 (天:静)

顶小的 (石:灵)

老小子 (承:承、滦、围)

老末子 (保:容)

老生子儿 (张:张)(唐:昌)

晚生子　(邯:漳)

老生　(唐:遵)

老生儿　(石:宁)(邯:鸡、鹿)

老生的儿　(邯:广、郸、大、丘)

垫窝儿　(贬)(承:承)

老根儿　(张:万)

老疙瘩　(天:沧)

老累赘　(唐:大)

【老生子】　年岁大了生的孩子。

老包渣　(贬)(唐:抚)

老来子　(张:万)

【洗三】　过去风俗,初生小儿三天时沐浴。

洗儿　(石:获、赞)(天:文、饶)(邯:内)(张:沽、尚)

洗孩子　(邯:任)

洗三天儿　(天:安)

三天　(唐:滦、宝、迁、三)(承:围、平)(石:建、冀、深、束)(邯:大)(保:满)

三日　(唐:丰、迁)(天:桥)

做三日　(石:平)(保:安)(天:桥)

过三日　(石:衡)

过三天儿　(石:束、宁)(天:安)

三天下　(张:怀)

三天早些　指初生小儿第三天的早晨,按当地风俗请收生婆吃喜面。(唐:抚)

【生小孩后第九天喝喜酒】

做九日　(石:平)

【抓周儿】　过去在婴儿周岁生日时,将饮食、纸笔、针织、脂红等放在桌上,看婴儿先取什么,作为今后发展的征兆,亦叫"试儿"或"试晬"。

抓生　(天:黄、东、静、河、桥)(张:鹿)

抓福　(天:饶)

【百晬】　"晬"音 zuì。过去生子百日,举会庆贺,这是一种古老的风俗。

百岁儿　只有男孩子过百岁儿。(唐:昌、丰、乐)(天:安)

发百岁　(承:围)

【挂线】　初见婴儿之礼,用荷包挂在婴儿的脖子上。

长命穗　(天:黄)

挂垫包　(天:河)

人绳　(石:宁)

挂套儿　怕孩子不好活,由接生婆给孩子挂套儿。(保:易)

【戴锁儿】　用红线串制钱挂在初生婴儿脖子上,迷信以为能够不生病,顺利成长。

挂锁　(石:藁、泽、灵、安)(唐:丰)(承:围)

挂锁子　(承:隆、滦、围)(天:桥)

挂锁的　(邯:周)

戴锁　新生孩子怕看丑了,当地兴给钱或戴锁子。(天:静)

戴锁子　小孩认干娘,干娘每年于小孩生日,用制钱串成串,给小孩挂在脖子上;每岁增一枚,戴到 12 岁,预示长命。(石:束、深)

送锁　(石:无)

老锁子　(邯:丘)

戴长命锁　(张:宣)

挂锁　指成人挂锁。(石:安)

挂锁　婴儿出生十二天后挂锁。(邯:大)

【小孩降生后母亲还没有奶水,请别人给小孩吃第一次奶】

开嘴　(天:献、安)(唐:丰)

开奶　(唐:昌)

开口儿　(唐:大)

【吃奶】　参看"身体"类"奶头"条。

喝肌肌　(邯:尧)

喝牛牛　(邯:尧、临)

吃牛牛　(邯:尧)

吃奶子　(天:桥)

吃奶儿　(天:强)(唐:乐)

吃馋　(天:文)

吃馋儿　(天:霸)

吃茶　(石:河、枣、束、深)(天:饶)

吃口茶 (邯:南)

吃咂儿 (唐:丰、宝、秦、抚、迁、三、大)(承:隆、丰、承、滦、围、平)(天:静、宁、安、武、阜)(邯:内、尧)(保:水、清、兴、涿)

吃咂咂 (石:宁、枣)(天:安)

吃嘴嘴 (石:灵、藁)

吃九九 (保:唐)

吃个个 (天:静、天)

吃美美 (石:衡)(天:固)(保:完)(邯:邯、威、任、乡、肥、成、宗、鹿)

吃妈妈 (唐:丰、滦、遵、宝、山、大、蓟、卢、乐、三、西、昌)(承:围、兴)(石:深、藁、武、束)(天:饶、黄、东、静、献、任、河、桥、沧、庆)(邯:大、清)(张:张、沽、龙、赤、沙、崇、鹿、怀、万)(保:易、保、水、高、安、兴、唐、清、雄、完、容)

吃妈妈 婴儿叫"吃奶",大一点叫"吃妈妈"。如:①"天天到地里去,孩子没空吃妈妈。"②"小孩一落地就挺好吃奶。"(天:强)(石:深)

吃妈儿 (石:元、枣、安)(天:孟、故、永、阜、宁、津)(邯:魏、成、尧、内)(张:赤、阳、康、宣、尚)(保:博、阳、新、定、望、雄)(唐:滦、迁、秦)(承:平、承、青)

吃妈妈儿 (唐:玉)(保:满)(承:平)

吃摸摸 (保:蠡)

吃埋埋 (邯:广)

吃蜜蜜 (邯:临)

吃包包 (天:大)(邯:任)

吃包儿 (天:静)(邯:任)

【来乳汁了】

来精儿了 (承:滦、围)(天:桥)

奶下来了 (石:束、深)(天:桥)(唐:丰、乐)

下奶了 (天:安)

有奶了 (唐:乐)

惊了 指奶下来后特多。(唐:滦)

【尿炕】 小孩撒尿在床(炕)上。

尿床 (天:桥)(邯:丘)

尿央 (张:蔚)

尿被子 (石:灵)

尿百虎 小孩常尿炕。(天:桥)

尿下 小孩尿床,但不是经常。(天:桥)

【挪臊窝儿】 婴儿满月到姥姥家去。

移窝 (邯:涉)

出窝儿 (张:万)

挪窝儿 (唐:玉)(石:井、建)(天:河)(保:阜)

挪窝儿 婴儿过四十天到姥姥家。(唐:抚)

挪臊窝 (张:沙)

挪臊窝子 (唐:遵、西)(承:隆)

挪门儿 (邯:临)

挪臊气窝 (保:安)(石:束、安、灵、深)(保:完)

挪尿窝儿 (张:商)

挪臊窝儿 (天:静)

挪挪坡儿 (邯:邯)

走满月 (邯:大)

出满月 (邯:南)

住满月 (天:东、桥)(邯:魏、磁、威、台、尧)

离尿窝 (张:怀)

挪尿卜子 (张:怀)

倒尿扈扈 满月时连尿湿的被子一起搬到姥姥家,所以叫"倒尿扈扈"。(张:万)

捣尿坑儿 (张:康)

铰头 (石:枣)

送米 (邯:周)

【乖】 小孩安静,或伶俐逗人喜爱。

乖 (石:束)(天:庆、桥、安)(唐:昌)

乖乖 (承:青、隆)(天:天、河)

爱人 (天:静)

爱人儿 (唐:乐)(天:天)

安生 (石:宁、栾、深、行、获、束、正)(天:饶)(邯:广、周、永)(保:阳)

安稳 (张:宣)(天:安)

安顿 （天:庆）

安安的 （邯:磁）

老实 （邯:尧）（承:滦）（石:深、束）

切踏 （张:万）

不皮 （张:怀）

听说 （张:商）（邯:广、南、临）（石:井、枣、灵、深、束）（天:强、静、河、庆、桥、安）

很强 （保:唐）

不闹 （唐:滦、遵、山、秦、蓟、迁、卢、三、西、昌、乐）（承:隆、丰、承、围、平）（石:石、高、灵、冀、晋、安）（天:强、黄、故、静、献、文、宁、永、沧、庆、阜、大、桥、津）（邯:魏、威、永、鹿、任、肥、内、尧）（张:沙、万、康、沽、宣、口）（保:定、易、唐、高、望、蠡、阜、涿）

淘志 （石:建）

【认生】 小孩怕见生人。

怯 （天:饶）

认人 （石:平）

差生 （天:东）

眼生 （石:枣）（承:隆、承、滦、围）（天:黄、故、宁、庆、津、桥）（邯:乡、邯、郸、大、清、沙、涉、成、广、丘）

认生人 （石:衡、正）（邯:柏）

认生人儿 （保:新）

怕生人 （天:文、桥、津、沧、阜、固、故、肃）（邯:郸、魏、鸡、柏、威、永、鹿、任、肥、漳、周、成、内、尧、丘）（张:万、康、沽、宣、龙、沙、尚）（保:定、水、满、安、阳、新、望）（唐:西、宝、三、卢、秦、昌、蓟、乐）（承:平、隆、丰、青、滦、围、兴）（石:无、井、晋、枣、行、束、新、灵、石、建、安、深）

认人了 分清生人熟人。（石:束、深）

【不识玩儿】 拿开玩笑当真，性情乖僻，爱发脾气。

不识闹 （石:宁、枣、深）（天:安、霸、桥）（唐:丰、大）（邯:乡、宗）

猴 （承:滦）

玍 “玍”音gǎ。（承:滦）

玍古 （唐:西）

不耐烦 （张:崇）

不识逗 （唐:昌）（石:深、泽、束）（天:宁、安、河、天）

不认玩 （邯:任）

不认玩儿 （邯:临）（天:静）

不认耍 （邯:涉）（张:阳、宣、尚、怀、万）（石:灵、石）

不识耍 （张:万）

不识耍儿 （石:井）

不识了玩儿 （邯:广）

不识闹着玩 （天:大）（保:安）

不知道玩 （天:饶）

不喜闹 （邯:南）

小脸 （张:崇）

小脸子 （石:深、束）（张:万）（唐:大）

小脸亲家 （张:崇）

急脸子 （唐:滦、昌）

爱翻脸 （承:围）（天:桥）

【害羞】

乍头 （承:丰）

臊 （石:元、无）

嫌臊 （天:任、霸）（保:博、高）

怕臊 （保:容）

怪臊 （保:完）

害臊 （天:安、桥、天）（唐:丰、乐）（邯:宗、乡、威）

害消 （邯:广、郸、漳、鸡）

脸薄 （天:河）（石:束、深）

抹不开 （承:滦）（唐:昌、乐）

白脸子 （天:静）

腼腆 （石:建、深、束）

腼腆 不敢出门办事，人前不敢说话，与害羞不同。（承:丰）（石:获、建）（天:安）

寒碜 （承:滦）（唐:昌）

嫌寒碜 （唐:大）

脸热 （唐:昌、滦、蓟）

面嫩 （唐:昌、滦、蓟）

【不识闲儿】 勤劳;好动。

不安静 (天:山)

不识闲的 (承:兴、围)

没个闲着 (天:静)

一会儿也不闲的 (张:万)

闲不住 (唐:昌)

赶拉人 (承:滦)(唐:乐)

好古盈 (天:桥)

费劲 (邯:大)(天:河)

【生日】

生时 (石:正)

生辰 (唐:大、秦、抚、蓟、迁、西)(承:丰、承、滦、围、平)(石:无、灵、武、安)(天:饶、故、肃、东、桥、阜)(邯:邮、鸡、宗、永、鹿、内、尧)(张:沽、沙)(保:定、唐、蠡、容)

生儿 (唐:蓟、卢)(天:肃、宁、桥)(邯:乡、郸、鸡、大、磁、威、永、台、沙、肥、涉、漳、成、内、广、邯、丘)(张:万、沽、宣、赤、商、怀)(保:唐)

生日儿 (张:阳)(保:唐、清、满)

寿诞日 (保:水)(邯:鸡)

寿日 (唐:三)(天:静)(保:易)

生日 (唐:昌)

【做生日】 自家人举会,庆祝生日。

做生儿 (唐:蓟)(承:隆)(石:安)(天:肃)(邯:乡、广、郸、邯、鸡、魏、磁、永、台、沙、涉、漳、周、成、内、丘)(张:沽)

做生儿 给小孩做生日。(保:蠡)(邯:清)

做生日 专指给小孩做生日。(石:衡、藁、晋、灵)(天:桥)

做生日 小孩满周岁时,拿着米面糖给小孩做生日。(唐:遵)

过生儿 (张:张、万、康、怀)(天:桥)

过生日儿 (保:唐、清)(张:阳)(天:强)

过生日 (石:束、深)(唐:昌、乐、大)(承:围)

发生日 给小孩过生日,希望小孩更活泼健康,快点儿长大。(保:雄)

办生日 (唐:蓟)(承:滦、隆、平)(石:新、安)(天:肃)(邯:魏、鸡、大、内、尧、磁)(张:尚、沽)

办寿 给上年纪的人做生日。(承:丰、滦)

【庆寿】 给别人祝贺生日。

上寿 (石:枣)(保:安)(邯:南)(唐:昌)

祝寿 (石:河)

贺生日 (邯:威)

磕头 (天:静)

磕寿头啦 (天:安)

庆八十 本地人一般到八十岁庆寿,所以叫"庆八十"。特殊的,在六十、七十也庆寿。(张:怀)(天:安、武)

做生儿 (邯:鸡)

做寿 (天:天、霸、桥、河、安)(邯:清)(唐:昌、丰)

【寿星】 尊称年纪大的老人。

老树星 (天:强)

老寿星 (唐:三、大)(承:滦、平)(石:建、灵、新)(天:黄、任、宁、安)(邯:大、漳)(保:安、阳、兴)(张:张、沙、商、鹿、蔚)

老寿僧 (石:衡)

寿星 年纪的意思。如:"你多大寿星了?"(天:静、大)

寿星老儿 (唐:昌)

【丧事】 河北省一般都说"白事"。

办丧 (天:阜)

办白事 (张:沙)(唐:昌)

死人了 (张:万)(邯:大)(唐:西、乐)

老人啦 (邯:大)

红事 (天:东)

【孝子】 丧事中死者的子女。

孝子 泛指穿孝衣的人。(天:阜、桥、安)(唐:昌、乐)

承重子 (邯:郸)(石:深、束)

【丧主】 丧事中死者的长子或长孙。

丧种 (唐:秦)(承:承)(邯:内)(张:尚)

丧东 (邯:清)

东家 (唐:宝)

事主 (邯:任)(石:枣、深)

主家　（天：固）

主丧　（天：静）

主丧　丧主请来主办丧事的人。（石：束、深）

主丧的　丧主请的主办丧事的人。（石：束、深）

人主　（石：建）

丧主　男死，直系家属为丧主；女死，女家兄弟为丧主。（张：宣）

丧主　凡出白事家的主人皆叫丧主，不一定是长子或长孙。（承：丰）（石：深、束）

承丧　（保：完）

承重　（邯：广）（唐：昌）

承重子　死者的儿子。（邯：郸）

孝重　因长子或长孙戴的孝布比别人长而大。（承：滦）

打白的　（天：庆）

【丧父母】

吃服　（石：深、束）

穿孝　（石：深、束）

穿白　（石：深）

【断气】　人停止呼吸。

回气　（张：万）

没了气了　（唐：昌）

咽气了　（邯：乡、宗）（天：桥、天）

咽气　（天：安）（唐：蓟、昌、乐）

下气了　（邯：涉）

过去了　（唐：大、昌）

下世　（邯：内）

不行了　（唐：三）

睡长觉　（邯：内）

无成了　当地回族用。（唐：大）

入土了　（石：深）

嗝屁了　骂人或开玩笑的话。（天：天、津）

【人死以前的喘气】

倒气　（石：无、深、束）（天：桥、安、天）（唐：昌、丰、乐）

抽气　（石：无）

拔气　（石：深）

【死人】

倒官儿　（唐：三）

死倒官儿　（唐：三）

尸　（唐：丰）

倒卧　无主的暴尸。（石：深）

【死了】　指人死了。

没了　（张：康）（唐：大）

没了　死的时间很久了。（承：丰）

殁了　（张：赤）（石：束、深）（天：献）（唐：昌）

落了　（石：灵）

跑了　指小孩死了。（保：水）

亡了　（承：平）

亡故了　（邯：鸡）

糟践了　指小孩死了。（天：静）

糟蹋了　指小孩死了。（石：深、束）

入土了　（承：青）（唐：昌）

回头了　指老人死了。（天：静）

安生了　（石：获）

不好了　指已经死了。（石：安）

不在了　（石：正、冀、深、束）（天：献、强）（邯：宗、沙、肥）（唐：昌）

修行了　（承：隆）

故去了　（唐：秦、抚、三、大、玉）（承：隆、滦、围、兴、平、青）（石：束、安）（天：肃、宁、阜）（邯：魏、内、尧）（保：安、兴）（张：沙、沽、尚）

故去了　长辈。（张：口）

故世了　（唐：秦）（承：隆、平）（邯：邯、魏、鹿、内、尧）（张：沽）（天：阜）

活够了　（张：沙）

活到头　（邯：涉）

黄金入柜　（天：宁）

老了人了　（天：河）（石：赵）（保：安、定、雄）（唐：乐）

过去了　（全省大部分地区通行）

过去了 老人忌讳死，所以说“过去了”。（唐：秦）（天：天）

过去了 指中年人死了。（唐：遵）

过去了 含幸灾乐祸之意。（石：灵）

过去了 稍带俏皮之意。（石：宁）

过去了 含敬意。（唐：宝）

过去了 当面谈话用。（天：静）

老了 （全省大部分地区通行）

老了 人死忌讳说死，故以“老了”代之。（唐：滦）（石：深、束）

老了 较客气。（保：完）

老了 对老人尊称。（唐：遵、宝、秦）（石：衡、井、束、深）（天：任、大、静）（邯：尧、柏、临）（张：鹿）

老人了 （天：东、津）

下进了 （保：博、满）

不待了 老人。（邯：广）

那头抽烟去了 开玩笑。（天：安）

仰面回家 （邯：尧）

【灵床】

床 （唐：丰）（保：兴）

床铺儿 （石：深、束）

床板 （天：静）

拍子 （唐：抚）（承：承）

床拍子 （唐：遵）

灵排子 （承：滦）

死人排子 （唐：卢）

停尸排子 简称“排子”。（唐：昌）

凉床 （唐：滦）

停床 （石：灵）（唐：乐）

丧床 （保：安）

停丧板 （保：阜）

门板 （保：兴、容）（唐：大）

门板扇 （保：完）

灵床儿 （天：河）（石：深、束）

灵床子 （天：宁、桥、庆、东）（邯：威）

草铺子 （邯：任）

箔子 （石：枣、衡）

灵 （石：高）（邯：周）（张：怀、商）

【用布把尸体遮上】

覆面 （张：怀）

蒙敛 （保：安）（石：深、束）（天：霸、强）

【覆盖死人的被单】

苫单 有钱的人用红布，无钱的人用白布。（张：宣）

青单 （唐：丰）

清平 （唐：大）

捂灵被 （唐：昌）

【覆面纸】 盖在死人脸上的纸。

蒙单 （石：井）

苫面纸 （张：康、沽、阳、商）

苫单 （石：灵）（张：怀）

遮面纸 （保：阳）

压脸纸 （石：正）

蒙头脸 （邯：临）

蒙头被 （保：博）

蒙头纸 （天：大）（承：兴、围）（石：泽）（邯：南）（保：唐、定）

蒙脸纸儿 （天：黄）（邯：广、乡）（天：霸）

蒙脸布 （唐：抚、丰）（天：静）（邯：磁、任、郸）

蒙脸纸 （石：宁）（天：安、永）（保：安、雄）（邯：大、永、任、肥、涉、尧）（石：栾）

蒙面纸 （保：蠡）

糊面纸 （石：无）

盖头纸 （石：藁）

纸被 （唐：卢）（承：围）

【哭死人时用来遮眼的纸或布】

眼沙子 （张：万）

塔头 （唐：大）

【人刚死烧的纸】

倒头儿纸 （保：新）（天：安）（石：束、深）（唐：昌、丰）

【引魂灯】 死人床前的灯。

灵灯 （张:阳）

灵前灯 （石:正、栾）

倒头灯 （保:安）

支灵灯 （张:万、康）

长明灯 （唐:丰、大、滦、玉、昌）（石:建）（天:安、宁、霸）（保:新）（张:宣）（邯:大）

长命灯 （石:衡、深）

辞灵灯 （张:商）

守尸灯 （天:静）

照尸灯 （唐:抚、卢）（承:围、兴）（石:晋、深、束）（天:黄、固、静、河）（邯:广、肥、涉、成、乡、永、南）（保:易、阳、唐、新、完）

引魂灯 出殡时，纸人儿手里拿的灯。（唐:丰）

【白面做成圆棒，下边插上棍，放在火里烧一下，插在死人床前，埋葬前放在死人袖中或手中，传说死人打狗用】

打狗棒 （石:灵、深、束、正）（天:桥、安）（唐:乐、大）

【棺材】 盛死尸的器具。

货 （邯:大、丘）

斗 （石:平、井）

枋 "枋"音 fāng。（承:平）（邯:广）（天:静、献）

枋子 （邯:内）（承:承、隆）（石:冀）（保:阳）（张:沽）

房子 （张:沙）

房子 忌讳说棺材，所以改说房子。（天:饶）（石:冀）

新房子 当地忌讳说棺材，所以改说新房子。（承:承）

屋子 （石:元）

材 （全省大部分地区通行）

寿木 （唐:三、昌）（石:河、枣、新、深、束）（天:津、河、桥、安）（保:安）（保:蠡、雄）（张:赤、宣、康）（邯:鸡、鹿、南、临、尧）

寿木 （老）（保:蠡）

寿材 （石:灵）（承:平）

寿器 老人忌讳说棺材，所以说寿器。（承:青）

寿器 （承:丰、滦、平）

斗子 （石:栾、石）（天:桥、天）（邯:威、任、临、内、乡、宗、鹿、台）

匣子 （石:宁）（邯:鹿）

匣子 薄的小的棺材。（承:承）（石:深、束）（天:安、桥）

匣子 小孩用的。（保:易）（唐:乐）（天:安）

匣的 （邯:涉）

行匣 远途用的。（承:丰）

方子 （唐:蓟）（承:围）（邯:内）（保:雄）（张:沙、蔚、沽）（石:灵）

个子 （邯:清、临）

舒身 前后平，两边也平，一般用松柏木。（保:兴）

棺子 （唐:滦、乐）（石:元、灵、行、藁）（保:唐）

棺椁 （承:平）

棺木 （唐:丰、秦、蓟、迁）（承:隆、平）（石:晋、安）（天:宁、阜、肃）（邯:沙、内、郸、鸡、尧）（保:定、安、雄、蠡）（张:沽、尚）

棺箱 （张:万）

灵柜 （承:丰）

木宫子 （唐:滦）

木屋子 （石:无）

火沿材 前后都凹进去，底的周围有突出的边沿。（保:兴）

薄斗子 "薄"音"báo"。（唐:蓟）

薄皮子 （唐:蓟）

薄皮子棺材 （唐:蓟）

狗碰头 专指薄的棺材。（唐:昌）

【灵柩】 盛上尸体的棺材。

灵 （全省大部分地区通行）

灵前 （石:建）

灵架 （石:元）

棺材 （张:沽）

枋 （唐:抚）

【寿材】 生前预制的棺材。

屋 老人忌讳说棺材，故改说屋。（石:河、枣）

材 （唐:滦）

土活 （唐:蓟）

寿斗 （石:井）

寿木 （唐:遵、山、宝、大）（石:建、正、冀、平、枣、赵、深、宁）（天:黄、任、文、大、山、安、永、霸、静、献、东）（邯:邯、郸、魏、台、任、肥、临）（保:易、高、蠡、安）（张:张、万、康、赤、怀、鹿）（承:兴）

寿器 （唐:抚）（承:滦、平）（天:庆）（保:阜）

寿泰 （唐:宝）

圣木 （邯:乡）

喜材 （邯:涉）（天:霸）

喜棺 （邯:广、大、肥、乡、丘）

喜个 （邯:清）

喜个儿 （邯:清）

扶寿 （天:桥）

材料 （天:文、大）

【准备做棺材的木料】

棺木 （天:桥）

寿材板 （唐:乐）

棺材料子 （唐:昌）

料子 （石:深、束）（唐:昌、丰）（承:围）（天:安）

材料子 （石:深、束）（唐:昌）（天:霸）

土料子 （唐:昌）

【做棺材】

服寿 （天:桥）

攒材 （唐:昌、丰）

攒棺材 （唐:昌、丰）

【棺罩】 出丧时路间所用遮蔽棺材之物。竹木作骨，外蒙布帛，有的简单，有的较复杂，并扎有各种装饰物。

罩 （天:河）（邯:清）（保:满）

罩子 （保:完）

套 （石:新、藁、正）

套棺 （邯:周）

帷子 （邯:永）

架子 （天:河）（邯:任）（石:深、束）

棺轿 （张:万）

棺围子 （石:宁）

材罩 （邯:鹿）

棺材盖 （保:兴）

【寿衣】 装殓死人的衣服。

装裹 死后说。（天:静、安）（石:深、束）（唐:乐、丰、大、蓟）

装裹衣裳 （天:霸）

送老衣 （石:深、束）

装老的衣裳 生前预制。（天:静、桥）（邯:宗、乡）（承:围）（唐:昌、乐、蓟）

寿衣 （唐:昌）

【子盖】 棺盖下面的木板盖。

底板 （保:阳）

堂板 （天:桥）

覆面 （张:宣）

糊棚板 （唐:抚）

天棚板 （唐:抚）

仰层 （张:蔚）

阳辰板 （天:河）

遮层 （天:山）

遮尘板 （天:黄）

天花板 （石:建）（天:文）

天和板 （保:安）

材盖 （邯:魏、大）

小盖 （邯:涉）

七星板 （唐:抚、昌）（张:万）

【七星板】 棺内盖底的板。

双底 （石:正）

小底 （邯:涉）

发面 （张:鹿）

舒身 （唐:玉）

阴辰板 （天:河）

七星床子 （天:静）

象牙床 （唐:昌）

凉床 （唐:丰）

床板 （唐:抚）

【放在棺材底板上的钱】

垫背钱 放在底板上七枚铜钱或制钱。（邯:大）（石:栾、束）（天:安）

压岁钱 活多大年岁，就放多少铜钱。（石:灵）

【入殓】 把尸体装入棺材。

入木 （石:石、无、安）（邯:魏、内）（张:沽、沙）（保:定）

入扣 （唐:丰）

入棺 （保:容、兴）

入材 （邯:涉）

下材 （邯:广、魏）

成殓 （石:宁、束、深）（天:静、山）（唐:昌）（邯:大、成、鸡、临）（张:赤）

关殓 （唐:宝、丰、大）

收殓 （石:建）

装殓 （石:束、深）（唐:昌）

于殓 （邯:丘、清）

与殓 （天:桥）

迁殓 （天:静）（邯:鹿、任）

成仙 （张:万）

成装 （张:怀）

【把棺材盖钉死】

下银钉 （天:桥）

下消 （承:承）

下屑子 （唐:昌）

封口 （石:深、束）

成线 （邯:广）

钉钉 （唐:丰）

钉棺钉 （唐:乐）

【灵位】 人死后，暂设之牌位。

灵牌 （天:肃、河）（石:武、安）（张:沙、商）

灵牌儿 （全省大部分地区通行）

灵牌儿 过去死了人请和尚念经时，孝子抱的牌儿叫灵牌儿。（张:鹿）

灵牌子 （张:张、万、怀）

灵牌位 （承:兴）

牌位 （天:肃、大）（邯:永、漳、尧）

牌位儿 （石:宁、枣、衡、束、深）（天:桥、沧）（邯:广、鸡、威）（张:阳）（唐:昌、乐）

位牌 （邯:涉）（保:完）（石:灵）

位牌儿 （石:正、行）（保:阳）

灵柩 （天:大）

灵前 （邯:大）

牌宫 （邯:大）

【守灵】 死者的亲眷、好友在灵柩前守护。

陪灵 （承:兴）（石:枣、束、深）（天:东、安）（邯:广、乡、大、宗、鹿、柏）（保:博、满、兴、涿）（唐:昌）

陪丧 （保:易）

守丧 （唐:秦、蓟、迁）（承:隆、围、平、滦、兴）（石:石、无、灵、新、泽、晋、藁、安）（天:肃、东、献、任、文、山、桥、安、河、宁、霸、庆、饶）（邯:郸、魏、鸡、磁、宗、永、清、台、沙、任、涉、成、内、尧、肥）（张:万、赤、宣、尚）（保:定、唐、安、新、雄、蠡、清）

守尸 （天:桥）（邯:威）

守孝 （石:衡）（邯:任）（保:安）

守灵 入殓之前，夜间请人看护尸体，叫守灵。（石:深、束）（天:天、安）（唐:昌）

趴棚 （天:霸、桥）

【报庙】 人死后，亲属到土地庙去哭奠，有于人刚死举行的，有于当日晚间举行的，有在第二天举行的，有在第三天举行的。

报庙儿 （天:桥、静、霸、安）（石:束、深）（保:安）（张:万、商）（承:围）（邯:乡、宗、威、鹿）

告庙 人死后第三天举行。（张:怀）

照王 （保:唐）

点头趟浆分儿 （石:深、束）

送倒头纸 （唐:昌）

【人死后的第二天夜间烧纸轿或纸车马】

烧小轿儿 （石:束）

烧空空 （保:安）

送行 （石:深、束）（唐:昌、乐）

送程 （石:深）

送盘缠 （承:围）

调纸 （唐:大）

【人死后立刻烧纸车马】

烧倒头车 （天:献）（唐:丰）

【人死后的几天,每天天明前给他烧纸】

烧黎明纸 （石:晋）

【接三】 旧俗,于人死第三天设祭迎魂,叫接三。至日暮时焚化纸钱冥器,送至路口,谓之送三。一般接三与送三分不清楚,用一词笼统包括整个过程。

迎神 （天:河）

封口 （张:康）

起魂 （邯:周、肥）

起魂儿 （邯:广）

拉魂 （石:晋）（唐:卢）

取魂 （石:宁）

请魂 时间不定。（唐:抚）

三日 （石:衡）（天:宁）（保:容）

三天 （保:蠡）

三天(里) （石:石、无、藁）（邯:邯）（保:蠡）

三日儿 （石:深、束）

三天熬 （天:饶）

三恭 （张:龙）

过三天 （邯:鹿）

圆三 （保:唐、满）

圆三天 （邯:柏）（保:清）

哭三 （天:静）

发三 （邯:尧）

复三 （张:康、怀）（石:建、武、平、获、栾）（邯:魏、大、磁、鹿、沙、任、成）

复三 埋葬后第二天,去上坟烧纸,叫复三。（石:获）

烧小纸 （张:万）

烧黄纸 （天:肃）

烧黄纸儿 （唐:秦）

烧三期 （天:阜）

烧三日纸 （保:易）

上望乡台 据说死人三天后回家看看,全家都哭。（天:静）

送盘缠 （保:阜）

送盘缠 人死的当天晚上,去庙里烧纸。（保:安、阜）

烧小轿儿 人死后第二天夜间烧纸糊小轿,以送行。（石:深、束）

圆坟 指人死后三天到坟地去烧纸。（保:新）（唐:乐）（天:桥）

【送三】 人死三天后,迎魂回来后又送走,详见“接三”注解。

拉魂 （唐:卢）

指路 （承:平）

买道儿 （石:正）

烧车马 （天:肃）（保:兴）

送门幡 “幡”音 fān。（石:衡）

送门幡儿 （石:枣）

送灵牌 （邯:鸡）

送牌位 （邯:鸡）

送路 （天:津、河、沧、黄）（张:沙）（保:兴）（唐:昌）

送路儿 （唐:宝、山、秦、抚、迁、卢、三、山、大）（承:兴）（石:高、井）（天:固、静、安、霸、宁）（邯:乡、邯、磁、台、任、内）（张:阳、蔚、尚）（保:定、安、雄）

送道儿 （石:正）

送灯 （石:晋）

送纸 （唐:滦）

送行 （唐:遵）（石:深、束）

送魂 （邯:肥）

送盘缠 人死后第三天晚上,儿女们去土地庙烧化纸钱。（邯:大）（保:兴、阜）（天:献）

复三　(邯:鹿)(张:康、怀)(石:新、平)

单三　(承:承)

圆三　(保:清、唐、满)

三日晚儿　(天:桥)

发行　(唐:西)

出离纸　出丧后送三天夜纸。(张:万)

【接煞】　旧俗传人死后魂归一次,届时用巫著招之。

撵殃　(张:商)(承:丰、滦、围)

扑殃　(天:桥)

起殃　(张:阳、沙、鹿)

出殃　(唐:丰、滦、遵、三、大、西、秦、抚、蓟、迁、卢、山、玉)(承:隆、承、兴、平、围)(石:正、石、无、深、高、灵、赞、井)(天:孟、宁、河、永、庆)(邯:邯、鸡、磁、永、鹿、台、肥、涉、内、尧)(张:沽、龙、赤、沙、崇、口)(保:博、定、易、完)

出殃　指出灵时用公鸡往棺材上一扔。(保:易)

出堂　(天:静)

【死后七天正好与日历上初七或十七相重】

犯七　(石:灵、平)

【做七】　一般人死后四十九天内(七七),每七天祭奠一次的仪式。

过七　(唐:秦、卢、昌)(承:隆、平)(石:藁、赵、河、元、高、冀、建)(天:饶、黄、孟、东、静、任、文、宁、武、永、霸、庆、阜、桥、强)(邯:邯、魏、磁、宗、鹿、任、南、内、丘)(张:万、阳、康、沽、龙、赤、商、崇、怀、蔚、鹿、宣、尚、口)(保:保、安、阜)

七日　(唐:丰)

七日　指"一七""二七"。(邯:大)

七天　(保:水)

七日里　(邯:柏)

一七　(唐:滦)(石:石、束)(天:河)(邯:广、邯、磁、涉、周、成)(保:博、容、满、安、新、蠡、清)

排七　(承:滦)

烧七　(天:献)

满七　(石:赞)

伏七　(石:栾)

过七日　(石:井)

格七　(张:崇)

一七纸　(石:新)

烧七日纸　(保:易)

尽七　人死后第四十九日。(石:衡、正、深、束)(邯:尧)

三七　人死后第二十一天。(石:束、深)(唐:昌)

过三七　人死后第二十一天举家哭祭。(石:深、束)

五七　人死后第三十五天上祭。(唐:丰、遵、抚、昌)(石:束、衡、安)(天:黄、桥、安、宁、霸)(保:安、新)

过五七　人死后第三十五天上祭。(天:大、黄)(石:深、束)(唐:大)

【守孝】　封建旧俗。父母死后守三年丧(实际上一年,穿素色衣服,穿白鞋或戴黑纱,不参加各种娱乐交游)。

穿白　(石:深、束)(天:桥)

避孝　(张:宣)

行孝　(邯:乡)

móu 孝　(唐:乐)

持服　(文)(石:束、深)

守孝　过年时因有长者去世,全家表示难过不出门,称守孝。(保:雄)

守节　男人死后,女人在一百天内不出家。(张:万)

【带孝】　死者亲属在一定时期内穿白衣,或戴白巾或戴黑纱,表示对死者的哀悼。

服孝　(邯:大)

穿孝　指穿在身上。(石:石、灵)(邯:乡、宗、尧、内)(唐:昌)

戴孝　指戴在头上。(石:石、灵)(唐:昌、乐)

披孝　(天:东)

穿白　(天:桥)(邯:任)

持服　(文)(承:滦)(天:黄)

【孝布】

勒头布　(石:束、深)

孝布子　(唐:西)

踏头 妇女头上蒙的白布,是送葬时戴的。(天:静)

孝带子 (承:滦)

孝带片 (承:滦)

破孝 (张:怀)

【孝帽子】 居丧所戴之白布帽,通常以方布折叠制之。

响帽子 (邯:邯、郸)

孝帽的 (邯:广、邯、大、磁、漳、周)

孝孝帽子 (天:桥)

孝帽子 "孝"音 xià。(唐:昌)

麻冠 麻制,死者儿子戴的。(石:藁)(保:安、兴、阳)

梁冠 (天:东、安)(邯:台、内)(承:平、承)(石:行)(唐:秦、抚)

梁冠 用纸片做的箍,有横梁,粘着棉花扣在孝帽子上。(天:霸)

梁冠 纸糊的,孙子或侄子等戴的。(石:深)

梁冠 指点主时孝子戴的。(石:平)

梁冠 帽顶有红的绒球,戴上出殡叫"出红头殡"。表示喜丧,即死的人死得好,如过去财主享受一生,死了,他的儿孙们认为死得好。"出红头殡"是办得特别热闹的一种丧事。(天:桥)

梁冠盏 用纸夹子在孝帽子上加一高竖梁,并按辈分加上纱布棉花球叫"梁冠盏"。(唐:昌、宝)

梁冠盏 上祭时戴的孝帽子。(唐:丰)

梁冠盏 戴在孝帽子上面。(唐:抚)

夹纸冠 死者之侄或孙戴。(保:安)

纸客子 男子戴的。(张:万)

【孝巾】 丧事中包头用的白布,因作长条形包在头上,故又有叫"孝箍"的。

踏头 (天:故)

塔头 (唐:宝、丰)(石:建)

包头 妇女用。(唐:滦、抚、昌)(石:灵)(天:宁)

勒头 男子戴的。(天:津)

头浮子 妇女头上戴的白布。(天:东)

孝条 (石:冀、宁、藁)

孝码 一块白布。(邯:大)

手帕 (石:正)

白手帕 (邯:尧)(石:新)

白手巾 (唐:秦、蓟、乐)(承:滦)(石:栾、束、晋、新)(天:桥、宁、河)(邯:邯、郸、魏、鸡、台、内)(张:尚)

耷拉箍 (天:霸)

箍子 (天:大、安、静)(邯:郸)(保:容、涿)

箍子 女子戴的。(保:新)

孝箍 (保:水、高、满、阳、完、容)(唐:山、秦、蓟、三、大)(承:隆、承、围、滦、兴、平)(石:正、高、获、行、宁)(天:饶、固、阜、孟、东、献、桥、文、山、宁、永、霸、天、沧、安)(邯:郸、鸡、永、鹿、沙、任、临、成、内、乡)(张:沽、鹿、蔚、宣)

孝箍 ①过去指小女孩给大人戴孝,用白布裹成圆圈戴在头上。②现在指臂上戴的黑布箍。(唐:迁)

孝箍 指女人用的孝巾,折叠成一寸多宽的白布缠在头上。(唐:丰)(邯:广)(保:蠡、定、易、安)(天:桥、安)

孝箍的 (邯:周)

孝箍子 (天:河、黄)(邯:肥)

孝箍儿 (保:唐、兴、满)

白箍 (保:雄)

白箍子 (承:承)

白箍儿 (保:涿)

白头箍 (邯:魏)

布箍 (天:桥)

勒条 (石:建)

勒条 女人戴。(石:平)

勒头布 男人头上的孝布。(唐:丰)

愿愁带 (石:衡)

蒙头布 (石:井)

孝圈 (张:阳)

孝带 (邯:乡、宗、鹿、涉、南)(唐:玉)

孝带子 (唐:遵、西、乐)(石:枣)(邯:威、清)(保:兴)

孝带儿 男的孝巾。(唐:丰)

孝带儿 (唐:三)

【戴孝巾】

戴孝帽　(石:元、束、获、井)(天:孟、安)(邯:永)(保:高、满、新)

戴孝帽子　(唐:抚、滦、乐)(承:围)(天:天、强、武、桥、庆、霸)(邯:周)

戴孝帽的　(邯:广)

戴帽子　(天:永)

穿孝　(唐:大)

包头　(唐:乐)

戴包头　(唐:抚)

戴塔头　(天:黄)

披头布　(石:宁)

戴箍子　(保:新)

戴头箍　(天:饶)

戴白箍子　(保:容)

戴孝箍　(天:肃、霸)

戴孝箍子　(保:满)

戴孝条　(石:藁)

戴孝带子　(邯:清、南)

勒头　(石:衡、枣)(保:雄)(天:东、桥)(张:沽)

勒头儿　(唐:秦)

勒头条　(石:灵)

戴勒布儿　(石:束、深)

戴白勒头带子　(天:庆)

勒白头　(唐:丰、玉)(承:承)(石:石)(天:任、文、大、桥)(邯:魏、任、内、尧)(张:沙)(保:安)

香条　(石:栾)

码子　用白布条缠在头上。(石:晋)

戴孝巾　(石:深)(天:桥)

【孝衣】　旧俗死了尊长穿的白色衣或麻衣。哀悼标志。死者埋葬后即脱掉。

孝服　(邯:尧)

孝衣　不论男女的白长袍。(石:束、深)(天:桥)

孝衣　专指女儿穿的白色短上衣。(唐:遵)

孝袍子　专指男人穿的袍。(唐:遵、昌、大)(天:桥、安)

孝衫　(张:万、康、沙、崇、鹿、怀、蔚、宣)(邯:肥)

孝衫子　(唐:丰、抚、乐、昌)(承:滦、青)(石:灵)(邯:郸)

孝衫的　(邯:邯、大)

大孝　全身的白衣。(石:灵)

孝褂子　短身的孝衣。(全省大部分地区通行)

孝褂子　指女人穿的。(保:容)

【哀杖】

毛毛棍儿　(保:唐)

哭棒　(天:河)

丧棒　(石:正、晋、灵、无、栾、新)(唐:西)(保:博、定、安、雄、阜)(天:饶、东、文、桥、河)(张:赤、康、沙、商、崇、鹿、蔚)(邯:柏、大、任、临)

哭丧棒　(全省大部分地区通行)

出丧棒　(张:宣、万、张)

哀丧棒　(天:桥、阜)

孝棒　(石:晋)

孝子棒　(石:建)

哀棍儿　(天:宁、阜)(邯:郸、鸡、成、内、尧)(石:赞)(承:平)(唐:秦)

哀棍儿　(文)(承:平)

哀杖棍　(邯:鸡、任)

哀杖棍的　(邯:郸)

哀杖棍子　(天:津)

哀杖棍儿　(邯:磁、永、周、沙)

安杖棍的　(邯:广)

孝杖棍儿　(邯:乡、成)

赶杖棍儿　(保:唐)

孝杖　(唐:滦、秦)(天:安、宁)(邯:郸、内、尧)

哭杖　(邯:涉)

应反的　(邯:周)

打狗棒　(唐:丰、遵、昌)(石:枣、深)(保:容)

【引魂幡】　出殡时,孝子手执,引灵前进。

幡儿　(唐:丰、遵、蓟、大)(保:清)(天:献、霸、天、桥)(承:丰)(石:深)

幡子　(石:正)

幡儿 (保:唐)

灵幡儿 (唐:乐、昌)

迎魂幡 (石:新)

引引幡儿 (石:正、获、束)

【开吊】 有丧事的人家在出殡以前,定期接待亲友来吊唁。

开灵 (天:大)(保:安、雄)

开丧 (天:东)

报丧 (石:束)

吊孝 (邯:柏)(张:崇、怀)(天:安、桥)(唐:乐)

【报丧】 把某人逝世的消息,传告死者的亲友。

送信 (天:河、庆)

送信儿 (唐:丰、宝、蓟)(承:滦、围)

【丧帖】 人死后,通知亲友的帖子。

报讣 (天:安、霸)

讣音 (唐:丰)

告空 (邯:鸡)

告期启 (邯:鸡)

讣告 (邯:尧、肥、任、鹿、大、鸡、广)(唐:迁、昌、乐、遵、滦)(张:口、宣、龙、阳、赤)(承:隆、平)(保:完、涿、阳、安)(天:庆、武、宁、天、山、文、献、静、肃、强、固、饶)(石:安、灵、新、井、无、赞、武、宁、藁、衡)

报讣帖 (天:文)

丧帖子 (天:河)(保:兴)(唐:昌)

报丧帖 (邯:任)(石:衡、深、泽、束)

报丧帖子 (天:静、沧、文、大、霸)(邯:清)(保:唐、安)(石:深、束、泽、衡)

报丧帖儿 (石:束、深)

出帖 (石:行)

羊坐板子 人死后,用纸写上死者年龄和儿子孙子名字,贴在一木板上放在门口。(张:万、怀)

【满孝】 孝服期满。

满日 (石:枣)

换日 (石:衡、束、深)(天:黄、桥)

替孝 (张:张、万、怀)

脱孝 (全省大部分地区通行)

换孝 (唐:丰、抚、蓟、昌)(石:建、藁、枣、深)(天:强、静、津、桥)(邯:广、魏、鸡、大、台、任、肥、涉、成)(张:沙、商、鹿)(保:安、阳)

摘孝 (石:灵)(邯:乡)

孝满 (唐:西)

孝满了 (邯:鸡)(唐:昌)

除服 (唐:卢、昌)(石:深)

说服 (张:阳)

满孝 指死了亲人,既给孝帽子、孝袍子,又给孝带子,叫满孝。(唐:遵、乐)

满孝 指某人死去,晚辈在鞋上用白布鞔上。(唐:遵)

【吊孝】 即吊唁,到丧家祭奠死者。

吊哭 (天:河)

吊哭 一般指女的。(天:献)

吊丧 (保:完)(天:献)

吊班 (唐:西)

吊供 (石:深)(天:霸)

吊往 指女的。(天:黄、桥)

吊光 (保:高)

作吊 (唐:秦)(承:隆)(天:宁、河)(邯:涉、内)

烧纸 (张:康、尚、万)(保:水)(承:隆)(天:霸)

上纸 (石:枣)

上纸 指男的。(天:黄)

吊纸 (唐:抚、迁、丰)(天:静、安、山、饶、桥、献)(保:水、安、兴、阜、新)(石:正、束、枣、藁、深)

吊纸儿 (天:强、河)

送子碟 死了人,亲友们给送礼。(张:鹿)

【谢孝】 孝子给吊客、亲友、厨师、僧道、知客、抬灵的……磕头,表示谢意。但时间和场合各地有所不同。

贺礼 孝子到灵前给外人叩头。(承:滦)

答礼 亲友到灵前烧纸时孝子叩首答谢。(保:唐)

洗孝 (石:井)

磕孝头　死了父母，见熟人即磕头，不计行辈大小。(保:新)(石:束、深)(天:安)(唐:大)

谢孝　吊丧人吃饭时，孝子去磕头。(石:深、束)(唐:昌)

谢孝　下葬后三天到各家去磕头。(天:献、桥)

谢孝　①在送灵到坟上去时沿途给乡邻叩头。②出殡完事，向管事人和亲友叩头，表示谢意。(天:强、桥)(石:束、深)

拜车　(邯:南)

看饭　吊丧人吃饭时，孝子去磕头。(天:献)

谢客　(邯:磁)

回谢　(保:清)

【过六十岁以后死】

老丧　(承:滦)

喜丧　(承:滦)

【道恼】　吊问丧家。

道忧　(邯:沙)

道烦　(唐:三)

道恼　指死了小孩去吊问。(唐:丰、昌)

道恼　向死者的长辈慰问。(天:黄)

【祭奠】　对死去的人举行仪式，表示悼念。

上坟　(邯:磁)(唐:遵、乐)(石:束、深)(天:安、桥)

上供　(邯:大)(保:容)(天:河)(唐:乐)

上祭　(邯:大、周)

祭　(保:安、雄)

烧纸　(唐:遵、昌)(邯:磁)(石:深、束)

堂祭　出殡前一日起，由四个礼宾赞礼，称作堂祭。(石:深、束)

过一百天　人死后一百天，亲属上坟烧纸。(石:深、束)

过忌日　人死后，其子女每年于父母死日祭奠叫过忌日。(石:束、深)(天:安)

【伴宿】　出殡前日，亲属不睡守灵。

守夜　(张:龙)(保:博)(承:承)(天:肃)

坐夜　(唐:丰、滦、宝、秦、抚、卢、三)(承:承、隆、平)(石:正、石、无、高、赞、行、宁、藁、武、安)(天:黄、故、固、静、献、文、大、安、津、河、霸)(邯:郸、台、肥、尧)(张:崇、蔚、尚)(保:定、保、唐、高、满、新、蠡、完)

看尸　(保:容)

守尸　(邯:尧)

守孝　(邯:任)

守灵　(唐:大、遵、昌)(承:围)(石:束、灵、新、深、晋、获、藁)(天:强、肃、宁、饶、安、桥)(邯:广、乡、邯、郸、大、磁、清、涉、周)(张:怀)(保:安、阳)

看灵　(唐:滦、乐)(承:兴、滦)

陪灵　(保:兴)(唐:昌)(天:桥)

辞灵儿　(天:河)

辞灵　指在出殡前日大哭一场。(石:衡)(唐:昌)

【出殡】　把灵柩抬到葬地或寄放的地点。

打发　(张:万、康)

发送　(保:唐)(石:行)(保:容)

发丧　(石:赵、束、深、宁)(天:宁)

出丧　(石:无)(张:万、怀、蔚)(保:新)

发老　(石:建)

发殡　(天:阜)

示丧　(石:无)

【发引】　出殡时，抬出灵柩。"引"即"绋"。

出堂　(天:静)

出灵　(唐:抚、昌)

起灵　(天:庆、桥、安)(邯:任、周、大)(石:深、束)

发行　(唐:丰、西)

引进　(石:晋)

送行　(唐:滦、乐)

kuī 镇物兰　(石:灵)

【送葬】　出殡时陪伴灵柩到埋葬的地方。

送殡　(石:束、深)(邯:宗、乡、威、鹿)(天:天、安、桥)(唐:昌、大)

送行　(唐:遵、乐)

送丧　(张:万、蔚)

出殡　(唐:乐)(天:静)

执绋 （唐:秦）（承:承）（石:新）（天:文、宁）（邯:内）（保:安）

打幡 （承:围）（保:定）

拉灵 （邯:郸）

【开路神】 出殡时,前行的纸扎人。

纸草 （唐:乐）

纸扎人 （天:河、霸）

纸架人 （石:石）

纸人纸马 （唐:乐）（天:桥）

送殡鬼 （张:阳）

开路仙 （唐:山）

开路鬼 （唐:丰、滦、宝、秦、抚、卢、昌）（承:隆、丰、承、围、平、青）（石:元、获、赞、井、武、枣）（天:黄、固、东、静、文、山、大、桥、安、宁、永、霸、孟）（邯:广、魏、鸡、威、清、台、沙、任、肥、南、周、内、尧、大、丘）（保:水、安、雄、蠡）（张:龙、沙、鹿、口）

开路将军 大纸人,手里拿金锣。（承:滦、兴）

引路菩萨 （张:宣）

打路鬼 大纸人,手里拿鞭棍。（承:滦、兴）（唐:大、三）（张:宣、怀）

打道鬼 （天:河）（保:安、兴）

打道的先锋 （天:静）

接灵神 （保:博）

吊死鬼 出殡时前边用白纸剪的小人。（石:灵）

门前佛 （保:高）

执事 （唐:遵、蓟）（保:易）

火倒头东 （唐:遵）

【纸扎】 人死之后,用纸糊成的人、马、车辆、房舍楼库、金山、银山、金斗、银斗等,总名纸扎。

扎彩楼子 （天:桥）

纸活 （承:承）

纸草 （天:孟、庆）（唐:乐）

纸墙儿 （石:元）

菅楼 （邯:鸡）

银斗 （邯:鸡）（石:深、束）

金斗 （邯:鸡）（石:深、束）

【纸扎人儿】 给死人糊的纸人。

童男 （天:桥）（张:沙）（石:深、束）

童女 （天:桥）（张:沙）（石:深、束）

童男女儿 （张:阳）（石:深、束）

童男童女 有时起专名叫"得用""听用"两个名,写在纸条上,分别贴在童男童女身上。（承:滦、围）（唐:昌、乐）

童伴小 （邯:鸡）

童伴女儿 （邯:鸡）

使女儿 （石:正）

使小儿 （石:正）

开路鬼 （保:易）

纸人子 （天:黄、大、庆）

纸扎人人 （保:安）

行行人儿 （唐:大）

得用儿些 "得"音 děi。（唐:乐）

【纸钱儿】 送殡时沿路撒的纸钱儿。

轱辘钱儿 （石:深、束）

撒纸钱 （石:晋）

买路钱 （承:滦）

买路钱儿 （天:强）（唐:大）

买道钱 （天:饶）

引路钱 （保:容）

引路纸 （张:万）（天:献）

【提斗的】 去埋葬死人时负责扔买路钱儿的人。（石:深、束）

提溜斗的 （天:强）

【楼库】 "库"音 shè。房舍形状的纸扎,死人时烧用。

库 （唐:丰、遵、山、抚、昌）（承:青）（天:安）（保:唐、满、安、雄、容）

库楼 （天:孟、静、大、河）（石:正、泽）（邯:台）

库殿 （张:蔚）

山库 （保:新）

二库　（承：滦）

人库　（唐：玉）

金库　（唐：昌、乐）（保：安、兴）

银库　（唐：昌、乐）（保：安、兴）

金银库　（唐：秦、乐）（承：兴）（保：高）（张：沙、商）

金银亭　（承：滦）

金银　（张：阳）

灵楼　（邯：任）

楼的　（邯：大）

楼子　（天：桥）

名旌楼　（石：平）

旌帐楼　有女婿的糊旌帐楼，没有女婿的不糊。（石：新）

阳住楼　（石：获）

灵堂　（石：建）

庄宅　（天：饶）

纸宅子　（石：藁）

【纸锞】　“锞”音 kè，纸糊的金银小锭。

锭　（承：滦）

金银锭　（承：滦）（唐：昌）

箔　（天：河、桥）

金银箔　（天：安）（保：高）（唐：昌）

元宝　（唐：抚、乐、大、昌）

锞的　（邯：广）

锞子　（承：滦）（石：深、束）（保：满、涿）

锞儿　（石：正、建）（天：安）

纸锞儿　（邯：涉）（承：滦）

顿纸锞子　（唐：秦）

金银　（张：阳）

金锞子　（保：容）

银锞子　（保：容）

金银宝　（保：兴）

元宝四式　（邯：大）

元宝锞儿　（唐：丰）（石：深、束）

元宝锞子　（张：宣）

金银锞子　（承：青）（张：怀）

挂钱　纸锞子用线串起来。（唐：抚）

雪柳　（石：灵）

纸马香锞　包括烧纸及纸锞。（天：庆）（石：深）

摇钱树　（石：深、束）（唐：乐）

晃钱树　（天：桥）

【烧纸】　过去死人时烧的纸，上打有方形的孔。

白钱　（承：承）

长钱　（天：静）

洋务票　（天：河）

【上吊】　用绳带套在脖子上，悬身自杀。

上悬　（唐：丰）

上吊　（唐：昌）

立着死　（天：强）

竖着死的　（天：强）

挂上了　（承：承）

吊脖子　（唐：秦）（承：丰）（邯：内）（张：沽、尚）（天：故）（石：安）

上歪脖子树　（石：灵）

挂干菜　开玩笑话。（石：晋、藁）

挂干白菜　（保：定）

【寻短见】　自杀。

自寻无常　（张：万、怀）

寻无常　（天：津）（石：束、深）（唐：宝）（保：安）

寻无常了　（承：滦）

寻死　（承：滦）（唐：乐）（天：桥）

寻短路儿　（保：兴）（邯：内）（唐：昌）

心窄　（天：桥）

想窄道　（天：固）

想不开　（天：桥）

找了道儿　（石：束、深）

抹脖子　用刀自杀。（承：承、丰）（唐：乐）

凶死　用刀或绳子自杀。（承：滦）

走绝路　（邯：台）

走短路 （邯:内）

走短道 （邯:尧）

走短道子 （邯:任）

服毒 （石:深、束）

吃信 砒霜当地叫“信”。(石:深、束)(唐:乐)

【浮厝】 指“浮厝”这个动作。

堂 死人不用土埋,用砖垒个灵位叫堂,以后再埋。(保:蠡)

掩 （保:兴）

掩灵 （保:兴）

丘 （唐:丰、滦、抚、卢、三、昌)(承:隆、滦、兴、平、青)(石:束、赞、宁、藁、深)(天:孟、肃、静、献、安、永、霸、沧、庆、阜、桥)(邯:广、台、内、任、临、南、尧)(保:兴、易、蠡)(张:赤、宣、鹿)

丘着 （天:河）

丘起来 （承:隆、丰)(天:黄、河、桥)

丘住 （邯:大）

存灵 （承:滦）

寄埋 （唐:宝)(保:兴)

【浮厝】 把棺柩用砖石等物,在地面上封闭起来,留待移葬。指“浮厝”这个东西。

丘子 （承:隆、围)(天:河、大、桥、霸)(邯:大、南)(石:束、枣、深)

棺材丘 （张:沙）

棺材丘子 （天:安）

坟丘子 亦简称“丘子”。(唐:昌)

灵丘 （天:静）

裱着个人 外地人死后暂在偏僻地方用砖裱起来。(石:正)

【破土】 埋葬时挖地动土。

破土 指在挖坟坑以前,主孝子抱个大白公鸡让它在将要挖的地方打个滚儿叫“破土”。(天:强)(唐:昌)

破土 挖坟坑之前,孝子在挖坟坑地方焚纸,刺白公鸡的冠出血。(石:深、束)(天:桥)

开坟 穷人家男的先死占了坟穴,女的死后就只把坟穴扒开半边入穴,扒坟之前孝子先用镢刨两下,谓之开坟。(天:桥)

起坟 女的死后不得占坟穴,等男的死后一块占穴,起坟之前孝子带着枣、馒头、油馃子去开坟,别人再把骨头起出来。(天:桥)

开土 （天:静）

动土 （石:宁）

叫门儿 （石:深、束）

【挖坟坑】 为棺材下葬挖坑。

开圹 （承:滦）

打窝子 （天:黄）

刨坟 （石:深、束)(天:桥)

打坑子 打坑子时,四个角各刨一镐,洒上鸡血。(承:滦、围)

打坑子 （天:河）

打坑 （天:桥、安、沧）

打坟坑子 （天:大）

挖坟坑子 （保:易）

挖闸坑子 （保:安）

打墓子 （唐:昌、滦、丰、大)(天:霸)

【下葬】

埋 （邯:周)(石:灵)(天:桥)(唐:乐)

下土 （唐:秦、三)(承:隆、平)(石:石、无、高、晋)(天:阜、宁)(邯:邯、魏、大、永、沙、任、内、尧)(保:定、安、蠡)(张:口)

入土 （唐:抚)(石:藁)(邯:磁、永、尧)(保:容)

安葬 （天:孟）

登坑下葬 （唐:秦、蓟、三)(承:平)(邯:鸡、内、尧)(保:安)

下葬 （唐:昌）

【骨殖】 死者遗骨。

骨殖 （天:沧)(张:万、宣)(石:正、新)(承:滦)(唐:三)

干骨 （邯:台）

【骨殖罐儿】 装骨殖的罐儿。

熬殖罐儿 （石:平）

骨殖口袋　绛红色。(张:宣)

骨殖罐儿　(唐:蓟)

骨灰罐儿　(唐:滦)(保:博)

干骨匣　(石:灵)

干骨匣子　(邯:永)

骨殖匣子　(天:安)(承:滦)

坛子　(唐:大、秦、三)(石:栾、宁)(天:故)(邯:邯、磁、内)(保:蠡、望)(张:崇、尚、口)

匣食罐子　(邯:丘)

匣食罐　(石:宁)

遗食钵的　(邯:磁)

遗饭钵子　(张:怀)

【咸食罐】　随棺材埋入土中,装有菜食。(天:桥、津、天)(石:衡、深、束)

匣食罐儿　(石:正)

下水罐儿　(天:霸、庆)(邯:威)(保:新)(承:丰、围、承)

咸稀罐儿　(邯:乡)

遗食罐儿　(张:鹿)(唐:昌)

遗饭罐子　(邯:广)

衣饭罐子　(张:沙)

衣饭罐　(邯:乡)

罐儿　(承:承)(唐:丰)

【灵前放的盛纸灰的盆】

献盆子　(石:正)

献盆儿　(石:正)

火盆　(石:深、束)

丧盔子　(唐:丰)

【丧家门外的幡儿】

门幡儿　按死人岁数剪纸条做幡,悬于胡同口,男左女右。(石:束、深)

纸嘟噜儿　(石:正)

纸嘟子　(天:沧)

挑帘纸　(唐:丰)

【送三时孝子扛的纸钱】

挑钱纸　(承:平)

【摔盆子】　出殡时孝子在门口摔盆子。

摔献　(石:正)

摔盆儿　(天:天)(唐:乐)

摔葬盔子　(唐:滦、丰)

【圆坟】　下葬后孝子围坑转一圈,用手把土推进坑里。

圆坟　出殡的次日早晨,亲戚们去添土圆坟。(石:深)(天:阜、桥)

【死后好多年再往家起灵】

起骨殖　(保:高)(唐:丰)

【给死人洗眼】

开光　(石:束、深)(天:桥、安)

开脸　(唐:丰)

二十　讼事

【打官司】 遇事双方不能解决，告诉法院依法律判决。

讼事 （保:定、蠡）（邯:鸡、永、鹿、肥、内、尧）

诉讼 （承:兴）

起诉 （保:安）

【告状】 为某事上告司法机关。

告 （全省大部分地区通行）

告咧 （保:保）

告禀 （天:桥）（邯:鸡）

告发 （张:万）

上告 （张:万）

控告 （天:肃、东、文、桥、宁、永、庆、饶、故、津）（保:望、安、新、兴、雄、蠡）（张:万、宣、龙、赤、沙、尚）（邯:鸡、柏、宗、威、永、鹿、沙、任、临、肥、内、尧）（唐:迁、抚、三、卢、昌、蓟、遵）（承:平、隆、丰、承、滦、围）（石:栾、藁、无、晋、灵）

控诉 （张:宣）（承:围）（石:灵）（邯:清）

起诉 （邯:鸡）

诉状 （石:灵）

禀 （天:安、庆、桥、津）（保:望、安、新、蠡）（张:宣）（邯:乡、郸、魏、柏、大、鹿、沙、任、肥、成、内、尧）（承:平）（石:藁、晋、枣、束）

【原告】

告人的 （邯:郸、魏、鸡、柏、磁、宗、威、永、鹿、台、沙、任、临、肥、涉、周、内、尧、漳）（唐:丰、滦、玉、卢、蓟、三、抚、秦、西、山、昌、乐、大）（承:隆、围、丰、承、平）（石:赞、灵、石、无、衡、藁、晋、高）（天:阜、饶、故、肃、东、桥、宁、河、武、霸、沧、庆、津、安）（保:定、望、唐、水、满、安、阳、新、蠡、完、容）（张:阳、宣、龙、赤、沙、崇、怀、蔚、尚、口）

【被告】

受告了 （石:无）

受告的 （天:桥）

挨告的 （邯:郸、魏、鸡、柏、宗、永、鹿、沙、任、临、涉、周、内、尧）（唐:丰、滦、遵、玉、卢、蓟、三、抚、乐、秦、西、昌、迁、大）（承:隆、围、平、丰、承）（石:赞、灵、石、无、衡、宁、赵、藁、晋）（天:饶、故、肃、东、桥、宁、河、武、霸、沧、庆、津、安）（保:定、望、唐、水、高、满、安、阳、新、蠡、完、容）（张:万、阳、宣、赤、沙、崇、怀、蔚、尚、口）

【状子】 打官司用的呈文。

呈文 （邯:威）

呈子 （全省大部分地区通行）

呈的 （邯:大）

呈状 （邯:涉）

状 （唐:滦、昌、三）（承:平、承）（天:桥、宁、河、永、津）（保:望、高、阳、蠡）（张:张、怀、蔚、尚）（邯:广、郸、魏、鸡、柏、磁、永、鹿、台、任、肥、涉、漳、成、内、尧、丘）（石:获）

状的　（邯:邯、大）

状纸　（邯:周）（保:安）（唐:昌、大）

禀　（天:津）（保:望、蠡）（张:万、宣）（邯:魏、沙）（承:承）

禀帖　（石:束、正）（天:安）（保:唐）（邯:郸、鸡、大、涉、尧）（承:承、围）

诉状　（石:无）（承:兴）

【证人】　在法庭上说明自己看到或知道某种事情的非当事人。

说话人　（唐:遵）

中见人　（石:灵）（保:安）

证见人　（天:饶、桥）（保:安）

公正人　（承:兴）

见证人　（保:阳）（邯:肥、尧）（唐:昌）

见证　（石:井）

甘证　（天:河）（保:安）

证见　（石:宁、枣）（天:桥、安、庆）（邯:大、宗）（唐:大）

【惊堂木】　旧时审判官桌上所置的小木块，击案出声，以威吓被审的人。

醒子　（邯:内、尧）（保:望）

醒木　（天:饶、故）（保:望、蠡）（张:万、宣、商、鹿、蔚）（邯:沙、内）

镇堂木　（邯:魏）

惊堂板　（邯:临）

惊堂板子　（邯:邯）

惊堂木子　（石:无）

【坐堂】　旧社会官吏在庭堂上判事。

上堂　（邯:鸡）

升堂　（唐:昌、丰、乐、大）（承:围）

坐大堂　（唐:昌）

过堂　（唐:昌）

开庭　（唐:昌）

【问案】　审问案件。

堂事　（承:滦）

审　（石:束）

审司　（石:泽）

审官司　（邯:鸡、台、南）（石:深、束）

断官司　（邯:任）

问官的　（保:满）（邯:广、鸡、大、清、周）

问案的　（邯:大）

判案　（天:桥）

审判案子　（唐:遵）

审案的　（邯:鸡）

开审　（唐:大）

断案儿　（天:桥）

【过堂】　封建时代把犯人带在公堂上审问。

开庭　（唐:滦、遵、宝、卢、蓟、抚、大、迁、昌）（邯:广、郸、鸡、大、宗、鹿、沙、任、涉、内、尧）（承:隆、兴、围、青、平、承、滦）（石:获、行、藁、栾、无、深、晋、灵）（天:固、饶、故、肃、静、文、山、桥、宁、河、武、永、沧、庆、大、津）（保:博、定、易、望、唐、水、安、新、兴、雄、涿、蠡）（张:沽、宣、龙、赤、沙、蔚、尚）

开审　（天:静）（邯:肥）（承:隆）

审堂　（石:灵）

受审　（石:无）

【人证】　打官司时，人讲的作为证据的事实。

人据　（天:宁）

【物证】

物据　（天:宁）

赃证　（邯:肥）

赃　（邯:临）

【对质】　犯人之间或犯人与证人之间，互相质问应答，证明事情的本相。

质对　（天:庆）

质证质证　（石:获）

查证　（唐:遵）

对词　（天:河）（保:安）

对口儿　（唐:大）

项堂　（唐:昌）

【律师】 受当事人委托或法院指定,依法在法院为原告、被告做辩护或处理有关法律事务的人。

刀笔 (天:大、桥、安)(石:枣)(保:新)

代书 (石:束)(邯:尧)(唐:昌)

讼棍 (贬)(石:束)

写呈子的 (天:桥)(邯:清、丘)

包揽词讼 (承:青)

挑诉讼的 (邯:尧)

调词架讼的 (石:束)

【连累】 由于自己的事情而牵连到别人,使别人也受到损害。

受挂 (石:束、藁)

受连挂 (石:束)

受连累 (保:定)(唐:大)(天:安)

连挂 (唐:丰)

连累 连络。(张:怀)(承:丰)

连累人 (天:肃)

拉扯人 (邯:丘)

牵拉人 (天:桥)

牵挂 (唐:丰)(天:安)

牵连 (石:灵、枣)(天:饶、安)(唐:迁)

牵连上 (石:宁)

挂连 (石:正、灵)

拉都 (张:赤)

攀拉 (天:河)

同坐 (石:无)

吃诖误 (张:阳)

叔伯官司 如:"真冤枉!让我打这叔伯官司。"(天:安)

吃挂累 (天:天、霸)

受挂累 (天:安)(唐:大)

沾包 (唐:滦、蓟)

【代书】 代人写状子的。

刀笔 (唐:抚)(石:衡)(天:文、霸、庆)(保:涿)

代写 (石:灵)

代笔 (唐:昌)(石:灵)(天:文)(邯:魏、鹿)(保:高)

代笔的 (石:井)

代笔人 (邯:内)

写状员 (邯:鸡)

写状人 (邯:周)

整写 (邯:乡)

黑笔 (石:平)

书吏 (石:元、武、栾、新)(天:故、肃、桥、武、东)(保:望、安、涿、蠡、完)(邯:鸡、肥、南、内、尧)(张:阳)(唐:三、蓟)(承:平、承)

【服了】 承认服从了。

听 (保:高)

认 (唐:西)

认了 (天:宁)(唐:昌)

输了 (保:雄)

告饶 (承:隆)

伏服在地 (唐:昌)

【不服】 不甘心判决。

不服劲 (邯:台)

不认 (天:宁)

不认可 (保:高)(天:天、安)

不认头 (承:青)(唐:大)

不服 (唐:昌)

【上诉】 不服下级法院的判决,向上级法院申诉。

上控 (石:束)

来上告 (邯:周)

往上告 (天:安)(唐:大)

上告 (唐:昌)

起诉 (邯:任)(唐:遵)

【宣判】 法院对民事或刑事案件在法庭上宣布判决。

判准 (天:故、肃、任、津)(邯:郸、魏、鸡、沙、涉、内、尧)(张:沙、崇、怀)(保:望)(石:藁、无)(唐:卢)(承:平)

批准 (天:桥)

批下来了 (天:庆)

【招认】 承认犯罪事实。

招 （石:灵、建)（天:安)（邯:周)

招了 （石:平、枣)（天:饶、天、桥)（唐:丰、昌)

承招 （邯:鸡)

供认 （唐:迁、昌)（承:兴)

【苦打成招】 过去为反动阶级服务的法院,常把无罪的劳动人民说成有罪,经常用严刑逼迫他们承认。

屈招了 （石:高)（唐:昌、丰、乐)

屈打成招 （天:桥)

【供词】 被告人所陈述的与案情有关的话。

招的 （石:宁)

【供】 受审者陈述案情。

招了 （唐:遵、迁)（邯:任)

认了 （保:满)（唐:遵)（石:河)

堂供 （石:平)

口供 （唐:昌)

【咬】 把自己的罪责推给别人。

歪 （承:滦)

叨 （保:蠡)

攀 （石:束)（邯:鹿)

拉 （天:肃)（保:安)

拉上了 （保:高)

拉人 （保:兴)

咬人 （邯:鸡、内)（石:无)（唐:昌)（天:安)

咬着 （保:定)

咬一口 （石:石)

赖别人 （邯:涉)

反打巴掌 （唐:大)

【同谋】 指共同谋划(做坏事)的人。

同犯 （张:阳)（承:兴)（唐:昌)

共犯 （石:无)（承:兴)

合谋 （张:宣)（承:兴)（唐:大、昌)（天:静)

齐谋 （邯:内)

一伙的 （天:天、安)（唐:昌)

一伙子 （保:唐)（天:桥)

一块儿的 （唐:大)

通同作弊 （邯:邯)

【诬告】 无中生有地控告别人有犯罪行为。

栽赃 （邯:鸡)

栽赃陷害 （天:安)

诬陷 （承:兴)

诬告 （唐:昌)

挟嫌诬告 （承:兴)

虚告 （保:安)

害人 （唐:大)

【赖】 ①不承认自己的错误或责任。②硬说别人有错误或把自己的错误推到别人身上。

胡赖 （天:静)（张:蔚)

屈赖 （天:静)

诬赖 （唐:昌)

耍赖 （邯:台)

赖呼 （天:桥)

耍不值钱 （石:无)

胡搅蛮缠 （唐:大)

【保出来】 被拘押的人取保后得到开释。

保 （天:桥)（保:满)

保外 （承:兴)

保外就医 犯人有病,被保出来治疗。(承:兴)

保外执行 把犯人保出狱外服刑。(承:兴)

保释 （唐:昌)

托出来 （石:无)

取保外押 （邯:大)

【取保】 找保人。

觅保 （天:桥、津)（邯:郸、鸡、沙、内、尧)（承:平、承)

讨保 （天:安)（保:安)

找保 （石:束、深)

寻保 （张:蔚)

打保 (唐:丰、大)

打个保 (天:肃)

找保人 (石:无、行、深、束)(天:桥、安)(唐:昌)

【押解】 押送犯人。"解"音 jiè。

送 (石:灵)

送案 (邯:涉)

绑送 (邯:魏)

起解 (保:容)

解 (唐:滦、昌、迁、抚、乐)(张:宣、怀、尚)(承:青、承、平、滦、丰)(石:深、晋、正、新、获、行、高、束、建、冀、无、灵、衡、元、赵、枣、藁、栾)(天:黄、固、饶、孟、故、肃、东、任、桥、宁、安、河、庆、津、霸)(邯:乡、郸、鸡、柏、磁、宗、鹿、清、台、沙、任、临、肥、南、内、尧、丘)(保:博、望、唐、水、满、安、阳、兴、蠡)

解走 (张:尚)(唐:昌)

解出去 (邯:内)

降 "降"音 xiáng。例如:"村里完不了,降县啦。"(天:安)

押着 (天:天、桥)(石:深、束)

【解差】 押解犯人的人。

解人 (邯:涉)

解子 (天:天)

解差事 (天:霸)(唐:昌)

叫差 (唐:大)

【囚车】 押送犯人之车。

犯车 (老)(邯:永)

犯车 (唐:滦、遵、宝、玉、卢、蓟、三、昌)(张:张、沽、宣、龙、沙、商、怀、蔚、尚)(承:围、丰、承、平、隆)(石:赞、平、高、石、栾、藁、河)(天:肃、东、桥、武、永、沧、饶、津)(邯:郸、威、魏、鸡、柏、宗、鹿、任、南、内、尧、漳)(保:望、唐、清、安、新、雄、蠡)

犯人车 (唐:大)

罪人车 (邯:内)(石:无)

警车 (天:天)

【清官】 廉洁的官吏。

青天 (天:孟、固、肃、文、山、桥、天、安)(唐:抚、三、卢、秦、昌、蓟)(承:平、丰、承、滦)(张:康、宣、沙、崇、蔚、尚)(保:定、易、望、容、安、雄、蠡、涿)(石:藁、无、深、晋、束、灵)(邯:邯、鸡、柏、永、鹿、沙、肥、涉、内、尧、漳)

好官儿 (石:无)

大老爷 (保:新)

天老爷 (石:石)

青天老爷 (全省大部分地区通行)

青天大老爷 (唐:丰、昌、乐)(承:丰、平)(石:正、无、宁)(天:饶、安)(保:易)(邯:尧)

清官 (唐:昌、乐)

忠臣 (天:桥)

【昏官】 封建时代,人民把糊涂、昏庸、贪污的官叫昏官。

狗官 (天:肃、东、献、宁、饶、故、庆、津)(邯:邯、郸、鸡、鹿、沙、任、临、肥、涉、漳、内、尧、丘)(保:定、望、唐、高、满、清、安、新、蠡、完)(张:张、万、阳、康、沽、宣、龙、赤、怀、蔚、尚)(唐:丰、遵、乐、抚、三、玉、昌、蓟)(石:藁、宁、赞、无、晋、灵)(承:平、丰、承、青、滦、围)

狗皮 (唐:抚)

赃官 贪污、受贿的官吏。(石:深、束)(唐:昌、乐、大)(承:围)

狗赃官 (天:安)

贪赃卖法的官 (唐:昌)

混蛋官 (承:滦)

赖官儿 (张:蔚)

刮地虎儿 (唐:丰)

糊涂虫 (承:滦)

污吏 (承:平)

奸臣 (天:桥)

天高之人 (唐:昌)

【贪赃】 官吏侵吞国家或人民的财物。

吃钱 (天:庆)

吃请 (承:兴)

吃私 (石:束、深)(天:静、庆)(唐:丰)

吃私儿 (天:安)(石:深、束)

吃黑钱（唐：迁）

吃贿赂（全省大部分地区通行）

图贿（邯：鸡）

图贿赂（邯：乡、大、肥）（石：枣、深、束）

图财（石：藁、深、束）（天：桥）（唐：昌）

受贿（石：衡、赵、栾、深、束）（天：饶、故）（唐：昌）

受人贿（石：无）

贪赃卖法（保：安）（石：赞）

贪赃枉法（邯：郸）

使钱（邯：鸡）（保：兴）

开后门（邯：鸡）

找邪路（邯：郸）

刮地皮（邯：郸）（天：安）（唐：昌）

【吞公款】 侵吞公家的款项。

搂钱（天：安）

搂款（唐：宝、迁）

搂公款（唐：丰、迁）

搂腰包（邯：郸）（天：安）

搂了把子个（石：深）

吃官款（张：宣）

吃公款（石：无）（唐：秦）（邯：磁）

吃公家的（石：无）

吃私贪污（天：桥）

捞公款（张：蔚）

落公款（石：藁）

吞食公款（邯：大、任）（石：深、平）（保：兴、定）

吞搂公款（唐：滦、卢、蓟、三、抚、大、昌）（石：石）（承：平、兴）（天：肃、东、大、桥、沧、阜、津）（邯：郸、鸡、成、内、尧）（保：望、安、蠡、容）（张：蔚）

贪污（天：宁、安）（唐：大）

贪公款（唐：遵）（石：灵）（承：隆）

侵吞公款（承：承、兴）（唐：昌）

侵占公款（承：承）

私吞公款（邯：涉）（石：获）（张：商）

贴搂公款（天：桥）

克扣公款（天：饶）

克店公款（石：泽）

胳膊长（唐：丰）

拽腰包（邯：宗）

捞摸公家钱 例："这个队长光捞摸公家钱。"（邯：台）

【贿赂】 用财物买通有关人员。

托门儿（石：束）

托门子搬窗户（石：束）

递门包儿（唐：丰、昌）

走后门（新）（唐：山）

扒把儿（石：获）

花了黑钱（邯：内）

花钱运动（旧）（石：深、束）（唐：昌）

花钱（石：灵）

下钱（天：宁）

预把（邯：任）

入把（石：藁）

打点（旧）（唐：宝、卢、蓟、三、昌、迁）（张：沽、康、龙、赤、崇）（承：围、青、承、平、滦、丰）（石：深、晋、新、束、元、枣）（天：阜、固、饶、故、肃、献、大、桥、津、安、河、武、霸、大）（邯：鸡、鹿、台、任、涉、内、肥）（保：博、定、望、唐、水、安、兴、蠡）

使钱（全省大部分地区通行）

使个钱（石：宁）

运动（唐：宝）（石：束、宁）（保：兴）

拍拍（唐：大）

溜溜（唐：大）

【罚金】 以金钱抵罪。

罚（保：阳）（石：束）

罚款（唐：昌）

【敲竹杠】 利用别人的弱点或借某种口实抬高价格或索取财物。

讹人（天：桥）

巧取 （唐:大）

【枪毙了】

决 （石:灵）

凿咧 （天:肃）

凿了 （天:河）

崩了 （全省通行）

炮了 （石:河）

毙了 “毙”音 biē。（承:滦）（唐:昌、丰）（天:天、桥）

教了 （邯:内）（承:平）

教炮了 （承:平）（石:新、藁、栾）（邯:沙、尧）

啃沙了 （承:围）

执行了 （承:兴）

枪崩了 （石:灵）（邯:涉）（保:保、高）（唐:昌）（张:万、鹿）

吃黑枣 （承:围）（唐:昌）（天:安）

【用刑】

收拾 （天:安）

用刑法 （唐:昌）

清醒清醒 “文革”中用语。（天:安）

【戴手铐子】

戴上铐 （邯:邯）

戴手咒 （邯:漳）

戴手棒 （邯:鹿）

戴手棒子 （邯:柏、威、清、沙、任、南、宗、内、乡、尧）（唐:丰、滦、遵、宝、玉、卢、蓟、抚、大、乐、秦、西、昌、迁）（张:宣、龙、赤、崇、蔚）（承:兴、丰、青、承、平、滦、围）（石:无、正、赞、获、新、冀、河、高、束、无、衡、元、宁、武、赵、枣、藁、栾）（天:黄、固、孟、故、肃、东、静、任、文、大、山、桥、安、武、霸、沧、庆、津）（保:望、唐、水、高、安、阳、新、兴、雄、蠡、涿）

戴手镣子 （邯:涉）

戴手扣子 （唐:滦、遵、卢、抚、昌）（承:隆、丰、承、平）（石:深、平）（天:故、桥、津）（邯:鸡、沙、内、尧）（保:望）（张:宣、赤、沙、崇、尚）

戴手克儿 （邯:涉）

戴肉镯儿 （张:蔚）

戴银镯子 （天:安）

戴手镯 （唐:昌）

【带脚镣子】

砸镣 （保:安）（唐:昌）

钉镣 （保:安）（唐:昌）

钉了镣 （石:束）

戴上镣 （邯:丘）（唐:昌）

砸上镣 （石:束、深）

蹚镣 （唐:三）（保:安）（石:束、深）

蹚脚镣 （天:桥）（唐:大）

戴大链 （张:万、龙、赤）

戴手棒脚镣 （石:井）（唐:乐）

戴脚绊子 （唐:丰）

戴木狗子 木制的刑具。（承:围）

戒具 （新）（承:兴、围）

【坐监】 犯法后入监狱受拘押。

钻狱 （石:行）

钻黑小屋 （石:行）

蹲狱 （天:霸）

蹲笼 （唐:迁）

蹲黑屋子 （承:隆）（天:桥）

蹲黑屋 （唐:遵）

蹲监 （唐:丰、滦、卢、蓟、三、抚、大、迁、西、宝）（承:围、丰、平、青）（石:晋、灵）（天:饶、肃、东、桥、武、津）（邯:鸡、沙、内、尧）（保:望、满、兴）

蹲监狱 （唐:丰、滦、遵、昌）（张:宣）（承:承）（天:固、肃、安）（保:涿）

蹲大狱 （天:桥）（唐:迁、玉、昌）（承:平）（邯:宗）

蹲班房 指罪轻的人坐的。（唐:宝、三）（天:安）

蹲拘留 （唐:秦）（承:平）

蹲笆篱子 （唐:滦、乐、西、迁、抚、昌）（承:青、承、平）（天:黄、肃、桥、津）（邯:涉）（保:望）

蹲白房子 （天:静）

坐黑屋子　(承:丰)

坐黑房子　(张:万)

坐栅　(张:崇)

坐班房　临时拘留。(唐:抚)

坐班房　(唐:遵、昌、大)(张:阳、宣、龙、赤、沙、商、鹿、蔚、尚)(承:围、滦、平、承、兴)(石:正、获、河、束、藁)(天:阜、孟、肃、东、献、任、山、安、河、沧、庆、津)(邯:鸡、沙、涉、内、乡、尧)(保:定、望、高、安、阳、兴、蠡、涿)

坐拘留　(承:丰)

坐小笼　(承:隆、丰)

坐法院　(新)(保:雄)(石:深、束)

坐差房　(石:无、藁)

坐房的　(邯:邯)

坐大狱　(天:河、山)(保:唐、新)(张:赤、商、怀)(邯:乡、威)

坐看守所　案情比较轻的。(保:兴)

坐看守所　(邯:柏)

坐狱　(邯:宗)(天:霸)

坐监牢狱　(天:桥)(唐:乐)

住法院　(石:灵)

住狱　(邯:大)

住监　(邯:涉)

住监狱　(石:井)

囚起来　(保:水)

扣起来　(邯:邯)(保:水)

收拾起来　(保:水)

圈起来了　(旧)(石:深)

挨押　(承:兴)

掐了监　(老)(石:深、束)

入差房　(石:无)

吃各食　(唐:丰)

下了监牢狱　(旧)(石:深、束)

【探监】　犯人亲友、家属到监狱看望犯人。

探牢　(石:无)

探狱　(天:桥、宁)

看监　(邯:柏、内)

接见　(唐:大、昌)(承:兴)(天:静)

【立约】　订立契约。

立字　(全省大部分地区通行)

立个字　(邯:丘)

立字儿　(石:藁、深、束)(保:唐)

立字项　(邯:内)

立字据　(全省大部分地区通行)

立文约　(邯:大、肥)

立文书　(石:无)

写文书　(天:安)(石:井)

立凭据　(石:灵)(邯:漳)

立契　(唐:秦、昌)(保:容)

写帖儿　(石:深、束)

写拿手　(邯:大)

写字儿　(唐:大)

【订合同】　双方订立当作凭据的契约。

批合同　(天:大)(石:深、束)

拉合同　(石:平、灵)

打合同　(承:围)

立下合同　(承:滦)(唐:昌)

写下字据　(承:滦)(唐:昌)

【画押】　在契约或供词上签名、按手印儿或画十字。

摁押　(承:隆)

摁了印儿　(唐:大)

摁手印　(天:饶、桥、安)(唐:乐)

按印　(承:兴)

签字　(承:承)(唐:昌)

画印　(张:蔚)

盖章　(文)(石:深、束)(唐:昌)

具结　(天:肃)

打手戳了　(张:康)

【按指纹】

打手模　(旧)(石:深、束)

打手押 (石:藁、正)

打手印儿 (石:泽、束、藁、建、深)(天:饶、大)(邯:南)(保:唐、蠡)

打指印 (石:建)(天:肃)

打斗记 (天:文)(保:安)

印记斗 (天:孟)

摁指印 (石:灵、建)(天:安)

摁手押 (张:万、蔚、尚)(唐:丰、滦、卢、蓟、抚、秦、西、昌、迁)(承:隆、围、青、平、滦)(石:深、行、无、元、宁、藁、栾、灵)(天:黄、肃、东、桥、文、津)(邯:乡、郸、鸡、永、鹿、清、沙、任、肥、涉、内、尧)(保:定、望、水、兴、雄、涿)

摁手印儿 (唐:乐、大)

【地租】

典价 (石:无)

典钱 (石:藁、无、晋、平、行、灵、建)(天:肃、桥)(邯:鸡、内、尧)(张:张、宣、沙、龙)(唐:抚、卢、蓟)(承:平、丰)(保:阜)

地典钱 (唐:昌)

租金 (张:宣)

租钱 (张:万、阳、宣、龙、赤、沙、蔚)(唐:滦、遵、卢、蓟、昌、抚、乐)(承:丰、平、青、围)(石:晋、获、灵、石、无、藁、栾)(天:黄、肃、东、静、桥、永、沧、津)(邯:郸、鸡、柏、磁、鹿、沙、任、内、尧)(保:望、唐、高、蠡)

租钱 包括房租、地租等。(唐:抚)

租价 (石:束、深)

租子 (石:武)(天:桥)

地租子 (唐:丰、昌)(天:桥)

租的 (邯:大)

租子钱 (石:束)

地价 货币地租。(保:安)

租禾 (邯:台)

【地契】 旧指土地所有权的凭据。

地照 (承:围)(唐:昌)

地约 (张:康、蔚)

地文书 (唐:滦、宝、卢、蓟、三、抚、大、乐、西、昌、迁)(张:尚)(承:隆、兴、围、平、滦、承)(石:晋、正、赞、新、深、平、泽、新、河、灵、获、行、束、赵、藁、栾、无、元、井)(天:强、阜、孟、故、南、东、文、桥、宁、安、河、津、武、永、沧、庆)(邯:郸、魏、鸡、柏、磁、宗、威、永、鹿、清、台、沙、任、肥、周、成、内、尧)(保:博、易、望、唐、水、高、清、安、阳、兴、雄、蠡、涿、阜、完)

地契文书 (唐:西)

地牌子 (承:承)

土地证 (新)解放后土改,政府给农民的土地所有证,与旧时的地契有本质区别。(天:宁)(唐:乐)

文书 (唐:丰、遵、玉、乐、秦、昌、迁、蓟)(承:丰、青、滦)(石:冀、灵、行、高、束、石、建、无、衡、宁、井、武、枣)(天:黄、饶、静、献、任、大、山、桥、霸、安)(邯:广、乡、邯、大、宗、鹿、清、任、临、涉、容、周、内、尧、丘)(保:定、满、阳、新、雄、蠡、容)

文契 (石:石)

契 (唐:遵)

田契 (天:肃、桥、宁、固、津)(邯:鸡、鹿、沙、临、内、尧)(保:安)(张:宣、龙)(唐:昌、迁、蓟)(承:平、围)

契约 指地契、房契。(石:灵)

红契文书 (石:深)

白契 指没有交过税的草契。(石:束、深)(唐:昌)

红契 交过税,由官方发给的。(唐:丰、昌)(石:束)(天:桥)

地亩文书 (天:桥)

【房契】 买卖房屋所立的契据。

房约 (张:蔚)

房契约 (保:高)

房子文书 (石:宁)

房文书 (唐:昌)

红契 (唐:丰)

文书 (唐:丰、昌、乐)(承:丰、滦、围)(石:灵、高、束、建、衡、枣)(天:黄、饶、静、大、桥、安)(邯:广、大、涉、周)(保:新、蠡)

庄窠文书 (保:容)(石:无)

宅子文书　（邯:鹿）

【交税】

契税　（承:兴、围）

报税　（邯:涉、周、宗、乡、威、鹿）

完税　（邯:大）

纳钱粮　（旧）（唐:丰、昌）（天:桥）

纳税　（唐:昌）（天:安）

【路条】　即今之通行证。

证明　（保:涿）（天:安）

证明条　（邯:周）

路程单　（邯:肥）

条　（石:灵）

路条子　（唐:昌、乐）

行路证明　（石:新）

护照　（承:兴、围）

【免职】

涮了　（唐:丰）（承:平）

刷了　（天:霸）（唐:昌）

抹啦　“抹啦”音 ma lán。（石:宁）

撸了　（保:水、兴）（天:桥、安）（唐:丰、昌、乐）

贬了　（邯:肥）

下了　（天:静）

下架　（天:河）

革职　（保:安）

革差了　（保:兴）

革了　（石:束）（保:兴）（唐:昌）

砸差使　（天:庆）

打下来了　（天:桥）

掉了官了　（石:衡）

一捋到底　（保:兴）（唐:乐）

卸任　（保:水）（唐:玉、迁）

撤了　（石:束）（天:桥）（唐:大、昌）

撤任　（唐:滦、宝、卢、蓟）（石:平、石、藁、无、正）（承:平、隆、滦、围）（天:阜、孟、东、山、桥、宁、安、河、永、肃、津）（邯:郸、魏、鸡、沙、周、内、尧）（保:定、望、蠡）（张:康、沙、怀、尚）

撤差儿　（唐:昌）

捋了　（天:天）

【县官】

知县　（旧）（邯:丘、涉、邯）（石:灵、晋、宁）（保:阳、博）（天:津、河、安）（唐:昌、大）

县知事　（旧）（唐:丰、遵、宝、卢、蓟、抚、大、三、昌）（张:宣、鹿、沙）（承:隆、围、平、滦）（石:深、正、获、河、束、石、枣、栾、藁）（天:固、饶、东、大、任、山、桥、安、河、沧、庆、津）（邯:郸、鸡、柏、大、鹿、台、沙、任、肥、涉、内、尧）（保:定、望、唐、安、新、兴、雄、蠡）

县老爷　（唐:丰）（承:滦、围）

县太老爷　（天:肃、安）

县太爷　（旧）（唐:昌、乐、大）（天:桥）

县长　（天:天、桥）

大老爷　（旧）（唐:丰）（保:兴）

父母官　（旧）（石:宁）（唐:昌、乐）

正堂　（旧）（邯:鸡）

二十一　游戏

【毽子】

毛　(邯:任、内)(石:赵、赞、元)

毛儿　(石:行、栾、高)(保:唐)(邯:乡、沙、鹿、尧)

毛子　(石:元、赵、赞)(邯:任、内)

毽儿　音 qiànr。(唐:丰、山、大、卢、宝、西、秦、三、抚、乐、迁、昌)(承:平、青)

鸡毛毽儿　"毽"音 qiàn。(唐:昌)

毽毽　(张:万)

绢儿　(天:桥)

【踢毽儿】

踢毽毽　(张:张、赤、尚、康、沽)

踢毽子　(承:围)(石:深、无、正、灵、获)(天:东)(唐:昌、西)(张:沽、沙)(保:唐、安)

踢毽儿　"毽"音 qiàn。(全省大部分地区通行)

踢毛　(邯:任、内)(石:赵、宁)

踢毛儿　(石:行)(张:蔚)(邯:乡、鹿、沙、临、尧)

踢毛毽　(张:鹿)

踢毛毽儿　(张:龙)

踢卷儿　(保:新)(天:桥)

踢卷子　(天:桥)

拥毽　(石:深)(天:饶)

拥毽儿　(保:阳)(石:深、束)

拥毽子　(石:获、栾)

拥毛儿　(保:唐)(石:高、栾)

拥毛　(石:元、栾、赞、高)(保:唐)

玩毽子　(天:宁)

【空竹】　玩具的一种,用竹木制成,圆轴一端或两端有扁圆带孔空盒,细长绳放轴槽儿中提起抖动,使圆盒逐渐迅速转动,发出嗡嗡的声音。

嗡　(天:安)(保:唐、新)

嗡嗡　(石:灵)(天:宁)

嗡子　(全省大部分地区通行)

风葫芦　(天:孟、献、山、黄、强)(邯:临)(张:口)(保:高)(石:井、正、束、深)

风葫芦儿　(石:枣)

闷葫芦　(天:天)

空筝　(承:承、平)(张:沙)(邯:内)(唐:大)

空钟　(石:冀、泽、新、束、宁)(承:平)(天:肃、文)(张:鹿、尚)(邯:威、鹿、清、肥、南、内)

地钟　(张:鹿)

撞钟　(天:饶)

斗牛　(承:围)

【抓子儿】　一种小孩儿游戏。把几个(一般是五个)石子或内装沙子的小布袋,抓在手中,上扔、下抓,有的口中还唱歌谣。

欻子儿　"欻"音 chuā。(唐:丰、西、山、三、秦、迁、乐)(天:天、饶、文、武、霸、大、静、河、桥、任、献、山、东、黄、肃、安)(保:易、保、唐、涿)(承:承、滦、围)(石:

泽、行、建）

欻大把儿　（唐：乐、丰、遵、昌、抚）

欻核儿　（唐：抚）

抓石子　（邯：涉）

抓核儿　（唐：滦、昌）（承：平）（保：蠡）（邯：内）（张：尚）

抓胡郎　（石：藁）

抓羊拐子　（天：东、永）（张：沙）（邯：威、内）

抓羊拐　（石：石）

拿子子　（张：康、商、尚、张）

拿子儿　（张：阳、崇、万、宣）（邯：邯、大、肥）

拿石头蛋　（邯：尧）

拾搭　（天：静）

拾石子　（邯：任）

抓大把儿　（唐：蓟）

拾子儿　（石：深、枣、赞）（天：静、桥）（邯：乡、宗、鹿、清、南）

拾把把儿　（天：故、饶）

拾鸽子儿　（石：束、深）

擦子儿　（张：赤）

洒子儿　（石：获）

打子儿　（石：高）

马石子　（邯：任）

当子儿　（邯：磁、漳）（石：灵）

当瓦瓦子　（石：获）

盘杏儿　（石：冀）

摸　（天：天）

【弹球儿】　用手指弹玻璃球，甲球打上乙球为胜，也是小孩儿游戏一种。

撞球儿　（唐：迁）（石：灵）

来球儿　（天：静）

打球儿　（石：赞）

蹦球儿　（石：行、正、灵、井）（邯：临）

蹦弹儿　“弹”音 dan。（邯：广）

弹蛋儿　（张：张、崇）

弹琉璃蛋　（邯：漳）

弹玻璃球儿　（唐：乐、昌）

弹瓦　（天：献）

弹蛋蛋　（张：商）

弹球儿　（天：天、桥）

弹溜溜　（石：深）

撞琉璃　（唐：迁）

丢球儿　（天：天）

【吹肥皂泡儿】　用苇子棍或竹管等蘸肥皂水，吹出气泡，五颜六色，十分好看。

吹泡　（邯：大、尧）（石：无）

吹泡儿　（邯：邯）（石：灵）（唐：乐、丰）

吹泡泡　（天：天）

吹胰子泡　（石：武）（张：沙）（承：围）（唐：乐）

吹肥皂泡　（邯：大）（承：平）（石：深）

吹肥皂泡儿　（邯：尧）（承：滦）（唐：遵）

【打水漂儿】　向水面上撇瓦片或薄片石头，使之在水面点水跳跃前进。

撇流花　（天：河）

撇花　（天：饶）（保：安、高）（石：深）

撇花花儿　（石：深）

撇泡　（天：东、献、大、桥、沧、文、任、河、黄、山、东、肃）（石：衡）

撇水泡　（石：获）

撇扒　（天：饶、肃）（石：枣）

撇水呱　（石：灵）

撇瓦　（石：无）（天：文）（保：蠡）

撇瓦儿　（石：赵、藁、正、栾）

撇油儿　（张：宣）（邯：内）

撇篱笆　（天：孟）

撇乓儿　（石：深）

撇捎关儿　（石：高）

抛泡　（天：桥、沧、文、献、东、任、河、黄、山、肃）

抛篱笆　（天：庆）

抛拍儿　（天：强）

漂鱼儿 （张:宣）

漂筐箩 （邯:威）

漂水泡 （石:井）

漂水漂儿 （张:鹿）

撤漂 （邯:永）

撤片儿 （邯:磁）

片泡 （邯:大）

片瓦 （邯:大）（唐:滦）

片瓦瓦 （天:宁）

片儿拉溜 （保:清）

溅水泡 （张:赤、商）

溅水呱 （石:灵）

溅乓儿 （石:深）

打漂 （邯:宗、丘）

打漂子 （石:泽）

打漂儿 （邯:南）（石:束）

打漂漂儿 （全省大部分地区通行）

打漂漂罗 （唐:西）

打漂儿瓦 （天:固）

打漂瓦儿 （保:博）

打漂儿溜 （保:容、易、水）

打漂渣儿 （唐:迁）

打漂忽 （保:安）

打水漂 （承:平）

打水漂漂儿 （石:平）（唐:昌、乐）

打水上漂儿 （邯:肥）

打片儿瓦 （唐:山、丰、玉、宝、遵、三）（天:安）

打片儿拉瓦 （保:清）

打片儿溜 （保:满、涿）

打片儿拉 （唐:蓟、三、大）（承:承、兴）（天:固、宁、武、永）（保:望、阳）（邯:内、尧）

打水片儿 （石:无）

打水泡 （张:沙）（承:围）

打水泡儿 （承:平）（张:张、万）

打泡儿溜 （保:唐）

打促利泡儿 （邯:鸡）

打出篱漂 （邯:周）

打撇儿撇儿 （天:静）

打水撇儿撇儿 （天:静）

打乒乓儿 （天:霸、新）

打巴溜儿 （张:万）

打滑鞍儿 （邯:广）

打皮撇 （保:完）

打片瓦 （唐:大）

穿水泡儿 （张:崇）

串泡儿 （张:阳）

煎水呱 （石:灵）

砍漂儿 （邯:涉、肥、邯）

【占方】 画好方格子，两人往交叉点上摆石子，占方形多者为胜。或走动石子，使对方无路可走。为一种儿童游戏。

摇束 （邯:尧）

锁贯 （张:商）

四方河楼 （石:灵）

摆方 （石:深、束）（天:霸）

垫方 （邯:南）

卯方 （唐:大）

搿方 （石:宁）（保:阜）

搁方 （邯:广、魏）

类方 （石:深）

按方 （天:强、饶）

按三 （邯:郸）

盖房 （保:新）

走方 （石:深）（邯:魏、任）（保:阜）

走憋 （邯:尧）

走子儿 （石:正）（唐:乐）

走四子 （邯:尧）

走四股路 （石:束、深）

下方 （石:获）（邯:台、任、内、尧）（唐:抚）

下六　（石：获）

占方子　（天：霸）（邯：威）

占方方　（张：口）

占房子　（保：容）（天：静）

跳方　（唐：玉）（邯：郸）（张：阳、蔚、尚、康）

跳马眼　（石：平）

跳五层　（石：平）

跳碾盘　（石：平）

按山　（邯：邯）

走四亩地　（邯：邯）

走羊角　（邯：邯）

【跳房子】　在地面上画上方格子，小孩踢着石子或布袋，在格里跳。

起屋　（天：肃）（邯：内）

扔空　（石：栾）

踢房　（石：无）

踢房子　（承：青）（保：清、保）

踢城　（石：获）

踢瓦儿　（石：正）（邯：尧）

踢房子　（石：宁）

蹦房　（石：深）（天：饶）

蹦梯子登　（石：栾）（天：饶）

弹房房　（张：鹿）

跳九连环　（石：井）

弹格儿　（张：蔚、鹿）

克房子　（保：水）

背房子　（石：正）

杠房子　（石：枣）

打房子　（保：雄）

来房子　（保：新）

骑马登山　（石：灵）

格棱梯子　（保：高）

格蹬梯子登儿　（邯：乡）

跳圈　（邯：大）（张：阳）

跳圈儿　（石：建）（张：商）

跳间　（唐：遵、三）（石：藁）（天：肃、桥、津、河）

跳瓦　（唐：丰、昌）

跳登　（唐：西）

跳房儿　（石：平）（唐：玉、宝）

跳房房　（张：张、怀、鹿）

跳格拉　（天：宁）

跳格儿　（唐：乐、滦、抚、三、昌）（承：平、青、承、丰、兴、隆、围）（石：新、深）（天：肃、津、宁）（邯：郸、肥、漳、内、任）（张：万、宣、蔚、鹿）

跳瓦房　（唐：滦）

跳梯子　（天：河）（唐：蓟）（承：围）

占房子　（天：天）

背尾子　（唐：大）

打瓦　（邯：邯）

【玩家家】　孩子们玩过日子的游戏。

过家家　（保：保）（天：安、桥、沧、天、文、献、任、河、山、黄、东、肃）（承：围、滦）（唐：玉、宝、丰、山、大、乐）

串鼓打　（石：束、深）

耍家家　（张：康、尚、沽）

摆着人家家　（张：康、尚、沽）

【织线板】　两人玩的翻绳游戏。

织布罗罗　（石：泽）

织布　（石：赞）（保：易）

织手巾　（唐：迁）（承：隆、滦）

织毛手巾　（承：滦）

织方子　（承：丰）

织包袱　（石：正）

织窝单　（唐：西）（天：庆）

织瞎瞎　（保：雄）

织花花线　（唐：大）

织老牛槽　（保：水）

织绳　（石：冀、深）

织掇　（张：尚）（承：隆）（邯：内）（保：雄、博）

织线板儿 （唐:遵）

织花线板儿 （唐:玉）

织花绳儿 （唐:丰）

织罗罗网 （唐:抚）

织罗罗儿网 （全省大部分地区通行）

翻网 （石:冀）

翻股 （天:天、桥、沧、文、任、献、河、山、黄、肃）（邯:内、漳）（张:龙）（承:隆）（石:高）

翻花 （天:文）

翻交 （石:石、宁）（天:桥）（邯:永、鹿、台、任、肥、成、内、尧）（张:尚）

翻绳 （天:强）（保:高）

翻绳儿 （石:正）（唐:乐）

翻卧单 （天:庆、桥、沧、文、任、献、河、山、黄、东、肃）

翻网罗罗 （保:安）

翻驴槽 （天:静、沧）

翻老牛槽 （承:围、隆、滦）

翻蒺藜疙瘩 （天:大）

抄花 （天:饶）

抄花手巾 （保:蠡）

抄交 （邯:乡、郸、大、永、肥）

抄绷儿 （石:束、深）

抄线绷儿 （石:深）

择瞎 （保:新）

择线儿 （保:保）

择罗罗儿网 （保:容）

挑绳 （石:平）

挑线 （张:宣、鹿）（唐:乐）

挑交 （石:获）（邯:尧）

撑交 （邯:台、宗）

折交 （石:赵）

按交 （张:张）

结交 （石:平）

操交 （邯:广）

解绳 （石:灵）

解纥繨 （张:阳）

解头户槽 （石:灵）

掏 zēng （石:枣）

捉梭 （石:赞）（邯:内）

套彩彩 （张:蔚）

【扔坑儿】 游戏。在相当远处，挖两个茶杯大小的坑，用一个铜元或制钱向坑中投掷，投入坑中者为胜。

砍圈 （石:平）

砍圈儿 （石:建）

掠窝窝 （石:平）

凿坑 （石:晋）

丢坑 （天:桥）

扔坑 （石:束、深）（承:隆）

砸坑儿 （天:桥）

丢钱儿 （天:天）

丢窑儿 （唐:大）

【压杠】 地上画一条线，人站在距线一定远处用铜钱或瓦片投掷，压上线或距离最近者为胜。

扔杠 （唐:丰）

丢杠 （天:天）（唐:大）

撂杠儿 （邯:邯、宗）

掠杠 （石:平）

扔大杠 （保:高）

【撞钟儿】 用制钱或铜子在墙上撞，谁撞得远，谁就用钱砸近处的，如砸上就算赢了。

出鬼 （邯:肥）

跟钱 （张:尚）

碰钱 （石:武）（张:沙）

碰钟 （天:黄、沧、文、献、任、河、山、东、肃）（邯:宗）（唐:秦）

碰钟儿 （石:灵）（邯:南）

碰球儿 （天:宁）（唐:滦）

触钟儿 （张:蔚）

溜钟儿 （承:滦）

进钱儿　（石：枣）

撞钱儿　（石：束）

撞老杆　（邯：肥）

打彩　（邯：肥）

【砸钱儿】　在地上画一方格，或放一块砖头，把铜钱堆成一堆或几堆，人在一定距离去砸它，谁把铜钱砸出圈或打下来，打出的铜钱就属谁，谁打下的多，谁就胜了。

砸砖　（石：平）

堆钱　（张：宣、鹿）

坑钱儿　（石：宁）

边钱儿　（张：阳）

处钱儿　（天：武）

拍堆儿　（保：水）

得钱儿　“得”音 dēi。（天：天）

铲瓦　（承：青、围）

砍方　（邯：邯）

投方　（邯：邯）

【赶子儿】　一种儿童游戏，在地上挖一至三个小坑儿，在小坑里滚玻璃球儿，滚进者为胜。

赶蛋儿　（保：阳）

赶眼儿　（承：平）

赶点儿　（天：天）

赶老窑　（承：平、滦）

赶窝儿　（唐：滦、三）（承：平、青、隆）（石：高）（天：津、宁）（保：唐）（邯：内）（张：阳）

赶老窝　（唐：乐、三）（承：平、承）（石：平、井、武）（天：东、永、故、津）（邯：鸡、任、临、周、内、漳）（张：沙、崇）

走子　（石：获）

走子儿　（石：石）

轱辘子　（邯：大）

弹老崩　（保：新）

撵榧子　（邯：乡）

倒羊窝　（张：赤）

拾豆腐　（天：宁）

打琉璃球儿　（邯：邯）

得球儿　“得”音 dēi。（天：天）

进三坑　（承：青）

赶老蛋窝儿　（天：安）

拿子儿　（邯：郸）

【打陀螺】　陀螺为竹制或木制儿童玩具，以绳抽打，能在地上旋转。

抽牛儿　（天：桥）

打屁牛　（邯：邯）

打懒牛牛　（石：束、深）

打皮猴儿　（唐：滦）

抽冰猴儿　（唐：昌、乐）

玩冰猴儿　冬天在冰上玩陀螺。（唐：昌、乐）

电猴儿　（唐：昌）

抽冰尜儿　（唐：大）

打冰尜儿　（承：围）

抽尜尜儿　（唐：玉、宝、丰）

打尜尜　（承：青）（天：霸）

打捻捻转儿　（天：天）

打 dé lào　（邯：邯）

打日本儿　小孩儿边玩边唱：“中国鞭子外国猴儿，打得日本不露头儿。”（唐：昌）

【划拳】　酒席间游戏的一种，两人口中各喊数目字，各用一只手同时一齐伸出 0 ~ 5 个手指，总数与所喊数目，谁相应谁胜，败者喝酒，亦称拇战。

豁拳　（唐：昌）

猜拳　（全省大部分地区通行）

叫拳　（石：深）

画枚　（承：平、青）（石：赞、石、平、宁、赵、藁、河、建）（邯：广、乡、郸、鸡、大、宗、永、鹿、台、沙、任、临、肥、涉、周、成、内、丘、邯、尧）（保：完）

猜枚　（全省大部分地区通行）

筛枚　（邯：漳）

叨笑话　（张：赤）

划划　（天：天）

【猜灯谜】 即猜谜语。

说笑话儿 （张:康、尚）

猜闷儿 （天:武、天、庆）（邯:宗、南）（承:丰）（唐:乐）

猜谜谜 （张:万）

猜枚 （唐:丰）

猜谜 （唐:山、遵）（保:博、易、安）（邯:邯、涉、磁）（石:栾、赞、灵、建）（张:阳）

猜字虎儿 （邯:鸡、任）

猜笑话儿 （张:万）

破枚 （天:任、霸）（石:无）（唐:大）

破闷儿 （天:天、武）（承:围、滦）

破枚儿 （天:静、安）（唐:乐）

破枚猜 （保:新）（天:安）

抛谜 （天:山）

破谜 （天:河）（保:安）

破谜儿 （唐:迁、昌）

刨谜猜 （天:强）

破灯虎 （石:宁）

撇闷儿 （天:桥）

打灯谜 （天:桥、沧、东、文、献、任、河、山、黄、肃）

打灯虎儿 （全省大部分地区通行）

打字虎儿 （邯:大、广、鸡）

灯谜会 （邯:邯）

捕灯虫 （石:高）

【锛铰裹】 小孩游戏的一种，玩时口中喊"锛铰裹"。各向外伸手，（拳代表）锛胜剪，（伸中指食指代表）剪胜裹，（全手张开代表）裹胜锛。

划拳 （唐:乐）

将军包 （承:围、滦）

砸幺三儿 （天:桥）

锛吃锛 （唐:丰）

嘿喽喽 （唐:山）

瓴瓴 （唐:玉、宝）

金钢猜 （张:张）

钉缸锤 （唐:抚）

来棒锤 （唐:西）

石头、剪子、布 （唐:昌）

猜 （石:宁）

【耍龙灯】 民间艺术的一种。

玩灯 （邯:涉）

玩大龙 （邯:任）

玩火龙 （邯:肥、尧）

玩龙灯 （邯:乡、大、永、肥、周、尧、丘）（石:深、冀、晋、枣、栾、河）（天:东）

跑灯 （石:灵）

闹龙灯 （保:阳、新）

跳龙灯 （张:龙）

耍龙 （唐:遵）

耍龙灯儿 （石:无）（唐:昌、丰）

龙灯会 （天:大、桥、安）（承:滦）（唐:大）

【耍旱船】 船篷里坐着一个人，旁边有一个撑桨的，两人表演，是民间艺术的传统节目。

玩船 （邯:广、内、尧）

玩花船 （邯:鹿、乡、邯、魏）

玩旱船 （天:桥、沧、文、献、任、河、山、东、黄、肃）（邯:宗、周、威）（石:无）

拉旱船 （保:安）（唐:滦）（邯:任）

拉花船 （邯:任）

跑船 （邯:磁、涉）

跑旱船 （全省通行）

跑法船 （邯:鸡）

踩旱船 （石:武）

划旱船 （邯:尧）

走旱船 （保:保）

滑船 （张:崇）

狮子旱船 （唐:迁）

【跑车】 与耍旱船有相似之处，一个人坐在车内，后边有一人推着，前边有扮演少女的拉着，边走边唱，是我国民间艺术的一个传统节目。

小车会 (唐:丰、玉、宝、昌、大)(承:围、滦、隆)(天:天、安、桥)

推太平车 (邯:尧)

拉太平车 (邯:任)

拉洋车 (石:高)

【玩车子船】 跑车与耍旱船的统称。

车子船儿 (石:深)

玩花车花船 (邯:大)

【耍狮子】 一种民间艺术。

耍狮猫 (天:孟)

耍狮豹 (天:黄、山、庆、沧、桥、文、献、东、任、河、肃)

耍狮蹦 (天:桥)

玩狮子 (石:宁、无、深、晋、枣、束)(保:博)(邯:广、邺、魏、内、大、南、丘)(张:赤)

玩狮豹 (邯:乡、宗)

逗狮子 (唐:宝、抚)(张:康、万)

跑狮子 (保:蠡)

蹦狮子 (石:深)

打狮子 (张:尚、蔚、怀、沙)(天:肃)(石:藁)(保:望)(邯:内、涉)(承:隆、平)

滚狮子 (全省大部分地区通行)

狮子豹 (天:东、阜)

狮子会 (保:新)(唐:玉)

狮子滚绣球 (承:青、滦)(张:阳)(唐:抚)(天:沧、桥、文、东、河)(保:完)

电龙头 (天:桥)

【高跷】 一种民间艺术。

踩高脚 (唐:丰、乐)

踩高跷 (石:枣、灵、束、栾)(保:阳、安、易)(邯:邺)(唐:山、昌、玉、宝、蓟)(天:天、桥、安、霸)(承:滦、围、隆)

跑高跷 (天:沧、桥)

蹅高跷 "蹅"音 chǎ。(保:阳)

登高跷 (石:束)(保:阳)

踏大跷 (邯:广、肥)

玩大跷 (邯:肥)

小跷 (邯:鸡)

走跷 (天:桥、沧、文、献、任、东、河、山、肃、黄)

高脚 (唐:丰)(承:青)

高脚秧歌儿 (唐:迁)

寸子 (天:桥)

腿子 (天:桥)

干棍子脚 (张:万)

【扭秧歌】 民间艺术的一种。

地跑 (承:青)(唐:滦)

地蹦 (承:平)

地蹦蹦 (承:平、青)

扭小场儿 "场儿"音 char。(石:建)

唱秧歌 (天:桥、沧、东、文、献、任、河、黄、山、肃)

旱秧歌 (天:天)

地秧歌 (天:天)

扭秧歌 (唐:昌)(天:天、桥)

扭大秧歌儿 (承:承、平)

大秧歌 (天:宁)(唐:蓟)

扭地秧歌 (唐:丰)

地脚秧歌儿 (唐:迁)

扭秧歌舞 (石:灵)(保:阳)

【秧歌】 包括高跷、跑旱船、顶灯、瞎子摸灯等民间艺术。

社火儿 (张:鹿)

节节高 一大人扛一孩子在头上耍的游艺。(天:天)

【二人抬】 民间艺术的一种。二人抬一长杆,演员骑在上面表演。过去内容多为讽刺统治者,故多扮演贪官污吏的形象。在抗日战争和解放战争时期,文艺工作者利用这一人民喜闻乐见的形式,表现了新的内容。

二人杠 (天:饶)

二人转 (石:宁)(承:围、滦)

抬杆儿 (全省大部分地区通行)

抬杆官儿 （石:深）

抬花轿 （邯:永）

抬傻官 （天:饶）

抬傻大官儿 （天:强）

抬混账儿 （天:庆）

抬哈大官 （石:枣）

抬混账官 （石:束）

抬瞎账官 （保:定）

抬扁担官儿 （邯:肥、鸡、尧）

压蛋官儿 （保:阳）

杠官 （邯:临）

窝官 （唐:遵）

背杆儿 （承:滦）

杠行会 （保:新）

坐轿 （石:藁）

架阁 （天:献）

顶阁 （邯:郸）

【玩竹马】 民间艺术的一种，扮演骑马人，腰间跨带一假马，前头有马头，后有马臀部及尾，耍者效骑马状。

竹马儿会 （保:水）

跑驴儿 （唐:丰）

【玩竹马】 指小孩拿竹竿当马骑的游戏。

骑马 （全省通行）

骑马玩 （张:张）（唐:昌）

骑马马 （张:阳、怀）

骑马马耍 （张:万）

骑马战 （承:滦）

骑竹子 （唐:山）

骑木马 （天:桥、沧、文、献、任、河、山、东、黄、肃）

骑竹马 （唐:山）（石:赵、冀、平）（天:肃）（邯:任）（保:易、保）（张:商）

骑大马 （唐:昌、迁）

跑竹马 （石:枣、藁、正、行、灵、建、高）（天:饶、孟、东、河、任）（邯:大、肥、涉）（唐:抚）（保:高、安）

当马 多骑秫秸玩。（唐:乐）

【打花鼓】 一种民间艺术，演出者边唱边打腰鼓。

花鼓戏 （唐:三）（承:平、承、隆、围）（石:无、藁）（天:天）（保:雄）（邯:内、尧）（张:宣、尚）

打花鼓儿 （保:涿、清、保、易）（邯:永）（张:万）（天:庆、安）（石:枣、冀）（唐:玉、宝、山）

打挎鼓 （承:青、龙、滦）

打太平鼓 （保:新）（唐:抚）

花鼓的 （邯:广）

【开戏了】

开了 （张:康）（石:无）（天:天）（邯:涉、内、尧）

开台了 （唐:丰、滦、遵、宝、蓟、玉、西、秦、三、乐、迁、昌、抚、大、卢）（承:各地）（天:黄、固、孟、安、宁、武、永、霸、山、河、庆）（张:宣、蔚、沽）（邯:鹿、沙、内、尧）（保:水、安、新、雄）

开台了 指休息后重新开戏。（保:唐）（唐:玉、宝）

开锣了 （天:东、桥）

开演了 （唐:遵）（保:涿）（天:静、宁）（邯:鹿、内）（石:深）

演开了 （邯:尧）

唱开了 （石:无）

开幕了 （新）（邯:涉）（唐:遵）（石:灵）（保:满）

【垫戏】 正戏前垫演的。

帽戏 （天:任、文、山、桥、宁、肃、东、献、大、河、庆、饶、沧、黄、安）（邯:清、南）（保:博、安、高、雄、蠡）（唐:大、玉、秦、蓟、西）（石:泽、晋、新、枣）（承:围）

帽儿戏 （唐:大、丰、滦、山、迁、乐）（承:承、丰、滦）（天:强、静、安、桥、霸）（张:万）（保:易、保、望、水、满、安、阳、新）

戏帽 （唐:乐）（天:沧、桥、河、山、东、黄、任、献、肃）

戏帽儿 （唐:抚、乐）

开场戏 （承:隆）（唐:昌）

垫场戏 （唐:滦）（石:束）

垫台戏 （石:获）

顶儿戏 （承:滦）

折子戏　（承:隆）

配戏　（张:商）

错戏　（邯:涉）

错出　（邯:涉）

单出　（石:栾、灵）

小单出　（石:藁、深）（保:阳）

搭出　（石:获）

四出　（邯:郸）

加演　（新）（石:栾、石）

【本头戏】　即正本戏。

正本　（邯:广、郸、磁、威、肥）（唐:迁）（张:张）

正本大套戏　（石:束）（保:博）

正场戏　（石:灵）

本戏　（天:饶）

正出　（唐:丰、滦、抚、迁、昌、乐）（石:正）

正出子　（唐:迁、昌）（承:青）

真出戏　（张:阳）

压场戏　（天:宁）（石:深）（唐:大）

压轴戏　（天:天、桥）

【大戏】　即戏剧，与杂耍、小戏相对而言。

戏　（石:灵、深）

二黄　指京戏。（天:安、霸）

【梆子】　梆子腔的简称。边唱边敲梆子。是从陕西的地方戏发展来的。

高调　（邯:周）

高调　指河南梆子。（邯:成、周）

反调　指河北梆子。（邯:成、永）

西调　（邯:任）

豫西调　指河南梆子。（邯:成）

大戏　河北梆子。（保:雄）

【评剧】　又叫"评戏"。歌调较梆子腔简单，前身是蹦戏。

落子　（老）（唐:丰）

落子　（全省大部分地区通行）

莲花落　（全省大部分地区通行）

奉天落子　（保:新）

大落戏　（邯:涉）

小落戏　（邯:涉）

蹦蹦　（石:深、泽、晋、河、平、正、赵、枣、藁）（张:商）（邯:宗、任、内）

蹦蹦儿　（石:平、枣、新、建、井、栾）（邯:漳、南）（天:河、沧、文、献、任、黄、肃、东、桥、霸）

蹦子　（唐:丰）

蹦板儿　（天:孟、安）

蹦卜儿　（邯:南）

蹦蹦戏　（老）（张:龙）

乐不够　（旧）（天:桥）

【越调】

越腔　（天:宁）

越戏　（石:正）

走调　（石:无）

留调　（石:无）

秧歌调　（石:石）

【独脚戏】　①不用配角，独演全出的戏。②一个人操纵乐器，又耍（木头人或布人）又唱的戏。

托戏　（天:庆）

扁担戏　（承:滦、平、丰、围）（唐:抚）

卧单　（保:望）

卧单猴　（石:藁）（邯:内）（保:望）

捅布袋猴儿　（石:建、正）（邯:乡）

打十八弦　（石:新）

【傀儡戏】　民间艺术的一种。即木偶戏，有立体假人、物。演出者在幕后操纵木偶。为我国传统剧目之一。

姑姑丢　（天:宁）（保:安）（唐:玉、丰、蓟、宝、山）

姑丢人儿　（保:容）

耍小人的　（唐:秦）

葫芦头子戏　（唐:乐、昌）（承:青）（天:庆）

耍孤龙人　（保:高）

耍骨头人　（保:清）

耍木头人 （保:安）

耍朴布娃娃 （张:万）

耍姑丢 （保:涿）（天:武）

耍姑丢丢 （唐:蓟）（天:安）

耍孤独丢的 （唐:玉）

傀儡人 （石:灵）

耍傀儡子 （天:河、文、献、沧、任、山、肃、黄）

挑傀儡子 （天:庆、河、沧）

耍傀儡人的 （保:易）（天:沧）

耍傀儡头 （天:饶）

耍鼓儡子 （天:安、静、津、霸）

耍猴儿立子 （邯:大）

耍钩儿立子 （天:黄、山、沧）（邯:内）（保:容）

姑丢 （保:新）

耍葫芦头 （天:饶）

耍趣葫芦头 （石:无）（天:天）

耍不不登儿的 （唐:西）

布袋戏 （石:深、晋、束、冀）（保:博、蠡、唐、定）（邯:宗）

布袋猴 （石:晋）（邯:尧、威）

走布袋猴儿 （邯:鹿）

布袋猴儿戏 （石:宁）

玩布袋猴 （邯:台）

钻布袋 （石:枣）

掆布袋猴 （邯:任、漳）（石:获、新、正、栾）

掆卧单猴儿 （石:建）

掆大猴 （邯:成、鄣）（石:束、赵、衡）

掆猴儿 （石:元）

掆秫秸猴儿 （邯:鸡）

掆布袋戏的 （邯:南）（石:河）

扁担腔 （保:水）

木头人 （石:无、晋、灵、冀）（承:平、隆）（天:沧、文、献、任、黄、山、肃、河）（张:沽、龙、怀、蔚、尚）（邯:鸡、宗、威、清、沙、肥、涉、内、邯、尧、漳）（保:高、满）

偶人儿 （张:蔚）

木偶戏 （全省大部分地区通行）

木偶人 （唐:西）

独偶人 （张:沽、阳、康、商）

提偶人儿 （张:宣、鹿）

端偶人的 （张:口）

吼戏 “吼”是“偶”的变音。（唐:迁）

大肘 （天:桥）

肘猴儿 （石:井、枣、藁、元）（邯:任、内、鄣）

绰影 （邯:丘）

玩把戏 （天:东、文、沧、桥、献、任、河、黄、山、肃）

独独戏 （天:孟、河、沧）

鼓儡子 （天:霸、大）

狗头戏 （唐:抚）

戳大猴 （邯:大）

皮二猴 （邯:漳）

骨头人儿 （保:保、清）

嘟答戏儿 （天:桥、文、沧、任、献、河、山、黄、肃、东）

杜梨的戏儿 （邯:周）

鹁鸽楼子戏 （天:强）

掆胡拉头儿的 （邯:清）

提袍当猴戏 （石:平）

扁担戏 （承:隆）

影戏 （唐:大）

【演员】 此处收入个别的、已不再使用的旧词，它们反映了演员在旧社会的地位。

角儿 （天:津、安）（唐:昌、丰）

戏角 （唐:蓟）

戏角儿 （天:静）（唐:昌）

唱戏的 （邯:邯、魏、涉、尧）（石:深、宁、无）（天:天、河、桥、东、任、献、文、黄、山、肃）（保:易）（承:围、滦）（张:鹿、蔚、口）（唐:玉、乐）

作艺的 （旧）（天:津）

戏小子 （旧）（张:阳）

戏子 （天:天、桥）

【行头】 演戏的服装用具。

箱　(石:宁、灵)(邯:乡、清、任)(承:平)(天:桥)

戏箱　(邯:郸)(承:滦)(天:桥)

戏装　(天:宁、桥)(石:深)

家私　(唐:滦)(承:平)(天:河、沧、文、献、任、黄、山、肃)(邯:内)

【敲锣】

筛锣　(石:束、深)(唐:昌、丰、宝、玉、山、乐)(天:桥、安)

打锣　(承:围)

【敲钹】　"钹"音bó。铜制乐器,两片敲之发声。

掴钹　"掴"音kuāi。(石:束、深)

掴打钹　(石:束、深)

打镲镲　"镲"音chǎ。(唐:丰、昌、乐)(承:围、滦)(天:安、天)

拍镲　(邯:邯)

敲镲　(唐:玉、宝、山)

敲咣咣　(天:桥)

【戏台】

台子　(邯:广、乡、威、尧、邯)

戏台口　(天:静)

戏台子　(邯:大)(唐:乐)

【前台】

外台　(旧)(天:安)(邯:尧)

【后台】

里台　(旧)(天:安)(邯:尧)

【散戏了】

散了　(天:天)(唐:卢)

戏散了　(全省大部分地区通行)

散了戏咧　(天:肃)

住戏了　(邯:广、肥、周、鸡、磁、漳、成)

戏煞了　(石:枣)

煞台了　(唐:丰、滦、遵、抚、大、蓟、玉、西、迁、昌)(承:平、滦、丰、隆)(石:宁、武、赞、深、晋、枣)(天:安)

煞戏了　(天:桥、霸)

歇台了　(唐:三)

谢台了　(唐:三)

散台了　(唐:滦、抚、宝、蓟、三)(承:平、青、隆)(天:永、津)(邯:沙、内、尧)(保:望)(张:蔚)

散场了　(唐:滦、宝、抚、昌、蓟)(承:平、隆、兴、承)(天:宁、固、津)(张:宣)(邯:鸡、威、鹿、任、内、尧、丘)(石:栾、藁、赵、无)(保:安)

闭幕了　(新)(邯:涉)

【折跟头】

栽跟头　(唐:遵)(天:肃)(张:商、张)(邯:临)

栽跟头(儿)　(全省大部分地区通行)

张跟头儿　(石:枣)(天:桥、河、庆、黄、山、东、沧、任、献、肃)(承:围、滦)

倒跟头　(邯:大)

翻跟头　(全省通行)

摔跟头　(承:平)

拽跟头　(承:平)

折帽儿跟头　(张:万)

打跟头　(唐:丰、玉、昌)(承:滦、围、丰、隆)(石:冀、赞、深、无、行、束、灵、赵、栾)(天:饶、东、任、大、桥、河、沧、献、黄、文、肃、山、故)(邯:大、宗、清、鸡、威、丘)(保:安、博、高)

打跟头儿　(石:枣)

【侧手翻】　身体侧向一面,手脚连续着地(左脚左手,右手右脚或右脚右手、左手左脚)很像车轮转动前进。普通叫侧手翻。运动项目之一。

倒翻　(天:孟)

纺车跟头　(天:孟、安)(保:水)

打纺车跟头　(石:赞)(邯:临、宗)(保:安)

打纺车轮子　(石:平、赵、无、泽、建、高)(天:肃、河、沧、任、献、文、肃、黄、山)(保:高)(邯:磁、任)

打纺车轮儿　(石:元、正、晋、平)(保:博、唐、高、完)(邯:魏、邯、涉)

打纺车棂　"棂"音líng。(石:获)

打把式　(唐:丰、昌、蓟)

打旁连 （天:桥）

打纺花车棂 （邯:漳、周、广）

打纺车棂子 （石:灵）（邯:沙、鸡）

打纺花车轮子 （邯:磁、邯、涉）

打花车 （张:鹿、宣）

打纺车轮跟头 （邯:任）

打飞车 （天:强、霸）（保:新）

打扇车 （天:饶）

打井车 （保:新）

打翻片 （张:宣、崇、阳）

打翻脚棂子 （石:正）

轮儿跟头 （石:灵）（天:东、文、河）

打车轮儿跟头 （唐:滦、大、蓟、三、昌）（承:承、兴、隆）（石:束、衡）（天:桥、河、宁、霸、沧、津）（保:保、满、阳、蠡、容）（邯:乡、内、台、尧）（张:尚）

放车轮子跟头 （石:灵）

打车轱辘圆 （唐:西）（承:丰）

打车轱辘跟头 （承:围、隆、丰）

车轱辘把式 （唐:秦）

打车轱辘把式 （唐:昌、抚、迁、乐）

打扇车轱辘 （邯:南）

打扇车跟头儿 （石:枣）

打翻车轮 （邯:肥）

打车轮 （石:高）

旋风脚 （承:平）（唐:大）

打旋风脚 （承:平）

打趴立 （天:静）

轮子跟头 （天:黄）

连跟头 （天:庆）

【拿顶】 头向下，两足向上，两手撑地直立。

立直夼 “夼”古词，音 yɑo。指物体上大下小。（石:获）（邯:临）

倒立 （邯:邯）

倒栽葱 （天:阜）

蝎子爬 （邯:威）（天:沧、桥）

竖脊脊 （邯:鸡）

竖脊立儿 （邯:磁、郸）（石:冀）

竖直 （邯:涉）

竖直立 （天:庆、河）（邯:临、乡）（唐:昌）

竖大顶 （天:桥、沧、文、献、任、河、东、山、黄、肃）

起直立 （邯:临）

起直立儿 （邯:鹿）

戳直立儿 （石:束）

戳直脚儿 （石:建）

立直脚 （石:赵）（邯:台）

立直扎儿 （石:平）

立竖柳 （张:宣）

打独立 （保:安）

打立立桩 （石:无）

扶脊脊儿 （邯:肥）

打墙栽儿 （天:强）

拿大顶 （全省大部分地区通行）

独竖儿 （邯:内）

【摔跤】 两人相摔，僵地为输。运动项目之一，有时杂技或杂耍项目也有。

摔脚 （石:深、束）（唐:昌）

摔摔 （天:天）

摔跟头 （石:束、深）（唐:玉、山）

摔骨碌儿 如:“这儿个小孩摔骨碌儿呢。”（邯:宗、乡）

【窝腰】 杂技的一种表演，身子向前、后、左或右弯曲。

窝弱腰儿 （石:束、深）

弯腰 （天:天）

逶腰 （唐:丰）

【马戏团】

跑马的 （石:束、深）（邯:宗、乡）

跑马解的 “解”音 xiè。（唐:昌、乐、丰）（天:桥、霸）

耍马戏的 （保:保）（天:天、安）（承:围、滦）（唐:玉、宝、大、山）

大耍把戏的 （邯:邯）

【变戏法儿】

变把戏　(石:灵)

变洋戏法　(承:平)(唐:昌)

变玩戏法的　(天:沧、饶、任、献、河、山、肃、黄、文、东)(保:博)

变戏演法儿　(张:怀)

变戏法儿的　(唐:乐、昌)(天:桥、安)

玩戏法　(石:晋、深)(天:东)(承:滦)

玩把戏　(承:平、围)(石:元、藁、赞、无、石)(天:孟、肃、桥、宁、庆、故)(保:定、望、阳、蠡)(张:宣、崇、尚、口)(邯:广、乡、邯、郸、魏、鸡、柏、大、磁、宗、永、鹿、清、台、沙、威、任、临、肥、涉、漳、成、内、尧、丘)

玩玩艺儿　(天:桥)

耍把戏　(张:阳、商)(石:晋、灵)

耍把戏的　(邯:邯)

耍把戏儿　(石:建)

耍戏法的　(全省大部分地区通行)

耍演法的　(保:新)

耍玩艺的　(石:高)

耍玩戏法的　(保:清)

耍艺呀法的　(张:万)

【说书】　讲说史书故事。跟“平话”稍有差异,平话是讲片段的,说书是讲系统的。有带唱有不带唱的。

说书　只说不唱。(石:高、平、元)(张:尚)(天:安、宁、天)(唐:蓟、秦、山、丰)

说书　边说边唱。(全省大部分地区通行)

说汉书　不带唱。(邯:邯、广)

说评书的　(天:天、津)(保:涿)

说大鼓儿　带唱。(承:滦)(石:无)

说大鼓书　(石:无)(张:沙、万)(保:清、阳)(天:静)(唐:玉、宝)

唱大鼓的　(张:口)(天:桥)

打落子　带唱。(保:涿)

打十八钱儿　(唐:昌)

说西河的　(天:天)

【讲评词的】　曲艺的一种,以口头叙述故事为主,不带唱。

叨古的　(张:鹿)

拉汉书　(邯:内)

讲汉书　(邯:丘)

讲书的　(石:平)

讲评书的　(石:建)

说汉书　(邯:磁、周、成、鸡、台、肥、临、永、广、魏、大、任)

说评书　(保:涿、唐、易)(张:蔚、商)

说评词的　(承:滦)(天:肃)(保:保)(唐:迁)

【花】　泥里包着火药,放时,出现各种花朵形。在地上放,火花升得不高。

粗粗火　(石:正)

泥窝窝　(天:饶)

泥窝头　(天:庆)

花子　(邯:临、宗、永、乡)

泥花　(唐:秦、卢、三、昌)(承:平、滦、隆、围、丰)(石:获、宁)(天:肃、大)(保:新、博、望、安)(邯:内、魏、成、尧、任、临)(张:宣、沙、怀、尚)

地花　(邯:肥)

手花　(保:新)(邯:周)

刺花　(唐:迁)(天:安)

花筒　(邯:魏)

泥筒花　(唐:抚)

刺溜花　(保:保)(唐:玉、宝、山)

【放烟火】

放火　(石:高、井)

放起火　(张:蔚)(石:建)

放火花　(石:获)

放烟花　(承:兴)

放鞭花　(保:蠡)

放花　(张:口)(邯:南)(保:完)(天:天、桥)

放花火　(邯:任)(石:建)

放火器　(邯:涉)

放花炮 （保:新）（石:石）

放火药 （天:安）

放盒子 （唐:迁、丰）

点烟火 （邯:邯）

【起火】 焰火的一种，一寸多长，厚纸卷成，内放置火硝等物，缚在一尺来长的细苇秆上，夜晚点燃，只见一溜烟花，一起钻入天空，十分好看。

冲天炮 （唐:滦）（张:阳）（邯:威、成）（石:灵）

钻天柳 （承:围）

钻天箭儿 （唐:丰）

钻天猴儿 （唐:大、山）（天:天）

钻天鹞子 （天:宁）

燕子钻天 （唐:迁）

耗子钻天 （唐:抚）

不拉钻 （邯:郸）

天里鼠 （天:河）

转轴莲 （邯:大）

起花 （全省大部分地区通行）

起河 （邯:涉）

起猴 （天:静）

起火箭 （石:灵）

去花 （保:安）

神矢箭 （承:隆）（张:怀）（邯:内）

刺火 （唐:玉）

鼓溜子 （石:宁）

走 du 子 “du”读入声。（张:宣）

【放起火】

点起火 （邯:广、周）

放刺火 （唐:乐、玉）

放去花 （保:安）

放起花 （石:枣）（保:蠡、新）（天:安、桥）（唐:昌）

放起火箭 （石:灵）

放起火秆子 （保:阳）

放神矢箭 （保:望）（邯:内）

放冲天炮 （唐:滦）

放地里出子 （保:安）

【焰火】 玩赏物品之一种。用火硝等物制成。节日晚上燃放，五彩缤纷，非常好看。

起火 （石:建）

花 （承:滦）（张:口）（天:天）（石:深）

梨花 （石:赞）

对花 （石:新）

焰花 （保:博）

火花 （石:获）

火器 （邯:涉）

花炮 （全省大部分地区通行）

花火 （石:建）（邯:台、任）（天:霸）

花炮盒子 （唐:宝）

盒子 （唐:迁）（承:承）

盒子灯 （唐:昌）

【放花】

刺花 （邯:大）（天:静）

放刺 （唐:迁）

放粗粗花 （石:正）

放火锅子 （石:赵）

放花子 （邯:永）

放花火 （石:建）

放花炮 （天:庆）

【鞭】 把小炮的药捻编起来，成为一串，称鞭。

鞭火 （石:平）

拉鞭 （天:强）

不拉鞭 （石:正）

火鞭 （天:桥）

小洋鞭 （唐:大、昌、乐、蓟）

拉鞭 （唐:昌、蓟）

挂鞭 （唐:乐）

不到头儿 例:“你是一万头的鞭，不到头儿啊！”（天:天）

【炮仗】 用纸卷紧火药，外露药捻，放时有响声。

炮　(天:永、武、河、桥、津、任、静、沧、献、文、山、东、黄、肃)(邯:尧、内、成、涉、肥、任、沙、清、鹿、威、广、柏、泽、魏、郸、邯、乡、漳)(保:新、安、水、易、博)(石:建、新、获、灵、束、晋、无、赵、宁、栾、正)(张:口、蔚、崇、宣、康)

炮儿　(石:冀)(张:万)

小炮　(石:灵)(唐:乐)

炮子　(承:平)(保:望)(邯:成、内)

炮仗　“仗”音 chang。(天:饶、肃、大、桥)(石:深)

炮冲　(唐:乐、丰、蓟、大)(天:安)(承:承)

雷子　一响的大炮仗。(邯:郸)(天:桥)(唐:蓟)(承:围)

麻雷子　一响的大炮仗。(承:承、滦、隆、围)

火鞭　(天:桥)

【放鞭】

点鞭　(邯:广、乡、磁、周)(唐:乐)

响鞭　(张:蔚、宣)

拉鞭　(保:定、新、涿、高)(邯:临、宗、尧)

放鞭花　(邯:大)

放不拉鞭　(石:正)

放火鞭　(天:桥)

【放炮仗】

点炮　(邯:广、磁、肥、宗、乡)(唐:乐)

响炮　(张:蔚、商)

响炮儿　(张:万)

放雷子　(天:桥、沧、文、献、任、河、山、东、肃、黄)

放炮　(承:丰)(石:高、新、获、灵、无、栾、深)(保:新)(邯:丘、涉、任、清、永)(唐:抚)(天:天、静、饶)

放炮儿　(石:冀)

放炮子　(天:宁)(保:望)(张:鹿、沙、尚、口)(邯:鸡、柏、内)

放炮冲　(唐:宝、丰、玉、乐、大)(天:安)

放炮仗　“仗”音 chang。(天:饶、肃、大、桥、沧、任、献、河、山、文、东、肃、黄)(承:滦)

【地老鼠】　用泥做的一种烟火。点着后,在地上旋转。

飞老鼠　(天:饶)(保:水)

老鼠屎　(保:易、满、安、新、雄、完、容)(邯:魏)(石:新)(天:桥)

老鼠屎儿　(邯:乡、威)

老鼠鞭　(邯:鸡)

地老鼠鞭　(邯:郸)

地地筋儿　(邯:丘)

耗子屎　(全省大部分地区通行)

耗子粪　(张:商)

鸽子粪　(全省大部分地区通行)

鸽子屎　(石:井)

蝼蝼粪　(张:鹿)

老鼠屁屁　(天:桥、静、强)(石:泽、新)

雀屁屁　(石:正)

鸟虫屁屁　(唐:秦)

出溜离子　(天:孟)

地出溜　(邯:漳)

蛇出溜　(石:平)

出溜锅子　(天:强)

地扑拉儿　(石:枣)

钻地虎　(石:灵)

盘花　(邯:肥)(承:滦)

小盘花儿　(承:滦)

不溜转　(石:正)

水盘转　(保:安、雄)

拧车子　(邯:尧)

【两响儿】　炮仗的一种。点着后头一声响冲上空中,然后又响一声。

二踢　(保:阳)

二起　(保:阳)(邯:鹿、任、临、周、内、尧)(石:宁、无、河)

二起炮　(石:建、获、无、行、平、灵、井)(张:张)

二起脚　(石:深、衡、赵、枣、栾、藁、无)(天:霸、庆、献、沧、文、任、河、山、黄、肃、东、桥)(邯:广、鹿、南、宗)

二踢脚　(全省大部分地区通行)

二天脚　(保:高)

二次脚 （天:肃、河、黄）

二台脚 （保:涿）

二雷子 （唐:山、蓟、三、抚、卢、昌、乐）（承:平、滦）（天:东、静、津、永、沧、故、天、任、献、河、山、肃、黄、文）（石:获、河）（邯:郸、鸡、内、尧）

二踢子 （天:河）

二大夹儿 （唐:迁）

双响儿 （唐:丰、遵、宝、蓟、大、玉、三、卢、昌）（承:平、承、滦、兴、隆、围、丰）（石:泽、晋、石、灵、藁）（保:定、望、水、安、新、涿）（张:鹿、蔚）（邯:郸、内、乡、邯、尧）

高升 （唐:迁）（承:青）

高升炮 （唐:滦、三、卢、抚、昌、乐）（张:张、沙、尚）（承:围、青）（邯:涉、内）

高起炮 （石:高）（承:承）

高射炮 （保:容）

震天雷 （石:平）

大雷子 （石:枣）

皇上天 （石:平）

九丈九 （石:获）

两响炮 （张:商）（邯:广、大、涉）

两响 （天:天、桥）

大两响 （天:天）

【戏迷】 对戏特别喜爱，像着了迷一样的人。

戏迷子 （保:阳、满）（天:沧、桥、故、津、文、任、献、河、山、东、黄、肃）（邯:沙、涉、内）（承:隆、兴）（唐:蓟）（张:尚）

戏子迷 （邯:尧）

【顶牛儿】 骨牌的一种玩法，两家或几家轮流出牌，点数相同的一家互相衔接，接不上的人从手中选一张牌扣下，终局以不扣牌，或点数最小者为胜，也叫“接龙”。

顶牛子 （承:围）

拱牛儿 （石:深、束）（天:桥）

接龙 （石:深、束）

【棋迷】 玩棋像着迷一样的人。

棋迷子 （保:阳）（天:桥）（邯:沙、涉、内）（张:尚）

棋迷子儿 （保:满）

【牌九儿】 赌具名。三十二张，分文武两门，文以天牌最大，武以九点最大，所以又叫天九牌。

牛儿 （保:新、完）（邯:尧）（天:桥）

牛子 （保:保）（天:河、庆、沧、桥、文、献、任、黄、山、东、肃）（石:泽）

牛牌 （承:滦）（保:安）

牛牌子 （天:安）

牛儿牌 （保:涿、容）

牛子牌 （天:饶）

骨牌 （全省大部分地区通行）

牌九 （唐:乐、抚、宝、山、三、卢、迁、昌）（承:滦、围）（保:易、满、涿）（天:大、天、霸、安）（石:井、强、新、河、深）

天九 （唐:三）（承:丰）（天:河、沧、任、文、献、山、黄、桥、东、肃）

天九牌 （全省大部分地区通行）

【包庄】 赌博时，因犯规赔给所有人钱，叫包庄。

包了 （石:束、深）

【孤注】 赌钱的人，输急了，把所有的钱都拿出作赌注，以决最后输赢。

孤丁 （石:束、深）（唐:丰）（天:沧）

肘儿 （石:束、深）

【玩纸牌】 纸牌是旧时娱乐或赌博用具，用硬纸制成，约三寸长、七八分宽，上面印有人像、点儿、鱼儿……种类很多。

油壶 玩印有梁山泊一百零八将的纸牌。（唐:乐、昌、丰）

斗纸牌 （唐:昌、大）（天:桥）

摸梭儿和 “和”音 hú。玩印有梁山泊一百零八将的纸牌。（唐:乐、昌）（承:隆）

摸纸牌 （石:束、深）

搂纸牌 （石:束、深）

斗牌 （天:天）

来和 （唐:蓟）

打老词儿 （天:桥）

【扑克牌】 一种纸牌，共五十四张，两个王。另外有红桃、梅花、方块、黑桃四类各十三张。玩法很多。扑克为译音。

百分牌 （唐:昌、玉、宝、山、乐）（天:安）

拍司牌 （唐:蓟、玉、宝、山、乐）（天:天、桥）

扑克 （邯:邯）（天:天）

【玩棋】

下棋 （唐:昌、大、乐、玉、宝、山、丰）（承:围）（邯:台、内）（石:深）（天:天、桥）（张:康、张、尚）

走棋 （天:津）

杀棋 （石:束、深）（邯:宗、乡）

将一军儿 （唐:昌、宝、玉、丰、山）

来盘棋 （天:天）

【捉迷藏】 一种儿童游戏，原来是一人用手帕蒙上两眼，摸索着去捉住他身边来回躲避的人，后来玩法翻新，就不限于这种玩法了。

藏猫儿 （唐:西、卢）（承:隆、围）

藏猫儿猫儿 （唐:丰、昌、玉、宝）（承:兴）

藏老猫儿 （张:阳）

藏猫屋 （邯:尧）

藏妈儿 （天:任）

藏盲虎 （石:衡）

藏米猴 （石:栾）

藏迷儿 （石:冀、深）

藏迷迷 （张:万、沙、鹿、口）（保:易）

藏藏迷儿 （石:高）

藏老迷迷 （张:张、商）

藏迷藏儿 （石:深）

藏迷糊 （石:河、武、宁）（邯:南）（天:河、沧、文、任、献、黄、东、肃）

藏迷糊拢儿 （天:静）

藏蒙蒙 （天:东）（张:赤）

藏蒙蒙儿 （张:沽）（保:水）（唐:大）

藏蒙蒙个 （天:天）

藏老蒙儿 （邯:涉）

藏麻糊儿 （石:枣）

藏马虎 （保:雄、蠡、完）（天:河、沧、桥、文、任、献、山、东、肃）

藏没 （邯:宗）

藏没儿 “没”音mu。（邯:威）

藏没影 （邯:魏、邯、广）

藏老门 （邯:尧）

藏老埋埋 （张:康）

藏老母 （邯:永、沙）

藏量母 （邯:丘）

迷迷藏儿 （石:深）

迷迷藏藏儿 （石:正、井、平、获、建）

迷打藏藏儿 （石:行）

迷瞎 （保:博）

迷迷瞎瞎 （石:灵）

迷迷瞎瞎儿 （保:阳）

迷打瞎儿 （石:灵、行）

蒙瞎 （承:丰、滦）

蒙妈儿 （天:任）

蒙瞎瞎 （唐:宝）（保:保）

蒙瞎瞎儿 （天:霸）（唐:大）

蒙瞎子儿 （邯:清）（唐:滦）

蒙老瞎 （唐:丰、三）（承:平、兴、围）（石:藁）（天:肃、永、故、津、沧、文、献、河、山、黄、东、桥）（张:蔚）（保:望）（邯:鸡、肥、内）

蒙瞎眼儿 （唐:丰）

蒙瞎鱼儿 （承:承）

蒙瞎姑姑 （张:怀）

蒙瞎姑儿 （唐:丰、滦、遵、三、乐、抚、秦）（承:平）（天:武）（邯:鸡、内）

蒙瞎游游 （唐:迁）

蒙瞎游儿 （承:青）

蒙瞎糊儿 （唐:昌）（邯:清）

摸瞎 （天:强）（邯:邯）

摸瞎子 （天:宁）（保:新）（石:束）

摸瞎瞎儿 （保:唐、新）（张:宣）（石:束、深）（邯:郸）

递马虎儿 （保:保）

逮迷糊 （保:满）

捉老瞎 （保:容）

捉瞎子 （张:龙）

捉迷妈儿 （天:肃）

捉迷糊儿 （保:清）

逮闷儿闷儿 （保:容）

逮瞎眼 （保:安）

逮瞎子 （天:宁）

打瞎子 （全省大部分地区通行）

打瞎驴抠瞎酱 （石:深）

打瞎驴 （承:隆、围、丰、滦）

打蒙瞎 （承:平）

打瞎老蒙 （石:赞）

打瞎迷糊 （邯:台、任、尧）

打瞎摸姑儿 （邯:鸡）

打瞎姑儿 （邯:鸡）

打迷瞎眼儿 （石:栾、深、束）

打迷藏儿藏儿 （石:栾）

当藏没 （邯:大）

当寐寐藏藏 （石:获）

当迷拉墙儿 （石:泽）

当迷糊墙 （石:深）

捣瞎 （石:新）

捣瞎子眼 （邯:成）

箍瞎儿 （天:安）

箍瞎眼 （唐:大）

扣瞎帮 （天:文）

瞎子摸拐子 （石:正）（唐:乐）

瞎子摸腿 （石:无）

瞎子逮人玩 （唐:秦）

瞎迷打糊儿 （邯:临）

瞎子箍眼 （邯:漳）

玩米猴 （天:饶）

翻麻花儿 （承:滦）

猫捉老鼠 （石:赵）

米猫猫 （唐:遵）

来猫猫 （唐:滦）

【藏老蒙儿】 儿童游戏的一种。几个人藏起来，一个人去寻找。

藏蒙个儿 （天:天）（保:涿）

藏蒙马儿 （天:安）

藏蒙儿 （承:承）（唐:丰、宝）

藏蒙蒙儿 （唐:大、丰、宝、玉）（张:龙）

藏蒙眼 （邯:肥）

藏没 （邯:宗、鹿）

藏老闷儿 （邯:临）

藏摸摸儿 （天:大、黄、霸、沧、桥）

藏妈儿 （唐:遵、三、昌）（承:承）（石:宁）（天:固、饶、孟、肃、东、津、沧、任）（张:鹿、怀、尚）（保:阜、易）（邯:内）

藏妈儿妈儿 （保:新）

藏迷糊 （保:博）

藏迷糊儿 （天:桥、沧、文、献、任、河、东、黄、山、肃）（保:清）

藏迷儿 （石:束、深）

藏藏迷儿 （石:元）

藏藏摸摸儿 （天:桥）

藏迷蒙儿 （张:宣、崇）

藏猫 （全省大部分地区通行）

藏猫儿 （唐:西、昌、抚、乐）

藏猫儿猫儿 （唐:山、丰、乐）

藏猫猫 （唐:滦、乐、玉、秦、迁）（承:平、青）（天:庆）（保:易）

藏老猫儿 （张:阳）

藏老母儿 （邯:鸡、邯）

藏马虎儿　（天：安、献、文、霸、任、河、东、黄、山）

藏狗儿　（石：无）

藏狗逮狗　（石：无）

藏人　（天：宁）

猫捉老鼠　（石：栾、建）（保：容）

猫逮老鼠　“逮”音 dǎi。（石：正）

猫抓耗子　（承：滦）

来猫叨耗子　（唐：西）

来猫儿猫儿　（唐：滦）

藏盲虎　（石：衡）

【拔河】　体育项目的一种。在地上画线为河，分两队，人数相等，各握长绳一端，发令后，各向后拉，把绳上的标志拉过河为胜。

拔绳　（天：静）（保：容）（张：龙）（邯：鹿）

拉绳　（石：无）

拽绳　（天：沧）（保：高）

拉钩　（石：深）

拉牤牛　（天：任、沧、文、献、河、山、黄、肃）

【乒乓球】

乒叭球　（天：桥）

【跑表】　运动时（长、短跑）计时用的表。

秒表　（天：霸）

【万花筒】　一种圆筒形的玩物。

西洋景　（天：桥）

万花筒　（天：天）

【毛球】　用棉花团成圆球，外用布裹好，再用线缠好。可以拍着玩或踢。

蛋儿　（天：桥）

牛毛蛋儿　（承：滦、围）

线蛋儿　（天：桥）

【拍毛球】

拍蛋儿　（天：桥）

拍蛋蛋　（邯：尧）

打毛球　（石：无）（天：文）

打毛蛋　（承：滦、兴、围、隆）（石：行）（张：赤、阳、沙、商、崇、鹿、尚、怀）（保：望）（邯：邯、郸、鸡、永、肥、漳、内、尧）（天：故）

打蛋儿　（保：阳）（邯：广、周）

打蹦蛋　（邯：磁）

捞少蛋　（邯：临）

【跳猴皮筋】　两个小孩拉橡皮筋的两端，一个小孩把皮筋压在一只腿下，在地面上跳，口中唱着歌儿。

跳猴皮筋儿　（天：天）

跳猴筋　（天：宁）

跳猴筋儿　（石：枣）（唐：乐）

跳皮筋儿　（全省大部分地区通行）

跳皮猴筋儿　（承：平）

跳毛驴儿　（保：安）

【不倒翁】

扳不倒儿　（全省通行）

扳不倒子　（天：庆）

扳不倒的　（邯：邯）

扳扳倒儿　（全省大部分地区通行）

拨拨不倒儿　（邯：涉）

拨不倒儿　（邯：鹿）

拨拨倒儿　（张：蔚）

扒扒倒儿　（张：宣）（天：桥、沧、文、献、任、河、东、黄、山、肃）

本不倒儿　（天：桥、任、文、献、沧、河、山、黄、东、肃）

【风筝】

风章　（保：唐、完）（天：桥）

风扯儿　（保：安）

风春儿　（承：滦）

风翅　（邯：涉）（唐：玉、宝）

风翅儿　（天：安）

纸鸢　（石：高、藁、无）（唐：昌、滦、卢）（天：肃、桥、津）（张：宣、尚）（保：定、唐、安）（邯：鸡、鹿、任、涉、内、

郸)(承:隆、围)

放鹄 “鹄”音 hú。(石:新)

月儿 (天:庆)

风车儿 (天:任、霸、沧、文、献、河、山、肃、黄)

纸鹰 (邯:宗)

老鸢 (石:冀)

鸢子 (石:无)

老鹰 (邯:宗、乡)

二十二　迷信

【玉皇大帝】 道教称天上最高的神，也叫玉帝。

玉皇 (唐:遵、滦、大、抚、三、乐)(承:各地)(石:泽、晋、灵、无、栾)(天:故、肃、东、静、山、桥、津)(保:定、唐、水、安、阳、新、兴)(张:宣、龙、赤、沙、蔚、尚)(邯:广、乡、邯、郸、鸡、柏、永、沙、任、肥、涉、内、尧、丘)

玉皇 玉皇庙中供的泥胎。(唐:昌、乐)

玉皇帝 (唐:丰)(石:获)(天:庆)(保:新)(邯:内、邯)

玉皇爷爷 (邯:尧)

玉皇老爷 (邯:尧)

玉皇上帝 (邯:尧)

【老天爷】 迷信的人认为天神主宰一切，尊称天神为老天爷。

老天 (唐:遵、迁、蓟、三、西、昌、乐、大)(承:兴、丰、平、隆、承、围)(石:晋、灵、藁、无)(天:阜、故、肃、东、静、桥、强、庆、津)(保:定、望、安、阳、蠡)(张:康、宣、龙、赤、崇、蔚、尚)(邯:郸、鸡、鹿、沙、肥、内、尧)

老佛 (天:静)

皇天 (天:肃)

苍天 (承:围)(天:肃)

天袖 (石:无)

天爷爷 (天:桥)

老天爷爷 (邯:尧)

老天爷 (唐:昌)

【灶王爷】 旧时迷信的人在厨房里供的神，认为他掌管一家的祸福财气。

灶君 (保:兴)(张:宣、沙)(邯:鸡、任)

灶神 (承:围、平)(石:灵、元、藁、栾)(天:肃、桥、津)(保:望、清、阳)(张:宣、龙、赤、商、尚)(邯:郸、鸡、磁、肥、内、尧)(唐:蓟)

灶王 (全省大部分地区通行)

灶爷 (张:万)(邯:鸡、丘)(保:满)

灶火爷 (石:正、元、栾、行、灵)(保:清、阳、兴、新、蠡、满、阜、容)

灶摸爷 (张:怀、尚)

灶家爷 (邯:广、涉、成、漳)

灶君爷 (石:栾)

灶俸爷 (石:建)

灶神爷 (唐:卢)

灶马爷 (张:万、康)

灶老爷 (唐:山)

灶王老爷 (唐:丰)

灶火老爷子 (保:水)

灶马 (邯:柏)

灶爸爸 (邯:台)

老灶爷 (天:肃、津)(张:宣、尚)(邯:广、郸、魏、鸡、大、永、沙、任、肥、涉、周、内、尧)(唐:三)

老灶王 (天:宁)

老灶王爷 (承:平)(天:河)

一家之主 (保:水)

张灶王 传说灶王爷是殷时的张魁,故有张灶王之称。(承:滦)

【佛】 佛教徒称修行圆满的人。

佛佛 (邯:宗)(石:冀、高)

佛神 (石:无)

佛爷 (全省通行)

佛爷爷 (天:桥)

老佛 (保:阳)

老佛爷 (邯:涉)(唐:丰、乐、大、昌、蓟)

【神】 迷信的人指天地万物的创造者和统治者。

神神 (张:尚、口)

神亲 (天:安)(唐:大)

神灵 (邯:广)

神前 (唐:滦、昌、迁、丰)(石:束、深)

神家 (石:行、栾、灵)(保:阳、阜)

财神爷 (保:雄)(张:万)

【观音】 佛教的菩萨之一,佛教徒认为是慈悲的化身,救苦救难之神。简称"观音",也叫"观自在""观音大士"。

菩萨 (石:深)(承:隆、承)(天:桥)(邯:涉)(唐:丰、秦、昌、大)

观世音 (天:饶、宁)(唐:昌)

观世音菩萨 (天:孟)(唐:昌)

观音菩萨 (石:束、深)(唐:蓟、昌)

观音奶奶 (天:庆)

观音老母 (保:容)(邯:涉)

观音大士 (保:水)(唐:昌、乐)

菩萨奶奶 (唐:丰)

活菩萨 (天:东)

老菩萨 (石:元)(天:静)

南海 (邯:鸡、丘)(石:宁)

南海菩萨 (邯:鸡、宗)(石:宁、枣)

南海圣母 (邯:台)

南海老母 (邯:柏、临)(石:栾)

南海大士 (承:围)(邯:鸡、尧)(唐:昌)

老母 (石:井)(唐:昌)

老母奶奶 (石:灵、新)(天:宁)

圣佛 (承:围)

老母娘娘 (石:石)(天:桥)

娘娘 (唐:乐)

【白衣观音】 菩萨因常穿白衣,故称。

白衣大仙 (邯:郸)

白衣大士 (邯:郸)(唐:昌)

白莲台上逍遥客 (邯:郸)

【神像】 泥塑或画在布、纸上的神佛的像。

神家 (石:栾)(邯:鹿)

神灵 (邯:内)

神轴 画在布面上的。(邯:涉)

神胎 (唐:丰、三)(天:故、桥、永、沧、津)(保:雄、完)(张:尚)(邯:鸡、尧)(承:隆、平)

泥胎 (贬)(天:大)

泥胎 (唐:滦、三、乐)(石:新、深、泽、晋、正、灵、行、衡、赞)(天:饶、肃、静、任)(保:保、安、新、兴、蠡、容)(张:蔚)(邯:魏、鸡、大、宗、永、鹿、台、沙、任、肥、涉、周、南、内、丘)

泥像 (唐:滦、大、迁、蓟、卢、三、乐、山、昌、抚)(承:兴、丰、围、青、平、隆、滦)(石:新、无、栾)(天:肃、桥、宁、津)(保:定、望、清、雄、满、阜)(张:张、万、康、宣、龙、赤、沙、崇、蔚、尚)(邯:邯、郸、魏、鸡、柏、永、沙、任、肥、内、尧)

泥神像 (张:赤)

佛佛 (石:高)

佛证 (承:兴)

佛像 纸画的。(天:静)

佛像 (天:肃)(邯:临)(唐:秦、昌)

爷爷 (石:井)

老爷爷 (邯:涉)

码子 画在纸上的神像,如灶王码子,灶财神码子。

（石：深、束）

影　指画在纸或布上的神像、祖先像。（天：桥）

泥菩萨　（唐：大）

【香桌】　放香炉、烛台的桌子。

佛案　（石：枣）

佛桌　（唐：滦、大、昌、三、蓟）（承：兴、承、平、隆）（石：晋、石、灵、冀、衡、藁）（天：阜、肃、东、大、桥、津、永、霸、沧、天）（保：定、保、望、唐、高、满、安）（张：沽、康、宣、龙、蔚、尚）（邯：乡、邯、郸、魏、鸡、宗、鹿、沙、肥、涉、南、尧、内）

佛桌儿　（天：安）（石：深、束）

佛佛桌　（邯：南）

佛桌子　（石：宁）

佛佛桌子　（石：栾）

佛爷桌子　（天：静、武）（唐：昌、丰）

神令桌子　（邯：周）

供桌　（唐：抚、大、玉、乐、昌）（石：深、泽、束、武、正）（保：安、兴、阜）（邯：涉）

香案　（全省大部分地区通行）

香案子　（天：津）

【香筒】

香柱　（石：平）

香筒　（唐：昌）

【供桌】　供奉神佛或祭祀时安放供品、祭器的桌子。

供香桌　（石：无、深、束）（天：桥）

供案桌　（唐：蓟、卢、山）（承：兴、丰、平、隆、滦、围）（石：灵、元、藁）（天：饶、孟、肃、桥、宁、津）（保：望）（张：沽、沙、尚）（邯：鸡、柏、沙、内、尧）

香桌儿　（石：深、束）

佛佛桌子　（石：栾）

【蜡台】　上面有槽用来插蜡烛的器物。

蜡座　（邯：临）

蜡座儿　（唐：宝、蓟）（承：平）（石：赞、获、藁、栾、宁）（天：饶、肃、东、桥、河、津）（保：望、满、清、安、蠡）（张：张、万、宣、龙、赤、崇、尚）（邯：鸡、鹿、沙、任、涉、内、尧）

蜡座儿　蜡台底座。（承：隆）

蜡座子　（张：怀）

蜡泊儿　（石：栾）

蜡骨墩　（邯：魏）

蜡骨墩　泥或木的，较低。（邯：广）

蜡骨头　（邯：漳）

蜡枪儿　高的。（邯：广）

蜡 tiān 儿　（邯：临）

蜡扦　（天：献、宁）（保：新）（唐：昌）

蜡扦儿　（全省大部分地区通行）

蜡扦子　（保：安）（唐：山）（天：宁）

锡蜡台　（唐：迁、昌、乐）

洋蜡台　比较简陋，一块板上钉有夹针可以插蜡用。（唐：滦、乐）

洋蜡台　（唐：抚、玉、卢、昌、蓟、乐）（承：围、平）（石：无）（天：故、肃、献、庆、津）（保：望、安、蠡）（邯：鸡、柏、永、沙、任、内、郸、尧）

灯台　（承：兴）

【灯碗儿】

蜡碗儿　（石：束、深）

【蜡烛】　用蜡或其他油蜡制成的，供照明用的东西。多为圆柱形。

烛　（邯：涉）（唐：丰）

素烛　专供神佛的。（石：深、束）

柴蜡　芯子是苇筒做成，尾端露出，插在蜡扦上。（保：安）

洋蜡　（邯：广、永、临）（天：静、桥、宁）（张：万、宣）（保：满、安、完）（石：栾、石、晋、束、灵、获）（唐：滦、遵、山、玉、昌、乐）（承：围）

对蜡　专为供神祭祀用，上有金色花纹和对联，比较大，方形圆形都有，故有“半斤对”之称。（唐：昌）

油蜡　用动物油做的，在没有石蜡前的蜡烛，分红、白两色，蜡芯是用笔杆缠棉花。（唐：昌）

蜡　（天：桥、安）

【香纸】　祭祀死人或鬼神时烧的纸。

烧纸 （唐:大、迁、昌、抚、乐、蓟）（石:新、枣、栾）（天:黄、孟、献、河、天、安）（保:高、阳、兴、雄、完）（邯:清、南）（承:青）

大纸 （保:安）

海纸 （承:青）

白纸 （石:新）

白烧纸 给死人的。（邯:南）

纸马 （保:安）

纸马香锞 包括香纸及做的金银锞。（石:深）（天:桥）

寒衣纸 农历十月初一前后，剪成衣服状到坟上烧掉的香纸。（石:栾）

表咧 （邯:涉）

京盘 是裹纸钱用的袋。（天:安）

【黄表纸】 迷信的人祭神用的黄纸。

黄纸 （石:灵、河、无、新）（邯:成）（唐:昌）（天:安）

黄烧纸 （邯:南）（石:石、宁）

黄表 （承:丰、承、滦、围）（唐:昌、乐）（石:井、武、深、枣）（天:饶、桥）（张:万、阳、怀）（邯:广、鸡、磁、涉、漳）

黄表纸 （唐:昌）

【神灵前焚烧有祝文的黄表纸】

疏 "疏"音 shù。（石:束）

【黄钱纸】 砸有钱纹的黄表纸。

黄钱儿 （承:丰、承）（邯:广）（保:容）

黄钱 （唐:蓟、玉、西）（天:大、天）（保:清、涿、容）（邯:广）

黄钱纸 （邯:肥）

【香炉】 烧香所用的器具，用陶瓷或金属制成，通常圆形有耳，底有三足。

香篓 （邯:威、临）（石:宁）

香篓 "篓"音 róu。（邯:宗）

香物 （邯:涉）

香碗 （天:宁）

香炉碗儿 （唐:昌、乐、滦）

香炉 较大的。（唐:昌）

【长明灯】 供在佛前，昼夜不灭的灯。

神灯 （石:灵）（邯:永）

万年灯 （石:晋、冀）（天:饶、河）（邯:任）

长寿灯 （承:青）

长命灯 （承:承、滦）（天:桥）（唐:昌）

佛前灯 （石:束）

明灯 （保:阳）（石:宁）

孔明灯 怀念孔明而起的名称。（石:宁）

【磬】 佛教的打击乐器，形状像斗，用铜制成。

磬 （石:建、平、井）（邯:涉、漳）

磬 铜的铁的都有。（唐:昌）

磬 用石头制成。（唐:蓟）

器儿 （邯:涉）

【木鱼】 僧尼念经、化缘时敲打的响器，用木头做成，中间镂空。

鱼 （邯:周）

钵鱼 （张:商、鹿、万）

钵衣 （邯:涉）

钵鱼子 （张:宣、阳）

木鱼儿 （天:天）（保:唐、完）

木儿鱼 （石:建、深、束）

木拉鱼 （天:桥、饶）（石:深、束、行、武）

木拉鱼子 （天:静）（石:枣）

木核鱼儿 （唐:三、乐）

摸了鱼 （唐:秦）（承:承、围）（天:肃）

摸拉鱼子 （唐:丰、抚、昌、玉、遵、宝）（天:桥、河、霸、安）（承:平）

木拉鱼儿 （石:束）

梆子 （张:崇）

【布施】 佛教用语，把财物施舍给别人。

舍 （天:庆、桥）

舍施 （天:桥）

施舍 （唐:滦、乐、昌）（承:青）

施钱 （石:灵）

上布施 （石:平）（天:河、霸）（邯:漳、内）（唐:昌）

上个布施 （邯:内）

上油钱　（邯:任）

舍香钱　上庙里烧香捐钱。（天:津）

舍油钱　不登记于缘簿，随便施舍。（石:深、束）

撂香钱　不登记于缘簿，随便施舍。（石:深、束）（唐:昌）

【打卦】　根据卦象推算吉凶祸福。

算卦　请算命先生算其凶吉。（石:平、深、束）（唐:昌、乐）

摇卦　盒内盛三个制钱，摇动后，将制钱倾出，视汉文满文，查奇数、偶数各占多少，几次之后，卜出将来吉凶祸福。（唐:昌、滦、抚、乐）（天:强、河、山）（保:博）（石:平、束）（承:承）

摇卦　（唐:西、乐、大、蓟、迁）（承:兴、丰、围、青、平、隆、滦）（石:新、深、晋、无、枣、藁、栾）（天:黄、故、肃、山、河、强、桥、沧）（保:博、定、望、唐、高、安、蠡、兴）（邯:郸、鸡、鹿、沙、任、临、成、肥、内、永、尧）（张:万、宣、沙）

摇卦　摇签。（唐:宝、乐）

卜卦　（承:平、承）（石:晋）（天:肃、桥、庆）（保:安）（邯:郸、鸡、沙、肥、涉、内、尧）（唐:三、蓟）（张:尚）

卜蓍　（承:滦）

占卜　（邯:鸡）（承:平、滦）

占卦　（天:河）（唐:丰、西、山、昌、蓟）（石:建、平）（保:安）（邯:鸡）

课　如“找人课课”。（邯:涉）

占课　（石:平）（唐:昌）

讲卦　（邯:任）

打卦算命　（唐:丰）

算卦　（邯:宗、乡）（天:桥、天、任、安）

【求签】　迷信的人去算卦先生那儿抽签，用来预测吉凶祸福。

讨签　（全省大部分地区通行）

讨讨签　（邯:尧）

讨签签　（张:怀）

抽帖儿　（唐:滦、遵）

抽签　（唐:乐）（邯:宗）（天:天）

【庙会】　在寺庙里边或附近设的定期集市。

会咧　（邯:大）

会　（石:束、枣）（邯:邯、磁、鹿、涉）

集　（邯:邯）

庙　原仅指庙会，后无庙的会亦称庙，如“他赶庙去了”。（石:束）（天:桥）

庙上　（唐:迁）

庙上会　（邯:周）

庙上头儿　（唐:迁）

庙火会　（邯:大）（天:孟）

香烟会　（邯:鸡、永、任）

起会　（石:衡）

起庙了　（石:平）

开会　（邯:尧）

过庙　（石:高、无、栾、平）（天:文）

【赶庙会】

赶庙　（天:饶）（邯:柏）（石:井、平、灵）（承:隆）

赶会　（天:桥）

上庙　（张:阳）（承:兴）

逛庙　（承:滦）

【进香】　佛教徒、道教徒到圣地或名山的庙宇去烧香朝拜，特指从远道去的。

进香　平常谈话都说烧香，只有需要对神、佛表示特别强烈的虔诚的感情时才用进香。（唐:滦、昌）（石:平、灵）

进香　（石:平）

拈香　（天:桥）

上香　（唐:迁、乐）（石:晋、藁）（天:肃）（保:阳、新）（邯:鸡、威、肥、内）（张:赤、鹿、蔚）（承:青）

敬香　（唐:卢、三、乐、昌、滦、大）（承:兴、丰、围、平、滦）（石:石、宁）（天:饶、肃、文、桥、宁、津、永、沧、静）（保:博、易、望、满、完）（邯:邯、魏、鸡、宗、沙、肥、任、涉、成、内、尧）（张:康、宣、龙、沙、怀、尚、口）

贡香　（唐:遵）

插香　（石:灵）

送香　（张:阳）

烧香　（天:桥、任）（唐:昌）

朝山进香　（石:获、井）

还愿 （石:束）

许愿 （石:束）

行好 （天:桥）

进院 （石:无）

赶庙 （石:井）

【和尚】 信佛出家的男子。

和尚 “尚”音 chang。（石:建）（天:桥）

erzé 又种地又念佛的和尚。（张:宣）

长老 （保:安）

秃头 （贬）（邯:永）

秃驴 不尊敬。（保:新）（邯:宗）

花和尚 不守规矩的和尚。（保:兴）

大师父 当面称。（天:安）（唐:乐）

出家的 （张:蔚）（唐:昌）

出家的 泛指和尚、尼姑。（天:安）

佛门弟子 （石:束）（唐:昌）

僧 （承:承）

【尼姑】 信佛出家的女子。

大姑 （邯:魏）

秃姑姑 （天:桥）

姑姑子 （唐:蓟）（天:故、桥、津）（邯:威、清、沙、内）

姑子 （贬）（天:霸、大、天、安）（石:深、束）（邯:宗、乡）（唐:昌、丰、乐、大）（承:围）

姑 （邯:临、涉、邯、大）

姑啊 （邯:涉）

老姑的 （邯:沙）

【道士】 信奉道教的出家人。

牛鼻子 不尊敬。（保:新）

道人 （邯:广、鸡、肥）（承:平）

道爷 当面称。（天:安）

道士爷仙 （天:静）

道爷们 泛指一般男人。（天:静）

老道 （天:天、桥、安）（唐:昌、丰、乐、大、蓟）

老道人 （邯:周）

当家的 （石:安）

【火家道】 带家眷的道士。

火军道 （天:津）

火居道 （唐:迁）（石:束、深）（天:桥）（保:安）（邯:大）

火居子老道 （石:新）

火工道 （石:正）（邯:台）

菜道士 （邯:乡）

家道 （石:获）（唐:滦、乐）（天:安、武、肃）（保:满、望）（邯:威、漳）（张:赤、龙、怀、阳）

家老道 （天:霸）

假老道 （唐:秦、大）（石:衡、晋）

【给和尚做饭的人】

火官道 （张:宣）

【出家人】 离开家庭到庙宇里去做和尚、尼姑或道士的人。

善人 （张:阳）

行善人 （邯:邯）

修道人 （天:霸）

【方丈】 寺院的住持。

主事人 （邯:涉）

管家人 （邯:邯）

当家的 尊称。（承:承）

当家的 （全省大部分地区通行）

老当家的 （唐:丰）

好过家的 （邯:周）

财主家的 （石:无）

禅师 （承:滦）

老禅师 （承:滦）

老和尚 （石:获）（天:庆、大）（保:安）（唐:抚）

方便 （天:桥）

【住持】 居住寺中，总管一切事务的和尚。

站坛僧 （邯:鸡）

站堂僧 （唐:滦、遵）（承:围、平）（石:晋、灵）（邯:肥、威、任、内、尧、漳）（天:大、肃、永）（保:满、蠡、新）

（张:沽、宣、阳）

门头僧 管寺中传达的。（张:宣）

监司僧 （张:宣）

住持僧 （唐:宝、大）（承:丰、围、平、隆、滦）（石:新、晋）（张:宣、口）（天:献、孟、大、肃）（邯:郸、鸡、清、任、肥、成、内、永、尧）（保:望、安、博、涿）

当家和尚 （天:霸）（石:赞）

当家的 （石:获）（唐:昌、乐）

住庙的 （邯:涉）

坛主 （天:桥）

【拆字】 把汉字的偏旁笔画拆开或合并，做出解说，来占吉凶祸福。

拆个字 （邯:内）

拆八字 （石:赵）（保:高、容）（邯:清、尧）（天:饶、强）

拆八字儿 （唐:玉、昌）（石:行）（承:隆）（天:任、大、安）（保:保、新）（邯:行、漳）

断字 （唐:遵、蓟、卢）（承:围、平）（石:灵、河、建、宁）（天:饶、肃、津）（保:望、雄、蠡、完）（张:沽、宣）（邯:鸡、沙、内、威）

测字 （邯:郸、鸡、台、沙、任、肥、南、内、宗、尧）（唐:滦、大、秦、迁、抚、乐、昌、蓟）（承:各地）（石:晋、灵、衡、井、武、深）（天:黄、固、饶、故、静、献、大、山、桥、武、沧、肃、津、霸）（保:博、定、易、望、安、雄、蠡、阜）（张:万、赤、阳、康、宣、龙、商、蔚、尚）

测字儿 （石:建）（唐:丰）

【拆字的】 旧社会以拆字占卜人的吉凶来谋生的人。

拆八字的 （承:围）

拆字先生 （邯:广、鸡、柏、大、磁、宗、威、鹿、台、沙、任、涉、临、周、成、内、尧、漳）（唐:丰、滦、迁、蓟、抚、卢、乐、山、昌）（承:平、隆、围）（石:赞、正、获、灵、行、冀、宁、藁、深、井、新）（天:孟、山、津、武、永、霸、沧、庆、肃、天）（保:博、定、保、望、唐、水、满、清、阳、蠡、完）（张:赤、康、宣、沙、尚、蔚）

测字先生 （邯:肥）（唐:遵、秦、宝、丰）（承:承、丰、青、滦、围）（石:晋）（天:文）（张:商、怀）（保:易、安）

查字先生 （保:容）

八字先生 （保:阜）

批八字的 （天:饶、桥）

算卦的 （邯:乡）（石:栾）（天:安）

【算命】 旧时凭人的生辰八字，用阴阳五行推算人的命运，断定人的吉凶祸福。

算卦 （天:东、霸、饶、桥、安）（保:易、高、安、阜）（张:阳、沽）（邯:临、涉）（唐:乐、丰、秦、蓟）（承:滦、围）（石:深、冀、束、灵、获）

打卦 （张:沙、万、怀）

拆八字 （邯:任）

拆八字儿 （邯:漳）（保:保）

起八字儿 （保:阳）

查八字儿 （保:容）（邯:乡、鸡、周）

踏八字儿 （石:高）

批八字儿 （全省大部分地区通行）

刻八字儿 （天:庆）

摇卦的 （唐:昌）

【算命的】 以给人推算命运为职业的人。

瞎子 （唐:丰、西、乐）（承:承）（石:深）（张:怀）（天:桥）

瞎先生 （邯:鸡）

算命瞎子 背地里称。（张:怀、万）（唐:昌、乐）

算卦瞎子 （天:安、桥）

算卦的 （保:安）（天:天）

占课的 （唐:遵）

算八字的 （石:无）

打卦的 （张:鹿、万）

叼帖儿的 用鸟叼各种纸片来算命的。（天:静）

买命算卦的 （邯:邯）

先生 当面尊称。（唐:乐、丰、蓟、昌）（石:束、深）

打板先生 （唐:遵）

打卦先生 （张:沙）

老先儿 （张:宣）

【看相的】 以观察人的相貌、骨骼或手掌的纹路判断命运为职业的人。

相面的 拉着骆驼看相的人。（唐:丰、遵、蓟、昌、乐）

（石：深、束）（天：桥、霸、安）（承：围）

看马尾相的 （石：平）（张：万）

【天主教堂】 天主教徒做礼拜的地方。

天主堂 （全省通行）

教堂 （天：安）

【教堂】 基督教徒举行宗教仪式的处所。

堂子 （石：深、束）（邯：宗）

福音堂 （邯：鸡、大、鹿、沙、内、尧）（唐：滦、宝、迁、蓟、抚、三、昌）（承：丰、围、青、平、隆、滦、承）（石：新、石、获、灵、平、束、井、枣）（天：黄、固、山、安、沧、肃）（保：定、易、保、望、安、蠡、涿）（张：宣、沙、鹿、怀、蔚、尚）

耶稣堂 （保：安）（张：宣、鹿）

洋堂的 （邯：广、鸡）

【传教士】 基督教（包括天主教）派出去传教的人，过去派到我国的外籍传教士中，不少人又从事文化或政治侵略活动。

传教的 （全省大部分地区通行）

传教的 指牧师。（唐：昌）

劝教的 （保：新）

【教徒】 信仰某一种宗教的人。

在教的 （唐：滦、秦）（石：宁、栾、深、束）（邯：周、鸡）

在洋教的 （天：安）

在道儿 （石：栾）

教友 指天主教徒。（张：宣）

奉教的 （全省大部分地区通行）

奉教的 对教徒的尊称。（唐：丰）（石：束）

信教的 （唐：昌）（天：安）

二毛子 对教徒的贬称。（唐：丰）

二毛子 义和团起义时，农民对教徒之称。（天：安）

【巫】 旧社会中以装神弄鬼替人祈祷为职业的人。

看门儿 （石：深、束）

辟神的 （唐：迁）

顶神的 （贬）（石：深、束）

装神闹鬼的 （唐：大）

跳神的 （唐：丰）

跳大神的 与“巫婆”相同。（唐：昌、乐、蓟）（天：安）

道人 男巫、女巫的统称。（天：桥）

【男巫】

端公 （石：平）

当公子 （唐：迁）

单公子 带动作的。（唐：玉、遵、迁、丰）

顶神的 （石：深、束）

治邪祟的 （石：束、深）

香头 （天：孟）

【巫婆】 旧社会替迷信的人祈祷求神的女人，也叫神婆。

神家 （唐：遵）

神婆 （唐：昌、蓟）（承：兴、围、平、隆）（石：赞、晋、石、获、灵、高、河、建、冀、无、元、宁、武、栾）（天：强、阜、饶、故、东、山、桥、武、沧、孟、肃、津）（保：定、易、唐、高、安、阳、蠡、完、容）（张：张、万、赤、阳、康、沽、宣、龙、沙、崇、鹿、蔚、尚、口）（邯：乡、邯、魏、鸡、柏、威、永、鹿、沙、任、临、肥、涉、南、内、尧）

神婆儿 （贬）（邯：磁）（石：深、束）

神婆子 （天：庆）（张：怀）

神妈妈 （石：衡）

神妈妈儿 （石：枣）

神妈儿妈儿 （邯：清）

师傅 （天：河）

师傅奶奶 （唐：宝）

师婆 （唐：遵、西）（石：新、正、灵、行、藁）（邯：涉）（承：青）（保：阜）

师婆子 （邯：周、临）（石：井）

师婆的 （邯：大）

香门 （天：大、饶）

香门儿 （天：任）

香门的 （天：强）

香头子 （承：滦）

香头 （承：丰、围）（天：黄、大）（张：宣）（石：深、束）

香姑 （保：兴、涿）

香香儿　(保:水、兴)

香老婆子　(石:泽)

看香的　下神治病,不手舞足蹈。(石:正)

看香的　(唐:遵、昌)(承:丰)(石:获、藁)(邯:鸡、沙、肥)(天:天、宁、霸、安)

看香儿的　(保:保)

食婆　(石:无)

食婆妈妈　(石:无)

附仙的　(石:泽)

附神儿的　(保:兴)

姑娘子　(唐:迁)(天:静、安)

姑家　(天:肃)

顶大仙的　(张:商)

顶仙儿的　(保:博)

善友　(邯:广、永、鹿、台、任、成、内、鸡)

老善友　(邯:郸)

观香的　(天:桥)

瞧香的　(唐:蓟、三、昌、宝、山、大、秦)(承:承、围、平、隆)(石:平)(天:固、津、武、永、山、安、肃、献、天)(保:望、清、安、蠡、满)(邯:宗、鸡、沙、内、尧)

下神的　(石:井、新)(天:津、桥)

状神的　"状"系"装"之转音。(保:新)

死婆的　(邯:魏)

念佛的　(石:石)

顶神的　(贬)(石:束、深)(天:河)(张:康、宣、鹿、万、怀)

巫婆的　(邯:丘)

行好的　(老)(邯:任)

马工　(邯:任)(保:唐)

边任　(天:桥)

跳跳　(保:满)

使婆　(石:平、灵)

仙姑　(承:隆)

汤汤儿　(保:易)

边妈妈　(天:庆)

道妈妈儿　(天:故)

跳大神的　(唐:秦、抚、玉、昌、西、卢、乐、大)(天:宁、肃、津、安)

跳大神儿的　(唐:丰、滦、乐、蓟、昌)

【下神】　男巫、女巫为人求福、逐鬼时,装作神附其身,语音迥异,有时手舞足蹈,忽喜忽悲,失常人的姿态,叫下神。

顶仙　(天:肃)

附仙　(石:泽)

下仙　(承:青)

下坛　(邯:鸡、肥、周、尧、台、邯)

上体　(天:大)

上神儿　(唐:丰)

来神　(天:桥)

附神　(保:安)

附神儿　(保:兴、水)

附体　(石:束)(保:安)

跑圈　(邯:临)

跑工　(邯:临)

跳跳儿　(保:清)

跳假神　(石:获)

跳大神　(唐:滦、遵、西、乐)(石:深)(天:安、霸)

架神儿　(保:兴)

打扇鼓　(石:获)(邯:肥)

请仙儿　(保:博)

过坛了　(邯:广)

回山了　(唐:滦)

念佛　(石:栾)

拿架子　(石:无)

显妖　(天:任)

【下神的】

跑工的　指边跑边唱边说的。(邯:尧)

当家的　(天:静)

跳神儿的　(唐:三)

二十三　动作

【摇头】

摇摇头　(张:万)

摇脑袋　(石:藁、束)(保:定、保、唐)(天:桥)

摇晃头　(唐:遵、玉、宝、丰)

摇晃脑袋　(唐:玉、昌、宝、乐)(天:静)(承:滦)

摇撼脑袋　(唐:迁)

摇摆头　(石:正)

摇摆脑袋　(保:唐)

摇头拨浪脑袋　(石:宁、深)

摆头　(全省大部分地区通行)

摆脑袋　(唐:卢、三、西)(承:平、隆)(石:赵、栾、无)(天:任、黄、固、饶、故、肃、东、桥、宁、河、永、沧、津、山)(张:宣、蔚、尚)(保:定、望、高、阳、新、蠡、涿)(邯:鸡、永、台、沙、成、内、尧)

摆晃脑袋　(天:武、庆)(承:承)

晃头　(石:无)

晃脑　(邯:郸、涉)

晃脑袋　(唐:抚)(石:束)(天:任、沧、文、献、河、山、黄、津、肃)

晃荡脑袋　(天:津、沧、桥、东、文、献、任、河、山、黄、肃)(石:深)(保:安、新)

拨浪脑袋　(保:新)(天:天、桥、安)(承:围)(唐:昌)

不晒头儿　(邯:丘)

圪摇脑袋　(张:宣)

胡摇头　(石:建)

合摇头　(石:灵)

不来头　(邯:临)(张:怀)

不来脑袋　(张:鹿、宣)

不来脑瓜　(邯:临)

【点头】

点点脑袋　(唐:昌)(石:深)

点点头　(天:天、桥)

【抬头】

抬头　(天:天、桥)

抬脑袋　(全省大部分地区通行)

抬起脑袋　(唐:昌、西、玉、宝)(承:滦、围)(天:静)(保:安)

抬起脑瓜儿　(张:尚)(唐:昌)

抬起头　(全省通行)

抬的脑　(邯:涉)

扬头　(天:桥)

扬起脖子　(唐:昌、滦)

【仰头】

抬头　(唐:乐)(天:桥)

仰面　(石:无、衡、藁、栾、灵)(承:平、隆、承、滦、围)(天:肃、东、桥、沧、河、津)(张:张、康、宣、尚)(保:望、安、蠡)(邯:郸、魏、沙、成、内、鸡)(唐:蓟)

仰面朝天 （天:桥）

仰脸 （天:桥、献、津、天、安）（邯:魏、涉）（石:枣）

仰起脸 （邯:涉）（唐:玉、宝）

仰开头 （邯:磁）

抬起脸儿 （天:安）

【低头】

低脑袋 （唐:滦、乐）

低下脑袋 （天:天、沧、静、桥、任、献、河、山、黄、东、文、肃）（保:唐）（唐:卢）

低下的脑 （邯:涉）

耷拉脑袋 （唐:丰、迁、蓟、昌、玉、宝、乐）（保:新）（石:深）（邯:宗、台）（天:天、桥）

低头 （唐:宝、玉）（天:天、桥）

扎头 （石:正、灵、赵）

扎下头 （石:无、灵、栾）

【回头】 头转向后面。

转头 （唐:遵、昌）（承:平、隆、滦、围）（石:无、藁、灵）（天:肃、东、桥、永、沧、津、任、河、献、文、黄、山）（保:望、高）（邯:郸、鸡、柏、沙、涉、内、尧）（张:蔚、宣、沙、尚）

转脸 （全省大部分地区通行）

转过脸来 （保:涿）（石:正）（天:桥）（承:围、滦）（唐:昌、乐、宝、玉）

掉头 例:“掉头就走了。”（石:束、深）

掉过头 （张:鹿）（邯:尧）（天:桥）

扭头 （天:天、桥）（唐:乐）

【扭脸】 比回头转的角度小些。

扭转脸 （石:获）

扭过脸儿 （石:栾、正）（唐:昌）（天:天、桥）

转脸 （唐:大、山、乐）（承:滦、围）（石:深）

【摇头晃脑】 形容自得其乐或自以为是的样子。

摇头晃脑袋 （石:晋）

摇头晃尾 （承:兴、承）

摇屁股晃脑袋 （保:雄）

摇头摆脑 （石:获、枣、正、井）（邯:广、邯、大）

摇头摆尾 （天:大、安、天、桥）

摇头不来耳 （邯:鸡）

摇头拨拉角 “角”音 jiǎo。（天:庆）

晃头晃脑 （石:无、深、灵、宁、武）（唐:西、滦、三、大）（承:平、隆、丰、围）（天:肃、东、文、桥、宁、河、永、津、安、沧、任、献、山）（张:沙、尚）（保:望、唐、水、阳、兴）（邯:魏、鸡、柏、沙、任、肥、涉、南、内、尧、宗）

晃头晃脑袋 （天:大）（唐:乐）

点头晃脑 （张:商）

摆晃脑袋 （天:孟）（石:无）

摇头扑吃尾巴 （天:桥）

摆头晃顶 （天:静）

【张嘴】

张开嘴 （唐:昌）（天:天、桥）

开口 （张:龙）（保:阳）（邯:涉）（天:天、桥）

【闭嘴】

合住嘴 （邯:鸡）（石:赵、深）

合煞嘴 （石:枣）（天:桥）

抿住嘴 （张:阳）（邯:南、邯）（石:宁、正、井、平、获）

抿上嘴 （唐:丰、乐、抚、昌、玉）（天:霸）（邯:尧）

抿着嘴 （全省通行）

绷着嘴 （邯:丘）（天:桥、沧、任、献、文、黄、河、山、东、肃）（承:围）

绷住嘴 （邯:丘、大、广）（张:康）

并住嘴 （保:安）

【歪嘴】 表示不赞同或稍微不满。

歪歪嘴 （天:桥、沧、任、献、文、黄、河、山、东、肃）

歪嘴的 （邯:邯、丘）

斜嘴 （承:兴）

扭嘴 （天:河）

撇嘴 （唐:滦、昌、宝、玉、丰、乐、大）（天:霸、孟、沧）（张:阳）（石:深）

撇拉嘴 （天:天）

呶着嘴 （保:阳）

【噘嘴】 表示生气或不满意。

咕嘟嘴 （全省通行）

咕嘟嘴 小孩抿嘴时的姿态。（石:新）（天:津、静）

咕嘟着嘴 （石:束、灵、深）（保:易）

咕噘着嘴 （邯:涉）

咕崩着嘴 （唐:山）

咕撮着嘴 （石:泽）

噘噘嘴 （石:无）

绷嘴 （张:蔚）

丘嘴 “丘”音 qiù。（石:栾）

噘嘴 （天:天、安、桥）

【睁眼】

睁开眼 （天:桥）（唐:昌）

开眼 （保:安）

展巴着眼 （石:束、深）

【瞪眼】

瞪乎着眼 （石:束、深）

瞪眼球子 （天:安、桥、静、沧、任、文、献、河、山、东、肃）（石:无）（唐:玉、宝）

盯眼珠子 （保:兴）

用眼挖 瞅着发恨。（天:河）

瞪眼睛 （唐:昌）

瞪眼珠子 （天:天、桥）（唐:乐）

【吹胡子瞪眼】 表示生气。

吹胡子瞪眼的 （保:涿）（张:怀）（天:桥、天）（唐:昌、乐）

吹胡子瞪眼儿 （石:栾）

噘的胡子瞪着眼 （邯:周）

直眉瞪眼 （天:天）

横眉立眼 （天:天）（唐:昌、玉、宝）

立眉皱眼 （保:新）

克拧子眉头 （石:宁）

张嘴瞪眼 （邯:漳）

【合上眼睛】

合上眼 （唐:乐）

合上眼睛 （唐:昌）

合着眼儿 （天:天）

合住眼睛 （邯:尧）

合下眼 （石:灵）

合住眼 （石:宁、高）（邯:任、尧）

合合眼 （邯:南）

活着眼 （石:深）（天:安、沧）

圪挤住眼睛 （张:沽、万）

圪挤住眼 （邯:台、大、涉、鸡、肥、丘、邯）（张:怀、阳、商、尚、张）

圪挤着眼 （邯:周）

圪挤上眼 （邯:成）

圪挤眼儿 （邯:广）

瞑上眼儿 （天:庆）

闭煞眼 （天:桥、沧、文、任、献、河、山、东、黄、肃）（石:深）

闭上眼 （唐:昌）（承:围、滦）

【用眼传情】

粉眼儿 （石:束）

飞眼儿 （保:易）（唐:昌、丰）（天:桥、霸、安）

分眼儿吊膀 （唐:乐）（天:桥）

飞眼儿吊膀 （天:天）

斜扭眼 （承:围、滦）

【挤眼儿】 非正常举动之眨眼。

挤咕眼儿 （唐:玉、丰、滦、卢、乐）（承:承、兴、围、滦）（石:无、宁、深）（天:静、天、桥、霸、沧、任、献、河、山、东、黄、肃、安）（保:兴）

挤拉眼儿 （邯:清）

挤眉弄眼 （承:滦、青、承）（张:阳）（唐:昌）（天:天）

挤眉溜眼 （唐:迁、宝、玉、山）（天:沧）

圪挤眼 （张:宣）（石:赞、平）

圪挤眼儿 （石:灵）（保:阳）（邯:临）

圪眨眼儿 （张:赤、怀）

圪展眼 （石:平）

眨巴眼睛 （唐:抚）

眨咕眼儿　（唐：乐、滦）

展展眼儿　（邯：涉）

眨巴眼　（唐：迁）

圪闪眼　（邯：丘）

刮挤眼儿　（石：栾）

使熟眼儿　（石：建）

展巴眼儿　有经常挤眼毛病的人。（石：束）

【转眼】　眼往旁处看。

斜眼　（天：桥、宁、饶、庆、霸、沧、任、献、文、黄、东、山、肃）（保：保、唐、兴）（唐：山）（石：深）

斜眼儿　（唐：乐、滦）（石：束）

斜着眼　（邯：丘）

斜楞眼　（石：枣）（唐：大、乐）（承：隆、围）

溜眼睛　（唐：抚）

溜一眼　（邯：任）

眼一溜　（唐：昌）

瞥　（承：滦）

瞥着眼　（保：安）

白拉眼　（邯：大）

瞟　（张：宣）

瞟眼　（天：孟、霸）（张：宣）

迈眼　（唐：乐）（石：获、正、泽、平、灵、井、藁、新、高、建）（承：隆）（天：桥）（邯：内、尧）（保：满、阜、完）

飞眼　（天：天）

眼犄角看人　（承：滦）

瞅　（张：阳）

【噙着眼泪】　眼眶含泪水未出来。

噙着泪　（邯：宗、任、永、广）（石：深）

噙着泪水　（保：阳）

噙着泪花　（保：高）（石：深、泽、新、栾、灵）（天：任）

噙着眼泪花儿　（石：正）

噙着泪星儿　（石：建）

噙的泪　（邯：邯）

肯着眼泪　（邯：内）

汪着眼泪　（天：肃、安）（唐：宝、玉、丰）

含着眼泪　（唐：昌）（承：围）（天：天、桥）

眼含滴泪　就要哭出来了。（承：青）

眼泪汪汪的　（唐：昌）

带着泪　（石：无）

叼着泪　（张：蔚）

跑马　形容泪在眼眶中转。（张：万）

眼珠子出汗　戏谑的说法。（天：天）

【流眼泪】

掉蒿子　（天：天）

掉泪　（天：天、桥）（邯：宗）

掉眼泪　泪少。（唐：昌、丰、滦、山、抚、玉、宝）（保：易、新）（承：隆、滦）（天：故、山、桥、沧）

掉泪哩　（邯：内）

掉蛤蟆尿了　戏谑说法。（天：桥、沧、任、献、文、河、山、东、黄、肃）

淌眼泪　流得多。（唐：滦、抚）（承：平、隆、承、围）（石：栾）（天：东、宁、津）（邯：鸡、涉、内）（保：定）（张：尚）

滴眼泪　（张：阳、蔚）

出泪　（石：灵）

透泪　“透”等于“落”的意思。如“透雨点”、“透树叶”（即落雨点、落树叶）。（石：束）

挤眼泪　（石：深）

【支起耳朵听】　①为了听得仔细。②有偷听之意。

支着耳朵听　（唐：秦）

支棱着耳朵听　（全省通行）

支棱着耳朵　有骂人的意思。（天：庆）（承：隆、丰、围）（邯：尧）

支蒙着耳朵听　（天：大）（石：赞）（邯：广、大、南、鹿）

支绷着耳朵（听）　（邯：魏）（石：束）（保：兴）

侧耳听　（保：雄）

侧耳朵听　（唐：秦、迁）

乍棱起耳朵　（承：青）

侧棱着耳朵　“侧”音 zhǎi。（保：安）（天：安）（唐：昌）（承：滦）

直着耳朵听 （石:束）（唐:昌）

直棱着耳朵 （唐:昌）（天:天、桥）

栽着耳朵 （唐:滦）（天:沧）

侧着耳朵 （天:饶）

竖起耳朵听 （唐:乐、西、抚、遵）（天:桥、沧、文、献、任、河、山、黄、东、肃）（石:晋、灵）（承:围）

伸着耳朵听 （唐:滦、大、昌、宝、玉、山）

抬起耳朵 （石:无）

支棱着耳朵 “支”音 shɑ。（唐:三）

乍煞着耳朵 （石:束）

拧起耳朵 （张:鹿）

【摆手】

不来手 （邯:临）（张:宣）（石:深）

晃手 （唐:遵、昌、乐）

【撒手】 手完全离开握物。

走手 （天:桥、沧、文、任、献、河、山、黄、肃、东）

丢手 （唐:遵、大、迁）（承:平、围）（天:桥、津、沧、文、任、献、河、山、黄、肃、东）（邯:魏、鸡、大、磁、永、鹿、沙、肥、涉、内、漳、广）（保:望）（张:尚）

丢手 一时不慎失手了。（石:获）（邯:尧）

丢开手 （张:宣）

放下手 （唐:丰）（邯:宗）

裂下手 （邯:涉）

放开手 （唐:乐）

松手 （天:天）

【伸手】

舒手 （石:建、正、行、灵、元）（保:唐）（天:桥）

擩手 （张:万、商）

探手 （石:无）

出手 例:“行家一出手,便知有没有。”（天:天）

伸手 “伸”音 shēng。（天:桥）

抻手 （石:束）

初开手 （邯:涉）

张开手 （张:康、尚）

【拍手】

拍巴掌 （全省通行）

拍巴掌儿 （保:易、清）

拍呱儿 （天:天、静、桥）

拍光光儿 （天:桥、河）

掴巴掌 （天:任、沧、献、河、黄、文、山、肃）（保:阳、保、安）

打光儿 （天:肃）

掴手 （保:阳、保）

合合 （邯:内）

【背着手儿】 手握在背后。

背抄手 （张:张、沙）

背抄手儿 （石:无、石、高、灵、束、藁）（唐:昌、西）（承:平）（天:肃、桥、河、沧、任、献、文、黄、山、东）（张:万、阳、康、宣、龙、商、崇、鹿、蔚、尚、口）（保:定、易、望、蠡）（邯:沙、周、内）

背抄手儿 手背在背后插入袖内。（石:井）（邯:尧）（天:河）

背抄着手儿 （石:无）（张:怀）

背绑着手 （石:获）（邯:郸、临、邯）

倒背手 （唐:乐、丰、迁）（天:黄、饶）（邯:台、肥、宗）（保:兴）（承:平、隆、围）

倒背手儿 （石:正、行）（天:肃、桥、沧、文、任、献、黄、山、东、河、霸、安）（保:定、清、唐）（邯:乡）（唐:大、乐）（张:沽）

倒背着手 （天:河、饶）（邯:广、南、丘）（保:满、安）（石:灵、河、冀）（唐:宝、玉、丰、山、乐）

倒背着手儿 （天:桥、强、庆）（石:深、泽）（唐:昌）

倒背着胳膊 （邯:鸡）

倒捋手 （邯:宗）

倒拜着手 （邯:大）

后背着手 （石:束）

【袖手】

揣手儿 （唐:丰）（天:安、霸、桥）（石:深）

揣住手 （邯:邯）

揣着手 （承:围）

揣着袄袖儿　(唐:乐)

揣袄袖　(唐:宝、玉、丰、山)

抄上袖　(唐:滦)

抄着手　(天:桥)

【捂住】　以甲物遮住乙物。

捂着　(唐:迁、秦)(天:桥、天)

蒙住　(唐:乐)(张:沙)

蒙着　(天:桥、沧、文、任、献、河、山、肃、黄、东)(唐:玉、宝)

摁住　(石:束)

捺住　(唐:遵)

遮住　(保:安)

掩住　(唐:遵、蓟)(石:晋、获)(承:平、围)(天:饶、肃、沧、任、献、文、黄、山、东、桥、永、津、河)(邯:鸡、沙、任、肥、涉、内、尧)(张:龙、尚)(保:望、阳)

糊住　"糊"读阴平。(石:宁)

压住　(石:无)

当住　(邯:涉)(承:围)(天:天、桥)

扣起来　(石:无)

扣住　(石:无)

【挡】　用手托着向上。

托　(张:阳)

托着　(天:天)

挡着　(唐:乐)

【搁】　使倒的东西立起来。

搁起来　(唐:乐)

倒个个儿　(唐:乐)

扶　把他扶起来。(天:天)

直　(天:静)

树　(天:桥、沧、黄、献、东)

搁　(邯:南、内)(石:深)(唐:昌)

抬　(天:桥)(张:商)

【小孩骑在脖子上】

将将着　(天:静、桥)

diang diang **着**　(天:桥)

扛着　(天:天)

二郎着　(唐:昌)

将着　(天:安)

圪搂着　(承:围)

窝儿罗着　(唐:丰)

驮着孩子　(唐:乐)

【挡得高,摔得重】

爬得高,摔得疼　(唐:滦、昌)

挡得高,摔得跤　(承:兴)

挡得高,摔得疼　(唐:丰、滦、遵)(石:建)(保:阜)

挡得高,摔得重　(邯:临、南)(石:深、束)

举得高,摔得重　(天:静、桥、任、献、河、山、东、黄、文、肃)(承:滦、围)

举得高,跌得重　(邯:涉)

举得高高的,摔得重重的　(承:滦)

上得高,摔得重　(保:雄)

上得高,跌得重　(邯:周、漳)

捧得高,摔得重　(天:献、桥、沧、文、任、河、山、黄、东、肃)

捧得高,摔得跤　(保:定、博)

扶得高,跌得重　(张:沽)

提得高,摔得重　(石:宁、高)

撅得高,摔得重　(张:口)(承:承)

抬得高,摔得重　(邯:威)(天:津、河)(石:获、束、深)

飞得高,跌得重　(唐:迁、昌)

【把尿】　把着小孩两腿,叫小孩小便。

把把尿　(天:霸、桥、安)(唐:昌、玉、宝、山)

把脚尿　(保:阳)

泡泡　(天:庆)

尿尿　(邯:邯、内、周)

尿湿湿　(天:天)(唐:昌)

把泡尿　(唐:乐)(天:安)

把把　(天:天、桥)

【把屎】　把着小孩两腿,叫小孩大便。

把孩子 （天:庆、桥）

把把 （唐:乐、迁、昌、宝、玉）（承:滦、承、平、围）（石:束）（天:东、桥、安、沧、文、任、献、黄、山、河）（邯:鸡、大、永）（保:定、雄）

把解 （天:文、大）（邯:肥、周、尧、邯、磁、广、漳）（石:平）（张:宣、张、赤、商）

把急 （邯:魏）

把急把急 （邯:大）（张:鹿）

把脚 （石:行、衡、栾、建、正、深、束、宁）（天:任）（保:唐、阳、完）（邯:南、邯、郸、清、乡、鹿）

把脚把脚 （石:束、深）（天:强）（邯:威、鹿）（张:口）

把甲 （邯:涉）

把甲把甲 （邯:涉）

把撅把撅 （石:获）

把就把就 （天:静）

把叫拉屉屉 （石:灵）

把屎把尿的 （唐:迁、乐）

把价屎 （张:怀、万）

把屎把屎 （石:无）（唐:昌）

把把屎 （天:霸）（唐:昌）

把叫屎泡 （石:灵）

【扶着】 用手搀扶,防止跌倒。

搀着 （全省通行）

搀着 比扶着程度深。（唐:丰、昌、大）

搀着 对老人用。（张:鹿）（唐:宝、玉）（天:天）

搀住 （邯:邯）（张:怀）

将着 （天:桥、文、任、献、河、山、黄、东、沧、肃）

扶上 （张:阳）

扶住 （邯:邯）

拉着 （邯:临、大）（唐:乐）

架着 （石:无、元、宁、枣、束）（天:河、桥）（邯:大、涉、肥、尧）

架住 （邯:广）

着着 （天:庆）

【扳指头算】

掰着手丫子算 （唐:山、乐、宝、玉、昌）

掰着手指头算 （唐:乐、迁、昌）（保:易、清、安）（天:津）（承:丰）（邯:大）

掰着手指头数 （唐:抚）

掰手指头算 （全省通行）

掰指头算 （石:井）

掰着手算 （承:承）

掐着手指头算 （唐:迁）（石:深）

掐指头算 （全省大部分地区通行）

掐着指头算 （唐:昌、抚）（邯:清）（保:定、阳）（石:深、束）

掐着手指头算 （天:静）（保:涿、安）（唐:滦、迁）（石:正）（邯:涉）

掐住指头算 （保:安）

数指头算 （保:雄）（石:灵）

蜷指头算 （石:获）（唐:西）（张:沽）（邯:鸡、沙、任、内、尧）（保:望）（承:平）（天:肃、沧、文、任、献、河、山、肃）

数手指头算 （保:雄）

数手指头 （天:天）

挢指头算 （石:灵）

刻着指头算 （天:饶）

本着手指头数数 （天:桥、沧、文、任、献、河、山、黄、东、肃）

按指头儿 （张:万）

屈指算 （邯:宗）

掐算 （石:建）

掰开脚指头算 （承:承）

【抖腿】 腿颤抖。

掂腿 （唐:秦）

占腿 （石:无）

掂着腿儿 （唐:昌）

抖冷腿儿 （天:天）

抖搂腿 （邯:清）（保:安）（石:枣）（天:桥）

颠打腿 （唐:滦、秦、乐）

颤腿　(唐:抚)

颤连　(天:静)

哆嗦　(天:静)

抖决　(天:桥、文、任、献、沧、河、山、黄、肃、东)

【摇腿】　腿摇晃。

弹腿　(全省通行)

弹腿　一只腿踢人。(保:定)

踢腿　(邯:大)(保:兴)

拾腿　(保:兴)

蹬腿儿　(承:滦)(天:霸)

遛开腿　(天:桥、文、任、献、河、山、黄、肃、东、沧)

迈开腿　(张:张)

扑来腿　(张:宣)

拨拉腿　(石:深、束)

拨楞腿　(石:深、束)

悠荡腿　(石:灵)

悠打腿　(石:深、束)

晃腿　(邯:涉)

晃荡腿　(保:安)(石:束)(唐:乐)

摆腿　(石:获)

摇摆腿　(石:泽)

摇晃着腿　(唐:昌)(天:桥)

揉打腿　(天:桥)

【撒腿跑了】　放开步跑。

撒腿跑　(承:围、滦)

撒腿儿　(石:无)(保:阳)

撒开腿　(张:阳)

撒丫子　(唐:抚)(承:青)(石:束)

撒开丫子　(天:安、东、静、大)(保:涿、安)

挠丫子　(承:滦、青)

拿了丫子了　(保:安)

撂开腿(儿)　(天:饶、桥、肃、宁、永、沧、任、献、河、山、东)(石:藁、冀)(唐:丰)(承:平)(邯:鸡、柏、宗、沙、任、内、尧)(保:高)(张:赤、蔚)

蹽丫子　(承:滦)(唐:昌)

蹽杆子　(承:滦)(唐:昌、宝、玉)

拿腿就跑　(邯:广、邯)

溜了　(唐:昌)

【弯腰】　把腰深弯下去。

拱腰　(全省大部分地区通行)

拱脊　(石:灵)

拱尖　(保:安)(石:灵)

弓腰　(唐:昌)

扎腰　(石:无)

猫腰　(天:天)(承:围、滦)(唐:昌、丰、乐)

磨腰　(天:武)

罗弓腰　(唐:大)

【哈腰】　即把身子微向前弯一些的动作。

哈腰　(天:天、安、桥)(承:围)

呵腰　(邯:涉)

下腰　(邯:鸡、涉)(石:灵)

凹倒腰　(张:万)

缀下腰了　(天:桥、沧、文、任、献、河、山、肃、黄、东)

哈下腰　(唐:遵)

猫腰儿　(石:深、束)(天:安)

猫着腰　(石:灵)(天:安)

【弯着腰】

猫着腰儿　(石:深、束)

合腰　(邯:大)

弓着腰　(唐:昌、迁)

拱着腰　(全省大部分地区通行)

拱拱着腰　(天:桥)(石:平、束)

弯腰　(天:天)

猫伏着腰　(石:井)

哈着腰　(唐:丰)(石:宁)(天:安)(邯:广)

扎着腰　(石:无)

下的腰　(邯:涉)

下着腰　(邯:涉、鸡)

摸着腰儿 （保:易）

凹着腰 “凹”音wà。（张:宣）

佝偻着腰 （天:河、沧、文、献、任、山、东、肃、桥、黄、安）（唐:玉）

锅着腰 （邯:鸡）

哈哈腰 （石:宁）

【罗锅腰儿】

锅腰 （邯:广）（天:桥）

猫腰儿 （石:深、束）

罗锅子 （保:安）（唐:昌、宝、玉、丰、山、乐、大）（天:安）（承:承）

罗锅 （保:安）（天:天、桥）（承:围、滦）（唐:昌、丰、山、宝、玉、乐）

锅子 （邯:邯）

佝偻腰 （天:河、沧、文、任、献、山、黄、肃、东）

哈哈腰儿 （石:建）

哈拉腰儿 （邯:临）

虾米腰 （承:兴）（保:安）

背锅子 （张:怀）

猫拱腰 （邯:鹿）

【卡腰】 以手卡腰部。

叉腰儿 （天:静、霸）

叉腰 （石:灵）（唐:昌、乐）

叉着腰 （天:安）

掐腰 （天:天、桥）（承:围、滦）（唐:丰、乐）

【伸腰】 挺直身子。

直直腰 （唐:昌）

直腰 （邯:涉）（唐:宝、玉）

挺腰 （石:灵）（邯:鸡）

舒腰 （石:灵）

抻腰 （保:望、唐）（石:藁、正、行、灵）（天:强、饶、孟、桥、沧、庆、文、献、任、黄、山、河、东）（邯:郸、鸡、肥、内、沙、尧）（张:赤、尚）（唐:昌、乐）（承:平）

长长 （张:怀）

长身 （邯:广、丘、乡、宗、南）

挺起腰 （天:大）

直起腰儿来 （邯:涉）（唐:玉、宝）

解累 （唐:西）

展腰 （张:万）

打哈欠 （张:宣）

打舒展 （石:无、建、束、深）（天:静）

打舒伸 （邯:南）

伸伸腰 （唐:西、昌）

抻懒腰 （天:庆、安）（石:行）（承:围、滦）（唐:大、宝、玉、乐）

长身的 （邯:涉）

长长身 （邯:大）

长个懒腰 （邯:邯）

【撑腰】 如给某人撑腰，表示支持。

架着 （石:束）（唐:昌、宝、玉）

搁着 （石:束）

撑口袋 （唐:滦）

搂后巴腰的 （保:兴）（唐:乐）

搯后巴腰 （天:安）（石:深、束）

搁着后巴腰 （石:束）

仗恃 （石:束）

仗杆 （石:束）

仗杆子 （天:饶）

做主 （石:宁）（承:滦）

杠架 （保:安）

掌腰 （唐:迁、抚）（石:灵）（保:满、阜）（张:蔚）（承:围）（邯:临）（天:献、文、任、河、山、沧、肃、黄、东）

掌着腰 （邯:尧）（天:桥、文、献、任、河、山、沧、肃、黄、东）（唐:昌）

撑腰眼 （唐:抚）

撑腰眼儿 （唐:三）（天:安）

门撑子 （天:桥）

搂后腰 （唐:大）

架梁 （唐:昌）

仗势家子　(唐:昌)

戳儿　(天:天)

【溜肩膀】　两肩向下垂。

耷拉肩膀　(承:围)

耷拉膀子　(石:建)(邯:鹿)(张:阳)(唐:玉、乐)

耷拉肩　(石:正、灵、深)(唐:抚、昌、大)(承:青)

耷肩　(保:完)

耷拉膀　(石:宁)

耷拉膀的　(邯:邯)

耷拉着膀的　(邯:鸡)

淋肩　(邯:南)

淋淋肩　(承:围)

溜膀肩　(天:河、任、献、沧、山、文、东、黄、肃、桥)

溜肩膀子　(承:承、平)

柳条肩儿　(天:安)

溜肩膀儿　喻甩手不干,表示不负责了。(石:深、束)

跌肩　(天:沧、桥、文、任、献、河、山、东、黄、肃)

侧棱肩膀　(石:无)

垂肩　(邯:清)

【擤鼻涕】

擤擤　(天:桥、沧、文、任、献、河、山、东、黄、肃、天)

擤鼻子　(天:静、大、东、桥、沧、文、任、献、河、山、黄、肃)

擤鼻等　(天:天)

擤鼻碇　(天:桥)(石:枣)

擤脓带　(天:任、霸、沧、文、献、河、山、黄、肃)(保:兴、水、新、高、清、安)(唐:滦、大、遵、玉、乐)(石:无、灵、平)(张:沽、沙)

洗鼻涕　(张:怀)

洗脓带　(张:阳)

【打嚏喷】

打涕粉　(承:围)(唐:丰、乐)(天:天)

打帖粉　(保:蠡)

打涕翻　(天:任、霸、安)(唐:蓟)(保:易)

打涕片　(天:桥、沧、任、文、献、黄、山、东、肃、河)

【蹲】　两腿屈曲,臀不着地。

圪蹴　(石:冀、无、泽、井、藁、新、石、获、河、建)(邯:广、郸、磁、鹿、涉、临、南、成、内、乡、邯、鸡、宗、永、台、沙、任、肥、尧)(保:阳)(张:张、赤、阳、康、宣、商、鹿、怀、龙、沽、崇、蔚、尚、口)(天:肃、沧、任、文、献、黄、山、河)

股就　“股”音gū。(石:束、深)

股丢　(石:晋、深、枣)(邯:清)(天:桥)

股对　(石:灵)

股低　(邯:临)(保:安)(石:深)

股蹲下　(张:龙、赤、鹿)

堆下　(邯:涉)

股堆　(石:高、获、石、行、平、建、衡、无、宁、赵、藁、正、晋)(天:故、东、文、河、庆、津)(邯:广、乡、郸、魏、鸡、宗、威、永、台、沙、任、肥、涉、周、成、内)(保:博、易、保、水、安、兴、蠡、高、满、阜、完、容)(张:沙、蔚、尚)(邯:邯、大、尧、丘)

股堆儿　(保:唐、阳)

股堆下　(邯:大)

股堆丢　(天:桥、沧、任、献、文、黄、山、肃、河、东)

股登着　(保:定)

股登儿着　(天:任)

股蹲　(天:饶)

蹲着　(承:围)(天:天、桥)

蹲下　(唐:昌)(天:天、桥)

【盘腿坐】　两腿相盘而坐。

偏腿　(唐:玉、蓟)(承:青)

偏腿儿坐　(唐:乐、丰、玉、昌、抚)

偏着腿　(唐:西、昌)

盘腿　(石:灵)

盘腿儿　(天:静、桥、天、津、沧、任、献、河、山、黄、东、肃、安)(承:围)(唐:乐)

盘腾腿　(邯:鹿)

盘着腿　(保:定)(天:桥、沧)

盘上腿儿　(天:肃、桥、沧、文、任、献、河、山、黄、东)

盘脚　(石:灵)

盘脚坐 （全省大部分地区通行）

盘脚腿 （邯:台、任）

盘坐腿 （邯:鸡）

盘盘脚坐下 （天:桥、文、任、献、沧、黄、河、东、肃）

盘腾脚儿 例:“他盘腾脚儿坐着呢!”(邯:宗)

【摔了】 跌跟头。

跌了 （全省大部分地区通行）

跌倒了 （石:获、无、深、束）(邯:涉、邯、广)(保:安)(张:怀、商、阳、万、尚)(天:安、桥、沧、文、任、献、河、山、黄、东、肃)

跌了一跤 （天:安、霸、桥）

跌着了 例:跌着了,碰着了。(唐:乐)

跌了个跟头 （唐:乐)(天:桥）

跌了个跤 （保:安)(石:深、束）

跌了个大跟头 （天:安）

摔了个跟头 （承:围)(唐:昌）

摔了个大马趴 指小孩。(唐:乐)(天:天)

摔了个大仰八脚子 （唐:乐)(天:桥）

摔了个仰八叉 （唐:乐）

摔倒了 （保:安、清)(石:束、深）

摔了个跤 （保:安)(唐:昌）

栽了 （唐:西）

栽倒 （邯:魏）

栽倒了 （保:新)(邯:大)(石:深、束）

栽跟头 （唐:昌、蓟)(天:桥）

绊倒了 （邯:涉）

【爬起来】 摔倒之后以手拄着立起来。

起来 （天:桥、天、沧、任、献、河、山、黄、东、肃)(邯:广）

坐起来 （张:龙）

站起来 （唐:昌）

【站着】

立着 （邯:宗)(唐:宝、玉、乐）

立的 （石:栾）

站的 （张:阳）

戳着 （保:安)(天:天）

【嘴啃地】 全身向前跌倒,也叫嘴抢地、狗吃屎。

猪拱地 （石:灵、获）

马趴下了 （张:商）

大马趴 （天:天、安）

吃个馍馍 （天:桥、文、献、任、河、黄、山、东、肃、沧）

前趴子 （唐:迁、抚、宝、玉)(承:平）

前趴虎 （天:河、沧、桥、文、献、任、黄、山、东、肃）

前趴 （唐:昌）

大前趴儿 （唐:乐）

大趴虎儿 （天:静、安）

嘴 mǎn 地 （天:霸）

嘴抢地 （天:桥、沧、河、文、献、任、黄、山、东、肃）

嘴捂地 （邯:广）

嘴啃地 （唐:昌)(邯:邯）

嘴啃泥 （承:承、平)(唐:乐）

嘴 nǎn 地 （唐:宝、玉）

嘴打地 （石:元）

嘴趴地 （邯:广）

嘴扎地 （邯:漳)(石:栾）

口啃地 （石:宁）

狗抢地 （石:束）

狗抢屎 （承:滦、隆、平）

狗拱地 （石:灵）

狗吃蜜 （天:大、庆）

狗吃干饭 （唐:抚）

嘴马趴 （石:建）

狗吭屎 “吭”音 hāng。(保:新)

狗吃屎 （唐:昌、乐）

【仰八脚】 仰面跌倒。

老头儿钻被窝 指滑倒的。(天:天、安)

老太太钻被窝 （天:献）

老妈妈儿钻被窝 （天:桥）

仰八脚儿 （唐:乐、宝、玉)(石:行）

仰八脚子（承:青）(唐:乐)(天:桥)(石:灵)

仰卧脚子（承:青）

仰天（张:崇）

仰八叉（唐:滦、遵、迁、抚、昌、玉、宝、蓟）(承:围)

仰八脚（石:宁、石）(邯:临、南)

仰排脚（石:平）

仰八着脚（石:获）

仰八的（邯:涉）

仰面朝天（石:灵）

面迎天（张:商）

四扑子不着地（石:束、深）

跌八叉（张:阳）

【谈天】 闲聊。

拉拉（唐:丰、滦、昌）(天:桥)

拉叨（张:宣）(石:深、束)

拉瓜（张:商）

拉呱儿（石:束）(邯:清)(天:桥)

拉嗑儿（唐:宝、西、山、昌、玉、丰）

拉闲篇儿（石:深、束）

闲拉（唐:丰）(邯:南)

闲拍（石:平）

闲拉搞（石:束）

闲扯拉（贬）(石:深、束)

闲摆列（天:强）(石:深、束)

闲拉叨（石:束、深）

闲叨唠（贬）(石:束、深)

闲拉呱儿（石:束）

闲嗑打牙儿（石:束、深）

闲打嗑打牙儿（天:安）

唠叨（石:灵、宁）(天:静)(保:涿、雄)

唠唠叨叨（石:灵、高）

唠嗑儿（唐:丰、滦、秦、迁、抚、乐、三、昌、卢）(承:围、滦、承、平、隆、青)(天:津)(邯:内)(保:兴)(张:宣)

絮叨（天:山）

勺叨（保:涿）

叨叨（石:晋）(承:滦)

叨咕叨咕（唐:西）

瞎聊 有瞎吹的意思。(唐:迁、宝、玉)

瞎唠叨（石:获）

瞎叨叨 带厌恶情绪。(保:水)(承:承)(石:深)

瞎叨咕（天:津）

拍打（石:井）

拍话儿（石:衡、无）(天:桥、津、沧、任、献、文、黄、山、东、河、肃)(邯:内)

拍闲话（石:获）

拍闲话儿（石:灵）

嚼（承:滦）

扯（全省大部分地区通行）

扯闲天儿（唐:大）

扯淡（唐:大）

扯拉呱蛋儿（贬）(唐:乐)

闲扯（唐:乐）

拉扯拉扯（邯:邯）

扯闲篇儿（唐:乐）(天:桥)

扯扯（保:安）

扯胡把（天:桥、沧、任、文、献、东、河、山、肃、黄）

嘟囔（石:无）

念搞（石:晋）

翻秋（天:静、沧、任、文、献、东、河、山、肃、黄、桥）

拖哒（保:保）

折折（天:静、沧、桥、文、任、献、河、山、黄、东、肃）

折翻（石:深、束）

道絮（张:鹿）

摆话（石:束、深）

磨牙 带厌恶情绪。(保:水)

能扯（石:晋）

能拍（石:晋）

碎嘴的（邯:广）

虑家常（石:平）

倒杂儿 （承:滦）

山聊 对闲聊的人看不起才说。（保:新）

聊闲篇 （保:雄）（石:深、束）（天:安）

说合 如:“道上碰见老王了,我们俩说合了半天。”（天:天）

说闲话 （石:建）

说闲篇儿 （天:安）（唐:昌）

谈闲天儿 （承:丰）

【搭茬儿】 ①承接别人的话而说话。②答理。

搭言 （保:蠡）

搭言儿 （天:静、沧、桥、文、任、献、河、山、黄、肃、东）（唐:丰、宝、玉）

搭话 （石:冀）

搭声 （全省通行）

搭声儿 （邯:涉、郸）

搭腔 （唐:滦、宝、乐）（天:庆）（保:蠡）（承:隆）（石:新、束、灵）

搭腔儿 （石:宁、行）（天:强、霸）（保:安）

应声 （全省大部分地区通行）

答应拉 （邯:大）

接声 （唐:抚、昌）

接茬儿 （唐:昌、乐）（张:崇）

接下语 （天:安）

言语 （天:天、桥）

客应 （石:正、高）（承:丰）（保:新）（天:河）（张:万）（唐:玉）（邯:内、尧）

【不说话】

闷着 （石:束）（唐:乐）

不言语 （石:建）（天:安、饶、静、桥）（保:唐）（唐:迁、丰）

不言声 （承:隆）（石:晋、冀）（保:安、满）（唐:宝、玉）（天:安）

不言息儿 （保:水）

不吱声 （全省通行）

不吱声儿 （唐:丰、三、乐、大）（保:涿）

不住声 （天:桥）

不作声 （张:尚）

不年语 （唐:蓟）（天:天、桥）

不年声 （唐:玉）

不吭声 （邯:广、魏）（唐:乐）

不吭气儿 （石:深、束）（唐:乐）

不念儿 （石:灵）

不开口 （全省大部分地区通行）

【不答理】 别人问话,自己故意不回答。

不耳 （天:桥、沧、献、任、文、河、山、肃、黄、东）

不耳睁 （天:桥）

不答应 （唐:乐）

不理 （天:天、桥）

不兴不理 （天:桥）

不念义儿 （保:唐）（石:深）

不言语 “言语”音 yuànyi。（承:围）

不言声 （石:无）（张:蔚）（天:安）

不言语 （保:望）（天:安）

不吭声 （邯:邯）

不答应 （石:石）

不言声儿 “言”音 yuán。（张:宣）

打闷雷 装不懂,故意不搭茬儿。（石:束、深）

【待理不理】 不大爱理睬的样子。

不缕邦胡子 （承:滦）

慢搭讪儿 （天:安）

爱答不理 （邯:涉）（保:保、清）（石:无）（唐:大）

爱答理不答理的 （唐:乐）

洋洋务务 （张:沙）

洋么憨儿 （邯:鸡）

待念儿不语儿 （石:灵）

待理不待理 （张:怀）

待吭的不待言语 （邯:广）

待答理不答理 （石:获）（邯:大）

待理不待张 （张:商）

待答不理 （天:安、桥、天）（唐:乐、丰）（承:青、围）

大模大样　（天:天）

【嚷嚷】　大声喊叫吵闹。

吵　（天:河、沧、文、任、献、山、桥、东、肃、黄）

吵吵　指生气打架。（唐:丰）

吵吵　（全省通行）

吵吵嚷嚷　（张:崇）（唐:昌）

嚷吵　（石:获）

吵闹　（邯:魏）

闹哄　（天:静、沧、文、任、献、河、山、黄、肃）（石:深）

起哄　（天:天）

叫叫　（邯:尧）

叫唤　（保:清、新）（承:承、围）（张:赤、怀）

嚷叫　（邯:临）

叫唤　（贬）（承:滦）（天:安）

叫活　（张:阳）

吉桌　（邯:涉）

吉占　（邯:涉）

咖咖　（天:桥、沧、文、任、献、河、山、东、黄、肃）

咖咕　声音比较小些。（天:桥、沧、文、任、献、河、山、东、黄、肃）

抓抓　（张:蔚）（天:桥）

唧爪　（石:正）

喊叫　（石:正、深）（天:饶）（邯:广）

唧嚷　（石:正）

圪嚷　（石:枣）

麻嚷　（石:枣）

吱子喊叫　（石:枣）

diángdiang　（天:桥、沧、文、任、献、河、山、东、黄、肃）

吱歪　（邯:大）

闹啥　（天:宁）

打吵子　（天:桥）

【欺骗】

斗　（唐:迁）

逼　（唐:昌）

攒　（保:安）（天:河、沧、任、文、献、黄、山、肃）（唐:乐）

讹　（邯:鸡）

诈　（邯:鸡）

诓　（全省大部分地区通行）

诓骗　（邯:涉）

诓着　以言语相骗。（唐:山）

崩骗　（唐:玉）

坑崩拐骗　（唐:宝、玉）

崩　（唐:迁）（张:赤）（承:平）

唬　（唐:丰、乐）（石:東）

瞎唬　（唐:丰）

标　（承:隆、平）（邯:内）

京　（石:東）

冤　（唐:遵、三）（承:兴、承、围）（石:晋、藁）（天:固、桥、河、永、肃、山、安、武）（保:唐、水、安、新、涿、满）（邯:郸、宗、鹿、肥、内、周）（张:宣、沙、崇、尚）

哄　对小孩用。（唐:滦、秦、乐）（石:東）（天:山）

哄　（全省通行）

哄弄　（承:承）（天:静）（石:枣）

糊弄　（石:東、深）（天:桥）

糊弄人　（邯:丘）（天:桥、东）（承:围）

糊弄　音 huòlong。（天:津）（邯:丘）

坑人　（天:桥、沧、任、献、文、河、山、肃、黄、东）（唐:玉）

赚人　如:“卖假货的这东西才赚人呢!”（天:安、河、天）

【学话】　重复他人的话。

讲　（石:无）

说　（全省通行）

学嘴　（邯:邯）

学个嘴　（邯:广）

学舌　（唐:乐、滦、宝、玉、大）（天:天、桥、霸、安、沧、文、任、献、河、山、黄、肃、东）（保:安、新）（承:围）

学舌儿　（小）“学”音 xiáo。（天:河、安、桥、沧、文、任、献、黄、山、东、肃、天）（石:深）（承:围、滦）

学扮　（张:万）

学说　（唐:丰、滦、宝、西、迁）（石:宁、武、東、灵）（天:

安、沧)(保:安、易)(张:赤、沙、商)(邯:柏、威、清、沙、尧)

告诉 (天:河、桥、沧、文、任、献、山、东、黄、肃)

【告诉】 把事情向人陈述解说。

学一遍 (天:天)

告给 (张:张、赤、怀、尚)

告诵 (全省通行)

告诵 背地里说别人坏话。(石:宁)

对说 (石:石)

告给……说 (邯:广、邯)

对给他说 (邯:涉)

对他说 (石:正)

对……说 (全省大部分地区通行)

说给 (石:晋、武、束、深)(天:饶、文)(张:阳)(唐:乐)

【说悄悄话】 两个人低声悄悄说话,恐第三者听见。

耳话 (石:晋)

对话 (邯:广)

说秘话 (石:获、石、行、元)(邯:南)

说秘密话 (邯:鹿、任)(石:赵)

说偷偷话 (保:水、完)

悄摸话 (石:平)

区咕话 (唐:滦、西、昌)

区区如如 (唐:秦)

唧咕唧咕 (邯:大)

曲曲咕咕 (唐:昌)

咬耳朵 (全省大部分地区通行)

打区区儿 (唐:迁)(承:平)

打区咕儿 (唐:滦、迁、抚、西)(承:平、承、青)(天:故、东)(石:无、获)(邯:内、尧)

打喳喳儿 (全省大部分地区通行)

打偷偷 (石:新)

喊喊喳喳 (天:强)

喳喳话儿 (承:滦)

喳咕话 (承:围)

喊喳着说话 (石:束)

叽咕 (石:束)(承:围)

嘀咕 (邯:临)

秃吃着说 (天:饶)

说小话儿 (保:唐)

说小话 (石:无、元、藁)(保:唐、高、清、安)

说体己话儿 (唐:丰、乐)(承:承)(邯:漳、鸡)

开小会儿 (新)在会场上不注意听别人发言,几个人自己小声说起来。(天:桥、沧、霸、安、文、任、献、河、山、黄、肃、东)

交头接耳 (邯:任)

对着耳朵说 (石:灵、宁)

告诉 (邯:邯)

吹枕边儿风 指夫妻间说悄悄话。(天:天)

【打碴儿】 故意找毛病,以引起争端。

拿邪闲 (天:桥)

多嫌 (石:束)

歪打 (石:束)

加火 找甲的碴儿,而故意与同甲有关的乙为难。(天:东、桥、沧、任、献、文、河、山、黄、肃)

找错 (保:安)(邯:鸡)

找熬煎 (张:宣)

找寻 (石:束)(唐:昌)

找诵 (天:桥)

找算人 (唐:乐)

找不痛快 (天:天)

找邪闲 (天:静、沧、文、桥、东、献、任、黄、山、肃、河)

找抬杠 (石:无)

打碴子 (石:无)(邯:鹿)

找邪碴儿 (保:阳)(唐:乐)

找絮 (石:束)

找补 (石:束)

找事 (天:桥、河)(邯:广、大)

找事儿 (唐:昌、乐)(邯:台)(天:安)

找缝儿 (唐:昌)

找闲事儿 (天:静)

找不是 (邯:临)

找麻烦 (天:桥、沧、文、任、献、黄、河、山、东、肃)

找别扭儿 (唐:丰)(石:平)(天:天)

闹别扭 (邯:涉)(张:商)(唐:昌)

挑衅 (天:桥、永、庆、饶、故、肃)(保:定、易、唐、清、安、蠡)(张:宣、鹿)(邯:郸、任、肥、内)(石:晋)(承:平、隆、承、围)(唐:遵、三、昌)

挑眼 (石:束)(邯:鸡、宗、丘)

挑斥 (石:束)

挑碴儿 (石:赵)

挑毛病 (邯:鸡、丘)

挑疵儿 (唐:丰、昌)

挑刺儿 (天:静)(邯:清、临)

挑三火四 (天:桥、沧、东、文、献、任、河、山、黄、肃)

拿捏人 有意说别人这也不对那也不对,或难为人,如过去恶婆婆对儿媳妇。(石:束)(唐:乐)(天:桥)

拿错 (邯:邯)

凿新人 (天:静)

挂拉着脸儿 用面部表情激起对方答话而找碴儿。(天:桥)

淋风使劲的 有意见不说话,而借别人东西发脾气。(天:桥)

轱辘戴眼镜 (承:滦)

鸡蛋里挑骨头 (天:天)

【抬杠】 无原则地争辩。

打嘴架 (唐:宝)(承:滦)(天:安)

抬杠 (天:天、桥)(承:隆)

犟死眼子 (唐:乐)

吵嘴 (唐:宝、乐)(承:隆、滦)(石:灵)(保:安)(邯:大、涉、广)(天:安)

争嘴 (全省大部分地区通行)

拌嘴 (唐:迁)(石:束、枣)(保:安)(张:宣、蔚)(天:河、沧、桥、任、文、献、山、肃、黄、东)(承:承、围)

打吵子 (天:静、安)(唐:乐)

打架 (天:任)

辩嘴 (天:静、桥、津、肃、沧、文、献、任、河、山、东、黄)(邯:鹿、沙、任、内、尧)(唐:山、昌、迁)(石:晋)(承:平)(张:康、尚)

嚷架 (张:沽)

讲嘴 (保:阳)

别杠 (邯:涉)

抬杠子 (邯:尧)

犯话 (天:桥、沧、文、献、任、河、山、东、黄、肃)

闹别扭 (天:静、桥、沧、文、献、任、河、山、东、黄、肃)

【好和人抬杠的人】

杠头 (唐:昌、宝、玉、丰、山)(天:天、桥、霸、安)(承:围)

杠的头 (邯:广)

老杠头 (唐:乐)

犟蛋 (天:桥)

【挨骂】

挨决 (石:行、灵、武)(天:黄、桥)(邯:邯)

挨卷 (天:桥)

【挨说】 受责备。

挨熏 (承:滦)(石:束)(唐:昌、乐)

挨砍 (承:滦)

挨抠 (承:滦)

挨训 (石:平、灵)(天:河、沧、桥、任、献、文、黄、山、东、肃、安)(张:宣)(唐:昌、大)

挨哈 (唐:西、丰)(承:围)

挨捋 (天:安、天)(唐:宝、玉、乐)

挨 bí (唐:宝、玉)

挨呲 (唐:乐)

挨剋 (天:天)

挨嗔 (天:孟、沧、文、任、肃、献、黄、山、河)

挨歪 (邯:南)

挨卷 (张:万)(邯:广)

挨碰 (邯:大)

挨熊 (天:津、沧、桥、文、任、献、肃、黄、河、山、东)

挨吹 （张:宣）（石:深）

挨斥儿 （唐:昌、乐）（天:静、庆、文、沧、任、献、肃、黄、河、山、东、桥）

挨申斥 （唐:迁、蓟、大、宝、昌）（承:围、平）（石:藁）（天:固）（邯:鸡、内）（保:唐）

挨申斥 比挨说重一些。（唐:滦、抚、西）

挨扒 （天:桥、沧、文、献、任、肃、黄、河、山、东）

挨呲打 （唐:昌、乐）（天:孟、山、津、沧、文、献、任、肃、黄、河、山、东、桥）

挨述打 （邯:南）（唐:宝、玉）

挨狠打 （天:桥）

挨翻翻 （天:河、沧、文、任、献、肃、黄、山、东）

挨翻叨 （天:饶）

挨数念 （石:获）

挨数话 （石:行）

挨向 （邯:沙、台）

挨数落 （保:水）

挨伤脸 （邯:广）

挨头子 （张:康）（邯:鸡、漳、内、尧）

挨吓唬 （保:安、新）（天:静、霸）

挨发达 （石:衡）

吃话头子 （石:正）

挨损 比"挨挖苦"程度深。（石:束）（唐:昌、乐）

挨刻 （承:承、青）（唐:昌）

碰钉子 （张:阳）

【叨咕】 说起话来没完没了。

絮烦 （石:深、束）（唐:乐）

磨叨 （承:青、围）（天:安、桥）（石:束）

唠叨 （唐:乐）（天:天）

叨叨 （唐:乐）

叨咕 （唐:昌）

嗬嘞 （天:桥）

瞎嗬嗬 （唐:昌）（天:天）

絮叨 （石:束）（天:桥、沧、任、献、文、肃、黄、河、山、东）（承:青）（唐:乐）

叨念 （石:束）

叨唠 （全省大部分地区通行）

翻翻 （石:束）（天:桥）

白话 例:"这孩子白话起来没完没了。"（天:天）

翻叨 （石:束）

咕咕 （天:静）（保:定）

哝哝 （保:定）

咕哝 （全省大部分地区通行）

嘟嘟 （天:庆、沧、任、献、文、肃、桥、黄、河、山、东）

嘟噜 （天:桥、沧、任、献、文、肃、黄、河、山、东）

嘟哝 （唐:玉、三）（天:庆、津、静、沧、文、任、献、肃、黄、河、山、东）（保:清）（石:无）

磨叨叨 （石:束）（承:滦）（唐:大）

碎嘴圪叨的 （承:滦）

将将 （天:桥、沧、文、献、任、肃、黄、河、山、东）

哆啰 说老妇人时用。（天:河、沧、文、献、任、肃、黄、山、东）

念嘴 （石:晋）

圪哝 （邯:成）

【说起话来没完没了的人】

磨叨嘴子 （承:围、滦）（唐:丰、乐）

磨豆腐 （唐:蓟）

翻核桃车子了 （天:桥）

【小声发牢骚】

圪嚷 （石:晋）

嘟嚷 （邯:丘）（石:晋、深）（承:围）（唐:丰、大）（天:安）

嘟囔 （唐:昌）（天:天、桥）

嘟哝 （唐:乐）

嘟嘟哝哝 （唐:乐）

【吵架】

呛呛 （天:天）

吵起来了 （唐:乐）（天:天、桥）

打嘴官司 （邯:邯）

打架 （唐:大、乐）（天:天、桥）（承:围）

嚷架 （张:张、赤、阳、龙、商、怀、尚、鹿）（石:平）

刻气 （石:枣）

格气 指小孩儿打架。（邯:清）（天:桥）

各夜 也许打，也许骂。（石:束）

格野 （张:宣）

格孽 多指小孩打架。（石:泽）（天:东）（保:唐、阳）（邯:沙、任、内）

嚷嘴 （石:建、灵、行）

矫情 （天:天）

骂街 （邯:鸡）（保:保）

骂架 （唐:昌、滦、抚、三、大、卢、蓟）（承:平、隆、青、滦）（天:孟、故、桥、津、沧、文、献、任、肃、黄、河、山、东）（保:望、安、容）（张:万、沙、尚、口）

拌嘴 （唐:丰、昌）（天:沧、文、献、任、肃、桥、黄、河、山、东）（保:高）

打仗 （天:静）（承:围）

吵包子 （石:正、衡、栾、赵、束、深）（保:唐）（张:赤）（唐:乐）（天:安）

打嘴仗 （唐:迁）（天:桥）

打嘴架 （天:河、静）（唐:乐）

打吵子 （天:黄、安）（邯:清、南）（唐:丰）

打起来 ①骂架。②打架。（唐:昌）

闹饥荒 一家人自吵自闹。（石:束）

争竞 （天:天、武）（唐:昌）

【打架】 动手撕打。

滔 （承:隆）

吵架 ①吵架。②打架。（唐:抚、蓟）

抓架 （天:桥、沧、文、献、任、肃、黄、河、山、东）

抓起来了 （天:桥、沧、任、文、献、肃、黄、河、山、东）

打捶 用拳打。（保:望）（邯:肥、内、柏、尧）（唐:蓟）（张:尚）（承:平、隆）

打仗 （天:河、庆、桥、沧、文、任、献、肃、黄、山、东）（承:承）

打起来 （唐:乐、昌）（石:灵）（天:桥、沧、文、献、任、肃、天、黄、河、山、东）

撕拉起来了 （唐:昌）

撕巴起来了 （天:桥）

抓巴了 （承:青）

动手了 （天:桥、沧、文、献、任、肃、黄、河、山、东）

扇 向脸上打。（石:束）（唐:宝、玉、乐）

【破口大骂】

谄 （承:平）

哈 （唐:丰）

呲 （唐:丰）

堆人 （唐:西）

卷 （全省大部分地区通行）

卷 比骂好一点。（唐:西）

决 （唐:丰、遵、蓟、三）（承:围、滦、隆、青、平）（石:束、获、赞、行、灵、元、枣、栾）（天:饶、故、山、桥、黄、河、沧、庆、任、献、东）（邯:乡、邯、郸、鸡、磁、永、鹿、沙、肥、涉、成、内）（张:尚）

嗅人 （唐:西）

揭根子 （承:隆）

决街 （天:黄、沧、文、献、任、肃、河、山、东）

骂街 （石:武、泽）（天:河、安、沧、桥、任、献、文、肃、黄、山、东）

骂海街 （天:安）

骂起来了 （唐:昌）

出浑的了 （唐:昌）

数大村 （天:津）

【顶嘴】 说话时互相抵拒。

顶板 （承:滦）

犟嘴 （天:津、霸、天、桥）（石:建、行）（唐:昌）（邯:大）（承:青、围）

拌嘴 （石:束）（唐:丰、乐）（天:桥）

各夜 指小孩顶嘴。（石:束）

争嘴 （唐:遵、大、蓟、三）（承:平、隆、丰）（石:无、栾）（天:故、静、桥、任、河、宁、武、永、沧、文、献、黄、山、肃、东）（张:尚）（邯:郸、乡、魏、鸡、沙、任、涉、内、尧）

对嘴 （石:无）（邯:大）

吵嘴 （唐:昌）（天:庆、饶）（保:高）（张:康）（石:晋、

获)(承:兴)(邯:广)

吵包子 (石:束)(天:安)

打嘴架 (保:雄)

打嘴仗 (唐:抚)

嗑牙 (天:天)

闲嗑打牙儿 不生气的顶嘴。(石:束)(唐:乐)

火了 (天:桥、沧、任、献、文、肃、黄、河、山、东)

卷 把别人的话顶撞回去。(唐:昌、抚、玉、乐)

抬杠 (天:天)

【吩咐】 嘱咐、告诉的意思,多用于上对下,长对幼。

派 (保:保)(唐:乐、大)(天:桥)

分派 (天:河、沧、文、任、献、肃、黄、山、东)(邯:清)(保:安)(唐:昌)

让 (保:保)

告诵 (保:水)(承:围)(唐:乐)

安排 (天:桥、沧、文、任、献、肃、黄、河、山、东)

排 (石:无)

安顿 (张:商)

料理 (天:桥、沧、文、任、献、肃、黄、河、山、东)

对说 (石:灵、赵、栾、束)(邯:大)

对学 (石:灵)

对他说 (石:建)

打发 (石:束)(天:安、文、宁)(承:围)(唐:昌)

说给 (保:安)

嘱咐 (邯:丘)(石:衡)(唐:乐)

支派 (石:正、束)(唐:乐)

支使 (石:深、束)(唐:丰、山、昌、乐)(保:新)(天:安)

指使 (天:静)(唐:山)

【闲游逛】

魔丢 (石:束、深)

魔魔丢丢 (石:束)(唐:大)

蓦蓦蓦蓦 (天:桥)

逛荡 (天:天)(承:围)

闲逛荡 (唐:乐)

闲逛秋 (唐:乐)

闲逛 (唐:昌)

【调皮开玩笑】

打皮科儿 (石:束)

拉皮科儿 (承:围、滦)

打牙帮 (唐:大)

找乐儿 (天:天)

逗着玩儿 (天:天)

闹着玩儿 (承:围、滦)

闹玩儿 (天:桥)

【用话挑拨人】

扯闲话 (邯:邯)

说闲话 (邯:邯)

传话 (唐:昌)

传老婆舌 (天:天)(唐:乐)

传老婆舌头 (天:桥)

传舌 (天:安、静)

拉老婆舌头 (天:桥)

拉舌头 (承:围)

挑哩 (唐:昌)

挑拨 (唐:昌)

挑三火四 (唐:昌)(天:桥)

挑唆 (天:天)

激 (唐:丰)

【歧视】

折登 (石:束)

欺负 (承:围、滦)

看不起 (邯:邯)(天:天、桥)

看不上眼 (唐:乐)

小看人 (天:天)

小瞧人 (天:桥)

瞧不起 (唐:昌)(天:桥)

门缝里看人——看扁了 (唐:昌)

【刁难】

扽科　“扽”音 dèn。(石:深、束)

治摆　(邯:邯)

刁蹬　一般指小孩要赖刁难大人。(天:桥)

刁难人　(唐:昌)

难为人　(唐:乐)

难为　(承:围、滦)

者列　(天:天)

【夸耀逞能】

谝　“谝”音 piǎn。(石:束)(天:桥、安)

谝脸　(贬)(石:束)

拔尖儿　(石:束)

老显　(天:桥)

贼扇　例:“听他贼扇了,没啥尿。”(张:怀、鹿)

吹　(唐:乐)(天:天、桥)

吹牛皮　(唐:乐)(天:天、桥)

显摆　(天:天)

逞风　(唐:丰)

胡擂　(天:天)

【吹嘘自己门第高】

充字号　(石:束、深)(唐:昌、乐)

道字号　(石:束、深)

吹　(天:天、桥)

吹牛　(天:天、桥)(唐:昌)

【嘱咐】

嘱咐　(唐:昌)(天:桥)

安顿　(张:崇、阳)

叮咛　(石:无)(天:桥、沧、任、文、献、肃、黄、河、山、东)(唐:大)

安抚　(张:阳)

【喊】

喊　(天:天)

叫　(天:天)

喊叫　例:“你喊叫个啥?”(张:怀、鹿)

嚷　(天:桥)

闹　(天:宁)(唐:乐)

吆喝　(石:枣)(邯:肥)(张:赤)(唐:昌)

吆呼　(张:宣)

嘘呼　(承:滦)

招呼　(全省大部分地区通行)

【喊他来】

嘘呼他来　(承:滦)

弄他来　(天:桥、沧、文、任、肃、献、黄、河、山、东)

吆喝他来　(张:尚)

吆呼他来　(张:赤、宣)

招呼他来　用手打招呼。(保:清)(唐:乐)

招呼他来　(全省大部分地区通行)

叫他来　(天:天、桥)(唐:乐)

【遇见】

会见　(邯:鸡)

见面　(邯:柏)(天:沧、桥、文、任、献、肃、黄、河、山、东)

迎见　(天:桥)

迎着　(天:桥、沧、文、任、献、肃、黄、河、山、东)

碰着　(天:肃、河、安)(石:深)(唐:昌、蓟、大)(承:围)(张:尚、张、康)

碰上　(承:青)

碰见　(天:天、沧、桥)(唐:乐、丰)

撞着　(邯:鸡)

【施礼】

行礼　指吊唁时对死者的礼节。(天:河、桥)

施个礼　(唐:乐、昌)

敬个礼　(天:桥)(承:围)

施礼相　(邯:邯)

【拜望】　上朋友家看望、问好。此条与“交际”类“拜望”条重复,请互相参看。

摸　(张:赤)

瞅　(唐:遵)

看　(全省大部分地区通行)

看看　(保:涿)(邯:邯)(承:围)(唐:乐)

看望 （保:阳）（邯:广）

望 （唐:昌）

望看 （唐:丰、遵）（邯:魏）（石:束）

眊 （张:宣、商、怀）（邯:任、丘、鸡、肥）

眊眊 （张:沙）（邯:台）

瞭 （张:赤）

眊一眊 例:“到姥姥家眊一眊去。”（张:怀）

瞭瞭 （张:鹿）

瞧 （全省大部分地区通行）

瞧瞧 （保:涿）（邯:邯）

瞧望 （邯:涉）

照望 （邯:涉）

探望 （张:龙）

问安 （石:宁）

【串门儿】 到别人家闲坐,谈天。

串门 “串”音 chuàn。（承:围）

串老婆门子 （天:安、沧、文、任、献、肃、黄、河、山、东）

串家 （保:高）

串串 （石:灵）

串个门 （邯:柏、尧）（石:灵）

串串门 （邯:尧）（唐:昌、乐）

串门子 （贬）（唐:丰、乐）（天:安、强、任、大、武、河）（石:深）

串门子 专指流氓的行为,胡串。（天:饶）（邯:乡）（石:深）

串门子 男女双方不正当的关系。（天:故）（承:滦）

串门的 （邯:大、临）

串个门的 （邯:邯）

遛门子 （天:桥、沧、文、任、献、肃、黄、河、山、东）（张:万、尚）

逛门儿 （承:丰）

串门子数板搭 （贬）（石:束、深）

【施个礼】

鞠躬 （天:安、宁、桥、沧、文、任、献、肃、黄、河、山、东）（邯:临）（唐:乐、玉）

鞠个躬 （天:宁、桥、沧、文、任、献、肃、黄、河、山、东）

打个敬礼 （天:桥）

施个礼相 （邯:邯）

行个礼 （承:滦）

行小礼儿 （唐:丰）

来个礼儿 （天:天）

【拉近乎】 为达到某种目的,与人攀谈交情,拉关系。

趋乎 （石:束）

合适 （石:无）

拉近 （天:河）（保:高）

拉对了 （邯:鸡）

拉交情 （石:获）（唐:昌、迁、乐）（保:高）（天:任）（张:龙）

拉拢朋友 （邯:广）

拉里近乎乎的 （石:石）

靠交情 （唐:遵、迁）

靠近乎 （邯:清）（承:围）（唐:昌、大）

靠近便 （承:滦）

拿的近 （石:建）

套交情 （全省大部分地区通行）

谈交情 （邯:肥）

套近乎 （天:静、桥、天、霸、安、沧、任、献、文、肃、黄、河、山、东）（邯:南）（唐:昌、乐）

挺近乎 （石:赵）

拉关系 （唐:昌、乐、宝、玉）

【招待】 此条与“交际”类“招待”条重复,请互相参看。

待 （石:衡）（保:易）（天:桥、沧、文、任、献、肃、黄、河、山、东）（唐:昌）

待敬 （唐:迁、乐、丰）

待承 （承:围）（天:河、桥、文、沧、献、任、肃、黄、山、东）（石:束、获）（邯:广、大、临）

待应 （保:阳）

接待 （邯:邯）（石:束）

答待 （石:束）

待得 （天:安）

款待 （承:青）

待客人 （保:清）

迎接 （张:龙）

迎接着 （石:无）

应酬 （天:霸）

迎着 （石:无）

伺候 （张:万）（保:安）（承:滦、隆）

【巴结】

舔 （石:栾、建）

舔腚 （天:黄、庆、东、桥、任、献、文、肃、沧、山、河）（承:承）（邯:清）

舔腚沟子 （承:承）（天:桥）

舔眼子 （唐:丰、玉）（承:围、滦）（石:枣）（张:鹿）（保:水）（天:桥、安）

舔屁股 （全省通行）

舔屁股的 （邯:鸡、大）

舔屁股眼的 （邯:大）

舔屁股沟子 （唐:乐）

溜 （邯:临）

溜舔 （石:栾）（天:大、河）（张:赤、怀、万、沙）（保:安）（邯:大、鹿、肥、尧、丘）

溜须 （唐:丰、滦、遵、宝、大、秦、迁、蓟、抚、玉、乐、卢、三、西、昌）（承:丰、围、滦、青、平、承、隆）（天:安、黄、固、东、静、山、桥、津、天、宁、沧、庆）（张:张、万、龙）（保:新、涿）（邯:清、涉）

溜沟 （保:蠡）（邯:临）（承:围）

溜沟子 （唐:丰、滦、宝、昌）（承:滦）（石:获、栾、井、束）（天:安、静、桥、沧）（张:赤、宣、龙、鹿、蔚）（保:水）（邯:宗、鹿、周）

溜沟子舔眼子 （天:天、桥）

溜沟的 （邯:广、鸡）

溜须捧寿 （唐:丰）

溜须捧盛 （天:桥）（唐:昌）

溜须拍马 （唐:乐）

捧寿 （唐:玉、丰）（承:滦）

捧盛 （承:滦）（唐:玉）

捧臭脚 （石:束）（唐:宝、玉、大）（天:安）

小溜 （邯:肥）

巴高 （邯:涉）

点寒 （邯:沙）

爬大框 （石:深）

抱粗腿 （石:束）（唐:昌、滦）（天:桥）

扒高门口 （石:宁）

攀高门头儿 （石:束、深）

【看得起】

上眼 （邯:肥）

爱见 （邯:涉）

待见 长辈对小孩。（保:定、易）（石:束、井）（承:平）（天:安、霸）

待见 （全省大部分地区通行）

待见 喜爱的意思。（张:龙）（石:深）

瞧得着 （保:安）（天:安）

言得着 （天:桥、沧、文、献、任、肃、黄、河、山、东）

看起了 （石:束）（邯:丘）

有着了 （唐:迁）

看起哩 （天:庆）

看起喽 （天:饶）

看得起 （天:桥）

瞧得起 （邯:邯）（唐:昌）

看着顺眼 （唐:乐）

【合伙儿】

搭伴儿 （天:静、霸）（石:无）

搭伙 （石:束、冀）

搭伙儿 （承:丰、滦）（石:束）（天:桥）（唐:昌）

搭伙包 （石:正）

搭伙计 （全省大部分地区通行）

搭伙计 不正当的男女同居。（张:赤）

佮乎 “佮”音 gē。下同。(唐:迁)

佮楼 (唐:迁)

插伙儿 (天:庆、津、桥)(承:围)

佮伙计 (邯:广、郸)

拉伙计 (石:石)

伙里着 (石:束)(天:桥)

交朋友 (保:满)

穿一裤腿里了 指不对劲的两个人合伙。(天:桥、沧、文、任、献、肃、黄、河、山、东)

佮伙儿 寡妇与光棍汉同居。(邯:丘)

【相处得好】

说着了 (石:灵)(天:桥)

说得来 (邯:邯)

合得来 (唐:昌)

上得来 (天:桥)

锅伙 (天:饶)

朋伙 (张:崇)

处伙 (唐:迁)

处合 (唐:丰、滦、遵、山、昌、抚、三、卢)(承:平、隆、丰、承、青、滦、围)(保:易、望、满)(张:蔚、尚)(天:文、津、肃)(邯:内、尧)(石:冀)

相好 (张:宣)(保:博)(石:枣、深)

处得好 (天:庆、沧、文、任、献、肃、黄、河、山、东)

待的 (天:静)

说答着了 (石:灵)

【惯】 溺爱。

圣 (天:天、饶、霸)(石:束)

娇生 (石:行)

娇生惯养 (保:完、涿、新、满、定)(邯:鹿、邯)(天:大、静)(唐:迁、秦、大、宝、昌)(石:灵、武、井、正、赵、宁)

娇惯 (唐:丰、蓟、三、西、乐)(石:冀、无、正、石、灵、泽、建、获、宁)(承:平、围、兴)(天:东、献、宁、霸、沧、津、任、文、肃、桥、黄、河、山)(张:康、蔚、尚)(保:博、保、望、唐、安、涿、清)(邯:郸、鸡、清、沙、任、肥、内、尧)

惯哩 (石:无)

惯着 (保:新、雄)(天:桥)(承:青)(唐:昌)

惯性 (张:怀、尚)

惯的 (天:庆)(邯:涉)

信惯 (张:宣)

信着 (天:天、安)

宠 (天:天、桥)

【有礼貌】

知道 shān (邯:邯)

礼细 (石:深、束)

有礼 (唐:大)

有礼法 (唐:丰)

有礼节 (承:围)

礼长 (邯:宗、乡)

懂礼 (唐:大、昌)

懂礼面 (天:天)

懂礼儿懂表儿 (天:桥)

懂事 (邯:邯)(唐:乐)(张:尚、康)

【迁就】 不坚持原则,放弃自己的主张,求合于对方的意图。

将就 (唐:宝、迁、抚、丰、昌、玉、乐、大)(石:灵、无、藁、栾、束)(天:饶、河、安)(邯:广、大、任、涉)(保:新、满)(张:怀)(承:围)

将乎着 (唐:迁)

就乎 (天:桥、天)(唐:乐)

就付 (石:行)(张:蔚)

就合 (石:藁、枣)(天:天、安)(保:安)

就搭 (石:衡)(保:水)(天:桥)

就搭 帮衬人。例:“地主只会剥削人,一点也不就搭穷人。”(石:深、束)(天:桥)

凑乎 (张:万、怀、宣、鹿)(石:深)

凑合 (石:束)(天:安、天)(保:安、新)(唐:昌)

凑合 勉强对付。例:“这木料有些短,凑合着用吧。”(石:深、束)(唐:大)

对付 (承:围)(邯:涉)(张:鹿、怀)(唐:昌)

对付事　（张:鹿）（唐:昌）（天:安）

让给　（邯:丘）

先就　（张:阳）

依着　（保:高）

信着　（天:静）

高着　（天:沧、桥、文、献、任、肃、黄、河、山、东）

【凑合】

凑搭　大家各尽其力，把事搞成。例:“你出点砖，他出点木料，大家凑搭着就把食堂修起来了。”（唐:昌）（石:深、束）

凑乎　（承:围、滦）

【敷衍】　办事不切实，不负责，仅表面应付。

糊弄　（全省通行）

糊糊弄弄　限于对事，有欺骗意。（石:束、正）（天:桥）（唐:乐）（邯:宗、乡）

糊弄局　（石:束、深）（唐:乐）（天:安、桥）

糊弄之局　（唐:丰）

糊抹　（石:行）

耍糊弄局　（石:正）

瞎弄　（张:万、怀）（石:无）

凑合　（唐:山、昌）

凑乎　（天:静）（石:深）

应酬事儿　（石:枣）

【敷衍】　表面应酬，不是真心对待。

应付　（张:赤、鹿、怀）（承:围）（天:安）（唐:昌）

支应　（石:赵、束、建、深）（邯:鸡、临）

支乎　（邯:邯）

对付　（天:天）（唐:乐）

对乎　（天:静）

抹稀泥　（天:河、沧、桥、任、文、献、肃、黄、山、东）（唐:宝、玉、丰）

二饼打糖篮儿　老妇人常说。（唐:丰）

古兰　（石:灵）

作弄　（张:龙）

【不依】　不让，不饶人。

不依　（天:桥）

不依不饶的　（天:安、霸）（石:深、束）（唐:乐）

不饶　（保:安）（石:深、束）（唐:乐）

不让　（石:深、束）（唐:乐）（天:桥）

不让人　（承:围）

不完　（保:新）

不叫　（保:清）（邯:涉）（张:赤）（唐:蓟、昌、大）（石:灵）

不算　（石:无、行、灵）

不占　（邯:丘）（石:井、平）（张:怀、涿、万、赤）

不干　（石:深）（唐:昌）

不应　（邯:柏）

不应许　（邯:鸡）（石:获）

不答应　（石:深、束）（唐:昌）

不拉倒　（天:任、沧、桥、文、献、肃、黄、河、山、东）

不开了　（邯:邯）

不开口　（邯:邯）

不开张　（邯:邯）

【撵出去】

开出去　（承:青）（天:天）

撵出个　（张:怀）

撵出去　限于用语言驱逐。（唐:昌）（石:束、深）

撵走　（邯:沙）

赶出去　用行动驱逐。（石:深、束）（天:天、桥）（唐:昌）

nǐn 出去　（张:尚）

攻出去　（张:沙）

轰出去　（天:霸、天、河、沧、桥、文、献、任、肃、黄、山、东）（张:鹿）（唐:蓟、昌、滦、丰、乐）

【放置】

撂　（全省大部分地区通行）

摆　（唐:遵、大、秦、迁、蓟、抚、昌、西、滦、三）（承:丰、平）（石:栾、无、正、井、晋、灵）（天:黄、故、肃、东、静、献、桥、宁、永、沧、庆、津、任、文、河、山）（张:张、万、康、沽、宣、尚）（邯:郸、魏、鸡、柏、大、沙、任、肥、周、

内、尧)(保:望、高、安、新)

摆 指陈列。(天:安、河、武)(承:承、滦)(保:易、雄)(石:深、束)(邯:涉)

搁 (全省大部分地区通行)

高 (唐:昌、玉)(石:深、束)(天:桥、沧、任、文、献、肃、黄、河、山、东)

扔 (石:平、灵)

kǎn (张:鹿)

【兑】 混合的意思,如酒里兑水。

掺 (全省通行)

掺兑 (石:深、束)

合 (石:宁、无)(保:阳)

搅 (邯:涉、尧)

搞 (石:灵)(天:庆)

【收拾】 整理。

归置 (承:承)(唐:乐、三、昌)(石:枣、灵、深、束)(天:天、安)(张:宣、沙)

归堆 “堆”音 zuī。(天:静)

归弄 (保:安)(唐:昌)(石:深、束)

归落 (唐:遵、玉、乐)

归拢 (唐:丰、滦、迁、蓟、抚、山、昌、卢、乐)(承:各地)(石:枣、深、束)(天:固、饶、肃、东、文、桥、宁、沧、任、献、黄、河、山、东)(张:康、宣、龙、鹿、蔚、口)(邯:内、尧)(保:望、水、高、蠡、涿)

归聚 (唐:丰、玉)

归格归格 (石:晋、深、束)

拾掇 (全省通行)

拾头 (唐:滦、大)

折叠折叠 (张:怀)

收拾 折磨人,处罚人。(石:深、束)(唐:昌)(天:安)

收拾 收割庄稼叫收拾庄稼。(石:深、束)(承:滦)(唐:昌)

【选择】

挑 (天:天、桥)

挑挑 (承:青、围)(唐:乐)(天:天、桥)

挑拣 (石:正、深、束)(保:易)(唐:昌)

挑拣挑拣 (石:正、灵)(唐:昌)

挑挑拣拣 (唐:昌、大)(邯:尧、邯)(石:深、束)

剔去来 (天:桥)

挑剔 (天:桥、沧、任、文、献、肃、黄、河、山、东)

拣 (全省大部分地区通行)

择 (天:静、天)(唐:乐)

沙 (张:崇)(邯:邯)

沙沙 “沙”音 sā。(张:怀)

【提起】 用手提起。

提喽 “提”音 dī。(唐:遵、玉)(天:饶、桥、天)

提溜 “提”音 dī。(石:灵)(唐:昌)

踢溜起 (张:怀)

提溜起来 (全省大部分地区通行)

提拉起来 (天:静)(保:新)

提溜起来 “提”音 dē。(邯:邯)

拾起来 (唐:乐)

掂起来 例:“把提包掂起来。”(邯:台)

【拾起来】

拾起来 (唐:昌、滦)(天:天、桥)(承:围)

掂起来 (邯:鸡、临、涉)

【擦掉】

擦去 (唐:昌、丰、遵、迁)(石:无)

擦了 (承:青)(石:衡、无、井、枣、灵、高)(邯:广)(张:阳、怀)(天:桥)(唐:乐)

擦咯 (唐:滦)(天:饶、霸、安)(保:易、保)(承:围)(石:深)

擦下去 (唐:抚)(天:静、沧、桥、文、任、肃、献、黄、河、山、东)

擦里去 (天:庆)

抹 “抹”音 mā。(邯:丘)

抹了 (石:灵)(唐:乐)

抹去 (天:宁)

擢了 (张:龙)

挥了　(邯:临)(石:藁)

涂了　(天:天)

撇掉　(张:鹿)

【丢了】　丢失了。

掉了　(天:桥)(邯:邯)

丢掉了　(邯:尧)

失去了　(承:承)

打迷了　(邯:威)

没了　(石:宁、无、灵、井、束、河、深)(天:强、津、宁、饶、任、静、桥、沧、献、文、肃、黄、河、山、东)(邯:宗、南、邯、柏)(张:龙)(保:安、阳)(承:围)(唐:乐)

打跌了　(石:赞)

打失了　(石:无、赞)(邯:成)

撂了　(张:鹿)

打过火　(石:无)

跳了　(石:无)

透了　(石:正、深、束)(保:安)

搞落了　(张:龙)

跌了　(张:赤)

【掉了】　落到地上。

论去了　(张:龙)

跌了　(张:龙)

掉　(唐:昌)

【遗失】

掉了　(石:衡)(天:庆、桥)(邯:广、邯、临、涉、尧、丘、乡、宗、鹿)(张:万、阳)(唐:乐)

野了　(石:元、获、高)

遗了　(石:获)

扔了　(张:蔚)

略了　(张:蔚)

没影儿了　(唐:昌、滦、三、卢、蓟)(承:隆、承、兴、围)(天:故、静、沧、任、文、献、肃、黄、东、山、桥、河、津)(张:张、宣、龙、蔚)(邯:广、郸、鸡、磁、肥、成、尧、漳)(保:高、新、雄、完)(石:晋、枣、束、灵)

没了　(唐:丰)(天:桥)

旧成了　找不到了。(承:青)

失落了　(天:桥)

搞落了　(张:阳)

丢掉了　(邯:尧)(唐:大)

【寻找】

找　(天:天)

找找　(唐:昌)(天:桥)

找一找　(邯:邯)

踅摸　(唐:昌)(天:天、桥)

寻摸　(石:束、深)

拾翻　(石:束、深)(张:怀)(天:安、桥)(唐:丰)

【找着了】

寻着了　(唐:遵、三、昌、蓟)(石:石、藁、无、井、灵)(天:故、肃、桥)(张:万、张、阳、康、沽、宣、龙、崇、蔚、尚)(邯:郸、魏、鸡、柏、鹿、沙、任、涉、内、尧)(承:平、隆、围)

找到了　(唐:昌、乐)(石:无)(邯:周)

找见了　(石:无、深、束)(邯:邯、鸡、宗)(张:万、怀)(唐:昌)

有了　(石:宁)(保:博)

寻见了　(张:怀)

【码起来】　把东西有次序地堆排起来。

垒起来　(张:万)(石:深、束)(唐:昌、乐)(天:桥)

垛起来　(唐:昌、迁、抚、玉、乐)(天:静、安)(张:宣)(邯:涉)(保:安)(承:青、隆、滦、围)(石:深、束)

摞起来　(天:饶、桥)(保:博)(唐:遵、乐)(石:深、束、宁)

堆起来　(石:深、束)(唐:昌、乐)

鼓堆起来　(石:灵、深、束)

拾垛起来　(邯:邯)

【剩下】　没全拿走,或没用完。

余下　(邯:成)(天:沧)

留下　(张:宣)

丢下　(保:易)(唐:昌)

拉下 （张：宣）（天：桥、天）（唐：昌）

卯下 （承：平、青）（石：石）（张：龙、蔚、尚、口）（邯：威、内、尧）（天：故）

【知道】

知道了 （唐：乐）（天：天、桥）

晓里 （石：正）

通晓 （石：无）

【懂了】

知道了 （唐：昌）（天：天、桥）

明白了 （唐：乐）（天：天）

机 mì 了 （张：宣、口、怀、鹿）

【恍然大悟】 忽然明白过来。

解 （天：庆）

解开了 （全省大部分地区通行）

解开理了 （石：晋）

解过味儿来了 “解”音 xiè。（天：桥）

忽然想起来了 （邯：邯）

豁亮了 （天：天）

闹懂了 （承：围）

冷不丁想起来了 （承：青）

猛下明白了 （邯：任）

猛一明白了 （邯：沙）

猛孤丁明白了 （邯：永）

忽生想来了 （邯：广）

忽然明白了 （唐：遵）（邯：漳）（天：霸）

忽一下知道了 （石：灵）

翻开了 （张：怀）

翻懂了 （张：万）

闹清了 （石：无）

心亮了 （邯：涉）

可明白了 （唐：迁）

一下子明白了 （石：正）（天：饶）（邯：临）

纳过闷来了 （保：容）

蓦时间知道了 （邯：大）

轰儿一下子明白了 （唐：丰）

忽的一下明白过来了 （石：深、束）（唐：昌、乐）（天：桥）

【认得】

认识 用于人。（天：天）（邯：邯）

认得 （天：任、桥）（石：枣）（承：围）（唐：昌、乐）

认咧 （天：饶）（邯：临、广）（石：正、高）

熟识 限于对人。（石：深）（承：围）

【不认得】

不认咧 （邯：广）

认不得 （唐：遵、蓟）（石：晋、冀、元、宁、赵、藁、栾、赞、枣、灵、获）（保：定、易、望、水、阳、雄）（承：平）（张：张、万、康、沽、宣、龙、沙、商、崇、鹿、怀、蔚、阳、尚、口）（邯：乡、郸、魏、鸡、柏、大、威、永、鹿、沙、任、肥、涉、内、尧）（天：河、阜、黄、饶、故、山、沧、孟、桥、宁、津、任、献、文、肃、东）

认不里 （邯：临）（石：正、高）

不认识 （石：深、束）（承：围）（唐：昌）（天：天、武）

不熟 专对人。（石：深、束）（唐：昌）

面生 专对人。（石：深、束）（唐：昌）（天：安、桥）

不认得 （天：任、桥）（承：围）（唐：昌、乐）

眼生 指小孩不认识生人。（天：桥）

【盘算盘算】 估计、筹划。

算算 （邯：丘）

打计划 二人商议。（天：山）

合算合算 （邯：广、涉）（唐：昌）

合量合量 （石：行）

估量估量 （保：安）（石：深）

谋量谋量 （天：桥、沧、任、文、献、肃、黄、河、山、东）

算计算计 （唐：丰、山、抚、昌、大）（保：高、容）（张：尚）（石：束、深）（承：围）（天：桥、安）

思乎思乎 （石：束）

思谋思谋 （张：万）

那摸那摸 （唐：丰、迁、遵、昌）（天：安）

琢磨琢磨 （保：安）（唐：迁、昌）（天：天、桥）

估摸估摸 （张:鹿）（唐:乐）

纳闷纳闷 （保:安）

编算编算 （石:束）（唐:昌）

刻对刻对 （石:无）

合计合计 （天:天、霸、安）（承:青）（唐:蓟、昌、大、乐）

【估量】 约略计算。

当 （承:青、承）

忖 （邯:鸡、沙、内）

忖度 （天:庆）（邯:鸡、内）（承:平、滦）（保:唐）

忖摩 （石:灵、深、束）

约莫 （全省通行）

揣摸 （保:新）（唐:乐）

估 （唐:昌、西、抚、三、大、卢、蓟、迁、乐）（承:平）（天:故、庆、桥、津、沧、任、文、献、黄、河、山、东）（张:宣、蔚、口）（邯:魏、鸡、大、宗、鹿、临、肥、内、乡、尧）（石:无、建）

估摸 （天:庆、津）（唐:乐、滦、丰、昌、大）（张:蔚）（保:易、容）

估定 （天:静）

大估以儿 （唐:丰）

毛乎着 （天:桥、沧、文、任、献、肃、黄、河、山、东）

打算 （承:隆）

猜猜 （邯:涉）（张:沙）

大约莫着 （唐:迁、乐）（承:隆）（邯:大）（天:桥）

揣摩揣摩 （邯:大）

约莫约莫 （承:滦）

觉莫觉莫 （邯:邯）

大估摸 （承:青）

作摸 （唐:滦）

估估 （天:天）

估计估计 （邯:邯）

估量估量 （邯:邯）（天:桥）

大估堆儿 （唐:乐）

估估分量 （唐:乐）

【掂量一下】 掂量，以手掂试物的轻重，也指揣摩盘算事的轻重缓急利弊。

掂对一下 （天:霸）（张:赤）（保:新、安）（邯:尧）

掂算一下 （天:安）

掂掇一下 （全省大部分地区通行）

掂楞一下 （天:静、安）

掂配一下 （天:天）

掂搭一下 （唐:滦）

估量一下 （保:博）（邯:广）

估计一下 （邯:磁、丘）（唐:昌）

打量一下 （石:赞）

酌量一下 （邯:大）

度量一下 （邯:鸡）

衡量一下 （保:安）

称量一下 （邯:涉）

合计一下 （邯:内）

掂掂 （邯:鹿）（天:天、桥、安）

掂搭掂搭 （保:易）

掂掇掂掇 （石:灵、无）（唐:乐）

掂量掂量 （唐:迁、乐）（保:定、水）

估计估计 （邯:磁）（唐:昌）

掂拢掂拢 （承:围）

因莫因莫 （保:水）

想一想 （石:石）

约莫约莫 （邯:邯）

【寻思寻思】 反复考虑。

心思心思 （天:静、河、安、沧、任、献、文、肃、黄、山、东、桥）（邯:清、南）（唐:抚）（承:青、围）

想一下 （邯:丘）

思想思想 （张:赤、龙、鹿）（石:获）

思乎思乎 （石:束）（唐:昌）

盘算盘算 （邯:内）（唐:昌）

打算打算 （石:灵）

着实想想 （保:安）（天:安）

落实想想 （唐:乐）

好好想想 （唐:乐）

合量合量 （邯:宗）

转转脑袋 （唐:大）

琢磨琢磨 （邯:肥）（唐:昌、山、迁）（天:静、河、天、安、沧、任、文、献、桥、黄、山、东）

【猜想】 揣测。

猜 （天:庆）（张:蔚）（石:行）（唐:昌）

猜猜 （石:井、灵、深）（天:河、霸、安、沧、桥、天、任、文、献、黄、山、东）（邯:大、临、丘）（张:赤）（唐:昌、乐）（保:清、容）（承:围）

猜着 （保:唐、满）（石:束、建、深）

猜测 （保:易）（邯:尧）（承:青）（唐:抚）

猜疑 （张:万）

约莫着 （邯:南）

钻磨 （邯:乡）

琢磨着 （天:天、故、任、安）（唐:昌、迁、丰）

琢磨琢磨 （唐:秦、大）（石:深）

揣乎 （唐:丰、抚）

揣测 （唐:滦、遵、大、三、卢、玉、昌、西、迁、蓟、抚）（承:平、隆、丰、承、围）（石:石、灵、无、元、宁、藁、晋、新、获）（天:固、饶、肃、静、武、沧）（张:张、阳、康、宣、商、崇、鹿、蔚、万、尚）（保:定、蠡、唐、涿）（邯:郸、鸡、沙、任、肥、涉、内、尧、漳）

揣摩 （石:宁、无、行）（天:孟）（保:安、涿）（邯:清、任、临）（承:平）（唐:乐）

揣摩着 （天:静）（唐:昌、乐）

揣度 （石:获）

推想 （天:桥、沧、文、任、献、肃、黄、河、山、东）

细想想 （保:新）

寻思着 （天:饶）（石:深、束）（唐:乐）

思乎 （唐:丰）

估量 （石:灵）

断 （张:宣）

dàn （张:怀）

【动脑筋】

想 （石:无）

用脑 （唐:滦）

用脑筋 （张:赤）

钻心 （保:新）

上心 （天:静、安）

搁心 （天:静）

费心 （石:灵）（天:河、沧、文、任、献、肃、黄、山、东）

务心 （承:滦、围）

仔细想想 （邯:鸡）

好好寻思寻思 （天:桥）

用心 （邯:邯）

动脑子 （承:围）

走走脑子 （天:天）

【想主意】

想法儿 （唐:乐）（天:天、桥）

想方法 （张:龙）

想道儿 （唐:迁）

想章程 （唐:抚）

定章程 （唐:迁）

拿主意 （邯:尧）（天:天、桥）

定主意 （承:平）

出主意 （张:万、怀、崇、尚）（保:博、唐、新）（邯:广、磁）（承:平）（石:藁、赵、赞、无、正、深、行、灵、获）（天:文、桥、河、沧、任、献、肃、黄、山、东、天）

出个主意 （保:新）（承:围）

拿拿主意 （保:定）

寻思主意 （唐:丰）

纳么主意 （唐:丰）

出出道儿 （天:安）

出道儿 （承:青）（唐:乐）

打算 （保:保）

【料定】 预料到事物的必然结果。

定规 （唐:昌）

掐好点儿了　例："我早就掐好点儿了，就知道你不来。"(天:天)

准　(石:灵)(唐:昌)

保准　(石:建)(天:桥)

断准　(石:无)

看准　(全省大部分地区通行)

着准　(天:饶)

瞅准　(唐:遵、乐)

定准　(天:桥、沧、文、任、献、肃、黄、河、山、东)

始准　(张:鹿)

一准　(张:鹿)

看定　(天:静)

猜的　(邯:广)

纳闷好　(保:安)

【主张】

招儿　(天:天)

点子　(天:天)

辙　(天:天)

道儿　(唐:昌)(天:沧、桥、文、任、献、肃、黄、河、山、东)

主意　(邯:大、任、临、涉、内)(唐:乐、滦、昌、丰)(天:桥、静、霸)(保:水、高、清、博)(张:龙)(石:深、晋、建)(承:围)

章程　(唐:滦、迁、抚)

门道儿　(唐:滦)

打算　(石:灵)(天:霸、孟、饶、安)

想着　(石:灵、深)

主持　(天:桥、沧、任、献、文、肃、黄、河、山、东)

【相信】 信其真实。

待听　(石:建、行)

信了　(张:怀)(天:桥)(承:围)

信服　(天:静、桥)(保:新)(石:枣、灵)(唐:大、乐、昌)

实信　(张:鹿)

确信　(张:万)

信　(天:天、桥)

凭信　(邯:尧)

【怀疑】

嘀咕　(天:天)

不大相信　(邯:邯)

疑心　(邯:邯)(天:桥)

多心　(石:束)(唐:昌、乐)(天:安)

胡 e 心　(邯:涉)

胡疑心　(邯:涉)

猜乎　(保:容)

猜疑　(保:易)(邯:广)(石:灵)(唐:乐)

不信　(石:束、深)(天:桥、沧、任、献、文、肃、黄、河、山、东)

不相　(张:赤)

拿不准　(唐:大)

信不准　(石:无)(唐:昌)

猜不准　(石:无)

吃不准　(石:无)

琢磨　(唐:丰)

着疑　(天:孟)

含糊　(天:河、沧、文、任、献、肃、黄、山、东)

犹豫　(承:平)

纳闷儿　(天:任)(石:深)(承:青、围)

贼心眼子　(天:静)

贼心乱肠　(天:静)

【犹疑】

二二思思的　(天:桥)

二意思思　(天:安)

二思　(石:深、束)

二马游乎　(承:青)

二乎　(承:承)(天:庆)

行乎　"行"音 háng。(石:枣)

胡犹　(邯:大)

含糊　(保:唐)

犹豫　(邯:宗、涉)(石:晋)

犹豫不定　(唐:昌)

犯颠倒 （保:安）

疑迟着 （唐:迁）

打吃哈 （石:束）

心思不定 （保:新）

二心不定 （承:滦、围、承）(唐:昌、玉、乐）

二乎打心 （张:宣）

正没主意 （张:万）

没主儿 （张:赤）

没准儿 （天:任、桥、沧、文、献、肃、黄、河、山、东）(承:滦)(唐:宝、玉、乐、丰）

没主心骨儿 （天:静)(邯:邯）

没主意 （邯:邯）

没准主意 （唐:昌)(天:桥）

嘀嘀咕咕 例:“这人办事嘀嘀咕咕,一会儿一变。”(天:天）

【留神】 注意。

小心 例:“您小心点儿,别摔着。”(天:天）

经心 （天:桥、河、安、天）

细心 （唐:遵）

留心 （唐:乐、遵、迁、昌)(天:文、任、沧、献、肃、黄、河、山、东)(石:赵、晋、束、深)(邯:内)(保:阳)(承:围）

留意 （石:灵）

操心 （邯:涉、台)(张:尚、康、沽、张）

在意 （石:深、束)(邯:宗、乡)(唐:昌）

在意着 （天:静、桥）

【提心吊胆】 心里很恐惧。

担心 （邯:任)(唐:昌、乐）

急着心 （唐:丰）

揪着心 （石:束、深)(唐:昌、乐、大)(天:安）

提拉着心 （唐:山、丰）

提溜着心 （石:深、束)(天:安、沧、桥、任、文、献、肃、黄、河、山、东)(承:围)(唐:昌、乐）

心提溜老高 （承:青）

兔子胆儿 （保:清）

吓得慌 （石:灵、深）

提心跳胆 （唐:迁）

心惊胆战 （张:鹿）

心提顶嗓子眼儿 （天:静、桥）

捏把汗 （天:天）

【害怕】

怕 （天:桥）

发毛 （天:天）

吓了一跳 （邯:邯）

吓得慌 （唐:乐)(张:怀、万）

胆虚 （唐:迁、昌、乐）

嫌怕 （天:任、文、霸)(保:保、安）

怪怕 （保:定）

害吓慌 （张:赤）

害吓唬 （张:鹿）

【淘气】 小孩子不守规矩,吵闹。

淘 例:“这孩子淘得出圈儿。”(唐:乐)(天:天）

淘神 （天:天）

发费 （邯:台、内）

吊诡 统称。如:“这孩子光吊诡,动不动就哭。”(石:束、深）

吊蛋 顽劣意重。不听说,好犯过(多说男孩子)。如:“这孩子,不听说,昨天和人打架,今儿个又不去上学,真吊蛋,该好好教育教育。”(石:束、深、行)(唐:玉、乐)(天:霸、安、沧、桥、文、任、献、黄、河、山、东）

吊猴儿 和“吊蛋”近。如:“你做活儿,他又打又闹,和你吊猴儿。”(石:束、深)(天:桥)(唐:大）

腥油 如:“魔起来,没尾没了,非依着他不行,真腥油!”(石:束、深）

撒没脸 明知理屈而哭闹不休。(石:束、深）

打魔 哭闹,淘气。(石:束、深）

牛 哭闹非常固执。不听劝。(石:束、深）

牛磨 统称。如:“这孩子牛磨起来没个完,打也不行,哄也不行。”(石:束、深）

发牛 （石:束、深）

发拧　任性。(石:束、深)(唐:乐)

费力　统称。如:“这孩子真费力,缠磨得大人不能出工。”(石:束、深)

【缠磨】　指孩子缠大人。

牛钻　(石:深、束)

缠磨头　小孩纠缠人,非常固执。(石:束、深)(天:安)

絮磨　(石:束、深)

絮絮磨磨　(石:深、束)

修磨　(唐:玉)

磨裤裆　(天:天)

缠磨人　(唐:乐)

缠扒　(承:青)

刁蹬　(天:桥)

戏蹬人　(天:桥)

【泡】　故意纠缠或拖延。

糗　“糗”音 qiǔ。指故意纠缠,坚持。如:“今晚,你不要回去,咱俩糗一宿,看谁草鸡!”(石:深、束)(天:安)

耗　如:“今晚你别睡,我和你耗一宿。”(石:深、束)(天:安)

摽　和“耗”意近。如:“你不让我睡觉,你也别睡,咱们摽了,看谁受不了。”(石:深、束)(天:桥、安)

泡啦　(天:天)

泡蘑菇　(天:天)(承:青)(唐:乐)

【讹赖】　借端诈取财货。

讹　如:“他把你东西弄坏了,‘讹’他去。”(石:宁、束、深)(天:桥)(唐:丰、乐)

讹人　(唐:昌)(天:天、桥)

赖　(天:安)(石:深、束)

狼　例:“他让人狼了一头子。”(天:天)

诓骗　(邯:邯)

【摽】　亲密、亲昵。另见“泡”条。

死摽着　(石:束、深)(唐:昌、乐)

胳膊不离大腿　(石:深、束)(唐:乐)

秤杆不离秤砣　指夫妻亲密。(唐:宝、玉)

形影不离　(天:天)

【说话不畅快】

打拕科　(石:束、深)

拿捏　(石:束、深)(邯:宗)(天:桥)

吃捏　(唐:丰)

迟挨　(唐:滦)

吭吭哧哧　(天:天、桥)

黏黏糊糊　(天:天)

结结巴巴　(唐:乐)

八牛礴轧不出个屁来　(唐:乐)

嘴里含着热豆腐似的　(天:桥)

【强词夺理】

打胡搅　(石:束、深)

翻缠胡搅　(石:深、束)

没理搅三分儿　(石:深、束)(唐:玉)(天:天)

没理占三分　(邯:邯)

胡搅蛮缠　(天:天、霸、安)(邯:台)(唐:大、宝、玉、乐)(承:青)

不说理儿　(天:桥)

拿不是当理说　(唐:丰)(天:桥)

打翻八　(天:桥)

搅理儿　(天:天)(唐:昌、滦)

【不合群】　在集体中欺凌同伙,多指儿童。

咬群　(石:束、深)(天:安、桥)(唐:昌)

咬生　(邯:邯)

各色　(唐:乐)

【散伙】

掰了　(唐:昌)

散摊子　(天:天)

崩了群　(石:深、束)

吹灯拔蜡　(天:天、安)

【收拾】　修理一种东西。

收拾收拾　(邯:邯)

拾掇拾掇　(邯:邯)

拾掇　(唐:玉、昌)(天:天、桥)

摆弄 （唐:玉、乐）（石:深、束）

整治 （唐:玉）

修修 （天:天）

刨划 音 bāihuai。（石:束、深）

【抚摸】 用手轻轻摸。

糊拉 （石:深、束）（唐:乐）（天:桥）

扑拉 （石:束、深）（天:安、桥）

摸摸 （天:天）

摩挲 （唐:乐、丰）

【吃惊】 受惊。

惊惊乍乍 （保:高）

吓 （张:口）（唐:乐）

惊着 （石:建）

受怕 （石:无）

大吃一惊 （天:桥、沧、文、任、献、肃、黄、河、山、东）

吓一跳 （全省大部分地区通行）

吓了一跳 （天:静、任、霸）（张:张、阳、怀）（邯:郸、涉、尧）（石:深、束）（保:容、保、清）（唐:昌）

吓了一大跳 （石:宁、深、束）（承:滦）（唐:昌、乐）（天:天、安、桥）

吓死了 （邯:涉）（天:天、沧、桥）（唐:乐）

吓一下子 （石:灵）

害吓得慌 （张:蔚）

吓得慌 （石:平）（唐:乐）

好吓 如:“好把我吓!”“真把我好吓!”（石:正）

吓得一跳 （石:石）

把我好吓 （石:赞）

担心 （保:满）

害怕 （天:宁）（邯:威）（石:深、枣）（唐:遵、乐）（承:丰）

也英 （唐:秦）

【着慌】

发慌 （保:安）（邯:大）（石:正）

心慌 （天:桥、沧、文、任、献、肃、黄、河、山、东）（唐:昌）

慌了 （天:任、天）（保:雄）（石:晋、枣、束、深）（唐:昌）

慌神了 （天:天）（承:青）

慌手慌脚 （唐:乐）

慌失撂脚 （天:静）

抓了 （唐:乐）

着紧 （邯:任、内、尧）

发毛 （保:安）（承:围）（唐:乐）

毛焦了 （保:安）

忙么啦 （天:静）

急锅子屁 （石:灵）

【手忙脚乱】 做事慌张没条理。

毛手毛脚 （保:安）（石:深）（承:青、滦）（唐:昌、乐）（天:安）

慌手慌脚 （天:任）

摸东不知西 （天:静）

手脚没识闲 （石:灵）

手忙脚乱 （唐:乐）

手脚忙乱 （唐:三、滦、遵、蓟、西）（石:晋、石、灵、藁、无）（天:沧、任、文、献、黄、山、强、交、阜、肃、东、桥、河、宁、永、津）（张:万、康、宣、龙、张、尚）（保:定、望、唐、阳、雄、高、完）（邯:乡、郸、魏、柏、大、鹿、沙、肥、涉、内、鸡、尧）（承:平、承、兴）

乱七八糟的 （天:桥、沧、文、任、献、肃、黄、河、山、东）（邯:邯）

顾不得头戴盔甲 （石:宁）

心乱 （天:桥、沧、任、文、献、肃、黄、河、山、东）

忙得脚丫子朝天 （天:天）

毛咕 （天:桥）

毛毛咕咕 （天:霸、桥）

晕头转向 （天:天）

【着急】

着窄 （唐:迁、丰）

急了 （天:桥、沧、文、任、献、肃、黄、河、山、东）（唐:昌）

起火 （石:宁）（天:静）

蹿火 （天:河）（保:安）

蹿眼 （邯:邯）

蹿了眼　(邯:邯)

蹿了　(保:安)(天:天)

扯急　(邯:邯、磁)

耍脾气儿　(天:静)(唐:乐)(邯:邯)

急赤白咧　(石:束)

急疵白脸　(天:天)

翻疵　(天:天)

火了　(天:天、安)

上火　(唐:乐)

着急上火　(唐:乐)

【操心】　费心神考虑和料理。

分心　(唐:昌、西、宝、玉)(保:新)(天:安)

挂心　(邯:永)

上心　(天:静)

焦心　(承:承)

劳心　(文)(天:桥)(唐:昌)

担心　(张:宣、龙)

不省心　(唐:迁、乐)(天:桥)

操心费力　(石:枣)

讨神　(保:保)

心放不下　(邯:内)

费心劲　(唐:丰、昌)(石:赵、正、行、灵)(天:河)(邯:大、宗、威)

费力　(天:静)

【挂念】　心中思念着放不下。

挂着　(邯:清)(天:宁、桥)

挂牵　(邯:涉)

牵挂　(石:深、束)

挂连着　(天:静)(石:灵)

悬念　(承:兴)

悬心　(唐:昌)

惦心　(天:山、庆)

惦心着　(天:黄、天、安、桥、沧、文、任、献、肃、河、山、东)(唐:大)

惦记　(石:深、束)(承:围、滦)(天:天)

惦着　(天:天)(唐:乐)

惦念　(唐:乐)

怀念　(天:桥、沧、文、任、献、肃、黄、河、山、东)

心里悬着　(唐:昌、乐)

结记　(全省大部分地区通行)

【放心】

急心　(张:龙、万)

搁下心　(唐:丰)

不用结记　(石:赵)

不用操心　(邯:邯)

不用惦着　(唐:乐)(天:天)

甭惦着　(天:天)

【放心不下】　心里老挂念着。

不处心　(邯:邯)

不歇心　(石:泽)(张:怀)

不舒心　(保:安)

提着心　(石:束)(唐:昌)

提溜着心　(天:桥、安、沧、文、任、献、肃、黄、河、山、东)(唐:宝、玉、乐)

心放不下　(天:静)(邯:永)(承:滦、围)(唐:昌)

放心不下的　(唐:迁)

搁不下心　(唐:丰)

提拉心　(天:天)

【盼望】

想　(唐:大、昌、乐)(张:怀)

指望　(保:安)(唐:玉)

盼巴　(唐:丰)

盼得　(张:万)(邯:漳)

盼着　(保:保、唐、清、新、雄、涿)(石:晋、枣、束、建、深)(天:饶、任、桥、文、天)(承:平、滦、围)(邯:清、南)(唐:昌、乐)

巴望　(唐:丰、滦、蓟、昌、西)(承:青、隆、承)(邯:鸡、内、尧)(石:无)

眼巴儿巴儿地盼着 （天:静）（唐:昌、乐）

【巴不得】 十分盼望的意思。

怕楞 （天:饶、天）

单盼着 （保:唐）

可好哩 （石:赞）

了不得 （天:桥、沧、文、任、献、肃、黄、河、山、东）

恨盼的 （张:蔚）

望不得 （天:庆）

恨不能得 （天:孟、安）

盼不到 （邯:鸡）

盼不得 （唐:乐、遵、大、蓟、三）（承:围、平、隆）（石:藁、无、正、冀、晋、平、灵、石、获、高）（天:故、宁、武、永、津）（张:张、万、阳、康、龙、商、鹿、怀、蔚、尚、口）（保:博、保、望、唐、满、阳、雄、完、容）（邯:广、邯、郸、魏、鸡、大、磁、威、永、鹿、清、台、沙、任、乡、临、肥、涉、成、内、尧、丘）

盼无不到 （石:晋）

怕不楞得儿 （天:饶）

盼不里声儿 （石:行）

怕不能得的 （天:饶）

乐不得的 （唐:迁、山、乐）（保:水）（天:安、桥）

恨不能 （天:强、孟、阜、河）（邯:大）

恨不得 （承:滦、青）（石:栾）（天:东、山）（张:赤、宣）（保:阜）（唐:大）

巴巴儿的 （石:束）

巴不里 （石:建）

巴不留声的 （石:新）

巴不其神儿 （唐:丰）

巴不乐得儿 （唐:滦、蓟、抚、卢、昌）（承:青、平、隆）（天:强、武、肃、大、安、宁、任、沧、文、献、黄、河、山、东）（邯:沙、内）

巴不能 （承:围、平）（邯:南）

巴不得的 （保:安）

巴不能够儿 （唐:蓟、西）（承:平、承）（石:衡、枣、无、束、深）（天:桥、固、故、津、河、沧）（保:高）（邯:鸡、沙、内）

巴不能得儿 （保:定）（天:霸）（石:深）

巴不得的 （天:天）

恨不能的 （天:桥）

恨不楞的 （承:平）

【记着】 不要忘掉。

记住 嘱咐不要遗忘。（石:深、束）（天:桥、沧、文、任、献、肃、黄、河、山、东）（唐:大、宝、昌、玉、乐）

记记 （邯:清）

记好 （邯:涉）

记牢 （邯:涉）

别忘了 （张:万）（唐:昌、乐）

【还记的】 还没忘记。

还让哩 （石:深、灵、石）

还记着 （天:饶）（承:围）

记得啦 （张:万）

记着呢 （保:新）（唐:昌、乐）

结记住了 （石:灵）

记住啦 （天:天、桥）

记着哩 （邯:邯）

牢哩 （石:灵）

【忘记了】

扔到耳门子后了 （承:滦、围）（天:桥）

扔脖子后头了 （天:静、安）（石:束、深）（唐:昌、宝、玉、乐、大）

记性不好 （天:静）（唐:乐）

忘性大 （天:静、桥）（唐:宝、玉、乐）（邯:宗、乡、南）

忘死了 （石:无）

忘了 （天:桥、天）（唐:乐）（邯:邯）

忘得没影了 （唐:乐）

忘大流去了 （唐:乐、滦、昌）

就饭吃了 （唐:大）

记不住了 （石:栾）（邯:邯）

弄不清了 （石:灵）

没记着　(天:肃、沧、桥、文、任、献、黄、河、山、东)(唐:玉)

不记得了　(石:深、束)

【想想】

心才心才　(天:宁)

琢磨琢磨　(唐:丰)(石:深)(天:安)

思想思想　(张:赤)

想一想　(唐:昌)

想目想目　(张:宣、商)

寻思寻思　(天:天)(唐:乐)

寻思一下　(唐:昌、玉)

前思后想　(天:静)

心思心思　(石:束、深)(天:安、桥)

【想起来了】

想上来了　(张:赤)

寻思起来了　(石:深、束)(唐:玉)

思谋起来了　(张:怀)

【眼红】　又羡慕又着急。

眼热　(唐:丰、宝、昌、西、乐、大)(天:安、山、天、霸)(邯:肥)(石:深、束)(承:围)

眼馋　(唐:乐、迁、丰、昌)(承:滦)(保:安)(天:静、安)(石:深、束)

眼气　(石:赞、平、深、束、井)(邯:鸡、大、肥)(张:鹿)

消眼　(张:宣)

急了眼　(石:束)(邯:台)(唐:昌)

气肚子心　(唐:乐)

气肚子脏心　(唐:乐)

心里下不去　(邯:尧)

红眼了　(天:桥)

蓝眼了　(天:天)

【讨厌】

嫌　(石:深、束)(唐:大、乐)(天:桥)

嫌乎　(承:围)

讨人嫌　(天:沧、桥、文、任、献、黄、河、山、东、肃)

看不上　(唐:乐)

烦弃　(承:青)

烦　例:“烦这个人,不见他!”(石:衡、深、束)(天:大)(邯:广、邯、丘)(保:唐)

烦恶　(承:滦)(天:桥)

高烦　(石:深、束)

膈腻　(保:唐、阳)

膈应　(保:安)(石:深、束)(唐:丰、乐)(天:天)

恶心　(张:阳)(邯:大)

腻味　(天:静、天、桥)(唐:大、玉)

腻歪　(保:唐、易、安、新、蠡)(天:任、河、天、文、安、沧、桥、献、肃、黄、山、东)(唐:昌、乐)(邯:台、宗、乡)

恶烦　(邯:成)(天:静)(唐:玉)

恶诉　(天:沧、天)(邯:清、内)

心绳　(天:桥)

黑厌　(张:尚)

满显　(邯:鸡)

应得慌　(天:庆)

不稀罕　(天:孟)(张:商)(唐:昌、玉)

不待见　(承:丰)(保:安)(张:赤、蔚、张、口)(天:武)(邯:郸)(唐:大)

不上眼　(张:怀)

不见喜　(邯:涉)

不喜见　(张:宣)

不喜拉他　(天:桥)(石:深、束)

不搭拉他　(保:高)

【羡慕】

稀罕　(保:雄、安、水、高)(天:霸)(唐:乐)

眼馋　(唐:蓟、丰、昌、乐)(保:易)(邯:威)

眼热　(石:灵)(唐:乐、山、大、玉)(天:静、大、庆、安、宁、天、桥)

眼儿热　(唐:丰、遵、三、乐、昌)

眼气　(石:新、平、河、行、衡、宁、枣、藁、正、建、栾)(张:赤、崇、鹿、蔚)(邯:广、乡、邯、郸、魏、宗、永、任、临、周、漳、南、成、涉、鹿、丘)(承:青)

眼儿红　(保:新)(张:张、万、阳、龙、怀、蔚)(天:桥)

热眼 （唐：迁）

消眼 （张：宣）

待见 （石：正、赵、栾、高、深）（天：饶）（邯：清）（保：完）

爱见 （邯：任）（石：赞、束）

喜爱 （保：安）

火怜怜 （天：武）

沾气得慌 （保：阳）

气得慌 （唐：抚）（承：青）

【嫉妒】

恨 （邯：邯、宗）（唐：昌）

忌恨 （石：枣、行、束、深）（天：饶、河、霸、安）（保：高）（唐：大）

气恨 （保：容）（石：深、束）（唐：丰）

气恨人 （保：博、容）（石：深、束）

气肚子 （天：天）（唐：昌、乐）

敌敌 （邯：邯）

弃贤 （石：平）

忿不得 （石：新、建）

急得慌 （石：灵）

受不哩 （保：阳）（石：灵）

瞅人家 （石：赞）

使心眼子 （石：正）

妒忌 （天：肃、桥、孟、津、沧、文、任、献、黄、河、山、东）（保：雄）（张：阳、尚）（邯：郸、鸡、宗、沙、肥、涉、成、内）（唐：蓟）（承：平、隆）（石：衡、晋）

【怄气】 闹别扭，生闷气。

怄得慌 （邯：尧）

怄心 （张：宣、怀）

活怄 （天：天）

闹别扭 （天：桥）

找气生 （唐：乐）

惹气 （保：保）（石：灵）

闹气 （石：晋）（承：隆、围）（天：桥、河、沧、文、任、献、肃、黄、山、东）

堵气 （天：宁、安）（唐：秦、昌）（邯：周）

找气 （承：兴）（石：新、灵）

斗气 （石：无、束、深）

生气 （邯：永、宗、台）

吝气 （石：晋）

鼻囊气 （承：隆、承）

生闷气 （邯：任）（承：围）（唐：昌）（天：桥）

格也 （张：崇）

糟毛 （唐：迁）

【憋气】 有气发泄不出来，或无法发泄出来。

闷气 （天：桥、沧、文、任、献、肃、黄、河、山、东）（邯：尧）

生闷气 （唐：抚、乐）（天：桥、安）

生气 （天：安）

斗气 （天：河、沧、文、任、献、肃、黄、山、东）

呆气 （邯：永）

顶着一脑门子官司 （天：天）

【生气】

上来牛脾气 （唐：乐）

阁气 （天：桥）

来气 （承：丰、青）

起火 （石：获、高）（邯：涉）

火冒三丈 （唐：乐）

火了 （天：山）（唐：昌）

冒火儿 （石：束）（唐：乐）

耍脾气 （天：孟、桥、黄、沧、文、献、任、肃、山、东、河）（唐：抚、乐）

闹脾气 （保：清、安、新）（天：桥、东）（石：束、深）

起脾气 （天：任）

发态度 （张：万）

发性子 （石：无）

急了眼 （石：束）

【爱惜】

心爱 （张：万）

心痛 （全省大部分地区通行）

心疼　(承:青)(唐:乐)(天:桥)

稀罕　(唐:玉、昌、乐)(天:任、河)(保:安、新)

【疼爱】

亲　(石:正)(唐:乐)

心疼　(唐:昌、乐)(石:栾)(张:张)(邯:广)

疼　(天:桥)

待见　(保:唐)(天:河、安)(邯:永)(石:深、获)(承:滦、围)(唐:大)

喜　(石:枣)

【疼爱小孩儿】

疼爱孩的　(邯:邯)

疼孩子　(天:桥)

喜孩子　(天:桥)

信意惯纵　(唐:大)

娇养孩子　(石:平)(张:万)

娇嫩小孩　(唐:迁)

稀罕小孩　(唐:丰、昌、玉、乐、宝)(保:容)(天:桥、安)(承:围)

待见小孩儿　(石:深、束)(天:强)(保:阳)(邯:广)

待见小孩子　(邯:永、宗)(石:束)

心疼小孩儿　(保:清)(张:阳)

【喜欢】　喜爱。

稀罕　(唐:乐、迁、滦、遵、昌)(承:青、围、滦、承)

待见　(天:饶、孟)(邯:邯、大)(石:建、平)(承:隆、滦)

爱见　(邯:临)

【喜欢看书】

好喜看书　(保:安)

好看书　(承:滦、围)(张:万)(邯:广、邯、宗、尧)(保:清)(天:桥)(唐:大、昌)

乐意看书　(天:宁)(邯:永)(唐:乐)

爱看书　(天:天、桥)(唐:乐)

【欢喜】　快乐。

欢气　(天:静)(石:深)(承:围)(唐:大)

乐　(石:无)

乐了　(唐:昌)

乐和　(唐:乐)

喜欢　(天:桥)

【高兴】　兴趣旺盛。

欢了　(承:滦)

欢气　(天:霸、安)

欢喜　(全省通行)

兴乎儿　与高兴同,但用法不一样,如:"我那时候有兴乎儿做,这时没兴乎儿啦!"(天:静)

痛快　(张:怀)

得　"得"音 děi。(邯:台)(天:桥)

美　(天:天、桥)

【高兴】　愿意、喜好。

爱　(天:津)(唐:乐)

愿意　(天:津、桥)(唐:乐)

欢喜　(唐:迁、昌、乐)

乐意　(天:天、桥)(邯:邯)

【偏袒】

护　如"护犊子"。(唐:玉)(天:桥)

向着　(唐:昌)

偏向　(石:正、束)(承:隆、青、滦)(保:保、满)(张:万)(邯:鸡、大、永、南)(唐:丰、抚、山、秦、宝、昌)(天:桥、沧、文、任、献、肃、黄、河、山、东)

偏心　(石:无)(唐:抚、昌)

偏心眼儿　(保:阳)(石:束、深)

偏着　(保:新)

偏　(全省通行)

瞅趣　(邯:鸡)

疼　(天:沧、桥、任、文、献、肃、黄、山、河、东)

【感谢】

谢　(唐:乐)

谢谢　(邯:邯)(天:天)(承:围、滦)

谢候　(唐:乐)

谢好　(天:桥)

致谢 （石：束、深）

道谢 （石：束、深）

【感激】

不过意儿 （唐：迁）

过意不去 （唐：乐）（天：安）

心里过不去 （天：桥）

心里过意不去 （天：静）（唐：昌、大）

觉过得慌 （天：静）

不落忍 “落”音 lào。（唐：宝、玉）

不落意 “落”音 lào。（石：灵、深）（天：桥）

承情 （承：青）

感激不尽 （承：围）

感恩不过 （天：天）（石：无）

感恩不尽 （邯：广）

【抱怨】 心怀不满，在言语上有所表现。

怨磨 （天：桥）

怨长 （石：灵）

怪怨 （石：灵）

埋怨 （保：易、保、望、清、安、新、涿）（张：赤、宣、沙、怀、蔚、尚、口）（石：深、宁、无、正、井、泽、晋、平、束、行、获、河、建）（邯：磁、宗、永、任、临、南）（唐：大、乐、抚、蓟、迁）（天：霸、安、桥、肃、静、武、庆、孟、黄、沧、饶、津、东、献、任、文、河、山）（承：隆、青、滦、平、围）

念子日儿 （石：深、束）

念秧歌儿 含有发牢骚的意思在内。（石：深、束）

烧心人 埋怨别人不去做某种事，总对面念叨。（天：静）

【痉挛】 筋肉抽搐。

拘挛 “挛”音 lian。（石：束、深、行）（唐：大、丰）

纵打 （石：束、深）（唐：大、丰）

抽 （唐：乐）

抽筋儿 （唐：昌）（天：天、安）（唐：乐）（承：青）

腿肚子转筋 （天：桥）

二十四　方位词

【上头】

高处　（保:博、阳、高）（张:鹿）（唐:迁、乐）（承:平、围）（石:灵）

高头　（唐:丰、滦、蓟、三）（承:隆）（石:灵）（邯:沙、涉、内、尧、邯）（张:尚）（天:桥、津）（保:望）

上头　“上”音 háng。（张:鹿）

上头　“上”音 hàng。（天:桥）

上头　“上”音 hán。（张:蔚）

浮头　（邯:涉、邯）（唐:乐）

脑头　（张:万）

顶来　（张:崇）

顶 ha　（石:宁）

顶儿上　（保:保、阳）（唐:乐）

尖上　（唐:西）（承:青）

上边　（张:鹿）（石:枣）（天:天、安）（唐:昌）

上面　（张:崇、尚）（石:建）

上半儿　（石:建、深）（天:阜）

上半儿拉　（唐:乐）

【下头】　与“上头”相对。

下边　（保:水）（张:鹿）（石:枣）（承:青）（唐:乐、昌）（天:安）

下面　（张:尚）（石:建）

下半儿　（石:建、深）（天:阜）

下边儿　（天:天）

【左边】

左面儿　（邯:大、邯）（张:张）

左旁　（邯:尧）

左膀　（邯:临）

左侧　（唐:昌）

左沿儿　（保:清）

左半儿　（石:建、平）（天:桥、阜）

左半块儿　（石:获）

左拨儿的　（唐:遵）

手底下的　（张:鹿）

左手　（天:天）

【右边】

右旁　（邯:尧）

右膀　（邯:临）

右侧　（唐:昌）

右手　（天:天）

右面　（张:各地）

右沿儿　（保:清）

右半儿　（石:建、束）（天:桥、阜）

右半块儿　（石:获）

右拨儿　（唐:遵）

【中间】

当腰儿　（唐:遵、滦、西、蓟、三、大、卢、昌、玉、乐、迁）

(承:各地)(石:深、元、枣、栾、藁、灵)(天:固、肃、东、静、献、桥、津、河、永、沧、庆、故、宁)(邯:乡、郸、鸡、柏、宗、永、鹿、沙、任、涉、内、尧)(保:水、高、安、阳)(张:宣、龙、蔚、尚)

当腰儿 指长度的中间。(唐:丰、抚、昌)

当腰儿 指立着的东西的中间。(唐:宝)(天:山)

半中腰 (张:鹿)

当间儿 (全省大部分地区通行)

当末间 (邯:大)

当不间 (天:宁、安)(邯:临)(唐:乐)

当中间儿 (石:行)

当把间儿 (石:建)(保:唐)(天:霸)

当末间儿 (天:天)

当不间儿 (唐:山、乐、昌)

当处腰儿 (唐:乐)

当末间里 (石:获)

当中 “中”音 zūn。(张:万)(邯:沙、郸)

当央 (天:桥、津)

正当中 (张:怀)

中当腰 (石:赵)

半当腰儿 只限上下方向的。(石:束)

拉当腰儿 (石:建)

半打腰儿 (石:束)

半截腰儿 (保:蠡)(石:深)(天:安)

正当下 (石:无)

半杆啊儿 (张:鹿)

半截儿上 (唐:昌)

【里面】

内里 (张:鹿)

里边儿 (邯:肥、邯、郸)(保:新)(天:任、霸、阜)(唐:抚、迁)(石:枣)

里头 (唐:昌、乐)(天:桥、天)

【外面】 与“内”相对。

外厢 (承:平)(石:藁、栾)(邯:沙、任、内、临)(张:龙、蔚)(天:故)

外边儿 (唐:迁)(保:新)(邯:肥、成、漳、邯)(天:霸、阜)(石:枣)

外头 (唐:昌、乐)(天:桥)

【前边】

头前儿 (唐:抚)

头儿来 指最前头的。(石:井)

头里 (石:深、宁)(张:各地)(唐:乐)

前头 (唐:昌、抚、迁、乐)(承:平、青)(石:衡、无、行、灵)(张:万、鹿、蔚)(邯:涉、尧、邯)(保:博、水、清、安、新、完)(天:庆、津、桥、安)

前面 “面”音 mi。(石:建)

前下儿 (邯:临)

前边儿 “边”音 bān。(天:桥)

【底边】

后下儿 (邯:临)

底儿下 “下”音 xie。(唐:乐)

后头 (唐:昌、抚、迁)(石:深、衡、宁、无、枣、行、灵)(承:平)(张:万、鹿、蔚)(邯:大、涉、尧、邯)(保:博、水、清、安)(天:庆、津、阜、桥、安)

后面 “面”音 mǐ。(石:建)

后尾儿 “尾儿”音 yǔr。(唐:三)

后边儿 (唐:昌)

【旁边】

边儿上 (唐:昌、乐)(石:枣)(天:阜)

边儿来 两旁或前后左右。(石:井)

旁拉儿 (唐:迁)

傍壁儿 (石:行)(天:任)

傍块儿 (石:行)

半边儿 (保:新)

半拉儿 (天:肃)

bān ger (张:万)

一边儿 (天:肃)(保:新)

一边里 (邯:任)

一壁壁 (张:万)

一半　（石：建）

一边　（石：河、安、深）（天：桥）（邯：邯、大、肥、成、尧、涉）（保：博、唐、水、安、雄）

一巴儿拉　例如："躲一巴儿拉去！"（唐：昌）

半面　（张：张）

侧面　（邯：魏）（张：宣、康）（承：围）

侧边　（唐：丰、遵、三、昌、蓟）（承：隆、平）（石：栾、藁、无、灵）（天：肃）（张：龙、蔚、尚）（邯：鸡、沙、任、内、尧、邯）（保：望、高）

另边　（邯：丘、邯）

边儿起　（张：各地）

旁边儿　（唐：昌、乐）

旁里　（唐：昌）

肋里　（石：获）

【附近】

左近　（唐：昌、抚、迁、丰）（承：青、兴、围）（石：建、获、井）

邻近　（邯：广、魏、尧、沙、邯）（天：东）（保：安）（张：鹿）（石：枣）

靠近　（张：鹿）

近处　指前面不远之处。（承：隆）（天：任）（唐：乐）

近边　（邯：成、大、邯、漳）

近地方　（邯：永、丘、邯）

不远　（天：津）

不远儿　（天：大、桥）（石：深）

家半拉　（承：滦）

左近一溜子　（唐：昌、乐）

旁不勒儿　（唐：西）

方边　（保：安）

【跟前】　距离更近的地方。

跟干　（天：永）（石：灵）（张：尚）（邯：内）（承：平）

跟底下　（天：桥）

跟前　（邯：大）（张：鹿、沙）

跟前儿　（承：滦、围）（天：肃、安）（唐：乐）

跟不前儿　（承：承）

眼前　（邯：邯）（保：安）（石：无、深）

跟面前　（石：深）

眼跟前儿　（唐：昌）

眼目前儿　（天：天、安）

眼目前儿　"目"音 mei。（唐：乐）

眼前比儿　（唐：乐）

眼窝子里　（张：万）

眼皮儿底下　（唐：昌）

眼摆着　（保：安）

脸前　（天：桥）

【什么地方】

什么地分儿　（天：任）

么地方　（石：衡）（天：黄、宁、静）

什么地方　"什"音 sòng。（石：枣）

啥地方　（唐：丰、滦、遵、宝、蓟、玉、西、秦、三、乐、迁、昌、抚、大、卢）（承：各地）（石：无）（天：宁、桥、永、庆）（邯：乡、邯、郸、魏、鸡、宗、鹿、永、大、沙、任、临、肥、涉、周、成、内、尧、丘）（保：定、望、安、阳）（张：赤、康、宣、龙、蔚、尚、沙）

啥地处　（天：庆）（承：青）

啥地掌儿　（邯：涉、成、漳、邯）

甚地方　（张：张、阳）

哪儿　近处。（唐：西、昌、大）（邯：丘）

哪儿哩　（邯：肥、成、漳、邯）

哪里　（邯：丘、邯）（石：衡、无、束）（天：强、东、献）（张：万、商、蔚）

哪儿哈儿　（石：宁、深）

哪哈儿　（天：桥、天、河、阜）（石：枣）（唐：昌）

哪来　（张：鹿、怀）

嘛地方　（天：天）

【地下】　地面。

地上　例："把东西放在地上。"（唐：西、昌）

地上　"上"音 ang。（石：建）（天：阜）

地映　（邯：大、邯）

地下　“下”音 xie。(石:泽、深)(唐:乐)

地 ne　(石:宁)

地皮儿上　(唐:昌)

就地下　“就”音 jiū。(天:桥、安)(唐:大、丰)(邯:宗)

就地上　“就”音 jiū。(天:桥)

就地儿　“就”音 jiū。(保:新)

就地　“就”音“jiǔ”。(天:天)

当地下　(唐:乐)

当地　(天:文)(唐:乐)

当地儿　(石:束、枣)(天:霸)

当田下　(天:饶)

【掉地下了】

跌了　(张:鹿)

跌地下了　(张:尚、蔚)

跌地上了　(张:万、蔚)

跌下去了　(张:阳)

跌在地下了　(张:张、万)

跌到地下了　(石:获)

掉地上了　(石:井、枣)(唐:昌)

掉下来了　(天:任、阜)

掉地下了　另指死了亲人,无人抚养。(天:桥)

掉的就地儿了　(保:新)

掉就地下了　(天:天)

掉了地下了　(保:安)

掉跌了　(邯:临)

掉 dīū diā 了　(邯:临)

跳地上了　(天:饶)

跳在天下了　(保:高)

投在地上了　(石:灵)

tǐn 地上了　(保:完)(石:深)

投了　(石:灵)

【路上】

道上　(全省大部分地区通行)

道儿上　(保:保、清、阳、涿)(张:万)(唐:山、昌、乐)(石:高)

路上　“上”音 ang。(邯:涉、邯、郸)(天:阜)

路儿上　(张:万)(唐:昌)

途上　(承:平)

【路边儿】

道沿儿　(保:安)

道旁　(石:栾)(邯:临、尧)(承:丰)

道旁儿　(保:清)(石:正、深、束)

道边儿　(全省大部分地区通行)

道边子　(天:桥)(唐:乐、大)

道边儿上　(石:无)(唐:昌、乐)(天:霸、阜)

道旁边儿　(承:丰)(唐:乐)

路旁　(天:宁、河)(邯:尧)(石:赵)

路旁边　(张:尚)

路旁儿　(邯:涉)

路旁边儿　(张:尚)(石:束、灵)

路边儿起　(邯:宗、乡)

马路边儿　(天:天)

【路东】

道东　(唐:丰、遵、迁、抚、乐、大)(石:衡、枣、晋、高)(天:强、饶、东、静、桥、安)(邯:台、邯、永、临、尧)(保:博、水、完)(承:青、围)

道东边　(石:灵)(天:阜)(承:青)

道东喽　(天:安)

道东里　(石:正、栾、灵)

道儿东里　(保:易)(唐:昌、乐)

路东头　(天:宁)

路东里　(邯:大、邯)(唐:山)

路东边　(石:无)

东边　(天:桥)

边东　(天:桥)

家东　(天:桥)

座东　(天:天)

【山前】

山前头　（天:阜、固、肃、东、文、大、桥、永、沧、庆、津）（承:各地）（邯:邯、郸、魏、鸡、柏、大、宗、永、鹿、沙、任、临、肥、涉、成、内、尧）（保:博、望、唐、高、满、清、安、阳、新、雄、蠡、涿、完）（张:张、万、赤、阳、康、宣、龙、沙、商、崇、鹿、怀、蔚、尚、口）（石:栾、藁、宁、赵、无、深、冀、井、晋、枣、束、新、灵、石、获、高）（唐:丰、遵、乐、抚、山、三、大、卢、玉、秦、昌、蓟）

山前边　（张:沙）

山前边儿　（唐:丰、抚、大、卢、蓟、遵、西、三、乐、昌、迁）（承:各地）（石:冀、衡、元、赵、藁、无、晋、行、束、新、灵、石）（天:黄、固、饶、孟、肃、静、桥、安、宁、霸、庆、津）（邯:乡、郸、魏、鸡、柏、大、磁、永、邯、鹿、沙、任、临、肥、涉、内、尧、丘、漳）（保:易、保、望、唐、高、安、阳、雄、蠡、涿、容）（张:万、康、宣、龙、蔚、崇、尚）

山前儿　（唐:蓟）

山前面儿　（保:新）（张:尚）

山这边儿　（张:蔚）

山北边拉　（唐:滦）

【山北边】

老山后头　（石:正）

山北面　（承:青）

阳坡　（石:平、井）

【山东边】

山东面　（张:商）（邯:涉、邯）

山东面儿　（张:尚）

山东喽　（唐:迁）

山东头　（承:平）

山东边儿　（唐:丰、滦、玉、西、秦、昌、三、抚、乐、迁、山、大、卢、蓟）（承:各地）（石:泽、石、束、衡、元、宁、井、赵、枣、藁、赞、正、深、冀、晋、行、获、灵）（天:阜、黄、安、故、饶、孟、肃、静、文、大、山、桥、津、河、宁、武、永、霸、沧、庆）（保:博、易、容、保、望、唐、水、高、满、清、安、阳、新、雄、蠡、涿、完、阜）（张:张、赤、阳、宣、龙、蔚、尚、口）（邯:乡、邯、郸、鸡、柏、大、磁、威、永、鹿、台、沙、任、临、涉、漳、南、成、内、尧、丘）

山东沿儿　（保:清）

山东面儿　（石:建）

坡东边　（保:完）

【桌儿上】

桌的上　（邯:广、大、临）

桌面上　（邯:涉）（天:桥）

桌子上头　（唐:昌、乐）（承:平、青）（邯:尧）（保:清、安）（天:安）

桌子上儿　（唐:昌）

桌子上　（唐:乐）

桌子面上　亦指公开场合，例:“你敢把话摆在桌子面上?”（天:天）

桌子圪头　（邯:内、沙）（保:望）

高桌上　（唐:昌）

【乡里】

乡间　（张:鹿）（石:枣）

乡呢　（保:清）

乡里　指乡政府。（唐:昌）（张:龙）

乡下　（全省大部分地区通行）

乡庄子　（天:桥）

村里　（唐:昌）（石:无、束、藁）（邯:柏、临、尧）（张:阳）（天:霸）

村子里　（张:鹿）

村儿里　（张:各地）

庄子　（天:天）

庄里　（唐:昌、乐）

地上　（张:商）

路堡　（张:赤）

【大门外】

大门口　（唐:秦、昌、乐）（石:深）（保:安）（天:安）

大门口儿　（唐:乐）

大门口上　（石:灵）

大门口外　（天:宁）

大门外头　（全省大部分地区通行）

大门外边　（邯:魏、宗、永、任、大、尧、丘、邯）（保:阳）

（张:龙）（石:无、枣、灵）

大门外边儿 （邯:肥、邯）

大门以外 （石:藁）（保:阳）

大门前面儿 （邯:肥、邯）

门前头 （石:深）

门口儿 （天:天）

门口儿上 （天:静）

当街 （承:滦、围）（唐:昌）

街门口 （邯:台）

【墙上】

墙 hà （石:宁）

墙上 "上"音 ang。（邯:涉、邯）

墙儿上 （天:桥）

墙头上 （唐:遵、蓟、昌、乐、大）（承:平、滦、围）（张:沙、蔚、鹿）（天:阜）

墙头子上 （承:青）

高墙头 （保:安）

壁上 （邯:尧）

【墙外】

墙外头 （全省大部分地区通行）

墙外儿头 （保:清）

墙头儿外头 （天:安）

墙儿外头 （保:保、水、涿、易）

墙儿儿外头 （保:新）

墙外边 （石:赵、枣、井、灵）（邯:魏、大、涉、邯、尧、丘）（张:龙）（保:完）（天:桥、庆）

墙外边儿 （唐:昌）（邯:肥、邯）

墙那边 （石:元）（邯:大）

大墙外 （承:滦）

【东边】

东面 （石:栾）

东面儿 （唐:山、昌、抚、遵、卢、玉、丰、滦、秦、三、蓟）（石:冀、赵、枣、藁、元、晋、石）（承:承、平、隆、丰、滦、围、兴）（天:黄、固、故、肃、静、文、桥、宁、武、沧、庆）（邯:郸、鸡、柏、大、宗、鹿、沙、任、涉、邯、成、内、尧、丘）（保:定、望、唐、安、阳、新、蠡、涿、完、容）（张:张、阳、康、沽、宣、龙、沙、商、崇、怀、蔚、尚）

东面米儿 （石:建）

东方 （邯:尧）

东傍 （邯:临）

东沿儿 （邯:清）

东沿边 （石:获）

东头儿 （唐:昌、乐）（天:安）

东边儿 （天:安）

边东边 （石:泽）

家东 （天:桥）

【往东走】

圪东走 （邯:涉、成、邯）

迎东走 （张:阳）

往东去 （唐:遵、乐）（天:宁、安）（邯:大、邯）

往东边走 （石:灵、枣）（唐:乐）

上东走 （石:束）（唐:昌）（天:静）

向东走 （保:阳）（邯:尧）（天:东）

朝东走 （邯:临、尧）（保:易、清）（承:滦、围）（天:强、阜、安）（石:深）（唐:乐）（张:各地）

朝家东走 （天:桥）

东边走 （天:桥）

东边去 （天:桥）

【往里走】

上里走 （石:束）（天:静）

上里头去 （唐:遵）

向里走 （保:阳）（邯:尧）

向里头走 （张:万）

里头去 （保:完）（天:阜）

里边去 （天:桥）

往里去 （邯:大、邯）（天:宁、安）

往里走 （石:灵、枣）（唐:昌、乐）（保:新）（张:万、龙）

到里边里 （石:灵）

朝里走　（承：滦）（唐：西）（天：强、桥）（邯：临、尧）（张：各地）（保：易、清）（石：深）

迎里走　（张：阳）

圪里走　（邯：涉、成）

【往回走】

各回走　（邯：涉、成）

回来　（邯：周、邯）（天：桥）

走回来　（张：张）

回向走　（天：桥）

往回儿走　（唐：昌、乐）

往回处走　（保：安）

朝回走　（邯：临、尧、邯）（保：易、清）（天：武、阜、强、安）（承：滦）（石：深）

朝回向走　“向”音 xià。（天：桥）

上回走　（天：静）

向回走　（保：阳）（天：东、宁）（邯：尧）

上回里走　（唐：昌、乐）

翻回来走　（张：万）

折回来走　（张：万）

【车上】　车的里边。

车 he　（石：宁）

车上头　（邯：涉、邯）

车里　（张：鹿、蔚、万、宣、沙、尚）（唐：昌、滦、西、三、大、蓟、丰、抚）（承：丰、隆、平、滦、围、兴）（石：枣、栾、赵、藁、无、冀、晋、行、灵、获、石）（天：固、肃、东、桥、津、沧、天）（保：定、望、安、阳、蠡、涿）（邯：郸、魏、柏、大、鹿、沙、任、邯、涉、内、鸡、尧）

车里头　（全省大部分地区通行）

车里边　（石：灵）

车厢里　（天：桥）（石：无）（唐：乐）

车厢里头　（唐：迁、乐）

【车外】

车外头　（唐：玉、乐）（天：桥）

车外边　（唐：昌、乐）（邯：宗、乡）（承：围）（天：安）

【车前】　指方向，车的前边。

车前边　（石：灵）（邯：宗、乡、威）（天：安）

车前面　（邯：丘、邯）（张：尚）

车头里　（保：安）（石：宁、枣）（天：天、阜）（唐：乐）

车头喽　（天：安）

车头前　（唐：抚、乐）

【车后】

车后面　（邯：丘）（张：尚）

车后半儿　（唐：迁）（邯：邯）（天：阜）（石：枣）（承：围）

车后尾儿　（承：承）（唐：丰）

车后尾儿　“尾”音 yǐ。（唐：昌）

车后尾儿　“尾”音 jin。（石：深）

车后尾巴　“尾”音 yǐ。（唐：乐）

车后尾巴上　（唐：乐）

车后头　（天：天、桥）（唐：大）

车尾巴　（唐：昌、乐）

【以前】

先前　（石：衡、枣、正）（承：滦）（邯：涉、邯）

先头　（唐：大）（张：各地）

原先　（邯：宗）

在先　（唐：乐）

以先　（石：枣）

以往　（邯：涉、邯）（唐：昌）

往早　（石：无）

每早　（石：正）

早已　（承：滦）

早头气　（邯：涉、邯）

早先　（保：清）（石：无）（承：滦、围）（唐：蓟、昌、乐）（天：桥、安）

大早先　（唐：昌、乐）

头里　（唐：昌）

早先头里　（唐：昌、蓟）

从前　（天：桥、霸、天、安）

从先　（唐：昌）

那晚儿 （天:天）

老辈子 例:“这是老辈子的事了。”（唐:乐）

【后来】 指过去的,某一时间之后的时间。

那咱 （天:津）（唐:昌）

后尾儿 （保:保、完）（唐:昌）

【以后】 某一时间以后的时间（不包括过去和将来）。

日后 （张:万）

来后 （邯:鸡、邯）

为后 （承:滦）

往后 （保:满、清、阳、容）（唐:昌、丰、三、乐、迁、滦、山、大）（承:丰、围）（天:阜、饶、安、静、桥、宁、霸）（张:鹿、万）（邯:广、成、乡、宗、鸡、邯）（石:深、晋、枣）

朝后 （唐:滦）

往后瞧 （天:天）

等着 （天:桥）

【从此以后】 不拘过去和将来。

起打这儿 （石:建）

各这儿往后 （邯:涉、邯）

在这以后 （石:无）

打这儿起 （天:静）

打这儿以后 （石:获、枣）（天:安）（唐:乐）

打这儿往后 （唐:抚、乐、大、滦、昌、乐、蓟）

打那以后 （承:隆、围）

打那儿以后 （石:建）（天:安、津）（承:隆）（保:水）（唐:乐）

打今儿往后 （唐:大）

打过去 （承:隆）

从这儿以后 （保:保、清、完）（石:衡、正）

从今儿以后 （天:桥）

从这回儿以后 （唐:昌、乐）（天:桥）

从这往后 （邯:任、临）

从此往后 （天:宁）

从今往后 指将来。（唐:丰、滦、迁、昌）（天:桥、强、安）（保:安、易）（邯:邯、魏、永、任、肥、广）（石:高）

从那往后 （邯:广、邯）

从那以后 指过去。（天:桥、安）

规后一日 （天:桥）

【明天】

明儿个 （张:各地）（唐:滦、丰、蓟、乐、昌、大）（天:霸、阜）（承:围、丰）

明儿 （天:天、桥）

明个儿 （承:青）

赶明儿 “明”音 miě。（天:安）（唐:乐）

赶明儿个 （天:霸）

【平日】

素日 （石:束）

平素 （唐:昌、丰）（承:围）

平常 （天:桥）

平常日子 （天:安）

往常 （天:天）（唐:大）

素常素往 （天:天）

【时常】

见不见地 （石:束）

常不常地 （唐:昌）

常常儿地 （唐:昌）

常常 （天:安）

平常 （天:天）

【过几天】

过些晌 （石:束）

等几天 （天:天）

等两天 （天:桥）

待几天 （唐:大、蓟）（承:围）

【过去的工夫不小了】

老末一出子了 （石:束）

老末一会儿了 （石:束）

老大一会儿 （唐:昌）

老末一会子 （唐:乐）

老末半天的了　(天:天)

老大半天了　(石:束)(承:围、丰)

老半天了　(唐:大)(天:阜)

老大工夫了　(石:束)

挺大工夫了　(张:各地)

过了半天　(唐:蓟、昌)

过一会子了　(天:安)

过去老大咱了　(天:桥)

【黄昏】　天黑前一小段时间,此条与"时令"类"傍晚儿"条重复,请参看。

傍黑前儿　"傍"音 bāng,下同。(唐:丰、蓟、昌、大)(天:桥)

傍黑儿　(石:束、深、枣)(天:天、霸、阜、安)(邯:成)(承:围)(唐:乐)

一擦黑儿　(唐:昌、乐)

眼擦黑儿　(天:安)

乱眼儿　(邯:宗、乡)

蚂蚱眼儿的时候　(天:天)

黑些儿　(邯:宗、乡)

【多年以前】

老年间　(石:束)(唐:昌)

老长年间　(石:束、深)

老世年间　(天:天)

【黎明】

傍明儿　"傍"音 bāng。(石:束)

傍亮儿　(天:天、安)(唐:丰)

麻亮　(唐:大)

天麻麻儿亮　(唐:乐、大)

放亮　(承:围)

天快亮的时候　(天:桥)

起早　(唐:乐)

蒙蒙亮儿　(唐:昌)

鸡打鸣儿的时候　(天:桥)

二十五　普通名词

【事情】

事　(唐:丰)(石:赞、束)(承:承)(天:献、河、宁、武、阜)(邯:鸡、大、邯)(张:阳)

事儿　(唐:丰、抚、大、滦、昌、乐)(石:衡、无、枣、灵、建、泽、平)(承:隆、围)(保:易、保、清、容)(张:宣)(邯:邯、广、临)(天:饶、静、安、庆、霸、天、桥)

【地方】　如:"你住在什么地方?"

地界　(天:宁)

地界儿　(唐:乐)(天:天)(石:束、深)

地点　(张:万)

地当儿　(邯:柏)

地掌儿　如:"你在啥地掌儿住?"(邯:涉)

地处儿　(天:桥)

地分儿　(唐:乐)

【什么地方】

哪来　(张:怀)

哪咳　(天:桥、阜)

哪咧　(邯:大、邯)(张:沙)

哪儿　如:"你是哪儿的?"(石:无、井、平)(天:天、安)(邯:肥、邯)(唐:大)

哪儿拉　如:"你住在哪儿拉?"(唐:昌、乐)(石:枣)

哪哈儿　(张:阳)

哪会儿　(唐:乐)

哪会儿的　(唐:乐)

嘛地界儿　(天:天)

啥地分儿　(唐:乐)

啥地角儿　(唐:丰)

啥地方　(唐:昌)(承:围)

【东西】　指物体。

营生儿　(天:饶)(石:深)

物件　(石:无、建、藁、宁、元)(邯:柏)

东西儿　(石:灵)

【样子】　事物的形象。

样　(张:口)

样儿　(石:衡、赞、束、灵、建、枣)(张:沽、龙)(承:青、滦、围)(唐:丰、滦、乐、抚)(保:易、望、水、清、蠡、涿)(天:桥、阜)

相　(张:鹿)

相儿　如:"看你那相儿。"(张:龙)(邯:大、邯)

架儿　(保:涿)(石:深、束)

架势　例:"扣子都不系好,瞧你这架势?"(唐:昌)(石:宁、元)(天:安)

架子　(唐:乐)

样式　(天:霸)

样形　(天:天)

模样　(唐:乐)(石:无)

形　(邯:郸、邯)

模　(唐:乐)

【颜色】　指色彩。

色　(唐:滦、乐)(邯:乡)(保:完)

色儿　(天:静、阜、桥、霸)(唐:昌、丰)(张:沙)

颜儿　(保:清)

颜色儿　(石:灵、束、深)(保:保)(天:天、安)

【情形】

势　(石:无、束)(邯:肥)

势儿　例:“你看戏不看?”“看势儿吧,不下雨就去,下雨就不去。”(石:束、深)

样儿　(石:高)

样子　(天:天)

架势　(石:平、建)

光景　例:“你看戏不看?”“看光景吧,不下雨就去,下雨就不去。”(天:庆)

【缘故】

毛病　(天:静、天、安)

根由　(石:无)

因由　(石:束)

原因　(天:安)

因子　(唐:乐)

为啥　(唐:大)

【法子】　指办法。

法　(天:宁、霸)

法儿　例:“这事我有法儿办。”(天:饶、黄、强、静、任、桥、安、天、庆、霸)(保:易、涿、阜、容)(唐:丰、滦、抚、乐、昌、大)(张:崇)(石:衡、无、正、深、井、束、灵、建)(邯:邯)

条路　(天:桥)

【种】　例:“这种茶缸子是顶好的。”

宗　例:“这宗事情,咱们办不了。”(石:束、深)

回　(天:桥)

样　例:“这样茶缸子是顶好的。”(邯:广、邯)(唐:秦、迁、乐)(石:无、建)(天:肃、静、献、桥、安)(承:围)

样儿　例:“这样儿茶缸子是顶好的。”(唐:昌、乐)(石:无、束、建、深)(张:万)(天:肃、静、献、桥、天、阜)(邯:宗)

路　(天:桥、强)

路儿　例:“这路儿茶缸是顶好的。”(石:宁)(天:强、桥、安)

牌儿　(邯:南)

户儿　例:“这户儿事儿咱们办不了。”(石:平、正、获、深、束)(天:桥)(承:围)

【记号】　标记符号。

印　(邯:大、邯)(天:桥)

记印儿　例:“画个记印儿。”(石:正)(天:静)

记色　(天:桥)

标记　(承:隆)

标号　(石:无)

记号儿　(唐:昌)

【名字】

名　(张:口)(石:栾)

名儿　(唐:昌、乐、大)(石:栾、无、枣、束、建)(天:静、桥、庆、饶、黄、阜、山、霸)(邯:柏、清、涉、临、邯)

名的　(邯:邯)

号儿　(旧)(天:静)(唐:乐)

大号　(旧)(天:静)(唐:乐)(承:围)

称呼　(天:天)

台甫　(旧)(天:天)

【题目】

题　(天:庆、津、安、任、静、饶)(保:新、高、易、容)(张:口、崇、宣)(唐:迁、昌、秦、西、遵、滦、丰)(石:建、束、深、衡、枣)(承:滦、丰、围)

题儿　(石:无)(唐:丰、乐)(天:桥、霸、安)

【影子】　物体由光线照出的形状。

影　(天:霸)(张:口)

影儿　(承:滦)(天:庆、桥、静、固、霸)(邯:临、肥、清、

柏、邯、乡)(保:水、易)(张:沽)(唐:昌、抚、丰、乐)(石:灵、束、枣、深、正、无、衡)

影影 (承:围、青、平、兴)(唐:遵、丰、大)(石:建、灵、藁)

影影儿 (唐:遵、丰、昌)(承:丰、滦、青、围)(石:正、深、泽、平、灵)

影 yǎo 子 (张:宣)

yì hù zi (张:怀)

己要子 (张:万)

【次序】 ①有条理。如:“说话有个次序。”②有纪律,有次序。如:“按次序入座。”

头绪 (石:无)(保:博)(张:各地)

按板儿 (天:静)

挨自儿 例:“挨自儿说”“挨自儿入座”。(张:怀)

挨个儿 (邯:邯、台、内、宗、乡、威)(天:天、安、桥)(唐:昌)

靠排场儿 (邯:清、威)

顺序 (承:围)

有板儿有眼儿 (天:安)

【关系】 指事物之间的联系。

说 例:“那件事跟你有说,跟我没说。”(石:建)(天:安)

联挂 (张:龙)

联系 (天:霸)(承:隆)

连联 (石:无)(唐:昌)

关联 (张:万)

牵连 (石:无)(唐:丰、昌、乐)(邯:清)(天:安)

相干 (张:怀、沙)

瓜葛 (石:无)(天:安)

拉扯 (天:桥)

牵扯 (天:安)

【声音】 动静;声响。例:“你听听外头有声音没有?”

响儿 (张:龙)

响声 (唐:滦、昌、丰、乐)(张:万)(承:围)

响声儿 (唐:乐)

响动 例:“你听听外头有响动没有?”(张:龙、沙)(承:围)(天:安)(唐:遵)

响动儿 (张:龙)(唐:大、昌、丰)

动星儿 (邯:威、广、尧)(天:固)(唐:昌)

动响 例:“你听听外头有动响没有?”(石:武、宁、束、深)(天:静)(邯:宗、乡、威)

动音 (邯:周)

动歇 (石:枣)(天:阜)

动静 (承:围、青)(唐:丰、昌、乐)(天:强、桥、安、天)(邯:清)(石:枣)

动静儿 (唐:乐)

响声声 (天:霸)

【声音】 音调。如:“猫头鹰叫唤的声音真难听。”

音调 (石:宁)

音儿 (石:无)(天:静、桥)(邯:宗、乡)

声儿 (唐:丰、昌、乐、大)(承:承、滦、围)(石:无、高)(保:博、易、望、唐、清、水、完、容)(张:龙)(邯:南、柏)(天:霸)

调儿 (天:天)

【味道】

味儿 (保:望、易、定)(张:崇、龙、沽、万、沙)(唐:昌、抚、滦、丰、乐)(石:建、束、深、无、枣)(天:天、静、阜)(承:承、丰、围)(邯:南、邯、丘)

气味 (天:庆、饶)

滋味儿 (唐:抚、滦、大、丰、昌、乐)(石:束、枣)(天:安、桥、献、黄、霸)(承:围、青)

有滋有味儿 (唐:乐)

【气味】

气儿 (石:无)

味气 (石:正、平、束)(邯:邯)(唐:丰)

味儿 (天:霸)

味 (承:围)

【好处】

好 (唐:昌)(石:无、建)

相应 (天:霸)(承:滦)(唐:乐、昌)

好儿　（唐：大、乐）

【坏处】

赖处　（张：龙、怀）（邯：邯、郸）

不好儿　（唐：乐）

累　（唐：昌）

缺德　（天：天）

【缺点】

短　（石：栾、深）（天：安）

短处　（石：栾、深）（天：安、桥）（唐：昌、丰）（承：围）

短儿　（唐：昌、乐）（天：天）

不是　（天：霸、桥）

【一定标准】

定准儿　（石：束、深）

准儿　（石：束、深）（唐：昌、乐）（邯：宗、乡、威）（天：天、桥）

准头　（唐：乐）

尺码　（唐：大）

【福气】

命儿　（石：无）（唐：昌）

福儿　（天：桥）

福　（天：霸）（唐：昌）

福气　（张：崇）

【力气】

力脉　（邯：柏）

力码　（石：衡）

气力　（天：桥）（唐：昌）（承：围）

气小儿　（天：静、桥）

气脉　（唐：丰）

劲儿　（天：天）（唐：乐）

【运气】

运　（石：正）

时运　（唐：抚）

时气　（唐：昌、抚、乐）（天：桥、饶、霸）（石：正、深、束、建）（保：涿、完）（张：龙）（邯：大、邯）（承：青、围）

走字儿　（石：束）（唐：昌、乐）（天：安）

走背字儿　倒霉。（天：天）

走红运　指好运。（天：天）

走运气　（天：天）（唐：乐）

走运　（唐：乐）

走时气　（唐：乐）

【心思】

心　（石：深、行、获、建）（天：河、饶）

心儿　（石：无）（邯：漳、邯）

心绪　（天：庆）

心成　（唐：抚、三、大）

心慌　如：“没心慌。”（保：完）

心花儿　（保：博）

心望儿　（保：唐）

心发儿　（石：正）

心欢儿　（石：束）

心气儿　（天：静、天）

心气　（唐：乐）

心事　（唐：丰）

心志　（唐：昌）

【意思】

心儿　（石：无）

心成　（唐：三）

趣　（天：山）

趣儿　（天：静、庆、山、安）

趣味　（天：桥）（保：唐）

意儿　（石：无）（唐：丰）

主意　（天：桥）（承：围）

来头　（石：无）

意思　（天：天）

【脾气】

性子　（石：藁、无、枣）（天：桥、安）（唐：丰、昌）

【主意】　主见，例：“他净出坏主意。”

水　例：“他净出坏水。”（唐：昌）

腔 （邯:柏）

汤儿 （张:龙）

道儿 （贬）如:“他净出坏道儿。”（唐:昌、迁、乐）

道道儿 （唐:乐）

点子 （唐:乐）

主心骨儿 例:“你得有个主心骨儿,不能随风倒。”（石:束）（邯:邯、郸）（唐:乐）

【主张】

看 例:“我看你别来了。”（唐:昌、乐）（邯:大）（张:阳）（天:东、庆、天、安）（石:井）

看着 （天:东）

说 例:“我说你别来了。”（唐:大、乐）（天:庆、天、安）（石:衡、无、井、灵、建、束）

主意 （天:霸、桥）（石:枣）（唐:大、昌）（承:围）

【习惯】

习气 （唐:丰、昌）（石:深）（天:静、霸、安）

行易 （邯:大、邯）

毛病 （邯:柏）（张:宣）（保:唐）（唐:乐）（天:安）

毛病儿 （唐:昌、乐）（邯:柏）（张:宣、尚）（保:唐）

惯了 （天:桥）（唐:乐）

【生活】

光景 （石:建）

日子 （唐:昌）

【品行】

人行 （张:龙）（承:围）

人性 （唐:丰、遵、昌、乐、大）（天:天、桥）

材料 （石:宁）（唐:乐）

【学问】

才学 （石:无）（唐:丰）

文才 （保:博）（承:围）

能耐 （唐:大）

【道德】

礼信 （石:无）

心眼儿 例:“没好心眼的人,在新社会吃不开了。”（唐:大、乐）

理 （邯:漳、邯）（保:望）

理儿 （石:无、束）（保:阜）

德行 （唐:大）

【当然】

求不里 例:“人家做得很对,我求不里要喜欢呢!”（石:正）

【底儿】

章程 例:“这事该怎么办,你心里得有个章程。”（石:束）（天:安）

数儿 （天:桥）

九九 （唐:乐）

九九儿 （唐:乐）

【游泳】

洗扑腾 （石:束）

打扑腾 （天:桥）

洗澡 （天:安）（唐:大、丰、乐、昌、滦）

凫水 （唐:滦、昌、乐）（张:沙）

【证明】

把证儿 （石:束）

打保 （唐:大）

执照儿 （唐:昌）

【盐霜】 含盐分的东西干燥后表面呈现的白色的细盐粒。

白霜儿 （唐:大）

盐霜儿 （唐:乐）

【插花地】 被包围在甲方所属土地内的乙方土地。

插花子地 （唐:昌）

【纱窗】 糊冷布或钉铁纱的窗户。

纱绷子窗户 （天:桥）

窗绷子 （唐:乐）

蚊帐子窗户 （唐:昌）

【瘾头】

有瘾　(天:桥、天)(唐:乐)

上瘾　(天:天、桥)(唐:乐)

【名册】　登记姓名的册子。

花名册　(唐:乐)(天:天、桥)

【食堂】　集体吃饭的地方。

饭厅　(唐:大)(邯:邯)(天:天)

【方言】　外地人听不懂的话。

土话　(天:桥)(唐:蓟、昌)(邯:邯)

本地话　(天:桥)

地方话　(唐:乐)

【电池】

电石　(天:桥)

【水闸】　修建在堤坝中用来控制河渠水流的水工建筑物。

开口　(唐:大)

【手枪】

盒子枪　(天:桥)

撸子　(天:桥)

【闹钟】　能够在预定时间发出铃声的钟。

闹表　(天:天、霸、安、桥)

【照片】

相片　(天:桥、天、霸、安)(唐:大)

照相片　(唐:昌)

【折扇】　可以折叠的纸做的扇子。

纸扇儿　(天:霸)(唐:大)

【牙刷】

牙刷子　(天:桥、天)

【药皂】　加药水制成的肥皂。

药胰子　(唐:乐、大)

【卫生带】　妇女用的月经带。

月经带儿　(天:天)

骑马布子　(天:桥、安)(唐:大)

例假带　(天:霸)

【橡皮筋】　橡皮制成的小圆圈,用来捆零星物件。

猴皮筋儿　(天:天、桥、安、霸)

皮筋儿　(唐:大)

【钉子】

洋钉子　(天:安)(唐:大)

【图钉】　头大而圆的挂图用的钉子。

摁钉　(天:天、桥)

摁钉儿　(唐:乐、大)

捺钉　(天:安)

【改锥】　装卸螺丝钉用的手工工具,形状像锥子,也叫螺丝刀、螺丝起子或赶锥。

螺丝把　(唐:昌)

【扳手】　又叫扳子,用以扳动螺丝的工具。

扳子　(唐:乐)(天:天、桥)

活扳子　(天:天)(唐:大)

花扳子　(天:天)(唐:大)

【日光灯】　一种管状照明用的电灯。

电棍儿　(唐:大)(天:桥)

灯棍儿　(天:霸)(邯:邯)

管儿灯　(天:天)

【开关】　如电灯开关、机器开关。

电门儿　(唐:昌)(天:天)

闸盒儿　(天:安、霸)(唐:大)

【电扇】

电风扇　(天:安)(邯:邯)

【电动机】　又叫马达。

电滚儿　(唐:昌)

电滚子　(唐:大)(天:天、桥)

电机　(天:霸)

【矿石收音机】　用矿石作检波器的无线电收音机。

通称矿石机或耳机。

耳机子 （天:安、桥）

【留声机】 俗称话匣子。

唱机 （唐:大）

戏匣子 （天:安、桥）

【送话器】 用于广播,通称麦克风或话筒。

扩大器 （唐:大）

话筒 （天:天、安）

【笛子】

横笛 （唐:昌）

【胡琴】

二胡儿 （天:天、安、桥）

二胡子 （天:桥）

胡儿胡儿 （天:霸、沧、桥）

【磅秤】 秤的一种,也叫台秤,下装有轮,可以移动。

磅 （邯:邯）(天:桥、安)

【牌坊】 旧时为表扬和纪念忠于旧道德的人而立的建筑物,形状像牌楼。

牌楼 （唐:乐）

【仓库】

库房 （唐:大）(天:霸)

库 （天:桥）

【邮局】

邮电局 （天:霸）

邮政局 （天:桥）

【气筒】 给车胎和球胆打气用的器具。

气管 （邯:邯）

气管子 （唐:蓟、昌、乐）(天:天、安、桥)

【机器脚踏车】 装有发动机的脚踏车。

电驴子 （天:桥）(唐:蓟、昌、大)

摩托 （天:天、安）

【铁轨】 铺在走火车的路上的钢轨。

钢轨 （唐:大）

【枕木】 铁路上铺在铁轨下的木头。铁道木。

道木 （天:安、桥）

【轮船】

火轮 （天:桥）

【三轮车】

三轮儿 （天:桥、天）

三轮 （天:安）(唐:大)

【外胎】 直接与地接触的轮胎。

外带 （天:天、桥、安）

【烟囱】

烟筒 （唐:大）(天:天、桥)

【碉堡】 如:“敌人躲在碉堡里不敢出来。”

炮楼子 （唐:蓟）

炮楼儿 （天:天、桥）

堡垒 （天:安）

【积极分子】 政治上要求进步,努力工作,能起带头作用的人。

好榜的 （唐:大）

红人儿 （唐:大）

【司机】 汽车、火车的驾驶员。

开车的 （天:天、桥）(唐:大)

【少先队员】

红领巾 （唐:大）

【记分员】 农业劳动中记工分的人。

记分的 （唐:乐）

记工员 （唐:蓟、昌、大）(天:霸)

【司号员】 军队中用军号传达命令的战士。

吹号的 （唐:乐、大）(天:安)

号兵 （天:安）

【勤务员】 机关中担任打扫、送信等杂务的工作人员。

服务的 （唐:大）

工友　（天:天、桥）

【邮递员】　送邮件的人。

送信的　（邯:邯）（天:天、桥）（唐:大）

邮差　（旧）（唐:乐）

【叛徒】　背叛祖国或背叛革命的人。

没骨头的　（唐:大）

【对象】　指恋爱和结婚的对象。

心上人儿　（唐:大）

【对联】　逢过年或有喜事时贴在门口的红纸字幅。

对子　（唐:昌、乐、大）（天:桥、安、霸）

【火匣子】　装死人骨头或儿童尸体的粗劣的小棺材。

匣子　（天:桥、安）

二十六　代词、形容词、动词、介词

（附名词、代词词缀）

【我】

吾　（老）（唐：西）（天：桥、庆、故、青）（邯：鸡、柏、威、内、尧、邯）（保：定、安）（张：康、龙、尚）（承：平）

吾　（旧）（石：宁）

吾　（文）（邯：任）（保：高、蠡）（张：宣）（石：藁）

咱　（天：静、桥、津、天）（石：深）（邯：郸）

咱家　有开玩笑意味。（石：宁）

咱家　“咱”音 zá。（天：桥）

俺　（唐：三、蓟）（承：平、隆、围）（石：无、石、新、行、深、获、建、束、赞、正、井、赵、枣、藁、栾、泽）（天：强、阜、黄、饶、肃、东、静、献、任、山、桥、津、河、沧、庆、故）（邯：广、乡、邯、郸、魏、鸡、柏、大、磁、宗、永、鹿、台、沙、任、临、肥、南、内、尧、丘、漳）（保：博、定、望、高、安、阳、蠡）（张：万、康、龙、蔚、尚）

我　音 wěn。（唐：秦、大）

niǎ　对别人讲话时，自称“人家”的合音。（张：宣、沽）

ngǎ　（张：怀）

ng　（张：张）

nǎn　（张：蔚）

【你】

侬　（文）（邯：柏）

侬　（旧）（唐：西）（邯：内、尧）

汝　（老）（邯：宗）

偲　（邯：临）

niǎ　（邯：大）

恁　（邯：郸）

【他】

伊　（旧）（保：安）（邯：鹿、内）

伊　（文）（天：庆）（邯：柏、大）

伊　过去称女的，即“她”。（石：宁）

渠　（邯：内）

niǎ　当地用方言字“併”。（邯：临、涉）

【我们】

俺　（石：河、深、晋、冀、元、宁、赵、枣、藁、赞、无、高、衡）（天：桥、河、永、沧、庆、故、津）（邯：广、乡、郸、魏、鸡、大、磁、宗、邯、永、鹿、台、沙、任、肥、漳、内、尧、涉、清）（保：望、蠡、安）（张：张、蔚、尚）（唐：三）

俺家　（保：博、安）（石：栾、无、获）（天：静、桥、庆）

俺们　（唐：三、大、蓟）（承：围、平、隆）（石：平、新、建、行、深、获、晋、冀、束、井、赵、枣、藁、栾、宁、无、正、泽、高）（天：强、黄、饶、肃、东、静、献、任、大、山、桥、河、永、沧、庆、故、津、阜）（邯：乡、邯、郸、魏、鸡、柏、大、宗、鹿、台、沙、任、临、肥、涉、内、南、尧）（保：博、定、望、满、安、阳、蠡、高）（张：张、万、龙、崇、怀、蔚、尚）

咱家　（邯：大）

咱们　（天：天）

我 音 wēn。(邯:内)

我们 “我”音 mǎng。(张:沙)

nǎ 们 (保:保)

niǎ 们 (张:宣)

ngǎ 们 (张:怀)

nǎn 们 (张:崇、蔚)

nǎng 们 (保:唐、完)

往们 “们”音 meng。(承:丰、围)

我们 “我”音 wǎn。(唐:大)(天:武)

【咱们】

咱 (石:深、束)

咱大伙哩 (石:宁)

咱一伙子 (石:宁)

咱大伙子 (天:桥)

咱大伙儿 (唐:乐)

【你们】

你兜 (邯:涉)

偲家 (邯:临)

恁 (邯:广、成、漳)

恁 (石:束、深)

【他们】

怹们 (唐:昌、滦)(承:青、围)

怹 (天:安)

niē (邯:广、邯)

【您】 “你”的尊称。

你老 (唐:丰、乐、滦、玉、抚、昌、迁)(天:静、天)(张:宣、商、怀、蔚、尚)

你老儿 (张:商)

你家 (石:藁、栾、赵、无、获)(天:黄、肃、东、文、桥、河、永、霸、沧、庆、故、津)(邯:魏、柏、大、永、鹿、沙、内、漳、邯)(保:定、望、高、满、安、阳、雄)(张:蔚、尚)(唐:三、玉)(承:平、兴)

你儿 (张:阳)

你老人家 (石:武、赵、栾)(唐:昌)

您老人家 有讽刺意味。(天:安)

您啦 (天:天)

【怹】 “他”的尊称。

他老 (唐:丰、抚、迁)(天:津)(张:宣、怀、蔚)

他家 (石:藁、栾、赵、无、获)(天:阜、黄、肃、东、文、桥、河、宁、永、霸、津、沧、庆、故)(邯:魏、鸡、大、鹿、内、尧、漳、邯)(保:定、望、高、满、安)(张:赤、蔚、尚)(唐:三、蓟)(承:平、围、兴)

他老儿 (张:阳)

他老人家 (石:武、赵、栾)

怹您 (承:平、滦)

【大家】

大家伙 (石:灵)(邯:丘、邯)(张:沙)(唐:乐)

大家伙儿 (唐:乐、丰、滦、昌)(承:丰、青、兴、平、隆)(石:束、枣、深)(天:静、桥、河、安)(邯:广、柏、宗、临、肥)(保:清、安、阳)(张:怀)

大伙儿 (天:阜、庆、霸、天)(石:深、束)(唐:昌、丰)

大家巴伙 (邯:大、邯)

【谁】

哪 (唐:乐、滦、抚、三、蓟、西、迁、昌)(承:兴、平、隆、青)(天:永、沧、津)(邯:鸡、大、沙、任、内、尧、邯)(保:望、清、安、阳)(张:万、康、龙、蔚、尚)(石:无、行、新)

哪拉 (石:灵)

人个儿 (石:赵)

谁个儿 (石:赵)(邯:鸡、内、尧、邯)(保:望、阳)(承:平、兴)

谁 “谁”音 shéi。(唐:昌)

哪位 (天:天)

【谁们】

谁们呢 (石:灵)

谁也 (邯:大、邯、威)

哪 (唐:迁)

那个 (唐:西)

那们 （唐：西、滦、乐）

哪伙人 （天：庆）

【什么】

甚 （天：永）（邯：鸡、涉、内、邯）（张：万、阳、康、沽、宣、龙、商、崇、怀、尚）（唐：三）

甚呀 （张：张）

什吗 （石：无）

什卖 （保：易）

啥 （唐：各地）（承：各地）（天：饶、肃、宁、庆、津）（石：藁、井）（邯：广、乡、邯、郸、魏、鸡、磁、宗、永、鹿、台、沙、任、临、肥、涉、周、成、内、大、尧、丘、漳）（保：定、望、高、安）（张：万、赤、康、宣、龙、商、蔚、尚）

啥的 （邯：临、宗、乡）

啥个 （承：平）

啥子 （承：兴）（邯：内）

啥也 （邯：大、邯）（唐：乐）

shuà （张：沙）

zuá 咧 （邯：大、邯）

咋着 （天：庆）

咋得 “咋”音 zā。（邯：大、邯）

咋儿了 （唐：蓟）

吗 （天：天、静、山、桥）（石：无）（邯：清）

吗玩意儿 （天：静）

首么 （石：晋）

吗儿 （石：枣、衡、深）

何啊儿 （石：无）

zuà （邯：邯、郸）

【们】 方言中，不是指多数时也用“们”来表示。

书们 （石：藁、灵、获、建）（保：蠡、清）

桌子们 （石：藁、灵、获、建）（保：蠡、清）

椅子们 （石：藁、灵、获、建）（保：蠡、清）

【娘家】

他老娘家 （邯：大、邯）

小他老娘家 （邯：大、邯）

妮老娘家 （邯：大、邯）

后代家 （邯：鸡、肥、临、邯、郸）

妈家 （唐：丰、滦、抚、三、玉、西、迁、山、大、昌、乐）（天：宁）（张：龙、商）（保：阳）（承：青）

娘门 （邯：尧）

娘上 （邯：尧）

娘个 （石：深、束）

娘家门上 （天：安）

姥姥家 （邯：邯、郸）（天：天）

孩子姥姥家 （唐：乐）

【婆家】

婆个 （石：深、束）

婆婆家 （天：任、大、桥、安、津、阜、庆、霸）（唐：大、滦、昌、乐）（张：蔚）（保：新）（石：深、束）

婆的家 （邯：广、大、成、漳）

婆子家 （邯：邯、郸）

【整天价】

成天 （唐：遵、抚、滦）（邯：广、临、乡、肥、宗、涉、成、漳）

成天儿 （承：滦）（唐：昌）

成天呀 （石：灵）

成天价 （唐：丰、大）（承：承）（天：强、静、桥）（邯：大）（保：唐、易）（石：获、深、束）

成天的 （唐：迁、昌、宝）

成天每儿 （天：静）

成天地 （承：青）（唐：乐）

整天 （天：津）（承：滦）（石：元、石）（邯：邯、鸡、永）

整天儿 （唐：山）（承：滦）

整天价 （保：易）（天：安）

整天见 （天：桥）

整日里 （石：宁）

一天 （张：沽）

一天价 （保：阳）（唐：大）

一天的 （张：万）

一天天里 （石：宁）

一天到晚　(邯:大)(石:深、束)(唐:昌)

一天天地　(天:庆)(邯:邯)

齐天　(石:建)

每天每　(邯:大、邯)

见天见　(邯:大、邯)(张:沙)(天:安)

【整年价】

整年　(天:津)(石:无)(邯:邯、鸡、永)

整年儿　(保:易)

整整一年　(石:灵)

整辈子　(天:津)

成年　(唐:抚、蓟)(承:青、滦)(邯:广、成、柏、漳、涉、临、肥)

成年呀　(石:灵)

成年的　(唐:迁、昌、宝)

成年价　(唐:丰、大)(承:承)(天:桥、阜、安)(邯:大、邯)(保:唐)(张:龙)(石:枣)

成年见　(天:桥)

成年论月　(承:承)(天:安)

一年　(石:灵)(张:沽)

一年的　(张:万)

一年价　(保:阳)

一年一年里　(石:宁)

一年一年地　(承:青)

一年到头儿　(天:强、安)(石:深、束)(邯:宗、乡、大、邯、郸、威)(唐:乐)

一年年地　(天:庆)

齐年　(石:建)

【谁家】

谁个　(承:平、隆)(石:衡、枣、藁、冀、束、深)(邯:鸡、沙、内、广、南、尧、邯)(保:阳)(张:龙、尚)

谁门　(张:龙、张)(唐:蓟)

哪家　(唐:昌、乐)

谁门家　(天:天)

【我们俩】

mǎng　(张:沙)

ngǎ 们俩　(张:怀)

我俩　"我"音 wēn。(唐:昌)

俺俩　(石:正、衡、深、束)(天:桥、静、阜)(邯:广、南、丘、宗、乡)

俺俩个　(天:庆)

俺们俩　(天:任)(保:安、高、蠡、保)(石:行、建、深、束、枣)

我们俩　"我"音 wǎn。(唐:大)

咱俩　(天:天)

咱们俩　(唐:乐)

我们俩　"我"音 wǎng。(承:围)

【咱们俩】

咱俩　(石:束、深、衡、正、平)(邯:广、成、磁、漳、涉、宗、南、邯)(保:新、唐)(天:阜、庆、霸、桥)(唐:丰、昌)

咱俩个　(天:庆)(唐:昌)

zǎng 们俩　(张:沙)

俺们俩　(天:河)

【夫妻俩】

公母俩　(唐:滦、遵、西、宝、三、大、卢、玉、秦、昌、蓟、迁)(石:衡、枣、平、束、石)(承:平、隆、丰、承、滦、围、兴)(天:强、黄、固、孟、肃、东、静、献、任、文、大、山、桥、安、河、宁、武、永、霸、沧、庆、故、阜)(邯:魏、清、沙、任、涉、南、成、内、尧)(保:博、望、唐、阳、新、雄、安、容)(张:张、龙)

公母俩　指年老夫妻。(邯:临)(保:高)(承:青)(石:冀)(唐:抚、蓟)(天:安)

哥母俩　(唐:西)

老哥们俩　指老年夫妇。(唐:乐)

老伴俩　(石:无)

老俩　(保:完)(石:新)

老俩　指年老的。(保:水)

两口子　(天:桥、强、阜)(邯:肥、成、临、邯、宗、南、威)(石:获、束、深)(张:沙)(承:丰、围)

老俩口子　(唐:乐、蓟、昌、丰)

老俩口子 指老年夫妻。(天:安)

老两口 指年老的。(邯:大、邯)(天:天)

小两口 指年轻夫妻。(天:天)

两口的 (邯:大、邯)

夫妻俩 指年轻点的夫妇。(唐:宝、昌)(天:安)

【一两个】

一个半拉 (天:大)

一个半拉的 (天:安)

一个半个的 (天:静、桥)(石:枣)

一个两个 (唐:西)

一个两的 (天:霸)

一个俩的 (天:安)(石:深、束)

一个俩哩 (石:宁)

一二俩个 (承:隆)

一星半点的 说明少。(天:安)

个半两个 (张:商)(邯:尧)

jiè 把两个 (邯:大、邯)(保:保)

欠把两个 (保:安)

两个把 (张:龙)

个把子 (石:新)(天:桥)

【里把路】 接近一里的概数。

里数地 (天:献、强)(邯:威、乡、宗)(保:安、蠡)(石:束、冀、宁、深)(承:青、围)

里数路 (天:文)

里数子 (保:水、高)

里数来的 (石:井、高)(保:博、新)(张:万)

里处地 (邯:丘、邯)

里来路 (天:孟、山、黄)(邯:内)

里什路 (天:安)

里多地 (承:滦)

里把半路 (张:阳)(邯:邯)

里把的来路 (邯:漳)

里把的路 (邯:成)

里什来地 (天:静、霸、安)

里把地 (石:枣、新)(天:桥)(邯:广、永、邯、临、肥、周)(唐:昌)

里把二里地 (邯:永)

里把二里路 (天:桥、故、津)(邯:郸、沙、邯、涉、肥、鸡)(张:蔚)(石:衡)(承:平、隆)

二里来地 不到二里。(保:安)(承:围)

二里拉地 (邯:大、邯)

qiè 把里路 (保:保)

一里拉地 (邯:大、邯)

一二里子 (保:易)

一里来路 (唐:西、山)(张:商、龙)(天:文)(石:建、赞)

一里来地 (承:承)(天:饶、庆、阜、大、天)(张:宣)(保:唐)(石:行、深、束)(唐:昌、抚、乐、迁、大)

一里来地儿 (唐:乐)

一里来道儿 (唐:乐)

【百把来个】 近于一百的概数。

百把个 (邯:威、涉、邯)

百来个 (保:唐)(唐:遵、秦、西)(承:隆、平)

百十个 (保:涿)(邯:大、宗、清、邯、丘、乡)(天:庆、安)

百十个儿 (天:安)

百十来个 (唐:丰、乐、滦、抚、昌)(承:承、围)(石:无、灵、获、晋、冀、束、赞、正、宁、枣、栾)(天:强、黄、饶、孟、东、任、霸、安)(保:定、易、保、望、安、蠡、完)(张:阳、宣、龙、商、沙)(邯:邯、永、肥、成、尧、漳、鸡)

百十来个儿 (天:静、阜、安)(唐:昌)

百把十个 (保:清、雄)(天:桥)(石:建、行、深、束)(张:口)

百把十来个 (石:井)

百十子 (保:完)

百啥子 (保:博)(石:深、束)

百八十 “十”音 shè。(石:井)

百八十个 (唐:大、迁)(承:滦)(邯:临、邯、南、郸)(保:满、安)

百八十个儿 (唐:乐)

百儿八十 (保:安)

百儿八十个　(保:新)(唐:乐)

百儿八十的　(天:桥、安)(唐:昌、乐)

百来号　(天:天)

百来十　"十"音 shè。(石:井)

百把八十八的　(天:庆)

百百十个　(保:高)

百八个　(承:青)

一百拉个　(邯:大、邯)

【千把人】　近于一千人的概数。

千来人　(唐:遵、大)(石:无)

千来个　(天:孟、黄)

千数人　(唐:西)(石:深、晋、宁、枣、藁、束)(保:安、蠡)(天:庆)

千数个　(承:承)

千数来个　(保:望、唐)(唐:昌)

千数来人　(石:灵、高、获、正、束、井、行)(天:饶)(保:安)(承:围)

千数子人　(保:完)

千数来 qiè 人　(保:雄)

一千来个　(张:商、阳)

一千拉人　(邯:大、邯)

千把来人　(天:山)

千把来个　(邯:涉、尧、邯)

千把数人　(石:建)

千把个人　(天:山)(保:高)

千把百人　(唐:玉、抚、山、乐、迁、滦)(承:围)(石:深、束)(天:文)

千八百个　(唐:大)

千儿八百　(天:大)(张:口)(保:保)

千儿八百的　(天:强、桥)(唐:昌)

千儿八百的人　(保:安)(唐:乐)

千什人　(天:安、霸)

千十来个　(唐:抚、丰)(承:滦)

千十来个儿　(天:静)

千十来号　(天:天)

千十来号人　(承:青)

上千人　(天:安)

【没吃头儿】　如:"这个菜没吃头儿。"

没头吃　(张:沙)

没吃手　(邯:广、邯)

没吃儿　(保:清)(唐:昌、乐)

没啥吃儿　(唐:山、昌、乐)

没啥吃头　(唐:乐)

没啥吃头儿　(天:安)

【没喝头儿】　如:"那个酒没喝头儿。"

没啥喝儿　(唐:山、昌)

没啥喝头　(唐:乐)(天:安)

没喝啥头儿　(邯:邯)

没头喝　(张:沙)

没喝手　(邯:广、邯)

没劲　(天:桥)(邯:大、邯)

【看头儿】　如:"这戏有个看头儿。"

看受　(邯:肥、邯)

看受儿　(邯:广、邯)

看儿　(唐:山、昌)

看头　(邯:邯)

【苦头儿】　受磨难或吃亏。

苦苦头　(邯:魏、邯)

苦子　(天:霸)

【甜头儿】　便宜或者好处。

甜枣儿　给某人一点小便宜,叫给他个"甜枣儿"。(保:安)

【这里】　指示代词。

这个个儿　(张:张)

【那】　指示代词。

委　例如骂人"委个水蛋壳(kè)!",意思是:那个王八蛋。(张:张)

【好】　与坏相对,如:"这个比那个好。"

棒 例:“这个比那个棒些。”(唐:山)(天:安)

强 (全省大部分地区通行)

强 指质量。(石:无、正)

强 对人加以比较时多用。(承:滦)

真不赖 (石:灵、深)(承:滦、围)(唐:乐)(张:各地)

可强哩 (石:灵、深)

够意思 如:“这个活够意思。”(天:天)

nào (唐:乐、昌)

【不错】 比较好。

不孬 (承:平、围、承、青)(唐:三、蓟)(石:武、枣、无、行、河、高、晋)(天:固、东、桥、沧、庆、故、山、津)(张:康、龙、沙)(邯:广、郸、魏、鸡、大、宗、永、鹿、邯、沙、任、肥、涉、周、南、成、内、尧、丘、漳)(保:定)

不孬 滑稽诙谐之意大。(石:宁)

不累 (唐:乐、卢、抚、西、迁、昌)(承:围、青)(石:无、石、行、晋、藁、栾、新)(天:饶、桥、永、津)(张:康、龙、鹿、尚)(邯:大、魏、邯)(保:水、定、完)

不累 程度轻。(唐:滦)

不累赘 (天:肃)

不累咧慌 (邯:大、邯)

不坏 (天:阜、故、肃、东、献、山、桥、津)(张:鹿、蔚、尚)(唐:遵、大)(邯:郸、邯、永、沙、漳、内、尧)(保:博、定、保、望、满、安、涿、完)(石:栾、武、冀、枣、石)

不差 “差”音 chāi。(唐:丰)(石:无)

不善 (保:完)

不离 (承:围)

不离儿 (石:束)(保:蠡)

不大离 (唐:迁)

不大离儿 (唐:乐)

不浪当 (天:任)

不玍古 “玍”音 gǎ。(唐:迁、西)(保:阳)

不赖 (全省大部分地区通行)

不赖怠 (石:束、深)(保:望、阳)(邯:邯、郸)(天:桥、阜)(唐:昌、乐)

不赖旦 (唐:迁)(承:滦)(石:束)

可以 (张:万、沙)

行喽 (邯:柏)

蹦好 (邯:周)

颇好 (保:易)

挺好 (保:望)

好好的 (唐:乐)

蹦得 “得”音 děi。(邯:台、沙)

挺得 “得”音 děi。(邯:台、沙)

【不离】 差不多、还算好的意思。

不赖 (唐:丰、滦、遵、三、大、玉、昌、蓟、西、乐)(承:平、围、滦、丰、隆)(石:石、灵、获、晋、束、藁、栾、深、枣)(天:强、黄、固、饶、东、静、任、桥、宁、永、沧、庆、故、津)(张:宣、鹿、蔚)(邯:乡、郸、魏、邯、鸡、柏、威、鹿、沙、任、临、肥、周、南、丘、内、尧)(保:定、唐、高、满、安、阳、蠡、阜、完)

不坏 (唐:丰、滦、遵、抚、大、昌、玉、蓟、卢、乐、西、迁)(承:承、丰、围、隆、平、滦、兴)(石:无、石、枣、河、晋、灵、束、正、藁、栾、深)(天:黄、固、东、静、大、桥、永、沧、庆、故、宁、津)(张:宣、鹿、蔚)(邯:乡、郸、魏、鸡、宗、永、沙、任、肥、内、尧)(保:定、望、高、满、安、阳、完)

不错 (唐:丰、滦、遵、抚、三、昌、玉、大、蓟、乐、卢、西)(承:承、丰、兴、围、平、滦)(石:石、灵、获、晋、正、赵、枣、藁、栾、深、平)(天:黄、固、饶、东、静、任、桥、宁、永、沧、故、津)(张:康、宣、鹿、蔚)(邯:乡、郸、魏、鸡、永、鹿、沙、任、邯、临、肥、南、内、尧)(保:定、唐、满、安、阳、蠡、完)

不赖怠 (石:束)

不玍古 “玍”音 gǎ。(保:完)(唐:迁、丰、乐)

不离儿 (唐:遵、乐)(保:新)(天:桥)

不大离 (全省大部分地区通行)

不大离儿 (唐:遵、丰、昌、乐、大)(天:静、安、桥)(邯:邯)

不差啥儿 (邯:涉、成、邯、郸)

差不离儿 (石:正)(天:霸、阜)(唐:山、昌、乐、大)

差不来离 (天:静)

差不多 (天:天)

没大差儿　(石:灵)

有门　(天:桥)

行了　(邯:大、邯)

【不怎么样】　不好、没什么了不起的意思。

言不着　(保:雄)

百不咋儿　(石:正)(张:怀、鹿)

不咋样　(唐:丰、山、昌、滦、遵、宝、抚、西、乐、三、玉、大、蓟、卢、迁)(承:承、围、丰、平、青、滦、隆)(石:束)(天:宁、山)(保:阳)(张:龙、蔚、尚)(邯:乡、邯、郸、魏、大、永、鹿、沙、任、肥、涉、周、内、鸡、尧、丘、漳)

不咋儿　(唐:迁)(石:正)(邯:广、邯)

不咋的　(唐:丰、昌、乐、滦)(张:宣)(邯:肥、邯)

不咋儿地　(唐:迁、乐)

不咋地　(天:安)

不咋好　(邯:邯、郸)

不咋说　(张:沙)

不咋着　“着”音 zhāo。(天:庆)(唐:乐)

不地道　(天:天)

不见怎样　(邯:内)

不怎么强　(天:静)

不怎　“怎”音 zei。(石:建)

不怎么　(保:安)

不怎么着　(天:文)

不怎么的　(张:龙)

不怎么地　(唐:迁)

不怎么门儿样　(保:易)

不强　(天:大)

不走吗样　(天:桥)

不算什么　(全省大部分地区通行)

不算什么　事情好办。(唐:丰、抚)(石:灵)(天:献)

算不了什么　(石:枣、高)(唐:抚)

不算啥　(唐:滦)

没啥　(承:平、隆、围)(石:无)(邯:邯、郸)

没事　(邯:邯、郸)

【不顶事】

不管用　(天:静、桥、阜)

不管户　(张:鹿、沙)(邯:肥、邯、郸)

不管事　(唐:丰、遵、西)(承:滦、围)(石:衡、枣)(天:故、山)(邯:清)(保:新)(张:宣、尚)

不管事儿　(天:天、安)(邯:邯)(唐:昌、乐)

不管户儿　(承:滦、围)

不当事　(天:东)

不以事　(石:建)

不济事　(唐:西、迁、三、昌)(承:承、围、平、隆)(石:无、枣)(天:固、桥、武、沧、故)(张:宣、鹿、尚)(邯:广、魏、大、成、永、鹿、肥、涉、鸡、尧)

不济事儿　(邯:郸、邯)

不算事　(天:津)

不中用　(张:万)(保:安)(承:青)(唐:乐)

不沾弦　“弦”音 xián。(石:宁)(邯:邯、郸)

不顶筐　(张:龙)

不顶枪　“枪”音 qiàng。(天:静、桥、安)

不顶啥　(唐:昌)

不顶啥事　(唐:迁、乐)

不顶用　(唐:大)

【坏】　不好的意思。

生　骂人叫“生杂子”。(唐:昌)(石:束)

生古　(唐:迁、丰)(石:晋、无)(保:易)

孬　(唐:西、蓟、三、迁)(承:围、平、青、滦、隆、承)(石:新、行、束、正、枣、栾、河、晋、获)(天:强、黄、固、孟、东、文、桥、安、河、沧、庆、故、山、津)(张:张、康、龙、沙、尚)(邯:乡、邯、郸、魏、大、宗、永、鹿、清、沙、任、肥、临、周、内、广、鸡、涉、尧、丘)(保:安)

孬　干活不利索,慢,有时也指说话慢、乱。(唐:昌)

赖　(唐:丰、遵、玉、大、蓟、迁、乐)(承:承、平、青、滦、隆、丰、围)(石:新、灵、深、获、晋、赵、枣、冀、平、行、束)(天:强、固、宁、桥、文、武、庆、献、津)(张:张、阳、康、宣、龙、崇、蔚、商、尚、口、沙)(邯:乡、郸、魏、邯、大、鹿、台、沙、任、临、涉、南、内、鸡、尧)(保:易、望、

高、清、安、蠡、阜)

赖 指人或生物长得不壮。(天:献)

赖里赖巴的 (唐:乐)

累 (唐:滦、抚、乐、玉、卢、迁、昌)(承:承、青)(石:藁、晋)(天:津、庆、永)(保:定、雄)(张:康、怀、尚)(邯:魏)

害 (邯:郸、鸡、尧)(张:尚)

糟 (天:天)

差 (唐:丰)

不济 (石:束)(天:桥)

呲火 (唐:丰、乐)

恶塌 (张:宣)

差劲 (天:静)(唐:昌、乐)

糟糕 (张:宣)(唐:昌)

二五眼 (唐:丰、乐、昌)

呲拉火 (唐:丰、乐)

妨祖 “妨”音 fāng。(张:蔚)

【次】 不好。

累 (唐:滦、抚、秦、卢、西、乐、昌)(承:青)(石:晋、藁、栾、元、新)(天:宁、永)(保:定、雄)(张:怀、尚)(邯:魏、邯)

糟 (保:保)(唐:西)

dài (天:肃)

赖 (唐:丰、大)(邯:乡、邯)(张:商)(石:行、获、高)

差 (全省大部分地区通行)

差 “差”音 chái。(唐:丰)

差事 (唐:丰)

差道儿 (天:天)

差劲 (承:青)

坏 (张:沽)

癞巴 如坏地说成“癞巴地”,庄稼不好叫“庄稼癞巴”。(石:束)(唐:乐)

浪荡 (天:任)

乍古 (保:满)(唐:乐)

够戗 (邯:大、邯、郸)(承:围)

不济 如庄稼不好,即庄稼不济。(石:束)(邯:邯、郸)(承:围)

不强 (张:龙)(保:易)(石:无)(邯:宗、乡、威、南)(天:安、桥)

不怎的 (张:龙)

没有出息 (天:孟)

比不上那个 (邯:内)

比不上 (石:无)

疵毛 (天:桥)

【人品不好】

人赖 (石:赵)(邯:邯、郸)

人赖急 (天:桥)

人性赖 (石:行)(张:沙、阳)

人性孬 (石:束)(天:桥)(承:围)

人性糟 (唐:西)

人性狗 (承:滦)(唐:乐)

人性不好 (天:庆)(张:万)(唐:乐)

人性不济 净做坏事或占便宜。(天:献)(石:晋)

人气赖 (石:灵)

人格不强 (保:望)

人头儿差 (唐:丰)

人头很次 (张:沙)(唐:昌)

人品次 (天:安)

人格次 (天:安)

人堆没有他 (承:滦)

不格人 (张:万、怀)

不够人格 (保:安)(石:枣)

不够奏儿 (天:天)

不够 (唐:大)

人乍古 (石:灵、正、获、行、平)

头长得不好 (张:龙)

德行坏 (邯:郸、邯)

这个人太狗巴儿了 (承:滦)

没人气 (承:滦、围)

没人味儿 (唐:昌、乐)

没人滋味　(承:滦、围)

太不是人　(承:滦、围)

【东西很次】

衔　“衔”音 xuàn。如:“东西很衔”。(石:衡)

孬　(张:龙)(承:滦、围)(天:桥)

东西儿赖　(邯:邯、成)

东西很赖　(邯:郸、乡、邯)

东西很乍古　(唐:乐)

太糙了　(承:滦)

太次了　(天:天)

二五眼　(唐:大)

【凑合】　将就的意思。

就搭　(天:文、霸)

就合　(唐:山)(天:庆、安)

就搭局　(保:水)

将乎　(唐:滦、西、迁、昌)(承:青)(邯:沙、尧、丘)(石:枣)(天:桥)

将就　(邯:成、邯)(唐:昌、乐)

将就着　(石:无)(张:怀)

凑合　(唐:乐、遵、昌、大)(承:滦)(邯:广、邯)

凑乎　(邯:清、丘)(承:平、围)(张:宣)(唐:昌)

凑付　(唐:西、三、卢、蓟)(石:井、束、获)(天:东、静、桥、沧、庆、故、山、津)(张:张、万、阳、康、沽、龙、怀、蔚、尚)(邯:乡、郸、永、台、沙、任、成、内、尧、宗)(承:隆、青)

对付　(全省大部分地区通行)

糊弄　(唐:昌)(张:怀、沙)

不大离儿　(唐:昌、乐)

【美】　指人貌美。

酸正　(张:康、怀)

罗利　(石:束)

洒利　(保:易)

好看　指的广,包括动植物。(天:河)

秀气　人长得好,稳当。(天:静)

俊　多指女的。(全省通行)

俊样　(邯:鹿)

俊巴　(石:泽)

俊巴儿　(天:强、桥)

俊巴子　(唐:昌)

干净　(老)(唐:丰)(天:黄、固)(张:龙)

干净　面貌不出奇,打扮得整齐。(唐:滦、抚)(石:赵、枣、泽、栾)(天:静、桥、故、肃、山、津、安、永、沧)(张:崇、鹿)(保:涿、易、望、安、阳、蠡)(邯:广、魏、鸡、宗、鹿、涉、周、南、成)

【男人长得美】

排场　(石:宁)

魁梧　(邯:邯)(天:安)

漂亮　(天:桥、河)(保:高)

俊巴子儿　(唐:丰)

标准　(唐:大)

体面　(邯:宗)

帅　青年男女均用。(天:天)

长得水葱儿似的　(唐:昌)

【小孩长得好看】

俊　(唐:秦、乐、西、昌、迁)(石:藁、枣)(天:霸)(张:崇、怀)(保:水)(承:围)

俊气　(保:清)

恬静　指小男孩。(天:霸)

干净　(唐:大、昌、丰)(天:霸)

【丑】　长得不好看。

蠢　(保:安)(天:安)

sùn　(天:桥)

shún　(天:静、天)

葬　(石:无)

牙碜　“碜”音 chen。(石:井)

寒碜　(保:阳、安)(张:蔚、怀、宣)(天:沧、安、孟)(唐:丰、遵、蓟、迁、滦、昌、乐、大)(邯:郸)(石:枣)(承:滦)

砢碜　(唐:滦、大、丰、抚、山、乐、遵、西、昌)(石:晋、泽、枣、深)(天:固、静、河、安、庆、山、献)(张:宣)(邯:肥、尧、永、邯)(保:保、望、满、清、阳)(承:丰、青、承、滦、隆、平)

砢碜 指衣服不整及大面脏。(石:束)

邋遢 (石:束)

邋遢 指脏或衣帽不整。(唐:乐)

怪式 (唐:昌)

恶心 (张:宣)

不顺眼 (张:万、康)(邯:清)(唐:昌)

不酸正 (张:怀)

不子瞧 (邯:涉、邯)

长丢了 (天:桥)

丑不咧怪 (唐:迁)

丑八怪 (天:天)(唐:昌、乐)

很丑 (唐:乐)

难看 (唐:山、昌)

猪八戒他二姨 (唐:乐)

狼见了还莫奔子哩 丑到极点,狼见了也要连跑带跳地逃走。(张:怀)

【要紧】 急切、重要的意思。

急 (石:宁)(唐:大)

要急 (石:灵)(天:桥)

紧急 (邯:大、尧)

紧要 (唐:丰、滦、遵、抚、三、大、蓟、西)(承:承、平、青、滦、丰、隆、围)(石:石、灵、束、藁、栾、无、晋)(天:固、东、桥、庆、故、宁、武、津)(张:康、宣、怀、龙、尚)(邯:鄚、宗、沙、任、肥、涉、内、魏、鸡、邯、鹿、尧、漳)(保:高、安、阳、蠡、涿)

当紧 (张:张、宣、沙)(邯:成)

当事 (天:桥)

当么 (天:桥)

爱么 (天:桥)

碍事 (天:桥)

打紧 (唐:遵、昌、乐)

关紧 (唐:西)(承:隆)(天:桥、庆、故)(张:康、尚)(邯:沙、涉、尧、邯)(保:望)

吃紧 (石:建)(唐:乐)

节骨眼 (天:天)

【热闹】 (景象)繁华兴盛。

红火 (张:龙、商、口、张、沙、尚、崇)(石:灵)

火爆 (天:桥)

热火 (小)(邯:涉、邯)

闹热 (承:隆)

【结实】 坚固或强健的意思。

结壮 (邯:肥)

壮 (唐:滦、乐)(邯:尧、邯、鄚)

棒 指人也指物。(天:天)(唐:乐)

牢棒 (承:平、青、围)

牢壮 (保:高)(邯:尧)

牢固 (邯:大、邯)(石:藁、无、行)(天:桥)(张:张、蔚)

牢稳 (保:清)

牢实 (唐:乐)

牢靠 (唐:大)(天:安)

靠 (唐:西)

耐 (张:万)(邯:邯、鄚)

耐实 (张:龙)

很耐 (张:商)

zhòu 实 (保:保)

ká 实 (石:枣)

敦实 (天:桥)(唐:乐)

壮实 (天:桥)(唐:滦、乐)

发实 (唐:乐)

铁实 (天:霸)

坐邦 (天:桥、阜)

稳当 (石:无)

地道 (唐:丰)

硬棒 (天:津)(唐:乐)

硬科 (天:庆)

【可靠】 可信托。

牢靠　(保:安)(张:张、宣、鹿、沙)(邯:鹿)(天:静、霸、桥、安)(承:围)(唐:丰)

【肮脏】

恶心　(唐:遵、蓟)(张:各地)

恶心人　(天:天)

恶人　“恶”音 nāo。(唐:迁)

磨唧　(唐:迁)

埋汰　(唐:滦、遵、三、秦、大、卢、迁、西、山、昌、乐、抚、蓟)(承:承、丰、兴、围、平、隆、滦)(保:满)(张:沽)(天:桥、庆、故、津)

砢碜　“砢”音 kē。(石:晋)(天:强、饶、肃)(保:易)

阿碜　(石:深、束)

碜　音 chěn。(石:深、束、衡、枣、宁)

尘　(邯:广、大、邯)(保:博)

螂　“螂”音 lāng。(承:青)

欧 shǐ　(张:龙)

熊　(唐:西)

寒碜　“寒碜”音 hàncèng。(张:张、沙)

寒碜　(张:赤、龙)

龌龊　(保:雄)(唐:滦)(承:围、隆)(石:新、灵、获、建)(张:康)(天:故)(邯:邯、郸、永、肥)

肮儿肮脏　(石:获)(天:桥)

肮杂　(保:唐)

腌臜　音 āzā。(唐:乐)

脏　(天:桥)

脏肮　(天:黄)

腌臜　音 nāzā。(唐:迁、丰、滦、宝、西)(承:青)(天:任)

孬秃　(石:束、深)

烂攒　女人不洁净。(邯:肥)

派列　(天:山、沧)(邯:邯)(承:平)

拉古　(天:文)

吃哀　(唐:迁、昌)

恶囊　(邯:大、邯)

窝囊　(石:赵、藁)(邯:大、邯)

窝儿格囊　(石:获)

膈应　(邯:成)

邋马　(天:强)(石:束、深)

邋遢　(保:保、涿、完、阳、满、水、望、唐、易)(石:无、建、新、行、灵、晋、正、枣、藁、深、平、河)(天:庆、河、安、黄、孟、文、静、霸、天、桥)(张:阳、康、龙、鹿)(承:承、丰、围、滦、隆)(邯:清、郸、鸡、沙、任、肥、邯)(唐:丰、滦、遵、大、蓟、迁、昌)

麏糟　(保:水)

【干净】　清洁,没有尘土、杂质等。

净　(保:高、安)(唐:丰、遵、抚、三、蓟、卢、乐、迁)(承:平、隆)(石:无、灵、晋、建、藁、行、获)(天:武、永、庆)(邯:魏、邯、鸡、宗、永、鹿、台、沙、任、临、肥、涉、内、郸、大、尧)(张:康、宣、鹿、蔚、尚)

洁净　(唐:滦、抚、蓟、昌、西、三)(承:围、平、滦、隆、承)(石:无、石、灵、晋、元)(天:固、东、桥、津、庆)(保:定、易、望)(邯:郸、鸡、永、任、涉、内、尧、邯)(张:宣、尚)

刮净　“刮”读阳平。(天:静、桥)(邯:邯、郸)

净干　(唐:昌、乐)

利索　干净而又整齐。(唐:昌、乐)(天:静)

格居　干净整齐,有条理。(天:天)

【咸】

味重　(邯:涉、邯)

口沉　(邯:鸡、尧、邯)(唐:昌、三、大)(石:衡、枣、栾)(天:固、肃、武)(承:平、隆、承、滦、围、兴)

不薄　(石:灵)

咸滋儿的　(天:安)

咸个喃咧　(邯:广、邯)

口重　菜咸。(天:津、天、霸、安)(唐:大、昌、丰)(承:围、兴)

咸得齁得慌　(唐:乐)

【淡】

白　(保:望)(承:隆、滦、围)(唐:大)(邯:尧)

薄　(石:行、深、获、晋、正、灵、建)(保:保、唐、水、满、阳、涿、完、新)

寡　(保:博、安、蠡、高)(石:元、晋、赞)(天:强、饶、肃、

任、河)(张:崇)

寡不黏黏的 (张:崇、沙)

甜 (保:望)(石:藁、栾、宁、赵、深、冀、晋、束、新)(天:饶、桥、阜、津)(张:张、万、阳、沽、宣、龙、沙、崇、怀、蔚、鹿、口)(邯:乡、魏、大、宗、永、鹿、任、临、邯、肥、南、内、尧)

甜车车 (张:沙)

没味 (张:商)

没味儿 (保:易)(唐:大)

淡不唧 (邯:广、邯)

淡不唧唧的 (唐:乐)

淡不唧哩 (保:保)(唐:昌、乐)

淡不拉的 (天:桥)

口白 (承:丰、围)

口淡 (承:丰)

口轻 (全省大部分地区通行)

味轻 (邯:涉、邯)

口味轻 (邯:内)(唐:乐)

【苦】 味之一种,像胆汁或黄连的味道。

苦劲儿 (石:平)

苦稍儿 (石:平)

苦不唧的 微有苦味。(承:承、围)(天:桥、安)(唐:昌、乐)

苦头儿 微有苦味,“头儿”读阳平,重读。(石:深、束)(唐:乐)

苦拉吧唧的 (贬)(天:安、沧)(唐:昌、乐)

【甜】 味之一种,像糖、蜜的味道。

甜唧儿 (石:平)

甜不唧的 (承:承、围)(唐:乐)

甜抹移的 (石:深、束)

甜口儿 例:“这杏是甜口儿。”(石:平)

甜丝儿的 (天:安、桥、天)

甜渗渗的 (张:沙)

甜得齁得慌 极甜。(唐:乐)

甜古乃乃的 (唐:乐)

【酸】

酸不溜的 (邯:广、邯)(天:桥、安)(唐:昌、乐)

酸不溜溜的 (唐:乐)

酸不溜丢的 (天:桥)

酸不唧唧的 微酸。(唐:滦、昌)

酸拉吧唧 (贬)(唐:滦、乐)(张:沙)

酸拉吧唧儿的 (天:天、安)(唐:乐)

酸吧唧儿的 (天:安、阜)(邯:邯、郸)(唐:昌)

【稀】 含水量多,与“稠”相对。例:“这粥太稀了。”

稀汤寡水的 (天:安)

稀里咣当的 (唐:乐)

稀拉吧唧 (唐:滦、昌、乐)

薄 (唐:昌、迁)(承:平)(石:衡)(天:强、黄、饶、孟、肃、东、静、任、文、桥、大、庆)(保:高、安)(张:龙)(邯:内)

薄哩 (邯:内)

不糨 (天:宁、阜)(承:围)

【稀少】 指密度小、东西稀少,如“头发稀少”。

筛 (天:安)(唐:抚、秦、昌、乐、滦、丰、西、迁)

少 (全省大部分地区通行)

沙 “沙”音 shà。(石:获)

稀 (全省通行)

稀楞 (承:丰、围)

稀哩 (邯:内)

稀拉 (石:无)(天:黄)(唐:丰、昌、乐)

稀的拉的 (天:桥)(唐:昌)

稀不棱登 (邯:大、邯)(唐:大)

稀稀拉拉的 (天:安)

秃头画影的 (唐:乐)

【稠】 含固体物质较多,含水量较少,与“稀”相对,例:“粥太稠了。”

糨 (全省大部分地区通行)

浓 (石:元)

厚 (保:望)(天:津)

干　此处指最稠的饭。(承:平、隆、丰、青、滦)(天:宁、津)(邯:肥、尧、任、内、邯)(保:望)(张:鹿、蔚、尚)(唐:乐)

【稠密】　人或物的密度大。

稠　(张:张、沽)(邯:威)(石:正、井)

稠哩　(邯:内)

多稠　(邯:大、成、邯)

密　“密”音 mèi。(石:深、无、束)(天:桥)

密实　(唐:丰、乐)(石:正、深、束)

密密麻麻　(唐:昌)

加密　(保:安)

厚　(唐:迁、秦、昌、西、乐、大、蓟、滦、遵、宝、抚、三)(承:各地)(石:河、获、栾、赞、晋、建)(天:黄、固、静、献、大、津、河、宁、沧、阜、安、天)(保:易、望、唐、清、阳)(张:万、赤、康、宣、沙、崇、蔚)(邯:魏、大、清、沙、尧)

厚实　(石:平)(唐:大)(天:安)

多　(保:保)

nāng　(保:易)

【肥】　脂肪多,与“瘦”相对,一般不指人说。

胖　(全省通行)

大　(张:沙)

肉头　“头”读轻声。(天:津)(唐:乐)

肉的　(张:阳)

肉里肉头的　(唐:乐)

壮　(张:万、康、宣、龙、鹿、蔚、尚)(唐:丰、遵、三、蓟、卢)(承:承、平、隆)(天:固、宁、沧、安)(保:定、望、清、阳、蠡)(邯:魏、沙、涉、漳、内、邯)(石:无、正、晋、平、获)

【胖】　人体脂肪多,肉多。

肥　含有讥讽或玩笑意味。(保:保、安)(唐:丰、乐)(石:赵)

肥胖　(保:高)(唐:西)(石:井、获)(张:沽)(天:天)

肥胖　(贬)(石:深、束)

肥头大耳的　(天:安)

壮　(张:万、赤、康、宣、沙、蔚、龙、尚)(唐:丰、抚、三、玉、卢、蓟、迁)(承:平、滦、隆)(石:灵、井、正、晋、新、获)(天:强、固、东、宁、永、沧、阜、津)(保:博、保、高、阳、蠡、阜、容)(邯:鸡、沙、任、涉、内、尧、邯)

富态　老人胖,“态”读轻声。(石:深、束)(天:桥)(唐:昌、乐)

富态　(褒)不一定指老人,但指壮年以上。(唐:乐)(天:天、桥)

够刀儿　(贬)(天:天)

肉夯夯　(唐:大)

【强壮】　说人身体好,长得结实。

壮　(保:定、高)(天:桥、津、河、庆)(张:鹿)(邯:台、内、任、和、沙)

壮实　指老人。(承:滦)(邯:邯、郸)(天:阜、桥)(唐:乐、昌、丰)(张:各地)

结实　(石:束、深、晋)(唐:昌)(天:安)

棒　(承:滦)(唐:大)

棒实　(承:滦)

铁实　指小孩儿。(天:静)

硬朗　(天:静、天)

硬朗　指老人。(天:霸)(唐:昌、乐)

硬刻　指老人。(天:静、东)

杠重　(承:滦)

五大三粗　指小伙子。(天:静、阜)(唐:昌、乐)

【瘦】　不肥,不胖。

柴　(保:保、满、蠡)(唐:丰、滦、蓟、乐)(天:桥)(邯:郸、大、沙、任、肥、邯)(石:获)(张:尚)

柴巴　(天:庆)(唐:乐)

干　(张:万、康、宣)

干巴　(石:深、束)(邯:宗、乡)(天:桥)(唐:昌、乐)(承:围)

干巴猴　(唐:乐)

干狼　(天:静)

干狼鱼　(天:宁)

干柴棒　(天:安)

骨头架子　(天:静)

排骨架 （天:天）

排骨队长 （天:安）

人灯 （天:静、安）

皮儿包骨 （天:静）（唐:昌、乐）

瘦拉巴叉 （唐:大）

【瘦】 食用的肉脂肪少。如“瘦肉”。

精 （保:望）（张:沽、龙、尚）（天:宁、故）（邯:台）（承:隆）（石:晋）

没膘 （天:宁、安）

脏肉 瘦肉。（石:元）

丝子肉 瘦肉。（石:深、束）

丝儿肉 瘦肉。（邯:邯、郸）

【舒服】 身体上、精神上的要求得到满足时的愉快感觉。

除展 （张:鹿）（邯:广、邯）

除突 （张:鹿）

舒展 （张:各地）（石:建）

舒心儿 （天:静）

舒脱 （保:阳）（张:口）（石:获）

舒坦 （全省大部分地区通行）

得儿 （天:桥）

得哩 （邯:内）

得 “得”音 děi。（保:易）（邯:任）（唐:迁、昌）（石:束、建、枣、深）（天:阜）

得劲 （天:桥）（邯:郸、成、邯、宗、乡）

得劲儿 （保:保）（唐:丰、抚、迁）（邯:肥、丘、邯、乡）（石:无、正、晋、灵、赞）

对劲儿 （石:高）

很好 （张:龙）

好 （天:桥）

好受 （全省大部分地区通行）

好过 （邯:邯、漳）

好活 （张:张、万、商）

适意 （保:望、安）（承:平、兴、承）（唐:西、三）（邯:郸、鸡、永、涉、内、尧、邯）（石:晋）

合适 （承:兴、平、滦）（张:龙）

受活 （石:赵）

自 （邯:大、邯）（石:深、束）

自在 （邯:大、邯）（承:滦、围）（天:安）

自由儿 指小孩说。（承:承）（唐:昌）

滋润 （石:束、深）（天:桥）

如法 （老）“如”音 yū。（邯:清）

如做 （承:滦、围）

如贴 （石:正）

入咱 （保:易）

迁作 “作”读轻声。（石:深、束）

兴稍 （张:万）

熨帖 “熨”音 yù。（保:易、完）

痛快 （保:新）（张:宣）（邯:郸、大、邯）（天:桥）（石:束、深）

真痛快 （邯:内）

妥当 （石:元）

同在 （唐:昌）

信骚 （张:鹿）

美 （承:平、承、兴）（石:无、深、冀、枣、束）（天:孟、固、故、静、桥、安、津、宁、青、永、霸、沧、庆、天）（保:望、满、安、新）（邯:邯、魏、鸡、沙、肥、尧）

安逸 （唐:滦、三）（承:隆、承、兴）（石:藁、无）（天:故、桥）（张:宣）（保:定、望、高、安）（邯:邯、鸡、涉）

地道 （唐:大）

【难过】 心情不痛快。

难受 （天:山、安、桥、津、霸）（保:安、蠡）（石:深、晋、平、束、新、河、枣）（邯:邯、郸）（唐:丰、昌、乐、大）

不开心 （承:平、隆）（石:平、无）（保:易、望）（张:万、宣、沙）（天:河、故、津）（邯:广、郸、鸡、大、永、沙、任、临、内、尧、邯）

不顺心 （张:怀）（天:静）（唐:迁、昌、乐）

不舒心 （石:井）（天:静）

不心宽 （张:万）

不得劲 （邯:郸、宗、邯）（石:深、束）（唐:乐）

不痛快　(邯:郸、内)(石:深、束)(唐:昌)

不高兴　(邯:邯、肥)

不如意　(邯:大)

不好受　(全省大部分地区通行)

不舒服　(邯:郸、邯)(石:深)

【麻烦】　事情难办,纠缠不清。

啰嗦　(全省通行)

累赘　(邯:郸、尧、邯、成)

不顺手　(唐:昌)

【麻烦】　心情烦扰。

孬　也包括人事。(唐:昌)

孬殃　(石:深、束)

腻歪　(天:天、桥、安)(邯:大、邯)(石:束、深)(唐:昌、乐)

心里不离亮　(邯:大、成、漳、宗、乡、威)

心里不干净　(邯:大)

心发乱　(唐:大)

烦　(天:桥)

【腼腆】　羞涩。

腼皮　(天:山)

害羞　(唐:丰、遵、西、乐、抚、三、大、昌、蓟)(天:阜、固、故、肃、东、静、大、天、津、河、武、永、沧、庆、桥、安)(张:张、万、阳、康、沽、龙、沙、商、崇、鹿、怀、蔚、尚、口)(保:定、易、望、水、阳、雄、蠡、涿)(承:平、隆、丰、承、滦、围)(石:栾、藁、灵、石、获、新)(邯:邯、郸、魏、鸡、广、永、沙、任、临、肥、涉、内、尧、宗、丘)

害羞　"羞"音 xiāo。(邯:大、郸、周、广、乡、成、邯)

害 shún　(邯:大、邯)

羞惭　(天:桥)

臊　(石:无、高、建)(天:孟)(邯:邯)

害臊　(全省通行)

嫌臊　(保:博)(天:霸)

怪臊　(石:正)

臊臊答答　(石:深、束)

抹不开　(唐:西、抚)

脸皮儿薄　(天:天、桥)

脸皮薄　(唐:乐)

脸儿嫩　(石:深、束)

脸儿热　(石:深、束)

脸子热　(石:深、束)

要脸　(天:桥)

白脸子　(天:静)

夹棍头　指不敢见人的男人。(承:滦)

家窝子　指不敢见人的人,多指小伙子。(承:承)

面矮　(唐:乐)

怵　音 chǔ。(唐:大)

寒碜　(唐:滦)

【乖】　指小孩听话。

鬼　(石:深)

精　(石:深)

鬼古　(石:深)

不出条　(老)(张:鹿)

安稳　(石:无)

安生　(石:无、河、行、获、正)(邯:肥、南、成、邯)

安安生生　(邯:成、邯)

安静　(保:定、望、高)(唐:遵、三、西、滦)(石:无、晋、冀、藁、赵)(承:平、隆、丰)(天:饶、东、桥、宁、沧、津)(张:宣、蔚、尚)(邯:郸、魏、鸡、永、鹿、任、临、肥、邯、涉、内、尧)

听说　(唐:丰、迁、乐)(承:滦、围)(石:井、枣、束、灵、建、获)(天:黄、肃、静、文、大、安、宁、桥、庆、阜)(邯:广、郸、涉、丘、邯)(保:阳、涿)(张:沙、龙)

老实　(承:滦、围)(唐:宝、乐)(保:蠡)(邯:邯)

亲　(张:张)

长得亲　(张:龙)

爱人　(天:静、天)

讨人爱　(唐:乐)

斯文　(天:天)

仁义　"义"读轻声。(保:博)(天:安)

招人儿稀罕　(唐:丰、乐)

懂事 (保:安)(石:深、束)

懂话 (邯:台、内、宗、乡、威)

【顽皮】 小孩调皮,不听话。

费 (保:蠡、易、安)(张:赤)(邯:邯)

发费 (保:安)(石:深、束)

费气 (邯:肥、成、邯)

费力 (天:强)

费劲 (邯:大、邯、宗、乡、威)

很灰 (张:康)

闹 (承:承、丰)

皮 (保:高)(唐:丰、滦、三、大、西、昌、乐)(承:承、围、平、滦、隆、青)(石:晋、枣、赵、束)(天:黄、固、孟、东、静、献、山、桥、津、安、天、河、宁、武、霸、沧、庆、阜、故)(张:蔚)(邯:魏、鸡、大、宗、沙、内、清、尧、邯)

皮拉 (保:博)

皮脸 (保:清、保)(石:石、正)(邯:内)

皮眉撒眼儿 (石:束、深)

调皮 (保:涿)(唐:迁)(邯:成、邯)(天:阜)(承:青)

调 音 diào。(石:衡)

调猴 "调"音 diào。(天:静、桥、沧)(石:深、束)

调蛋 "调"音 diào。(石:枣、束、深)

淘 (天:天)(唐:丰、宝、乐)

淘儿 (石:深、束)

淘老 指幼儿。(石:平)

淘气 (天:安)

滑 (石:无)

滑头 (石:赵)

滑溜 (石:无)

捣乱 (天:肃)

不听说 (邯:成、邯)(张:张、万、沙)(石:深、束)

不老实 (唐:昌)(石:深、束)

不叫人喜 (天:桥)

不可人爱 (天:静)

不是东西 (唐:玉)

不识闲儿 (唐:乐)

没安定气儿 (唐:乐)

鬼古 (石:无)

离乎 指幼儿顽皮。(唐:丰)

糟蛋 多指男孩子。(天:天)

【真行】 夸赞某人能干,如:"这个小伙子真行!"

真沾 (保:望、唐、高、满、阳、定、阜、完)(石:石、新、行、深、高、获、晋、冀、建、赞、正、元、井、赵、藁、栾、无、平、灵、河、束)(张:鹿、蔚、尚)(邯:乡、柏、邯、鹿、沙、任、临、肥、涉、内、尧)

真沾气 (石:束)

真沾弦 (石:束)

真中 (唐:山、昌、乐、抚、三、蓟、丰、滦、遵、宝、玉、卢、西、迁)(承:丰、兴、围、青、隆、承)(天:宁、庆、津)(邯:广、乡、邯、魏、大、宗、永、鹿、台、沙、任、肥、涉、周、成、内、丘、漳)(张:尚)

真成 (保:保、满、涿)(唐:昌、大)(承:平、隆、丰、承、围)(石:藁、深)(天:固、肃、沧、津)(张:龙、沙、尚)(邯:宗、沙、涉、内、尧、邯)

真成色 (承:隆、承)(石:新、行、正、藁)(张:康、沙、尚)(天:任、河)(邯:任、临、尧、内)(唐:三、大)

真有成色 (唐:昌、乐)

真出色 (张:张、宣)

真棒 (承:隆)(唐:大)

真可以 (唐:丰、昌)(天:静、沧)

真不离 (保:高)(承:围)

真不赖 (保:安)(天:庆、沧)

真不含糊 (保:高)(邯:大、邯)(唐:昌)

有两小子 (张:张)

有两下子 (天:天)(承:丰)

真有本事 (天:安)

真有两下子 (天:安、静、沧)(唐:丰、乐)(石:深、束)(承:固)

真有两手儿 (石:深、束)

真能耐 (唐:乐)

能耐 (唐:乐)

有出息　(唐:三、昌)

有出息　“息”音 xiū。(唐:乐)

有材料　(唐:乐)

材料　(石:宁)

成色　(石:宁)

有成色　(唐:蓟、乐)(石:灵)(天:霸)

行了　(邯:丘、邯)

【不行】　没才干,如:“那个家伙不行。”

不成器　(承:丰)(邯:大、邯)(唐:大)

不成色　(承:隆)(唐:三、大)(天:任、阜)(保:易)(张:龙、沙、尚)(邯:任、临、内、鸡、尧、邯)(石:平、新、正、藁、行)

不成守　(承:滦)

不中　(保:定)(唐:丰、滦、遵、宝、三、玉、蓟、卢、西、山、昌、抚、迁、乐)(承:承、丰、兴、围、平、青、隆)(张:万、蔚、尚)(天:肃、宁、庆、故、津)(邯:广、乡、邯、魏、鸡、大、宗、永、鹿、任、肥、涉、漳、周、成、内、尧)

不中　指品德坏。(保:唐)

不中用　(老)(张:鹿)

不中用　(全省大部分地区通行)

不顶事　(保:安)(张:沽)

不顶用　(石:井)

不沾　(保:定、望、高、满、阳、阜、完)(石:石、新、行、灵、晋、建、赞、正、元、井、赵、藁、栾、无、深、获、河、冀)(天:强、肃)(张:龙、鹿、蔚、尚)(邯:乡、魏、鸡、柏、宗、鹿、沙、任、临、肥、涉、周、南、内、邯、尧)

不沾气　(石:束、正、深)

不沾弦　(邯:丘、邯)(石:正)

不照头　(邯:大、邯)

不敌　(石:建)

不强　(天:肃)

不出色　(张:张、宣)

不出条　(张:宣)

不怎么样　(天:文、阜、安)(唐:昌)

没成色　(唐:蓟、昌、乐)(石:灵)(天:强、霸、安)

没有成色　(保:定)

没出息　(保:涿)(天:阜)(石:枣)(唐:昌)

没材料　(天:桥)

真次　(天:静)

使不得　(张:万)

废物点心　(天:桥、安)(唐:昌、乐)

废物鸡　(天:天)

二五眼　(天:庆)(石:深、束)

窝囊　(张:鹿)(石:深、束)

窝囊废　(张:鹿)(唐:昌、乐)(天:安)

菜　(唐:昌、乐)(石:深、束)

菜瓜　(天:桥)

菜包子　(石:深、束)

玄菜包子　(石:深、束)

菜虎子　(石:深、束)

菜货　(天:安)

吃货　(唐:昌、大)

真玄　(石:深、束)

山药　(保:蠡)

白薯　(唐:昌)

【缺德】　骂人的话,即指人品德不好。

乍古　音 gàgū。(唐:西、乐)

乍杂子　(石:深、束)(唐:昌、乐)

乍杂子琉璃球　(唐:乐)(天:天)

不沾　(保:唐)

不吃玩艺儿　(唐:西、乐)

不是玩艺儿　(天:安)(唐:乐)

不是东西　(唐:西)

不成材　(唐:西)

不成色　(邯:内)

不煞赖　(天:静)

下三烂　(石:深、束)(唐:昌、乐)(天:安)

下三儿　(石:深、束)

砢碜　(承:隆)(邯:乡、邯、郸、魏、鸡、大、威、永、沙、任、

肥、漳、周、成、丘)

亏心 (张:万)

坏良心 (邯:大、邯)

丧良心 (唐:丰、乐)

缺 (唐:滦、昌、遵、宝、抚、迁、三、大、蓟、卢)(承:承、平、青、滦、隆)(天:固、饶、肃、东、静、文、大、山、天、津、宁、沧、庆、故)(石:灵、深、晋、冀、束、正、枣、藁)(保:保、高、满、安、雄、蠡)(邯:魏、大、台、南、邯)(张:赤、宣、尚)

真缺 (天:桥)(唐:大)

缺才 (邯:内)

缺人性 (石:无)

缺教训 (石:宁)(邯:尧)

缺阴 (天:孟、庆、沧)

损阴德 (张:万)

损阴丧德 (唐:丰)

道德败坏 (唐:乐)

欠 (邯:任)

怪 (邯:漳)

赖 (张:龙)(邯:邯)

背兴 (石:平)

次毛 (天:桥)

费气 (邯:广、邯)

刻薄 (邯:肥、郸、邯)

没成色 (石:赵、赞)(天:安)(唐:乐)

【机灵】 头脑灵活,善于随机应变。

鬼 (全省大部分地区通行)

鬼 (贬)含有滑头、坏主意多的意思。(石:赵、灵、平)(保:唐、高、完)(天:大、沧)(邯:清)(唐:乐)

鬼张 (邯:大、邯)

鬼头 (张:万)(唐:丰、抚、蓟、西、大)(承:平、隆、围)(石:束、深)(天:桥)

鬼头 "头"读轻声。(唐:乐)

鬼古 (石:深、束)

鬼道 (天:宁、桥、沧)

鬼大 (张:怀)

鬼式 指坏心眼儿多。(石:正)

鬼头蛤蟆眼的 (保:安)(天:沧)

鬼皮滑穿 指坏主意多的孩子。(天:静)

机灵鬼儿 (保:保、涿)(天:安)

妖精 (唐:乐)

奸 (唐:丰、滦)

乖 (石:深、束)

可灵得啦 (张:万)

可灵咧 (唐:乐)

灵 (唐:乐)

灵透 (保:水、新)(天:庆)(石:枣)(天:阜)

精里 (石:石)

心眼多 (唐:昌、乐)(天:桥)

能 (石:灵)(邯:郸、邯)

能耐 (唐:乐)

俏 (石:藁)

土地爷的孙子 歇后语,土地爷的孙子——鬼。(天:桥)

花搜 (天:天)

【灵巧】 心灵手巧,聪明伶俐。

内秀 (保:新、完)

秀溜 (保:博)

灵头 (唐:抚)(承:青、围)(石:束)

透灵 (唐:大)(承:丰)(邯:大、邯)(保:安)

透龙 (承:围)(石:行)

透亮 (保:涿)

透溜 (唐:昌、蓟)(承:承、隆)(石:深、束)(天:强、故、献、文、山、桥)(邯:鸡、威、邯、沙、任、内、尧)(保:水、蠡)(张:万、崇)

溜透 (天:庆)

透露 (石:藁)(邯:南)

透托 (邯:清)

透则 (邯:肥、邯)

透忽 (邯:郸、邯)

透作　(邯:任)

心透露　(邯:内)

心灵　(邯:内)

灵　(唐:乐)

巧　(唐:乐)(石:正)

巧使　(石:平)

出色　(天:桥)

利索　(邯:尧)(天:桥)

利索　指人行动敏捷,做事干脆、不啰唆。(石:深、束)

爽快　(天:桥)

麻利　(天:桥)

撒棱　(保:安)

撒脱　(保:安)

好身架子　(张:万)

【糊涂】

浑　(石:束、衡)(保:保)(邯:郸、清、邯)(承:滦、围)

浑蛋　骂人话。(天:天)

懵青　有傻意。(石:枣)

背晦　指老人。(石:束)(唐:乐)

老背晦　(唐:乐)

呆头呆脑　(石:深)

心闷　(保:安)

生得咧　(邯:大、邯)

特愣　(邯:郸、邯)

愣货　(张:口)

依睁　(邯:郸、邯)

迷瞪　(石:束)(邯:邯、郸)

迷糊　(张:万)(唐:昌)

睖睁　(张:康、崇、宣、尚)(唐:抚、遵、山)(石:深、晋、束、元、泽、平、行、新、灵、获)(保:易、水、满、清、蠡、完)(天:肃、东、大、桥、沧、庆、故、津)(邯:郸、鸡、大、宗、威、台、沙、肥、内、尧、邯)(承:平、隆、丰、青、滦、兴、围)

五迷　(唐:乐)

五迷道六的　(唐:乐)

五迷三灶　(天:桥)

五迷三道的　(唐:抚、昌、乐)

二拉八当　(唐:大)

一脑袋糨子　(天:安)

【心笨】　考虑问题不灵活。

猪心儿　(天:宁)

死鸡头　(邯:尧)

笨蛋　(张:万)(邯:邯、郸)

笨虫　(邯:内)

木讷货　(天:桥)

拙　(承:滦)

拙莫三道的　(承:滦)

实心子　(天:桥)

实心眼　(张:沙)

怊　(唐:乐)

死怊　(张:鹿)

死相　(邯:大、广、邯)

死心眼的　(邯:邯)

死搬楱　(承:隆)

死心眼儿　(唐:昌、乐)

死心瞎肺　(唐:蓟)

认死理　(保:定)

死木头疙瘩　(唐:乐)

心鲁　(邯:南、宗)

鲁笨　(唐:丰)

心死　(唐:丰、三、蓟、西)(承:丰、隆、平、围)(石:无、晋、藁、灵)(天:固、饶、东、桥、永、沧、庆、故、献、津)(保:定、望、水、涿、蠡)(邯:郸、鸡、宗、沙、任、内、永、邯、尧)(张:康、宣、尚)

心眼儿发死　(保:涿)(天:霸)

心眼儿死　(石:束)(邯:邯、郸)(天:桥)(唐:乐)

心眼儿不灵　(邯:涉)

一个心眼儿　(保:保、新)(唐:昌)

没心眼子　(天:天)

二 liào 子　(唐:大)

chǔ 子 (天:静)

【马虎】 不认真,不细心。

愣头 (唐:西)

愣头磕脑 (天:山)

愣儿圪睁的 (天:桥)

二红砖 (邯:大、邯)

二拉八当 (唐:大)

二性 (唐:丰)

二二虎虎 (唐:昌)

二糊 (唐:遵、蓟、西、秦、抚、昌、迁、丰)(承:兴、围、平、青、滦)(石:藁、正、平)(保:清、阳、新、阜)(张:张)(天:东、静、山、桥、安、津、沧、孟、故、天)(邯:郸、鸡、内、丘、邯)

二糊 做事没把握,遇事拿不定主意。(唐:丰)(保:水)(天:庆)

二糊糊 (唐:迁)(邯:尧)

二糊头 (邯:大、邯)(天:静)

二马添汤 (唐:昌、乐)

二马游糊的 (唐:迁)

二混头 (石:平)

二马一虎 (张:蔚)(石:枣)

二百五 (天:静、安)(唐:乐)

马大哈 (天:天)

稀里糊涂 (唐:大)

【鲁莽】

半膘子 (石:束、深)(天:安)

半吊子 (石:束、深)

二糊 (天:献)(石:枣、束、深)(承:隆)

二虎 (唐:滦、昌)

二虎(愣) (唐:乐)

虎(愣) (唐:乐)

二不愣子 (天:天)

二憨头 (天:桥)

愣 (唐:乐)

真愣 (唐:乐)

愣式 (石:正)

睖睁 (石:藁、建)(唐:滦、乐)(天:献、安、河)(邯:任、涉、邯)

青头愣 (唐:丰、昌、乐)

愣头青 (唐:昌、乐)(承:围)

野 (唐:大)

生性 (唐:大)

莽撞 (张:沙)(天:霸、安)(承:围)

【脓包】 指人废物,窝囊。

熊 (唐:西)

熊货 (承:隆)

熊包 (唐:滦、三、卢、昌、乐)(承:各地)(石:新、衡、栾、河)(天:东、桥、永、沧、庆、阜、故、安、河、宁、津)(保:水、蠡)(邯:郸、鸡、永、鹿、清、沙、尧)

熊蛋包 (唐:大、昌)

脓糕 (石:建)

软蛋包 (保:安)

熄包 (邯:漳、邯)

蒲包 (石:晋)

草包 (保:保)(石:平、行、栾、赵)(邯:大、邯)(天:安)

草狐狸 (唐:乐)

草鸡 (天:庆)(保:兴)(唐:乐)

木讷货 (天:桥)

菜 (石:束)

菜货 (邯:大、邯)(天:安)

菜瓜 (天:桥)

菜包 (石:井、束)

菜包子 (保:阳)

菜虎子 (石:束)

窝囊蛋 (邯:任)

窝囊废 (全省通行)

窝囊踹 (承:承)

囊饭才 (邯:肥、邯)

囊包菜 (石:获)

饭桶　(唐:丰、昌)

白吃饱儿　(唐:丰、昌、乐)

次毛　(天:桥)

憋屈　(石:束)

废物点心　(天:桥、安)(邯:大、邯)(唐:昌)

废物　(承:滦、围)(天:静)(唐:迁、乐、昌)(邯:邯、郸)

废物头　(石:无)

㞞货　(邯:大、邯)(天:安)(唐:大)

㞞毛　(唐:丰、玉、三、昌、西、遵、卢)(承:滦、隆、平)(石:束、赵、藁、栾、正、深、冀、晋、平、行、灵、石、获、河)(天:饶、肃、大、山、桥、庆、故、献、河)(保:博、定、易、保、唐、水、高、满、安、新、雄、蠡、涿、阜、完、容)(张:龙、鹿、康、宣、尚)(邯:乡、郸、鸡、大、宗、永、台、沙、任、南、尧、漳、邯)

㞞蛋包　(唐:抚、昌、乐)(承:滦、围)

松包　(唐:乐)

完蛋　(承:丰)

榆木疙瘩脑袋　(天:安)

【固执】

心死　(天:河、肃)(邯:临)

死巴　(唐:丰)(邯:宗、乡)

死性头　(天:天)

三把捋不开　(天:天)

拧种　(贬)(唐:大)

【孬种】　"孬"音 nāo。这是骂人的话,说人坏,不好,怯懦,没勇气。

孬人　(天:桥)

孬包　(石:正)(承:平)(天:桥)

孬私孩子　"私"音 sē。(天:桥)

老孬　办事不爽快的人。(唐:抚)

杂种　(唐:大)

狗杂种　(唐:大)

坏种　(唐:滦、宝、乐)(石:冀、建、枣)(天:饶、静、桥)(张:沽)(邯:鹿、肥、涉、邯)

坏货　(张:龙)

坏东西　(张:龙)

㞞种　(承:滦、围)

㞞蛋包　(承:滦、围)(天:安、天)

赖　(天:宁)

草包　(承:平)

熬包　(承:平)

熊蛋包　(承:平、滦、围)(天:桥)

吃货　(承:滦、平)

卖烧饼不拿干粮——吃货　俏皮话。(承:滦)(天:安)

窝囊废　(天:天)

老太太脚豆儿——窝囊一辈子　俏皮话。(天:天)

【吝啬】　过分爱惜自己的财物,当用不用。此条与"人品"类"吝啬"条重复,请参阅。

小抠　(承:隆、围)

小吃抠儿　(邯:郸、邯)

老抠　(唐:乐)

抠气鬼儿　(唐:昌)

抠　(唐:抚、三、秦、昌、滦、西、乐)(承:承、平、青、隆)(石:深、建、元、井、枣)(天:黄、固、献、山、庆、河、天、沧)(张:宣)(保:满、保、阜、完)(邯:任、涉、内、鹿、沙、宗、临、邯)

抠儿　(天:黄、天、庆、霸)

抠鬼　(唐:遵)

抠啬　(石:束、保)(承:平)

抠么　(石:冀、深、束)

抠情　(唐:玉、丰、山)

抠缩　(唐:宝)(石:平、获)(天:饶)(邯:内)

抠抠缩缩　(保:涿)(石:泽、束、深)(天:天、安)(唐:乐)

抠门儿　(承:兴、隆、承)(天:沧、天、霸)(邯:内)(唐:三、大、昌)(承:兴、隆、承)

抠门子　(天:庆)

抠钱牢　(张:商)

抠心　(唐:滦、昌、乐、丰)

穷抠　"抠"音 kòu。(天:静)

死抠　(石:行)

死皮 （邯:内）

死剋子 （石:正）

死刻刻儿 （石:平）

死孙 （天:桥）

渠 （唐:抚、宝、大、迁、丰）（承:青、承、隆）（石:河、深、泽、晋、束）（天:强、任、大、河、安、武、永、霸、沧、孟、饶）（保:博、易、水、高、安、新、蠡、涿）

渠皮 （唐:丰）

渠抹 （石:河）

渠手 （保:安）

窍渠 （天:庆）

小渠 （保:涿）

不出血 （张:阳）（承:承）

不出手 （石:石）

不开眼 （石:束、深）

不大方 （石:束、深）

焦 （石:束、深）

焦毛 “焦”读去声。（石:束、深）

啬 （天:安）（承:滦）

艮 （天:天）

悭 （天:饶、固、津、霸）（承:平、隆）（张:宣、龙、商）（保:容）（邯:内、尧）（唐:三、大）（石:晋、枣、高）

细 （石:建）（张:宣）

黑 （石:枣）

刻缩 “刻”音 kēi。（保:唐）

苛巴 （石:束）

克勒 音 kēilei。（石:束、深）（天:肃）

仔细 （邯:丘、邯）（张:宣）

缩脚 （邯:广、邯）

手紧 （唐:昌、乐）（天:静）

土鳖 （石:新）

生古 （石:灵）

焉坏 （天:山）

下作 （石:枣、武、衡、深、束）

老钱包 （天:天）

钱串子 （保:安）

铁公鸡 （天:天、安）（张:康）（保:保）

瓷公鸡 一毛不拔。（承:滦）

舍不得 （石:建）

一毛不拔 （全省通行）

结榆头 （邯:郸、周、邯）

及衣头 （邯:肥）

根毛不拔 （天:文、故）

各不少的 （唐:昌）

四两亏不吃 （石:赞）

家杠头 （唐:大）

钱串子脑袋 （天:安）

【节俭】

细 （石:深、束、枣）（邯:宗、南、威）（天:天、霸）（唐:乐）（承:青）

细相 （石:深、束）（邯:邯、郸）（唐:昌）

精细 （唐:丰）

仔细 （唐:乐）

会过 （唐:大）

【吝啬鬼】 过分爱惜自己的财物的人。此条与“人品”类“老悭头”条重复，请参看。

渠勾 （石:晋）

老渠 （石:束、深）

老渠鬼 （天:强）

老悭儿 （石:藁、赞、高）（天:饶）（邯:成、邯、内、尧）（唐:三）（承:隆、兴）

老悭头儿 （唐:三、玉）（石:石、灵、晋、衡、枣、泽）（承:隆、青）（天:阜、东、静、献、大、孟、津）（张:康、龙、尚）（保:安、雄、阜、容）（邯:永、肥、内、尧、邯）

老悭一头儿 （邯:大、邯）

悭头 （石:武）

尖头 （天:安）

老细丝 （石:建）

老骨头 （唐:遵）

老格咱头 (石:行)

老鲶鱼尾巴 (邯:威)

老财迷 (石:深、束)(天:安)

看财迷 (石:深、束)

财迷 (唐:丰、乐)(石:深、束)

财迷转向 (天:桥)

财迷打底儿 (唐:乐)

老抠 (承:围)

老抠儿 (唐:滦、抚、玉、秦、遵、三、大、昌、西、乐)(承:隆、平、青、围、丰)(石:深、冀、束)(天:黄、固、任、安、天、沧)(保:满、完)(邯:郸、沙、任、临、内、邯)

贪抠儿 (石:深)

抠缩 (石:深、泽)

抠切手 (邯:涉)

抠心鬼 (唐:丰、山、滦、乐)(邯:邯)

抠心儿 (石:井)

抠屁股嘞手指头的碴儿 "碴儿"指人。(唐:丰、乐)(天:安)

死抠儿 (邯:南)(石:无)

列刻子 "刻"音 kēi。(石:行)

死锛头 (保:安)

死枷榆木头 (石:束、深)

死家杠头 (唐:大)

缩脚鬼 (邯:成、广、邯)

缩脚头 (邯:广、邯)

吝惜鬼 (唐:山)

扣啬鬼 (天:宁)

克勤鬼 (天:肃)

守财奴 (邯:任)

看财奴 (承:滦、围)(保:定)

皮笊篱 (保:易)

土鳖主 (邯:大、邯)

小尖 (张:宣)

小悭抠 (保:雄)

少悭抠 (保:雄)

小气鬼 (张:怀)(唐:昌)

bē 沉 (唐:遵)

锛头 (保:定)

滑头 (邯:尧)

滑蛋 (邯:尧)

又渠又啬 (天:安)

又奸又滑 (天:天)

【小气】 指人花钱、办事吝啬,不大方。

小店儿 (唐:秦、山、抚、乐、昌、三、卢、西、迁)(承:各地)(天:宁、阜)(保:保、望、水、满、清、完)(邯:台、沙、内)

小店儿 专指花钱不大方。(唐:滦)

小店子货 (天:静)

小家子 (张:张)(唐:乐)

小家憨气的 (张:阳)

小家子百事里 (石:正)

小家子败世的 做事不大方,见事大惊小怪的。(保:保)(唐:乐)

小家子摆设 (保:安)

小家百舍的 (唐:西)(石:束)

小气鬼 (邯:尧)(唐:昌、乐)(天:安)

小气百哪的 (天:桥)

小小气气的 (邯:涉、邯)

小模小样儿 (唐:宝)

小家气 (唐:遵、大、昌)(石:行、衡、赵、枣、藁、石)(承:平、隆、承)(天:强、肃、静、河、永、沧、固)(张:万、康、宣、沙、蔚、口)(保:望、阳、蠡、完)(邯:郸、鸡、大、永、沙、任、肥、成、内、尧、邯)

小家子气 (石:元)(张:怀)(保:易、唐、安)(天:安)

小气脾 (天:庆)

小里小气 (唐:乐)

小性 (邯:漳、邯)(天:饶)

抠心 (唐:乐)

抠搜 (唐:大)

搜模 (天:山)

够本儿哭三天 （唐:三）

门口挂笊篱 （承:隆）

一分钱攥出汗 （天:天）

【贫气】 举止言谈轻薄,使人讨厌。

薄气 （邯:郸、邯）

俗气 （邯:郸、邯）

轻贱 （唐:昌、丰、乐）（天:桥）

贫气鬼 （天:安）

神聊儿 （唐:大）

【大方】 人的言谈、动作自然,不拘束。

大方不拘 （邯:大、邯）

仁义 （石:无）

大气 （唐:丰、山、大、昌、滦、遵、宝、抚、乐、西、三、玉、蓟、卢）（承:承、平、隆）（石:武、赵、枣、藁、无、冀、泽、行、束、河）（天:肃、东、静、献、桥、津、宁、武、沧、庆、天）（张:张、万、阳、康、宣、龙、沙、崇、鹿、怀、蔚、尚、口）（保:定、保、望、唐、阳、阜、完）（邯:郸、鸡、大、鹿、台、沙、任、肥、内、尧）

大手 （邯:邯、清）

大洋 （石:栾）

大方方儿的 （唐:乐）

大大方方 （天:安）

开通 （邯:大、丘、邯）

明快 （天:桥）

外厢 度量大。（天:桥）

泼插 泼辣,大方。（邯:郸、邯）

酸气 （唐:滦、乐）

不凫气 （天:天）

【态度高傲】

大气 （贬）（石:宁）（邯:邯）（唐:乐、大）（天:安、桥）

臭大气 （天:天）

大样 （石:束、建）（保:博）

大模斯拉样的 （石:束、枣）

大模大样 （唐:丰）

大模大样的 （张:沙）（天:安）

大不唧唧 （天:桥）

酸 （唐:大）

【慷慨不计较】

大拉 （石:正）

大拉拉的 （石:束）

大大咧咧 （唐:丰）

大咧咧 （天:安）

大方 （唐:大）（天:天）

【整】 全部在内,没剩余和残缺。

浑 （唐:蓟、迁）（承:隆、平）（天:阜、宁、永、津）（张:宣、鹿）（保:望）（邯:沙、肥、内、尧、邯）

囫囵 （全省通行）

囫囵个 （天:津、安、霸、沧）（石:枣）

囫囵个儿 （唐:昌、丰、乐）（石:正）（天:强、任、安、阜）

整个 （唐:乐）

连锅端 （天:天）

【好花钱】

大把 （天:安、天）

大手大脚 （唐:昌、乐）（天:天、阜、桥、安）（石:枣）（承:围）

大鲁 （天:津）

大巴掌 （天:霸）

手把儿大 （唐:丰）

败家子儿 （天:安）（唐:大）

【浑】 全部,如“浑身是汗”。

通 （邯:大、邯）（承:滦）（唐:乐）

周 （唐:遵、蓟、迁）（承:承、青、隆、平）（石:井、无、获）（天:固、东、桥、沧、故、庆、津）（邯:郸、鸡、大、永、内、沙、尧、邯）（保:望、安）（张:宣、尚）

满 （全省大部分地区通行）

绕世界都是 （保:易）（天:安）

全 （唐:大）

【凸】 物体向外突出。

高 (天:庆)

高鼓 (天:桥)

鼓 (天:天、桥)

鼓出来 (唐:滦、昌、乐)

出来了 (天:桥)

包 (承:围)

暴 (石:灵)

岗儿 (邯:丘、清、邯)

圪垯 (张:阳)(石:枣)

bié 例:“bié 出来了。”(张:怀)

【凹】 物体向内陷。

陷 (承:平)(石:灵)

陷 音 xiè。(邯:大、邯)

瘪 (石:获)(唐:昌、大)(天:献、天)

怯 (石:平)

洼 (唐:丰、滦、遵、宝、三、西、抚、山、昌、玉、大、蓟、卢、迁)(承:承、丰、青、隆、平)(石:无、藁、赵、栾、束、高、建、晋)(天:饶、强、东、大、桥、宁、武、霸、沧、孟、文、黄、安、故、天)(张:阳、康、宣、龙、沙、蔚、尚、口、赤)(保:保、高、满、清、蠡、涿、水、容)(邯:乡、宗、临、肥、周、南、成、内、尧、广、清)

坳 (承:滦、隆、丰、平、兴)(石:宁、藁、赞、新)(天:东、河、宁、霸、沧、孟)(张:沙)(保:满、安、蠡、涿)(邯:郸、鸡、永、成、内、尧)(唐:蓟)

低 (邯:尧)(保:保)

塌 (邯:大、邯)(石:枣)

坑 (石:行)(承:围)

抽 (天:庆)

眍䁖 如“眍䁖眼”,指眼凹下去了。(石:正)(天:桥)(唐:丰、乐)

扁 例:“扁进去了”。(张:怀)

【凉快】 清凉爽快。

凉飕 “飕”音 sāo。(石:建)

凉飕 “飕”音 sou。(唐:昌)

凉稍 (张:沽、崇)(石:井)

凉扫 (张:鹿、沙)

凉帚 (张:阳)

凉凉的 (张:怀)

风凉 (保:定)

风溜溜 (承:滦)

清凉 (邯:宗、邯)

煞灵 雨后不闷燥,天气清爽。(保:安、阳)

风凉风凉 (张:鹿)

【背静】 偏僻冷静。

背 (唐:三、丰、遵、西、抚、乐)(承:承、围、平、青、隆、滦)(石:行、无、井、栾、赵、武、冀、泽、获、建、正)(天:固、饶、东、文、桥、安、河、宁、沧、庆、故、天、津)(张:张、万、宣、龙、鹿、蔚、尚)(保:望、唐、水、高、阳、蠡、涿、雄、完)(邯:广、邯、郸、鸡、磁、宗、永、鹿、台、沙、成、内、任、尧)

背屋 (邯:周、邯)

发背 (唐:蓟、乐)

静悄 (邯:大、邯)

僻静 (邯:广、涉、尧)(石:晋、建)(承:滦)

肃静 (唐:大)

安静 (天:安)

【活络】 物体不稳固。

活套 (石:灵)

活泛 (承:平)(张:各地)

摇撼 (唐:西、昌、乐)

摇晃 (唐:乐)

晃荡 (天:东、阜)(保:安)(唐:乐)

动撼 (唐:抚、乐)(天:桥)

嘎打 (天:庆)

嘎噔 (唐:大)

合仰 指前后左右摇动。(石:正)

活摇 “活”音 he。指摆动。(石:正)

不牢当 (天:山)

不牢稳 (天:桥)

活络套三 （张:尚）

活动 （全省大部分地区通行）

【地道】 真实、真正的意思。

地地道道 指更可靠。（全省大部分地区通行）

地当 （保:博）

道地 （唐:三、西）（石:衡）（张:阳、宣）（保:望）（邯:郸、宗、沙、内、邯）（承:平、隆）

实落 （保:安）

piǎ （天:桥）

本地货 （邯:郸、邯）

得儿 （天:桥）

行家 （邯:大）

把式 （邯:大）

纯 （唐:大）

【四地】 安闲;整齐;完美。如:“这个人好四地,衣服总是干干净净,做事总是不慌不忙的。”

四方 （天:霸）

四致 （天:天、静、安）（唐:秦、大、滦、乐、丰、昌）（石:深）

四稳 （邯:尧）

四地八稳 （天:山）

闲在 （石:获）

次第 （天:庆）（邯:大、周）（石:束、建）

冶地 “冶”音 chǐ。很完备,如“这院落很冶地”。（石:井）

【忙得不得了】

忙得不行 （张:怀）（邯:广、乡、邯）（保:高）（石:藁、宁、栾、冀、井、晋、河、平、正、建）（天:强）（唐:滦）

忙得不能开 （石:赞）

忙得不能行 （石:灵）

忙得不可开交 （承:平）

忙得了不得 （天:安、天）（张:阳、龙、张、沙）（邯:尧、南）（唐:山、昌、乐）

忙坏了 （天:津、安）（唐:遵、昌）（石:枣、平）（承:青）（保:唐）（邯:郸、邯）

忙急了 （石:枣）

忙死了 （石:衡）（承:滦、围）（天:天、安）（邯:郸、邯）（唐:乐）

忙死人 （石:无）（天:安）（唐:乐）

忙死人了 （石:束）（邯:郸、邯）（唐:昌）（天:安）

忙煞了 （邯:郸、邯）（石:获）

忙煞人了 （邯:郸、邯）

忙毁了 （邯:郸、成、邯）

忙不过来 （天:静、孟、安）（邯:周、邯）（承:围）

忙也忙不完 （唐:滦、乐）

忙咧脚手不连地 （邯:大、邯）

忙得四脚不沾地 （唐:乐）

gàng 忙了 （天:桥）

穷忙 （天:天）

忒忙 （天:任、桥）

忒忙了 （天:山）

血忙 （邯:周、邯）

好忙死了 （承:滦、围、丰）

可忙了 （张:怀）（天:阜）

可忙的呢 （张:赤）

忙得慌 （张:龙）

忙得厉害 （张:商、蔚）

忙得没法 （保:阳）

忙得够戗 （承:滦、围）（张:龙）（唐:昌、乐）（天:安）

忙得吃不住劲 （邯:肥、邯）（天:安）

忙活坏了 （唐:大）

【忙个不得了】

忙个了 （石:商）

忙个死 （张:阳）

忙个不停 （天:宁）（保:安）

忙个不完 （唐:昌）

忙个不识闲 （保:博）（唐:昌）

忙了个不得了 （保:易）

没拾闲儿 （唐:大）

【热死了】

热傻了 (石:栾)

热毁了 (邯:肥、邯、郸)

热坏了 (全省大部分地区通行)

热懵了 (承:承)

热煞人 (石:赵)(邯:郸、周)(天:阜)

热火隆了 (石:枣)

热得不知咋好 (唐:遵)

热得喘不过气来 (唐:乐)

gàng 热了 (天:桥)

闷死人 (唐:大)

【舒服死了】

舒服透了 (张:龙)(石:枣)

舒服坏了 (唐:丰、乐、三、大、西)(承:平、隆、围、承)(石:衡、藁、栾、无、深、晋)(天:肃、东、献、沧、津)(张:宣、龙、蔚、沙、尚)(邯:郸、鸡、永、沙、任、内、尧、邯)(保:望、清、安)

舒服煞人 (石:赵)

舒服死人 (唐:丰、西、乐、山、大)(承:丰、平、承)(石:藁、无、晋)(天:固、沧、肃、东、津)(张:宣、鹿、蔚、尚)(邯:邯、郸、魏、鸡、永、沙、任、涉、内、尧)(保:定、望、唐、清、阳)

舒服煞了 (天:庆)

舒服毁了 (邯:威、邯、郸)

特别舒服 (唐:遵)

舒服得不能行 (石:灵)

忒舒坦 (唐:乐)

舒坦煞了 (天:山、桥)

舒坦坏了 (唐:滦、三、丰、乐、大)

舒坦死了 (唐:遵、三、昌、乐、抚、丰)(石:深、冀)(天:强、静)(保:高、蠡)

舒脱死了 (保:阳)(邯:邯)

chū 展死了 (邯:广)

chū huā 透了 (张:龙)

如死了 (石:平)

得毁了 "得"音 děi。(邯:周、邯)(石:晋、深、束)

乐坏了 (天:桥)

熨死了 (天:桥)

得死了 (石:平)(天:桥)(邯:临、肥)(保:易、雄)

好受极了 (天:安)

好受死了 (邯:肥、邯)(天:安)

美死了 (天:天)

自死了 (石:深、束)

自死你拉 (邯:大、邯)

妥当死了 (石:高)

好活死了 (张:商)

受用死了 (石:建)

心宽死了 (张:阳)

可痛快了 (天:饶)

熨帖死了 (保:完)

痛快多多了 (天:饶)

痛快煞了 (邯:郸、邯)

得劲 lēi 很 (邯:成)

gàng 自儿了 (天:桥)

【冷得不行】

忒冷 (天:任、阜、桥、安)(唐:抚、昌)(石:枣)

冷得恶 (唐:滦、乐)

冷得邪乎 (唐:滦、抚、乐)(天:安)(石:深、束)

冷得够戗 (天:庆)(石:无、深、束)(唐:丰、秦、昌)(承:围)

冷得够受 (天:霸)(石:深、束)

冷得不中 (唐:遵)

冷得厉害 (唐:滦、抚、昌)(承:平、围)(张:蔚)

冷得慌 "慌"读轻声。(唐:乐)(保:清、安)(张:龙)(石:晋)(天:安)

冷得受不了 (唐:丰、滦、昌)(天:静、文、霸、安)(张:龙)(保:清、安)(石:晋)

冷得没法儿 (天:安)(承:青、围)(石:深、束)

冷煞了 (唐:丰)

真冷 (张:各地)(唐:乐)

gàng 冷了 (天:桥)

冻不觉了 “觉”音 jiū。(天:静)

冻得够戗 (天:天)

【热得不行】

忒热 (天:安、任、阜、桥)(唐:抚、昌、乐)(承:兴)

热得恶 (唐:滦)

热得不中 (唐:遵)

热得厉害 (唐:滦、抚、昌)(承:丰、平、围)(张:蔚)

热得邪乎 (唐:滦、抚、昌、乐)(天:安)(石:深、束)

热得够戗 (唐:昌、丰、秦、乐)(石:深、束)

热得够受 (天:霸)(石:深、束)

热得受不了 (石:无、晋、枣)(唐:大、丰、乐、滦、昌)(天:静、霸、庆)(保:清)

热得不得了 (天:静、安)

热得没法儿 (承:青)(天:安)

热得吃不住劲 (邯:大、邯、郸)

热得蒸笼盖的似的 (唐:乐)

热得喘不过气来 (唐:乐)

热煞了 (唐:丰)

热死了 (唐:乐)

gàng 热了 (天:桥)

真热 (张:各地)

【难得要命】

难得很 (石:赵、枣、深、束)(邯:临)

难得恶 (唐:滦、昌、乐)

难得邪乎 (唐:滦)

难得要死 (唐:丰、乐、卢、西、蓟)(承:平、承、围)(石:藁、无)(天:黄、饶、沧、庆、津)(张:鹿、蔚、尚)(邯:郸、鸡、沙、任、涉、尧)(保:望、唐、涿)

难得厉害 (唐:滦、昌、乐)(张:商)(承:平)

难得不能行 (石:灵)

难得没法儿 (唐:西、乐)

难极了 (石:晋、深、束)

难得咧 (邯:大、邯)

难 kū 了 (张:怀)

难煞人 (天:肃)(邯:郸、邯)

难煞了 (唐:丰)

难死人 (唐:西、昌、乐)(石:无、正)(承:隆、围)(邯:郸、大、周、内)(石:衡、深、束)(保:清、蠡)(张:宣)

难死人了 (保:阳)(天:宁、桥、安)

难死 (天:津)

难死了 (唐:秦、昌、乐)(石:衡、束、深)(张:张、阳)(邯:魏、邯)

难死个人 (唐:宝)(天:桥)

可难的 (张:赤)

作死那难 (邯:大、邯)

快要难死人了 (张:龙)

忒不好整 (唐:乐)

【冷得要命】

冷得恶 (唐:滦、乐)

冷得要死 (唐:丰、昌、蓟、卢)(承:平、承、青)(石:藁、无、石)(天:固、饶、永、沧、庆、津、安)(张:康、龙、鹿、蔚、宣、尚)(邯:郸、鸡、大、沙、任、涉、尧、邯)(保:望、唐、阳、涿)

冷得够支 (张:万、沙)

冷得邪乎 (唐:滦、昌、乐)

冷得难受 (唐:遵、昌)

冷得不能行 (石:灵)

冷得没法儿 (石:深、束)(唐:乐)

冷得要命 (天:安)

冷得够戗 (唐:乐)

冷死 (天:津)

冷死人 (承:隆)(邯:内)(保:清)(石:无)

冷死了 (石:衡)(张:阳)(唐:秦)

冷死人了 (保:阳)(天:宁)

冷死呀 (张:怀)

冷煞人 (天:肃、阜)(唐:丰)

冰冷 (邯:大)

着冷 (保:蠡)

真叫冷 (承:滦、围)

快冻死人了 (张:龙)(唐:乐)

冻煞人 (邯:郸、邯)(天:桥)

冻死人 (唐:西)(邯:郸)

冻得够戗 (唐:遵、乐)(天:安)

冻得要死 (唐:昌)(天:安)

【热得很】 热极了。

热得极 (承:平)(石:枣)(保:清)

热之极 (承:平、隆)(张:蔚、宣)(邯:任、尧)

热之极了 (唐:三)

热得太 (保:清)

热得忒 (张:尚)

热得慌 (保:安)(张:各地)(唐:乐)

热来慌 (石:井)

热 kū 了 (张:怀)

热得要命 (石:深、束、枣)(天:安)(唐:乐)

热得无法儿 (石:深、束)(唐:乐)

热得邪乎 (唐:滦、昌、乐)(天:安)

热得不能行 (石:灵)

热得恶 (唐:滦、乐)

热邪啦 (天:天)

好热 (张:万)(承:围)

着热 (保:蠡)

诚热了 (天:静)

着实热了 (保:清)

gàng 热了 (天:桥)

忒热 (唐:丰、昌、迁、滦、乐)(天:宁、任、山、桥)

忒热了 (天:山、安)(唐:乐)

滚热 (承:滦、围)

太热得很 (张:龙)

太热了 (唐:大)(天:天)(承:围)

【好得很】 好极了。

好 kū 了 (张:怀)

好得多 (保:安)

好得极 (保:定、清)(石:无、枣)(承:平)

好得恶 (唐:滦)

好之极 (唐:大)(邯:任、尧)(张:蔚、宣)(石:无、灵)(承:平、隆)

好得邪乎 (唐:滦、昌、乐)

好得不能行 (石:灵)

好之极了 (唐:三)

好得霸道 (唐:乐)

好得 ně “好”音 nǎo。(唐:乐)

好得异样 (唐:滦)

好得寒碜 (唐:滦)

好着了 (天:静)

好 lēi 很 (邯:成)

好得别提了 (天:静)

太好得很 (张:龙)

拿太好了 (张:龙)

别提多好了 (天:静)

可好了 (天:桥)

gàng 好了 (天:桥)

真叫好 (天:安)(唐:大)

太好了 (承:围)(天:安)

着好 “好”音 xiǎo。(保:蠡)

忒得 “得”音 děi。(唐:昌)

忒好 (唐:丰、迁、乐)(天:山)

忒好了 “忒”音 tēi。(唐:丰)

格外好 (天:静)

诚好了 (天:静)

格拉好了 (天:静、安、霸)

格拉好啦 (天:静、安、霸)

满意思了 (天:天)

太意思了 (天:天)

噢噢的 (唐:乐)

真噢 (唐:乐)

【疑心】 遇事心中好多猜疑。

沉心 (唐:昌、抚)

多心 （唐:昌）（天:天、霸、安）（石:枣）（承:围）

贼心 （天:天）

脏心 （天:天）

猜疑 （天:桥）

【称心】 “称”音 chèn 。合于自己的心意。

遂心 （全省通行）

可心 （石:晋）（天:安）（唐:大）

可心儿 （天:天）

可心眼 （承:青）

碰心 （邯:临）

跟心 （张:龙）

如意 “如”音 yú。（邯:丘、邯、宗、乡）

迂庄 （天:桥）

对劲儿 （天:天）

【最好不过】

最好不能 （邯:尧）

再妙没了 （邯:广、邯）

再好没有 （天:桥）

再好没有了 （唐:西、昌）（天:安）

再好没有了 “再”音 dài。（石:宁）（天:天）

再没比那好的了 （承:青）

顶好不过 （承:平、围）（石:枣）

好不过了 （张:万）

可好 （张:赤）

可好了 （张:阳）（唐:昌）

没比 （承:滦、围）

忒好 （天:任）（唐:抚、昌、乐）

数它好 （邯:周、邯）

头份儿 （石:平）

那才好了 （天:静）

称心 “称”音 chèn。（承:丰）

好得没法儿 （唐:乐）

好死了 （唐:乐）

【最毒不过】

毒死了 （天:桥）

毒得咧 （邯:大、邯）

毒大极了 （唐:宝）（天:天）

毒顶大了 （天:天）

毒性顶大了 （天:静）

再毒没了 （邯:广、邯）

可赖了 （张:阳）

可歹毒了 （承:滦、围）（唐:昌）

可毒的啦 （张:怀）

歹毒 （承:滦、围）（张:沙）

真歹毒 （承:滦、围）（唐:昌）

那叫歹毒 （承:滦）

顶毒 （保:保）

顶毒不过 （承:平）（天:山）（张:蔚）

gàng 毒了 （天:桥）

难斗 指人。（唐:西）

难斗儿 （唐:乐）

恶得很 （唐:遵）

刁去了 （唐:大）

狠萝卜根子 （承:青）

蝎子尾巴——毒一份 （唐:乐）

【憋得慌】

憋来慌 （邯:广）（石:井）

憋里慌 （邯:临）（石:泽）

憋得活 （张:张）

憋得亨 （唐:滦、昌、遵、宝、抚、乐、三、玉、大、蓟）（承:丰、青）（天:固）（石:束、冀）（张:赤）

憋得难受 （唐:乐）（天:天）

憋得厉害 （张:蔚）

憋得喘不过气来 （唐:乐）

憋疯了 （张:阳）

不好活 （张:万）

瞎的 bāi （唐:遵）

闷分慌 （邯:大、邯）

【热得慌】

热得活　(张:尚)

热得亨　(唐:滦、昌、遵、宝、抚、大、乐)(天:固)(承:丰、青)(石:枣、冀)(张:赤)

热得厉害　(张:龙)

炽得慌　(天:安)

捂得慌　(天:安)(唐:乐)

包得慌　(天:安)

热咧心慌　(邯:大、广、邯)

热来慌　(石:井)

热里慌　(石:泽、高)(邯:临)

热坏了　(唐:遵)(承:兴)

热疯了　(张:阳)

热咕咚的　(天:安)

热火燎灶的　(石:深、束)(天:安)

怪热　(石:正)

怪热得慌　(天:天)

【冷得慌】

冷得亨　(唐:滦、遵、宝、抚、大)(承:丰、青)(天:固)

冷得恶　“恶”音 né。(唐:乐)

冷得亨　(承:丰)(张:赤)

冷得活　(张:尚、张)

冷哩慌　(石:高)

冷不行　(张:阳)

冷丁丁　(邯:广、邯)

冻得亨　(石:枣)

怪冷　(石:正)

怪冷得慌　(天:天)

死冷死冷的　(承:青)

【傻拉呱唧的】

傻拉吧唧的　(张:沙)

傻拉不唧的　(唐:昌、乐)

傻拉乎乎的　(天:天)

傻拉巴儿的　(唐:乐)

傻拉瓜　(天:津)

傻瓜唧的　(石:衡)

傻儿拉瓜　(石:新)

傻傻瓜瓜的　(天:庆、霸)

傻儿各唧的　(石:宁)(邯:乡、邯)

傻儿不唧的　(邯:丘、邯)

傻尔八七的　(邯:清)

傻儿呱唧的　(天:大、桥、饶)(邯:鸡、大、临、宗、邯)(保:定、易、唐、安、阳、新、容)(石:正、井、获、平、栾、无、枣)(唐:大)

傻不唧的　(天:东、桥)(邯:郸、周、邯)(石:束)(唐:乐)

傻不唧唧的　(邯:鹿、邯)(天:安)

傻巴哜的　(邯:邯)(天:阜)

傻巴拉唧的　(保:雄)

傻里呱唧的　(天:天)(张:龙)(承:围)

傻里的代瓜里　“里”音 le。(邯:肥、邯)

二傻不茶　(唐:遵)

茶些　(唐:乐)

茶里茶些的　(唐:乐)

茶个呆的　(天:桥)

愣里愣怔的　(唐:乐)

愣儿呱唧的　(石:正、行)

愣种　“愣”音 léng。(邯:成)

闷里闷脑的　(天:桥)

闷头闷脑的　(唐:乐)

跷西西的　(张:阳)

晕头晕脑　(邯:大)

呆头呆脑　痴笨,神经迟钝,反应慢。(唐:昌)

死木头疙瘩　(唐:乐)

【烂拉呱唧的】

烂儿呱(巴)唧的　(保:新)(石:枣)(唐:乐)

烂儿各唧的　(石:宁)

烂烂唧唧地　(天:静)

烂烂糊糊　(天:霸、阜、天)(唐:乐)

烂烂吃吃的 （保:安）

烂不唧唧 （张:龙）

烂不唧唧的 （邯:鹿）（张:宣）（唐:乐）

烂不哜的 （邯:乡、宗、丘、邯）（石:正）（天:饶）（唐:乐）

烂轰轰了 （邯:广）

烂粉粉的 （张:阳）

烂拉瓜瞎的 （承:滦）

烂拉不唧的 （保:水）

烂拉巴唧的 （唐:丰、抚、蓟、西、乐）

烂巴拉唧的 （保:雄）

烂(巴)唧的 （邯:邯）

烂溜不唧的 （石:获）

烂拉歪的 （天:东、桥）

乱不腾的 （天:桥）

懒儿呱唧 （天:天）

折儿拉胯的 （保:安）

稀糊脑儿烂 （天:安）

烂轰的 （张:沙）

烂轰轰的 （唐:乐）

【傻不棱腾的】

傻不棱腾的 （张:尚、怀）

傻不棱蹭的 （石:宁）

傻不棱登的 （邯:大、磁、广、威、台、沙、任、成、邯、内、尧）（张:张、万、赤、康、沽、宣、龙、沙、商、崇、蔚、尚）（保:保、望、唐、水、高、满、清、安、阳、雄、蠡、涿、阜、容）（唐:丰、滦、遵、西、宝、乐、抚、唐、三、迁、蓟）（石:衡、栾、藁、抚、赵、元、武、赞、无、深、正、平、冀、晋、新、枣、灵、石、获、高、建）（天:安）

傻不唧咧 （邯:广、邯）

傻不唧的 （天:桥）（邯:乡、邯）

傻不呆的 （天:桥）

傻里不登的 （张:龙）（承:平）

傻乎乎的 （石:灵）（保:博）（天:安）

傻乎乎儿的 （石:平）

傻拉吧唧的 （承:平、滦、围）（唐:山、乐）

傻拉呱唧的 （承:滦、承）（天:安）

傻瓜儿唧的 （天:静）

傻得不行 （石:石）

傻儿不登的 （邯:丘、邯）

痴不睖睁的 （张:阳）

呆不棱登的 （唐:遵）

二不愣 （邯:郸、邯）

二不愣子 （天:安）

二不棱登的 （天:黄）（承:滦、围）（唐:大、乐）

二巴憨子 （承:平）

愣儿呱唧哜 做事迟慢，不机灵。（石:正）

晕不唧的 （邯:周、邯）

晕儿呱唧 （邯:广、邯）

【花不棱登的】 颜色纷杂。

花哨 “哨”音 sào。（天:桥、阜）（张:沙）

花招 （邯:丘、邯）

花不垒的 “的”音 dēi。（邯:周、邯）

花不溜丢的 （邯:大、肥、邯）（张:沙）（唐:丰、乐）

花不棱吞的 （张:怀）

花不棱登秃儿 （天:桥）

花花哨哨地 “哨”音 sào。（天:静、安）（石:枣）

花里胡哨的 （唐:乐、大）

花里花搭 （承:青）

花 （天:天）

【硬】

硬梆的 （天:桥）

硬个梆咧 （邯:大、邯）

倍儿硬 （天:天）

【硬邦】 很硬。

硬邦 （唐:丰、昌、西、乐）（石:束、枣、平）（承:平）（天:桥）（邯:广、邯、大、周）

硬邦的 （天:桥）

硬邦邦的 （天:天、阜、安）（邯:鸡、邯）（唐:乐）

硬绷绷的 （张:阳）

梆梆硬　(天:庆)(承:围)

梆硬　(唐:丰)

蹦硬　(石:获)

贼硬　有厌恶之感。(唐:滦、乐)

【帮紧】　形容物体极紧。

帮牢　(邯:肥、邯)

帮死　(邯:肥、邯)

帮结实　(邯:肥)

帮帮紧　(承:平)

紧把　(唐:西)(石:枣)

紧邦　(唐:大、丰、昌)(邯:邯)(张:蔚)

紧邦邦　(唐:抚、迁、昌)(承:平)(天:安)

紧邦邦的　(天:安、庆)(唐:乐)

紧紧邦邦的　(唐:乐)

紧绷绷的　(石:藁、正)(张:阳)(承:围)

蹦紧　(石:泽、深、获)(天:河、霸、庆)

绷绷紧　(保:涿)(承:围)

煞紧　(石:无)

傻紧　(天:孟)

死紧　(天:孟、天)

贼紧　有厌恶之感。(唐:滦)

忒紧　(天:桥)

倍儿紧　(天:天)

【胖臭】　非常臭。

齁臭　(石:衡、宁、栾、藁、正、束、无)(天:东、河、霸)(邯:任、肥、尧、邯)(张:沙、蔚)(唐:三)(保:唐)

臭不唧的　(唐:乐)(天:安)

臭烘烘的　(唐:乐)

猴臭　(石:深、晋)(天:桥、安)(张:各地)

铺臭　(天:饶)

瞧臭　(承:滦、围)

帮臭　(张:龙)

恶臭　“恶”音 nè。(承:青)(天:庆)

尿臭　(天:庆)

葬臭　(天:庆)

倍儿臭　(天:天)

钻鼻儿　(唐:大)

【死慢】　慢极了。

闷　(唐:丰、乐)

肉　(天:安)

肉蛋　(唐:大)

死磨　(天:桥、安)

死把　(唐:丰)

死肉柠　(邯:大、邯)

肉柠蛋　(邯:大、邯)

肉死人　(石:平)(唐:乐)

忒慢　(天:饶、阜)(石:枣)(承:围)(唐:乐)(保:易)

挺慢　(张:龙)

慢劲　(邯:大、邯)

慢腾　(石:束)

慢腾腾哩　(石:正)

慢死　(天:孟、文)(唐:西)(石:枣)(邯:肥、周、内、邯)

慢死人　(石:平)

慢死了　(天:天)(唐:秦、昌)(邯:南)

慢死了哩　(石:灵)

干活慢　(天:霸)

磨咕　(唐:乐)

磨蹭　“蹭”音 can。(承:滦、围)(张:各地)

蔫歪　(承:滦)

八脚踢不出个屁来　(唐:丰)

【死赖】　极力纠缠。

耍赖　(邯:广)

耍赖皮　(天:天)

耍无赖　(张:龙)

耍泥母猪　(保:完)

耍赖皮狗　(承:青)

死搅蛮缠　(唐:乐)

死皮赖脸　(天:安)(唐:大)

死顶 （天：桥）

死气白赖 （石：正）（张：阳）（天：阜、安）

忒赖 （天：饶）（石：枣）（承：围）（唐：乐）

生赖 （唐：抚）

硬赖 （石：灵）（唐：抚）（保：保）

赖蛋包 （承：滦、围）

赖得要命 （承：平、围）

赖皮搭拉 （承：滦）

赖死你啦 （邯：大）

发死赖巴 （唐：西）

【死等】 长久地等着。

铁等 （天：桥、阜）

傻等 （承：丰、围）（天：天、安）（石：枣）（唐：昌）

老等 （唐：滦、丰、乐）（承：青、围）（天：宁）（张：万、商）

总等 （唐：乐）

等死 （邯：内）

【直】

直不棱登 （天：安）（唐：乐）

炮筒子 （天：天）

【发育不良】

竭根 （石：束）

老根 （天：桥）

憋犊儿 （天：天）

蔫巴 （唐：乐）

没长好 （天：天）

火怜了 （唐：大）

【衣服上有皱褶】

褶子 （唐：丰、乐）（天：天、安）

褶褶儿 （唐：乐）

褶拉吧唧 （天：天）

纵褶 （唐：大）

纵震 （石：束）

纵纵 （石：束）

皱纵 （石：束）

皱皱巴巴的 （唐：乐）

屈抽 （石：束）

抽抽 （唐：滦、昌）

【粮食不干净】

狼糠 （石：束）

牙碜 （天：天）

荒 （唐：丰）

【富裕】

足棒 （石：束）

足啦 （天：天）

好过 （天：桥）

肉头 （天：桥）

瓷实 （天：安）

有家底儿 （唐：乐）

家底子厚 （唐：乐）

小财主 （唐：乐）

【低贱】

低搭 （石：束）（天：天）（唐：丰、乐、大）（承：围）

低三下四 （天：天）

贱货 （天：天）

【老狠】 极狠毒。

狠呼呼 （张：阳）

可狠哩 （石：晋）

可狠来 （石：平）（天：阜）

狠贼 （邯：内）（唐：丰）

怪狠 （天：文、霸）（邯：大、邯）（承：丰、围）

忒狠 （唐：迁、乐）（天：天）

歹毒的 （张：龙）

着实狠 （保：完）

刚狠了 （天：桥、阜）（石：枣）

挺狠 （唐：丰）（承：丰、围）（天：饶、桥）（张：龙、商、蔚）（邯：大、威、邯）

挺狠的 （张：龙）

没死拉活的 “没”音 mù。（天：桥、安）

【老热】 热极了。

血热 (邯:周、邯)

滚热 (承:滦、围)

忒热 (承:青)(唐:迁、乐)

大热 (张:蔚)(天:桥)

怪热 (天:文、霸、阜)(邯:大、邯)(承:丰、围)(石:枣)

挺热 (承:青、滦、围)(唐:丰、迁)(天:饶)(张:龙、商、蔚)(邯:大、鹿、邯)(保:完)

可热哩 (石:晋、平)

刚热了 (天:桥)

老么热 (天:强)

热哼哼的 (张:阳)

下火了 (天:天)

【老高】 极高,高得很。

大高 (张:蔚)(石:无)(天:桥)

大高的 (唐:迁)

大老高的 (唐:迁)

大老高 (张:阳)(承:隆、青)

可高哩 (石:晋、平)

老么高 (天:强)(唐:乐)

太高 (唐:西)(承:围)

血高 "血"音 xiě。(邯:丘、邯)

贼高 带有厌恶之感。(唐:滦、乐)

刚高 (天:桥)

挺高 (唐:丰、昌)(承:平)(天:饶、桥)(张:龙、商、蔚)(邯:大、邯)(保:完)

忒高 (唐:乐)

高去啦 (天:天)

【怪不好意思】

刚不好意思了 (天:桥)

照不好意思 (张:阳)

挺不好意思 (张:沙)(石:枣)(天:阜)(唐:滦、昌)(承:围)

可不好意思哩 (石:获)

怪不得劲 (天:河)

挺不得劲儿 (保:保)(唐:丰、昌)

抹不济济 (天:天)

抹不开 (唐:乐)

【怪羞】 特别害羞的意思。

怪 xià (邯:内)

怪寒碜的 (天:静)

怪孬了 (邯:肥、邯)

怪难呛 (邯:广、邯)

怪臊 (天:霸、故、桥)(邯:鹿)(保:博、水、新)(石:正、泽)

实在臊 (张:赤)

怪害臊的 (唐:抚、乐、昌)(石:枣)(天:阜、安)(承:围)

怪嫌臊 (天:文、大)

怪害羞 (唐:遵、昌、大)(承:青)

怪臊得慌 (天:天)

臊死人 (唐:乐)

怪羞的 (保:易、水、新)

可臊哩 (石:获)

实在羞 (张:崇)

挺羞 (张:张、商、怀、蔚)

挺羞的 (张:龙、鹿)

挺害羞 (石:平)(承:围)

挺害臊 (张:沙)

挺抹不开的 (唐:昌、乐)

抹丢 (天:桥)

闹羞 (张:阳)

刚羞 (天:静)

很羞 (石:灵)

【怪好】 很好的意思。

刚好了 (天:桥、阜)

啥好 (天:宁)(张:沙)

忒好 (承:青)(唐:昌、乐)

照好 (张:阳)

挺强 (石:平)

挺不赖的 （张:龙）

挺好 （张:沙）

傻好不错的 （天:静、安）

傻好儿的 （天:静、安）

傻好 （唐:大）

可好哩 （石:获）

可强哩 （石:平）

怪得 （邯:尧）

怪不错 （天:安）(唐:遵)(承:滦)

怪不离的 （唐:大）

不错 （天:天）

怪好儿 （保:阳）

怪好儿的 （唐:三、乐）(保:易、水)

【稀松】 工作能力平常或工作不起劲。

松皮拉草 （天:桥）

挺松平常 （张:龙）

稀松二打眼 （天:献）

稀松二姑眼 （天:献）

稀松二五眼 （天:肃、河、霸、饶、山、阜、安）(保:保、唐、新、雄、涿)(唐:乐、大)(张:沙)

二五眼 （天:山、安）(唐:丰、宝)

稀松格眼 （张:赤）

懈而晃当 （天:桥）

懈里咣当的 （唐:乐）

懈晃 （天:桥）

精松 （天:静、天、沧、桥）(张:蔚、尚)(唐:三、蓟)(承:平、滦、围、兴)

血松 （邯:周、邯）

松包 （石:无）

可松了 （张:商）

不沾弦 （石:河、井、平）(邯:台)

二把刀 （天:天）

【稀脆】 很脆、极脆。

不耐 （张:商）

焦脆 （保:水）(天:桥)

瞎脆 “瞎”音 xiē。(邯:鸡、邯)

呼脆 （石:获）

酥脆 （天:霸）(邯:大、邯)(保:阳)

酥 （唐:乐）

脆蹦 （唐:乐）

蹦脆 （唐:抚、大）(石:深)(天:津)

脆正 （唐:迁）

脆得咧 （邯:大）

刻脆的 （张:阳）

嘎嘣儿脆 （保:雄）(天:安)(唐:乐)

稀棒愣脆 （保:水）

稀酥蹦脆 （唐:昌）

【精瘦】 特别瘦。

黑干黑干的 （天:安）

瘦干棒 （天:安）

瘦干 （张:宣）

瘦巴巴的 （张:龙）

瘦乎乎 （张:阳）

瘦干猴儿 （张:沙）

瘦切 （张:崇）

干瘦 （石:获、晋、正）(邯:成、邯)

干巴瘦 （石:束）(唐:乐)

干巴瘦猴 （唐:乐）

干干巴巴的 （天:桥）(唐:乐)

猴瘦 （保:博）(唐:乐)

虚瘦 （张:崇）

饥瘦 （保:雄）

忒瘦 （唐:遵、乐）(承:围)

黑瘦 （唐:西）

挺瘦 （天:霸、阜）(张:蔚)

焦瘦 （石:元、赞、无、深、晋、束、新、石）(唐:昌)(承:隆、丰、平、围)(天:阜、饶、肃、东、静、文、大、河、固、故、桥、宁、津)(邯:永、任、临、内、魏、鸡、台、沙、肥、周、成、尧、丘、邯)(保:易、望、高、安、容)(张:万、尚)

精瘦瘦　（天:庆）

挺瘦焦黄　（天:桥）

黑干焦瘦　（天:献）（石:泽）

黄拉脾瘦　（张:万）

黄皮生拉瘦　（唐:乐）

人干儿　（唐:昌）

干干子　（唐:昌）

【焦干】　形容物体极干。

干焦　（邯:周、邯）

干分　（天:静）

干巴　（唐:抚、乐）

干巴巴　（石:获）

干忽落了　（邯:广、邯）

干乎乎的　（张:阳）

干乎拉拉咧　（邯:大、邯）

格崩格崩的干　（唐:西）

可干得了　（张:怀）

哥捞干了　（天:霸）

响干　（唐:西、丰）（承:围、青、兴）（石:束、正、栾）（天:孟、沧）（邯:大、邯、乡、宗、威、南）（保:唐、完）

稀干　（张:万）

精干　（天:静）（石:枣）

倍儿干　（天:天）

挺干　（承:围）

刚干了　（天:桥）

【崭新】　形容物体极新。

新新　（唐:西、昌、乐）

新质愣愣的　（张:阳）

新崭崭咧　（邯:大、邯）

崭儿新　（张:宣）

崭点新　（唐:迁）

正新　（天:庆）

才新　（唐:抚）

格拉新　（天:霸）

崩儿新　（张:宣）（天:饶）（唐:大）

倍儿新　（石:衡）（天:饶、阜、安、天）（张:沙）

锃新　（天:安）

刚新　（天:桥）

【展齐】　形容物体非常整齐。

齐楚　（承:青）（唐:抚、昌）

齐楚楚　（承:隆）

齐楚楚的　（唐:乐）

齐展　“展”读轻声。（唐:抚）（保:保）

齐切　“切”读轻声。（石:正）

齐巴巴　（石:获）

齐整整咧　（邯:大、邯）

齐展展咧　（邯:大、邯）

齐齐克克的　（唐:迁）

齐齐溜溜的　（承:隆）

刀裁似的　（天:霸）

刀切的牙似的　（保:易）

一刀齐　（天:安）

一边齐　（唐:乐）

一水齐　（唐:迁、丰）

一耍齐　（唐:山）

一码儿齐　（天:静）（唐:乐）

一般儿齐　（天:静、桥）（石:枣）（唐:昌、乐）

毕齐　（唐:丰）

掐齐　（石:无）

旋齐　（天:桥）

溜齐　（承:丰）

煞齐　（天:庆）

锃齐　（天:安）

倍儿齐　（天:饶、天、安）（石:高、深、衡）

展儿齐　（张:宣、沙）

刚齐了　（天:桥）

般般齐　（保:博）

格拉齐　（天:霸）

齐头齐脑 (唐:大)

【展平】 非常平。

平展 (邯:内)(保:保)

平展展的 (邯:肥、邯)

平展展了 (邯:广、邯)

平展展咧 (邯:大、邯)

平张 (唐:抚、乐)(承:隆、青)

平平张张 (唐:迁、乐)

展儿平 (张:宣、沙)

展毕儿平 (石:平)

展水四平的 (石:高)

一抹平 "抹"音 mà。(唐:西、昌)

一抹儿平 (天:静、安)(保:易)(唐:山、大)

躺平 (唐:抚)

沙平 (天:庆)

老平 (天:山)

铲平 (邯:漳、邯)(天:桥)

抹平 (唐:山、丰)

锃平 (保:安)

碾平 (石:无)

响平 (天:孟)

傻平 (天:沧)

溜平 (承:青、围)(石:束)(邯:宗、清、任、尧、邯)

溜平溜平的 (承:隆)(石:枣)

倍儿平 (天:静、天、安、饶)(石:衡)

刚平 "刚"音 gáng。(天:桥)

担儿平 (保:博)

格拉平 "格"音 gě。"勒"读轻声。(天:霸)

【正确】 例:"答案正确。"

对 (天:天、桥)

【一块儿】 如:"咱们一块儿去。"

一堆 (石:河)

一堆儿 (石:宁、枣)(天:桥)(邯:清、南、宗、乡、邯、郸)(唐:丰、乐)(张:沙)

一起 (天:安)

一堆儿 (石:宁)(天:桥)(邯:清、南)

一道 (承:滦、隆)

一道儿 (天:武)(保:易)

一齐 (邯:大、邯)(承:承)

一齐儿 (唐:昌、迁、乐)(邯:广、大)(石:行)(承:承)

一时儿 (石:建)(邯:邯)

一拖儿 (石:行)

一群儿 (唐:抚、丰)

一身儿 如:"咱俩一身儿去。"(石:井)

一打堆儿 (唐:抚、滦、乐)

就伴 (石:衡)

僧跟的 (邯:广、邯)

厮跟上 如:"咱们厮跟上去。"(张:阳)

相跟着去 (邯:邯)

死跟着去 (邯:邯)

【一个人】 单独一人。例:"他一个人去。"

个人 (唐:抚、山)(天:静、大、霸、庆、天、阜、桥)(保:新)

个个儿 音 gèger。(唐:西)

个人个儿 (天:桥)

独自 (邯:郸、邯)

独自个 (邯:大)(张:宣)(保:阳)

独自儿 (邯:大、内、邯)(张:宣)

独个儿 (唐:丰、滦、蓟、大、三、昌)(承:平、隆)(石:无、藁)(邯:郸、魏、鸡、邯、宗、永、沙、任、尧)(张:蔚、康、尚)(天:故、肃、津)(保:望、阳)

自己个儿 例:"你自己个儿去。"(唐:玉、丰、乐)(天:桥、安)

自个儿 (天:天)(唐:乐、大)(张:沙)

竟个儿 (唐:滦、昌、乐、丰)

记己 (邯:广、邯)

己个儿 (天:文、桥)(唐:丰、滦、昌、乐)(保:雄)

单个儿 (唐:遵)(邯:临)(张:鹿)

人一个 (石:元)

自家 如:"你自家看着办。"(石:建、宁、井、平、灵、行)

(邯:清)

【顺便儿】

捎手　(天:肃)

捎着　(天:文)(保:蠡、完)(石:衡)

捎的　(张:阳)

捎带　(唐:遵、抚)(石:束、元、平)(保:易、水)(天:文、庆)(邯:任、临、南、尧)(张:宣、怀)

捎带手　(保:新)(天:桥)

捎带手儿　(天:霸、安)

带手儿　(唐:丰、西、蓟、三)(承:承、平)(天:固、文、桥、肃)(邯:内、尧)(保:安)(张:尚)

捎带脚　(承:青)

捎脚　(天:桥)

捎带脚儿　(天:静、任、安)(唐:大、昌、乐)

就事　(承:滦)(唐:山、昌)(天:安、天)

就合　(邯:大、邯)

就着　(石:正、行)(天:阜)

就手儿　例:"请他就手儿给我买本书。"(唐:滦、遵、宝、昌、乐)(天:安)(张:各地)

就便儿　(唐:丰、滦、卢、乐、蓟、抚、迁、秦、昌)(承:平、丰、青、围、承)(石:获、建、藁、正、灵)(天:黄、固、宁、沧、庆、肃、津)(邯:郸、鸡、大、鹿、沙、尧、邯)(张:蔚、尚)

就势儿　(石:行)(唐:丰)

顺近　(石:无)

顺手　(唐:遵、蓟、大、三、昌、丰)(承:平、丰、兴、围、滦、承、青)(石:高、藁、正、灵)(天:固、东、山、桥、津、沧、庆、故、肃、静、天)(邯:郸、鸡、磁、永、鹿、台、沙、任、肥、内、尧、丘、邯)(保:望、清、安、阳、蠡、新)(张:沙、崇、鹿、蔚、万、康、宣、龙、尚)

顺脚　(石:无)

顺便脚　(天:饶)

指带着　(唐:乐)

打 nūn 儿　(张:鹿)

【故意】　有意识的行为。如:"故意捣乱。"

竟意　(唐:遵、昌、抚、乐、滦)(石:枣)(天:宁、桥)(承:青)

竟竟儿　(石:正)(邯:宗)

竟故影儿　(唐:西)(天:桥)

竟影儿　(唐:各地)

竟故意儿的　(唐:昌、乐)(天:霸)

竟竟儿的　(天:霸)

竟心儿的　(天:桥)

竟大意的　(唐:大)

竟拔儿的　(唐:丰)

竟个niángr 的　(唐:抚)

得意的　(天:桥)

得故意儿　(保:博)(天:桥)

得为(哩)　"得为"音 děiwèi。(石:衡、宁、束)(邯:鹿)

有心　(石:无)

有主意　(石:无)

安心　指怀有歹意。(承:滦、承)(邯:广、邯)(唐:昌)(天:安)

安着心眼儿　(天:静)

弯着心眼儿　(天:天、安)

专竟　(邯:尧)

专念　(张:万)

专把古儿　(张:沽)

单意　(邯:郸、邯、台)

单把古儿　(张:沽)

单把意儿　(张:沽)

特意　(保:新)

用意　(邯:邯)

成心　(天:天、安)(唐:大)

存心　(唐:丰、西、蓟、三、昌、乐)(承:平、隆、围、滦、兴)(石:晋、灵、获、建、石、深、无、藁、正、河)(天:固、饶、东、静、桥、沧、庆、故、肃、津)(邯:郸、鸡、宗、永、沙、任、肥、涉、尧、邯)(保:望、高、阳、完)(张:蔚、宣、龙、尚)

明心　(唐:抚)

净心　(石:宁)(邯:清)(天:阜)(承:围)

正应咧　(邯:大、邯)

把一故儿　(张:万)

装稳儿地 （邯:沙）

单巴胡儿 （张:沙）

【到底】 末了,到最后。如:“你到底打算怎么办?”

到是 （天:饶）

到来 （石:平）

到老儿 （唐:三）（承:隆）（石:灵、无、藁）（天:阜、东、津、故、肃）（邯:鸡、大、沙、尧）（张:康、蔚）（保:蠡）

倒根儿 （张:宣）（邯:邯）

到末了儿 （唐:迁）（天:安）

高底儿 （天:桥）（邯:宗）

末了归终 （唐:抚）

彻到了儿 （张:宣）

到了儿 （张:沙）

归齐 （唐:大）

【压根儿】 根本的意思。如:“他压根儿不知道。”

底根儿 （唐:丰）（张:张、蔚）（承:丰、承）（石:建、深、元）（天:任、桥、安、永、庆、固、肃、天）（邯:鸡、沙、涉、尧、邯）（保:望、高、安、阳）

底起根儿 （石:深）

一点儿 （保:清）（石:井）（天:桥）

一就儿 （石:宁）（邯:涉、邯）

自根 （保:博）

扎根儿 （石:行）

起根儿 （唐:蓟、昌）（石:深）（天:安、霸、桥）（承:隆、围）（邯:广、邯、大）

齐根扎尾儿 （石:行）

也根儿 （张:尚）

原根儿 （张:万、阳）

元恩儿 （张:蔚）

到底儿 （承:兴）（唐:滦）（张:沙）

坐窝儿 （承:隆）

实在是 （邯:郸、邯）

当真的 （邯:郸、邯）

【实在】 如:“这本书实在好。”

着实 （保:清）（天:桥）

实大实 （邯:周、邯）

真个儿 （张:尚）

就是 （张:鹿）

特别 （天:天）

【一共】 如:“他们一共十个人。”

一股脑 （石:建）

一脑儿 （张:鹿）

一共脑儿 （张:鹿、沙）

一股脑儿 （保:博、保）

一共总 （石:无）

共总 如:“共总来了三个人。”（唐:丰、西、蓟、大、迁）（承:各地）（石:行、无、藁、宁、晋、枣、灵、获）（天:强、阜、黄、固、饶、东、任、山、桥、津、河、永、庆、天、安）（邯:乡、郸、鸡、大、宗、鹿、沙、任、肥、尧、丘、邯）（张:康、龙、蔚、尚）（保:易、唐、水、高、清、阳、新、蠡、涿）

总共 （天:天）（唐:乐）

总共总 （石:宁）

共起 （张:沽）

满共 （邯:周）

周共 （保:清）（天:桥）（唐:丰）

搁一块儿 （唐:抚）

拢共拢同的 （唐:昌）

拢了包堆 （天:天）

一打堆儿 （唐:昌）

一块儿 （唐:昌）

【不要】 如:“慢慢走,不要跑。”

白 （天:东、桥、阜、永、肃）（邯:郸、丘）（张:龙、沙、尚）（唐:迁）（石:宁）（承:平、围）

贬 如:“慢慢走,可贬跑!”（石:平）

bín （张:怀）

甭 （邯:广、邯、大、郸、肥）（张:宣、鹿、尚）（天:桥、天）

别了 （石:无）

别要 （唐:遵、丰）

别 (天:桥、霸)(唐:昌、丰、大、乐)

【白】 无代价,如:"白吃""白拿"。

干 (天:庆)

【白】 徒劳的意思。如:"白花钱""白费事"。

白白 (承:隆)

空空 (承:隆)

空 如:"空着急,起不了作用。"(唐:西、蓟、抚、秦、三、昌)(承:平、丰、隆、承)(石:灵、获)(天:固、肃、东、桥、津、庆、强)(邯:郸、鸡、柏、沙、任、临、肥、涉、周、尧)(保:望、高、阳)(张:宣、蔚)

空 "空跑"可以用,"空费事""空花钱"则不可以。(唐:抚)

白搭旗 (邯:大)

白搭了 (唐:大)

白瞎 (邯:大)(承:围)

白点 (石:无)

白空当儿 (石:无)

赔了 (唐:大)

【偏】 如:"你不叫我去,我偏去。"

非 (天:桥、阜)(张:鹿)(保:保)(邯:南)

非常 (张:沽)

非得 "得"音 děi。(唐:大)

偏偏 (邯:漳)(张:万、沙)

偏偏儿 (张:阳、康、宣、龙、怀、蔚、尚)(唐:乐、丰、卢、山、昌、西、滦、遵、抚、三、蓟)(承:青、承、隆、平、丰)(石:灵、束、深、正、无、衡、栾、藁、晋、获)(天:饶、肃、东、任、桥、津、沧、庆、故)(邯:乡、邯、郸、鸡、柏、大、磁、永、沙、任、肥、涉、周、尧、丘)(保:望、阳)

偏偏儿地 (唐:昌)

偏巧儿 (石:无)

偏要 (天:天)

偏儿 (天:桥)

单 (天:宁)

就是 "就"音 dòu。(邯:大)

凑巧 (唐:昌)

【胡】 乱搞之意,如"胡搞"。

混 (石:无)(唐:昌)

瞎 (唐:丰、乐)

瞎胡 (石:束)(天:阜)

瞎憋 胡搞。(唐:昌)

胡乱 (邯:广)(石:栾)

胡闹 (天:安)

胡来 (天:安)

胡抡 (天:天)

穷闹 胡搞。(石:正)

百古(么) (天:桥)

【先】 如:"你先走,我随后就来。"

头 (唐:玉)(天:桥)

头儿 (唐:遵、丰、昌、乐)

头里 (全省大部分地区通行)

头喽 (天:静、沧)

头来 (张:怀)

头前 (唐:抚、昌)

先头里 (石:正)

前头 (天:安)

【起先】 以前的意思。如:"我起先不知道,后来……"

早 (天:桥)

早先 (保:新)(唐:抚、乐、滦)(承:青、滦、围)

早已 (承:丰)

早那会儿 "会儿"音 huǐr。(张:蔚)

起根儿 (天:安)(张:鹿)

起头儿 (保:唐)

先前 (承:丰)(石:束、宁、井)(邯:涉、丘)

先会儿 (邯:乡、大)

先头 (张:沙)(天:安)

先头儿 例:"他先头儿不知道,后来才听人说的。"(全省大部分地区通行)

以先 (全省大部分地区通行)

从先 （唐：玉）（保：新）

在先 （承：承）

头先 （石：正）

远先 （石：平）

原先 （张：鹿）（邯：魏、清、宗、乡、威）（唐：遵、昌）（天：阜、安）（承：围）

开头 （天：饶）

一乍 （保：新）（天：阜）（唐：昌、大）

提根儿 （张：沙）

【最后】

老灭 “灭”音 mè。（唐：乐）

老灭灭儿 （石：束）

末后了儿 （石：束）（天：霸）（邯：宗、乡）（承：围）

末后尾儿 （石：束）

末了儿 （天：天）

末了 （唐：大）

末末了儿 （天：桥）

末影儿 （张：沙）

打灭 （承：青）

【另外】 除此而外，如：“另外再做一个吧，不要这个了。”

另 （天：饶）

提外 （石：正）

提另 例：“提另再做一个吧，不要这个了。”（唐：遵、抚、乐、山、昌）（承：青）（天：桥）

格另 （邯：大）（唐：山）

格外 （张：万、康、宣、沙、鹿、尚、蔚）（唐：遵、三、昌）（承：平、丰、兴、隆、围、承）（石：深、无、藁、栾、宁、晋、新、灵）（天：阜、肃、献、桥、津、宁、沧）（邯：郸、鸡、威、鹿、沙、涉、尧）（保：博、易、容、保、望、水、高、安、阳、蠡）

余外 （石：枣）（天：桥）（邯：肥）

以外 （石：无）（保：新）（承：青）

除外 （石：无）

替另 （邯：清）

如外 （天：天）

待 （天：静）

【刚】 时间过去不久。如：“我刚来，没赶上送他。”河北方言中，有读作 jiāng 的。

才机 （邯：涉）

才刚 （唐：丰、宝、昌、大）（承：平、隆、青）（石：新、灵、栾、泽）（天：静、安、宁、阜）（邯：任、尧）（保：安）（张：龙、沙、鹿）

才刚刚儿 （石：建）

方才 （唐：遵、乐）（石：深、束）

刚才 “刚”音 jiāng。（邯：广）（石：深、束）（唐：昌、乐）（天：天）（承：围）

刚儿 （石：无）

刚刚儿 （石：深、束）（邯：涉）

头刚 说一句话中用。（承：丰）

头会儿 （天：安）

那会儿 （张：鹿、沙）（唐：昌）

【刚好】 不多不少正合适，如：“刚好十块钱，不多不少。”

严好 （石：无）（邯：大、台、宗、乡、南）

严合 （邯：肥）

正可 （天：静）

正正式 （邯：涉）

正好好 （张：万、沙）

正好 （唐：乐、昌、大）（承：围）（天：天、桥）

正合适 （唐：昌）

正对付 （石：无、宁）

正对道儿 （石：栾）

正可好儿 （天：安、霸）

可好 （张：赤）

可巧 （张：万）

可可儿 （张：宣）（天：桥）

kěikěi 的 （张：鹿、沙）

看好 （石：建、平）（保：新）

寸 （天：桥）（邯：台）

刚好　“刚”音 jiāng。(承:承)

【刚】　正合适,不大不小。如:“这件衣服,你穿着不大不小刚合适。”

挺　(张:商)(承:围)

严　(石:无)

严正好　(邯:肥)

严合适儿　(邯:广)

看　如:“看合适儿。”(石:平)

可　(张:万)

抡　(天:桥)

方　(承:平)

正　(唐:丰、大)

正好　(天:天)

正合身儿　专指衣服。(唐:昌)

【凑巧】　偶然巧合。如:“凑巧两个人都在那儿。”

赶巧　(邯:广)(石:深、束)

可巧　(张:万、赤、康、商)

真巧　(天:孟)

正巧　(天:孟、阜)(邯:任)(石:枣)(唐:昌、大)

严好　(邯:任、大)(石:无)

恰刻　(天:任、桥)

可不可哩　(石:建)

可碰了个好　(张:万、蔚)

碰巧　(天:天、安)

碰巧了　(承:青)

【净】　单纯。如:“净吃米,不吃面。”

只　(保:望)(石:藁、赵、无、枣、灵)(邯:郸、永、沙、尧)(天:固、肃、东、桥、津、宁、永、沧、庆)(唐:丰、三、大、蓟、迁、乐)(承:平、隆)(张:康、宣、龙、沙、尚)

只　(文)(承:承)

寡　(唐:滦、乐、抚、秦)(承:丰、平、隆)(石:灵、建)(天:东)(张:尚)(邯:广、漳)

光　(天:天、阜、霸、桥)(唐:乐)

【怕】　表不肯定、猜测的语气。如:“他怕不在家吧。”

不准　(保:水)(唐:乐)

怕是　(承:丰、隆、围)

相许　(天:静)

兴许　(天:桥)

兴　(唐:山、丰、昌)

兴怕　(邯:乡、丘)(石:井、获)

pǒng 怕　(唐:遵)

保不准　(石:无)

不一准儿　(天:安)

不定准儿　(天:安)

说不定　(石:无)

敢怎么　如:“敢怎么他走了?”(张:蔚)

备不住　(天:霸)(承:围)

【也许】　表示推测。如:“明天也许要下雨。”

敢　(石:无)

敢能　(石:无)

或许　(石:正、无)

管　(天:桥)

也敢　(石:建、无)

也能　(石:无)

也兴　如:“明天也兴要下雨。”(全省大部分地区通行)

兴许　(唐:丰、遵、宝、卢、乐、蓟、抚、大、迁、三、昌)(承:平、丰、青、隆、围、滦、承)(石:深、无)(天:固、东、桥、津、宁、永、沧、故)(邯:乡、郸、鸡、大、永、沙、涉、成、尧)(保:安、易)

也兴许　(承:承)(天:桥)

许着　(承:承)

怕许　(天:津)

怕是　(承:丰)

官逼　(张:阳)

张马儿　(邯:广)

准得是　(石:正)

定不住　(邯:威)

没准儿　(张:鹿)(唐:昌)

不敢定　(张:阳、怀)

备不住 例："备不住下雨。"(石：衡)(天：桥、津、霸、阜)(唐：大、昌、乐)

当不住 (承：丰)(天：桥)

【差点儿】 表示某种事情接近实现。如："差点儿摔了。"

差些乎 (承：丰)

差一乎 (邯：南)

差一乎乎 (石：正)

差一差 (石：无)

差一差儿 (石：深、束、无)

差一点儿 (天：天)

差一丁丁点儿 (唐：乐)

差一丁点儿 (天：桥)

差一捏乎儿 (天：桥)

差不点儿 (唐：乐、丰、昌)(天：霸)(承：围)

差不丁点儿 (天：静、安)(唐：昌、乐)(承：围)

差不大一点 (石：建)

差不大一点儿 (天：任)(石：获)

差一宁宁儿 (承：滦、围)

差乎儿啦 (石：建)

差一乎些儿 (承：滦)

差一连连儿 (石：平)

险些 (承：丰、隆、围)(张：阳)

险些儿 (天：天)(张：尚)

险乎 (承：隆、滦、平)(唐：西、三)(张：蔚)(天：故、桥、沧、庆、天)(保：完)(邯：郸、永)

几乎 (唐：蓟)(邯：鹿、清、丘)

吸乎 (保：易)

吸乎儿 (承：围)(石：建、枣)(邯：台、魏)

几几乎儿 (石：无)

吸吸乎乎 (邯：大)

悬乎 (唐：蓟)(天：庆、沧)

些乎儿 (天：庆)

前活儿 (张：怀)

隔一点儿 (邯：郸)

再差差 (张：龙)

错一点儿 (张：鹿、沙)

【马上】 立刻。如："我一叫他，他马上就来了。"

立时 (唐：丰、迁)(石：深、正、泽、晋、平、行、束)(天：饶、肃)(保：新)

立时刻 (保：博)

立时刻儿 (天：任)(石：深、束)

立时会儿 (石：无)

立地 (邯：肥)

立 zhì (邯：临)

立马 (石：无)

立马间 (承：隆)(邯：鹿、尧)

立马登间 (石：新)

一欻 (张：阳)

一下 (石：正)

马下 (邯：广、乡)

马立儿 (承：滦)

马时间 (邯：尧)(天：山)

即刻 (邯：广)

目下 (邯：广)

当下 (保：保)(张：万、宣、沙、鹿)

凉吗些 例："叫你呢，凉吗些去吧！"(张：怀)

凉么着 (石：行)

就 (天：天)

就曰儿 (石：建、平)

立吱是等间 (石：宁)

速急 (邯：涉)

等时 (天：静)(石：深、束)

快着 (天：桥)

急马 (石：深、束)

急马的 (天：桥)

赶紧 (唐：大)

随跟着 (唐：昌)

跟着 (唐：乐)

脚跟脚儿　(唐:乐)

【趁早】　提前;赶快。如:"趁早儿走吧,再等怕晚了。"

早些　(石:束、深)

赶早　(全省大部分地区通行)

赶早别赶晚　(唐:乐)

闻早　(承:隆)(邯:广、磁)

就早　(天:肃、桥)

及早　(天:桥、天、安)(唐:乐、大)

快些儿　(张:万)

赶紧的　(天:桥)(石:深、束)(唐:昌、乐)

【早晚】　随时,任何时候的意思。如:"早晚来都行。"

一早一晚　例:"一早一晚的就把事情办了。"(石:高)(天:安)

早早晚晚　(天:东、安)(唐:昌)

早点晚点　(天:饶)

多早晚　(石:正)

多咱　(唐:宝、昌、乐)(保:高)(张:鹿、沙)(石:衡、深、束、新)(天:强、桥、天)(承:承)

多会儿　(张:鹿、尚、阳)(天:文)(石:深、束)

啥时　(天:宁)

啥时候　(唐:丰、山、昌、乐)(石:井)(邯:大)

啥时候儿　(邯:大)

哪时候儿　(石:深、束)

哪时会儿　(保:清)

哪会儿　(天:大)(石:深、束)

迟早　(邯:台、涉)(张:张、万、龙、宣)(保:完)(石:枣)

甚候儿　"候"音 hū。(石:建)

【眼看】　时间不长、很快的意思。如:"眼看就到期了。"

看的　(张:怀)

眼下　例:"眼下就到期了。"(唐:丰)

眼瞅着　(石:深、束、宁)(承:平、青、滦)(唐:昌、乐)(天:安)

瞅着　(石:无)

展眼　(邯:大)

转眼　(石:深、束)

说话　(保:新)(张:鹿)(承:滦)(唐:大、乐)

末下　(唐:抚)

【幸亏】　如:"幸亏你来了,要不然我们就走错了。"

亏　(石:无)

亏了　(石:河、衡)(天:桥、庆)(唐:乐)

亏来　(石:新、获)(天:山)

亏得　(唐:抚、三、昌、遵)(承:平、隆、承)(石:枣、藁、无、行)(天:饶、津、沧、故)(保:望)(邯:鸡、大、沙、任、尧)(张:尚)

亏着　(天:东、阜、桥)(邯:清、南、宗、乡)

可亏　(天:桥)

倒亏　(石:建)

多亏　(唐:乐)

得亏　(天:静、安)

得了　例:"得了你来了,要不然我们就走错了。"(唐:西)

得　(唐:抚)

多得　(唐:抚)

还好　(张:鹿)

【当面】　如:"当面不说,背后说。"

脸对脸　(张:龙)(唐:乐)

脸面前　(张:万)

对面　(唐:大)

对着面　(张:蔚)(天:阜)(唐:乐)

面对面　(天:静、安)(张:万、龙)(承:围)

顶着面　(邯:大)

停着面儿　(天:安)

当着面儿　(唐:乐)

桌面儿　(天:天)

【背地】　如:"当面不说,背地搞小广播。"

背间　(邯:任)

背下　(邯:涉)

背面 （石:无）

背地里 （石:获、束）（天:阜、安）（唐:昌、乐）

背地后 （唐:卢）（承:承、平、围）

背地儿 （承:隆）（天:桥）（唐:乐、丰）

背地儿喽 （天:静）

背处儿 （石:宁）

不明着 （天:桥）

背后 （唐:滦、昌）

背后喽 （承:承）

底下 （天:天）

【被】 如:“茶杯被他打破了。”

让 如:“让疯狗咬了一口。”（全省大部分地区通行）

给 （唐:蓟、抚、三、昌、西）（承:青、隆、围、平）（石:无、晋）（天:固、东、静、桥、沧、故）（邯:鸡、磁、永、沙、涉、郸、尧）（保:望、阳）（张:万、赤、康、宣、龙、沙、蔚、尚）

叫 如:“茶杯叫他打破了。”（全省通行）

着 （保:博、易、水）

【把】 如:“把书给我。”

给 （唐:抚、迁、三、蓟）（承:青、隆、平）（石:枣、泽、晋、河）（天:固、静、桥、永、沧）（邯:郸、鸡、大、磁、鹿、沙、肥、涉、尧）（保:阳、雄）（张:万、康、宣、沙、蔚、尚）

歹 （天:任）

卖 如:“卖门关上。”“卖他叫来。”（天:桥）

把 音 bǎi。（天:桥、霸）

拿 如:“拿门关上。”（邯:广）

【对】 如:“你对他好,他就对你好。”

跟 （天:文、安、津、河、永、天、阜）（唐:丰、乐）（张:各地）

和 （天:庆、阜、安）（唐:丰、乐）（张:各地）

待 （天:孟）（邯:丘、广）

加 （唐:昌）

给 （邯:南）

向 （邯:丘）

会 （石:正）

换 （石:无）

【对着】 如:“他对着我笑。”

向 （张:阳）

跟 （保:完）

照着 （张:万）

当着 （石:晋）

朝着 （张:尚）（唐:大）

望着 （唐:昌）

瞅着 （唐:遵）

冲着 （全省通行）

【到】 指方位。如:“到哪儿去?”

上 （全省通行）

下 （邯:大）

来 （石:河）

去 （张:怀）（石:建）

奔 （唐:昌）

给 （邯:魏）

【到】 指时间。如:“到月底就完工了。”

至 如:“至月底完工。”（唐:昌）

打 （天:饶）

齐 （张:赤）

顶 （唐:丰、乐、西、蓟、抚、三、昌）（承:平、丰、青、隆、围、滦）（石:新、乐、冀、灵、获、行、深、无、宁、枣、晋）（天:黄、肃、静、桥、宁、武、永、霸、沧、阜、故、天）（邯:广、鸡、郸、大、沙、任、临、涉、尧）（保:安）（张:康、宣、沙、蔚、万）

赶 （石:建、正）（天:安）

顶到 （邯:邯）（天:安）（唐:大、乐）

顶看 （石:束）

【到】 如:“扔到水里。”“放到桌上。”

在 （全省大部分地区通行）

得 （唐:正）（天:黄、肃、东、静、安、永、河）（邯:郸、清）（保:保）（张:宣、鹿、尚、沙）（石:河）

待 （唐:昌）

【头】 “在……前”的意思。如:“头下雨,先闷热。”

头打　(唐:抚、乐、昌)

帮　(邯:广)

波　(天:桥)(张:赤、阳)

刚要　(天:天)(唐:大、乐)

一要　(天:天)(唐:昌)

【在】　处所。如:“在黑板上写字。”

往　(张:尚)(天:桥、安)(唐:大、乐)(承:围)

格　(邯:大)

挨　(唐:蓟、抚、大、玉)(天:东、桥、永、沧、阜)(邯:涉、尧)(保:唐)(张:宣、沙、崇、康、尚)(承:兴)

来　(邯:大)(石:行)

赖　(石:正)

待　例:“待那儿住家。”(张:康、宣、蔚、尚)(唐:丰、滦、遵、卢、乐、蓟、抚、迁、三、昌、秦)(承:平、丰、隆、滦)(石:河、无、衡、宁、枣、藁、深、冀、束)(天:固、饶、肃、东、静、任、文、桥、安、津、霸、沧、庆、阜、天、故)(邯:广、乡、魏、大、磁、威、鹿、肥、涉、周、成、尧)(保:博、唐、清、安、雄、涿、阜、容)

改　(承:平)

【从】　如:“从哪儿走?”

齐　(石:行)

赶　(石:行)

在　(石:束)

压　如:“压哪儿走?”(邯:乡)

当　如:“当哪儿走?”(邯:临)

啃　(邯:周)

见　(张:沽)

捣　(石:束)

打　例:“打这儿走。”(全省通行)

解　(唐:丰、西、蓟、大、三、山、昌)(承:平、丰、兴、隆、围、滦、承)(天:故、肃、东、河、武、沧)(邯:乡、任、尧)(保:易、望、雄、蠡、涿、容)(张:宣、沙、蔚、尚)

顺　(唐:遵、蓟、抚、大、三)(承:平、丰、兴、围、滦、承)(保:望、雄、完)(张:康、沽、龙、沙、鹿、蔚、宣、尚)(天:东、山、桥、宁、沧、庆、故、津)(邯:郸、永、沙、涉、尧)(石:晋、藁)

跟　(石:正、建)(张:宣)

起　(邯:大)(石:束)

【照】　依照的意思。例:“照这样的做法。”

按　(天:静)(邯:周)

按着　(天:河)(石:枣)

傲着　(石:无)

摸照　(石:无)

奔　(天:桥)

依　(天:桥)

【照】　根据之意。例:“照我看,并不算错。”

依　(唐:丰)

依着　(天:桥、阜)

据　(石:藁、宁、无、冀、井、晋)(承:平、隆、丰、承、滦、围、兴)(天:故、肃、东、静、桥、武、永、沧、庆、天)(唐:丰、遵、西、抚、三、大、卢、昌、蓟、迁)(张:万、康、宣、蔚、尚)(邯:广、邯、郸、魏、鸡、磁、永、鹿、沙、任、临、肥、涉、内、尧)(保:保、望、唐、高、安、阳、涿)

让　(张:万)(唐:大、乐)

按　(张:赤)

叫　如:“叫我看,并不算错。”(全省通行)

【沿着】　如:“沿着这条大道往前走。”

冲着　“冲”音 còng。(天:桥)(唐:乐)

傍着　(石:获)

擦着　(唐:遵、乐)

捋着　(石:宁、枣)(天:静、桥、天、霸)(邯:大、丘)

捯着　“捯”音 dáo。(唐:丰)

朝着　(承:滦、围)(天:安)

照着　(张:沙)

按着　(天:庆)(张:鹿)(承:青)

顺着　(承:青、围)(唐:大、昌、乐)

【靠着】　如:“靠着河边走。”

靠　(张:阳)

捏　(唐:昌)

贴着 (唐:抚、乐、大)(石:枣)(天:阜、桥)

依着 (邯:广、乡、郸、鸡、大、磁、宗、威、永、鹿、清、沙、任、临、台、肥、涉、漳、周、南、成、内、尧、丘)(唐:山)(承:丰、隆、围、承)(石:束、获、深、冀、井、晋、河)(天:故、黄、肃、强、固、饶、静、献、文、大、桥、天、安、津、河、武、霸、沧、庆)(张:沽、宣、蔚、尚)(保:易、水、高、安、新、雄、涿)

掴着 (唐:丰)

按着 (张:鹿)

顺着 (唐:乐)

【给】 例:"给大家办事。"

跟 (唐:西)(承:隆、丰)(石:深、无、藁、栾、冀、晋、新)(天:东、故、肃、沧)(张:康、宣、蔚)(保:保、望、唐、阳、雄、阜、完)(邯:乡、郸、魏、鸡、柏、大、磁、宗、永、台、沙、涉、内、尧)

替 (唐:大)

【和】 如:"这个和那个一样。"

哄 如:"这个哄那个一样。"(保:水)

比 (石:无)

会 (石:正)(唐:丰)

huàn (天:桥)

跟 (天:桥、霸)(唐:大)(承:围)

【向】 如:"向他借……""向他打听……"。

哄 (保:水)

往 (天:饶)(石:晋、束)

会 (天:任)

给 (唐:抚)(邯:南)(石:无)

光 (唐:丰)

够 如:"够他打听一下。"(唐:丰、滦、乐、西、蓟、抚、迁、三、山、遵)(承:丰、青、平)(天:东、沧)(张:康)(邯:郸)

管 (邯:郸)(唐:丰、西、抚、昌)(承:丰、青、隆、平)(石:藁)(天:固、饶、桥、沧、庆、故、肃、静)(张:康)(保:清、安、涿、新)

跟 (全省通行)

朝 (天:安)

找 (天:桥、天)

同 (唐:西、蓟、三、昌)(承:平、丰、隆)(天:固、饶、东、桥、武、沧)(张:万、康、宣、蔚)(保:望)(邯:郸、魏、鸡、沙、尧)

上 如:"上他打听一下。"(天:静)

和 (唐:遵、卢、西、蓟、抚、三、玉、昌)(承:平、丰、兴、青、隆、围、承)(石:深、宁、枣、藁、建、井)(天:固、饶、文、山、桥、宁、武、沧、肃、大、天)(张:张、万、阳、康、沽、宣、龙、沙、怀、蔚)(保:易、望、安、阳、新、涿、容)(邯:郸、魏、鸡、宗、永、鹿、涉、大、尧、丘、沙)

【管……叫】 如:"有些地方管白薯叫山药。"

往……叫 (天:饶)

跟……叫 (天:肃)

会……叫 (天:任)

和……叫 (天:肃、河)

拿……叫 (邯:广)(承:围)

把……叫成 (唐:丰)(天:安)

说……是 (邯:广)

管着……叫 (保:水)

【拿……当】 如:"有些地方拿麦秸当柴烧。"

把……顶 (石:无)

把……看 (张:沙)

把……当 (唐:遵、卢、乐、西、蓟、抚、迁、三、昌、丰)(承:平、丰、兴、青、围、隆)(石:衡、宁、枣、藁、正、深、冀、晋、束、新、河)(天:固、故、肃、山、桥、宁、沧、津、安)(保:望、阳、阜、完)(邯:邯、郸、魏、鸡、柏、大、磁、宗、永、沙、任、肥、内、尧、丘、成)(张:张、康、沽、宣、龙、沙、崇、蔚)

使……当 (天:饶)

会……当 (天:任)

管……当 (天:桥)

拿……当 如:"拿鸡毛当令箭。"(天:天)

拿……顶 (石:无)

【从小】

自幼 (天:永、沧、庆、固、东、津)(张:万、康、宣、龙、蔚)

(保:定、望、水、新、易、清、安)(邯:魏、鸡、柏、大、磁、永、鹿、沙、任、肥、涉、郸、尧)(石:栾、藁、宁、赵、无、晋、束)(唐:丰、西、抚、三、昌、蓟、迁)(承:平、隆、丰、承、滦、围)

自根儿 (石:无)

自小 (天:任、文、桥、宁、沧、饶、固、肃)(张:张、万、康、宣、龙、沙、怀、蔚、口)(保:博、定、易、望、水、清、安、阳、阜)(邯:邯、郸、鸡、磁、永、鹿、沙、任、内、尧)(石:栾、藁、赵、元、无、深、井、晋、行、新、建)(唐:丰、西、三、卢、蓟)(承:平、隆、丰、承)

起小 (唐:丰、山、昌、滦、宝、卢、西、蓟、抚、遵、大、迁、秦、玉、三)(承:各地)(石:冀、深、无、枣)(天:固、饶、静、献、文、大、山、桥、宁、天、安、沧、故)(张:宣、沙、蔚)(保:易、望、唐、高、满、清、安、完)(邯:广、郸、魏、鸡、大、磁、威、鹿、清、台、沙、肥、成、尧、丘)

起小儿 (保:涿)(天:桥、阜、霸、安)(唐:大)

打小小起 (唐:滦、昌)

打起根儿 (唐:乐)

打小 (天:肃、天)(承:承)

打小儿 (天:静、桥)

一小 (唐:抚、乐)(邯:临)

一小儿 (唐:大)

【往外】

往 (石:束)

往出 (张:宣)

向外 (天:永、沧、庆、饶、阜、固、故、肃、东、桥、津)(张:张、万、康、沽、宣、龙、沙)(保:高、清、安、阳、涿、望、阜)(邯:邯、郸、魏、鸡、大、磁、永、鹿、任、临、涉、内、台、尧、丘)(承:平、隆、丰、青、围、兴)(唐:丰、遵、西、抚、三、卢、昌、蓟)(石:栾、藁、无、冀、晋、枣)

上外 (邯:乡、邯、郸、清、尧)(唐:平、滦、遵、西、蓟、抚、大、三、昌)(承:丰、兴、隆、承、平)(石:束、深、宁、枣、藁)(天:固、饶、东、静、文、山、桥、津、安、天、河、宁、沧、庆、肃)(张:康、龙、蔚)(保:博、定、保、望、高、清、安、阳、新、蠡、涿、容)

朝外 (石:无)(承:平)(天:强、沧)(保:易、唐)(邯:广、尧)(唐:大、乐)

二十七　数量词

【两个】

俩么　(唐:丰、滦、遵、宝、卢、乐、西、蓟、抚、大、迁、三、玉、山、昌)(承:平、兴、青、围、隆)(石:灵、行、平、深、正)(天:固)(保:望、唐、水、新、定、阜、完、易)

俩　(天:天、桥)

【三个】

仨么　(唐:滦、遵、宝、卢、乐、西、蓟、抚、迁、丰、大、三、玉、山、昌)(承:平、兴、围、青)(石:灵、行、平、深、正)(天:固、阜)(保:望、唐、水、新、定、阜)

三啊　(石:无)

仨　(唐:乐)(天:天、桥)

【四个】

四啊　(全省通行)

四噢　(石:建)

四窝　(石:正)

四若　(石:灵)

四 ra　(唐:乐)

【五个】

五窝　(唐:滦)(石:灵、行、正、石)

五啊　(全省通行)

五哇　(天:安、桥、庆、霸)(保:博、易、新)(石:束)(唐:乐)

五哦　(石:井)

五噢　(石:建)

【六个】

六窝　(唐:滦、乐)(石:灵、获、行、正)

六啊　(全省通行)

六哦　(石:井)

六噢　(石:建)

六哇　(天:山、桥、安、庆、霸)(保:博、易、新)(石:束)

【七个】

七也　(石:行)(天:饶)

七呀　(石:束)(天:山、桥、庆、阜)(邯:南)

七啊　(全省通行)

七啊　(老)(承:丰)(天:桥)

七哟　(石:河、灵)

七噢　(石:建)

【八个】

八呀　(天:庆)

八噢　(石:建)

八啊　(唐:滦、宝、卢、乐、大)(承:平、兴、围、承、丰)(石:高、晋、泽、建、平、深、无、栾、藁)(天:强、孟、东、静、大、河、宁、沧、津)(保:望、高、安、雄、蠡、完)(邯:乡、郸、鸡、大、宗、永、临、肥、周、清)(张:蔚、宣)

八窝　(石:正)

八个来　(天:桥)

【九个】

九哇　(天:山、桥、安、庆、霸)(保:博、易、新)(石:柬、深)(唐:乐)

九阿　(全省通行)

九哦　(石:井)

九噢　(石:建)

九窝　(石:灵、行、正)(天:饶)(唐:乐)

【十个】

十啊　(全省通行)

十若　(石:灵、行)(天:饶)

十吆　(石:河)

十噢　(石:建)

十窝　(石:正)

【十一个】

十一哦　“一”音 yū。(邯:广)

十也　(邯:广)

十一哟　(石:灵)

十一也　(石:行)(天:饶)

十一啊　(石:正、深、宁、枣、新、高)(天:静)(保:唐、清)(邯:清、临)

十一呀　(石:柬、衡)(天:桥、庆、阜)(邯:南)

【十二个】

十二哦　“二”音 rì。(邯:广)

十二呀　(石:灵、正、行)(天:饶、桥)

十二啦　(天:庆、桥、宁)(保:易、唐、清)(唐:昌)(石:柬)

十二啊　(石:泽、衡、宁、枣、高)(天:桥、霸、阜、静)(保:唐、乐)(邯:清、临、肥、南)

十儿了　(唐:丰)

【十三个】

十三么　(唐:昌、丰)

十仨　(天:桥)(唐:乐)

【第一】

头　(唐:滦、乐)(石:枣)

打头的　(天:桥)(唐:乐)

打头儿　(唐:大)

头一个　(天:天)

【第二】

第二啦　(保:唐)

老二个　(保:完)

第二啊　(石:井、高)

第二哩　(石:行)

第二一个　(全省大部分地区通行)

第二一个　(老)(邯:邯)

二一个　(全省大部分地区通行)

二一个　(老)(邯:邯)

【第三】

第仨　(石:高)

第仨么　(石:行)(保:唐)

第三一个　(全省大部分地区通行)

第三一个　(老)(邯:邯)

三一个　(全省大部分地区通行)

三一个　(老)(邯:邯)

老三个　(保:完)

【第四】

四一个　(全省大部分地区通行)

四一个　(老)(邯:邯)

第四一个　(全省大部分地区通行)

第四一个　(老)(邯:邯)

第四啊　(石:行、井、高)(保:唐)

老四个　(保:完)

【第五】

第五一个　(全省大部分地区通行)

第五一个　(老)(邯:邯)

第五喔　(石:行)

第五啊　(石:井、高)(保:高)

五一个　(全省大部分地区通行)

五一个　(老)(邯:邯)

老五 （保:完）

【第六】

第六啊 （石:井、高）（保:唐）

第六喔 （石:行）（唐:乐）

第六一个 （全省大部分地区通行）

第六一个 （老）（邯:邯）

六一个 （全省大部分地区通行）

六一个 （老）（邯:邯）

老六 （保:完）

【第七】

第七一个 （唐:蓟、丰）（石:束）（天:饶、静）（保:蠡）（张:沽）（承:承、滦、围）

第七也 （石:行）

第七啊 （石:高）

七一个 （唐:蓟、丰）（石:束、枣）（天:静、安）

第七个 （唐:乐）（天:天）

第七呀 （天:桥）

【第八】

第八啊 （石:高）

第八一个 （唐:蓟、丰）（石:束）（天:饶、静）（承:滦）（保:蠡）（张:沽）

八一个 （唐:丰、蓟）（石:束、枣）（天:静、安）

第八个 （唐:乐）（天:天）

【第九】

第九哩 （石:行）

第九啊 （石:井、高）（保:唐、清）

第九一个 （唐:蓟、丰）（石:束）（张:沽）（天:静）（保:蠡）（承:承、滦、围）

九一个 （唐:蓟、丰）（石:束、枣）（天:静、安）

第九个 （唐:乐）（天:天）

【第十】

第十啊 （保:唐、清）（石:井、高、行）（唐:乐）

第十一个 （唐:蓟）（张:沽）（天:静）

十一个 （唐:蓟）（天:静、安）（承:围）

【两担】

两挑 （唐:丰、乐、大、蓟）（承:隆、围）（天:天、静、宁、桥、阜）（石:枣）

两挑子 （天:天、桥、安）（唐:乐）

【十二】

十二啦 （唐:丰、乐）（天:宁、桥）

十二啊 （天:桥）

十二个 （天:天）

【十五】

十五喔 （唐:乐）

十五哇 （天:桥）

十五个 （天:天）

【二十】

二十 “十”读轻声。（唐:丰）（石:河）（天:安、桥、阜）

【一百零一】

一百搭一个 （天:桥）

【一百零九】

一百搭九个 （天:桥）（唐:丰）

一百单九 （天:庆、桥）

【一千零两个】

一千零俩 （保:易）（天:饶、强）（石:无）

一千零两个 （承:承）（唐:丰、乐）（天:安、庆、武）（邯:任、涉）（张:龙）（石:无、平、束、获）

一千搭两个 （天:桥）

【几个】

几也 （保:清）（邯:广、周、清）（天:安）

几呀 “呀”音 ye。（天:桥）（石:正）（唐:乐）

几噢 （石:建）

几啊 （石:枣）（天:阜）

多少 （承:滦、围）

多少个 （唐:抚、丰、山）（承:丰、滦、围）（张:万）（保:蠡）（天:文、桥、庆、安）（邯:郸、大、内）（石:深、束）

好几个 （石:承、获）（唐:丰、西、大、乐）（天:孟、河）

（邯：郸）（保：望）（张：张、阳、怀）

好些个　（唐：宝、三、秦、乐）（天：静）（保：清、完）（张：万）

好多个　（全省大部分地区通行）

【十几个】

十几　（天：饶）（邯：周）（唐：丰）

十几啊　（石：枣）（保：唐）（天：桥）

十多个　（石：无）

十个多几个　（邯：尧）

十来个　（唐：丰）（承：围）（张：各地）

十来多个　（邯：大、鹿）（天：阜）（唐：乐）（承：围、丰）

十好几个　（唐：大）

十好几呀　（天：桥）

【几十个】

几十　"十"读轻声。（保：清）（天：桥）（唐：乐）

几舍　（天：饶）

介十　"十"音 shé。（邯：周）

几十　（邯：广）

几十子　（天：静）

几十啊　（保：唐）（石：枣）（唐：丰）

好几十个　（唐：乐）

好几十啊　（天：桥）

【好几个】

好几　（天：饶）（邯：广、周）

好多个　（承：青）

好些个　（石：无）（唐：乐）

好几啊　（石：枣）

好几个子　（天：静）

那些个　（石：无）

好几呀　（天：桥）

【十好几个】

十介　（邯：周）

十位个　（石：宁）

十多个　（唐：大）

十来个　（张：张、崇）

十来多个　（邯：丘）（天：阜、天、桥）

十很几个　（石：井）

十大几个　（石：建）（保：望）

十几多个　（张：沙）

十好几也　（天：饶）

十好几啊　（石：枣）

十好几呀　（天：桥）

【好些个】

多些个　（唐：抚、乐）

多少个　（邯：大）

那些个　"那"音 nèi。（承：滦）

那么些　（邯：肥）

不老少　（唐：西、乐）（承：滦、围）

不老少的　（唐：乐）（天：天、安）

不少的　（唐：滦、山）

不少的个　（唐：丰）

一大些　（承：滦、围）

一大些个　（唐：抚、乐）

老斯个　（天：饶）

老西个　（天：肃）

好西个　（承：隆）（天：津）

好些些　（张：阳）

好多哩家伙　（邯：周）

老么多　（天：天）

【好几十个】

好几舍　（邯：广、周）

好几十　（唐：大）（承：滦）（邯：广）（石：栾、枣）

好几十若　（天：饶）

好几十啊　（保：清）（石：枣）（天：桥）

好几十个子　（天：静）

好几十个　指物。（天：天）

好几十号　指人。（天：天、桥）

【一些些】

不点儿　（天：天）

不一点儿 （唐:乐）

一眦沫乎 （唐:昌）

一点儿 （天:天、桥）

一点点 （天:庆、桥）

一丁点儿 （石:建）（唐:乐、昌、丰）（天:桥）

一丁丁儿 （石:束）（天:安）

一宁宁儿 （承:滦）（石:行、井）

一些 （石:晋、赵、栾）（唐:昌、卢、大）（承:围、平）（张:宣、张）（天:津）（邯:磁、大、郸、邯）

一些个 （石:宁）（唐:蓟、乐）（保:清、安）

一拉拉儿 （天:庆）

有限几的个 （天:庆）

一大些 （唐:秦）

【一点儿】

一点点 （全省大部分地区通行）

一点点儿 （邯:肥）（保:涿、唐）（承:滦、承、围）（石:建、行、井）（天:桥）

一小点儿 （唐:丰、西、抚、迁、乐、昌）（石:无）（天:静）（保:完）

一丁点儿 （唐:丰、乐、昌）（天:安、霸、桥）

一滴答 （天:桥）（唐:乐）

一滴咕 （唐:丰、乐）

一丁咕 （唐:丰）

一星星 （邯:魏）

一丁点 （唐:迁）（天:霸）

一丁古那啊儿 （天:桥）

不大点儿 （唐:丰）（天:静）（邯:广）

大一点儿 （天:安）

不一点儿 （唐:丰）

不丁点儿 （唐:丰、大）（天:天）

不多俩 （天:庆）

不多点 （唐:迁）

那得点 （邯:周）

那 ne 点儿 （邯:周）

【十多个】

十啊多 （保:唐）

十几个 （天:庆）（邯:涉、邯、广）

十几多个 （石:无）（张:崇）

十来个 （石:建）（保:高）（张:张）（邯:大）

十来多个 （承:隆）（保:易、博）（天:津、安、东）（石:枣）（唐:乐）

十拉个 （石:枣）（唐:大）

十拉多个 （石:衡、深、束）（天:饶、天、霸、桥、安）（承:滦、围）（唐:昌）

十喽多个 （唐:丰、蓟）

【十来个】

十来一个 不定数，比十多些少些都可说。（石:赵、高、新、获）（承:青）（保:阜、清）（张:蔚、张）（天:庆、天、桥、固）（邯:丘、肥、沙、鹿）

十喽来个 （唐:丰）

十拉个 （天:天、桥）

十来个子 （保:完）

十老个 （保:唐）

八九个 （邯:尧）

八九卧 （邯:周）

七八十来个 （邯:大）（唐:乐）

【百来十个】 不足百的。

百十个 （天:饶、安）（邯:丘、大）

百十来个 （邯:乡）（天:阜、大、献、肃、安）（唐:乐、昌、丰、抚、西）（保:雄、新、安、满、高、水、定）（承:围、隆、平）（石:建、新、灵、束、晋、衡）

百数来个 （唐:迁）

百百十个 （保:高）

百八十个 （天:肃）（唐:迁、遵、三、昌）（张:赤）（邯:南）

一百来的个 （天:桥）

百十 “十”读轻声。（天:桥）

【百十来个】 足百的。

百十 “十”读轻声。（石:枣）（天:桥）

百十个　（邯:丘）（天:东）

百十来个　一百左右。（张:沽）（承:青）（石:高、获）

百十来个　过百。（唐:遵、三、丰）（邯:尧）（天:静）（张:万、崇）

百来十个　（唐:西）

一百来个　（邯:大）（张:龙）

百十多个　（天:桥、安）（唐:昌、丰）

【百把个】　不足百。

百把　（邯:周）（天:桥）

百把个　百个上下。（石:新）（张:万）

百把十个　（石:泽、深、赞、武、衡）（承:滦）（保:新、清）（张:蔚、怀）（唐:西、昌、大、滦）（天:霸、武、山、文、静、饶）（邯:广）

百儿把十个　（天:庆、任）（保:安、保）（张:龙）

百八十的　（天:安）

百把十十　（张:口）

百把十来个　（石:灵）（天:阜）

百八十　（承:青）（唐:抚）（邯:大）

一百左右　（天:献）

一百多个　（张:阳）（唐:秦）

一百来个　（保:容）（唐:滦、丰）（天:大）（邯:丘）（张:宣、沽）

百十子　（保:完）

百十个　（石:宁、束）（天:强、桥、安、庆）（保:博、涿）（邯:肥、丘）

百十来个　（唐:山）

百来个　指物。（天:天）

百来号　指人。（天:天）

百百十个　（保:高）

【千把个】

千把　（邯:周）（天:桥）

千八百　（天:任）（承:青）

千儿把百　（保:清、雄）（张:沙）

千八百个　（唐:滦、昌、抚、丰）（天:文、武、山）（保:高、安、阳、新）（石:束）

千八百的　（天:天）（保:阳）

千儿八百个　（天:天、桥）

千儿八百的　（天:静、天、安）

一千来个　（邯:大）（保:容）（唐:秦）（石:冀）（张:龙、沽）

一千多个　（唐:秦）（张:阳）

千个上下　（石:新）

千数　（邯:宗）

千数哩　（天:饶）

千数子　（保:完）

千数来　（石:建）

千数个　（石:冀、宁、灵）（天:强、庆、桥）（邯:宗）（保:博）

千数来个　（石:灵、建）（承:围）

千来个　（承:兴）

千十来个　（天:天、静）

千十个　（天:天、静）（保:涿）

【一两个】

一两个子　（石:建）

一两个儿　（承:滦）

一个俩　（邯:邯、周）

一个俩的　（天:安、饶、桥、阜）（唐:乐）

【两三个】

两三个儿　（承:滦）

俩仨　（天:桥）（邯:郸、周）（唐:乐）

俩仨的　（唐:乐）

三两个　（天:安、天、桥）

三俩地　（保:完）（唐:乐）

三俩个儿　（承:滦）

【三四个】

三四　“四”音 sè。（邯:周）

三四个子　（石:灵）（保:完）

【八九十来个】

八九十个　（张:宣）（石:深）（邯:大）（天:饶）（保:涿、安、保）（唐:迁、秦、大）（承:围）

八九十老个　（保:唐）

八九十拉个 （天:桥）

八九十来个子 （保:完）

【二三十个】

二三十 “十”音 shē。（邯:周）

二三十子 （保:完）

二三十个儿 （承:滦）

二三十啊子 （天:静、阜、桥）

【两万五千来个】

两万四五子 （保:唐）

两万五千来的 （石:衡）

两万五千来的个 （天:桥）

【三万五万】

三五万 （石:建）（邯:魏）（天:庆）（保:涿）（唐:秦、山、西、丰、乐、昌）

三万五万的 （邯:郸）（天:桥、安）（保:博）（唐:昌、乐）（承:围）

【十万八万】

十、八万 （唐:西）

十万八万的 （承:隆、围）（石:宁）（天:桥、安）（邯:丘、漳）（保:博）（唐:昌、乐）

十来八万 （张:龙）

八九十来万 （邯:魏）

【半个】

半啰 （邯:内）（石:深）

半 （天:饶）

半啊 （张:康）

半拉 （全省通行）

半半拉拉 （石:束）（唐:乐）

半块 （石:正、井、获、枣）（张:鹿、万）（保:阜）

半拉各儿 指事情没办完。（天:天）

【两半儿】

两半个 （邯:邯）

两半拉儿 （唐:迁、丰、昌、乐）

【多半儿】 稍稍过半，分量较一多半儿稍少。

多半 （张:沙）

多半拉 （天:黄、阜）（张:各地）（承:围）

多一半 （石:武）

多一半儿 （全省通行）

一半多 （邯:内）

一半多儿 （张:张）（天:静）

【一多半儿】 分量较多半儿多一些。

多半 （唐:遵）

多半拉 （承:滦、围）（保:博）（唐:昌、乐）（天:天）

多半掠 （天:饶）

大半子 （保:唐）

大半儿 （承:滦）

一半多儿 （石:无）

一大半儿 （全省大部分地区通行）

一大半拉 （保:清）

一大半子 （石:井）

大半拉 （天:天）（唐:大）

【两个半】

两半个 （邯:郸）

俩半 （天:天、桥）

【一星半点儿】

一毬点 （张:鹿、沙、怀）

不点点 （张:鹿）

零儿八星 （邯:大）

一半半点的 （天:桥）

一星半点子 （保:唐）（天:霸）（唐:昌）

一星半点(儿)里 （天:饶）

一星半点儿的 （天:天、安、桥）

一丁点儿 （天:天、桥）（唐:乐）

一儿古点儿 （唐:乐）

【一斤】

斤把 （邯:肥）

斤斤把把 （邯:肥）

【五千上下】

五千谱　（天：沧）

五千的谱　（天：霸）

五千之谱　（唐：宝）（承：平、围、承）（石：赵、灵）（天：肃、津）（邯：任、内、尧）（保：定）

五千来往　（唐：抚、三）（承：平、隆、围）（石：赵、灵）（天：肃、东、安、津）（邯：沙、肥、内、尧）（保：高、安、新、雄、蠡、易、容）（张：龙、沙、尚）

五千来斤　（承：丰）（天：天）

五千来哩　（石：正、宁）

五千来的　（天：桥）

【两倍】

两折　（张：赤）

两沟儿　（唐：丰）

两半儿　（保：唐）

两么折　（石：建）（张：各地）

两翻儿　（天：静）

双倍　（唐：丰、三、西、蓟、昌、大）（承：隆、平、围、承）（天：沧、津）（邯：郸、魏、内、尧）（张：宣、鹿、蔚、张、尚）（石：赵、灵、河）

多一半　（天：桥）（石：正）

大一半儿　（石：建）

【一成儿】

一停儿　（全省大部分地区通行）

一沟儿　（唐：丰、抚、乐）（承：青）（邯：宗、乡）

【一倍】

一停儿　（保：高）

多一半儿　例："今年粮食比去年收多一半儿。"（邯：宗、乡）

【两成儿】

两停　（张：沙）

两停儿　（全省大部分地区通行）

两沟儿　（唐：丰、乐）（承：青）

两份　（唐：乐）

【两部】

两折　（张：赤）

两停儿　（保：高）

【一个半】

个半　（唐：昌、乐）（天：天、安、桥）

【三分之一】

一沟儿　（唐：迁、乐）

一停儿　（天：河）（保：唐）（唐：迁）

三停儿里的一停儿　（天：桥）

三沟里的一沟儿　（唐：丰）

【三分之二】

两沟子　（唐：迁）

两沟儿　（唐：迁、乐）

三沟儿的俩沟　（唐：昌）

三沟里两沟儿　（唐：丰）

三停儿里的两停儿　（天：桥）

【百儿八十】

百八十　（唐：遵）（石：武）（天：河）

百儿百 sāo 的　（石：宁）

百儿八十的　（天：饶、桥、安、霸、天）（邯：漳、丘、周）（保：博、易）（唐：乐）

百儿八十个的　（保：博）

百八的　（承：青）

【丰收年】

nàng 收年　（唐：昌）

十二成年月　（承：隆）

十二成年景　（天：桥、霸、安）

年成好　（唐：乐）

年景好　（天：桥）

好收成　（唐：乐）

【三成儿】

三停　（张：沙）

三停儿　（全省大部分地区通行）

三停儿 指三倍。(保:高)

三沟儿 (唐:丰、乐)

【成百】

上百 (承:丰、围)(石:获)(唐:昌、乐)(天:天、安)

整百 (保:博、安)

成百来 (天:桥)

【成千成万】

成千百万 (唐:三)

成千载万 (天:故)

成千带万 (天:桥)

成千上万 (天:天、桥、霸)(承:青)

【万万不可以】

千万千万 (天:安)

千万甭 (张:阳)

千万不中 (唐:滦)

千万不能行 (张:万)

千万别要 (唐:遵)

千万表以 (邯:周)

千万可 bà (张:蔚)

万万不能 (天:桥)

万年不可以 (邯:清)

可别价 (天:天、静)(唐:丰、大、乐)(张:沙)

千万别价 (天:天)

【一把椅子】

一张椅子 (唐:玉)(石:无、宁)(天:河)(保:安)(邯:沙)

一个椅子 (全省大部分地区通行)

一只椅子 (保:安)(邯:沙)

一插椅子 (天:饶)

【一把刀】

一口刀 (承:青)(石:束)

一个刀 (全省大部分地区通行)

一只刀 (邯:沙)

【一本书】

一缩书 (石:灵)(承:平、隆、承、围)(天:桥、沧)(邯:尧)(张:尚)

一套书 (邯:尧)(保:满)

【一笔款】

一笔钱 (天:天、桥)

一泡钱 (唐:乐)

一批款 (保:唐)

一呆款 (保:安)(石:无)

一项款 (唐:迁)(石:宁)(天:东、桥)(保:安、阳)(邯:宗、威)(承:青)

一单钱儿 (张:阳)

【一匹马】

一个马 (全省大部分地区通行)

一条马 (石:无)(天:沧、天)(保:望、安)(邯:内、尧)(张:龙、崇、蔚)(唐:蓟)

【一封信】

一件信 (石:无)

一个信 (天:桥、阜)

一道信 (张:鹿)

【一服药】

一付药 (张:万、怀、尚)(唐:乐、昌、蓟)(承:青、围)(天:天、安、霸、桥)

一剂药 (全省大部分地区通行)

【一道河】

一道河 当地“一道河”指大河,“一条河”指小河。(石:平)

一个河 (石:宁)

一蹚河 (承:平、围)(天:庆、桥)

一条 (天:天、安)(唐:丰)

【一道题】

一个题 (全省大部分地区通行)

【一道菜】 指宴会时,菜一样叫一道。

一样菜 (石:宁、建)(张:阳、口)(承:青)

一样儿菜 (唐:丰、昌)(天:静、桥、阜)

一起儿菜 (天:安)

一个菜 (唐:昌、滦、乐、蓟)(承:平、丰、滦、围)(石:枣、藁)(天:强、天、桥)(保:易、涿)(张:万、沽)

一溜菜 (天:桥)

一户菜 (天:孟)

一条菜 (张:龙)

【一道儿】 指一笔,一条线。

一溜 (天:桥)

一道道 (张:崇、口)

一勾儿 (石:无)

一画儿 比一道细。(唐:滦、丰)(保:新)

一画儿 "画"比"道"范围广,如:"这个字儿画儿",不能说儿道。(承:隆)

一笔 (天:天)

【一顶帽子】

一个帽的 (邯:周)(天:阜)

一领凉帽 (唐:昌)

一个帽子 (天:天、桥)(唐:滦、蓟)

【一件事】

一桩事 (石:无、河)(保:安)(邯:大、任、周、丘)

一桩子事 (邯:乡、宗)

一桩事儿 (唐:昌)

一码事 (唐:玉、宝、大)(保:安)(天:天)

一宗事 (唐:滦、乐)(邯:任)(石:无)

一出事 (唐:抚)

一起事 (邯:宗、任)(唐:丰)

一档儿 (天:天)

一点事儿 (张:阳)

一个事儿 (石:正)(唐:昌)(天:饶、任、阜)(邯:涉、丘)(张:沽)(承:围)

一打儿事 (天:静)

一回子事 (天:桥)(保:阜)(唐:乐)

【一朵花】

一个花 (石:枣)(张:阳)(天:庆、阜、桥)(保:蠡)

一枝花 ①一枝花。②一朵花。(承:隆、围)

一朵儿花儿 (唐:昌)(天:天)

【一顿饭】

一餐饭 (石:石、晋、灵)(承:平、隆)(张:鹿、尚)(天:肃、东、桥、故)(邯:柏、内、尧)

一回饭 (保:完)

【一顿打】

一回打 (石:宁)(邯:丘)

一次打 (石:无)

一气打 (张:康、商)(承:围)

臭打一顿 (天:桥)

臭揍一顿 (天:天、桥)

挨一顿臭打 (唐:乐)

一顿鞭 (天:天)

【一条腿】

一只腿 (全省大部分地区通行)

一根腿 (石:宁)(天:庆)(邯:大、丘)(唐:丰、乐)

一个腿 (天:桥、天、阜)(邯:成、内)(石:无)

【一条鱼】

一尾鱼 (承:隆)

一只鱼 (天:桥)

一个鱼 (全省大部分地区通行)

【一条牛】

一个牛 (全省大部分地区通行)

一犋牛 (石:建)

【一条被子】

一张被子 (石:平、灵)(张:宣、商)

一条被 (天:霸)(唐:乐)

一床被 (天:天、桥、武)(唐:丰)

一个被子 (石:获、束、藁、无、深、泽、建)(唐:昌、抚)(天:饶)(张:张、尚)(邯:尧)(承:青、围)(张:龙、沙)

一个被窝 (唐:宝、乐、蓟)

一双被子 （邯:丘、邯）（唐:丰、滦）

一双被窝 （唐:迁、乐）

一个盖卧 （张:崇）

一疙瘩盖窝 （张:阳）

一条盖体 （邯:广）

一个盖的 （邯:台、任、宗、乡）

一铺盖窝儿 （张:蔚）

【一条手巾】

一疙瘩手巾 （张:蔚、口、阳）

一方手巾 （邯:尧）

一条羊肚儿手巾 （唐:乐）

一个手巾 （唐:昌）（天:东、桥）（张:蔚）

一块手巾 （全省通行）

【一辆车】

一挂车 专指好几个牲畜拉的车。（唐:宝）（石:正）（保:定、新）

一挂车 连牲口在内总称。（唐:丰、遵、三、昌、蓟、大、抚、乐）（承:各地）（石:无、藁、行、新、灵）（天:黄、固、孟、东、静、文、桥、安、武、沧、庆、津）（邯:鸡、沙、涉、内、尧）（张:张、万、赤、康、沽、宣、龙、沙、商、崇、鹿、蔚、口）（保:易、高、满、安、阳、雄、涿）

一列车 （天:静）

一部车 （唐:丰、山）（承:承、隆）（石:晋、灵）（张:宣、尚）（天:东、桥、宁）（邯:沙、内）（保:涿）

一个车 （邯:魏、丘）（天:桥）

一套车 （天:庆）（邯:尧）（唐:昌、乐）

【一根香】

一炷香 （石:宁）（张:鹿）（唐:昌、乐）

一般八香 （石:束、深）

一个香 （石:枣）（邯:鹿）

一根儿香 （唐:乐）（天:天、桥）

一棵香 （天:霸）

【一子儿香】 指一束香。

一股香 （张:万）（天:桥、天）

一裹香 （天:桥）（唐:乐）

一箍香 （张:沽）（唐:昌、蓟、丰）

一束香 （张:张、龙）（唐:昌）

一码香 （天:桥）

一撮香 （邯:大）

一松香 （张:鹿）

一落香 （石:建）

一包香 （唐:迁、昌）

一封香 （承:承）（天:桥）（保:安）（石:冀）

一把香 （唐:昌）（张:龙）（邯:大、清）（保:望）（石:平）

一把儿香 （邯:涉、尧）（保:阳、完）（石:束）

一柱香 （承:青）

一子子香 （承:围）

一捆香 （唐:山）（石:石）（邯:漳）

一管香 （保:定）

【一子儿挂面】

一捆挂面 （唐:西）

一捆子挂面 （天:庆）

一把挂面 （唐:玉）（张:龙、尚、鹿）（邯:威、清、涉）

一把子挂面 （石:枣）

一束挂面 （石:无、宁、灵）（唐:昌、蓟）（承:平、隆）（张:万、阳、宣、沙、崇、蔚、尚）（邯:沙、内、尧）

一封挂面 （石:石、宁、武、藁、冀）（天:桥）（邯:柏、内、尧）

一子儿挂面 （天:天、武）（唐:昌）

一绺挂面 （石:无）（唐:抚、乐）

一包挂面 （唐:昌）

一股挂面 （邯:鸡、丘）

一剂儿挂面 （张:阳）

一嘴儿挂面 （石:灵）

一轱辘挂面 （唐:昌）

【一支毛笔】

一管毛笔 （全省大部分地区通行）

一杆毛笔 （石:行、无、建、束、宁、平）（天:饶、肃、桥、武）（张:宣、鹿、怀）（邯:广、魏、大、宗、沙、内、尧、丘）

（保：清、涿）（唐：昌）

一个毛笔　（天：桥、阜）（邯：内）（保：唐）

一根儿毛笔　（张：阳）（保：阳）

【一只手】

一把手　（唐：抚、乐、昌）

一个手　（天：天、桥）

【一只脚】

一个脚　（天：天、桥）（唐：迁）

【一只眼】

一个眼　（全省通行）

单找眼　（承：隆）

独眼龙　（天：天、安）

【一只鞋】

一只儿鞋　（唐：乐）

一个鞋　（全省大部分地区通行）

【一只鸡】

一个鸡　（全省通行）

一个鸡　（小）（承：丰）

【一盏灯】

一个灯　（全省通行）

一台灯　（天：桥）

一杆灯　（唐：丰）

【一张桌子】

一面桌子　（天：桥）

一个桌子　（全省通行）

【一张纸】

一条纸　（邯：尧）

一篇纸　（唐：昌）（天：天、静、桥）（保：满）（张：各地）

一片纸　（小）（张：鹿）

【一张席】

一领席　（全省通行）

一领席子　（唐：抚、昌、乐）（石：灵、无）

一个席　（保：安）

一条席　（唐：滦）（承：隆、承）（石：元、冀）（天：南、桥）（邯：郸、宗、邯、沙、成、内、尧）（保：容）（张：康、蔚、尚）

一块席子　（张：商、怀）

一疙瘩席子　（张：阳）

【一张嘴】

一片嘴　（张：崇）（唐：昌）

一片子嘴　（保：安）（唐：乐）

一张口　（张：龙）

一个嘴　（全省通行）

两片子嘴　（大：桥）（唐：乐）

【一张皮】

一个皮　（邯：魏、成、邯）

【一桌客】

一席客　（石：获、高、建）（天：孟、庆）（邯：肥、邯）（张：鹿）（石：正）

一张席　（唐：昌）

【一场雨】

一次雨　（石：行）

一指雨　以深度计算。（石：获）（唐：蓟）（天：安）

二指雨　以深度计算。（石：获）（唐：蓟）（天：安）

一大雨　（天：桥）（邯：内）（张：尚）

【一场病】

一次病　（石：无）（邯：郸、邯）（张：鹿）

一回病　（石：无）（唐：西）（张：鹿）

一遭病　（张：鹿）

【一床毯子】

一条毯子　（全省通行）

一个毯子　（全省通行）

一块毯子　（唐：遵）（承：滦、丰、围）（张：张、沽、宣、龙、崇、鹿）

一个疙瘩子　（张：阳）

【一身制服】

一套制服　（全省通行）

【一支枪】

一杆枪 “一杆枪”指大枪,“一支枪”指手枪。(石:正)(天:安、阜、桥、天)(唐:昌、丰)(张:各地)

一条枪 (天:宁)(保:易、安)

一个枪 (唐:迁)(天:桥)(邯:内)(保:唐、雄、蠡)

一根枪 (唐:丰)(石:晋)(张:阳、崇、蔚、万、尚)(邯:尧)(石:无)

一棵枪 (唐:丰、遵、宝、昌、乐)(承:滦、青、围)(保:博、安)(天:天、霸、静)

一架盒子 (天:安)

【一支笔】

一杆笔 (全省通行)

一根笔 (张:万、尚)

一个笔 (天:桥)(保:唐)

一管笔 “一管笔”指毛笔、钢笔,而“一支笔”则指铅笔。(唐:玉、抚、丰、昌、乐)(天:安)

【一根头发】

一个头发 (天:桥)

【一根筷子】

一个筷子 (邯:任、涉)

一支筷子 (唐:滦、丰、遵、三、蓟、迁、西、昌、乐、大)(承:承、平、兴、隆、青)(石:石、无、建、藁、栾、灵)(天:固、肃、东、山、桥、宁)(邯:郸、鸡、柏、永、沙、内、尧)(保:安、高、蠡、涿)(张:张、万、沽、康、龙、鹿、蔚、尚、沙)

一支笋子 (保:阳)

一根笋子 (保:阳)

一根箸子 (石:正、无)

【一根绳子】

一条绳子 (石:正)(唐:昌、乐)(邯:邯、郸)(天:安)

一棵绳子 (天:孟、静、天、桥、阜)

一个绳子 (邯:丘)

【一棵白菜】

一拔白菜 (张:康、宣、崇、万、阳)

一崩白菜 山区多说。(邯:内)

一个白菜 (天:桥)(邯:尧)(唐:昌)

一根白菜 (天:静)

一本白菜 (邯:涉、邯)

一窝白菜 (承:隆)(天:肃)(邯:内)(保:阜)(张:赤、尚)(唐:蓟)

一窝白菜 指一大片小棵白菜。(保:唐)(石:新)

【一颗米】

一粒米 (唐:丰、大)

一个米粒儿 (天:桥、天)(唐:乐)

一粒粮食 (唐:乐)

一啊米 (石:高)

一个米 (石:行、元、平、建、灵、获)(邯:柏、临、涉、周、内、尧、丘)(保:唐)

一个米籽儿 (邯:邯)

【一颗珠子】

一个珠子 (全省通行)

一啊珠子 (石:高)

【一粒沙子】

一个沙子 (石:行、正、建)(天:饶、任、桥、庆、天)(邯:涉、周、内、丘、邯)(保:唐)(承:承)

一啊沙子 (石:高)

一颗沙子 (承:隆、承)(天:肃、东、静、献、山、桥、庆、阜、故、津)(邯:魏、邯、永、沙、内、尧、丘)(保:定、望、阳、阜、容)(张:张、万、赤、阳、康、沽、宣、龙、商、崇、鹿、怀、蔚、尚)(石:无、束、晋)

一个沙子粒儿 (唐:大)

【一口猪】

一只猪 (石:正)(天:肃)(邯:柏、宗、沙、尧)(保:安、涿)

一个猪 (全省通行)

【一口锅】

一个锅 (唐:滦、三)(石:正、建、武、无)(承:丰)(天:阜、肃、静、任、桥)(邯:柏、大、鹿、临、涉、成、尧、丘、邯)(保:保、望、唐、高)(张:各地)

一顶锅　(保:完)

一只锅　(张:鹿)

【一眼井】

一口井　(全省大部分地区通行)

一个井　(唐:宝、三、卢、蓟)(石:无、正、建、武)(天:肃、任、大、沧、桥)(邯:邯、魏、柏、任、涉、内、尧、丘)(保:保、唐、安、阜)(张:万、阳、尚)

一面井　(张:商、鹿)

【一口棺材】　一具棺材。

一塑棺材　(张:蔚)

一货棺材　(石:建)

一个棺材　(石:无、正、获)(邯:魏、柏、临、邯、尧)(保:唐、满、安)(天:阜)

一副棺材　(唐:丰、滦、遵、蓟)(承:平、隆)(石:石、行、无、灵、获、束、元、宁、藁、赵)(天:东、桥)(邯:郸、魏、鸡、永、沙、成、内、邯)(保:清、完)(张:康、宣、鹿、蔚、怀)

一个货　(邯:大、邯)

一口丧　(邯:周、邯)

一口材　(承:平)(唐:大)

一口棺材　(唐:昌)(天:天、桥)

一口寿星板　(承:滦)

【一口饭】

一嘴饭　(石:元、平、正)(保:易、望、唐、蠡、完)(张:龙)

【一块瓦】

一片瓦　破碎了的瓦说“片”,完整的说“块”。(张:阳、沽)(石:束、石)(唐:滦)(保:新)

一个瓦　(石:无、宁、平、枣)(邯:广、乡、邯、肥、尧)(保:唐、蠡、完)(天:桥、东)

一个瓦片　(唐:昌、乐)

一页瓦　(天:桥)

【一块石头】

一疙瘩石头　(张:蔚)

一个石头　(唐:遵、昌)(石:建)(张:蔚)

一块石头疙瘩　(唐:乐)

【一锭墨】　写字用的墨。

一管墨　(唐:丰、宝、西、迁、昌)(承:青、兴)

一顶墨　(邯:宗)(唐:昌)

一提墨　(邯:魏、邯)

一支墨　(保:阳)(邯:宗)(张:鹿)(承:青)(天:桥、霸、安)(唐:大、乐)

一块墨　(承:围、滦、承、丰)(石:灵、深、束)

【一架飞机】

一挂飞机　(张:鹿、沙)

一艇飞机　(唐:昌)(石:无)

一个飞机　(唐:滦、三、昌)(石:束)(天:桥、阜)(邯:魏、涉、丘、邯)

一只飞机　(邯:沙、尧)

一个飞艇　(天:桥)

【一所房子】

一全房子　(石:建)(邯:大、内)

一座房子　(石:获)(天:庆)(邯:广、魏、邯、成、台、威、肥、周、丘、漳)(保:望)(唐:乐)

一幢房子　(承:平)(唐:乐、丰)

一处房子　(唐:滦、迁、昌、乐)(承:围、青、承)(石:无、正、深、束、武、枣)(天:强、阜、饶、静)(邯:清、临、南、尧)(保:博、定、安、阳)(张:崇、鹿、怀、龙、商、口)(石:河)

一处宅子　(天:桥)

一处庄户　(唐:乐)

【一行字】

一行字儿　(唐:乐)

一趟子字　(保:安)

一趟字　(石:深、束、枣)(天:饶、任、桥、安、庆)(邯:魏、大、临、周、成、肥、邯、丘)(保:清、新、雄)(唐:昌)(承:青)

一溜儿字　(天:桥、静、阜)(张:鹿、蔚)(石:无、深、束)(保:完)(唐:大)

【一篇文章】

一张文章 （天:桥）

【一页书】

一篇书 （唐:滦、宝、蓟、乐、丰）（天:桥、霸、庆、天）（石:建）（邯:邯、周）（保:易、雄、完）（承:青、围）（张:鹿）

一篇书 指两页。（天:桥、庆）

一篇儿书 （天:安、桥、天、霸）（唐:抚、乐、迁、昌）（石:束）

一张书 两页叫一张。（石:深）

一张儿书 （石:束）（邯:周、邯）

半篇书 （承:青）

一面书 （石:枣）（邯:郸、涉、丘、邯）（张:宣）

【一节竹子】

一轱辘儿竹子 （天:天、桥）（保:完）（石:深、束）（邯:成、周、邯）（唐:昌、乐）

一块竹子 （天:庆、天）

一圪节竹子 （邯:周、大、内）（张:阳）

一骨节儿竹子 （石:深、束）（天:桥、安）

【一段路】

一节路 （石:无）（天:肃、宁）（邯:大、邯、临、尧、丘）（保:定、易、阳、完）（张:龙、尚）（唐:遵）

一里路 （邯:尧）

一轱辘道 （天:桥、霸、饶、安）（石:枣）（邯:大、成、广）

一轱辘儿路 （邯:周）

一圪节路 （张:蔚、阳）（邯:邯）

一疙瘩儿路 （唐:滦、乐）

一疙瘩道儿 （唐:乐）

一圪间路 （张:崇）

一截儿路 （保:唐）（承:滦）（唐:大）

【一片好心】

一颗好心 （保:完）

一场好心 （石:无）

【一片儿肉】

一刀肉 （邯:广、宗、邯）（张:鹿）

一片子肉 （天:东）（唐:乐）

一疙瘩肉 （唐:迁）

【一面旗】

一展旗 （天:宁）

一杆旗 （天:庆、天、桥）（邯:涉、周、邯）（张:鹿）（唐:迁、丰、昌）

一把旗 （张:崇）

一疙瘩旗 （张:口）

一个旗子 （唐:遵、三、迁、昌）（石:无、束、宁）（天:肃、静、任、桥、安、霸、天）（邯:魏、大、内、丘、邯）（保:唐）

一张大旗 （承:隆、围）

【一层布】

一疙瘩布 （张:口）

【一股臭气】

一阵臭气 （唐:昌）（天:桥）

一股子臭气 （天:霸、静、安、天、阜）（唐:迁、昌、乐）（保:阳）（石:无）（承:围）

一股子臭味 （唐:乐）

一股儿臭味儿 （天:天、桥）

【一座山】

一幢 （石:平）

一架山 （承:滦、青）（石:正、建）（邯:邯、漳、内）（保:唐）

一个山 （唐:滦）（邯:柏、尧）（张:阳、鹿）

【一盘棋】

一局棋 （唐:丰、抚、秦、蓟）（石:晋、无、藁）（天:固、东、桥）（邯:郸、邯、鸡、磁、宗、沙、内、尧）（保:阳）（张:康、蔚、尚）（承:隆）

一回棋 （石:无）

一场棋 （唐:乐）

【一门儿亲戚】

一门子亲戚 （天:霸、桥、天）

一门的亲戚 （邯:大、邯）

【一门亲事】

一桩亲事 （唐:丰）（石:无）

一码亲事 （唐:丰）

一个亲事 （天:桥）

一件亲事　(邯:任)(石:无)

一家亲事　(邯:内、尧)

一门子亲事　(保:唐)(天:阜)(唐:昌、乐)

一头亲事　(张:蔚)

【一刀纸】

一刀纸　(天:天、桥)

一区纸　(张:康)(石:栾)

一裁纸　(天:宁)

一领纸　(石:束、宁、枣)(保:雄)(张:各地)(唐:遵、乐)(邯:尧)(承:围)(天:安)

一令纸　(天:庆)

【一桩事情】

一冲事情　(石:束)

一个事情　(张:阳)(天:津、任)(邯:丘、邯)

一个事儿　(天:桥)

一件事儿　(天:天)

一件事情　(天:安)

一宗事情　(石:宁)(唐:迁、乐)(保:水)

一码事情　(唐:丰、迁、昌)(承:围)

一样事情　(天:安)(保:保)

一出事情　(唐:抚)

一条的事情　(邯:大、邯)

一打儿事　(天:静)

一档子事儿　(天:天、霸)(石:枣)(唐:大)

【一缸水】

一瓮水　(石:武、无、深、井、泽、建)(天:饶、肃、任、庆)(邯:柏、宗、鹿、台、临、南、尧)(保:清、阳、蠡、容)

一水缸水　(唐:乐)(天:天、桥)

一缸水　(天:天、桥)

一筲水　(石:束)

【一杯酒】

一盅酒　(唐:丰、乐、宝、大、迁、昌、玉、抚、蓟)(石:平、宁、藁、无、正、束、获、建、泽)(承:隆、围、青)(天:饶、肃、津、安、桥、天、宁、霸、庆)(邯:广、乡、柏、鹿、邯、台、沙、任、临、肥、周、南、成、内)(保:易、唐、安、阳)(张:康、龙、崇、鹿、沙)

一盅子酒　(天:静)(唐:乐)(承:围)

一个　二人对饮,劝酒时常说:"再喝这一个。"(天:桥)

【一把米】

一捧米　(邯:大、邯)(唐:乐)(天:桥)

【一把儿萝卜】

一捆儿萝卜　(保:蠡)

一把子萝卜　(唐:西)(张:口)

一把儿萝卜　(天:天、桥)

【一捆行李】

一卷行李　(唐:大、遵)(石:建、获)(保:易)(邯:漳、邯)(张:康、沽、龙、鹿)(承:围)

一卷儿行李　(石:正)(天:阜、桥)

一件行李　(石:束、晋)(保:定)(天:安)(唐:乐)

一个行李　(唐:丰、昌)(石:束、深)(天:安、饶、孟、静、宁、津)(邯:魏、柏、邯、大、沙、威、尧)(保:涿)

一卷铺盖　(天:天、桥)

一捆铺盖　(天:桥)

【一担米】

一挑米　(天:静)(唐:三、丰)

一挑子米　(唐:滦、昌、三、大、乐)(天:任、静、天、桥、宁)

【一排椅子】

一趟椅子　(石:宁)

一溜椅子　(邯:周、成、邯)(张:鹿、阳)(石:宁)(天:静、天、桥、安)(承:围)(唐:大)

【一挂鞭炮】

一串鞭炮　(保:阳)(张:张、万、宣、鹿、赤)

一打鞭炮　(张:崇)

一封儿火鞭　(天:桥)

一把鞭炮　(石:建)(邯:涉、漳、邯)(张:商)

一挂火鞭　(天:桥)

【一犋牛】　两头称一犋。

一套牛　(张:鹿)(唐:遵、乐)

一对儿牛　(张:鹿)

【一位客人】

一个客人 (保:雄)(石:枣)(天:阜、霸)(唐:昌、大、乐)

一客人 (石:束)

一啊客人 (张:鹿)

一个客 "客"音 qiě。(天:天、桥)(唐:大)

【一双鞋】

一对鞋 (石:赞、行、晋、冀、无、正、泽、建、灵、藁、栾、石、赵、深、获、新、束、元、宁)(唐:昌、三、蓟)(承:隆、平)(邯:广、乡、郸、魏、鸡、柏、大、磁、宗、永、漳、鹿、台、沙、任、临、肥、涉、周、内、成、尧、丘)(天:强、固、饶、肃、桥、宁、沧、庆、津)(保:博、定、望、唐、阳、阜、完)(张:万、康、宣、蔚、尚、张)

一副鞋 (石:无)(唐:乐)

【一双蝴蝶】

一双蝴蝶 (邯:成、尧、邯)

俩蛾儿 (天:桥)

【一副眼镜】

一挂眼镜 (石:平)(邯:台)

一架眼镜 (石:建)

一盘眼镜 (邯:内)

【一套衣服】

一巾衣服 (天:东)

一身衣服 (石:束、深、枣)(承:围)(天:天、安)(唐:乐)

一身衣裳 (天:天、桥、霸)

【这种人】

这道号的货 贬义。(天:天)

这货 贬义。(天:天)

这宗人 (唐:滦、遵、蓟、昌、乐)(承:承、平、围、丰、兴、隆)(石:藁、晋、束)(天:饶、强、肃、文、山、桥、安、霸、沧、津)(张:康、宣、崇、尚)(邯:郸、魏、沙、内、邯)(保:博、高、满、清、安、新、蠡)

这样人 (邯:郸、邯)(保:安)(张:鹿)(石:建)

这类人 (保:新)

这号人 (保:新)(邯:郸、邯)(张:鹿、沙、阳)(唐:昌、蓟、乐)(石:枣)

这路人 (天:桥、安、天)(唐:乐)

这胡子人 (石:无)

这道户的人 (保:安)(天:桥)

【这种事情】

这宗事情 (唐:丰、迁)(承:平、围)

这类事情 (张:鹿)

这回事情 (天:桥)

这种事情 (唐:大、乐)(承:丰)(张:商)(邯:内、邯)(天:安)

这种事儿 (天:天、桥)

这码事情 (唐:昌)

这样的事 (唐:大)

这样事情 (张:万、鹿)(石:无)

这个事情 (张:龙)(天:饶)

【一伙儿】 如:"来了一伙儿人。"

一伙子 (唐:迁、乐)(保:唐)(邯:内)

一干 (石:藁、枣)(保:水)(邯:乡、郸、魏、鸡、宗、鹿、沙、任、内、邯)(张:宣)(天:安、桥)

一干子 (承:承、隆、丰、围)(石:河、无、藁、宁、深、泽、晋)(天:饶、故)(保:水、安)(邯:广、乡、邯、郸、鸡、威、鹿、沙、任、临、肥、南、内、尧)(张:万、宣、龙)(唐:蓟)

一干子 指坏人时用,如:"一干子土匪。"(承:承)

一帮 (全省通行)

一帮子 (天:桥、天)(唐:乐)

一群 (天:饶、天)(石:束)(唐:乐)

一起 (天:桥)

一班 (邯:丘、邯)

一堆 "堆"音 zuī。(天:桥)(承:青)

一溜 (石:无)

一拨儿 (天:霸、天)

一拨伙 (天:霸)

一伙子 (唐:昌)(天:桥)

一大伙子 (唐:乐)(天:桥)

一大伙儿 (唐:乐)

一把子人 (邯:任)

【一批】 人数较“一伙儿”多,并且较有组织。如:“来了一批队伍。”

一干子 (石:宁)

【一伙儿的】 同伙的意思,如:“我们是一伙儿的。”

一事(的) (全省通行)

一道儿(的) (张:鹿)

一块儿(的) (天:文、霸、天)(张:鹿)(唐:昌、乐)

一气儿(的) (邯:广、魏、邯)(唐:昌)

一把儿(的) (邯:涉、邯)

一腿子 (邯:内)

一挡子 (唐:丰、滦)

一码事 (唐:丰、蓟)

一类子 (石:行)

一样子 (石:无)

一行道人 (邯:广、邯)

一个裤腿里的 (天:肃)

一个鼻的眼出气(的) (邯:大、邯)

一个鼻子眼儿出气(的) (唐:丰、遵、昌)(石:建、深)(天:静、肃、天、安)(保:新、阜、完)

同伙(的) (天:宁)

一拨的 (天:天、桥)

穿一条裤子的 (天:安)

【一窝蜂】

一不火 (张:阳)

一个蛋 (张:鹿)

【一嘟噜】 如:“一嘟噜葡萄。”

一嘟噜儿 (唐:乐)(天:天、桥)

一串儿 (天:天)

一姑堆儿 (保:水)(石:束)

一姑堆儿 “堆”音 zuī。(石:深)

一姑 (张:口)

一姑抓 (石:石、无、平、灵、新、元、赵、藁、栾、正、晋、获)(承:隆)(唐:乐)(天:桥)(张:蔚)(邯:广、邯、郸、鸡、大、磁、宗、永、鹿、沙、任、临、肥、南、内、尧、丘)(保:阳)

一抓 (承:平)(保:易、容)(石:行)

一串子 (邯:尧)

一嘟子儿 (天:饶)

【一脸土】

可脸土 (邯:周、邯)(唐:乐)

浑脸土 (天:桥)

满脸土 (天:天、霸)(唐:大)

【一肚子气】

一脚气 (邯:涉)

【一身土】

浑身土 (唐:昌)(石:束、获)(天:献、安、桥)(张:鹿)(邯:鹿、周、尧、丘)(保:博、安、阳、蠡)(承:承)

【吃一顿】

闹顿饭吃 (天:桥、安)

弄顿饭吃 (天:天、桥)

逛顿饭吃 (唐:乐)

吃了顿饭 (唐:乐)

吃一顿 (唐:乐)

【打一顿】

打一气 (张:万)

揍一顿 (天:阜、桥、安)(张:鹿、沙)(唐:昌、乐)

搋一顿 (天:天)

鞭一顿 (天:天)

【走一趟】

走一遭 (唐:蓟、丰)(石:无、平)(张:鹿、赤、沙)(天:静)

走一回 (唐:丰、遵、三、蓟、乐、西、抚、卢、昌、迁)(承:承、平、丰、兴、隆、青)(石:石、冀、无、正、建、灵、深、藁)(天:肃、东、桥、宁、津、永、沧、庆、故)(张:张、万、阳、康、宣、龙、沙、商、崇、鹿、怀、蔚、尚)(邯:郸、魏、鸡、柏、磁、鹿、邯、沙、任、肥、涉、内、宗、尧)(保:定、唐、高、清、安、阳、蠡、涿)

走一次 (唐:遵、三、蓟、西)(承:承、平、兴、隆)(保:高、阳)(石:石、冀、无、灵、藁、栾)(天:肃、东、桥、津、沧、庆、故)(张:万、康、沽、宣、龙、沙、蔚、尚)(邯:魏、鸡、永、沙、内、尧、邯)

走一圈儿 （天:天）

溜达一趟 （唐:昌）

【看一下】

看一 cuí 看一眼的意思。（张:鹿）

眊一下 “眊”音 máo。（张:鹿）（邯:周、邯）

瞧一下 （张:鹿）

瞅一眼 （天:桥）（唐:乐、昌）（承:围）

瞭一眼 （张:沙）（天:安）

瞧瞧 （天:天、桥）

瞅瞅 （天:天）

【一批】 指东西。如:“来了一批货物。”

一堆 （承:兴、围）（天:桥）

一拨儿 （天:霸、天）（唐:昌）

一起儿 （石:无）（唐:西）

一锅堆儿 （邯:周、邯）

【看一眼】

瞧一瞧 （邯:涉、邯）（天:天、安、桥）

瞅一鼻子 （天:桥）

看一回 （石:枣）

瞧一眼 （天:天、桥）

瞅一眼 （唐:昌、乐）

瞅瞅 （唐:乐）

【吃一口】

吃一下 （石:建）

尝一口 （天:天、桥）（唐:乐）

咬一口 （天:桥）

【谈一会儿】

说一会儿 （邯:宗）

说合会子 （天:安）

说一畔子 （天:安）

说一阵子 （唐:乐）

说一畔 （石:平）

说一阵儿 （石:建）（唐:昌）

谈一阵子 比“谈一会儿”时间长。（唐:滦）（天:阜）

聊一阵子 （唐:乐）

聊会儿 （天:天）

唠一阵子嗑儿 （唐:乐）

唠会儿 （唐:昌）

拉呱一阵子 （天:桥）

拉一拉 （唐:遵）

拉闲篇儿 （唐:乐）

扯扯 （天:天）

【下一阵雨】

下一回雨 （石:元）

下一会儿雨 （天:天）

下一场雨 （唐:乐）

【闹一场】

闹一顿 （天:静、桥、安）（唐:乐、昌）

闹一阵 （张:口）

闹一回 （张:鹿）（邯:丘）

闹一会 （唐:遵）（邯:周、邯）

闹一会儿 （唐:大）

大闹一顿 （唐:乐）（天:桥）

大闹一场 （唐:乐）（天:天）

打一场 （天:天）

玩一会儿 （唐:乐）

【见一面】

见一次 （石:无）（张:鹿）

见一回 （石:无）（唐:昌）（天:饶）（邯:丘、邯）

见一会 （张:万）

见一个面 （邯:丘、邯）

见个面儿 （唐:乐）（天:天、桥）

见了一面儿 （唐:昌、乐）（天:天、桥）

见了一回面儿 （唐:乐）（天:天、桥）

碰个头儿 （唐:乐）

笔 画 索 引

一画

三画

四画

五画

六画

七画

八画

九画

十画

十一画

十二画

十三画

十四画

十五画

十六画

十七画

十九画

二十画

二十一画

二十二画以上

字母等

后 记

1958年开始调查河北方言词汇，至今已过去半个多世纪了，回想往事令人感慨万千。

1958年是一个所谓“大跃进”的时代，当时各省成立了中国科学院分院。我于当年从北京大学语言专业毕业分配在中国科学院河北省分院，分院内成立了语言文学研究所。我到河北保定报到时，语文所也就我一个人。后来研究所很快随河北省会迁移到天津，才陆续来了一些人，但搞语言的仍然是我一个人。分工负责语言研究的副所长由天津河北师院副院长朱星先生兼任，他很快随学院迁到北京，改名河北北京师院（就是现在中医药大学那个校区）。地方科研机关如何确定任务，大家都不太明白。于是朱星先生请教吕叔湘和丁声树先生。吕先生回答说，“鄙意以结合地方特色，可以搞河北方言调查研究”。丁先生回答同吕先生意见基本一致，但他特别强调了加强方言词汇的调查研究。后来所里决定我单枪匹马搞河北方言词汇调查。工作如何开展我又专程去北京大学请教袁家骅先生。方言学就是我在大学学习时袁先生把我引进门的。正好这时丁声树先生领导语言研究所方言室调查河北昌黎方言，丁先生让我随他到昌黎朱建坨村（现归卢龙）学习调查，有幸在丁先生身边经历了昌黎方言调查全过程，直到工作结束才回到天津。这次真正学习到不少书本上无法学到的东西，大致知道了如何开展方言词汇的调查。这段经历得益匪浅，终生难忘。我在纪念丁先生的文章中有较详细的回忆。

回到研究所后，我就如法炮制，用调查昌黎方言的词表略加调整在河北省开展方言词汇调查。当时河北分10个专区，150多个县，干这项工作的还是我一个人。所以我只是这项工作的组织者，当时还不能蹲点调查。按那时的专区分10个片，每片按县设点调查。调查词汇从收集资料说，好像没有语音调查的专业性那么强，人手不够可以借助社会力量。河北省教育厅很支持这项工作，负责具体工作的宁汝芳同志更是认真负责，因为这也是推广普通话的基础性工作。由教育厅发文，每县选择两名熟悉当地方言的语文老师，老年和中青年各一名。我就分别先后按专区分片开会培训。由于省教育厅和各地教育局支持，工作进展比较顺利。每片开会两天，主要动员讲清调查方言词汇的意义，培训调查的方法，还有半天实习。就这样全省启动会就花去了50多天。调查开始后，我的任务就是检查进度和质量，研究解答调查中的问题。这一年多时间我基本上在河北省的县里走动，到县里去与调查员共同调查。一年多后，所里分来两名学师范的大学生、一名高中生协助我整理资料。要把各地调查的材料汇总打印出来在当时也是一件十分繁难的工作，所以临时又从各地借来了几名优秀的调查员一起工作。如束鹿辛集中学的靳荩忱、石家庄古月中学的齐杲昌、唐山车轴山中学的王建之以及檀伐云等同志，利用假期借到天津协助审订调查材料，最后由我通读定稿。这是河北人民出版社约定的项目，整理通读完后即送交出版社。

1961 年河北省又同天津市分家，河北人民出版社搬回保定。语文研究所留在天津，由天津市委宣传部主管，河北大学代管。1962 年我也因机构调整，工作需要调天津师大教学。三年困难时期刚过，“整风整社”和“四清”等运动开始，一直延续到“文化大革命”，既无人关心，也无人敢过问书稿出版的事。

“文化大革命”结束后，旧事重提，我才去追查书稿的下落。保定是“文化大革命”中的重灾区，武斗有名。在河北人民出版社内有多次武斗，书稿丢失损坏，再也找不到“河北方言词汇编”原稿下落，也找不出谁来承担责任。当年的责编是康迈千同志，他也没有办法。原留在研究所的一套底本，也在“文革”中当废纸处理了。真是叫天天不应，叫地地不灵，只能徒唤奈何！好在天无绝人之路，因为该稿在定稿前曾打印过征求意见，虽然这些油印本大都在“文革”中毁了，但总希望会有残留。经过多方搜求总算找出一些残篇断稿。遗憾的是这些稿子同正式定稿并不完全相同，既不完整又非常粗糙。后来朱星先生建议从中整理一些较完整的条目在《天津师大学报》上发表，学报主编张虎刚同志十分支持。

学报连载了三期后，引起了读者和有关方面的注意。这才再次启动搜寻原油印征求意见的初稿，争取恢复原始稿本的面目，但再也无法像从前那样找调查人员，分配任务进行复查核对了。为了不致让过去大量劳动白费，虽然研究所的语言研究室早已不复存在，我也改行从事教学工作，但总觉得有义务和责任把它整理出来。于是一方面自己带着残稿到一些重点地区去调查、补充核对，另一方面邀请省内各地的一些友人和个别还有联系的原调查员帮助，断断续续经过 3 年多时间终于整理出一个新的“河北方言词汇编”稿。这段时间先后参加协助整理、补查、核对工作的主要有王铁琨、吴振清、石锋和王小龙等同志。他们在百忙中挤时间帮助我工作。

1983 年我调北京中国文改会（即今天的国家语委）语言文字应用研究所工作。1984 年组织上调我去语文出版社协助社长吕叔湘先生工作，自然不好在语文社出版自己的书。1986 年商务印书馆知道“河北方言词汇编”稿后，希望由他们出版。鉴于该稿审读和排校的困难，出于友情和责任感，王维新同志主动担任责编，虽然他当时担负繁重的行政领导工作。经过数年努力，终于在 1995 年该书正式出版。

这本书历经曲折，融入了不少同志的辛劳。我要真诚感谢参加调查的 300 多名各地调查员和先后参与整理工作的原天津语文研究所同仁田俊山、潘广福、翟国琴、杨春芬和研究所领导涂宗涛等同志以及河北大学1960年应届毕业生，张世禄、于伯琴等几位同学在研究所实习期间帮助校核资料等工作，要感谢“文革”后帮助补查整理、恢复原稿的王铁琨等一大批友人和同行。

与此同时，还要特别感谢鼓励指导工作的几位老师。丁声树先生不仅教我如何调查方言词汇，还鼓励我即使一个人也要坚持到底。吕叔湘先生提出这个选题，中间也多次关心过问工作情况。李荣先生是《河北方言词汇编》第一位认真审读者，他很支持这项工作，但认为词条没有记音，其价值就大打折扣。他还说那篇“前言”写得不错，但你自己也会犯那样的错误。他的话非常中肯。他对我说，自己可能是乌鸦落在猪背上，只看见人家“黑”吧！那篇“前言”中批评别人的话只能当作“共勉”之词。朱星先生更是词汇调查自始至终的指导者，只可惜他和丁声树先生、袁家骅先生未见到本书出版就去世了。今天上述各位先生俱已先后归道山，谨对他们表示深深的怀念和敬意吧！

本书初版印数不多，近些年不断有人询问这本书。商务印书馆周洪波同志支持再版，责编刘一玲同志认真落实有关工作，教育部语言文字应用研究所谢俊英博士细心审读了原书，她和刘一玲同志发现了内容和印刷错误多处，现已一一改正。谨向他们的支持和辛勤劳动表示感谢！

李行健

2009年6月20日